中华人民共和国史编年

2018 年卷

当代中国研究所　中央档案馆 编

当代中国出版社
Contemporary China Publishing House

2021 年·北京

《中华人民共和国史编年》编纂委员会

顾　问　朱佳木
主　任　姜　辉　李明华
副主任　武　力　王绍忠　李正华　管明军
委　员　（按姓氏笔画为序）
　　　　丁　明　王凤环　王巧荣　王爱云
　　　　王瑞芳　纪国伟　宋月红　张金才
　　　　李　文　陈东林　欧阳雪梅　郑有贵
　　　　姚　力　徐　成　焦东华

《中华人民共和国史编年》2018年卷编写组

执行主编　武　力
副 主 编　徐　成　王凤环
撰 稿 人　（按姓氏笔画为序）
　　　　　陈希驰　徐　成　章舜粤　戴燕军

目 录

凡例 ·· I

本卷编辑说明 ··· III

正 文

1 月	3
2 月	88
3 月	145
4 月	211
5 月	282
6 月	367
7 月	441
8 月	530
9 月	608
10 月	697
11 月	781
12 月	868

附 录

[附录一] 2018年中国县级以上行政区划变动一览表 ························ 959

[附录二] 2018年国民经济和社会统计资料 ····································· 961

[附录三] 2018年中国对外缔结条约概况 ······································· 976

[附录四] 2018年国家科学技术奖励情况 ······································· 978

[附录五] 2018年我国运动员获世界冠军情况 ································· 1018

［附录六］2018年全国时代楷模名单 …………………………………… 1033
［附录七］2018年全国自然灾害情况 …………………………………… 1034
［附录八］2018年国务院机构简称 ……………………………………… 1034

凡 例

一 《中华人民共和国史编年》（简称《国史编年》）是以编年体全面反映中华人民共和国各个领域重大史事的资料书，旨在为研究中华人民共和国史提供翔实可靠的史料，同时也为国内外读者查阅有关中华人民共和国史的资料提供方便。

二 举凡涉及中华人民共和国政治、经济、文化、科技、教育、卫生、民族、社会、人口、宗教、疆域、地理、区划、灾害、气候、生态、资源、军事、国防、外交等方面的大事，均在编写之列。

三 《国史编年》为多卷本，自1949年起，每年独立成卷，采用纲目体编写。

四 《国史编年》由纲文、目文、注释、附录等部分组成。部分条目史事简单，将纲目合一，仅以纲文记事。与纲目文内容相关的重要文献或史料，分别以文献或附录形式附在纲文或目文之后，并标明资料来源。对纲目文涉及的人名、地名等，作必要注释。注释采用页末脚注。

五 《国史编年》条目采自原始的或权威的资料，凡对某一事件有两种或两种以上说法的，在经过认真考证后，采用相对准确的说法，并用注释加以说明。

六 《国史编年》条目以时间先后为序，逐日排列。难以确定具体日期的，视具体情况分别标以上旬、中旬、下旬，月初、月底，或月、季、上半年、下半年。

七 在编写《国史编年》的条目时，原则上一事一条，遇有重大事件或一件事始终时间间隔较长的，可以出两个条目。

八 《国史编年》对各种机构、会议的称谓，凡文字较多的，在文内用简称，并在附录中附有该机构的全称与简称对照表。

九 《国史编年》采用1986年经国务院批示由国家语言文字工作委员会重新发表的《简化字总表》，以及1988年由国家语言文字工作委员会和新闻出版署发布的《现代汉语通用字表》收录的汉字。

十 《国史编年》所用数字，除习惯用法或特殊用法以汉字标示外，一般用阿拉伯数字。文献中的数字遵从原文中的用法。

十一 《国史编年》中的人物在加注时，凡中国人，只注明生卒年（不详者空缺备考）、民族、籍贯、时任职务（兼数职者注主要职务）。凡外国人，取其标准译名，只注国别和时任职务。

十二 凡条目所涉及的内容在本卷或之前各卷中有相关内容的，凡编者认为有必要提示的，在该条目中用括号标注：参见本卷某月某日，或《国史编年》某某年卷某月某日。

十三 《国史编年》每卷在目录后面均置：（1）《凡例》，说明《国史编年》的体例；（2）《本卷编辑说明》，概述该年基本历史脉络、特点、主要资料来源、未尽事宜和作者分工。

《中华人民共和国史编年》编委会

2019年5月30日

本卷编辑说明

本卷为《中华人民共和国史编年》2018年卷，起止时间为2018年1月1日至12月31日。

一

2018年，以习近平同志为核心的党中央采取一系列重大举措，强力推进全面从严治党，党的建设再上新台阶。年初，中共中央印发的《中央党内法规制定工作第二个五年规划（2018—2022年）》提出，要完善党的组织法规、领导法规、自身建设法规、监督保障法规，是推进新时代党内法规制度建设的重要指导性文件。2月召开的十九届三中全会审议通过了《中共中央关于深化党和国家机构改革的决定》和《深化党和国家机构改革方案》，这是深化党和国家机构改革，加强党的长期执政能力建设的必然要求。同年10月中央办公厅印发《关于深化中央纪委国家监委派驻机构改革的意见》，为推动全面从严治党和反腐败斗争向纵深发展提供有力保证。

7月召开全国组织工作会议，为新时代党的组织建设确定了路线图。习近平在会上强调，组织路线对坚持党的领导、加强党的建设、做好党的组织工作具有十分重要的意义。8月，新修订的《中国共产党纪律处分条例》，对变相公款旅游等违反中央八项规定及实施细则问题细化完善了相关规定，并增加对形式主义、官僚主义问题的处分规定。为全面从严治党提供了坚强纪律保证。

2018年在法制建设方面，第十三届全国人民代表大会第一次会议通过了《中华人民共和国监察法》；人大常委会制定《中华人民共和国人民陪审员法》《中华人民共和国英雄烈士保护法》《中华人民共和国电子商务法》《中华人民共和国土壤污染防治法》《中华人民共和国国际刑事司法协助法》《中华人民共和国消防救援衔条例》《中华人民共和国耕地占用税法》《中华人民共和国车辆购置税法》法律8件,修改《中华人民共和国公务员法》等法律47件次,通过有关法律问题和重大问题的决定9件。2018年,提请全国人大常委会审议法律议案18件,制定修订行政法规37部。改革调整政府机构设置和职能配置。深入开展国务院大督查,推动改革发展政策和部署落实。发挥审计监督作用。改革完善城乡基层治理。创新信访工作方式。改革和加强应急管理,及时有效应对重大自然灾害,生产安全事故总量和重特大事故数量继续下降。加强食品药品安全监管,严厉查处长春长生公司等问题疫苗案件。健全国家安全体系。强化社会治安综合治理,开展扫黑除恶专项斗争,依法打击各类违法犯罪。

在建设创新型国家方面,2018年的政府工作报告提出:"加快建设创新型国家。把握世界新一轮科技革命和产业变革大势,深入实施创新驱动发展战略,不断增强经济创新力和竞争力。""要提供全方位创新创业服务,推进'双创'示范基地建设,鼓励大企业、高校和科研院所等开放创新资源,发展平台经济、共享经济,形成线上线下结合、产学研用协同、大中小企业融合的创新创业格局,打造'双创'升级版。"为此,中共中央和国务院出台了《关于营造企业家健康成长环境 弘扬优秀企业家精神 更好发挥企业家作用的意见》《关于分类推进人才评价机制改革的指导意见》《关于提高技术工人待遇的意见》《关于深化项目评审、人才评价、机构评估改革的意见》,这些意见聚焦提高人才待遇水平、推进人才评价机制改革和人才评价领域深层次问题,提出一系列精准、务实的改革举措,进一步让全国专业技术人才受益。各地各部门各单位也积极推动人才发展改革,以政策突破带动体制机制创新,不断优化人才发展环境。

二

2018年是全面贯彻中共十九大精神的开局之年,是决胜全面建成小康社会、实施"十三五"规划承上启下的关键之年。国家发展面临国内外复杂严峻形势,经济全球化遭遇波折,多边主义受到冲击,国际金融市场震荡,特别是中美经贸摩擦给一些企业生产经营、市场预期带来不利影响。经济转型阵痛凸显，经济出现新的下行压力。2018年经济工作按照中共中央决策部署，坚持稳中求进工作总基调，统筹稳增长、促改革、调结构、惠民生、防风险，稳妥应对中美经贸摩擦，着力稳就业、稳金融、稳外贸、稳外资、稳投资、稳预期。在以习近平同志为核心的党中央坚强领导下，全国各族人民以习近平新时代中国特色社会主义思想为指导，砥砺奋进，攻坚克难，完成全年经济社会发展主要目标任务，中国经济发展在高基数上总体平稳、稳中有进，社会大局保持稳定，决胜全面建成小康社会又取得新的重大进展。主要表现在以下方面：

（一）经济运行保持在合理区间。国内生产总值增长6.6%，总量突破90万亿元。经济增速与用电、货运等实物量指标相匹配。居民消费价格上涨2.1%。国际收支基本平衡。城镇新增就业1361万人、调查失业率稳定在5%左右的较低水平。全年为企业和个人减税降费约1.3万亿元。先后4次降低存款准备金率。人民币汇率基本稳定，外汇储备保持在3万亿美元以上。

（二）经济结构不断优化。服务业对经济增长贡献率接近60%，高技术产业、装备制造业增速明显快于一般工业，农业再获丰收。单位国内生产总值能耗下降3.1%。质量和效益继续提升。

（三）发展新动能快速成长。中国制造、中国创造、中国建造共同发力。嫦娥四号探测器成功发射，第二艘航母出海试航，国产大型水陆两栖飞机水上首飞，北斗导航向全球组网迈出坚实一步等一批重大科技创新成果相继问世。大众创业万众创新深入推进，日均新设企业超过1.8万户，市场主体总量超过1亿户。

（四）改革开放取得新突破。对外开放全方位扩大，共建"一带一路"取得重要进展。首届中国国际进口博览会成功举办，海南自贸试验区启动建设。货物进出口总额超过30万亿元，实际使用外资1383亿美元、稳居发展中国家首位。下调部分商品进口关税，关税总水平由9.8%降至7.5%。新设一批跨境电商综合试验区。复制推广自贸试验区改革经验。大幅压缩外资准入负面清单，扩大金融、汽车等行业开放，一批重大外资项目落地，新设外资企业增长近70%。

（五）三大攻坚战开局良好。防范化解重大风险，宏观杠杆率趋于稳定，金融运行总体平稳。精准脱贫有力推进，农村贫困人口减少1386万，易地扶贫搬迁280万人。污染防治得到加强，细颗粒物（PM2.5）浓度继续下降，生态文明建设成效显著。

（六）乡村振兴战略有力实施。粮食总产量保持在1.3万亿斤以上。近1400万农业转移人口在城镇落户。推进西部开发、东北振兴、中部崛起、东部率先发展，出台一批改革创新举措。京津冀协同发展取得明显进展，长江经济带生态优先、绿色发展格局不断巩固。粤港澳大湾区规划建设迈出实质性步伐，港珠澳大桥建成通车。加大对革命老区、民族地区、边疆地区、贫困地区改革发展支持力度。新增高速铁路运营里程4100公里，新建改建高速公路6000多公里、农村公路30多万公里。

（七）人民生活持续改善。居民人均可支配收入实际增长6.5%。提高个人所得税起征点，设立6项专项附加扣除。城乡居民基础养老金最低标准从每月70元提高到88元。资助各类学校家庭困难学生近1亿人次。棚户区住房改造620多万套，农村危房改造190万户。加强退役军人服务管理工作，维护退役军人合法权益。加快新药审评审批改革，17种抗癌药大幅降价并纳入国家医保目录。提高居民基本医保补助标准和大病保险报销比例。加快推进文化惠民工程，持续加强基层公共文化服务。全民健身蓬勃开展，体育健儿在国际大赛上再创佳绩。

三

在生态文明建设方面，2018年是中国生态环境保护事业发展史上具有重要里程碑意义的一年。全国生态环境保护大会在北京召开，习近平总书记出席会议并发表重要讲话，正式确立习近平生态文明思想。中共中央、国务院印发《关于全面加强生态环境保护坚决打好污染防治攻坚战的意见》，明确打好污染防治攻坚战的路线图、任务书、时间表。十三届全国人大一次会议表决通过宪法修正案，把新发展理念、生态文明和建设美丽中国的要求写入宪法。十三届全国人大常委会第四次会议作出关于全面加强生态环境保护依法推动打好污染防治攻坚战的决议。全国政协十三届常委会第三次会议围绕"污染防治中存在的问题和建议"建言咨政。在党和国家机构改革中，新组建生态环境部，统一行使生态和城乡各类污染排放监管与行政执法职责；同时，组建生态环境保护综合执法队伍，增强执法的统一性、独立性、权威性和有效性。

在国防和军队建设方面，军队首批新军事训练大纲颁发，全军首次面向社会公开招考文职人员，中央军委隆重举行2018年开训动员大会，在南海海域举行海上阅兵，组建退役军人事务部，颁布《中华人民共和国英雄烈士保护法》，第二艘航母首次出海试验等。人民军队深入贯彻习近平强军思想，强化练兵备战鲜明导向，提高军事训练实战化水平，国防实力和人民群众的安全感持续增强；国防和军队改革向纵深推进，在主要领域迈出历史性步伐、实现历史性突破、取得历史性成就。

在坚持"一国两制"和推进国家统一方面，2018年9月23日广深港高铁通车运营；2018年10月23日，历经5年规划、9年建设的港珠澳大桥举行开通仪式，这座目前世界上最长的跨海大桥，为今后将粤港澳大湾区建设成为充满活力的世界级城市群、具有世界影响力的国际科技创新中心和"一带一路"建设的重要支撑提供了便利条件。海峡两岸关系也有新进展。7月13日，由海峡两岸关系研究中心与两岸和平发展基金会共同主办的"共担民族大义、共谋民族复兴"座谈会在北京举行。会前，习近平会见中国国民党前主席连战率领的台湾各界人士参访团时强调了"四个坚定不移"：第一，坚定不移坚持"九二共识"、反对"台独"；第二，坚定不移扩大深化两岸交流合作；第三，坚定不移为两岸同胞谋福祉；第四，坚定不移团结两岸同胞共同致力民族复兴。2月28日，国务院台办、国家发展改革委等29个部门发布实施《关于促进两岸经济文化交流合作的若干措施》（简称"31条惠及台胞措施"）；6月6日，第十届海峡论坛大会在厦门召开。中共中央政治局常委、全国政协主席汪洋出席开幕式并发表重要讲话。本届海峡论坛围绕"扩大民间交流、深化融合发展"主题，举行了论坛大会，以及青年交流、基层交流、文化交流、经济交流四大交流板块30多项共70场活动（多数活动在6月举办，个别活动在10月举办），台湾各界8000余人参加，是历届论坛参会人数最多的一次盛会。8月5日上午，福建向金门供水工程通水现场会在泉州晋江举行，福建向金门供水工程正式通水，"两岸一家亲，共饮一江水"愿景成为现实。8月6日，国务院办公厅印发《港澳台居民居住证申领发放办法》，并于2018年9月1日正式实施；12月

4日,"2018两岸企业家峰会年会"在福建厦门举行,中共中央政治局常委、全国政协主席汪洋出席并发表演讲,指出:两岸企业家峰会是两岸重要的民间交流合作平台。今年恰逢大陆改革开放40周年,年会以"融合新举措 共享新商机"为主题,对于深化两岸经济交流融合、共享两岸和平发展商机具有特殊的意义;12月19日至20日,2018上海、台北"双城论坛"在台北举行,这次"双城论坛"聚焦"循环经济",以"永续的城市永续的发展"为主题,围绕大健康产业、文化、公共住宅与都市更新、环保与市民服务等专题进行深入交流。

在外交方面,2018年中国特色大国外交也取得新成就。成功举办博鳌亚洲论坛年会、上合组织青岛峰会、中非合作论坛北京峰会等重大主场外交活动。习近平等国家领导人出访多国,出席亚太经合组织领导人非正式会议、二十国集团领导人峰会、金砖国家领导人会晤、亚欧首脑会议、东亚合作领导人系列会议等重大活动。同主要大国关系总体稳定,同周边国家关系全面发展,同发展中国家团结合作纽带更加牢固。推动构建新型国际关系,推动构建人类命运共同体。坚定维护国家主权、安全、发展利益。经济外交、人文交流成果丰硕。中国致力于促进世界和平与发展,作出了世人共睹的重要贡献。

在2018年中共中央还举行了庆祝改革开放40周年大会,深刻总结改革开放的伟大成就和宝贵经验,郑重宣示在新时代将改革开放进行到底的坚定决心,激励全国各族人民接续奋斗,再创新的历史伟业。授予于敏等100名同志改革先锋称号,向阿兰·梅里埃等10名国际友人颁授中国改革友谊奖章。

在充分肯定成绩的同时,要清醒地看到中国发展面临的问题和挑战。世界经济增速放缓,保护主义、单边主义加剧,国际大宗商品价格大幅波动,不稳定不确定因素明显增加,外部输入性风险上升。国内经济下行压力加大,消费增速减慢,有效投资增长乏力。实体经济困难较多,民营和小微企业融资难融资贵问题尚未有效缓解,营商环境与市场主体期待还有差距。自主创新能力不强,关键核心技术短板问题凸显。一些地方财政收支矛盾较大。金融等领域风险隐患依然不少。深度贫困地区脱贫攻坚困难较多。生态保护和污染防治任务仍然繁重。在教育、医疗、养老、住房、食品药品安全、收入分配等方面,群众还有不少不满意的地方。2018年还发生了多起公共安全事件和重大生产安全事故,教训极其深刻。政府工作存在不足,一些改革发展举措落实不到位，形式主义、官僚主义仍然突出，督查检查考核过多过频、重留痕轻实绩，加重基层负担。少数干部懒政怠政。一些领域腐败问题仍然多发。

四

本卷在编写过程中，依据和参考文献的主要来源为《习近平谈治国理政》第二卷、《十八大以来重要文献选编》中册、《党的十九大报告辅导读本》、《十八大以来新发展新成就》、《国务院公报》、《中国统计年鉴》（2019）、《人民日报》、《光明日报》、《经济日报》、中国共产党新闻网、中国政府网、中国人大网、中国政协网、中华人民共和国最高人民法院网、中华人民共和国最高人民检察院网、新华网、人民网及国务院各部委网站等。

本卷在编写过程中，武力、王凤环、徐成参加了统稿工作，吴文红参加了资料整理工作，王绍忠、焦东华、纪国伟等参加了审定稿工作。

本卷撰稿人分工如下：徐成、陈希驰：1月1日—12月31日；章舜粤：附录。

本卷编写组

2020年5月

正 文

1 月

1月1日

[纲　文]　《求是》杂志第1期发表习近平《在党的十九届一中全会上的讲话》。

[目　文]　中共中央总书记习近平在《讲话》中指出，全面贯彻落实党的十九大精神，为实现党的十九大确定的目标任务而奋斗，是新一届中央领导集体的重大政治任务和工作主题。新时代意味着新起点新要求，新时代呼唤着新气象新作为。

《讲话》对当前和今后一个时期的重点工作作了部署。第一，全面把握中国特色社会主义进入新时代的新要求，不断提高党和国家事业发展水平。第二，全面贯彻新时代中国特色社会主义思想和基本方略，不断提高全党马克思主义理论水平。第三，全面完成决胜全面建成小康社会各项任务，不断提高社会主义现代化建设水平。第四，全面推进各领域各方面改革，不断提高国家治理体系和治理能力现代化水平。第五，全面落实以人民为中心的发展思想，不断提高保障和改善民生水平。第六，全面推进党的建设新的伟大工程，不断提高全面从严治党水平。《讲话》对十九届中央委员会的全体同志提出了四点希望：一是坚定理想信念；二是强化政治责任；三是全面增强本领；四是扎实改进作风。

1月1日

[纲　文]　**国家主席习近平同南非总统祖马互致贺电，热烈庆祝中南建交20周年。**

[目　文]　习近平在贺电中指出，20年前的今天，中南两国正式建立外交关系，翻开了两国关系崭新的一页。20年来，在双方共同努力下，中南关系全面深入发展，实现了由伙伴关系到战略伙伴关系再到全面战略伙伴关系的重大跨越。事实证明，不断巩固和深化中南全方位合作符合两国和两国人民根本利益。我愿同总统先生一道努力，推动中南关系不断向前发展，更好造福两国和两国人民。中国和南非是中非合作论坛现任共同主席国。2015年我同总统先生共同主持召开的论坛约翰内斯堡峰会取得圆满成功。根据总统先生提议和非洲国家普遍愿望，中方同意于2018年在中国举办论坛峰会。我愿同总统先生和论坛其他非洲成员领导人一道，把2018年论坛峰会开成加强中非团结合作的历史性盛会。

祖马表示，南中建交20周年是双边关系史上的重要里程碑。过去20年里，南中在传统友好和相互信任的基础上，取得了可喜可贺的合作成果，两国关系不断提升并被赋予更加重要的战略意义。两国就涉及彼此共同利益的问题密切协调，共同应对世界面临的新威胁和新挑战。作为中非合作论坛共同主席国，南中致力于推进非中伙伴关系，推动2015年论坛约翰内斯堡峰会成果落实。我期待2018年9月赴华出席中非合作论坛新一届峰会。

我希望以两国建交20周年为契机，强化两国友好关系，拓展合作，实现共赢。

1月1日

［纲　文］　天安门广场升国旗仪式隆重举行。

［目　文］　这是经中共中央批准，自本日起由人民解放军担负国旗护卫和礼炮鸣放任务后，解放军仪仗队和军乐团首次执行的升国旗仪式。

1月1日

［纲　文］　《人民日报》发表社论《我们的新时代　历史的新光荣——元旦献词》。

1月1日

［纲　文］　《人民日报》发表评论员文章《以造福人民为最大政绩——习近平主席2018年新年贺词启示录①》《走中国特色社会主义乡村振兴道路——二论贯彻落实中央农村工作会议精神》。

1月2日

［纲　文］　中共中央、国务院印发《关于实施乡村振兴战略的意见》。

［目　文］　《意见》由十二个部分组成：一、新时代实施乡村振兴战略的重大意义。二、实施乡村振兴战略的总体要求。三、提升农业发展质量，培育乡村发展新动能。四、推进乡村绿色发展，打造人与自然和谐共生发展新格局。五、繁荣兴盛农村文化，焕发乡风文明新气象。六、加强农村基层基础工作，构建乡村治理新体系。七、提高农村民生保障水平，塑造美丽乡村新风貌。八、打好精准脱贫攻坚战，增强贫困群众获得感。九、推进体制机制创新，强化乡村振兴制度性供给。十、汇聚全社会力量，强化乡村振兴人才支撑。十一、开拓投融资渠道，强化乡村振兴投入保障。十二、坚持和完善党对"三农"工作的领导。

《意见》强调，让我们更加紧密地团结在以习近平同志为核心的党中央周围，高举中国特色社会主义伟大旗帜，以习近平新时代中国特色社会主义思想为指导，迎难而上、埋头苦干、开拓进取，为决胜全面建成小康社会、夺取新时代中国特色社会主义伟大胜利作出新的贡献！

1月2日

［纲　文］　国务院办公厅印发《关于推进电子商务与快递物流协同发展的意见》。

［目　文］　《意见》由六个部分组成：一、强化制度创新，优化协同发展政策法规环境。二、强化规划引领，完善电子商务快递物流基础设施。三、强化规范运营，优化电子商务配送通行管理。四、强化服务创新，提升快递末端服务能力。五、强化标准化智能化，提高协同运行效率。六、强化绿色理念，发展绿色生态链。

《意见》指出，各地区、各有关部门要充分认识推进电子商务与快递物流协同发展的重要意义，强化组织领导和统筹协调，结合本地区、本部门、本系统实际，落实本意见明确的各项政策措施，加强对新兴服务业态的研究和相关政策储备。各地区要制定具体实施方案，明确任务分工，落实工作责任。商务部、国家邮政局要会同有关部门加强工作指导和监督检查，确保各项措施落实到位。

1月2日

［纲　文］　最高人民法院印发《关于充分发挥审判职能作用为企业家创新创业营造良好法治环境的通知》。

［目　文］　《通知》由十个部分组成：一、深刻认识依法平等保护企业家合法权益的重大意义。二、依法保护企业家的人身自由和财产权利。三、依法保护诚实守信企业家的合法权益。四、依法保护企业家的知识产权。五、依法保护企业家的自主经营权。六、努力实现企业家的胜诉权益。七、切实纠正涉企业家产权冤错案件。八、不断完善保障企业家合法权益的司法政策。九、推动形成依法保障企业家合法权益的良好社会氛围。十、增强企业家依法维护权益、依法经营的意识。

《通知》指出，各级人民法院要加强组织领导，制定工作方案，切实将依法保障企业家合法权益的工作落到实处。在审判执行工作中遇到新情况新问题的，请及时层报最高人民法院。

1月2日

［纲　文］　国土资源部公布《国土资源执法监督规定》，自2018年3月1日起施行。原国家土地管理局1995年6月12日发布的《土地监察暂行规定》同时废止。

1月2日

［纲　文］　国家能源局发布，中国光伏年发电量首超1000亿千瓦时。

［目　文］　2017年1—11月，中国光伏发电量达1069亿千瓦时，同比增长72%，光伏发电量占全部发电量的比重同比增加0.7个百分点，光伏年发电量首超1000亿千瓦时。其中，集中式光伏发电量达932亿千瓦时，分布式光伏发电量达137亿千瓦时。1069亿千瓦时的光伏发电量可替代3300万吨标准煤，减排二氧化碳9300万吨。

1月2日

［纲　文］　京津冀协同发展工作推进会议在北京召开。

［目　文］　国务院副总理张高丽主持会议并讲话。李鸿忠、蔡奇、王勇、徐匡迪和京津冀协同发展领导小组成员、领导小组办公室、有关部门负责人以及专家咨询委员会成员参加会议。会议学习贯彻党的十九大精神和中央经济工作会议精神，贯彻落实习近平总书记重要指示精神，总结近年京津冀协同发展工作，讨论审议河北雄安新区规划框架等有关文件，研究部署下一步重点工作。

张高丽表示，按照习近平总书记关于高起点高质量编制好雄安新区规划的要求，有关方面密切协调配合，集中国内外一流专家和顶尖团队参与规划编制、论证和评估，河北雄安新区规划框架基本成熟。规划框架在履行程序经党中央、国务院审批后，要稳妥精心抓好贯彻落实。要适时启动一批重点项目，加快推进交通基础设施和生态环境工程建设。要广泛吸引国内外优秀人才，制定投融资、财税金融、土地等方面支持政策，继续抓好管控工作，为雄安新区建设创造良好环境。要认真落实控增量、疏存量政策意见，推动实施一批疏解示范项目。加快推进北京城市副中心建设，做实做细做好北京市级机关和市属行政部门搬迁工作。扎实推进交通一体化建设，强化区域污染联控联治和生态环境保护，促进产业优化升级和有序转移。深入推进京津冀全面创新改革试验，加快建设北京全国科技创新中心。大力促进基本公共服务共建共享，让广大群众更多享受协同发展带来的实惠。

1月2日

[纲　文]　中国铁路总公司工作会议在北京召开。

[目　文]　全国18个铁路局集团公司、各专业运输公司、中国铁路设计集团公司、各有关铁路公司、各安全监督管理特派办、各审计特派办及总公司机关各部门、中国铁路驻外机构和境外项目机构、总公司各直属机构和在京所属各单位代表出席了会议。铁路总公司总经理陆东福在会上作了《交通强国　铁路先行　为促进经济社会持续健康发展作出更大贡献》的报告，总结了2017年工作，分析了面临的形势，部署了2018年以及今后一个时期的铁路重点工作，动员全路各级组织和广大干部职工不忘初心、牢记使命，交通强国、铁路先行，为促进经济社会持续健康发展、决胜全面建成小康社会作出新的更大贡献。

1月2日

[纲　文]　天津市第十六届人大常委会第四十一次会议决定，任命张国清为天津市副市长、代市长。

1月2日

[纲　文]　吉林省第十二届人大常委会第三十九次会议决定，接受刘国中辞去吉林省省长职务的请求，任命景俊海为吉林省副省长、代省长。

1月2日

[纲　文]　福建省第十二届人大常委会第三十三次会议决定，接受于伟国辞去福建省省长职务的请求，任命唐登杰为福建省副省长、代省长。

1月2日

[纲　文]　重庆市第四届人大常委会第四十四次会议决定，接受张国清辞去重庆市市长职务的请求，任命唐良智为重庆市副市长、代市长。

1月2日

[纲　文]　《人民日报》发表评论员文章《为中国人民迸发出来的创造伟力喝彩——习近平主席2018年新年贺词启示录②》《实现乡村振兴关键在党——三论贯彻落实中央农村工作会议精神》。

1月2—3日

[纲　文]　水利部在北京召开全国水利厅局长会议。

[目　文]　水利部部长陈雷出席会议并讲话。各省、自治区、直辖市水利（水务）厅（局），各计划单列市水利（水务）局，新疆生产建设兵团水利局，部机关各司局和直属各单位党政主要负责人参加会议。大会进行了分组讨论，27个单位作了交流发言。陈

雷指出，要全面贯彻落实党的十九大精神，坚持以习近平新时代中国特色社会主义思想为指导，不忘初心，牢记使命，砥砺奋进，扎实工作，把治水兴水这一关系中华民族生存发展的大事办好，为全面建成小康社会、实现"两个一百年"奋斗目标和中华民族伟大复兴中国梦而努力奋斗。

1月3日

[纲　文]　**习近平视察中部战区陆军某师。**

[目　文]　中共中央总书记、中央军委主席习近平察看了部队武器装备；在侦察情报营训练场，观看侦察英雄杨子荣所在连的训练。习近平观看狙击手构筑工事和伪装训练，询问数字化单兵作战系统情况。

习近平在模拟训练中心，接见师机关全体干部和所属部队团以上干部并听取了该师工作情况汇报。习近平指出，要强化练兵备战，全部心思向打仗聚焦，各项工作向打仗用劲，加强数字化部队作战研究，创新作战概念和战法，大抓实战化军事训练，不断提高训练水平和打赢能力。要强化体系建设，统筹加强各种力量、各个系统、各类要素建设，加强信息系统和作战数据建设，确保成体系形成作战能力，有机融入全军联合作战体系。要强化改革创新，优化编成结构，加强科技运用，增强官兵科技素养，积极推进创新型人民军队实践探索。要强化政治保证，抓好党的十九大精神学习贯彻，贯彻古田全军政治工作会议精神，按照新时代党的建设总要求加强各级党组织建设，开展"传承红色基因、担当强军重任"主题教育，确保部队坚决听从党中央和中央军委指挥。各级要高度重视数字化部队人才队伍建设，培养一批高素质新型军事人才。要满腔热忱为官兵办实事、解难事，坚决纠治基层官兵身边的"微腐败"和不正之风，把广大官兵积极性、主动性、创造性充分调动起来，共同把部队建设推向前进。

中央军委副主席许其亮、张又侠，中央军委委员魏凤和、李作成、苗华、张升民参加活动。

1月3日

[纲　文]　**中央军委举行2018年开训动员大会。**

[目　文]　开训动员大会主会场在中部战区陆军某团靶场举行，7000余名官兵全副武装、威武列队，近300台装备整齐列阵。全军设4000余个分会场，陆军、海军、空军、火箭军、战略支援部队、武警部队设野战化分会场。从林海雪原到天涯海角，从西北大漠到东南沿海，从中原腹地到万里边关，三军将士威严伫立，集结待命。这是中央军委首次统一组织全军开训动员，是人民军队加强新时代练兵备战的一次亮相。

中共中央总书记、国家主席、中央军委主席习近平向全军发布训令。他命令：全军各级要强化练兵备战鲜明导向，坚定不移把军事训练摆在战略位置、作为中心工作，抓住不放，抓出成效。要坚持领导带头、以上率下，坚持实战实训、联战联训，坚持按纲施训、从严治训。要端正训练作风、创新训练方法、完善训练保障、严格训练监察，开展群众性练兵比武活动,加强针对性对抗性训练,提高军事训练实战化水平,牢牢掌握能打仗、打胜仗的过硬本领。全军指战员要坚决贯彻党中央和中央军委决策指示,发扬一不怕苦、二不怕死的战斗精神,刻苦训练、科学训练,勇于战胜困难,勇于超越对手,锻造召之即来、来之能战、战必胜的精兵劲旅,坚决完成党和人民赋予的新时代使命任务。

习近平现场校阅主会场官兵向驻训地域机动集结情况,并通过视频校阅了各军兵种和武警部队野外分会场开训情况。塞外北国千里冰封,陆军某合成旅官兵顶风冒雪,展开实弹实装训练;南国军港波飞浪卷,海军陆战队展开登陆装载训练;冀中平原一望无垠,空军某试验训练基地展开空中对抗、对地突击训练;江南丘陵层林尽染,火箭军某导弹旅展开测试转载训练;京郊大地寒气袭人,武警北京总队展开应急处突训练等。

中央军委副主席许其亮主持开训动员大会,中央军委副主席张又侠、中央军委委员魏凤和、李作成、苗华、张升民,军委机关各部门领导参加活动。

1月3日

[纲 文] 李克强主持召开国务院常务会议。

[目 文] 会议主要内容是:一、部署进一步优化营商环境,持续激发市场活力和社会创造力。会议指出,一要以简政减税减费为重点进一步优化营商环境。对企业开办、纳税、施工许可、水电气报装、不动产登记等事项大幅精简审批、压缩办理时间。进一步清理取消经营服务性收费和行业协会商会收费,降低通关环节费用。大力推动降电价。促进"证照分离"改革扩容提速。以"双随机、一公开"为原则,积极推进综合监管和检查信息公开。加快建立以信用承诺、信息公示为特点的新型监管机制,制定失信守信黑红名单及管理办法并向社会公布。二要严格依法平等保护各类产权,加大知识产权保护力度。政府要严守承诺,不能新官不理旧账、对企业不公平对待或搞地方保护。保障不同所有制企业在资质许可、政府采购、科技项目、标准制定等方面公平待遇,坚决查处滥用行政权力排除和限制竞争的行为。全面实施市场准入负面清单制度,在全国推行外商投资企业商务备案和工商登记"单一窗口、单一表格"。三要借鉴国际经验,抓紧建立营商环境评价机制,逐步在全国推行。会议决定,坚持问题导向、突出重点,对提升办理建筑许可和跨境贸易便利度开展专项行动。实行规划、消防、环保等部门并联限时审批,简化施工许可等手续。对跨境贸易建立跨部门一次性联合检查机制。打造国际化、法治化营商环境,为企业和群众提供办事便利,进一步激发市场活力和大众创业、万众创新深厚潜力。二、确定加大支持基础科学研究的措施,提升原始创新能力。会议指出,一要从教育抓起,潜心加强基础科学研究,对数学等重点基础学科给予更多倾斜。二要促进基础科学与应用研究融通,既要重视原创性、颠覆性的发明创造,也要力推智能制造、信息技术、现代农业、资源环境等重点领域应用技术创新。三要加大体制机制创新,采取政府引导、税收杠杆等方式,激励企业和社会力量加大基础研究投入。以重大项目攻关为中心集聚创新资源,探索开展基础研究众包众筹众创,推动重大科研数据、设施、装备等创新资源向社会开放共享。四要支持高校和科研院所自主布局基础研究,扩大科研人员研究选题选择权,完善以

创新质量和学术贡献为核心的评价机制，建立容错机制，鼓励自由探索、挑战未知。五要多方引才引智。加大国际科研合作，大力培养和引进战略科技人才，加大中青年人才储备，稳定支持优秀创新团队持续从事基础科学研究，支持海外专家牵头或参与实施国家科技项目。

1月3日

〔纲 文〕 国务院批复山东省人民政府、国家发展改革委，同意《山东新旧动能转换综合试验区建设总体方案》。

〔目 文〕 批复如下：一、原则同意《山东新旧动能转换综合试验区建设总体方案》（以下简称《方案》），请认真组织实施。二、《方案》实施要全面贯彻落实党的十九大精神，以习近平新时代中国特色社会主义思想为指导，贯彻新发展理念，坚持质量第一、效益优先，以供给侧结构性改革为主线，以实体经济为发展经济的着力点，以新技术、新产业、新业态、新模式为核心，以知识、技术、信息、数据等新生产要素为支撑，积极探索新旧动能转换模式，推动经济发展质量变革、效率变革、动力变革，提高全要素生产率，着力加快建设实体经济、科技创新、现代金融、人力资源协同发展的产业体系，推动经济实现更高质量、更有效率、更加公平、更可持续的发展，为促进全国新旧动能转换、建设现代化经济体系作出积极贡献。三、《方案》实施要加快提升济南、青岛、烟台核心地位，以其他14个设区市的国家和省级经济技术开发区、高新技术产业开发区以及海关特殊监管区域等为补充，形成三核引领、区域融合互动的新旧动能转换总体格局。四、山东省人民政府要切实加强组织领导，完善工作机制，制定配套政策，落实工作责任，确保《方案》确定的目标任务如期实现。涉及的重要政策和重大建设项目要按程序报批。五、国务院有关部门要按照职能分工，加强对《方案》实施的协调和指导，在政策实施、体制创新、项目建设等方面给予积极指导和支持，协调解决《方案》实施中遇到的困难和问题。国家发展改革委要会同有关部门加强对《方案》实施情况的跟踪分析和督促检查，适时组织开展实施进展情况评估，重大问题及时向国务院报告。

1月3日

〔纲 文〕 国务院办公厅印发《省级政府耕地保护责任目标考核办法》。

〔目 文〕 《办法》共6章20条。主要有总则、年度自查、期中检查、期末考核、奖惩等内容。自2018年1月3日起施行。2005年10月28日经国务院同意、由国务院办公厅印发的《省级政府耕地保护责任目标考核办法》同时废止。

1月3日

〔纲 文〕 国土资源部、财政部、人民银行、银监会发布《土地储备管理办法》。

〔目 文〕 《办法》由七个部分组成：一、总体要求。二、储备计划。三、入库储备标准。四、前期开发、管护与供应。五、资金管理。六、监管责任。七、其他要求。

《办法》自2018年1月3日起实施，有效期5年。《国土资源部 财政部 中国人民银行关于印发〈土地储备管理办法〉的通知》(国土资发〔2007〕277号)同时废止。

1月3日

[纲　文]　中宣部在北京召开全国宣传部长会议。

[目　文]　中共中央政治局常委王沪宁出席会议并表示,要坚持以习近平新时代中国特色社会主义思想为指导,增强政治意识、大局意识、核心意识、看齐意识,紧紧围绕学习宣传贯彻党的十九大精神这条主线,扎实做好宣传思想文化工作,为在新的历史起点上进行伟大斗争、建设伟大工程、推进伟大事业、实现伟大梦想提供坚强思想保证和强大精神力量。习近平总书记对宣传思想文化工作作出一系列重要论述,深刻回答了宣传思想文化工作的一系列方向性、全局性、战略性重大问题,把我们党对宣传思想文化工作的规律性认识提升到新的高度,是做好新时代宣传思想文化工作的根本遵循,我们一定要深入学习领会、抓好贯彻落实。

中宣部部长黄坤明主持会议并做工作部署,强调要增强做好新时代宣传思想文化工作的自信自觉,把学习宣传贯彻习近平新时代中国特色社会主义思想和党的十九大精神引向深入,着眼深入人心,坚持用习近平新时代中国特色社会主义思想武装全党、教育人民;着眼凝心聚力,营造决胜全面建成小康社会的浓厚舆论氛围;着眼以文化人,繁荣发展社会主义文化;着眼成风化俗,提高人民文明素养和全社会文明程度;坚持和加强党对意识形态工作的全面领导,牢牢掌握工作领导权。落实全面从严治党要求,加强宣传思想文化战线党的建设,把以习近平同志为核心的党中央开创的宣传思想文化工作大好局面巩固好、发展好,不断谱写新的时代篇章。

1月3日

[纲　文]　尤权在北京出席统战系统深入学习贯彻党的十九大精神培训班开班式并讲话。

[目　文]　中央统战部部长尤权指出,要充分认识党的十九大的重大历史贡献,深入学习习近平新时代中国特色社会主义思想,自觉作为强大思想武器和根本遵循,贯穿于新时代统战工作各领域。习近平新时代中国特色社会主义思想作为马克思主义中国化最新成果,在理论上有重大突破、重大创新、重大发展,在实践中显示出巨大的科学指导和战略引领作用,是当代中国的马克思主义,是21世纪的马克思主义。要读原著学原文悟原理,深刻领会这一思想的精神实质和丰富内涵,做到真学真懂、真信真用。统战系统学习贯彻习近平新时代中国特色社会主义思想和党的十九大精神,要体现在思想认识上,更要落实到实践行动上,认真研究落实新时代统战工作新任务新要求,勇于担当履行新时代统战干部新使命新责任,发挥统一战线团结教育政治功能和议政建言制度优势,引导统一战线成员同心共筑中国梦。

1月3日

[纲　文]　《人民日报》发表评论员文章《不驰于空想、不骛于虚声——习近平主席2018年新年贺词启示录③》。

1月4日

［纲　文］　新华社讯，中共中央办公厅、国务院办公厅印发《关于在湖泊实施湖长制的指导意见》。

［目　文］　《意见》由五个部分组成：一、充分认识在湖泊实施湖长制的重要意义及特殊性。二、建立健全湖长体系。三、明确界定湖长职责。四、全面落实主要任务。五、切实强化保障措施。

《意见》指出，各级党委和政府要以习近平新时代中国特色社会主义思想为指导，把在湖泊实施湖长制作为全面贯彻党的十九大精神、推进生态文明建设的重要举措，切实加强组织领导，明确工作进展安排，确保各项要求落到实处。要逐个湖泊明确各级湖长，进一步细化实化湖长职责，层层建立责任制。

1月4日

［纲　文］　发展改革委发布《企业投资项目事中事后监管办法》。

［目　文］　《办法》共5章36条。主要有总则、对核准项目的监管、对备案项目的监管、监管程序和方式、法律责任等内容。本办法自2018年2月4日起实施。

1月4日

［纲　文］　财政部印发《政府采购代理机构管理暂行办法》。

［目　文］　《办法》共5章27条。主要有总则、名录登记、从业管理、信用评价及监督检查、附则等内容。本办法自2018年3月1日起施行。

1月4日

［纲　文］　安监总局公布《冶金企业和有色金属企业安全生产规定》。

［目　文］　《规定》共5章48条。主要有总则、企业的安全生产保障、监督管理、法律责任等内容。本规定自2018年3月1日起施行。国家安全生产监督管理总局2009年9月8日公布的《冶金企业安全生产监督管理规定》（国家安全生产监督管理总局令第26号）同时废止。

1月4日

［纲　文］　安监总局、财政部印发《安全生产领域举报奖励办法》，自2018年1月4日起施行。国家安全监管总局、财政部《关于印发安全生产举报奖励办法的通知》（安监总财〔2012〕63号）同时废止。

1月4日

［纲　文］　2018年全国知识产权局局长会议在北京召开。

［目　文］　国家知识产权局局长申长雨传达了国务委员王勇关于全国知识产权系统认真学习贯彻习近平新时代中国特色社会主义思想和党的十九大精神、扎实做好知识产权工作的批示，并对落实王勇的批示提出了要求。会上，申长雨作了题为《深入学习贯彻党的十九大精神　奋力开创新时代知识产权事业改革发展新局面》的报告。

1月4日

［纲　文］　陕西省第十二届人大常委会第三十九次会议决定，接受胡和平辞去陕西省省长职务的请求，任命刘国中为陕西省副省长、代省长。

1月4日

［纲　文］　《人民日报》发表评论员文章《将改革进行到底——习近平主席2018年新年贺词启示录④》。

1月4—5日

［纲　文］　2018年全国林业厅局长会议在浙江省湖州市安吉县召开。

［目　文］　会议的主要任务是，以习近平新时代中国特色社会主义思想为指导，认真学习贯彻党的十九大和中央经济工作会议、中央农村工作会议精神，总结过去五年成就，分析当前林业形势，谋划今后一个时期总体思路，安排2018年重点工作，大力推进新时代林业现代化建设，为实施乡村振兴战略、决胜全面建成小康社会、建设社会主义现代化强国作出更大贡献。国家林业局局长张建龙出席会议并讲话。北京市园林绿化局、吉林省林业厅、浙江省林业厅、广东省林业厅、浙江省安吉县、广西壮族自治区龙胜县、山西省右玉县、河北省塞罕坝机械林场、内蒙古大兴安岭重点国有林管理局根河林业局、福建省永安市洪田村党支部先后作典型发言。

1月5日

［纲　文］　国务院通知香港特别行政区政府关于香港特别行政区政府郑若骅、袁国强职务任免。

［目　文］　通知说，依照《中华人民共和国香港特别行政区基本法》的有关规定，根据香港特别行政区行政长官林郑月娥的提名和建议，国务院决定：任命郑若骅（女）为律政司司长，免去袁国强的律政司司长职务，自2018年1月6日起生效。

1月5日

［纲　文］　新华社讯，中宣部、中央文明办印发通知，部署学习贯彻习近平总书记在江苏徐州市考察时对农村精神文明建设工作的重要指示精神，进一步加强农村精神文明建设，提升农民精神风貌。

［目　文］　通知指出，习近平总书记的重要指示，充分体现了以习近平同志为核心的党中央对农村精神文明建设的高度重视，对亿万农民群众的深情关怀，是做好新时代农村精神文明建设工作的根本遵循。要深刻领会其中蕴含的物质文明和精神文明之间的辩证关系，深刻认识农村精神文明建设在实施乡村振兴战略中的重要地位，准确把握做好新时代农村精神文明建设的基本任务和要求，大力加强农村精神文明建设，切实提升农民精神风貌，为全面建成小康社会提供坚强的思想保证、强大的精神力量、丰润的道德滋养、良好的文化条件。

通知要求，各级党委宣传部、文明办要切实抓好组织协调和指导推动，围绕着力培育新型农民、持续推进移风易俗弘扬时代新风行动，着力丰富农民群众文化生活，深化农村精神文明创建活动，补齐贫困地区精准脱贫的"精神短板"，切实把农村精神文明建设各项工作落到实处。要切实发挥农村党支部组织群众、宣传群众、凝聚群众、服务群众的作用，带领农民群众解放思想、振奋精神，学好致富技能和本领，齐心协力把乡村振兴战略要求落到实处，让农民群众在共建共享中拥有更多获得感、幸福感，焕发昂扬向上的精神风貌。

1月5日

［纲　文］　**国家统计局发布，2016年国内生产总值最终核实为743585亿元。**

［目　文］　按照我国国内生产总值（以下简称GDP）核算和数据发布制度规定，年度GDP核算包括初步核算和最终核实两个步骤。根据国家统计局统计年报、财政部财政决算和有关部门年度财务资料等，国家统计局对2016年GDP数据进行了最终核实。经最终核实，2016年GDP现价总量为743585亿元，比初步核算数减少了542亿元；按不变价格计算，比上年增长6.7%，与初步核算数一致。

1月5日

［纲　文］　**银监会公布《商业银行股权管理暂行办法》。**

［目　文］　《办法》共7章59条。主要有总则、股东责任、商业银行职责、信息披露、监督管理、法律责任等内容。本办法自2018年1月5日起施行。本办法施行前，银监会有关商业银行股权管理的规定与本办法不一致的，按照本办法执行。

1月5日

［纲　文］　**银监会印发《商业银行委托贷款管理办法》。**

［目　文］　《办法》共5章32条。主要有总则、业务管理、风险管理、监督管理、附则等内容。

1月5日

［纲　文］　**民航局印发《民航航班时刻管理办法》。**

［目　文］　《办法》共8章59条，主要有总则、一般规则、机构与职责、航班时刻初级市场配置规则、航班时刻初级市场配置程序、航班时刻次级市场配置程序、监督管理等内容。本办法自2018年4月1日起施行。2010年颁布的《关于印发民航航班时刻管理办法的通知》（民航发〔2010〕51号）、《关于印发外航航班时刻申办工作程序的通知》（民航发〔2010〕109号）同时废止。本办法发布之前有关航班时刻管理方面的规定，与本办法不一致的，以本办法为准。

1月5日

［纲　文］　**中国人民解放军驻澳门部队司令员调整。**

［目　文］　中国人民解放军驻澳门部队发布：根据中央军委主席习近平签发的命令，驻澳门部队司令员王文少将轮换交流到省军区任职，驻香港部队副司令员廖正荣少将接任驻澳门部队司令员。

廖正荣表示，将与驻澳门部队政委周吴刚一起率驻军全体官兵，坚定贯彻"一国两制"伟大方针，严格依据《中华人民共和国澳门特别行政区基本法》和《中华人民共和国澳门特别行政区驻军法》，忠诚使命，履职尽责，爱澳亲民，推动驻军建设向着新时代强军目标迈进，为维护澳门长期繁荣稳定作出积极贡献。

1月5日

［纲　文］　中国科学院武汉分院发布，中国科学院武汉国家生物安全四级实验室通过国家卫生计生委高致病性病原微生物实验活动现场评估。

［目　文］　武汉国家生物安全四级实验室（以下简称"武汉P4实验室"）成为中国首个正式投入运行的P4实验室，标志着我国具有开展高级别高致病性病原微生物实验活动的能力和条件。

根据传染病原的传染性和危害性，国际上将生物安全实验室分为P1、P2、P3和P4四个生物安全等级。所谓的P4实验室，是目前人类所拥有的生物安全等级最高的实验室。P4实验室是专用于烈性传染病研究与利用的大型装置，如埃博拉等对人体具有高度危险性，但尚无预防和治疗方法的病毒必须在P4实验室中进行研究。除中国外，目前全球公开拥有P4实验室的仅有法国、加拿大、德国、澳大利亚、美国、英国、瑞典和南非等国。根据国际惯例，这是人类目前唯一可对埃博拉等活体病毒做实验的安全场所。

武汉P4实验室作为中法新发传染病防治合作项目重要内容之一，采用类似法国里昂P4实验室"盒中盒"的设计理念。整个实验室呈悬挂式结构，共分为4层。从下往上，底层是污水处理和生命维持系统；第二层是核心实验室；第三层是过滤器系统；第二层和第三层之间的夹层是管道系统；最上一层是空调系统。

1月5日

［纲　文］　外交部发言人表示，中方欢迎并支持朝韩双方近来就缓和相互关系采取的积极举动。

［目　文］　有记者问，据报道，5日，韩国统一部发言人称，朝鲜当天表示，同意接受韩方此前提议，于9日在板门店举行朝韩高级别会谈。中方对此有何评论？

发言人表示，长期以来，中方为解决半岛问题作出了不懈努力，自始至终发挥着积极和建设性的作用。在半岛局势复杂敏感的情况下，中方始终对外发出冷静理性的声音，始终积极做各方工作，劝和促谈。在此，我愿再次呼吁所有有关各方都与中方一道，发挥应有作用，承担应有责任，抓住半岛局势中的积极动向，共同努力，争取早日把半岛问题重新纳入通过对话协商以和平方式解决的正确轨道。

1月5日

［纲　文］　《人民日报》发表评论员文章《开辟人类更加繁荣安宁的美好未来——习近平主席2018年新年贺词启示录⑤》。

1月5—8日

［纲　文］　新进中央委员会的委员、候补委员和省部级主要领导干部学习贯彻习近

平新时代中国特色社会主义思想和党的十九大精神研讨班在中央党校举行。

［目　文］　5日,中共中央总书记习近平出席开班式并讲话。开班式由中共中央政治局常委李克强主持,中共中央政治局常委栗战书、汪洋、王沪宁、赵乐际、韩正,中共中央政治局委员、中央书记处书记,十九届中央委员的其他党和国家领导人、中央军委委员出席。新进中央委员会的委员、候补委员,各省区市和新疆生产建设兵团、中央和国家机关有关部门主要负责人,军队各大单位、中央军委机关各部门主要负责人参加开班式。各民主党派中央、全国工商联及有关方面负责人列席开班式。

习近平指出,建设好我们这样的大党,领导好我们这样的大国,中央委员会成员和省部级主要领导干部至关重要,必须提高政治站位、树立历史眼光、强化理论思维、增强大局观念、丰富知识素养、坚持问题导向,从历史和现实相贯通、国际和国内相关联、理论和实际相结合的宽广视角,对一些重大理论和实践问题进行思考和把握,做到坚持和发展中国特色社会主义要一以贯之,推进党的建设新的伟大工程要一以贯之,增强忧患意识、防范风险挑战要一以贯之,以时不我待、只争朝夕的精神投入工作,推动全党全国各族人民把思想统一到党的十九大精神上来,把力量凝聚到实现党的十九大确定的目标任务上来,不断开创新时代中国特色社会主义事业新局面。

研讨班期间,全体学员学习习近平新时代中国特色社会主义思想和党的十九大精神,学习习近平总书记在开班式上的讲话精神,联系实际深入研讨,对坚持和发展中国特色社会主义要一以贯之、推进党的建设新的伟大工程要一以贯之、增强忧患意识防范风险挑战要一以贯之有了更深刻的认识,对习近平总书记在党中央和全党的核心地位有了更深刻的认识,进一步增强了履行职责、做好工作的责任感。

8日,研讨班举行结业式。王沪宁出席结业式并作总结讲话。陈希主持结业式,丁薛祥、杨晓渡、郭声琨、黄坤明、尤权出席。研讨班10名代表发言,汇报交流了学习收获。

王沪宁表示,要牢牢把握习近平新时代中国特色社会主义思想这个灵魂,增强政治意识、大局意识、核心意识、看齐意识,深入领会新时代、新思想、新矛盾、新目标对党和国家各项工作提出的新要求,把学习成效转化为新时代坚持和发展中国特色社会主义的强大力量。

1月6日

［纲　文］　**国务院批复广东省人民政府,同意撤销深圳经济特区管理线。**

［目　文］　批复说,一、为促进深圳经济特区一体化发展,结合特区建设发展面临的新形势新使命新任务,同意撤销深圳经济特区管理线。二、你省和深圳市要认真做好经济特区管理线撤销相关工作,并以此为契机,实施深圳全市域统一的城乡规划建设管理,进一步优化城市功能布局,完善交通基础设施,推进节约集约用地,强化环境保护和生态建设,有序提升公共产品和服务供给水平,实现更高质量的城市化,为新时期超大城市规划建设管理运营积累经验、当好示范。三、深圳经济特区管理线撤销后,要进一步加强粤

港边界一线管控，强化基础设施建设，确保粤港边界持续稳定。四、国务院有关部门要按照职责分工，支持广东省和深圳市做好撤销深圳经济特区管理线相关工作。

1月6日

［纲　文］　新华社讯，中央军委印发《军队互联网媒体管理规定》。

［目　文］　《规定》深入贯彻党的十九大精神，明确军队互联网媒体管理基本原则和总体要求，涵盖军队互联网媒体资质准入、审批备案、传播运行、建设保障等方面，就军队互联网媒体的开办范围、资格条件、审批程序、信息发布、保密要求、主体责任等作了统一规范，并对平台建设、技术监管、人才培养等工作进行明确，对军队互联网媒体违反国家和军队法律法规的各种情形作出追究责任的规定。自2018年2月1日起施行。

1月6日

［纲　文］　《人民日报》发表评论员文章《一以贯之坚持和发展中国特色社会主义——一论学习贯彻习近平总书记"1·5"重要讲话》。

1月6日

［纲　文］　原第二轻工业部部长、党组书记徐运北，在北京逝世，享年104岁。

1月7日

［纲　文］　新华社讯，中共中央办公厅、国务院办公厅印发《关于推进城市安全发展的意见》。

［目　文］　《意见》由六个部分组成：一、总体要求。二、加强城市安全源头治理。三、健全城市安全防控机制。四、提升城市安全监管效能。五、强化城市安全保障能力。六、加强统筹推动。

《意见》指出，各省（自治区、直辖市）党委和政府要切实加强领导，完善保障措施，扎实推进本地区城市安全发展工作，不断提高城市安全发展水平。把城市安全发展纳入安全生产工作巡查和考核的重要内容，充分发挥有关部门和单位的职能作用，加强规律性研究，形成工作合力。鼓励引导社会化服务机构、公益组织和志愿者参与推进城市安全发展，完善信息公开、举报奖励等制度，维护人民群众对城市安全发展的知情权、参与权、监督权。

1月7日

［纲　文］　中越文化部长年度会晤在北京举行。

［目　文］　文化部部长雒树刚和越南文化体育旅游部部长阮玉善围绕中越文化关系发展和文物、艺术教育、文化产业、非物质文化遗产等领域务实合作进行了探讨。

会晤回顾了近年来中越文化关系取得的积极进展，明确了双方现阶段重点合作领域，决心以两党两国领导人指示精神为指引，抓住打造中越命运共同体的历史机遇，以政府间文化协定年度文化交流执行计划为统筹，以河内中国文化中心为平台，以文化产业等领域的具体合作文件为支撑，广泛调动各界力量，开展各业态交流，推动文化机构、企业合作，加强区域文化交流合作，将本次会晤共识和成果作为新一轮执行计划的重要内容全面推动落实，不断充实中越全面战略合作伙伴关系内涵，并为打造亚洲命运共同体贡献力量。

1月7日

［纲　文］　三峡通航管理局发布，2017年三峡工程大坝船闸通过量增长5％以上，达到1.38亿吨，再创历史新高。

1月7日

［纲　文］　交通运输部发言人就东海海域发生船只碰撞事故表示，各有关单位正全力组织施救。

［目　文］　发言人说，6日20时许，巴拿马籍油船"SANCHI"轮与香港籍散货船"CF CRYSTAL"轮在长江口以东约160海里处发生碰撞。事故造成油船"SANCHI"轮全船失火，船舶右倾，船上32名船员失联；散货船"CF CRYSTAL"轮有破损，不危及船舶安全，船上21名船员已被安全救起。

1月7日

［纲　文］　《人民日报》发表评论员文章《一以贯之推进党的建设新的伟大工程——二论学习贯彻习近平总书记"1·5"重要讲话》。

1月7—13日

［纲　文］　应全国人大常委会委员长张德江邀请，北欧和波罗的海国家议长联合访华。

［目　文］　联合访华的有：芬兰议长洛赫拉、挪威议长托马森、冰岛议长西格富松、爱沙尼亚议长内斯托尔、拉脱维亚议长穆尔涅采、立陶宛议长普兰茨凯蒂斯、瑞典第一副议长芬内。

8日，张德江在北京与联合访华的议会领导人举行集体会谈。芬兰议长洛赫拉、挪威议长托马森、冰岛议长西格富松、爱沙尼亚议长内斯托尔、拉脱维亚议长穆尔涅采、立陶宛议长普兰茨凯蒂斯、瑞典第一副议长芬内等参加会谈。

张德江说，此次各国议会领导人联合访华是双方交往的重要创新，也表明了双方加强合作的强烈愿望。加强双方立法机关友好合作，一是增进相互了解，筑牢合作的政治基础。二是加强经验交流，完善合作的法律基础。三是促进人文交流，巩固合作的民意基础。张德江还介绍了中共十九大的情况。

各国议会领导人表示，北欧和波罗的海国家愿与中国携手，加强立法机关交往，共同应对气候变化、环境保护等挑战，密切在多边场合的协调配合，推动绿色发展。

同日，中共中央政治局委员、国务委员杨洁篪在北京集体会见了北欧和波罗的海国家议长代表团。

10日，国家主席习近平在北京集体会见北欧和波罗的海国家议会领导人时指出，中国同北欧和波罗的海国家发展健康、稳定、可持续的双边关系，推进互利共赢的双边和区域合作，不仅符合我们各自国家的利益，也有利于推进中欧全面战略伙伴关系向前发展，契合和平、发展、合作、共赢的时代潮流。双方要始终以相互尊重、平等相待、包容互鉴为原则，尊重彼此核心利益和重大关切，从战略高度和长远角度牢牢把握住双边关系的正确发展方向。要继续保持高层交往势头，加强交流，增进了解，求同化异，扩大共识。要对接各自发展战略，拓展务实合作领域和渠道，特别是加强在"一带一路"倡议框架下的合作，共享亚欧大陆互联互通带来的发展红利。中国将推动构建新型国际关系，推动构建人类命运共同体。这是中国特色社会主义理念的应有之义，是新时代中国外交追求的目标，也是世界各国共同努力的方向。中国将继续发挥负责任大国作用，积极参与全球治理体系改革和建设，推动全球治理体系朝着更加公正合理的方向发展，不断贡献中国智慧和力量。

各国议会领导人表示，中国在经济发展、民生改善、减贫脱贫、环境保护等方面取得的成就是历史性的。北欧和波罗的海国家珍视同中国的友谊，愿进一步发展同中国的友好合作关系。

1月8日

[纲　文]　中共中央、国务院在北京隆重举行国家科学技术奖励大会。

[目　文]　党和国家领导人习近平、李克强、张高丽、王沪宁出席大会并为获奖代表颁奖。国务院副总理张高丽主持大会。丁薛祥、许其亮、陈希、黄坤明、沈跃跃、万钢等，中央和国家机关及军队有关方面负责人，国家科技教育领导小组成员，国家科学技术奖励委员会成员和首都科技界代表等共约3300人参加大会。

中共中央总书记习近平向获得2017年度国家最高科学技术奖的南京理工大学王泽山院士和中国疾病预防控制中心病毒病预防控制所侯云德院士颁发奖励证书。习近平等向获得国家自然科学奖、国家技术发明奖、国家科学技术进步奖和中华人民共和国国际科学技术合作奖的代表颁奖。

国务院总理李克强在讲话中代表党中央、国务院，向全体获奖人员表示热烈祝贺，向全国广大科技工作者致以崇高敬意和诚挚问候，向参与和支持中国科技事业的外国专家表示衷心感谢。

国务院副总理刘延东在会上宣读了《国务院关于2017年度国家科学技术奖励的决定》。王泽山代表全体获奖人员发言。奖励大会开始前，习近平等党和国家领导人会见了国家科学技术奖获奖代表，并同大家合影留念。

2017年度国家科学技术奖共评选出271个项目和9名科技专家。其中，国家最高科学技术奖2人；国家自然科学奖35项，其中一等奖2项，二等奖33项；国家技术发明奖66项，其中一等奖4项，二等奖62项；国家科学技术进步奖170项，其中特等奖3项，一等奖21项（含创新团队3项），二等奖146项；授予7名外籍科技专家中华人民共和国国际科学技术合作奖。

同日，刘延东在北京会见获得2017年度中华人民共和国国际科学技术合作奖的美国凝聚态物理学家厄尔·沃德·普拉默、乌兹别克斯坦生物有机化学家肖开提·萨利霍夫、美国理论物理学家张首晟、英国聚合物加工专家菲利普·戴维·寇茨、瑞典气候学家陈德亮、美国表观遗传学家施扬以及美国土木工程学家保罗·斯潘诺斯，并颁发奖章。

1995年至今，共有113位外国专家和3个国际组织获得国际科学技术合作奖。

1月8日

[纲　文] **《人民日报》报道，最高人民检察院、国土资源部发布《关于加强协作推进行政公益诉讼促进法治国土建设的意见》。**

[目　文] 《意见》明确，检察机关要审慎行使权力，严守检察权边界，确保检察监督在法治轨道上运行。国土资源主管部门要积极作为，全力配合检察机关开展公益诉讼工作；严格执行重大决策程序规定及合法性审查制度，公正文明规范执法；按照"谁作为、谁负责"原则，明确承办原行政行为的业务机构为行政公益诉讼承办机构，落实整改或参加诉讼；加强公益诉讼个案剖析和类案研究，研判执法风险点，对问题集中领域进行源头治理。

《意见》指出，要充分发挥诉前检察建议功能。检察机关要积极通过诉前程序推动国土资源主管部门主动履职纠错，主动保护公益。国土资源管理部门在收到检察建议书后，要积极整改落实。

1月8日

[纲　文] **保监会、财政部印发《关于加强保险资金运用管理支持防范化解地方政府债务风险的指导意见》。**

[目　文] 《意见》由六个部分组成：一、积极支持依法合规开展投资。二、妥善配合存量债务风险处置。三、切实规范投资融资平台公司行为。四、审慎合规开展创新业务。五、着力强化行业风险管理。六、严格落实市场主体责任。

《意见》要求保险业相关行业组织发挥平台作用，加强对地方债务风险的监测。督促地方政府加快建立跨部门联合监测和防控机制，加强信息共享，支持保险机构完善风险管理体系。同时严格落实市场主体责任，加强对保险机构及中介服务机构的责任追究。

1月8日

[纲　文] **2018年全国宗教局长会议在北京召开。**

[目　文] 国家宗教事务局局长王作安在会上作工作报告。会议对全国宗教工作系统先进集体和先进工作者进行了表彰。北京市海淀区民族宗教侨务办公室等32个单位被授予"全国宗教工作系统先进集体"称号，蒋金标等10名同志被授予"全国宗教工作系统先进工作者"称号。经国家公务员局批准，国家宗教事务局决定授予上海市闵行区民族宗教事务办公室等8个单位记功奖励，授予孟拥军等11名个人记功奖励。

1月8日

［纲　文］　**2018年全国邮政管理工作会议在北京召开。**

［目　文］　会议传达学习了国务院副总理马凯对交通运输工作的批示，总结回顾了2017年以及党的十八大以来邮政业的主要工作成绩，全面分析了当前邮政业面临的新形势，科学谋划了新时代邮政强国建设的战略部署，明确提出了2018年邮政工作的总体要求和主要任务，并首次提出要通过"两步走"，到21世纪中叶全面建成现代化邮政强国。交通运输部党组书记杨传堂出席会议并讲话。国家邮政局局长马军胜作工作报告。各省（区、市）邮政管理局、副省级城市邮政管理局、国家邮政局机关各司室、直属各单位以及中国邮政集团公司和主要快递企业的负责人参加会议。

1月8日

［纲　文］　**2018年全国旅游工作会议在厦门召开。**

［目　文］　会议贯彻落实党的十九大精神，以习近平新时代中国特色社会主义思想为指导，落实中央经济工作会议部署，回顾五年来尤其是"515战略"实施以来我国旅游发展历程，研判发展形势，把握发展方向，确定2018年及今后一段时期的中心任务是"从高速旅游增长阶段转向优质旅游发展阶段"，并安排部署下一阶段全国旅游工作。会议传达了党中央、国务院领导批示和指示精神，国家旅游局局长李金早作了题为《以习近平新时代中国特色社会主义思想为指导奋力迈向我国优质旅游发展新时代》的工作报告。

国务院旅游工作部际联席会议成员单位代表，各省区市旅游委局和新疆生产建设兵团旅游局主要负责人，行业协会和大型旅游企业负责人、旅游专家学者，国家旅游局各司室及直属单位、各驻外办事处主要负责人等参加会议。

1月8日

［纲　文］　**国务院副总理汪洋在北京会见美国全国商会代表团。**

［目　文］　汪洋表示，中美是世界上最大的两个经济体，拥有广泛的共同利益，合作是双方唯一正确的选择。2017年两国元首成功互访，促进了中美关系的健康发展。希望美国全国商会继续为加强中美两国相互了解和交往合作发挥积极作用，为中美经济合作长期稳定发展作出新的贡献。

1月8日

［纲　文］　**《中华人民共和国政府和约旦哈希姆王国政府关于在约旦设立中国文化中心的协定》在约旦安曼签署。**

［目　文］　根据《协定》，中国文化中心为中国政府派驻在约旦的官方非营利文化机构，中方将在遵守约旦现行法律和法规的基础上运作中心。该中心宗旨是促进中约两国文化交流与合作，增进中约两国人民之间相互了解和友谊，推动中约友好关系发展。

中国文化中心的职能包括举办各种文化、艺术、教育活动，设立图书馆、阅览室、影视放映厅，向约旦公众介绍中国和中国文化，交流中国发展经验和文化艺术等。约方将依法为中国文化中心提供部分免税、办理中心工作人员许可等便利。

1月8日

［纲　文］　《人民日报》发表评论员文章《一以贯之增强忧患意识、防范风险挑战——三论学习贯彻习近平总书记"1·5"重要讲话》。

1月8—10日

［纲　文］　应国家主席习近平邀请，法国总统马克龙对中国进行国事访问。

［目　文］　访问期间，习近平在北京同马克龙举行了会见、会谈。两国元首一致同意，秉承友好传统，推动紧密持久的中法全面战略伙伴关系行稳致远。两国元首共同会见了出席中法企业家委员会首次会议的企业家代表并分别致辞；共同出席了台山核电站欧洲先进压水堆全球首堆工程命名揭牌仪式，见证了两国成立中法企业家委员会谅解备忘录以及国家公园体制建设、核能、空间技术、人才交流、环保、金融、卫生、航空、农业、养老、文化、教育、商业等领域双边合作文件的签署并会见了中外记者。国务院总理李克强、全国人大常委会委员长张德江在北京分别会见了马克龙。双方发表了《中华人民共和国和法兰西共和国联合声明》。

习近平同马克龙会谈时指出，双方要大力深化核能、航空航天等传统领域战略合作；不断培育新的合作增长点，加快推动农业食品、医疗卫生、城市可持续发展、绿色制造、金融等新兴领域合作；继续推动"中国制造2025"同法国"未来工业"计划全方位对接，加强创新合作，在数字经济、人工智能、先进制造业等领域更好实现优势互补，共同发展。要抓住"一带一路"倡议提供的新机遇，在"一带一路"框架内开展务实合作，共同促进亚欧大陆繁荣。要调动更多力量积极参与中法合作，推动地方合作不断做实做深。要坚持共商共建共享的全球治理观，推动全球治理改革，建设开放型世界经济，反对一切形式的保护主义，推动经济全球化朝更加开放、包容、普惠、平衡、共赢的方向发展。要坚持通过对话和平解决争端，积极推动解决国际和地区热点问题，合作应对气候变化、恐怖主义、网络安全等全球性挑战，维护世界和平稳定，携手构建人类命运共同体。

马克龙表示，法方重视在"一带一路"框架下增进两国合作，认为这极具战略意义。希望通过此访，双方建立起高层和各领域更密切的沟通对话，强化两国经济联系和航空航天、核能等重要领域合作，增进教育和文化交流，共同谱写法中合作新篇章。

李克强会见马克龙时指出，欢迎法方扩大对华投资和优质产品对华出口，也希望法方进一步放宽高技术产品对华出口。两国要加强核能、航空、农业等领域合作；要创新合作方式，扩大第三方市场合作；还要开拓合作领域，加强人工智能等前沿领域的合作。中方坚定支持欧洲一体化进程，希望看到一个团结、稳定、发展的欧盟，对欧盟发展前景抱有信心，愿同欧方推进双边投资协定谈判。

马克龙表示，法方愿同中方在长期合作的基础上，进一步规划双边经贸合作，发挥各自优势，加强科研、人工智能、航空、核能、农业等领域互利合作，扩大相互市场开放，推动法中、欧中关系进入新的发展阶段，携手为世界和平与发展作出新贡献。

1月9日

［纲　文］　国务院批复陕西、山西、甘肃省人民政府和国家发展改革委、与住房和城乡建设部统一，同意关中平原城市群发展规划。

［目　文］　批复说，国家发展改革委《关于报送关中平原城市群发展规划（送审稿）的请示》（发改规划〔2017〕2033号）收悉。现批复如下：一、原则同意《关中平原城市群发展规划》（以下简称《规划》），请认真组织实施。二、《规划》实施要全面贯彻党的十九大精神，以习近平新时代中国特色社会主义思想为指导，统筹推进"五位一体"总体布局和协调推进"四个全面"战略布局，坚持以人民为中心的发展思想，牢固树立和贯彻落实新发展理念，以供给侧结构性改革为主线，加快培育发展新动能，拓展发展新空间，以建设具有国际影响力的国家级城市群为目标，以深度融入"一带一路"建设为统领，以创新驱动发展、军民融合发展为动力，以延续中华文脉、体现中国元素的风貌塑造为特色，加快高端要素和现代产业集聚发展，提升人口和经济集聚水平，打造内陆改革开放新高地，充分发挥关中平原城市群对西北地区发展的核心引领作用和我国向西开放的战略支撑作用。三、陕西、山西、甘肃省人民政府要切实加强组织领导，健全协作机制，明确责任分工，制定实施方案，做好与相关专项规划的衔接，确保各项目标任务落到实处。《规划》实施中涉及的重大事项、重大政策和重大项目按规定程序报批。四、国务院有关部门要按照职能分工，研究制定支持关中平原城市群发展的具体政策措施，在有关规划编制、体制创新、重大项目建设、优化行政区划设置等方面给予积极支持。国家发展改革委、住房城乡建设部要做好协调指导，加强对《规划》实施情况的跟踪分析，适时组织开展《规划》实施情况督查评估，研究新情况，总结新经验，解决新问题。重大问题及时向国务院报告。

1月9日

［纲　文］　银监会印发《关于开展投资管理型村镇银行和"多县一行"制村镇银行试点工作的通知》。

［目　文］　《通知》由五个部分组成：一、积极稳妥组建村镇银行，扩大普惠金融服务覆盖面。二、完善投资管理模式，提高村镇银行集约化专业化发展水平。三、优化设立方式，提高村镇银行可持续发展能力。四、加强定位监管，引领村镇银行提升支农支小能力。五、加强风险监管，全面落实属地监管责任。

《通知》指出，投资管理型村镇银行和"多县一行"制村镇银行试点有关市场准入事项，按照投资管理型村镇银行和"多县一行"制村镇银行试点市场准入操作规程（试行）执行。投资管理型村镇银行有关审慎经营规则，由银监会另行制定。

1月9日

［纲　文］　**刘延东出席科技工作座谈会并讲话。**

［目　文］　国务院副总理刘延东指出，要全面贯彻党的十九大精神，以习近平新时

代中国特色社会主义思想为指导，把握新时代科技创新战略定位，实施创新驱动发展战略，强化使命担当，以创新支撑引领经济社会发展和现代化经济体系建设，为加快建设创新型国家和科技强国不懈奋斗。党的十八大以来，我国科技事业取得了历史性成就，创新驱动发展顶层设计不断完善，科技实力和创新能力大幅跃升，为经济社会发展提供了有力支撑。刘延东强调，要深入领会新时代、新思想、新矛盾、新目标对科技创新的新要求，以全局高度和全球视野谋划科技发展。要把供给侧结构性改革作为重大需求，实施国家重大科技项目，加快建设现代产业技术体系，为高质量发展提供更多高水平创新源头供给。要强化基础研究和应用基础研究，聚焦前沿，联合攻关，打造战略科技力量，夯实建设科技强国的根基。要大力发展民生科技和生态科技，助力打赢脱贫攻坚战，让科技成果更多惠及群众。要深化科技体制改革，促进产学研深度融合和科技军民融合，推动科技创新对外开放合作，营造创新发展的良好生态。

1月9日

［纲　文］ **2018年全国科技工作会议在北京召开。**

［目　文］ 会议学习贯彻习近平新时代中国特色社会主义思想和党的十九大精神，贯彻落实中央经济工作会议精神和中央农村工作会议精神，深入实施创新驱动发展战略，总结党的十八大以来科技创新工作，分析当前创新发展新形势，明确科技创新工作新要求，研究部署2018年科技改革发展任务，加快建设创新型国家步伐。科技部部长万钢作工作报告，科技部副部长王志刚主持会议。会议印发了科技部党组2018年一号文件《关于坚持以习近平新时代中国特色社会主义思想为指导开创科技工作新局面的意见》。中央和国家机关有关部门科技管理工作负责人，各地方科技厅局、国家自主创新示范区和部分高新区、民口科技重大专项实施管理办公室负责人等200多名代表参加会议。

1月9日

［纲　文］ **中国国家画院成立"中国国家画院版权保护中心"。**

［目　文］ 版权保护中心主要服务功能包括艺术品确权、艺术品版权的授权和艺术家维权。版权保护中心将通过与国内知名专家和法律服务机构合作，协助艺术家进行版权维护，包括合同及授权文件的起草与签署以及解决版权纠纷所需要的相关服务。版权保护中心初期以国家画院及其旗下艺术家为主要服务对象，后续将发展为面向广大艺术家全体进行版权服务的专业性机构。

中国国家画院是集美术创作、研究、教育、收藏、普及和交流于一体的国家公益型事业单位，拥有国画、油画、版画、雕塑、理论研究等八个艺术机构。

1月9日

［纲　文］ **中国在太原卫星发射中心用"长征二号丁"运载火箭，将"高景一号"03、04星发射升空，卫星顺利进入预定轨道。**

［目　文］ 本次任务是中国航天科技集团有限公司自主发展的商业遥感卫星星座的第二次发射，目的是探索实现我国高分辨率遥感卫星商业化运营。"高景一号"03、04星

具有0.5米级高分辨率,可实现连续条带成像、多条带拼接成像、立体成像、多目标成像,具有宽覆盖、多目标、多模式、快应用等特点。卫星完成在轨测试后,将为全球用户提供遥感数据服务和应用系统解决方案,以及针对国土资源调查、测绘、环境监测、金融保险和互联网行业的增值服务。"高景"商业遥感卫星系统首批4颗0.5米高分辨率光学遥感卫星完成组网,标志着我国首个0.5米级高分辨率商业遥感卫星星座正式建成。

"高景一号"03、04星和"长征二号丁"运载火箭,分别由中国航天科技集团有限公司所属的中国空间技术研究院和上海航天技术研究院研制。这是长征系列运载火箭的第261次飞行。

1月9日

［纲　文］《人民日报》发表评论员文章《必须准备付出更为艰巨、更为艰苦的努力——四论学习贯彻习近平总书记"1·5"重要讲话》。

1月9日

［纲　文］　新华社讯,经党中央批准,中华人民共和国中央军事委员会委员房峰辉(中共中央军事委员会原委员、中央军委联合参谋部原参谋长)因涉嫌行贿、受贿犯罪,被移送军事检察机关依法处理。

［目　文］　新华社北京10月16日电,经中共中央批准,中央军委对中央军委原委员、军委联合参谋部原参谋长房峰辉严重违纪违法问题进行了审查。经查,房峰辉严重违反党的政治纪律和政治规矩、中央八项规定和军委十项规定精神、组织纪律,涉嫌行贿、受贿、巨额财产来源不明犯罪,情节极为严重,数额特别巨大,影响极其恶劣。房峰辉对党不忠诚不老实,搞两面派做两面人,政治上蜕变、经济上贪婪,严重损害党的事业和军队形象,经中央军委研究并报党中央批准,决定给予房峰辉开除党籍处分。军事检察机关对房峰辉案侦查终结,移送审查起诉。此前,中央军委已决定给予房峰辉开除军籍处分,取消其上将军衔。

2019年2月20日,军事法院依法对中央军委联合参谋部原参谋长房峰辉受贿、行贿、巨额财产来源不明案进行了宣判,认定房峰辉犯受贿罪、行贿罪、巨额财产来源不明罪,数罪并罚,决定执行无期徒刑,剥夺政治权利终身,并处没收个人全部财产,追缴的赃款赃物上缴国库。

1月9—10日

［纲　文］　张高丽在安徽调研推动长江经济带发展工作。

［目　文］　国务院副总理张高丽在合肥港,察看关闭的砂石货场码头、拆解的船舶等,调研规范整治码头、采砂、化工污染等工作;在江淮汽车股份有限公司,察看新能源汽车研发实验室、生产线,了解企业生产经营和参与国际产能合作情况。

10日,张高丽主持召开推动长江经济带发展工作会议。马凯、李强、陈敏尔和推动长江经济带发展领导小组成员、领导小组办公室、沿江11个省市负责人参加会议。会议主要议题是:学习贯彻党的十九大、中央经济工作会议、中央农村工作会议精神,总结近年来推动长江经济带发展工作,审议有关文件,研究部署下一步重点工作。

张高丽表示,在党中央、国务院坚强领导下,有关地方和部门单位扎实工作、埋头苦干,长江经济带发展取得显著成效。下一步,要深入贯彻落实党的十九大精神,以习近平新时代中国特色社会主义思想为指导,坚持稳中求进工作总基调,贯彻新发展理念,推动长江经济带高质量发展。要把保护和修复长江生态环境摆在压倒性位置,全面推进水污染防治、水生态修复、水资源保护。要加快完善综合交通运输体系,大力发展江海联运,更好发挥黄金水道作用。

1月9—10日

[纲　文]　**2018年全国质量监督检验检疫工作会议召开**。

[目　文]　质检总局局长支树平在会上作报告。会议传达了国务委员王勇关于质检工作的批示要求。会议期间,与会代表学习了党的十九大精神和中央经济工作会议关于质量的论述,分组讨论了会议报告,围绕如何看待质检工作的历史性成就和变革,如何认识质检工作面临的新时代要求、如何落实"五个提升"、如何进一步转变作风进行了讨论。

1月10日

[纲　文]　**中央军委向武警部队授旗仪式在北京举行**。

[目　文]　中共中央总书记、国家主席、中央军委主席习近平向武警部队司令员王宁、政治委员朱生岭授旗并致训词。他指出,党中央决定,调整武警部队领导指挥体制,党中央和中央军委对武警部队实行集中统一领导,实行中央军委—武警部队—部队领导指挥体制。这是党中央从全面落实党对全国武装力量的绝对领导、坚持和发展中国特色社会主义军事制度出发作出的重大政治决定,对实现党在新时代的强军目标、推进国家治理体系和治理能力现代化、实现党和国家长治久安具有重大而深远的意义。

朱生岭代表武警部队发言,表示要坚决贯彻习主席训词,坚决听从党中央、中央军委和习主席指挥,聚力练兵备战,忠诚履职尽责,决不辜负党和人民重托。

授旗仪式上,中央军委副主席许其亮宣读了中央军委授予武警部队旗命令。中央军委副主席张又侠主持授旗仪式。中央军委委员魏凤和、李作成、苗华、张升民出席活动。各大单位、军委机关各部门主要领导和部队官兵代表参加授旗仪式。之后,习近平接见了武警部队正师级以上单位主要领导,并同大家合影留念。

1月10日

[纲　文]　**纪念胡绳同志诞辰100周年座谈会在北京举行**。

[目　文]　全国政协主席俞正声出席座谈会,并在会前会见了胡绳的亲属。全国政协副主席兼秘书长张庆黎主持座谈会。中共中央政治局委员、中宣部部长黄坤明在座谈会上缅怀了胡绳为中国革命、建设、改革事业不懈奋斗的光辉一生,强调要学习他的革命精神、优良作风和崇高风范,像他那样坚定理想、不忘初心,一心向党、对党忠诚,坚持真理、不懈求索,扎根中国、潜心治学,修身律己、品德高尚,为实现中华民族伟大复兴的

中国梦而不懈奋斗。

胡绳（1918年1月11日—2000年11月5日）是我国著名的马克思主义理论家、历史学家，是中国共产党第十二届中央委员，曾任第七、八届全国政协副主席。

1月10日

［纲　文］　环境保护部发布《排污许可管理办法（试行）》。

［目　文］　《办法》共7章68条，主要有总则，排污许可证内容，申请与核发，实施与监管，变更、延续、撤销，法律责任等内容。本办法自2018年1月10日起施行。

1月10日

［纲　文］　外交部发言人在例行记者会上说，中方对朝韩高级别会谈取得积极成果表示欢迎。

［目　文］　有记者问，据报道，9日朝韩在高级别会谈后发表联合新闻稿称，双方就平昌冬奥会合作、缓和军事紧张等达成协议。有分析认为，这标志着朝韩僵冷关系取得重大突破。

外交部发言人表示，中方注意到国际社会一直在密切关注朝鲜半岛北南双方近来的一系列互动。北南双方在半岛形势异常严峻之际相互伸出释放善意之手并握在了一起，值得鼓励。中方对朝韩高级别会谈取得积极成果表示欢迎。作为朝鲜半岛近邻，中方欢迎并支持朝韩双方就缓和相互关系采取积极举措，希望双方以平昌冬奥会为契机，推动改善关系与和解合作，为缓和半岛紧张局势、推动半岛问题重返对话协商解决的正轨作出积极努力。国际社会应当对此予以充分的理解和支持。

1月10日

［纲　文］　中国首个等离子体危废处理示范项目——10吨/天等离子体危废处理项目，在广东清远通过竣工验收。

［目　文］　该项目正式进入工程应用阶段，为国内医疗垃圾、生活垃圾、废矿物油等危废物的处理探索了一条新路。

等离子体危废处理技术是利用等离子体瞬间产生的上万摄氏度高温，将二噁英等有机污染物快速裂解为无害化的小分子，将重金属等无机污染物固化在玻璃体中，最终得到的玻璃体可作为路基、建材等被使用，实现固体废物的减量化、无害化、稳定化、资源化目标。该项技术由中广核研究院完全自主化研制，清远项目的处理源是以医疗垃圾为主的综合危险废物，整套装置采用模块化、自动化、标准化建设。此次示范装置的竣工验收是我国等离子体危废处理技术工程应用的第一次正式对外亮相。

1月10—11日

［纲　文］　国务院总理李克强应邀出席澜湄合作第二次领导人会议，并对柬埔寨进行正式访问。

［目　文］　10日，澜沧江—湄公河合作第二次领导人会议在柬埔寨金边举行。李克强和柬埔寨首相洪森共同主持会议。老挝总理通伦、泰国总理巴育、越南总理阮春福和

缅甸副总统吴敏瑞出席会议。与会各国领导人赞赏李克强所提倡议符合湄公河国家的长远利益，感谢中方对各国发展的支持帮助，认为澜湄合作机制成立时间虽短，但成果扎实丰硕，展现出睦邻友好、互利共赢的广阔合作前景。各国具有加强合作的政治意愿和经济互补优势，愿加快推进澜湄合作不断壮大，加强水资源、互联互通、农业、人文等领域合作，促进本地区和平安定和可持续发展。会议发表了《澜沧江—湄公河合作五年行动计划（2018—2022）》和《澜沧江—湄公河合作第二次领导人会议金边宣言》。

会议期间，李克强和各国领导人在金边共同参观澜沧江—湄公河合作成果展并共同会见记者，介绍会议成果；在中国高铁列车展台，听取了介绍并坐进"复兴号"模拟驾驶舱，感受中国高铁列车的装备配置和驾驶运行情况。李克强分别会见了越南总理阮春福、老挝总理通伦、泰国总理巴育。

11日，李克强在金边同洪森举行会谈并共同见证了两国政治、经贸、卫生、林业、农业、人文等领域19项双边合作文件的签署，双方发表《中华人民共和国政府和柬埔寨王国政府联合公报》。

访问期间，李克强会见了柬埔寨国王西哈莫尼，分别向柬埔寨独立纪念碑和西哈努克太皇纪念雕像敬献花圈。

1月11日

[纲　文]　**国家主席习近平应约同韩国总统文在寅通电话。**

[目　文]　习近平指出，总统先生不久前对中国进行了成功的国事访问，双方就发展中韩战略合作伙伴关系、加强在重大地区和国际问题上的协调达成重要共识，增进了互信、加强了合作。中方对中韩关系改善发展感到满意。新的一年里，中方愿同韩方一道，加强战略沟通，推动务实合作，妥善处理敏感问题，推动两国关系实现更大发展，共同努力促进地区和平稳定。中方支持韩方办好平昌冬奥会，预祝平昌冬奥会取得圆满成功。中方一贯支持韩朝双方改善关系、和解合作。我们支持双方推进南北对话和交流，逐步推动朝鲜半岛问题解决。当前，朝鲜半岛形势挑战和机遇并存。希望平昌冬奥会不仅为韩朝对话带来契机，而且能成为朝鲜半岛形势好转的开端。中方愿同包括韩方在内各方加强沟通和合作，争取形势进一步向好发展。

文在寅通报了近日韩朝高级别会谈成果，表示韩方高度重视中方在朝鲜半岛问题上的重要作用，感谢中方支持南北对话，感谢中方为推动通过对话谈判解决问题、维护朝鲜半岛和平稳定所作努力。韩方愿同中方一道，致力于通过对话谈判解决问题，维护本地区和平稳定。

1月11日

[纲　文]　**国家主席习近平在北京会见英国前首相卡梅伦。**

[目　文]　习近平赞赏卡梅伦担任英国首相期间推动中英关系发展的远见卓识和作出的努力，并指出，我2015年对英国进行了成功的国事访问。我们共同开启了中英

关系"黄金时代",为两国关系发展注入了新动力。梅首相就任以来,继续坚持中英关系"黄金时代"的大方向,中英关系保持持续发展的态势。当前,中英双方高层往来密切,互利合作不断深化,人文交流愈益活跃,为两国人民带来了切实利益。中方愿继续同英方加强沟通、交流、合作,包括在"一带一路"框架内开展更大范围、更高水平、更深层次的互利合作,把"黄金时代"的蓝图转化为更多"黄金成果",推动两国关系长期稳定发展。

卡梅伦感谢习近平会见并表示,习主席2015年对英国的国事访问至今令人难忘。英中共同打造两国关系"黄金时代"并推动双方合作深入发展令人高兴。"一带一路"倡议将为英中合作带来新的契机。我对英中关系前景充满信心,愿继续为增进英中相互了解和交往合作发挥积极作用。

1月11日

〔纲　文〕　交通运输部公布《长江三峡水利枢纽过闸船舶安全检查暂行办法》。

〔目　文〕　《办法》共5章33条。主要有总则、过闸船舶安全自查、过闸安检组织实施、监督责任、附则等内容。本办法自2018年6月1日起施行。

1月11日

〔纲　文〕　安监总局公布《煤矿安全培训规定》。

〔目　文〕　《规定》共8章50条。主要有总则、安全培训的组织与管理、主要负责人和安全生产、特种作业人员的安全培训和考核发证、其他从业人员的安全培训和考核、监督管理、法律责任、附则等内容。自2018年3月1日起施行。国家安全生产监督管理总局2012年5月28日公布、2013年8月29日修正的《煤矿安全培训规定》(国家安全生产监督管理总局令第52号)同时废止。

1月11日

〔纲　文〕　中央政法委书记郭声琨在北京会见英国首相国家安全顾问塞德维尔。

〔目　文〕　郭声琨指出,中共十九大为实现中华民族伟大复兴的中国梦吹响了新的集结号,习近平总书记在党的十九大报告中再次强调推动构建人类命运共同体,这为加强中英各领域合作提供了新的历史机遇、指明了前进方向。希望双方执法安全部门抓住机遇,认真落实两国领导人共识,深化反恐、打击跨国有组织犯罪等合作,推动中英关系"黄金时代"深入发展。

塞德维尔祝贺中共十九大圆满成功,表示愿同中方加强执法安全合作,努力取得更多成果。

同日,国务委员杨洁篪在北京会见塞德维尔时表示,过去一年中英全面战略伙伴关系稳定发展。中英两国加强合作不仅符合双方利益,也有利于地区和世界的和平与发展。双方要积极落实两国领导人共识,密切高层交往,巩固政治互信,深化"一带一路"等领域的务实合作,不断充实中英关系"黄金时代"的内涵。

塞德维尔祝贺中共十九大取得圆满成功,表示英方愿进一步深化与中方合作,推动两国关系"黄金时代"取得新进展。

1月11日

[纲 文] 外交部发言人就美国国会众议院近日通过"与台湾交往法案"表示，这严重违反一个中国政策和中美三个联合公报原则，干涉中国内政，中方对此表示坚决反对。

[目 文] 有记者问：中方对美国国会众议院近日通过"与台湾交往法案"有何评论？

发言人说：中方注意到有关报道，有关议案严重违反一个中国政策和中美三个联合公报原则，干涉中国内政，中方对此表示坚决反对。中方敦促美方恪守一个中国政策和中美三个联合公报原则，慎重处理台湾问题，不与台进行任何官方往来和接触，不向"台独"分裂势力发出任何错误信号，以实际行动维护中美关系大局和双方在国际事务中的合作。

1月11日

[纲 文] 世界羽联公布2018年度第二期的世界排名，中国队组合陈清晨/贾一凡与郑思维/陈清晨分别位列女双和混双的世界第一名。

1月11—13日

[纲 文] 中国共产党第十九届中央纪律检查委员会第二次全体会议在北京召开。

[目 文] 中共中央总书记习近平出席全会并发表讲话。他强调，在中国特色社会主义新时代，完成伟大事业必须靠党的领导，党一定要有新气象新作为。要全面贯彻党的十九大精神，重整行装再出发，以永远在路上的执着把全面从严治党引向深入，开创全面从严治党新局面。深入推进全面从严治党，要全面贯彻党的十九大精神，以新时代中国特色社会主义思想为指导，增强"四个意识"，坚定"四个自信"，紧紧围绕坚持和加强党的全面领导，紧紧围绕维护党中央权威和集中统一领导，全面推进党的政治建设、思想建设、组织建设、作风建设、纪律建设，把制度建设贯穿其中，深入推进反腐败斗争，在坚持中深化、在深化中发展，实现党内政治生态根本好转，不断增强党的创造力、凝聚力、战斗力，为决胜全面建成小康社会、全面建设社会主义现代化国家提供坚强保证。

全会由中央纪律检查委员会常务委员会主持。栗战书、汪洋、王沪宁、赵乐际、韩正等党和国家领导人出席会议。出席这次全会的有中央纪委委员133人，列席177人。全会以习近平新时代中国特色社会主义思想为指导，全面贯彻落实党的十九大精神，研究部署2018年纪检监察工作，审议通过了赵乐际同志代表中央纪委常委会所作的《以习近平新时代中国特色社会主义思想为指导 坚定不移落实党的十九大全面从严治党战略部署》工作报告。全会发表了《中国共产党第十九届中央纪律检查委员会第二次全体会议公报》。全会要求，打铁必须自身硬。各级纪检监察机关和广大纪检监察干部要始终做到忠诚坚定、担当尽责、遵纪守法、清正廉洁，始终坚持人民立场、秉持高尚情怀，始终坚持实事求是、求真务实、忠于职守、认真履职。要增强居安思危的忧患意识、许党许国的担当精神，提高履职能力，强化自我监督和自我约束，保持做好新时代纪检监察工作的定力、耐力、活力，保持工作、政策、措施的连续性稳定性前瞻性，认真履行好党和人民赋予的光荣使命，确保党和人民赋予的权力不被滥用、惩恶扬善的利剑永不蒙尘。

全会号召，要紧密团结在以习近平同志为核心的党中央周围，无私无畏、奋发有为，不断取得全面从严治党、党风廉政建设和反腐败斗争新成效，为落实党的十九大战略部署，决胜全面建成小康社会、夺取新时代中国特色社会主义伟大胜利作出新的更大贡献！

1月11—12日

[纲　文]　2018年全国文物局长会议在杭州召开。

[目　文]　会议主题是以习近平新时代中国特色社会主义思想为指导，学习贯彻党的十九大精神，总结2017年工作，部署2018年任务，不忘初心、牢记使命，改革创新，攻坚克难，努力开创新时代文物工作新局面。文化部部长雒树刚出席会议并讲话，文化部党组成员、国家文物局局长刘玉珠作工作报告。中央国家机关有关部门、全国各省、自治区、直辖市及计划单列市、新疆生产建设兵团和各省会城市文物部门负责人参加会议。与会代表就国家文物局2018年工作要点、《关于促进民间收藏文物保护利用、规范文物市场健康发展的意见》（征求意见稿）等文件展开讨论。

1月12日

[纲　文]　中共中央政治局召开会议，研究修改宪法部分内容的建议。

[目　文]　中共中央总书记习近平主持会议。会议决定，中国共产党第十九届中央委员会第二次全体会议于1月18日至19日在北京召开。中共中央政治局听取了《中共中央关于修改宪法部分内容的建议》稿在党内外一定范围征求意见的情况报告，决定根据这次会议讨论的意见进行修改后将文件稿提请十九届二中全会审议。

会议认为，宪法是国家的根本法，是治国安邦的总章程，是党和人民意志的集中体现。现行宪法颁布以来，在改革开放和社会主义现代化建设的历史进程中、在我们党治国理政的实践中发挥了十分重要的作用。实践证明，我国现行宪法是符合国情、符合实际、符合时代发展要求的好宪法。我们党高度重视宪法在治国理政中的重要地位和作用，明确坚持依法治国首先要坚持依宪治国，坚持依法执政首先要坚持依宪执政，把实施宪法摆在全面依法治国的突出位置，采取一系列有力措施加强宪法实施和监督工作，为保证宪法实施提供了强有力的政治和制度保障。我国宪法以国家根本法的形式，确认了中国共产党领导中国人民进行革命、建设、改革的伟大斗争和根本成就，确立了工人阶级领导的、以工农联盟为基础的人民民主专政的社会主义国家的国体和人民代表大会制度的政体，确定了国家的根本任务、领导核心、指导思想、发展道路、奋斗目标，规定了中国共产党领导的多党合作和政治协商制度，规定了社会主义法治原则、民主集中制原则、尊重和保障人权原则，等等，反映了我国各族人民共同意志和根本利益。我国宪法确立的一系列制度、原则和规则，确定的一系列大政方针，具有显著优势、坚实基础、强大生命力，必须长期坚持、全面贯彻。这次宪法修改要高举中国特色社会主义伟大旗帜，全面贯彻党的十九大精神，坚持以马克思列宁主义、毛泽东思想、邓小平理论、"三个代表"重要思想、科学发展观、习近平新时代中国特色社会主义思想为指导，坚持党的领导、人民当家作主、依法治国有机统一，体现党和国家事业发展的新成就新经验新要求，推动宪法与时俱进、完善发展，为新时代坚持和发展中国特色社会主义、实现"两个一百年"奋斗目标和中华民族伟大复兴的中国梦提供有力宪法保障。

会议强调，宪法修改必须贯彻以下原则：坚持党的领导，坚持中国特色社会主义法治道路，坚持正确政治方向；严格依法按照程序进行；充分发扬民主、广泛凝聚共识，确保反映人民意志、得到人民拥护；坚持对宪法作部分修改、不作大改的原则，做到既顺应党和人民事业发展要求，又遵循宪法法律发展规律，保持宪法连续性、稳定性、权威性。

1月12日

[纲　文]　《习近平谈治国理政》第二卷全球发行突破1000万册。

[目　文]　中央宣传部（国务院新闻办公室）会同中央文献研究室、中国外文局编辑的《习近平谈治国理政》第二卷，2017年11月7日由外文出版社以中英文版出版，面向海内外发行。截至2018年1月12日，该书全球发行超过1000万册，为全党全社会深入学习领会习近平新时代中国特色社会主义思想和党的十九大精神提供了权威教材，为国际社会增进对当代中国和中国共产党的了解提供了最佳读本。

《习近平谈治国理政》第二卷收入了习近平总书记在2014年8月18日至2017年9月29日的讲话、谈话、演讲、批示、贺电等99篇，分为17个专题，生动记录了以习近平同志为核心的党中央团结带领全党全国各族人民在新时代坚持和发展中国特色社会主义的伟大实践，集中反映了习近平新时代中国特色社会主义思想的发展脉络和主要内容，体现了中国共产党为推动构建人类命运共同体、促进人类和平与发展事业贡献的中国智慧和中国方案。

1月12日

[纲　文]　发展改革委发布《关于印发三江源国家公园总体规划的通知》。

[目　文]　《通知》说，青海省人民政府，国务院有关部委、直属机构：《三江源国家公园总体规划》（以下简称《总体规划》）已经国务院同意，现印发你们，并就有关事项通知如下。一、请青海省人民政府切实加强组织领导，完善工作机制，落实工作责任，确保完成《总体规划》提出的各项目标任务。二、请国务院有关部门结合职能分工，切实加强对三江源国家公园体制试点和建设发展的支持指导。要按照《总体规划》要求，制定和完善本部门支持三江源国家公园体制试点和建设发展的政策措施，做好与本部门相关规划的衔接，在体制创新、政策配套、资金安排等方面给予积极支持。三、我委将按照党中央、国务院决策部署，会同有关部门加强对《总体规划》实施情况的跟踪了解和督促检查，注意研究新情况、新问题，重大问题及时向国务院报告。

1月12日

［纲　文］　保监会印发《打赢保险业防范化解重大风险攻坚战的总体方案》。

［目　文］　《方案》由五个部分组成：一、指导思想。二、总体目标。三、基本原则。四、工作任务。五、工作要求。

《方案》指出，各单位要切实承担起本单位在打好防范化解重大风险攻坚战中的责任，确保相关任务分工落到实处。牢固树立有风险没有及时发现就是失职、发现风险没有及时提示和处置就是渎职的责任意识。

1月12日

［纲　文］　林业局印发《关于进一步加强国家级森林公园管理的通知》。

［目　文］　《通知》由三个部分组成：一、切实提高对国家级森林公园管理工作重要性的认识。二、全面提升国家级森林公园管理能力。三、有效解决国家级森林公园管理中的主要问题。

《通知》指出，本通知印发之日起3个月内，各省级林业主管部门要对本地区国家级森林公园开展全面排查，将无机构、无人员、无规划、无建设的"四无"森林公园以及存在重大违法违规建设的森林公园名单报送我局。我局将下发限期整改通知，对整改达不到要求的将按程序撤销该国家级森林公园，并对违法违规事件依法进行处理。局驻各地森林资源监督专员办事处对本监督区国家级森林公园建设管理中存在的突出问题及整改落实情况实施监督。《通知》自2018年1月19日起实施，有效期至2023年1月18日。

1月12日

［纲　文］　审计署公布《审计署关于内部审计工作的规定》。

［目　文］　《规定》共7章34条。主要有总则、内部审计机构和人员管理、内部审计职责权限和程序、审计结果运用、对内部审计工作的指导和监督、责任追究等内容。自2018年3月1日起施行。审计署2003年3月4日发布的《审计署关于内部审计工作的规定》（2003年审计署第4号令）同时废止。

1月12日

［纲　文］　质检总局发布《关于印发〈工业产品生产许可证"一企一证"改革实施方案〉的公告》。

［目　文］　《公告》说，为贯彻落实党中央、国务院推进"放管服"改革部署和中央经济工作会议"减证"要求，进一步深化工业产品生产许可证制度改革，大幅精简压缩生产许可审批流程，减轻企业负担，质检总局在总结有关地方试点改革经验基础上，组织研究制定了《工业产品生产许可证"一企一证"改革实施方案》，现予以印发。工业产品生产许可证"一企一证"改革，自2018年1月15日起在全国范围内实施，产品范围包括实施工业产品生产许可管理的38类产品。请各省级质量技术监督部门（市场监管管理部门）完善机制，制定配套措施，抓好组织实施。

1月12日

［纲　文］　**汪洋在北京主持召开供销合作社改革发展座谈会。**

［目　文］　部分供销合作社系统劳模代表参加座谈。国务院副总理汪洋指出，供销合作社是服务农民生产生活的生力军和综合平台，是促进农村经济社会发展的重要力量。要结合学习党的十八大以来习近平总书记关于供销合作社改革发展的系列重要讲话，认真贯彻党的十九大精神，以习近平新时代中国特色社会主义思想为指导，不忘为农服务初心，牢记为农服务使命，积极适应新时代农业农村发展需要，加快创新体制机制，不断壮大自身实力，为促进乡村全面振兴作出新的更大贡献。供销合作社要充分发挥组织体系比较完整、经营网络比较健全的优势，加快打造与农民联结更紧密、为农服务功能更完备、市场化运行更高效的合作经营组织体系，积极运用现代流通方式和信息技术改造提升传统经营网络，服务乡村振兴，并在乡村振兴中不断发展壮大。

1月12日

［纲　文］　**马凯在北京调研国家制造业创新中心建设情况，并主持召开国家制造强国建设领导小组第7次会议暨创新中心建设现场会。**

［目　文］　国务院副总理马凯指出，各部门、各地区要深刻认识党的十九大对制造业发展提出的新要求，准确把握制造业发展国内外环境的新变化，保持战略定力，加大工作力度，一张蓝图干到底，加快推动中国制造向中国创造转变、中国速度向中国质量转变、制造大国向制造强国转变。一要加强统筹协调。健全工作机制，聚焦抓重点、补短板、强弱项，抓好部门、央地和重点项目统筹，强化规划、政策协同，形成发展的强大合力。二要狠抓创新驱动。持续推进创新中心等五大工程建设，着力推动大飞机、航空发动机及燃气轮机、集成电路、新材料、新能源汽车、第五代移动通信技术等重点领域自主创新，加快工业互联网发展。三要深化融合发展。以工业化和信息化深度融合为核心、军民深度融合为途径，加快推进制造业转型升级和新旧动能转换接续。四要强化人才保障。健全人才培养体系，大力开展技能培训，完善人才政策环境，激发各类人才投身制造强国建设的积极性。五要继续深化改革。持续推进"放管服"改革，进一步推动减税降费，创新研发体制，深化国有企业改革，加快培育一批具有全球竞争力的世界一流企业。

1月12日

［纲　文］　**国务委员兼国防部长常万全在北京会见缅甸海军司令丁昂山。**

［目　文］　常万全说，习近平主席和贵国领导人为两国两军关系发展指明了方向。中国尊重缅甸主权和领土完整，支持缅甸走符合自身国情的发展道路。当前，中缅两军关系处于历史最好水平，中方愿同缅方一道，继续深化务实合作，共同维护边境稳定，推动两军各领域交流合作不断取得更大发展。

丁昂山说，缅军愿与中国军队一道，加强务实合作，推动两国两军关系不断迈上新台阶。

1月12日

〔纲　文〕　海关总署发布，2017年，我国货物贸易进出口总值27.79万亿元，比2016年增长14.2%，扭转了此前连续两年下降的局面。

〔目　文〕　2017年我国货物贸易进出口总值27.79万亿元人民币中，出口15.33万亿元，增长10.8%；进口12.46万亿元，增长18.7%；贸易顺差2.87万亿元，收窄14.2%。

海关统计显示，2017年我国货物贸易进出口值逐季提升。第一季度至第四季度分别为6.17万亿元、6.91万亿元、7.17万亿元和7.54万亿元，分别增长21.3%、17.2%、11.9%和8.6%。一般贸易进出口较快增长，比重上升。贸易方式结构有所优化。对前三大贸易伙伴进出口同步增长，对部分"一带一路"沿线国家进出口增势较好。其中，我国对欧盟、美国和东盟进出口分别增长15.5%、15.2%和16.6%，三者合计占我国进出口总值的41.8%。中西部和东北三省进出口增速高于全国整体，区域发展协调性增强。民营企业进出口增长，比重提升。

1月12日

〔纲　文〕　中国在西昌卫星发射中心用"长征三号乙"运载火箭及"远征一号"上面级，以"一箭双星"方式成功发射第二十六、二十七颗北斗导航卫星。

〔目　文〕　这两颗卫星属于中圆地球轨道卫星，是我国北斗三号工程第三、四颗组网卫星。卫星入轨后，经测试及入网验证，可对外提供服务。按照计划，北斗卫星导航系统将于2018年底服务"一带一路"沿线国家。此次发射是北斗卫星导航系统2018年首次发射，正式拉开新年度北斗高密度发射序幕。

此次发射的北斗导航卫星和配套运载火箭及"远征一号"上面级分别由中国科学院微小卫星创新研究院和中国运载火箭技术研究院抓总研制。这是长征系列运载火箭的第262次飞行。

1月12—16日

〔纲　文〕　外交部部长王毅对卢旺达、安哥拉、加蓬、圣多美和普林西比进行正式访问。

1月13日

〔纲　文〕　全国总工会、共青团中央、全国妇联、中国科协、中国侨联五家群团组织班子成员会议在北京召开。

〔目　文〕　中共中央政治局常委王沪宁出席会议并讲话。李建国、沈跃跃、万钢出席会议。五家群团组织负责人交流了工作情况，对做好2018年工作提出了意见和建议。

王沪宁表示，要坚持以习近平新时代中国特色社会主义思想为指导，紧紧围绕保持和增强政治性、先进性、群众性，深入推进群团改革，扎实做好党的群团工作，团结动员广大群众奋力建功新时代，为实现党的十九大确定的目标任务而奋斗。要按照学懂弄通做实的要求,在把握主线、融会贯通上深入,在突出群团特色、增强针对性实效性上深入,在推动落实党中央决策部署上深入,增强"四个意识",坚定"四个自信",增强拥护核心、维护核心的自觉性和坚定性,坚定不移听党话、跟党走。

1月13日

[纲 文] 新华社讯,刘延东在海南调研。

[目 文] 国务院副总理刘延东考察了海南大学、中科院深海科学与工程研究所和农村义务教育,看望学校师生,赞扬科研人员的贡献;在博鳌乐城国际医疗旅游先行区,在了解园区规划建设、医疗资源共享、远程医疗等情况时指出,要实施健康中国战略,全面深化医改,加大"放管服"改革力度,激发各类市场主体活力,构建适应新时代人民健康需求的服务体系。要统筹国内国际市场,推进健康与旅游、养老、互联网等融合发展,推进精准医疗,提供专业化个性化服务,吸引国内外民众就医旅游,更好服务海南国际旅游岛建设。要合理规划布局,用好特区政策,创新先行区体制机制,健全事中事后监管,促进人才、技术、设备等优质资源共享和新模式新业态发展,为探索中国特色医疗制度积累经验。

1月13日

[纲 文] 中国在酒泉卫星发射中心用"长征二号丁"运载火箭,成功将陆地勘查卫星三号发射升空,卫星进入预定轨道。

[目 文] 该星用于开展陆地资源遥感勘查。这是长征系列运载火箭的第263次飞行。

1月13日

[纲 文] 外交部发言人就伊朗核问题全面协议答记者问。

[目 文] 有记者问,北京时间1月13日,美方就伊朗核问题全面协议发表声明,请问中方有何评论?

发言人说:我们注意到相关声明,特别是美方继续暂停对伊朗核领域制裁。我们也注意到国际社会普遍支持全面协议,并对伊朗执行协议给予了充分肯定。中方一贯坚定支持全面协议。我们认为,协议是多边主义重要成果,也是通过政治外交手段解决国际热点的典范。确保协议贯彻始终,对维护中东和平稳定和国际核不扩散体系具有重要现实意义,符合各方根本利益。全面协议来之不易,各方都应当倍加珍惜。当前形势下,我们希望相关各方从大局和长远出发,坚定政治意愿,妥善管控分歧,继续全面、有效执行协议。中方一贯反对有关国家根据国内法对他国实施单边制裁。这一立场是一贯的、明确的。

1月13日

[纲 文] 《人民日报》发表评论员文章《乘势而上,开创全面从严治党新局面——一论学习贯彻习近平总书记十九届中央纪委二次全会讲话精神》。

1月13—15日

[纲 文] 中央纪委在北京举办十九届中央纪委委员学习贯彻习近平新时代中国特

色社会主义思想和党的十九大精神研讨班。

[目　文]　中共中央政治局常委、中央纪委书记赵乐际出席研讨班开班式并讲话指出，要深入学习贯彻习近平新时代中国特色社会主义思想和党的十九大精神，贯彻落实习近平总书记在中央纪委二次全会上的重要讲话精神，努力把十九届中央纪律检查委员会建设成为对党忠诚、敢于担当、本领高强、清正廉洁的坚强战斗集体。

中央纪委副书记杨晓渡在总结讲话中指出，要把学习贯彻习近平新时代中国特色社会主义思想和党的十九大精神同贯彻落实习近平总书记在中央纪委二次全会上的重要讲话结合起来，学深悟透，融会贯通，始终在思想上政治上行动上同以习近平同志为核心的党中央保持高度一致。要保持冷静清醒，强化责任担当，坚决维护习近平总书记在党中央和全党的核心地位，以钉钉子精神抓好落实，一刻不停歇地把全面从严治党引向深入，建设忠诚干净担当的纪检监察干部队伍，确保新一届中央纪委工作开好局、起好步。

1月14日

[纲　文]　国务院办公厅印发《关于改革完善全科医生培养与使用激励机制的意见》。

[目　文]　《意见》提出，由五个部分组成：一、总体要求。二、建立健全适应行业特点的全科医生培养制度。三、全面提高全科医生职业吸引力。四、加强贫困地区全科医生队伍建设。五、完善保障措施。

《意见》提出，各地各部门要充分认识改革完善全科医生培养与使用激励机制的重要意义，将其作为深化医药卫生体制改革、建设健康中国的关键环节和重大任务，加强组织领导，强化部门协同，明确任务分工，确保各项改革举措落实到位。2018年3月底前，各省（区、市）要按照本意见精神制定出台实施方案，综合医改试点省（区、市）和有关试点城市要率先落实。

1月14日

[纲　文]　《人民日报》发表评论员文章《继往开来，把握全面从严治党好经验——二论学习贯彻习近平总书记十九届中央纪委二次全会讲话精神》。

1月15日

[纲　文]　中共中央政治局常务委员会召开会议，听取全国人大常委会、国务院、全国政协、最高人民法院、最高人民检察院党组工作汇报，听取中央书记处工作报告。

[目　文]　中共中央总书记习近平主持会议并发表讲话。会议强调，党的十八大以来，中央政治局常委会、中央政治局连续3年听取全国人大常委会、国务院、全国政协、最高人民法院、最高人民检察院党组工作汇报和中央书记处工作报告，并将这项工作写入《关于新形势下党内政治生活的若干准则》和《中共中央政治局关于加强和维护党中央集中统一领导的若干规定》。实践证明，这是坚持党中央权威和集中统一领导的重要制度安

排,十分必要、很有意义,必须坚持下去。

会议认为,过去的一年,全国人大常委会、国务院、全国政协、最高人民法院、最高人民检察院党组自觉坚持党中央集中统一领导,认真贯彻党中央决策部署,围绕党和国家工作全局履职尽责,保证了党中央重大决策部署贯彻落实,推动各项工作取得了新进展新成效,为实现党和国家事业新发展作出积极贡献。同时,充分发挥党组的领导作用,严格贯彻民主集中制,自觉履行管党治党主体责任,加强党组自身建设,坚持不懈正风肃纪,在全面从严治党上发挥了表率作用。过去的一年,中央书记处认真贯彻党中央决策部署,协助党中央推进全面从严治党部署要求贯彻落实,指导做好群团工作,推动党内法规完善实施,配合办好一系列重要会议和重大纪念活动,各方面工作取得了新成绩。

会议强调,2018年是贯彻党的十九大精神的开局之年,是改革开放40周年,是决胜全面建成小康社会、实施"十三五"规划承上启下的关键一年。全国人大常委会、国务院、全国政协、最高人民法院、最高人民检察院党组要增强"四个意识",自觉同以习近平同志为核心的党中央保持高度一致,认真学习贯彻习近平新时代中国特色社会主义思想和党的十九大精神,把党的政治建设摆在首位,坚持正确的政治立场、政治方向、政治原则、政治道路,确保令行禁止、政令畅通。要坚持稳中求进工作总基调,大兴调查研究之风,提高决策和执行的科学性和有效性,以锐意进取、奋发有为的精神状态推动党中央大政方针和决策部署落地生根。要带头贯彻党章和《中共中央政治局关于加强和维护党中央集中统一领导的若干规定》,带头执行中央八项规定及其实施细则,严守政治纪律和政治规矩,抓好党组自身建设,推动全面从严治党向纵深发展。在新的一年里,中央书记处要增强"四个意识",自觉在中央政治局、中央政治局常委会领导下开展工作,自觉维护习近平总书记党中央的核心、全党的核心地位,把握学习宣传贯彻习近平新时代中国特色社会主义思想和党的十九大精神这条工作主线,观大势、谋全局、议大事,自觉服务大局,突出工作重点,推动党中央重要任务落实见效。

1月15日

[纲 文] 国务院办公厅印发《关于做好政府网站年度报表发布工作的通知》。

[目 文] 《通知》说,为全面贯彻党的十九大精神,深入贯彻习近平新时代中国特色社会主义思想,落实《国务院办公厅关于印发政府网站发展指引的通知》(国办发〔2017〕47号),提升政府网站管理水平和政务服务能力,建设整体联动、高效惠民的网上政府,经国务院同意,现就做好《政府网站监管年度报表》和《政府网站工作年度报表》发布工作通知如下:一、对象和内容。各省(区、市)人民政府办公厅、国务院各部门办公厅(室)要编制发布本地区、本部门(本系统)《政府网站监管年度报表》,主要包括网站抽查、安全检查、网站开设整合、"我为政府网站找错"平台网民留言办理、假冒政府网站处置、人员培训等情况。二、方式和时间。《政府网站监管年度报表》于每年1月31日前由各省(区、市)、国务院各部门政府门户网站在政府信息公开目录中发布,并在网站首页突出展示。三、工作要求。各地区、各部门要高度重视政府网站年度报表发布工

作，认真组织实施，完善工作机制，将年度报表发布情况列入政府网站绩效考评。

1月15日

［纲　文］　中宣部在北京召开学习宣传贯彻习近平新时代中国特色社会主义思想系列研讨会首场研讨会。

［目　文］　中宣部部长黄坤明出席会议并讲话。来自中央有关部门、社科研究单位、中央媒体、部分地方的负责同志以及高校学生代表，围绕会议主题作了交流发言。会议提出，习近平新时代中国特色社会主义思想是新时代中国共产党人的思想旗帜，是指导我们党推进社会革命和自我革命胜利的强大武器，为发展马克思主义作出了中国的原创性贡献，对中华民族发展和人类文明进步具有深远影响。必须深刻把握这一思想的政治意义、历史意义、理论意义、实践意义，切实增强学习宣传贯彻的政治自觉、思想自觉、行动自觉。

3月30—31日，中宣部在上海市召开学习宣传贯彻习近平新时代中国特色社会主义思想系列研讨会第二场研讨会，会议的主题是"新时代　新目标　新征程"。

5月17—18日，中宣部在浙江大学召开学习宣传贯彻习近平新时代中国特色社会主义思想系列研讨会第三场研讨会，会议的主题是"统筹推进'五位一体'总体布局"。

7月27日，中宣部在福建宁德召开学习宣传贯彻习近平新时代中国特色社会主义思想系列研讨会第四场研讨会。会议的主题是"协调推进'四个全面'战略布局"。

1月15日

［纲　文］　人民银行等八部门印发《关于改进和加强海洋经济发展金融服务的指导意见》。

［目　文］　《意见》由六个部分组成：一、银行信贷服务方面。二、股权、债券融资方面。三、保险服务和保障方面。四、多元化融资渠道方面。五、投融资服务体系方面。六、政策保障方面。

《意见》要求，有关省、自治区、直辖市人民银行分支机构，海洋、发展改革、财政、工业和信息化主管部门，银监局、证监局、保监局等部门，将本意见联合转发至辖区相关机构，并结合当地实际，加强对海洋经济金融服务工作的组织领导，制定和完善本地区金融服务海洋经济发展的具体措施，协调做好本意见的贯彻实施工作。

1月15日

［纲　文］　交通运输部公布《港口工程建设管理规定》。

［目　文］　《规定》共7章76条。主要有总则、建设程序管理、建设实施管理、验收管理、工程信息及档案管理、法律责任等内容。自2018年3月1日起施行。2007年4月24日以交通部令2007年第5号发布的《港口建设管理规定》、2005年4月12日以交通部令2005年第2号发布的《港口工程竣工验收办法》、2014年9月5日以交通运输部令2014年第12号发布的《关于修改〈港口工程竣工验收办法〉的决定》、2016年4月19日以交通运输部令2016年第44号发布的《关于修改〈港口工程竣工验收办法〉的决

定》同时废止。

1月15日

[纲　文]　**农业部公布《拖拉机和联合收割机驾驶证管理规定》。**

[目　文]　《规定》共6章35条。主要有总则、申请、考试、使用、其他规定等内容。自2018年6月1日起施行。2004年9月21日公布、2010年11月26日修订的《拖拉机驾驶证申领和使用规定》和2006年11月2日公布、2010年11月26日修订的《联合收割机及驾驶人安全监理规定》同时废止。

1月15日

[纲　文]　**农业部公布《拖拉机和联合收割机登记规定》。**

[目　文]　《规定》共8章33条。主要有总则、注册登记、变更登记、转移登记、抵押登记、注销登记、其他规定等内容。自2018年6月1日起施行。2004年9月21日公布、2010年11月26日修订的《拖拉机登记规定》和2006年11月2日公布、2010年11月26日修订的《联合收割机及驾驶人安全监理规定》同时废止。

1月15日

[纲　文]　**安监总局公布《烟花爆竹生产经营安全规定》。**

[目　文]　《规定》共5章41条。主要有总则、生产经营单位的安全生产保障、监督管理、法律责任等内容。自2018年3月1日起施行。

1月15日

[纲　文]　**中共中央党校举行2017年秋季学期毕业典礼。**

[目　文]　中共中央政治局委员、中央党校校长陈希出席毕业典礼，并为学员颁发毕业证书。中央党校常务副校长何毅亭主持毕业典礼。本期毕业学员共857人。毕业典礼上，7位学员代表作了发言。大家一致反映，通过党校培训，接受了全面系统、最新最权威的习近平新时代中国特色社会主义思想和党的十九大精神教育，进一步加深了对习近平新时代中国特色社会主义思想科学体系和丰富内涵的理解和把握，增强了忠诚核心、拥戴核心、看齐核心、捍卫核心的政治自觉、思想自觉和行动自觉，增进了对中国特色社会主义的政治认同、思想认同、价值认同、情感认同。

1月15日

[纲　文]　**全国标准化工作会议在北京召开。**

[目　文]　质检总局局长支树平出席会议并作讲话。质检总局副局长、国家标准委主任田世宏作工作报告。中央和国务院有关部门、行业协会、集团公司的代表，国家认监委、质检总局各司局及有关直属挂靠单位、在京部分行业标准化研究机构的负责人，各省、自治区、直辖市及计划单列市、副省级城市、新疆生产建设兵团质量技术监督局（市场监管部门）负责标准化工作的有关人员参加会议。

会议指出，2017年全年共发布国家标准3811项，立项2042项。在冶金、材料、建筑等领域新提交国际标准提案161项，参与制定国际标准数量超过新增数量的50%，国际标准化贡献率跃居世界第五。2017年我国持续推进标准化改革，政府标准进一步"瘦身健体"，废止414项强制性国家标准和201项计划项目，废止873项推荐性国家标准和1447项计划项目。团体标准试点范围逐步扩大，在全国团体标准信息平台注册的社会团体达1157家，公布了2159项团体标准信息。

1月15日

［纲　文］　《人民日报》发表评论员文章《持之以恒，坚持全面从严治党不动摇——三论学习贯彻习近平总书记十九届中央纪委二次全会讲话精神》。

1月15—16日

［纲　文］　国土资源部在北京召开2018年全国国土资源工作会议。

［目　文］　国土资源部部长、国家土地总督察姜大明出席并讲话。国土资源部党组书记孙绍骋主持会议。中央组织部、国务院办公厅、审计署、国家海洋局、国家测绘地理信息局、中国地质调查局和各省（自治区、直辖市）以及计划单列市、省会城市国土资源主管部门、新疆生产建设兵团国土资源局、中央军委后勤保障部军事设施建设局负责人参加会议。会议主要内容是：深入学习贯彻党的十九大精神，全面落实中央经济工作会议和农村工作会议部署，总结党的十八大以来国土资源工作，分析形势，部署2018年工作任务。会议指出，截至目前，全国划定永久基本农田15.5亿亩，城市周边永久基本农田保护比例由45%上升到65%，5年来全国建设占用耕地1560万亩，补充耕地2259万亩，数量占补有余，质量总体稳定。

1月16日

［纲　文］　国家主席习近平应约同美国总统特朗普通电话。

［目　文］　习近平指出，过去的一年，中美关系总体保持稳定并取得重要进展。保持中美关系健康稳定发展，符合两国和两国人民利益，也是国际社会共同期待。双方要保持高层及各级别交往，充分发挥4个高级别对话机制作用并适时举办第二轮对话。中美经贸合作给两国人民带来许多实实在在的利益。双方应该采取建设性方式，通过对彼此开放市场、做大合作蛋糕，妥善解决双方关切的经贸问题。要积极推进两军、执法、禁毒、人文、地方等合作，就重大国际和地区问题保持密切沟通协调。双方要相向而行、相互尊重、聚焦合作，以建设性方式处理敏感问题，尊重彼此核心利益和重大关切，维护中美关系健康稳定发展势头。

特朗普表示，美方高度重视对华关系和美中合作，愿同中方一道，加强高层及各级别交往，拓展务实领域合作，处理好两国经贸中的问题，推动双边关系取得更大发展。

习近平应询介绍了对当前朝鲜半岛局势的看法，指出朝鲜半岛形势出现一些积极变化。各方应该共同努力把来之不易的缓和势头延续下去，为重启对话谈判创造条件。实现朝鲜半岛无核化，维护朝鲜半岛和平稳定符合各方共同利益，维护国际社会在这个问题上的团结十分重要。中方愿继续同包括美方在内的国际社会一道，密切沟通、相互信任、相互尊重、加强合作，推动朝鲜半岛问题朝着妥善解决的方向不断取得进展。

特朗普表示，美方重视中方在朝鲜半岛问题上的重要作用，愿继续加强同中方的沟通协调。

1月16日

[纲　文]　**中共中央印发《社会主义核心价值观融入法治建设立法修法规划》。**

[目　文]　《规划》明确了六个方面的主要任务。一是以保护产权、维护契约、统一市场、平等交换、公平竞争等为基本导向，完善社会主义市场经济法律制度。二是坚持和巩固人民主体地位，推进社会主义民主政治法治化。三是发挥先进文化育人化人作用，建立健全文化法律制度。四是着眼人民最关心最直接最现实的利益问题，加快完善民生法律制度。五是促进人与自然和谐发展，建立严格严密的生态文明法律制度。六是加强道德领域突出问题专项立法，把一些基本道德要求及时上升为法律规范。

《规划》指出，各级党委要高度重视社会主义核心价值观融入法治建设工作，支持立法机关把社会主义核心价值观融入法律法规。中央宣传部、中央政法委要统筹各方力量，加强督促检查，推动规划贯彻落实。全国人大常委会和国务院要完善工作机制，深入分析社会主义核心价值观的立法需求，完善立法项目征集和论证制度，制定好立法规划计划，加快重点领域立法修法步伐。要加强对社会主义核心价值观融入法治建设立法修法工作进展情况的宣传，及时对出台的法律法规进行宣讲阐释。要加强舆论引导，报道典型案例，弘扬法治精神，树立社会正气，鞭挞丑恶行为，引导人们自觉践行社会主义核心价值观。

1月16日

[纲　文]　**李克强主持召开国务院党组会议。**

[目　文]　张高丽、刘延东、汪洋、马凯、常万全、杨洁篪、郭声琨、王勇等出席会议。会议内容是：学习贯彻习近平总书记在十九届中央纪委二次全会上的重要讲话精神，部署在新起点上深入推进政府系统全面从严治党工作。

会议强调，要落实习近平总书记在中央纪委二次全会上的重要讲话和部署，增强"四个意识"，坚定"四个自信"，坚持以党的政治建设为统领，坚决维护习近平总书记党中央的核心、全党的核心地位，坚决维护党中央权威和集中统一领导，严格遵守政治纪律和政治规矩，切实把党中央决策部署不折不扣贯彻到政府工作方方面面，标本兼治，创新制度，持之以恒正风肃纪，推动全面从严治党工作取得新成效。一要严格落实全面从严治党主体责任。二要坚定不移落实中央八项规定。三要坚持以深化改革铲除滋生腐败土壤。四要严防严惩重点领域腐败问题。

1月16日

[纲　文]　**中共十二届全国人大常委会党组召开会议，学习领会习近平总书记在十九届中央纪委二次全会上的重要讲话和全会精神，研究部署贯彻落实工作。**

[目　文]　全国人大常委会委员长、常委会党组书记张德江主持会议并讲话。李建

国、王胜俊、沈跃跃、吉炳轩、张平、向巴平措、艾力更·依明巴海参加会议。

会议指出，习近平总书记的重要讲话，着眼中国特色社会主义新时代，发出全面从严治党新号令，充分展现了坚定信仰信念、鲜明人民立场、顽强意志品质、强烈历史担当，为新时代开创全面从严治党新局面提供了重要遵循和前进方向。全国人大常委会党组要始终把党的政治建设摆在首位、作为统领，坚定自觉地维护习近平总书记在党中央和全党的核心地位，维护以习近平同志为核心的党中央权威和集中统一领导，在政治立场、政治方向、政治原则、政治道路上同以习近平同志为核心的党中央保持高度一致，确保党中央集中统一领导贯穿于人大工作各方面和全过程。

会议要求，全国人大常委会党组要坚持以人民为中心，贯彻党的群众路线，密切同人大代表、人民群众的联系，保持对人民的赤子之心。要广泛深入开展调查研究，紧紧抓住全面从严治党问题，紧紧抓住贯彻落实党的十九大精神需要解决的问题，紧紧抓住人大工作需要落实的问题，到人大代表中去，到人民群众中去，虚心听意见，认真察实情，切实把党中央的决策部署不折不扣地一项一项抓好贯彻落实。

1月16日

[纲　文]　**中共中央办公厅、国务院办公厅印发《中央团校改革方案》。**

[目　文]　《方案》明确了中央团校改革的总体思路，提出要着眼党的青年工作大局，把握建设党在青年工作领域特色鲜明的政治学校这一根本定位，聚焦团干部教育主责主业，通过剥离学历教育、创新办学方式，突出政治培训，努力为新时代党的青年群众工作和共青团建设提供人才智力支持。中央团校改革要牢牢把握团校姓党的根本原则。要坚持党的领导，坚定正确的政治方向，坚决维护以习近平同志为核心的党中央权威和集中统一领导，自觉在政治立场、政治方向、政治原则、政治道路上同党中央保持高度一致。从培训内容、师资队伍、教学组织管理和办学体制机制等四个方面提出了中央团校改革的主要内容。

《方案》要求，团中央成立中央团校改革工作领导小组，统筹推进中央团校改革，到2020年底基本实现改革目标。

1月16日

[纲　文]　**中共中央办公厅、国务院办公厅印发《国税地税征管体制改革方案》。**

[目　文]　《方案》明确了国税地税征管体制改革的指导思想、基本原则和主要目标，提出了改革的主要任务及实施步骤、保障措施，并就抓好组织实施提出工作要求。通过改革，逐步构建起优化高效统一的税收征管体系，为纳税人和缴费人提供更加优质高效便利服务，提高税法遵从度和社会满意度，提高征管效率，降低征纳成本，增强税费治理能力，确保税收职能作用充分发挥，夯实国家治理的重要基础。

《方案》指出，从2019年1月1日起，将基本养老保险费、基本医疗保险费、失业保险费、工伤保险费、生育保险费等各项社会保险费交由税务部门统一征收。按照便民、高效的原则，合理确定非税收入征管职责划转到税务部门的范围，对依法保留、适宜划转的非税收入项目成熟一批划转一批，逐步推进。要求整合纳税服务和税收征管等方面业务，优化完善税收和缴费管理信息系统，更好便利纳税人和缴费人。

1月16日

［纲　文］　国务院办公厅印发《关于推进农业高新技术产业示范区建设发展的指导意见》。

［目　文］　《意见》由四个部分组成：一、总体要求。二、重点任务。三、政策措施。四、保障机制。

《意见》要求，要全面贯彻党的十九大精神，以习近平新时代中国特色社会主义思想为指导，以实施创新驱动发展战略和乡村振兴战略为引领，以深入推进农业供给侧结构性改革为主线，把服务农业增效、农民增收、农村增绿作为主攻方向，集聚各类要素资源，着力打造农业创新驱动发展的先行区和农业供给侧结构性改革的试验区。

1月16日

［纲　文］　《人民日报》报道，中央军委印发《中央军委巡视工作条例》。

［目　文］　《条例》共7章47条，明确规定了巡视工作的指导思想、巡视机构和人员、巡视范围和内容、工作方式和权限、工作程序，以及纪律与责任等。规定中央军委和陆军、海军、空军、火箭军、战略支援部队、武警部队党委实行巡视制度，建立专职巡视机构，重点对军级以上单位党委班子及其成员进行巡视，着力发现党的领导弱化、党的建设缺失、全面从严治党不力，党的观念淡漠、组织涣散、纪律松弛，管党治党宽松软问题。

《条例》着眼落实"两个责任"、层层传导压力、形成监督合力，对有关副战区级单位党委和军级单位党委建立巡察制度、加强巡察力量、开展巡察工作作出规定，对反馈巡视情况、移交问题和线索、巡视整改落实等巡视成果运用工作进行规范，对派出巡视组的党组织、被巡视单位以及有关机关部门和相关单位在巡视工作中的责任予以明确，对巡视工作人员严格依规依纪履行职责提出要求，对违反巡视工作纪律行为的责任追究作出规定。自2018年1月15日起施行。

1月16日

［纲　文］　推进"一带一路"建设工作会议在北京召开。

［目　文］　中共中央政治局常委王沪宁出席会议。国务院副总理张高丽主持会议并讲话。刘鹤、杨洁篪等和推进"一带一路"建设领导小组成员、领导小组办公室以及有关部门负责人参加会议。会议学习贯彻党的十九大和中央经济工作会议精神，贯彻落实习近平总书记重要讲话和指示精神，总结推进"一带一路"建设工作进展情况，讨论有关文件，研究部署下一步重点工作。

张高丽表示，在党中央、国务院的坚强领导下，各地区各部门各单位主动作为、扎实工作，"一带一路"建设取得了显著成效。下一步，要认真贯彻党的十九大和中央经济工作会议精神，以习近平新时代中国特色社会主义思想为指导，坚持稳中求进工作总基调，推动"一带一路"建设取得新的更大进展。要凝聚更加广泛的合作共识,加强战略对接、规划对接、机制平台对接,增强共建"一带一路"的国际感召力。要加强互联互通合作,大力推进基础设施"硬联通"和政策规则标准"软联通",继续实施好一批示范项目。要提升经贸投资合作水平,深化国际产能合作,增添沿线国家共同发展新动力。要创新金融产品和服务,发挥好各类金融机构作用,提高金融服务"一带一路"建设水平。要拓展人文交流合作,夯实"一带一路"建设的民意基础。要积极履行社会责任,加强生态环境保护,共同建设绿色丝绸之路。要继续做好风险评估和应急处置等工作,强化"一带一路"建设安全保障。

1月16日

[纲 文] 全国统战部长会议在北京召开。

[目 文] 中共中央政治局常委汪洋出席会议并讲话。中央统战部部长尤权主持会议并讲话。

汪洋指出,要深入学习贯彻习近平新时代中国特色社会主义思想和党的十九大精神,研究谋划新时代统一战线工作,继续抓好以习近平同志为核心的党中央关于统一战线决策部署的贯彻落实,推动统战工作有新气象新作为,为决胜全面建成小康社会、夺取新时代中国特色社会主义伟大胜利作出新贡献。要把学习贯彻党的十九大精神作为统战工作的核心任务和工作主线,着力在学懂弄通做实上下功夫,以知促行、以行促知。学懂弄通,必须把学习党的十九大精神与学习领会党的十八大以来习近平总书记关于统一战线工作的新理念新思想新战略结合起来,与把握新时代对统一战线的新要求结合起来,与立足统战工作实际结合起来,把学习的成效转化为高度的政治觉悟,转化为科学的思想方法,转化为强大的工作动力。

1月16日

[纲 文] 张又侠在北京会见军队新当选的中国科学院院士和中国工程院院士。

[目 文] 中央军委副主席张又侠代表习近平主席和军委其他领导表示祝贺,并为他们颁发军队科技领军人才证书。他指出,党中央、习主席对科技创新和人才建设高度重视,军队科技工作者要深入学习贯彻党的十九大精神,不忘初心,牢记使命,为推进强国兴军作出新的更大贡献。要始终坚定忠心向党的政治信仰,在讲政治上旗帜鲜明,在对党绝对忠诚上毫不含糊。要始终聚力备战打仗的职能任务,坚持姓军为战不偏移,带头纠治科研领域的"和平病",努力把科技优势转化为能力优势、作战胜势,不断提高对战斗力建设的贡献率。要始终担起创新突破的时代重任,树立创新的自信,拿出创新的办法,强壮创新的胆魄,在谋创新、抓创新上有更大作为。

1月16日

[纲 文] 国务委员杨洁篪在北京会见以国会议员朴炳锡为团长的韩国国会议员代表团。

[目 文] 杨洁篪表示,中韩双方要共同落实好习近平主席和文在寅总统达成的重

要共识，推动中韩关系持续发展。中方支持朝韩双方改善关系，并将继续为对话协商解决半岛问题作出积极努力。

朴炳锡表示，韩国国会和各党派都高度重视韩中关系，愿为发展两国关系和维护半岛和平稳定发挥积极作用。

1月16日

［纲　文］《人民日报》发表评论员文章《引向纵深，推动全面从严治党再出发——四论学习贯彻习近平总书记十九届中央纪委二次全会讲话精神》。

1月16日、17日

［纲　文］　**全国政协主席俞正声、全国人大常委会委员长张德江在北京分别与加蓬参议长米勒布举行会谈**。

［目　文］　俞正声与米勒布会谈时说，中国全国政协和加蓬参议院的友好往来为增进中加人民友谊与两国合作发挥了重要作用。在中加关系快速发展的大背景下，双方应增进治国理政、发展经济、改善民生、维护稳定、民族团结等经验交流，为深化中加互利合作和增进两国人民福祉作出更大贡献。

米勒布表示，中国对非合作政策富有活力，加蓬非常重视发展与中国的关系，加蓬参议院愿继续加强与中国全国政协之间的友好往来，进一步深化加中全面合作伙伴关系，更好造福两国和两国人民。

17日，全国人大常委会委员长张德江在北京会见米勒布时说，双方要落实好两国元首达成的重要共识，进一步丰富中加全面合作伙伴关系内涵，推动两国关系取得更多实实在在的成果，更好造福两国和两国人民。中国全国人大重视发展与加蓬参议院和国民议会的友好关系，愿进一步密切交往，增进政治互信，推动经贸合作，促进人文交流，加强立法监督、治国理政等交流互鉴，为深化中加全面合作伙伴关系作出更大贡献。

米勒布说，加方高度重视发展对华关系，愿同中国全国人大加强交流合作，推动两国友好关系和务实合作迈上新台阶。

1月17日

［纲　文］　**李克强主持召开国务院常务会议**。

［目　文］　会议主要内容是：一、决定扩大"证照分离"改革试点事项，探索形成可复制经验，进一步改善营商环境。会议指出，深化"放管服"改革，从实施"先照后证""多证合一"到不断推进"证照分离"，是落实党的十九大精神和中央经济工作会议部署、进一步降低市场准入门槛和制度性交易成本、破解准入不准营顽疾、更大释放创业创新活力的重要举措。会议决定，在前期对116项审批事项开展"证照分离"改革试点并向全国各自贸试验区推广的基础上，由上海市进一步在浦东新区对商事制度、医疗、投资、建设工程、交通运输、商务、农业、质量技术监督、文化等10个领域47项审批事项进行改革试点，推进"照后减证"。二、确定进一步支持返乡下乡创业的措施，激活农村资源

要素促进乡村振兴。会议指出，进一步支持农民工、高校毕业生和退役士兵等各类人员返乡下乡创业，有利于促进实施乡村振兴战略，推动更多人才、技术、资本等资源要素向农村汇聚，以大众创业、万众创新开辟就业新渠道、培育"三农"发展新动能。会议确定，在落实好近年来国务院已出台政策基础上，强化县级政府主体责任，推出以下新措施：一是加大政策支持。二是强化融资服务和场地扶持。三是加强培训服务。四是实施引才回乡工程，激励和吸引专家学者、技能人才等回乡服务。五是建立创业风险防范机制，鼓励开发相关保险产品，按规定将返乡下乡创业人员纳入就业援助、社会保险和救助体系。使返乡下乡创业有后盾、能致富。

1月17日

［纲　文］　中共政协第十二届全国委员会党组在北京召开会议，传达学习贯彻习近平总书记在十九届中央纪委二次全会上的重要讲话和全会精神。

［目　文］　全国政协主席、党组书记俞正声主持会议并讲话。全国政协副主席、党组成员杜青林、张庆黎、李海峰、陈元、卢展工、王家瑞、王正伟、马飚在会上发言。

会议强调，全国政协党组要以习近平新时代中国特色社会主义思想为指导，坚定不移落实党的十九大全面从严治党战略部署。一要把学习贯彻党的十九大精神和习近平总书记在十九届中央纪委二次全会上的重要讲话精神，作为当前和今后一个时期人民政协的首要政治任务，在学懂弄通做实上下功夫。二要坚决维护习近平总书记在党中央和全党的核心地位，坚决维护党中央权威和集中统一领导，始终在政治立场、政治方向、政治原则、政治道路上同党中央保持高度一致。三要带头落实中央八项规定精神。严于律己，照章办事，在带队视察调研、出国访问、参加会议活动等方面严格执行相关规定，不断研究新情况新问题，坚决防止"四风"反弹回潮；在筹备组织全国政协十三届一次会议中，坚决杜绝不正之风，确保会议风清气正、圆满成功。四要切实担负管党治党主体责任。认真贯彻习近平总书记提出的"六个相统一"的要求，严格执行党的政治纪律和政治规矩，加强对机关党组和专委会分党组的领导，从严要求政协委员和政协机关干部；积极支持中央纪委驻全国政协机关纪检组的工作，严肃执纪；找准工作中的薄弱环节，针对突出问题，切实加以改进。

1月17日

［纲　文］　国务院印发《关于加强质量认证体系建设促进全面质量管理的意见》。

［目　文］　《意见》由八个部分组成：一、总体要求。二、大力推广质量管理先进标准和方法。三、广泛开展质量管理体系升级行动。四、深化质量认证制度改革创新。五、加强认证活动事中事后监管。六、培育发展检验检测认证服务业。七、深化质量认证国际合作互认。八、加强组织领导和政策保障。

《意见》指出，地方各级人民政府要将质量认证体系建设摆到重要议事日程，纳入经济社会发展规划，制定工作方案，完善配套政策，建立健全相应议事协调机构和工作机制，全面加强统筹协调和综合管理。各部门要高度重视，完善全国认证认可工作部际联席会议工作机制，提升协作层次，加强政策衔接、规划引导和工作协调，健全信息互换、监管互认、执法互助机制，提高协作效率。

1月17日

[纲　文]　全国税务工作会议在北京召开。

[目　文]　会议的主要任务是，全面贯彻落实党的十九大精神，以习近平新时代中国特色社会主义思想为指导，传达学习贯彻国务院总理李克强、国务院副总理张高丽批示精神，总结2017年和过去五年税收工作情况，研究今后一个时期税收工作思路，部署2018年工作任务，高质量推进新时代税收现代化。国家税务总局局长王军作工作报告。

会议要求，2018年，全国税务系统要全面贯彻党的十九大精神，以习近平新时代中国特色社会主义思想为指导，认真落实中央经济工作会议部署，加强党对税收工作的领导，坚持稳中求进工作总基调，坚持新发展理念，紧扣我国社会主要矛盾变化，围绕统筹推进"五位一体"总体布局和协调推进"四个全面"战略布局，进一步"干好税务、带好队伍"，扎实完成好各项税收任务，确保高质量推进新时代税收现代化开好头、布好局，更好发挥税收在稳增长、促改革、调结构、惠民生、防风险中的积极作用，促进经济高质量发展、增进民生福祉，为决胜全面建成小康社会作出新的更大贡献。

1月17日

[纲　文]　全国人大在北京召开宣传贯彻公共图书馆法座谈会。

[目　文]　全国人大常委会副委员长王晨出席座谈会并讲话。中宣部、文化部等11家单位的有关负责人在会上作了发言。

王晨指出，公共图书馆是人民获取精神食粮、增长知识技能的重要场所。随着中国特色社会主义进入新时代，公共图书馆事业面临发展新机遇新任务，亟须通过加强法制建设来加以保障和推动。公共图书馆法是党的十九大后出台的文化领域首部法律。为了使法律的各项规定得到全面实施，我们要紧扣新时代社会主要矛盾的变化，依法做好公共图书馆工作，补齐短板弱项，着力解决发展不平衡不充分的问题。坚持有法必依、执法必严，确保法律规定落到实处，大力加强法律配套制度建设。紧紧抓住加强服务体系建设、提高服务效能这一主要任务，促进全民阅读活动深入开展，让公共图书馆的资源用起来、"活"起来，为决胜全面建成小康社会、建设中国特色社会主义文化强国贡献力量。

1月17日

[纲　文]　第31次全国"扫黄打非"工作电视电话会议在北京召开。

[目　文]　中宣部部长黄坤明出席会议并讲话。会议表彰了2017年全国"扫黄打非"先进集体和先进个人。

黄坤明指出，要认真总结党的十八大以来"扫黄打非"工作的有益经验，巩固发展良好工作态势。立足新时代新使命，面对新形势新挑战，"扫黄打非"工作只能加强、不能削弱，必须坚持不懈、深化拓展。严厉打击非法出版活动，坚决遏制不良文化和有害信息的传播，聚焦整治网上传播淫秽色情低俗信息，推动网络空间更加清朗，深入治理假媒体假记者站假记者，打击侵权盗版行为，严格规范新闻出版传播秩序。各地各相关部门要牢固树立"四个意识"，切实增强责任感使命感紧迫感，以踏石留印、抓铁有痕的劲头和钉钉子精神，把各项重点工作落到实处，推动"扫黄打非"工作不断开创新局面、取得新业绩。

1月17日

〔纲　文〕　财政部、国土资源部印发《土地储备资金财务管理办法》。

〔目　文〕　《办法》共7章29条。主要有总则、土地储备资金来源、土地储备资金使用范围、土地储备相关资金管理、土地储备资金收支预决算及绩效管理、监督检查、附则等内容。自2018年2月1日起施行。2007年6月12日财政部、国土资源部发布的《土地储备资金财务管理暂行办法》（财综〔2007〕17号）同时废止。

1月17日

〔纲　文〕　中央纪委监察部网站发布，2017年全国共查处违反中央八项规定精神问题51008起，71644人受到处理，50069人受到党纪政纪处分。

〔目　文〕　为掌握全国贯彻落实中央八项规定精神情况，中央纪委在31个省区市和新疆生产建设兵团、139个中央和国家机关、98个中央企业、15个中央金融企业等建立了落实中央八项规定精神情况月报制度。

1月17日

〔纲　文〕　中央军委纪委扩大会议在北京召开。

〔目　文〕　中央军委副主席张又侠出席会议并讲话。军委纪委书记张升民作工作报告。

张又侠指出，要以习近平新时代中国特色社会主义思想为指导，深入贯彻党的十九大战略部署和新时代党的建设总要求，坚定不移、一以贯之，把军队全面从严治党引向深入，为实现党在新时代的强军目标、全面建成世界一流军队提供政治保证和纪律支持。全军纪检监察战线要紧紧围绕加强军队党的建设担当尽责，提高政治站位，履行好全面从严治党的政治责任。要聚焦重点发力，在党的建设总体布局中突出政治建设，扭住党委主体责任这个"牛鼻子"，从上往下抓，一级抓一级。要坚持纠治"四风"不止步，"老虎""苍蝇"一起打，从部队反映强烈、官兵身边久拖不决的问题抓起，集力查办大案重案要案、善始善终、善作善成。要加强自身建设，构建科学完备的监督制约机制，锻造让党放心、官兵信赖的过硬队伍。

1月17—28日

〔纲　文〕　"雪域丹青·匠心筑梦——青海唐卡绘画艺术精品展"在中国美术馆举办。

〔目　文〕　"精品展"由中共青海省委宣传部、中国美术馆、青海省文化和新闻出版厅共同举办。以热贡唐卡为重点，共展出精品手绘唐卡48幅。这些作品出自青海的西宁市、玉树藏族自治州、果洛藏族自治州、海南藏族自治州、海北藏族自治州的老、中、青三代31位中国工艺美术大师、省级工艺美术大师之手，类别包括彩绘唐卡、红唐卡、黑唐卡、金唐卡等，既有传统题材，又有现代创新内容，代表了青海唐卡绘画艺术的新水平。

1月18日

［纲　文］　发展改革委、国家林业局、财政部、水利部、农业部、国务院扶贫办印发《生态扶贫工作方案》。

［目　文］　《方案》由五个部分组成：一、准确把握生态扶贫工作总体要求。二、生态扶贫工作目标。三、通过多种途径助力贫困人口脱贫。四、全力推进各项任务实施。五、制定切实可行的保障措施。

《方案》指出，地方政府有关部门要细化落实生态扶贫工作方案，将生态扶贫作为重点工作纳入年度工作计划，制定出台年度工作要点，对各项任务进行项目化、责任化分解，逐项明确责任单位、责任人、时间进度。要把生态扶贫工作作为重点工作进行部署安排，一级抓一级，层层传导责任和压力，形成生态扶贫责任体系。

1月18日

［纲　文］　国家统计局发布2017年中国经济运行稳中向好、好于预期。

［目　文］　初步核算，全年国内生产总值827122亿元，按可比价格计算，比上年增长6.9%。分季度看，第一季度同比增长6.9%，第二季度同比增长6.9%，第三季度同比增长6.8%，第四季度同比增长6.8%。分产业看，第一产业增加值65468亿元，比上年增长3.9%；第二产业增加值334623亿元，比上年增长6.1%；第三产业增加值427032亿元，比上午增长8.0%。

1月18日

［纲　文］　国家统计局发布2017年中国居民收入和消费支出情况。

［目　文］　一、居民收入情况。全国居民人均可支配收入25974元，比上年名义增长9.0%，扣除价格因素，实际增长7.3%。二、居民消费支出情况。2017年，全国居民人均消费支出18322元，比上年名义增长7.1%，扣除价格因素，实际增长5.4%。其中，城镇居民人均消费支出24445元，比上年名义增长5.9%，扣除价格因素，实际增长4.1%；农村居民人均消费支出10955元，比上年名义增长8.1%，扣除价格因素，实际增长6.8%。

1月18日

［纲　文］　国家知识产权局发布2017年主要工作统计数据及有关情况。

［目　文］　2017年，我国发明专利申请量为138.2万件，同比增长14.2%。共授权发明专利42.0万件，其中，国内发明专利授权32.7万件，同比增长8.2%。我国每万人口发明专利拥有量达到9.8件。截至2017年底，我国国内（不含港澳台）发明专利拥有量共计135.6万件。我国每万人口发明专利拥有量排名前十位的省（区、市）依次为：北京、上海、江苏、浙江、广东、天津、陕西、福建、安徽和辽宁。2017年，国家知识产权局全年累计减免专利费用58亿元，减少提交各类材料269.8万份。

1月18日

[纲　文]　公安部发布，2017年中国内地居民出入境达2.92亿人次。

[目　文]　2017年全国边防检查机关共检查出入境人员5.98亿人次，较2016年增长4.76%；其中，内地居民出入境2.92亿人次；港澳台居民来往内地（大陆）2.21亿人次（香港居民来往内地1.60亿人次，澳门居民来往内地4929.29万人次，台湾居民来往大陆1174.57万人次）；外国公民入出境5836.36万人次。此外，检查出入境交通运输工具3097.66万辆（架、列、艘）次，同比增长6.84%；其中，机动车辆2952.46万辆次，飞机92.57万架次，火车6万列次，船舶46.63万艘次。

1月18—19日

[纲　文]　中国共产党第十九届中央委员会第二次全体会议在北京举行。

[目　文]　中央委员会总书记习近平出席并讲话。全会由中央政治局主持。出席这次全会的有中央委员203人，候补中央委员172人。中央纪律检查委员会常务委员会委员和有关方面负责人列席会议。党的十九大代表中部分基层同志和专家学者也列席会议。全会审议通过了《中共中央关于修改宪法部分内容的建议（草案）》，张德江就《建议（草案）》向全会作了说明。全会通过了《中国共产党第十九届中央委员会第二次全体会议公报》。

全会一致认为，党的十九大和十九届一中全会以来，在以习近平同志为核心的党中央坚强领导下，全党全国把学习宣传贯彻党的十九大精神作为首要政治任务，深入开展多种形式的学习宣传活动，兴起了学习贯彻党的十九大精神、习近平新时代中国特色社会主义思想热潮，为贯彻落实党的十九大提出的各项战略决策和工作部署提供了强大精神动力，全党全国各族人民思想更加统一、信心更加坚定、行动更加有力，党和国家各项事业呈现欣欣向荣的发展局面。

全会号召，全党同志要更加紧密地团结在以习近平同志为核心的党中央周围，以习近平新时代中国特色社会主义思想为指导，全面深入贯彻党的十九大精神和本次全会精神，牢固树立政治意识、大局意识、核心意识、看齐意识，坚定不移走中国特色社会主义法治道路，自觉维护宪法权威、保证宪法实施，为新时代推进全面依法治国、建设社会主义法治国家而努力奋斗。

1月19日

[纲　文]　国务院印发《关于全面加强基础科学研究的若干意见》。

[目　文]　《意见》由六个部分组成：一、总体要求。二、完善基础研究布局。三、建设高水平研究基地。四、壮大基础研究人才队伍。五、提高基础研究国际化水平。六、优化基础研究发展机制和环境。

《意见》指出，加强统筹规划，集中资源要素，瞄准世界科技发展前沿，突出原始创新。在国家科技计划（专项、基金等）管理部际联席会议机制下，成立基础研究战略咨询委员会，研判基础研究发展趋势，开展基础研究战略咨询，提出我国基础研究重大需求和工作部署建议。强化中央和地方、中央部门间协调，推进军民基础研究融合发展。结合国际一流科研机构、世界一流大学和一流学科建设，推进基础研究科教融合。

1月19日

［纲　文］　中国第一颗"环保型"微纳卫星——"淮安号"恩来星在酒泉卫星发射中心由"长征十一号"固体运载火箭成功搭载发射升空。

［目　文］　为纪念周恩来总理诞辰120周年，2016年底在淮安市政府的大力支持下，南京理工大学与南京索尔航天科技有限公司合作，开展研制"淮安号"恩来星。南京理工大学负责卫星总体设计、部件研制以及总装与总测等工作，并配合开展航天工程教育课程研发和教学实践。该立方体卫星是国内首颗"环保型"卫星，不仅可实现高分辨率对地成像、语音转发等功能，同时将开展基于制动帆技术的主动离轨试验。制动帆通过提高卫星在轨飞行过程中所受到的大气阻力，加速卫星的离轨，避免卫星成为太空垃圾。该装置在工作过程中不需要卫星进行主动控制，可以依靠自身所储存的机械能展开。系统质量轻、结构简单、成本低，适用于快速响应、任务周期短的低轨道立方体卫星。

1月19日

［纲　文］　2018年"中国—欧盟旅游年"开幕式在意大利威尼斯举行。

［目　文］　国务院总理李克强和欧盟委员会主席容克分别向开幕式致贺词。李克强在贺词中表示，中欧分处古丝绸之路两端，文明对话源远流长。当前，中欧正努力打造和平、增长、改革、文明四大伙伴关系，全面落实《中欧合作2020战略规划》，携手推动中方"一带一路"倡议与欧方发展战略有效对接，双方关系面临新的发展机遇。旅游既是开展文明交流、促进民间友好的重要桥梁，也是拉动经济增长的新兴产业。中欧旅游资源丰富，合作前景广阔。希望双方以举办"中国—欧盟旅游年"为契机，积极扩大中欧旅游合作和人员往来，促进文明对话和民心相通，推动共同发展和互利共赢，为新时期中欧全面战略伙伴关系发展注入新动力。

中欧双方主管旅游的官员和旅游业相关人员近200人参加开幕式。

11月17日，由中国文化和旅游部与欧盟内部市场、工业、创业和中小企业总司联合主办，陕西省文化和旅游厅承办的2018"中国—欧盟旅游年"闭幕式在陕西西安举行。欧盟和西班牙、奥地利、荷兰等国驻华外交使节，中欧旅游企业代表等300余人出席活动。

1月19日

［纲　文］　中国人民大学在北京发布中国省市文化产业发展指数（2017）和中国文化消费发展指数（2017）。

［目　文］　中国省市文化产业发展指数（2017）显示，综合指数排名前十的省市为北京、上海、江苏、浙江、山东、广东、湖南、四川、天津、河北。从数值来看，2017年全国省市文化产业均值达到74.10，比2016年的73.71略有增长；从增速来看，则高于2016年指数增速。从2010年到2017年指数的变化可以看出，我国文化产业发展指数平

均值基本呈现正增长的态势。在经历了2010年至2011年的高速增长、2012年至2014年的稳步增长、2015年至2016年的基本稳定之后，2017年文化产业发展指数再次呈现增长态势。

中国文化消费指数（2017）显示，我国文化消费综合指数持续增长，由2013年的73.7增至2017年的81.6，平均增长率为2.6%；文化消费环境和消费满意度指数呈稳步上升趋势，其中，文化消费环境指数上升速度最快，年平均增长率为6.9%。数据表明，过去4年中，我国文化消费环境有了很大改善，文化产品种类不断丰富，质量逐步提升，消费渠道也越来越多样化、便捷化，为居民文化消费营造了良好氛围。

1月19—21日

［纲　文］　**中国文联第十届全国委员会第三次会议在北京召开。**

［目　文］　会议学习贯彻习近平新时代中国特色社会主义思想和党的十九大精神，贯彻全国宣传部长会议精神，全面总结中国文联2017年工作，部署2018年工作，努力推进文联深化改革，进一步团结动员广大文艺工作者推动社会主义文艺繁荣发展。

1月20日

［纲　文］　**中共中央、国务院印发《关于全面深化新时代教师队伍建设改革的意见》。**

［目　文］　《意见》由六个部分组成：一、坚持兴国必先强师，深刻认识教师队伍建设的重要意义和总体要求。二、着力提升思想政治素质，全面加强师德师风建设。三、大力振兴教师教育，不断提升教师专业素质能力。四、深化教师管理综合改革，切实理顺体制机制。五、不断提高地位待遇，真正让教师成为令人羡慕的职业。六、切实加强党的领导，全力确保政策举措落地见效。

《意见》指出，各级党委和政府要将教师队伍建设列入督查督导工作重点内容，并将结果作为党政领导班子和有关领导干部综合考核评价、奖惩任免的重要参考，确保各项政策措施全面落实到位，真正取得实效。

1月20日

［纲　文］　**新华社讯，刘延东在山西省调研。**

［目　文］　国务院副总理刘延东在阳曲县人民医院、大盂乡中心卫生院，了解健康扶贫工程实施情况，看望贫困患者和医务人员；在考察地处贫困农村的首邑学校时指出，要精确瞄准教育最薄弱领域和最贫困群体，坚持资源配置向农村、边远、贫困和民族地区倾斜，既要改善学校硬件条件，更要加强教育教学、学校管理等软件建设，构建关心关爱留守儿童的长效机制，通过寄宿制等多种办法让贫困家庭的孩子接受优质教育，使教育成为切断贫困代际传递的治本之计；在考察创新创业基地和科技型企业时指出，中西部地区包括贫困地区要坚持创新发展理念，立足区域资源优势和产业特色，推动自主创新和开放合作相结合，加强人才引进和培养，优化创新创业生态，实现技术、市场、人才、信息等

各类创新要素的良性互动，为高质量、跨越式发展增添动力。

1月20日

［纲　文］ **商务部发布，2017年中国汽车销量2887.9万辆，连续9年居全球第一。**

［目　文］ 2017年汽车市场运行态势良好，呈现"新稳旧快"态势。汽车市场加速由高速增长向高质量发展转变，汽车市场的发展更加协调、平衡。"新稳"是指新车市场保持平稳发展。2017年我国汽车销量达2887.9万辆，同比增长3%，再创历史新高，连续9年居全球第一。汽车消费结构进一步调整优化，新能源汽车销售增速达53.3%，自主品牌乘用车市场份额提高了0.7个百分点。"旧快"是指二手车市场保持快速增长。在2016年快速增长的基础上，预计2017年二手车交易量将超过1200万辆，同比增速达到20%左右。活跃二手车市场政策效果加速显现。

同时，汽车消费规模不断扩大。2017年前11个月，限额以上单位汽车类商品零售额接近3.8万亿元，同比增长6%，占同期限额以上单位消费品零售额的26%。汽车在稳增长、扩消费中发挥了关键作用。

1月20日

［纲　文］ **《人民日报》报道，中国美术馆馆长、雕塑家吴为山当选法兰西艺术院通讯院士，成为继著名画家吴冠中之后第二位当选该院通讯院士的中国艺术家。**

1月20日

［纲　文］ **中国科学技术大学发布，"墨子号"成功实现洲际量子密钥分发。**

［目　文］ 该校潘建伟教授及其同事彭承志等组成的研究团队，与合作者利用"墨子号"量子科学实验卫星，在中国和奥地利之间首次实现距离达7600公里的洲际量子密钥分发，并利用共享密钥实现加密数据传输和视频通信。该成果标志着"墨子号"已具备洲际量子保密通信能力，为构建全球化量子通信网络奠定坚实基础。

基于卫星平台的量子通信，是构建覆盖全球量子通信网络最可行的手段。2011年底，中科院与奥地利科学院在北京签署"洲际量子通信"合作协议，计划利用"墨子号"量子卫星在中国和奥地利之间实现洲际量子密钥分发。此后，中奥联合团队在奥方地面站的技术指标、接口要求、方案设计、光学测试等方面开展密切合作。2016年4月至5月，中方团队携带卫星有效载荷模拟器赴奥地利格拉茨地面站，进行联调联试工作，为实验的开展做好充分准备。"墨子号"量子卫星完成既定科学目标后，中奥联合团队随即开展洲际量子密钥分发实验。

1月20日

［纲　文］ **外交部发言人就美国一艘导弹驱逐舰进入黄岩岛12海里内海域答记者问时表示，中国海军依法对美舰进行了识别查证，予以警告驱离。**

［目　文］ 有记者问：据了解，1月17日晚，美国"霍珀"号导弹驱逐舰从黄岩岛西南侧进入该岛12海里范围。中方对此有何评论？

发言人表示，美方军舰有关行为损害中国的主权和安全利益，对中方在有关海域开展正常公务活动的船只和人员安全造成严重威胁，违背国际关系基本准则。中方对此表示强烈不满，将采取必要措施，坚定维护中国主权。中国对黄岩岛及其附近海域拥有无可争辩的主权。中方一向尊重和维护各国依据国际法在南海享有的航行和飞越自由，但坚决反对任何国家以航行和飞越自由为名，损害中国的主权和安全利益。我们强烈敦促美方立即纠正错误，停止此类挑衅行为，以免损害中美关系和地区和平稳定。

1月21日

[纲 文] 俞正声主持召开政协第十二届全国委员会第六十九次主席会议。

[目 文] 会议传达学习了中共中央总书记习近平近期关于人民政协工作的讲话精神。中央统战部部长尤权、全国政协副主席杜青林、全国政协副主席兼秘书长张庆黎，分别就有关议题作了说明和传达。全国政协副主席韩启德、董建华、万钢、林文漪、罗富和、何厚铧、李海峰、陈元、卢展工、周小川、王家瑞、王正伟、马飚、齐续春、陈晓光、马培华、刘晓峰、王钦敏、梁振英出席会议。会议原则通过了政协第十三届全国委员会参加单位、委员名额和委员人选名单（草案）。会议决定，将上述草案提请政协十二届常委会第二十四次会议审议。

会议指出，习近平总书记的讲话，充分肯定了十二届全国政协五年来的工作，对做好政协下一步工作提出了殷切希望，对修改好政协章程、开好政协十三届一次会议提出了具体要求。全国政协要认真学习贯彻习近平总书记的重要讲话精神，尽职尽责，全力以赴把全国政协十三届一次会议筹备工作做好，把人民政协事业的接力棒传递好。全国政协办公厅要谋划好今年工作，为新一届政协开好局当好参谋助手。

1月21日

[纲 文] 中共政协第十二届全国委员会党组在北京召开会议。

[目 文] 传达学习贯彻中共中央总书记习近平在党的十九届二中全会上的讲话和全会精神。全国政协主席、党组书记俞正声主持会议并讲话。全国政协副主席、党组成员杜青林、张庆黎、李海峰、陈元、卢展工、周小川、王家瑞、王正伟、马飚出席会议。

会议指出，修改宪法是党和国家政治生活中的一件大事，是党中央从新时代坚持和发展中国特色社会主义全局和战略高度作出的重大决策，是推进全面依法治国、推进国家治理体系和治理能力现代化的重大举措，具有重大现实意义和深远历史意义。我国现行宪法是一部好宪法，为改革开放和社会主义现代化建设提供了根本法治保障，必须坚决维护、长期坚持、全面贯彻。修改宪法部分内容，把党和人民在实践中取得的重大理论创新、实践创新、制度创新成果上升为宪法规定，由宪法及时确认党和人民创造的伟大成就和宝贵经验，是为了更好发挥宪法的规范、引领、推动、保障作用，是实践发展的必然要求。要更加紧密地团结在以习近平同志为核心的党中央周围，坚持以习近平新时代中国特色社会主义思想为指导，全面深入贯彻党的十九大精神和二中全会精神，牢固树立"四个意识"，坚定不移走中国特色社会主义法治道路，自觉维护宪法权威、保证宪法实施，为新时代推进全面依法治国、建设社会主义法治国家而努力奋斗。

1月21日

［纲　文］　中国选手常馨月获得平昌冬奥会女子跳台滑雪参赛资格，成为中国跳台滑雪历史上首次打进冬奥会的女运动员。

［目　文］　常馨月在日本藏王女子跳台滑雪比赛中排名第十六位，使得冬奥会总积分排名上升至第三十五位。根据平昌冬奥会参赛规定，2016—2017和2017—2018两个赛季的夏季跳台和冬季跳台世界杯总积分男子前六十五位、女子前三十五位的运动员可以获得平昌冬奥会入场券。

1月21日

［纲　文］　《人民日报》发表评论员文章《我国现行宪法是一部好宪法——一论学习贯彻党的十九届二中全会精神》。

1月21—22日

［纲　文］　全国海洋工作会议在北京召开。

［目　文］　国土资源部党组书记孙绍骋出席会议并讲话。国家海洋局局长王宏作了题为《深入贯彻习近平新时代中国特色社会主义思想，努力开创新时代海洋事业新局面》的工作报告。会议的主要内容是：以习近平新时代中国特色社会主义思想为指导，全面贯彻落实党的十九大精神，总结党的十八大以来的海洋工作，分析把握新形势新要求，谋划当前和今后一个时期海洋工作的总体思路，具体部署2018年重点工作，动员全系统干部职工不忘初心、牢记使命，紧密团结在以习近平同志为核心的党中央周围，以昂扬的精神状态，奋力开启海洋事业发展新征程，夺取加快建设海洋强国新胜利。

1月21—23日

［纲　文］　中华商标协会第四届会员代表大会在北京召开。

［目　文］　大会审议通过了《中华商标协会第三届理事会工作报告》等文件，选举产生了新一届理事会和监事会，召开了第四届理事会第一次会议，选举产生了新一届理事会会长。

1月21—25日

［纲　文］　外交部部长王毅出席中拉论坛第二届部长级会议并对智利、乌拉圭进行正式访问。

［目　文］　22日，王毅在智利圣地亚哥中拉论坛第二届部长级会议开幕式上宣读了国家主席习近平贺信。与会拉美和加勒比国家代表赞赏习近平主席为会议发来贺信，肯定中拉论坛过去三年取得的丰硕成果和为促进中拉合作发挥的积极作用。各方积极赞同中方提出在"一带一路"框架下深化双方合作的新思路、新理念，一致认为"一带一路"倡议为拉美实现发展提供了新的重大机遇。会议通过了《圣地亚哥宣言》《中国与拉美和加勒比国家合作（优先领域）共同行动计划（2019—2021）》。会议通过并发表了《"一带一路"特别声明》。

同日，王毅在圣地亚哥会见智利总统巴切莱特时表示，中方欢迎拉美国家参与共建"一带一路"，愿在此框架下推动中拉合作全面深化升级。巴切莱特表示，"一带一路"倡议为拉美提供了新的发展机遇，智利愿为促进拉中双方共建"一带一路"发挥积极作用。

24日，王毅在乌拉圭的蒙得维的亚会见乌拉圭总统巴斯克斯时表示，中方愿与乌方深化经贸合作，加强人文交流，就推进自贸协定事宜保持沟通。巴斯克斯表示，乌方高度赞赏习近平主席提出的"一带一路"倡议，愿发挥自身地缘优势，积极参与共建进程，成为"一带一路"面向南大西洋的重要节点。

同日，王毅还与乌拉圭外长尼恩举行会谈，并共同出席了中乌建交30周年招待会。

1月21—24日

［纲　文］　应全国人大常委会委员长张德江邀请，阿拉伯议会议长苏莱米率团访华。

［目　文］　23日，张德江在北京与苏莱米举行会谈时说，双方政治上相互尊重、经济上互利合作、文化上交流互鉴，在涉及彼此核心利益问题上相互支持。2016年1月，习近平主席成功访问阿盟总部，提出中阿共建"一带一路"，共同实施促进稳定、创新合作、产能对接、增进友好四大行动，揭开了中阿关系的新篇章。2017年7月，习近平主席在巴勒斯坦总统阿巴斯访华期间提出了中方推动解决巴勒斯坦问题的四点主张。中方坚定支持巴人民恢复民族合法权利的正义事业，理解阿拉伯国家在耶路撒冷地位问题上的关切和诉求，支持阿拉伯国家为推动和平解决巴勒斯坦问题所做的一切努力。中方愿同阿拉伯国家保持沟通与协调，共同致力于推动巴勒斯坦问题早日得到全面、公正、持久解决，维护地区和平稳定。

苏莱米说，阿拉伯国家赞赏中方在推动中东和平进程方面发挥的重要作用，赞同并积极响应中方为推动解决巴勒斯坦问题提出的四点主张。阿拉伯议会愿加强与中国全国人大的友好交往，积极推动阿中政治、经济、人文等各领域合作深入发展。

1月22日

［纲　文］　全国个体劳动者第五次代表大会在北京召开，习近平致贺信。

［目　文］　中共中央总书记习近平在贺信中写道：值此全国个体劳动者第五次代表大会召开之际，我代表党中央，向全体代表，并通过你们向全国广大个体私营企业经营者致以诚挚的问候！我国个体私营经济是改革开放的产物。40年来，在党和国家鼓励、支持、引导方针政策指引下，个体私营经济在稳定增长、促进创新、增加就业、改善民生等方面发挥了重要作用。当前，中国特色社会主义进入新时代。深化供给侧结构性改革，实施区域协调发展战略，发展实体经济，推进精准扶贫，对个体私营经济发展提出了新的更高的要求。广大个体私营企业经营者要认真学习贯彻党的十九大精神，弘扬企业家精神，发挥企业家作用，坚守实体经济，落实高质量发展，在全面建成小康社会、全面建设社会主义现代化国家新征程中作出新的更大贡献。个体劳动者私营企业协会要发挥好桥梁纽带

作用,当好政策法规的普及者、深化改革的推动者、能力素质的提升者、党的建设的组织者,为个体私营企业搭建发展平台、创造发展环境,切实做好各项工作。

国务院总理李克强在批示中指出,希望广大个体私营企业经营者深入学习贯彻党的十九大精神,以习近平新时代中国特色社会主义思想为指导,爱国敬业,守法诚信,按照高质量发展要求,大力弘扬企业家精神和工匠精神,积极投身大众创业万众创新,在培育发展新动能、推动实体经济加快升级中发挥更大作用,在全面建成小康社会、全面建设社会主义现代化国家新征程中作出更大贡献!各相关部门、各地区和个体私营企业协会要牢牢坚持"两个毫不动摇",持续深化简政放权、放管结合、优化服务改革,积极为个体私营企业排忧解难,落实好减税降费等各项政策,依法保护产权等企业各项合法权益,以更有力的举措打造良好营商环境。

国务委员王勇在会上宣读了习近平的贺信和李克强的批示并讲话。工商总局等部门和单位的负责人以及中国个体劳动者协会会员代表等 300 多人参加了会议。大会通过了上一届理事会工作报告,选举产生了中国个体劳动者协会新一届理事会,通过了《中国个体劳动者协会章程(修订草案)》,第五届理事会第一次会议也同期召开。

工商总局统计,截至 2017 年 12 月底,全国实有个体工商户 6579.4 万户、私营企业 2726.3 万户,从业人员合计 3.41 亿人。特别是党的十八大以来,以习近平同志为核心的党中央着力推进改革发展,"放管服"改革和商事登记制度改革深入推进,有力地激发了市场活力,为大众创业、万众创新打开了广阔的大门,个体私营经济、小微企业呈现"井喷"式发展态势。

1月22日

[纲　文]　**李克强主持召开国务院党组会议,学习贯彻党的十九届二中全会精神。**

[目　文]　张高丽、刘延东、汪洋、马凯、常万全、杨洁篪、王勇等出席。会议指出,党的十九届二中全会是在全党全国全面贯彻落实党的十九大精神、中国特色社会主义进入新时代大背景下召开的一次十分重要的会议。国务院党组完全拥护。

会议强调,宪法是国家的根本法,是治国安邦的总章程,是党和人民意志的集中体现。各级政府要坚持用习近平新时代中国特色社会主义思想指导各项工作,牢固树立"四个意识",坚决维护习近平同志党中央的核心、全党的核心地位,坚决维护党中央权威和集中统一领导,牢牢把握宪法修改的内涵,坚持依宪施政、依法行政,加快推进法治政府建设。一要坚决维护宪法权威、捍卫宪法尊严,严格依照宪法法律行使职权、履行职责、开展工作。要加强对权力的监督和制约,坚决追究和纠正违宪违法行为,绝不允许以言代法、以权压法、逐利违法、徇情枉法。二要依法全面履行政府职能。坚持权由法定、权依法使。持续深化"放管服"改革,分清政府和市场的边界,制定政府权责清单,强化"法定职责必须为、法无授权不可为"的观念,坚决克服和纠正不作为、乱作为。三要加强行政法规规章的立改废释工作。全面推行规范性文件合法性审查制度,对违宪违法或不适应实践发展要求的要予以纠正或撤销。四要推进严格规范公正文明执法,全面实施行政执法

1月22日

［纲　文］　国家主席习近平特使、国家卫生计生委主任李斌在蒙罗维亚出席利比里亚总统维阿就职仪式。

［目　文］　23日，李斌在利比里亚首都蒙罗维亚会见维阿时表示，2003年中利复交以来，利方坚定奉行一个中国政策，中方积极支持利比里亚和平重建，两国关系发展顺利，双边合作成果丰硕，切实惠及两国人民。中方高度重视中利关系，愿同维阿总统领导的利比里亚新政府一道努力，推动两国全面合作伙伴关系迈上新台阶。

维阿感谢习近平主席派特使出席其就职典礼，请李斌转达他对习近平主席的亲切问候和美好祝愿。维阿表示，坚持一个中国原则是利新政府的既定对华政策，利方愿在互利共赢的基础上同中国发展更强有力的伙伴关系。

1月22日

［纲　文］　外交部发言人针对美国国防部19日发表的《国防战略》报告表示，该报告蓄意歪曲中国国防和外交政策，渲染大国战略竞争，犯了根本性的错误。

［目　文］　美国国防部19日发布的《国防战略》报告在涉华部分中对中国进行指责，认为中方未来的战略意图是想取代美国的全球主导地位。

发言人说，美方上述报告充满冷战思维和"零和"博弈过时观念，蓄意歪曲中国国防和外交政策，渲染大国战略竞争，犯了根本性的错误。中国始终不渝走和平发展道路，始终奉行防御性的国防政策，始终是世界和平的建设者、全球发展的贡献者、国际秩序的维护者，这是国际社会有目共睹的。到底是谁对国际规则合则用、不合则弃？是谁动辄干涉别国内政，甚至以武力相威胁？相信世界各国人民对此看得很清楚，自有公论。我们希望美方摒弃冷战思维，正确看待当今世界和中美关系，停止歪曲中方战略意图，同中方相向而行，相互尊重，聚焦合作，管控分歧，维护中美关系长期健康稳定发展，这才是符合中美两国和世界各国利益的正确选择。

1月22日

［纲　文］　联合国贸易和发展会议发布报告说，2017年，中国吸引外国直接投资1440亿美元，创历史新高，中国继续成为吸引外资最多的发展中国家，也是继美国之后全球第二大外资流入国。

1月22日

［纲　文］　原兰州军区政治委员李宣化在北京逝世，享年96岁。

1月22日

［纲　文］　《人民日报》发表评论员文章《宪法必须随着实践发展而不断发展——二论学习贯彻党的十九届二中全会精神》《谱写新时代飞天壮丽篇章》。

1月22—23日

［纲　文］　中央政法工作会议在北京召开，习近平就政法工作作出指示。

［目　文］　中共中央总书记习近平指出，党的十八大以来，政法战线认真贯彻党中

央决策部署，坚持一手抓当前、一手谋长远，为维护改革发展稳定大局作出了重要贡献。希望全国政法战线深入学习贯彻党的十九大精神，强化"四个意识"，坚持党对政法工作的绝对领导，坚持以人民为中心的发展思想，增强工作预见性、主动性，深化司法体制改革，推进平安中国、法治中国建设，加强过硬队伍建设，深化智能化建设，严格执法、公正司法，履行好维护国家政治安全、确保社会大局稳定、促进社会公平正义、保障人民安居乐业的主要任务，努力创造安全的政治环境、稳定的社会环境、公正的法治环境、优质的服务环境，增强人民群众获得感、幸福感、安全感。各级党委要坚持抓发展、抓稳定两手都要硬，选好配强政法机关领导班子，支持政法各单位依法履行职责，积极研究解决制约政法工作的体制机制问题，为做好新时代政法工作提供有力保障。

中央政法委书记郭声琨在会上传达习近平指示并讲话。会议强调，全国政法机关要高举习近平新时代中国特色社会主义思想伟大旗帜，深入学习贯彻党的十九大和中央经济工作会议精神，增强"四个意识"，坚定"四个自信"，坚持"三个一以贯之"，坚持党对政法工作的绝对领导，坚持以人民为中心的发展思想，坚持稳中求进工作总基调，紧紧围绕打好三大攻坚战，以加强人权司法保障、产权司法保护为切入点，以防控好各类风险为着力点，以全面深化改革、现代科技应用为动力，深入推进平安中国、法治中国和过硬队伍、智能化建设。紧扣新时代新使命，适应新矛盾新要求，推动新时代政法工作有新气象新作为，确保国家政治安全和社会大局稳定的局面进一步巩固，服务和保障经济社会发展大局的能力进一步提高，维护社会公平正义的水平进一步提升，人民群众获得感、幸福感、安全感进一步增强。

会议指出，认真贯彻《关于完善产权保护制度依法保护产权的意见》，完善落实公有制与非公有制经济一视同仁、平等保护等司法政策，加强对各类企业自主经营权和财产所有权的保护，切实维护企业家人身、财产权、人格权。抓紧甄别纠正一批社会反映强烈的产权纠纷案件，进一步稳定社会预期、增强企业家信心。2018年，要开展全国执法司法规范化大检查，着力解决执法司法不严格、不规范、不公正、不文明问题。

1月22—24日

[纲　文]　政协第十二届全国委员会常务委员会第二十四次会议在北京召开。

[目　文]　全国政协副主席杜青林主持开幕会。全国政协主席俞正声主持闭幕会并讲话。会议审议通过了关于召开政协第十三届全国委员会第一次会议的决定和会议议程（草案）、日程（草案），决定将草案提请全国政协十三届一次会议预备会议审议；协商决定了政协第十三届全国委员会参加单位、委员名额和委员人选名单；审议通过了政协全国委员会常务委员会工作报告、关于提案工作情况的报告、中国人民政治协商会议章程修正案（草案），决定将报告和草案提交全国政协十三届一次会议审议；审议通过了关于授权主席会议审议政协第十二届全国委员会常务委员会第二十四次会议未尽事宜的决定。

会议期间，常委会组成人员审议会议文件和有关事项。常委们积极评价常委会工作报告稿，并赞同对政协章程进行部分修改。常委们对十二届全国政协的工作给予充分肯定，一致认为,五年来,政协全国委员会及其常委会全面贯彻中共十八大和十九大精神,深入学习贯彻习近平新时代中国特色社会主义思想,把坚持和发展中国特色社会主义作为巩固共同思想政治基础的主轴,完善协商议政格局,强化民主监督职能,拓展团结联谊工作,加强履职能力建设,推动了人民政协事业在继承中发展,在发展中创新。

俞正声说,五年来,十二届全国政协在实践探索中积累了一些有益经验,其中最重要的是,坚持中国共产党的领导,坚持人民政协的性质定位,坚持团结和民主两大主题。我们要发扬人民政协的优良传统,认真学习贯彻习近平新时代中国特色社会主义思想,坚决贯彻中共中央的各项决策部署,组织广大委员协商议政,把人民政协工作做得更好。

1月23日

[纲　文]　习近平主持召开中央全面深化改革领导小组第二次会议并讲话。

[目　文]　李克强、张高丽、汪洋、王沪宁出席会议。中共中央总书记、中央全面深化改革领导小组组长习近平指出,2018年是贯彻党的十九大精神的开局之年,也是改革开放40周年,做好改革工作意义重大。要弘扬改革创新精神,推动思想再解放改革再深入工作再抓实,凝聚起全面深化改革的强大力量,在新起点上实现新突破。

会议审议通过了《中央有关部门贯彻实施党的十九大〈报告〉重要改革举措分工方案》《中央全面深化改革领导小组2018年工作要点》《中央全面深化改革领导小组2017年工作总结报告》《关于推进社会公益事业建设领域政府信息公开的意见》《关于提高技术工人待遇的意见》《关于建立城乡居民基本养老保险待遇确定和基础养老金正常调整机制的指导意见》《积极牵头组织国际大科学计划和大科学工程方案》《关于推进孔子学院改革发展的指导意见》《关于建立"一带一路"争端解决机制和机构的意见》《关于改革完善仿制药供应保障及使用政策的若干意见》《科学数据管理办法》《知识产权对外转让有关工作办法(试行)》《地方党政领导干部安全生产责任制规定》。会议审议了《浙江省"最多跑一次"改革调研报告》。

1月23日

[纲　文]　民政部、财政部印发《关于进一步加强和改进临时救助工作的意见》。

[目　文]　《意见》由三个部分组成:一、明确总体要求。二、完善政策措施。三、强化组织保障。

《意见》指出,各地要积极争取当地党委和政府的重视和支持,将加强和改进临时救助工作列入政府重要议事日程,进一步完善政策措施,健全工作机制,加大资金投入,深入实施好临时救助制度。要按照《国务院关于全面建立临时救助制度的通知》(国发〔2014〕47号)要求,将临时救助等社会救助工作列入地方领导班子和领导干部政绩考核评价指标体系,并合理确定权重。

1月23日

[纲　文]　汪洋在北京主持召开农业普查工作座谈会。

［目　文］　中共中央政治局常委、国务院第三次全国农业普查领导小组组长汪洋指出，经过各方面的共同努力，历时三年的第三次全国农业普查取得圆满成功。这是关系经济社会发展全局的一件大事，是新时代"三农"工作领域的一项重要成果。要认真贯彻党的十九大精神，以习近平新时代中国特色社会主义思想为指导，充分开发利用普查所获得的丰富信息，深入分析"三农"发展变化趋势，科学有效指导农业农村工作，为促进乡村振兴作出新贡献。第三次全国农业普查内容丰富，范围广泛，成果珍贵。要有效利用普查成果，做好历史数据修正和衔接，加大普查数据共享、开发力度，为制定乡村振兴规划、促进农村经济社会发展提供科学依据。要充分利用普查取得的基础资料和组织实施经验，进一步完善"三农"统计调查指标体系，创新调查方式，提高数据质量，推动"三农"统计工作再上新台阶。

1月23日

［纲　文］　**全国地质调查工作会议在北京召开。**

［目　文］　会议学习贯彻习近平新时代中国特色社会主义思想和党的十九大精神，总结党的十八大以来地质调查工作，分析新形势、聚焦新目标，研究部署今后一个时期和2018年地质调查重点工作任务。国土资源部党组书记孙绍骋出席会议并讲话。国土资源部党组成员、中国地质调查局局长钟自然主持会议并讲话。中国地质调查局副局长王研作了题为《聚焦新目标落实新任务努力开创新时代地质调查工作新局面》的工作报告。

1月23日

［纲　文］　**全国侨办主任会议在北京召开。**

［目　文］　国务委员杨洁篪出席会议并讲话。国务院侨务办公室主任裘援平在会上作工作报告。会议总结了2017年侨务工作进展，并对2018年的侨务工作提出新要求。国务院侨办负责人，各省、自治区、直辖市人民政府及新疆生产建设兵团侨务部门负责人等约200人出席会议。

1月23日

［纲　文］　**全国扫黑除恶专项斗争电视电话会议在北京召开。**

［目　文］　中央政法委书记郭声琨、中央纪委副书记李书磊、中组部副部长齐玉出席并讲话。中央政法委委员周强、曹建明、赵克志、汪永清、陈文清、张军、陈训秋、王宁、宋丹、黄明出席会议。

郭声琨指出，要坚持以习近平新时代中国特色社会主义思想为指导，坚持以人民为中心的发展思想，自觉把扫黑除恶作为重大政治任务抓紧抓好，坚决打赢这场硬仗，切实保障人民安居乐业、社会安定有序、国家长治久安。要坚持依法严惩方针，聚焦涉黑涉恶问题突出的重点地区、行业、领域，依法严厉打击人民群众反映强烈的黑恶势力犯罪。要着力解决淫秽、赌博、吸毒、传销、拐卖等违法犯罪问题，提高社会治安整体水平。要贯彻落实"两高两部"指导意见，把握好法律政策界限，确保办案法律效果、社会效果。要发挥政治优势，统筹各方资源力量，充分发动和依靠人民群众，推动扫黑除恶专项斗争深入开展，用实际成效增强人民群众获得感、幸福感、安全感。涉黑涉恶问题是复杂的社会问题。要坚持系统治理、源头治理，加强重点地区排查整治，加强重点行业、领域日常监管，从源头上遏制黑恶势力滋生蔓延。要把扫黑除恶与反腐败斗争、基层"拍蝇"结合起来，坚决打掉黑恶势力"关系网""保护伞"。要下大力气抓好基层政权建设、民主法治建设，为铲除黑恶势力滋生土壤提供坚强保障。

1月23日

［纲　文］　国防科工局、国家航天局宣布，中国首颗高通量通信卫星"实践十三号"在轨交付，正式投入使用。

［目　文］　该星可以方便用户快速接入网络，下载和回传速率最高可达150Mbps和12Mbps，能满足航空、航运、铁路互联网用户接入需求，将广泛应用于企业专网、远程教育、机载船舶通信、应急通信等领域，是我国技术试验、示范应用和商业运营成功结合的典范。

"实践十三号"卫星是我国自主研发的新一代高轨技术试验卫星，于2017年4月12日在西昌卫星发射中心成功发射。该星在轨开展了一系列试验并取得了丰硕成果。它可实现偏远地区的移动通信基站接入，方便用户快速接入网络。相比传统C、Ku频段通信卫星，其终端设备更小、易于使用，以流量计费的商业模式比传统频段卫星的模式更显灵活。"实践十三号"卫星投入使用后，将纳入"中星"卫星系列，命名为"中星十六号"卫星，为中国地区等区域用户提供服务。接下来，我国还将部署超大容量的高通量卫星，到2020年，形成可覆盖中国全境以及亚太地区，容量接近200Gbps的通信能力，满足"宽带中国"和国家"一带一路"建设工作对宽带通信的迫切需求。

1月23日

［纲　文］　联合国教科文组织正式授予四川眉山三苏祠文化遗产保护荣誉证书。

［目　文］　联合国教科文组织肯定了三苏祠在世界范围内弘扬中国文化所作出的贡献，对苏轼及三苏、东坡文化、三苏祠给予了高度评价：苏轼是中国人文主义的杰出代表，对中国文化产生了重大乃至根本的影响，在世界范围内也产生了巨大影响；东坡文化是眉山的文化象征，是中国文化的重要组成部分；三苏祠是三苏故居，是东坡文化发源地，是全世界著名的旅游胜地，是具有中国典型风格的园林，具有强烈的文化象征意义；三苏祠能够得以保护和传承，是对中国文化的弘扬，是对世界文化的贡献。

眉山是宋代大文豪苏洵、苏轼、苏辙的故乡，三苏祠是现今国内规模最大、保存最完好的纪念三苏的祠堂，拥有文物藏品上万件，是国家二级博物馆和4A级景区。近年来，眉山市高度重视文化遗产保护工作，通过深入挖掘文化遗产资源，实现国保、省保、市保和城镇历史建筑、农村代表性林盘院落保护全覆盖。联合国教科文组织还与眉山市签订协议，定于2018年9月在眉山召开2018"历史村落的未来"国际会议。

1月23日

［纲　文］　国务委员杨洁篪在北京会见来华考察的塞尔维亚前总统、塞对华合作国

家委员会主席尼科利奇。

[目　文]　杨洁篪说，中塞两国传统友谊深厚。在两国元首引领下，中塞全面战略伙伴关系取得长足发展。中方愿同塞方一道，加快"一带一路"倡议与塞发展战略对接，深化各领域合作，惠及两国人民，相信塞对华合作国家委员会将在推动双边合作中发挥积极作用。

尼科利奇表示，塞方高度重视对华关系，愿用好对华合作国家委员会这一平台，加强两国在基础设施、产能、矿产等领域务实合作。

1月23日

[纲　文]　《人民日报》发表评论员文章《准确把握修改宪法必须遵循的原则——三论学习贯彻党的十九届二中全会精神》。

1月24日

[纲　文]　新华社讯，中共中央、国务院印发《关于开展扫黑除恶专项斗争的通知》。

[目　文]　《通知》指出，要全面贯彻党的十九大精神，以习近平新时代中国特色社会主义思想为指导，牢固树立以人民为中心的发展思想，针对当前涉黑涉恶问题新动向，切实把专项治理和系统治理、综合治理、依法治理、源头治理结合起来，把打击黑恶势力犯罪和反腐败、基层"拍蝇"结合起来，把扫黑除恶和加强基层组织建设结合起来，既有力打击震慑黑恶势力犯罪，形成压倒性态势，又有效铲除黑恶势力滋生土壤，形成长效机制，不断增强人民获得感、幸福感、安全感，维护社会和谐稳定，巩固党的执政基础，为决胜全面建成小康社会、夺取新时代中国特色社会主义伟大胜利、实现中华民族伟大复兴的中国梦创造安全稳定的社会环境。

《通知》强调，要聚焦涉黑涉恶问题突出的重点地区、重点行业、重点领域，把打击锋芒始终对准群众反映最强烈、最深恶痛绝的各类黑恶势力违法犯罪。要坚持依法严惩、打早打小、除恶务尽，始终保持对各类黑恶势力违法犯罪的严打高压态势。把扫黑除恶与反腐败斗争和基层"拍蝇"结合起来，深挖黑恶势力"保护伞"。纪检监察机关要将治理党员干部涉黑涉恶问题作为整治群众身边腐败问题的一个重点，纳入执纪监督和巡视巡察工作内容。加大督办力度，把打击"保护伞"与侦办涉黑涉恶案件结合起来，做到同步侦办，尤其要抓住涉黑涉恶和腐败长期、深度交织的案件以及脱贫攻坚领域涉黑涉恶腐败案件重点督办。

1月24日

[纲　文]　李克强在北京主持召开座谈会，听取各民主党派中央、全国工商联负责人和无党派人士代表对《政府工作报告（征求意见稿）》的意见建议。

[目　文]　国务院副总理张高丽、汪洋、刘延东、马凯，国务委员杨洁篪、郭声琨、王勇，中央统战部部长尤权等出席座谈会。

民革中央主席万鄂湘就防范金融风险、减轻中小学生课外负担等提了建议。民盟中央主席丁仲礼就加强环境治理、抢占新兴产业竞争制高点等谈了看法。民建中央主席郝明金提出，要进一步优化营商环境，强化知识产权创造、保护和运用。民进中央主席蔡达峰说，要加强财政绩效管理，创新职业教育培养新型劳动者大军。农工党中央常务副主席何维就精准脱贫、污染防治、深化医药卫生体制改革等提了建议。致公党中央主席万钢提出，要突出发展新能源和推广新能源汽车，积极推进"一带一路"国际合作。九三学社中央主席武维华就加强草原生态保护、推进"互联网+医疗"等谈了看法。台盟中央主席苏辉建议，要进一步加强两岸人才交流，完善激励机制支持实体经济发展。全国工商联主席高云龙就弘扬和保护企业家精神、支持民营经济发展提了建议。无党派人士代表孙其信就多措并举实施乡村振兴战略、提升传统基础制造业质量等谈了看法。

国务院总理李克强感谢各民主党派、全国工商联、无党派人士长期以来对政府工作的支持和帮助，五年来的成就也凝聚了大家的心血、智慧和力量。李克强说，2018年保持经济社会发展继续向好既有坚实的基础，也面临不少困难和挑战。要全面贯彻党的十九大精神，以习近平新时代中国特色社会主义思想为指导，坚持新发展理念，围绕推动高质量发展和满足人民群众新期待，着力深化改革开放，着力提高经济创新力和竞争力，着力打好三大攻坚战，着力保障和改善民生。希望大家发挥优势，积极参与建言资政和协商监督，我们同心协力、同舟共济，共同完成好全年经济社会发展主要目标任务。

1月24日

［纲　文］　民政部发布《社会组织信用信息管理办法》，自2018年1月24日起施行。

1月24日

［纲　文］　保监会公布《保险资金运用管理办法》。

［目　文］　《办法》共6章78条。主要有总则、资金运用形式、决策运行机制、风险管控、监督管理、附则等内容。本办法自2018年4月1日起施行。中国保监会2010年7月30日发布的《保险资金运用管理暂行办法》（保监会令2010年第9号）、2014年4月4日发布的《中国保险监督管理委员会关于修改〈保险资金运用管理暂行办法〉的决定》（保监会令2014年第3号）同时废止。

1月24日

［纲　文］　中央财经领导小组办公室主任刘鹤在瑞士达沃斯出席世界经济论坛2018年年会并发表致辞。

［目　文］　刘鹤说，2017年习近平主席在达沃斯发表著名演讲，受到国际社会的普遍欢迎。一年来中国积极落实习近平主席倡议，用实际行动推动经济全球化进程。中共十九大确立了以习近平同志为核心的新的中央领导集体，把习近平新时代中国特色社会主义思想作为中国发展的行动指南，确定了到2020年全面建成小康社会和到2050年分两步走建成社会主义现代化强国的宏伟目标，也明确了未来几年中国的经济政策顶层设计。中

国经济已由高速增长阶段转向高质量发展阶段，今后几年中国的重大政策都将围绕这个总要求展开。中国将以供给侧结构性改革为主线，坚决打好防范化解重大风险、精准脱贫、污染防治三大攻坚战，确保全面建成小康社会。中国将继续推动全面对外开放，大幅放开市场准入，积极推进"一带一路"建设，秉持共商共建共享的全球治理观，坚定维护多边主义和多边贸易体制，推动构建新型国际关系，推动构建人类命运共同体。

本次论坛的主题是"在分化的世界中打造共同命运"，70多国的国家元首或政府首脑出席年会。与会期间刘鹤还应约会见了部分国家政要。

1月24日

［纲　文］　中共中央总书记习近平特使、中联部部长宋涛在哈瓦那会见古共中央第一书记劳尔·卡斯特罗。

［目　文］　宋涛转达了习近平的口信。习近平在口信中感谢古方对中共十九大的祝贺，表示中方愿同古方一道，深化肝胆相照的友谊，开展互利双赢的合作，推动中古两党两国关系不断迈上新台阶。

劳尔感谢习近平的口信，表示古共高度关注和评价中共十九大的重大意义和成就，认为中共十九大不仅对中国具有重要意义并将对全世界产生深远影响。古巴共产党愿与中共加强交流互鉴，促进古巴经济社会模式更新进程。

在古巴期间，宋涛还向古共中央政治局通报了中共十九大主要精神。

1月24日

［纲　文］　中央国家机关第32次党的工作会议暨第30次纪检工作会议在北京召开。

［目　文］　会议指出，中央国家机关首先是政治机关，更要旗帜鲜明讲政治，带头坚决维护以习近平同志为核心的党中央权威和集中统一领导。要坚持用习近平新时代中国特色社会主义思想武装头脑、指导实践、推动工作，切实在学懂弄通做实上下功夫。要以永远在路上的执着把全面从严治党引向深入，把严的要求落实到中央国家机关党的建设各方面全过程。要持之以恒正风肃纪，巩固发展中央国家机关反腐败斗争压倒性态势。要全面增强执政本领，努力建设中央国家机关高素质专业化干部队伍。要认真落实党中央决策部署，全力做好今年的改革发展稳定工作，促进经济社会持续健康发展。

1月24日

［纲　文］　全国检察长会议召开。

［目　文］　最高人民检察院检察长曹建明在会上部署了2018年检察工作任务。最高检副检察长邱学强主持会议。各省、自治区、直辖市检察院，解放军军事检察院，新疆生产建设兵团检察院检察长，部分省级检察院党组书记出席会议。

曹建明全文传达了1月15日中共中央总书记习近平主持召开中共中央政治局常务委员会会议听取最高人民法院、最高人民检察院党组工作汇报后的讲话，再次学习习近平对政法工作的指示。他指出，习近平总书记在中央政治局常委会听取"两高"党组工作汇报后的讲话，凝聚着党中央对全国检察机关全体检察人员的殷切期望和更高要求。习近平总书记对政法工作的重要指示，深刻阐明了新时代政法工作的根本方向和主要任务，是我们奋力开拓新时代政法工作新局面的根本遵循和行动指南。郭声琨在中央政法工作会议上的讲话，明确提出2018年政法工作的总体思路和主要任务，对于我们深刻领会习近平总书记指示精神，扎实做好新时代检察工作具有重要指导意义。

1月24日

[纲　文]　中国科学院神经科学研究所孙强团队突破世界难题，世界首个体细胞克隆猴在上海诞生。

[目　文]　中国科学院在北京宣布，位于上海的中国科学院神经科学研究所孙强团队，经过5年不懈努力，突破了体细胞克隆猴的世界难题，成功培育出世界首个体细胞克隆猴。这标志着中国将率先开启以猕猴作为实验动物模型的时代。

自1997年"多莉羊"体细胞克隆成功后，许多哺乳动物的体细胞克隆也相继成功，但与人类相近的非人灵长类动物（猕猴）的体细胞克隆一直是没有解决的难题。国际细胞治疗协会主席、医学科学家约翰·拉斯科评价说："中国科学家攻克了多年来导致克隆猴失败的障碍，这是许多专家一直认为不可能实现的重大技术突破。"

体细胞克隆猴的成功，将推动我国率先发展出基于非人灵长类疾病动物模型的全新医药研发产业链，促进针对阿尔茨海默病、自闭症等脑疾病，以及免疫缺陷、肿瘤、代谢性疾病的新药研发进程。

1月24日

[纲　文]　刘延东在北京出席教育工作座谈会。

[目　文]　国务院副总理刘延东指出，要深入学习贯彻习近平新时代中国特色社会主义思想和党的十九大精神，坚持教育优先发展，办好人民满意教育，培养担当民族复兴大任的时代新人，为实现中华民族伟大复兴提供人才支撑。要按照新时代、新思想、新矛盾对教育的新要求，瞄准社会主义现代化强国"两步走"目标，加强顶层设计，谋划各级各类教育发展战略，加快推进教育现代化。要加强党的领导，把握正确方向，扎根中国大地，坚持立德树人，发展更加公平更高质量的教育，全力保障"学有所教"，努力实现"学有优教"。要聚焦择校热、中小学课外负担重、创新人才培养、学科专业布局等重点难点和社会关切，将改革做深做实。要健全优先发展的制度体系，优化投入结构，用好教育经费。要强化师德师风建设，提升教师队伍素质，营造阳光和谐安全校园环境。要打好教育扶贫组合拳，加强控辍保学，助力打赢脱贫攻坚战。要加强教育督导，完善督政、督学、评估监测格局，推动党的教育方针和十九大部署落地生根。

1月24日

[纲　文]　新华社讯，中国科学院大连化学物理研究所研制出首台短波长手性拉曼光谱仪。

[目　文]　中国科学院大连化学物理研究所李灿院士、冯兆池研究员团队主持完成

的"电场、磁场调制的短波长手性拉曼光谱仪研制"专项通过国家结题验收。手性拉曼光谱是手性分子结构表征的一种新的光谱学方法,该方法不需要样品结晶,可直接对溶液相中手性样品进行绝对构型的鉴定,因而受到学术界和工业界的高度关注。手性拉曼光谱技术信号比常规光谱弱3至7个数量级,实验难度较大。中国科学院大连化学物理研究所研究团队在多年研究基础上,提出短波长手性拉曼光谱仪器的研制思路,优化选取了适合于手性拉曼光谱的457纳米激光作为光源,与国内外相关光谱仪器公司合作,成功研制了首台短波长手性拉曼光谱仪。

1月24日

[纲　文]　中国石化西北油田原油产量破1亿吨。

[目　文]　西北油田成为我国首个以海相碳酸盐岩油藏为主、原油产量达到亿吨级目标的油田。这对于进一步提高对海相碳酸盐岩油藏在我国油气资源中的重要认识,推动扩大古生界海相油气资源勘探开发规模具有重要意义。

西北油田位于我国新疆塔里木盆地,该盆地面积56万平方公里,为我国最大的内陆盆地,也是我国剩余油气资源量最大的盆地。1997年,随着沙46井、沙48井先后获高产工业油气流,我国第一个古生界海相亿吨级大油田——西北油田所属塔河油田宣告诞生,标志着塔里木盆地古生界碳酸盐岩领域获得重大突破,结束了我国海相古生界没有大油田的历史。2006年西北油田跻身我国陆上十大油田之列。

1月24日

[纲　文]　外交部发言人表示,经济全球化是符合各国利益的时代潮流。

[目　文]　有记者问,据报道,23日,达沃斯世界经济论坛2018年年会开幕。印度总理莫迪在开幕式上发表主旨演讲称,反全球化的保护主义势头正在抬头,逆全球化正在发生。报道称,莫迪反对保护主义的观点与习近平主席去年在达沃斯的演讲形成呼应。部分与会代表认为,莫迪演讲间接批评了美国优先政策。中方对莫迪总理的讲话有何评论?

发言人说,中方注意到印度总理莫迪发表了反对保护主义的看法,这反映出经济全球化是符合各国,尤其是广大发展中国家利益的时代潮流。一年前,习近平主席在世界经济论坛年会开幕式上发表了《共担时代责任　共促全球发展》的主旨演讲,就推动经济全球化朝着更加开放、包容、普惠、平衡、共赢的方向发展发出了中国声音,倡导发展开放型世界经济,产生了广泛而深远的国际影响。中方愿与各方一道,积极适应和引导好经济全球化,让它继续成为推动世界经济增长、增进各国人民福祉的积极力量。

1月24日

[纲　文]　《人民日报》发表评论员文章《为新时代中国特色社会主义发展提供宪法保障——四论学习贯彻党的十九届二中全会精神》。

1月25日

[纲　文]　国务院召开全国安全生产电视电话会议。

〔目　文〕　国务院总理李克强作出批示指出：安全生产工作事关经济社会发展大局，不能有丝毫放松。2017年，国务院安全生产委员会认真贯彻党中央、国务院决策部署，推动安全生产工作取得积极成效，实现事故总量、较大事故、重特大事故"三个继续下降"，为保障经济平稳运行和人民生命财产安全作出了积极贡献。谨向全系统的同志们致以诚挚问候！新的一年，望全面深入贯彻党的十九大精神，以习近平新时代中国特色社会主义思想为指导，坚持以人民为中心，牢固树立安全发展理念，统筹推进安全生产领域改革发展，进一步健全完善安全生产责任体系、法治体系、风险防控体系和监管保障体系，抓住重点领域深入排查治理安全隐患，坚决防范遏制重特大事故，为推动经济高质量发展和民生改善作出新的贡献。

国务院副总理、国务院安委会主任马凯，国务委员、国务院安委会副主任郭声琨、王勇出席会议。会议指出，党的十八大以来，全国安全生产形势持续向好，实现事故总量、较大事故、重特大事故"三个继续下降"，重点行业领域、各地区安全生产状况"两个总体好转"，但安全生产形势依然严峻复杂，仍然存在安全生产隐患，本质安全的基础还不牢固。各地区、各部门和各单位要认真学习贯彻中共中央总书记习近平关于安全生产的重要思想和国务院总理李克强批示精神，统筹推进安全生产领域改革发展，加快建立完善的安全生产责任制度、科学的安全监管体制、严格的监管执法机制和严密的安全法治体系、风险防控体系、社会治理体系，持续深入开展安全生产风险隐患排查治理，锲而不舍夯实安全生产基础，为推动经济高质量发展和民生改善作出新的贡献。

1月25日

〔纲　文〕　新华社讯，经中央军委批准，我军首批新军事训练大纲正式颁发。

〔目　文〕　新大纲坚持以习近平强军思想为根本指导，紧紧围绕实现党在新时代的强军目标、全面建成世界一流军队，贯彻新形势下军事战略方针，积极适应深化国防和军队改革，聚焦能打仗、打胜仗，坚持战斗力这个唯一的根本的标准，坚持实战实训、联战联训，着力打造实战化、联合化、科学化、规范化的训练内容体系和相关制度机制，构建覆盖各层次各领域各类人员、同现代战争要求相适应的标准体系，为部队按纲施训提供了基本依据。

1月25日

〔纲　文〕　环境保护部印发《关于强化建设项目环境影响评价事中事后监管的实施意见》。

〔目　文〕　《意见》由七个部分组成：一、总体要求。二、做好监管保障。三、创新监管方式。四、强化技术机构管理。五、加大惩戒问责力度。六、形成社会共治。七、强化组织实施。

《意见》指出，各级环保部门要结合本地实际认真研究制定属地监管工作方案，明确职责划分，细化工作内容，强化责任考核，建立健全工作推进机制，着力强化工作执行力度。研究建立符合环评事中事后监管特点的环境执法管理制度和有利于监管执法的激励制度，强化监管执法，加强跟踪检查，切实把环评事中事后监管落到实处。

1月25日

［纲　文］　铁路局印发《铁路专用设备产品质量安全监督管理办法》。

［目　文］　《办法》共5章31条。主要有总则、监管职责、监督检查、监督管理等内容。自2018年3月1日起施行，此前发布的相关办法与本办法相悖内容按本办法执行。

1月25日

［纲　文］　**中共中央政治局常委、中央纪委书记赵乐际在北京会见由越共中央政治局委员、中央组织部部长范明政率领的越南共产党代表团。**

［目　文］　赵乐际说，习近平总书记与阮富仲总书记2017年实现年内互访，为中越关系发展作出顶层设计。中越两党应加强对双边关系的政治引领，深化战略沟通，增进政治互信，坚定不移地推动构建中越命运共同体。中国共产党愿同越南共产党进一步加强管党治党经验交流，分享中共十九大理论成果，相互学习借鉴，共同提高党的建设质量，为推动中越全面战略合作伙伴关系健康稳定发展作出新贡献。

范明政表示，越方再次祝贺中共十九大取得重大成果，愿同中方共同努力，推动两党两国关系健康稳定务实发展。

1月25日

［纲　文］　**京津冀及周边地区大气污染防治协作小组第11次会议在北京召开。**

［目　文］　国务院副总理张高丽出席并讲话。北京市委书记蔡奇主持会议。北京、天津、河北、山西、内蒙古、山东、河南7个省区市、53个市区县和有关部门单位负责人参加会议。会议学习贯彻党的十九大和中央经济工作会议精神，学习贯彻中共中央总书记习近平讲话和指示精神，落实国务院总理李克强批示要求，总结五年来京津冀及周边地区大气污染防治工作情况，研究部署下一阶段重点工作。

张高丽指出，要以京津冀及周边地区等区域为重点，抓紧制定实施打赢蓝天保卫战三年作战计划。要加快优化能源结构，增加清洁能源供应。要因地制宜、稳妥推进北方地区清洁供暖，完善配套政策，保障天然气供应，确保群众温暖过冬。要推动产业结构调整升级，扎实推进企业全面达标，继续抓好"散乱污"企业综合整治。要优化交通运输结构，提高铁路货运比重，加强机动车污染治理。要强化区域联防联控和应急联动，实现秋冬季重污染过程缩时降峰。要深入推进大气重污染成因与治理攻关，为改善空气质量提供科技支撑。各地区各部门各单位要牢固树立"四个意识"，坚定"四个自信"，抓铁有痕、踏石留印，切实落实责任，加强政策支持，强化舆论宣传引导，把各项工作抓实抓好抓出成效。要紧密团结在以习近平同志为核心的党中央周围，坚决打赢蓝天保卫战，为全面建成小康社会、夺取新时代中国特色社会主义伟大胜利、实现中华民族伟大复兴的中国梦作出新的贡献。

1月25日

［纲　文］　**中国在西昌卫星发射中心用"长征二号丙"运载火箭成功发射遥感三十号04组卫星。**

［目　文］　遥感三十号04组卫星采用多星组网模式，主要用于开展电磁环境探测及相关技术试验。此次发射是长征系列运载火箭的第265次飞行。

1月25日

［纲　文］　重庆（渝）至贵阳（贵）铁路正式开通运营。

［目　文］　渝贵铁路的运营打通了我国西南地区至华南及华东地区的快速铁路通道，为整个西南内陆的对外开放打开新格局。渝贵铁路全长347公里，初期最高运营时速200公里。渝贵铁路开通后重庆至贵阳、广州、昆明最快列车的运行时间由原来的约9小时、12小时、19小时，分别缩短至2小时2分、7小时10分、4小时40分。

1月25日

［纲　文］　《人民日报》发表评论员文章《宪法修改必须依法按程序进行——五论学习贯彻党的十九届二中全会精神》《坚决打赢扫黑除恶专项斗争攻坚仗》。

1月25—29日

［纲　文］　汪洋在云南怒江调研脱贫攻坚工作。

［目　文］　中共中央政治局常委、国务院扶贫开发领导小组组长汪洋在泸水市称杆乡、洛本卓乡和福贡县鹿马登乡，了解易地扶贫搬迁集中安置工作进展情况；回访福贡县匹河怒族乡托坪村，询问帮扶举措落实情况；在贡山独龙族怒族自治县独龙江乡，实地察看产业扶贫工作；在高海拔的贡山县普拉底乡贫困村，走访贫困户。调研期间，汪洋分别与州、县、乡、村四级书记个别谈心，与驻村帮扶干部、第一书记等座谈交流，听取对帮扶政策的意见建议。

汪洋肯定怒江州脱贫攻坚工作取得的进展。他指出，脱贫攻坚进入攻坚拔寨、啃硬骨头的关键阶段，做到精准施策，首先是政策要精准。要深入脱贫攻坚一线开展调查研究，认真查摆整改政策不精准、基层难执行等问题，以扶贫政策的精准促进帮扶工作的精准。要完善考核办法，创造条件让基层从实际出发开展工作。要在确保实现"两不愁、三保障"基础上，着眼长远，积极稳妥推进贫困地区产业发展、基础设施改善、社会文明建设等，促进脱贫攻坚和实施乡村振兴战略有机衔接。根本改变贫困地区落后面貌，必须久久为功，绝不能急于求成。

1月25—26日

［纲　文］　全国海关关长会议在北京召开。

［目　文］　会议的主要任务是，深入学习贯彻党的十九大和中央经济工作会议精神，总结海关工作，分析形势，研究部署2018年海关工作。部分中央和国家机关、海关总署以及各直属海关单位约200名代表出席会议。

会议指出，2017年，全国海关共监管进出境货物42.73亿吨、运输工具3892万辆（艘、架）次、邮快件13.76亿件，分别增长7.4%、6.3%、19.5%。税收入库18967.81亿元，增长23.26%，创历史新高。稽查工作成效明显，"多查合一"稳步推进。2017年，稽查企业8409家，查发问题5272个，稽查作业有效率62.69%，对523家失信黑名单主体实施联合惩戒。

1月26日

［纲　文］　中共中央印发《中国共产党中央委员会关于修改宪法部分内容的建议》。

1月26日

［纲　文］　教育部、国务院学位委员会发布《关于宣布失效一批规范性文件的通知》。

［目　文］　《通知》说，根据《国务院办公厅关于进一步做好"放管服"改革涉及的规章、规范性文件清理工作的通知》（国办发〔2017〕40号）和《国务院法制办公室关于做好法规清理工作的函》（国法函〔2017〕84号）要求，我部对不利于"放管服"改革的规范性文件进行了专项清理。经商有关部门同意，决定宣布失效一批规范性文件，现将宣布失效的规范性文件目录予以公布。已失效的规范性文件不再作为行政管理的依据。《宣布失效的规范性文件目录》包括《教育部所属高等学校固定资产管理办法（试行）》〔（79）教供字067号〕等43件规范性文件。

1月26日

［纲　文］　国务院新闻办公室发表《中国的北极政策》白皮书。

［目　文］　这是中国政府在北极政策方面发表的首部白皮书。白皮书由前言、正文和结束语三个部分组成，全文约9000字，阐明了中国在北极问题上的基本立场，阐释了中国参与北极事务的政策目标、基本原则和主要政策主张。

白皮书指出，近年来，全球气候变暖，北极冰雪融化加速。在经济全球化、区域一体化不断深入发展的背景下，北极在战略、经济、科研、环保、航道、资源等方面的价值不断提升，受到国际社会的普遍关注。中国参与北极事务坚持科研先导，强调保护环境，主张合理利用，倡导依法治理和国际合作，致力于维护和平、安全、稳定的北极秩序。北极治理需要各利益攸关方的参与和贡献。中国是北极事务的积极参与者、建设者和贡献者，作为负责任的大国，愿本着"尊重、合作、共赢、可持续"的基本原则，与有关各方一道，抓住北极发展的历史性机遇，积极应对北极变化带来的挑战，共同认识北极、保护北极、利用北极和参与治理北极，积极推动共建"一带一路"倡议涉北极的合作，积极推动构建人类命运共同体，为北极的和平稳定和可持续发展作出贡献。

1月26日

［纲　文］　外交部发言人表示，中英加强"一带一路"框架下务实合作潜力巨大、前景广阔，不仅对两国和两国人民有利，也有助于世界经济的持续复苏。

［目　文］　有记者问：明天，英国首相特雷莎·梅将正式开始访华。我们注意到，英国驻华大使吴百纳举行吹风会表示，英方对英中关系黄金时代的承诺会保持一致、坚定和稳固。英国看到"一带一路"倡议的巨大潜力，是中国"一带一路"建设的天然伙伴，英中将就此保持密切合作。我们知道，英国是首个加入亚投行的西方大国和欧洲国家，在

对华合作方面起到过"表率"作用。中方是否希望中英合作继续引领潮流？

发言人表示，当前中英关系良好，面临新的发展机遇。我们注意到吴百纳大使在接受媒体采访时表示，英国是中国在"一带一路"建设中的天然伙伴，英中将就此保持密切合作。的确如此，"一带一路"倡议是一个开放包容的合作平台，已成为广受欢迎的最重要的国际合作平台。英国政府和梅首相多次表示支持"一带一路"倡议，2017年5月专门派特使哈蒙德财政大臣来北京出席"一带一路"国际合作高峰论坛。"一带一路"是中英双方可以充分发挥各自优势积极开展合作，而且可以实现互利共赢的一个重点领域，中英双方政府和市场机构都有意愿在共建"一带一路"框架下发掘更多合作机遇，拓展更广阔发展前景。

1月27日

［纲　文］　国务院办公厅印发《基本公共服务领域中央与地方共同财政事权和支出责任划分改革方案》。

［目　文］　《方案》由四个部分组成：一、总体要求。二、主要内容。三、配套措施。四、实施时间。

《方案》要求，加快推进省以下支出责任划分改革，明确部门管理职责，加强基本公共服务项目预算管理，推进基本公共服务大数据平台建设，强化监督检查和绩效管理。《方案》自2019年1月1日起实施。

1月27—28日

［纲　文］　日本外务大臣河野太郎对中国进行正式访问。

［目　文］　28日，国务院总理李克强在北京会见河野太郎时表示，我们注意到日方近来在对华关系上释放的正面信息，但两国关系在积极面增多的同时，仍面临不确定因素，可谓乍暖还寒。当前中日关系改善的积极势头来之不易，需要双方倍加珍惜，共同努力，相向而行，在2018年中日和平友好条约缔结40周年之际，重温条约精神，处理好历史等敏感问题，妥善管控分歧，使2018年成为中日关系重返正常发展轨道的机遇之年。中日经济互补性强，合作空间广阔。希望日方本着以史为鉴、面向未来的精神，努力营造良好氛围，给两国民众和企业以良好预期，为拓展互利合作、重启有关对话机制以及推动东亚地区合作夯实基础。

河野太郎表示，日本各界对全面改善日中关系充满期待。日方愿以日中和平友好条约缔结40周年为契机，同中方相向而行，共同努力，进一步改善和深化日中关系。日方期待尽早举行新一轮日中韩三国领导人会议，欢迎李克强总理正式访问日本。

同日，国务委员杨洁篪、外交部部长王毅在北京分别与河野太郎会见、会谈。

王毅与河野太郎同意以2018年纪念缔约40周年为契机，加强各层级交往，在文化、地方、媒体、青少年等领域开展形式多样的交流，为两国关系重回正轨营造良好民意和社会基础。双方认为高层交往对两国关系改善发展具有重要引领作用，同意尽快召开新一轮中日韩领导人会议并为此营造适宜环境。双方认为应充分发挥各自比较优势，加强互利合作，扩大共同利益。日方对参与"一带一路"建设、探索三方合作表明了积极态度。双方就两国建立海空联络机制达成原则一致表示欢迎，愿尽早签署实施。双方应共同努力，使东海成为和平、合作、友好之海。双方同意共同维护自由贸易体系，加快推进区域经济一体化，构建开放型世界经济。双方还就朝鲜半岛核等国际地区问题深入交换了意见。

1月28日

〔纲　文〕　上海市第十五届人民代表大会第一次会议选举殷一璀（女）为市人大常委会主任。

1月28日

〔纲　文〕　安徽省第十三届人民代表大会第一次会议选举李锦斌为省人大常委会主任。

1月28日

〔纲　文〕　政协北京市第十三届委员会第一次会议选举吉林为市政协主席。

1月28日

〔纲　文〕　江西省第十三届人民代表大会第一次会议选举鹿心社为省人大常委会主任。

1月28日

〔纲　文〕　湖南省第十三届人民代表大会第一次会议选举杜家毫为省人大常委会主任。

1月28日

〔纲　文〕　政协河北省第十二届委员会第一次会议选举叶冬松为河北省政协主席。

1月28日

〔纲　文〕　政协内蒙古自治区第十二届委员会第一次全体会议选举李佳为自治区政协主席。

1月28日

〔纲　文〕　政协河南省第十二届委员会第一次全体会议选举刘伟为省政协主席。

1月28日

〔纲　文〕　政协湖北省第十二届委员会第一次会议选举徐立全为省政协主席。

1月28日

〔纲　文〕　政协甘肃省第十二届委员会第一次全体会议选举欧阳坚（白族）为省政协主席。

1月28日

〔纲　文〕　新华社讯，常万全在新疆调研边防工作。

〔目　文〕　国务委员兼国防部部长常万全指出，要深入学习贯彻习近平新时代中国特色社会主义思想和党的十九大精神,全面贯彻落实以习近平同志为核心的党中央治疆方略,增强"四个意识",强化使命担当,合力强边固防,坚决维护新疆社会稳定和长治久安。加强边防建设和边境管控,是实现这一总目标的重要工作。要深刻领会党中央、习主席的战略意图,进一步深化思想认识,充分认清国家安全面临的复杂严峻形势,自觉服从服务于党和国家工作大局,切实增强维稳戍边的紧迫感责任感使命感。要坚持标本兼治、强基固本、稳扎稳打,着力抓好打基础利长远的工作,夯实治疆稳疆的物质基础、思想基础和群众基础。要加大工作统筹力度,强化党政军警兵民"六位一体"工作机制,凝聚各方力量,调动积极因素,坚决打好新形势下维稳戍边的人民战争。

1月29日

[纲　文]　国家主席习近平任免驻外大使。

[目　文]　习近平根据全国人民代表大会常务委员会的决定任免下列驻外大使:一、免去姚敬的中华人民共和国驻阿富汗伊斯兰共和国特命全权大使职务;任命刘劲松为中华人民共和国驻阿富汗伊斯兰共和国特命全权大使。二、免去易先良的中华人民共和国驻斯里兰卡民主社会主义共和国特命全权大使职务;任命程学源为中华人民共和国驻斯里兰卡民主社会主义共和国特命全权大使。三、免去徐步的中华人民共和国驻东盟使团团长、特命全权大使职务;任命黄溪连为中华人民共和国驻东盟使团团长、特命全权大使。四、免去李宝荣的中华人民共和国驻智利共和国特命全权大使职务;任命徐步为中华人民共和国驻智利共和国特命全权大使。五、免去曲喆的中华人民共和国驻爱沙尼亚共和国特命全权大使职务;任命李超为中华人民共和国驻爱沙尼亚共和国特命全权大使。六、免去张平的中华人民共和国驻斐济共和国特命全权大使职务;任命钱波为中华人民共和国驻斐济共和国特命全权大使。七、免去王克(女)的中华人民共和国驻巴巴多斯特命全权大使职务;任命延秀生为中华人民共和国驻巴巴多斯特命全权大使。

1月29日

[纲　文]　林业局公布《开展林木转基因工程活动审批管理办法》,自2018年3月1日起施行。

1月29日

[纲　文]　粮食局印发《关于粮食产业科技创新联盟建设的指导意见》。

[目　文]　《意见》由五个部分组成:一、总体要求。二、创新建设模式。三、规范建设条件。四、完善运行机制。五、加强管理服务。

《意见》指出,国家粮食局常年受理联盟发起人自愿提出的信息报告,对联盟工作进行动态跟踪管理和服务。具体程序为:联盟发起人提出联盟成立信息报告,由国家粮食局仓储与科技司受理;在国家粮食局政府网站进行信息公开;联盟成立后,信息归档;联盟于每年12月中旬,报送本年度工作总结和下年度工作计划;联盟自愿接受国家粮食局委托的第三方机构对其运行情况及绩效进行不定期的评估和检查,运行机制良好、创新成效突出、产业带动作用明显的联盟将受到表彰鼓励。

1月29日

[纲　文]　铁路局发布《铁路运输企业准入许可实施细则》。

[目　文]　《细则》共5章40条。主要有总则、许可条件、许可程序、监督管理等内容。自2018年1月29日起施行。《国家铁路局关于印发铁路运输企业准入许可实施细则的通知》(国铁运输监〔2015〕18号)同时废止。

1月29日

[纲　文]　香港特区政府与中国铁路总公司在香港签署《关于广深港高速铁路香港段运营准备工作重点事项安排备忘录》。

[目　文]　根据《备忘录》，高铁香港段开通初期每日计划开行127对列车，其中短途列车114对，长途列车13对。短途列车往返香港西九龙站、福田站、深圳北站、虎门站及广州南站，长途列车可直达北京、上海、昆明、桂林、贵阳、石家庄、郑州、武汉、长沙、杭州、南昌、福州、厦门及汕头等城市。双方同意以后按实际需要协商调整列车开行方案。

1月29—30日

[纲　文]　十二届全国人大常委会第三十二次会议在北京召开。

[目　文]　全国人大常委会委员长张德江主持会议。受中共中央委托，中共中央政治局常委、宪法修改小组副组长栗战书作中共中央关于修改宪法部分内容的建议的说明。常委会组成人员148人出席会议。

会议经表决，决定将全国人大常委会关于提请审议宪法修正案草案的议案提请十三届全国人大一次会议审议。会议表决通过了全国人大常委会关于召开十三届全国人大一次会议的决定。根据决定，十三届全国人大一次会议于2018年3月5日在北京召开。会议经表决，任命何新为全国人大常委会副秘书长。

张德江在闭幕会上说，会议期间，常委会组成人员认真学习、深刻领会习近平新时代中国特色社会主义思想，深入贯彻落实党的十九大和十九届二中全会精神，认真学习讨论中共中央关于修改宪法部分内容的建议，提高政治站位，强化使命担当，全票通过全国人大常委会关于提请审议宪法修正案草案的议案和宪法修正案草案，决定提请十三届全国人大一次会议审议，圆满完成了党中央交付全国人大常委会的重大政治任务。会议通过的宪法修正案草案，把党的十九大确定的重大理论观点和重大方针政策特别是习近平新时代中国特色社会主义思想载入国家根本法，体现党和国家事业发展的新成就新经验新要求。贯彻落实党中央关于宪法修改的总体要求和原则，在总体保持我国宪法连续性、稳定性、权威性的基础上推动宪法与时俱进、完善发展，必将更好地发挥宪法的规范、引领、推动、保障作用，更好地为新时代坚持和发展中国特色社会主义、实现"两个一百年"奋斗目标和中华民族伟大复兴的中国梦提供有力宪法保障。这次会议作出决定，十三届全国人大一次会议于2018年3月在北京召开。从现在到大会召开，只有一个多月时间，要着力抓好以下工作：一是做好十三届全国人大代表资格审查工作，二是做好代表依法履职各项工作，三是做好十三届全国人大一次会议组织筹备工作，四是做好工作衔接，确保本届各项工作目标任务圆满完成，确保新一届全国人大及其常委会履职开好局起好步。

1月30日

［纲　文］　中共中央政治局召开会议，听取和审议《中央政治局常委会听取和研究全国人大常委会、国务院、全国政协、最高人民法院、最高人民检察院党组工作汇报和中央书记处工作报告的综合情况报告》。

［目　文］　中共中央总书记习近平主持会议。会议对全国人大常委会、国务院、全国政协、最高人民法院、最高人民检察院党组和中央书记处2017年的工作给予充分肯定，同意其对2018年的工作安排。

会议认为，党的领导是中国特色社会主义最本质的特征，是全党全国各族人民共同意志和根本利益的体现，是决胜全面建成小康社会、夺取新时代中国特色社会主义伟大胜利的根本保证。坚持党的领导，首先要坚持维护党中央权威和集中统一领导。全党同志要牢固树立政治意识、大局意识、核心意识、看齐意识，把维护党中央权威和集中统一领导作为最高政治原则和根本政治规矩来执行，始终在思想上政治上行动上同以习近平同志为核心的党中央保持高度一致。

会议强调，2018年是贯彻党的十九大精神的开局之年，是改革开放40周年，是决胜全面建成小康社会、实施"十三五"规划承上启下的关键一年。全国人大常委会、国务院、全国政协、最高人民法院、最高人民检察院党组要坚决维护党中央权威和集中统一领导，认真学习贯彻习近平新时代中国特色社会主义思想和党的十九大精神，以更好的精神状态和更高的工作水准，推动党中央大政方针和决策部署落地生根。要把党的政治建设摆在首位，抓好党组自身建设，认真履行全面从严治党主体责任，推动全面从严治党向纵深发展。中央书记处要自觉在中央政治局、中央政治局常委会领导下开展工作，把握学习宣传贯彻习近平新时代中国特色社会主义思想和党的十九大精神这条主线，进一步在协助党中央推进全面从严治党上聚焦发力，深入调查研究，推动党中央交办的任务落实见效。

1月30日

［纲　文］　习近平主持中共中央政治局进行第三次集体学习。

［目　文］　学习主题是：建设现代化经济体系。本次中央政治局集体学习，由中央政治局同志自学并交流体会，刘鹤、孙春兰、李希、李强、李鸿忠、陈全国、陈敏尔、胡春华、蔡奇就这个问题作了发言，中央政治局各位同志听取了他们的发言，并就有关问题进行了讨论。

中共中央总书记习近平指出，建设现代化经济体系，这是党中央从党和国家事业全局出发，着眼于实现"两个一百年"奋斗目标、顺应中国特色社会主义进入新时代的新要求作出的重大决策部署。国家强，经济体系必须强。只有形成现代化经济体系，才能更好顺应现代化发展潮流和赢得国际竞争主动,也才能为其他领域现代化提供有力支撑。我们要按照建设社会主义现代化强国的要求,加快建设现代化经济体系,确保社会主义现代化强国目标如期实现。现代化经济体系,是由社会经济活动各个环节、各个层面、各个领域的相互关系和内在联系构成的一个有机整体。要建设创新引领、协同发展的产业体系,实现实体经济、科技创新、现代金融、人力资源协同发展,使科技创新在实体经济发展中的贡献份额不断提高,现代金融服务实体经济的能力不断增强,人力资源支撑实体经济发展的作用不断优化。要建设统一开放、竞争有序的市场体系,实现市场准入畅通、市场开放有序、市场竞争充分、市场秩序规范,加快形成企业自主经营公平竞争、消费者自由选择自主消费、商品和要素自由流动平等交换的现代市场体系。建设现代化经济体系,需要扎实管用的政策举措和行动。要突出抓好以下几方面的工作。一是要大力发展实体经济,筑牢现代化经济体系的坚实基础。实体经济是一国经济的立身之本,是财富创造的根本源泉,是国家强盛的重要支柱。二是要加快实施创新驱动发展战略,强化现代化经济体系的战略支撑,加强国家创新体系建设,强化战略科技力量,推动科技创新和经济社会发展深度融合,塑造更多依靠创新驱动、更多发挥先发优势的引领型发展。三是要积极推动城乡区域协调发展,优化现代化经济体系的空间布局,实施好区域协调发展战略,推动京津冀协同发展和长江经济带发展,同时协调推进粤港澳大湾区发展。乡村振兴是一盘大棋,要把这盘大棋走好。四是要着力发展开放型经济,提高现代化经济体系的国际竞争力,更好利用全球资源和市场,继续积极推进"一带一路"框架下的国际交流合作。五是要深化经济体制改革,完善现代化经济体系的制度保障,加快完善社会主义市场经济体制,坚决破除各方面体制机制弊端,激发全社会创新创业活力。

1月30日

[纲　文]　新华社讯,中央组织部从代中央管理党费中划拨15670万元用于春节期间走访慰问生活困难党员和老党员。

[目　文]　这笔资金专门用于2018年春节期间走访慰问生活困难党员和老党员,重点是贫困地区、受灾地区、困难单位的生活困难党员和老党员,生产工作一线、脱贫攻坚一线的党员干部,以及村(社区)老骨干、因病致贫的特困群众和因公牺牲党员、干部家庭。

中央组织部要求,各级党组织要把开展走访慰问活动作为学习贯彻落实习近平新时代中国特色社会主义思想和党的十九大精神的重要举措,精心组织安排,努力取得慰问一人、温暖一户、带动一片的效果。各级党委组织部门要从代本级党委(工委)管理党费中配套相应额度用于走访慰问,确保专款专用,让生活困难党员、老党员和困难群众切身感受到党中央的关怀和温暖。

1月30日

[纲　文]　财政部印发《农业综合开发财务管理办法》。

[目　文]　《办法》共9章41条。主要内容为:总则、资金筹集和计划管理、资金使用和支出管理、工程成本管理、资产和负债管理、净资产和结余资金管理、财务报告和

预算绩效管理、财务监督、附则。自2018年1月30日起施行。财政部2006年7月发布的《农业综合开发财务管理办法》(财发〔2006〕39号)、2011年6月发布的《农业综合开发土地治理项目工程管护资金会计核算的有关规定》(财发〔2011〕15号)、2011年6月发布的《农业综合开发县级农发机构项目管理费使用的补充规定》(财发〔2011〕23号)同时废止。

1月30日

〔纲　文〕　银监会公布《关于废止部分规章的决定》。

〔目　文〕　《决定》说,为贯彻落实中共中央、国务院关于简政放权、放管结合、优化服务改革措施要求,进一步提高银行业服务实体经济能力,中国银监会决定废止以下两部规章:一、《关于调整银行市场准入管理方式和程序的决定》(中国银行业监督管理委员会令2003年第1号);二、《融资性担保公司董事、监事、高级管理人员任职资格管理暂行办法》(中国银行业监督管理委员会令2010年第6号)。本决定自2018年1月30日起施行。

1月30日

〔纲　文〕　内蒙古自治区十三届人民代表大会第一次会议宣布,中央提名的代表候选人习近平同志,全票当选第十三届全国人大代表。

1月30日

〔纲　文〕　北京市第十五届人民代表大会第一次会议选举李伟为市人大常委会主任;选举陈吉宁为市长;选举张硕辅为市监察委员会主任;选举杨万明为市高级人民法院院长。

1月30日

〔纲　文〕　山西省第十三届人民代表大会第一次会议选举骆惠宁为省人大常委会主任;选举楼阳生为省长;选举任建华为省监察委员会主任;选举邱水平为省高级人民法院院长。

1月30日

〔纲　文〕　浙江省第十三届人民代表大会第一次会议选举车俊为省人大常委会主任;选举袁家军为省长;选举刘建超为省监察委员会主任;选举李占国为省高级人民法院院长。

1月30日

〔纲　文〕　河南省第十三届人民代表大会第一次会议选举谢伏瞻为省人大常委会主任;选举陈润儿为省长;选举任正晓为省监察委员会主任;选举胡道才为省高级人民法院院长。

1月30日

〔纲　文〕　四川省第十三届人民代表大会第一次会议选举王东明为省人大常委会主任;选举尹力为省长;选举王雁飞为省监察委员会主任;选举王树江为省高级人民法院

院长。

1月30日

［纲　文］　贵州省第十三届人民代表大会第一次会议选举孙志刚为省人大常委会主任；选举谌贻琴为省长；选举夏红民为省监察委员会主任；选举韩德洋为省高级人民法院院长。

1月30日

［纲　文］　云南省第十三届人民代表大会第一次会议选举陈豪为省人大常委会主任；选举阮成发为省长；选举陆俊华为省监察委员会主任；选举侯建军为省高级人民法院院长。

1月30日

［纲　文］　西藏自治区第十一届人民代表大会第一次会议选举洛桑江村为自治区人大常委会主任；选举齐扎拉为自治区主席；选举王拥军为自治区监察委员会主任；选举索达为自治区高级人民法院院长。

1月30日

［纲　文］　陕西省第十三届人民代表大会第一次会议选举胡和平为省人大常委会主任；选举刘国中为省长；选举贺荣为省监察委员会主任；选举李智为省高级人民法院院长。

1月30日

［纲　文］　政协吉林省第十二届委员会第一次会议选举江泽林为省政协主席。

1月30日

［纲　文］　政协山东省第十二届委员会第一次会议选举付志方为省政协主席。

1月30日

［纲　文］　政协宁夏回族自治区第十一届委员会第一次会议选举崔波为自治区政协主席。

1月30日

［纲　文］　内蒙古自治区第十三届人民代表大会第一次会议选举李纪恒为自治区人大常委会主任。

1月30日

［纲　文］　外交部在北京为各国驻华使节和国际组织驻华代表举行2018年新年招待会。

［目　文］　国务委员杨洁篪，有关部门负责人及中外来宾约400人出席。外交部部长王毅在致辞中表示，2018年是中国改革开放40周年和中国共产党十九大之后的开局之年。我们将以习近平新时代中国特色社会主义思想为指引，坚持走和平发展道路，奋力谱写中国特色大国外交新篇章。我们将坚持对外开放的基本国策，坚持互利共赢的开放战略，积极参与全球治理体系改革和建设，推动经济全球化朝着更加开放、包容、普惠、平

衡、共赢方向发展，深入推进"一带一路"建设，办好博鳌亚洲论坛、上海合作组织峰会、中非合作论坛峰会和中国国际进口博览会等主场外交活动。我们将扩展深化全球伙伴关系网络，积极构建总体稳定、均衡发展的大国关系框架，践行亲诚惠容理念深化同周边国家关系，秉持正确义利观加强同广大发展中国家团结合作。

1月30日

[纲 文] 外交部发言人表示，中方一贯高度重视区域全面经济伙伴关系协定（RCEP）谈判，愿与包括新加坡在内的各方加强沟通与协调，力争尽快结束谈判，为区域经济一体化进程贡献力量。

[目 文] 有记者问，新加坡总理公署部长陈振声近日接受采访时表示，东盟和中国今年最优先的任务是完成 RCEP 谈判。新加坡对 RCEP 抱有很高期望，希望它能够给全球经济体系建立一个更高的标准。中国是能够做得很好的国家之一，因为中国有很强有力的中央政府，可以确保收益更平均地被分配到不同区域。中方对此有何回应？

发言人说，中方对陈振声部长有关表态表示欢迎。RCEP 是亚太地区最重要的自由贸易谈判之一，达成后将成为世界上涵盖人口最多、成员构成最多元、发展最具活力的自由贸易区。早日达成协定有利于提振区域和全球经济发展信心，也有助于推进亚太自贸区进程。中方一贯高度重视 RCEP 谈判，坚定支持东盟发挥核心引领作用，愿与包括新方在内的各方加强沟通与协调，落实好 2017 年 11 月 RCEP 首次领导人会议共识，力争尽快结束谈判，为区域经济一体化进程贡献力量。

1月31日

[纲 文] 国务院批复上海市人民政府，同意《上海市进一步推进"证照分离"改革试点工作方案》。

[目 文] 批复说，一、同意在上海市浦东新区进一步推进"证照分离"改革试点，试点期为自批复之日起至 2018 年 12 月 31 日。原则同意《上海市进一步推进"证照分离"改革试点工作方案》（以下简称《工作方案》），请认真组织实施。二、要认真贯彻党的十九大精神和中央经济工作会议部署，以习近平新时代中国特色社会主义思想为指导，按照党中央、国务院决策部署，紧紧围绕深化简政放权、放管结合、优化服务改革，破解"准入不准营"问题，营造公平公正的市场环境，统筹推进"证照分离"改革与"多证合一"等其他商事制度改革、行政审批制度改革，通过加大制度创新和政府职能转变力度，有效区分"证"与"照"的各自功能，大力推进"照后减证"，尽可能减少审批发证。三、上海市人民政府要加强对《工作方案》实施的组织领导。敢为人先，进一步深入探索"证照分离"改革，继续当好全国改革开放排头兵、创新发展先行者，打造改革新高地。在浦东新区"证照分离"改革试点中，要努力改革以审批发证为主要内容的传统管理体制，把生产经营和投资自主权还给企业，最大限度减少审批；同时，坚持"谁审批谁监管、谁主管谁监管"原则，不断强化和完善"双随机、一公开"监管，制定上海市行政审批告知承诺

管理办法，多措并举完善监管，做到放开准入和严格监管相结合，守住社会安全、生产安全、生态安全、医疗卫生安全等底线，真正做到审批更简、监管更强、服务更优。四、国务院有关部门要按照职责分工，积极支持上海市推进"证照分离"改革试点，先行试验一些重大行政审批制度改革措施。五、试点需要暂时调整实施相关法律规定的，国务院将提请全国人大常委会作出决定，授权国务院在上海市暂时调整部分法律规定。需要暂时调整实施相关行政法规、国务院文件和国务院批准的部门规章的部分规定的，具体由上海市人民政府报请国务院另行印发。

1月31日

[纲　文]　李克强在北京主持召开座谈会，听取教育、科技、文化、卫生、体育界人士和基层群众代表对《政府工作报告（征求意见稿）》的意见建议。

[目　文]　国务院副总理张高丽、汪洋出席。刘延东、马凯等参加座谈会。

武汉大学校长窦贤康院士建议在建设创新型国家中要高度重视发挥人才的作用，加大对中西部建设高水平大学的支持。西湖高等研究院院长施一公院士提出，要鼓励支持和积极探索发展优质民办高等教育。李克强说，推动高质量发展需要大批高素质人才，各级政府要努力推动教育均衡发展，创造公平环境，给学校更大办学自主权，鼓励支持发展高水平公办、民办教育，培养更多各类人才。

中科院数学与科学工程计算研究所所长陈志明院士建议，要继续加大科技投入，更加重视基础研究。李克强说，实施创新驱动发展战略必须筑牢基础研究这个基石，没有数理化等基础学科的"深蹲助跑"，就无法实现原始创新和核心关键技术突破的"起跳跨跃"，要完善激励政策，把基础研究的"冷板凳"捂热，鼓励科技人员多出原创性、突破性研究成果。

敦煌研究院名誉院长樊锦诗提出，要加强文化遗产保护与利用，提升中华优秀传统文化国际影响力。演员黄渤希望国家加大对影视产业的指导支持，进一步激发文艺工作者创作积极性。李克强说，文化兴盛是国家强盛的重要体现，既要应用科技手段更好保护传统文化遗存尤其是世界文化遗产等历史瑰宝，也要契合时代需求，多出品位格调高、弘扬正能量的文化产品，使中华优秀文化传承光大。泰达国际心血管病医院院长刘晓程提出，要深化医改，完善公立医院良性补偿机制。中国女排总教练、中国排协副主席郎平建议建设更多公共健身设施，做大做强体育产业。李克强说，夯实健康中国的大厦之基，医疗卫生和体育健身是两根重要支柱，针对群众关切，政府要着力破体制壁垒、创良好环境，调动社会力量积极性，增加社会领域服务短板供给，不断提升群众生活品质。

湖南浏阳达浒镇农民孔蒲中围绕促进家庭农场发展提了建议。李克强说，实施好乡村振兴战略，要积极培育新型农业经营主体，各地区各部门要针对他们的需求加大支持，使他们在广阔的农村舞台上充分施展才华。山西临猗卓里镇从事快递的李朋璇曾通过中国政府网《我向总理说句话》栏目提建议，在座谈会现场他又提出希望国家推动保险业和快递业深化合作，为生鲜农产品进城保驾护航。李克强说，我们鼓励支持快递等新产业新业态发展，多措并举降低物流等成本，这既能促进经济增长，更能促进民生改善。政府要践行以人民为中心的发展思想，拓展倾听民声、了解民意的渠道，在与社会良性互动中不断改进工作。

1月31日

［纲　文］　张德江在北京主持召开座谈会，听取部分全国人大代表对《全国人民代表大会常务委员会工作报告（征求意见稿）》的意见建议。

［目　文］　马志武、周洪宇、程京、关牧村、郭建仁、阎少泉、吴国平、高明芹、郭建华、张雄等10位代表结合五年来的履职经历发言，对修改完善常委会工作报告稿、加强改进人大工作提出意见建议。代表们高度评价十二届全国人大及其常委会的工作，对常委会工作报告征求意见稿总体表示赞成，一致认为，全国人大常委会紧紧围绕党和国家工作大局依法履职，勇于担当、善于作为，立法效率和质量明显提升，坚持问题导向、回应人民群众关切，监督力度和实效进一步增强，积极推动地方人大工作完善发展，人大工作开创了新局面、取得了新成就。

全国人大常委会委员长张德江表示，十二届全国人大常委会所取得的工作成绩，根本在于以习近平同志为核心的党中央坚强领导，在于习近平新时代中国特色社会主义思想科学指引。十二届全国人大代表忠实代表人民的利益和意志，恪尽职守、勤勉工作，为发展社会主义民主政治、建设社会主义法治国家作出了积极贡献。人民代表大会制度是坚持党的领导、人民当家作主、依法治国有机统一的根本政治制度安排，必须长期坚持、不断完善。

1月31日

［纲　文］　汪洋在北京主持召开国务院旅游工作部际联席会议第五次全体会议。

［目　文］　国务院副总理汪洋指出，要全面贯彻党的十九大精神，以习近平新时代中国特色社会主义思想为指导，紧扣我国社会主要矛盾变化，大力推动旅游业提质增效和转型升级，实现高质量发展，打造国民经济战略性支柱产业和综合性幸福产业。2017年人均出游达3.7次，出境旅游人数居世界第一位，旅游业对国民经济和社会就业的综合贡献率超过10%，战略性支柱产业地位更加突出。我国旅游业进入黄金发展期，也处在矛盾凸显期，发展不平衡不充分的问题比较突出。要坚持创新发展，深化供给侧结构性改革，发展全域旅游，推动旅游业发展质量变革、效率变革、动力变革。要坚持协调发展，优化旅游业发展格局，扎实推进新一轮"厕所革命"，助力乡村振兴和区域协调发展。要坚持绿色发展，将"绿水青山就是金山银山"的理念贯穿到旅游发展全过程，实现生态效益与经济效益有机统一。要坚持开放发展，深化"一带一路"旅游国际合作，办好国家旅游年等活动，积极参与全球旅游治理，实现互利共赢。要坚持共享发展，坚持以人民为中心的发展思想，构建包容普惠的旅游发展机制，整顿旅游市场秩序，更好彰显旅游业的民生价值。春节将迎来旅游高峰，要把旅游安全放在首位，落实地方政府、旅游企业、监管部门责任，严防重特大旅游安全事件发生。

1月31日

［纲　文］　中国互联网络信息中心（CNNIC）在北京发布第41次《中国互联网络发展状况统计报告》。

［目　文］　《报告》显示，截至2017年12月，我国网民规模达7.72亿，普及率达55.8%，超过全球平均水平4.1个百分点，超过亚洲平均水平9.1个百分点。

《报告》显示，截至2017年12月，我国手机网民规模达7.53亿，网民中使用手机上网人群的占比由2016年的95.1%提升至97.5%。与此同时，使用电视上网的网民比例也提高3.2个百分点，达28.2%。台式电脑、笔记本电脑、平板电脑的使用率均出现下降，手机不断挤占其他个人上网设备的使用。以手机为中心的智能设备，成为"万物互联"的基础，车联网、智能家电促进"住行"体验升级，构筑个性化、智能化应用场景。移动互联网服务场景不断丰富、移动终端规模加速提升、移动数据量持续扩大等，为移动互联网产业创造更多价值挖掘空间。

1月31日

［纲　文］　国家统计局首次公布中国综合PMI（采购经理指数）产出指数。

［目　文］　1月，综合PMI产出指数为54.6%，与上月持平，表明我国企业生产经营活动总体继续保持平稳较快的发展态势。国家统计局自2018年1月开始发布月度中国综合PMI产出指数。

1月31日

［纲　文］　辽宁省第十三届人民代表大会第一次会议选举陈求发为辽宁省人大常委会主任；选举唐一军为省长；选举廖建宇为省监察委员会主任；选举张学群为省高级人民法院院长。

1月31日

［纲　文］　吉林省第十三届人民代表大会第一次会议选举巴音朝鲁为省人大常委会主任；选举景俊海为省长；选举陶治国为省监察委员会主任；选举寇昉为省高级人民法院院长。

1月31日

［纲　文］　江苏省第十三届人民代表大会第一次会议选举娄勤俭为省人大常委会主任；选举吴政隆为省长；选举蒋卓庆为省监察委员会主任；选举夏道虎为省高级人民法院院长。

1月31日

［纲　文］　福建省第十三届人民代表大会第一次会议选举于伟国为省人大常委会主任；选举唐登杰为省长；选举刘学新为省监察委员会主任；选举吴偕林为省高级人民法院院长。

1月31日

［纲　文］　山东省第十三届人民代表大会第一次会议选举刘家义为省人大常委会主任；选举龚正为省长；选举陈辐宽为省监察委员会主任；选举张甲天为省高级人民法院院长。

1月31日

〔纲　文〕　广东省第十三届人民代表大会第一次会议选举李玉妹为省人大常委会主任；选举马兴瑞为省长；选举施克辉为省监察委员会主任；选举龚稼立为省高级人民法院院长。

1月31日

〔纲　文〕　广西壮族自治区第十三届人民代表大会第一次会议选举彭清华为自治区人大常委会主任；选举陈武为自治区主席；选举房灵敏为自治区监察委员会主任；选举黄海龙为自治区高级人民法院院长。

1月31日

〔纲　文〕　海南省第六届人民代表大会第一次会议选举刘赐贵为省人大常委会主任；选举沈晓明为省长；选举蓝佛安为省监察委员会主任；选举陈凤超为省高级人民法院院长。

1月31日

〔纲　文〕　重庆市第五届人民代表大会第一次全体会议选举张轩为市人大常委会主任；选举唐良智为市长；选举陈雍为市监察委员会主任；选举杨临萍为市高级人民法院院长。

1月31日

〔纲　文〕　青海省第十三届人民代表大会第一次会议选举王国生为省人大常委会主任；选举王建军为省长；选举滕佳材为省监察委员会主任；选举陈明国为省高级人民法院院长。

1月31日

〔纲　文〕　宁夏回族自治区第十二届人民代表大会第一次会议选举石泰峰为自治区人大常委会主任；选举咸辉为自治区主席；选举许传智为自治区监察委员会主任；选举沙闻麟为自治区高级人民法院院长。

1月31日

〔纲　文〕　内蒙古自治区第十三届人民代表大会第一次会议选举布小林为自治区主席；选举刘奇凡为自治区监察委员会主任；选举杨宗仁为自治区高级人民法院院长。

1月31日—2月2日

〔纲　文〕　应国务院总理李克强邀请，英国首相特雷莎·梅对中国进行正式访问并举行新一轮中英总理年度会晤。

〔目　文〕　访问期间，国家主席习近平、全国人大常委会委员长张德江在北京分别会见了特雷莎·梅。李克强同特雷莎·梅在北京举行了中英总理年度会晤。两国总理共同见证了经贸、金融、航空、海关、卫生、检验检疫、智慧城市等领域多项双边合作文件的签署，出席中英企业家委员会成立大会暨第一次会议并同企业家代表举行了座谈。

习近平在会见特雷莎·梅时表示，中英双方应顺应时代潮流，结合两国各自发展阶段和合作需求，赋予中英关系新的时代内涵，共同打造"黄金时代"增强版。一要提升中英关系"黄金时代"战略性，从战略高度和全局角度看待和规划双边关系未来发展。二要增强中英关系"黄金时代"务实性,推动两国经贸合作再上新台阶。"一带一路"是公开、透明、开放、包容、互利共赢的倡议,秉持共商、共建、共享的原则,在市场规律和国际规则下运作。三要拓展中英关系"黄金时代"全球性,深化在联合国、二十国集团、世界贸易组织等多边机构内交流合作,推动解决气候变化等全球性挑战,共同促进世界和平与稳定。四要促进中英关系"黄金时代"包容性,发扬两国文明兼收并蓄、博采众长的传统理念,加强人文交流,增进两国交往和友谊,夯实两国关系民意基础,为促进东西方文明交流互鉴、不同文明国家"和合共生"树立典范。

特雷莎·梅表示,习近平主席提出的"一带一路"合作倡议具有深远的世界影响,希望英中开展"一带一路"合作,促进全球和区域经济增长。英国主张自由贸易,愿同中方加强贸易、投资、科技、环境、人文、互联网等领域务实合作,密切在重大国际和地区问题上沟通协调,共同致力于推进英中面向21世纪全球全面战略伙伴关系。

李克强在同特雷莎·梅会晤时表示,当前国际形势下,中方一如既往重视英国和中英关系,相信中英关系保持良好稳定发展符合双方共同利益,有利于促进地区和世界的和平、稳定与繁荣。当前中英都处于各自发展的关键时期,双方互补优势明显,全方位互利合作前景广阔。要把握机遇,相向而行,共同推动中英之间的"黄金关系"在新的历史方位上加速前行。

特雷莎·梅表示,英方愿同中方推进"一带一路"合作,探索在创新、金融、保护知识产权、人工智能等领域的合作。英方欢迎中国扩大对英投资,赞赏中方愿审视启动"沪伦通"的时间安排。

1月31日—2月1日
[纲 文] 马凯在武汉检查春运工作。
[目 文] 国务院副总理马凯在北京至武汉列车上看望了返乡旅客;在武汉火车站、傅家坡长途汽车客运站、武汉关码头和天河机场等地,检查了春运组织、安全保障、运输衔接、便民服务等情况,并慰问了候车乘客、公安干警和交通运输行业干部职工。马凯指出,奋战在春运一线的广大干部职工工作时间长、强度大,各地、各有关部门要创造良好工作和生活条件,确保他们全身心投入到春运服务中。

1月31日—2月1日
[纲 文] 首届亚太地区民航部长级会议在北京召开。
[目 文] 国务院副总理马凯出席会议并致辞。此次会议以"共享 包容 协作 共塑亚太航空新未来"为主题,旨在促进亚太地区国家在民航领域的互相理解及积极合作,推动"一带一路"倡议在全球和亚太地区民航领域的落实。来自国际民航组织亚太地区32个成员国负责民航事务的部长和民航局长,英、法、美、俄四国民航机构以及国际航空运输协会等300人参加了会议。会议讨论通过了《北京宣言》。

2 月

2月1日

［纲　文］　国务院办公厅印发《关于加强电梯质量安全工作的意见》。

［目　文］　《意见》由三个部分组成：一、总体要求。二、重点任务。三、保障措施。

《意见》指出，到2020年，努力形成法规标准健全、安全责任明晰、工作措施有效、监管机制完善、社会共同参与的电梯质量安全工作体系，实现电梯质量安全水平全面提升，安全形势持续稳定向好，电梯万台事故起数和死亡人数等指标接近发达国家水平。

2月1日

［纲　文］　国务院批复科技部、浙江省人民政府，同意宁波、温州高新技术产业开发区建设国家自主创新示范区。

［目　文］　批复说，一、同意宁波、温州2个高新技术产业开发区（以下统称宁波、温州高新区）建设国家自主创新示范区，区域范围为国务院有关部门公布的开发区审核公告确定的四至范围。要深入贯彻党的十九大精神，以习近平新时代中国特色社会主义思想为指导，按照党中央、国务院决策部署，全面实施创新驱动发展战略，充分发挥宁波、温州的区位优势、民营经济优势和开放发展优势，积极开展创新政策先行先试，着力培育良好的创新创业环境，激发各类创新主体活力，深入推进大众创业、万众创新，全面提升区域创新体系整体效能，打造民营经济创新创业新高地，努力把宁波、温州高新区建设成为科技体制改革试验区、创新创业生态优化示范区、对外开放合作先导区、城市群协同创新样板区、产业创新升级引领区。二、同意宁波、温州高新区享受国家自主创新示范区相关政策，同时结合自身特点，不断深化简政放权、放管结合、优化服务改革，积极开展科技体制改革和机制创新，在引导民间资本投资创新创业、科技成果转化、科技金融结合、知识产权保护与运用、人才培养引进、区域协同和开放合作创新等方面探索示范。三、同意将宁波、温州高新区建设国家自主创新示范区工作纳入国家自主创新示范区部际协调小组统筹指导，落实相关政策措施，研究解决发展中的重大问题。国务院有关部门要结合各自职能，在重大项目安排、政策先行先试、体制机制创新等方面给予积极支持。四、浙江省人民政府要加强组织领导，建立协同推进机制，搭建创新合作的联动平台，认真组织编制实施方案，细化任务分工，集成推进宁波、温州高新区建设国家自主创新示范区各项工作。

2月1日

[纲 文] 国务院批复科技部、甘肃省人民政府，同意兰州、白银高新技术产业开发区建设国家自主创新示范区。

[目 文] 批复说，一、同意兰州、白银2个高新技术产业开发区（以下统称兰州、白银高新区）建设国家自主创新示范区，区域范围为国务院有关部门公布的开发区审核公告确定的四至范围。要深入贯彻党的十九大精神，以习近平新时代中国特色社会主义思想为指导，按照党中央、国务院决策部署，全面实施创新驱动发展战略，充分发挥兰州、白银的区位优势、创新资源优势和产业基础优势，积极开展创新政策先行先试，着力培育良好的创新创业生态，激发各类创新主体活力，深入推进大众创业、万众创新，全面提升区域创新体系整体效能，积极探索欠发达地区通过科技创新实现跨越发展的新路径，努力把兰州、白银高新区建设成为科技体制改革试验区、产业品质跃升支撑区、人才资源集聚区、东西合作发展先行区、生态文明建设引领区。二、同意兰州、白银高新区享受国家自主创新示范区相关政策，同时结合自身特点，积极开展科技体制改革和机制创新，在科技成果转化、创新创业公共服务体系建设、科技金融结合、知识产权保护与运用、军民深度融合、实现绿色发展、对外开放合作等方面探索示范。三、同意将兰州、白银高新区建设国家自主创新示范区工作纳入国家自主创新示范区部际协调小组统筹指导，落实相关政策措施，研究解决发展中的重大问题。国务院有关部门要结合各自职能，在重大项目安排、政策先行先试、体制机制创新等方面给予积极支持。四、甘肃省人民政府要加强组织领导，建立协同推进机制，搭建创新合作的联动平台，认真组织编制实施方案，细化任务分工，集成推进兰州、白银高新区建设国家自主创新示范区各项工作。

2月1日

[纲 文] **全国政协在政协礼堂举行已故知名人士的夫人2018年春节茶话会。**

[目 文] 茶话会由全国政协副主席兼秘书长张庆黎主持。全国政协主席俞正声，全国政协副主席李海峰、王家瑞、刘晓峰出席茶话会。

全国政协副主席杜青林在茶话会上回顾了在以习近平同志为核心的党中央坚强领导下，2017年党和国家事业取得的重大成就，介绍了过去一年人民政协工作取得的重要进展。并感谢各位老大姐始终不渝同至亲至爱的伴侣共甘苦，始终不渝同祖国共命运，始终不渝同人民共奋斗。并表示全国政协将一如既往做好保障工作，真心尊重、真诚关爱、真情服务各位老大姐，也希望老大姐们一如既往地关心支持政协事业，常回家看看，多提宝贵意见。

茶话会上，文艺工作者表演了精彩的节目。出席茶话会的已故知名人士的夫人有：许慧君（朱光亚夫人）、师剑英（马文瑞夫人）、董启丰（陈锦华夫人）、谢雪萍（张学思夫人）、孔若仪（方荣欣夫人）、廖望月（熊克武夫人）、谈家芳（李纯青夫人）、夏华（张受益夫人）、陶君雅（赵子立夫人）、欧阳善珠（徐采栋夫人）、丁宁（程浩夫人）、李玲虹（蔡子民夫人）、冯莉娟（郑庭笈夫人）、文洁若（萧乾夫人）、宓雅娟（郑芳龙夫人）、傅爱珍（彭鸿文夫人）、田盛华（姚峻夫人）、陈淑光（张松鹤夫人）、芮苑萍（陆平夫人）、黄浣碧（爱泼斯坦夫人）、由昆（陈景润夫人）等。

2月1日

[纲　文]　刘延东在首都体育馆考察平昌冬奥会备战工作。

[目　文]　国务院副总理刘延东听取了备战情况汇报，观看了花样滑冰队训练，并与花样滑冰队、雪车队队员交流。她指出，北京冬奥会成功申办使我国冰雪运动迎来前所未有的发展机遇。平昌冬奥会是党的十九大之后中国体育代表团参加的首次重大综合性国际体育赛事，也是检验备战北京冬奥会阶段性成果的"前哨战"。希望大家弘扬中华体育精神和奥林匹克精神，迎难而上，奋勇拼搏，努力夺取运动成绩和精神文明双丰收，展示积极进取、奋发热情的中国体育健儿风采，展示开放包容、文明进步的国家形象。备战平昌冬奥会已进入冲刺阶段，要严谨细致、科学高效地做好各项工作。要加强指导，科学训练，完善保障，严肃赛风赛纪，对兴奋剂"零容忍"，确保平昌冬奥会干干净净参赛，确保运动员保持昂扬的精神斗志和良好的竞技状态，以出色表现凝聚奋进力量，带动"三亿人参与冰雪运动"。要着眼北京冬奥会，用好平昌冬奥会练兵机会，在运动竞技、训练管理、临场指挥、赛事组织、体育科技等方面加强总结、积累经验。

2月1日

[纲　文]　国家统计局发布，2017年全国农村贫困人口减少1289万。

[目　文]　2017年末，全国农村贫困人口为3046万人，比上年末减少1289万人；贫困发生率3.1%，比上年末下降1.4个百分点。分区域看，2017年东、中、西部地区农村贫困人口全面减少。各省的农村贫困发生率也普遍下降到10%以下。其中，北京、天津、河北、内蒙古等农村贫困发生率降到3%及以下。由于粮食丰收，以及产业扶贫、旅游扶贫、电商扶贫等深入推进，2017年，贫困地区农村居民人均可支配收入9377元，比上年增加894元，实际增长9.1%，实际增速比上年快0.7个百分点，比全国农村平均水平高1.8个百分点。

2月1日

[纲　文]　保监会印发《保险公估人监管规定》。

[目　文]　《规定》共8章111条，主要有总则、经营条件、经营规则、市场退出、行业自律、监督检查、法律责任等内容。自2018年5月1日起施行。中国保监会2009年9月25日发布的《保险公估机构监管规定》（保监会令2009年第7号）、2013年1月6日发布的《保险经纪从业人员、保险公估从业人员监管办法》（保监会令2013年第3号）、2013年9月29日发布的《中国保险监督管理委员会关于修改〈保险公估机构监管规定〉的决定》（保监会令2013年第10号）同时废止。

2月1日

[纲　文]　保监会印发《保险经纪人监管规定》。

[目　文]　《规定》共8章109条，内容有总则、市场准入、经营规则、市场退出、

行业自律、监督检查、法律责任、附则。自2018年5月1日起施行。中国保监会2009年9月25日发布的《保险经纪机构监管规定》(保监会令2009年第6号)、2013年1月6日发布的《保险经纪从业人员、保险公估从业人员监管办法》(保监会令2013年第3号)、2013年4月27日发布的《中国保险监督管理委员会关于修改〈保险经纪机构监管规定〉的决定》(保监会令2013年第6号)同时废止。

2月1日

[纲　文]　商务部印发《废止〈关于规范旧机动车鉴定评估工作的通知〉等9件规范性文件的公告》。

[目　文]　《公告》说，为继续深化简政放权、放管结合、优化服务改革，根据国务院要求，商务部对相关规范性文件进行了清理。经相关联发部门同意，现决定对以下9件规范性文件予以废止：一、《关于规范旧机动车鉴定评估工作的通知》(国经贸贸易〔2002〕825号)。二、《商务部关于做好酒类流通备案登记工作的通知》(商运字〔2005〕78号)。三、废止《商务部关于实施酒类流通随附单制度的通知》(商运发〔2006〕102号)。四、《商务部办公厅关于做好酒类流通管理工作的通知》(商办运函〔2016〕611号)。五、《商务部等6部门关于落实2014年度医改重点工作任务提升药品流通服务水平和效率工作的通知》(商秩函〔2014〕705号)。六、《商务部关于印发〈药品流通统计报表制度(2015—2016)〉的通知》(商秩函〔2015〕64号)。七、《关于认真贯彻落实〈关于印发国际商务专业人员职业资格制度暂行规定和国际商务专业人员职业资格考试实施办法的通知〉的通知》(外经贸人字〔2002〕388号)。八、《关于加强国际商务专业人员职业资格考试考前培训有关工作的通知》(商人字〔2003〕37号)。九、《关于印发〈国际商务职业资格注册管理暂行办法〉的通知》(商人字〔2003〕46号)。

2月1日

[纲　文]　宗教局发布《关于印发〈宗教事务部分行政许可项目实施办法〉的通知》。

[目　文]　《通知》说，2017年8月26日，国务院总理李克强签署国务院第686号令，公布了新修订的《宗教事务条例》。新修订的《宗教事务条例》于2018年2月1日起正式施行。为明确《宗教事务条例》设定的行政许可的申请条件、申请材料、许可程序和期限等，增强行政许可项目实施的可操作性，规范政府宗教事务部门的行政许可行为，我局制定了《宗教事务部分行政许可项目实施办法》，现予以印发，请贯彻执行。

2月1日

[纲　文]　民政部、国家减灾办发布2017年全国自然灾害基本情况。

[目　文]　经核定，2017年，我国自然灾害以洪涝、台风、干旱和地震为主，风雹、低温冷冻、雪灾、崩塌、滑坡、泥石流和森林火灾等也有不同程度发生。各类自然灾害共造成全国1.4亿人次受灾，881人死亡，98人失踪，525.3万人次紧急转移安置，170.2万人次需紧急生活救助；15.3万间房屋倒塌，31.2万间严重损坏，126.7万间

一般损坏；农作物受灾面积18478.1千公顷，其中绝收1826.7千公顷；直接经济损失3018.7亿元。

总的来看，2017年灾情与近5年均值相比明显偏轻。其中，倒塌房屋和损坏房屋数量减少六成以上，受灾人口、因灾死亡失踪人口和紧急转移安置人口减少四成以上，农作物受灾面积和直接经济损失减少两成以上。与2016年相比，2017年灾情明显偏轻。

2月1日

［纲　文］　国务院决定免去江泽林的国务院副秘书长职务。

2月1日

［纲　文］　外交部发言人就美澳情报部门的"中国间谍威胁论"表示"相由心生"。

［目　文］　据报道，美国中情局局长蓬佩奥不久前在接受英国广播公司专访时称中国正在设法偷窃美国的情报，并在全球隐秘地传播中国的影响力。此外，澳大利亚方面也说正面临史无前例的情报渗透和间谍威胁，中国被澳情报部门列为"极端威胁"。

发言人说，我注意到有关报道，不禁想起中国有句话，叫"相由心生"，意思是，你心里怎么想，你眼里的世界就是什么样。从这个意义上讲，世界上最大的情报头目说出那样的话，并不奇怪。事实胜于雄辩。根据近年来披露出的各种信息，世界上到底是谁在对其他国家实施大范围监听、监控、窃密、渗透，无所不用其极地维持并施加影响力，大家心中其实都很清楚。

2月1—2日

［纲　文］　2018年对台工作会议在北京举行。

［目　文］　会议由国务委员杨洁篪主持。中共中央台办、国务院台办主任张志军作工作报告。中央党政军有关部门和各地有关负责人出席会议。

中共中央政治局常委、国务院副总理汪洋出席会议并讲话指出，深入学习贯彻党的十九大精神和习近平总书记对台工作重要思想，是当前及今后一个时期对台工作的首要政治任务。习近平总书记对台工作重要思想是习近平新时代中国特色社会主义思想的重要组成部分，是开展新时代对台工作的基本遵循和行动指南。我们必须长期坚持、一以贯之，在学懂弄通做实上下功夫，在对台工作中坚决贯彻落实，推动对台工作在新时代有新气象、新作为。

2月2日

［纲　文］　习近平在北京接见武警部队第三次党代表大会全体代表。

［目　文］　中共中央总书记、国家主席、中央军委主席习近平，代表党中央和中央军委，对武警部队第三次党代会的召开表示热烈的祝贺，向各位代表和武警部队全体官兵致以诚挚的问候。许其亮、张又侠和魏凤和、李作成、苗华、张升民等参加接见。

2—5日，中国共产党中国人民武装警察部队第三次代表大会在北京举行。武警部队第三次党代会是在党中央决定调整武警部队领导指挥体制后，经中央军委批准召开的。会议的主要任务是：全面贯彻习近平新时代中国特色社会主义思想和党的十九大精神，深入贯彻习近平强军思想，认真落实习主席对武警部队的训词要求，积极适应新时代新使命新体制，总结工作，分析形势，部署任务，动员广大官兵坚定不移走中国特色强军之路，努力建设强大的现代化武装警察部队，坚决完成党和人民赋予的新时代使命任务。

2月2日

［纲　文］　中央军委在北京举行慰问驻京部队老干部迎新春文艺演出，习近平向全军老同志祝贺新春。

［目　文］　中共中央总书记、国家主席、中央军委主席习近平与老同志共同回顾党的十八大以来党、国家、军队事业取得的历史性成就、发生的历史性变革。老同志们一致表示，要更加紧密地团结在以习近平同志为核心的党中央周围，全面深入贯彻党的十九大精神，以习近平新时代中国特色社会主义思想为指导，贯彻习近平强军思想，牢固树立"四个意识"，自觉坚定"两个维护"，满怀信心迎接强国强军新时代。

演出的《强军步伐》《红色血脉》《壮丽航程》3个乐章贯穿传承红色基因、担当强军重任的思想内涵，尽展形式多样、生动活泼的文艺轻骑队风采。许其亮、张又侠、范长龙、常万全、魏凤和、李作成、苗华、张升民、赵克石、吴胜利、马晓天一同观看。

2月2日

［纲　文］　国家主席习近平就中意合作的电磁监测试验卫星（"张衡一号"）在酒泉发射成功同意大利总统马塔雷拉互致贺电。

［目　文］　习近平在贺电中指出，中意两国在电磁监测试验卫星项目合作中取得的重大成果，是中意全面战略伙伴关系的重要体现，将有力提升两国利用航天技术对地球电磁环境的监测能力和水平，为地震预警、防灾减灾发挥重要作用，服务两国经济社会发展。中方高度重视中意关系，愿同意方一道努力，加强两国各领域交流合作，推动中意全面战略伙伴关系深入发展，更好造福两国和两国人民。

马塔雷拉在贺电中表示，电磁监测试验卫星的成功发射是两国重要合作成就，体现了双方在科研领域的坚实伙伴关系。意方愿同中方一道努力，推动各领域合作取得更多成果。

15时51分，中国在酒泉卫星发射中心用"长征二号丁"运载火箭成功将电磁监测试验卫星"张衡一号"发射升空并顺利进入预定轨道。"张衡一号"的成功发射使我国成为世界上少数拥有在轨运行高精度地球物理场探测卫星的国家之一。该星既是我国全新研制的国家民用航天科研试验卫星，也是我国地球物理场探测卫星计划的首发星。该星利用覆盖范围广、电磁环境好、动态信息强、无地域限制等优势，开展全球空间电磁场、电离层等离子体、高能粒子沉降等物理现象的监测，为地震机理研究、空间环境监测和地球系统科学研究提供新的技术手段。"张衡一号"设计寿命5年，具有多载荷集成、高精度定标等特点，装载有高精度磁强计、等离子体分析仪、高能粒子探测器等8种有效载荷。此外，卫星上还装载了意大利高能粒子探测器，将与中方研制的高能粒子探测器互为补充，联合开展探测。中国国家航天局会同中国地震局等有关部门组建国际科学委员会，开展探测数据的研发和应用。

2月2日

［纲 文］ 十九届中央第一轮巡视工作动员部署会议在北京举行。

［目 文］ 中共中央政治局常委、中央巡视工作领导小组组长赵乐际出席并讲话。会议传达学习了中共中央总书记习近平关于巡视工作指示精神。会议由中共中央政治局委员、中央巡视工作领导小组副组长杨晓渡主持。中共中央政治局委员、中央巡视工作领导小组副组长陈希宣布十九届中央第一轮巡视组长授权任职及任务分工决定。

赵乐际指出，要学习贯彻习近平新时代中国特色社会主义思想和党的十九大精神，贯彻落实十九届中央纪委二次全会部署，运用好党的十八大以来巡视工作成功经验，在坚持中深化、在深化中发展，扎扎实实做好十九届中央巡视工作。巡视是全面从严治党重大举措、党内监督战略性制度安排。开展巡视工作，发现问题是生命线，推动解决问题是落脚点。要着力发现违反政治纪律和政治规矩、领导干部腐败、群众身边不正之风、违反中央八项规定精神、干部不担当不作为、违规选人用人等突出问题。创新方法路径，做深做细基础工作，高质量完成一届任期内巡视全覆盖任务。强化整改落实和成果运用，做好巡视"后半篇文章"，督促被巡视党组织落实整改主体责任，立行立改、真改实改、全面整改，对整改不力的严肃问责。加强统筹谋划，深化市县巡察，构建上下联动的监督网，使巡视巡察制度更加科学、更加严密、更加有效。打铁必须自身硬，要按照信念过硬、政治过硬、责任过硬、能力过硬、作风过硬要求，打造让党放心、人民信赖的高素质专业化巡视队伍。

2月2日

［纲 文］ 汪洋在北京主持召开全国打击侵权假冒工作座谈会。

［目 文］ 部分全国打击侵权假冒工作先进代表参加座谈并作了交流发言。中共中央政治局常委、全国打击侵权假冒工作领导小组组长汪洋指出，党的十八大以来，在以习近平同志为核心的党中央坚强领导下，各地区、各有关部门对侵权假冒行为保持高压态势，有效净化了市场环境，保护了全社会创新创业热情。当前打击侵权假冒工作仍处在攻坚期。要坚持问题导向，围绕人民最关心最直接最现实的利益问题，持续推进互联网、农村市场、进出口环节等重点领域治理，遏制侵权假冒多发势头。要推动完善相关法律法规，严格规范公正文明执法，保障打击工作始终沿着法治轨道前进。要推进市场监管体系和监管能力现代化，深化跨部门和跨区域合作，健全线上线下综合治理机制，提升全链条打击能力。要推进社会共治，持续开展多样化宣传教育，加强政府部门与产业合作，发挥行业组织的积极作用。要深化国际交流合作，为全球侵权假冒治理贡献中国智慧和中国方案。要加强春节期间市场监管，加大市场巡查力度，保障节日消费安全。

2月2日

［纲 文］ 2018工业互联网峰会在北京举行。

［目　文］　峰会由工业和信息化部指导，中国信息通信研究院、工业互联网产业联盟联合主办，主题是"创新引领　融通发展"。工业信息化部部长苗圩主持会议并致辞，中央网信办、发展改革委等14个相关部门负责人出席会议。

国务院副总理马凯出席开幕式并讲话指出，工业互联网是新工业革命的关键支撑和智能制造的重要基石。工业互联网通过实现人、机、物的全面互联，促进制造资源泛在连接、弹性供给和高效配置，正在推动制造业创新模式、生产方式、组织形式和商业范式的深刻变革，推动全球工业生态体系的重构迭代和全面升级。各地、各部门和有关企事业单位，要以习近平新时代中国特色社会主义思想为指导，深入学习贯彻党的十九大精神，充分发挥我国体制优势和市场优势，科学谋划、统筹推进、多方协同、有序展开，以企业为主体，以市场为导向，遵循规律，勇于创新，着力构建网络、平台、安全三大功能体系，完善创新生态、产业生态、应用生态，打造高素质、专业化人才队伍，促进互联网、大数据、人工智能和实体经济深度融合，推动工业质量变革、效率变革、动力变革，加快制造强国和网络强国建设进程，为实现经济高质量发展作出积极贡献。

2月2日

［纲　文］　中国首颗教育共享卫星"少年星一号"搭载"长征二号丁"运载火箭在酒泉卫星发射中心成功发射升空。

［目　文］　"少年星一号"是一颗3U结构的立方体纳卫星，由中国科学院西安光学精密机械研究所投资项目"九天微星"负责整体研制和检测，主要功能是无线电存储及转发，并进行空间成像试验、物联网用户链路验证等。

2月2日

［纲　文］　马克思主义在中国早期传播陈列馆开馆仪式在鲁迅博物馆举行。

［目　文］　为贯彻落实党的十九大提出的"推进马克思主义中国化时代化大众化"的相关要求，在纪念马克思诞辰200周年、《共产党宣言》公开发表170周年之际，中央编译局和国家文物局共同主办了马克思主义在中国早期传播陈列馆开馆仪式。

陈列馆由序厅和"东方欲晓——马克思主义初步传入中国""光耀神州——马克思主义在中国广泛传播""思想奠基——中国共产党的创建"3个单元组成。陈列馆中存放的历史图片、文物、文献资料、艺术作品等展示了马克思主义在中国早期传播的艰辛历程，展现了早期马克思主义者在探寻救国之道时的坚定信念和不懈追求。

2月2日

［纲　文］　全国人大常委会委员长张德江在北京与毛里求斯国民议会议长哈努曼吉举行会谈。

［目　文］　张德江说，中国全国人大同毛里求斯国民议会长期保持良好的合作关系。今天我们签署了两国立法机关合作谅解备忘录，这将对加强新时代中毛立法机关交往起到重要作用。希望双方继续加强高层及各专门委员会之间的交往，积极开展治国理政经验交流，在涉及彼此核心利益和重大关切问题上相互支持，不断巩固两国关系的政治基

础；支持本国政府为深化两国关系出台相应政策举措，为双方务实合作提供可靠的法律和政策支持；积极发挥广泛联系人民的优势，促进双方文化、教育、旅游等领域交流，不断夯实两国友好的社会基础。

哈努曼吉说，毛里求斯国民议会重视发展与中国全国人大的友好关系，愿以双方合作谅解备忘录的签署为契机，进一步加强各层级交往，积极推动经贸、文化、旅游、清洁能源、基础设施建设等领域务实合作，为两国关系发展注入新的活力。

2月3日

［纲　文］　"国家所需、香港所长——共拓'一带一路'策略机遇"论坛在北京举行。

［目　文］　论坛由香港特别行政区政府和香港"一带一路"总商会举办。全国人大常委会委员长张德江出席论坛并发表主旨演讲。国务委员杨洁篪、王勇，全国政协副主席陈元，香港特别行政区行政长官林郑月娥以及中央有关部门、部分内地企业负责人、商会组织代表出席了论坛和有关活动。

张德江指出，习近平主席提出共建"一带一路"倡议5年来，在各方共同努力下，"一带一路"从理念转化为行动，从愿景转变为现实。政策沟通不断深入，国际影响与日俱增；设施联通不断加强，陆海天网立体发展；贸易畅通不断提升，合作纽带日益巩固；资金融通不断扩展，多元投融资支撑体系加快建设；民心相通不断深化，人文交流丰富多彩。成就有目共睹，前景鼓舞人心。支持港澳参与和助力"一带一路"建设，是贯彻落实中共十九大精神、扩大对外开放、推动形成全面开放新格局的重要举措，也是支持港澳融入国家发展大局和与内地优势互补、共同发展的重要决策。希望香港各界人士和内地有关机构、企业在共同推进"一带一路"建设的过程中，瞄准国家所需，主动对接国家发展战略；发挥香港所长，合力提升优势互补效应；增强创新意识，不断打造多元合作平台；弘扬丝路精神，积极促进人文交流。

2月3日

［纲　文］　新华社讯，刘延东在重庆调研。

［目　文］　国务院副总理刘延东在重庆大学和城市管理职业学院、医药高等专科学校调研并看望师生时指出，要把教育事业放在优先位置，落实立德树人根本任务，加快推进教育现代化，办好人民满意的教育，培养担当民族复兴大任的时代新人。要扎根中国大地，加强世界一流大学一流学科建设，推进高等教育提升质量、促进内涵式发展。要立足构建现代职业教育体系，促进教育链、人才链与产业链、创新链有机衔接，积极服务经济社会发展、产业转型升级和民生改善。要遵循教育规律，提升教师队伍水平，改革创新管理和办学体制机制，吸引集聚优质社会、行业、企业资源多元办学。

刘延东在重庆中医院和大溪沟社区卫生服务中心慰问一线医务人员时指出，要巩固公立医院取消以药养医改革成果，健全现代医院管理制度，持续提升医疗服务质量和效率。要加快理顺分级诊疗秩序，推进医疗联合体建设，提升基层服务能力，把人才技术和资源向基层倾斜，努力提供全方位全周期健康服务，增强群众的获得感。要做实做细家庭医生签约服务，利用信息技术优化服务流程，努力让老百姓在家门口享受优质服务。

刘延东还考察了红岩村原八路军重庆办事处等革命文物遗产和科技型创新企业。

2月4日

[纲 文] 全国政协副主席王钦敏出席在斯里兰卡科伦坡举行的斯里兰卡独立70周年庆典，并会见斯里兰卡总统西里塞纳、总理维克勒马辛哈。

2月4日

[纲 文] 国防部新闻发言人就美国公布《核态势审议报告》表示，美国妄加揣测中国发展意图，渲染中国核力量威胁，中方对此表示坚决反对。

[目 文] 发言人说，2月3日美国国防部发布《核态势审议报告》，中国坚定走和平发展道路，坚定奉行防御性国防政策。始终恪守在任何时候、任何情况下不首先使用核武器政策，明确承诺无条件不对无核武器国家和无核武器区使用或威胁使用核武器。中国在核武器发展方面始终采取极为克制的态度，始终把自身核力量维持在国家安全需要的最低水平。核态势审议首先要正确看待时代大势。和平与发展是不可逆转的世界潮流，美方是拥有世界最大核武库的国家，应主动顺应这一潮流，而非背道而驰。我们希望美方摒弃冷战思维，切实承担自身核裁军特殊、优先责任，正确理解中方战略意图，客观看待中国的国防和军队建设，同中方相向而行，使两军关系成为中美关系的稳定因素，共同维护好世界与地区的和平、稳定与繁荣。

2月4日

[纲 文] 中国选手苏炳添在世界室内田径巡回赛中打破男子60米亚洲纪录。

[目 文] 2018赛季国际田联世界室内田径巡回赛的首站比赛在德国卡尔斯鲁厄举行，在男子60米项目中，苏炳添以6秒47的成绩夺得冠军，并打破了自己此前保持的6秒50的该项目原亚洲纪录。

6日，巡回赛第二站德国杜塞尔多夫站，在男子60米决赛中，苏炳添以6秒43的成绩夺冠。

26日，巡回赛第三站英国格拉斯哥站，在男子60米比赛中，苏炳添以6秒50的成绩获得冠军。苏炳添在3站比赛中全部获得冠军，并两次打破该项目的亚洲纪录。本赛季的国际田联室内世界巡回赛在男子60米项目的总积分榜中，苏炳添以30分高居榜首，获得2018赛季国际田联世界室内田径巡回赛该项目的年度总冠军。

2月5日

[纲 文] 新华社讯，中共中央办公厅、国务院办公厅印发《农村人居环境整治三年行动方案》。

[目 文] 《方案》由六个部分组成：一、总体要求。二、重点任务。三、发挥村民

主体作用。四、强化政策支持。五、扎实有序推进。六、保障措施。

《方案》要求,到2020年,实现农村人居环境明显改善,村庄环境基本干净整洁有序,村民环保与健康意识普遍增强。

2月5日

[纲　文]　国务院总理李克强在北京会见在华工作的部分外国专家并同他们座谈。

[目　文]　李克强代表中国政府向所有在华工作的外国专家致以诚挚问候和新春祝福。诺贝尔经济学奖得主、闽江学院新华都商学院院长菲尔普斯,德国工程院院士、同济大学中德先进制造中心主任弗莱舍,图灵奖获得者、中国科学院外籍院士、北京大学访问讲席教授霍普克罗夫特等分别就中国经济转型升级与高质量发展、"中国制造2025"战略与创新人才培养、国际化人才培养与教育改革、环境保护等议题提出了看法和建议。

李克强表示,在以习近平同志为核心的党中央坚强领导下,2017年中国经济稳中向好、好于预期,全年经济增长6.9%,实现7年以来首次增长加速,对世界经济增长的贡献率超过30%。经济结构持续优化,消费增长对经济增长的贡献率近60%,城镇新增就业超过1350万。下一步,我们将继续坚持稳中求进工作总基调,坚持新发展理念,深化供给侧结构性改革,建设现代化经济体系。同时,对可能面临的各种风险挑战做好足够准备。今年是中国改革开放40周年。我们将以此为契机,继续全面深化改革,加快形成全面开放新格局。大力推进各领域改革,继续实施简政减税降费,创造良好营商环境。深入实施创新驱动发展战略,促进大众创业、万众创新上水平,进一步激发市场活力和社会创造力,推动高质量发展。随着中国对外开放的大门越开越大,我们将实施更加积极的吸引外国人才政策,继续为各国朋友来华工作生活营造更好环境,提供更高质量的服务。落实好5至10年多次往返签证、"一证"许可、"一网"管理、扩大"绿卡"发放、放宽申请永久居留条件等便利措施。希望外国专家多为中国发展建设建言献策,积极参与中国创新发展、产业升级、结构调整,共创共享发展机遇。

2月5日

[纲　文]　国务院批复内蒙古自治区、陕西省人民政府和发展改革委,同意呼包鄂榆城市群发展规划。

[目　文]　批复说,一、原则同意《呼包鄂榆城市群发展规划》,请认真组织实施。二、《规划》实施要全面贯彻党的十九大精神,以习近平新时代中国特色社会主义思想为指导,统筹推进"五位一体"总体布局和协调推进"四个全面"战略布局,坚持以人民为中心的发展思想,牢固树立和贯彻落实新发展理念,坚持质量第一、效益优先,以供给侧结构性改革为主线,推动经济发展质量变革、效率变革、动力变革,着力推进生态环境共建共保,着力构建开放合作新格局,着力创新协同发展体制机制,着力引导产业协同发展,着力加快基础设施互联互通,努力提升人口和经济集聚水平,将呼包鄂榆城市群培育发展成为中西部地区具有重要影响力的城市群。三、内蒙古自治区、陕西省人民政府要切实加强组织领导,制定实施方案,深化细化配套政策措施,确保目标任务如期完成。四、

国务院有关部门要按照职能分工，研究制定支持呼包鄂榆城市群发展的具体政策措施，在有关规划编制、体制创新、重大项目建设、优化行政区划设置等方面给予积极支持。

2月5日

［纲　文］　中央精神文明建设指导委员会第一次全体会议在北京召开。

［目　文］　中共中央政治局常委、中央精神文明建设指导委员会主任王沪宁主持会议并讲话。国务院副总理、中央精神文明建设指导委员会副主任刘延东，中共中央政治局委员、中央精神文明建设指导委员会副主任黄坤明出席会议。中央文明委10家成员单位负责人作了发言。会议认为，党的十八大以来在以习近平同志为核心的党中央坚强领导下，精神文明建设战线认真贯彻习近平总书记关于精神文明建设的重要思想，各项工作取得了历史性成就，发生了历史性变革，为党和国家事业全面开创新局面作出了重要贡献。

王沪宁表示，做好今年精神文明建设工作，要聚焦学习宣传贯彻习近平新时代中国特色社会主义思想和党的十九大精神这个主线，推动学习宣传贯彻往实里走、往深里走、往心里走，引导干部群众自觉维护习近平总书记党中央的核心、全党的核心地位，维护党中央权威和集中统一领导。要主动自觉服务党和国家工作大局，在贯彻新发展理念、推进供给侧结构性改革、打赢三大攻坚战中积极作为，更好推动党中央决策部署的落实。要深入推进社会主义核心价值观建设，加强理想信念教育和革命精神教育，弘扬中华优秀传统文化，抓好青少年思想道德建设，培养担当民族复兴大任的时代新人。要深化群众性精神文明创建活动，发挥政策法律保障作用、先进人物示范作用、优秀文艺作品熏陶作用，不断提升国民素质和社会文明程度。

2月5日

［纲　文］　国防部发布，中国在境内进行了一次陆基中段反导拦截技术试验，试验达到了预期目的。这一试验是防御性的，不针对任何国家。

2月5日

［纲　文］　财政部发布修订后的《国有金融企业集中采购管理暂行规定》，自2018年3月1日起施行。

2月5日

［纲　文］　教育部、发展改革委、工业信息化部、财政部与人力资源和社会保障部、税务总局印发《职业学校校企合作促进办法》。

［目　文］　《办法》共5章34条，主要有总则、合作形式、促进措施、监督检查等内容。自2018年3月1日起施行。

2月5日

［纲　文］　国家旅游局、商务部公布《关于废止〈香港和澳门服务提供者在广东省设立旅行社申请审批办法〉的决定》。

［目　文］　《决定》说，为深入推进简政放权、放管结合、优化服务改革，确保各项改革措施有效落实，根据《国务院办公厅关于进一步做好"放管服"改革涉及的规章、规

范性文件清理工作的通知》(国办发〔2017〕40号)、《国务院法制办公室关于做好法规清理工作的函》(国法函〔2017〕84号)的要求,国家旅游局、商务部决定废止2008年12月25日国家旅游局、商务部令第29号公布,自2009年1月1日起施行的《香港和澳门服务提供者在广东省设立旅行社申请审批办法》。本决定自2018年2月5日起生效。

2月5日

〔纲　文〕　国务院副总理刘延东在北京会见匈牙利副总理谢姆延、国会副主席洛托尔曹伊一行。

〔目　文〕　刘延东说,近年来,中匈关系保持快速发展的良好势头,处于历史最好时期。中方对中匈关系未来发展充满信心,愿同匈方一道,不断深化各领域交流与务实合作,推动中匈全面战略伙伴关系不断达到新水平。

谢姆延积极评价匈中关系,表示匈方愿与中方加强交往,不断提升双方务实合作水平。洛托尔曹伊表示,匈方愿与中方深化两国议会的交流与合作。

2月5日

〔纲　文〕　《人民日报》发表题为《书写中华民族伟大复兴的"三农"新篇章》的社论。

2月5日

〔纲　文〕　《人民日报》报道,经中共中央批准,中共中央纪委对辽宁省政府原党组成员、副省长刘强严重违纪问题立案审查。

〔目　文〕　经查,刘强严重违反政治纪律和政治规矩,为提任副省级领导干部,利用职权搞有组织的拉票贿选活动,对抗组织审查,搞迷信活动;违反中央八项规定精神,违规出入私人会所、报销个人费用,违规配备和使用公务用车;违反组织纪律,不按规定报告个人有关事项,长期卖官鬻爵,严重破坏所在企业和地方的政治生态;违反廉洁纪律,收受礼品、礼金,为亲属经营活动谋取利益,搞权色交易;违反生活纪律。拉票贿选问题涉嫌破坏选举犯罪;利用职务上的便利为他人谋取利益并收受巨额财物涉嫌受贿犯罪。

刘强身为党的高级领导干部,丧失理想信念,毫无宗旨意识,私欲极度膨胀,严重违反党的纪律,并涉嫌违法犯罪,且在党的十八大后不知止、不收敛、不收手,性质十分恶劣,情节特别严重。依据《中国共产党纪律处分条例》等有关规定,经中央纪委常委会会议研究并报中共中央批准,决定给予刘强开除党籍处分;由监察部报国务院批准,给予其开除公职处分;收缴其违纪所得;将其涉嫌犯罪问题、线索及所涉款物移送有关国家机关依法处理。

2019年4月9日,北京市第三中级人民法院公开宣判辽宁省人民政府原副省长刘强受贿、破坏选举案,对被告人刘强以受贿罪判处有期徒刑11年,并处罚金人民币120万元;以破坏选举罪判处有期徒刑2年,决定执行有期徒刑12年,并处罚金人民币120万元。

2月6日

[纲　文]　习近平在北京同各民主党派中央、全国工商联负责人和无党派人士代表座谈并共迎新春。

[目　文]　全国政协主席俞正声，中共中央政治局常委汪洋、王沪宁、韩正，全国政协副主席董建华、何厚铧、梁振英等出席。丁薛祥、刘鹤、杨晓渡、陈希、郭声琨、黄坤明、尤权以及中央有关部门负责人参加。民革中央主席万鄂湘、民盟中央主席丁仲礼、民建中央主席郝明金、民进中央主席蔡达峰、农工党中央主席陈竺、致公党中央主席万钢、九三学社中央主席武维华、台盟中央主席苏辉、全国工商联主席高云龙等发言，分别介绍了各民主党派、工商联在中共中央关怀和支持下，召开全国代表大会、完成换届工作情况以及下一步工作打算。无党派人士代表郭雷作了发言。

民革中央主席万鄂湘、民盟中央主席丁仲礼、民建中央主席郝明金、民进中央主席蔡达峰、农工党中央主席陈竺、致公党中央主席万钢、九三学社中央主席武维华、台盟中央主席苏辉、全国工商联主席高云龙先后发言，分别介绍了各民主党派、工商联在中共中央亲切关怀和大力支持下，召开全国代表大会、完成换届工作情况以及下一步工作打算。无党派人士代表郭雷也作了发言。他们表示，将深入学习贯彻中共十九大精神，以习近平新时代中国特色社会主义思想为指导，深化政治交接，加强自身建设，围绕中共十九大确定的目标任务，发挥特色优势，积极履职尽责，为决胜全面建成小康社会、夺取新时代中国特色社会主义伟大胜利作出新的更大贡献。

中共中央总书记习近平代表中共中央，向各民主党派中央、全国工商联新当选的领导班子成员表示祝贺，向各民主党派、工商联和无党派人士，向统一战线广大成员致以诚挚问候和新春祝福。他指出，中国特色社会主义进入新时代，多党合作要有新气象，思想共识要有新提高，履职尽责要有新作为，参政党要有新面貌，引导广大成员增进对中国共产党和中国特色社会主义的政治认同，使新时代多党合作展现出勃勃生机。2017年是党和国家发展进程中具有里程碑意义的一年，也是多党合作事业取得重大成就的一年。各民主党派、工商联和无党派人士维护中共中央权威和集中统一领导，在凝心聚力、服务大局上取得了重大成就。大家围绕"深入推进'一带一路'建设"和"大力振兴和提升实体经济"等关系国计民生的重大问题，深入考察调研，踊跃建言献策，提出意见和建议150多件，为中共中央科学决策和有效施策提供了重要参考。同志们深入开展脱贫攻坚民主监督，为打赢脱贫攻坚战作出了积极贡献。各民主党派、工商联成功召开全国代表大会，选举产生了新一届领导班子和领导机构，为多党合作事业长远发展注入了新的活力。

2月6日、28日

[纲　文]　中共中央在北京分别举行党外人士座谈会和民主协商会。

[目　文]　中共中央总书记习近平主持会议并发表讲话。李克强、俞正声、栗战书、汪洋、王沪宁、赵乐际、韩正、丁薛祥、王晨、刘鹤、杨晓渡、陈希、郭声琨、黄

坤明、尤权、张庆黎等出席会议。出席会议的党外人士有陈昌智、严隽琪、张宝文、韩启德、林文漪、罗富和、齐续春、陈晓光、马培华、刘晓峰、王钦敏和郑建邦、辜胜阻、刘新成、何维、蒋作君、邵鸿、李钺锋、谢经荣、宇如聪等。会议就《中共中央关于深化党和国家机构改革的决定》《深化党和国家机构改革方案》、中共中央拟向十三届全国人大一次会议推荐的国家机构领导人员人选建议名单和拟向全国政协十三届一次会议推荐的全国政协领导人员人选建议名单，向各民主党派中央、全国工商联和无党派人士代表通报情况，听取意见。

民革中央主席万鄂湘、民盟中央主席丁仲礼、民建中央主席郝明金、民进中央主席蔡达峰、农工党中央主席陈竺、致公党中央主席万钢、九三学社中央主席武维华、台盟中央主席苏辉、全国工商联主席高云龙、无党派人士代表郭雷等发了言。他们一致赞同《中共中央关于深化党和国家机构改革的决定》，认为中共中央关于深化党和国家机构改革方案、新一届国家机构和全国政协领导人员人选建议名单，都是在广泛征求意见、充分酝酿协商的基础上形成的，体现了中共十九大精神，顺应了新时代中国特色社会主义事业发展新形势新任务的要求，表示坚决拥护，并就深化党和国家机构改革、支持加强民主党派自身建设等提出了意见和建议。

习近平在讲话中指出，党和国家机构职能体系是中国特色社会主义制度的重要组成部分，是国家治理体系和治理能力的重要支撑。党和国家机构属于上层建筑，必须适应经济基础的要求。经济不断发展，社会不断进步，人民生活不断改善，上层建筑就要适应新的要求不断进行改革。这是人类社会发展的一条普遍规律。机构改革是一个过程，不会一蹴而就，也不会一劳永逸，需要不断进行调整。

习近平希望各民主党派、工商联和无党派人士把思想和行动统一到中共中央关于深化改革的一系列决策部署上来，大力支持改革，积极投身改革，为破解难题、深化改革广建良言、广献良策，做好沟通思想、协调关系、理顺情绪、化解矛盾的工作，凝聚广泛共识，为改革营造良好的社会环境，形成强大合力。希望各民主党派、工商联和无党派人士以饱满的政治热情参加全国两会，引导本党派、本界别的代表和委员认真履行职责，传递正能量、发出好声音、展示新形象，确保大会各项任务顺利完成，把两会开成团结民主、风清气正的大会。

2月6日

［纲　文］　汪洋走访在北京的全国性宗教团体。

［目　文］　中共中央政治局常委、国务院副总理汪洋分别走访了中国佛教协会、中国道教协会、中国伊斯兰教协会以及中国天主教爱国会、主教团等在京的全国性宗教团体。

汪洋向全国宗教界人士致以新春祝福并指出，要全面贯彻党的宗教工作基本方针，坚持我国宗教中国化方向，积极引导宗教与社会主义社会相适应，团结广大宗教界人士和信教群众为全面建成小康社会、实现中华民族伟大复兴的中国梦作出新贡献。今年是贯彻党的十九大精神的开局之年。宗教界要认真学习贯彻习近平新时代中国特色社会主义思想和党的十九大精神，抓好全国宗教工作会议精神和新修订的《宗教事务条例》的贯彻落实，继续弘扬爱国爱教优良传统，坚持我国宗教中国化方向，深入挖掘教义教规中符合时代进步要求的积极因素，团结引导广大宗教界人士和信教群众更加紧密地团结在党和政府周围。各级党委、政府要关心、支持宗教团体建设，帮助宗教团体和宗教界人士解决实际问题。

2月6日

［纲　文］　刘延东在北京出席中外人文交流工作座谈会。

［目　文］　国务院副总理刘延东指出，要深入学习贯彻习近平新时代中国特色社会主义思想和党的十九大精神，服务国家改革发展和对外战略大局，着眼中外民心相通、文明互鉴、互利共赢的需求，开创新时代中外人文交流新局面，为发展全球伙伴关系、构建人类命运共同体厚植根基。党的十八大以来，人文交流实现跨越式发展，促进了中国与各国民心相通相亲，发挥了国家关系稳定器、务实合作推进器、人民友谊催化器的作用。要坚持"四个自信"，把握新时代中外人文交流的历史定位、目标原则，坚持服务大局、扎根民间，与战略互信、经贸合作相互支撑，筑牢中外友好的民意基础，系牢携手应对全球挑战的合作纽带。要健全广覆盖多元化的交流格局，坚持元首外交引领、高访带动、高端机制示范、双边多边结合，为中国特色大国外交贡献力量。要加强品牌建设，丰富内容形式，创新方式方法，讲好中国故事，扩大覆盖面，增强民众特别是青少年参与度，以深耕厚植让友谊之树枝繁叶茂。

2月6日

［纲　文］　财政部印发《其他专业资格人员担任特殊普通合伙会计师事务所合伙人暂行办法》，自2018年3月1日起施行。

2月6日

［纲　文］　全国人大与蒙古国家大呼拉尔交流机制第二次会议在北京举行。

［目　文］　全国人大常委会副委员长向巴平措与蒙古国家大呼拉尔副主席鲁·恩赫阿木格楞共同主持会议并作主旨发言。双方就中蒙关系、十九大精神、立法经验及经贸合作等问题深入交换了意见。

同日，全国人大常委会委员长张德江在北京会见恩赫阿木格楞时说，中国全国人大愿与蒙古国家大呼拉尔一道，用好定期交流机制平台，着力加强交流合作，尊重彼此核心利益和重大关切，夯实两国关系政治基础；分享治国理政和立法经验，完善务实合作的法律保障，扩大两国友好的社会基础，为双方更好把握方向、抓住机遇、面向未来，实现中蒙关系更快更好发展作出贡献。

恩赫阿木格楞说，蒙古国家大呼拉尔愿加强与中国全国人大的友好交往，助力两国关系发展。

2月6日

［纲　文］　第八次中国—东盟防长非正式会晤在新加坡举行。

［目　文］　会议由国务委员兼国防部部长常万全和东盟轮值主席国新加坡国防部部

长黄永宏共同主持。

常万全说，近年来，遵照习近平主席与东盟各国领导人达成的共识，中国与东盟各国防务部门顺应大势，排除干扰，互信互谅，保持沟通，聚焦合作，为维护地区和平稳定发挥了积极作用。在习近平主席的英明领导下，中国特色社会主义进入新时代，中国与东盟关系也进入新时代。新的时代需要新的气象、新的作为。2018年是中国—东盟建立战略伙伴关系15周年，也是中国贯彻落实中国共产党第十九次全国代表大会精神开局之年，是中国改革开放40周年。中方愿与东盟各国携手团结，不忘合作初心，坚定合作信心，找准合作重心，推动把开展海上联演、反恐合作等蓝图变为现实，为打造更加紧密的中国—东盟命运共同体作出更大贡献。

黄永宏等东盟各国防务部门领导人高度评价习近平主席提出的打造东盟—中国命运共同体的倡议，赞赏中国坚持走和平发展道路，表示愿以东盟—中国建立战略伙伴关系15周年为契机，与中方继续保持密切沟通，加强防务交流合作，深化睦邻友好和政治互信，维护地区安全发展繁荣。

2月6日

［纲　文］　外交部发言人就中国打击塑料"洋垃圾"的进口表示，中方将坚定不移地推进固体废物进口管理制度改革，打击"洋垃圾"走私。

［目　文］　有记者问：据报道，联合国环境署执行主任埃里克·索尔海姆近日表示，中国打击塑料"洋垃圾"的进口，对于富裕国家来说应该是个信号，要加强回收，减少塑料吸管等非必要产品。中方对此有何评论？

发言人说，固体废物处理处置是世界各国面临的共同环境问题。限制和禁止固体废物进口，也即禁止"洋垃圾"入境，是中国推进生态文明建设的重要举措，有利于保护生态环境安全和人民群众身体健康。中方将继续按照建设"美丽中国"的目标，积极践行可持续发展和绿色发展理念，坚定不移地推进固体废物进口管理制度改革，打击"洋垃圾"走私。中方也呼吁国际社会在固体废物处置和打击废物非法贸易方面加强交流与合作。

2月6—7日

［纲　文］　应外交部部长王毅邀请，乌兹别克斯坦外交部长卡米洛夫对中国进行正式访问。

［目　文］　7日，王毅在北京同卡米洛夫会谈时说，中方理解并支持乌方在阿富汗政治和解与和平重建进程中发挥建设性作用，欢迎乌方在塔什干举办阿富汗问题国际会议。

卡米洛夫表示，乌方愿与中方加强治国理政交流，携手共建"一带一路"，推动两国全面战略伙伴关系深入发展。

2月7日

［纲　文］　国家主席习近平同俄罗斯总统普京分别向中俄地方合作交流年开幕式致贺词。

[目　文]　习近平在贺词中指出，中俄两国是山水相连的友好邻邦，两国人民世代毗邻而居，友谊源远流长。地方是中俄开展全方位互利合作的重要力量。我和普京总统共同决定2018年至2019年举办中俄地方合作交流年，相信这项重大活动将激发两国地方合作热情，挖掘双方合作潜力，带动更多地方、企业、民众加入中俄友好合作和共同发展事业，为中俄关系持续健康稳定发展提供更加强劲的动力。习近平强调，中俄两国都处于国家发展和民族复兴的重要时期，发展蓝图高度契合，地方合作大有可为。相信两国政府和各地方将密切合作、精心组织，将中俄地方合作交流年打造成中俄关系的新亮点，共同开创中俄关系美好未来。

　　普京在贺词中表示，俄中全面战略协作伙伴关系快速向前发展，双方合作范围持续拓展，合作内容不断丰富。地方合作是俄中关系的重要组成部分。俄中地方合作交流年这项规模宏大的活动是对双方互办国家主题年传统的延续，旨在加强俄各联邦主体和中国各地方的联系和互利合作。双方将在地方合作交流年框架内举办上百项活动，包括投资推介会，贸易、工业和农业展览会，研讨会，艺术节，团组互访等。两国地方代表还将在圣彼得堡国际经济论坛、东方经济论坛、俄中博览会框架内积极交流接触。相信俄中地方合作交流年有助于双方落实各领域富有前景的倡议，充分开发地方合作的巨大潜能。

　　同日，中共中央政治局常委、国务院副总理汪洋在哈尔滨与俄罗斯副总理兼总统驻远东联邦区全权代表特鲁特涅夫举行中国东北地区和俄罗斯远东及贝加尔地区政府间合作委员会双方主席会晤并出席中俄地方合作交流年开幕式。开幕式上，汪洋和特鲁特涅夫分别宣读了习近平和普京的贺词并分别致辞。

2月7日

　　[纲　文]　**李克强主持召开国务院常务会议。**

　　[目　文]　会议主要内容是：一、会议听取办理全国人大代表建议和政协委员提案情况汇报，推进依法科学民主决策提升政府工作水平。会议指出，国务院各部门办理全国人大代表建议和政协委员提案，是政府依宪施政依法行政、以科学民主决策回应社会关切和服务人民的重要体现。国务院每年都听取汇报，部署建议和提案办理工作。5年来，各部门完善制度、创新机制，共办理建议和提案58773件，其中2017年办理建议7471件、提案3665件，分别占当年总数的89.4%、87%，代表委员的建议和提案解决了一大批事关改革发展和群众切身利益的问题。二、部署进一步采取市场化债转股等措施降低企业杠杆率，促进风险防控，提高发展质量。落实党的十九大精神和中央经济工作会议部署，采取市场化法治化手段积极稳妥降低企业杠杆率，是推进供给侧结构性改革的重要任务，对打好防范化解重大风险攻坚战、提高发展质量效益，具有重要意义。下一步，要继续把国有企业作为重中之重，结合国企改革、去产能、降成本等举措，进一步推动降杠杆。三、通过《快递暂行条例（草案）》。

2月7日

　　[纲　文]　**工业信息化部公布《中华人民共和国无线电频率划分规定》，自2018年**

7月1日起施行。

2月7日

［纲　文］　航天员群体先进事迹报告会在北京人民大会堂举行。

［目　文］　报告会由中宣部、中央军委政治工作部、共青团中央举办。中央和国家机关干部代表、驻京部队官兵代表、首都青年代表等约750人参加报告会。中央军委副主席张又侠在报告会前会见报告团成员，代表习主席和军委其他领导，向报告团成员及全体航天员致以亲切问候。

报告会上，航天员景海鹏、刘洋、邓清明，航天员聂海胜妻子聂捷琳，中央电视台记者倪宁，从不同角度介绍了航天员群体的先进事迹。

2月7—8日

［纲　文］　应国家主席习近平邀请，荷兰王国国王威廉-亚历山大对中国进行工作访问。

［目　文］　7日，习近平主席和夫人彭丽媛在北京会见威廉-亚历山大国王和王后马克西玛时说，2014年我对荷兰进行国事访问，同你共同确定了中荷开放务实的全面合作伙伴关系新定位，为两国合作制定了发展目标和规划。在双方共同努力下，我们达成的共识和互访成果得到落实，两国关系进入了历史最好时期，双方相互尊重彼此核心利益和重大关切，政治互信不断深化，贸易、投资、创新、人文等各领域交往合作成果丰硕。中荷关系正站在新起点上，面临新的发展机遇，相信在新的一年里，两国将通过共建"一带一路"开展更多的互利合作。

威廉-亚历山大向习近平和中国人民拜年，祝愿新的一年里中国取得新成就，荷中关系取得新发展。并表示，荷兰始终高度重视发展对华关系，相信"一带一路"倡议将给荷兰带来更多机遇，荷方愿积极参与共建进程。荷兰愿参加首届中国国际进口博览会。荷方希望同中方加强在国际和地区事务中的合作。

同日，国务院总理李克强在北京会见威廉-亚历山大时表示，中方愿同荷方保持高层交往，推进互利合作，推动中荷关系在相互尊重、平等相待、互利共赢的基础上持续向前发展。荷兰在农业及农业技术、港口物流及管理等方面处于世界前列。中方愿同荷方深化上述领域合作，扩大贸易规模，加强技术交流，促进通关便利化，推动"一带一路"倡议同荷方发展战略更好对接。

威廉-亚历山大表示，荷兰是中国在欧盟内第三大贸易伙伴，也是中国进入欧盟的门户。欢迎中国扩大对荷投资，愿同中方加强贸易往来，深化农业、物流运输等合作，进一步双向开放市场。

2月7—9日

［纲　文］　应外交部部长王毅邀请，非洲联盟委员会主席法基正式访问中国。

［目　文］　8日，王毅在北京同法基举行中国—非盟第7次战略对话。就中国与非盟关系及共同关心的国际和地区问题交换意见。

王毅表示，中非都是发展中国家，有共同利益、共同诉求、共同理想和共同事业。中方愿同非方共同努力，使中非关系成为中国与发展中国家团结合作的典范、南南合作的样板。中方支持并欢迎非盟在华设立代表处，愿为此提供积极协助。中非双方共同决定2018年9月在北京举办中非合作论坛峰会。中方欢迎非盟在论坛框架下继续发挥积极作用，将秉持真实亲诚和正确义利观，坚持共商共建共享原则，同非方一道办好论坛峰会。

法基表示，非盟愿与中方携手努力，加强与中方在贸易投资、人员往来、民航互通等领域的务实合作。非盟感谢中方正式同意非盟在华设立代表处，相信这一决定将为推动非盟中国关系发展注入新的动力。中非合作论坛是中国同非洲国家合作的重要平台，非盟对此坚定支持，相信2018年中非合作论坛北京峰会将有力促进中非全面战略合作伙伴关系发展。

2月8日

［纲　文］　中共中央总书记、国家主席习近平与越共中央总书记阮富仲互致新年贺信。

［目　文］　习近平在贺信中表示，值此中越两国人民的传统节日春节即将到来之际，我代表中国共产党和中国人民并以我个人的名义，向总书记同志，并通过你向越南共产党和越南人民致以诚挚的新春问候和祝福。习近平表示，刚刚过去的2017年是中越关系发展进程中具有重要意义的一年。我同总书记同志再次实现历史性互访，我们达成的广泛共识已经转化为两国交流合作的累累硕果。2017年中越"一带一路"与"两廊一圈"战略对接迈出重要步伐，双边贸易额实现1000亿美元目标，人员往来近1000万人次，两国人民从双边关系发展中有了更多的获得感。2018年是中越建立全面战略合作伙伴关系的第十个年头。展望未来，中国共产党愿同越南共产党一道，加强对中越关系发展的政治引领，弘扬传统友谊，深化全面合作，不断拓展中越关系发展广度和深度，更好为两国和两国人民谋幸福、为社会主义事业谋发展、为人类社会进步事业作贡献。两党两国高层特别是最高领导人保持经常接触，对双边关系发展发挥着关键的战略引领作用。我愿同总书记同志保持密切沟通，携手推动中越关系行稳致远、更上层楼。

阮富仲在贺信中表示，值此越中两国传统佳节戊戌年春节来临之际，我谨代表越南党和人民，向您并通过您向中国党和人民致以最美好的新春祝福。阮富仲表示，去年越中关系保持良好发展势头，两党两国最高领导人实现互访，各领域合作取得积极进展。2018年对越中关系是具有重要意义的一年。我希望并愿同您一道，加强对各层级各部门的指导，在现有合作成果基础上，进一步着力巩固政治互信，提升各领域务实合作的水平和质量，继续推动越中全面战略合作伙伴关系持续向好发展。

2月8日

［纲　文］　国务院办公厅印发《关于公布辽宁五花顶等6处新建国家级自然保护区

名单的通知》。

[目　文]　《通知》说，辽宁五花顶、吉林园池湿地、黑龙江仙洞山梅花鹿、黑龙江朗乡、四川南莫且湿地和陕西红碱淖6处新建国家级自然保护区已经国务院审定并公布。新建国家级自然保护区的面积、范围和功能分区等由环境保护部另行公布。有关地区要按照批准的面积和范围组织勘界，落实自然保护区土地权属，并在规定的时限内标明区界，予以公告。有关地区和部门要严格落实生态环境保护责任，加强组织领导和协调配合，健全管理机构，加大资金投入，强化对涉及自然保护区各类环境违法违规行为的监管执法力度，妥善处理好自然保护区管理与当地经济社会发展及居民生产生活的关系，确保各项管理措施得到落实，不断提高国家级自然保护区建设和管理水平。

2月8日

[纲　文]　国务院办公厅批复湖南省、重庆市、云南省、西藏自治区人民政府和环境保护部、国家林业局关于调整湖南东洞庭湖等4处国家级自然保护区的通知。

[目　文]　批复说，一、国务院同意调整湖南东洞庭湖、重庆金佛山、云南白马雪山和西藏珠穆朗玛峰国家级自然保护区的范围。调整后保护区的面积、范围和功能分区等由环境保护部予以公布。二、有关地区要按照批准的调整方案组织勘界，落实自然保护区土地权属，并在规定的时限内标明区界，予以公告。三、有关地区和部门要严格执行《中华人民共和国自然保护区条例》和《国家级自然保护区调整管理规定》等有关规定，切实加强对自然保护区工作的领导、协调和监督，妥善处理好自然保护区管理与当地经济社会发展及居民生产生活的关系，确保各项管理措施得到落实，高标准建设国家级自然保护区。

2月8日

[纲　文]　人民银行发布《中国人民银行令（2018）第1号》。

[目　文]　《银行令》说，根据《国务院办公厅关于进一步做好"放管服"改革涉及的规章、规范性文件清理工作的通知》（国办发〔2017〕40号）要求，中国人民银行对2017年12月31日前发布的规章进行了全面清理。现决定：一、废止《外商投资企业外汇登记管理暂行办法》〔（96）汇资函字第187号文印发〕等5件规章。二、《中华人民共和国金银管理条例施行细则》〔（83）银发字第381号〕等61件规章继续有效。

2月8日

[纲　文]　海洋局印发《南极活动环境保护管理规定》，自2018年2月8日起生效。

2月8—9日

[纲　文]　国务委员杨洁篪对美国进行访问。

[目　文]　访问期间，杨洁篪在华盛顿会见美国总统特朗普；同美国国务卿蒂勒森会谈，双方商定于2018年上半年在中国举行第二轮中美外交安全对话，并于年内尽早举行第二轮全面经济对话、社会和人文对话、执法及网络安全对话；会见美国总统国家安全

事务助理麦克马斯特和总统高级顾问库什纳，双方就加强中美在重要双边领域和国际地区问题上的合作交换了意见。

2月8—10日

[纲 文] 应外交部部长王毅邀请，印度尼西亚外交部部长蕾特诺访问中国。

[目 文] 9日，国务院总理李克强在北京会见蕾特诺时表示，中方高度重视发展同印度尼西亚的关系，愿同印尼密切高层交往，将"一带一路"倡议同印尼发展战略更好衔接，推动基础设施等重点领域合作取得更多成果，为中国同印尼关系的发展注入新动力。中方愿以中国—东盟建立战略伙伴关系15周年为契机，同包括印尼在内的所有东盟伙伴一道努力，推动中国东盟关系迈上新台阶，为本地区的和平稳定与发展繁荣贡献力量。

蕾特诺表示，印尼方愿同中方加强高层互访，扩大经贸合作，深化人文交流，推进雅（加达）万（隆）高铁建设。欢迎中方积极参与印尼"三北综合经济走廊"建设。

同日，王毅同蕾特诺在北京共同主持中印尼政府间双边合作联委会第三次会议。王毅表示，近年来，在两国元首直接指导下，两国以发展战略对接为主线，全面推进各领域务实合作，双边关系步入发展快车道。2018年是中印尼建立全面战略伙伴关系5周年，中方愿同印尼方进一步密切高层往来，共同推进"一带一路"合作，推动中印尼关系全面深入发展。雅万高铁是两国共建"一带一路"的重要标志性项目，中方愿同印尼方密切配合，推动项目尽快全线动工。中方还愿同印尼方探讨"三北综合经济走廊"项目合作。

蕾特诺表示，印尼方愿同中方共同规划好高层往来，推进"全球海洋支点"同"21世纪海上丝绸之路"倡议对接，积极推动雅万高铁、"三北综合经济走廊"等务实合作，密切人文交流，推动双边关系迈上新台阶。印尼欢迎中国积极参与东盟东部增长区合作，支持东盟共同体建设，愿同中方进一步深化东盟同中国关系，共同引领区域合作方向，促进地区和平稳定。

2月9日

[纲 文] 国务院、中央军委批复湖北省人民政府，同意新建湖北鄂州民用机场。

[目 文] 批复说，你省《关于湖北国际物流核心枢纽项目新建鄂州民用机场立项的请示》（鄂政文〔2017〕37号）收悉。现批复如下：一、同意新建湖北鄂州民用机场。二、本期工程飞行区跑道滑行道系统按满足2030年旅客吞吐量150万人次、货邮吞吐量330万吨的目标设计，航站楼、转运中心等设施按满足2025年旅客吞吐量100万人次、货邮吞吐量245万吨的目标设计。三、机场总投资372.6亿元，其中：机场工程183.6亿元，由湖北省、深圳顺丰泰森控股（集团）有限公司等企业共同筹措解决，国家发展改革委、民航局对机场的客运支线功能安排中央预算内投资和民航发展基金予以支持；转运中心工程135亿元、顺丰航空公司基地工程46.2亿元，由深圳顺丰泰森控股（集团）有限公司筹措解决；供油工程7.8亿元，由中国航空油料有限责任公司筹措解决。具体资金安排在可行性研究阶段确定。四、机场建成后，由地方经营管理，民航局实行行业管理。

五、在可行性研究阶段,要重点做好五个方面的工作:(一)统筹考虑运输机队规划、顺丰航空公司运力投放和经营战略、客机腹舱带货能力等因素,进一步论证本项目客、货运业务量预测和工程建设规模。(二)按照机场功能定位,以及支线机场公共航空运输设施和物流企业航空货运设施的建设内容和规模,明确项目中各方产权和投资责任等。(三)机场设计建设要贯彻国防要求,加强军民航协调,优化鄂州民用机场空域使用方案和飞行程序,保障飞行安全与效率。(四)科学规划机场周边综合交通运输网络,同步规划建设相应的集疏运设施,合理预留与铁路、公路、水运等交通方式联运的条件以及临空经济发展空间。(五)落实资源节约和环境保护的有关要求,集约节约建设用地,尽量减少机场对周边区域在噪声等方面的影响。

〔纲 文〕 国务院办公厅印发《关于推进社会公益事业建设领域政府信息公开的意见》。

〔目 文〕 《意见》由五个部分组成:一、总体要求。二、明确公开内容。三、突出公开重点。四、增强公开实效。五、强化保障措施。

《意见》指出,各地区各部门要充分认识推进社会公益事业建设领域政府信息公开的重要性,切实增强公开意识和服务意识,结合全面推进政务公开做好统筹谋划,形成常态化机制,务求取得实效。

2月9日

〔纲 文〕 司法部公布修订后的《司法行政机关信访工作办法》。

〔目 文〕 《办法》共7章42条。主要有总则、信访工作机构和人员、信访渠道、信访事项的提出和受理、信访事项的办理和督办、法律责任等内容。自2018年4月1日起施行。1991年1月24日司法部公布的《司法行政机关信访工作办法(试行)》(司法部令第14号)同时废止。

2月9日

〔纲 文〕 民营企业家迎春座谈会在北京召开。

〔目 文〕 中共中央政治局常委、国务院副总理汪洋出席会议并讲话。中央统战部部长尤权主持会议。部分民营企业代表在座谈会上作了发言,并就打好三大攻坚战提出了意见建议。

汪洋指出,坚决打好防范化解重大风险、精准脱贫、污染防治三大攻坚战,是党的十九大作出的重大部署,是决胜全面建成小康社会内在要求,也是当前和今后一个时期经济社会发展重大任务。民营企业要充分发挥自身优势,勇于承担社会责任、统筹当前和长远利益,积极为打好三大攻坚战贡献民企智慧和力量。

2月9日

〔纲 文〕 铁路局发布《关于原铁道部规范性文件第七批清理结果的通知》。

〔目 文〕 《通知》说,为进一步做好"放管服"改革工作,落实国务院办公厅清理部门规章和文件的要求,根据铁路改革发展实际,按照"先易后难、有序推进,边清理、边出成果、边向社会公开"的原则，国家铁路局对原铁道部规范性文件进行第七批清理，对中国铁路总公司自行停止执行或废止的43件原铁道部规范性文件进行处理。现将第七批清理结果通知如下：一、《关于铁路职工着装、敬礼标准化的通知》（〔79〕铁运字1281号）等26件文件交由中国铁路总公司管理。自中国铁路总公司停止执行之日起，原文件废止。二、《关于印发〈铁路桥梁检定评估工作规则〉的通知》（铁运〔2004〕42号）等6件文件交由中国铁路总公司管理。自中国铁路总公司停止执行之日起，原文件废止。中国铁路总公司要在实践中进一步加强管理，健全相关制度办法，不断总结完善，确保铁路运输安全。各地方铁路公司参照上述原铁道部规范性文件有关内容，结合实际制定本企业的具体制度及措施。三、《关于改变对儿童旅客保险的规定》（铁客工武〔54〕字123号）等11件文件予以废止。

2月9日

[纲　文]　外交部发言人就日本借赈灾慰问之名在国际上公然制造"一中一台"表示，有关做法违背"一个中国"原则，中方对此极为不满，已向日方提出严正交涉。

[目　文]　有记者问：日前，台湾花莲发生地震后，日本个别高层政要向台湾方面表达慰问，但却公然使用台所谓的"官方职务"称呼台政要。中方对此有何评论？是否已经向日方提出交涉？

发言人说，台湾花莲发生强烈地震后，大陆各界十分关心。国台办主任张志军已向花莲地震灾区同胞表达慰问，并表示愿派救援队赴台救灾，及时提供各方面必要协助。我愿强调的是，日方借赈灾慰问之名在国际上公然制造"一中一台"，有关做法违背"一个中国"原则，违背日本在台湾问题上所作承诺，中方对此极为不满，并已向日方提出严正交涉。中方敦促日方切实恪守中日四个政治文件确定的原则，立即纠正错误做法，不要给中日关系制造新的干扰。

2月9日

[纲　文]　《人民日报》报道，经中共中央批准，中共中央纪委对河北省人大常委会原党组成员、副主任张杰辉严重违纪问题立案审查。

[目　文]　经查，张杰辉违反政治纪律和政治规矩，毫无党员意识，长期搞迷信活动；违反中央八项规定精神，接受可能影响公正执行公务的宴请，特权思想严重，生活奢靡、贪图享乐；违反组织纪律，为提任副省级领导干部搞拉票等非组织活动，且在组织函询时不如实说明问题，长期卖官鬻爵，严重破坏任职地区的政治生态；违反廉洁纪律，收受礼品、礼金，违规投资并长期持有上市公司法人股，搞权色、钱色交易。利用职务上的便利为他人谋取利益并收受巨额财物涉嫌受贿犯罪。

张杰辉身为党的高级领导干部，丧失理想信念，毫无党性观念，严重违反党的纪律，并涉嫌违法犯罪，且在党的十八大后不知止、不收敛、不收手，性质十分恶劣、情节特别严重。依据《中国共产党纪律处分条例》等有关规定，经中央纪委常委会会议研究并报中共中央批准，决定给予张杰辉开除党籍、开除公职处分；终止其河北省第九次党代会代表资格；收缴其违纪所得；将其涉嫌犯罪问题、线索及所涉款物移送有关国家机关依法处理。

2020年7月10日，山西省太原市中级人民法院一审公开宣判河北省人大常委会原副主任张杰辉受贿案，对被告人张杰辉以受贿罪判处有期徒刑15年，并处没收个人财产人民币600万元；对张杰辉受贿所得财物及其孳息予以追缴，上缴国库。

2月9—10日

[纲　文]　首届世界海关跨境电商大会在北京举行。

[目　文]　国务院副总理汪洋出席会议并发表主旨演讲。本次会议由中国海关总署与世界海关组织共同举办，以"创新、包容、审慎、协同，推动跨境电商可持续发展"为主题。来自世界各国（地区）海关、政府部门、电子商务相关企业、国际组织和学术界的千余名代表出席了会议。与会代表围绕支持贸易新业态、探索治理新模式、关注信息技术新发展、聚焦风险防控新问题、展望未来新前景、"一带一路"电商发展新机遇等六大板块进行交流。大会发布了《北京宣言》。

2月9—25日

[纲　文]　第二十三届冬季奥林匹克运动会在韩国平昌举办。

[目　文]　国家主席习近平特别代表、中共中央政治局常委韩正出席开幕式。本届冬奥会来自全球92个国家和地区的近3000名运动员参加7个大项、15个分项、102个小项的比赛。中国由181人组成代表团，82名中国健儿参加5个大项、12个分项、55个小项的比赛。挪威以14金14银11铜，位列奖牌榜榜首；德国以14金10银7铜位列第二；中国队则以1金6银2铜，位列奖牌榜第十六。

25日，第二十三届冬季奥林匹克运动会在平昌奥林匹克体育场闭幕。国家主席习近平特别代表、国务院副总理刘延东出席闭幕式。中国作为下届冬奥会主办国，在闭幕式上奉献了《2022相约北京》8分钟文艺表演。国家主席习近平通过视频，向全世界发出诚挚邀请——2022年相约北京！

27日，国务院副总理、第二十四届冬季奥林匹克运动会工作领导小组组长张高丽在北京会见平昌冬奥会中国体育代表团。他向全体运动员、教练员和冬奥组委工作人员转达了党中央、国务院的问候并表示，在平昌冬奥会上，我国运动员取得了优良成绩，有的项目还取得了历史性突破，向世界展现了中国冰雪健儿积极进取、奋勇争先的精神风貌，展现了开放包容、文明进步的国家形象。这些成绩的取得，是在以习近平同志为核心的党中央坚强领导下，在全国人民的大力支持下，广大体育战线共同努力、团结奋斗，全体参赛运动员和教练员刻苦训练、辛勤付出的结果。习近平总书记通过视频向全世界发出了2022年相约北京的诚挚邀请。北京冬奥会是党和国家的一件大事，是全国人民的一件喜事，是全世界的一件盛事。

2月10—13日

[纲　文]　习近平在四川省调研。

［日　文］　中共中央总书记习近平在凉山彝族自治州、阿坝藏族羌族自治州、成都市等地的村镇、企业、社区，考察脱贫攻坚和经济社会发展工作，在汶川考察灾后恢复重建发展情况。就贯彻落实党的十九大精神以及中央经济工作会议、中央农村工作会议精神进行调研，看望慰问各族干部群众，向全国各族人民致以美好的新春祝福。

习近平在四川西南部的凉山彝族自治州昭觉县三岔河乡三河村和解放乡火普村看望贫困群众时指出，我们搞社会主义，就是要让各族人民都过上幸福美好的生活。全面建成小康社会最艰巨最繁重的任务在贫困地区，特别是在深度贫困地区，无论这块硬骨头有多硬都必须啃下，无论这场攻坚战有多难打都必须打赢，全面小康路上不能忘记每一个民族、每一个家庭；在解放乡火普村，听取该村推进易地扶贫搬迁、彝家新寨新村建设、产业扶贫和公共服务保障等情况介绍；在成都天府新区，结合视频、沙盘、展板，了解兴隆湖生态治理成果、沿湖产业规划布局、中国（四川）自由贸易试验区建设情况；在成都中电熊猫显示科技有限公司，听取公司总体情况和四川省、成都市电子信息产业情况介绍，察看企业自主可控网络信息安全产品，并观看新一代液晶面板生产工艺流程；在阿坝州汶川县映秀镇，来到漩口中学遗址，向汶川特大地震罹难同胞和在抗震救灾中捐躯的英雄敬献花篮，并三鞠躬。他叮嘱一定要把地震遗址保护好，使其成为重要的爱国主义教育基地。在映秀镇场镇，结合展板听取汶川特大地震灾后恢复重建及发展情况汇报；考察了率先推行农村集体产权制度改革的成都市郫都区战旗村。

13日，习近平听取了四川省委和省政府工作汇报，希望四川深入贯彻党的十九大精神和新时代中国特色社会主义思想，全面落实党中央决策部署，锐意进取，埋头苦干，推动治蜀兴川再上新台阶。要认真学习贯彻党的十九届二中全会精神，教育引导广大党员、干部牢固树立宪法意识，带头尊崇宪法、学习宪法、遵守宪法、维护宪法、运用宪法。要严格执行新形势下党内政治生活若干准则，全面加强和规范党内政治生活，涵养积极健康的党内政治文化，营造风清气正的良好政治生态。

调研期间，习近平在驻四川部队某基地的发射工位和技术厂房，看望慰问部队官兵，代表党中央和中央军委，向全体解放军指战员、武警部队官兵、民兵预备役人员致以诚挚问候和新春祝福。他指出，要认真贯彻党的十九大精神，深入贯彻新时代党的强军思想，坚持政治建军、改革强军、科技兴军、依法治军，聚焦备战打仗，加快创新发展，全面提高履行使命任务能力，为实现党在新时代的强军目标作出新的更大贡献。

2月10日

［纲　文］　**香港新界大埔公路发生重大交通事故。习近平作出指示。**

［目　文］　18时许，一辆公交双层巴士失事侧翻，造成19人死亡、60多人受伤。香港特别行政区政府迅速采取应急措施予以处置。

事故发生后，国家主席习近平在第一时间了解有关伤亡和救助情况，指示中央政府驻香港联络办负责人向林郑月娥行政长官转达他对此次事故遇难者的哀悼、对遇难者家属及受伤者的亲切慰问，并要求香港特别行政区政府全力做好遇难者善后、受伤者救治及其家属抚慰等工作。习近平还对香港特别行政区政府及时开展有关应急处置工作予以肯定。

国务院总理李克强、全国人大常委会委员长张德江也请中央政府驻香港联络办转达哀悼和慰问。

2月11日

［纲　文］　十二届全国人大常委会第一百一十一次委员长会议在北京举行。

［目　文］　全国人大常委会委员长张德江主持会议。全国人大常委会副委员长李建国、王胜俊、陈昌智、严隽琪、沈跃跃、吉炳轩、张平、向巴平措、艾力更·依明巴海、万鄂湘、张宝文、陈竺出席会议。会议决定，十二届全国人大常委会第三十三次会议于2月23日至24日举行。全国人大常委会副委员长兼秘书长王晨就十二届全国人大常委会第三十三次会议议程草案和日程安排意见作了汇报。全国人大常委会有关副秘书长，全国人大有关专门委员会、常委会有关工作委员会和代表资格审查委员会负责人就常委会第三十三次会议有关议题等作了汇报。

2月11日

［纲　文］　国务院食品安全委员会第五次全体会议在北京召开。

［目　文］　会议由国务院副总理、国务院食品安全委员会主任张高丽主持。中共中央政治局常委、国务院食品安全委员会副主任汪洋出席会议。国务院食品安全委员会成员单位、有关部门负责人参加会议，食品安全委员会专家委员会有关专家列席会议。会议总结5年来食品安全工作，讨论有关文件，研究2018年重点工作原则意见，部署春节和全国"两会"期间食品安全工作。

张高丽表示，党中央、国务院高度重视食品安全工作。党的十九大报告提出，实施食品安全战略，让人民吃得放心。习近平总书记强调，农产品和食品安全问题，是底线要求。安全农产品和食品，既是产出来的，也是管出来的，但归根结底是产出来的，要加强源头治理，健全监管体制，把各项工作落到实处。李克强总理也提出明确要求。过去5年，在党中央、国务院坚强领导下，各地区各部门各单位齐心协力、扎实工作，食品安全工作取得明显成效，食品安全形势总体稳定。

汪洋指出，要认真贯彻落实党的十九大精神，积极适应我国社会主要矛盾变化，加快健全标准体系，夯实监管基层基础，创新监管方式方法，落实属地管理责任，进一步提升食品安全监管能力和水平。要加强监管执法，强化行业自律，鼓励公众监督，督促生产经营者履行主体责任、诚信守法经营。要深入推进供给侧结构性改革，促进农业和食品产业高质量发展，为人民群众提供更多优质安全、营养健康的食品。

2月11日

［纲　文］　全国性宗教团体负责人座谈会在北京召开。

［目　文］　中共中央政治局常委、国务院副总理汪洋出席座谈会并讲话。国务院副总理刘延东、统战部部长尤权出席座谈会。中国佛教协会、中国道教协会、中国伊斯兰教协

会、中国天主教爱国会、中国基督教三自爱国运动委员会有关负责人在座谈会上作了发言。

汪洋说，2017年是党和国家事业发展进程中具有里程碑意义的一年，也是宗教工作创新推进的一年。各宗教团体坚持中国化方向，引导广大信教群众紧密团结在党和政府周围，为促进民族团结、宗教和顺、社会和谐作出了积极贡献。2018年是贯彻党的十九大精神开局之年。宗教界要继续深入学习贯彻习近平新时代中国特色社会主义思想和党的十九大精神，认真落实中央关于宗教工作的重大决策部署，更好地坚持我国宗教中国化方向，不断引导宗教与社会主义社会相适应；更好地运用法治思维和方式处理矛盾问题，加强对信教群众的宗教政策法规宣传教育；更好地培养高素质的宗教界人才，推进爱国宗教人士队伍建设；更好地开展宗教团体思想建设、制度建设、教风建设，充分发挥好对信教群众的正确引领作用。各地各部门要一如既往地支持宗教团体的工作，充分尊重和维护宗教界的合法权益，帮助宗教团体加强自身建设，及时解决影响宗教关系和谐的突出问题。

2月11日

［纲　文］　**中国气象局发布《2017年大气环境气象公报》。**

［目　文］　《公报》显示，2017年全国大气环境改善，全国平均霾日数27.5天，比2016年减少10.5天，比2013年减少19.4天。全国PM10、PM2.5平均浓度分别为75微克/立方米、43微克/立方米，比2016年降低5.1%、6.5%，比2013年降低22.7%、44.2%。2017年，大气二氧化氮、二氧化硫总量继续下降，全国大部地区酸雨减弱减少。

2月11日

［纲　文］　**证监会公布《养老目标证券投资基金指引（试行）》，自2018年2月11日起施行。**

2月11日

［纲　文］　**保监会印发《反保险欺诈指引》。**

［目　文］　《指引》共4章47条。主要有总则、保险机构欺诈风险管理、反欺诈监督管理与行业协作等内容，自2018年4月1日起施行。

2月11日

［纲　文］　**国家认证认可监督管理委员会、国家知识产权局发布《知识产权认证管理办法》的公告。**

［目　文］　《办法》共7章41条。主要有总则、认证机构和认证人员、行为规范、认证实施、认证证书和认证标志、监督管理、附则等内容，自2018年4月1日起施行。国家认监委和国家知识产权局于2013年11月6日印发的《知识产权管理体系认证实施意见》（国认可联〔2013〕56号）同时废止。

2月12日

［纲　文］　**国家主席习近平、国务院总理李克强就俄罗斯客机坠毁事件分别向俄罗斯总统普京、俄罗斯总理梅德韦杰夫致慰问电。**

2月12日

［纲　文］　公安部、交通运输部发布《出境入境航空器载运人员信息预报预检实施办法》，自2018年8月1日起施行。《国际航班载运人员信息预报实施办法》（公安部第99号令）同时废止。

2月12日

［纲　文］　证监会公布《区域性股权市场信息报送指引（试行）》，自2018年7月1日起施行。

2月12日

［纲　文］　中国在西昌卫星发射中心用"长征三号乙"运载火箭（及"远征一号"上面级），以"一箭双星"方式成功发射第二十八、二十九颗北斗导航卫星。

［目　文］　这两颗卫星属于中圆地球轨道卫星，是我国北斗三号工程第五、六颗组网卫星。本次发射是北斗三号工程第三次全球组网卫星发射，也是农历鸡年中国航天的"收官之战"。经过3个多小时飞行后，卫星进入预定轨道。后续将进行集成测试与试验评估，并与此前发射的四颗北斗三号导航卫星进行组网运行。

此次发射的北斗导航卫星和配套运载火箭（及"远征一号"上面级）由中国航天科技集团有限公司所属的中国空间技术研究院和中国运载火箭技术研究院分别抓总研制。这是长征系列运载火箭的第267次飞行。

2月12日

［纲　文］　罗豪才在北京逝世。

［目　文］　著名归侨、法学家、教育家和社会活动家，中国致公党的杰出领导人，中国人民政治协商会议第九届、第十届全国委员会副主席，中国致公党第十一届、第十二届中央委员会主席，中国共产党的优秀党员罗豪才，在北京逝世，享年83岁。

24日，罗豪才遗体在北京八宝山革命公墓火化。习近平、李克强、张德江、俞正声、张高丽、栗战书、汪洋、赵乐际、韩正等前往八宝山送别。

2月12日

［纲　文］　《人民日报》报道，经中共中央批准，中共中央纪委对广西壮族自治区政协原党组成员、副主席刘君严重违纪问题立案审查。

［目　文］　经查，刘君违反政治纪律，对抗组织审查；违反中央八项规定精神，违规出入私人会所，接受私营企业主安排打高尔夫球，用公款支付个人费用；违反组织纪律，在组织谈话函询时不如实说明问题；违反廉洁纪律，利用职权谋取私利，收受礼品礼金，纵容、默许其子利用本人职务上的影响谋取私利。依据《中国共产党纪律处分条例》等有关规定，经中央纪委常委会会议研究并报中共中央批准，决定给予刘君开除党籍、行政撤职处分，降为副处级非领导职务；收缴其违纪所得。

2月12—13日

［纲　文］　李克强在吉林省考察。

［目　文］　国务院总理李克强在白城市镇赉县集贸市场考察；在大兴安岭南麓集中连片特困地区的镇赉县英华村贫困群众家中，察看口粮、取暖情况，询问收入来源、看病报销比例等，并送上年货和祝福。他说，各级政府要顺应群众新期待，多措并举加大力度扶贫攻坚，既保障群众基本生活，又促进稳定致富；在长途汽车站，与返乡探亲的外出务工人员交谈，询问工资是否足额拿到；看望路边工作的环卫工人，感谢他们为大家带来干干净净的新春；在待改造的棚户区，倾听居民们反映生活中的困难，叮嘱随行部门要对困难群众情况再进行筛查，落实好保障措施，对有特殊困难的要给予临时救助；在县福利院，为老人们送上新衣服，并挂上"福""寿"中国结向老人们拜年。

考察中，李克强肯定近几年吉林经济社会发展稳中有进、稳中向好所取得的成绩，这也表明东北老工业基地振兴大有希望、大有可为。要全面贯彻落实党的十九大精神，以习近平新时代中国特色社会主义思想为指导，奋力在改革开放中实现东北全面振兴。

2月13日

［纲　文］　习近平等党和国家领导人春节前夕看望老同志。

［目　文］　习近平等党和国家领导人分别看望或委托有关方面负责同志看望了江泽民、胡锦涛、李鹏、朱镕基、李瑞环、吴邦国、温家宝、贾庆林、宋平、李岚清、曾庆红、吴官正、李长春、罗干、贺国强、刘云山和田纪云、迟浩田、姜春云、王乐泉、王兆国、回良玉、刘淇、吴仪、曹刚川、曾培炎、王刚、孟建柱、郭金龙、王汉斌、何勇、赵洪祝、王丙乾、邹家华、王光英、铁木尔·达瓦买提、彭珮云、周光召、曹志、李铁映、司马义·艾买提、何鲁丽、丁石孙、许嘉璐、蒋正华、顾秀莲、热地、盛华仁、路甬祥、乌云其木格、华建敏、陈至立、周铁农、司马义·铁力瓦尔地、蒋树声、桑国卫、唐家璇、梁光烈、戴秉国、肖扬、韩杼滨、贾春旺、叶选平、杨汝岱、任建新、宋健、钱正英、孙孚凌、胡启立、赵南起、毛致用、王忠禹、李贵鲜、张思卿、张克辉、郝建秀、徐匡迪、张怀西、李蒙、廖晖、白立忱、陈奎元、阿不来提·阿不都热西提、李兆焯、黄孟复、张梅颖、张榕明、钱运录、孙家正、李金华、郑万通、邓朴方、厉无畏、陈宗兴、王志珍等老同志，向老同志们致以诚挚的节日问候，衷心祝愿老同志们新春愉快、健康长寿。

老同志们高度评价以习近平同志为核心的党中央带领全党全军全国各族人民开创新时代中国特色社会主义事业新局面所取得的历史性成就，对习近平总书记作为党中央的核心、全党的核心表示衷心拥护。老同志们希望全党全国各族人民更加紧密地团结在以习近平同志为核心的党中央周围，高举中国特色社会主义伟大旗帜，以习近平新时代中国特色社会主义思想为指导，全面深入贯彻党的十九大精神，锐意进取，埋头苦干，为决胜全面建成小康社会、夺取新时代中国特色社会主义伟大胜利作出新的贡献。

2月13日

［纲　文］　国务院批复山西省人民政府、科技部，同意太原市建设国家可持续发展

议程创新示范区。

［目　文］　批复说：一、同意太原市以资源型城市转型升级为主题，建设国家可持续发展议程创新示范区。二、太原市建设国家可持续发展议程创新示范区，要深入贯彻党的十九大精神，以习近平新时代中国特色社会主义思想为指导，坚持新发展理念，统筹推进"五位一体"总体布局，协调推进"四个全面"战略布局，紧紧围绕联合国2030年可持续发展议程和《中国落实2030年可持续发展议程国别方案》，按照《中国落实2030年可持续发展议程创新示范区建设方案》要求，重点针对水污染与大气污染等问题，集成应用污水处理与水体修复、清洁能源与建筑节能等技术，实施水资源节约和水环境重构、用能方式绿色改造等行动，统筹各类创新资源，深化体制机制改革，探索适用技术路线和系统解决方案，形成可操作、可复制、可推广的有效模式，对全国资源型地区转型发展发挥示范效应，为落实2030年可持续发展议程提供实践经验。三、山西省人民政府要建立健全相关工作协调机制，根据实际情况研究制定专门的支持政策，形成推进合力，支持太原市全面落实和实施好各项行动和工程，实现国家可持续发展议程创新示范区建设的目标。四、科技部要会同国家可持续发展实验区部际联席会议各成员单位，结合各自职责，在重大项目安排、政策先行先试、体制机制创新等方面支持太原市建设国家可持续发展议程创新示范区，及时研究解决建设中的重大问题。

2月13日

［纲　文］　国务院批复广东省人民政府、科技部，同意深圳市建设国家可持续发展议程创新示范区。

［目　文］　批复说：一、同意深圳市以创新引领超大型城市可持续发展为主题，建设国家可持续发展议程创新示范区。二、深圳市建设国家可持续发展议程创新示范区，要深入贯彻党的十九大精神，以习近平新时代中国特色社会主义思想为指导，坚持新发展理念，统筹推进"五位一体"总体布局，协调推进"四个全面"战略布局，紧紧围绕联合国2030年可持续发展议程和《中国落实2030年可持续发展议程国别方案》，按照《中国落实2030年可持续发展议程创新示范区建设方案》要求，重点针对资源环境承载力和社会治理支撑力相对不足等问题，集成应用污水处理、废弃物综合利用、生态修复、人工智能等技术，实施资源高效利用、生态环境治理、健康深圳建设和社会治理现代化等工程，统筹各类创新资源，深化体制机制改革，探索适用技术路线和系统解决方案，形成可操作、可复制、可推广的有效模式，对超大型城市可持续发展发挥示范效应，为落实2030年可持续发展议程提供实践经验。三、广东省人民政府要建立健全相关工作协调机制，根据实际情况研究制定专门的支持政策，形成推进合力，支持深圳市全面落实和实施好各项行动和工程，实现国家可持续发展议程创新示范区建设的目标。四、科技部要会同国家可持续发展实验区部际联席会议各成员单位，结合各自职责，在重大项目安排、政策先行先试、体制机制创新等方面支持深圳市建设国家可持续发展议程创新示范区，及时研究解决建设中的重大问题。

2月13日

[纲　文]　国务院批复广西壮族自治区人民政府、科技部，同意桂林市建设国家可持续发展议程创新示范区。

[目　文]　批复说：一、同意桂林市以景观资源可持续利用为主题，建设国家可持续发展议程创新示范区。二、桂林市建设国家可持续发展议程创新示范区，要深入贯彻党的十九大精神，以习近平新时代中国特色社会主义思想为指导，坚持新发展理念，统筹推进"五位一体"总体布局，协调推进"四个全面"战略布局，紧紧围绕联合国2030年可持续发展议程和《中国落实2030年可持续发展议程国别方案》，按照《中国落实2030年可持续发展议程创新示范区建设方案》要求，重点针对喀斯特石漠化地区生态修复和环境保护等问题，集成应用生态治理、绿色高效农业生产等技术，实施自然景观资源保育、生态旅游、生态农业、文化康养等行动，统筹各类创新资源，深化体制机制改革，探索适用技术路线和系统解决方案，形成可操作、可复制、可推广的有效模式，对中西部多民族、生态脆弱地区实现可持续发展发挥示范效应，为落实2030年可持续发展议程提供实践经验。三、广西壮族自治区人民政府要建立健全相关工作协调机制，根据实际情况研究制定专门的支持政策，形成推进合力，支持桂林市全面落实和实施好各项行动和工程，实现国家可持续发展议程创新示范区建设的目标。四、科技部要会同国家可持续发展实验区部际联席会议各成员单位，结合各自职责，在重大项目安排、政策先行先试、体制机制创新等方面支持桂林市建设国家可持续发展议程创新示范区，及时研究解决建设中的重大问题。

2月13日

[纲　文]　新华社讯，中央纪委印发《关于在扫黑除恶专项斗争中强化监督执纪问责的意见》。

[目　文]　《意见》指出，各级纪检监察机关要深入贯彻落实习近平总书记重要指示精神和《中共中央 国务院关于开展扫黑除恶专项斗争的通知》要求，充分认识开展扫黑除恶专项斗争的重大意义，切实把思想和行动统一到党中央部署上来，强化监督执纪问责，为打赢扫黑除恶专项斗争这场攻坚仗提供坚强纪律保障。各级纪检监察机关要立足职责定位，坚持把扫黑除恶同反腐败斗争和基层"拍蝇"结合起来，作为整治群众身边腐败问题的一个重点，强化监督、铁面执纪、严肃问责，坚决冲破"关系网"、打掉"保护伞"。

《意见》要求，各级纪检监察机关要坚持问题导向，找准扫黑除恶与反腐"拍蝇"工作的结合点，紧盯涉黑涉恶问题突出、群众反映强烈的重点地区、行业和领域，重点查处以下三类问题：一是发生在群众身边的党员干部和其他行使公权力的公职人员涉黑涉恶腐败问题；二是党员干部和其他行使公权力的公职人员充当黑恶势力"保护伞"问题；三是地方党委和政府、政法机关、相关职能部门及其工作人员推动扫黑除恶专项斗争工作不力问题。各级纪检监察机关要拓宽监督举报渠道，认真受理有关涉黑涉恶腐败问题的举报反映。发挥巡视巡察利剑作用，着力发现问题。规范问题线索处置，加强核查督办，确保件件有着落。

2月13日

［纲　文］　银监会公布修订后的《中国银监会外资银行行政许可事项实施办法》，自2018年2月13日起施行。

2月13日

［纲　文］　保监会公布《关于修改〈中华人民共和国外资保险公司管理条例实施细则〉等四部规章的决定》。

［目　文］　《决定》说，为贯彻落实国务院关于清理规范行政审批中介服务事项的要求，对《中华人民共和国外资保险公司管理条例实施细则》《外国保险机构驻华代表机构管理办法》《保险公司次级定期债务管理办法》《保险公司董事、监事和高级管理人员任职资格管理规定》等四部规章的部分条款予以修改。自2018年2月13日起实施。

2月13日

［纲　文］　铁路局发布《关于原铁道部规范性文件第八批清理结果的通知》。

［目　文］　《通知》说，为进一步做好"放管服"改革工作，落实国务院办公厅清理部门规章和文件的要求，根据铁路改革发展实际，按照"先易后难、有序推进，边清理、边出成果、边向社会公开"的原则，国家铁路局对原铁道部规范性文件进行第八批清理，对中国铁路总公司自行停止执行或废止的79件原铁道部规范性文件进行处理。

2月13日

［纲　文］　王沪宁看望文化界知名人士和科技专家。

［目　文］　中共中央政治局常委王沪宁代表中共中央总书记习近平和党中央看望著名男高音歌唱家吴雁泽，两院院士、我国歼-8Ⅱ飞机总设计师顾诵芬，北京大学物理学教授、中国科学院院士陈佳洱，中国译协主要创建者之一宋书声等文化界知名人士和科技专家，向他们致以诚挚问候，向广大文化工作者和科技工作者致以新春祝福。

文化界知名人士和科技专家对习近平总书记和党中央的亲切关怀表示感谢，对党的十八大以来党和国家事业取得的历史性成就高度赞誉，对党的十九大确立的加快建设创新型国家、推动社会主义文化繁荣兴盛等战略部署深表赞同。王沪宁表示，发展新时代文化和科技事业，要求文化工作者和科技工作者认真学习贯彻习近平新时代中国特色社会主义思想和党的十九大精神，树立高度的文化自信和创新自信，扎实做好文化建设和科技创新各项工作。

中组部部长陈希、中宣部部长黄坤明陪同看望。

2月13日

［纲　文］　尤权在北京会见班禅额尔德尼·确吉杰布。

［目　文］　中央统战部部长尤权向班禅祝贺春节和藏历新年，班禅向尤权敬献了哈达。尤权希望班禅始终牢记习近平总书记的谆谆教导，进一步提高佛学造诣、文化素养和品德修养，深入学习贯彻习近平新时代中国特色社会主义思想和党的十九大精神，努力为维护祖国统一和民族团结，促进藏传佛教与社会主义社会相适应作出新贡献。

班禅表示，一定牢记习近平总书记的谆谆教导，努力学习，刻苦修行，继承和发扬历世班禅爱国爱教的光荣传统，坚决维护祖国统一和民族团结，积极为促进藏传佛教与社会主义社会相适应以及西藏的发展稳定作出自己的努力。

2月13日

[纲　文]　许其亮慰问空军航空兵官兵。

[目　文]　中央军委副主席许其亮在空军航空兵某师看望慰问官兵，代表习近平主席和军委其他领导，向部队官兵致以诚挚问候和新春祝福。他强调，要深入学习贯彻党的十九大精神，坚决贯彻习近平强军思想，瞄准实现强军目标、建设世界一流军队，在新起点上全面推进政治建军、改革强军、科技兴军、依法治军，聚焦备战打仗，坚决完成党和人民赋予的新时代使命任务。

2月13日

[纲　文]　外交部发言人就朝鲜半岛局势出现的积极发展势头表示欢迎和肯定。

[目　文]　有记者问，据报道，韩国统一部方面称，韩方今后工作将侧重于引导朝美展开对话。同时，美国副总统彭斯接受采访时称，美韩就朝核问题达成共识，先由韩方同朝方接触对话，此后如有可能美朝可接触对话，美愿"极限施压和接触对话同时进行"。中方对此有何评论？

发言人说，中方始终认为，半岛问题最终要靠对话谈判解决，希望朝韩双方能将围绕冬奥会接触互动这一来之不易的势头延续下去，并以此为起点，一步步推开双方政治对话的大门。同时，半岛问题的核心是朝美矛盾，希望朝韩之间的互动能够及时转化为朝美之间的互动。解决半岛问题，不能只有制裁没有对话，只有施压没有谈判，而是要将制裁的压力及时转化为谈判的动力。希望朝美能够抓住当前机会之窗，展示诚意，相向而行，及时、果断迈出有意义的步伐。在平昌冬奥赛场给人们带来阵阵暖意的时候，国际社会应多加油、多鼓劲，进一步引导半岛局势朝正确方向发展，为局势真正实现转圜作出切实努力，以推动早日实现半岛无核化，建立半岛持久和平。

2月13日

[纲　文]　新华社讯，经中共中央批准，中共中央纪委对中央宣传部原副部长、中央网信办原主任鲁炜严重违纪问题立案审查。

[目　文]　经查，鲁炜严重违反政治纪律和政治规矩，阳奉阴违，欺骗中央，目无规矩，肆意妄为，妄议中央，干扰中央巡视，野心膨胀，公器私用，不择手段为个人造势，品行恶劣，匿名诬告他人，拉帮结派搞"小圈子"；严重违反中央八项规定精神和群众纪律，频繁出入私人会所，大搞特权，作风粗暴、专横跋扈；违反组织纪律，组织谈话函询时不如实说明问题；违反廉洁纪律，以权谋私，收钱敛财；违反工作纪律，对中央关于网信工作的战略部署搞选择性执行；以权谋色，毫无廉耻。利用职务上的便利为他人谋取利益并收受巨额财物涉嫌受贿犯罪。

鲁炜身为党的高级干部，理想信念缺失，毫无党性原则，对党中央极端不忠诚，"四个意识"个个皆无,"六大纪律"项项违反,是典型的"两面人",是党的十八大后不收敛、不知止,问题严重集中,群众反映强烈,政治问题与经济问题相互交织的典型,性质十分恶劣、情节特别严重。依据《中国共产党纪律处分条例》等有关规定,经中央纪委常委会会议研究并报中共中央批准,决定给予鲁炜开除党籍、开除公职处分;收缴其违纪所得;将其涉嫌犯罪问题、线索及所涉款物移送有关国家机关依法处理。

2019年3月26日,浙江省宁波市中级人民法院公开宣判中宣部原副部长鲁炜受贿一案,对被告人鲁炜以受贿罪判处有期徒刑14年,并处罚金人民币300万元;对鲁炜受贿所得财物及其孳息予以追缴,上缴国库,不足部分继续追缴。鲁炜当庭表示服从判决,不上诉。

2月13日

[纲　文]　《人民日报》报道,经中共中央批准,中共中央纪委对山东省政府原党组成员、副省长季缃绮严重违纪问题立案审查。

[目　文]　经查,季缃绮严重违反政治纪律,转移涉案款物,对抗组织审查;违反组织纪律,不按规定报告个人有关事项;违反廉洁纪律,收受礼品,低价购买住房,违规持有非上市公司股份。利用职务上的便利非法侵吞巨额公共财物涉嫌贪污犯罪,为他人谋取利益并收受巨额财物涉嫌受贿犯罪。

季缃绮身为党的高级领导干部,丧失理想信念,贪欲膨胀,中饱私囊,严重违反党的纪律,并涉嫌违法犯罪,性质恶劣、情节严重。依据《中国共产党纪律处分条例》等有关规定,经中央纪委常委会会议研究并报中共中央批准,决定给予季缃绮开除党籍处分;由监察部报国务院批准,给予其开除公职处分;免去其第十一届山东省委委员职务;终止其山东省第十一次党代会代表资格;收缴其违纪所得;将其涉嫌犯罪问题、线索及所涉款物移送有关国家机关依法处理。

2019年3月19日,山西省晋中市中级人民法院公开宣判山东省人民政府原副省长季缃绮受贿、贪污案,对被告人季缃绮以受贿罪判处有期徒刑12年,并处罚金人民币200万元;以贪污罪判处有期徒刑6年,并处罚金人民币100万元,决定执行有期徒刑14年,并处罚金人民币300万元。对季缃绮受贿、贪污所得财物及其孳息,依法予以追缴,上缴国库。

2月14日

[纲　文]　中共中央、国务院在北京人民大会堂举行2018年春节团拜会。

[目　文]　党和国家领导人习近平、李克强、张德江、俞正声、张高丽、栗战书、汪洋、王沪宁、赵乐际、韩正,中共中央、全国人大常委会、国务院、最高人民法院、最高人民检察院、全国政协、中央军委领导同志和老同志出席团拜会。中央党政军群各部门及北京市负责同志,各民主党派中央、全国工商联负责人和无党派人士代表,离退休老同志代表,著名专家学者及首都各界人士代表2000多人参加团拜会。国务院总理李克强主

持团拜会。

中共中央总书记习近平发表讲话，代表党中央、国务院，向全国各族人民，向香港特别行政区同胞、澳门特别行政区同胞、台湾同胞和海外侨胞拜年。

习近平在讲话中指出，时间是最客观的见证者。过去的一年，全党全军全国各族人民团结一心、锐意进取，推动中国特色社会主义各项事业取得新的重大成就。我国经济发展独领风骚，深化改革多点突破，依法治国深入实施，人民生活继续改善，脱贫攻坚有力推进，国防和军队建设开创新局，全方位外交成果丰硕，从严治党全面推进。特别是我们召开了党的十九大，全面总结了党的十八大以来党和国家各项事业取得的成就和经验，指明了新时代中国特色社会主义发展方向，擘画了到21世纪中叶我国发展的宏伟蓝图，开启了全面建设社会主义现代化国家新征程。2018年是全面贯彻中共十九大精神的开局之年，是决胜全面建成小康社会、实施"十三五"规划承上启下的关键之年，也是改革开放40周年。面对波谲云诡的国际形势、艰巨繁重的国内改革发展稳定任务，全党全军全国各族人民要紧密团结在党中央周围，全面贯彻党的十九大精神，坚持以马克思列宁主义、毛泽东思想、邓小平理论、"三个代表"重要思想、科学发展观、新时代中国特色社会主义思想为指导，增强"四个意识"，坚定"四个自信"，坚持稳中求进工作总基调，以真抓的实劲、敢抓的狠劲、善抓的巧劲、常抓的韧劲，统筹推进"五位一体"总体布局，协调推进"四个全面"战略布局，一步一个脚印把既定的行动纲领、战略决策、工作部署变为现实，继续朝着我们确立的伟大目标奋勇前进。

2月14日

[纲　文]　习近平给香港"少年警讯"成员回信。

[目　文]　国家主席习近平写道，宏晞、颢凝等香港"少年警讯"成员：你们好！很高兴收到你们亲手制作的新春贺卡。你们很用心，字也写得认真，你们的祝福让我很感动，谢谢你们！贺卡上的照片让我想起了去年在"少年警讯"永久活动中心跟你们见面的情景。你们个个朝气蓬勃，展现了香港青少年向上向善的精神风貌。祖国和香港的未来，寄托在年轻一代身上。希望你们读万卷书、行万里路，多学点历史，多了解点国情，开阔视野，增长见识，锤炼本领，早日成才，以实际行动服务香港、报效国家。春节到了，祝你们和你们的家人，祝香港所有青少年朋友们，新春愉快、万事如意！

"少年警讯"成立于1974年，是香港警方下属组织，是对香港青少年进行法治教育和爱国主义教育的重要平台，迄今为止已累计吸引100万名青少年参与，会员超过21万人。2017年6月30日，习近平在香港考察了"少年警讯"永久活动中心暨青少年综合训练营，看望了正在训练的香港青少年。近日，当时参加见面活动的郭宏晞、罗颢凝等22位"少年警讯"成员亲手制作了一张新春贺卡，表达对习近平主席的节日祝福，并期望能与习主席再次见面。

2月15日

[纲　文]　《人民日报》发表评论员文章《奋斗是幸福的》。

2月16日

[纲　文]　国家主席习近平致电视贺拉马福萨当选南非总统。

2月16日

[纲　文]　交通运输部公布《民用航空安全管理规定》。

[目　文]　《规定》共6章57条,主要有总则、安全管理要求、安全数据和安全信息的利用、安全监督管理、法律责任、附则等内容。自2018年3月16日起施行。

2月16日

[纲　文]　《人民日报》发表评论员文章《千家万户好,国家才能好》。

2月17日

[纲　文]　新华社讯,中国发明专利申请量连续七年位居世界第一。

[目　文]　2017年我国研发经费投入世界第二,全时研发人员数量世界第一,发明专利申请量连续七年全球第一。党的十八大以来,我国知识产权创造量质齐升。国家知识产权局此前发布的数据显示,截至2017年底,我国国内(不含港澳台)发明专利拥有量共计135.6万件,每万人口发明专利拥有量达9.8件。

2月17日

[纲　文]　国务院任命李静海为第八届国家自然科学基金委员会主任。

2月17日

[纲　文]　中国外文局首次发布《中国话语海外认知度调研报告》。

[目　文]　《报告》对8个主要英语圈国家进行问卷调查,并统计了300多个中国话语词条在英语国家主流媒体的网络平台报道量。党的十八大以来产生的政治话语如"中国梦""一带一路""命运共同体""反腐"等词汇获得国际社会越来越多认知和理解,"中国道路""中国方案"日益被世界民众熟知。

《报告》中,上榜汉语拼音词汇数量占榜单近五成。过去不少翻译成英文的中国词,开始直接被汉语拼音替代,而这其中又以中国传统文化类词汇占比最大,例如"孔子""春节""中秋""少林""功夫"等。专家分析认为,随着中国的节日民俗、先贤思想、传统美食等越来越深刻地影响世界,中国人的生活方式、思考方式和话语方式也正在悄然影响着世界。

2月17日

[纲　文]　《人民日报》发表评论员文章《书写"引领时代"的历史新篇章》。

2月19日

[纲　文]　国家主席习近平就伊朗客机坠毁事件向伊朗总统鲁哈尼致慰问电。

2月22日

[纲　文]　中共中央政治局常务委员会召开会议。

[目　文]　中共中央总书记习近平主持会议并讲话。会议内容是听取河北雄安新区规划编制情况的汇报。

会议指出，规划建设雄安新区，是以习近平同志为核心的党中央对深化京津冀协同发展作出的又一项重大决策部署，是一项历史性工程，对承接北京非首都功能、探索人口密集地区优化开发模式、调整优化京津冀空间结构、培育推动高质量发展和建设现代化经济体系的新引擎具有重大现实意义和深远历史意义。在党中央领导下，在国务院有关部委和京津两市大力支持下，河北省会同京津冀协同发展领导小组办公室、专家咨询委员会等方面，深入调查论证，充分听取各方意见，反复修改完善，雄安新区规划编制工作取得重要进展。

会议强调，雄安新区规划和建设要全面贯彻党的十九大精神，以习近平新时代中国特色社会主义思想为指导，坚持世界眼光、国际标准、中国特色、高点定位。要贯彻高质量发展要求，创造"雄安质量"，在推动高质量发展方面成为全国的一个样板。要围绕打造北京非首都功能集中承载地，顺应自然、尊重规律，构建合理城市空间布局。要结合区域文化、自然景观、时代要求，形成中华风范、淀泊风光、创新风尚的城市风貌。要同步规划建设数字城市，努力打造智能新区。要坚持生态优先、绿色发展，努力建设绿色低碳新区。要按照国家部署建设一批国家级创新平台，努力打造创新驱动发展新区。要布局高效交通网络，落实职住平衡要求，形成多层次、全覆盖、人性化的基本公共服务网络。要深化规划内容和完善规划体系，尽快研究提出支持雄安新区加快改革开放的措施，适时启动一批基础性重大项目建设，确保新区建设开好局、起好步。建设雄安新区是千年大计、国家大事，要保持历史耐心，稳扎稳打，一茬接着一茬干，努力建设高水平的社会主义现代化城市。

2月22日

[纲　文]　新华社讯，中共中央办公厅、国务院办公厅、中央军委办公厅印发《关于开展军民融合发展法规文件清理工作的通知》。

[目　文]　《通知》明确了需要清理的文件范围，包括改革开放以来，在基础设施建设、国防科技工业、武器装备采购、人才培养、军事后勤、国防动员等军民融合潜力巨大的领域，以及海洋、太空、网络空间、生物、新能源、人工智能等军民共用性强的领域制定发布的党内法规、法律法规规章、规范性文件。

2月22日

[纲　文]　国务院批复甘肃、青海省人民政府和发展改革委、住房城乡建设部，同意兰州—西宁城市群发展规划。

[目　文]　批复说，一、原则同意《兰州—西宁城市群发展规划》，请认真组织实

施。二、《规划》实施要全面贯彻党的十九大精神,以习近平新时代中国特色社会主义思想为指导,统筹推进"五位一体"总体布局和协调推进"四个全面"战略布局,坚持以人民为中心的发展思想,牢固树立和贯彻落实新发展理念,坚持稳中求进工作总基调,以供给侧结构性改革为主线,解放思想、实事求是,尽力而为、量力而行,着力优化城镇空间布局,着力加强生态建设和环境保护,着力补齐基础设施和公共服务短板,着力推进产业优化升级和功能配套,着力融入"一带一路"建设,积极推动高质量、特色化发展,把兰州—西宁城市群培育发展成为支撑国土安全和生态安全格局、维护西北地区繁荣稳定的重要城市群。三、甘肃、青海省人民政府要切实加强组织领导,健全协作机制,明确责任分工,制定实施方案,做好与相关专项规划的衔接,确保各项目标任务落到实处。四、国务院有关部门要按照职能分工,研究制定支持兰州—西宁城市群发展的具体政策措施,在有关规划编制、体制创新、重大项目建设、优化行政区划设置等方面给予积极支持。国家发展改革委、住房城乡建设部要做好协调指导,加强对《规划》实施情况的跟踪分析,适时组织开展《规划》实施情况督查评估,研究新情况,总结新经验,解决新问题。

2月22日

〔纲 文〕 商务部印发《关于废止和修改部分规章的决定》。

〔目 文〕 《决定》说,为继续深化简政放权、放管结合、优化服务改革,根据国务院要求,商务部对相关规章进行了清理。经相关联发部门同意,现决定:一、对《对外承包工程项目投标(议标)管理办法》(商务部 银监会 保监会令2011年第3号)、《生猪屠宰管理条例实施办法》(商务部令2008年第13号)、《外商投资租赁业管理规定》(商务部令2005年第5号)、《纺织品出口管理办法(暂行)》(商务部令2006年第21号)等4部规章予以废止。二、对《中央储备肉管理办法》(商务部 财政部令2007年第9号)予以修改。三、本决定自2018年2月22日起施行。

2月22日

〔纲 文〕 发展改革委、科技部、人民银行、国资委、质检总局、统计局、证监会发布修订后的《重点用能单位节能管理办法》。

〔目 文〕 《办法》共5章37条。主要有总则、管理措施、奖惩措施、法律责任等内容。自2018年5月1日起施行。原国家经贸委1999年3月10日颁布的《重点用能单位节能管理办法》(中华人民共和国国家经济贸易委员会令第7号)同时废止。

2月22日

〔纲 文〕 宗教局印发《宗教临时活动地点审批管理办法》,自2018年2月22日起施行。

2月22日

〔纲 文〕 人民银行发布《中国人民银行公告〔2018〕第2号》。

〔目 文〕 《公告》说,根据《国务院办公厅关于进一步做好"放管服"改革涉及的规章、规范性文件清理工作的通知》(国办发〔2017〕40号)要求,中国人民银行对

2017年12月31日前发布的规范性文件进行了清理。现决定：一、废止《关于对进口黄金及其制品加强管理的通知》（银发〔1988〕363号）等35件规范性文件。二、中国人民银行现行有效的主要规范性文件共386件。

2月23日

[纲　文]　新华社讯，中共中央印发《中央党内法规制定工作第二个五年规划（2018—2022年）》。

[目　文]　《规划》强调，做好党内法规制定工作，要坚持正确政治方向，以习近平新时代中国特色社会主义思想为指引，紧紧围绕坚持和加强党的全面领导、紧紧围绕以党的政治建设为统领全面推进党的各项建设，确保全党坚定维护以习近平同志为核心的党中央权威和集中统一领导，确保党的领导更加坚强、党的执政地位更加巩固。坚持以党章为根本遵循，全面贯彻党章精神和党章规定，特别是将十九大党章修正案的新规定和新要求细化具体化，切实维护党章权威性和严肃性。坚持问题导向，直面人民群众反映强烈，弱化党的领导、损害党的先进性和纯洁性的问题，发挥制度的治本作用，抓紧制定实践急需、条件成熟、务实管用的法规制度，堵塞制度漏洞。坚持立改废释并举。坚持党内法规和规范性文件相得益彰。坚持党内法规同国家法律衔接和协调。要认真抓好组织实施。列入本规划的制定项目，绝大多数要在2021年前完成。承担中央党内法规起草任务的部门和单位要高度重视，加强组织领导，制定工作方案，确保完成好党中央交给的起草任务。要深入调查研究，摸透实情、找准问题，确保每部党内法规都质量过硬，立得住，行得通，管得了。各级各类党组织要切实把执规责任扛起来，加大宣传教育、监督检查、问责追责力度，以钉钉子精神抓好党内法规贯彻落实。

2月23日

[纲　文]　国务院扶贫开发领导小组第二十二次全体会议在北京召开。

[目　文]　会议由中共中央政治局常委、国务院扶贫开发领导小组组长汪洋主持。会议的主要内容是学习贯彻中共中央总书记习近平在四川成都打好精准脱贫攻坚战座谈会上的讲话精神，研究部署下一阶段脱贫攻坚工作。

汪洋指出，新年伊始，在全党上下深入学习贯彻党的十九大精神、脱贫攻坚进入啃硬骨头的关键时期，习近平总书记再次深入深度贫困地区调研，部署相关工作，向全党全社会发出了新的动员令，意义重大深远。要深刻领会习近平总书记扶贫开发重要战略思想，牢固树立"四个意识"，坚决打好精准脱贫攻坚战。脱贫攻坚取得决定性进展，但仍存在困难挑战，要始终保持清醒头脑，坚持以问题为导向不断改进工作，提高脱贫质量和成效。中央部门要勇于自我革命，进一步提高"中央统筹"的工作水平，以政策的精准促进工作的精准。对经过实践检验行之有效的制度和做法，要继续坚持并不断完善。优化政策供给，增强政策举措适应性，给基层精准施策创造更大的自主空间，支持地方从实际出发，积极探索创新。改进考核监督，进一步做到因地制宜、精准到位，更多体现"省负总责"原则。取消与脱贫攻坚无关的搭车任务和验收指标,为基层帮扶工作减负。要切实做好顶层设计,扎实推进扶贫领域作风建设,加强扶贫干部培训,为"市县抓落实"、扎实推进脱贫攻坚创造条件。

2月23日

〔纲 文〕 宣传思想文化战线大调研电视电话会议在北京召开。

〔目 文〕 中宣部部长黄坤明出席会议时指出,要聚焦聚力贯彻落实习近平新时代中国特色社会主义思想和党的十九大精神,贯彻落实习近平总书记关于大兴调查研究之风的重要指示,用心用情、唯实求真,以大调研推动大落实、促进新发展。开展好宣传思想文化战线大调研,要贯穿推动习近平新时代中国特色社会主义思想和党的十九大精神贯彻落实这条主线,突出建设具有强大凝聚力和引领力的社会主义意识形态这个重点,通过广泛深入的调查研究,推动习近平新时代中国特色社会主义思想深入人心,切实加强基层精神文明建设和思想政治工作。

2月23日

〔纲 文〕 国务委员杨洁篪在北京同日本国家安全保障局长谷内正太郎举行会谈。

〔目 文〕 杨洁篪表示,2018年是中日和平友好条约缔结40周年。中方注意到日方一段时间以来在对华关系上的积极姿态,愿同日方共同努力,推动双边关系改善和发展,推进双方各层级交往和务实合作。希望双方在中日四个政治文件和四点原则共识基础上不断增进战略互信,妥善处理重大敏感问题,维护两国关系政治基础。同时希望双方顺应时代潮流,谋求互利共赢,共同致力于促进亚洲的和平、合作与发展。

谷内正太郎表示,日方愿同中方共同努力,在四个政治文件和四点原则共识基础上,推动两国关系持续稳定改善和发展。

2月23日

〔纲 文〕 中国科学家绘制出全球首个哺乳动物细胞图谱。

〔目 文〕 浙江大学医学院干细胞与再生医学中心郭国骥教授团队研发出低成本、高效率、完全国产化的高通量单细胞测序平台"Microwell—seq",对来自小白鼠近50种器官组织的40余万个细胞进行了系统性的单细胞转录组分析,绘制出全球首个哺乳动物的细胞图谱。

2月23—24日

〔纲 文〕 十二届全国人大常委会第三十三次会议在北京召开。

〔目 文〕 全国人大常委会委员长张德江主持开幕、闭幕会议。全国人大常委会副委员长李建国、王胜俊、陈昌智、严隽琪、王晨、沈跃跃、吉炳轩、张平、向巴平措、艾力更·依明巴海、万鄂湘、张宝文、陈竺,常委会组成人员出席会议。

会议主要内容是:一、会议表决通过了修订后的全国人大常委会关于实行宪法宣誓制度的决定,通过了全国人大常委会关于延长授权国务院在实施股票发行注册制改革中调整适用证券法有关规定期限的决定。二、会议原则通过了全国人大常委会工作报告稿。委员长会议将根据审议意见对报告稿作必要修改完善后，提请十三届全国人大一次会议审议。委员长会议提议，由张德江委员长代表常委会向十三届全国人大一次会议作工作报告。三、会议表决通过了全国人大常委会代表资格审查委员会关于十三届全国人大代表的代表资格的审查报告，确认2980名代表的代表资格全部有效，决定会后发表公告，公布十三届全国人大代表名单。四、会议表决通过了全国人大常委会代表资格审查委员会关于个别十二届全国人大代表的代表资格的报告。根据会后发表的公告，十二届全国人大代表实有2896人。五、会议表决通过了全国人大常委会关于撤销杨晶同志的国务委员、国务院秘书长职务的决定。六、会议表决通过了全国人大常委会批准任命中国人民解放军选举委员会个别委员的名单。会议还表决通过了其他任免案。七、会议表决通过了十三届全国人大一次会议议程草案，决定提请十三届全国人大一次会议预备会议审议；通过了十三届全国人大一次会议主席团和秘书长名单草案，决定提请十三届全国人大一次会议预备会议审议；通过了十三届全国人大一次会议列席人员名单。

张德江在闭幕会上说，本次会议是十二届全国人大常委会最后一次例会。大家以对党和人民高度负责的态度，始终如一地认真履行职责，顺利完成了各项预定任务。五年来，全国人大代表、常委会组成人员、各专门委员会组成人员和全国人大机关工作人员恪尽职守，为坚持和完善人大制度、加强和改进人大工作付出了不懈努力，作出了重要贡献。在此，我代表委员长会议组成人员表示崇高的敬意和衷心的感谢。

2月23—26日

[纲　文]　国务委员兼国防部长常万全访问加蓬、赤道几内亚。

[目　文]　常万全在加蓬访问期间，会见了加蓬总统阿里·邦戈、加蓬总理恩贡戴，与加蓬国防部长马萨尔举行工作会谈。

常万全在赤道几内亚访问期间，会见了赤道几内亚总统奥比昂，与赤道几内亚国防部长巴卡莱举行会谈。

2月24日

[纲　文]　中共中央政治局在北京召开会议。

[目　文]　中共中央总书记习近平主持会议。会议决定2018年2月26日至28日在北京召开中国共产党第十九届中央委员会第三次全体会议。

会议讨论了中共中央政治局向中央委员会作的工作报告；听取了《中共中央关于深化党和国家机构改革的决定》稿在党内外一定范围征求意见的情况报告，讨论了《深化党和国家机构改革的方案》稿，决定根据这次会议讨论的意见进行修改后将文件稿提请十九届三中全会审议；讨论了向第十三届全国人民代表大会第一次会议推荐的国家机构领导人员建议人选和向政协第十三届全国委员会第一次会议推荐的全国政协领导人员建议人选。会议确定将以上内容作为十九届三中全会的议题。

会议讨论了国务院拟提请第十三届全国人民代表大会第一次会议审议的《政府工作报

告》稿。会议认为，过去五年，面对极其错综复杂的国内外形势，以习近平同志为核心的党中央团结带领全国各族人民砥砺前行，推动经济社会发展取得历史性成就、发生历史性变革。刚刚过去的2017年，经济社会发展主要预期目标全面实现，一些重要指标好于预期，经济运行呈现出增长与质量、结构、效益相得益彰的良好局面。

会议强调，2018年是全面贯彻党的十九大精神的开局之年，是改革开放40周年，是决胜全面建成小康社会、实施"十三五"规划承上启下的关键一年。做好政府工作，要在以习近平同志为核心的党中央坚强领导下，以邓小平理论、"三个代表"重要思想、科学发展观、习近平新时代中国特色社会主义思想为指导，全面深入贯彻党的十九大和十九届二中全会精神，坚持和加强党的全面领导，坚持稳中求进工作总基调，坚持新发展理念，紧扣我国社会主要矛盾变化，按照高质量发展的要求，统筹推进"五位一体"总体布局和协调推进"四个全面"战略布局，坚持以供给侧结构性改革为主线，统筹推进稳增长、促改革、调结构、惠民生、防风险各项工作，大力推进改革开放，创新和完善宏观调控，推动质量变革、效率变革、动力变革，特别是在打好防范化解重大风险、精准脱贫、污染防治的攻坚战方面取得扎实进展，引导和稳定预期，加强和改善民生，促进经济社会持续健康发展。

2月24日

[纲 文] 中共中央政治局举行第四次集体学习。

[目 文] 本次学习由中共中央总书记习近平主持。中国社会科学院学部委员、研究员李林就我国宪法和推进全面依法治国这个问题作了讲解，并谈了意见和建议。

习近平强调，决胜全面建成小康社会、开启全面建设社会主义现代化国家新征程、实现中华民族伟大复兴的中国梦，推进国家治理体系和治理能力现代化、提高党长期执政能力，必须更加注重发挥宪法的重要作用。要坚持党的领导、人民当家作主、依法治国有机统一，加强宪法实施和监督，把国家各项事业和各项工作全面纳入依法治国、依宪治国的轨道，把实施宪法提高到新的水平。回顾我们党领导的宪法建设史，可以得出这样几点结论。一是制定和实施宪法，推进依法治国，建设法治国家，是实现国家富强、民族振兴、社会进步、人民幸福的必然要求。二是我国现行宪法是在深刻总结我国社会主义革命、建设、改革的成功经验基础上制定和不断完善的，是我们党领导人民长期奋斗历史逻辑、理论逻辑、实践逻辑的必然结果。三是只有中国共产党才能坚持立党为公、执政为民，充分发扬民主，领导人民制定出体现人民意志的宪法，领导人民实施宪法。四是我们党高度重视发挥宪法在治国理政中的重要作用，坚定维护宪法尊严和权威，推动宪法完善和发展，这是我国宪法保持生机活力的根本原因所在。

习近平指出，要加强宪法学习宣传教育，弘扬宪法精神、普及宪法知识，为加强宪法实施和监督营造良好氛围。宪法法律的权威源自人民的内心拥护和真诚信仰，加强宪法学习宣传教育是实施宪法的重要基础。要在全社会广泛开展尊崇宪法、学习宪法、遵守宪法、维护宪法、运用宪法的宣传教育，弘扬宪法精神，弘扬社会主义法治意识，增强广大干部群众的宪法意识，使全体人民成为宪法的忠实崇尚者、自觉遵守者、坚定捍卫者。要坚持从青少年抓起，把宪法法律教育纳入国民教育体系，引导青少年从小掌握宪法法律知识、树立宪法法律意识、养成遵法守法习惯。要完善国家工作人员学习宪法法律的制度，推动领导干部加强宪法学习，增强宪法意识，带头尊崇宪法、学习宪法、遵守宪法、维护宪法、运用宪法，做尊法学法守法用法的模范。

2月24日

〔纲　文〕　民航局发布《关于进一步提升民航服务质量的指导意见》。

〔目　文〕　《意见》由三个部分组成：总体要求、主要任务、保障措施。

《意见》指出，加强对民航服务质量提升的统筹规划和组织领导，建立健全责任落实机制和协调机制，明确任务分工和推进计划，确保各项工作举措和要求落实到位。民航局负责全国民航服务质量提升的总体部署和统筹推进。加大对民航局直属单位的考核力度，研究将航班正常和服务质量工作情况与年度经营业绩和绩效考核挂钩。

2月24日

〔纲　文〕　铁路局印发《关于原铁道部规范性文件第九批、第十批、第十一批清理结果的通知》。

2月24日

〔纲　文〕　国务委员杨洁篪在北京会见印度外交国务秘书顾凯杰。

〔目　文〕　杨洁篪表示，中印互为重要邻国，同为快速发展的新兴市场国家，有许多共同利益。双方应按照两国领导人重要共识指引，深化战略沟通，加强互利合作，妥处敏感问题，推动双边关系健康稳定发展，共同为本地区乃至世界的发展繁荣作出贡献。

顾凯杰表示，印方高度重视对华关系，愿同中方加强高层交往，增进战略互信，拓展各领域合作，妥善处理敏感问题，推动两国关系不断取得新进展。

23日，外交部部长王毅在北京会见顾凯杰时表示，中印同为新兴市场国家代表和发展中大国，共同性无可替代。双方应按照两国领导人政治共识，增进战略互信，加快共同发展。希望印方谨慎处理敏感问题，与中方相向而行，推动中印关系健康发展。

顾凯杰表示，很高兴上任伊始即来华访问，印方高度重视对华关系，愿同中方一道努力，落实好领导人共识，加强战略沟通，照顾彼此核心关切，为双边关系持续稳定发展创造良好气氛和条件。

2月24日

〔纲　文〕　外交部发言人针对美国财政部宣布对朝鲜以及包括中国实体在内的一些国家涉朝企业、船只及个人实施制裁表示，中方坚决反对美方根据国内法对中方实体或个人实施单边制裁和"长臂管辖"。

〔目　文〕　发言人说，中国政府始终全面、严格执行安理会有关涉朝决议，履行自身承担的国际义务，决不允许中国公民和企业从事违反安理会决议的活动。对经调查确属违反安理会决议、违反中国法律法规的行为，中方都将依法依规作出严肃处理。中方坚决反对美方根据国内法对中方实体或个人实施单边制裁和"长臂管辖"。我们已就有关问题向美方提出严正交涉，要求美方立即停止有关错误做法，以免损害双方在相关领域的合作。

2月24日

［纲　文］　杨汝岱在北京逝世。

［目　文］　中国共产党的优秀党员，久经考验的忠诚的共产主义战士，我国农业和经济建设战线的杰出领导人，中国共产党第十三届中央政治局委员，中国人民政治协商会议第八届、第九届全国委员会副主席，中共四川省委原书记杨汝岱，在北京逝世，享年92岁。

3月2日，杨汝岱遗体在北京八宝山革命公墓火化。习近平、李克强、张德江、俞正声、张高丽、栗战书、汪洋、王沪宁、赵乐际、韩正等前往八宝山送别。

2月24日

［纲　文］　辽宁省人大常委会原主任王光中，在沈阳逝世，享年97岁。

2月24日

［纲　文］　世界拳击理事会在美国洛杉矶授予中国拳手邹市明荣誉奖以及"世界拳击理事会和平与和谐大使"称号。

［目　文］　世界拳击理事会在声明中表示，邹市明是获此殊荣的亚洲第一人，他是中国拳坛的英雄，此前拳王阿里等也曾获此荣誉。邹市明不但是两届奥运会拳击冠军，在进入世界职业拳坛后也曾夺得过金腰带。中国正在成为世界职业拳坛的重要力量，中国以及世界拳坛都感谢像邹市明这样的选手作出的伟大贡献。

2月24日

［纲　文］　新华社讯，经中共中央批准，中央纪律检查委员会对十八届中央书记处书记、国务委员兼国务院秘书长杨晶严重违纪问题立案审查。

［目　文］　经查，杨晶同志严重违反政治纪律和政治规矩、廉洁纪律，长期与不法企业主、不法社会人员不当交往，为对方利用其职务影响实施违法行为、谋取巨额私利提供便利条件，其亲属收受对方财物。在审查中，杨晶同志能够认错、悔错。

依据《中国共产党纪律处分条例》等有关规定，经中央纪委常委会会议研究并报中央政治局会议审议，决定给予杨晶同志留党察看一年、行政撤职处分，降为正部长级，按程序办理。

2月25日

［纲　文］　京津冀协同发展工作推进会议在北京召开。

［目　文］　国务院副总理张高丽主持会议并讲话。天津市委书记李鸿忠、北京市委书记蔡奇、国务委员王勇和京津冀协同发展领导小组成员、领导小组办公室、有关部门负责人以及专家咨询委员会成员参加会议。会议传达学习贯彻中共中央总书记习近平主持召

开中央政治局常委会会议听取河北雄安新区规划编制情况汇报时的讲话和中央政治局常委会会议精神，讨论修改后的河北雄安新区规划纲要，研究部署下阶段有关工作。

张高丽表示，规划建设雄安新区是疏解北京非首都功能、推动京津冀协同发展的历史性工程，是千年大计、国家大事。习近平总书记亲自决策、亲自部署、亲自推动，倾注了大量心血。总书记强调，要贯彻高质量发展要求，创造"雄安质量"，在推动高质量发展方面成为全国的一个样板。要按照高质量发展要求，高起点规划、高标准建设雄安新区，深化规划内容、完善规划体系，把新区每一寸土地都规划清楚再开始建设。要抓住疏解北京非首都功能这个"牛鼻子"，积极做好相关衔接工作。要抓紧研究制定支持雄安新区加快改革开放的措施，提出一批改革开放新举措，展现我国深化改革开放新形象。要适时启动一批基础性重大项目建设，加快推进前期工作，为新区规划建设开好局、起好步、打好基础。要扎实做好管理和服务工作，广泛吸引国内外优秀人才，研究制定新区建设投融资方案，继续抓好房地产、产业、人口等管控工作，为新区规划建设提供有力保障。各有关地方和部门单位要增强"四个意识"，坚定"四个自信"，强化责任担当，加强协调配合，抓铁有痕、踏石留印，把雄安新区规划建设各项工作抓实抓好抓出成效。

2月25日

[纲　文]　国务委员杨洁篪在北京会见柬埔寨国王西哈莫尼和太后莫尼列。

[目　文]　杨洁篪欢迎两位陛下在中国传统节日春节期间来华，转达了国家主席习近平和夫人的亲切问候和良好祝愿。杨洁篪说，2016年习近平主席和西哈莫尼国王实现互访，有力推进了两国关系的发展。中方将同柬方以今年中柬建交60年为契机，推动两国关系取得更大发展。

西哈莫尼国王和莫尼列太后请杨洁篪转达对习近平主席和夫人的诚挚问候和良好祝愿，表示两国关系发展面临广阔前景。

2月26日

[纲　文]　新华社讯，中共中央办公厅、国务院办公厅印发《关于分类推进人才评价机制改革的指导意见》。

[目　文]　《意见》由五个部分组成：一、总体要求和基本原则。二、分类健全人才评价标准。三、改进和创新人才评价方式。四、加快推进重点领域人才评价改革。五、健全完善人才评价管理服务制度。

《意见》要求，各地区各部门要坚持党管人才原则，切实加强党委和政府对改革完善人才评价机制的统一领导，党委组织部门要牵头抓总，有关部门要各司其职、密切配合，发挥社会力量重要作用，认真抓好组织落实。

2月26日

[纲　文]　外交部发言人就朝韩关系问题表示，要想真正解决半岛核问题，实现半

岛形势的根本转圜，朝美直接对话不可或缺，希望朝美双方在对话方面迈出积极步伐。

［目　文］　有记者问：据报道，25日，韩国总统府发言人称，文在寅总统当天会见朝鲜劳动党中央委员会副委员长、统一战线部部长金英哲。金英哲转达了金正恩改善朝韩关系的意愿，并称朝方有足够意愿与美对话，认为朝韩关系与朝美关系应共同发展。中方对此有何评论？

发言人说，我们注意到有关报道。近来朝韩双方在开展对话接触、改善相互关系方面取得积极进展，这是值得欢迎和鼓励的。我们同时也多次强调，半岛核问题的核心是安全问题。解决这一核心问题的关键在朝美双方。要想真正解决半岛核问题，实现半岛形势的根本转圜，朝美直接对话不可或缺。希望有关各方共同努力，相向而行，继续支持推动朝韩关系改善，维护并深化半岛当前来之不易的缓和局面，同时希望朝美双方在对话方面迈出积极步伐，推动半岛问题朝着通过对话和平解决的方向取得有意义的进展。

2月26—28日

［纲　文］　中国共产党第十九届中央委员会第三次全体会议在北京举行。

［目　文］　全会由中央政治局主持。中央委员会总书记习近平作了讲话。出席全会的有中央委员202人，候补中央委员171人。中央纪律检查委员会副书记和有关方面负责人列席会议。全会发布了《中国共产党第十九届中央委员会第三次全体会议公报》。

全会听取和讨论了习近平受中央政治局委托作的工作报告。审议通过了中央政治局在广泛征求党内外意见、反复酝酿协商的基础上提出的拟向十三届全国人大一次会议推荐的国家机构领导人员人选建议名单和拟向全国政协十三届一次会议推荐的全国政协领导人员人选建议名单，决定将这两个建议名单分别向十三届全国人大一次会议主席团和全国政协十三届一次会议主席团推荐。全会审议通过了《中共中央关于深化党和国家机构改革的决定》和《深化党和国家机构改革方案》，同意把《深化党和国家机构改革方案》的部分内容按照法定程序提交十三届全国人大一次会议审议。

全会充分肯定党的十九届一中全会以来中央政治局的工作。一致认为，面对复杂多变的国际形势、艰巨繁重的国内改革发展稳定任务，中央政治局全面贯彻党的十九大和十九届一中、二中全会精神，高举中国特色社会主义伟大旗帜，坚持以马克思列宁主义、毛泽东思想、邓小平理论、"三个代表"重要思想、科学发展观、习近平新时代中国特色社会主义思想为指导，不忘初心、牢记使命，全面加强党对一切工作的领导，坚持稳中求进工作总基调，勇于创新，扎实工作，统筹推进"五位一体"总体布局，协调推进"四个全面"战略布局，团结带领全党全国各族人民，坚定信心，凝心聚力，只争朝夕，真抓实干，着力全面深化改革、保持经济平稳健康发展，着力全面依法治国、推进中国特色社会主义法治体系建设，全力以赴打好防范化解重大风险、精准脱贫、污染防治的攻坚战，着力全面从严治党、切实转变工作作风，全面推进社会主义经济建设、政治建设、文化建设、社会建设、生态文明建设和党的建设，在决胜全面建成小康社会、开启全面建设社会主义现代化国家新征程上迈出新的步伐，推动党和国家各项事业取得新的成绩。

全会号召，全党全国各族人民要紧密团结在以习近平同志为核心的党中央周围，统一思想，统一行动，锐意改革，确保完成深化党和国家机构改革的各项任务，不断构建系统完备、科学规范、运行高效的党和国家机构职能体系，为决胜全面建成小康社会、加快推进社会主义现代化、实现中华民族伟大复兴的中国梦而奋斗！

2月27日

［纲　文］　新华社讯，中共中央办公厅、国务院办公厅印发《关于加强知识产权审判领域改革创新若干问题的意见》。

［目　文］　《意见》由五个部分组成：一、总体要求。二、完善知识产权诉讼制度。三、加强知识产权法院体系建设。四、加强知识产权审判队伍建设。五、加强组织领导。

《意见》提出，加强知识产权审判领域改革创新，要以完善知识产权诉讼制度为基础，以加强知识产权法院体系建设为重点，以加强知识产权审判队伍建设为保障，不断提高知识产权审判质量效率，加大知识产权司法保护力度，有效遏制侵犯知识产权行为，进一步提升知识产权领域司法公信力和国际影响力，加快推进知识产权审判体系和审判能力向现代化迈进。

2月27日

［纲　文］　国家海洋局在北京召开2018年全国海洋生态环境保护工作会议。

［目　文］　会议主要内容是，学习贯彻习近平新时代中国特色社会主义思想和党的十九大精神，认真贯彻落实全国海洋工作会议部署要求，回顾总结党的十八大以来海洋生态环保工作，研究部署下一步海洋生态环保主要工作。会上，天津、浙江、厦门三地代表分别就总量控制制度、"湾长制"试点、海洋生态修复补偿等作了经验介绍，国家海洋局北海分局、国家海洋环境监测中心代表分别就海洋环境实时在线监控系统建设、近岸海域水质考核发言。

会议指出，从现在到2020年，是打好海洋生态环境治理攻坚战的决胜三年，只能打赢打好，没有退路，必须背水一战。要坚持系统综合施策，强化海洋环境治理修复；坚持点上优化利用，构建海洋绿色发展格局；坚持面上系统保护，加强海洋生态系统保护；坚持效能同步提升，推动海洋生态环境监测提能增效；坚持环境质量改善，强化陆海污染联防联控；坚持风险区域布防，有效防控海洋生态环境风险。

2月27—28日

［纲　文］　第五届中德创新大会在北京举办。

［目　文］　大会由科技部与德国联邦教研部举办。国务院总理李克强向大会致贺信。科技部部长万钢在大会上宣读李克强贺信，并与德联邦教研部国务秘书许特分别作主旨演讲。两国科技、企业、政府等各界300余名代表出席大会。来自双方政产学研各界的代表在会上回顾了中德科技创新合作40年历程，共同展望和挖掘未来合作的前景和机遇。

2月28日

［纲　文］　中共中央印发《关于深化党和国家机构改革的决定》。

［目　文］　《决定》由八个部分组成：一、深化党和国家机构改革是推进国家治理体系和治理能力现代化的一场深刻变革。二、深化党和国家机构改革的指导思想、目标、原则。三、完善坚持党的全面领导的制度。四、优化政府机构设置和职能配置。五、统筹党政军群机构改革。六、合理设置地方机构。七、推进机构编制法定化。八、加强党对深化党和国家机构改革的领导。

《决定》指出，全党全国各族人民要紧密团结在以习近平同志为核心的党中央周围，统一思想，统一行动，锐意改革，确保完成深化党和国家机构改革的各项任务，不断构建系统完备、科学规范、运行高效的党和国家机构职能体系，为决胜全面建成小康社会、加快推进社会主义现代化、实现中华民族伟大复兴的中国梦而奋斗！

2月28日

［纲　文］　国务院批复湖北省人民政府，同意荆州高新技术产业园区升级为国家高新技术产业开发区。

［目　文］　批复说，一、同意荆州高新技术产业园区升级为国家高新技术产业开发区，定名为荆州高新技术产业开发区，实行现行的国家高新技术产业开发区的政策。二、荆州高新技术产业开发区升级后规划面积为13.1平方公里，四至范围：东至南湖路，南至长江，西至西环路，北至护城河，界址点坐标由科技部、国土资源部、住房城乡建设部负责发布。三、荆州高新技术产业开发区要全面贯彻党的十九大精神，以习近平新时代中国特色社会主义思想为指导，按照党中央、国务院决策部署，坚持创新、协调、绿色、开放、共享的新发展理念，全面实施创新驱动发展战略，按照布局集中、产业集聚、用地集约、特色鲜明、规模适度、配套完善的要求，完善管理体制和运行机制，集聚科技创新资源，大力提升自主创新能力。四、荆州高新技术产业开发区必须严格实施土地利用总体规划和城市总体规划，按规定程序履行具体用地报批手续；必须依法供地，以产业用地为主，严禁房地产开发，合理、集约、高效利用土地资源。五、要加强领导和管理，积极探索和完善促进高新技术产业发展的生态体系，努力提升荆州高新技术产业开发区发展水平，为贯彻新发展理念、建设现代化经济体系提供有力支撑。

2月28日

［纲　文］　国务院批复湖北省人民政府，同意黄石大冶湖高新技术产业园区升级为国家高新技术产业开发区。

［目　文］　批复说，一、同意黄石大冶湖高新技术产业园区升级为国家高新技术产业开发区，定名为黄石大冶湖高新技术产业开发区，实行现行的国家高新技术产业开发区的政策。二、黄石大冶湖高新技术产业开发区升级后规划面积为7.44平方公里，四至范围：东至港湖村、叶家坝村尹家湖西岸，南至叶家坝村、下冯村，西至观山村、七里界

村、大塘州村、十里铺村,北至马家塘村,界址点坐标由科技部、国土资源部、住房城乡建设部负责发布。三、黄石大冶湖高新技术产业开发区要全面贯彻党的十九大精神,以习近平新时代中国特色社会主义思想为指导,按照党中央、国务院决策部署,坚持创新、协调、绿色、开放、共享的新发展理念,全面实施创新驱动发展战略,按照布局集中、产业集聚、用地集约、特色鲜明、规模适度、配套完善的要求,完善管理体制和运行机制,集聚科技创新资源,大力提升自主创新能力。四、黄石大冶湖高新技术产业开发区必须严格实施土地利用总体规划和城市总体规划,按规定程序履行具体用地报批手续;必须依法供地,以产业用地为主,严禁房地产开发,合理、集约、高效利用土地资源。五、要加强领导和管理,积极探索和完善促进高新技术产业发展的生态体系,努力提升黄石大冶湖高新技术产业开发区发展水平,为贯彻新发展理念、建设现代化经济体系提供有力支撑。

2月28日

[纲　文]　国务院批复湖北省人民政府,同意潜江高新技术产业园区升级为国家高新技术产业开发区。

[目　文]　批复说,一、同意潜江高新技术产业园区升级为国家高新技术产业开发区,定名为潜江高新技术产业开发区,实行现行的国家高新技术产业开发区的政策。二、潜江高新技术产业开发区升级后规划面积为4.02平方公里,由六个区块组成。三、潜江高新技术产业开发区要全面贯彻党的十九大精神,以习近平新时代中国特色社会主义思想为指导,按照党中央、国务院决策部署,坚持创新、协调、绿色、开放、共享的新发展理念,全面实施创新驱动发展战略,按照布局集中、产业集聚、用地集约、特色鲜明、规模适度、配套完善的要求,完善管理体制和运行机制,集聚科技创新资源,大力提升自主创新能力。四、潜江高新技术产业开发区必须严格实施土地利用总体规划和城市总体规划,按规定程序履行具体用地报批手续;必须依法供地,以产业用地为主,严禁房地产开发,合理、集约、高效利用土地资源。五、要加强领导和管理,积极探索和完善促进高新技术产业发展的生态体系,努力提升潜江高新技术产业开发区发展水平,为贯彻新发展理念、建设现代化经济体系提供有力支撑。

2月28日

[纲　文]　国务院批复广东省人民政府,同意湛江高新技术产业开发区升级为国家高新技术产业开发区。

[目　文]　批复说,一、同意湛江高新技术产业开发区升级为国家高新技术产业开发区,定名为湛江高新技术产业开发区,实行现行的国家高新技术产业开发区的政策。二、湛江高新技术产业开发区升级后规划面积为15.02平方公里,由三个区块组成。三、湛江高新技术产业开发区要全面贯彻党的十九大精神,以习近平新时代中国特色社会主义思想为指导,按照党中央、国务院决策部署,坚持创新、协调、绿色、开放、共享的新发展理念,全面实施创新驱动发展战略,按照布局集中、产业集聚、用地集约、特色鲜明、规模适度、配套完善的要求,完善管理体制和运行机制,集聚科技创新资源,大力提升自

主创新能力。四、湛江高新技术产业开发区必须严格实施土地利用总体规划和城市总体规划，按规定程序履行具体用地报批手续；必须依法供地，以产业用地为主，严禁房地产开发，合理、集约、高效利用土地资源。五、要加强领导和管理，积极探索和完善促进高新技术产业发展的生态体系，努力提升湛江高新技术产业开发区发展水平，为贯彻新发展理念、建设现代化经济体系提供有力支撑。

2月28日

［纲　文］　国务院批复广东省人民政府，同意茂名高新技术产业开发区升级为国家高新技术产业开发区。

［目　文］　批复说，一、同意茂名高新技术产业开发区升级为国家高新技术产业开发区，定名为茂名高新技术产业开发区，实行现行的国家高新技术产业开发区的政策。二、茂名高新技术产业开发区升级后规划面积为9.81平方公里，由三个区块组成。三、茂名高新技术产业开发区要全面贯彻党的十九大精神，以习近平新时代中国特色社会主义思想为指导，按照党中央、国务院决策部署，坚持创新、协调、绿色、开放、共享的新发展理念，全面实施创新驱动发展战略，按照布局集中、产业集聚、用地集约、特色鲜明、规模适度、配套完善的要求，完善管理体制和运行机制，集聚科技创新资源，大力提升自主创新能力。四、茂名高新技术产业开发区必须严格实施土地利用总体规划和城市总体规划，按规定程序履行具体用地报批手续；必须依法供地，以产业用地为主，严禁房地产开发，合理、集约、高效利用土地资源。五、要加强领导和管理，积极探索和完善促进高新技术产业发展的生态体系，努力提升茂名高新技术产业开发区发展水平，为贯彻新发展理念、建设现代化经济体系提供有力支撑。

2月28日

［纲　文］　国务院批复云南省人民政府，同意楚雄高新技术产业开发区升级为国家高新技术产业开发区。

［目　文］　批复说，一、同意楚雄高新技术产业开发区升级为国家高新技术产业开发区，定名为楚雄高新技术产业开发区，实行现行的国家高新技术产业开发区的政策。二、楚雄高新技术产业开发区升级后规划面积为7.16平方公里，由四个区块组成。三、楚雄高新技术产业开发区要全面贯彻党的十九大精神，以习近平新时代中国特色社会主义思想为指导，按照党中央、国务院决策部署，坚持创新、协调、绿色、开放、共享的新发展理念，全面实施创新驱动发展战略，按照布局集中、产业集聚、用地集约、特色鲜明、规模适度、配套完善的要求，完善管理体制和运行机制，集聚科技创新资源，大力提升自主创新能力。四、楚雄高新技术产业开发区必须严格实施土地利用总体规划和城市总体规划，按规定程序履行具体用地报批手续；必须依法供地，以产业用地为主，严禁房地产开发，合理、集约、高效利用土地资源。五、要加强领导和管理，积极探索和完善促进高新技术产业发展的生态体系，努力提升楚雄高新技术产业开发区发展水平，为贯彻新发展理念、建设现代化经济体系提供有力支撑。

2月28日

〔纲　文〕　国务院批复安徽省人民政府，同意淮南高新技术产业开发区升级为国家高新技术产业开发区。

〔目　文〕　批复说，一、同意淮南高新技术产业开发区升级为国家高新技术产业开发区，定名为淮南高新技术产业开发区，实行现行的国家高新技术产业开发区的政策。二、淮南高新技术产业开发区升级后规划面积为5.64平方公里，由两个区块组成。三、淮南高新技术产业开发区要全面贯彻党的十九大精神，以习近平新时代中国特色社会主义思想为指导，按照党中央、国务院决策部署，坚持创新、协调、绿色、开放、共享的新发展理念，全面实施创新驱动发展战略，按照布局集中、产业集聚、用地集约、特色鲜明、规模适度、配套完善的要求，完善管理体制和运行机制，集聚科技创新资源，大力提升自主创新能力。要优化创新创业生态，深入推进大众创业、万众创新，大力培育新产业、新业态、新模式，促进传统产业提质增效，努力成为促进技术进步和增强自主创新能力的重要载体，成为带动区域经济结构调整和经济发展方式转变的强大引擎，成为抢占世界高新技术产业制高点的前沿阵地。四、淮南高新技术产业开发区必须严格实施土地利用总体规划和城市总体规划，按规定程序履行具体用地报批手续；必须依法供地，以产业用地为主，严禁房地产开发，合理、集约、高效利用土地资源。五、要加强领导和管理，积极探索和完善促进高新技术产业发展的生态体系，努力提升淮南高新技术产业开发区发展水平，为贯彻新发展理念、建设现代化经济体系提供有力支撑。

2月28日

〔纲　文〕　国务院批复重庆市人民政府，同意荣昌高新技术产业开发区升级为国家高新技术产业开发区。

〔目　文〕　批复说，一、同意荣昌高新技术产业开发区升级为国家高新技术产业开发区，定名为荣昌高新技术产业开发区，实行现行的国家高新技术产业开发区的政策。二、荣昌高新技术产业开发区升级后规划面积为17.05平方公里，由五个区块组成。三、荣昌高新技术产业开发区要全面贯彻党的十九大精神，以习近平新时代中国特色社会主义思想为指导，按照党中央、国务院决策部署，坚持创新、协调、绿色、开放、共享的新发展理念，全面实施创新驱动发展战略，按照布局集中、产业集聚、用地集约、特色鲜明、规模适度、配套完善的要求，完善管理体制和运行机制，集聚科技创新资源，大力提升自主创新能力。四、荣昌高新技术产业开发区必须严格实施土地利用总体规划和城市总体规划，按规定程序履行具体用地报批手续；必须依法供地，以产业用地为主，严禁房地产开发，合理、集约、高效利用土地资源。五、要加强领导和管理，积极探索和完善促进高新技术产业发展的生态体系，努力提升荣昌高新技术产业开发区发展水平，为贯彻新发展理念、建设现代化经济体系提供有力支撑。

2月28日

〔纲　文〕　国务院批复重庆市人民政府，同意永川高新技术产业开发区升级为国家高新技术产业开发区。

　　［目　文］　批复说，一、同意永川高新技术产业开发区升级为国家高新技术产业开发区，定名为永川高新技术产业开发区，实行现行的国家高新技术产业开发区的政策。二、永川高新技术产业开发区升级后规划面积为1.39平方公里，四至范围：东至大安镇田堡村，南至成渝高速公路，西至大安镇红岩村，北至大安镇花村，界址点坐标由科技部、国土资源部、住房城乡建设部负责发布。三、永川高新技术产业开发区要全面贯彻党的十九大精神，以习近平新时代中国特色社会主义思想为指导，按照党中央、国务院决策部署，坚持创新、协调、绿色、开放、共享的新发展理念，全面实施创新驱动发展战略，按照布局集中、产业集聚、用地集约、特色鲜明、规模适度、配套完善的要求，完善管理体制和运行机制，集聚科技创新资源，大力提升自主创新能力。要优化创新创业生态，深入推进大众创业、万众创新，大力培育新产业、新业态、新模式，促进传统产业提质增效，努力成为促进技术进步和增强自主创新能力的重要载体，成为带动区域经济结构调整和经济发展方式转变的强大引擎，成为抢占世界高新技术产业制高点的前沿阵地。四、永川高新技术产业开发区必须严格实施土地利用总体规划和城市总体规划，按规定程序履行具体用地报批手续；必须依法供地，以产业用地为主，严禁房地产开发，合理、集约、高效利用土地资源。五、要加强领导和管理，积极探索和完善促进高新技术产业发展的生态体系，努力提升永川高新技术产业开发区发展水平，为贯彻新发展理念、建设现代化经济体系提供有力支撑。

2月28日

　　［纲　文］　国务院批复江西省人民政府，同意九江共青城高新技术产业园区升级为国家高新技术产业开发区。

　　［目　文］　批复说，一、同意九江共青城高新技术产业园区升级为国家高新技术产业开发区，定名为九江共青城高新技术产业开发区，实行现行的国家高新技术产业开发区的政策。二、九江共青城高新技术产业开发区升级后规划面积为2.931平方公里，由两个区块组成。三、九江共青城高新技术产业开发区要全面贯彻党的十九大精神，以习近平新时代中国特色社会主义思想为指导，按照党中央、国务院决策部署，坚持创新、协调、绿色、开放、共享的新发展理念，全面实施创新驱动发展战略，按照布局集中、产业集聚、用地集约、特色鲜明、规模适度、配套完善的要求，完善管理体制和运行机制，集聚科技创新资源，大力提升自主创新能力。要优化创新创业生态，深入推进大众创业、万众创新，大力培育新产业、新业态、新模式，促进传统产业提质增效，努力成为促进技术进步和增强自主创新能力的重要载体，成为带动区域经济结构调整和经济发展方式转变的强大引擎，成为抢占世界高新技术产业制高点的前沿阵地。四、九江共青城高新技术产业开发区必须严格实施土地利用总体规划和城市总体规划，按规定程序履行具体用地报批手续；必须依法供地，以产业用地为主，严禁房地产开发，合理、集约、高效利用土地资源。五、要加强领导和管理，积极探索和完善促进高新技术产业发展的生态体系，努力提升九

江共青城高新技术产业开发区发展水平,为贯彻新发展理念、建设现代化经济体系提供有力支撑。

2月28日

［纲　文］　国务院批复江西省人民政府,同意宜春丰城高新技术产业园区升级为国家高新技术产业开发区。

［目　文］　批复说,一、同意宜春丰城高新技术产业园区升级为国家高新技术产业开发区,定名为宜春丰城高新技术产业开发区,实行现行的国家高新技术产业开发区的政策。二、宜春丰城高新技术产业开发区升级后规划面积为4.28平方公里,四至范围:东至曲江镇王舍村,南至赣江,西至火炬大道、尚庄街道北坑村,北至曲江镇王舍村,界址点坐标由科技部、国土资源部、住房城乡建设部负责发布。三、宜春丰城高新技术产业开发区要全面贯彻党的十九大精神,以习近平新时代中国特色社会主义思想为指导,按照党中央、国务院决策部署,坚持创新、协调、绿色、开放、共享的新发展理念,全面实施创新驱动发展战略,按照布局集中、产业集聚、用地集约、特色鲜明、规模适度、配套完善的要求,完善管理体制和运行机制,集聚科技创新资源,大力提升自主创新能力。要优化创新创业生态,深入推进大众创业、万众创新,大力培育新产业、新业态、新模式,促进传统产业提质增效,努力成为促进技术进步和增强自主创新能力的重要载体,成为带动区域经济结构调整和经济发展方式转变的强大引擎,成为抢占世界高新技术产业制高点的前沿阵地。四、宜春丰城高新技术产业开发区必须严格实施土地利用总体规划和城市总体规划,按规定程序履行具体用地报批手续;必须依法供地,以产业用地为主,严禁房地产开发,合理、集约、高效利用土地资源。五、要加强领导和管理,积极探索和完善促进高新技术产业发展的生态体系,努力提升宜春丰城高新技术产业开发区发展水平,为贯彻新发展理念、建设现代化经济体系提供有力支撑。

2月28日

［纲　文］　国务院批复湖南省人民政府,同意怀化高新技术产业开发区升级为国家高新技术产业开发区。

［目　文］　批复说,一、同意怀化高新技术产业开发区升级为国家高新技术产业开发区,定名为怀化高新技术产业开发区,实行现行的国家高新技术产业开发区的政策。二、怀化高新技术产业开发区升级后规划面积为4平方公里,四至范围:东至池黔公路,南至竹站溪,西至舞水河,北至中方镇,界址点坐标由科技部、国土资源部、住房城乡建设部负责发布。三、怀化高新技术产业开发区要全面贯彻党的十九大精神,以习近平新时代中国特色社会主义思想为指导,按照党中央、国务院决策部署,坚持创新、协调、绿色、开放、共享的新发展理念,全面实施创新驱动发展战略,按照布局集中、产业集聚、用地集约、特色鲜明、规模适度、配套完善的要求,完善管理体制和运行机制,集聚科技创新资源,大力提升自主创新能力。要优化创新创业生态,深入推进大众创业、万众创新,大力培育新产业、新业态、新模式,促进传统产业提质增效,努力成为促进技术进步

和增强自主创新能力的重要载体，成为带动区域经济结构调整和经济发展方式转变的强大引擎，成为抢占世界高新技术产业制高点的前沿阵地。四、怀化高新技术产业开发区必须严格实施土地利用总体规划和城市总体规划，按规定程序履行具体用地报批手续；必须依法供地，以产业用地为主，严禁房地产开发，合理、集约、高效利用土地资源。五、要加强领导和管理，积极探索和完善促进高新技术产业发展的生态体系，努力提升怀化高新技术产业开发区发展水平，为贯彻新发展理念、建设现代化经济体系提供有力支撑。

2月28日

[纲　文]　第十二届全国政协委员会第七十一次主席会议在北京召开。

[目　文]　全国政协主席俞正声主持并讲话。本次主席会议根据全国政协十二届常委会第二十四次会议的授权，研究全国政协十三届一次会议的有关筹备工作。全国政协副主席杜青林、韩启德、帕巴拉·格列朗杰、万钢、林文漪、罗富和、何厚铧、李海峰、陈元、卢展工、周小川、王家瑞、王正伟、马飚、齐续春、陈晓光、马培华、刘晓峰、王钦敏、梁振英出席会议。

会议审议通过了全国政协十三届一次会议主席团、常务主席、主席团会议主持人和大会秘书长、副秘书长名单（草案）；全国政协十三届一次会议预备会议日程；全国政协十三届一次会议提案审查委员会人选建议名单（草案）；全国政协十三届一次会议分组办法（草案）和委员小组召集人名单（草案）；全国政协十三届一次会议秘书处机构设置和工作任务（草案）。会议决定将上述有关草案分别提请全国政协十三届一次会议预备会议和全国政协十三届一次会议主席团第一次会议审议。

会议推举十二届全国政协主席俞正声在全国政协十三届一次会议上作常委会工作报告、十二届全国政协副主席万钢作提案工作情况的报告；确定王国庆担任全国政协十三届一次会议新闻发言人；审议通过了关于撤销邓伟政协第十二届全国委员会委员资格的决定；听取了全国政协副主席兼秘书长张庆黎、全国政协常务副秘书长潘立刚、中共中央统战部常务副部长张裔炯、全国政协副秘书长常荣军分别就有关议题和全国政协十三届一次会议筹备工作情况所作的说明和汇报。

俞正声在讲话中说，五年来，全国政协紧密团结在以习近平同志为核心的党中央周围，始终坚持中国共产党的领导，坚持人民政协性质定位，坚持围绕中心、服务大局，坚持团结和民主两大主题，坚持发挥政协委员主体作用，在历届政协奠定的良好基础上，坚持在继承中发展、在发展中创新，形成了团结民主、务实进取、蓬勃发展的新局面，彰显了中国特色社会主义制度的优势和特点，在党和国家事业中发挥了不可替代的重要作用、作出了重要贡献。这些成绩的取得，是中共中央坚强领导的结果，也是全体政协委员和工作人员共同奋斗的结果。我们要以敬终如始的精神把工作完成好，为十二届政协工作画上圆满的句号，为人民政协事业的继往开来作出应有贡献。

2月28日

[纲　文]　新华社讯，《军委主席负责制学习读本》印发全军。

［目　文］　《读本》经中央军委批准，军委政治工作部组织编写，由解放军出版社出版。

《读本》共8讲，系统阐述全面深入贯彻军委主席负责制的重大意义，阐释军委主席负责制的形成发展、本质内涵、独特优势，阐明全面深入贯彻军委主席负责制的体制机制保障、实践要求、落实责任等基本问题，是学习贯彻中央军委《关于全面深入贯彻军委主席负责制的意见》的配套读物，是各级开展军委主席负责制学习教育的基本教材。

2月28日

［纲　文］　北京至雄安城际铁路开工建设。

［目　文］　河北雄安新区首个交通项目北京至雄安城际铁路（以下简称"京雄城际铁路"）正式开工建设。京雄城际铁路起自京九铁路李营站，经北京大兴区、北京新机场、霸州市，终至雄安新区，正线全长92.4公里，共设5座车站，总投资约335.3亿元。其中，北京城区内李营至北京新机场段设计时速250公里，将于2019年9月与新机场同步开通使用；北京新机场至雄安新区段设计时速350公里。雄安站枢纽已完成国际招标评选，新机场至雄安段将于2020年底投入使用。

2月28日

［纲　文］　中国测绘科学研究院在北京发布《中国地理国情蓝皮书（2017版）》。

［目　文］　《蓝皮书》由中国测绘科学研究院等机构策划出版，旨在为国家和地方提供一套客观、科学的数据和分析结果。该书分为八章。第一章为绪论，介绍了蓝皮书编制的背景、总体框架、数据来源及分析单元。第二章至第八章分别围绕地表资源禀赋、建设用地开发利用程度、地表生态格局、交通设施覆盖及服务能力、区位条件与经济发展空间格局、基本公共服务设施均等化水平、城市发展空间格局七个主题，按照选定的24个二级、105个三级指标开展具体分析，并以文字为主、辅以统计图表和专题地图等形式，对分析结果进行省域之间、城市之间、城乡之间、地理网格之间、地形单元之间等比较研究，并在此基础上进行分析评价，综合反映地理国情的空间分布特征。

以蓝皮书形式出版全国地理国情普查成果，在国内尚属首次。

2月28日—3月8日

［纲　文］　应国家主席习近平邀请，汤加王国国王图普六世对中国进行国事访问。

［目　文］　访问期间，习近平在北京同图普六世举行会谈。两国元首一致同意，在新的历史起点上，推动中汤战略伙伴关系得到新的更大发展，并共同见证了经济技术合作、人力资源开发、教育等领域双边合作文件的签署。国务院总理李克强在北京会见了图普六世。双方发表了《中华人民共和国和汤加王国联合新闻公报》。图普六世还在浙江、海南和广东进行了访问。

习近平同图普六世会谈时指出，中汤要加强高层和各级别交往，增进政治互信，继续在涉及彼此主权、领土完整、国家尊严等问题上相互理解和支持。要扩大两国政府部门、立法机构对话、交流、合作，深挖潜力，积极拓展各领域务实合作，共同推进"一带一路"框架下合作，实现共赢共享发展。中方深知汤加作为小岛屿发展中国家，在经济社会发展过程中面临特殊挑战，愿继续在力所能及范围内为汤方提供不附加任何政治条件的经济技术援助。中国的援助不是单方面给予和简单的输血式援助，而是"授人以渔"。只要是中方作出的承诺，都会不折不扣地落实，使当地人民从中汤合作中有更多获得感。中方愿同汤方加强气候变化南南合作，密切同太平洋岛国的交流合作。

图普六世表示，汤加坚定奉行一个中国政策。汤方愿同中方密切在贸易、基础设施建设、旅游等各领域以及"一带一路"框架下的友好合作，希望中国帮助汤加实现更大发展，应对气候变化的挑战。汤加支持深化太平洋岛国同中国的合作。

李克强在会见图普六世时表示，我们赞赏汤方坚定奉行一个中国政策，愿以两国建交20周年为契机，巩固政治互信，将"一带一路"倡议同汤加发展战略更好对接，扩大各领域务实合作，密切人文交流，推动两国关系不断迈上新台阶。中方支持汤加重大生产项目、基础设施和民生工程建设，愿同汤加开展农业技术交流，也欢迎汤加优质农渔业产品进入中国市场。

图普六世表示，汤加坚定奉行一个中国政策，愿继续深化双方政治互信，拓展经贸合作和人文交流，加强在教育、基础设施、农业食品等领域的合作，更好实现互利共赢。

3 月

3月1日

［纲　文］　中共中央在北京人民大会堂举行纪念周恩来诞辰120周年座谈会，习近平出席座谈会并发表讲话。

［目　文］　中共中央政治局常委李克强主持座谈会，中共中央政治局常委栗战书、汪洋、王沪宁、赵乐际、韩正出席座谈会。部分中共中央政治局委员、中央书记处书记，部分全国人大常委会、国务院、全国政协、中央军委领导同志，中央党政军群有关部门、北京市、江苏省委负责同志，周恩来同志亲属、生前友好、原身边工作人员和家乡代表等出席了座谈会。中央文献研究室主任冷溶，中央党史研究室主任曲青山，国务院副秘书长丁学东，全国政协副秘书长潘立刚，中央军委委员、中央军委政治工作部主任苗华，江苏省委书记娄勤俭发言。

中共中央总书记习近平发表讲话指出，周恩来同志半个多世纪奋斗的人生历程是中国共产党不忘初心、牢记使命历史的一个生动缩影，是新中国孕育、诞生、成长和取得崇高国际威望历史的一个生动缩影，是中国人民在自己选择的革命和建设道路上艰辛探索、不断开拓、凯歌行进历史的一个生动缩影。周恩来同志是近代以来中华民族的一颗璀璨巨星，是中国共产党人的一面不朽旗帜。周恩来同志的崇高精神、高尚品德、伟大风范，感召和哺育着一代又一代中国共产党人。周恩来同志身上展现出来的中国共产党人的崇高精神，是历史的，也是时代的，将激励我们在新时代坚持和发展中国特色社会主义征程上奋勇前进。周恩来同志是不忘初心、坚守信仰的杰出楷模。周恩来同志是对党忠诚、维护大局的杰出楷模。周恩来同志是热爱人民、勤政为民的杰出楷模。周恩来同志是自我革命、永远奋斗的杰出楷模。周恩来同志是勇于担当、鞠躬尽瘁的杰出楷模。周恩来同志是严于律己、清正廉洁的杰出楷模。党的作风是党的形象。我们要向周恩来同志学习，牢记手中的权力是党和人民赋予的，是用来为人民服务的，一身正气，两袖清风，自觉接受监督，敬畏人民、敬畏组织、敬畏法纪，拒腐蚀、永不沾，决不搞特权，决不以权谋私，做一个堂堂正正的共产党人。

李克强在主持座谈会时说，习近平总书记的重要讲话，回顾了周恩来同志伟大、光荣的一生，高度评价了周恩来同志的丰功伟绩，号召全党全国人民学习周恩来同志的崇高品德和精神风范，对于指导我们党把周恩来同志等老一辈革命家所开创的伟大事业继续推向前进，在新时代坚持和发展中国特色社会主义，具有重大意义。各地区各部门要结合实际认真学习,深刻领会,切实贯彻。要紧密团结在以习近平同志为核心的党中央周围,在习近平新时代中国特色社会主义思想指引下,按照党的十九大的战略部署,锐意进取、埋头苦干,为决胜全面建成小康社会、夺取新时代中国特色社会主义伟大胜利、实现中华民族伟大复兴的中国梦而努力奋斗。

3月1日

[纲　文]　习近平给浙江宁波余姚市梁弄镇横坎头村全体党员回信。

[目　文]　中共中央总书记习近平在回信中说,很高兴收到你们的来信。15年前到你们村的情景我都记得,我一直惦记着乡亲们。这些年,村党组织团结带领乡亲们艰苦奋斗,发展红色旅游,利用绿色资源,壮大特色农业,把村子建设成了远近闻名的小康村、文明村,乡亲们生活不断得到改善,我感到十分欣慰。办好农村的事情,实现乡村振兴,基层党组织必须坚强,党员队伍必须过硬。希望你们不忘初心、牢记使命,传承好红色基因,发挥好党组织战斗堡垒作用和党员先锋模范作用,同乡亲们一道,再接再厉、苦干实干,结合自身实际,发挥自身优势,努力建设富裕、文明、宜居的美丽乡村,让乡亲们的生活越来越红火。

梁弄镇位于余姚四明山革命老区,该镇横坎头村是浙东抗日根据地的中心所在地。21世纪初,横坎头还是一个交通闭塞、房屋破旧、村民收入比较低的经济薄弱村。2003年春节前夕,刚刚担任浙江省委书记的习近平在梁弄镇和横坎头村考察调研,提出了建设"全国革命老区全面奔小康样板镇"的殷切期望。春节过后不久,习近平又给村里的党员群众回信,鼓励他们加快老区开发建设,尽快脱贫致富奔小康。15年来,遵照习近平的指示精神,横坎头村调整产业结构,发挥资源优势,走上了全面小康道路,相继被评为浙江省全面小康示范村、全国文明村。近日,横坎头村全体党员给习近平总书记写信,汇报该村的发展变化情况,表达发挥先锋模范作用、带领群众建设美丽乡村的决心。

3月1日

[纲　文]　李克强主持召开国务院党组会议。

[目　文]　会议内容是学习贯彻党的十九届三中全会精神。国务院副总理张高丽、刘延东、汪洋、马凯,国务委员常万全、杨洁篪、郭声琨、王勇出席会议。

会议指出,习近平总书记在全会上作的工作报告,系统总结了党的十九届一中全会以来,中央政治局团结带领全党全国各族人民,推动党和国家各项事业取得的新成绩。全会审议通过了拟向十三届全国人大一次会议推荐的国家机构领导人员人选建议名单和拟向全国政协十三届一次会议推荐的全国政协领导人员人选建议名单,全会审议通过的《中共中央关于深化党和国家机构改革的决定》和《深化党和国家机构改革方案》,贯彻坚持党的全面领导、坚持以人民为中心、坚持优化协同高效、坚持全面依法治国的原则,着力解决党和国家机构职能体系中存在的障碍和弊端,明确了深化党和国家机构改革的指导思想、原则、目标和任务,对加快推进国家治理体系和治理能力现代化,更好发挥我国社会主义制度优越性，具有重大意义。各级政府要紧密团结在以习近平同志为核心的党中央周围，按照十三届全国人大一次会议审议通过的机构改革方案，主动落实责任，建立协调机制，积极推进政府机构改革任务落地，深入细致做好工作衔接。同时统筹兼顾、真抓实干，毫不松懈做好今年经济社会发展各项工作，持续推动经济平稳运行、提质增效和民生改善，为贯彻党的十九大精神和重大部署开好局、起好步。

3月1日

［纲　文］　中共政协第十二届全国委员会党组会议在北京召开。

［目　文］　全国政协主席、党组书记俞正声主持会议并讲话。会议传达学习贯彻习近平总书记在党的十九届三中全会上的重要讲话和全会精神。全国政协副主席、党组成员杜青林、张庆黎、李海峰、陈元、卢展工、周小川、王家瑞、王正伟、马飚出席会议并发言。

会议认为，党的十九届三中全会审议通过了深化党和国家机构改革的决定和方案，审议通过了拟向十三届全国人大一次会议推荐的国家机构领导人员人选建议名单和拟向全国政协十三届一次会议推荐的全国政协领导人员人选建议名单，是事关党和国家发展的重大问题。特别是深化党和国家机构改革，是以习近平同志为核心的党中央站在党和国家事业发展全局，适应新时代中国特色社会主义发展要求作出的重大决策部署，是着眼实现全面深化改革总目标的重大制度安排，是推进国家治理体系和治理能力现代化的一场深刻变革，对于提高党的执政能力和领导水平，广泛调动各方面积极性、主动性、创造性，有效治理国家和社会，推动党和国家事业发展，具有重大意义。

会议强调，要深入学习贯彻习近平总书记在十九届三中全会上关于深化党和国家机构改革的重要论述，深刻认识党和国家机构改革的重大意义，把思想和行动统一到党的十九届三中全会关于深化党和国家机构改革的重大决策部署上来。一要深刻认识党和国家机构改革是推进中国特色社会主义事业发展的必然要求，在党的统一领导下协调行动、增强合力，全面提高国家治理能力和治理水平。二要深刻认识党和国家机构改革是加强党的全面领导的重要举措，进一步增强"四个意识"，坚决维护党中央集中统一领导，坚决拥护党中央关于党和国家机构改革的重大部署，坚定不移把党中央决策部署落到实处。三要坚决贯彻落实党中央关于政协机构改革的决策部署，实现机构职能优化、协同高效。要充分认识开好全国政协十三届一次会议的重大意义，全力以赴地抓好大会各项组织工作，确保会议圆满成功。

3月1日

［纲　文］　中共中央党校举行2018年春季学期开学典礼。

［目　文］　中共中央政治局委员、中央党校校长陈希出席并讲话。中央有关部门负责同志、中央党校校委成员、全体学员和教职工参加开学典礼。中国浦东、井冈山、延安干部学院学员通过视频会议系统同步参加开学典礼。

3月1日

［纲　文］　财政部、住房城乡建设部发布《关于印发〈试点发行地方政府棚户区改

造专项债券管理办法〉的通知》。

〔目　文〕　《通知》说，按照党中央、国务院有关精神和要求，根据《中华人民共和国预算法》《国务院关于加强地方政府性债务管理的意见》（国发〔2014〕43号）等有关规定，为完善地方政府专项债券管理，规范棚户区改造融资行为，坚决遏制地方政府隐性债务增量，2018年在棚户区改造领域开展试点，有序推进试点发行地方政府棚户区改造专项债券工作，探索建立棚户区改造专项债券与项目资产、收益相对应的制度，发挥政府规范适度举债改善群众住房条件的积极作用，我们研究制定了《试点发行地方政府棚户区改造专项债券管理办法》。现予以印发，请遵照执行。

3月1日

〔纲　文〕　证监会公布《上市公司创业投资基金股东减持股份的特别规定》，自2018年6月2日起施行。

3月1日

〔纲　文〕　国家海洋局发布《2017年中国海洋经济统计公报》。

〔目　文〕　《公报》主要发布以下内容：一、海洋经济总体运行情况。2017年我国海洋经济实现稳中向好发展，结构调整持续深化。据初步核算，2017年全国海洋生产总值77611亿元，比上年增长6.9%，海洋生产总值占国内生产总值的9.4%。其中，海洋第一产业增加值3600亿元，第二产业增加值30092亿元，第三产业增加值43919亿元，海洋第一、第二、第三产业增加值占海洋生产总值的比重分别为4.6%、38.8%、56.6%。据测算，2017年全国涉海就业人员3657万人。二、主要海洋产业发展情况。2017年，我国海洋产业保持稳步增长。其中，主要海洋产业增加值31735亿元，比上年增长8.5%；海洋科研教育管理服务业增加值16499亿元，比上年增长11.1%。三、在区域海洋经济发展方面。2017年环渤海地区海洋生产总值24638亿元，占全国海洋生产总值的比重为31.7%，比上年回落了0.8个百分点；长江三角洲地区海洋生产总值22952亿元，占全国海洋生产总值的比重为29.6%，比上年回落了0.1个百分点；珠江三角洲地区海洋生产总值18156亿元，占全国海洋生产总值的比重为23.4%，比上年提高了0.5个百分点。

3月1日

〔纲　文〕　外交部发言人就美参议院通过有关涉台议案表示，中方对此强烈不满和坚决反对，并已向美方提出严正交涉。

〔目　文〕　就美国会参议院审议通过了"与台湾交往法案"，其中有关条款主张解除美政府对美台高层交往的限制。此前美国国会众议院已审议通过该议案。

发言人说，上述议案有关条款尽管没有法律约束力，但它严重违反一个中国原则和中美三个联合公报规定。一个中国原则是中美关系的政治基础。我们敦促美方信守奉行一个中国政策、遵守中美三个联合公报原则的承诺，停止美台官方往来和提升实质关系，慎重、妥善处理涉台问题，以免给中美关系造成严重干扰和损害。

有记者问，近日，美军战略司令部司令海滕表示，中国、俄罗斯和朝鲜对美国构成不同程度的威胁,中国在太空领域和作战能力等方面对美构成"独特"的威胁。美军中央司令部司令沃特尔也表示,美国必须在中东地区与中俄日益增长的影响力进行竞争,并称中国在中东地区"军事野心日益增长"。中方对美上述言论有何评论?

发言人表示,近期,美军方有人频频发表"中国威胁论"。我就奇怪了,美国作为世界上头号军事强国,军费总额在全球遥遥领先,比排在后面的第二名至第七名加起来都多,还总说别国对美国构成威胁。联想到不久前美国务院高官到亚洲地区公然兜售F-35战机等先进武器,人们不禁要问,美方炮制各种"中国威胁论"背后的真正意图到底是什么?中国的战略意图非常透明,我们发展的根本目的是为人民谋幸福、为民族谋复兴、为世界谋和平与发展。希望美方摒弃过时的冷战思维,客观和理性地看待当今世界和中国发展。

3月1日

[纲　文]　《人民日报》发表评论员文章《推进国家治理现代化的一场深刻变革——一论学习贯彻党的十九届三中全会精神》。

3月2日

[纲　文]　习近平主持召开十九届中央军民融合发展委员会第一次全体会议并发表讲话。

[目　文]　中共中央总书记、中央军民融合发展委员会主任习近平指出,党的十九大强调要坚定实施军民融合发展战略,形成军民融合深度发展格局,构建一体化的国家战略体系和能力。我们要深入贯彻党的十九大精神,增强使命感和责任感,真抓实干,紧抓快干,不断开创新时代军民融合深度发展新局面。

李克强、张高丽、王沪宁,中央军民融合发展委员会副主任、委员出席会议,中央和国家机关及军委机关有关部门负责人列席会议。

会议审议通过了《军民融合发展战略纲要》《中央军民融合发展委员会2018年工作要点》《国家军民融合创新示范区建设实施方案》及第一批创新示范区建设名单。

会议指出,党的十八大以来,党中央把军民融合发展上升为国家战略,从党和国家事业发展全局出发进行总体设计,组织管理体系基本形成,战略规划引领不断强化,重点改革扎实推进,法治建设步伐加快,军民融合发展呈现整体推进、加速发展的良好势头。要准确把握军民融合发展战略任务,推进基础设施统筹建设和资源共享、国防科技工业和武器装备发展、军民科技协同创新、军地人才双向培养交流使用、社会服务和军事后勤统筹发展、国防动员现代化建设、新兴领域军民深度融合。国家军民融合创新示范区是推动军民融合深度发展的"试验田",要以制度创新为重点任务,以破解影响和制约军民融合发展的体制性障碍、结构性矛盾、政策性问题为主攻方向,探索新路径新模式,形成可复制、可推广的经验做法。要坚持顶层统筹推进和地方主动探索相结合,高起点谋划、高标准实施、高质量建设、高效率推进,着力在体制机制创新、政策制度创新、发展模式创新等方面树立标杆。军地相关部门要加强资源统合、力量整合、政策集成。地方党委和政府要主动作为，推动创新示范取得实实在在成效。

3月2日

[纲　文]　中共十二届全国人大常委会党组召开会议。

[目　文]　全国人大常委会委员长、常委会党组书记张德江主持会议并讲话。全国人大常委会副委员长李建国、王胜俊、王晨、沈跃跃、吉炳轩、张平、向巴平措、艾力更·依明巴海参加会议。

会议高度评价党的十九届一中全会以来，以习近平同志为核心的党中央，不忘初心、牢记使命、凝心聚力、真抓实干，在决胜全面建成小康社会、开启全面建设社会主义现代化国家新征程上迈出的新步伐，推动党和国家各项事业取得的新成绩。会议坚信，在习近平新时代中国特色社会主义思想的科学指引下，一定能够夺取新时代中国特色社会主义伟大胜利。

会议强调，深化党和国家机构改革，是以习近平同志为核心的党中央从党和国家事业全局高度作出的重大政治决策，是适应新时代中国特色社会主义发展要求提出的重大改革举措。我们要切实把思想和行动统一到党中央决策部署上来，把贯彻落实改革决定和改革方案作为重大政治任务，牢固树立"四个意识"，不断增强"四个自信"，坚决维护习近平总书记党中央的核心、全党的核心地位，坚决维护党中央权威和集中统一领导，不折不扣落实好深化党和国家机构改革任务。要以对党和人民高度负责的态度，继续全力以赴、扎实细致地做好十三届全国人大一次会议的各项筹备工作，确保党的主张通过法定程序成为国家意志，确保党中央推荐的人选通过法定程序成为国家机构领导人员，确保大会圆满完成各项预定任务。

3月2日

[纲　文]　中国人民政治协商会议第十三届全国委员会第一次会议预备会议在北京举行。

[目　文]　会议由十二届全国政协主席俞正声主持。十二届全国政协副主席杜青林、韩启德、帕巴拉·格列朗杰、董建华、万钢、林文漪、罗富和、何厚铧、张庆黎、李海峰、陈元、卢展工、周小川、王家瑞、王正伟、马飚、齐续春、陈晓光、马培华、刘晓峰、王钦敏、梁振英出席会议。会议审议通过了政协第十三届全国委员会第一次会议主席团、主席团会议主持人和秘书长名单，政协第十三届全国委员会第一次会议议程和日程以及政协第十三届全国委员会第一次会议提案审查委员会名单。

俞正声在会议结束时发表讲话说，在全国政协十三届一次会议即将开幕之际，我谨代表十二届全国政协，向新一届政协全体委员和主席团成员，表示热烈的祝贺和崇高的敬意。衷心祝愿全国政协十三届一次会议取得圆满成功，衷心祝愿新一届全国政协在以习近平同志为核心的党中央坚强领导下，在习近平新时代中国特色社会主义思想指引下，承前启后、继往开来，携手新时代，创造新辉煌，书写人民政协事业发展新的历史篇章，为决胜全面建成小康社会、夺取新时代中国特色社会主义伟大胜利、实现中华民族伟大复兴的中国梦作出新的更大贡献。

3月2日

［纲　文］　政协第十三届全国委员会第一次会议主席团第一次会议在北京举行。

［目　文］　主席团会议主持人汪洋主持会议。全国政协十三届一次会议主席团常务主席张庆黎、刘奇葆、帕巴拉·格列朗杰、董建华、万钢、何厚铧、卢展工、王正伟、马飚、陈晓光、梁振英出席。

会议审议通过了政协第十三届全国委员会第一次会议主席团常务主席名单、政协第十三届全国委员会第一次会议各次全体会议执行主席和主持人名单、政协第十三届全国委员会第一次会议分组办法和委员小组召集人名单、政协第十三届全国委员会第一次会议副秘书长名单、政协第十三届全国委员会第一次会议秘书处机构设置和工作任务。

3月2日

［纲　文］　中央政法委全体会议在北京召开。

［目　文］　会议由中共中央政治局委员、中央政法委书记郭声琨主持。最高人民法院院长周强、最高人民检察院检察长曹建明出席会议。会议传达学习习近平总书记在党的十九届三中全会上的重要讲话和全会精神，研究贯彻意见。

会议认为，习近平总书记在全会上作的工作报告，系统总结了党的十九届一中全会以来，中央政治局团结带领全党全国各族人民，推动党和国家各项事业取得的新成绩。全会作出的一系列重大决策部署，对于推动党和国家事业长远发展，具有重大意义。

会议指出，深化党和国家机构改革是推进国家治理体系和治理能力现代化的一场深刻变革。政法机关要深入学习贯彻习近平总书记关于深化党和国家机构改革的重要论述，切实把思想和行动统一到党中央决策部署上来，进一步增强"四个意识"，坚决维护以习近平同志为核心的党中央权威和集中统一领导，不折不扣抓好贯彻落实。要提高政治站位、坚决服从大局，加强组织领导和统筹协调，抓紧做好组织实施各项准备工作，确保高质量完成政法系统机构改革任务。要加强思想政治工作，引导广大党员干部切实做到讲政治、顾大局、守纪律、促改革、尽责任，积极拥护、支持和参与改革。

会议还对"两会"安全稳定工作和深入开展扫黑除恶专项斗争等作了研究部署。

3月2日

［纲　文］　国务院公布《快递暂行条例》。

［目　文］　《条例》共8章48条。主要有总则、发展保障、经营主体、快递服务、快递安全、监督检查、法律责任等内容。自2018年5月1日起施行。

3月2日

［纲　文］　国务院办公厅印发《国务院2018年立法工作计划》。

［目　文］　《计划》由三个部分组成：一、全面贯彻党的十九大精神，围绕统筹推进"五位一体"总体布局和协调推进"四个全面"战略布局安排政府立法项目。二、以习近平新时代中国特色社会主义思想为指导，加强和改进新时代政府立法工作。三、切实抓好

立法工作计划的执行。

《计划》指出，国务院各部门要把立法工作计划的执行作为一项重要任务，加强组织领导，完善工作机制，精细流程管理，严格时限要求，强化责任落实，不断提高政府立法工作质量和效率，切实保障重点立法项目高质高效推进，更好适应促进经济社会发展和巩固全面深化改革成果的需要。

3月2日

［纲　文］　国土资源部公布《不动产登记资料查询暂行办法》。

［目　文］　《办法》共7章34条。主要有总则、一般规定、权利人查询、利害关系人查询、登记资料保护、罚则等内容。自2018年3月2日起施行。2002年12月4日国土资源部公布的《土地登记资料公开查询办法》（国土资源部令第14号）同时废止。

3月2日

［纲　文］　保监会公布《保险公司股权管理办法》。

［目　文］　《办法》共9章94条。主要有总则、股东资质、股权取得、入股资金、股东行为、股权事务、材料申报、监督管理等内容。自2018年4月10日起施行。中国保监会2010年5月4日发布的《保险公司股权管理办法》（保监会令2010年第6号）、2014年4月15日发布的《中国保险监督管理委员会关于修改〈保险公司股权管理办法〉的决定》（保监会令2014年第4号）、2013年4月9日发布的《中国保监会关于〈保险公司股权管理办法〉第四条有关问题的通知》（保监发〔2013〕29号）、2013年4月17日发布的《中国保监会关于规范有限合伙式股权投资企业投资入股保险公司有关问题的通知》（保监发〔2013〕36号）、2014年3月21日发布的《中国保险监督管理委员会关于印发〈保险公司收购合并管理办法〉的通知》（保监发〔2014〕26号）同时废止。

3月2日

［纲　文］　王勇在中体奥冰壶运动中心考察平昌冬残奥会备战工作。

［目　文］　国务委员、国务院残疾人工作委员会主任王勇在中体奥冰壶运动中心，考察平昌冬残奥会备战工作，看望慰问运动员、教练员和工作人员，向大家致以节日问候，勉励大家认真备战参赛，全力完成平昌冬残奥会参赛目标和任务。

王勇听取了备战情况汇报，观看了轮椅冰壶队训练。他指出，在以习近平同志为核心的党中央坚强领导下，我国残疾人事业和残疾人体育工作取得举世瞩目的成就。参加平昌冬残奥会，是对我国残疾人冬季运动水平的一次集中检验，也是备战和筹办好2022年北京冬残奥会的重要环节，希望中国冬残奥会体育代表团以习近平新时代中国特色社会主义思想为指导，以昂扬的精神斗志和良好的竞技状态，团结拼搏，奋勇争先，公平竞争，干净参赛，努力实现冬残奥会运动成绩和精神文明双丰收。

3月2日

［纲　文］　《人民日报》发表评论员文章《牢牢把握深化党和国家机构改革的原则——二论学习贯彻党的十九届三中全会精神》。

3月3日

[纲　文]　海关总署公布《中华人民共和国海关企业信用管理办法》。

[目　文]　《办法》共5章32条。主要有总则、信用信息采集和公示、企业信用状况的认定标准和程序、管理措施等内容。自2018年5月1日起施行。2014年10月8日海关总署令第225号公布的《中华人民共和国海关企业信用管理暂行办法》同时废止。

3月3日

[纲　文]　《人民日报》发表社论《不负新时代的光荣使命——热烈祝贺全国政协十三届一次会议开幕》。

3月3日

[纲　文]　《人民日报》发表评论员文章《全面落实深化党和国家机构改革各项部署——三论学习贯彻党的十九届三中全会精神》。

3月3—15日

[纲　文]　中国人民政治协商会议第十三届全国委员会第一次会议在北京举行。

[目　文]　党和国家领导人习近平、李克强、张德江、俞正声、张高丽、栗战书、王沪宁、赵乐际、韩正等出席开幕会、闭幕会。汪洋主持开幕会、闭幕会。全国政协十三届一次会议应出席委员2158人。会议发表了《中国人民政治协商会议第十三届全国委员会第一次会议政治决议》。汪洋当选政协第十三届全国委员会主席。会议选出政协第十三届全国委员会副主席是：张庆黎、刘奇葆、帕巴拉·格列朗杰、董建华、万钢、何厚铧、卢展工、王正伟、马飚、陈晓光、梁振英、夏宝龙、杨传堂、李斌、巴特尔、汪永清、何立峰、苏辉、郑建邦、辜胜阻、刘新成、何维、邵鸿、高云龙。

会议审议批准十二届全国政协主席俞正声代表政协第十二届全国委员会常务委员会所作的工作报告，审议批准万钢代表政协第十二届全国委员会常务委员会所作的提案工作情况的报告，审议通过中国人民政治协商会议章程修正案，选举产生政协第十三届全国委员会主席、副主席、秘书长和常务委员。委员们列席第十三届全国人民代表大会第一次会议，听取并讨论国务院总理李克强所作的政府工作报告，听取并讨论最高人民法院工作报告、最高人民检察院工作报告，讨论宪法修正案草案和监察法草案、国务院机构改革方案及其他有关报告，对上述报告和文件均表示赞同，并提出意见建议。

会议期间，中共中央总书记、国家主席、中央军委主席习近平等党和国家领导同志出席会议并参加分组讨论，与委员共商国是。

会议号召，人民政协各级组织、各参加单位和广大政协委员，更加紧密地团结在以习近平同志为核心的党中央周围，以习近平新时代中国特色社会主义思想为指导，同心同德、扎实工作，为决胜全面建成小康社会、夺取新时代中国特色社会主义伟大胜利、实现中华民族伟大复兴的中国梦而努力奋斗。

汪洋在闭幕会上说，政协第十三届全国委员会第一次会议，是在全国各族人民深入学习贯彻习近平新时代中国特色社会主义思想和中共十九大精神，决胜全面建成小康社会、开启全面建设社会主义现代化国家新征程的重要时刻召开的。在中共中央高度重视下，在各有关方面大力支持下，经过全体委员共同努力，圆满完成各项议程。新时代呼唤新作为，人民政协要以共同目标寻求最大公约数，以大团结大联合画出最大同心圆，以协商民主凝聚强大正能量，以改革创新激发工作新活力，努力把不同党派、不同民族、不同阶层、不同信仰的海内外中华儿女凝聚起来，形成致力于实现祖国统一和中华民族伟大复兴中国梦的最广泛的爱国统一战线。

15日，汪洋在人民大会堂看望了参加全国政协十三届一次会议新闻报道工作的新闻媒体负责人和编辑记者代表，向参加大会报道的新闻工作者表示感谢。

3月4日

［纲 文］ 第十三届全国人民代表大会第一次会议在北京举行预备会议。

［目 文］ 会议由十二届全国人大常委会委员长张德江主持。十二届全国人大常委会副委员长李建国、王胜俊、陈昌智、严隽琪、王晨、沈跃跃、吉炳轩、张平、向巴平措、艾力更·依明巴海、万鄂湘、张宝文、陈竺等常委会组成人员出席了会议。

会议选举产生十三届全国人大一次会议主席团和秘书长，通过十三届全国人大一次会议议程。十三届全国人大代表共2980人。截至3月3日，已经向大会秘书处报到的代表2976人。预备会议出席2951人，缺席29人，出席人数符合法定人数。张德江在主持会议时宣布：十三届全国人大一次会议于3月5日召开，大会的各项准备工作已经全部就绪。

经预备会议选举产生的大会主席团包括各方面的代表人士共190人，其中有：党和国家领导人，中央军委委员，各民主党派中央、全国工商联负责人和无党派代表人士，中央和国家机关有关单位领导干部，各人民团体负责人，各省、自治区、直辖市、香港特别行政区、澳门特别行政区、解放军和武警部队代表团负责人，香港特别行政区、澳门特别行政区、企业、科技、社会科学、教育、文艺、卫生、体育、侨界、宗教界的代表以及工人、农民、解放军、武警、基层的代表，人口100万以上的少数民族代表等。王晨为大会秘书长。预备会议通过的十三届全国人大一次会议议程共10项。

3月4日

［纲 文］ 十三届全国人大一次会议主席团在北京举行第一次会议。

［目 文］ 会议应到190人，出席187人，缺席3人，出席人数符合法定人数。会议在十二届全国人大常委会委员长张德江的主持下推选全国人大代表、中共中央政治局常委栗战书为大会主席团常务主席。被推选为主席团常务主席的还有陈希、王晨、曹建明、张春贤、沈跃跃、吉炳轩、艾力更·依明巴海、万鄂湘、陈竺。随后，主席团会议在栗战书的主持下，表决通过了十三届全国人大一次会议日程。根据会议日程，这次大会定于3月5日上午开幕，3月20日上午闭幕，会期15天半。经过表决，会议推选了大会全体会议执行主席。经过表决，会议决定信春鹰、韩立平、姜信治、李宝荣、张业遂为大会副秘

书长,张业遂兼任大会发言人。经过表决,会议决定了十三届全国人大一次会议表决议案的办法。会议还决定,代表提出议案的截至时间为3月14日12时。

3月4日

[纲　文]　农业部印发《全国农药登记评审委员会章程》。

[目　文]　《章程》共5章24条。主要有总则、组织机构、委员、农药登记评审等内容。

3月4日

[纲　文]　《人民日报》发表评论员文章《加强党对机构改革的统一领导——四论学习贯彻党的十九届三中全会精神》。

3月4—5日

[纲　文]　2018年文化部对外文化工作会议暨"一带一路"工作会议在北京召开。

[目　文]　会议旨在以习近平新时代中国特色社会主义思想为指导,全面贯彻落实党的十九大精神,按照党中央和部党组关于对外文化工作的部署,突出提高质量、加强统筹、改革创新这一主题,全面推动对外文化工作转型升级、提质增效,为构建人类命运共同体、建设社会主义文化强国作出新的贡献。派驻77个国家的84个文化处(组)、文化中心、驻欧盟使团、常驻联合国教科文组织代表团及日中友好会馆代表等共计104位驻外代表,全国31个省、市、自治区,新疆生产建设兵团,5个计划单列市的代表,国家文物局,文化部相关司局、直属单位,"一带一路"机制建设牵头单位和国家对外文化贸易基地的负责同志参加了会议。

会议对2018年工作进行了部署:一要不断提升配合国事活动和参与机制合作的水平,二要大力推进"一带一路"文化建设,三要持续加强文化交流品牌、渠道和平台建设,四要着力探索文化贸易发展新路径。会议强调,对外文化工作队伍要牢固树立"四个意识",深入开展调查研究,严守纪律,狠抓落实。

3月5日

[纲　文]　国家主席习近平任免驻外大使。

[目　文]　习近平根据全国人民代表大会常务委员会的决定任免下列驻外大使:一、免去马朝旭的中华人民共和国常驻联合国日内瓦办事处和瑞士其他国际组织代表、特命全权大使职务;任命俞建华为中华人民共和国常驻联合国日内瓦办事处和瑞士其他国际组织代表、特命全权大使。二、免去刘结一的中华人民共和国常驻联合国代表、特命全权大使职务;任命马朝旭为中华人民共和国常驻联合国代表、特命全权大使。三、免去马明强的中华人民共和国驻孟加拉人民共和国特命全权大使职务;任命张佐为中华人民共和国驻孟加拉人民共和国特命全权大使。四、免去孙立杰的中华人民共和国驻乌兹别克斯坦共和国特命全权大使职务;任命姜岩(女)为中华人民共和国驻乌兹别克斯坦共和国特命全权大使。五、免去魏瑞兴的中华人民共和国驻立陶宛共和国特命全权大使职务;任命申知

非为中华人民共和国驻立陶宛共和国特命全权大使。六、免去张卫东的中华人民共和国驻冰岛共和国特命全权大使职务；任命金智健为中华人民共和国驻冰岛共和国特命全权大使。

3月5日

［纲　文］　国家林业局公布《在国家级自然保护区修筑设施审批管理暂行办法》，自2018年4月15日起施行。

3月5日

［纲　文］　民政部、人力资源社会保障部、卫生计生委、中国残联印发《残疾人服务机构管理办法》。

［目　文］　《办法》共6章36条，主要有总则、服务提供、内部管理、监督检查、法律责任等内容。自2018年3月5日起施行。

3月5日

［纲　文］　安监总局印发《安全生产监管执法监督办法》，自2018年3月5日起施行。

3月5日

［纲　文］　《人民日报》发表社论《凝聚新时代的奋斗伟力——热烈祝贺十三届全国人大一次会议开幕》。

3月5—20日

［纲　文］　中华人民共和国第十三届全国人民代表大会第一次会议在北京召开。

［目　文］　习近平等党和国家领导人出席开幕会、闭幕会。栗战书主持开幕会、闭幕会。十三届全国人大一次会议应出席代表2980人。会议期间，习近平等出席了各代表团的审议。

11日，十三届全国人大一次会议举行第三次全体会议，表决通过了《中华人民共和国宪法修正案》。

13日，十三届全国人大一次会议第四次全体会议表决通过了大会关于设立十三届全国人大专门委员会的决定，决定设立10个专门委员会。

17日，十三届全国人大一次会议举行第五次全体会议。习近平全票当选中华人民共和国主席、中华人民共和国中央军事委员会主席。选举栗战书为第十三届全国人民代表大会常务委员会委员长，选举王岐山为中华人民共和国副主席；王晨、曹建明、张春贤、沈跃跃、吉炳轩、艾力更·依明巴海、万鄂湘、陈竺、王东明、白玛赤林、丁仲礼、郝明金、蔡达峰、武维华当选为第十三届全国人民代表大会常务委员会副委员长。杨振武当选为第十三届全国人民代表大会常务委员会秘书长。十三届全国人大一次会议第五次全体会议表决通过了十三届全国人大一次会议关于国务院机构改革方案的决定，批准了这个方案。

18日，十三届全国人大一次会议举行第六次全体会议，根据大会选举和决定任命的办法，李克强为中华人民共和国国务院总理。许其亮、张又侠为中华人民共和国中央军事委员会副主席。魏凤和、李作成、苗华、张升民为中华人民共和国中央军事委员会委员。杨晓渡当选为中华人民共和国国家监察委员会主任。周强当选为中华人民共和国最高人民法院院长。张军当选为中华人民共和国最高人民检察院检察长。159位候选人当选为第十三届全国人民代表大会常务委员会委员。

19日，栗战书在人民大会堂看望参加十三届全国人大一次会议新闻报道的中央主要媒体负责人和工作人员，代表大会主席团和十三届全国人大常委会，向参加人大会议报道的新闻工作者表示慰问和感谢。

20日，会议经过表决：一、通过了关于政府工作报告的决议。决议指出，会议高度评价过去五年我国经济社会发展取得的历史性成就、发生的历史性变革，充分肯定国务院过去五年的工作，同意报告提出的2018年经济社会发展总体要求、政策取向和对政府工作的建议，决定批准这个报告。二、通过了监察法，国家主席习近平签署第三号主席令予以公布。三、通过了关于2017年国民经济和社会发展计划执行情况与2018年国民经济和社会发展计划的决议，决定批准关于2017年国民经济和社会发展计划执行情况与2018年国民经济和社会发展计划草案的报告，批准2018年国民经济和社会发展计划；通过了关于2017年中央和地方预算执行情况与2018年中央和地方预算的决议，决定批准关于2017年中央和地方预算执行情况与2018年中央和地方预算草案的报告，批准2018年中央预算。四、通过了关于全国人大常委会工作报告的决议、关于最高人民法院工作报告的决议、关于最高人民检察院工作报告的决议，决定批准这三个报告。

大会号召更加紧密地团结在以习近平同志为核心的党中央周围，高举中国特色社会主义伟大旗帜，深入学习贯彻习近平新时代中国特色社会主义思想，全面贯彻落实党的十九大和十九届一中、二中、三中全会精神，勠力同心，锐意进取，为完成本次会议确定的任务，为决胜全面建成小康社会、夺取新时代中国特色社会主义伟大胜利、实现中华民族伟大复兴的中国梦而努力奋斗。

习近平在闭幕会上发表讲话表示，这次大会选举我继续担任中华人民共和国主席，我对各位代表和全国各族人民给予我的信任，表示衷心的感谢。担任中华人民共和国主席这一崇高职务，使命光荣，责任重大。我将一如既往，忠实履行宪法赋予的职责，忠于祖国，忠于人民，恪尽职守，竭尽全力，勤勉工作，赤诚奉献，做人民的勤务员，接受人民监督，决不辜负各位代表和全国各族人民的信任和重托。一切国家机关工作人员，无论身居多高的职位，都必须牢记我们的共和国是中华人民共和国，始终要把人民放在心中最高的位置，始终全心全意为人民服务，始终为人民利益和幸福而努力工作。

栗战书在闭幕会上说，这是一次高举中国特色社会主义伟大旗帜、全面贯彻习近平新时代中国特色社会主义思想和党的十九大精神的大会，是一次民主、团结、求实、奋进的大会。我代表十三届全国人大及其常委会，向张德江同志，向十二届全国人大常委会全体组成人员，向十二届全国人大代表，致以崇高的敬意。这次大会选举产生了十三届全国人大常委会，并选举我担任委员长。这是各位代表的信任。我们深感使命光荣、责任重大。我们将同全体代表一道，忠实贯彻党中央决策部署，忠实维护人民利益，忠实履行宪法法律赋予的各项职责，恪尽职守，勤勉工作，决不辜负各位代表的重托。

同日，国务院总理李克强应大会发言人张业遂的邀请会见中外记者，并回答记者提问。历时约2小时，参加采访的中外记者1200余名。

3月6日

［纲　文］　新华社讯，中共中央办公厅印发《关于人大预算审查监督重点向支出预算和政策拓展的指导意见》。

［目　文］　《意见》由五个部分组成：一、重要意义。二、总体要求。三、主要内容。四、主要程序和方法。五、组织保障。

《意见》要求，地方各级人大及其常委会、地方各级政府要在认真贯彻落实党中央重大方针政策和决策部署的基础上，按照地方党委工作安排，加强对支出预算总量与结构、重点支出与重大投资项目、部门预算、财政转移支付、地方政府债务等的审查监督，并结合本地区实际，探索创新方式方法，健全完善程序机制，不断提高人大预算审查监督针对性和有效性，不断提升政府依法行政、依法理财水平。

3月6日

［纲　文］　人力资源社会保障部、民政部印发《高级社会工作师评价办法》。

［目　文］　《办法》共6章29条，主要有总则、职业素质与能力、考试、评审、评价工作纪律要求等内容。自2018年4月1日开始施行。

3月6日

［纲　文］　国家新闻出版广电总局公布《点播影院、点播院线管理规定》。

［目　文］　《规定》共6章38条，主要有总则、业务许可、经营规范、监督管理、法律责任等内容。自2018年3月30日起施行。

3月6日

［纲　文］　质检总局公布《国家质量监督检验检疫总局规范性文件管理办法》。

［目　文］　《办法》共5章30条。主要有总则，起草与审查，决定、公布与解释，清理与备案等内容。自2018年5月1日起施行。国家质检总局2010年3月15日公布的《国家质量监督检验检疫总局规范性文件管理办法》同时废止。

3月6日

［纲　文］　质检总局公布《关于废止和修改部分规章的决定》。

［目　文］　《决定》说，为了依法推进简政放权、放管结合、优化服务，质检总局组织对部门规章进行了全面清理。经过清理，质检总局决定：一、对《出口食用动物饲用饲料检验检疫管理办法》（1999年11月24日国家检验检疫局令第5号公布）等16件部门规章予以废止。二、对《中华人民共和国进口计量器具监督管理办法实施细则》（国家

技术监督局令第 44 号）等 16 件部门规章的部分条款予以修改后重新公布。三、本决定自 2018 年 3 月 6 日起实施。

3 月 6 日

［纲　文］　外交部发言人就韩国总统特使代表团访朝结果发表谈话。

［目　文］　发言人说，中方注意到，韩国总统特使代表团访朝取得积极成果，中方对此表示欢迎。作为朝鲜半岛近邻，中方一贯支持半岛南北双方改善关系，支持有关各方通过对话协商解决包括安全问题在内的各自合理关切，推动半岛无核化进程。我们认为，这符合半岛全体人民和有关各方的共同利益，也有利于本地区的和平与稳定。希望半岛南北双方切实落实有关共识，继续推进和解与合作进程。希望有关各方抓住当前时机，相向而行，共同为推动半岛无核化和政治解决半岛问题进程作出努力。中方愿继续为此发挥应有作用。

3 月 7 日

［纲　文］　国务院办公厅印发《关于保障城市轨道交通安全运行的意见》。

［目　文］　《意见》由七个部分组成：一、总体要求。二、构建综合治理体系。三、有序统筹规划建设运营。四、加强运营安全管理。五、强化公共安全防范。六、提升应急处置能力。七、完善保障措施。

《意见》要求，国务院各有关部门、各省级人民政府要根据各自职责，加强对城市轨道交通运行安全监管的指导，强化督促检查。城市轨道交通所在地城市人民政府要加强组织领导，根据本意见提出的任务和要求，进一步细化贯彻落实政策措施，明确责任分工和时间进度要求，确保各项工作落实到位。

3 月 7 日

［纲　文］　铁路局印发《国家铁路局公平竞争审查制度实施办法（暂行）》。

［目　文］　《办法》共 5 章 23 条。主要有总则、审查机制和程序、审查标准、例外规定等内容。自 2018 年 3 月 7 日起实施。

3 月 7 日

［纲　文］　纪念"三八"国际妇女节中外妇女招待会在北京举行。

［目　文］　全国妇联副主席宋秀岩主持招待会。刘延东、孙春兰、杨洁篪、严隽琪和彭珮云、何鲁丽、顾秀莲、陈至立、王志珍，部分全国人大女代表、全国政协女委员、全国"三八"红旗手、在京的女专家、女院士等中国各界妇女代表以及外国驻华大使、使节夫人、女外交官、国际组织驻华代表，在华工作的外国女专家及专家夫人等千余人出席招待会。

全国人大常委会副委员长、全国妇联主席沈跃跃向各国姐妹致以节日祝贺。她指出，2017 年中国共产党第十九次全国代表大会胜利召开，确立了习近平新时代中国特色社会主义思想的历史地位，开启了全面建设社会主义现代化国家新征程。在以习近平同志为核心的党中央坚强领导下,中国妇女事业取得新成就,广大妇女在实现中华民族伟大复兴中国梦的征程中充分发挥半边天作用。要更加紧密团结在以习近平同志为核心的党中央周围,团结引领广大妇女增强"四个意识",坚定"四个自信",听党话跟党走,为夺取新时代中国特色社会主义伟大胜利而奋斗。中国妇女愿与各国姐妹一道,为推动人类命运共同体建设贡献力量。

3月8日

[纲　文]　国务院批复发展改革委,批准《必须招标的工程项目规定》。

[目　文]　批复说,国务院批准《必须招标的工程项目规定》(以下简称《规定》),由你委公布,公布时注明"经国务院批准"。《规定》的施行日期由你委根据实际情况确定。《规定》施行之日,2000年4月4日国务院批准、2000年5月1日原国家发展计划委员会发布的《工程建设项目招标范围和规模标准规定》同时废止。

3月8日

[纲　文]　最高人民法院、最高人民检察院公布《关于涉以压缩气体为动力的枪支、气枪铅弹刑事案件定罪量刑问题的批复》。

[目　文]　《批复》说,近来,部分高级人民法院、省级人民检察院就如何对非法制造、买卖、运输、邮寄、储存、持有、私藏、走私以压缩气体为动力的枪支、气枪铅弹(用铅、铅合金或者其他金属加工的气枪弹)行为定罪量刑的问题提出请示。经研究,批复如下:一、对于非法制造、买卖、运输、邮寄、储存、持有、私藏、走私以压缩气体为动力且枪口比动能较低的枪支的行为,在决定是否追究刑事责任以及如何裁量刑罚时,不仅应当考虑涉案枪支的数量,而且应当充分考虑涉案枪支的外观、材质、发射物、购买场所和渠道、价格、用途、致伤力大小、是否易于通过改制提升致伤力,以及行为人的主观认知、动机目的、一贯表现、违法所得、是否规避调查等情节,综合评估社会危害性,坚持主客观相统一,确保罪责刑相适应。二、对于非法制造、买卖、运输、邮寄、储存、持有、私藏、走私气枪铅弹的行为,在决定是否追究刑事责任以及如何裁量刑罚时,应当综合考虑气枪铅弹的数量、用途以及行为人的动机目的、一贯表现、违法所得、是否规避调查等情节,综合评估社会危害性,确保罪责刑相适应。本批复自2018年3月30日起施行。

3月8日

[纲　文]　住房城乡建设部发布《危险性较大的分部分项工程安全管理规定》。

[目　文]　《规定》共7章40条。主要有总则、前期保障、专项施工方案、现场安全管理、监督管理、法律责任等内容。自2018年6月1日起施行。

3月8日

[纲　文]　住房城乡建设部发布废止《工程建设项目招标代理机构资格认定办法》《物业服务企业资质管理办法》,自2018年3月8日起施行。

3月8日

[纲　文]　证监会公布修改后的《中国证券监督管理委员会行政许可实施程序规定》，自2018年4月23日起施行。

3月8日

[纲　文]　全国妇联在北京举行"三八"国际妇女节纪念暨表彰大会。

[目　文]　全国妇联党组书记宋秀岩主持会议。中共中央政治局常委王沪宁出席大会并为受表彰的先进妇女典型颁奖。国务院副总理刘延东出席。全国人大常委会副委员长、全国妇联主席沈跃跃出席并讲话。大会表彰了10名全国"三八"红旗手标兵、299名全国"三八"红旗手、200个全国"三八"红旗集体。受表彰的先进妇女典型代表余留芬、俞丽拿、梁建英作了发言。

会议指出，以习近平同志为核心的党中央高度重视妇女事业发展，习近平总书记作出一系列重要指示，为妇女事业发展指明了前进方向，给亿万妇女群众以极大激励和鼓舞。广大妇女要深入学习贯彻习近平新时代中国特色社会主义思想和党的十九大精神，增强拥护核心、拥戴领袖的自觉性和坚定性，坚定不移听党话、跟党走；要积极投身决胜全面建成小康社会实践，勇于奋斗、敢于创新，在推进新时代中国特色社会主义伟大事业中发挥半边天作用；要带头践行社会主义核心价值观，在推动形成社会主义家庭文明新风尚中发挥独特作用。

3月8日

[纲　文]　《人民日报》发表评论员文章《焕发新时代的巾帼力量——写在"三八"国际劳动妇女节》。

3月9日

[纲　文]　国家主席习近平应约同美国总统特朗普通电话，就朝鲜半岛局势和两国关系交换意见。

[目　文]　习近平指出，中方坚定致力于实现朝鲜半岛无核化、维护朝鲜半岛和平稳定，坚持通过对话协商解决问题。当前，朝鲜半岛局势出现的积极变化，有利于把朝鲜半岛无核化进程重新纳入对话解决的正确轨道，也符合联合国安理会涉朝决议确定的方向。我赞赏总统先生政治解决朝鲜半岛问题的积极意愿，希望美朝双方尽快启动接触对话，争取取得积极成果。我们也希望有关各方能多释放一些善意，避免做可能影响和干扰朝鲜半岛局势持续走向缓和的事情，努力把目前出现的积极势头保持下去。我相信，只要各方坚持政治外交解决的大方向，就一定能推动朝鲜半岛问题朝着国际社会共同期待的方向不断取得进展。

特朗普表示，围绕朝鲜核问题的接触最近出现积极进展，朝鲜方面作出了积极表态，美朝能够举行高层会晤对各方都是好事，希望朝鲜核问题最终能够和平解决。事实证明，习主席坚持美国应该同朝鲜开展对话的主张是正确的。美方十分感谢并高度重视中方在朝鲜半岛问题上的重要作用，愿继续密切同中方的沟通协调。

3月9日

［纲　文］　国家主席习近平就巴布亚新几内亚强烈地震向巴布亚新几内亚总督鲍勃·达达埃致慰问电。

3月9日

［纲　文］　国务院办公厅印发《关于促进全域旅游发展的指导意见》。

［目　文］　《意见》由九个部分组成：一、总体要求。二、推进融合发展，创新产品供给。三、加强旅游服务，提升满意指数。四、加强基础配套，提升公共服务。五、加强环境保护，推进共建共享。六、实施系统营销，塑造品牌形象。七、加强规划工作，实施科学发展。八、创新体制机制，完善治理体系。九、强化政策支持，认真组织实施。

《意见》要求，各地区、各部门要充分认识发展全域旅游的重大意义，统一思想、勇于创新，积极作为、狠抓落实，确保全域旅游发展工作取得实效。国务院旅游行政部门要组织开展好全域旅游示范区创建工作，会同有关部门对全域旅游发展情况进行监督检查和跟踪评估，重要情况及时报告国务院。

3月9日

［纲　文］　国家旅游局公布《旅游行政许可办法》。

［目　文］　《办法》共8章50条。主要有总则、实施机关、申请与受理、审查与决定、听证、档案管理、监督检查等内容。自2018年5月1日起施行。2006年11月7日国家旅游局发布的《国家旅游局行政许可实施暂行办法》同时废止。

3月9日

［纲　文］　中国学者在联合国介绍藏语文发展情况。

［目　文］　中国人权研究会理事、中国社会科学院近代史研究所研究员扎洛在日内瓦举行的联合国人权理事会第37次会议有关人权的一般性辩论上说，中国的宪法和民族区域自治法规定，各民族有使用本民族语言文字的权利。西藏自治区的地方法规明确规定藏语文是当地的通用语言文字，藏语文和国家通用语言文字具有同等效力。今天，西藏的农牧民以藏语作为主要语言。在义务教育阶段，西藏实行双语教育，藏语文和国家通用语言文字并重。政府设有专门机构规范不断出现的新词术语。中国政府重视藏传佛教文献的整理与出版，特别是组织上百名专家，历时20年完成了多种版本的藏文《大藏经》的对勘和出版。今天，藏文的信息化技术日益完善，藏语文在互联网上的交流使用十分普遍。在西藏现代化的进程中，古老的藏语文仍然充满活力，并将继续得到传承和发展。

3月9—18日

［纲　文］　平昌冬季残奥会在韩国平昌举行。

［目　文］　49个国家和地区的567名运动员参加了高山滑雪、冬季两项、越野滑雪、单板滑雪、轮椅冰壶和雪橇冰球6个大项、80个小项的比赛。26名运动员组成的中

国代表团参加了除雪橇冰球外的5个大项、30个小项的比赛。中国轮椅冰壶队夺冠，这也是中国代表团在历届冬残奥会上夺得的首枚奖牌。奖牌榜上，美国队以13金15银8铜位列第一，俄罗斯队和加拿大队分列第二和第三，中国队与哈萨克斯坦队并列第20。

闭幕式上，北京市市长、北京冬奥组委执行主席陈吉宁从国际残奥委会主席帕森斯手中接过国际残奥委会会旗，标志着冬残奥会正式进入"北京周期"。

3月10日

［纲　文］　国务院办公厅印发《跨省域补充耕地国家统筹管理办法》。

［目　文］　《办法》共5章23条，主要有总则、申请补充耕地国家统筹、落实国家统筹补充耕地、监管考核等内容。自2018年3月10日起施行，有效期至2022年12月31日。

3月10日

［纲　文］　国务院办公厅印发《城乡建设用地增减挂钩节余指标跨省域调剂管理办法》。

［目　文］　《办法》共6章17条，主要有总则、调剂计划安排、资金收取和支出、节余指标调剂实施、监督管理等内容。自2018年3月10日起施行，有效期至2022年12月31日。

3月11日

［纲　文］　国家主席习近平特使、十二届全国政协副主席马培华在智利国会所在地瓦尔帕莱索出席智利总统权力交接仪式。

［目　文］　10日，马培华在智利圣地亚哥分别会见智利新任总统皮涅拉和卸任总统巴切莱特。

3月12日

［纲　文］　国家主席习近平在北京会见韩国总统特使、国家安保室长郑义溶。

［目　文］　习近平指出，文在寅总统委派特使先生专程来华通报你访问朝鲜和赴美国推动朝美对话的情况，中方对此表示赞赏。作为朝鲜半岛近邻，中方一向支持半岛南北双方改善相互关系、推进和解合作，支持美朝接触对话、协商解决各自关切。半岛无核化、不战不乱是中方的一贯立场。当前，半岛形势正面临重要的缓和对话机遇，中方积极评价韩方为此所作努力，愿同包括韩方在内国际社会一道，进一步做有关各方工作，结合中方"双轨并进"思路及各方有益建议，推进半岛问题政治解决进程。同时，各方要保持耐心和细心，发挥政治智慧，妥善应对和化解复谈进程中的各种问题和干扰。我们期待南北首脑会晤和朝美对话顺利举行，并在推动半岛无核化进程和相互关系正常化方面取得实质性进展。精诚所至，金石为开。只要各方都能聚焦半岛无核化及和平稳定的根本目标，

朝鲜半岛终将迎来坚冰消融、春暖花开的一天。

郑义溶表示，文在寅总统2017年对中国的访问非常成功。当前朝鲜半岛局势出现积极变化，中方发挥了重要的引领作用。中方始终坚持半岛无核化目标，坚持和平解决朝核问题，支持半岛南北对话，主张美朝直接对话，推动南北关系迈出重要一步，使半岛问题出现积极进展。韩方向中方表示衷心感谢，期待中方继续发挥重要作用，并愿同中方密切协调，维护当前半岛局势缓和势头，推动以和平手段解决朝核问题，实现本地区和平、稳定与发展。

同日，国务委员杨洁篪、外交部部长王毅在北京同郑义溶会见、会谈。

13日，外交部发言人在例行记者会上说，中方将继续为解决朝鲜半岛核问题发挥独特作用。中方坚定致力于半岛无核化目标，坚定致力于半岛和平稳定，坚定致力于通过对话谈判解决问题。我们会继续发挥自己的独特作用，推动各方谈起来、谈下去，谈出好成果，谈出一个和平、稳定、无核的朝鲜半岛。

3月12日

［纲　文］　国务院办公厅函复山西、江苏、山东、广东省人民政府和质检总局，同意山西、江苏、山东、广东省开展国家标准化综合改革试点工作。

［目　文］　函复说，一、同意山西、江苏、山东、广东省开展国家标准化综合改革试点工作。各省国家标准化综合改革试点工作方案由省人民政府制定发布。二、试点工作要全面贯彻党的十九大精神，以习近平新时代中国特色社会主义思想为指导，认真落实国务院决策部署，积极实施标准化战略，加快提升标准化总体水平，为全面深化标准化工作改革提供可复制、可推广的经验。三、山西、江苏、山东、广东省人民政府要加强对试点工作的组织领导，完善配套措施，健全协作机制，落实工作责任，积极稳妥推进试点工作，确保试点各项目标任务和政策措施落到实处。四、质检总局要会同国务院有关部门加强对试点工作的指导和协调，适时开展试点评估，总结推广经验，重大问题及时向国务院报告。

3月12日

［纲　文］　《人民日报》发表社论《为民族复兴提供有力宪法保障》。

3月13日

［纲　文］　国家主席习近平、国务院总理李克强就孟加拉国客机在尼泊尔失事分别致电孟加拉国总统哈米德、孟加拉国总理哈西娜和尼泊尔总统班达里、尼泊尔总理奥利表示慰问。

3月13日

［纲　文］　《人民日报》发表评论员文章《充分体现党和国家事业发展新成就新经验新要求——一论宪法修改的重大意义》。

3月14日

［纲　　文］　国家主席习近平、国务院总理李克强分别电贺默克尔连任德国总理。

3月14日

［纲　　文］　国务院印发《积极牵头组织国际大科学计划和大科学工程方案》。

［目　　文］　《方案》由四个部分组成：一、重要意义。二、总体要求。三、重点任务。四、组织实施保障。

《方案》指出，国际大科学计划和大科学工程是人类开拓知识前沿、探索未知世界和解决重大全球性问题的重要手段，是一个国家综合实力和科技创新竞争力的重要体现。牵头组织大科学计划作为建设创新型国家和世界科技强国的重要标志，对于我国增强科技创新实力、提升国际话语权具有积极深远意义。

3月14日

［纲　　文］　民航局印发《推动民航产业技术创新战略联盟构建与发展实施办法》。

［目　　文］　《办法》共7章28条，主要有总则、职责分工、创新联盟的构建、创新联盟试点的申请、创新联盟试点的审核、创新联盟的评估等内容。

3月14日

［纲　　文］　铁路局印发《原铁道部规范性文件第十二批清理结果的通知》。

［目　　文］　《通知》说，为进一步做好"放管服"改革工作，落实国务院办公厅清理部门规章和文件的要求，根据铁路改革发展实际，按照"先易后难、有序推进、边清理、边出成果、边向社会公开"的原则，国家铁路局对原铁道部规范性文件进行第十二批清理，同时对《中国铁路总公司关于公布〈中国铁路总公司铁路技术规章目录〉的通知》（铁总科信〔2018〕17号）涉及的技术文件进行了专家评审，对原铁道部24件规范性文件进行处理。

3月14日

［纲　　文］　中国研发成功全球大数据查询速度最快、性价比最高的服务器。

［目　　文］　中科曙光发布，经过审核，曙光全新一代自主研发的双路机架服务器I620-G30服务器集群性能和性价比双破世界纪录。该服务器集群在30TB的数据规模上以每分钟完成3383.95次大数据查询的速度，每次查询的成本为307.86美元的优异成绩成为全球大数据查询速度最快、性价比最高的服务器。TPCxT-BB（TPCBenchmark Express-BigBench）是国际标准化组织TPC应对大数据技术趋势而开发的一款专业级评测大数据系统性能的工业测试工具，目前作为全球通用标准使用。该标准为国内外服务器厂家、大数据服务供应商以及终端业务使用者所认可，其发布的成绩在大数据相关行业中具有广泛而又深远的影响力。

3月14日

［纲　　文］　《人民日报》发表评论员文章《建设人民满意的服务型政府》《坚持党的

领导人民当家作主依法治国有机统一——二论宪法修改的重大意义》。

3月15日

［纲　文］　政协第十三届全国委员会第一次主席会议在北京举行。

［目　文］　全国政协主席汪洋主持会议并讲话。全国政协副主席张庆黎、刘奇葆、帕巴拉·格列朗杰、董建华、万钢、何厚铧、卢展工、王正伟、马飚、陈晓光、梁振英、杨传堂、李斌、巴特尔、汪永清、何立峰、苏辉、郑建邦、辜胜阻、刘新成、何维、邵鸿、高云龙出席会议。

会议审议通过了政协第十三届全国委员会常务委员会第一次会议议程（草案）、日程和政协第十三届全国委员会各专门委员会委员名单，决定3月15日至16日在北京召开全国政协十三届常委会第一次会议。会议审议了政协第十三届全国委员会常务委员会关于设置专门委员会的决定（草案），政协第十三届全国委员会副秘书长任命名单（草案），政协第十三届全国委员会各专门委员会主任、副主任名单（草案）。会议决定，将上述草案提请全国政协十三届常委会第一次会议审议。全国政协副主席兼秘书长夏宝龙就有关草案作说明。

汪洋指出，刚刚闭幕的全国政协十三届一次会议选举组成主席会议，成立了新一届政协领导班子。这是党和人民赋予的重托，也是全体委员的信任。我们要共同努力，不辱使命、不负重托，在以习近平同志为核心的党中央的坚强领导下，把人民政协事业继续推向前进。主席会议成员一要坚定正确的政治方向，二要带头履职尽责，三要带头发扬民主，四要带头联系群众。

3月15日

［纲　文］　国家安全部原党组书记、部长凌云，在北京逝世，享年101岁。

3月15日

［纲　文］　《人民日报》发表评论员文章《学习宪法　尊崇宪法——三论宪法修改的重大意义》。

3月15—16日

［纲　文］　政协第十三届全国委员会常务委员会第一次会议在北京召开。

［目　文］　全国政协副主席张庆黎主持开幕会。全国政协主席汪洋主持闭幕会并讲话。

会议审议通过了政协第十三届全国委员会常务委员会关于设置专门委员会的决定，决定设置提案委员会、经济委员会、农业和农村委员会、人口资源环境委员会、教科卫体委员会、社会和法制委员会、民族和宗教委员会、港澳台侨委员会、外事委员会、文化文史和学习委员会十个专门委员会；审议通过了政协第十三届全国委员会副秘书长任命名单和各专门委员会主任、副主任名单。

汪洋在闭幕会上指出，习近平总书记关于人民政协工作的重要思想，科学回答了人民政协事业发展面临的方向性、全局性、战略性重大问题，是习近平新时代中国特色社会主义思想的重要组成部分，为新时代人民政协事业发展提供了科学理论指导和行动指南。本次常委会议学习传达了习近平总书记关于人民政协工作的重要思想，以会代训，为未来五年政协工作打好了思想基础。我们一定要着力把握习近平总书记关于人民政协工作的重要思想的核心要义、精神实质，努力转化为人民政协的工作思路和务实举措，不断开创工作新局面。要坚持人民政协性质定位，聚焦党和国家中心任务履职尽责，努力提高履职工作实效和水平。今年要着重抓好重大协商议政活动、新修订政协章程的学习宣传贯彻、政协协商民主重大改革举措的落实、委员学习培训等工作，在提高提案、调研、理论研究等工作质量上下功夫。全国政协十三届一次会议选举出常务委员会，这是全体委员对我们的信任和重托，饱含着党和人民的殷切期望。常委会组成人员要提高政治站位，统一思想认识，在加强学习、坚定信念、求真务实、提质增效，严守纪律、清正廉洁，团结民主、合作共事上走在前面，带头提交书面履职报告，完成好年度"委员作业"，切实发挥示范引领作用，努力推动新时代人民政协事业展现新气象、实现新作为、谱写新篇章。

3月16日

[纲 文] 新华社讯，中央军委办公厅印发《关于在全军开展"传承红色基因、担当强军重任"主题教育的意见》。

[目 文] 《意见》指出，要把学习贯彻习近平新时代中国特色社会主义思想作为核心内容和根本任务，贯彻学懂弄通做实要求，认真组织学习教育、开展实践活动、加强检查督导等，切实拎起教育的魂和纲，在高举思想旗帜、培育时代新人上取得扎实成效。要紧密结合新的形势任务要求，抓住事关永葆我军性质宗旨本色、有效履行新时代军队使命任务的根本性全局性问题，抓住官兵关注的重大理论和现实问题，聚焦备战打仗，设置专题加强针对性教育和思想引导。要以更高标准、更严要求抓好党员干部特别是团以上领导干部学习教育，严格组织生活制度，从严查纠党员队伍中存在的思想不纯、组织不纯、作风不纯等突出问题，着力纠治形式主义和官僚主义，全面彻底肃清郭伯雄、徐才厚流毒影响。构建积极健康的党内政治文化，培育争做"四个合格"党员的新风尚。坚持党建带团建，教育引导广大团员青年放飞青春梦想、勇担强军重任。

3月16日

[纲 文] 《人民日报》发表社论《画好同心圆 筑梦新时代——热烈祝贺全国政协十三届一次会议胜利闭幕》。

3月17日

[纲 文] 国家主席习近平应约同德国总理默克尔通电话。

[目 文] 默克尔祝贺习近平当选中国国家主席，表示德国新政府致力于继续发展更加密切的德中关系，愿加强同中国高层交往和机制性对话，推进各领域合作。德方一直

支持"一带一路"倡议，视之为欧亚大陆的战略桥梁，愿通过项目合作为共建"一带一路"作出贡献。德方支持深化欧中关系，愿加强同中方在二十国集团等多边框架内合作，共同维护多边秩序。

习近平祝贺默克尔连任德国总理。习近平指出，中德都是世界大国和重要的稳定性力量，两国关系在全方位战略伙伴关系框架内实现了高水平发展。我注意到，德国新政府继续把中国视作德国外交在亚洲的优先重点。中方同样高度重视发展同德方的关系。中德应该成为合作共赢的示范者，加强战略对接，共同规划好下阶段各领域互利合作，推进"一带一路"框架内合作，实现共同发展。中德应该继续做中欧关系的引领者，为增进中欧战略互信、促进中欧合作发挥建设性作用。中德应该成为新型国际关系的推动者，致力于维护经济全球化和多边主义，支持贸易自由化，反对保护主义，加强在二十国集团等多边框架内合作，共同维护并完善国际秩序和经济治理体系，维护和构建开放型世界经济。中德还应该成为超越意识形态差异的合作者。中德是伙伴而非对手，各自发展给对方带来的是机遇而非挑战。只要双方坚持平等和相互尊重，理解并照顾彼此核心利益和重大关切，坚持聚焦合作，妥善管控和处理分歧，中德关系就能行稳致远。

两国领导人还就国际贸易秩序等共同关心的问题交换了看法。

3月17日

［纲　文］　国务院办公厅印发《科学数据管理办法》。

［目　文］　《办法》共6章33条，主要有总则，职责，采集、汇交与保存，共享与利用，保密与安全等内容。自2018年3月17日起施行。

3月17日

［纲　文］　俄罗斯总统普京向国家主席习近平致贺电，热烈祝贺习近平当选中华人民共和国主席。

3月17日

［纲　文］　中国在酒泉卫星发射中心用"长征二号丁"运载火箭，成功将陆地勘查卫星四号发射升空。卫星进入预定轨道，发射任务取得成功。

［目　文］　本颗星用于开展陆地资源遥感勘查。这次任务是长征系列运载火箭的第268次飞行。

3月17—18日

［纲　文］　外交部、国防部、国务院台办分别就美方签署"与台湾交往法案"发表谈话。

［目　文］　有记者问，据报道，美方已签署"与台湾交往法案"。中方对此有何评论？

外交部发言人说，正如中方多次指出的，该案有关条款尽管没有法律约束力，但它严重违反一个中国原则和中美三个联合公报规定，向"台独"分裂势力发出了严重错误信号。中方对此坚决反对。中方敦促美方纠正错误，停止美台官方往来和提升实质关系，慎重妥善处理涉台问题，以免对中美关系和台海地区和平稳定造成严重损害。

同日，国防部新闻发言人就美方签署"与台湾交往法案"发表谈话表示，中国军队对此坚决反对。台湾是中国的一部分，台湾问题纯属中国内政。该案有关条款尽管没有法律约束力，但它严重违反一个中国原则和中美三个联合公报规定，干涉中国内政，损害了中美两国两军关系的发展氛围。中方要求美方信守承诺、改正错误，不得实施上述法案有关条款，停止美台官方往来，停止美台军事联系，停止对台售武，以免对中美两国两军关系和台海和平稳定造成严重损害。

18日，国务院台办发言人就美方签署所谓"与台湾交往法案"指出，外交部等部门已表明了我们坚决反对美方签署"与台湾交往法案"的严正立场，并已向美方提出严正交涉。该案有关条款尽管不具法律约束力，但严重违反一个中国原则和中美三个联合公报规定，向"台独"分裂势力发出了严重错误信号，给复杂严峻的两岸关系形势和台海地区和平稳定造成严重冲击。对此我们坚决反对。我也再次正告台湾方面，挟洋自重必将引火烧身。

3月18日

［纲　文］　习近平签署中华人民共和国主席令（第一号）。

［目　文］　主席令（第一号）说，根据中华人民共和国第十三届全国人民代表大会第一次会议的决定，任命李克强为中华人民共和国国务院总理。

3月18日

［纲　文］　国务院办公厅印发《关于全面推进金融业综合统计工作的意见》。

［目　文］　《意见》由六个部分组成：一、深化认识。二、总体要求。三、工作机制。四、关键支撑。五、主要任务。六、保障措施。

3月18日

［纲　文］　国务院办公厅印发《知识产权对外转让有关工作办法（试行）》。

［目　文］　《办法》由四个部分组成：一、审查范围。二、审查内容。三、审查机制。四、其他事项。自2018年3月18日起试行。

3月18日

［纲　文］　台湾著名作家、评论家、历史学家李敖，在台北去世，享年83岁。

3月18日

［纲　文］　《人民日报》发表社论《国家的掌舵者　人民的领路人》。

3月18日

［纲　文］　《人民日报》发表评论员文章《尊崇宪法的庄严宣示》。

3月19日

［纲　文］　国家主席习近平向俄罗斯当选总统普京致贺电。

3月19日

[纲 文] 国家主席习近平同俄罗斯总统普京通电话。

[目 文] 习近平祝贺俄罗斯总统选举成功举行,祝贺普京连任俄罗斯总统。习近平指出,总统先生顺利当选连任,是俄罗斯人民作出的正确选择。相信在总统先生领导下,俄罗斯人民一定会继续凝神聚力、团结奋进,在国家发展建设中不断取得新成就。当前,中俄都处在国家发展振兴的关键阶段。今年是中国贯彻落实中共十九大精神开局之年,也是改革开放40周年。同往年相比,今年中国全国"两会"具有更加重要的意义。除选举产生新一届国家机构和全国政协领导人外,我们还审议了宪法修正案、监察法草案等重要议案,启动了新一轮国务院机构改革。这有利于更好团结激励全国人民为实现中华民族伟大复兴的中国梦而奋斗。总统先生不久前发表的国情咨文,就俄罗斯国家建设、改善民生、科技创新等提出重要理念,我十分赞同。相信我们两国都会沿着既定方向,坚定走自己的路,取得新的成绩。

习近平强调,中俄是风雨同舟的全面战略协作伙伴,我同总统先生多次会晤,共同引领中俄关系经受住国际风云变幻的考验,达到历史最好时期。作为两个世界大国,中方愿同俄方继续携手努力,密切联系,深化合作,共同规划两国关系下一步发展,引领中俄关系走进新时代。

普京再次祝贺习近平当选连任中国国家主席。普京表示,中国全国人民代表大会作出的这一重要决定再次证明了您的崇高威望和全体中国人民对您的拥护。此次中国全国人大作出的一系列决定将进一步推动中国发展,是完全正确的,俄罗斯祝贺并坚定支持这些决定。得益于您的亲自推动,当前俄中全面战略协作伙伴关系正处于历史最高水平。俄方珍视同中方的友谊,愿同中方密切高层交往,深化两国全面战略协作伙伴关系。

3月19日

[纲 文] 习近平签署中华人民共和国主席令(第二号)。

[目 文] 主席令(第二号)说,根据中华人民共和国第十三届全国人民代表大会第一次会议的决定:任命韩正、孙春兰(女)、胡春华、刘鹤为国务院副总理;任命魏凤和、王勇、王毅、肖捷、赵克志为国务委员;任命肖捷(兼)为国务院秘书长;任命王毅(兼)为外交部部长;任命魏凤和(兼)为国防部部长;任命何立峰为国家发展和改革委员会主任;任命陈宝生为教育部部长;任命王志刚为科学技术部部长;任命苗圩为工业和信息化部部长;任命巴特尔(蒙古族)为国家民族事务委员会主任;任命赵克志(兼)为公安部部长;任命陈文清为国家安全部部长;任命黄树贤为民政部部长;任命傅政华为司法部部长;任命刘昆为财政部部长;任命张纪南为人力资源和社会保障部部长;任命陆昊为自然资源部部长;任命李干杰为生态环境部部长;任命王蒙徽为住房和城乡建设部部长;任命李小鹏为交通运输部部长;任命鄂竟平为水利部部长;任命韩长赋为农业农村部部长;任命钟山为商务部部长;任命雒树刚为文化和旅游部部长;任命马晓伟为国家卫生健康委员会主任;任命孙绍骋为退役军人事务部部长;任命王玉普为应急管理部部长;任

命易纲为中国人民银行行长；任命胡泽君（女）为审计署审计长。

3月19日

［纲　文］　国务院公布《关于修改和废止部分行政法规的决定》。

［目　文］　《决定》说，为了依法推进简政放权、放管结合、优化服务改革，国务院对取消行政许可项目及制约新产业、新业态、新模式发展涉及的行政法规进行了清理。经过清理，国务院决定：一、对《中华人民共和国计量法实施细则》等18部行政法规的部分条款予以修改。二、对《中华人民共和国私营企业暂行条例》（1988年6月25日国务院发布）等5部行政法规予以废止。本决定自2018年3月19日起施行。

3月19日

［纲　文］　人民银行发布《中国人民银行公告〔2018〕第7号》。

［目　文］　《公告》说，一、境外机构拟为中华人民共和国境内主体的境内交易和跨境交易提供电子支付服务的，应当在中华人民共和国境内设立外商投资企业，根据《非金融机构支付服务管理办法》规定的条件和程序取得支付业务许可证。二、外商投资支付机构应当在中华人民共和国境内拥有安全、规范、能够独立完成支付业务处理的业务系统和灾备系统。三、外商投资支付机构在中华人民共和国境内收集和产生的个人信息和金融信息的存储、处理和分析应当在境内进行。为处理跨境业务必须向境外传输的，应当符合法律、行政法规和相关监管部门的规定，要求境外主体履行相应的信息保密义务，并经个人信息主体同意。四、外商投资支付机构的公司治理、日常运营、风险管理、资金处理、备付金交存、应急安排等应当遵守中国人民银行关于非银行支付机构的监管要求。

3月19日

［纲　文］　**国家海洋局发布《2017年中国海平面公报》《2017年中国海洋灾害公报》《2017年中国海洋生态环境状况公报》。**

［目　文］　《2017年中国海平面公报》显示，中国沿海海平面变化总体呈波动上升趋势。1980年至2017年，沿海海平面上升速率为3.3毫米/年，高于同期全球平均水平。中国沿海近六年的海平面均处于30多年来的高位。与常年相比，2017年渤海、黄海、东海和南海沿海海平面分别高42毫米、23毫米、66毫米和100毫米。

《2017年中国海洋灾害公报》显示，我国砂质海岸和粉沙淤泥质海岸侵蚀严重，其侵蚀严重地区分别分布在辽宁、广东、海南监测岸段和江苏监测岸段，全年海岸侵蚀造成全国土地损失14.34公顷。海水入侵方面，2017年渤海滨海平原地区较为严重，海水入侵距离一般距岸12—25千米。

《2017年中国海洋生态环境状况公报》显示，2017年我国海洋生态环境状况稳中向好，典型生态系统健康状况和生物多样性保持稳定，海洋功能区环境状况基本满足使用要求。但是，入海河流水质状况仍不容乐观，近岸局部海域污染依然严重，海洋环境风险依然突出。

3月19日

［纲　文］　浙江大学联合哈佛大学建成国内首个综合学术地图发布平台。

〔目　文〕　该平台旨在为广大用户提供地理信息研究成果发布、可视化分析及多功能查询等服务，致力于打造中国最大的文史地理信息数据库和学术地图发布平台。

3月20日

〔纲　文〕　国家主席习近平应约同印度总理莫迪通电话。

〔目　文〕　莫迪首先再次热烈祝贺习近平当选连任中国国家主席，并表示，您的当选连任再次证明全体中国人民对您的拥戴。印中同为文明古国和世界上有影响的国家。印方愿同中方密切高层交往，深化双边关系，加强在国际事务中协调合作，推动印中更加紧密的发展伙伴关系取得更大进展，推动世界和地区和平与发展。

习近平感谢莫迪来电祝贺并指出，刚刚闭幕的中国全国"两会"非常成功。会议选举产生了新一届国家机构和全国政协领导人，通过了宪法修正案和其他重要议案，启动了国务院机构改革。中国将进一步深化改革、扩大开放，在实现自身发展的同时，为促进世界共同发展进步作出更大贡献。中国和印度同为发展中大国和主要新兴市场国家，是推进世界多极化和经济全球化的中坚力量。过去几年来，我同总理先生多次会晤，确定中印要构建更加紧密的发展伙伴关系，推动两国各领域合作取得长足发展。一段时期以来，中印关系呈现积极发展势头，务实合作走向深入，民间友好交往日益活跃。中方愿同印方共同努力，将这一良好势头保持下去。我愿同总理先生就两国关系全局性、长期性、战略性问题和国际地区形势加强沟通，以增进两国政治互信，为两国关系发展提供重要指导，不断提升两国关系发展水平。

3月20日

〔纲　文〕　财政部印发《预算稳定调节基金管理暂行办法》。

〔目　文〕　《办法》共5章15条，主要有总则、预算稳定调节基金的设置和补充、预算稳定调节基金的动用、预算科目和账务处理等内容。自2018年3月20日起实施。

3月20日

〔纲　文〕　国务院任免国家工作人员。

〔目　文〕　汪永清不再兼任国务院副秘书长职务。任命刘结一为国务院台湾事务办公室主任；免去张志军的国务院台湾事务办公室主任职务。任命谢伏瞻为中国社会科学院院长；免去王伟光的中国社会科学院院长职务。

3月20日

〔纲　文〕　中国"大洋一号"科学考察船从青岛起航，执行2018年综合海试任务。

〔目　文〕　"大洋一号"是一艘5600吨级远洋科学考察船，具备海洋地质、海洋地球物理、海洋化学、海洋生物、物理海洋、海洋水声等多学科的研究工作条件。中国自主研发的海底机器人"潜龙"和"海龙"参加本次海试的相关科学调查。国家海洋局第二海洋研究所、国家海洋局北海分局、国家深海基地管理中心、上海交通大学、中国科学院沈阳自动化研究所等18家单位共119人参加海试。

5月3日,"大洋一号"返回青岛。本航次总航程6208海里。"海龙"系列潜水器共计完成8次下潜,其中,"海龙Ⅲ"潜水器下潜5次,完成4500米级深潜试验;"海龙11000"潜水器下潜3次,完成3000米级下潜试验,均取得突破。全面测试了航行控制、取样作业、水声通信等功能,潜水器运行状态良好,各项参数达到设计标准,获得的相关试验数据与操作经验,推动"海龙"系列潜水器的发展。"潜龙三号"共完成4次下潜,下潜成功率百分之百。分别完成了综合性能试验和最大续航力试验,全面检测了50项技术指标,包括最大工作深度、无动力下潜/上浮速度、巡航速度、最大航速、最大续航力、测深侧扫声纳、光学探测、水体探测、卫星通信、水面航行/定位和回收等,潜水器2节速度续航力达到42小时48分钟,航程156.82公里,创下我国自主潜水器深海航程最远纪录。

3月21日

[纲　文]　**新华社讯,中央政治局同志首次向党中央和习近平书面述职。**

[目　文]　根据《中共中央政治局关于加强和维护党中央集中统一领导的若干规定》,中央政治局同志每年向党中央和中共中央总书记习近平书面述职一次。这是党的十九大以来加强和维护党中央集中统一领导的重要制度安排。近期,中央政治局同志首次向党中央和习近平书面述职。习近平认真审阅中央政治局同志的述职报告,并就中央政治局同志履行职责、做好工作、改进作风提出重要要求。习近平强调,十九届中央政治局受全党全国各族人民重托,担负着重大领导责任。每位中央政治局同志都必须不忘初心、牢记使命,胸怀大局、执政为民,勇于开拓、敢于担当,克己奉公、廉洁自律,发挥示范带头作用,以实际行动团结带领各级干部和广大人民群众,万众一心为实现"两个一百年"奋斗目标而努力奋斗。

中央政治局同志结合分工,联系一年来思想工作实际特别是党的十九大以来履职情况,以严肃认真的态度和高度负责的精神从七个方面的内容撰写了述职报告。一是带头增强"四个意识",坚定维护以习近平同志为核心的党中央权威和集中统一领导。二是带头学习宣传贯彻习近平新时代中国特色社会主义思想和党的十九大精神。三是带头落实重大问题请示报告制度。四是带头贯彻执行民主集中制。五是带头推动党中央决策部署贯彻落实。六是带头开展调查研究,深入改进作风。七是带头廉洁自律。并在工作总结中坚持实事求是,有经验提炼和问题分析,也有党性剖析和改进措施,从严要求、自省自励,体现了中央政治局同志带头贯彻全面从严治党的要求。

习近平在审阅中央政治局同志述职报告时,除对中央政治局同志提出总体要求外,还分别进行了个性化点评。

3月21日

[纲　文]　**李克强主持召开国务院常务会议。**

[目　文]　会议确定《政府工作报告》重点任务分工,新一届国务院开始全面履

职。会议将十三届全国人大一次会议表决通过的《政府工作报告》提出的12个方面57项重点任务逐项分解、明确责任，要求各部门、各单位依法履职，勤勉尽责，建立抓落实工作责任制，一把手要亲自抓、负总责，抓紧制定推进重点工作的方案和台账，做到每项任务有措施、有进度安排、有责任人，对市场和群众期盼的重点措施要抓紧出台实施，强化督查，确保落地见效，确保完成全年经济社会发展主要目标任务，实现新一届国务院工作良好开局。根据十三届全国人大一次会议批准的国务院机构改革方案，会议对依法由国务院审查批准的组成部门以外的国务院所属机构调整和设置进行了讨论，通过了国务院直属特设机构、直属机构、办事机构、直属事业单位、部委管理的国家局设置。

会议要求，各部门、各单位要统筹兼顾做好经济社会发展和机构改革工作，做到职责平稳过渡、工作无缝衔接，在相关职责调整到位之前，各有关部门和单位要继续按原职责落实工作任务，确保不出现责任缺位、工作断档，实现机构改革和推动发展互促共进。会议强调，当前国际形势错综复杂，我国发展面临不少困难挑战。各级政府一要保持战略定力，努力攻坚克难，提高政策协同性、针对性和有效性，统筹做好稳增长、促改革、调结构、惠民生、防风险工作。持续打好防范化解重大风险、精准脱贫、污染防治三大攻坚战。巩固和扩大经济稳中向好势头。二要抓住"牵牛鼻子"的重点领域改革集中攻坚，把国务院机构改革和深化"放管服"改革结合起来，持续转变政府职能，加快落实企业开办时间再减一半、政务服务一网通办等"六个一"重点任务和减税减费措施，为市场主体优化营商环境，为人民群众办事增加便利，出台进一步放宽准入、扩大开放的政策，更大激发市场活力和社会创造力。三要聚焦就业、教育、医疗、养老等民生重点，纾解民生痛点的新招实招要抓紧推出，普惠性、见实效的实事好事要抓紧办好，把提高群众获得感的要求贯穿到政府工作始终，兑现政府对人民的承诺。

3月21日

［纲　文］　十三届全国人大常委会第一次委员长会议在北京举行。

［目　文］　全国人大常委会委员长栗战书主持会议。全国人大常委会副委员长王晨、曹建明、张春贤、沈跃跃、吉炳轩、艾力更·依明巴海、万鄂湘、陈竺、白玛赤林、丁仲礼、郝明金、蔡达峰、武维华出席会议。

会议决定，会后举行十三届全国人大常委会第一次会议。会议研究确定了十三届全国人大常委会副委员长联系全国人大专门委员会的分工。会议听取了全国人大常委会秘书长杨振武分别作的关于十三届全国人大常委会第一次会议议程草案和日程安排意见的汇报，关于十三届全国人大常委会副秘书长、预算工作委员会主任、香港基本法委员会主任、澳门基本法委员会主任和国家监察委员会副主任、委员等任免事项有关情况的汇报，关于十三届全国人大常委会第一次会议任命人员进行宪法宣誓有关安排的汇报。

委员长会议建议十三届全国人大常委会第一次会议的议程是：任命全国人大常委会副秘书长；任免全国人大常委会预算工作委员会主任；任免第四任全国人大常委会香港特

别行政区基本法委员会主任；任免第四任全国人大常委会澳门特别行政区基本法委员会主任；任命国家监察委员会副主任、委员。

3月21日

［纲　文］　十三届全国人大常委会第一次会议在北京举行。

［目　文］　全国人大常委会委员长栗战书主持会议并讲话。全国人大常委会副委员长王晨、曹建明、张春贤、沈跃跃、吉炳轩、艾力更·依明巴海、万鄂湘、陈竺、白玛赤林、丁仲礼、郝明金、蔡达峰、武维华，秘书长杨振武出席会议。常委会组成人员171人出席会议，出席人数符合法定人数。国务委员王勇、国家监察委员会主任杨晓渡、最高人民法院院长周强、最高人民检察院检察长张军，全国人大各专门委员会成员，以及有关部门负责人等列席会议。

根据通过的议程，会议分别经表决，任命信春鹰、韩晓武、郭雷、古小玉、郭振华、柯良栋、何新为十三届全国人大常委会副秘书长。

会议分别经表决，免去刘昆的全国人大常委会预算工作委员会主任职务，任命史耀斌为全国人大常委会预算工作委员会主任；免去李飞的第四任全国人大常委会香港特别行政区基本法委员会主任、第四任全国人大常委会澳门特别行政区基本法委员会主任职务，任命沈春耀为上述两个基本法委员会主任。会议分别经表决，任命刘金国、杨晓超、李书磊、徐令义、肖培、陈小江为国家监察委员会副主任，任命王鸿津、白少康、邹加怡、张春生、陈超英、侯凯、姜信治、凌激、崔鹏、卢希为国家监察委员会委员。

栗战书发表讲话指出，做好全国人大及其常委会的工作，根本在于习近平新时代中国特色社会主义思想的科学指引，根本在于以习近平同志为核心的党中央的坚强领导，必须坚持走中国特色社会主义政治发展道路，坚持党的领导、人民当家作主、依法治国有机统一、长期坚持、不断完善人民代表大会制度。十三届全国人大常委会的任期，正好在"两个一百年"奋斗目标的历史交汇期，这给人大工作提出新的更高要求，赋予重大的历史责任。要深入学习贯彻习近平总书记在十三届全国人大一次会议上的重要讲话精神，不忘初心、牢记使命，弘扬伟大民族精神，始终把人民放在心中最高位置，始终全心全意为人民服务，始终为人民利益和幸福而努力工作。十三届全国人大一次会议通过的宪法修正案，把党的十八大以来的重大理论创新、实践创新、制度创新成果写进宪法，确立了习近平新时代中国特色社会主义思想作为国家指导思想的地位。全国人大及其常委会要按照党中央统一部署，深入学习宣传宪法，使宪法精神家喻户晓、深入人心，使遵守宪法成为全体人民的自觉行动。要忠于宪法、遵守宪法、维护宪法，履行宪法使命，保证宪法实施，为新时代党和国家事业发展提供坚强的宪法保障。

同日，十三届全国人大常委会在人民大会堂举行宪法宣誓仪式。栗战书主持并监誓。领誓人为新任命的全国人大常委会副秘书长信春鹰。新任命的全国人大常委会副秘书长韩晓武、郭雷、古小玉、郭振华、柯良栋、何新，预算工作委员会主任史耀斌，香港基本法委员会主任、澳门基本法委员会主任沈春耀跟诵誓词。

3月21日

[纲　文]　第十三届全国政协党组理论学习中心组举行第一次集体学习。

[目　文]　本次学习的内容是，学习领会贯彻新通过的宪法修正案。全国政协主席、党组书记汪洋主持学习。全国人大宪法和法律委员会副主任委员、全国人大常委会法制工作委员会主任沈春耀就中国宪法制度的若干问题作了专题辅导报告。全国政协副主席、党组副书记张庆黎，全国政协副主席、党组成员刘奇葆、卢展工、王正伟、马飚、夏宝龙、杨传堂、李斌、巴特尔、汪永清、何立峰出席会议，部分党组成员进行了讨论发言。全国政协副主席万钢、陈晓光、苏辉、郑建邦、辜胜阻、刘新成、何维、邵鸿、高云龙列席会议。

汪洋强调，这次宪法修改是以习近平同志为核心的党中央作出的重大决策，我们要全面准确领会和把握宪法修正案的核心要义，牢固树立宪法意识，善于运用法治思维，自觉在宪法和法律范围内履行职能，切实把宪法要求贯穿于人民政协工作的各方面和全过程。宪法修正案充实完善了爱国统一战线和民族关系的内容，有利于铸牢中华民族共同体意识，加强各民族交往交流交融。我们要牢牢把握人民政协的性质定位，毫不动摇地坚持中国共产党的领导，把习近平新时代中国特色社会主义思想作为统揽人民政协各项工作的总纲，坚定不移走中国特色社会主义政治发展道路，围绕实现国家的根本任务凝心聚力，自觉依照宪法法律和政协章程开展工作，不断提高履行职能的制度化、规范化、程序化水平。

汪洋指出，宪法修正案确立了习近平新时代中国特色社会主义思想在国家政治和社会生活中的指导地位，确立了中国共产党领导是中国特色社会主义最本质的特征，将党的十九大确定的重大理论观点和重大方针政策、党和国家事业发展的新成就新经验新要求，载入国家根本法，非常必要、非常及时，体现了全党全国人民的共同意志，是时代大势所趋、事业发展所需、党心民心所向。全国政协党组和机关党组、各专委会分党组要担负起主体责任，聚焦本次宪法修改的重要内容，带头学习贯彻，自觉增强宪法意识，做尊法学法守法用法的模范。

3月21日

[纲　文]　中央政法委全体会议在北京召开。

[目　文]　会议由中央政法委书记郭声琨主持。中央政法委副书记赵克志，中央政法委委员周强、张军，全国政协副主席汪永清出席会议。会议内容是学习习近平讲话和全国"两会"精神，研究贯彻落实意见。

会议指出，习近平全票当选国家主席、中央军委主席，这是全体全国人大代表的集体意志，是全国各族人民的共同心愿。习近平是全党拥护、人民爱戴、当之无愧的党的核心、军队统帅、人民领袖，是新时代中国特色社会主义国家的掌舵者、人民的领路人。我们要强化"四个意识"、坚定"四个自信"，坚决维护习近平总书记党中央的核心、全党的核心地位，坚决维护以习近平同志为核心的党中央权威和集中统一领导。

会议强调，要坚持以习近平新时代中国特色社会主义思想为指导，把贯彻落实全国"两会"精神与贯彻落实党的十九大、十九届二中、三中全会和中央政法工作会议精神结合起来，对标对表，抓好各项部署措施落实。要紧紧围绕今年经济社会发展的目标任务积极主动开展工作，提供良好法治保障。要带头学习宣传贯彻宪法，履行好维护宪法权威、保障宪法实施的职责使命。要有力有序推进政法口机构改革和司法体制改革，积极探索与监察委员会办案工作相衔接的司法工作模式。要切实做好当前工作，确保全国社会大局持续稳定。

3月21日

[纲　文]　中央统战部在北京召开党外人士座谈会。

[目　文]　会议内容是学习贯彻习近平在看望参加全国政协十三届一次会议的民盟、致公党、无党派人士和侨联界委员时的讲话精神。

中央统战部部长尤权主持会议并讲话。十三届全国人大常委会副委员长、民革中央主席万鄂湘，十三届全国人大常委会副委员长、农工党中央主席陈竺，十三届全国人大常委会副委员长、民盟中央主席丁仲礼，十三届全国人大常委会副委员长、民建中央主席郝明金，十三届全国人大常委会副委员长、民进中央主席蔡达峰，十三届全国人大常委会副委员长、九三学社中央主席武维华等出席会议。各民主党派中央、全国工商联负责人和无党派人士代表参加会议。

尤权指出，习近平总书记的重要讲话，深刻阐明了中国共产党领导的多党合作和政治协商制度这一新型政党制度的性质地位、鲜明特点、独特优势和前进方向，为推动多党合作事业发展提供了根本遵循。尤权强调，统一战线要深入学习贯彻习近平总书记重要讲话精神，不断增强多党合作制度自信，推动构建我国新型政党制度理论体系，讲好多党合作"中国故事"，进一步提高多党合作制度效能，最大限度地为新时代中国特色社会主义事业发展凝聚共识、凝聚智慧、凝聚力量。

3月21日

[纲　文]　国务院办公厅印发《关于改革完善仿制药供应保障及使用政策的意见》。

[目　文]　《意见》由三个部分组成：一、促进仿制药研发。二、提升仿制药质量疗效。三、完善支持政策。

《意见》指出，改革完善仿制药供应保障及使用政策，事关人民群众用药安全，事关医药行业健康发展。各地区、各部门要加强组织领导，结合实际细化出台工作方案和配套细则，完善抓落实的工作机制和办法，把责任压实、要求提实、考核抓实，积极稳妥推进，确保改革措施落地见效。

3月21日

[纲　文]　世界知识产权组织公布2017年全球企业等申请注册国际专利的统计数据。

[目　文]　从各个国家的申请数量来看，美国占据了首位，为56624项。中国较

上年增加13.4%，至48882项，超过日本的48208项升至第二位。在申请专利的领域方面，排名榜首的电脑技术占整体的8.6%，次之的数码通信占8.2%，第三的电子机械类占6.8%。

此外，世界知识产权组织还公布了2017年申请国际商标和国际设计权的统计数据。有关国际商标权的各国统计中，美国与德国分别占据第一与第二，中国以同比增加36.3%排名第三。国际设计权排名前三的依次为德国、瑞士、韩国。

3月21日

［纲　文］　国务院任免国家工作人员。

［目　文］　陈希兼任国家行政学院院长。任命何毅亭为国家行政学院分管日常工作的副院长（正部长级）。任命聂辰席为国家广播电视总局局长。任命慎海雄为中央广播电视总台台长。免去王国强的国家中医药管理局局长职务。

3月21日

［纲　文］　《人民日报》报道，四川等五省区党委主要负责人职务调整。

［目　文］　中共中央决定：王东明同志不再兼任四川省委书记、常委、委员职务；彭清华同志任四川省委委员、常委、书记，不再担任广西壮族自治区党委书记、常委、委员职务。鹿心社同志任广西壮族自治区党委委员、常委、书记，不再担任江西省委书记、常委、委员职务；刘奇同志任江西省委书记。王国生同志任河南省委委员、常委、书记，不再担任青海省委书记、常委、委员职务；谢伏瞻同志不再担任河南省委书记、常委、委员职务，另有任用。王建军同志任青海省委书记。

3月21日

［纲　文］　外交部发言人表示，"一带一路"倡议为全球企业带来重大机遇，受到普遍欢迎。

［目　文］　有记者问：近日，美国消费者新闻与商业频道（CNBC）通过运用金融搜索引擎作出的分析显示，包括霍尼韦尔、汇丰银行、西门子、力拓、施耐德电气等多家跨国公司高管都表示，"一带一路"倡议为其提供了难得商机，在基础设施等领域带来了大量新机遇，显著提升了它们在有关地区的存在，表示要积极抓住"一带一路"倡议带来的机遇。你对此有何评论？

发言人表示，中方注意到有关报道。CNBC通过运用金融搜索引擎了解到美国及一些全球知名企业对"一带一路"倡议的积极态度和看法，从一个侧面印证了"一带一路"倡议给各国、全球企业带来的重大机遇以及"一带一路"受到的普遍欢迎。中方愿同各方一道，继续秉持共商共建共享原则，建设好"一带一路"，为世界各国发展和全球经济增长创造更多的机遇。五年来，随着"一带一路"合作不断推进，越来越多的国家、国际组织和企业对"一带一路"倡议投出了"信任票"和"支持票"，并从"一带一路"合作的平等、开放和普惠中获益。有长远和战略眼光的公司都会从中看到并牢牢抓住"一带一路"建设带来的机遇。

3月21日

〔纲　文〕　2018年"中国—加拿大旅游年"开幕式在加拿大多伦多举行。

〔目　文〕　两国政府官员和各界代表共1000多人出席。国务院总理李克强和加拿大总理特鲁多分别向开幕式致贺词。李克强在贺词中表示，旅游是中加合作的重要领域，也是彼此开放的窗口和友谊的纽带。近年来两国旅游往来更加便利，2017年旅游互访规模已超过150万人次，创下新的历史纪录。2018年"中国—加拿大旅游年"将为双方扩大旅游往来、加强人文交流、深化务实合作带来新的契机。期待双方共同努力，推动两国民众在美好的旅游经历中传播友谊的种子。近年来中加战略伙伴关系得到深化，务实合作成果持续惠及两国人民。我们愿同加方继续加强高层及各级别交往，扩展经贸、科技、教育、文化、地方等领域务实合作，加强在国际事务中的协调和合作，共同打造中加关系新的"黄金十年"。

3月21日

〔纲　文〕　《人民日报》发表社论《肩负新使命　迈向新征程——热烈祝贺十三届全国人大一次会议胜利闭幕》《让中华儿女共享幸福和荣光》。

3月21—25日

〔纲　文〕　应国务委员兼外交部部长王毅邀请，菲律宾外交部长卡耶塔诺访问中国。

〔目　文〕　21日，王毅在北京与卡耶塔诺会谈时说，在两国元首的正确和有力引领下，中菲关系进入近年来最好时期，这符合两国和两国人民的共同利益。双方应继续坚持通过对话协商妥善处理南海问题，并重点推进在"一带一路"、人文交流、海上对话、区域一体化等方面合作。

卡耶塔诺转交了杜特尔特总统致习近平主席的贺信。他表示，菲方愿同中方密切合作，积极落实两国元首共识，推动菲中关系持续深入发展。

23日，国家副主席王岐山在北京会见卡耶塔诺时说，新的一年，双方应继续相向而行，从战略高度和长远角度规划两国关系，全面落实两国元首共识，加强高层交往，深化务实合作，妥善处理分歧，不断增进两国人民友好感情，共同推动构建更为紧密的中国—东盟命运共同体。

卡耶塔诺热烈祝贺中国全国"两会"成功召开，表示菲方愿同中方一道，推动菲中关系持续深入发展。

3月22日

〔纲　文〕　国家主席习近平应约同法国总统马克龙通电话。

〔目　文〕　马克龙祝贺习近平当选连任中国国家主席，并表示，我珍视法中友谊，高度关注中国全国"两会"取得的各项成果，愿继续同习主席共同努力，落实好我们就深化法中关系达成的重要共识。法中双方要密切高层交往，深化经贸、投资、农业、核能、环境等领域合作，加强在应对气候变化、维护多边贸易体制、防范金融风险等全球性问题上沟通协调。

习近平指出，总统先生在中国全国"两会"闭幕不久即来电祝贺，体现出你对中国发展的关注和对中法关系的高度重视。今年是中国改革开放40周年。刚刚结束的中国全国"两会"对中国未来发展具有重要意义。今后一个时期，将是中国继续深化改革、扩大开放、实现更大发展的时期，也将是中国为世界作出更大贡献的时期。我相信，中国的发展将为中法、中欧合作提供更多机遇。不久前，总统先生首次访华时，我们就加强两国各领域合作达成重要共识，为中法关系注入了新的动力。中方愿同法方一道，密切高层交往，办好机制性对话，落实好合作共识，及时就重大问题进行沟通，把中法全面战略伙伴关系打造得更加富有生机。中法都是联合国安理会常任理事国和具有全球影响的大国。在当前复杂多变的国际形势下，中方愿同法方携手努力，加强战略沟通协调，共同致力于维护并完善现行国际秩序和全球治理体系，坚持多边主义，促进世界多极化、经济全球化，共同打造开放的全球贸易体系。

两国元首还就共同关心的国际和地区热点问题交换了看法。

3月22日

〔纲　文〕　新华社讯，中共中央办公厅、国务院办公厅印发《关于提高技术工人待遇的意见》。

〔目　文〕　《意见》由七个部分组成：一、指导思想。二、基本原则。三、突出"高精尖缺"导向，大力提高高技能领军人才待遇水平。四、实施工资激励计划，提高技术工人收入水平。五、构建技能形成与提升体系，支持技术工人凭技能提高待遇。六、强化评价使用激励工作，畅通技术工人成长成才通道。七、加强组织领导。

《意见》指出，各地区各部门要充分认识提高技术工人待遇的重大意义，将其列入重要议事日程，持续推动技术工人待遇水平的提高，对成熟有效的做法要及时上升为法规政策。

3月22日

〔纲　文〕　国务院印发《关于机构设置的通知》。

〔目　文〕　《通知》说，根据党的十九届三中全会审议通过的《深化党和国家机构改革方案》、第十三届全国人民代表大会第一次会议审议批准的国务院机构改革方案和国务院第一次常务会议审议通过的国务院直属特设机构、直属机构、办事机构、直属事业单位设置方案，现将国务院机构设置通知如下：一、中华人民共和国国务院办公厅。二、国务院组成部门：中华人民共和国外交部，中华人民共和国国防部，中华人民共和国国家发展和改革委员会，中华人民共和国教育部，中华人民共和国科学技术部，中华人民共和国工业和信息化部，中华人民共和国国家民族事务委员会，中华人民共和国公安部，中华人民共和国国家安全部，中华人民共和国民政部，中华人民共和国司法部，中华人民共和国财政部，中华人民共和国人力资源和社会保障部，中华人民共和国自然资源部，中华人民共和国生态环境部、中华人民共和国住房和城乡建设部、中华人民共和国交通运输部、中华人民共和国水利部、中华人民共和国农业农村部、中华人民共和国商务部、中华人民共和国文化和旅游部、中华人民共和国国家卫生健康委员会、中华人民共和国退役军人事务部、中华人民共和国应急管理部、中国人民银行、中华人民共和国审计署。教育部对外保留国家语言文字工作委员会牌子。科学技术部对外保留国家外国专家局牌子。工业和信息化部对外保留国家航天局、国家原子能机构牌子。自然资源部对外保留国家海洋局牌子。生态环境部对外保留国家核安全局牌子。三、国务院直属特设机构：国务院国有资产监督管理委员会。四、国务院直属机构：中华人民共和国海关总署，国家税务总局，国家市场监督管理总局，国家广播电视总局，国家体育总局。国家统计局。国家国际发展合作署，国家医疗保障局，国务院参事室，国家机关事务管理局。国家市场监督管理总局对外保留国家认证认可监督管理委员会、国家标准化管理委员会牌子。国家新闻出版署（国家版权局）在中央宣传部加挂牌子，由中央宣传部承担相关职责。国家宗教事务局在中央统战部加挂牌子，由中央统战部承担相关职责。五、国务院办事机构：国务院港澳事务办公室，国务院研究室。国务院侨务办公室在中央统战部加挂牌子，由中央统战部承担相关职责。国务院台湾事务办公室与中共中央台湾工作办公室、国家互联网信息办公室与中央网络安全和信息化委员会办公室，一个机构两块牌子，列入中共中央直属机构序列。国务院新闻办公室在中央宣传部加挂牌子。六、国务院直属事业单位：新华通讯社，中国科学院，中国社会科学院，中国工程院，国务院发展研究中心，中央广播电视总台，中国气象局，中国银行保险监督管理委员会，中国证券监督管理委员会。国家行政学院与中央党校，一个机构两块牌子，作为党中央直属事业单位。

3月22日

［纲　文］　国务院印发《关于部委管理的国家局设置的通知》。

［目　文］　《通知》说，根据党的十九届三中全会审议通过的《深化党和国家机构改革方案》、国务院第一次常务会议审议通过的国务院部委管理的国家局设置方案，现将部委管理的国家局设置通知如下：国家信访局，由国务院办公厅管理。国家粮食和物资储备局，由国家发展和改革委员会管理。国家能源局，由国家发展和改革委员会管理。国家国防科技工业局，由工业和信息化部管理。国家烟草专卖局，由工业和信息化部管理。国家移民管理局，由公安部管理。国家林业和草原局，由自然资源部管理。国家铁路局，由交通运输部管理。中国民用航空局，由交通运输部管理。国家邮政局，由交通运输部管理。国家文物局，由文化和旅游部管理。国家中医药管理局，由国家卫生健康委员会管理。国家煤矿安全监察局，由应急管理部管理。国家外汇管理局，由中国人民银行管理。国家药品监督管理局，由国家市场监督管理总局管理。国家知识产权局，由国家市场监督管理总局管理。国家移民管理局加挂中华人民共和国出入境管理局牌子。国家林业和草原局加挂国家公园管理局牌子。国家公务员局在中央组织部加挂牌子，由中央组织部承担相关职责。国家档案局与中央档案馆、国家保密局与中央保密委员会办公室、国家密码管理局与

中央密码工作领导小组办公室,一个机构两块牌子,列入中共中央直属机关的下属机构序列。

3月22日

〔纲　文〕　《人民日报》报道,中共中央纪委印发通知要求认真履行纪检监察职责,保证深化党和国家机构改革顺利进行。

3月22日

〔纲　文〕　国务院办公厅转发证监会《关于开展创新企业境内发行股票或存托凭证试点的若干意见》。

〔目　文〕　《意见》由十个部分组成:一、指导思想。二、试点原则。三、试点企业。四、试点方式。五、发行条件。六、存托凭证基础制度安排。七、信息披露。八、投资者保护。九、法律责任。十、组织管理。

《意见》要求,要全面贯彻落实党的十九大精神,以习近平新时代中国特色社会主义思想为指导,按照高质量发展要求,深化资本市场改革、扩大开放,支持创新企业在境内资本市场发行证券上市,助力我国高新技术产业和战略性新兴产业发展提升,推动经济发展质量变革、效率变革、动力变革。

3月22日

〔纲　文〕　交通运输部印发《公路养护工程管理办法》。

〔目　文〕　《办法》共9章54条。主要有总则、养护工程分类、前期工作、计划编制、工程设计、工程施工、工程验收、监督检查等内容。自2018年6月1日起施行,有效期5年。原交通部发布的《公路养护工程管理办法》(交公路发〔2001〕327号)同时废止。

3月22日

〔纲　文〕　生态环境部、农业农村部、水利部印发《重点流域水生生物多样性保护方案》。

〔目　文〕　《方案》由六个部分组成:一、指导思想。二、基本原则。三、主要目标。四、重点任务。五、重点流域水生生物多样性保护行动。六、保障措施。

《方案》指出,国务院各部门按照职责分工,建立协调联络机制,密切沟通配合,落实监管责任,加强对地方工作的指导和支持,定期开展督导督查,切实保障工作有序开展。有关省(区、市)人民政府对本行政区域水生生物多样性保护负总责,要把水生生物多样性保护目标和任务纳入地方国民经济和社会发展规划以及相关领域行业规划中。

3月22日

〔纲　文〕　铁路局印发《原铁道部规范性文件第十三批清理结果的通知》。

〔目　文〕　《通知》说,一、《关于公布实行〈行李包裹事故处理规则(试行稿)〉》〔(83)铁运字1638号〕等94件文件交由中国铁路总公司管理。中国铁路总公司可继续执行,亦可修改或停止执行,修改或停止执行之日起,原文件废止。二、《N1002型内燃铁路起重机段修规程（试行）》（铁机函〔1996〕156号）等12件文件交由中国铁路总公司管理。中国铁路总公司可继续执行，亦可修改或停止执行，修改或停止执行之日起，原文件废止。三、《铁道部关于加强行政审批项目后续工作的意见》（铁监〔2003〕79号）等34件文件予以废止。《CTCS-3级列控车载设备技术规范（暂行）》（铁运〔2012〕211号）已由相关技术标准替代，新的技术标准于2018年4月1日起生效，铁运〔2012〕211号文件于2018年4月1日起废止。四、《关于在全路范围内开展整顿和规范铁路运输市场秩序专项行动的通知》（铁政法〔2005〕112号）等10件文件失效。

3月22日

[纲　文]　中华全国总工会第十六届执行委员会第八次全体会议在北京召开。

[目　文]　全国总工会副主席李玉赋主持会议。会议选举全国人大常委会副委员长王东明为全国总工会主席。

此前，中共中央决定李建国不再兼任全国总工会主席职务。在全总十六届十六次主席团会议上，中央组织部部长陈希就有关人事事项作了说明，对李建国担任全国总工会主席以来工会工作取得的成绩给予充分肯定。李建国感谢五年来各级工会和广大职工对他工作的支持和帮助。王东明高度评价了李建国为推进工运事业和工会工作作出的贡献并指出，各级工会组织和广大工会干部要深入学习贯彻习近平新时代中国特色社会主义思想和党的十九大精神，坚决维护习近平总书记的核心地位，坚决维护党中央权威和集中统一领导，不断开创新时代工会工作新局面。

3月22日

[纲　文]　中国科学院院士、中国科学院古脊椎动物与古人类研究所研究员张弥曼获2018年度"世界杰出女科学家奖"。

[目　文]　2018年度"世界杰出女科学家奖"颁奖典礼在巴黎联合国教科文组织总部举行。张弥曼与另外4位女科学家获颁这一奖项。

张弥曼现年82岁，是蜚声世界的古鱼类学家。她长期从事比较形态学、古地理学、古生态学及生物进化论的研究。她在泥盆纪总鳍鱼类、肺鱼和陆生脊椎动物关系领域的创新性研究结果，对传统观点提出了质疑。2016年，她曾获得国际古脊椎动物学界最高奖"罗美尔—辛普森终身成就奖"。

"世界杰出女科学家奖"每年授予从全球各大洲遴选出的5名为科学进步作出卓越贡献的女性，旨在表彰女科学家的杰出成就，并为她们的科研事业提供支持。

3月22日

[纲　文]　首次中国同维谢格拉德集团副外长级磋商在北京举行。

[目　文]　外交部副部长王超同匈牙利外交与对外经济部副国务秘书班戈、斯洛伐克外交部政治总司长亚库博齐、捷克外交部政治总司长科内茨基、波兰外交部政治总司长科扎柴夫斯基与会。双方主要就中国同维谢格拉德集团关系、中欧关系以及共同关心的国际和地区问题等交换意见。

维谢格拉德集团成立于1991年,由斯洛伐克、捷克、匈牙利、波兰四国组成。经过20多年的发展,已成为中东欧地区最重要的次区域组织之一,并同世界主要国家和地区组织建立了多种级别和形式的对话合作机制。

同日,国务委员兼外交部部长王毅在北京会见四国副外长时表示,维谢格拉德集团四国积极支持和参与习近平主席提出的共建"一带一路"倡议,同中方实现合作共赢、共同发展,中方对此表示赞赏。王毅对集团发展和双方合作提出三点建议:一是希望维谢格拉德集团为欧洲一体化进程作出贡献。二是希望维谢格拉德集团在中欧关系中发挥建设性作用。三是希望维谢格拉德集团在"16+1合作"中继续带头前行。

3月22日

[纲　文]　《人民日报》发表评论员文章《始终把人民放在心中最高位置——一论习近平十三届全国人大一次会议重要讲话》。

3月22—24日

[纲　文]　应国家主席习近平邀请,喀麦隆总统比亚对中国进行国事访问。

[目　文]　访问期间,习近平在北京同比亚举行会谈。两国元首一致同意,充分发挥两国友谊基础深厚、合作潜力巨大等优势,推动中喀关系迈向更高水平。两国元首共同见证了经济技术合作、人力资源开发、基础设施建设、产能合作等领域双边合作文件的签署。国务院总理李克强、全国人大常委会委员长栗战书在北京分别会见比亚。

习近平同比亚会谈时指出,中喀要保持高层及各层级交往,继续在涉及彼此核心利益和重大关切问题上坚定相互支持。中方支持喀方自主选择发展道路。要扩大两国贸易往来,加强重点领域互利合作。中方支持喀方加快工业化进程,鼓励有实力的中国企业赴喀投资兴业。要继续密切人文交流,促进民心相通。中方愿同喀方加强在和平安全领域和国际事务中的合作,维护好非洲和发展中国家共同利益。欢迎喀方积极参与"一带一路"建设,同中方一道,推动建设相互尊重、公平正义、合作共赢的新型国际关系,构建人类命运共同体。几十年来,中非始终真诚友好、团结合作,是休戚与共的命运共同体和合作共赢的利益共同体。中方秉持正确义利观,奉行真实亲诚的对非政策理念。中非合作的要义就是把中国自身发展同助力非洲发展紧密结合起来,实现合作共赢、共同发展。

比亚表示,喀方致力于加强喀中战略合作,欢迎中国企业加大对喀投资,促进喀工业、农业、能源、交通、社会住房、新技术等发展。喀麦隆高度赞赏"一带一路"倡议,支持中非合作论坛框架内合作。

李克强会见比亚时表示,中国同包括喀麦隆在内的非洲国家都是发展中国家,拥有共同发展利益。中方向喀方提供力所能及的帮助不附加任何政治条件。中方支持中国企业赴喀投资兴业,愿同喀方在基础设施、工业园区建设方面创新合作模式,助力喀经济可持续发展。当前形势下,各方应共同维护贸易投资自由化和便利化,遵守市场原则和商业规则,反对保护主义。

比亚表示,喀方将继续致力于深化喀中友好与务实合作,推动两国关系再上新台阶。

栗战书会见比亚时表示，新一届中国全国人大愿加强同喀麦隆议会的友好交往，当前的首要任务是推动落实两国元首达成的重要共识。两国立法机构应加大相互政治支持、持续优化合作环境、夯实合作民意基础，使双方合作更好惠及两国人民，为两国关系发展作出新的更大贡献。

比亚赞赏中国对非政策，感谢中方对喀麦隆长期一贯支持，愿支持两国立法机构加强交往，推动两国关系进一步发展。

3月23日

［纲　文］　国家主席习近平在北京接受6国新任驻华大使递交国书。

［目　文］　习近平欢迎各国使节来华履新，请他们转达对各有关国家领导人和人民的诚挚问候和美好祝愿，并表示，中国政府将为各国使节履职提供便利和支持，希望使节们发挥桥梁和纽带作用，为增进中国同各国友谊、推动双边关系发展作出积极贡献。中国高度重视发展同各国友好关系，愿进一步巩固传统友谊，增进政治互信，深化务实合作和人文交流，加强在国际事务中的合作。

6位新任驻华大使分别是：巴哈马驻华大使匡特、匈牙利驻华大使白思谛、波兰驻华大使赛熙军、冰岛驻华大使古士贤、厄瓜多尔驻华大使拉雷亚、莫桑比克驻华大使古斯塔瓦。

3月23日

［纲　文］　中华人民共和国国家监察委员会揭牌并举行新任国家监察委员会副主任、委员宪法宣誓仪式。

［目　文］　中共中央政治局委员、国家监察委员会主任杨晓渡主持。中共中央政治局常委、中央纪委书记赵乐际出席揭牌和宪法宣誓仪式，并在中央纪委国家监委机关干部大会上讲话指出，要以习近平新时代中国特色社会主义思想为指导，全面贯彻党的十九大和十九届二中、三中全会精神，贯彻落实全国"两会"精神，增强"四个意识"，坚定"四个自信"，不忘初心、牢记使命，忠实履行党章和宪法、监察法赋予的重要职责，坚定不移推动全面从严治党向纵深发展，夺取反腐败斗争压倒性胜利。纪委监委合署办公重中之重是职能、人员、工作的深度融合，是"形"的重塑、"神"的重铸。要牢牢把握深化国家监察体制改革的根本点基本点，坚持党对反腐败工作的集中统一领导，坚持依据党章党规和宪法法律履行职责，坚持以人民为中心的价值取向，坚持运用法治思维和法治方式开展工作，坚持对所有行使公权力的公职人员监察全覆盖，推进纪委监委的全面融合和战略性重塑，实现新时代纪检监察工作整体性提升。广大纪检监察干部要深入学习贯彻习近平新时代中国特色社会主义思想，忠于党和人民，勤于学思践悟，勇于改革创新，善于团结协作，严于正身律己，更好担当起党和人民赋予的光荣使命。各级纪检监察机关要强化自我监督，自觉接受人民监督，在行使权力上慎之又慎、在自我约束上严之又严，对违纪违法的坚决查处、失职失责的严肃问责，坚决防止"灯下黑"。要坚持严管与厚爱结合，建

设忠诚干净担当的纪检监察队伍，营造同心同德、同心同向、共同奋斗的好环境好氛围。

3月23日

［纲　文］　国务院任免国家工作人员。

［目　文］　任命郭树清为中国银行保险监督管理委员会主席。任命张建龙为国家林业和草原局局长。

3月23日

［纲　文］　商务部办公厅、中华全国供销合作总社办公厅印发《关于深化战略合作，推进农村流通现代化的通知》。

［目　文］　《通知》提出了四项工作任务：一是加快农村电商发展，培育乡村振兴新动能；二是推进农产品流通现代化，促进农业产业兴旺；三是加强城乡物流体系建设，带动城乡融合发展；四是打造再生资源回收网络，促进乡村绿色发展。

《通知》要求，地方商务主管部门和供销合作社要加强组织领导，强化信息共享和协调合作，形成发展合力，与有关部门做好沟通协调，促进各项政策有机结合，共同营造良好发展环境。

3月23日

［纲　文］　外交部发言人就美国决定对中国输美产品采取限制措施表示，中方坚决捍卫自身合法利益。

［目　文］　美国东部时间3月22日，美总统特朗普签署备忘录，基于美贸易代表办公室公布的对华301调查报告，指令有关部门对华采取限制措施。

发言人表示，美方有关人士的话显然是有些"夜郎自大"，错判了形势，也完全低估了中方捍卫自身合法利益的决心和能力，以及美方为其任性妄为必须付出的代价。至于中方是否会对美进行报复，中方的立场已经说得非常清楚，传递的信息也十分明确。来而不往非礼也。我们会奉陪到底。希望美方认真严肃对待中方立场，理性慎重决策，不要捡了芝麻丢了西瓜，既损人更害己。美方必须明白一件事，那就是美国的确是当今世界创新强国，但这不等于创新和知识产权只能是美国一家的"专利"。

同日，商务部新闻发言人说，美方无视中方加强知识产权保护的事实、无视世贸组织规则、无视广大业界的呼声，一意孤行，这是典型的单边主义和贸易保护主义，中方坚决反对。美方此举不利于中方利益，不利于美方利益，不利于全球利益，开了一个非常恶劣的先例。任何情况下，中方都不会坐视自身合法权益受到损害，我们已做好充分准备，坚决捍卫自身合法利益。关于301调查，中方已经多次明确表明立场。中方不希望打贸易战，但绝不害怕贸易战，我们有信心、有能力应对任何挑战。希望美方悬崖勒马，慎重决策，不要把双边经贸关系拖入险境。

24日，国务院副总理、中美全面经济对话中方牵头人刘鹤应约与美国财政部长姆努钦通话。姆努钦向中方通报了美方公布301调查报告最新情况。刘鹤表示，美方近日公布301调查报告，违背国际贸易规则，不利于中方利益，不利于美方利益，不利于全球利益。中方已经做好准备，有实力捍卫国家利益，希望双方保持理性，共同努力，维护中美经贸关系总体稳定的大局。双方同意继续就此保持沟通。

26日，中国常驻世界贸易组织代表团代表、特命全权大使张向晨在世贸组织货物贸易理事会上说，美国近日公布对中国的301调查结论和措施，中方对此予以坚决反对。美国的单边行径，不仅损害了中国和其他成员的利益，更对多边贸易体制造成了严重损害。美国的做法违反了世贸组织的最基本精神和原则，是为《争端解决谅解》（DSU）第二十三条所禁止的单边做法。中方将坚决运用世贸组织规则和其他必要方式捍卫自身合法权益。毫无疑问，我们面临着严峻考验，我们做好了应对各种困难的准备。

3月23日

［纲　文］　国防部新闻发言人就美国军舰进入中国南海岛礁邻近海域发表谈话。

［目　文］　发言人表示，美国海军"马斯廷"号导弹驱逐舰擅自进入中国南海有关岛礁邻近海域。中国海军"570"舰、"514"舰迅即行动，依法依规对美舰进行识别查证，并予以警告驱离。中国对南海诸岛及其附近海域拥有无可争辩的主权，美方一再派军舰擅自进入中国南海岛礁邻近海域，其行为严重损害中国的主权和安全，违背国际关系基本准则，危害地区和平稳定。美方这种做法破坏中美两国两军关系氛围，造成双方海空兵力近距离接触，极易引发误判甚至海空意外事件，这是对中方的严重政治和军事挑衅。中国军队对此坚决反对。中国一贯尊重并致力于维护各国依据国际法在南海享有的航行和飞越自由，但坚决反对任何人借"航行自由"之名行违法挑衅之实，损害沿岸国主权和安全，危害地区和平与稳定。我们要求美方切实尊重中国的主权和安全，尊重地区国家维护和平、稳定与安宁的强烈共同愿望，不要无事生非、兴风作浪。美方的挑衅行动只会促使中国军队进一步加强各项防卫能力建设，坚定捍卫国家主权和安全，坚定维护地区和平稳定。

3月23日

［纲　文］　《人民日报》发表题为《伟大民族精神是我们前进的根本力量——二论习近平十三届全国人大一次会议重要讲话》的评论员文章。

3月23—25日

［纲　文］　胡春华在甘肃调研脱贫攻坚工作。

［目　文］　甘肃省涉及六盘山、秦巴山和藏族地区三个集中连片特困地区，贫困面大，贫困程度深。国务院副总理胡春华在甘南藏族自治州夏河县的达麦乡、桑科镇和定西市渭源县的上湾镇，调研乡村小学、卫生院，察看了易地扶贫搬迁和人居环境整治工作进展，进村入户询问贫困群众生产生活情况，并与基层干部交流。调研期间，召开州、县、乡、村四级书记座谈会，听取对脱贫攻坚工作的意见建议。

胡春华指出，2018年是实施精准脱贫攻坚战三年行动的第一年，要确保开好局、起好步。要严格落实已经分解的年度任务和工作清单，实施好具体扶贫工程项目，把各项基础工作做扎实。要大力发展乡村产业，走出一条适合西北地区特点的乡村产业发展路子，破解劣势、发挥优势，提高乡村产业的质量和效益。要全面加强乡村建设，突出抓好农村人居环境综合整治，深入细致做好易地扶贫搬迁，尽快补齐农村基础设施和公共服务短板，早日改变乡村面貌。要加强扶贫同扶志、扶智相结合，广泛调动农民的积极性、主动性、创造性，能由农民干的要让他们自己干，通过脱贫攻坚逐步增强广大农民自己动手建设美好家园的信心和能力。要加大财政扶贫投入，强化涉农资金统筹整合，加强扶贫资金监管，提高资金使用效益。要加强脱贫攻坚干部配备和人才培养，下沉扶贫工作力量，充实基层一线帮扶队伍。要狠抓扶贫领域作风建设，克服消极懈怠、畏难厌战情绪。要关心爱护基层干部，尽可能为他们的工作生活排忧解难，加强培训和经验交流，提高帮扶工作能力，鼓励他们为打赢脱贫攻坚战努力工作。

3月23—24日

[纲　文]　国家主席习近平特别代表、中共中央政治局委员杨洁篪应邀访问南非。

[目　文]　访问期间，杨洁篪在开普敦会见南非总统拉马福萨时表示，中南两国元首保持密切交往，加强战略沟通，对双边关系发展具有重要引领作用。建交20年来，在双方共同努力下，中南关系实现了跨越式发展。今年中南两国元首将在北京共同主持中非合作论坛峰会，南方将在约翰内斯堡主办金砖国家领导人会晤。这是两国外交议程中的两大盛事，双方应相互支持、确保活动成功，促进中非合作和金砖合作取得新的发展。

拉马福萨表示，期待与习主席早日会面。南方愿以两国建交20周年为契机，与中方加强战略对接，深化互利合作。南方愿积极参加首届中国国际进口博览会，欢迎中国企业参加南方将举办的投资大会和就业峰会。双方应共同努力，相互支持办好金砖国家领导人会晤和中非合作论坛峰会，推动南中全面战略伙伴关系迈上新台阶。

3月24日

[纲　文]　《人民日报》报道，汪洋代表十九届中共中央同各民主党派中央和全国工商联的领导班子成员座谈。

[目　文]　全国政协主席汪洋受中共中央总书记习近平委托，逐一走访了各民主党派中央和全国工商联，并同各民主党派中央和全国工商联的领导班子成员座谈。汪洋指出，长期以来，各民主党派始终同中国共产党肝胆相照、荣辱与共，为我国革命、建设和改革事业作出了重要贡献。中国特色社会主义进入新时代，多党合作舞台极为广阔。希望各民主党派深入学习贯彻习近平总书记统一战线重要思想，深刻学习领会习近平总书记3月4日参加全国政协十三届一次会议联组会时的重要讲话精神，进一步增强"四个意识"，坚定"四个自信"，不断巩固团结奋斗的共同思想政治基础。要充分发挥各民主党派特色优势，聚焦推动高质量发展、保障和改善民生、打赢三大攻坚战等重大课题，深入开展调查研究，提出务实管用的对策建议。要加强自身建设特别是领导班子建设，贯彻民主集中制，提高政治把握能力、参政议政能力、组织领导能力、合作共事能力、解决自身问题能力。全国工商联要坚持政治建会、团结立会、服务兴会、改革强会，努力实现工商联组织和工作在非公有制经济领域的全面有效覆盖，推动构建新型政商关系，不断增强工商联的

凝聚力、影响力和执行力，促进非公有制经济健康发展和非公有制经济人士健康成长。

民革中央主席万鄂湘、民盟中央主席丁仲礼、民建中央主席郝明金、民进中央主席蔡达峰、农工党中央主席陈竺、致公党中央主席万钢、九三学社中央主席武维华、台盟中央主席苏辉、全国工商联主席高云龙等分别介绍了有关情况和工作打算，并就发展新时代统一战线和多党合作事业等提出了意见建议。中央统战部部长尤权参加走访和座谈。

3月24日

[纲　文]　国务院任免国家工作人员。

[目　文]　任命倪岳峰为海关总署署长；免去于广洲的海关总署署长职务。任命张茅为国家市场监督管理总局局长。任命申长雨为国家知识产权局局长。任命傅兴国为国家公务员局局长，免去其人力资源和社会保障部副部长职务。

3月24日

[纲　文]　国管局印发《中央行政事业单位资产配置计划管理暂行办法》，自2018年3月24日起施行。

3月24日

[纲　文]　中国气象局发布《2017年中国公共气象服务白皮书》。

[目　文]　《白皮书》指出，2017年，全国气象行业围绕人民对美好生活的需要，大力发展智慧气象，优化气象服务供给，积极服务保障防灾减灾救灾、生态文明建设、"一带一路"和军民融合等国家重大战略，为服务"三农"、保障城市安全和脱贫攻坚、区域协调发展等作出贡献。全国公众气象服务满意度达89.1分，连续四年保持快速增长的趋势。

3月24日

[纲　文]　《人民日报》发表评论员文章《努力创造属于新时代的光辉业绩——三论习近平十三届全国人大一次会议重要讲话》。

3月24—26日

[纲　文]　中国发展高层论坛2018年年会在北京举行。

[目　文]　中共中央政治局常委、国务院副总理韩正出席开幕式并致辞。论坛由国务院发展研究中心主办。以"新时代的中国"为主题，围绕高质量发展、财税体制改革、供给侧结构性改革与金融政策、全面开放新格局、高质量发展阶段的中国制造、创新与未来等议题进行探讨。与会专家表示，中国经济发展进入新时代，基本特征就是中国经济已由高速增长阶段转向高质量发展阶段。推动高质量发展，必须加快经济体制改革，建设现代化经济体系。新交通行业、人工智能等重点领域将迎来重大发展机遇。

24—25日，中共中央政治局委员、国务院副总理刘鹤在钓鱼台国宾馆会见部分出席中国发展高层论坛的代表，就"中国与世界——在开放与合作中寻求共赢"举行两场座谈会。20多名全球知名企业家、诺贝尔经济学奖获得者以及国际组织负责人参加会议，并分别就全球经济、中美经贸关系、外资企业在华经营等方面发表意见和建议。

26日，国务院总理李克强在北京会见出席中国发展高层论坛2018年年会的外方代表并同他们座谈。来自世界五百强企业的负责人、国际知名学术研究机构的专家学者、主要国际组织代表等近百人参加。苹果公司首席执行官库克、株式会社日立制作所取缔役会长中西宏明、史带投资集团董事长格林伯格、谷歌公司首席执行官皮猜、剑桥大学校长杜思齐和教授诺兰、高通公司首席执行官莫伦科夫等发言,就他们关心的问题向李克强提问。

李克强表示,中国作为最大的发展中国家,实现现代化还有很长的路要走。中国对外开放的大门将越开越大,我们愿意借鉴国外先进技术和管理经验,扩大产品、知识、技术、服务等领域合作,不断放宽外商投资市场准入,提供更加法治化、便利化的营商环境。中美经贸规模发展到今天的体量,靠的是市场力量和商业规则,本质上是互利共赢的。打贸易战没有赢家。对别人关上门也挡住了自己的路。对于存在的贸易不平衡问题,中美双方应本着务实、理性的态度,通过做大增量促进贸易平衡,坚持谈判协商化解分歧摩擦,否则对两国、对世界都不利。在当前世界经济不确定因素较多的背景下,国际社会应共同维护以自由贸易为基石的多边贸易体系,明确反对保护主义和单边主义做法,共同努力促进世界经济和国际贸易持续复苏。"中国制造2025"是在开放的环境中推进的,对内外资企业一视同仁。我们不会强制要求外国企业转让技术,将进一步加大知识产权保护力度,严厉打击侵权行为。欢迎更多有竞争力的国际优秀企业来华合作,同中方共创共享发展机遇。李克强还回答了与会代表关于人工智能、创新、教育等方面的提问。

与会外方代表表示,中国政府进一步深化改革、扩大开放的举措令人期待,相信中国的发展将为世界带来更多机遇。跨国公司愿积极参与中国改革开放进程,更好实现互利共赢。

3月25日

[纲 文] **中国散裂中子源通过中国科学院组织的工艺鉴定和验收。**

[目 文] 中国散裂中子源工艺验收暨工艺鉴定会在中国科学院高能物理研究所东莞分部召开。由国家自然科学基金委员会、中国原子能科学研究院、清华大学、中国科学技术大学、中科院高能物理研究所、近代物理研究所、物理研究所、上海应用物理研究所等单位的18位专家组成的验收专家组,对中国散裂中子源工程进行了鉴定验收。中科院院士詹文龙担任验收专家组组长。鉴定验收组经过现场考察和听取报告,认为:中国散裂中子源性能全部达到或优于国家发展和改革委员会批复的验收指标;装置整体设计科学合理,研制设备质量精良,调试速度快于国外的散裂中子源;靶站最高中子效率达到国际先进水平。

建成后的中国散裂中子源成为中国首台、世界第四台脉冲型散裂中子源,填补了国内脉冲中子应用领域的空白,为我国材料科学技术、生命科学、资源环境、新能源等方面的基础研究和高新技术开发提供了强有力的研究手段,对满足国家重大战略需求、解决前沿科学问题具有重要意义。

3月25日

[纲 文] 《人民日报》发表评论员文章《让人类命运共同体建设的阳光普照世界——

四论习近平十三届全国人大一次会议重要讲话》。

3月25—28日

[纲　文]　应中共中央总书记、国家主席习近平邀请，朝鲜劳动党委员长、国务委员会委员长金正恩对中国进行非正式访问。

[目　文]　访问期间，习近平在北京同金正恩举行会谈。双方通报了各自国内形势，就国际和朝鲜半岛形势深入交换意见。习近平和夫人彭丽媛为金正恩和夫人李雪主举行欢迎宴会并共同观看文艺演出。国务院总理李克强，中共中央政治局常委王沪宁、国家副主席王岐山分别参加有关活动。金正恩参观了"率先行动　砥砺奋进——十八大以来中国科学院创新成果展"。

习近平同金正恩在会谈中代表中共中央对金正恩首次访问中国表示热烈欢迎，并指出，我们双方多次表示，要把中朝传统友谊不断传承下去，发展得更好。这是双方基于历史和现实，立足于国际地区格局和中朝关系大局，作出的战略选择，也是唯一正确选择，不应也不会因一时一事而变化。中国党和政府高度重视中朝友好合作关系，维护好、巩固好、发展好中朝关系始终是中国党和政府坚定不移的方针。我们愿同朝鲜同志一道，不忘初心，携手前进，推动中朝关系长期健康稳定发展，造福两国和两国人民，为地区和平稳定发展作出新的贡献。一是继续发挥高层交往的引领作用。高层交往在中朝关系发展中历来发挥着最重要的引领和推动作用。新形势下，我愿同委员长同志通过互访、互派特使、互致信函等多种形式保持经常联系。二是充分用好战略沟通的传统法宝。经常就重大问题深入交换意见，是中朝两党的光荣传统。要充分发挥党际交往的重要作用，促进两国各领域的交流合作，加强沟通与互信。三是积极促进和平发展。当前，中国特色社会主义已经进入新时代，朝鲜社会主义建设也进入了新的历史时期。我们愿同朝方共同努力，顺应时代潮流，高举和平、发展、合作、共赢旗帜，不断增进两国人民福祉，为本地区和平、稳定、发展作出积极贡献。四是夯实中朝友好的民意基础。双方应该通过各种形式，加强两国人民交流往来，巩固两国友好关系民意基础，特别是加强两国青年一代交流，继承和发扬中朝友好的优良传统。

金正恩表示，习近平总书记对朝中友谊和发展朝中两党两国关系发表了重要意见，令我受到极大鼓舞和启发。双方老一辈领导人亲手缔造和共同培育的朝中友谊是不可撼动的。在新形势下传承并发展朝中友谊，是朝方的战略选择，任何情况下都不会改变。我此次来访，希望与中国同志见面，加强战略沟通，加深传统友谊。希望今后能有机会同总书记同志经常见面，并通过互派特使、致亲笔信等方式保持密切沟通，把高层会晤对两党两国关系的引领发展到新水平。

3月25—27日

[纲　文]　赵乐际在云南省调研。

[目　文]　中共中央政治局常委、中央纪委书记赵乐际在勐海县三迈村，看望慰问贫困人员，了解他们的家庭收入、旧房改造、子女就业、看病就医等情况，要求基层党员

干部公私分明、干净干事，扎扎实实做好脱贫攻坚各项工作，让贫困群众尽早过上好日子；在景洪市与县乡纪检监察干部座谈交流时强调，纪委监委要着力解决群众反映强烈的突出问题、纠正损害群众利益的行为，"老虎"露头就要打，"苍蝇"乱飞也要拍，在督促营造良好政治生态、督促落实党的惠民政策上充分发挥作用。要持续推进扶贫领域腐败和作风问题专项治理，严肃处理截留款物、贪污挪用、吃拿卡要、优亲厚友等问题，尤其在查处"四风"问题上要严到底、不能让，严肃处理形式主义、官僚主义、弄虚作假问题。要把反腐败同扫黑除恶结合起来，坚决查处黑恶势力背后的腐败问题，严肃惩治充当"保护伞"的党员干部和公职人员。要坚决查处教育、医疗、低保、住房、养老等民生工作中的腐败问题，不断增强人民群众在正风反腐中的获得感。

赵乐际在云南省纪委监委机关了解监委组建挂牌、纪委监委合署办公后的运行情况，了解转隶人员的思想工作状况，并召开座谈会。他强调，广大纪检监察干部要认真学习宪法、监察法，认真研究解决面临的新情况新问题，自觉运用法治思维、法治方式开展工作，切实在依纪依法履职上有一个大进步大提升。纪检监察机关要坚持党对反腐败工作的集中统一领导，一体贯彻监督执纪问责和监督调查处置双重职责，加强纪法贯通、法法衔接，促进全面融合，构建党统一指挥、全面覆盖、权威高效的监督体系。要积极探索监察职能向基层、村居延伸的有效途径，赋予乡镇纪委必要的监察职能，使全体党员和公职人员都处于严密监督之下。要强化自我监督，坚决查处执纪违纪、执法违法行为，坚决防止"灯下黑"，做维护党章和宪法的忠诚卫士。

3月26日

［纲　文］　国家主席习近平、国务院总理李克强就俄罗斯克麦罗沃市发生重大火灾分别向俄罗斯总统普京、俄罗斯总理梅德韦杰夫致慰问电。

3月26日

［纲　文］　人力资源社会保障部、财政部印发《关于建立城乡居民基本养老保险待遇确定和基础养老金正常调整机制的指导意见》。

［目　文］　《意见》由三个部分组成：一、总体要求。二、主要任务。三、工作要求。

《意见》指出，建立城乡居民基本养老保险待遇确定和基础养老金正常调整机制是党中央、国务院部署的重要任务，是基本养老保险制度改革的重要内容，关系到广大城乡居民的切身利益。各级人力资源社会保障部门、财政部门要高度重视，加强组织领导，明确部门责任，切实把政策落实到位。

3月26日

［纲　文］　新华社讯，经中央军委批准，中央军委办公厅发出通知，要求全军认真传达学习十三届全国人大一次会议精神。

［目　文］　通知指出，要重点传达学习习主席重要讲话，传达学习政府工作报告和

宪法修正案。着重引导官兵充分认清习主席是全党拥护、人民爱戴、当之无愧的党的核心、军队统帅、人民领袖，深刻感悟习近平同志全票当选国家主席、中央军委主席充分体现了党的意志、人民意志、国家意志的高度统一，坚定自觉忠诚核心、拥戴核心、维护核心；充分认清过去五年党和国家事业取得的历史性成就、发生的历史性变革，准确把握推进新时代中国特色社会主义事业的新部署新要求，深刻认识中国人民是具有伟大创造精神、伟大奋斗精神、伟大团结精神、伟大梦想精神的人民，进一步坚定"四个自信"；充分认清把党的十九大确定的重大理论观点和重大方针政策特别是习近平新时代中国特色社会主义思想载入宪法的重大意义，深刻领会宪法修正案的核心要义和精神实质，自觉学习宪法、尊崇宪法；充分认清深化党和国家机构改革的重要性紧迫性、总的考虑和具体内容，坚决拥护改革决策部署；充分认清国防和军队建设的重要地位作用，全面推进国防和军队现代化，努力实现党在新时代的强军目标，把人民军队全面建成世界一流军队。

3月26日

［纲　文］　**强军网上线开通仪式在北京举行。**

［目　文］　中央军委委员、军委政治工作部主任苗华主持仪式。中央军委副主席张又侠出席并指出，要认真贯彻落实习主席重要指示精神，努力把强军网建设成为姓党为军的红色平台、助力强军的信息平台、引领创新的实践平台、面向官兵的服务平台。

强军网是经中央军委批准，依托全军政工网整合军内网站资源创建的。强军网主要面向部队发布权威信息，开展宣传教育，提供在线服务，进行工作指导。该网上线开通标志着军事网站建设取得新突破、网络运用和信息服务水平迈上新台阶。

3月26日

［纲　文］　**中国与葡萄牙语国家最高法院院长会议在广州召开，国家主席习近平致贺信。**

［目　文］　习近平在贺信中指出，近年来，中国同葡萄牙语国家的关系取得长足发展，司法领域交流合作是其中重要组成部分。这次会议对促进中国同葡萄牙语国家司法交流合作具有重要意义，将为中国与葡萄牙语国家共同发展营造良好法治环境，为推动构建人类命运共同体作出贡献。习近平强调，此次会议以"挑战与超越——互联网时代的司法"为主题，具有重要现实意义。希望各位代表深入交流、积极探讨，努力推进互联网国际法治，让互联网更好造福各国人民。

会议由最高人民法院主办，广东省高级人民法院承办。中华人民共和国首席大法官、最高人民法院院长周强，几内亚比绍、莫桑比克、葡萄牙、圣多美和普林西比、安哥拉、巴西、赤道几内亚等葡萄牙语国家最高法院院长、副院长或法官协会主席分别率团出席会议并作专题发言。会议发表了《中国与葡萄牙语国家最高法院院长会议广州声明》。

3月26日

［纲　文］　**黑龙江省第十三届人大常委会第二次会议决定，接受陆昊辞去黑龙江省省长职务的请求，任命王文涛为黑龙江省副省长、代理省长。**

3月26日

［纲　文］　国务院副总理韩正在北京会见世界银行首席执行官格奥尔基耶娃。

［目　文］　双方就中国利用世行贷款、深化全方位合作、改善营商环境等交换意见。

韩正积极评价世行对中国脱贫攻坚、污染防治、体制机制创新等方面给予的大力支持，希望双方在中国实施乡村振兴战略、推进生态文明建设等方面深化合作，围绕"一带一路"倡议加强国际发展合作。韩正表示，中国非常重视改善营商环境，正在努力做好相关工作，希望双方进一步加强沟通与合作。

格奥尔基耶娃高度评价中国改革开放取得的巨大成就，感谢中方对世界银行和全球减贫事业作出的贡献，表示愿积极推动双方在"一带一路"建设、优化营商环境等领域合作。

3月26日

［纲　文］　中国扶贫基金会发布：2017年，共有28亿次公众和2264家机构向中国扶贫基金会捐赠爱心款物，超过419万名贫困人口和灾区民众受益。

［目　文］　2017年中国扶贫基金会一如既往致力于健康扶贫、教育扶贫、救灾扶贫、国际扶贫等领域的工作，共接受捐赠5.8亿元，支出4.7亿元，发放小额贷款86亿元。全国31个省（区市）、1782个县、190所大学，以及苏丹、埃塞俄比亚、海地、尼泊尔、缅甸、柬埔寨、朝鲜等7国，共计超过419万名贫困人口和灾区民众受益。全年共有4.8万名志愿者提供了20万小时的志愿服务。未来3年，中国扶贫基金会将聚焦深度贫困，加大产业扶贫实施力度，搭建社会力量参与脱贫攻坚平台。同时，积极响应"一带一路"以及构建人类命运共同体倡议，将中国扶贫经验传递出去。

3月26日

［纲　文］　中国首个大型页岩气田建成，年产能100亿立方米。

［目　文］　中国石油化工集团公司发布，中国首个大型页岩气田——涪陵页岩气田已如期建成。年产能100亿立方米，相当于建成一个千万吨级的大油田。这标志着我国页岩气加速迈进大规模商业化发展阶段，对促进能源结构调整、缓解我国中东部地区天然气市场供应压力、加快节能减排和大气污染防治具有重要意义。目前，涪陵页岩气田累计产气和销气量均已突破160亿立方米，2017年产量达60.04亿立方米，日销售页岩气最高达1670万立方米，每天可满足3340万户居民的生活用气需求。

3月26日

［纲　文］　《人民日报》发表评论员文章《永远做中国人民和中华民族的主心骨——五论习近平十三届全国人大一次会议重要讲话》。

3月27日

［纲　文］　国务院总理李克强在北京会见美国联邦参议员戴恩斯率领的议员访华团。

［日　文］　李克强表示，中美建交以来关系历经风雨，总体向前发展。习近平主席和特朗普总统曾多次会晤和沟通，就两国关系与合作达成重要共识。希望美国国会发挥积极建设性作用，共同维护中美关系的政治和民意基础。李克强指出，中美经济互补性强，合作规模不断扩大，难免存在一些摩擦和分歧。有些经贸问题由来已久，解决起来也不可能一蹴而就，需要一个过程。打"贸易战"解决不了问题，也违背了贸易的基本原则。中方将朝着通过对话协商解决问题的方向努力，同时也做好了应对的充分准备。希望美方以务实理性的态度同中方相向而行，这有助于维护多边贸易规则，对两国、对世界都有利。

美国联邦参议员戴恩斯、格拉斯利、约翰逊、珀杜、萨斯表示，美中关系是世界最重要的双边关系之一，两国没有理由发生冲突。美国国会愿推动以互利共赢的方式解决两国经贸摩擦，使美中关系发展持续惠及两国人民。

28日，全国人大常委会委员长栗战书在北京会见美国联邦参议员戴恩斯一行时说，中美关系对于两国和国际社会都具有重要意义。正如习近平主席指出的，对中美两国来说，合作是唯一正确的选择，共赢才能通向更好的未来。希望双方坚持从战略高度和全局角度看待和处理中美关系，加强战略沟通，聚焦对话合作，管控分歧和敏感问题，确保中美关系始终沿着正确轨道向前发展。中美立法机构合作基础良好。中国全国人大愿与美国国会充分发挥交流机制的作用，坦诚交流对话，尊重彼此核心利益和重大关切，增进各层次深入了解，推动各领域务实合作，助力中美关系发展。

戴恩斯一行表示，美中关系至关重要，愿为促进双方互信和合作多做工作。

3月27日

［纲　文］　深入学习宣传和贯彻实施宪法座谈会在北京召开。

［目　文］　全国人大常委会委员长栗战书出席并讲话。全国人大常委会副委员长王晨主持会议。全国人大常委会副委员长曹建明、万鄂湘、郝明金以及秘书长杨振武出席会议。国家监察委员会、全国人大宪法和法律委员会、中宣部、司法部、教育部负责人在座谈会上发言。

栗战书指出，修改宪法是为了更好地实施宪法，让文本上的宪法"活起来""落下去"，充分发挥国家根本法的作用。要按照党中央统一部署，以习近平新时代中国特色社会主义思想为指导，在全社会开展深入学习宣传和贯彻实施宪法活动，普及宪法知识，弘扬宪法精神，使全体人民成为宪法的忠实崇尚者、自觉遵守者、坚定捍卫者。十三届全国人大一次会议通过的宪法修正案，全面体现了党和人民在实践中取得的重大理论创新成果、实践创新成果、制度创新成果，更好适应了新时代中国特色社会主义伟大实践，对于进一步加强以习近平同志为核心的党中央权威和集中统一领导，推进国家治理体系和治理能力现代化，具有十分重大的意义和极其深远的影响。宪法的生命在于实施，宪法的权威也在于实施。学习宣传和贯彻实施宪法，就是要把宪法确立的国家指导思想落实到国家政治和社会生活中去，确保党的长期执政和国家长治久安，确保宪法确立的国家根本任务、发展道路、奋斗目标的全面贯彻，在宪法统领下推进全面依法治国，支持和保证人民当家作主。

3月27日

［纲　文］　刘鹤在金融管理部门调研。

［目　文］　国务院副总理刘鹤分别听取人民银行、银行保险监督管理委员会、证监会汇报。

刘鹤指出，党中央、国务院对金融工作高度重视，国际金融危机以来，面对复杂严峻的国际形势和困难挑战，金融系统做了大量卓有成效的工作，守住了不发生系统性金融风险的底线，成绩来之不易，值得充分肯定。打好防范化解金融风险攻坚战是当前金融工作的重中之重，要加强国务院金融稳定发展委员会的统筹协调作用，把握好节奏和力度，促进金融稳定健康发展。要坚持以供给侧结构性改革为主线，切实提高金融服务实体经济水平。要保持货币政策稳健中性，疏通货币政策传导机制，保持流动性合理稳定。要平稳有序推进机构改革工作，加快银行保险监管职责调整，增强综合监管能力。要完善多层次资本市场体系，提高上市公司质量，促进资本市场健康发展。

3月27日

［纲　文］　孙春兰出席国家卫生健康委员会揭牌仪式并召开座谈会。

［目　文］　国务院副总理孙春兰指出，组建国家卫生健康委员会是党中央着眼不断满足人民健康需求作出的重大决策，体现了卫生健康工作理念的重大转变。新机构承担新使命、展现新作为，必须牢固树立大卫生、大健康理念，完善国民健康政策，把以治病为中心转变为以人民健康为中心，不断增进人民健康福祉。要牢固树立"四个意识"，全面落实党中央决策部署，以机构改革为契机，加快职能转变，加强作风建设，始终把人民放在心中最高位置，深入开展调查研究，着力解决卫生健康领域突出问题，不断增强人民群众的幸福感、获得感。

3月27日

［纲　文］　孙春兰在国家体育总局调研。

［目　文］　国务院副总理孙春兰调研时强调，全民健身战略是关系全体中国人的幸福工程，要开展更多群众喜闻乐见的全民健身赛事和传统体育活动，推动学校等单位的体育场馆向社会公众开放，鼓励社会力量发展增量，多渠道增加全民健身场所和设施，切实解决群众"健身难"问题。要发挥竞技体育引领作用，完善教练员、运动员激励保障机制，拓宽人才选育渠道，优化项目布局，"恶补短板、强项更强"，不断提升竞技体育水平。要切实做好2022年北京冬奥会筹办工作，全面落实绿色、共享、开放、廉洁"四个办奥"理念，加快提升冬季运动竞技水平，实现"办赛精彩，参赛也要出彩"，并以此带动三亿人参与冰雪运动。精心备战2020年东京奥运会，努力取得最好成绩。要加快发展体育产业，推动体育与健康、养老、文化、旅游等产业融合发展，优化产品供给和服务质量，培育新的经济增长点，不断满足人民群众高品质、多样化体育消费需求。

3月27日

［纲　文］　发展改革委公布《必须招标的工程项目规定》，自2018年6月1日起施行。

3月27日

［纲　文］　外交部发言人针对有媒体称"中美正在静悄悄地就避免贸易战开展谈判磋商"表示，谈判磋商应该是互利双赢的。

［目　文］　有记者问：据《华尔街日报》等报道，中美正在静悄悄地就避免贸易战开展谈判磋商。美方向中方提出了对美国汽车减税、购买更多美半导体产品、对美金融企业开放更多市场等一系列要求。中方对此有何回应？

发言人说，中方一贯主张并致力于通过谈判磋商妥善解决贸易分歧或摩擦问题。我们谈判磋商的大门始终是敞开的。但是必须要强调一点，这种谈判磋商绝不是一方居高临下地提要求，而是双方相互尊重、平等相待、建设性地谈判和磋商，结果应该是互利双赢的。中国的开放是自主的开放，将继续按照自己设定的目标、确定的路径和规划的节奏有序推进。当然，开放应是双向的。我们希望美方和其他国家也能为中外企业开展正常的投资商业活动创造公平、非歧视的营商环境。

3月27日

［纲　文］　《人民日报》发表评论员文章《每一个人都是新时代的奋斗者——六论习近平十三届全国人大一次会议重要讲话》。

3月28日

［纲　文］　国家主席习近平向缅甸当选总统温敏致贺电。

3月28日

［纲　文］　习近平主持召开中央全面深化改革委员会第一次会议。

［目　文］　中共中央总书记、中央全面深化改革委员会主任习近平指出，深化党和国家机构改革全面启动，标志着全面深化改革进入了一个新阶段，改革将进一步触及深层次利益格局的调整和制度体系的变革，改革的复杂性、敏感性、艰巨性更加突出，要加强和改善党对全面深化改革统筹领导，紧密结合深化机构改革推动改革工作。

中央全面深化改革委员会副主任李克强、王沪宁、韩正出席会议。中央全面深化改革委员会委员出席会议，中央和国家机关有关部门以及有关地方负责人列席会议。

会议审议通过了《中央全面深化改革委员会工作规则》《中央全面深化改革委员会专项小组工作规则》《中央全面深化改革委员会办公室工作细则》。会议审议了《关于深化纪检监察体制改革和中央纪委国家监委机构改革情况的报告》《关于第一轮中央环境保护督察总结和下一步工作考虑的报告》。会议审议通过了《关于深入推进审批服务便民化的指导意见》《关于设立上海金融法院的方案》《关于形成参与国际宏观经济政策协调的机制推动国际经济治理结构完善的意见》《进一步深化中国（广东）自由贸易试验区改革开放方案》《进一步深化中国（天津）自由贸易试验区改革开放方案》《进一步深化中国（福建）自由贸易试验区改革开放方案》《关于规范金融机构资产管理业务的指导意见》《关于加强非金融企业投资金融机构监管的指导意见》《关于改革国有企业工资决定机制的意见》《公安机关执法勤务警员职务序列改革方案（试行）》《公安机关警务技术职务序列改革方案（试行）》《关于深化项目评审、人才评价、机构评估改革的若干意见》《关于进一步加强科研诚信建设的若干意见》《关于加强公立医院党的建设工作的意见》《关于加强人民调解员队伍建设的意见》。

3月28日

［纲 文］ 李克强主持召开国务院常务会议。

［目 文］ 会议主要内容为：一、会议确定深化增值税改革的措施，进一步减轻市场主体税负。会议决定，从2018年5月1日起，一是将制造业等行业增值税税率从17%降至16%，将交通运输、建筑、基础电信服务等行业及农产品等货物的增值税税率从11%降至10%，预计全年可减税2400亿元。二是统一增值税小规模纳税人标准。将工业企业和商业企业小规模纳税人的年销售额标准由50万元和80万元上调至500万元，并在一定期限内允许已登记为一般纳税人的企业转登记为小规模纳税人，让更多企业享受按较低征收率计税的优惠。三是对装备制造等先进制造业、研发等现代服务业符合条件的企业和电网企业在一定时期内未抵扣完的进项税额予以一次性退还。实施上述三项措施，全年将减轻市场主体税负超过4000亿元，内外资企业都将同等受益。二、决定设立国家融资担保基金，推动缓解小微企业和"三农"等融资难题。会议决定，由中央财政发起、联合有意愿的金融机构共同设立国家融资担保基金，首期募资不低于600亿元，采取股权投资、再担保等形式支持各省（区、市）开展融资担保业务，带动各方资金扶持小微企业、"三农"和创业创新。同时，强化社会信用体系建设。基金按照"政府支持、市场运作、保本微利、管控风险"的原则，以市场化方式决策、经营。初步测算，今后三年基金累计可支持相关担保贷款5000亿元左右，约占现有全国融资担保业务的1/4，着力缓解小微企业、"三农"等普惠领域融资难、融资贵难题，支持发展战略性新兴产业。三、听取国务院机构改革进展情况汇报，确保机构重置、职能调整按时到位。会议指出，国务院机构改革是国务院2018年的一件大事。国务院已成立专项协调小组，有关工作正积极稳妥推进。会议要求，要把思想和行动统一到党中央决策部署上来，把深化机构改革同"放管服"结合起来，着力转变和优化政府职能。坚持权责一致，做到日常管理尽责到位、应对突发事件相互补位，形成工作合力，决不允许出现管理"死角"，确保国务院机构改革与经济社会发展工作平稳有序、协同推进，确保完成全年发展主要目标任务。四、讨论通过《国务院工作规则（修订草案）》，决定提请国务院第一次全体会议审议。

3月28日

［纲 文］ 政协第十三届全国委员会专门委员会主任会议暨学习研讨班在北京举行。

〔目　文〕　全国政协主席汪洋出席会议并讲话。全国政协副主席兼秘书长夏宝龙主持会议。全国政协副主席张庆黎作动员讲话。全国政协副主席刘奇葆、卢展工、王正伟、马飚、杨传堂、李斌、汪永清出席会议。

汪洋指出，政协专门委员会是政协大会闭幕后的经常性工作机构，在政协履行职能中发挥着重要作用。要认真学习贯彻习近平总书记关于人民政协工作的重要思想，牢固树立"四个意识"，坚定"四个自信"，充分发挥专委会团结联系委员、协商民主平台等基础性作用，紧紧围绕党和国家中心工作资政建言，紧紧围绕中华民族伟大复兴凝聚智慧力量，不断开创政协专委会工作新局面，为人民政协事业发展进步作出新贡献。各专委会要紧密结合全国政协工作总体部署，进一步完善协商议政格局，综合运用专题议政性常委会议、专题协商会、双周协商座谈会等形式，更加灵活、更为经常地开展协商议政活动，完善对口协商和界别协商，积极探索网络议政、远程协商等新形式，完善提高建言资政质量的机制，探索凝聚智慧力量的方式，努力形成完整的制度程序和参与实践。

3月28日

〔纲　文〕　国务院办公厅印发《关于做好政府公报工作的通知》。

〔目　文〕　《通知》由六个部分组成：一、分级权威发布。二、完善工作机制。三、办好政府公报电子版。四、建设政府公报数据库。五、提升服务效果。六、加强组织领导。

《通知》要求，各级人民政府办公厅（室）作为本地区政府公报工作的主管部门，要履行好职责，明确工作机构，加强队伍建设，保障工作经费，把政府公报工作纳入政务公开工作统一部署、统一推进、统一考核。上级政府公报主管部门要加强督促检查和业务指导，推动工作规范有序开展。

3月28日

〔纲　文〕　公安部发布《关于废止〈机动车号牌生产管理办法〉和〈暂住证申领办法〉的决定》。

〔目　文〕　《决定》说，现决定废止1993年5月13日发布实施的《机动车号牌生产管理办法》（公安部令第13号）和1995年6月2日发布实施的《暂住证申领办法》（公安部令第25号）。自2018年3月28日起施行。

3月28日

〔纲　文〕　证监会公布《证券期货市场诚信监督管理办法》。

〔目　文〕　《办法》共6章50条，主要有总则，诚信信息的采集和管理，诚信信息的公开与查询，诚信约束、激励与引导，监督与管理等内容。自2018年7月1日起施行。《证券期货市场诚信监督管理暂行办法》（证监会令第106号）同时废止。

3月28日

〔纲　文〕　**住房城乡建设部、公安部发布废止《城市公共交通车船乘坐规则》，自2018年3月28日起施行。**

3月28日

［纲　文］　财政部印发《关于规范金融企业对地方政府和国有企业投融资行为有关问题的通知》。

［目　文］　《通知》由十七个部分组成：一、总体要求。二、资本金审查。三、还款能力评估。四、投资基金。五、资产管理业务。六、政策性开发性金融。七、合作方式。八、金融中介业务。九、PPP。十、融资担保。十一、出资管理。十二、财务约束。十三、产权管理。十四、配合整改。十五、绩效评价。十六、监督检查。十七、其他。本通知自2018年3月28日起执行。其他金融企业参照执行。

3月28日

［纲　文］　财政部、税务总局、发展改革委、工业信息化部印发《关于集成电路生产企业有关企业所得税政策问题的通知》。

［目　文］　《通知》就有关企业所得税政策进行明确。2018年1月1日后投资新设的集成电路线宽小于130纳米，且经营期在10年以上的集成电路生产企业或项目，第一年至第二年免征企业所得税，第三年至第五年按照25%的法定税率减半征收企业所得税，并享受至期满为止。2018年1月1日后投资新设的集成电路线宽小于65纳米或投资额超过150亿元，且经营期在15年以上的集成电路生产企业或项目，第一年至第五年免征企业所得税，第六年至第十年按照25%的法定税率减半征收企业所得税，并享受至期满为止。2017年12月31日前设立但未获利的集成电路线宽小于0.25微米或投资额超过80亿元，且经营期在15年以上的集成电路生产企业，自获利年度起第一年至第五年免征企业所得税，第六年至第十年按照25%的法定税率减半征收企业所得税，并享受至期满为止。2017年12月31日前设立但未获利的集成电路线宽小于0.8微米（含）的集成电路生产企业，自获利年度起第一年至第二年免征企业所得税，第三年至第五年按照25%的法定税率减半征收企业所得税，并享受至期满为止。本通知自2018年1月1日起执行。

3月28日

［纲　文］　2018年对港澳台文化工作会议在广东珠海召开。

［目　文］　文化和旅游部党组成员于群出席会议并讲话。国务院港澳办、国务院台办相关领导就港澳台工作作了报告。各省（区、市）文化厅（局）、新疆生产建设兵团文化广播电视局、各计划单列市文化局、国家文物局、中央政府驻港联络办、中央政府驻澳门联络办及文化和旅游部港澳台办、港澳台旅游事务司等单位相关负责人参加了会议。

会议总结了2017年对港澳台文化工作，对2018年工作作出部署：一要深入学习贯彻落实党的十九大精神和习近平新时代中国特色社会主义思想；二要切实把党中央关于对港澳台工作的部署转化为工作思路和具体行动，提高工作的针对性、适应性；三要进一步强化质量意识、创新意识、统筹意识，做好重点领域工作。工作中要加强调查研究，做好工作规划，注重宣传推广。

3月28日

[纲　　文]　第五批在韩中国人民志愿军烈士遗骸迎接仪式在沈阳举行。

[目　　文]　中韩双方在韩国仁川国际机场举行第五批在韩中国人民志愿军烈士遗骸交接仪式。中韩双方代表签署交接书，确认交接20具中国人民志愿军烈士遗骸及相关遗物。民政部副部长高晓兵、中国驻韩国大使邱国洪、韩国国防部长官宋永武等参加仪式。

同日，运载20具烈士遗骸棺椁的中国空军伊尔-76运输机，在两架战机的护送下抵达沈阳桃仙国际机场。有关人员举行迎接仪式后，将烈士遗骸棺椁护送至沈阳抗美援朝烈士陵园。

29日10时，安葬仪式在沈阳抗美援朝烈士陵园举行。在中韩两国领导人的高度关注和大力支持下，中韩双方友好协商、精诚合作，连续五年共同推进实施了五次交接，已成功交接589具中国人民志愿军烈士遗骸。

3月28—29日

[纲　　文]　全国春季农业生产工作会议在河北正定召开。

[目　　文]　国务院总理李克强对会议作出批示指出：今年是全面贯彻党的十九大精神的开局之年。各地区、各部门要以习近平新时代中国特色社会主义思想为指导，认真落实中央农村工作会议和政府工作报告部署，大力实施乡村振兴战略，坚持农业农村优先发展和质量兴农、绿色兴农，深入推进农业供给侧结构性改革，抓住当前春季农业生产关键时节，扎实开展春耕备耕，强化政策扶持，促进优化农业种植结构，统筹做好农资供应保障、动植物疫病防控等工作，推进农村一二三产业融合发展，依托"互联网+"和"双创"推动转变农业生产经营模式，提高农业综合竞争力，拓宽农民增收渠道，打好精准脱贫攻坚战，为促进农业农村现代化作出新的贡献。

国务院副总理胡春华出席会议并讲话。农业农村部部长、中央农办主任韩长赋，中华全国供销合作总社理事会主任王侠等国家部委负责人出席会议。会议全面学习贯彻党的十九大精神，学习领会中共中央总书记习近平"三农"思想，落实李克强批示要求，科学分析春季农业生产形势，全面部署春季农业生产和农村集体资产清产核资等工作。会议代表参观了正定县塔元庄村，考察了正定县万亩小麦绿色高质高效创建核心示范区等春耕现场。

胡春华指出，习近平总书记"三农"思想是经过实践充分证明的科学理论体系，是习近平新时代中国特色社会主义思想的重要组成部分，是实施乡村振兴战略、做好新时代"三农"工作的科学指南和根本遵循。要坚定不移贯彻习近平总书记"三农"思想，深刻领会核心要义和丰富内涵，切实落实到农村改革发展各领域各环节，推动农业农村工作不断取得新进展。

3月28日—4月3日

[纲　　文]　应国家主席习近平邀请，纳米比亚总统根哥布对中国进行国事访问。

[目　　文]　访问期间，习近平在北京同根哥布举行会谈，两国元首一致决定建立中

纳全面战略合作伙伴关系并共同见证了基础设施、融资、检验检疫等领域双边合作文件的签署。国务院总理李克强、全国人大常委会委员长栗战书在北京分别会见根哥布。

习近平同根哥布会谈时指出，中纳要在全面战略合作伙伴关系新起点上，加强高层交往及各层级友好往来与合作，不断增进政治互信，在涉及彼此核心利益和重大关切问题上坚定相互支持。要抓好优先领域和重点项目，结合各自优势，充分挖掘潜力，不断深化两国互利共赢合作。中方欢迎纳方积极参与"一带一路"建设，愿同纳方共同抓住机遇，加强政策沟通和规划对接，推进重点领域合作。要加强人文交流，夯实两国友好的社会民意基础。中方愿同纳方加大野生动物保护合作，对走私野生动物制品等违法行为绝不姑息袒护。要加强在国际地区事务中沟通协调，更好维护非洲和发展中国家共同利益。中非是休戚与共的命运共同体和合作共赢的利益共同体，中非关系是南南合作的典范。在中国还不富裕的年代，毛泽东主席等中国老一代领导人就表示我们克服困难也要支持非洲。今天，中国发展起来了，我们无论是在情义上还是实力上都应更多地帮助非洲。

根哥布表示，中国从来没有殖民过非洲、从来没有掠夺过非洲，一直平等对待非洲中小国家。中国历史上支持我们的正义事业，今天继续帮助我们的发展。中国才是非洲的真诚伙伴和朋友。非洲人民反对那些无端指责中国的不实之词。纳米比亚积极支持中非合作论坛框架下合作，支持加强中非在国际事务中协调配合。

李克强会见根哥布时指出，中纳互利务实合作成果显著，前景广阔。我们愿同纳方加强发展战略对接，深化农业和农业技术、基础设施、产能、旅游等重点领域合作，共同支持经济全球化和贸易投资自由化便利化，旗帜鲜明地反对贸易保护主义，更好实现共同发展、互利共赢。

根哥布表示，此访期间，双方一致同意将两国关系提升为全面战略合作伙伴关系，签署了一系列合作协议，这将进一步促进两国在政治、经济、战略等层面的交流与合作。纳方愿同中方深化各领域合作，推动两国关系持续向前发展。

栗战书会见根哥布时表示，中国全国人大愿同纳米比亚议会一道，落实好两国元首达成的重要共识，加强友好往来，坚定支持以中非合作论坛和"一带一路"建设为引领的中非互利合作，为双方投资者提供更好的投资环境和法律保障，巩固和扩大中纳友好的民意和社会基础，推动两国关系在新时代取得更大发展。

根哥布高度赞赏中国对非政策，表示愿在新的起点上深化两国关系，加强各领域务实合作，支持两国立法机构开展交流。

3月29日

[纲　文]　十三届全国人大专门委员会负责同志会议在北京召开。

[目　文]　全国人大常委会委员长栗战书出席并讲话。全国人大常委会副委员长王晨主持会议。全国人大常委会秘书长杨振武出席会议。

栗战书说，按照党中央关于深化党和国家机构改革的决策部署，十三届全国人大一次会议决定本届设立10个专门委员会，使专门委员会的设置和职能更加符合新时代人大工作发展需要。全国人大专门委员会是依照宪法有关规定设立的，肩负着宪法和法律赋予的重要职责。在学习贯彻习近平新时代中国特色社会主义思想，坚决维护习近平总书记权威和核心地位，坚决维护以习近平同志为核心的党中央权威和集中统一领导这个根本问题上，各专门委员会必须立场坚定、旗帜鲜明，始终在政治立场、政治方向、政治原则、政治道路上同以习近平同志为核心的党中央保持高度一致。要贯彻落实党的十九大精神，按照全国人大常委会立法工作部署，认真做好法律草案起草和审议工作，着力研究破解立法中的焦点难点问题，注重从源头上提高立法质量。要组织实施好常委会执法检查、听取审议专项工作报告等监督工作，积极探索完善合宪性审查、预算审查监督等工作机制，加强跟踪监督，不断增强监督工作实效。要审议好、办理好代表议案建议，做好人大对外交往工作，扎实搞好调查研究，为全国人大及其常委会履行职责提供有力保障。

3月29日

[纲　文]　**政协第十三届全国委员会第三次主席会议在北京举行。**

[目　文]　全国政协主席汪洋主持并讲话。全国政协副主席张庆黎，副主席兼秘书长夏宝龙等分别就有关议题作了通报和说明。全国政协副主席刘奇葆、董建华、万钢、卢展工、王正伟、马飚、陈晓光、杨传堂、李斌、巴特尔、汪永清、何立峰、苏辉、郑建邦、辜胜阻、刘新成、何维、邵鸿、高云龙出席会议。会议通报了中共政协全国委员会党组2018年工作要点，审议通过了关于十三届全国政协副主席联系界别工作的意见、关于十三届全国政协副主席联系专门委员会的意见、关于十三届全国政协专门委员会联系界别委员的意见、全国政协2018年双周协商座谈会安排、全国政协2018年视察考察调研安排，研究通过了全国政协十三届一次会议重点提案题目和督办方式。

汪洋指出，中国特色社会主义进入新时代。人民政协要紧跟新时代步伐，努力提高工作质量，把以习近平同志为核心的党中央关于人民政协工作的各项部署不折不扣落到实处，凝聚起海内外中华儿女共圆中国梦的磅礴力量。

3月29日

[纲　文]　**孙春兰在教育部调研。**

[目　文]　国务院副总理孙春兰指出，要坚持育人为本、以德为先，落实立德树人根本任务，把社会主义核心价值观融入教育全过程，着力提高学生的认知能力、合作能力、创新能力和职业能力，促进学生德才兼备、全面发展，培养担当民族复兴大任的时代新人。多渠道增加学前教育资源供给，降低农村地区学生辍学率，消除"大班额"，减轻中小学生课外负担，切实解决人民群众关心的教育热点难点问题。着力提高职业教育质量，促进高等教育内涵发展，深化产教融合、校企合作，为建设现代化经济体系、实现高质量发展提供人才支撑。把教师作为教育事业的第一资源，打造高素质、专业化、创新型教师队伍。优化教育经费投入结构，积极稳妥推进考试招生制度改革，完善民办教育分类

管理，大力推进"互联网+教育"，有效激发教育发展活力。要牢固树立"四个意识"，坚定"四个自信"，坚决落实党中央关于深化党和国家机构改革的决策部署，优化职能配置，健全体制机制，全面加强党对教育工作的领导。要坚持以人民为中心的发展思想，加快作风转变，深入调查研究，求真务实、真抓实干，着力破解教育领域突出矛盾和问题，不断开创教育强国建设新局面。

3月29日

［纲　文］　全军开展全面深入贯彻军委主席负责制情况专项巡视动员部署会议。

［目　文］　经中央军委批准，军委派出6个巡视组，从3月底至6月底，对全军各大单位和军委机关各部门党委班子及其成员全面深入贯彻军委主席负责制情况进行专项巡视。中央军委委员、军委纪律检查委员会书记张升民主持会议。中央军委副主席张又侠出席并讲话。中央军委委员、军委政治工作部主任苗华出席会议。

张又侠指出，中央军委实行主席负责制，凝结着我们党建军治军的宝贵经验和优良传统，是党对军队绝对领导的核心制度，是长城永固的定海神针。开展这次专项巡视，是坚定维护习主席核心地位，牢固确立习近平强军思想指导地位，确保全军坚决听从党中央、中央军委和习主席指挥的政治任务，必须提高思想站位，扛起政治责任，坚决实现习主席和军委决心意图。要准确把握着力重点，向加强党的全面领导、全面加强党的建设、全面从严治党聚焦用力，着重检视政治忠诚、审视落实成效、查纠用人风气、强化法治约束、督导担当务实，推动军委主席负责制坚决、全面、具体、无条件地贯彻落实。要坚持党性原则，提高履职能力，严守纪律规矩，确保巡视监督权不被滥用、惩恶扬善的利剑不会蒙尘，稳步扎实推进各项任务落实。

3月29日

［纲　文］　《人民日报》发表评论员文章《把中朝传统友谊发展得更好》。

3月29—30日

［纲　文］　国家主席习近平特别代表、中共中央政治局委员、中央外事工作委员会办公室主任杨洁篪应邀访问韩国。

［目　文］　30日，杨洁篪在首尔青瓦台会见韩国总统文在寅时转达习近平的问候并表示，习主席派我作为特别代表访问韩国，旨在推动落实两国元首共识，加强中韩双边关系和战略合作。2018年是中韩建立战略合作伙伴关系10周年，中方愿同韩方共同努力，继续发挥好两国元首会晤的引领和指导作用，加强政治沟通，夯实战略互信，深化互利合作，加快"一带一路"合作对接，推动两国关系健康稳定向前发展。

杨洁篪向文在寅通报了朝鲜最高领导人金正恩访华情况，表示中方始终坚持朝鲜半岛无核化，维护半岛和平稳定，致力于通过对话协商解决问题。目前半岛形势处在缓和转圜的重要时期。各方要抓住时机，共同努力，推动南北和朝美领导人会晤顺利举行并取得积极成果，并适时重启半岛问题实质性政治解决进程。中方愿同韩方一道，为实现半岛无核化与和平稳定作出努力。

文在寅表示，韩方积极评价中方成功接待金正恩访华并举行中朝领导人会谈的重要意义，高度赞赏中方在半岛问题上的建设性作用，感谢中方为近来半岛局势缓和所作贡献。韩方愿同中方加强沟通协调，共同为维护半岛和平稳定、推动通过对话谈判解决问题作出努力。

访问期间，杨洁篪还同韩国青瓦台国家安保室长郑义溶举行会谈并会见外交部长官康京和。

3月30日

[纲　文]　中共中央政治局在北京召开会议。

[目　文]　中共中央总书记习近平主持会议。会议听取2017年省级党委和政府脱贫攻坚工作成效考核情况汇报，对打好脱贫攻坚战提出要求。

会议指出，我们党的初心和使命，就是为中国人民谋幸福，为中华民族谋复兴。打好精准脱贫攻坚战、实现贫困群众对美好生活的向往，体现了我们党的初心和使命。未来三年，历史性地解决中华民族千百年来的绝对贫困问题，让现行标准下的贫困人口同全国人民一道迈入小康社会，是我们必须完成的重大任务。当前，脱贫攻坚面临的任务和挑战还十分艰巨，存在的突出问题仍然不少。一些地方贫困程度深、基础条件薄弱、公共服务不足，特殊困难群体脱贫难度大。一些地方精准基础不扎实，政策措施不落实不到位不精准，资金使用管理不规范，形式主义、官僚主义、弄虚作假现象时有发生。打好脱贫攻坚战仍需付出艰辛努力。

会议强调，实行最严格的考核评估制度是打赢脱贫攻坚战的重要保障。离脱贫攻坚目标实现期限越近，任务越艰巨，越要实行严格的考核评估。要用好考核结果，对好的给予表扬奖励，对差的约谈整改，对违纪违规的严肃查处。要结合脱贫攻坚进展和考核情况，改进完善考核评估机制，通过较真碰硬的考核，促进真抓实干，确保脱贫工作务实，脱贫过程扎实，脱贫结果真实，让脱贫成效真正获得群众认可、经得起实践和历史检验。

会议要求，各地区各部门要以习近平新时代中国特色社会主义思想为指导，全面贯彻党的十九大精神，牢固树立"四个意识"，强化责任担当，坚持目标标准，坚持精准施策，加强扶贫干部培训，坚决查处扶贫领域腐败和作风问题，落实好党中央关于脱贫攻坚各项决策部署，确保到2020年现行标准下农村贫困人口实现脱贫、贫困县全部摘帽、解决区域性整体贫困目标顺利实现。

3月30日

[纲　文]　各民主党派中央脱贫攻坚民主监督工作座谈会在北京召开。

[目　文]　中央统战部部长尤权主持会议。全国政协主席汪洋、国务院副总理胡春华出席并讲话。全国政协副主席巴特尔出席。万鄂湘、陈竺、丁仲礼、郝明金、蔡达峰、武维华、万钢、苏辉及有关省区代表介绍了有关情况，并就进一步开展好脱贫攻坚民主监

督工作提出意见建议。

汪洋指出，民主党派开展脱贫攻坚民主监督，是丰富民主监督形式、提升多党合作制度效能的成功探索，是对脱贫攻坚工作的有力促进和极大支持。当前，脱贫攻坚已经进入攻坚拔寨、啃硬骨头的关键阶段，希望各民主党派中央根据中共中央脱贫攻坚的新要求，聚焦监督重点、明确监督导向、创新监督方式，紧紧围绕深度贫困地区和特殊贫困人口脱贫、严格落实现行扶贫标准、加强扶贫领域作风建设、提高脱贫攻坚质量等问题开展民主监督，帮助贫困群众真脱贫、脱真贫。希望各民主党派中央敢于监督、善于监督，深入调查研究，摸清真实情况，建真言、献良策、出实招，共同为脱贫攻坚贡献智慧和力量。

3月30日

［纲　文］　税务总局发布《资源税征收管理规程》。

［目　文］　《规程》共5章26条。主要有总则、税源管理、纳税申报及减免税管理、部门协作与风险管理等内容。自2018年7月1日起施行。《国家税务总局关于发布〈煤炭资源税征收管理办法（试行）〉的公告》（国家税务总局公告2015年第51号）、《国家税务总局关于认定收购未税矿产品的个体户为资源税扣缴义务人的批复》（国税函〔2000〕733号）同时废止。

3月30日

［纲　文］　国家发展改革委发布《2017年中国居民消费发展报告》。

［目　文］　《报告》从四方面分析我国居民消费的发展特征：一是我国居民消费总体规模不断扩大。2017年，社会消费品零售总额达到36.6万亿元，增长10.2%。2013—2017年社会消费品零售总额年均增长11.3%，网上零售额年均增长30%以上。全国居民人均消费支出为18322元，增长7.1%。二是消费对经济发展的基础性作用显著增强。2017年最终消费对经济增长的贡献率为58.8%，高出资本形成总额贡献率26.7个百分点。消费率稳步攀升，2017年最终消费支出达到43.5万亿元，最终消费支出占国内生产总值的比重达到53.6%，自2012年以来已连续6年占比超过50%。三是消费升级步伐加快。2017年全国居民恩格尔系数为29.3%，进入了联合国划分的富足区间（20%—30%）。四是居民消费能力不断提高。2017年，全国居民人均可支配收入25974元，实际增长7.3%，高于经济增长速度。

3月30日

［纲　文］　教育部发布，2017年中国出国留学人数首次突破60万大关。

［目　文］　2017年，我国出国留学人数达60.84万人，同比增长11.74%，持续保持世界最大留学生生源国地位。同年留学人员回国人数较上一年增长11.19%，达到48.09万人，其中获得硕博研究生学历及博士后出站人员达到22.74万，同比增长14.90%。统计显示，1978年到2017年，我国各类出国留学人员中，有共计313.20万名留学生在完成学业后选择回国发展，占已完成学业留学生人数的83.73%。

2017年度，我国留学生出国学习、回国服务规模双增长，与国家战略、行业需求契合度不断提升，发展态势持续向好。改革开放40年来，各类出国留学人员累计已达519.49万人，目前有145.41万人正在国外进行相关阶段的学习和研究。以2017年为例，我国出国留学人员目的地仍相对集中，多数前往欧美发达国家和地区求学。同时，"一带一路"国家成为新的增长点，当年赴"一带一路"参与国家留学人数为6.61万人，比上年增长15.7%，超过整体出国留学人员增速。从1978年到2017年底我国出国留学相关数据中发现，留学回国人数稳步提升，高层次人才回流趋势明显。党的十八大以来，随着留学回国人数的不断攀升，已有231.36万人学成归国，占改革开放以来回国总人数的73.87%，回流态势迅猛。

3月30日

［纲　文］　**中国在西昌卫星发射中心用"长征三号乙"运载火箭（及"远征一号"上面级）以"一箭双星"方式成功发射第三十、三十一颗北斗导航卫星。**

［目　文］　两颗卫星属于中圆地球轨道卫星，是我国北斗三号第七、八颗组网卫星。卫星经过3个多小时的飞行，经轨控和相位捕获后，进入工作轨道。后续进行集成测试，并与此前发射的6颗北斗三号卫星进行组网运行。按照计划，北斗卫星导航系统将于2018年底服务"一带一路"沿线国家。

本次发射的北斗导航卫星和配套运载火箭（及"远征一号"上面级）分别由中国科学院微小卫星创新研究院和中国运载火箭技术研究院抓总研制。这是长征系列运载火箭的第269次飞行。

3月30日

［纲　文］　**中国首台使用国产主轴承的再制造盾构机应用成功。**

［目　文］　我国首台使用国产主轴承的再制造盾构机圆满完成合肥轨道交通三号线掘进任务，标志着我国盾构机再制造水平和盾构机主轴承自主研制取得重大突破。

该盾构设备首次研发使用了国产主轴承。新制主轴承能满足直径6至7米盾构机连续工作1.5万小时以上，标志着我国已经掌握了盾构机核心技术，打破了少数国外公司的技术垄断。中铁隧道局有关负责人表示，盾构机作为一种短使用周期、高价值成本设备，实施再制造具有显著的社会和经济效益。

3月30日

［纲　文］　**生态环境部、水利部在北京召开视频会议。**

［目　文］　会议内容是，动员部署全国集中式饮用水水源地环境保护专项行动。2018年底前，长江经济带11省（市）完成县级及以上城市水源地环境保护专项整治；2019年底前，所有县级及以上城市完成水源地环境保护专项整治。

近年来，我国饮用水水源地环境保护工作取得积极进展，但保护形势依然严峻，环境风险隐患突出。经国务院同意，原环境保护部、水利部于2018年3月9日联合印发《全国集中式饮用水水源地环境保护专项行动方案》。生态环境部有关负责人强调，要聚焦"划、立、治"三项工作内容，最终实现"保"工作目标。"划"是指划定饮用水水源保护区；"立"是指设立保护区边界标志；"治"是指清理整治饮用水水源保护区内的违法问题。

3月30日—4月2日

［纲　文］　国务委员兼外交部部长王毅率团出席大湄公河次区域经济合作第六次领导人会议并对越南进行正式访问。

［目　文］　31日，王毅在越南河内出席大湄公河次区域经济合作（GMS）第六次领导人会议并致辞表示，大湄公河次区域经济合作已走过25年历程，成长为亚洲增长动能最强、合作势头最好的次区域。我们应总结经验，把握机遇，开辟次区域发展新局面。要推动更加强劲的经济增长，在挖掘增长新动能方面闯出新路，向创新要动力，向变革要效益。根据中共十九大作出的部署，新时代的中国将全力追求高质量发展，进一步深化改革开放，不断深化同周边国家互利合作。次区域国家是"一带一路"建设的天然伙伴，也是首要受益对象。我们将推动次区域合作与"一带一路"倡议对接，实现协同联动发展。我们要把政策对接做实，把经济走廊走活，把经贸纽带拉紧，把民心相通做深，打造更为紧密的次区域命运共同体，开辟次区域发展更加光明的未来。

本次会议以"发挥25年合作成效，建设可持续、一体化和繁荣的GMS"为主题。来自中国、柬埔寨、老挝、缅甸、泰国、越南的领导人，亚洲开发银行、世界银行、亚洲基础设施投资银行等机构代表出席本次会议及相关活动。会议通过了共同宣言、《2018—2022河内行动计划》和《2022区域投资框架》三项成果文件。会议期间，王毅分别会见老挝总理通伦、缅甸副总统亨利班提育。

王毅在越南访问期间，在河内分别会见了越共中央总书记阮富仲、国家主席陈大光、总理阮春福；与越南副总理兼外长范平明举行会谈并共同会见记者。

3月31日

［纲　文］　国务院机构改革推进会在北京召开。

［目　文］　国务院副总理韩正出席会议并讲话。国务委员肖捷、交通运输部党组书记杨传堂、国家发展和改革委员会主任何立峰参加会议。会议学习贯彻习近平总书记关于深化党和国家机构改革重要思想，传达习近平在中央全面深化改革委员会第一次会议上的讲话精神，落实国务院常务会议相关要求，对国务院机构改革作出进一步部署。

韩正要求，要抓住关键环节和时间节点，做好国务院机构改革工作。坚持"先立后破、不立不破"，相关职责调整到位前，有关部门和单位要按原职责落实工作任务，确保不出现责任缺位、工作断档。4月中旬，要在确保具备集中办公条件，确保领导班子成员和综合司局实现集中办公基础上，完成新组建部门挂牌。要抓紧制定"三定"规定，从严核定新组建部门内设机构数量，按照"编随事走、人随编走"原则核定编制数量，6月底前印发执行。要做好干部队伍思想工作，关心干部，回应诉求，引导干部从大局出发，更好理解改革、支持改革、推动改革。要严明纪律，严格执行中央八项规定精神和各项制度规定，坚决做到令行禁止，严肃查处改革中的违纪行为。

3月31日

［纲　文］　外交部发言人就日本高中"学习指导纲要"涉钓鱼岛问题表示，中方已向日方提出严正交涉。

［目　文］　日本文部科学省30日公布了修订后的高中"学习指导纲要"，要求在高中教育中加入钓鱼岛是日本"固有领土"、不存在领土争议等内容。

发言人就此表示，中方要求日方切实正视历史和现实，以正确历史观教育年轻一代，停止在有关问题上制造事端。钓鱼岛及其附属岛屿自古以来就是中国固有领土，中方坚决捍卫领土主权，任何企图染指中国钓鱼岛主权的言行都是徒劳的。中方已就此向日方提出严正交涉。

3月31日

［纲　文］　中国在太原卫星发射中心使用"长征四号丙"运载火箭，以"一箭三星"方式成功发射3颗2米/8米光学卫星星座（即高分一号02、03、04卫星）。

［目　文］　3颗2米/8米光学卫星工程是我国民用空间基础设施规划的首批业务卫星，是我国自主建造并成功组网运行的首个民用高分辨率光学业务卫星星座，代表着目前我国民用遥感卫星星座发展的最高水平。它的成功发射运行将大幅度提高山、水、林、田、湖、草等自然资源全要素、全覆盖、全天候调查监测能力，实现实时掌控自然资源数量、质量、生态动态变化，并广泛应用于防灾减灾、环境保护、城乡建设、交通运输、农业农村、应急管理等领域。

3月31日

［纲　文］　《人民日报》报道，经中共中央批准，中共中央纪委对陕西省政府原党组成员、副省长冯新柱严重违纪问题立案审查。

［目　文］　经查，冯新柱严重违反政治纪律和政治规矩、工作纪律，毫无"四个意识"，对党中央关于脱贫攻坚重大决策部署落实不力、消极应付，且利用分管扶贫工作职权谋取私利，与相关人员订立攻守同盟，对抗组织审查；违反中央八项规定精神，长期接受私营企业主安排的宴请和旅游，接受公款宴请；违反组织纪律，不按规定报告个人有关事项，在组织谈话函询时不如实说明问题，应私营企业主请托，违规选拔任用干部；违反廉洁纪律，收受礼品、礼金；违反生活纪律。利用职务上的便利为他人谋取利益并收受巨额财物涉嫌受贿犯罪。

冯新柱身为党的高级领导干部，理想信念缺失，与人民群众毫无感情，道德败坏，腐化变质，严重违反党的纪律，并涉嫌违法犯罪，且在党的十八大后不收敛、不收手。依据《中国共产党问责条例》《中国共产党纪律处分条例》等有关规定，经中央纪委常委会会议研究并报中共中央批准，决定给予冯新柱开除党籍处分；由国家监察委员会给予其开除公职处分；收缴其违纪所得；将其涉嫌犯罪问题、线索及所涉款物移送有关国家机关依法处理。

2019年5月14日，浙江省杭州市中级人民法院公开宣判冯新柱受贿案，对被告人冯新柱以受贿罪判处有期徒刑15年，并处罚金人民币700万元；对冯新柱受贿犯罪所得赃款及其孳息予以追缴，上缴国库。冯新柱当庭表示服从判决，不上诉。

4 月

4月1日

［纲　文］　国务院印发《关于落实〈政府工作报告〉重点工作部门分工的意见》。

［目　文］　《意见》由十二个部分组成：一、落实2018年经济社会发展总体要求和政策取向。二、深入推进供给侧结构性改革。三、加快建设创新型国家。四、深化基础性关键领域改革。五、坚决打好三大攻坚战。六、大力实施乡村振兴战略。七、扎实推进区域协调发展战略。八、积极扩大消费和促进有效投资。九、推动形成全面开放新格局。十、提高保障和改善民生水平。十一、全面加强政府自身建设。十二、做好民族、宗教、侨务、国防、港澳台、外交工作。

4月1日

［纲　文］　国务院关税税则委员会通知海关总署，决定对原产于美国的部分进口商品中止关税减让义务。

［目　文］　通知说，为维护我国利益，平衡因美国对进口钢铁和铝产品加征关税（即232措施）给我国利益造成的损失，国务院关税税则委员会决定对原产于美国的部分进口商品中止关税减让义务。现将有关问题通知如下：一、对原产于美国的水果及制品等120项进口商品中止关税减让义务，在现行适用关税税率基础上加征关税，加征关税税率为15%。二、对原产于美国的猪肉及制品等8项进口商品中止关税减让义务，在现行适用关税税率基础上加征关税，加征关税税率为25%。三、现行保税、减免税政策不变。四、加征关税后，确定有关计算公式。五、本通知自2018年4月2日起实施。

2日，商务部新闻发言人针对中国决定对部分自美进口产品加征关税一事发表谈话指出，希望美方尽快撤销违反世贸组织规则的措施，避免后续行动对中美合作大局造成更大损害。

3日，外交部发言人就美方根据301调查对中方采取限制措施表示，美方有清单，中方也会有清单。

有记者问，中方决定2日起对原产于美国的128项进口商品中止关税减让义务。中国驻美大使崔天凯在回应美301调查时表示，如果美方最终宣布所谓清单，中方将以同样的规模、同样的金额和同样的强度坚决回击。双方目前是否仍在寻求渠道解决问题，以避免局势升级伤及中美经贸关系？

发言人表示，国务院关税税则委员会1日发布了通知，决定对原产于美国的部分进口商品中止关税减让义务。中方的这一举动是对美方对进口钢铁和铝产品加征关税，也就是所谓的232措施的回应，是为了平衡232措施对中方利益造成的损失。应该明确的是，这一措施是对232措施的回应，并不是对301调查的回应。我们一直在说，中方不挑起贸易战，不愿意打贸易战，但是我们也不怕贸易战。如果有人执意要打，甚至打到了家门口，我们会奉陪到底。我们希望美方保持理性，认清形势，倾听工商界和普通民众的声音，及早摒弃单边主义和贸易保护主义的做法，通过对话协商同中方解决分歧，共同推动中美经贸关系健康稳定发展，造福中美两国人民。中方谈判的大门始终是敞开的，希望同美方通过对话协商解决经贸领域的分歧，妥善处理面临的问题。但同时，双方的对话协商应该遵循国际法和国际贸易规则，而不是美国国内法；要做到相互尊重、平等相待，而不是居高临下，单方胁迫；要体现互谅互让、有取有予，而不应漫天要价、胡搅蛮缠。

4月1日

［纲　文］　云南省文山壮族苗族自治州在文山市举行建州60周年庆祝大会。

［目　文］　全国人大常委会、国务院致贺电。贺电说，60年来，文山壮族苗族自治州经济发展，民族团结，社会稳定，人民生活不断改善，各项事业全面推进，取得了巨大成就。希望你们更加紧密地团结在以习近平同志为核心的党中央周围，高举中国特色社会主义伟大旗帜，以习近平新时代中国特色社会主义思想为指导，全面贯彻党的十九大和十九届二中、三中全会以及中央民族工作会议精神，增强"四个意识"，坚定"四个自信"，按照统筹推进"五位一体"总体布局和协调推进"四个全面"战略布局要求，进一步贯彻落实党中央、国务院支持云南经济社会发展的一系列政策措施，做好脱贫攻坚、推动经济高质量发展等各项工作，全面贯彻党的民族政策，铸牢中华民族共同体意识，以自治州成立60周年为新的起点，坚定自信，凝心聚力，只争朝夕，真抓实干，为决胜全面建成小康社会、夺取新时代中国特色社会主义伟大胜利、实现中华民族伟大复兴的中国梦、实现人民对美好生活的向往继续奋斗！

文山壮族苗族自治州位于云南省东南部，东邻广西，南与越南接壤。1958年4月1日，文山壮族苗族自治州宣告成立。60年来，文山州经济发展迅速，居民生活不断改善。地区生产总值从1958年的1.68亿元增加到了2017年的809.11亿元；2017年城镇居民人均可支配收入达27995元，农村居民人均可支配收入达9184元。

4月1日

［纲　文］　环境保护税在全国迎来首个征期。

［目　文］　上海浦东新区税务局工作人员开出首张环境保护税税票，这也是中国环境保护税首个征期开出的首张税票。

4月1—8日

［纲　文］　国务委员兼国防部部长魏凤和出席第七届莫斯科国际安全会议并访问俄罗斯、白俄罗斯。

［目　文］　魏凤和访问俄罗斯期间，在莫斯科与俄国防部部长绍伊古举行了会谈。

4日，魏凤和在出席第七届莫斯科国际安全会议上作大会发言。他说，当前，和平与发展的时代潮流不可逆转，多极化全球化发展是大势所趋，合作共赢理念深入人心，互信与包容是国家相处的正确选择。在党的十九大和今年"两会"上，习近平主席向世界表明中国坚持和平发展道路，推动构建人类命运共同体的决心意志。中国致力于做世界和平的建设者、全球发展的贡献者、国际秩序的维护者，为维护世界和平安宁贡献更多中国智慧、中国力量。

魏凤和访问白俄罗斯期间，在明斯克会见了白俄罗斯总统卢卡申科；与白俄罗斯国防部部长拉夫科夫举行会谈。

4月2日

[纲　文]　**习近平主持召开中央财经委员会第一次会议。**

[目　文]　中央财经委员会副主任李克强，中央财经委员会委员王沪宁、韩正等出席会议。全国政协主席汪洋参加会议。中央和国家机关有关部门负责人列席会议。会议审议通过了《中央财经委员会工作规则》，强调要加强党中央对经济工作的集中统一领导，做好经济领域重大工作的顶层设计、总体布局、统筹协调、整体推进、督促落实。会议听取了中国人民银行关于打好防范化解重大风险攻坚战的思路和举措的汇报、国务院扶贫办关于打好精准脱贫攻坚战的思路和举措的汇报、生态环境部关于打好污染防治攻坚战的思路和举措的汇报。

中共中央总书记、中央财经委员会主任习近平在会上发表讲话指出，防范化解金融风险，事关国家安全、发展全局、人民财产安全，是实现高质量发展必须跨越的重大关口。精准脱贫攻坚战已取得阶段性进展，只能打赢打好。环境问题是全社会关注的焦点，也是全面建成小康社会能否得到人民认可的一个关键，要坚决打好打胜这场攻坚战。

会议指出，打好防范化解金融风险攻坚战，要坚持底线思维，坚持稳中求进，抓住主要矛盾。要以结构性去杠杆为基本思路，分部门、分债务类型提出不同要求，地方政府和企业特别是国有企业要尽快把杠杆降下来，努力实现宏观杠杆率稳定和逐步下降。打好精准脱贫攻坚战，要咬定总攻目标，严格坚持现行扶贫标准，不能擅自拔高标准，也不能降低标准。要整合创新扶持政策，引导资源要素向深度贫困地区聚焦，精准施策，有效帮扶特殊贫困群体。打好污染防治攻坚战，要明确目标任务，到2020年使主要污染物排放总量大幅减少，生态环境质量总体改善。

4月2日

[纲　文]　**习近平等党和国家领导人在首都参加义务植树活动。**

[目　文]　党和国家领导人习近平、李克强、栗战书、汪洋、王沪宁、赵乐际、韩正、王岐山和在京中共中央政治局委员、中央书记处书记、国务委员等在北京市通州区张家湾镇，同首都群众一起参加义务植树活动。

中共中央总书记习近平同参加植树的干部群众谈起造林绿化和生态环保工作。他指出，植树造林历来是中华民族的优良传统。今天，我们来这里植树既是履行法定义务，也是建设美丽中国、推进生态文明建设、改善民生福祉的具体行动。开展国土绿化行动，既要注重数量更要注重质量，坚持科学绿化、规划引领、因地制宜，走科学、生态、节俭的绿化发展之路，久久为功、善做善成，不断扩大森林面积，不断提高森林质量，不断提升生态系统质量和稳定性。我们既要着力美化环境，又要让人民群众舒适地生活在其中，同美好环境融为一体。

4月2日

［纲　文］　国家主席习近平向埃及总统塞西致贺电，祝贺塞西再次当选埃及总统。

4月2日

［纲　文］　国家主席习近平任免驻外大使。

［目　文］　习近平根据全国人民代表大会常务委员会的决定任免下列驻外大使：一、免去陈晓东的中华人民共和国驻新加坡共和国特命全权大使职务；任命洪小勇为中华人民共和国驻新加坡共和国特命全权大使。二、免去马福林的中华人民共和国驻中非共和国特命全权大使职务；任命陈栋为中华人民共和国驻中非共和国特命全权大使。三、免去刁鸣生的中华人民共和国驻贝宁共和国特命全权大使职务；任命彭惊涛为中华人民共和国驻贝宁共和国特命全权大使。四、免去张越的中华人民共和国驻利比里亚共和国特命全权大使职务；任命付吉军为中华人民共和国驻利比里亚共和国特命全权大使。五、免去徐坚的中华人民共和国驻波兰共和国特命全权大使职务；任命刘光源为中华人民共和国驻波兰共和国特命全权大使。六、免去王鲁彤的中华人民共和国驻新西兰特命全权大使兼驻库克群岛特命全权大使、驻纽埃特命全权大使职务；任命吴玺（女）为中华人民共和国驻新西兰特命全权大使兼驻库克群岛特命全权大使、驻纽埃特命全权大使。七、免去牛清报的中华人民共和国驻牙买加特命全权大使职务；任命田琦为中华人民共和国驻牙买加特命全权大使。八、免去董晓军的中华人民共和国驻乌拉圭东岸共和国特命全权大使职务；任命王刚为中华人民共和国驻乌拉圭东岸共和国特命全权大使。

4月2日

［纲　文］　国务院印发《关于在海南博鳌乐城国际医疗旅游先行区暂停实施〈医疗器械监督管理条例〉有关规定的决定》。

［目　文］　《决定》说，为进一步支持海南省试点发展国际医疗旅游相关产业，国务院决定在海南博鳌乐城国际医疗旅游先行区暂停实施《医疗器械监督管理条例》第十一条第二款的规定，对先行区内医疗机构临床急需且在我国尚无同品种产品获准注册的医疗器械，由海南省人民政府实施进口批准，在指定医疗机构使用。请国家药品监督管理局、海南省人民政府会同有关部门制定具体管理办法，规范批准条件和程序，细化相关进口医疗器械的使用规范、不良事件监测、进口口岸等内容，明确监管责任，确保进口医疗器械使用安全，切实维护人民群众健康和生命安全。

4月2日

［纲　文］　财政部、税务总局、人力资源社会保障部、银保监会、证监会印发《关于开展个人税收递延型商业养老保险试点的通知》。

［目　文］　《通知》说，自5月1日起，在上海、福建（含厦门）和苏州工业园区实施个人税收递延型商业养老保险试点。试点期限暂定一年。对试点地区个人通过个人商业养老资金账户购买符合规定的商业养老保险产品的支出，允许在一定标准内税前扣除；计入个人商业养老资金账户的投资收益，暂不征收个人所得税；个人领取商业养老金时再征收个人所得税。当个人达到国家规定的退休年龄时，可按月或按年领取商业养老金，领取期限原则上为终身或不少于15年。个人身故、发生保险合同约定的全残或罹患重大疾病的，可以一次性领取商业养老金。

4月2日

［纲　文］　教育部印发《高等学校人工智能创新行动计划》。

［目　文］　《计划》由三个部分组成：一、总体要求。二、重点任务。三、政策措施。

《计划》指出，教育部成立人工智能科技创新战略专家委员会，指导和协调计划的实施；各有关司局积极研究具体落实措施，确保各项任务落到实处；各省（区、市）教育主管部门和高等学校要以服务国家重大需求为目标，统筹各类资源、加大探索力度，用好增量、盘活存量，支持人工智能领域交叉学科建设、人才培养、科技创新和成果转化应用等工作。

4月2日

［纲　文］　国家移民管理局、中华人民共和国出入境管理局举行挂牌仪式。

［目　文］　中共中央政治局委员、中央政法委书记郭声琨出席仪式并讲话。国务委员、公安部部长赵克志等出席。按照《深化党和国家机构改革方案》，将公安部的出入境管理、边防检查职责整合，建立健全签证管理协调机制，组建国家移民管理局，加挂中华人民共和国出入境管理局牌子，由公安部管理。

4月2—6日

［纲　文］　应国家主席习近平邀请，津巴布韦总统姆南加古瓦对中国进行国事访问。

［目　文］　访问期间，习近平在北京同姆南加古瓦举行会谈。两国元首一致决定，将中津关系定位提升为全面战略合作伙伴关系，推动双方关系好上加好。两国元首共同见证了经济技术、农业、科技、人力资源开发等领域双边合作文件的签署。国务院总理李克强、全国人大常委会委员长栗战书在北京分别会见姆南加古瓦。

习近平同姆南加古瓦会谈时说，中津历来是"全天候"朋友，无论国际风云如何变幻，始终风雨同舟、患难与共。中津友好历久弥新、历久弥坚。双方要保持高层交往势头，密切各层级交往，做好各领域合作顶层设计和规划，继续在涉及彼此核心利益和重大关切问题上相互理解、相互支持。要加强发展战略对接，深化在"一带一路"和中非合作论坛框架内合作，继续有序推进基础设施建设、农业、投融资等领域合作，中方支持津方探索符合自身国情的发展道路。要加强人文合作，不断夯实两国友好的民意和社会基础。中方愿同津方加强在地区和国际事务中的协调和配合，呼吁有关西方国家和组织早日同津巴布韦改善关系，为津巴布韦发展多做实事。

姆南加古瓦表示，津巴布韦将始终坚持一个中国政策，愿推进同中国的全面战略合作伙伴关系，加强治国理政交流，拓展贸易、投资、科技、电信、基础设施等全方位务实合作，增进人文交流。津巴布韦致力于深化非中友好关系，高度评价中方"一带一路"伟大倡议，支持中非在合作论坛框架下合作，支持非洲积极参与"一带一路"建设合作。

李克强会见姆南加古瓦时表示，津巴布韦是中国在非洲的重要合作伙伴。中方愿同津方更好发挥互补优势，创新合作方式，深化基础设施建设、农业、产能、人力资源等重点领域合作。中国政府鼓励有实力的中国企业赴津开展商业合作，愿为津经济社会发展提供力所能及的支持和帮助，更好实现互利共赢。

姆南加古瓦表示，津新政府致力于进一步加强同中国的传统友谊，巩固两国政治互信，深化经贸、基础设施、能源、农业、旅游等领域的互利合作，按照全面战略合作伙伴关系的新定位，推动两国关系迈上新台阶。

栗战书会见姆南加古瓦时表示，中国全国人大愿同津巴布韦议会一道，全面落实两国元首重要共识，以中非合作论坛北京峰会和"一带一路"建设为契机，充分发挥自身职能作用，加强立法交流，为双方企业合作和人员往来提供良好的法律保障和便捷的政策服务，不断推动中津友好合作迈上新台阶。

姆南加古瓦表示十分钦佩中国的发展成就，支持两国立法机构加强合作，继续坚定奉行一个中国原则。

4月2—4日

[纲　文]　应国务委员兼外交部部长王毅邀请，瑞士联邦委员兼外交部部长卡西斯访华并举行中瑞首轮外长级战略对话。

[目　文]　3日，王毅在北京与卡西斯举行中瑞首轮外长级战略对话。王毅表示，举行中瑞外长级战略对话并推动建立高水平创新平台，是落实两国元首重要共识和推进中瑞创新战略伙伴关系的重要举措。中方愿同瑞方共同推动双边关系在新的时期取得更大发展。

卡西斯表示，瑞中关系达到历史最好水平，瑞方高度重视发展对华关系，愿深入推进瑞中在各个领域的合作。双方还就国际贸易政策等共同关心的问题交换了意见。

同日，中央外事工作委员会办公室主任杨洁篪在北京会见卡西斯时表示，中瑞两国关系发展符合两国人民根本利益，在中欧合作中扮演了积极的开拓者角色。中方愿同瑞方一道，根据习近平主席同瑞士领导人达成的重要共识，发扬互尊互信、开拓创新、合作共赢的合作精神，推动中瑞创新战略伙伴关系不断取得进展。

卡西斯赞赏中国发展取得的巨大成就，表示瑞士高度重视"一带一路"倡议，愿推动两国关系迈上新台阶。

4月3日

［纲　文］　财政部、市场监管总局发布《关于推动有限责任会计师事务所转制为合伙制会计师事务所的暂行规定》，自2018年4月3日起施行。

4月3日

［纲　文］　市场监管总局印发《关于进一步加强打击传销工作的意见》。

［目　文］　《意见》由五个部分组成：一、提高思想认识，高度重视打击传销工作。二、全面落实打击整治网络传销"四步工作法"。三、广泛开展无传销创建工作。四、确定一批传销重点整治城市。五、完善部门间信息共享、协作查处工作机制。

4月3日

［纲　文］　全国国土绿化、森林防火和防汛抗旱工作电视电话会议在北京召开。

［目　文］　国务院总理李克强作出批示指出，做好2018年国土绿化、森林草原防火和防汛抗旱工作，事关经济社会可持续发展和人民群众生命财产安全。各地区、各有关部门要以习近平新时代中国特色社会主义思想为指导，认真贯彻落实党中央、国务院决策部署，及时启动大规模国土绿化行动，确保完成全年造林1亿亩以上的任务，推动筑牢绿色屏障；严格落实责任和防范措施，科学做好森林草原防火工作；加强防汛抗旱各项准备，加快补齐水利基础设施等短板，不断提高防灾抗灾减灾能力。为保障经济社会发展、建设生态文明作出积极贡献。

国务院副总理胡春华出席会议并讲话。会议由国务委员王勇主持。会议主要内容是，学习贯彻党的十九大和全国"两会"精神，落实李克强批示要求，科学分析国土绿化、森林草原防火和防汛抗旱工作形势，安排部署2018年各项工作。

胡春华指出，今年我国气候状况总体偏差，各类灾害威胁大、影响重。各地区、各有关部门要切实加强组织领导，做好机构改革中的工作衔接，按照原有职责分工抓好责任落实，有关负责同志要深入一线，靠前指挥，把防汛抗旱和森林草原防火各项工作做实做细。要抓紧做好各项汛前准备，补充储备防汛抗旱物资，修订完善各类调度方案和应急预案，强化安全监管，有力有序抓好工作落实。要加强监测预警和应急值守，及时排查和整改存在的隐患，提前动员和部署森林草原消防力量，扎实做好森林草原防火应急处置，确保人民群众生命财产安全和国家生态安全。

4月3日

［纲　文］　韩正在发展改革委调研。

［目　文］　国务院副总理韩正在发展改革委主持召开座谈会，学习贯彻习近平新时代中国特色社会主义思想和党的十九大精神，研究部署下一阶段发展改革工作。

韩正在政务服务大厅，考察国家数据共享交流平台建设和推动政府职能转变工作；在部分司局和处室，看望干部职工，了解长江经济带发展、物流降本增效、提高工程项目审批效率等工作开展情况。

韩正指出，当前国内外形势复杂多变，发展改革委要加强预研预判，围绕保持经济平稳运行、打好三大攻坚战、保障和改善民生等工作，提出有针对性和可操作性的建议。要不折不扣落实好党中央推动改革发展的重大举措，持续推进党和国家重大战略实施，不断增强人民群众的获得感。这次机构改革力度很大、范围很广，在党中央集中统一领导下进行，贯彻优化协同高效原则。政府机构改革的核心是调整和完善政府职能，达到转变政府职能的根本目的。发展改革委要正确理解和积极推动职能调整，服从大局，进一步强化宏观管理职能，调整微观管理职能。特别是要加强研究事关国家长远发展的大战略，协调跨部门跨行业的大政策，跟踪分析经济运行的大趋势，推动具有全局性影响的跨区域大项目，以实际行动抓好改革任务落实。

4月3日

[纲　文]　**新华社讯，刘鹤在科学技术部、中国科学院、中国工程院调研。**

[目　文]　国务院副总理刘鹤在分别听取科学技术部、中国科学院、中国工程院工作汇报后指出，党中央、国务院对科技工作高度重视，党的十八大以来，科技系统大力实施创新驱动发展战略，深入推进科技体制改革，不断增强国家创新能力，取得了一大批举世瞩目的科技创新成果，为经济社会发展提供了强有力的科技支撑。创新是引领发展的第一动力，是建设现代化经济体系的战略支撑。要从维护国家长远战略利益的高度认识科技工作的极端重要性。科技系统要坚持全面从严治党，抓好党风廉政建设。要认清国际大格局，保持清醒头脑，增强历史责任感，尽快补上我国科技创新能力不足的短板。要转变工作作风，求真务实，树立良好学风、文风、会风，开短会、讲短话，把时间放在多学习、多研究上。要提倡专业主义精神，讲科学、重专业、办实事，切实提高工作质量和效率。以崭新的面貌，创造性地做好工作，推动我国科技实力实现新的历史性飞跃。

4月3日

[纲　文]　**中华人民共和国农业农村部在北京正式挂牌。**

[目　文]　国务院副总理胡春华出席揭牌仪式并召开座谈会。他指出，要深入学习贯彻习近平新时代中国特色社会主义思想，全面落实党的十九大和十九届二中、三中全会以及全国"两会"精神，按照党中央、国务院决策部署，坚持以实施乡村振兴战略为总抓手，扎实有序推进机构改革，全面做好新时代农业农村工作，奋力开创"三农"事业发展新局面。

4月3日

[纲　文]　**生态环境部在北京召开全国环境影响评价工作会议。**

[目　文]　生态环境部有关负责人出席会议并讲话。会议主题是，以习近平新时代中国特色社会主义思想为环评改革引航定向，学习贯彻党的十九大和十九届二中、三中全会精神，落实中央经济工作会议、全国"两会"和全国环境保护工作会议部署，总结党的

十八大以来环评改革成果，分析明确环评制度改革的方向，安排部署下一步工作。

会议强调，要以习近平新时代中国特色社会主义思想引航定向，深入学习贯彻党的十九大和十九届三中全会精神，落实中央财经委员会第一次会议有关要求，牢牢把握"放管服"环评改革总体方向，用猛药去沉疴，用改革增强环评制度的活力。既要强化环评制度的严肃性、制约性和刚性，严格依法行政，该严的要严、该管的要管、该查的要查；又要契合推动高质量发展的形势要求，进一步深化环评制度的改革，该改的要改、该放的要放、该简的要简。会议提出，2018年要继续深化"放管服"改革，进一步改善营商环境。要做好"三线一单"编制实施，建立系统性分区生态环境管控体系。要严格环评制度执行，为污染防治攻坚战协防助攻。要用大数据创新环评管理，全面提高环评质量。

4月3日

［纲　文］　第三十一届电视剧"飞天奖"暨第二十五届电视文艺"星光奖"颁奖典礼在宁波市北仑区举行。

［目　文］　本届典礼由国家新闻出版广电总局和浙江省人民政府主办，中国电视艺术委员会、中央电视台、浙江省新闻出版广电局、中共宁波市委宣传部、宁波市文化广电新闻出版局等单位承办。《海棠依旧》《白鹿原》《那年花开月正圆》《欢乐颂》《大军师司马懿之军师联盟》等16部作品获"飞天奖"优秀电视剧大奖。本届电视文艺"星光奖"共评选出5个特别奖及14个广播电视节目大奖。《长征》等5部作品获特别奖；《朗读者》（第一季）等4个节目获电视文艺栏目大奖。

4月3日

［纲　文］　国务委员兼外交部部长王毅会见在北京过境的朝鲜外相李勇浩。

［目　文］　王毅表示，金正恩委员长日前成功访华，习近平总书记同金正恩委员长就发展中朝关系和推进半岛核问题的和平解决达成重要共识。当前形势下，维护和发展中朝传统友谊对两国和地区都十分重要。两国外交部门应加强各层级交流，尽快将两国最高领导人北京会晤的成果落到实处。中方赞赏朝方致力于半岛无核化立场以及为缓和半岛形势所作的重要努力，支持朝韩、朝美首脑举行会晤。中方将继续劝和促谈，为推动实现半岛无核化目标、建立半岛和平机制做出积极努力。

李勇浩表示，朝中两国最高领导人的成功会晤为朝中关系发展提供了重要契机。朝方愿与中方落实好两国最高领导人共识，加强高层互访和各层级外交沟通，继承和发展好朝中传统友好关系。

4月3—4日

［纲　文］　尤权在安徽调研。

［目　文］　中央统战部部长尤权考察了安徽神学院，了解宗教界人士培养情况；在宗教活动场所看望宗教界人士，并就做好新形势下的宗教工作，与党委、政府及有关部门负责人进行了座谈交流。他指出，要采取切实有力的措施，全面深入地贯彻落实全国宗教工作会议精神和新修订的《宗教事务条例》，特别是要采取"导"的态度，健全基层宗教

工作管理机制，加强宗教界人士教育、引导和培养，充分发挥爱国宗教团体的作用，坚决抵御境外利用宗教进行的渗透，防范和治理各种非法违法宗教活动，满足信教群众正常的宗教需求，维护国家安全和社会和谐稳定。

调研期间，尤权与安徽省各民主党派、工商联和知识分子联谊会的主要负责人进行了座谈，强调要深入学习贯彻习近平总书记在看望参加全国政协会议的民盟、致公党、无党派人士和侨联界委员时的重要讲话精神，弘扬优良传统，积极献计出力，进一步提高多党合作质量，把我国新型政党制度的优势充分发挥出来，为推动经济社会发展作出新贡献。

4月3—10日

〔纲　文〕　应中国政府邀请，泰国公主诗琳通访华。

〔目　文〕　4日，国务院副总理孙春兰在北京会见诗琳通时表示，中泰一家亲，两国关系发展顺利，这同泰国王室的关心和推动密不可分。诗琳通公主殿下长期致力于促进中泰友好和务实合作，是名副其实的中泰友好使者。中方高度重视发展对泰关系，愿同泰方共同努力，深化传统友谊，加强"一带一路"合作，推动两国关系取得更大发展。

诗琳通高度评价中国发展成就，表示泰方高度重视发展同中国的友好合作关系，她愿继续为两国关系和各领域合作的不断发展贡献力量。

4月4日

〔纲　文〕　李克强主持召开国务院常务会议。

〔目　文〕　会议主要内容是：一、落实党中央部署和《政府工作报告》要求，进一步减少涉企收费，降低实体经济成本。会议确定，一是将阶段性降低企业职工基本养老保险单位缴费比例、失业保险及工伤保险费率政策期限延长至2019年4月30日。符合条件的地区可从2018年5月1日起再下调工伤保险费率20%或50%。将阶段性降低企业住房公积金缴存比例政策期限延长至2020年4月30日。二是完善工程建设领域农民工工资保证金制度，在房屋建筑和市政设施工程中推广使用银行保函。三是将重大水利工程建设基金征收标准在去年已降低25%的基础上，从7月1日起按原标准再降低25%。从4月1日起，停征首次申领居民身份证工本费。从8月1日起停征专利登记费等收费，延长专利年费减缴期限。四是将企业缴纳的残疾人就业保障金标准上限从不超过当地社会平均工资3倍降至不超过2倍。五是清理规范物流、能源等收费。确保一般工商业电价平均降低10%，降价效果要组织第三方评估。二、听取宽带网络提速降费工作汇报，推动数字经济发展和信息消费。会议指出，要落实《政府工作报告》确定的任务，围绕促进经济升级和扩大消费，督促电信企业加大降费力度，从7月1日起取消流量"漫游"费，确保2018年流量资费降幅30%以上，推动家庭宽带降价30%、中小企业专线降价10%—15%，进一步降低国际及港澳台漫游资费。加快高速宽带城乡全覆盖，2018年提前实现98%行政村通光纤，重点支持边远地区等第四代移动通信基站建设，推动飞机上互联网接入业务，支持在酒店、机场、车站等扩大免费上网范围。三、确定支持留学回国人员创业创新措施,以更大力度吸引人才。为支持留学回国人员创业创新,会议确定:一是进一步简化落户、子女入学等证明和办理手续。二是落实留学回国人员创业优惠政策,支持知识产权抵押贷款等创业融资。推进商标注册便利化,优化企业出口资质申请流程,支持科技成果转化应用。三是建立普惠式公共服务体系,全方位支持留学回国人员初创企业发展。

4月4日

[纲　文]　新华社讯,汪洋在上海调研。

[目　文]　全国政协主席汪洋主持召开上海、江苏、浙江、安徽四省市政协主席座谈会,听取贯彻党的十九大精神和地方政协工作情况汇报。他指出,中国特色社会主义进入新时代,对人民政协工作提出了更高要求。要深入学习贯彻习近平新时代中国特色社会主义思想和党的十九大精神,旗帜鲜明讲政治,毫不动摇坚持党的领导,认真落实党中央关于加强协商民主建设和人民政协工作的决策部署,牢牢把握团结和民主两大主题,紧跟新时代步伐,在继承中发展、在发展中创新,扎实做好人民政协各项工作。

汪洋还走访了中国基督教三自爱国运动委员会和中国基督教协会,了解宗教团体建设等情况。他强调,要全面贯彻党的宗教工作基本方针,积极引导宗教与社会主义社会相适应,继续抓好全国宗教工作会议精神和新修订的《宗教事务条例》的贯彻落实,始终坚持独立自主自办的原则,始终坚持宗教中国化方向,团结带领宗教界人士和广大信教群众为全面建成小康社会多作贡献。

4月4日

[纲　文]　国务院关税税则委员会发布对原产于美国部分进口商品加征关税公告。

[目　文]　公告说,2018年4月4日,美国政府发布了加征关税的商品清单,将对我输美的1333项500亿美元的商品加征25%的关税。美方这一措施违反了世界贸易组织规则,严重侵犯我国合法权益,威胁我国发展利益。

根据《中华人民共和国对外贸易法》和《中华人民共和国进出口关税条例》相关规定,经国务院批准,国务院关税税则委员会决定对原产于美国的大豆、汽车、化工品等14类106项商品加征25%的关税。实施日期将视美国政府对我商品加征关税实施情况,由国务院关税税则委员会另行公布。

中国对美方部分商品加征关税是捍卫自身合法权益、维护多边贸易体制的正义行为,是符合国际法基本原则的正当举措。中国高度重视发展中美经贸关系。作为最大的发展中国家和最大的发达国家,中美两国经济存在很强的互补性,合作是中美两国之间唯一正确的选择。中美两国应坚持相互尊重、合作共赢的原则,保持理性,加强沟通,以建设性方式管控分歧,共同努力,维护中美经贸关系总体稳定和多边贸易体制的权威,造福两国人民。

4月4日

[纲　文]　商务部发布《反倾销和反补贴调查听证会规则》《反倾销问卷调查规则》

《倾销及倾销幅度期间复审规则》，自 2018 年 5 月 4 日起施行。

4 月 4 日

［纲　文］　《人民日报》发表评论员文章《为宗教信仰自由提供坚实法治保障》。

4 月 4—5 日

［纲　文］　经中俄双方商定，国家主席习近平特使、国务委员兼外交部部长王毅对俄罗斯进行工作访问。

［目　文］　访问期间，王毅在莫斯科会见俄罗斯总统普京时，向普京通报了中方对国际和地区热点问题的看法。王毅同俄罗斯外长拉夫罗夫举行会谈并共同会见记者。

4 月 5 日

［纲　文］　《人民日报》发表评论员文章《尊崇英雄烈士　守护精神家园——写在"为了民族复兴·英雄烈士谱"开栏之前》。

4 月 5—8 日

［纲　文］　郭声琨在山东省、海南省调研。

［目　文］　中央政法委书记郭声琨在山东和海南调研时指出，要坚持以习近平新时代中国特色社会主义思想为指导，深入学习贯彻党的十九大、十九届二中、三中全会和全国"两会"精神，认真贯彻习近平总书记关于政法工作的重要指示精神，坚持以人民为中心，主动适应社会主要矛盾转化对政法工作提出的新要求，忠诚履行职责，建设过硬队伍，努力以服务大局、服务人民的新作为建功新时代。

郭声琨在机场、火车站和治安检查站调研并与干部群众交谈，了解基层社会治理、平安中国建设、扫黑除恶专项斗争等情况，听取对做好新时代政法工作的意见建议；观看了基层政法单位文化建设展，了解政法队伍建设情况。他指出，过硬队伍建设是新时代政法工作的永恒主题。要始终把政治建设摆在首位，着力提升正规化、专业化、职业化水平，打造一支信念过硬、政治过硬、责任过硬、能力过硬、作风过硬的政法队伍。要充分发挥文化潜移默化、润物无声的独特作用，积极构建政法干警的精神家园，为完成好各项任务提供强大精神动力。

4 月 6—8 日

［纲　文］　第 31 届乒乓球亚洲杯赛在日本横滨举行。

［目　文］　中国队选手获得男、女单打的冠、亚军。其中，女单决赛，朱雨玲以 4∶1 击败陈梦，成功卫冕。男单决赛，樊振东以 4∶0 击败上届冠军林高远，第一次获得亚洲杯冠军。

4 月 7—13 日

［纲　文］　应国家主席习近平邀请，奥地利总统范德贝伦对中国进行国事访问并出

席博鳌亚洲论坛2018年年会。

[目　文]　　访问期间，习近平在北京同范德贝伦举行会谈。两国元首一致决定，建立中奥友好战略伙伴关系，推动中奥务实合作迈上新台阶。双方发表了《中华人民共和国和奥地利共和国关于建立友好战略伙伴关系的联合声明》。两国元首共同见证了"一带一路"合作、司法、创新、交通、现代流通、文化、体育和知识产权等领域双边合作文件的签署。国务院总理李克强、全国人大常委会委员长栗战书在北京分别会见范德贝伦。

习近平同范德贝伦会谈时指出，总统先生率库尔茨总理及多位部长组成的高级别大型代表团访华，在中奥交往史上尚属首次，充分体现了总统本人及奥地利政府对发展中奥关系的高度重视。中奥经济互补性强、利益契合点多，合作领域广泛，空间和潜力很大。双方要以建立友好战略伙伴关系为契机，加强政治引领和顶层设计，保持高层交往势头，开展各领域更加广泛的交流对话，提升两国在司法、安全执法、反腐败追逃追赃等领域合作水平，就多边事务加强沟通，共同维护世界和平与稳定。要拓展两国务实合作的新维度，拓展贸易新渠道。中方欢迎奥方深度参与中国—中东欧国家合作，愿同奥方加强各自发展战略对接。要继续加强双方在大熊猫合作研究、旅游等人文领域合作，让两国友谊更加深入人心。

范德贝伦表示，奥方致力于深化同中方经贸、投资、科研、环保、清洁能源、文化、体育等领域交流合作。奥地利高度赞赏中国在应对气候变化等全球事务中发挥的积极作用，愿密切两国沟通协调。

李克强会见范德贝伦时指出，中方愿同奥方不断扩大双边贸易与双向投资，在高端制造、科技创新、节能环保等领域打造新增长点，拓展在"一带一路"和"16+1合作"框架下的合作，实现互利共赢。

范德贝伦表示，奥方愿进一步拓展两国经济合作，扩大旅游和人员往来，推动两国关系取得新的发展。奥方支持贸易投资自由化便利化，维护多边贸易体制，愿以担任欧盟轮值主席国为契机，促进欧洲同亚洲的合作。

栗战书会见范德贝伦时表示，中方愿同奥方一道，落实好两国元首达成的重要共识，增进政治互信，加强对话交流，理解和照顾彼此核心利益和重大关切，深化包括"一带一路"建设在内的各领域合作，推动夯实两国友好的社会基础，为新时代两国关系发展作出积极贡献。

范德贝伦表示，奥方高度重视对华关系，支持两国立法机构开展交流，对中国发展有信心，愿深化两国在经贸等各领域的合作。

4月7日

[纲　文]　**中国原创节目模式推介会登陆法国戛纳电视节。**

[目　文]　　中国电视人首次以"原创节目模式"的名义集结《国家宝藏》《朗读者》《经典咏流传》《天籁之战》《声临其境》《跨界歌王》《明日之子》《功夫少年》《好久不

见》九大中国优秀原创节目模式集体亮相戛纳春季电视节 MIPFormats 的主舞台。

4月7日

［纲　文］　山东省人大常委会原主任、党组书记李振，在济南逝世，享年94岁。

4月7—11日

［纲　文］　应国务委员兼外交部部长王毅邀请，联合国秘书长古特雷斯访华并出席博鳌亚洲论坛 2018 年年会。

［目　文］　访问期间，国家主席习近平、国务院总理李克强、中央外事工作委员会办公室主任杨洁篪在北京会见古特雷斯。王毅在北京与古特雷斯举行了会谈。

习近平会见古特雷斯时指出，国际上的问题林林总总，归结起来就是要解决好治理体系和治理能力的问题。我们需要不断推进和完善全球治理，应对好这一挑战。中国正在统筹推进经济、政治、文化、社会、生态文明建设"五位一体"总体布局，这五方面也是构建人类命运共同体的主要内容。支持联合国发挥作用，维护联合国权威和地位，是中国外交的一项基本政策。我们主张大小国家一律平等，同时也认为大国要承担起应有的责任。多边主义的要义是谋求各国协商和合作，首先是大国合作。中国始终是世界和平的建设者、全球发展的贡献者、国际秩序的维护者。我们愿同世界分享中国的发展机遇和经验，但绝不会将自己的道路、模式、理论强加于人。

古特雷斯表示，中国已成为多边主义的最重要支柱和促进世界和平与发展不可或缺、值得信赖的重要力量。联合国同中国的合作对世界十分重要。我赞同习主席关于构建人类命运共同体的主张，支持中方"一带一路"合作等旨在实现所有国家共同繁荣的重要倡议。

李克强会见古特雷斯时表示，中国已深度融入世界，需要和平稳定的外部环境。作为最大发展中国家，中国愿意承担与自身实力相称的国际责任，与国际社会一道共同支持贸易和投资自由化便利化，反对贸易保护主义，推动经济全球化向更加开放、包容、普惠、平衡、共赢的方向发展，为人类进步作出更大贡献。中国坚定维护以联合国宪章为基础的国际关系基本准则，支持联合国在国际事务中发挥核心作用，将继续建设性参与联合国各领域工作，积极推动落实联合国 2030 年可持续发展议程，为促进世界和平与发展作出不懈努力。

古特雷斯表示，中国是国际和平与合作的主要稳定因素，联合国愿同中国深化全方位合作。当前经济全球化面临一些困难，但这不能通过单边主义、保护主义来解决，而应通过国际合作、多边主义来应对，以规则为基础的国际秩序应当得到遵守。保护主义损人害己。

4月8—11日

［纲　文］　博鳌亚洲论坛 2018 年年会在海南博鳌举行。

［目　文］　国家主席习近平出席开幕式并发表题为《开放共创繁荣，创新引领未来》的主旨演讲，强调各国要顺应时代潮流，坚持开放共赢，勇于变革创新，向着构建人类命运共同体的目标不断迈进；中国将坚持改革开放不动摇，继续推出扩大开放新的重大

举措，同亚洲和世界各国一道，共创亚洲和世界的美好未来。

年会期间，习近平在博鳌分别会见了巴基斯坦总理阿巴西、荷兰首相吕特、新加坡总理李显龙、蒙古国总理呼日勒苏赫、国际货币基金组织总裁拉加德、中国台湾两岸共同市场基金会荣誉董事长萧万长一行、吉尔吉斯斯坦前总统阿坦巴耶夫、菲律宾总统杜特尔特。

本届年会以"开放创新的亚洲，繁荣发展的世界"为主题，议题分为全球化"一带一路"、开放的亚洲、创新、改革再出发等四个板块。举办了65场活动。来自多个国家和地区的领导人、国际组织负责人以及政界、工商界人士、专家学者等2000多人参加，其中企业界代表占到了80%，世界500强企业有70多家派出了董事长和CEO来参会。年会实现了预设目标，发出了亚洲声音，形成了亚洲共识，年会主题得到了呼应和认同。

9日，博鳌亚洲论坛会员大会选举产生新一届理事会。在新一届理事会会议上，第八任联合国秘书长潘基文当选理事长。第十二届全国政协副主席、中国人民银行原行长周小川出任博鳌亚洲论坛中方首席代表。

11日，习近平在博鳌同出席博鳌亚洲论坛2018年年会的中外企业家代表座谈时指出，我们对中国经济的前景是乐观的。方向决定道路，道路决定命运。中国现在的大方向就是实现"两个一百年"奋斗目标。我们走的道路是中国特色社会主义道路，是坚持改革开放的道路。我们对未来充满信心。我们要加满油、把稳舵、鼓足劲，付出异乎寻常的努力，推动新时代中国经济由高速增长转向高质量发展，从量的扩张转向质的提升，从"有没有"转向"好不好"。中国的改革只有进行时，没有完成时。我们要扩大对外开放不停步，我们改革的步伐不会停歇，开放的大门不会关闭。我们要让制度更加成熟定型，让发展更有质量，让治理更有水平，让人民更有获得感、幸福感、安全感。我们要坚定不移发展开放型世界经济，为亚洲和世界发展作出中国贡献，欢迎搭乘中国经济快车，分享中国改革、开放、发展的成果。中国将为国内外企业家投资创业营造更加宽松有序的环境。希望各国企业家在中国改革开放新征程中施展更大作为，得到更大发展。

同日，习近平在博鳌集体会见了博鳌亚洲论坛现任和候任理事。

4月8日

［纲　文］　国务院办公厅印发《2018年政务公开工作要点》。

［目　文］　《要点》由四个部分组成：一、着力加强公开解读回应工作。二、着力提升政务服务工作实效。三、着力推进政务公开平台建设。四、着力推进政务公开制度化规范化。

《要点》要求，各地区各部门要高度重视本要点部署的各项任务，结合实际提出具体措施，认真抓好落实，防止简单地以文件落实文件。加强政务公开工作能力建设，围绕贯彻落实新条例、政策解读、政务舆情回应等，抓好业务培训。加强督促检查，强化对政策解读、政务舆情回应、主要负责同志研究部署政务公开工作和参加新闻发布会等情况的考核评估。国务院办公厅适时组织落实情况专项督查和第三方评估，并通报结果。

4月8日

［纲　文］　市场监管总局印发《关于进一步加强直销监督管理工作的意见》。

［目　文］　《意见》由三个部分组成：一、加强对直销企业、直销员及直销企业经销商、合作方、关联方的监管。二、依法查处与直销相关的各类违法行为。三、建立健全直销监管工作机制。

《意见》指出，对涉及直销企业的群体上访、信访、抗议、集会、静坐、示威等事件，应基于部门职责，对属于工商和市场监管职责范围内的事项，依法处理；对不属于工商和市场监管职责范围内的事项，耐心向群众解释，属于民商事纠纷的，引导群众通过诉讼方式解决，属于其他部门管辖的，引导其向有管辖权的部门反映，或将线索转交有管辖权的部门。各地工商和市场监管部门在发现群体性事件隐患或苗头时，应及时处理，防止扩大升级；在具体处理群体性事件时，应根据实际需要，采取各种方式应对、化解，妥善处置事件，化解风险。

4月8日

［纲　文］　交通运输部公布《农村公路建设管理办法》。

［目　文］　《办法》共9章51条。主要有总则、规划管理、建设资金、建设标准和设计、建设施工、质量安全、工程验收、法律责任等内容。自2018年6月1日起施行。2006年1月27日以交通部令2006年第3号发布的《农村公路建设管理办法》同时废止。

4月8日

［纲　文］　铁路局印发《铁路运输服务质量监督信息公开办法》，自2018年4月8日起实行。

4月8日

［纲　文］　国务院总理李克强在北京同来华进行工作访问并出席博鳌亚洲论坛2018年年会的新加坡总理李显龙举行会谈。

［目　文］　李克强指出，中方愿将"一带一路"倡议同新方发展战略对接，共同推进"南向通道"建设，巩固现有合作机制，深化基础设施、互联互通、金融等重大项目和重点领域合作，拓展第三方市场合作，推进防务与执法安全合作，扩大教育、媒体、智库等领域交流，便利人员往来，给两国人民带来更多实实在在的利益。中国将继续深化改革、扩大开放，维护以世界贸易组织规则为基础的全球自由贸易体系，促进贸易和投资自由化便利化，以自身发展惠及周边，同包括新加坡在内的东盟国家共同建设利益共同体和命运共同体。

李显龙表示，新方愿加强同中国"一带一路"等发展倡议对接，促进互联互通，加强第三方市场合作，共同促进区域发展。作为东盟轮值主席国，新方愿发挥建设性作用，积极推进新中双边关系以及东盟—中国关系取得新进展。贸易是新加坡立国之本，新方将继续支持多边贸易体制，支持以规则为基础的国际秩序。

会谈后，两国总理共同见证了第三方市场合作、人文等领域双边合作文件的签署。

9日，国家副主席王岐山在北京会见李显龙。

4月8日

[纲 文] **中国银行保险监督管理委员会在北京举行揭牌仪式。**

[目 文] 国务院副总理刘鹤出席并讲话指出，要充分认识金融监管体制改革的重要性和紧迫性，牢固树立"四个意识"，努力增强"四个自信"，切实把思想和行动统一到党中央关于深化党和国家机构改革的决策部署上来，认真履行好中央赋予的各项职责，不辜负党中央和习近平总书记的重托。

4月8日

[纲 文] **文化和旅游部在北京举行揭牌仪式。**

[目 文] 中宣部部长黄坤明出席揭牌仪式并召开座谈会，强调要坚持以习近平新时代中国特色社会主义思想为指导，以加强党的全面领导为统领，紧紧抓住机构改革的难得契机，科学设计、稳步推进、务求实效，推动文化建设和旅游发展开创新局面。要深入学习贯彻习近平总书记关于深化党和国家机构改革的重要思想，平稳有序推进各项改革任务。要立足新时代、担当新使命，增强文化自觉、坚定文化自信，把党中央关于文化建设和旅游发展的各项决策部署落到实处，以扎扎实实的工作业绩更好满足人民群众对美好生活的新需求新期待。

4月8日

[纲 文] **中国自主研制的ARJ21-700喷气客机大侧风试飞成功。**

[目 文] 2月27日，ARJ21-700飞机104架机从西安阎良出发，3月5日抵达冰岛凯夫拉维克国际机场。凯夫拉维克国际机场拥有全球为数不多的东西、南北两条垂直交叉走向的"十"字形跑道，常年有30节以上大风，有利于捕捉到更大侧风的试验气象。3月26日，中国民航局试飞员赵志强、中国航空工业集团试飞中心试飞员陈明驾驶ARJ21-700飞机在冰岛凯夫拉维克国际机场执行6个起飞和6个着陆。数据显示，ARJ21-700飞机在起飞阶段和着陆阶段的风速全部超过中国民用航空规章规定的25节（约为46.3公里/小时，相当于6级强风）风速要求，成功完成大侧风操稳、动力装置试验点。此次冰岛大侧风试飞也是ARJ21-700飞机继2014年北美五大湖地区自然结冰试飞之后，第二次飞出国门开展特殊气象环境下的试验试飞。

作为中国首款投入商业运营的喷气客机，ARJ21-700飞机于2014年12月30日取得型号合格证，2016年6月28日成功首航，2017年9月获得生产许可证并正式进入批量生产交付阶段。ARJ21-700飞机拥有国内外客户21家，订单453架。

4月8—9日

[纲 文] **韩正在生态环境部、住房城乡建设部调研。**

[目 文] 国务院副总理韩正在生态环境部调研大气颗粒物监测、机动车污染防治、大气固定源和化石能源管理等工作，了解京津冀及周边地区秋冬季大气污染综合治理情况，听取生态环境部组建情况汇报。他指出，要贯彻优化协同高效原则，以机构改革为

契机完善内设机构设置,强化生态环境领域政策规划标准的制定和组织实施、生态环境监测和执法、对地方政府生态环境工作的指导督察问责等职能。要紧扣决胜全面建成小康社会生态环境保护目标,坚决打好污染防治攻坚战,不断增强人民群众的生态环境获得感、幸福感、安全感。要紧紧咬住党中央确定的重点任务,按照《政府工作报告》要求,打好标志性重大战役,把蓝天保卫战作为重中之重,细化作战计划和重大举措,确保按照既定的时间节点完成目标任务。

韩正在住房城乡建设部调研住房制度改革和房地产长效机制建设,了解城乡环境整治、推进垃圾分类、建筑工程质量监管等工作情况。他指出,要切实抓好工程建设项目审批制度改革,加强对地方改革试点工作的指导。要全流程、全覆盖地实施改革,尽快形成全国统一的工程建设项目审批流程体系,实现所有类型的工程建设项目和审批事项的全覆盖。要大幅压减工程建设项目审批时间,提供优质便捷服务,促进营商环境有效改善,进一步增强市场主体活力。要坚持房子是用来住的、不是用来炒的定位,加快建立多主体供给、多渠道保障、租购并举的住房制度,努力保障人民住有所居。要建立健全长效机制,促进房地产市场平稳健康发展。

4月8—10日

[纲　文]　孙春兰在山西省调研。

[目　文]　国务院副总理孙春兰在吕梁市临县、兴县的医院、乡镇卫生院、村卫生室和贫困户,看望大病患者、因病致贫群众和医务人员,了解健康扶贫工作情况,并主持召开座谈会听取地方政府、医疗机构和基层干部群众的意见建议;考察职业技术学校、农村中小学和幼儿园。

孙春兰指出,深入学习贯彻习近平新时代中国特色社会主义思想,认真落实党中央、国务院决策部署,扎实推进健康扶贫和教育扶贫工程,聚焦深度贫困地区和特殊贫困群体,采取精准有效帮扶措施,切实保障贫困人口基本医疗和受教育水平,为打好打赢脱贫攻坚战、决胜全面建成小康社会作出应有贡献。解决因病致贫返贫问题是脱贫攻坚的"硬骨头",要分类施策、精准帮扶、尽力而为、量力而行,发挥基本医保、大病保险、补充医疗保险的叠加效应,拓展大病集中救治病种范围,完善兜底保障机制,降低贫困人口医疗负担;教育扶贫肩负着阻断贫困代际传递的重要使命。要完善义务教育控辍保学机制,加强乡村小规模学校和寄宿制学校建设,大力发展普惠性学前教育,努力让孩子们接受公平有质量的教育。

4月8—12日

[纲　文]　**应国务院总理李克强邀请,蒙古国总理呼日勒苏赫出席博鳌亚洲论坛2018年年会并对中国进行正式访问。**

[目　文]　访问期间,国家主席习近平在博鳌会见了呼日勒苏赫。李克强在北京同呼日勒苏赫举行会谈并共同见证了经贸、人文、产能、环保等领域多份双边合作文件的签署。全国人大常委会委员长栗战书在北京会见呼日勒苏赫。

习近平会见呼日勒苏赫时指出，中方始终将中蒙关系放在周边外交重要位置。我们将推动建设人类命运共同体，继续按照亲诚惠容理念和与邻为善、以邻为伴的周边外交方针，深化同蒙古国的关系。当前，中蒙关系处在新的历史阶段。双方要本着互信、合作、共赢原则，抓住机遇，推动中蒙全面战略伙伴关系向前发展。双方要切实尊重和照顾彼此核心利益。中方一贯尊重蒙古国的独立、主权、领土完整，尊重蒙古国人民自主选择的发展道路。中方愿同蒙方密切高层交往和各层级往来，抓住"一带一路"倡议同蒙方"发展之路"倡议对接带来的重要机遇，拓展各领域合作和人文交流。中方欢迎蒙方积极参与上海合作组织活动及发展。

呼日勒苏赫表示，蒙方赞同相互尊重是两国关系的政治基础，坚定奉行"一个中国"政策，坚定认为台湾、西藏是中国不可分割的一部分，台湾问题、西藏事务是中国内政。蒙方支持"一带一路"倡议，愿加强蒙中发展战略对接及各领域合作。蒙方高度赞赏中方为维护朝鲜半岛及东北亚地区和平稳定作出的重要贡献。

李克强同呼日勒苏赫会谈时表示，中方赞赏蒙古国政府坚定奉行"一个中国"政策，愿同蒙方始终从战略高度和长远角度把握两国关系发展方向，不断巩固政治互信，切实尊重彼此核心利益和重大关切，保持高层交往势头，加强政府、议会、政党等交流，密切在国际和地区事务中的沟通，使中蒙关系的发展不仅有利于两国，也有利于地区的和平稳定与发展繁荣。中蒙都面临发展经济、改善民生的重任。中方愿同蒙方发挥经济互补与地理毗邻优势，加强中方"一带一路"和蒙方"发展之路"对接落地，尽快启动自贸协定联合可研，加快建设跨境经济合作区建设，加强产能、投资、农牧业深加工、能源矿产、过境运输等合作，稳步推进棚户区改造、污染治理、城市及口岸基础设施等民生项目合作，造福两国人民。

呼日勒苏赫表示，同中国发展睦邻友好关系是蒙古国对外政策的首要方针。蒙新政府将继续奉行这一政策，丰富深化蒙中全面战略伙伴关系。蒙方坚定奉行"一个中国"政策，支持台湾、西藏是中国领土不可分割的一部分，涉藏、涉台都是中国内部事务，这一政策不会改变。

4月8—12日

[纲　文]　应国务院总理李克强邀请，荷兰首相吕特出席博鳌亚洲论坛2018年年会并对中国进行正式访问。

[目　文]　访问期间，国家主席习近平在博鳌会见荷兰首相吕特。国务院总理李克强、全国人大常委会委员长栗战书在北京与吕特举行会谈、会见。

习近平会见吕特时指出，双方要践行开放共赢合作理念，积极推动传统领域合作提质升级，大力拓展新兴领域合作，扩大和丰富人文交流，实现更高水平的互利共赢。中荷是"一带一路"建设的天然合作伙伴。我们赞赏荷方支持"一带一路"倡议，欢迎荷方积极参与。要做好顶层设计，为双方深入开展合作创造条件。全球化符合世界各国共同利益，是大势所趋。我们不能因为暂时的困难和问题就止步不前，而应该积极适应，坚持开放的发展理念，推动经济全球化朝着更加开放、包容、普惠、平衡、共赢方向发展。中荷双方要维护开放型世界经济，继续维护多边贸易体制，促进贸易和投资自由化便利化。希望荷兰继续在欧盟发挥建设性作用，为促进中欧关系健康稳定发展作出更大贡献。

吕特表示，荷中关系强劲且重要，荷方期待深化两国合作，共同打造共建"一带一路"伙伴关系，实现互利共赢。荷方重视中方在国际事务中的重要作用，支持自由贸易，致力于推动加强欧中关系。

李克强与吕特会谈时指出，中方愿同荷方发挥互补优势，深化在农业、金融、科技等领域合作，培育新的合作增长点，加强人文交流，共同应对气候变化，不断做大互利合作的蛋糕。中方愿扩大进口荷兰优质农产品和高新技术产品，欢迎荷兰企业来华投资兴业，期待荷兰充分发挥区位优势，积极参与"一带一路"合作，造福两国人民。

吕特表示，荷方愿同中方一道，进一步加强战略沟通和对话，深化务实合作，推动两国关系和欧中关系再上新台阶。荷方坚定支持自由贸易，愿同中方合作抵制保护主义，维护以世贸组织为核心的多边贸易体制。荷方愿积极加强同中方发展战略对接，支持尽早谈判达成中欧投资协定，愿同中方一道推进巴黎气候变化协定的履行。

栗战书会见吕特时表示，中国全国人大愿同荷兰议会一道，落实好习近平主席与首相先生会见时达成的重要共识，为两国务实合作提供法律保障，共同促进经济全球化，推动两国关系百尺竿头更进一步。

吕特表示，荷方支持自由贸易，愿加强两国在包括"一带一路"建设在内的各领域合作。

4月9日

[纲 文] 《摆脱贫困》英、法文版电子书上线。

[目 文] 由中国外文局所属外文出版社翻译出版的《摆脱贫困》英、法文版电子书在亚马逊、Overdrive、易阅通、掌阅四家数字交易平台上线，面向国内外读者销售。

《摆脱贫困》收录了中共中央总书记习近平1988年至1990年任中共宁德地委书记期间的讲话和调研文章，共29篇。还收录了10张彩色照片，其中包括他在宁德期间的6张工作照片。全书围绕闽东如何脱贫致富、加快发展这一主题，提出了一系列的制度、理念、观点和方法，回答了推进闽东地区经济社会发展的重大理论和实践问题，涉及经济建设、政治建设、文化建设、社会建设、生态文明建设和党的建设等重要内容，思想丰富深刻，文风生动亲切，具有很高的理论价值。

4月9日

[纲 文] 铁路局印发《关于原铁道部规范性文件第十四批清理结果的通知》。

[目 文] 《通知》说，为进一步做好"放管服"改革工作，落实国务院办公厅清理部门规章和文件的要求，根据铁路改革发展实际，按照"先易后难、有序推进，边清理、边出成果、边向社会公开"的原则，国家铁路局对原铁道部规范性文件进行第十四批清理。

现将第十四批清理结果通知如下：经组织专家评审，《ND5型内燃机车段修规程》（铁机〔1990〕187号）等53件文件继续有效。《高速铁路供电安全检测监测系统（6C系统）总体技术规范》（铁运〔2012〕136号）继续有效，各地方铁路公司和相关企业应推广应用。

4月9日

［纲　文］　教育部印发《关于加强大中小学国家安全教育的实施意见》。

［目　文］　《意见》要求设立国家安全学一级学科；依托普通高校和职业院校现有相关学科专业开展国家安全专业人才培养；教育部遴选一批有条件的高校建立国家安全教育研究专门机构，设立相关研究项目；构建完善国家安全教育内容体系，推进国家安全教育实践基地建设，加强国家安全教育师资队伍建设；开展教育督导，将国家安全教育开展情况纳入年度督导计划，将督导评价结果纳入年度考核指标体系，定期开展专项督导；确保经费投入，充分利用各种经费渠道，积极吸纳社会力量参与国家安全教育资源建设。

4月9日

［纲　文］　亚洲媒体高峰会议在海南三亚举行。

［目　文］　中共中央政治局委员、中宣部部长黄坤明出席开幕式，并发表题为"弘扬开放创新精神，共促亚洲繁荣发展"的主旨演讲。

会议由中央广播电视总台联合博鳌亚洲论坛秘书处、中国公共外交协会举办，以"亚洲媒体合作新时代——互联互通与创新发展"为主题。来自亚洲40个国家的140多位主流媒体负责人，以及亚洲文化学者和相关代表共260余人出席。围绕"媒体交流合作助力构建亚洲命运共同体""'一带一路'建设与国际传播新机遇""改革开放40年：中国发展与世界机遇""亚洲的多彩文明与交流互鉴"等多个议题展开讨论。会议发表《中外媒体关于共同推进"一带一路"新闻合作联合建设的宣言》。

4月9日

［纲　文］　国务院总理李克强在北京会见日本国际贸易促进协会会长河野洋平。

［目　文］　李克强表示，近一段时间，中日关系总体保持改善向好势头，两国之间有不少积极互动，但也存在一些挑战。要珍惜出现的好势头，保持远见和定力，为双边高层交往以及两国关系重回健康轨道营造有利氛围。今年适逢中日和平友好条约缔结40周年，希望日方同中方相向而行，遵循中日四个政治文件的原则，以史为鉴，面向未来，重温条约精神，维护两国关系的政治基础，着眼两国人民的利益和福祉，推动中日关系持续改善并朝着正确方向发展。在当前国际形势复杂变化背景下，中国倡导多边主义，支持维护多边贸易体系，促进贸易和投资自由化便利化。中国将持续推进改革，对外开放的大门会越开越大。

河野洋平表示，今年是日中和平友好条约签署40周年，也是中国改革开放40周年，具有非常重要的意义。日本工商企业界欢迎日中关系持续改善，愿为两国友好作出积极贡献，期待李克强总理正式访问日本并出席日中韩领导人会议。

4月10日

［纲　文］　第十届中英政党对话在北京举行。

［目　文］　中共中央总书记、国家主席习近平和英国保守党领袖、政府首相特雷莎·梅分别致贺信。对话由中共中央对外联络部和英中协会共同发起，旨在推动中英党际交流，增进政治家相互了解和信任，推动中英关系长期稳定发展。对话以"共同打造新时期中英关系'黄金时代'"为主题，双方代表共50余人参加对话。中联部部长宋涛宣读习近平贺信并发表主旨讲话。英国内阁办公厅大臣利丁顿宣读特雷莎·梅的贺信并讲话。

11日，国家副主席王岐山在北京会见利丁顿率领的第十届中英政党对话英方代表团时表示，中国特色社会主义进入新时代，中国和世界相互依存日益加深，中国将不断通过自身发展，为世界提供新的更大的机遇。构建人类命运共同体顺应时代潮流，"一带一路"倡议是这一理念的具体实践。两国领导人高度重视中英政党对话，希望双方在深入了解彼此历史、现实基础上展望未来，打造新时期中英关系"黄金时代"。

利丁顿表示，习近平主席在博鳌亚洲论坛开幕式上的主旨演讲令人鼓舞。希望双方继续深化各领域交往，使两国人民在合作中受益。

4月10日

［纲　文］　纪念张廷发诞辰100周年座谈会在北京举行。

［目　文］　中共中央政治局常委王沪宁出席座谈会，并在会前会见了张廷发同志亲属。中央军委委员、军委政治工作部主任苗华主持座谈会。

中共中央政治局委员、中央军委副主席张又侠在座谈会上回顾了张廷发光辉战斗的一生和为党、国家、军队作出的卓越贡献，强调要学习他赤胆忠心、听党指挥的政治品格，智勇双全、能参善战的军事才能，迎难而上、开创新局的使命担当，坚持原则、廉洁奉公的高尚情操，为决胜全面建成小康社会、夺取新时代中国特色社会主义伟大胜利、实现中华民族伟大复兴的中国梦不懈奋斗。

张廷发（1918年4月9日—2010年3月25日）曾任空军政委、司令员，中央军委委员、常委，中顾委委员，第十一届、第十二届中央政治局委员。

4月10日

［纲　文］　中华人民共和国自然资源部在北京举行挂牌仪式。

［目　文］　国务院副总理韩正出席挂牌仪式并召开座谈会。韩正指出，组建自然资源部是一场系统性、整体性、重构性变革，要科学设置机构和配置人员，认真履行职责使命，为生态整体保护、系统修复和综合治理提供重要体制保障，开创自然资源开发利用和保护工作新局面。

4月10日

［纲　文］　国家市场监督管理总局、国家药品监督管理局在北京举行揭牌仪式。

［目　文］　国务委员王勇出席揭牌仪式并讲话指出，党的十八大以来，在以习近平

同志为核心的党中央坚强领导下,市场监管领域改革发展取得历史性成就。组建国家市场监督管理总局和国家药品监督管理局,是党中央着眼党和国家事业全局作出的重大决策。要充分认识深化市场监管机构改革的重要性和紧迫性,坚决把思想和行动统一到党中央决策部署上来,切实增强大市场、大监管理念,整合优化职能配置,破除体制机制弊端,奋力开创市场监管事业新局面。

4月10日

［纲　　文］　国家林业和草原局、国家公园管理局在北京举行揭牌仪式。

［目　　文］　按照《深化党和国家机构改革方案》,将原国家林业局的职责,原农业部的草原监督管理职责,以及原国土资源部、住房和城乡建设部、水利部、原农业部、原国家海洋局等部门的自然保护区、风景名胜区、自然遗产、地质公园等管理职责整合,组建国家林业和草原局,加挂国家公园管理局牌子。由自然资源部管理,主要负责监督管理森林、草原、湿地、荒漠和陆生野生动植物资源开发利用和保护,组织生态保护和修复,开展造林绿化工作,管理国家公园等各类自然保护地等,旨在加大生态系统保护力度,统筹森林、草原、湿地、荒漠监督管理,加快建立以国家公园为主体的自然保护地体系,保障国家生态安全。

4月10日

［纲　　文］　中国科协在北京发布《2016—2017中国科协学科发展研究系列报告》。

4月10日

［纲　　文］　中国北斗卫星导航系统首个海外中心——中阿北斗中心在突尼斯阿拉伯信息通信技术组织总部举行落成揭牌仪式。

［目　　文］　该中心主要面向阿拉伯及非洲地区国家,是展示北斗卫星导航系统建设应用成果的窗口,也是推动国际交流与合作的平台。

4月10日

［纲　　文］　海军原政委李耀文,在北京逝世,享年100岁。

4月10日

［纲　　文］　中共广东省委原书记(当时设有第一书记),政协广东省第五、六届委员会主席吴南生,在广州逝世,享年97岁。

4月10—11日

［纲　　文］　李克强在上海市考察。

［目　　文］　国务院总理李克强考察了上海自由贸易试验区。在华山医院,通过互联网远程会诊系统与青海果洛、云南腾冲、新疆喀什的医务人员对话。他说,中西部地区尤其是农村贫困地区优质医疗资源缺乏,要按照以人民为中心的发展思想的要求,在继续改善中西部地区中心医院检测设施的同时,积极发展"互联网+医疗"。电信部门要为此通专线、提网速,医疗卫生部门要更大发掘优质医疗资源的潜能,让好医生在中西部基层也能"触屏可及"。在徐汇区江南新村,对这里实行社区医养结合,帮助老人们居家养老表

示赞许。在长阳创谷,他说,你们在老厂房开辟了新天地,是新旧动能转换的生动展现。要着力改善创新生态系统,打造"双创"升级版,通过"互联网+"更有效地实现人才、设备等创新资源共享,加快推动经济转型升级。

4月10—14日

[纲　文]　汪洋在新疆维吾尔自治区调研。

[目　文]　全国政协主席汪洋在和田、阿克苏、乌鲁木齐等地调研,并主持召开多场座谈会,听取有关方面的意见建议。

汪洋指出,新疆发展稳定,事关全国改革发展稳定大局,事关祖国统一、民族团结、国家安全。要深入学习贯彻习近平新时代中国特色社会主义思想和党的十九大精神,认真贯彻落实党中央治疆方略,深刻认识做好新疆稳定工作的必要性、艰巨性和长期性,紧紧围绕社会稳定和长治久安总目标,标本兼治、综合施策、稳中求进、久久为功,努力建设团结和谐、繁荣富裕、文明进步、安居乐业的中国特色社会主义新疆。兵团深化改革是以习近平同志为核心的党中央作出的重大战略部署。要牢牢把握兵团改革的正确方向,抓住改革的重大问题和关键环节,加快推进兵团向南发展,大力推动兵地融合发展,继承和发扬兵团精神,努力构建符合新时代要求、有利于实现新疆工作总目标和兵团职能定位的体制机制,更好地发挥新时代兵团的特殊作用。

4月10—15日

[纲　文]　应国务委员兼外交部部长王毅邀请,巴布亚新几内亚独立国外交与贸易部部长帕托访问中国。

[目　文]　13号,王毅在北京与帕托举行会谈时说,中国支持巴新办好今年亚太经合组织领导人非正式会议,愿同巴新加强亚太经合组织框架下的协调合作。习近平主席11月将赴巴新出席亚太经合组织领导人非正式会议,双方应以此为契机,加快推进各领域交流,深化"一带一路"框架下合作,共同维护多边贸易体制,推动两国战略伙伴关系迈入新时代。

帕托表示,巴新人民热切期待习近平主席今年11月赴巴新出席亚太经合组织领导人非正式会议,愿同中国一道加快共建"一带一路",积极推进各领域交流与务实合作,使之成为太平洋岛国地区"一带一路"建设的样板。

4月11—13日

[纲　文]　习近平在海南省考察。

[目　文]　中共中央总书记习近平在出席博鳌亚洲论坛2018年年会有关活动后,在中共中央政治局常委王沪宁陪同下,在琼海、三亚、海口等地的农村、科研单位、政务中心,考察调研经济社会发展情况。

习近平在博鳌乐城国际医疗旅游先行区规划馆,了解先行区功能定位和规划,听取建设情况介绍,察看国产磁控胶囊胃镜机器人等先进医疗设备,并同医疗专家们交流;在三亚市的中国科学院深海科学与工程研究所，看望科技人员和考察科技创新情况；在国家南繁科研育种基地"超优千号"超级水稻展示田，察看水稻长势，同袁隆平院士等农业科技人员交谈，了解水稻育制种产业发展和推广情况；在海南省博物馆，参观海南建省办经济特区30周年成就展；在海口市秀英区石山镇施茶村，看望农民群众，考察乡村振兴战略实施情况；在海南省政务数据中心，通过巨幅屏幕察看数据中心建设运行情况以及在"多规合一"等领域的应用展示，察看数据中心在旅游、防灾减灾等方面的应用演示。习近平指出，加快政府大数据平台建设是提高社会治理能力和水平的迫切要求。各级党委和政府要强化互联网思维，善于利用互联网优势，着力在融合、共享、便民、安全上下功夫，推进政府决策科学化、社会治理精细化、公共服务高效化，用信息化手段更好感知社会态势、畅通沟通渠道、辅助决策施政、方便群众办事，做到心中有数。希望海南继续在大数据建设上积极探索，创造更多经验。

4月11日

[纲　文]　《习近平谈治国理政》第二卷多语种图书首发式在英国伦敦举行。

[目　文]　首发式由国务院新闻办公室、中国外文局、中国驻英国大使馆主办。英国约克公爵安德鲁王子，中宣部副部长、国务院新闻办公室主任蒋建国等为新书揭幕。西班牙前首相费利佩·冈萨雷斯、意大利前总理马里奥·蒙蒂，中英两国及有关国家政界、商界、学界、新闻界人士和来自14个国家和地区的国际知名出版发行机构代表共300多人出席首发式。

《习近平谈治国理政》第二卷由中宣部（国务院新闻办公室）与中共中央文献研究室、中国外文局共同编辑，收录了习近平在2014年8月18日至2017年9月29日的讲话、谈话、演讲、批示、贺电等99篇。此次英国首发式面向全球读者推出《习近平谈治国理政》第二卷中文繁体、英、法、西、德、俄、日、阿、葡文等9个文版。

4月11日

[纲　文]　中共中央、国务院印发《关于支持海南全面深化改革开放的指导意见》。

[目　文]　《意见》由十个部分组成：一、重大意见。二、总体要求。三、建设现代化经济体系。四、推动形成全面开放新格局。五、创新促进国际旅游消费中心建设的体制机制。六、服务和融入国家重大战略。七、加强和创新社会治理。八、加快生态文明体制改革。九、完善人才发展制度。十、保障措施。

《意见》指出，毫不动摇加强党对改革开放的领导，进一步强化政策支持，建立健全"中央统筹、部门支持、省抓落实"的工作机制，坚定自觉地把党中央、国务院的决策部署落到实处。

4月11日

[纲　文]　工业信息化部、住房城乡建设部、交通运输部、农业农村部、能源局、国务院扶贫办印发《智能光伏产业发展行动计划（2018—2020年）》。

[目　文]　《计划》由五个部分组成：一、加快产业技术创新，提升智能制造水平。

二、推动两化深度融合，发展智能光伏集成运维。三、促进特色行业应用示范，积极推动绿色发展。四、完善技术标准体系，加快公共服务平台建设。五、加强综合政策保障，统筹推动产业健康发展。

4月11日

［纲　文］　《人民日报》发表评论员文章《改革开放深刻改变中国深刻影响世界——一论习近平主席博鳌亚洲论坛主旨演讲》。

4月12日

［纲　文］　国家主席习近平、国务院总理李克强就阿尔及利亚军机坠毁事故分别向阿尔及利亚总统布特弗利卡、阿尔及利亚总理乌叶海亚致慰问电。

4月12日

［纲　文］　李克强主持召开国务院常务会议。

［目　文］　会议主要内容是：一、确定发展"互联网＋医疗健康"，缓解看病就医难题，提升人民健康水平；会议指出，按照党中央、国务院部署，加快发展"互联网＋医疗健康"，可以提高医疗服务效率，让患者少跑腿、更便利，使更多群众能分享优质医疗资源。会议确定，一是加快二级以上医院普遍提供预约诊疗、检验检查结果查询等线上服务。二是推进远程医疗覆盖全国所有医联体和县级医院，推动东部优质医疗资源对接中西部需求。三是探索医疗机构处方与药品零售信息共享。推行医保智能审核和"一站式"结算。二、决定对进口抗癌药实施零关税并鼓励创新药进口，顺应民生期盼使患者更多受益。会议决定，一是从2018年5月1日起，将包括抗癌药在内的所有普通药品、具有抗癌作用的生物碱类药品及实际进口的中成药进口关税降至零，使我国实际进口的全部抗癌药实现零关税。二是抓紧研究综合措施，采取政府集中采购、将进口创新药特别是急需的抗癌药及时纳入医保报销目录等方式，并研究利用跨境电商渠道，多措并举消除流通环节各种不合理加价，让群众切实感受到急需抗癌药的价格有明显降低。三是加快创新药进口上市。将临床试验申请由批准制改为到期默认制，对进口化学药改为凭企业检验结果通关，不再逐批强制检验。四是加强知识产权保护。对创新化学药设置最高6年的数据保护期，保护期内不批准同品种上市。对在中国与境外同步申请上市的创新药给予最长5年的专利保护期限补偿。五是强化质量监管，加强进口药品境外生产现场检查，严打制假售假。三、部署全面加强乡村小规模学校和乡镇寄宿制学校建设，为农村孩子提供公平有质量的义务教育。会议指出，因地制宜、优化布局，办好乡村小规模学校和乡镇寄宿制学校，有利于促进教育公平。对地处偏远、生源较少的地方，一般在村设置低年级学段小规模学校，在乡镇设置寄宿制中心学校，方便农村孩子就近入学和留守儿童照护。要优化财政支出结构，改善办学条件，依法提高教师待遇，编制、职称评聘等向小规模学校倾斜。

4月12日

［纲　文］　中央军委在南海海域举行海上阅兵。

[目　文]　中共中央总书记、中央军委主席习近平检阅部队并发表讲话。他指出，在新时代的征程上，在实现中华民族伟大复兴的奋斗中，建设强大的人民海军的任务从来没有像今天这样紧迫。要深入贯彻新时代党的强军思想，坚持政治建军、改革强军、科技兴军、依法治军，坚定不移加快海军现代化进程，善于创新，勇于超越，努力把人民海军全面建成世界一流海军。

中央军委副主席许其亮主持阅兵。中央军委副主席张又侠，中央军委委员魏凤和、李作成、苗华、张升民参加活动。海军司令员沈金龙、政治委员秦生祥报告海上编队集结情况。人民海军48艘战舰、76架战机、10000余名官兵参加。这是新中国历史上规模最大的海上阅兵。

4月12日
[纲　文]　**国务院总理李克强在北京会见印度尼西亚总统佐科特使、海洋统筹部部长卢胡特。**

[目　文]　李克强表示，中国和印尼隔海相望，拥有广泛共同利益。今年适逢两国建立全面战略伙伴关系5周年，中方愿同印尼密切高层往来，加强"一带一路"倡议同印尼发展战略对接，发挥双方经济互补优势，推进基础设施、投资、产能等领域合作，使中国同印尼关系的发展不仅造福两国人民，而且有利于促进地区的和平、稳定与繁荣。

卢胡特表示，我此次作为佐科总统特使访华，目的是推进中方"一带一路"同印尼"区域综合经济走廊"等的战略对接，深化双方务实合作，实现互利共赢。欢迎李克强总理访问印尼，进一步推动两国关系与合作持续健康向前发展。

同日，国务委员兼外交部部长王毅在北京会见卢胡特。

4月12日
[纲　文]　**中央统战部在北京召开纪念中共中央发布"五一口号"70周年多党合作理论研讨会。**

[目　文]　中央统战部部长尤权出席会议并讲话，各民主党派中央有关负责人，无党派人士代表和有关专家学者参加会议。

尤权指出，1948年中共中央发布"五一口号"是我国政党制度史上的重大事件，要深入研究我国政党制度的丰富内涵和重大意义，构建新型政党制度理论体系。尤权强调，要坚持以习近平新时代中国特色社会主义思想为指导，充分认识多党合作为人民谋幸福、为民族谋复兴这一初心和使命的历史底蕴和时代要求，不断夯实共同思想政治基础；深刻理解多党合作对马克思主义的创造性运用、对中华传统文化的营养汲取、对资本主义政党制度的扬弃和超越，不断增强制度自信；全面把握多党合作凝聚共同意志、保持政局稳定、保障人民民主、实现人民根本利益等特点优势，不断提升制度效能；努力构建中国特色政党制度理论体系，加强制度宣传，讲好中国故事。

4月12日
[纲　文]　**教育部、国家语委发布《中国英语能力等级量表》，自2018年6月1日**

起实施。

4月12日

［纲　文］　国务院副总理孙春兰在北京会见清华大学经管学院顾问委员会委员、美国黑石集团董事长苏世民。

［目　文］　孙春兰指出，近年来中美教育合作交流不断深化，取得了积极进展。当前，中国正在加快建设一流大学和一流学科，推动高等教育内涵发展，这为中美教育合作提供了广阔空间。孙春兰肯定清华大学苏世民学者项目取得的成果，希望苏世民继续推动中美教育交流，为中美关系健康稳定发展作出贡献。

4月12日

［纲　文］　科技部与新加坡外交部、东盟秘书处共同主办的2018"中国—东盟创新年"启动仪式暨中国—东盟创新论坛在北京举行。

［目　文］　国务院总理李克强和东盟轮值主席国、中国—东盟关系协调国新加坡总理李显龙分别向大会致贺信。科技部部长王志刚，新加坡贸工部、国家发展部资深国务部部长许宝琨分别宣读两国总理贺信并致辞。印度尼西亚、老挝、马来西亚、泰国、缅甸、文莱、菲律宾、越南等国代表出席大会。启动仪式由中国科技部副部长黄卫主持。中国外交部、发展改革委、中国科学院、中国—东盟中心等政府和产学研各界代表近200人参加。

中国—东盟创新论坛上，黄卫、缅甸教育部副部长温貌吞、泰国科技部副部长甘亚薇·吉迪功等双方与会者参会，围绕政府搭建创新合作平台、科技人文交流、科技创新政策交流、产学研创新合作等议题进行了发言。

4月12日

［纲　文］　中国核电机组创安全运行国际纪录。

［目　文］　大亚湾核电公司下属岭澳核电站1号机组实现13年无非计划停机停堆，截至2018年4月4日，连续安全运行达4373天，创造了国际同类型机组连续安全运行天数的最高纪录。

4月12日

［纲　文］　《人民日报》发表评论员文章《把握历史规律　认清世界大势——二论习近平主席博鳌亚洲论坛主旨演讲》。

4月13日

［纲　文］　习近平在海口出席庆祝海南建省办经济特区30周年大会并讲话。

［目　文］　王沪宁、丁薛祥、刘鹤出席大会。庆祝大会由海南省省长沈晓明主持。中国科学院深海科学与工程研究所实验室钳工周皓、海南省委书记刘赐贵、国家发展改革委主任何立峰发言。中央和国家机关有关部门负责人、其他经济特区代表、海南籍华侨代表、海南省各界代表等参加大会。

中共中央总书记习近平指出，在决胜全面建成小康社会、夺取新时代中国特色社会主义伟大胜利的征程上，经济特区不仅要继续办下去，而且要办得更好、办出水平。经济特区要不忘初心、牢记使命，把握好新的战略定位，继续成为改革开放的重要窗口、改革开放的试验平台、改革开放的开拓者、改革开放的实干家。新时代，海南要高举改革开放旗帜，创新思路、凝聚力量、突出特色、增创优势，努力成为新时代全面深化改革开放的新标杆，形成更高层次改革开放新格局。党中央最近研究制定了《关于支持海南全面深化改革开放的指导意见》。希望海南广大干部群众抓住机遇、再接再厉，全面贯彻党的十九大精神，以新时代中国特色社会主义思想为指导，坚持稳中求进工作总基调，增强"四个意识"，坚定"四个自信"，坚持新发展理念，统筹推进"五位一体"总体布局和协调推进"四个全面"战略布局，以供给侧结构性改革为主线，建设自由贸易试验区和中国特色自由贸易港，发挥自身优势，大胆探索创新，着力打造全面深化改革开放试验区、国家生态文明试验区、国际旅游消费中心、国家重大战略服务保障区，争创新时代中国特色社会主义生动范例，让海南成为展示中国风范、中国气派、中国形象的亮丽名片。

4月13日

［纲　文］　财政部印发《关于降低部分政府性基金征收标准的通知》。

4月13日

［纲　文］　商务部公布《商务部规范性文件制定和管理办法》。

［目　文］　《办法》共6章31条。主要有总则、起草、合法性审查、批准和公布、修改和清理、附则等内容，自2018年5月13日起施行。

4月13日

［纲　文］　农业农村部印发《关于开展休闲农业和乡村旅游升级行动的通知》。

［目　文］　《通知》由四个部分组成：一、深刻认识重要意义。二、准确把握总体要求。三、进一步明确目标任务。四、切实强化保障措施。

4月13日

［纲　文］　黄坤明在北京主持召开电影创作调研座谈会。

［目　文］　中宣部部长黄坤明指出，要深入学习贯彻习近平新时代中国特色社会主义思想特别是习近平文艺思想，聚焦坚持和发展中国特色社会主义、实现中华民族伟大复兴的中国梦这个时代主题，用当代中国的影像和故事表现崇高价值、美好情感，用时代发展的光影和色彩呈现恢宏画卷、万千气象，推动我国从电影大国向电影强国迈进。习近平文艺思想深刻阐明了社会主义文艺的地位作用、方针原则、目标任务，丰富和发展了马克思主义文艺理论，是当代中国文艺实践的科学总结，是新时代社会主义文艺的旗帜和方向。在新的征程上，中国电影要高高举起这面旗帜，坚定沿着这一思想指引的方向开拓前进。

4月13日

［纲　文］　中央外事工作委员会办公室主任杨洁篪在上海同印度国家安全顾问多瓦尔举行会谈。

〔目　文〕　双方一致认为，2017年9月习近平主席和莫迪总理厦门会晤后两国关系又取得新的进展。全面深入推进中印关系，是两国人民的期待，符合双方根本利益，也有利于亚洲和世界的稳定、发展和繁荣。双方要继续按照两国领导人达成的共识精神，牢牢把握双边关系正确方向，更多积累正能量，拓展新合作，开创两国关系美好未来。

4月13日

〔纲　文〕　《人民日报》发表评论员文章《共创和平安宁繁荣开放美丽的亚洲和世界——三论习近平主席博鳌亚洲论坛主旨演讲》《争创中国特色社会主义实践范例——纪念海南建省办经济特区30周年》《一以贯之全面从严治党》。

4月13—17日

〔纲　文〕　中联部部长宋涛率中国艺术团赴朝鲜参加第三十一届"四月之春"国际友谊艺术节。

〔目　文〕　中国艺术团一行200余人，由中央芭蕾舞团、中央歌剧院、国家话剧院的演员组成，为朝鲜民众奉献了三场专场演出。中国艺术团多名艺术家获得个人奖，芭蕾舞剧《红色娘子军》《吉赛尔》获得金奖，中国中央芭蕾舞团还荣获唯一一个"团体特别奖"。

14日，宋涛在平壤会见了朝鲜劳动党委员长、国务委员会委员长金正恩，双方就加强中朝两党两国交流合作和共同关心的国际和地区问题交换了意见；同朝鲜劳动党中央副委员长、国际部部长李洙墉举行了工作会谈。

4月14日

〔纲　文〕　中共中央、国务院批复中共河北省委、河北省人民政府和国家发展改革委，同意《河北雄安新区规划纲要》。

〔目　文〕　批复说，一、同意《河北雄安新区规划纲要》。二、设立河北雄安新区，是以习近平同志为核心的党中央深入推进京津冀协同发展作出的一项重大决策部署，是继深圳经济特区和上海浦东新区之后又一具有全国意义的新区，是千年大计、国家大事。三、科学构建城市空间布局。雄安新区实行组团式发展，选择容城、安新两县交界区域作为起步区先行开发并划出一定范围规划建设启动区，条件成熟后再稳步有序推进中期发展区建设，划定远期控制区为未来发展预留空间。四、合理确定城市规模。坚持以资源环境承载能力为刚性约束条件，科学确定雄安新区开发边界、人口规模、用地规模、开发强度。五、有序承接北京非首都功能疏解。雄安新区作为北京非首都功能疏解集中承载地，要重点承接北京非首都功能和人口转移。六、实现城市智慧化管理。坚持数字城市与现实城市同步规划、同步建设，适度超前布局智能基础设施，打造全球领先的数字城市。七、营造优质绿色生态环境。八、实施创新驱动发展。瞄准世界科技前沿，面向国家重大战略需求，积极吸纳和集聚创新要素资源，高起点布局高端高新产业，大力发展高端服务业，构建实体经济、科技创新、现代金融、人力资源协同发展的现代产业体系。九、建设宜居宜业城市。按照雄安新区功能定位和发展需要，沿城市轴线、主要街道、邻里中心，分层次布局不同层级服务设施，落实职住平衡要求，形成多层级、全覆盖、人性化的基本公共服务网络。十、打造改革开放新高地。要把改革开放作为雄安新区发展的根本动力，总结吸收我国改革开放40年来的经验成果，进一步解放思想、勇于创新，探索新时代推动高质量发展、建设现代化经济体系的新路径。十一、塑造新时代城市特色风貌。十二、保障城市安全运行。牢固树立和贯彻落实总体国家安全观，以城市安全运行、灾害预防、公共安全、综合应急等体系建设为重点，构建城市安全和应急防灾体系，提升综合防灾水平。十三、统筹区域协调发展。雄安新区要加强同北京、天津、石家庄、保定等城市的融合发展，与北京中心城区、北京城市副中心合理分工，实现错位发展。十四、加强规划组织实施。雄安新区是留给子孙后代的历史遗产，要有功成不必在我的精神境界，保持历史耐心，合理把握开发节奏，稳扎稳打，一茬接着一茬干，一张蓝图干到底，以钉钉子精神抓好各项工作落实。

4月14日

［纲　文］　国务院办公厅印发《关于调整首届中国国际进口博览会筹备委员会组成人员的通知》。

［目　文］　《通知》说，根据工作需要和人员变动情况，国务院决定对首届中国国际进口博览会筹备委员会组成人员进行调整。现将调整后的名单通知如下。主任委员：胡春华。副主任委员：钟山、应勇、丁向阳。委员由有关部委办局等单位负责人组成。

4月14日

［纲　文］　《人民日报》发表评论员文章《坚定不移走改革开放之路——一论习近平总书记在庆祝海南建省办特区30周年大会重要讲话》《开启中国同世界交融发展新画卷——四论习近平主席博鳌亚洲论坛主旨演讲》。

4月15日

［纲　文］　新华社讯，中央军委主席习近平签署命令，发布新修订的《中国人民解放军内务条令（试行）》《中国人民解放军纪律条令（试行）》《中国人民解放军队列条令（试行）》，自2018年5月1日起施行。

4月15日

［纲　文］　新华社讯，《习近平关于总体国家安全观论述摘编》出版发行。

［目　文］　《论述摘编》由中共中央党史和文献研究院编辑，中央文献出版社出版。共分四个专题：坚持总体国家安全观；维护重点领域国家安全；实现共同、综合、合作、可持续安全；走和平发展道路。书中收入450段论述，摘自习近平在2012年11月15日至2018年3月20日公开发表的讲话、报告、谈话、指示、批示、贺信等180多篇文献。

4月15日

［纲　文］　云南省楚雄彝族自治州在楚雄市举行庆祝建州60周年大会。

［目　文］　全国人大常委会、国务院致电祝贺。贺电说，60年来，楚雄彝族自治州经济发展，民族团结，社会稳定，人民生活不断改善，各项事业全面推进，取得了巨大成就。希望你们更加紧密地团结在以习近平同志为核心的党中央周围，高举中国特色社会主义伟大旗帜，以习近平新时代中国特色社会主义思想为指导，全面贯彻党的十九大和十九届二中、三中全会以及中央民族工作会议精神，增强"四个意识"，坚定"四个自信"，按照统筹推进"五位一体"总体布局和协调推进"四个全面"战略布局要求，进一步贯彻落实党中央、国务院支持云南经济社会发展的一系列政策措施，做好脱贫攻坚、推动经济高质量发展等各项工作，全面贯彻党的民族政策，铸牢中华民族共同体意识。以自治州成立60周年为新的起点，坚定信心，凝心聚力，只争朝夕，真抓实干，为决胜全面建成小康社会、夺取新时代中国特色社会主义伟大胜利、实现中华民族伟大复兴的中国梦、实现人民对美好生活的向往继续奋斗！

1958年4月15日，楚雄彝族自治州宣告成立。楚雄彝族自治州地处滇中腹地，常住人口274.4万人，其中彝族人口77万人。

4月15日

［纲　文］　"全民国家安全教育日香港研讨会"在香港举行。

［目　文］　研讨会由香港政策研究所举办，旨在让香港社会和公众了解国家安全的内容，介绍香港在国家安全方面应承担的宪制责任。全国政协副主席董建华、香港特区行政长官林郑月娥、香港中联办主任王志民、外交部驻港特派员公署特派员谢锋、解放军驻港部队副司令员田永江，以及全国人大常委会有关部门负责人、香港特区政府官员及香港各界等400余人参会。

全国人大常委会于2015年7月1日通过《中华人民共和国国家安全法》，并把每年4月15日定为全民国家安全教育日，目的是增强全民的国家安全意识。

4月15日

［纲　文］　《人民日报》发表评论员文章《把经济特区办得更好办出水平——二论习近平总书记在庆祝海南建省办特区30周年大会重要讲话》《中国开放的大门只会越开越大——五论习近平主席博鳌亚洲论坛主旨演讲》《筑牢护卫国家安全的铜墙铁壁》。

4月15—30日

［纲　文］　澳门特区政府与中央政府驻澳门特区联络办公室在澳门举办国家安全教育展。

［目　文］　全国政协副主席何厚铧、澳门特区行政长官崔世安、中央政府驻澳门特区联络办公室主任郑晓松、外交部驻澳门特派员公署特派员叶大波、解放军驻澳门部队司令员廖正荣等出席开幕式。展览展出约60幅展板，内容包括总体国家安全观、依法维护国家安全、传统与非传统国家安全、国家安全全民有责等四部分。

4月15—22日

［纲　文］　第八届北京国际电影节举行。

［目　文］　电影节由中宣部（国家电影局）指导，北京市人民政府、中央广播电视总台主办。电影节包括主竞赛单元"天坛奖"评奖、开幕式、北京展映、北京策划·主题论坛、电影市场、电影嘉年华、闭幕式暨颁奖典礼七大主体活动，以及"注目未来"单元、纪录单元、网络电影单元、电影音乐会、电影沙龙、新片发布等300余项活动。

本届"天坛奖"评奖部共收到来自6个大洲、71个国家和地区的659部影片报名参赛。格鲁吉亚、爱沙尼亚合拍影片《惊慌妈妈》获得最佳影片奖，加拿大影片《目视朱丽叶》男主角乔·科尔和《惊慌妈妈》女主角娜塔·墨文耐兹分别摘得最佳男女演员奖桂冠。中国影片《红海行动》获得最佳视觉效果奖。

4月15—17日

［纲　文］　国务委员兼外交部部长王毅访问日本。

［目　文］　访问期间，王毅在东京分别会见了日本首相安倍晋三、日本内阁官房长官菅义伟、自民党干事长二阶俊博等政要及日中友好七团体和日本经济团体联合会负责人；同外相河野太郎举行会谈。

16日，中日第四次经济高层对话在东京举行，王毅与河野太郎共同主持。中日两国外交和财政经济部门负责人围绕宏观经济政策、双边经济合作与交流、中日第三方合作、东亚经济一体化与多边合作等交换意见，达成一系列共识。

4月16日

［纲　文］　国家主席习近平在北京会见世界经济论坛主席施瓦布。

［目　文］　习近平指出，我去年在达沃斯指出的全球增长动能不足、全球经济治理滞后、全球发展失衡这三大根本性矛盾仍然比较突出。近来，反全球化思潮和保护主义情绪升温，加剧了世界经济中的风险和不确定性。第四次工业革命方兴未艾，但也蕴含不少风险和挑战。现在世界上的问题这么多，挑战这么多，还是要通过平等协商，加强多边合作来应对。历史一再证明，封闭最终只能走进死胡同，只有开放合作，道路才能越走越宽。大国在这方面承担着重要而特殊的责任。中国作为负责任的大国，愿同国际社会一道，在开放中合作、以合作求共赢，为给世界带来光明、稳定、美好的前景发挥积极作用，作出更多建设性贡献。在前几天刚结束的博鳌亚洲论坛年会上，我宣布了中国扩大开放的一系列重大举措。我们言必行，行必果，因为这是我们对中国人民、世界人民的庄严承诺。中国同世界经济论坛的合作与中国改革开放进程几乎同步。双方要与时俱进，加强合作，共同努力为世界经济增长寻找新动力，为解决全球性挑战寻找现实可行方案。

施瓦布表示，习近平主席去年在世界经济论坛年会上的精彩演讲至今令人难忘，广为世人称道。您在博鳌亚洲论坛2018年年会开幕式上的演讲再次引起全球关注，获得广泛赞誉。您倡导构建人类命运共同体，主张构建开放型世界经济，在经济全球化和多边贸易体制面临挑战之际，为世界各国合作发展指明了前进方向，注入了强劲动力。世界经济论坛主张推动经济全球化和多边主义，反对保护主义和单边主义。世界经济论坛对过去40年来与中国的合作感到自豪，愿在支持推进"一带一路"建设，促进创新发展等方面同中国加强长期合作，为加强全球治理体系，推动解决世界性问题共同作出努力。

4月16日

［纲　文］　新一届国务院在中南海举行宪法宣誓仪式。

［目　文］　国务院总理李克强监誓。国务院副总理韩正、孙春兰、胡春华、刘鹤，国务委员魏凤和、王勇、赵克志，以及国务院有关部门主要负责人等参加仪式。根据新修改的《中华人民共和国宪法》和《国务院及其各部门任命的国家工作人员宪法宣誓组织办法》，2017年6月至2018年3月国务院任命的42个部门和单位的92名负责人依法进行宪法宣誓。

李克强要求大家以习近平新时代中国特色社会主义思想为指导，忠于宪法、依宪施政，践行宗旨，勤勉尽责，清正廉洁，坚持发展是第一要务，贯彻新发展理念，促进社会全面进步，多兴利民之事、多解民生之忧，努力创造无愧于国家和人民的新业绩。

4月16日

［纲　文］　生态环境部、退役军人事务部、应急管理部等国务院新组建部门在北京分别举行挂牌仪式。

［目　文］　中共中央政治局常委、国务院副总理韩正出席了应急管理部挂牌仪式，并在应急管理部指挥中心调研，听取指挥中心及其主要系统功能的介绍，与基层值班执勤单位现场视频连线，了解有关情况。韩正强调，要以习近平新时代中国特色社会主义思想为指导，全面贯彻党的十九大和十九届二中、三中全会精神，按照党中央、国务院决策部署，扎实推进应急管理部机构改革，提高国家应急管理能力和水平，提高防灾减灾救灾能力，确保人民群众生命财产安全和社会稳定。

国务院副总理孙春兰出席退役军人事务部挂牌仪式和成立大会并讲话。孙春兰指出，组建退役军人事务部，是以习近平同志为核心的党中央着眼党和国家事业全局作出的重大战略决策，对于加强退役军人管理服务保障，激励他们为社会主义现代化建设贡献聪明才智，激发广大官兵昂扬士气，吸引优秀人才投身国防军队建设，汇聚实现强军梦、强国梦的磅礴力量，具有重大深远意义。

国务委员兼国务院秘书长肖捷出席生态环境部挂牌仪式时指出，要以习近平新时代中国特色社会主义思想为指导，深入贯彻党的十九大精神，大力推进生态文明建设，不断增强人民群众的获得感、幸福感、安全感，建设天蓝、地绿、水清的美丽中国。要坚决打好污染防治攻坚战，切实保障国家生态安全，为决胜全面建成小康社会提供坚强保障。

4月16日

［纲　文］　国家广播电视总局、国家新闻出版署（国家版权局）和国家电影局在北京举行揭牌仪式。

［目　文］　中共中央政治局委员、中宣部部长黄坤明出席揭牌仪式并召开座谈会，指出要坚持以习近平新时代中国特色社会主义思想为指导，切实把思想和行动统一到党中央决策部署上来，用机构改革的新成效，激发宣传思想文化工作的新能量新作为。

4月16日

［纲　文］　交通运输部印发《公路水运工程平安工地建设管理办法》。

［目　文］　《办法》共4章22条。主要有总则、建设内容、考核评价、附则等内容。自2018年5月1日起施行，有效期5年。原《交通运输部关于开展公路水运工程"平安工地"考核评价工作的通知》（交质监发〔2012〕679号）同时废止。

4月16日

［纲　文］　银保监会、公安部、市场监管总局、人民银行印发《关于规范民间借贷行为维护经济金融秩序有关事项的通知》。

［目　文］　《通知》由九个部分组成：一、切实提高认识。二、把握工作原则。三、明确信贷规则。四、规范民间借贷。五、严禁非法活动。六、改进金融服务。七、加强协调配合。八、依法调查处理。九、加强宣传引导。

4月16日

［纲　文］　交通运输部办公厅印发《关于进一步做好港口污染防治相关工作的通知》。

［目　文］　《通知》由五个部分组成：一、加快推进港口船舶污染物接收处置有关工作。二、积极推进长江干线水上洗舱站建设。三、加强港口作业扬尘整治。四、加快淘汰老旧高排放港作机械。五、加强督查考核。

4月16日

［纲　文］　**首届中国国际进口博览会筹备委员会第二次会议在北京召开。**

［目　文］　国务院副总理、筹备委员会主任委员胡春华主持会议并讲话。首届中国国际进口博览会筹备委员会各成员单位及有关方面负责人参加会议。

胡春华强调，现在距首届中国国际进口博览会开幕只有200多天，时间紧、任务重。要切实加强党对筹备工作的领导，按照《中国国际进口博览会总体方案》《中国国际进口博览会实施方案》及具体工作方案，明确任务书、责任人、时间表，倒排工期，抓好招展招商、外事接待、安全保卫、场馆改造、城市保障、新闻宣传等重点工作落实。要靠前指挥，尽快组建现场指挥部。要加强督导，确保筹备工作进度。

14—15日，胡春华在上海，考察中国国际进口博览会展馆改造工程，听取上海市关于筹备工作进展情况的汇报，并赴部分外贸企业实地调研，了解进出口形势及企业用工等情况。

4月16日

［纲　文］　**中国空军新型战机歼-10C开始担负战斗值班任务。**

［目　文］　歼-10C是中国自主研发的第三代改进型超音速多用途战斗机，配装先

进航电系统及多型先进机载武器，具备中近距制空和对地面、海面目标精确打击能力。2017年7月参加庆祝中国人民解放军建军90周年阅兵时首次公开亮相。

4月16日

［纲　文］　中国华为公司5G产品获全球首张"欧盟通行证"。

［目　文］　这标志着华为5G产品正式获得市场商用许可，向规模商用又迈出了关键一步。全球商用的5G NR（第五代移动通信新无线接入技术，以下简称5G）。此次通过CE—TEC测试验证的华为5G C波段大规模天线有源天线单元基站，面向增强移动宽带大容量场景，可以实现室外连续xGbps（Gbps指交换宽带，1Gbps的传输速度为每秒1000兆位）用户体验。CE是外地产品进入欧洲市场的强制性认证标识，被视为打开欧洲市场的"通行证"。华为5G产品获得的CE证书，已经完全满足欧盟严格的准入要求。

4月16日

［纲　文］　河北省第八届人民代表大会常务委员会主任、党组书记，中国人民政治协商会议河北省第八届委员会主席、党组书记吕传赞，在石家庄逝世，享年86岁。

4月16日

［纲　文］　《人民日报》发表评论员文章《形成更高层次改革开放新格局——三论习近平总书记在庆祝海南建省办特区30周年大会重要讲话》。

4月17日

［纲　文］　习近平在北京主持召开十九届中央国家安全委员会第一次会议并讲话。

［目　文］　国务院总理李克强、全国人大常委会委员长栗战书出席会议。中央国家安全委员会常务委员、委员出席，中央和国家机关有关部门负责人列席会议。会议审议通过了《党委（党组）国家安全责任制规定》，明确了各级党委（党组）维护国家安全的主体责任，要求各级党委（党组）加强对履行国家安全职责的督促检查，确保党中央关于国家安全工作的决策部署落到实处。

中共中央总书记、中央国家安全委员会主席习近平指出，要加强党对国家安全工作的集中统一领导，正确把握当前国家安全形势，全面贯彻落实总体国家安全观，努力开创新时代国家安全工作新局面，为实现"两个一百年"奋斗目标、实现中华民族伟大复兴的中国梦提供牢靠安全保障。全面贯彻落实总体国家安全观，必须坚持统筹发展和安全两件大事，既要善于运用发展成果夯实国家安全的实力基础，又要善于塑造有利于经济社会发展的安全环境；坚持人民安全、政治安全、国家利益至上的有机统一，人民安全是国家安全的宗旨，政治安全是国家安全的根本，国家利益至上是国家安全的准则，实现人民安居乐业、党的长期执政、国家长治久安；坚持立足于防，又有效处置风险；坚持维护和塑造国家安全，塑造是更高层次更具前瞻性的维护，要发挥负责任大国作用，同世界各国一道，推动构建人类命运共同体；坚持科学统筹，始终把国家安全置于中国特色社会主义事业全局中来把握，充分调动各方面积极性，形成维护国家安全合力。

4月17日

[纲　文]　国家副主席王岐山在北京会见越共中央政治局委员、中央书记处书记、中央经济部部长阮文平率领的越南共产党代表团。

[目　文]　王岐山表示，中国特色社会主义进入新时代，必须坚持党的领导，坚定不移贯彻创新、协调、绿色、开放、共享的新发展理念，统筹处理好生存与发展、效率与公平的关系，实现经济由高速增长转向高质量发展，这符合最广大人民的根本利益。中越是山水相连的社会主义邻邦，是具有战略意义的命运共同体，双方合作潜力巨大。要落实好两国领导人达成的重要共识，营造良好环境，有效对接"一带一路"和"两廊一圈"，使中越全面战略合作伙伴关系不断取得新进步。

阮文平表示，中国改革开放取得巨大成就，为越南提供了有益借鉴，愿继续深化双方各领域务实合作。

4月17日

[纲　文]　十三届全国人大常委会第二次委员长会议在人民大会堂举行。

[目　文]　全国人大常委会委员长栗战书主持会议。全国人大常委会副委员长王晨、曹建明、张春贤、沈跃跃、吉炳轩、艾力更·依明巴海、万鄂湘、王东明、白玛赤林、丁仲礼、郝明金、蔡达峰、武维华出席会议。

会议决定，十三届全国人大常委会第二次会议4月25日至27日在北京举行。委员长会议听取了关于第十三届全国人大常委会分组会议分组办法及召集人建议名单等有关工作安排意见的汇报。委员长会议审议通过了全国人大常委会2018年工作要点和立法、监督工作计划，原则通过了全国人大常委会委员长会议组成人员贯彻落实中央八项规定和实施细则的办法。委员长会议上，全国人大常委会秘书长杨振武就常委会第二次会议议程草案、日程安排意见以及相关工作事项作了汇报。全国人大常委会有关副秘书长，全国人大有关专门委员会、常委会有关工作委员会负责人就常委会第二次会议有关议题作了汇报。

4月17日

[纲　文]　刘鹤在工业和信息化部调研。

[目　文]　国务院副总理刘鹤听取工业和信息化部工作汇报。他指出，要深入学习贯彻习近平新时代中国特色社会主义思想，牢固树立"四个意识"，坚定"四个自信"，自觉维护以习近平同志为核心的党中央权威和集中统一领导，全面贯彻落实党中央、国务院决策部署，认真做好工业和信息化领域各项工作。党中央、国务院对实体经济特别是制造业发展高度重视，党的十八大以来，工业和信息化系统认真贯彻落实党中央、国务院各项决策部署，坚持以供给侧结构性改革为主线，推进工业强基、绿色制造等重大工程，有力推动工业和信息产业转型升级，现代化经济体系建设迈出坚实步伐，国防科技工业改革发展取得令人瞩目的新成就。

4月17日

[纲　文]　联合国教科文组织正式批准中国四川光雾山—诺水河地质公园、湖北黄

冈大别山地质公园成为联合国教科文组织世界地质公园。

［日　文］　这是中国第三十六、三十七个世界地质公园。光雾山—诺水河世界地质公园位于四川巴中境内，地质遗迹资源丰富多样。黄冈大别山世界地质公园位于湖北黄冈境内、大别山南麓，保留了自太古代以来地球演化所产生的多期变质变形作用和种类丰富的岩浆活动地质遗迹。

4月17日

［纲　文］　《人民日报》发表评论员文章《让中国特色社会主义更有说服力——四论习近平总书记在庆祝海南建省办特区30周年大会重要讲话》。

4月17—21日

［纲　文］　应国务委员兼外交部部长王毅邀请，尼泊尔外长贾瓦利访华。

［日　文］　18日，国家副主席王岐山在北京会见贾瓦利时表示，中国改革开放和社会主义现代化建设中，一条很重要的经验是处理好稳定与发展的关系，稳定是发展的前提，发展是稳定的基础。中方高兴看到尼泊尔完成政治转型，将国家建设重心转移到发展经济上来，支持尼泊尔保持团结稳定，实现发展目标。希望双方共同落实好已有共识和协议，以"一带一路"建设为契机拓展全方位合作，推动两国关系发展到新高度。

贾瓦利表示，尼中是世代友好的全面合作伙伴，感谢中方一贯支持和帮助。尼新政府将坚定奉行一个中国政策。

同日，王毅在北京与贾瓦利举行会谈时说，中方祝贺尼泊尔顺利完成政治转型，祝愿尼泊尔早日实现稳定发展。当前，中国特色社会主义进入新时代，尼泊尔开启新的发展时期。双方要抓住当前机遇，巩固传统友谊，保持高层交往，在"一带一路"框架下，深化互联互通等领域合作，打造中尼命运共同体。

贾瓦利说，尼方坚定奉行一个中国政策，感谢中方支持和帮助。尼方高度认同习近平主席倡导的"构建人类命运共同体"理念，愿积极参与"一带一路"建设，将尼中全方位合作推向更高水平。

4月18日

［纲　文］　李克强主持召开国务院常务会议。

［日　文］　会议主要内容是：一、会议确定推行终身职业技能培训制度的政策措施，提高劳动者素质，促进高质量发展。会议确定，一是充分发挥企业主体作用，适应产业升级需求，采取政府补贴培训、企业自主培训、市场化培训等方式，支持企业大规模开展职业技能培训。全面推行新型学徒制度，对企业新招用和转岗人员开展技能培训。二是着力培养高技能人才，重点强化高级技师等培训。教育部、财政部和人力资源社会保障部要抓紧研究支持企业开展技能培训、加快培养高技能人才的措施。三是对高校毕业生、新生代农民工等重点群体广泛开展就业创业技能培训。促进职业技能培训与学历教育相互衔接。四是健全以职业能力为导向的人才评价、技能等级等制度，制定企

业技术工人按技能要素和创新成果贡献参与分配的办法,鼓励凭技能创造财富、增加收入。五是大力发展民办职业技能培训,鼓励企业兴办职业培训机构。六是加大职业技能培训经费保障,建立政府、企业、社会多元投入机制。政府补贴的职业技能培训项目全部向具备资质的职业院校和培训机构开放。七是强化培训质量监管,对职业技能培训公共服务项目实施目录清单管理,完善培训绩效评估体系。用更加优质高效的职业技能培训,打造素质高、创新力强的产业工人队伍。二、决定对职务科技成果转化获得的现金奖励实行个人所得税优惠,使创新成果更好服务发展和民生。会议决定,在落实好科技人员股权奖励递延纳税优惠政策的同时,对因职务科技成果转化获得的现金奖励给予税收优惠。具体是:对依法批准设立的非营利性科研机构、高校等单位的科技人员,通过科研与技术开发所创造的专利技术、计算机软件著作权、生物医药新品种等职务创新成果,采取转让、许可方式进行成果转化的,在相关单位取得转化收入后三年内发放的现金奖励,减半计入科技人员当月个人工资薪金所得计征个人所得税,减轻税收负担,促进科技成果转化提速。

4月18日

[纲 文] 新华社讯,中共中央办公厅、国务院办公厅印发《地方党政领导干部安全生产责任制规定》。

[目 文] 《规定》共6章29条,主要有总则、职责、考核考察、表彰奖励、责任追究、附则等内容。自2018年4月8日起施行。

4月18日

[纲 文] 中国疾病预防控制中心营养与健康所和中国营养学会在北京推出《中国食品工业减盐指南》。

[目 文] 《指南》建议食品企业作为减盐工作的实践者应本着循序渐进、分段实施、重点突破的原则,以2016年调查的各类食品钠含量分布现状为基准,逐渐实现到2030年加工食品钠含量平均水平降低20%的目标。

4月18日

[纲 文] 国家国际发展合作署在北京举行揭牌仪式。

[目 文] 中共中央政治局委员、中央外事工作委员会办公室主任杨洁篪出席并讲话。他指出,组建国家国际发展合作署,是以习近平同志为核心的党中央立足党和国家事业发展全局作出的重大决策,是维护世界和平、促进共同发展的重大举措,对推进国家外交总体布局,促进"一带一路"国际合作具有重大而深远的意义。

4月18日

[纲 文] 《习近平"一带一路"国际合作高峰论坛重要讲话》出版发行。

[目 文] 该书由外文出版社以中、英文在国内外出版发行,收录了中共中央总书记习近平在"一带一路"国际合作高峰论坛开幕式上的演讲、在"一带一路"国际合作高峰论坛欢迎宴会上的祝酒词等讲话11篇,并以附录形式收录2篇成果文件。

4月18日

［纲　文］　国务委员兼国防部部长魏凤和在北京会见巴基斯坦海军参谋长阿巴西。

［目　文］　魏凤和说，中巴两国是全天候战略合作伙伴关系。中国军队愿与巴基斯坦军队一道，着眼构建人类命运共同体，加强务实交流合作，不断提高应对各种安全风险和挑战的能力，为共建"一带一路"提供有力安全保障，为维护地区及世界和平稳定作出积极贡献。

阿巴西说，巴方愿与中方共同努力，深化两军在高层交往、实战化训练、装备技术等领域的交流合作，推动两国两军关系不断深入发展。

4月19日

［纲　文］　中共中央总书记、国家主席习近平分别致电古共中央第一书记劳尔·卡斯特罗和古巴新任国务委员会主席兼部长会议主席迪亚斯－卡内尔，祝贺古巴第九届全国人民政权代表大会选举产生新一届国家领导人。

［目　文］　习近平在贺电中指出，中古是真诚互信、命运与共的好同志、好朋友、好伙伴。两国人民在长期艰苦卓绝的奋斗中结下了深厚友谊，为中古关系发展提供了强大动力。当前，国际和地区形势正在发生深刻复杂变化，中古两国都走上了发展进步新征程。中方愿同古方继续携手并进。我高度重视中古关系发展，愿同劳尔·卡斯特罗第一书记保持密切沟通，推动中古关系继续向前发展。我愿同迪亚斯－卡内尔主席一道努力，不断拓展两国合作广度和深度，努力创造属于新时代的中古友谊光辉业绩。

同日，国务院总理李克强致电祝贺迪亚斯－卡内尔，表示中方愿同古方共同努力，继往开来，不断丰富两国互利合作内涵和成果，推动中古关系行稳致远。

4月19日

［纲　文］　国家主席习近平应约同英国首相特雷莎·梅通电话。

［目　文］　习近平指出，首相女士今年初访华时，我们就深入推进中英关系"黄金时代"达成重要共识，一致同意进一步提升两国关系的战略性、务实性、全球性、包容性，共同引领中英关系不断前行。中方愿同英方一道，加强宏观政策沟通和协调，保持高层交往和机制性交流，推进"一带一路"框架下务实合作，为中英关系"黄金时代"提质加速提供更多机遇。希望英方为双边关系发展贡献更多正能量。中英同为联合国安理会常任理事国，双方应该继续深化国际合作，为建设相互尊重、公平正义、合作共赢的新型国际关系和推动构建人类命运共同体作出更大贡献。

特雷莎·梅表示，很高兴在我年初访华时英中双方再次确认深化两国关系"黄金时代"。英方高度评价习近平主席在博鳌亚洲论坛2018年年会开幕式上宣布的中国进一步扩大开放新举措，欢迎中方将开通"沪伦通"。英方愿同中方一道，密切高层和各领域交往，扩展各领域合作，继续探讨"一带一路"建设，积极推进两国关系"黄金时代"。

两国领导人还就叙利亚局势和国际贸易问题等交换了看法。习近平强调，中方高度关注叙利亚局势发展，我们历来不赞成在国际关系中动辄使用武力，主张尊重各国的主权独立和领土完整，按照国际社会公认的规则行事。当前，要尽快使局势降温，避免冲突激化、扩大化。对叙利亚疑似化武袭击问题要进行全面、公正、客观调查，得出经得起历史检验的可靠结论，并努力推动叙利亚问题政治解决尽快取得进展。中方愿同国际社会有关各方一道，为推动叙利亚问题妥善解决继续作出努力。中英两国都是经济全球化的受益者和支持者。中方愿同包括英方在内的各方一道，继续秉持支持自由贸易的正确立场，积极维护多边贸易体制，共同建设开放型世界经济。

特雷莎·梅表示，英方同中方一样支持自由贸易和开放型经济。英方愿同中方就相关国际和地区问题保持沟通。

4月19日

[纲　文]　国家主席习近平应约同土耳其总统埃尔多安通电话。

[目　文]　习近平指出，近年来，中土战略合作关系稳步发展，各领域合作取得积极成果。双方要深挖潜力，推动中土关系向更高层次、更宽领域持续发展。要保持高层交往，加深战略互信。要照顾彼此核心关切，为双边合作奠定更加坚实的政治基础。要加强发展战略对接，提升中土务实合作整体水平，做好"一带一路"和"中间走廊"倡议的对接。要丰富人文交流，扩大中土友好民意基础。土耳其在有关重大国际和地区问题上有着特殊影响和作用。中土两国要继续在联合国、二十国集团等多边机制框架内就重大问题密切沟通与协调，为推动建设新型国际关系和构建人类命运共同体作出积极贡献。

埃尔多安表示，土耳其高度评价中国在国际事务中维护公平正义、尊重文明多样性、坚持大小国家一律平等，认为中国发展繁荣是全球稳定的基石。土耳其愿同中国密切各层级交往，支持并愿积极参与"一带一路"建设，推进经贸、能源、基础设施、旅游等领域合作。土耳其坚定反对"东突"等恐怖主义势力，决不允许这些势力破坏包括土中在内各国社会稳定。

两国元首还就叙利亚局势交换了看法。习近平阐述了中方在叙利亚问题上的原则立场，强调有关各方应在国际法框架内行事，遵循联合国宪章宗旨和原则，尊重各国主权、独立、领土完整。

埃尔多安表示，土方高度重视中方在政治解决叙利亚问题上的重要影响，愿同中方就相关问题加强沟通协调。

4月19日

[纲　文]　韩正在财政部调研。

[目　文]　中共中央政治局常委、国务院副总理韩正调研地方政府债务管理、国库集中支付运行和监控、中央财政支持打好污染防治攻坚战等方面工作情况。并主持召开座谈会，学习贯彻习近平新时代中国特色社会主义思想和党的十九大精神，研究部署下一阶段财政工作。

韩正表示，要实施好积极的财政政策，抓紧落实减税降费政策措施，加快预算支出执行进度，促进经济平稳运行。要坚决打好三大攻坚战，有效防范化解地方政府债务风险，强化精准脱贫、污染防治投入保障，加强资金使用监管，提高资金使用效率。要深化供给侧结构性改革，大力实施创新驱动发展战略，推动经济高质量发展。要坚持尽力而为、量力而行，着力保基本、兜底线，做好保障和改善民生工作。要以庆祝改革开放40周年为契机，加快推进财税体制改革，建设现代财政制度。要直面问题做深入细致的调查研究，把一些重大问题研究透彻，确保决策科学、执行有效。

4月19日

［纲　文］　胡春华在北京主持召开脱贫攻坚工作专题会议。

［目　文］　会议学习传达中共中央总书记习近平关于脱贫攻坚的讲话精神，研究关于打好精准脱贫攻坚战三年行动的指导意见，部署脱贫攻坚落实工作。

国务院副总理胡春华强调，要深入学习贯彻习近平扶贫思想，切实增强"四个意识"，不折不扣落实好党中央、国务院决策部署，把脱贫任务分解到年、精准到人，确保一年一个新进展，三年圆满完成攻坚任务。脱贫攻坚战进入最后攻坚阶段，要咬定总攻目标，落细攻击点位。聚焦"三区三州"等深度贫困地区，统筹帮扶资源集中攻坚。产业扶贫要立足资源禀赋和市场需求，加强市场营销。就业扶贫要做好劳务输出供需对接，增加护林员等公益岗位。易地扶贫搬迁要严格执行住房建设标准，强化产业配套和就业安置。东西部扶贫协作要细化量化年度任务。社会保障兜底要落实好低保、养老保险等政策。要加强扶贫扶志，激发贫困群众脱贫内生动力。要打造过硬的脱贫攻坚队伍，充实一线帮扶力量，分级分类组织好扶贫干部培训。要细化实化各项支持保障措施，确保与攻坚战要求相适应。要完善督战机制，督导各地加大攻坚力度，落实问题整改。要加强扶贫领域作风建设，强化扶贫资金监管，坚决查处违纪违法行为。

4月19日

［纲　文］　科技部、国资委印发《关于进一步推进中央企业创新发展的意见》。

［目　文］　《意见》由三个部分组成：一、总体要求。二、重点任务。三、保障措施。

《意见》指出，科技部和国资委建立推动中央企业创新发展的部际联席会议机制，协调工作，部署任务。加强对双方战略合作的组织领导和工作推进，在顶层设计、改革措施和工作保障等方面实现部门联动，加强对中央企业创新发展各项工作的指导，分解重点任务，明确时间表和路线图，推动各项任务落到实处。

4月19日

［纲　文］　人民银行、银保监会、证监会印发《关于加强非金融企业投资金融机构监管的指导意见》。

［目　文］　《意见》由七个部分组成：一、指导思想和基本原则。二、严格投资条件，加强准入管理。三、规范资金来源，强化资本监管。四、依法合规经营，防止利益输送。五、防范风险传递，明确处置机制。六、加强穿透监管，强化监管协调。七、组织

4月19日

［纲　文］　中央统战部组织各民主党派中央负责人和无党派人士代表在西柏坡、李家庄参观学习并举行座谈会，纪念中共中央发布"五一口号"70周年。

［目　文］　民革中央主席万鄂湘、九三学社中央主席武维华、无党派人士代表孙其信代表各民主党派中央和无党派人士发言，一致表示要深化政治交接、弘扬优良传统，增强"四个意识"，坚定"四个自信"，努力做中国共产党的好参谋、好帮手、好同事，为实现中华民族伟大复兴的中国梦作出积极贡献。中共河北省委书记王东峰在会上作了发言。

中央统战部部长尤权指出，今天我们对"五一口号"的最好纪念，就是不忘合作初心、继续携手前进。希望各民主党派、无党派人士认真学习贯彻习近平新时代中国特色社会主义思想和中共十九大精神，始终不渝地坚持中国共产党的领导，始终在思想上政治上行动上同以习近平同志为核心的党中央保持高度一致，不断增强制度自信，切实提高履职水平，共同坚持好、发展好、完善好中国共产党领导的多党合作和政治协商制度，在新时代展现多党合作的新气象新作为。

4月19日

［纲　文］　中央广播电视总台在北京举行揭牌仪式。

［目　文］　中宣部部长黄坤明出席揭牌仪式并召开座谈会，强调要坚持以习近平新时代中国特色社会主义思想为指导，认真践行党的新闻舆论工作职责使命，以组建整合为契机，努力打造具有强大引领力传播力影响力的新型主流媒体。

4月19日

［纲　文］　吕建江同志先进事迹报告在北京人民大会堂举行。

［目　文］　报告会前，中央政法委书记郭声琨会见了吕建江亲属及报告团成员。报告会由中宣部、中央政法委、公安部、河北省委联合主办。中央政法机关各单位干部代表、公安部机关局级单位负责人和干部代表、首都公安民警和群众代表，河北省公安机关民警和群众代表，中国人民公安大学师生代表及各界媒体代表等700余人参加。

"全国公安系统二级英雄模范"吕建江，生前系河北省石家庄市公安局桥西分局安建桥综合警务服务站主任。2004年从部队转业参加公安工作以来，13年如一日扎根基层，不忘初心、牢记使命，千方百计为群众排忧解难，把为民服务的触角拓展到网络空间、延伸到千家万户，以实际行动践行了"对党忠诚、服务人民、执法公正、纪律严明"总要求，赢得了人民群众的信赖，被誉为"新时代的马天民"和"网上雷锋"。2017年12月1日，吕建江同志因积劳成疾，不幸去世，年仅47岁。2018年4月，中宣部追授他"时代楷模"称号。8月7日，中央政法委印发《关于学习宣传吕建江同志先进事迹的通知》。

4月19日

［纲　文］　中国南方山地稻作梯田获颁"全球重要农业文化遗产"证书。

[目　文]　联合国粮食及农业组织主办的第五届全球重要农业文化遗产国际论坛在意大利罗马召开。由江西崇义客家梯田、福建尤溪联合梯田、湖南新化紫鹊界梯田、广西龙胜龙脊梯田组成的中国南方山地稻作梯田系统,获颁"全球重要农业文化遗产"证书。其中,福建尤溪的联合梯田,历经1300多年不断传承,至今仍完整地保留着农耕稻作系统。

4月20日

[纲　文]　**十三届全国政协第一次双周协商座谈会在北京召开。**

[目　文]　全国政协主席汪洋主持并讲话。全国政协副主席万钢在会上作主题发言。全国政协副主席张庆黎、夏宝龙、刘新成出席。全国政协委员曹健林、徐波、郝跃、李彦宏、谭铁牛、邓中翰、刘强东、王小民、刘强、池慧、吴世忠、沈国军、吴希明、徐晓兰,专家学者陈霖、陈云霁在会上发言。发展改革委、科技部、工业信息化部、中科院、中国科协负责人现场做了交流回应。

本次座谈会的主题是"人工智能的发展与对策"。与会委员、专家学者结合自身实践,从宏观态势、科技创新、产业发展、人才队伍建设以及法规伦理和社会关切等方面谈了对人工智能发展的看法,提出了意见建议。

一些委员建议,要进一步研判全球人工智能发展态势,抓准突破口和主攻方向,全面增强科技创新基础能力,实现关键核心技术的自主、安全、可控发展,全面拓展重点领域应用深度广度,重视知识产权保护,构筑我国人工智能发展的先发优势,助力经济高质量发展和创新型国家建设。要构建开源开放的产业生态,支持领军企业牵头研发共性关键技术并向社会开放,通过线上线下相结合的众创空间共享创新资源。要加大对基础理论、核心技术和系统重塑的投入,创新产学研融通的合作和共享方式,提升我国原始创新能力,夯实人工智能发展基础。要实施顶级专家战略,培育造就具有国际水平的战略科技人才、科技领军人才、青年科技人才和高水平创新团队,打造人工智能学术和科技高地。要针对社会关切的问题和疑虑,加强自然科学和社会科学联合研究,凝聚广泛的社会共识,营造人工智能发展的良好社会环境。

4月20日

[纲　文]　**陈希在北京主持召开新当选中国科学院、中国工程院院士研修班座谈会。**

[目　文]　中组部部长陈希指出,要深入学习贯彻习近平新时代中国特色社会主义思想,大力弘扬爱国奋斗精神,不断书写科技报国新篇章,为加快建设科技强国、实现"两个一百年"奋斗目标、实现中华民族伟大复兴的中国梦提供智力支撑。人才强则事业强,人才兴则科技兴。两院院士要做增强"四个意识"、坚定"四个自信"的忠诚践行者,坚定理想信念、站稳政治立场,坚决维护以习近平同志为核心的党中央权威和集中统一领导;做弘扬爱国奋斗精神的模范引领者,深怀爱国之情、砥砺强国之志、力践报国之行,

把个人理想追求融入国家富强、民族振兴、人民幸福伟业之中；做科技创新的奋力开拓者，树立敢为天下先的志向和信心，对标国际一流，瞄准世界科技前沿，发挥领军作用，勇攀科技高峰；做高尚学术道德的坚定守护者，加强品德修养，坚守学术道德，自觉抵制学术不端行为和不正之风；做致力提携后学的身体力行者，为年轻科技人才脱颖而出提供平台、铺路搭桥，当好年轻科技人才的精神导师。要在政治上关怀、工作上支持、生活上关心院士专家和广大科技工作者，把各方面优秀人才集聚到党和人民的伟大奋斗中来。

4月20日
[纲　文]　胡春华在首都机场海关调研。
[目　文]　国务院副总理胡春华考察首都机场海关转隶组建后一线工作情况。他指出，海关系统要以习近平新时代中国特色社会主义思想为指导，切实增强"四个意识"，按照党中央、国务院统一部署，在如期完成转隶组建和关检业务整合基础上，全力推进后续机构改革任务落实，确保按要求、时间和步骤全面完成改革任务。

4月20日
[纲　文]　中共天津市委原代理书记，天津市原市长，天津市第十二届人大常委会主任聂璧初，在天津逝世，享年90岁。

4月20日
[纲　文]　《人民日报》发表评论员文章《通往美丽中国的必由之路》。

4月20—21日
[纲　文]　全国网络安全和信息化工作会议在北京召开。
[目　文]　中共中央总书记、中央网络安全和信息化委员会主任习近平出席会议并讲话。他强调，信息化为中华民族带来了千载难逢的机遇。我们必须敏锐抓住信息化发展的历史机遇，加强网上正面宣传，维护网络安全，推动信息领域核心技术突破，发挥信息化对经济社会发展的引领作用，加强网信领域军民融合，主动参与网络空间国际治理进程，自主创新推进网络强国建设，为决胜全面建成小康社会、夺取新时代中国特色社会主义伟大胜利、实现中华民族伟大复兴的中国梦作出新的贡献。

国务院总理、中央网络安全和信息化委员会副主任李克强在主持会议时指出，习近平总书记的重要讲话从党和国家事业全局出发，全面总结了党的十八大以来我国网络安全和信息化工作取得的历史性成就、发生的历史性变革，系统阐释了网络强国战略思想的丰富内涵，科学回答了事关网信事业长远发展的一系列重大理论和实践问题，为把握信息革命历史机遇、加强网络安全和信息化工作、加快推进网络强国建设明确了前进方向、提供了根本遵循，具有重大而深远的意义。

中央网信办、工业信息化部、公安部、北京市、上海市、湖北省、广东省、贵州省负责人作交流发言。中共中央政治局委员、中央书记处书记，国务委员，最高人民法院院长，最高人民检察院检察长出席会议。

中共中央政治局常委、中央网络安全和信息化委员会副主任王沪宁作总结讲话时指出，习近平总书记重要讲话站在人类历史发展和党和国家全局高度，科学分析了信息化变革趋势和我们肩负的历史使命，系统阐述了网络强国战略思想，深刻回答了事关网信事业发展的一系列重大理论和实践问题，是指导新时代网络安全和信息化发展的纲领性文献。一定要认真学习领会，把思想和行动统一到党中央关于网信工作的战略部署上来，以钉钉子精神把各项工作抓实抓到位。

4月20—26日

［纲　文］　全国知识产权宣传周活动组委会办公室举办2018年全国知识产权宣传周。

［目　文］　20日，国务委员王勇在北京出席宣传周活动启动仪式并讲话。

宣传周活动主题为"倡导创新文化 尊重知识产权"。宣传周活动期间，全国知识产权宣传周活动组委会各成员单位单独或者多部门联合开展多场活动，其中包括，国家知识产权局和国家版权局在国务院新闻办公室联合召开中国知识产权发展状况新闻发布会，最高人民法院发布《中国法院知识产权司法保护状况（2017）》（白皮书），最高人民检察院发布2017年度全国检察机关保护知识产权十大典型案例，司法部在全国范围内组织开展知识产权法治宣传教育主题活动，农业农村部分别组织召开中国—乌兹别克斯坦、中国—日本植物新品种保护交流与合作活动等。全国各地组织了宣传周主题活动。

4月21日

［纲　文］　最高人民法院、司法部印发《关于依法保障律师诉讼权利和规范律师参与庭审活动的通知》。

［目　文］　《通知》说，一、各级人民法院及其工作人员要尊重和保障律师诉讼权利，严格执行法定程序，平等对待诉讼各方，合理分配各方发问、质证、陈述和辩论、辩护的时间，充分听取律师意见。二、律师参加庭审不得对庭审活动进行录音、录像、拍照或使用移动通信工具等传播庭审活动，不得进行其他违反法庭规则和不服从法庭指令的行为。三、法庭审理过程中，法官应当尊重律师，不得侮辱、嘲讽律师。四、律师认为法官在审判过程中有违法违规行为的，可以向相关人民法院或其上一级人民法院监察部门投诉、举报，人民法院应当依法作出处理并及时将处理情况答复律师本人，同时通报当地司法行政机关、律师协会。五、人民法院认为律师有违法违规行为的，应当向司法行政机关、律师协会提出司法建议，并移交庭审录音录像、庭审记录等相关证据材料。六、司法行政机关应当会同人民法院、律师协会建立分级分类处理机制。七、重大敏感复杂案件开庭审理时，根据人民法院通知，对律师具有管理监督职责的司法行政机关或律师协会应当派员旁听，进行现场指导监督。八、各级人民法院、司法行政机关要注重发现宣传人民法院依法尊重、保障律师诉讼权利和律师尊重法庭权威、遵守庭审纪律的典型，大力表彰先进，发挥正面引领作用。

4月21日

［纲　文］　中国第34次南极考察队乘"雪龙"号返回上海。

［目　文］　本次南极考察队由"雪龙"号考察船、长城站、中山站、内陆队、大洋队、航空调查队、新站建设队、阿蒙森海调查队、第33次中山站越冬队、"向阳红01"号船等组成，共334人。考察队于2017年11月8日乘"雪龙"号考察船从位于上海的中国极地考察国内基地码头出发，先后在罗斯海、中山站、普里兹湾、戴维斯海、阿蒙森海等区域开展了海陆空立体协同考察，总航程达3.8万余海里。本次考察利用船基、冰基、海基、陆基、空基、站基等平台，通过"陆地—海洋—大气—冰架—生物"多学科联合观测，实施中国第5个南极考察站建设的前期工作、国家南极观测网建设、海洋环境保护调查、站区环境整治等工作。

4月21日

［纲　文］　外交部发言人就朝鲜决定停止核导试验全力发展经济发表谈话。

［目　文］　发言人说，朝鲜劳动党七届三中全会作出决定，停止核和导弹试验，集中力量发展经济，提高人民生活水平，中方对此表示欢迎。中方认为，朝方有关决定有助于进一步缓和半岛局势，有助于推动半岛无核化和半岛问题政治解决进程。实现半岛无核化和本地区持久和平，符合半岛及本地区人民的共同利益，也是国际社会的共同期待。我们祝愿朝鲜在发展经济、提高人民生活水平的道路上不断取得成果，支持朝方通过对话协商同有关各方解决各自关切，改善相互关系。希望有关各方相向而行，采取切实行动，为实现本地区的持久和平和共同发展作出应有努力。中方将继续为此发挥积极作用。

4月21日

［纲　文］　《人民日报》发表评论员文章《建设高质量发展的全国样板》。

4月22日

［纲　文］　习近平致信祝贺首届数字中国建设峰会开幕。

［目　文］　中共中央总书记习近平在贺信中指出，当今世界，信息技术创新日新月异，数字化、网络化、智能化深入发展，在推动经济社会发展、促进国家治理体系和治理能力现代化、满足人民日益增长的美好生活需要方面发挥着越来越重要的作用。2000年我在福建工作时，作出了建设数字福建的部署，经过多年探索和实践，福建在电子政务、数字经济、智慧社会等方面取得了长足进展。党的十九大描绘了决胜全面建成小康社会、开启全面建设社会主义现代化国家新征程、实现中华民族伟大复兴的宏伟蓝图，对建设网络强国、数字中国、智慧社会作出战略部署。加快数字中国建设，就是要适应我国发展新的历史方位，全面贯彻新发展理念，以信息化培育新动能，以新动能推动新发展，以新发展创造新辉煌。本届峰会以"以信息化驱动现代化，加快建设数字中国"为主题，展示我国电子政务和数字经济发展最新成果，交流数字中国建设体会和看法，进一步凝聚共识，必将激发社会各界建设数字中国的积极性、主动性、创造性，推动信息化更好造福社会、造福人民。

22—24日，首届数字中国建设峰会在福州举行。开幕式上宣读了习近平的贺信。中宣部部长黄坤明出席峰会开幕式并发表主旨演讲。峰会由国家网信办、发展改革委、工业和信息化部、福建省人民政府共同主办,以"以信息化驱动现代化,加快建设数字中国"为主题。峰会期间除主论坛外,还设置电子政务、数字经济、智慧社会、新型智慧城市、大数据、数字福建、数字海丝、物联网等8个分论坛,内容涵盖当前数字中国建设的主要领域。293家企业(单位)参展。

峰会评出并展示了30个代表中国电子政务的最佳案例,国家网信办等部门发布了一系列政策及创新成果,一批创新成果对接落地,涉及数字经济相关项目超过400个,总投资达3600亿元,其中百亿元以上项目6个,10亿元以上项目14个;现场签约29个项目,总投资423亿元。

4月22日

[纲　文]　习近平对中国游客在朝鲜发生重大交通事故作出指示。

[目　文]　18时许,在朝鲜黄海北道发生一起重大交通事故,一辆载有34名中国游客的旅游大巴从当地一处大桥坠落。造成中国游客32人死亡、2人重伤。

中共中央总书记习近平作出指示,要求外交部及我国驻朝使馆立即采取一切必要措施,协调朝鲜有关方面全力做好事故处理工作。要全力抢救受伤人员,做好遇难者善后工作。相关地方要主动开展伤亡人员家属安抚工作。近期,各类安全事故频繁发生,必须引起高度重视。"五一"假期即将来临,外出旅游人数较多,各地区和有关部门要绷紧防范安全风险这根弦,切实落实安全工作责任制,深入排查安全隐患,加强防范工作,完善应急措施,确保人民群众生命财产安全。

国务院总理李克强作出批示,要求抓紧核实具体情况,做好救治和善后工作。

根据习近平指示和李克强要求,外交部及我国驻朝使馆第一时间启动应急机制,同朝方保持密切沟通,协调朝方全力开展救援。

4月22日

[纲　文]　国务委员兼外交部部长王毅在北京会见缅甸前总统吴登盛。

[目　文]　王毅表示,在中缅领导人共同推动下,两国全面战略合作取得长足发展。中方愿同缅方合作推进中缅经济走廊建设,抓好重大项目落实,为缅甸经济发展注入新动力。中方乐见缅国内和平与和解进程不断取得进展,愿根据缅方意愿,继续发挥劝和促谈建设性作用。

吴登盛表示,真诚感谢中方长期以来为缅推进国内和平进程、促进经济社会发展提供的帮助,期待缅中全面战略合作迈向更高水平。

4月22日

[纲　文]　《人民日报》发表评论员文章《坚持网络强国战略思想——一论贯彻习近平总书记全国网信工作会议重要讲话》。

4月23日

[纲　文]　新华社讯,习近平作出指示强调,建设好生态宜居的美丽乡村让广大农

民有更多获得感幸福感。

[目　文]　　中共中央总书记习近平指出，浙江省15年间久久为功，扎实推进"千村示范、万村整治"工程，造就了万千美丽乡村，取得了显著成效。我多次讲过，农村环境整治这个事，不管是发达地区还是欠发达地区都要搞，但标准可以有高有低。要结合实施农村人居环境整治三年行动计划和乡村振兴战略，进一步推广浙江好的经验做法，因地制宜、精准施策，不搞"政绩工程""形象工程"，一件事情接着一件事情办，一年接着一年干，建设好生态宜居的美丽乡村，让广大农民在乡村振兴中有更多获得感、幸福感。

浙江省自2003年实施的"千村示范、万村整治"工程有力支撑浙江乡村面貌、经济活力、农民生活水平走在全国前列，为我国建设美丽中国、实施乡村振兴战略等带来实践经验。截至2017年底，浙江省累计有2.7万个建制村完成村庄整治建设，占全省建制村总数的97%；74%的农户厕所污水、厨房污水、洗涤污水得到有效治理；生活垃圾集中收集、有效处理的建制村全覆盖，41%的建制村实施生活垃圾分类处理。

4月23日

[纲　文]　　**中共中央政治局召开会议**。

[目　文]　　中共中央总书记习近平主持。会议分析研究当前经济形势和经济工作，审议《关于新时代加强党政军警民合力强边固防的意见》。

会议认为，今年以来，面对错综复杂的国内外形势，各地区各部门按照党中央部署，坚持稳中求进工作总基调，按照高质量发展的要求，以供给侧结构性改革为主线，锐意进取，扎实工作，经济运行延续了稳中向好态势。第一季度主要指标总体稳定、协调性较好，内需拉动作用增强，工业和服务业协同性较好。结构调整对经济发展的支撑作用明显，供给侧结构性改革不断深化，新产业成长和传统产业转型升级态势良好，经济运行内在稳定性有效提升，质量效益保持较好水平，推动高质量发展取得良好开端。

会议要求，各地区各部门要全面贯彻党的十九大和十九届二中、三中全会精神，以习近平新时代中国特色社会主义思想为指导，认真落实中央经济工作会议和政府工作报告各项部署，做好下一步工作。首先要全力打好"三大攻坚战"，同时要坚持积极的财政政策取向不变，保持货币政策稳健中性，注重引导预期，把加快调整结构与持续扩大内需结合起来，保持宏观经济平稳运行。要深化供给侧结构性改革，更多运用市场化法治化手段化解过剩产能，加强关键核心技术攻关，积极支持新产业、新模式、新业态发展，继续简政放权，减税降费，降低企业融资、用能和物流成本。实施好乡村振兴战略。要更加积极主动推进改革开放，深化国企国资、财税金融等改革，尽早落实已确定的重大开放举措。要推动信贷、股市、债市、汇市、楼市健康发展，及时跟进监督，消除隐患。要加大保障改善民生工作力度，加强基本公共服务，解决好群众关心的关键小事。

会议指出，党政军警民合力强边固防是我国边海防的独特优势。新时代巩固党政军警民合力强边固防，对于加强党对边海防工作集中统一领导、实现建设强大稳固现代边海防战略目标具有十分重要意义。要统一思想，凝聚共识，增强责任担当和进取精神，加紧推进各项工作，为建设强大稳固的现代边海防奠定坚实基础。

4月23日

［纲　文］　中共中央政治局举行第五次集体学习。

［目　文］　中共中央总书记习近平主持学习。本次学习主题是：《共产党宣言》及其时代意义。中央编译局研究员王学东就此问题作了讲解，并谈了意见和建议。

习近平指出，学习马克思主义基本理论是共产党人的必修课。我们重温《共产党宣言》，就是要深刻感悟和把握马克思主义真理力量，坚定马克思主义信仰，追溯马克思主义政党保持先进性和纯洁性的理论源头，提高全党运用马克思主义基本原理解决当代中国实际问题的能力和水平，把《共产党宣言》蕴含的科学原理和科学精神运用到统揽伟大斗争、伟大工程、伟大事业、伟大梦想的实践中去，不断谱写新时代坚持和发展中国特色社会主义新篇章。广大党员、干部特别是高级干部要学好用好《共产党宣言》等马克思主义经典著作，坚持学以致用、用以促学，原原本本学、熟读精思、学深悟透，熟练掌握马克思主义立场、观点、方法，不断提高马克思主义理论素养。要加大经典著作编译力度，坚持既出成果又出人才，培养一支新时代马克思主义经典著作编译骨干队伍。要深化经典著作研究阐释，推进经典著作宣传普及，让理论为亿万人民所了解所接受，画出最大的思想同心圆。

4月23日

［纲　文］　国家主席习近平在北京集体会见来华出席上海合作组织成员国外长理事会会议的各国外长。

［目　文］　习近平指出，上海合作组织成立近17年来，走过了不平凡的发展历程，成为具有广泛影响的综合性区域组织。成员国全面推进各领域合作，在国际和地区事务中积极发挥建设性作用，树立了相互尊重、公平正义、合作共赢的新型国际关系典范。当前，上海合作组织政治、经济、安全、人文、对外交往、机制建设六大领域合作稳步推进，整体合作水平不断提升。中方一贯将推动上海合作组织发展作为外交优先方向之一。一个多月后，上海合作组织成员国领导人将聚首中国青岛。相信在各方共同努力下，上海合作组织青岛峰会必将成功。

出席会见的有：俄罗斯外长拉夫罗夫、印度外长斯瓦拉杰、哈萨克斯坦外长阿布德拉赫曼诺夫、吉尔吉斯斯坦外长阿布德尔达耶夫、巴基斯坦外长阿西夫、塔吉克斯坦外长阿斯洛夫、乌兹别克斯坦外长卡米洛夫、上海合作组织秘书长阿利莫夫、上海合作组织地区反恐怖机构执委会主任瑟索耶夫。

同日，习近平在北京会见拉夫罗夫时强调，中俄双方要继续发挥高层交往对双边关系发展的引领作用，落实好两国元首达成的重要共识，推动"一带一路"建设和欧亚经济联盟对接合作，在国际事务中相互支持协作，共同维护国际法和公认的国际关系准则，加强在上海合作组织、金砖国家、二十国集团等框架内合作，同各国一道，推动建设新型国际关系，构建人类命运共同体。相信在双方共同努力下，中俄关系一定会不断取得新成果，攀登新高峰。

拉夫罗夫表示，俄罗斯高度重视发展俄中全面战略协作伙伴关系，愿深化两国各领域合作。俄罗斯同中国一样，都尊重国际法和《联合国宪章》，赞同双方进一步加强多边框架下协调。

24日，国务委员兼外交部部长王毅在北京主持召开上海合作组织成员国外长理事会会议。巴基斯坦、印度、哈萨克斯坦、吉尔吉斯斯坦、俄罗斯、塔吉克斯坦、乌兹别克斯坦等成员国外长出席。与会外长高度评价中方作为轮值主席国为推动上合组织进程所作努力，表示愿与中方协调配合，共同推动青岛峰会取得积极成果。

会议期间，国家副主席王岐山在北京分别会见与会的印度外长斯瓦拉杰、巴基斯坦外长阿西夫；王毅在北京分别与俄罗斯外长拉夫罗夫、印度外长斯瓦拉杰、塔吉克斯坦外长阿斯洛夫、乌兹别克斯坦外长卡米洛夫、巴基斯坦外长阿西夫、哈萨克斯坦外长阿布德拉赫曼诺夫、吉尔吉斯斯坦外长阿布德尔达耶夫举行了会谈。

4月23日

［纲　文］　国家主席习近平在北京集体会见上海合作组织成员国国防部长。

［目　文］　习近平表示，上海合作组织各成员国防务部门和军队认真贯彻元首共识，不断完善防务部门和军队领导会议机制，积极开展各领域互利合作，特别是打造了"和平使命"系列军事演习、"和平号角"军乐节等军事文化品牌，为维护地区安全稳定作出了积极贡献。安全是发展的基石。我们要一如既往将维护地区安全稳定作为本组织工作优先方向。中方高度重视在上海合作组织框架内开展防务安全合作，愿同各方一道，遵照组织宪章和各国元首共识，在互信互利、平等协商基础上，共同规划防务安全合作发展蓝图，深化防务安全领域务实合作，不断创新合作模式，建立更加完善的安全合作体系，切实增强本组织抵御现实威胁的能力，为确保地区长治久安和繁荣昌盛作出应有贡献。中国将坚定不移走和平发展道路，始终做世界和平的建设者、全球发展的贡献者、国际秩序的维护者，愿同世界各国一道，推动构建人类命运共同体。

出席会见的有：俄罗斯国防部长绍伊古、哈萨克斯坦国防部长扎苏扎科夫、吉尔吉斯共和国武装力量总参谋长杜伊申比耶夫、巴基斯坦国防部长达斯特吉尔·汗、塔吉克斯坦国防部长米尔佐、乌兹别克斯坦国防部长阿济佐夫、上海合作组织副秘书长索韦托维奇、上海合作组织地区反恐怖机构执行委员会副主任吉约索夫、印度驻华大使班浩然以及作为特邀嘉宾列席此次会议的白俄罗斯国防部长拉夫科夫等。

24日，上海合作组织成员国第十五次国防部长会议在北京举行。国务委员兼国防部部长魏凤和主持会议并作主旨发言。上合组织成员国俄罗斯、印度、哈萨克斯坦、吉尔吉斯斯坦、巴基斯坦、塔吉克斯坦、乌兹别克斯坦防务部门和军队领导人，上海合作组织秘书处和地区反恐怖机构执行委员会代表参加会议。白俄罗斯国防部长作为特邀嘉宾列席会议。

各国国防部长总结了2017年国防部长会议以来合作取得的成果，分别就国际和地区安全形势、加强上合组织防务安全合作等问题发言，强调在当前国际形势发生复杂变化的背景下，上合组织成员国国防务部门和军队应进一步加强合作，并肩携手共同应对面临的威胁和挑战。各国国防部长共同签署会议纪要、联合公报。乌兹别克斯坦国防部长签署《上海合作组织成员国国防部合作协定》。会上，颁发了上合组织成员国国防部"加强友谊与合作"奖章。

会议期间，中央军委副主席许其亮在北京会见了与会的俄罗斯国防部长绍伊古；中央军委副主席张又侠在北京分别会见老挝国防部副部长兼老挝人民军总政治局主任威莱、乌兹别克斯坦国防部长阿济佐夫、白俄罗斯国防部长拉夫科夫；魏凤和分别会见了巴基斯坦、塔吉克斯坦、哈萨克斯坦、吉尔吉斯斯坦、印度等国国防部长，与乌兹别克斯坦国防部长阿济佐夫举行了会谈。

4月23日

[纲　文]　全国人大常委会委员长栗战书在北京分别会见密克罗尼西亚联邦国会议长西米纳、哈萨克斯坦议会下院副议长伊希姆巴耶娃。

[目　文]　栗战书会见西米纳时说，中方一贯主张，国家不分大小、强弱、贫富，都是国际社会的平等一员，不能以大欺小、以强凌弱、以富压贫。今年是习近平主席提出共建"一带一路"倡议5周年。中密双方要认真落实两国元首达成的建立相互尊重、共同发展战略伙伴关系的重要共识，深化包括共建"21世纪海上丝绸之路"在内的各领域务实合作，加强两国立法机构往来和治国理政经验交流，更好造福两国人民。

西米纳表示，密方重视发展对华关系，坚定奉行一个中国原则，支持"一带一路"倡议，愿加强两国立法机构交流，促进双边关系发展。

栗战书会见伊希姆巴耶娃时说，今年是习近平主席提出"一带一路"倡议5周年。哈萨克斯坦是丝绸之路经济带从中国向西延伸的第一站，是中国同沿线国家进行产能合作的第一个对象国，也是沿线国家中进行发展战略对接的第一个国家。中共十九大为中国发展开辟更加光明的前景，也将为中哈深化战略务实合作带来新的重要机遇。中国全国人大愿与哈萨克斯坦议会加强交流合作，推动落实两国元首达成的各项共识，为共建"一带一路"和构建中哈命运共同体提供立法支持，营造良好环境。

伊希姆巴耶娃说，哈议会愿与中国全国人大密切友好往来，支持两国发展战略对接，推动哈中传统友谊不断发扬光大。

22日，全国人大常委会副委员长王晨在北京与伊希姆巴耶娃举行了会谈。

24日，全国政协主席汪洋在北京会见西米纳时说，2017年，习近平主席同克里斯琴总统就深化两国传统友谊、拓展双方务实合作达成广泛共识，为两国关系发展指明了方向。中方愿同密方一道认真落实好两国元首的重要共识，保持双方高层和各级别交往势头，深化和拓展农业、经贸、人文、旅游等各领域务实合作，推动中密战略伙伴关系不断向前发展。中国全国政协愿同密联邦国会加强交流互鉴，开展形式多样的合作，为两国友好关系发展作出新的贡献。

西米纳表示,密方高度重视对华关系,恪守一个中国政策,希望搭乘中国发展的快车,同中方加强各领域交流合作。

4月23日

[纲　文]　教育部、发展改革委、财政部、中国残联联合印发《关于加快发展残疾人职业教育的若干意见》。

[目　文]　《意见》由五个部分组成:一、充分认识加快发展残疾人职业教育的重要意义。二、以中等职业教育为重点不断扩大残疾人接受职业教育的机会。三、改进残疾人职业教育的办学条件。四、提高残疾人职业教育的质量。五、加强残疾人的就业指导和援助。

4月23日

[纲　文]　铁路局印发《关于原铁道部规范性文件第十五批清理结果的通知》。

[目　文]　《通知》说,一、关于《铁路桥梁检定规范》(铁运函〔2004〕120号)等5件文件继续有效,各地方铁路公司和相关企业按照执行。二、关于《北京型内燃机车大修规程》(铁科技〔1998〕65号)等4件文件继续有效,文件中涉及安全、质量、技术标准的有关条款,各地方铁路公司和相关企业按照执行。三、关于《铁路机械冷藏车段修规则》(铁运〔2000〕368号)等3件文件交由中国铁路总公司管理。中国铁路总公司可继续执行,亦可修改或停止执行,修改或停止执行之日,原文件废止。中国铁路总公司要在实践中进一步加强管理,健全相关制度办法,不断总结完善,确保铁路运输安全。

4月23日

[纲　文]　《人民日报》发表评论员文章《构建网上网下同心圆——二论贯彻习近平总书记全国网信工作会议重要讲话》。

4月23—30日

[纲　文]　中央政法委书记郭声琨在俄罗斯出席第九届安全事务高级代表国际会议,并以国家主席习近平特使名义访问罗马尼亚、波兰。

[目　文]　25日,郭声琨在索契第九届安全事务高级代表国际会议上作主旨发言。119个国家的代表参加会议。

郭声琨说,2017年10月,中国共产党召开历史性的第十九次全国代表大会,将习近平新时代中国特色社会主义思想确立为中国共产党长期坚持的指导思想,制定了中国未来发展的总体方针和行动纲领。习近平主席提出的推动建设新型国际关系、构建人类命运共同体,为各方携手应对新形势下全球安全威胁和挑战、完善全球安全治理体系提供了重要遵循。我们应坚持相互尊重、平等相待,努力构建新型国际关系;坚持对话协商、妥处分歧,走共担责任、同舟共济的全球安全治理之路;坚持共建共享、普遍安全,努力实现全人类共同安全;坚持包容互鉴、合作共赢,推动不同文明建设性协作。

会议期间,郭声琨出席了金砖国家代表团团长非正式会晤、上合组织成员国代表团团长非正式会晤,与包括俄罗斯联邦安全会议秘书帕特鲁舍夫在内的多国代表举行双边会谈会见，就加强反恐和安全执法合作达成共识。

27—28日，郭声琨在访问罗马尼亚期间，分别会见了罗马尼亚总统约翰尼斯、众议长德拉格内亚、总理登奇勒。与罗马尼亚执法安全部门负责人会谈会见。

30日，郭声琨在访问波兰期间会见了波兰总统杜达。与波兰执法安全部门负责人举行了会谈。

4月24—28日

[纲　文]　习近平在湖北考察。

[目　文]　中共中央总书记习近平在宜昌、荆州、武汉等地的农村、企业、社区，考察长江经济带发展和经济运行情况。

习近平在宜昌市夷陵区太平溪镇许家冲村，察看三峡移民新村建设和生产生活情况；在东湖高新区的烽火科技集团和武汉新芯集成电路制造有限公司，考察企业创新发展情况；在武汉市青山区工人村街青和居社区，考察棚户区项目建设和居民生活情况；在湖北宜昌市和荆州市、湖南岳阳市以及三峡坝区等地，考察化工企业搬迁、非法码头整治、江水污染治理、河势控制和护岸工程、航道治理、湿地修复、水文站水文监测工作等情况。

26日，习近平在武汉主持召开深入推动长江经济带发展座谈会。中共中央政治局常委、推动长江经济带发展领导小组组长韩正出席并讲话。丁薛祥、刘鹤、何立峰以及中央和国家机关有关部门负责人、有关省区市负责人参加座谈会。发展改革委主任何立峰、生态环境部部长李干杰、交通运输部部长李小鹏、水利部部长鄂竟平、重庆市委书记陈敏尔、湖北省委书记蒋超良、上海市委书记李强等7位同志先后发言，从不同角度汇报工作体会，提出意见和建议。

习近平指出，推动长江经济带发展是党中央作出的重大决策，是关系国家发展全局的重大战略。新形势下推动长江经济带发展，关键是要正确把握整体推进和重点突破、生态环境保护和经济发展、总体谋划和久久为功、破除旧动能和培育新动能、自我发展和协同发展的关系，坚持新发展理念，坚持稳中求进工作总基调，坚持共抓大保护、不搞大开发，加强改革创新、战略统筹、规划引导，以长江经济带发展推动经济高质量发展。

28日，习近平听取了湖北省委和省政府工作汇报。他希望湖北全面落实党中央决策部署，真抓实干，埋头苦干，全力推动各项事业发展，在决胜全面建成小康社会、夺取新时代中国特色社会主义伟大胜利的新征程上不断创造新的业绩。民生是最大的政治。要抓住人民最关心最直接最现实的利益问题，把人民群众的小事当作我们的大事，从人民群众关心的事情做起，从让人民满意的事情抓起，加强全方位就业服务，高度重视困难群众帮扶救助工作，加快建成多层次社会保障体系，加强社区治理体系建设，坚持精准扶贫精准脱贫，推进民生保障精准化精细化。

4月24日

[纲　文]　十三届全国人大常委会委员在北京举行常委会组成人员第一次履职学习

专题讲座。

［目　文］　全国人大常委会委员长栗战书主持并讲话指出，要以习近平新时代中国特色社会主义思想为指导，按照习近平总书记提出的"大兴学习之风"的要求，坚持和完善各项学习制度，加强学习、增强本领，为做好新时代人大工作筑牢思想基础、提高能力水平。

本次专题讲座共四讲，全国人大常委会法工委主任、港澳基本法委主任，全国人大常委会副秘书长，全国人大宪法法律委主任委员、全国人大常委会副秘书长讲授了《中国宪法制度的若干问题》《全国人大常委会的组织制度和议事规则》《立法法与全国人大常委会的立法工作》《监督法和全国人大常委会的监督工作》。

4月24日

［纲　文］　**全国政协向不再连任的在京十二届全国政协常委颁发纪念证牌**。

［目　文］　全国政协副主席兼秘书长夏宝龙主持仪式。全国政协主席汪洋出席并讲话，代表全国政协向各位常委致以崇高的敬意和衷心的感谢。他说，各位常委在习近平新时代中国特色社会主义思想指引下履职尽责、不懈努力，为人民政协事业留下了宝贵财富，将激励着新一届政协委员在新时代接续奋斗。

全国政协副主席张庆黎出席颁发纪念证牌仪式，十二届全国政协常委、经济委员会主任周伯华代表不再连任的十二届全国政协常委发言。

4月24日

［纲　文］　**韩正在北京会见来北京参加任中培训的澳门特别行政区政府主要官员和检察长**。

［目　文］　国务院副总理韩正表示，澳门回归祖国以来，"一国两制"实践取得举世公认的成功。本届特区政府成立以来稳健施政，积极谋划澳门长远发展，团结带领澳门各界人士，巩固和发展了澳门繁荣稳定的良好局面。韩正希望，特区政府管治团队认真贯彻落实习近平总书记关于澳门工作的重要指示精神，全面准确贯彻"一国两制"方针和基本法，坚定不移维护国家主权、安全和发展利益。积极谋发展、促和谐，坚定不移保持澳门长期繁荣稳定。推动澳门融入国家发展大局，坚定不移促进澳门与祖国内地优势互补、共同发展。始终坚持以人民为中心，坚定不移为老百姓谋福祉。

4月24日

［纲　文］　**"潜龙三号"海试通过现场专家组验收**。

［目　文］　"潜龙三号"进行了两个海试潜次。海试现场验收专家组全程参与海试过程，在对"潜龙三号"最大工作深度、航速、无动力下潜和上浮、续航力、卫星通信、导航等50项试验考评项目进行评判后，"潜龙三号"通过了现场验收。

为满足大洋矿产资源勘查和大洋科学考察需求，2016年9月，中国大洋协会与中科院沈阳自动化研究所、国家海洋局第二海洋研究所签订"潜龙三号"4500米级自主潜水器建造合同。"大洋一号"船综合海试B航段对"潜龙三号"主要技术指标和功能进行验证，并进行试验性应用。

4月24日

［纲　文］　公安边防部队改革推进会在北京召开。

［目　文］　国务委员、公安部部长赵克志出席会议并讲话。公安部常务副部长王小洪主持会议。公安部边防管理局、新疆、黑龙江、广东、云南边防总队主要负责人在会上发言。

赵克志指出，要以习近平新时代中国特色社会主义思想为指导，认真贯彻落实习主席关于深化党和国家机构改革、深化国防和军队改革的重要指示精神和党中央重大决策部署，增强"四个意识"、提升政治站位，坚决维护权威、维护核心、维护和贯彻军委主席负责制，坚定不移抓好改革的推进落实，坚决完成好公安现役部队改革任务。

4月24日

［纲　文］　发展改革委、自然资源部、住房城乡建设部、中国铁路总公司印发《关于推进高铁站周边区域合理开发建设的指导意见》。

［目　文］　《意见》由三个部分组成：一、总体要求。二、重点任务。三、组织实施。

《意见》指出，地方政府要强化主体责任意识，各有关方面要严格按照本意见要求，进一步梳理既有高铁车站周边开发建设情况，对存在的问题加快整改落实，优化新建高铁车站选址，规范有序推进高铁周边开发建设，提升发展质量和综合效益。

4月24日

［纲　文］　银保监会公布《商业银行大额风险暴露管理办法》。

［目　文］　《办法》共6章47条。主要有总则、大额风险暴露监管要求、风险暴露计算、大额风险暴露管理、监督管理等内容。自2018年7月1日起施行。

4月24日

［纲　文］　农业农村部印发《关于大力实施乡村就业创业促进行动的通知》。

［目　文］　《通知》由四个部分组成：一、充分认识重要意义。二、准确把握总体要求。三、进一步明确目标任务。四、切实强化保障措施。

4月24日

［纲　文］　国务院副总理孙春兰在北京会见联合国儿童基金会执行主任福尔。

［目　文］　孙春兰积极评价儿童基金会与中国政府开展的长期务实合作，表示中国政府愿与儿童基金会继续深化在儿童保护、发展、扶贫等领域的合作交流，并加强"一带一路"国际合作，与其他发展中国家分享经验，促进全球儿童事业发展，推动构建人类命运共同体。

福尔高度评价中国近年来在儿童发展领域取得的巨大成就，表示愿与中方继续深化各领域合作。

4月24日

［纲　文］　中宣部部长黄坤明在北京会见由老挝中央委员、中联部部长顺通率领的

老挝人革党代表团。

[目　文]　黄坤明说，中老是具有战略意义的命运共同体。习近平总书记和本扬总书记的高度重视和战略引领，为新时期中老关系发展指明了方向、规划了蓝图。中方愿同老方共同努力，加强两党两国交流合作，推动中老全面战略合作伙伴关系深入发展。

顺通说，在以习近平同志为核心的党中央坚强领导下，中国取得了举世瞩目的发展成就，老挝人革党愿深入学习借鉴中共执政经验，推动两党两国各领域务实合作。

4月24日

[纲　文]　**中国艺术家韩美林获颁国际奥委会"顾拜旦奖章"。**

[目　文]　国际奥委会主席巴赫在瑞士洛桑国际奥委会总部向中国艺术家韩美林颁发"顾拜旦奖章"，表彰他为奥林匹克运动发展作出的杰出贡献。

"顾拜旦奖章"是为纪念现代奥林匹克之父顾拜旦而于1964年设立，是国际奥委会颁发给为奥林匹克运动作出突出贡献的运动员及其他人员的最高荣誉。

韩美林1936年生于济南，毕业于中央工艺美术学院，创作涉及绘画、书法、雕塑、陶瓷、设计等领域。作为北京申奥标志设计组的主要成员，他用国画笔触将奥运五环演绎为环环相扣的"中国结"造型和"太极拳"基本姿势，将中国传统艺术与现代奥林匹克精神有机地结合在一起。此后，韩美林领衔设计了北京奥运会的吉祥物"福娃"并参与了奥运火炬传递。

4月24日

[纲　文]　**《人民日报》发表评论员文章《建设好生态宜居的美丽乡村》《筑牢国家网络安全屏障——三论贯彻习近平总书记全国网信工作会议重要讲话》。**

4月24—29日

[纲　文]　**应全国人大常委会委员长栗战书邀请，爱尔兰众议长奥法乔尔率团访华。**

[目　文]　27日，栗战书在北京与奥法乔尔举行会谈时说，今年是中国改革开放40周年。明年是中爱建交40周年。中方愿同爱方一道，继续深化政治互信，照顾彼此核心利益与重大关切，推动中爱互惠战略伙伴关系健康稳定发展。希望双方乘势而上，推动贸易、投资、科技等领域合作迈上新台阶，寻找自贸试验区和自由贸易港建设合作新亮点，打造"一带一路"框架内合作新增长点，更好地造福两国和两国人民。不久前，习近平主席在博鳌亚洲论坛年会宣布了一系列新的扩大开放重大举措。中爱两国同为经济全球化、贸易自由化的坚定支持者，应继续共同维护多边自由贸易体制，反对保护主义，推动建设开放型世界经济。中国全国人大愿同爱尔兰议会继续密切各层级友好往来，在平等相待和相互尊重基础上开展对话合作，加强治国理政经验交流，了解和尊重彼此在重大问题上的立场关切，维护好双边关系发展的政治基础。

奥法乔尔说，爱方赞赏中方在习近平主席领导下取得的巨大发展成就，尊重中国人民选择的发展道路和社会制度。爱尔兰议会愿加强与中国全国人大的友好交往，支持两国各领域互利合作,为爱中互惠战略伙伴关系的提升发挥积极作用。

同日,全国政协主席汪洋在北京会见奥法乔尔时说,近年来,中爱关系保持了健康、良好的发展势头,各领域务实合作不断拓展。明年两国将共同庆祝建交40周年,中国全国政协愿与爱尔兰议会和社会各界保持经常性交往,加强交流,增进互信,推动合作,共促发展,促使中爱互惠战略伙伴关系迈上新台阶。

奥法乔尔说,通过此访我见证了中国经济社会发展的蓬勃生机。爱中两国在经济、文化、社会等各领域具有广阔的合作空间。爱尔兰议会愿发挥积极作用,促进两国务实合作,增进民众间的友好感情,助力爱中关系发展。

4月25日

[纲 文] 李克强主持召开国务院常务会议。

[目 文] 会议主要内容是:一、决定再推出7项减税措施,支持创业创新和小微企业发展。一是将享受当年一次性税前扣除优惠的企业新购进研发仪器、设备单位价值上限,从100万元提高到500万元。二是将享受减半征收企业所得税优惠政策的小微企业年应纳税所得额上限,从50万元提高到100万元。以上两项措施实施期限为2018年1月1日至2020年12月31日。三是取消企业委托境外研发费用不得加计扣除限制。四是将高新技术企业和科技型中小企业亏损结转年限由5年延长至10年。五是将一般企业的职工教育经费税前扣除限额与高新技术企业的限额统一,从2.5%提高至8%。前述三项措施从2018年1月1日起实施。六是从5月1日起,将对纳税人设立的资金账簿按实收资本和资本公积合计金额征收的印花税减半,对按件征收的其他账簿免征印花税。七是将目前在8个全面创新改革试验地区和苏州工业园区试点的创业投资企业和天使投资个人投向种子期、初创期科技型企业按投资额70%抵扣应纳税所得额的优惠政策推广到全国。企业所得税和个人所得税有关优惠政策分别自1月1日和7月1日起执行。二、部署对银行普惠金融服务实施监管考核,确保2018年实体经济融资成本下降。会议指出,按照党中央、国务院部署,加强对小微企业、"三农"等薄弱环节的普惠金融服务,必须落实好已确定的政策,让企业切实感受到融资成本下降。目前大中型商业银行已普遍设立普惠金融机构,专业化经营机制基本成型,截至2017年末新发放普惠金融贷款3.4万多亿元。下一步要将银行开展普惠金融服务情况作为监管支持政策重要参考,制定监管考核办法,抓紧完善普惠金融服务保障体系,加强信用信息系统建设,支持银行制定专门的普惠信贷计划、安排专项激励费用、细化尽职免责办法,探索小微企业中长期固定资产贷款、新型农业经营主体设施抵押贷款、扶贫金融等产品创新,确保单户授信1000万元以下的小微企业贷款增速不低于各项贷款增速、贷款户数不低于2017年同期水平,合理控制小微企业贷款质量和贷款综合成本,力争到第三季度末小微企业融资成本有较明显降低。加大督查、审计等力度。使普惠金融助力小微企业发展和脱贫攻坚。

4月25日

[纲　文]　国务院办公厅印发《关于促进"互联网+医疗健康"发展的意见》。

[目　文]　《意见》由三个部分组成：一、健全"互联网+医疗健康"服务体系。二、完善"互联网+医疗健康"支撑体系。三、加强行业监管和安全保障。

《意见》指出，各地区、各有关部门要结合工作实际，及时出台配套政策措施，确保各项部署落到实处。中西部地区、农村贫困地区、偏远边疆地区要因地制宜，积极发展"互联网+医疗健康"，引入优质医疗资源，提高医疗健康服务的可及性。国家卫生健康委员会要会同有关部门按照任务分工，加强工作指导和督促检查，重要情况及时报告国务院。

4月25日

[纲　文]　国务院办公厅印发《关于全面加强乡村小规模学校和乡镇寄宿制学校建设的指导意见》。

[目　文]　《意见》由七个部分组成：一、总体要求。二、统筹布局规划。三、改善办学条件。四、强化师资建设。五、强化经费保障。六、提高办学水平。七、加强组织领导。

《意见》指出，各地要把办好两类学校列入重要工作议事日程，加强省级政府统筹，健全协调机制，及时解决两类学校在规划布局、经费投入、建设运行、教师队伍建设等方面的突出问题。要把办好两类学校纳入地方各级政府考核体系，完善责任追究机制，确保各项政策措施落实到位，工作目标按期实现。

4月25日

[纲　文]　税务总局发布修订后的《企业所得税优惠政策事项办理办法》。

4月25日

[纲　文]　文物局印发《关于做好文物进出境审核中被盗文物查验工作的通知》。

4月25日

[纲　文]　中共中央政治局委员、全国人大常委会副委员长王晨在北京会见日本经济新闻社社长喜多恒雄。

[目　文]　王晨说，中方一贯重视发展中日关系。当前双方关系改善势头来之不易，需相向而行，共同维护两国关系政治基础。中国全国人大愿加强同日本社会各界的交流，为推动两国关系健康发展贡献力量。希望日本经济新闻社为增进两国关系民意基础发挥积极作用。

喜多恒雄说，日经社致力于促进两国民众友好交流，将加大中国经济发展报道力度。

4月25日

[纲　文]　全球首台AP1000核电机组——浙江省台州市三门核电厂1号机组获准装料。

[目　文]　生态环境部副部长、国家核安全局局长刘华当天在北京向三门核电有限

公司颁发了《三门核电厂 1 号机组首次装料批准书》。

装料是核电工程中有核试验和无核试验的分界点，获批装料标志着我国三代核电自主化依托项目首台电机组的设计、设备、建安、调试、生产准备等工作均已满足要求。

6 月 30 日 4 时 48 分，采用 AP1000 三代核电技术建造的全球首台核电机组——三门核电 1 号机组首次并网成功，各项技术指标均符合设计要求，机组状态控制良好，标志着机组建设正式进入并网调试阶段。

9 月 21 日 3 点 57 分，三门核电 1 号机组顺利完成 168 小时满功率连续运行考核，机组具备投入商业运行条件，这也是全球首台具备商运条件的 AP1000 核电机组。至此，中核集团旗下上市公司中国核电运行核电机组达到 19 台，控股在役装机容量增至 16716 兆瓦。

4 月 25 日

［纲　文］《人民日报》发表评论员文章《突破核心技术　建设数字中国——四论贯彻习近平总书记全国网信工作会议重要讲话》。

4 月 25—27 日

［纲　文］　十三届全国人大常委会第二次会议在北京举行。

［目　文］　全国人大常委会委员长栗战书主持开、闭幕会。全国人大常委会副委员长王晨、曹建明、张春贤、沈跃跃、吉炳轩、艾力更·依明巴海、万鄂湘、陈竺、王东明、白玛赤林、丁仲礼、郝明金、蔡达峰、武维华，秘书长杨振武和常委会组成人员出席会议。

会议主要内容是：一、会议经表决，通过了人民陪审员法、英雄烈士保护法、关于修改国境卫生检疫法等六部法律的决定，国家主席习近平分别签署第四、五、六号主席令予以公布。二、会议表决通过了关于国务院机构改革涉及法律规定的行政机关职责调整问题的决定、关于设立上海金融法院的决定。三、会议表决通过了第十三届全国人大常委会代表资格审查委员会主任委员、副主任委员、委员名单。四、会议经表决，免去徐显明的最高人民检察院副检察长、检察委员会委员职务。

栗战书在闭幕会上指出，各地区各部门各方面要依法加强对英雄烈士的保护，在全社会传承和弘扬英雄烈士精神、爱国主义精神。本届常委会要坚决贯彻党中央关于改革的决策部署，继续做好与改革相关的立法工作，确保重大改革举措依法有序推进、落实到位。常委会组成人员充分肯定国务院及其有关部门为保护生态环境付出的巨大努力和取得的积极成效，同时指出生态环境问题仍然十分突出，必须引起高度重视，继续下大力气解决好，坚决打好污染防治攻坚战。

4 月 25—26 日

［纲　文］　孙春兰在宁夏回族自治区调研。

［目　文］　宁夏固原市是革命老区、民族地区、集中连片的贫困地区，国务院副总理孙春兰在市、县、乡、村医疗卫生机构，了解卫生健康服务能力和信息化建设情况，走

访看望因病贫困家庭和医务人员,与基层干部群众座谈交流;考察了银川市医院和社区卫生服务中心,询问利用互联网技术开展远程医疗、优化就医流程、促进家庭医生签约等情况。

孙春兰调研时强调,要以习近平新时代中国特色社会主义思想为指导,认真落实党中央、国务院决策部署,加快发展"互联网+医疗健康",构建新型卫生健康服务模式,促进优质医疗资源下沉,使更多城乡居民和贫困家庭共享优质医疗服务,缓解群众看病难看病贵,防止因病致贫返贫。

4月26日

[纲　文]　　市场监管总局印发《餐饮服务明厨亮灶工作指导意见》,自2018年4月26日起施行。

4月26日

[纲　文]　　全国改善农村人居环境工作会议在浙江省安吉县召开。

[目　文]　　国务院副总理胡春华出席会议并讲话。会议全面贯彻落实党的十九大精神,学习贯彻中共中央总书记习近平关于乡村振兴和改善农村人居环境的指示精神,落实国务院总理李克强批示要求,进一步推广浙江"千村示范、万村整治"工程经验做法,全面部署改善农村人居环境各项任务。会议代表参观了安吉县天荒坪镇余村,重温学习习近平"绿水青山就是金山银山"思想,并考察了刘家塘村、鲁家村、大竹园村以及剑山村蔓塘里等农村人居环境整治工作现场。

胡春华指出,要深入贯彻习近平总书记重要指示精神,切实落实到农村人居环境整治三年行动各环节,推动建设生态宜居的美丽乡村。改善农村人居环境是实施乡村振兴战略的第一场硬仗,必须按照党中央、国务院决策部署,遵循乡村建设规律和特点,加强规划引领,因地制宜确定整治任务和建设时序,充分发挥农民主体作用,注重建管并重,持续健康向前推进。要切实加强组织领导,健全长效投入机制,及时足额拨付项目资金,加强监督考核,强化示范引导,确保按时按质完成建设任务。

4月26日

[纲　文]　　中宣部部长黄坤明在北京会见越南通讯社社长阮德利。

[目　文]　　黄坤明说,中越互为友好邻邦和重要合作伙伴,越来越成为具有战略意义的命运共同体。2017年以来,两党两国最高领导人多次会晤,为双边关系发展指明了正确方向。两国媒体应发挥桥梁纽带作用,深化交流、务实合作,推动中越全面战略合作伙伴关系持续健康稳定发展。

阮德利说,两国媒体交流合作对弘扬越中传统友谊、增进人民相互了解发挥着不可替代的作用。愿与中国媒体加强交流,为增进两党两国关系贡献力量。

4月26日

[纲　文]　《人民日报》发表评论员文章《坚持网信事业正确政治方向——五论贯彻

习近平总书记全国网信工作会议重要讲话》。

4月26日

［纲　文］　《人民日报》报道，中共中央纪委对江西省政府原党组成员、副省长李贻煌严重违纪问题立案审查。

［目　文］　经查，李贻煌严重违反政治纪律和政治规矩，丧失理想信念和党性原则，搞"小圈子"，扭曲选人用人政治导向，破坏所任职的国有企业政治生态；违反中央八项规定精神和群众纪律，公款打高尔夫球、违规占用国有企业专家别墅；违反组织纪律，违规安排下属提拔亲属职务且在组织谈话函询时不如实说明；违反廉洁纪律，利用职权为亲友经营活动谋取利益，搞权权交易，利用国有企业的资源谋取私利；违反工作纪律，违规干预企业决策；违反生活纪律，修身不严、带坏家风。利用职务上的便利为他人谋取利益并收受巨额财物涉嫌受贿犯罪；非法占有公共财物涉嫌贪污犯罪；挪用公款给他人进行营利活动涉嫌挪用公款犯罪；滥用职权造成国有资产重大损失涉嫌滥用职权犯罪。

李贻煌身为党的高级领导干部，违背党的宗旨，漠视群众利益长期搞特权，进行利益输送和利益交换，严重违反党的纪律，并涉嫌多种违法犯罪，且在党的十八大后不收敛、不收手，应予严肃处理。依据《中国共产党纪律处分条例》等有关规定，经中央纪委常委会会议研究并报中共中央批准，决定给予李贻煌开除党籍处分；由国家监委给予其开除公职处分；收缴其违纪所得；将其涉嫌犯罪问题、线索及所涉款物移送有关国家机关依法处理。

2019年1月29日，安徽省安庆市中级人民法院公开宣判李贻煌受贿、贪污、挪用公款、国有企业人员滥用职权案，对被告人李贻煌以受贿罪判处有期徒刑12年，并处罚金人民币200万元；以贪污罪，判处有期徒刑6年，并处罚金人民币20万元；以挪用公款罪，判处有期徒刑3年；以国有企业人员滥用职权罪，判处有期徒刑4年，决定执行有期徒刑18年，并处罚金人民币220万元。对被告人李贻煌受贿、贪污所得赃款赃物及其孳息，予以追缴，上缴国库。

4月26日

［纲　文］　《人民日报》报道，中共中央纪委对国家能源局原党组成员、副局长王晓林严重违纪问题立案审查。

［目　文］　经查，王晓林严重违反政治纪律和政治规矩，违规打探巡视信息；违反中央八项规定精神，长期违规打高尔夫球，违规接受宴请，甘于被"围猎"；违反组织纪律，在干部选拔任用中为他人谋取利益并收受财物，不按规定报告个人有关事项；违反廉洁纪律，收受礼品、礼金；违反工作纪律，违规干预和插手司法活动；违反生活纪律。利用职务上的便利为他人和相关企业谋取利益并收受巨额财物涉嫌受贿犯罪。

王晓林身为党员领导干部，理想信念缺失，政治上蜕变，经济上贪婪，目无党纪国法，擅权妄为，严重违反党的纪律，并涉嫌违法犯罪，且在党的十八大后不收敛、不收手，应予严肃处理。依据《中国共产党纪律处分条例》等有关规定，经中央纪委常委会会议研究并报中共中央批准，决定给予王晓林开除党籍处分；由国家监委给予其开除公职处分；收缴其违纪所得；将其涉嫌犯罪问题、线索及所涉款物移送有关国家机关依法处理。

4月26日—5月1日

［纲　文］　第十四届中国国际动漫节在杭州举办。

［目　文］　本届动漫节以"国际动漫，美丽杭州"为主题，共举办会展、论坛、商务、赛事、活动等5大板块共计50余项活动。85个国家和地区参与，其中有2641家中外企业机构、5760多名客商展商和专业观众参展参会。

4月27日

［纲　文］　习近平签署中华人民共和国主席令（第四至六号）。

［目　文］　主席令（第四号）说，《中华人民共和国人民陪审员法》已由中华人民共和国第十三届全国人民代表大会常务委员会第二次会议于2018年4月27日通过，现予公布，自公布之日起施行。

主席令（第五号）说，《中华人民共和国英雄烈士保护法》已由中华人民共和国第十三届全国人民代表大会常务委员会第二次会议于2018年4月27日通过，现予公布，自2018年5月1日起施行。

主席令（第六号）说，《全国人民代表大会常务委员会关于修改〈中华人民共和国国境卫生检疫法〉等六部法律的决定》已由中华人民共和国第十三届全国人民代表大会常务委员会第二次会议于2018年4月27日通过，现予公布，自公布之日起施行。

4月27—28日

［纲　文］　**经中印双方商定，国家主席习近平同印度总理莫迪在武汉举行非正式会晤。**

［目　文］　习近平与莫迪在友好气氛中，就国际格局和双边关系中的全局性、长期性、战略性问题以及各自国家发展愿景和内外政策深入交换意见，达成广泛共识。

双方认为，世界格局正经历深刻演变，国际力量对比更趋平衡，和平发展大势不可逆转，同时世界面临的不稳定性和不确定性突出。中国和印度都是文明古国、最大的发展中国家、10亿以上人口级别的新兴经济体和具有战略自主性的重要国家。两国保持和平、稳定和平衡的关系，是世界稳定的重要积极因素。两国要共同致力于促进大国关系稳定和均衡发展，打造稳定、发展、繁荣的21世纪亚洲，促进东方文明复兴，为世界和平与发展作出积极贡献。中印是邻居、是朋友、是伙伴。中印各自的发展壮大是历史必然，大势所趋，对对方是重要机遇。中印都奉行独立自主、和平发展的政策。双方同意，中印要不断增进互信，发扬共同倡导和平共处五项原则的优良传统，走出一条符合时代要求的两个伟大邻邦友好合作的大道。

双方同意，中印要推进全方位合作，以平等互利和可持续的方式构建更加紧密的发展伙伴关系,支持各自国家现代化进程。在两国领导人引领下,加强政治、安全等领域对话,及时就双方关心的重大问题充分沟通,增进理解,扩大共识,把握中印关系发展的正确方向。充分挖掘经贸、投资合作潜力,推出新的合作目标,调动积极因素,创新合作模式,实现互利共赢。依托中印两大东方文明的深厚底蕴,利用两国26亿人口的雄厚资源,释放两大新兴经济体的蓬勃活力,大力促进人员往来,形成中印文化交流新高潮。为此,双方同意建立某种形式的高级别人文交流机制;中印要妥善处理和管控分歧,在尊重彼此关切和愿望的基础上,以成熟和智慧的方式、通过和平协商处理分歧问题。要通过两国边界问题特别代表会晤机制,寻求公平合理以及双方都能接受的边界问题解决方案。两国军队将加强信任措施建设和边防交往合作,保持边境地区和平与安宁。中印要推动更积极的国际和区域合作,共同应对流行性疾病、自然灾害、气候变化、恐怖主义等全球性挑战,提供创新性和可持续的解决方案。发挥中印两个亚洲大国的政治影响力和经济驱动力,带动地区经济发展。共同推进国际关系民主化,提高发展中国家和新兴市场国家的代表性和发言权,支持多边贸易体制,反对保护主义,推进开放、包容、普惠、平衡、共赢的经济全球化;将指示两国相关部门就落实上述共识进行研究,提出具体的规划和实施步骤,以此次非正式会晤为契机,打开中印关系新局面;两国领导人将以不同形式继续保持战略沟通。

27日,习近平与莫迪参观湖北省博物馆精品文物展。

4月27日

[纲　文]　**国务院召开第一次廉政工作会议。**

[目　文]　国务院总理李克强出席并讲话。国务院副总理韩正、孙春兰、胡春华,国务委员魏凤和、王勇、赵克志出席会议。国务委员肖捷主持会议。中央纪委书记赵乐际、国家监委主任杨晓渡应邀出席会议。财政部、市场监管总局、上海市人民政府主要负责人在会上发言。

李克强说,各级政府和部门要以习近平新时代中国特色社会主义思想为指导,深入贯彻落实党的十九大精神和习近平总书记在十九届中央纪委二次全会上的重要讲话精神,按照《政府工作报告》要求,加快转变政府职能,加强制度建设,严格正风肃纪,营造风清气正的经济社会发展环境。要以强化对权力运行制约和监督为重点,大力推进廉洁政府建设。一要推进政府自身改革,围绕使市场在资源配置中起决定性作用更好发挥政府作用,深化简政放权、放管结合、优化服务改革,继续放权减权,加快制定完善各级政府部门权责清单,进一步优化营商环境,为市场主体添活力,为人民群众增便利。二要确保公共资金使用安全高效,强化预算执行,全面实施绩效管理,紧盯严管扶贫、教育、养老等民生领域公共资金。三要推动公共资源阳光交易,将公共资源交易纳入平台,切断权力插手的链条。四要看护好经营好公共资产,管住关键事、管到关键处、管好关键人,既激发国有企业活力,又确保国有资产安全。统筹抓好金融领域防风险和惩治腐败。五要强化公共工程建设项目决策、审批、实施等全程监管,使每项工程都成为阳光工程、廉洁工程和安全工程。

4月27日

［纲　文］　十三届全国人大常委会在北京举行宪法宣誓仪式。

［目　文］　全国人大常委会副委员长王晨主持并监誓。全国人大机关有关负责人参加了宣誓活动。十三届全国人大常委会第二次会议任命了全国人大常委会代表资格审查委员会组成人员、全国人大有关专门委员会个别委员。根据全国人大常委会关于实行宪法宣誓制度的决定，上述人员依法进行宪法宣誓。

4月27日

［纲　文］　海峡两岸关系协会第四届理事会第一次会议在北京召开。

［目　文］　中共中央台办、国务院台办主任刘结一出席会议并讲话。来自中央国家机关、民主党派、人民团体、高等院校、研究机构、中央企业和省市台办的170余名理事参加了会议。会议审议通过了海协会第三届常务理事会向大会提交的会务报告，总结了过去五年的工作，规划了未来一个时期的任务，产生了新一届领导机构。会议推举张志军为海协会新一任会长。

同日，全国政协主席汪洋在北京会见与会全体代表并讲话。汪洋肯定海协会第三届理事会的工作，对第四届理事会成立表示祝贺。他指出，对台工作事关国家发展大局，要深入学习贯彻党的十九大精神，以习近平总书记对台工作重要思想为根本遵循和行动指南，把党中央对台工作各项决策部署贯彻好落实好，维护和推动两岸关系和平发展。当前，台海形势复杂严峻，新一届理事会要积极主动作为，在继承中发展，在发展中创新，加强与台湾同胞的联系交流，促进两岸经济文化交流合作，妥善处理两岸民众交往中产生的问题和急难救助事项，团结广大台湾同胞共同奋斗，推进祖国和平统一进程，共圆中华民族伟大复兴的中国梦。

4月27日

［纲　文］　黄坤明出席《共产党宣言》及其时代意义座谈会。

［目　文］　中宣部部长黄坤明指出，要深入学习贯彻习近平总书记在中共中央政治局第五次集体学习时的重要讲话精神，以马克思诞辰200周年、《共产党宣言》发表170周年为契机，大力推进马克思主义理论研究和建设，不断把学习宣传贯彻习近平新时代中国特色社会主义思想的热潮引向深入。重温《共产党宣言》，要把科学社会主义的理论逻辑、实践逻辑、历史逻辑贯通起来，深入理解《共产党宣言》在马克思主义中的重要地位，对世界社会主义的深远影响，对中国共产党领导革命、建设、改革的科学指引，始终坚定信仰信念，坚守初心使命。习近平新时代中国特色社会主义思想，对发展马克思主义作出了一系列原创性贡献，是马克思主义中国化最新成果，是21世纪马克思主义、当代中国马克思主义。要把习近平新时代中国特色社会主义思想作为理论武装工作的重中之重，更好推动深入人心、落地生根。要深化马克思主义经典著作研究阐释，推进马克思主义中国化时代化大众化，让马克思主义在新时代展现出更强大、更有说服力的真理力量。

4月27日

［纲　文］　人民银行、银保监会、证监会、外汇局印发《关于规范金融机构资产管理业务的指导意见》，自2018年4月27日起施行。

4月27日

［纲　文］　煤矿安监局、能源局印发《煤矿瓦斯等级鉴定办法》，自2018年4月27日起施行。

4月27日

［纲　文］　卫生健康委印发《母婴安全行动计划（2018—2020年）》。

［目　文］　《计划》由六个部分组成：一、总体要求。二、行动目标。三、行动范围。四、行动内容。五、行动步骤。六、行动要求。卫生健康委要求各地要将保障母婴安全摆在卫生健康工作的突出位置，精心组织实施，确保各项措施全面落实到位。各省（区、市）要将工作进展情况、做法经验等及时向卫生健康委报告。

4月27日

［纲　文］　卫生健康委印发《健康儿童行动计划（2018—2020年）》。

［目　文］　《计划》由四个部分组成：一、基本原则。二、主要目标。三、重点行动。四、组织实施。

《计划》指出，各地要高度重视儿童健康工作，将其纳入健康中国建设和决胜全面建成小康社会的总体部署，结合实际制定本地区健康儿童行动计划和实施方案。加强督导评估，确保各项工作落到实处。

4月27日

［纲　文］　中央军委副主席许其亮、国务委员兼国防部长魏凤和在北京分别与阿塞拜疆国防部长加桑诺夫会见、会谈。

［目　文］　许其亮会见加桑诺夫时说，中方愿与阿方携手努力，抓住建设"一带一路"的有利机遇，继续保持双边关系发展的良好势头，进一步巩固传统友谊，加强务实合作，推动中阿友好合作关系不断向前发展。作为两国关系的重要组成部分，中阿军事关系始终保持健康发展势头，两军应继续加强交流合作，为两国友好关系深入发展添砖加瓦。

加桑诺夫说，阿方愿同中方加强战略对接，在"一带一路"建设中发挥更大作用，推动阿中务实合作长期稳定发展。

魏凤和与加桑诺夫会谈时说，中国军队愿与阿塞拜疆军队一道，认真落实两国领导人共识，继续深化防务安全领域务实合作，推动两国两军关系不断向前发展，为共建"一带一路"提供良好的安全环境，共同维护国际和地区和平稳定。

加桑诺夫说，阿方珍视阿中友谊，愿与中方一道推动两国两军各领域互利合作不断取得新进展。

4月27日

［纲　文］　南京大屠杀题材纪录片《南京之殇》获"日间艾美奖"。

[目　文]　由江苏省广播电视总台（集团）投资，并与A+E美国电视网络合作拍摄完成的《南京之殇》获"日间艾美奖"最佳摄影奖、最佳剪辑奖两项提名，最后成功斩获最佳摄影奖。

"艾美奖"是美国电视界最高奖项，被誉为"美剧奥斯卡"，共分三个奖项：一是表彰在晚间黄金时段播出的节目，即通常所说的"艾美奖"，由美国电视艺术与科学学院颁出；二是颁予凌晨2时到下午6时播出节目的"日间艾美奖"，由国家电视艺术与科学学院颁发；三是表彰美国国外优秀节目的"国际艾美奖"，由国际电视艺术与科学学院颁奖。

4月27日

[纲　文]　《人民日报》发表评论员文章《给子孙后代留下清洁美丽的长江》。

4月27日—5月31日

[纲　文]　第18届"相约北京"艺术节在北京举行。

[目　文]　艺术节由文化和旅游部、广电总局、北京市人民政府共同主办。意大利是本届主宾国。来自19个国家和地区的44个优秀表演艺术团体、近800位中外艺术家为北京观众带来130场演出、3个艺术展览和多项公益艺术教育活动。本届艺术节分为音乐、舞蹈、戏剧、展览、节中节、公益教育活动六大板块，选国内国外优质项目展演。

4月28日

[纲　文]　纪念中共中央发布"五一口号"70周年座谈会在北京举行。

[目　文]　全国政协主席汪洋出席并讲话。座谈会由中央统战部部长尤权主持。民革中央主席万鄂湘、民盟中央主席丁仲礼、民建中央主席郝明金、民进中央主席蔡达峰、农工党中央主席陈竺、致公党中央主席万钢、九三学社中央主席武维华、台盟中央主席苏辉、无党派人士代表包信和在会上发言。

汪洋指出，要深刻认识中共中央发布"五一口号"的重要历史意义，认真总结70年来多党合作的重要经验，以习近平新时代中国特色社会主义思想为指导，增强"四个意识"，坚定"四个自信"，不忘合作初心、继续携手前进，把我国新型政党制度坚持好、发展好、完善好。70年前，中共中央发布"五一口号"，发出召开政治协商会议、成立民主联合政府的号召，得到各民主党派、无党派民主人士热烈响应，标志着各民主党派、无党派人士公开自觉接受中国共产党的领导，揭开了中国共产党同各党派、各团体、各族各界人士协商建国的序幕，奠定了中国共产党领导的多党合作和政治协商制度的基础。70年后，习近平总书记明确提出，中国共产党领导的多党合作和政治协商制度是从中国土壤中生长出来的新型政党制度，为新时代多党合作事业开启了新的篇章。70年来，中国共产党与各民主党派、无党派人士勠力同心、团结奋斗，共同走过了不平凡的光辉历程，多党合作事业取得了彪炳史册的伟大成就。特别是中共十八大以来，在以习近平同志为核心的党中央坚强领导下，多党合作思想政治基础更加巩固，制度框架更加完善，中国政治制度和政党制度的影响更加广泛深远。实践证明，中国新型政党制度具有鲜明中国特色、中国气派、中国智慧，是对人类政治文明的重大贡献。

4月28日

［纲　文］　国务院办公厅印发《关于对2017年落实有关重大政策措施真抓实干成效明显地方予以督查激励的通报》。

［目　文］　《通报》说，为进一步加大正向激励，充分调动和激发各地从实际出发干事创业的积极性、主动性和创造性，推动形成主动作为、竞相发展的生动局面，根据《国务院办公厅关于对真抓实干成效明显地方加大激励支持力度的通知》（国办发〔2016〕82号），结合国务院大督查、专项督查和部门日常督查情况，经国务院同意，对2017年落实推进供给侧结构性改革、适度扩大总需求、深化创新驱动、优化营商环境、保障和改善民生等有关重大政策措施真抓实干、取得明显成效的25个省（区、市）、82个市（地、州、盟）、116个县（市、区、旗）等予以督查激励，相应采取24项奖励支持措施。希望受到督查激励的地方珍惜荣誉，再接再厉，取得新的更大成绩。

4月28日

［纲　文］　生态环境部公布《关于修改〈建设项目环境影响评价分类管理名录〉部分内容的决定》。

［目　文］　《决定》说，为贯彻落实党中央、国务院关于"简政放权、放管结合、优化服务"改革要求，依据《中华人民共和国环境影响评价法》《建设项目环境保护管理条例》有关规定，现决定对《建设项目环境影响评价分类管理名录》（环境保护部令第44号）的部分内容作以下修改：一、将第六条和第七条中的"环境保护部"修改为"生态环境部"。将第六条中的"省级环境保护主管部门"修改为"省级生态环境主管部门"。二、对项目类别、环评类别部分内容予以修改。本决定自2018年4月28日起施行。

4月28日

［纲　文］　司法部公布《国家统一法律职业资格考试实施办法》。

［目　文］　《办法》共7章28条。主要有总则、考试组织、报名条件、考试内容和方式、违纪处理、资格授予和管理、附则等内容。自2018年4月28日起施行。

4月28日

［纲　文］　银保监会公布《保险公司信息披露管理办法》。

［目　文］　《办法》共6章40条。主要有总则、信息披露的内容、信息披露的方式和时间、信息披露的管理、法律责任、附则等内容，自2018年7月1日起施行。原中国保险监督管理委员会2010年5月12日发布的《保险公司信息披露管理办法》（保监会令2010年第7号）、2010年6月2日发布的《关于实施〈保险公司信息披露管理办法〉有关问题的通知》（保监统信〔2010〕604号）同时废止。

4月28日

［纲　文］　证监会公布《外商投资证券公司管理办法》，自2018年4月28日起施行。

4月28日

［纲　文］　海关总署公布《关于修改部分规章的决定》。

［目　文］　《决定》说，为贯彻落实中共中央《深化党和国家机构改革方案》和十三届全国人大一次会议审议通过的《关于国务院机构改革方案的决定》，对因改革影响机构合法性和执法合法性的规章尽快予以修订，海关总署决定对《中华人民共和国海关关于超期未报关进口货物、误卸或者溢卸的进境货物和放弃进口货物的处理办法》等71部规章进行修改。自2018年5月1日起施行。

4月28日

［纲　文］　海关总署公布《关于废止部分规章的决定》。

［目　文］　《决定》说，为贯彻落实中共中央《深化党和国家机构改革方案》和十三届全国人大一次会议审议通过的《关于国务院机构改革方案的决定》，对因改革影响机构合法性和执法合法性的规章尽快予以清理，现决定废止1999年11月23日以原国家出入境检验检疫局令第7号公布的《出入境检验检疫行政复议办法》和2006年1月28日以原国家质量监督检验检疫总局令第85号公布的《出入境检验检疫行政处罚程序规定》。自2018年4月28日起生效。

4月28日

［纲　文］　体育总局印发《关于进一步加强体育赛事活动监督管理的意见》，自2018年4月28日起实施，有效期5年。

4月28日

［纲　文］　中央党校（国家行政学院）举行2018年春季学期第一批进修班毕业典礼。

［目　文］　中央党校（国家行政学院）分管日常工作的副校长（副院长）何毅亭主持毕业典礼。中央党校（国家行政学院）校长（院长）陈希出席毕业典礼，并为学员颁发毕业证书。本期毕业学员831人，包括第七期省部级干部学习贯彻习近平新时代中国特色社会主义思想和党的十九大精神研讨班的362名学员。

4月28日

［纲　文］　2018年庆祝五一国际劳动节暨"当好主人翁、建功新时代"劳动和技能竞赛推进大会在北京举行。

［目　文］　全国人大常委会副委员长、中华全国总工会主席王东明出席并讲话。99个集体和697名个人分别获全国五一劳动奖状、奖章，799个集体获全国工人先锋号。32个集体、99名个人分别获全国工会系统先进集体、劳动模范和先进工作者称号。

4月28日

［纲　文］　《人民日报》发表评论员文章《一盘棋做谋划　一张图干到底》。

4月28—30日

［纲　文］　国家主席习近平特别代表、中央外事工作委员会办公室主任杨洁篪对科威特、阿联酋进行正式访问。

［目　文］　杨洁篪访问科威特期间，在科威特城会见科威特埃米尔萨巴赫；会见了科威特第一副首相兼国防大臣纳赛尔和副首相兼外交大臣萨巴赫。

杨洁篪访问阿联酋期间，在阿布扎比分别会见了阿联酋阿布扎比王储穆罕默德、阿联酋外交与国际合作部长阿卜杜拉。

4月28日—5月18日

［纲　文］　"为奥运喝彩"奥林匹克艺术博览会城市系列展在山东美术馆举办。

［目　文］　本次展览是为期5年的"为奥运喝彩"系列展的首站，旨在通过具有中国特色的文化艺术，弘扬中国精神，推广2022年北京冬奥会。展厅分为奥运文化展和中国书画艺术展两部分。奥运展品涵盖了大量具有历史意义的珍贵物品，包括了自1896年雅典第一届现代奥运会至今的奥运会官方海报、全套奥林匹克运动雕塑、多届奥运会火炬、纪念邮票、徽章等共计293件奥运展品，其中很多都是第一次在国内展出。

系列展是由国际奥委会授权批准的创新型文化体育项目，由中国文联作为指导单位，北京冬奥组委、萨马兰奇基金会为支持单位。旨在将中国文化与奥林匹克文化相结合，在2018年至2022年的5年间宣传推广北京2022年冬奥会和冬残奥会。项目内容主要包括每年3—4场的国内奥林匹克文化城市巡展、国际奥运文化交流，以及多个独立主题的专项奥运文化活动。

4月28—30日

［纲　文］　中国首次使用两台深海作业级潜水器在"海马冷泉"开展联合科学考察。

［目　文］　中国地质调查局广州海洋地质调查局"海洋六号"科考船与中国科学院深海科学与工程研究所"探索一号"科考船展开了一次联合科学考察活动。其间，两船分别搭载的4500米级深海作业型潜水器"海马"号遥控潜水器和"深海勇士"号载人潜水器，对南海珠江口盆地西部海域"海马冷泉"区进行联合科学考察。"海洋六号"与"探索一号"科考船在"海马冷泉"作业区会合后，共同实施了三次潜水器联合深潜作业。"海马"号开展对海底"冷泉"的综合探查及取样作业；"深海勇士"号查明海底"冷泉"的分布范围、区域性特征、地形特征，并进行取样等作业。

"海马冷泉"位于中国南海珠江口盆地西部海域，水深1350—1430米，是"海马"号于2015年3月发现的。"海马冷泉"是我国管辖海域内发现的第一个大型活动性海底冷泉，为开展天然气水合物系统成藏、冷泉生态环境乃至地球生命起源等前沿科学研究提供了资料。

4月29日

［纲　文］　《人民日报》发表评论员文章《不忘多党合作建立初心，发挥新型政党制度优势——写在中共中央发布"五一口号"70周年之际》。

4月30日

［纲　文］　习近平给中国劳动关系学院劳模本科班学员回信。

［目　文］　中共中央总书记习近平向他们并向全国所有劳动模范、向全国广大劳动者致以节日的问候。

习近平指出，你们为党和国家事业发展作出了突出贡献，被评为劳动模范，如今又在读书深造，这是对大家辛勤劳动、无私奉献的褒奖，也是党和国家对劳动者的关怀。社会主义是干出来的，新时代也是干出来的。希望你们珍惜荣誉、努力学习，在各自岗位上继续拼搏、再创佳绩，用你们的干劲、闯劲、钻劲鼓舞更多的人，激励广大劳动群众争做新时代的奋斗者。劳动最光荣，劳动最崇高，劳动最伟大，劳动最美丽。全社会都应该尊敬劳动模范、弘扬劳模精神，让诚实劳动、勤勉工作蔚然成风。

1992年，中国劳动关系学院创办劳模本科班，学员主要是全国劳动模范、全国"五一劳动奖章"获得者和全国先进工作者。近日，该校劳模本科班的全体学员给习近平写信，汇报了学习习近平新时代中国特色社会主义思想的体会，表达了当好主人翁、建功新时代的决心。

4月30日

［纲　文］　交通运输部、公安部、应急部印发《道路旅客运输企业安全管理规范》。

［目　文］　《规范》共7章82条。主要有总则、安全生产基础保障、安全生产职责、安全生产制度、安全隐患排查治理与风险管控、安全生产绩效管理、附则等内容。自2018年6月1日起施行。2012年1月19日原交通运输部、公安部、国家安全生产监督管理总局公布的《道路旅客运输企业安全管理规范（试行）》同时废止。本规范有效期5年。

4月30日

［纲　文］　第二十八届上海白玉兰戏剧表演艺术奖在上海颁奖。

［目　文］　艺术奖由上海市文学艺术界联合会、上海市文化广播影视管理局、上海广播电视台共同主办。"昆曲义工"白先勇获得上海白玉兰戏剧表演艺术奖特殊贡献奖。中国评剧院演员王平凭借在评剧《母亲》中的表演问鼎本届主角奖榜首，另外九位演员同获主角奖。

5 月

5月1日

[纲　文]　中国与多米尼加建立大使级外交关系。

[目　文]　国务委员兼外交部部长王毅在北京与多米尼加外长巴尔加斯签署《中华人民共和国和多米尼加共和国关于建立外交关系的联合公报》。自2018年5月1日起，中华人民共和国和多米尼加共和国相互承认并建立大使级外交关系。

同日，国家副主席王岐山在北京会见巴尔加斯时表示，多米尼加政府承认和坚持"一个中国"原则，作出同台湾方面断绝"外交关系"、同中国建交的政治决定，顺应了时代潮流，符合两国和两国人民的根本和长远利益。中多建交后，两国关系发展潜力将得到全面释放，发展前景广阔。

巴尔加斯表示，多方将恪守"一个中国"原则，大力开展多中交流与合作，做相互信赖的伙伴，开创两国关系新局面。

5月1日

[纲　文]　《人民日报》发表社论《用劳动书写我们的新时代——写在"五一"国际劳动节》。

5月2日

[纲　文]　习近平在北京大学考察。

[目　文]　在五四青年节和北京大学建校120周年校庆日来临之际，中共中央总书记习近平代表党中央，向北京大学全体师生员工和海内外校友、向全国各族青年、向全国青年工作者致以节日的问候。

习近平在临湖轩，参观"新时代——北京大学近五年成就展"；在临湖轩北侧的小庭院，看望部分资深教授和中青年教师代表，并同他们交谈；在金光生命科学大楼一层大厅，听取关于学校学科建设、人才队伍建设、科研创新能力提升等情况介绍，察看新一代干细胞技术、碳芯片技术、微型双光子显微成像系统等科研装置和实物模型；在习近平新时代中国特色社会主义思想研究院，参观"北京大学与马克思主义主题展览"，他指出，高校马克思主义学院就是要坚持"马院姓马，在马言马"的鲜明导向和办学原则，为巩固马克思主义在意识形态领域的指导地位，推动马克思主义进校园、进课堂、进学生头脑，发挥应有作用；在国际马克思主义文献中心，察看馆藏马克思主义典籍，询问"马藏工程"进展情况,称赞他们的工作非常有意义。

习近平在北京大学英杰交流中心,参加师生座谈会。北京大学党委书记郝平、哲学系教授王博、心理与认知科学学院本科四年级学生宋玺分别发言。

习近平指出,坚持好、发展好中国特色社会主义,把我国建设成为社会主义现代化强国,是一项长期任务,需要一代又一代人接续奋斗。教育兴则国家兴,教育强则国家强。今天,党和国家事业发展对高等教育的需要,对科学知识和优秀人才的需要,比以往任何时候都更为迫切。培养社会主义建设者和接班人,是我们党的教育方针,是我国各级各类学校的共同使命。高校只有抓住培养社会主义建设者和接班人这个根本任务才能办好,才能办出中国特色世界一流大学。办出中国特色世界一流大学、培养社会主义合格建设者和接班人,要抓好三项基础性工作。第一,坚持办学正确政治方向。我国社会主义教育就是要培养社会主义建设者和接班人。第二,建设高素质教师队伍。建设政治素质过硬、业务能力精湛、育人水平高超的高素质教师队伍是大学建设的基础性工作。第三,形成高水平人才培养体系。人才培养体系涉及学科体系、教学体系、教材体系、管理体系等,而贯通其中的是思想政治工作体系。

5月2日

[纲　文]　**李克强主持召开国务院常务会议。**

[目　文]　会议主要内容是:一、采取措施将企业开办时间和工程建设项目审批时间压减一半以上,进一步优化营商环境。会议指出,落实中央经济工作会议部署和《政府工作报告》任务,深化"放管服"改革,解决营商环境中存在的企业开办和工程建设项目审批效率低、环节多、时间长等问题,有利于降低制度性交易成本、激发大众创业万众创新活力。会议确定,进一步简化企业从设立到具备一般性经营条件的办理环节。一是推行企业登记全程电子化,除特别规定外对企业名称不再实行预先核准。二是将公章刻制备案纳入"多证合一"事项,申请人可自选公章制作单位。三是对已领取加载统一社会信用代码营业执照的企业不再单独进行税务登记、不再单独核发社保登记证,压缩发票申领和参保登记时间。2018年各直辖市、计划单列市、副省级城市和省会城市要将企业开办时间压缩一半以上,由目前平均20多个工作日减至8.5个工作日,其他地方也要积极压减企业开办时间,2019年上半年在全国实现上述目标。二、通过《人力资源市场暂行条例(草案)》。草案突出规范人力资源市场活动,促进人力资源自由有序流动,细化了就业促进等规定,明确了市场监管措施。

5月2日

[纲　文]　**国务院批复河北省人民政府,同意将河北省蔚县列为国家历史文化名城。**

[目　文]　批复说,一、同意将蔚县列为国家历史文化名城。蔚县历史悠久,古城形制独特,风貌保存较好,文化遗存丰富多样,古代建筑数量众多,具有重要的历史文化价值。二、你省、张家口市及蔚县人民政府要根据本批复精神,按照《历史文化名城名镇

名村保护条例》的要求，加强文物保护利用和文化遗产保护传承，正确处理城市建设与保护历史文化遗产的关系，深入研究发掘历史文化遗产的内涵与价值，明确保护的原则和重点。编制好历史文化名城保护规划，并将其纳入城市总体规划，划定历史文化街区、文物保护单位、历史建筑的保护范围及建设控制地带，制定并严格实施相关保护措施。在历史文化名城保护规划的指导下，编制好重要保护地段的详细规划。在规划和建设中，要重视保护城市格局，注重城区环境整治和历史建筑修缮，不得进行任何与名城环境和风貌不相协调的建设活动。三、你省和住房城乡建设部、国家文物局要加强对蔚县国家历史文化名城规划、保护工作的指导、监督和检查。

5月2日

〔纲　文〕　住房城乡建设部、财政部、人民银行、公安部发布《关于开展治理违规提取住房公积金工作的通知》。

〔目　文〕　《通知》由八个部分组成：一、规范改进提取政策。二、优化提取审核流程。三、实施失信联合惩戒。四、加强内部风险管理。五、推进部门信息共享。六、建立跨地协查机制。七、集中开展治理工作。八、广泛开展宣传引导。

5月2日

〔纲　文〕　银保监会印发《关于规范银行业金融机构跨省票据业务的通知》。

〔目　文〕　《通知》对银行业金融机构跨省票据业务进行规范。要求银行业金融机构开展跨省电子票据和纸质票据电子化交易，并要求自《通知》印发之日起6个月后，停止开展跨省纸质票据交易，同时要求银行业金融机构审慎开展跨省票据承兑、贴现业务，应建立异地授信内部管理制度，实行严格授权管理，建立分支机构间的协同与控制机制等。

《通知》指出，判断票据承兑、贴现等授信类业务是否为跨省业务，以银行业金融机构及其分支机构所在地与承兑申请人、贴现申请人注册地是否在同一省为依据。而票据转贴现、买入返售（卖出回购）等交易类业务，以银行业金融机构及其分支机构所在地与其交易对手营业场所所在地是否在同一省作为判断依据。

5月2日

〔纲　文〕　生态环境部公布《关于废止有关排污收费规章和规范性文件的决定》。

〔目　文〕　《决定》说，《中华人民共和国环境保护税法》及《中华人民共和国环境保护税法实施条例》已于2018年1月1日起施行，2003年1月2日国务院公布的《排污费征收使用管理条例》同时废止。决定废止《排污费征收工作稽查办法》1件和《关于统一排污费征收稽查常用法律文书格式的通知》等27件规范性文件。

5月2日

〔纲　文〕　民航局印发《国际航权资源配置与使用管理办法》《北京"一市两场"国际航权资源配置政策》，自2018年10月1日起施行。

5月2日

〔纲　文〕　《人民日报》报道，中央财政下达2018年公共体育场馆向社会免费或低收费开放补助资金9.3亿元。

5月2日

［纲　文］　全国政协主席汪洋在北京会见法国经济社会环境理事会主席贝尔纳斯科尼。

［目　文］　汪洋说，近年来，中法关系保持高水平健康稳定发展。今年1月，习近平主席同来访的马克龙总统进行深入会谈，达成广泛共识，为新时期中法合作规划了蓝图。中方愿同法方一道，以落实两国元首共识为契机，大力开展各领域务实合作，推动中法全面战略伙伴关系迈上新台阶。中国全国政协及中国经济社会理事会愿继续保持与法经社环理事会的友好交流与合作，为发展两国关系作出新贡献。

贝尔纳斯科尼说，法经社环理事会将继续大力支持和参与法中交流与合作，为推动法中关系、欧中关系发展发挥积极作用。

5月2日

［纲　文］　亚洲基础设施投资银行在北京宣布其理事会已批准2个意向成员加入，成员总数增至86个。这2个新加入成员为域内成员巴布亚新几内亚和域外成员肯尼亚。

5月2日

［纲　文］　著名电影表演艺术家王丹凤在上海逝世，享年94岁。

5月2—3日

［纲　文］　国务委员兼外交部部长王毅访问朝鲜。

［目　文］　3日，王毅在平壤会见朝鲜劳动党委员长、国务委员会委员长金正恩时表示，不久前委员长同志成功访华，习近平总书记同委员长同志举行历史性会晤，达成一系列重要共识，揭开了中朝关系的崭新篇章，共同规划和引领中朝关系进入新的发展阶段。我此访就是要把两国最高领导人商定的事情办好、办实。王毅表示，中方支持和祝贺北南领导人成功会晤并发表划时代的《板门店宣言》。会晤为半岛问题政治解决带来了有利契机。中方支持半岛终止战争状态、实现停和机制转换，支持朝方战略重心转向经济建设，支持朝方在推进无核化进程中解决自身正当安全关切。中方愿就此同朝方保持沟通，加强协调。

金正恩表示，不久前我对中国进行了历史性访问，同习近平主席广泛深入交流，达成重要共识，取得丰硕成果。朝方愿同中方一道，推动朝中友好关系迈向新的更高阶段。朝方高度评价中方为朝鲜半岛和平稳定所作出的积极贡献，愿同中方加强战略沟通。金正恩说，实现半岛无核化是朝方的坚定立场。一段时间以来，半岛局势出现的积极变化是有意义的，有利于半岛问题的和平解决。朝方愿通过恢复对话，建立互信，探讨消除威胁半岛和平的根源。

访问期间，王毅在平壤同朝鲜劳动党中央政治局委员、外务相李勇浩举行会谈。王毅在万寿台向朝鲜已故领导人金日成、金正日铜像敬献鲜花，并参谒中朝友谊塔。

5月3日

［纲　文］　习近平勉励中国政法大学民商经济法学院1502班团员青年用一生来践

行跟党走的理想追求。

［目　文］　在五四青年节来临之际，中共中央总书记习近平委托工作人员，向中国政法大学民商经济法学院1502班团员青年致以节日的问候，对同学们立志"不忘初心、用一生来践行跟党走的理想追求"予以充分肯定，勉励他们坚定信仰、砥砺品德、珍惜时光、勤奋学习，努力成长为有理想、有本领、有担当的社会主义建设者和接班人，为法治中国建设、为实现中华民族伟大复兴的中国梦贡献智慧和力量。

2017年5月3日，习近平到中国政法大学考察时，参加了1502班团支部"不忘初心跟党走"主题团日活动，对团员青年成长成才提出了殷切期望。

近日，1502班团支部全体同学给习近平写信。信中说，一年来，同学们牢记总书记教诲，自觉用行动践行"不忘初心跟党走"的誓言。大家积极向党组织靠拢，一些同学正式入了党，一些同学成了预备党员和入党积极分子。发起的"不忘初心跟党走，青年立志做大事"倡议活动，得到几千名法大学子响应。大家还积极参加普法、支教等志愿服务活动，到梁家河和兰考县参观学习。通过深入的思考和实践，同学们进一步坚定了永远跟党走、为国作贡献的决心。

5月3日

［纲　文］　国务院印发《关于推行终身职业技能培训制度的意见》。

［目　文］　《意见》由五个部分组成：一、总体要求。二、构建终身职业技能培训体系。三、深化职业技能培训体制机制改革。四、提升职业技能培训基础能力。五、保障措施。

《意见》指出，地方各级人民政府要按照党中央、国务院的总体要求，把推行终身职业技能培训制度作为推进供给侧结构性改革的重要任务，根据经济社会发展、促进就业和人才发展总体规划，制定中长期职业技能培训规划并大力组织实施，推进政策落实。要建立政府统一领导，人力资源社会保障部门统筹协调，相关部门各司其职、密切配合，有关人民团体和社会组织广泛参与的工作机制，不断加大职业技能培训工作力度。

5月3日

［纲　文］　国务院印发《关于做好自由贸易试验区第四批改革试点经验复制推广工作的通知》。

［目　文］　《通知》由三个部分组成：一、复制推广的主要内容。二、高度重视复制推广工作。三、切实做好组织实施。

《通知》指出，各省（自治区、直辖市）人民政府要将自贸试验区改革试点经验复制推广工作列为本地区重点工作，加强组织领导，加大实施力度，强化督促检查，确保复制推广工作顺利推进，改革试点经验落地生根、取得实效。国务院各有关部门要主动作为，做好细化分解，完成复制推广工作。需报国务院批准的事项要按程序报批，需调整有关行政法规、国务院文件和部门规章规定的，要按法定程序办理。国务院自由贸易试验区工作部际联席会议办公室要适时督查复制推广工作进展和成效，协调解决复制推广工作中的重点和难点问题。复制推广工作中遇到的重大问题，要及时报告国务院。

5月3日

［纲　文］　全国人大常委会传染病防治法执法检查组第一次全体会议在北京召开。

［目　文］　全国人大常委会副委员长王晨在会上强调，坚持以习近平新时代中国特色社会主义思想为指导，贯彻落实党中央关于健康中国战略的决策部署，认真履行宪法法律赋予的监督职责，扎实开展传染病防治法执法检查，加强法律实施，保障人民群众身体健康和生命安全。要认真贯彻习近平总书记关于"预防控制重大疾病"的重要指示精神，抓紧解决传染病防治工作中存在的薄弱环节、困难和问题，坚持群防群控、联防联控，把传染病防治法进一步落实到位。王晨表示，执法检查是人大监督的法定形式和重要途径。做好传染病防治法执法检查，要坚持党的领导，坚持依法行使职权，坚持问题导向，坚持监督与支持相统一，坚持优良工作作风。抓住关键问题，深入研究、对症"下药"，切实推动传染病防治工作取得新进展。

5月至7月，执法检查组分为4个小组赴内蒙古、广东等8个省（区）开展实地检查，了解传染病防治法实施情况。

7月25日，全国人大常委会在北京举行传染病防治法执法检查组第二次全体会议，研究于8月提请全国人大常委会审议的执法检查报告，对做好执法检查后续工作提出要求。中共中央政治局委员、全国人大常委会副委员长王晨出席会议并讲话。全国人大教科文卫委员会负责同志介绍了执法检查工作进展情况，执法检查组成员和国务院有关部门负责同志对执法检查报告稿提出了意见建议。

5月3日

［纲　文］　发展改革委、粮食和储备局、教育部、人力资源社会保障部印发《关于"人才兴粮"的实施意见》。

［目　文］　《意见》由三个部分组成：一、总体要求。二、突出重点推进。三、完善体制机制。四、强化保障措施。

5月3日

［纲　文］　交通运输部、发展改革委发布修改后的《港口岸线使用审批管理办法》，自2018年7月1日起施行。

5月3日

［纲　文］　能源局发布《公告（2018年第5号）》。

［目　文］　《公告》说，根据《国务院关于取消一批行政许可事项的决定》（国发〔2017〕46号）要求，我局对电工进网作业许可证有关规章和规范性文件进行清理。经清理，现决定废止《关于印发〈电工进网作业许可考试违纪行为处理规定〉的通知》（电监资质〔2006〕46号）等14件文件，现予公布。

5月3日

［纲　文］　工业信息化部印发《关于推进网络扶贫的实施方案（2018—2020年）》。

〔目　文〕　《方案》由五个部分组成：一、总体要求。二、推进贫困村通宽带进程。三、加强贫困地区网络应用。四、优先支持深度贫困地区和部系统定点县、片区县。五、保障措施。

5月3日

〔纲　文〕　生态环境部公布《工矿用地土壤环境管理办法（试行）》，自2018年8月1日起施行。

5月3日

〔纲　文〕　全国人大常委会委员长栗战书在北京会见日本文部科学大臣林芳正率领的日中友好议员联盟代表团。

〔目　文〕　栗战书表示，两国长期交往的历史证明，互利合作符合双方根本利益，长期友好是唯一正确选择。我们牢记历史，但不是为了延续仇恨；日本也应牢记历史，汲取教训，避免重蹈历史覆辙。双方要客观理性看待彼此发展，落实好中日互为合作伙伴、互不构成威胁的政治共识，以史为鉴，面向未来，推动中日关系重回正轨。立法机构交流是中日关系的重要组成部分。双方要进一步加强立法和治国经验交流，引领带动社会各界和民众客观理性看待中日关系，加强重点领域的合作，推动中日务实合作提质升级。欢迎日方参与"一带一路"建设，努力实现合作共赢。

日方表示，日中两国互为邻国，日中关系对双方都是最重要的双边关系。今年是日中和平友好条约缔结40周年。日中友好议员联盟愿继承优良传统，为两国关系全面改善贡献力量。

5月3日

〔纲　文〕　《人民日报》发表评论员文章《肩负起国家和民族的希望》。

5月3—7日

〔纲　文〕　政法领导干部学习贯彻习近平新时代中国特色社会主义思想专题研讨班在中央党校举办。

〔目　文〕　中央政法委书记郭声琨出席开班式并讲话。研讨班期间，全体学员学习习近平新时代中国特色社会主义思想，学习研习习近平新时代中国特色社会主义政法思想，深化了对习近平新时代中国特色社会主义政法思想的认识把握，深化了对新时代政法机关防范风险、新时代政法事业改革创新、新时代政法工作认识论方法论的认识把握，坚定了做好新时代政法工作的信心决心。大家表示，通过集中学习研讨，达到了统一思想、明确方向、增长本领、推动工作的目的。结业式上，研讨班6名学员代表发言，汇报交流了学习收获。

5月3—4日

〔纲　文〕　美国总统特使、财政部长姆努钦率美方代表团访华。

〔目　文〕　中共中央政治局委员、国务院副总理刘鹤在北京与姆努钦率领的美方代表团就共同关心的中美经贸问题进行了讨论。双方均认为发展健康稳定的中美经贸关系对两国十分重要,致力于通过对话磋商解决有关经贸问题。双方就扩大美对华出口、双边服务贸易、双向投资、保护知识产权、解决关税和非关税措施等问题充分交换了意见,在有些领域达成了一些共识。双方认识到,在一些问题上还存在较大分歧,需要继续加紧工作,取得更多进展。双方同意继续就有关问题保持密切沟通,并建立相应工作机制。

5月4日

[纲　文]　　国家主席习近平任免驻外大使。

[目　文]　　习近平根据全国人民代表大会常务委员会的决定任免下列驻外大使:一、免去戚振宏的中华人民共和国驻巴林王国特命全权大使职务;任命安瓦尔为中华人民共和国驻巴林王国特命全权大使。二、免去边燕花(女)的中华人民共和国驻突尼斯共和国特命全权大使职务;任命汪文斌为中华人民共和国驻突尼斯共和国特命全权大使。三、免去夏煌的中华人民共和国驻刚果共和国特命全权大使职务;任命马福林为中华人民共和国驻刚果共和国特命全权大使。

5月4日

[纲　文]　　纪念马克思诞辰200周年大会在北京人民大会堂隆重举行。

[目　文]　　中共中央总书记习近平出席并讲话。王沪宁主持,李克强、栗战书、汪洋、赵乐际、韩正、王岐山,在京中共中央政治局委员、中央书记处书记,全国人大常委会副委员长,国务委员,最高人民法院院长,最高人民检察院检察长,全国政协副主席,以及中央军委委员出席大会。中央党政军群各部门和北京市主要负责人,各民主党派中央、全国工商联负责人和无党派人士代表,中央宣传文化单位领导班子成员,参加纪念马克思诞辰200周年理论研讨会、第二届世界马克思主义大会的代表,首都社科理论界和高校马克思主义学院师生代表、基层党员和群众代表,解放军和武警部队官兵代表等,共约3000人参加大会。

习近平指出,我们纪念马克思,是为了向人类历史上最伟大的思想家致敬,也是为了宣示我们对马克思主义科学真理的坚定信念。马克思主义始终是我们党和国家的指导思想,是我们认识世界、把握规律、追求真理、改造世界的强大思想武器。新时代,中国共产党人仍然要学习马克思,学习和实践马克思主义,高扬马克思主义伟大旗帜,不断从中汲取科学智慧和理论力量,更有定力、更有自信、更有智慧地坚持和发展新时代中国特色社会主义,让马克思、恩格斯设想的人类社会美好前景不断在中国大地上生动展现出来。

4—6日,中央宣传部、中央党校、中央党史和文献研究院、教育部、中国社会科学院、中央军委政治工作部在北京召开纪念马克思诞辰200周年理论研讨会。中共中央政治局委员、中宣部部长黄坤明主持会议。中央有关部门负责人、马克思主义理论研究和建设工程咨询委员会委员、专家学者代表、地方党委宣传部负责人等,共230多人参加会议。

研讨会期间,代表们畅谈了学习习近平讲话的体会,加深了对马克思光辉一生和伟大贡献的认识,加深了对马克思主义科学内涵和深远影响的认识,加深了对马克思主义中国化伟大历程和丰硕成果的认识,加深了对学习和实践马克思主义、坚持和发展新时代中国特色社会主义的认识,进一步明确了理论工作者的历史责任。

6日,中共中央政治局常委王沪宁出席会议并讲话。他表示,要认真学习贯彻习近平总书记在纪念马克思诞辰200周年大会上的重要讲话精神,加强马克思主义学习和研究,为夺取新时代中国特色社会主义伟大胜利提供理论支撑。

5月4日

[纲　文]　国家主席习近平应约同韩国总统文在寅通电话。

[目　文]　习近平指出,当前,中韩关系保持良好发展态势,我同总统先生达成的各项共识正在逐步得到落实。中方高度重视中韩关系,愿同韩方加强沟通,深化务实合作,推进人文交流,使中韩关系朝着符合双方共同利益的方向稳步前进。

文在寅表示,我对我同习主席达成的重要共识正逐步得到落实感到高兴。韩方致力于推动韩中战略合作伙伴关系持续发展,期待同中方密切高层交往,就朝鲜半岛形势和重大国际问题保持密切沟通。

文在寅通报了近日韩朝领导人会晤成果,表示此次韩朝领导人成功会晤,就改善南北关系、推动实现朝鲜半岛无核化、建立朝鲜半岛和平机制达成广泛共识,共同发表《板门店宣言》。韩方感谢中方为促成朝鲜半岛形势积极变化发挥的重要作用,感谢中方坚定支持南北对话,以及为推动通过对话谈判解决问题所作出的重要贡献。韩方愿同中方加强协调,继续致力于通过对话谈判解决朝鲜半岛问题,为本地区和世界和平、稳定、繁荣作出贡献。

习近平指出,不久前,总统先生同金正恩委员长举行了历史性会晤,在改善南北关系、缓解朝鲜半岛紧张局势、推动实现朝鲜半岛持久和平方面取得重要成果,中方对韩朝双方为此所作积极努力予以高度评价。国际社会和有关各方对此应该多支持、多鼓励。当前,地区形势正处在重要关头,朝鲜半岛和平面临历史性机遇。中方支持朝鲜半岛南北双方继续积极互动、改善关系,切实履行双方共识。中方愿同包括韩朝双方在内的国际社会一道,为全面推进朝鲜半岛问题政治解决进程、最终实现本地区持久和平发挥应有的积极作用。

5月4日

[纲　文]　国家主席习近平应约同日本首相安倍晋三通电话。

[目　文]　习近平指出,一段时期以来,日本方面在对华关系上持续释放正面信息并采取积极举措,中方对此表示肯定。今年是中日和平友好条约缔结40周年,中日关系处在承前启后的重要节点。双方要重温和平友好条约精神,恪守中日四个政治文件各项原则,落实四点原则共识,信守承诺,按规矩办事,管控好矛盾和分歧,确保中日关系重回正轨并得到新的发展。希望日方同中方一道,着眼大局和长远,作出符合两国根本利益、有利于地区发展的选择,确保两国关系始终沿着正确方向前进。

习近平应询就当前朝鲜半岛局势阐述中方看法和主张。习近平指出,不久前,朝韩领导人在板门店会晤并发表共同宣言。中方对此表示欢迎。作为朝鲜半岛近邻，中方坚持维护朝鲜半岛和平稳定、通过对话协商解决问题，愿同各方一道，通过对话协商寻求全面均衡解决各自关切，合力推动实现朝鲜半岛和本地区长治久安。希望日方也为此发挥建设性作用。

安倍晋三表示，日方高度重视发展对华关系，愿以日中和平友好条约缔结40周年为契机，推动两国关系全面改善和发展。日方欢迎朝鲜半岛形势出现的积极变化，支持通过对话和平解决问题。日方高度重视中方在解决朝鲜半岛问题上的重要作用，希望同中方加强沟通。

5月4日

［纲　文］　国务院印发《进一步深化中国（广东）自由贸易试验区改革开放方案》《进一步深化中国（天津）自由贸易试验区改革开放方案》《进一步深化中国（福建）自由贸易试验区改革开放方案》。

［目　文］　建设自由贸易试验区是党中央、国务院在新形势下全面深化改革和扩大开放的战略举措。广东、天津、福建自由贸易试验区运行以来，围绕服务国家战略，结合当地实际，开展各具特点、各有侧重的探索，形成了一批可复制可推广的改革创新成果，国际贸易"单一窗口"、企业专属网页政务服务新模式、以信用风险分类为依托的市场监管制度、投资管理体制改革"四个一"、企业简易注销等改革试点经验已向全国复制推广，改革红利、开放红利逐步释放，总体上达到了预期目标。

方案指出，广东、天津、福建要把握基本定位、加强组织实施、强化使命担当、完善工作机制，充分发挥地方和部门积极性，系统推进改革试点任务落实。要及时总结评估试点任务实施效果，加强改革系统集成，力争取得更多可复制可推广的制度创新成果，更好服务全国改革开放大局。

5月4日

［纲　文］　财政部、国务院扶贫办印发《中央专项彩票公益金支持贫困革命老区脱贫攻坚资金管理办法》，自2018年5月4日起实施。2011年7月11日印发的《中央专项彩票公益金支持贫困革命老区整村推进项目资金管理办法》（财农〔2011〕152号）同时废止。

5月4日

［纲　文］　财政部发布，中央拨付2018年财政专项扶贫资金1060多亿元。

［目　文］　财政部近日安排拨付中央财政专项扶贫资金322.64亿元，加上2017年10月提前下达的738.31亿元，截至4月底，2018年中央财政补助地方专项扶贫资金1060.95亿元已全部拨付完成，比2017年同口径增加200亿元。

财政部要求，各地财政部门要按照国务院有关文件精神，积极支持832个国家扶贫开发工作重点县和连片特困地区县统筹整合使用资金，资金使用要与脱贫成效紧密挂钩。同时，要进一步加快资金拨付进度，强化资金监管，因地制宜巩固脱贫成效，确保脱贫质量，切实提高资金使用效益。

5月4日

［纲　文］　中船重工武船集团打造的中国首座"深海渔场"——"深蓝1号"在中船重工武船集团青岛基地建成交付。

［目　文］　"深蓝1号"由中船重工武船集团旗下湖北海洋工程装备研究院设计建造。该装备呈正八边形结构，高35米，周长180米，可容纳养殖水体5万立方米，一个周期可养育三文鱼30万条，实现产量1500吨。

5月4日

［纲　文］　《人民日报》发表评论员文章《努力建设中国特色世界一流大学》。

5月4—5日

［纲　文］　"双一流"建设国际研讨会暨北京论坛（2018）在钓鱼台国宾馆举行。

［目　文］　国务院副总理孙春兰出席开幕式并致辞。论坛由教育部指导，北京大学、北京市教育委员会和韩国高等教育财团主办。以北京大学120周年校庆为契机，来自44个国家和地区的261所高校代表出席，包括剑桥大学、牛津大学、莫斯科国立大学、柏林自由大学、哈佛大学、耶鲁大学、斯坦福大学、芝加哥大学、澳大利亚国立大学、新加坡国立大学、东京大学、北京大学、清华大学、复旦大学、上海交通大学等多所海内外知名大学校长及世界知名学者，近800人参会，以"变与不变——120年来全球大学与世界文明"为题，携手共议当代高等教育改革与世界文明发展的未来趋向。

论坛期间，孙春兰会见了牛津大学校长路易斯·理查森、莫斯科国立大学校长萨多夫尼奇等23位大学校长。

5月5日

［纲　文］　国务院办公厅印发《关于开展涉及产权保护的规章、规范性文件清理工作的通知》。

［目　文］　《通知》由五个部分组成：一、清理范围。二、清理职责。三、清理要求。四、结果报送。五、组织实施。

《通知》指出，各地区、各部门要充分认识清理工作的重要性，加强组织领导，制定具体方案，明确责任分工和时限要求，抓紧开展清理工作。要强化监督检查，建立涉及产权保护的规章、规范性文件清理工作长效机制，根据完善产权保护制度工作进展动态清理。

5月5日

［纲　文］　中央外事工作委员会办公室主任杨洁篪应约同美国国务卿蓬佩奥通电话。

［目　文］　杨洁篪表示，当前中美关系处在一个重要阶段。双方应该认真落实习近平主席和特朗普总统达成的重要共识，加强高层及各级别交往，继续就经贸等有关问题保

持密切沟通，尊重彼此核心利益和重大关切，妥善处理分歧和敏感问题，保持在重大国际和地区问题上的沟通协调，推动两国关系沿着正确轨道向前发展。

蓬佩奥表示，作为世界最大的两个经济体，美中合作潜力巨大。美方高度重视发展对华关系，愿同中方就推进双边关系保持密切沟通协调。双方还就一些国际和地区问题交换了看法。

5月5日
［纲　文］　中国国际应急医疗队获世卫组织最高级别认证。
［目　文］　由四川大学华西医院牵头筹建的国际应急医疗队正式通过世界卫生组织专家认证，成为全球第一支最高级别的非军方国际应急医疗队，也是中国第一支、全球第二支国际最高级别Type3的国际应急医疗队（EMT）。

中国四川国际应急医疗队有核心队员166人，成员主要来自四川大学华西医院。四川大学华西第二医院、四川大学华西口腔医院、四川省疾控中心、成都市疾控中心亦参与其中，覆盖所有临床医学专业二级学科。

5月5日
［纲　文］　《人民日报》发表社论《向人类最伟大的思想家致敬》。

5月5—6日
［纲　文］　第二届"京陵大数据高峰论坛"在海南陵水举办。
［目　文］　论坛由国家信息中心、国家林业和草原局信息办、中央民族大学、海南省工信厅和海南省发改委指导，中国信息协会电子政务专业委员会、北京协同创新研究院、国家生态大数据研究院、"一带一路"民族文化大数据中心、海南省南海大数据应用研究院联合主办，海南陵水黎族自治县政府协办。论坛主题为"数字中国建设元年"，旨在推动国家大数据战略实施，共商数字中国建设大计。来自10余个部委、30多个地方部门的业内负责人，北大、清华、复旦、中科院等高校院所学者，以及华为、浪潮、数联铭品等知名企业的近百位产业负责人参会。论坛期间，数字中国研究院发布了《大数据看数字中国的现状与未来》主题报告。国家信息中心发布了《"一带一路"贸易合作大数据报告2018》。

5月5日—8月5日
［纲　文］　"真理的力量——纪念马克思诞辰200周年主题展览"在中国国家博物馆举行。
［目　文］　中宣部部长黄坤明出席开幕式。展览由中宣部、中央党史和文献研究院、中国文联共同主办，中央编译局、中国美术家协会、国家博物馆承办。展览分为"伟大革命导师马克思的壮丽人生""马克思主义中国化的光辉历程""新创作马克思主义题材美术作品"3个部分，展出马克思、恩格斯、列宁手稿、笔记本及亲笔签名的书籍原版等珍贵文献100余件，原版图书900余种，图片150余幅，马克思主义题材美术作品70余幅，雕塑作品6尊等，全景式展示了马克思的生平、革命实践、理论贡献和精神境界，展

现了马克思主义在中国传播运用和丰富发展的光辉历程。

5月6日

［纲　文］　《人民日报》报道，中国科学家首次实现25个量子接口之间的量子纠缠。

［目　文］　清华大学交叉信息研究院段路明教授研究组在量子信息领域取得重要进展，首次实现了25个量子接口之间的量子纠缠。相比于先前美国加州理工学院研究组保持的4个量子接口之间纠缠的纪录，此次纠缠的量子接口数目提高了近6倍。这一成果的研究论文发表在《科学》期刊子刊《科学·进展》上。

5月6日

［纲　文］　外交部发言人表示，在华经营的外企应尊重中国主权和领土完整。

［目　文］　有记者问：根据报道，美方日前发表声明，对中国有关部门要求外国企业在其网站和宣传材料中不得将港澳台地区列为"国家"进行无端指责。请问中方对此有何评论？

发言人说，无论美方讲什么话，都改变不了世界上只有一个中国、港澳台地区是中国领土不可分割的一部分的客观事实。中方将会继续按照一个中国原则处理与外国的关系。同时必须指出，在华经营的外国企业应当尊重中国的主权和领土完整，遵守中国法律，尊重中国人民民族感情。

5月6日

［纲　文］　《人民日报》发表评论员文章《马克思的学说依然闪烁着耀眼的真理光芒——一论习近平总书记纪念马克思诞辰200周年大会讲话》。

5月6—11日

［纲　文］　国务院总理李克强对印度尼西亚、日本正式访问，并出席第七次中日韩领导人会议。

［目　文］　6—8日，李克强应印度尼西亚总统佐科邀请对印度尼西亚进行正式访问。访问期间，李克强同佐科举行会谈，见证双方合作文件签署；会见印尼副总统卡拉并共同出席中国印尼工商峰会；两国领导人就双边关系以及地区和国际问题深入交换意见，达成重要共识，双方发表了《中华人民共和国政府和印度尼西亚共和国政府联合声明》；在雅加达的东盟秘书处，会见东盟秘书长林玉辉并出席中国—东盟建立战略伙伴关系15周年庆祝活动。

9—11日，李克强应日本首相安倍晋三邀请，出席第七次中日韩领导人会议并对日本进行正式访问。

9日，第七次中日韩领导人会议在日本东京举行，李克强、安倍晋三、韩国总统文在寅出席，就中日韩合作以及地区和国际问题交换看法。会议发表了《第七次中日韩领导人会议联合宣言》。会议期间，李克强会见了文在寅。

同日，李克强在东京与安倍晋三、文在寅共同出席第六届中日韩工商峰会并致辞。

李克强在日本访问期间,在东京会见了日本天皇明仁;同日本首相安倍晋三举行会谈,见证了人文、医疗卫生、服务贸易、第三方市场合作以及建立海空联络机制等多项双边合作文件的签署。共同出席中日和平友好条约缔结40周年纪念活动暨欢迎李克强总理访日招待会并发表演讲,参观"让文物活起来——故宫文创展",参观考察了位于苫小牧市的丰田汽车北海道厂区和北海道惠庭市现代生态农场;在东京分别会见了日本国会众议院众议长大岛理森、日本国会参议院参议长伊达忠一,日本参与中日和平友好条约缔约进程的日方代表人士及亲属,日本执政党负责人、自民党干事长二阶俊博和公明党代表山口那津男一行和日本在野党负责人;在北海道同安倍晋三出席中日省长知事论坛开幕式并致辞,其间会见了日本北海道知事高桥春美。

5月6—7日

[纲　文]　**孙春兰在天津调研**。

[目　文]　国务院副总理孙春兰调研职业教育工作,并出席在天津举办的2018年全国职业教育活动周启动仪式暨全国职业院校技能大赛开幕式。

孙春兰考察了天津轻工业职业技术学院、城市职业学院、第一商业学校、职业技术师范大学,了解鲁班工坊、实训基地、人才培养等情况,并召开职业教育工作座谈会,听取有关省市、行业企业和职业院校师生的意见建议。她指出,推动经济高质量发展,加快发展先进制造业和现代服务业,助力精准扶贫,为青年提供更多人生出彩的机会,迫切需要发展高质量职业教育。要坚持服务发展、促进就业的办学方向,围绕培养社会主义建设者和接班人的根本使命,完善人才培养体系,深化产教融合、校企合作,建设一批高水平职业院校和专业,提升人才培养质量。加强"双师型"教师队伍建设,打通校企人才双向交流渠道,吸引更多具有深厚理论知识和丰富实践能力的人才到职业院校任教。加快形成多元办学格局,统筹财政、税收、土地等政策,为企业兴办职业教育降成本、清障碍,激发社会力量参与职业教育的内生动力。加强职业教育标准体系建设,探索完善国家资历框架,推动学历、学位与职业资格及其他学习成果互认衔接。健全人才评价体系,畅通人才成长"立交桥",广泛宣传技术技能人才的劳动成果和价值,推动提升他们的地位待遇,营造劳动光荣、技能宝贵、创造伟大的良好社会氛围。

5月7—8日

[纲　文]　**中共中央总书记、国家主席习近平同朝鲜劳动党委员长、国务委员会委员长金正恩在大连举行会晤**。

[目　文]　两党两国最高领导人就中朝关系及共同关心的重大问题全面深入交换意见。

习近平指出,委员长同志在当前朝鲜半岛局势深刻复杂演变的关键时刻,时隔40多天再次专程来华同我举行会晤,体现了委员长同志和朝党中央对中朝两党两国关系的高度重视,对两党两国战略沟通的高度重视,我予以高度评价。我同委员长同志首次会晤以来，中朝关系和朝鲜半岛形势均取得积极进展，我对此感到高兴，愿同委员长同志再次举行会晤，共同为推动中朝关系健康稳定发展、实现朝鲜半岛长治久安、促进地区和平稳定繁荣作出努力。今年3月，我同委员长同志在北京实现了历史性首次会晤，进行了长时间深入交流，就发展新时代中朝关系达成了四方面原则共识。第一，中朝传统友谊是双方共同的宝贵财富，发展好中朝友好合作关系是双方坚定不移的方针，也是唯一正确选择。第二，中朝同为社会主义国家，双边关系具有重大战略意义，要加强团结合作、交流互鉴。第三，两党高层交往对于引领双边关系具有不可替代的重大作用，双方应保持经常往来，加强战略沟通，增加理解互信，维护共同利益。第四，夯实民间友好基础是推进中朝关系发展的重要途径，应通过多种形式，加强两国人民交流往来，为中朝关系发展营造良好民意基础。在双方共同努力下，各项共识正在得到良好的贯彻落实。一个多月时间内，我同委员长同志两度会晤，保持着密切沟通。我愿同委员长同志一道，继续指导双方有关部门落实好我们达成的共识，推动中朝关系不断向前发展，造福两国和两国人民，为本地区和平稳定作出积极贡献。

金正恩表示，今年3月以来，朝中友谊和朝鲜半岛形势都取得了富有意义的进展，这是我同总书记同志历史性会晤的积极成果。在当前地区形势快速发展的关键时期，我再次来到中国同总书记见面并通报情况，希望同中方加强战略沟通和合作，推动朝中友谊深入发展，促进地区和平稳定。金正恩高度评价习近平总书记的远见卓识，感谢中方长期以来为实现半岛无核化、维护地区和平稳定作出的重要贡献。他表示，实现朝鲜半岛无核化是朝方始终如一的明确立场。只要有关方面消除对朝敌视政策和安全威胁，朝方没有必要拥核，无核化是可以实现的。希望通过朝美对话建立互信，有关各方负责任地采取分阶段、同步性的措施，全面推进半岛问题政治解决进程，最终实现半岛无核化和持久和平。

中共中央政治局常委王沪宁、中央办公厅主任丁薛祥、中央外事工作委员会办公室主任杨洁篪、国务委员兼外交部部长王毅等参加有关活动。

5月7日

[纲　文]　全国人大常委会召开大气污染防治法执法检查组第一次全体会议。

[目　文]　会议由全国人大常委会委员长栗战书主持。全国人大常委会副委员长沈跃跃、丁仲礼出席会议。国务委员王勇出席会议并发言。国务院有关部门汇报了大气污染防治法贯彻实施情况。此次执法检查由栗战书任组长。执法检查组组成4个小组分赴8个省（区）进行检查，同时委托其他23个省（区、市）人大常委会对本行政区域内法律贯彻实施情况进行检查。

栗战书说，十三届全国人大常委会在履职第一年开展大气污染防治法执法检查，目的就是要突出全面实施大气污染防治法的重要意义，为打赢蓝天保卫战提供有力法治保障。要通过这次执法检查，推动习近平新时代中国特色社会主义思想特别是生态文明建设思想的贯彻落实，使之贯穿到经济、政治、文化、社会建设之中，推动全党全国自觉贯彻落实新发展理念，形成共同促进生态文明建设的强大合力。推动党中央关于环境保护和污染防治的重大决策部署得到切实贯彻，保证法律得到全面有效实施，解决人民群众关注的突出环境问题。

5月7日

[纲　文]　国务院机构改革第二次推进会在北京召开。

[目　文]　中共中央政治局常委、国务院副总理韩正出席会议并讲话。会议学习中共中央总书记习近平关于深化党和国家机构改革的思想和指示精神，总结前一阶段国务院机构改革工作，研究部署下一步任务。

韩正表示，要严格落实主体责任，各部门主要负责同志要亲力亲为，坚定不移把党中央明确的改革任务落实到位。严格执行机构改革政治纪律、组织纪律、机构编制纪律、干部人事纪律、财经纪律、保密纪律。把思想政治工作贯穿改革全过程，教育引导广大党员干部坚持党性原则和全局观念，牢固树立"四个意识"，坚定"四个自信"，以实际行动拥护改革、支持改革、参与改革，为推动机构改革和经济社会发展不断作出新的贡献。

5月7日

[纲　文]　西藏自治区那曲市举行撤地设市挂牌仪式。

[目　文]　那曲市从而成为西藏第六个地级市，也是目前全国最年轻、海拔最高的地级市。

5月7日

[纲　文]　外交部发言人表示，朝鲜半岛当前局面来之不易，值得各方倍加珍惜与呵护。

[目　文]　有记者问：据报道，朝鲜外务省发言人称，美国近日称朝鲜在《板门店宣言》中阐明无核化意志是制裁和压力的结果，在朝完全弃核前不会放松对朝制裁。在半岛局势趋于和平和解之际，故意刺激对方的行为是给来之不易的对话气氛泼冷水、使局势回归原点的危险企图。中方对此有何评论？

发言人说，在有关各方共同努力下，近来朝鲜半岛局势发生一系列积极变化，在朝缓和的方向发展。这一局面来之不易，值得各方倍加珍惜与呵护。当前形势下，有关各方尤其需要保持定力、相向而行，多说有利于展示善意、缓和紧张的话，多做有利于推动对话、增进互信的事。我们希望计划中的朝美领导人会晤顺利举行并取得积极成果，半岛当前的积极态势得到巩固和加强。中方呼吁各方按照"双轨并进"的思路，推进半岛问题政治解决进程，均衡解决各方合理关切，共同开辟半岛长治久安的未来。

5月7日

[纲　文]　《人民日报》发表评论员文章《马克思主义指引中国成功走上康庄大道——二论习近平总书记纪念马克思诞辰200周年大会讲话》。

5月7—13日

[纲　文]　国家减灾委员会举办2018防灾减灾宣传周。

[目　文]　宣传周主题是"行动起来，减轻身边的灾害风险"。全国各地区、各有

关部门组织开展有关各项活动。

5月7—9日

［纲　文］　王晨在河北省调研。

［目　文］　全国人大常委会副委员长王晨调研时指出，党的十九大对加强法治建设、推进改革开放作出了新部署、提出了新要求。我们要高度重视法治思维和法治方式，进一步加强立法工作，及时做好涉及改革的法律立改废释，坚持立法主动适应改革需要，充分发挥立法引导、推动、规范、保障改革的作用，以更加完善的法治建设推动更大力度的改革开放，取得更大成果。要按照党中央批准的规划纲要，积极支持千年大计雄安新区推进新区规划条例立法等法治建设工作，积极支持雄安新区改革开放新举措新尝试。

王晨在河北省人大预算联网查询室，察看预算联网监督系统运行情况，对河北省人大贯彻改革要求，依法推进预算联网监督工作和建立国有资产管理情况报告制度取得的进展表示肯定，并共同研究进一步推进相关工作；在石家庄市行政审批局，调研立法推动行政审批制度改革情况，了解有关法律法规修改后的实施效果；在正定县正定镇"人大代表之家"和塔元庄村"人大代表联络站"，了解基层人大在加强代表法、组织法等法律学习、提高人大代表履职能力、发挥代表作用等方面采取的改革创新措施；在雄安新区考察了市民服务中心和核心区概貌，并召开座谈会听取意见。

5月7—8日

［纲　文］　全国关于建立政府向本级人大常委会报告国有资产管理情况制度的座谈会在石家庄召开。

［目　文］　全国人大常委会副委员长王晨出席并讲话。会议由全国人大财经委、全国人大常委会预算工委、财政部举办。中财办、国资委、自然资源部、审计署、国家统计局和各省（区、市）人大、财政厅（局）、国资委、国土资源厅等代表参会。

王晨指出，要深入学习贯彻《中共中央关于建立国务院向全国人大常委会报告国有资产管理情况制度的意见》，坚持以习近平新时代中国特色社会主义思想为指导，坚持党中央集中统一领导，贯彻落实新发展理念，切实履行宪法法律赋予人大的监督职责，全面推进建立实施国有资产管理情况报告制度，推进国有资产管理公开透明，确保国有资产安全，使国有资产更好服务发展、造福人民。

5月7—15日

［纲　文］　中共中央政治局委员、北京市委书记蔡奇率中共代表团对希腊、爱尔兰、英国进行友好访问。

［目　文］　7—9日，蔡奇率团访问希腊期间，在雅典分别会见希腊总理、左联党主席齐普拉斯，希腊副议长赫里斯托都洛普鲁，希腊旅游部长昆图拉，雅典市长卡米尼斯；与希方代表共同出席"奥运之路·丝路相连"北京旅游推介会、"2018北京优秀影视剧海外展播季·希腊"开幕式、"我的北京故事"系列活动；考察中远海运比雷埃夫斯港项目。

9—11日，蔡奇率团访问爱尔兰期间，在都柏林分别会见爱尔兰统一党领袖、政府总理瓦拉德卡，爱尔兰众议长奥法乔尔、副总理兼外交贸易部长科文尼、都柏林市市长麦卡唐纳卡等；与爱尔兰领导人共同见证北京工业大学与都柏林大学合作签约仪式，出席"北京—都柏林双向投资洽谈会"和"我的北京故事"系列活动，观看"北京之夜"文艺演出，并实地调研都柏林城市精细化管理情况。

11—15日，蔡奇率团访问英国期间，分别会见英国首席内阁大臣利丁顿，约克公爵安德鲁王子，工党领袖科尔宾，苏格兰民族党领袖、苏格兰首席部长斯特金，伦敦市长萨迪克·汗等英国政要；拜谒了马克思墓，与英方领导人共同见证了有关经贸、科技合作项目签约，实地调研了伦敦城市精细化管理的具体做法。

5月8日

[纲　文]　国家主席习近平应约同美国总统特朗普通电话。

[目　文]　习近平指出，当前，中美关系发展处在一个重要阶段。我高度重视发展两国关系，珍视同总统先生的良好工作关系。希望双方认真落实我同总统先生在北京会晤时达成的共识，保持高层及各级别交往，相互尊重、互利互惠，聚焦合作、管控分歧，推动两国关系健康稳定向前发展。经贸合作一直是中美关系的压舱石和推进器。上周，中美双方在北京就经贸问题进行了坦诚、高效、建设性的磋商。双方团队可以保持沟通，争取找到妥善解决存在问题的办法，取得互利双赢的成果。习近平重申了中方在朝鲜半岛问题上的立场，强调中方支持美朝领导人会晤，希望美朝双方相向而行，建立互信，分阶段行动，通过会晤协商解决各自关切，考虑朝方合理安全关切，共同推进朝鲜半岛问题政治解决进程。中方愿继续为实现半岛无核化和地区长治久安发挥积极作用。

特朗普表示，美方高度重视美中关系，我期待同习近平主席继续保持密切联系。美方愿同中方共同努力，加强各领域务实合作，妥善处理好经贸问题，推动美中关系取得更大发展，造福两国人民。美方高度重视中方在朝鲜半岛问题上的立场，赞赏中方发挥的重要作用，愿同中方加强沟通协调，共同推动通过谈判协商解决半岛问题。

5月8日

[纲　文]　国务院总理李克强致电梅德韦杰夫，祝贺他连任俄罗斯联邦政府总理。

5月8日

[纲　文]　第三届中非地方政府合作论坛在北京举行。

[目　文]　论坛由中国人民对外友好协会主办，以"摆脱贫困与可持续发展"为主题。国家副主席王岐山出席并讲话。国内相关部委和26个省、自治区、直辖市负责人，24个非洲国家主管地方事务的政府部长和省市长、国际组织代表、非洲国家驻华使节以及教育、经贸、公益慈善、媒体等领域代表共计约400人出席。

其间，王岐山分别会见了出席论坛的尼日尔总理拉菲尼和坦桑尼亚前总理、坦中友好协会主席萨利姆。

中非地方政府合作论坛由中国人民对外友好协会于2012年发起成立，为促进中非地方交流合作、助力中非共建"一带一路"发挥了积极贡献，已经成为中非合作论坛框架下的机制性分论坛。

5月8日

[纲　文]　**中国以及亚太地区用户可正式接收"风云四号"A星数据。**

[目　文]　"风云四号"A星是中国新一代静止气象卫星的首发星，其搭载的干涉式大气垂直探测仪与静止轨道扫描成像辐射计"联手"，在全球首次实现静止轨道上三维大气的立体监测。此外，"风云四号"A星能够提供针对陆面、水体、闪电、空间天气的持续监测数据。

此次首批发布的数据，包括大气、云、沙尘、降水、辐射、闪电等23种产品。这意味着"风云四号"A星的身影会出现在更多与国计民生相关的领域，为天气监测与预报、防灾减灾、应对气候变化、生态环境监测等领域提供支撑。

目前全球有4个国家和地区拥有静止气象卫星。其中，欧洲和美国的卫星主要覆盖西半球，中国、日本的卫星主要负责东半球天气监测。此次中国主业务卫星切换为"风云四号"A星后，除了国内用户能够第一时间获取新产品外，东南亚、东亚和大洋洲多个国家都可同步接收。相关用户可通过"风云四号"卫星直接广播、中国气象局卫星数据广播系统、中国遥感数据网等渠道获取卫星数据和产品。

7日，中国气象局已向世界气象组织通报"风云四号"投入业务运行。下一步，部分卫星数据产品将通过世界气象组织全球通信系统向全球用户分发。

5月8日

[纲　文]　**联合国教科文组织政府间海洋学委员会南中国海区域海啸预警中心授牌仪式在北京举行。**

[目　文]　联合国教科文组织助理总干事、政府间海洋学委员会执行秘书拉宾宁出席，并与自然资源部党组成员林山青一起为南中国海区域海啸预警中心揭牌。

该预警中心由国家海洋环境预报中心承建，2018年2月8日开始业务化试运行。预警中心的主要职责是为南中国海周边的中国、文莱、柬埔寨、印尼、马来西亚、菲律宾、新加坡、泰国、越南等国家提供全天候地震海啸监测预警服务，通过传真、网络、电子邮件和世界气象组织全球电传系统，对发生在南中国海区域内的6.0级以上海底地震事件，向周边国家和地区及时发布海啸预警信息，并组织开展本区域海啸预警和应急响应培训及减灾工作。

5月8日

[纲　文]　**林草局印发《关于进一步放活集体林经营权的意见》。**

[目　文]　《意见》由八个部分组成：一、加快建立集体林地三权分置运行机制。二、积极引导林权规范有序流转。三、拓展集体林权权能。四、创新林业经营组织方式。五、健全完善利益联结机制。六、推进产业化发展。七、依法保护林权。八、提升管理服

务水平。

5月8日

［纲　文］　铁路局印发《关于原铁道部规范性文件第十六批清理结果的通知》《关于原铁道部规范性文件第十七批清理结果的通知》。

5月8日

［纲　文］　《人民日报》发表评论员文章《不断汲取马克思主义的科学智慧和理论力量——三论习近平总书记纪念马克思诞辰200周年大会讲话》。

5月8—9日

［纲　文］　胡春华在江苏省调研商务工作。

［目　文］　国务院副总理胡春华在苏州、无锡、常州的科技、能源、信息电子、机械等企业，了解企业生产经营、技术进步等情况，询问企业遇到的问题和困难。他指出，党的十九大提出推进贸易强国建设，这是提升企业竞争力、促进外贸持续健康发展的重大举措。要支持企业加大技术创新，不断提升产品和服务质量，大踏步赶上国际先进水平。要办好首届中国国际进口博览会，促进外贸平衡发展。要顺应外贸发展新趋势，壮大跨境电商、市场采购贸易、外贸综合服务等新业态新模式，为外贸发展注入新动能。

胡春华调研期间召开了江浙沪粤四省市分管负责人参加的商务工作座谈会。他指出，要认真学习领会贯彻落实习近平总书记关于全面扩大开放的重要指示精神，按照党中央、国务院决策部署，扎扎实实抓好各项商务工作，努力推动形成全面开放新格局。对外开放是我国长期坚持的基本国策。今年是改革开放40周年，对改革开放最好的纪念，就是要不断深化改革开放，把开放的大门越开越大。他要求，各地区和相关部门要把思想认识行动统一到党中央、国务院决策部署上来，扎实有序推进工作落实，确保完成全年工作目标任务。

5月9日

［纲　文］　国务院总理李克强致电欧尔班，祝贺他再次当选并就任匈牙利总理。

5月9日

［纲　文］　上海合作组织成员国首届旅游部长会议在湖北武汉举行。

［目　文］　会议审议并通过了《2019—2020年落实〈上海合作组织成员国旅游合作发展纲要〉联合行动计划》草案，并达成含草案在内的七项共识。

首届大会主席、文化和旅游部副部长李金早主持会议，印度、吉尔吉斯斯坦、巴基斯坦、俄罗斯、塔吉克斯坦、乌兹别克斯坦有关负责人及上海合作组织副秘书长诺斯罗夫·阿齐兹出席会议。

5月9日

［纲　文］　中国在太原卫星发射中心用"长征四号丙"运载火箭成功发射高分五号卫星。

［目　文］　高分五号卫星是高分辨率对地观测系统重大专项的重要组成部分，是世界首颗实现对大气和陆地综合观测的全谱段高光谱卫星，也是我国光谱分辨率最高的卫星。与此前发射的高分一号、二号、四号卫星有所不同，高分五号卫星所具备的光谱成像技术，可使光谱与图像结合为一体，探测物质的具体成分。这颗设计寿命8年的卫星，装载6台全新研制的观测载荷，可通过对大气污染气体、温室气体、气溶胶等物理要素的监测，动态反映我国大气污染状况，填补国产卫星无法有效探测区域大气污染气体的空白。

5月9日

［纲　文］　《人民日报》发表评论员文章《不断开辟马克思主义新境界——四论习近平总书记纪念马克思诞辰200周年大会讲话》。

5月9—17日

［纲　文］　全国人大常委会委员长栗战书对埃塞俄比亚、莫桑比克和纳米比亚进行正式友好访问。

［目　文］　9—12日，栗战书应埃塞俄比亚人民代表院议长穆菲丽哈特和联邦院议长克里娅邀请访问埃塞俄比亚，在亚的斯亚贝巴分别会见总统穆拉图、总理阿比，同穆菲丽哈特和克里娅举行会谈；栗战书与阿比见证了双方合作文件的签署，与穆菲丽哈特和克里娅签署了中国全国人大与埃塞俄比亚人民代表院、联邦院合作谅解备忘录；栗战书考察了埃塞俄比亚科技部数据中心，中方合作和援建的亚吉铁路、亚的斯亚贝巴轻轨。

12—15日，栗战书应莫桑比克议长马卡莫邀请访问莫桑比克。在马普托与莫桑比克总统纽西、议长马卡莫分别举行会见会谈；出席在非中资企业座谈会、2018年非洲孔子学院联席会议开幕式、莫中文化中心暨孔子学院和传媒艺术学院教学楼项目奠基仪式、莫"万村通卫星电视项目"启动仪式，考察中莫农业技术示范中心、中国援建的马普托跨海大桥；向莫桑比克民族英雄纪念碑敬献花圈。

15—17日，栗战书应纳米比亚国民议会议长卡贾维维邀请访问纳米比亚。在温得和克会见纳米比亚总统根哥布、开国总统努乔马，与卡贾维维和纳米比亚全国委员会主席门萨分别举行会谈；栗战书慰问了"光明行"义诊活动受益患者和中纳医务人员，出席中方援纳野生动物保护物资交接仪式，考察纳米比亚电信公司控制和指挥中心。

5月9—14日

［纲　文］　国务委员、公安部部长赵克志访问缅甸、柬埔寨、老挝。

［目　文］　赵克志在缅甸访问期间，在内比都分别会见缅甸总统温敏、国务资政昂山素季、缅甸国防军总司令敏昂莱。

赵克志在柬埔寨访问期间，在金边会见柬埔寨首相洪森；与柬埔寨副首相兼内政大臣萨肯举行会谈。双方签署了有关合作文件，并共同为在两国执法合作中作出突出贡献的柬方执法人员颁发了荣誉奖章。

赵克志在老挝访问期间，在万象分别会见老挝人民革命党中央委员会总书记、国家主席本扬和总理通伦。

5月10日

[纲　文]　**韩正在北京市国家税务局、地方税务局调研。**

[目　文]　国务院副总理韩正了解国税地税业务"一厅通办""一网办税"以及税务风险管理、信息化建设等方面工作情况,通过视频连线听取基层办税服务厅纳税服务情况汇报,肯定税务系统广大干部职工在保障国家税收安全、完善税收征管体制、优化税收服务等方面作出的贡献。

韩正主持召开座谈会,听取了北京市及有关区税务局、基层税务所三级税务干部对国税地税征管体制改革的意见建议。韩正表示,合并国税地税机构是完善税收体制、优化政府服务的迫切需要。改革国税地税征管体制,要从实际出发,制定具有可操作性的实施方案。韩正强调,要坚持"两不误、两促进",认真做好税收日常工作,确保国家税收安全,改进纳税服务,推动营商环境不断优化。要增强责任感、使命感,坚决贯彻党中央、国务院决策部署,推动国税地税征管体制改革取得圆满成功。

5月10日

[纲　文]　**中宣部在深圳召开深化文化体制改革座谈会。**

[目　文]　中宣部部长黄坤明出席会议并讲话。他指出,文化自信是习近平新时代中国特色社会主义思想的重要标识。习近平总书记关于文化自信的重要论述,深刻揭示了中国特色社会主义的历史传承和文化基因,阐明了坚定文化自信对于新时代坚持和发展中国特色社会主义的重大意义,集中体现了当代中国共产党人的文化观、文明观,是指导新时代社会主义文化建设的科学认识论和方法论。

5月10日

[纲　文]　**人力资源社会保障部、财政部印发《关于 2018 年提高全国城乡居民基本养老保险基础养老金最低标准的通知》。**

[目　文]　《通知》说,经党中央、国务院批准,决定自 2018 年 1 月 1 日起,全国城乡居民基本养老保险基础养老金最低标准提高至每人每月 88 元,即在原每人每月 70 元的基础上增加 18 元。提高标准所需资金,中央财政对中西部地区给予全额补助,对东部地区给予 50% 的补助。

《通知》要求,各地应当根据当地实际提高基础养老金标准,进一步健全参保缴费激励机制,积极引导参保居民选择更高档次缴费,增加个人账户积累,逐步提高养老保障水平,促进城乡居民基本养老保险制度可持续发展。各地人力资源社会保障和财政部门要做好提高基础养老金标准的相关工作,尽快将提高后的养老金及时足额发放到位,并做好政策宣传工作,正确引导社会舆论。

5月10日

[纲　文]　**农业农村部、发展改革委、财政部、商务部、人民银行、税务总局、证监会、供销合作总社印发《农业产业化国家重点龙头企业认定和运行监测管理办法》。**

［目　　文］　《办法》共5章25条。主要有总则、申报、认定、运行监测、附则等内容。自2018年5月10日起施行。2010年制定的《农业产业化国家重点龙头企业认定和运行监测管理办法》（农经发〔2010〕11号）同时废止。

5月10日

［纲　　文］　浙江建德、内蒙古阿尔山两市获首批国家气候标志。

［目　　文］　在国家气候标志评估报告专家评审会上，浙江建德市通过专家评审，被评定为中国气候宜居城市，内蒙古阿尔山市被评定为中国气候生态市。

5月10日

［纲　　文］　第五届东盟—中日韩（10+3）新闻部长会议在新加坡举行。

［目　　文］　会议以"共享的数字化东盟"为主题，东盟各国和中日韩新闻部长及代表出席了会议。国务院新闻办公室副主任郭卫民出席会议。

5月10—11日

［纲　　文］　王勇在四川调研检查应急管理和安全生产工作。

［目　　文］　国务委员王勇在四川成都、眉山、乐山的消防中队、安全生产监测预警中心、救灾物资储备库以及机械、化工、煤矿企业生产一线，调研检查应急管理和安全生产工作。

王勇指出，要以习近平新时代中国特色社会主义思想为指引，坚持以人民为中心的发展理念，弘扬生命至上、安全第一的思想，加快完善应急管理体制机制，狠抓安全生产责任措施落实，坚决防范遏制重特大事故发生，最大限度保障人民群众生命财产安全。要全力确保机构改革期间安全生产不放松，严格落实《地方党政领导干部安全生产责任制规定》，强化检查巡查考核，真正做到党政同责、一岗双责、齐抓共管、失职追责。要持续开展重点行业领域专项整治，彻底排查治理安全隐患，细化应急处置预案，健全应急指挥、值班值守和联动处置机制，不断提高安全生产本质水平，推动安全生产形势持续稳定好转。

5月10—12日

［纲　　文］　2018年中国品牌日活动在上海举办。

［目　　文］　国务院总理李克强就加强品牌建设作出批示指出：加强品牌建设，增加优质供给，是实现高质量发展、更好满足人民群众对美好生活需要的重要内容。近年来，在各方共同努力下，我国品牌建设取得积极进展。新形势下，各地区、各部门要以习近平新时代中国特色社会主义思想为指导，认真贯彻党中央、国务院决策部署，坚持以推进供给侧结构性改革为主线，立足我国实际，借鉴国外经验，深入实施创新驱动发展战略，促进提高全要素生产率和企业综合竞争力，以大众创业、万众创新和"互联网+"汇聚各方面力量，瞄准人民群众的新需要和不断升级的市场需求，着力增品种、提品质、创品牌，弘扬企业家精神和工匠精神，使更多中国品牌伴随中国制造走向世界、享誉世界。

活动由发展改革委、中宣部、工业信息化部、农业农村部、商业部、工商行政管理总局、质检总局、上海市人民政府主办，主题是"中国品牌 世界共享"。活动包括首届中国自主品牌博览会和中国品牌发展国际论坛。

国务院副总理胡春华出席首届中国自主品牌博览会开幕式。博览会设置中央展区、地方展区、品牌服务展区等三大展区，并配特色活动展示平台，采用现代展览展示技术和手段，展现我国品牌发展历史、发展成就、发展前景，中央企业品牌建设成绩，地方政府品牌发展工作、知名自主品牌企业品牌发展成果、创新型中小企业发展潜力，品牌服务机构能力、水平和成果等。

5月10—14日

[纲　文]　第十四届中国（深圳）国际文化产业博览交易会在深圳举办。

[目　文]　文博会由中宣部、文化和旅游部、商务部、广电总局、中国国际贸易促进委员会、广东省人民政府和深圳市人民政府联合主办。以习近平新时代中国特色社会主义思想为统领，宣传贯彻党的十九大精神，围绕庆祝改革开放40周年的主题和"一带一路"倡议、供给侧改革等，集中展示了我国文化体制机制改革成果和文化产业发展成就。

本届文博会共有2308家各类机构参展，全国31个省区市及港澳台地区连续第9次全部参展，各地在文博会上展示本区域文化产业精品。其间举办了多场发布会、论坛等活动，文化和旅游部与广东省人民政府共同主办首届内地与港澳文化产业合作论坛暨粤港澳大湾区文化合作论坛、国家新闻出版署主办数字出版高端论坛、中国艺术研究院主办第二届中华优秀传统文化艺术传承发展论坛等。

5月11日

[纲　文]　习近平主持召开中央全面深化改革委员会第二次会议。

[目　文]　中共中央总书记、中央全面深化改革委员会主任习近平强调，党的十九届三中全会以来，中央和国家机关机构改革取得重大进展，要注意边实践、边总结，把好经验运用好，周密组织地方机构改革，使中央和地方机构改革在工作部署、组织实施上有机衔接、有序推进，确保深化党和国家机构改革取得全面胜利。

中央全面深化改革委员会副主任王沪宁、韩正，中央全面深化改革委员会委员出席会议，中央和国家机关有关部门负责人列席会议。

会议主要内容有：一、会议审议通过了《关于地方机构改革有关问题的指导意见》《关于加强国有企业资产负债约束的指导意见》《推进中央党政机关和事业单位经营性国有资产集中统一监管试点实施意见》《高等学校所属企业体制改革的指导意见》《企业职工基本养老保险基金中央调剂制度方案》《中央企业领导人员管理规定》《关于加强和改进生活无着的流浪乞讨人员救助管理工作的意见》《关于改革完善医疗卫生行业综合监管制度的指导意见》《关于党的十八大以来有关改革任务分工调整的请示》《党的十九大报告重要改革举措实施规划（2018—2022年）》。二、会议审议了《深化党和国家机构改革进展情况报告》。

5月11日

［纲 文］ 国家主席习近平同阿根廷总统马克里互致信函。

［目 文］ 习近平在信中表示，去年马克里总统来华出席"一带一路"国际合作高峰论坛并成功进行国事访问，其间我们达成的各项共识得到积极落实，两国各领域交流合作稳步推进。我高度重视中阿关系发展，愿同你一道继续引领双边关系发展，扎实推进重大项目，推动中阿全面战略伙伴关系迈上更高水平。中方坚定支持阿方主办今年二十国集团峰会，愿同阿方加强协调配合，把握好峰会的基调和方向，坚持多边主义，加强全球治理，建设开放型世界经济，使峰会取得成功。近来受外部因素影响，包括阿根廷在内的部分新兴市场国家国内经济环境面临新挑战。中方坚定支持阿方为实现国家稳定和发展所作的努力，并愿提供力所能及的帮助。相信阿根廷能够克服暂时的困难，实现经济的长期稳定和健康、可持续增长。中方对阿根廷的发展充满信心，对两国关系的未来充满信心。

马克里在信中表示，阿中全面战略伙伴关系日益紧密且成果丰硕。阿方全力支持共建"一带一路"倡议，愿同中方加强全方位合作。阿根廷在担任二十国集团主席国期间，将继承并延续杭州峰会的共识和成果。马克里向习近平介绍了当前阿根廷国内经济金融形势及应对举措。

5月11日

［纲 文］ 十三届全国政协第二次双周协商座谈会在北京召开，围绕"《未成年人网络保护条例》的制定"建言献策。

［目 文］ 全国政协主席汪洋主持会议并讲话。全国政协副主席汪永清在会上作主题发言。全国政协副主席张庆黎、夏宝龙、苏辉出席会议。全国政协委员沈德咏、张泽熙、王锋、江利平、张嘉极、严望佳、于欣伟、吴明、朱征夫、陈智敏、邢吉华、李有毅、彭静、骆沙鸣、李颖，专家和企业代表周汉华、郭凯天在会上发言。司法部负责人介绍了《未成年人网络保护条例》起草的有关情况，中央网信办、教育部、工业信息化部负责人对委员们关注的问题及建议进行了交流。

委员们认为，互联网快速发展对广大未成年人学习知识、休闲娱乐、社会交往都有重要积极作用，同时网络不良信息泛滥、网络游戏成瘾等问题也严重威胁未成年人身心健康，推进未成年人网络保护立法、营造健康文明有序的网络环境势在必行。未成年人网络保护涉及法律主体众多，各方的认识和诉求不完全一致，立法要从实际出发，坚持多管齐下、综合施策、责任分担、社会共治，平衡好政府监管和市场机制的关系、政府职能与企业权利的关系、家庭与社会的关系、短期效果和长效机制的关系，提高立法质量。

一些委员建议，加强未成年人网络保护，重在加强基础性制度设计，构建以技术手段为基础、行政管理为补充的制度架构，积极探索建立不良信息和有害信息识别制度、未成年人专用设备设施供应制度、选择性宵禁和上网时间提醒制度、监护人约束激励制度、提升未成年人网络素养制度等。要加快构建科学合理的监管体系，按照"一事一负责"原则设定未成年人网络保护涉及各部门的职责，建立未成年人网络保护工作机制，形成政府主导下的家庭、企业、学校、社会共同参与、协同共治的良性格局。

5月11日

［纲　文］　发展改革委、粮食和储备局、科技部印发《关于"科技兴粮"的实施意见》。

［目　文］　《意见》由五个部分组成：一、总体要求。二、完善创新体系，提高创新能力。三、加快成果转化，提高科技贡献率。四、统筹协同推进，提高科技水平。五、营造良好环境，激发创新活力。

5月11日

［纲　文］　工业信息化部、国资委印发《关于深入推进网络提速降费加快培育经济发展新动能2018专项行动的实施意见》。

［目　文］　《意见》由五个部分组成：一、面向全球领先水平，加快宽带网络演进升级。二、聚焦不平衡不充分，补齐宽带网络发展短板。三、满足人民期待和需求，加快释放网络提速降费红利。四、围绕促进经济转型升级，推动信息通信技术与实体经济深度融合。五、不断优化市场环境，确保网络提速降费落到实处。

5月11日

［纲　文］　林草局印发《中国森林旅游节管理办法》。

［目　文］　《办法》共5章27条。主要有总则、组织机构、任务分工、工作程序、附则等内容。自2018年6月1日起施行，有效期至2023年5月31日。

5月11日

［纲　文］　卫生健康委、科技部、工业信息化部、药监局、中医药局公布《第一批罕见病目录》。

5月11日

［纲　文］　民航局印发《关于促进航空物流业发展的指导意见》。

［目　文］　《意见》由三个部分组成：一、总体要求。二、主要任务。三、保障措施。

5月11日

［纲　文］　刘鹤在交通运输部调研。

［目　文］　国务院副总理刘鹤听取交通运输部工作汇报后指出，党的十八大以来，交通运输系统全面贯彻落实党中央、国务院各项决策部署，坚持以供给侧结构性改革为主线，大力推进综合交通运输体系建设，交通运输事业改革发展取得新的重大成就，行业转型升级取得新成效，交通运输服务水平显著提升，为国民经济发展和满足人民生活需要提供了有力支撑和保障。交通是国民经济的基础，是经济社会发展的先行官。交通运输部门要根据社会主义市场经济发展的要求，处理好政府和市场的关系，加快推进交通运输领域体制机制改革，使交通运输更好服务经济社会发展。要服务于国民经济大局，进一步降低物流成本，按照高质量发展的要求，着力推进组织创新、管理创新，优化运输结构，切实

提高交通运输质量和综合效率。要提高整体规划水平,使交通运输体系立体化、网络化,更好发挥综合运输功能。要坚持问题导向,研究解决交通运输领域的突出问题。

5月12日

[纲　文]　习近平向汶川地震十周年国际研讨会暨第四届大陆地震国际研讨会致信。

[目　文]　国家主席习近平指出,今年是汶川地震十周年。在中国共产党坚强领导下,汶川地震灾区恢复重建工作取得举世瞩目成就,为国际社会开展灾后恢复重建提供了有益经验和启示。习近平强调,人类对自然规律的认知没有止境,防灾减灾、抗灾救灾是人类生存发展的永恒课题。科学认识致灾规律,有效减轻灾害风险,实现人与自然和谐共处,需要国际社会共同努力。中国将坚持以人民为中心的发展理念,坚持以防为主、防灾抗灾救灾相结合,全面提升综合防灾能力,为人民生命财产安全提供坚实保障。希望各位代表围绕本次研讨会"与地震风险共处"的主题,踊跃参与,集思广益,为促进减灾国际合作、降低自然灾害风险、构建人类命运共同体作出积极贡献。

5月12—14日,由应急管理部、四川省人民政府、中国地震局共同主办的汶川地震十周年国际研讨会暨第四届大陆地震国际研讨会在四川成都举办。研讨会主题是"与地震风险共处",下设透明地壳、解剖地震、韧性城乡、智慧服务、地区国际合作5个专题,围绕地震科学研究热点、地震安全服务、应急救援等领域开展深入交流和研讨。来自40多个国家地区和国际组织的1200多名代表和专家参加会议,交流最新成果,共商防灾减灾救灾对策。会议期间举办了防震减灾展览。

5月12日

[纲　文]　国家主席习近平特使、科学技术部部长王志刚在塞拉利昂首都弗里敦出席塞拉利昂共和国总统比奥就职仪式。

5月12日

[纲　文]　《人民日报》发表评论员文章《乘势而上把机构改革引向深入》。

5月12—16日

[纲　文]　应国务委员兼外交部部长王毅邀请,阿曼苏丹国外交事务主管大臣阿拉维访问中国。

[目　文]　访问期间,王毅在北京与阿拉维举行会谈,双方就中阿关系以及共同关心的国际地区问题交换意见,并共同签署了《中华人民共和国政府与阿曼苏丹国政府关于共同推进丝绸之路经济带与21世纪海上丝绸之路建设的谅解备忘录》。

5月13日

[纲　文]　国务院印发《关于改革国有企业工资决定机制的意见》。

[目　文]　《意见》明确了改革的重点内容,一是改革工资总额决定机制。改革工

资总额确定办法，完善工资与效益联动机制，分类确定工资效益联动指标。二是改革工资总额管理方式。全面实行工资总额预算管理，合理确定工资总额预算周期，强化工资总额预算执行。三是完善企业内部工资分配管理。完善企业内部工资总额管理制度，深化企业内部分配制度改革，规范企业工资列支渠道。四是健全工资分配监管体制机制。加强和改进政府对国有企业工资分配的宏观指导和调控，落实履行出资人职责机构的国有企业工资分配监管职责，完善国有企业工资分配内部监督机制，建立国有企业工资分配信息公开制度，健全国有企业工资内外收入监督检查制度。

5月13日

［纲　　文］　国务院办公厅印发《关于调整国务院扶贫开发领导小组组成人员的通知》。

［目　　文］　《通知》说，根据机构设置和人员变动情况，国务院对国务院扶贫开发领导小组组成人员作了调整。现将调整后的名单通知如下，组长：胡春华。副组长：高雨、刘永富、李小新、韩俊、林念修、唐承沛、胡静林、余欣荣、潘功胜、王建武。成员由有关部门负责人组成。刘永富兼任国务院扶贫开发领导小组办公室主任。

5月13日

［纲　　文］　中国第二艘航母首次出海试验。

［目　　文］　中国第二艘航母从大连造船厂码头启航，赴相关海域执行海上试验任务，主要检测验证动力系统等设备的可靠性和稳定性。首艘国产航母完全由中国自主设计制造，2013年11月开工，2015年3月开始坞内建造，并于2017年4月26日下水。

18日，首艘国产航母完成首次试航任务返港。

8月26日，国产航母开赴相关海域开展第二次海试。9月4日，国产航母完成第二次海试返回大连。

10月28日，国产航母从大连造船厂出发，出海进行第三次海试。11月6日，国产航母完成第三次海试任务，返回大连造船厂。

5月13日

［纲　　文］　应国务委员兼外交部部长王毅邀请，伊朗外交部长扎里夫对中国进行工作访问。

［目　　文］　王毅在北京与伊朗外长扎里夫举行会谈时表示，中方把伊朗视为共建"一带一路"的重要伙伴，愿同伊方全面落实两国元首重要共识，维护发展好各领域合作。中方坚定维护多边主义，致力于维护国际协议。伊朗核问题全面协议是来之不易的多边主义成果，有助于维护国际防扩散体系和中东地区和平与稳定。作为全面协议的重要一方，中方为全面协议的达成和执行做了大量工作。下阶段，中方愿同包括伊方在内的有关各方保持沟通协调，本着客观、公正和负责任态度，继续努力维护全面协议。

扎里夫高度赞赏中方维护全面协议的立场，强调伊方愿继续同支持全面协议的各方沟通协调。伊方认为，确保全面协议持续、全面和有效执行是各方共同的责任和义务。伊方愿作出自己的努力。

5月14日

［纲　文］　习近平对在港两院院士来信作出指示。

［目　文］　2017年6月，24名在港中国科学院院士、中国工程院院士给中共中央总书记、国家主席、中央军委主席习近平写信，表达了报效祖国的迫切愿望和发展创新科技的巨大热情。

习近平对此高度重视，作出指示并迅速部署相关工作。他指出，促进香港同内地加强科技合作，支持香港成为国际创新科技中心，支持香港科技界为建设科技强国、为实现中华民族伟大复兴贡献力量。香港拥有较雄厚的科技基础，拥有众多爱国爱港的高素质科技人才，这是我国实施创新驱动发展战略、建设创新型国家的一支重要力量。长期以来，香港科技界为香港和国家发展作出了重要贡献。促进香港同内地加强科技合作，支持香港成为国际创新科技中心，发挥内地和香港各自的科技优势，为香港和内地经济发展、民生改善作出贡献，是在香港实行"一国两制"的题中应有之义。要重视香港院士来信反映的问题，抓紧研究制定具体政策，合理予以解决，以支持香港科技界为我们建设科技强国、为实现中华民族伟大复兴贡献力量。

根据习近平指示精神，科技部、财政部高度重视，多次召开专门会议，将香港科技创新力量作为国家创新体系和创新实力的重要组成部分，从国家整体科研布局和支撑香港自身发展两个层面，研究加强内地与香港科技合作的相关举措，并会同中央政府驻港联络办充分听取香港特区政府和科技界的意见建议，先行试点，特事特办，坚决迅速做好贯彻落实工作。

在港两院院士来信反映的国家科研项目经费过境香港使用、科研仪器设备入境关税优惠等问题已基本解决。国家重点研发计划已对香港16个国家重点实验室港澳伙伴实验室直接给予支持，并在试点基础上，对国家科技计划直接资助港澳科研活动作出总体制度安排。香港在内地设立的科研机构均已享受到支持科技创新的进口税收政策，澳门2个国家重点实验室港澳伙伴实验室也得到了国家科技计划直接支持，香港、澳门科技界反响热烈。下一步，国家有关部门还将系统落实习近平总书记重要指示精神，支持爱国爱港科研人员深入参与国家科技计划，有序扩大和深化内地与香港科技合作。

5月14日

［纲　文］　政协第十三届全国委员会第四次主席会议暨主席会议第一次集体学习在北京举行。

［目　文］　全国政协主席汪洋主持会议并讲话。全国政协副主席兼秘书长夏宝龙等分别就有关议题作了说明和汇报。万钢、卢展工、杨传堂、苏辉在集体学习中作了发言。全国政协副主席张庆黎、刘奇葆、董建华、何厚铧、马飚、陈晓光、梁振英、李斌、巴特尔、汪永清、何立峰、郑建邦、辜胜阻、刘新成、邵鸿、高云龙出席会议。

会议审议通过了政协第十三届全国委员会常务委员会第二次会议议程（草案）和日程，决定6月25日至27日在北京召开全国政协十三届常委会第二次会议。审议通过了全国政协常委提交年度履职报告工作办法（试行）和建立全国政协委员履职档案工作实施方案（试行）等。听取了关于全国政协近期工作情况的报告。集体学习了习近平总书记在庆祝人民政协成立65周年大会上的讲话。

汪洋指出，本次会议既是一次例行的主席会议，又是主席会议第一次集体学习，标志着主席会议集体学习制度正式建立并实行，也标志着新时代人民政协要把学习摆到更加突出的位置。要全面学习贯彻习近平总书记关于加强和改进人民政协工作的重要思想，把习近平总书记在庆祝人民政协成立65周年大会上的重要讲话作为基本教材，带着问题学、联系实际学，通过学习来武装头脑，提高认识，并结合政协工作实际，总结经验、查找不足、对标要求，研究加强和改进政协工作的举措，推进履职能力建设，奋力谱写新时代人民政协事业发展的新篇章。

5月14日
[纲　文]　贯彻落实《中央巡视工作规划（2018—2022年）》推进会在成都召开。

[目　文]　中共中央政治局常委、中央巡视工作领导小组组长赵乐际出席会议并讲话。四川、重庆、云南、陕西、甘肃、新疆等省区市党委巡视工作领导小组组长在会上发言，贵州、西藏、青海、宁夏、新疆生产建设兵团等省区党委巡视工作领导小组组长作了书面汇报。

赵乐际指出，维护习近平总书记核心地位、维护党中央权威和集中统一领导，是新时代巡视工作的"纲"和"魂"。要深入学习贯彻习近平新时代中国特色社会主义思想和党的十九大精神，牢固树立"四个意识"，坚守政治巡视职能定位，自觉承担"两个维护"的重大政治责任，扎实推进《规划》贯彻落实，进一步提高巡视巡察全覆盖质量，为统筹推进"五位一体"总体布局、协调推进"四个全面"战略布局提供坚强保障。

5月14日
[纲　文]　韩正在河北雄安新区调研。

[目　文]　国务院副总理韩正在京雄城际铁路雄安站规划点，考察雄安新区交通枢纽规划建设进展；在千年秀林植树点，察看新区森林城市专项规划和植树造林进展情况；在雄安新区启动区，了解启动区控制性详规编制和白洋淀生态保护情况；在雄安市民服务中心，了解数字雄安建设和容东安置区规划建设情况。

韩正主持召开座谈会，听取河北省和有关部门汇报，研究部署当前和今后一个时期工作。韩正指出，要以习近平新时代中国特色社会主义思想为指引，深入贯彻落实党的十九大精神，坚持世界眼光、国际标准、中国特色、高点定位，着眼打造北京非首都功能疏解集中承载地，创造"雄安质量"，高标准高质量规划建设雄安新区。好的规划是高标准高质量建设雄安新区的基础。要以规划纲要为统领，抓紧深化和制定控制性详规及专项规划，形成多规合一的规划体系。要围绕2020年建设目标，抓紧推动雄安新区对外交通路网建设、起步区城市基础设施建设和产业布局、白洋淀综合环境治理和生态修复等重大任务。抓住疏解北京非首都功能这个核心，瞄准产业链高端和世界科技前沿，积极承载符合国家重大战略、体现国家竞争力的产业，打造贯彻落实新发展理念的创新发展示范区，建设高水平的社会主义现代化城市。规划建设雄安新区责任重大，任务艰巨。要牢固树立"四个意识"，坚定"四个自信"，提高政治站位，稳扎稳打、苦干实干，把雄安新区规划建设好，向党中央和全国人民交上一份优异答卷。

5月14日

[纲　文]　孙春兰在北京考察国家医学科研机构。

[目　文]　国务院副总理孙春兰在国家癌症中心了解我国癌症的监测、筛查、治疗及科研等方面情况。她指出，要树立大卫生、大健康理念，坚持预防为主、关口前移，持续加强健康知识宣传，引导群众改变与癌症发病密切相关的不良生活方式。要强化早期筛查和早诊早治，以降低发病率、提高病人生存质量为目标，健全防治机制和服务体系。加快制定一批规范化诊治指南和质控评价标准，推广适宜有效的防治技术，提高基层防治能力。聚焦病因学、发病机制、诊疗新技术等关键领域，强化产学研用结合，集中力量进行攻关，加快解决防治工作中的一些突出难题。要落实降低抗癌药品价格的各项举措，加大对抗癌药研发的支持力度，鼓励临床急需抗癌药的仿制研究，让患者有更多用药选择。

孙春兰在中国医学科学院考察时指出，要实施好医学与健康科技创新工程，围绕心血管疾病、免疫性疾病等多发慢性病和疑难疾病加强研究攻关，力争前瞻性基础研究、关键防治技术取得突破性进展。要发挥医教研产防一体化优势，优化布局、整合力量，扩大国际合作，培养和吸引更多优秀人才，创造更多先进科技成果，把医科院建设成为我国医学科技创新体系的核心基地。

5月14日

[纲　文]　2018年度国家社科基金项目评审工作会议在北京召开。

[目　文]　中宣部部长黄坤明出席会议并讲话，指出哲学社会科学战线要坚持以习近平新时代中国特色社会主义思想为指导，牢牢把握正确政治方向和研究导向，积极为党和人民述学立论、为事业发展建言献策，推动新时代中国特色哲学社会科学繁荣发展。新时代繁荣发展中国特色哲学社会科学的最根本保证，就在于习近平新时代中国特色社会主义思想这一当代中国马克思主义的科学指引。要增强"四个意识"，切实把这一思想内化为坚定的政治信念、清醒的理论自觉、高度的文化自信，贯穿到哲学社会科学各领域，体现到学术研究、学科建设、教育教学、队伍建设各方面。要立足中国实践、聚焦中国问题，加强全局性、战略性、前瞻性研究，拿出具有深刻洞见、独特创见、战略远见的研究成果，以学术创新创造推动中国特色社会主义实践的深入发展。要加强党对哲学社会科学工作的全面领导，以提升原创性为根本着力点，以加强重点学科建设为突破口，以推进话语体系建设为重大任务，加快构建具有中国特色、中国风格、中

国气派的哲学社会科学。

5月14日

［纲　文］　国务院办公厅转发财政部、国务院扶贫办、发展改革委《扶贫项目资金绩效管理办法》，自2018年5月14日起施行。

5月14日

［纲　文］　国务院办公厅印发《关于进一步压缩企业开办时间的意见》。

［目　文］　《意见》由三个部分组成：一、总体要求和工作目标。二、主要任务和工作措施。三、组织保障和责任落实。

《意见》指出，要依法明确统一的工作要求和规范，指导、推动工作落实。对于企业开办前后需要办理有关行政审批的，各部门要优化流程、简化手续、提高效率，加快解决"准入不准营"的问题。地方人民政府要落实主体责任，理顺工作机制，实施流程再造，统筹推进相关信息系统建设，确保完成工作目标。

5月14日

［纲　文］　国务院办公厅印发《关于开展工程建设项目审批制度改革试点的通知》。

［目　文］　《通知》由六个部分组成：一、总体要求。二、统一审批流程。三、精简审批环节。四、完善审批体系。五、强化监督管理。六、统筹组织实施。

《通知》指出，试点地区要通过多种形式及时宣传报道相关工作措施和取得的成效，加强舆论引导，增进社会公众对试点工作的了解和支持，及时回应群众关切，为顺利推进试点工作营造良好的舆论环境。试点地区要成立领导小组，完善工作机制，编制实施方案，确定量化目标，确保试点工作有序推进。

5月14日

［纲　文］　交通运输部印发修订后的《出租汽车服务质量信誉考核办法》，自2018年6月1日起施行，有效期3年。《交通运输部关于印发〈出租汽车服务质量信誉考核办法（试行）〉的通知》（交运发〔2011〕463号）同时废止。

5月14日

［纲　文］　《人民日报》报道，中央财政下达51.85亿元资金支持公共文化设施免费开放。

［目　文］　中央财政通过转移支付下达2018年免费开放补助资金51.85亿元，支持范围包括全国1854个博物馆、纪念馆和全国爱国主义教育示范基地，1123个市级和5941个县级美术馆、公共图书馆和文化馆，41493个乡镇文化站、城市社区（街道）文化中心。

2017年统计资料显示，在中央补助资金带动下，全国共有3393家博物馆免费开放，占博物馆总数的80%以上，年免费参观6.78亿人次，举办陈列布展约2万个，馆藏品达到2407万件/套；全国3153个公共图书馆馆藏9亿册，年借阅6.6亿人次，组织讲座6.9万次；全国44497个群众文化机构提供文化服务183.97万次，惠及5.79亿人次。

5月14日

［纲　文］　国家副主席王岐山在北京会见巴西外长努内斯。

［目　文］　王岐山转达了习近平主席对巴西总统特梅尔的亲切问候。他表示，国与国相交，人民交往是基础，元首引领是关键。中巴是全面战略伙伴，同为发展中大国，对国际问题有广泛共识。双方经济文化各具特色，人民友好情谊深厚，各领域合作成绩巨大。不断发展的中巴关系赋予双方合作许多新内容，双方要深入领会两国元首对中巴关系定位，与时俱进发挥好中巴高委会等机制作用，不断将合作潜力转化为两国人民福祉，为构建人类命运共同体作出贡献。

努内斯表示，巴西高度重视对华关系。加强巴中合作既有利于双方，也具有全球意义。愿同中方共同努力开创两国关系新局面。

15日，国务委员兼外交部部长王毅在北京会见努内斯时表示，习近平主席提出"一带一路"倡议，巴西正在积极推动"投资伙伴计划"等发展战略，两国可以实现平等对接，深化各领域务实合作。两国应加强在国际多边机制内的沟通协调，共同维护多边主义、经济全球化和自由贸易。

努内斯表示，无论未来政局如何，巴西都坚持对华友好。巴方正在积极研究"一带一路"倡议对接本国发展战略，这将为两国合作带来新的内涵，是互利共赢的好事。

5月14日

［纲　文］　中共中央政治局委员、全国人大常委会副委员长王晨在北京会见由中央委员、阿拉伯关系和中国事务部部长扎基率领的巴勒斯坦法塔赫代表团。

［目　文］　王晨说，习近平主席同阿巴斯总统两度会面，达成重要共识，为两国关系发展指明了方向。今年是中巴建交30周年，中方坚定支持巴正义事业，中国共产党愿与法塔赫巩固传统友谊，加强经验交流，推动两党两国关系全面发展。

扎基说，法塔赫重视发展同中国共产党友好交往，愿借鉴中方治党治国经验。

5月14日

［纲　文］　中国科学家首次获取水合钠离子原子级分辨图像。

［目　文］　北京大学量子材料科学中心江颖课题组、徐莉梅课题组，北京大学化学与分子工程学院高毅勤课题组和中国科学院／北京大学王恩哥课题组合作，继2014年获得世界首张亚分子级分辨的水分子图像后，再次取得突破，首次得到了水合钠离子的原子级分辨图像，并发现了一种水合离子输运的幻数效应。

5月14日

［纲　文］　天津大学海洋技术装备团队研制的长航程水下滑翔机"海燕"连续工作119天，再创新纪录。

［目　文］　本次成功通过海上试验验证的长航程"海燕"水下滑翔机，设计航程3000公里级，于2018年1月16日在南海布放，5月14日安全回收，连续运行119天，完成剖面862个，航行里程2272.4公里，再次创造国产水下滑翔机连续工作时间最长、

测量剖面最多、续航里程最远等新纪录。这也是继"海燕"万米级水下滑翔机2018年4月在马里亚纳海沟附近海域深潜至8213米，创造水下滑翔机工作深度的世界纪录后，再次取得技术突破。

"海燕"水下滑翔机是一款自主研发、拥有完全自主知识产权的无人潜航器，基于浮力驱动和螺旋桨推进相结合实现混合驱动，可长时间连续在大范围海域测量海水温度、盐度、海流、海洋背景噪声等物理参数，以及海洋微结构特征和特殊声源信息等，在海洋环境探测、探索追踪海洋突发事件中发挥着重要作用。

5月14日

［纲　文］　川航3U8633重庆—拉萨航班驾驶舱右座前风挡玻璃破裂脱落，机组成功实施紧急备降。

［目　文］　川航A319-100飞机执行重庆至拉萨航班，9800米巡航过程中机组发现右侧内风挡出现裂纹，立即申请下高度返航，此时出现右风挡防冰故障。机长刘传健等全体机组成员沉着应对，克服高空低压、低温等恶劣环境，在多部门的密切配合下，成功备降成都双流机场，确保了机上119名乘客和9名机组成员的生命财产安全。

6月8日，四川省、中国民用航空局在成都举行成功处置3U8633航班险情表彰大会。川航3U8633航班机组被授予"中国民航英雄机组"称号，机长刘传健被授予"中国民航英雄机长"称号，并享受省级劳动模范待遇。

5月14—19日

［纲　文］　应国务院总理李克强邀请，特立尼达和多巴哥共和国总理罗利对中国进行正式访问。

［目　文］　访问期间，国家主席习近平在北京会见了罗利。李克强与罗利举行会谈并共同见证了经济技术合作、医疗卫生、人力资源等多份双边合作文件的签署。

习近平会见罗利时指出，特立尼达和多巴哥共和国是加勒比地区大国，是中国在该地区的重要合作伙伴，两国在许多方面立场相近、观点相似。新形势下，双方要共同努力，实现两国关系在双边、地区和多边层面新的更大发展。中特双方要加强发展战略、发展规划对接，密切各层级往来，深化了解与互信。中方愿同特方加强"一带一路"建设合作，帮助特立尼达和多巴哥共和国经济社会发展。要加强人文交流，让中特友好更加深入人心。中特应该就气候变化等重大全球性问题及联合国事务保持密切沟通协调，坚定维护两国及发展中国家共同利益。中方将继续在多边场合为特立尼达和多巴哥共和国等加勒比国家仗义执言，希望特立尼达和多巴哥共和国为促进中加及中国同拉美国家整体合作发挥积极作用。

罗利表示，新时期，特立尼达和多巴哥共和国愿积极参与习近平主席倡导的"一带一路"倡议，扩大双边经贸、投资规模和人文交流，助力加中、拉中关系发展。

李克强同罗利会谈时表示，特多是加勒比地区最早同新中国建交的国家之一。2013年习近平主席成功访问特多，中国同特多建立"相互尊重、平等互利、共同发展"的全面合作伙伴关系。中国政府重视发展同特多的关系，愿同特多巩固政治互信，深化务实合作，在国际和地区事务中加强协调配合，推动两国关系达到新水平。以2019年两国建交45周年为契机，扩大双方教育、文化、体育、旅游等交流，提高两国签证便利化水平，促进人员往来。中国和拉美及加勒比各国同属发展中国家，互为发展机遇。

罗利表示，感谢中方多年来对特多提供的大力支持。特多愿进一步加强同中方在"一带一路"、医疗卫生、金融等领域的务实合作，把双边关系提高到新的高度。

5月14—15日

［纲　文］　第七届女子划艇世界杯赛在匈牙利赛格德举行。

［目　文］　27个国家和地区的106名运动员参加。中国皮划艇队选派的15名女子划艇运动员参加了全部10个项目的比赛，最终收获7金4银1铜，成绩位于金牌榜首位。

5月15日

［纲　文］　习近平主持召开中央外事工作委员会第一次会议并发表讲话。

［目　文］　国务院总理、中央外事工作委员会副主任李克强，国家副主席、中央外事工作委员会委员王岐山出席会议。中共中央政治局常委王沪宁、韩正参加会议。会议审议通过了《中央外事工作委员会工作规则》等文件。

中共中央总书记、中央外事工作委员会主任习近平指出，要加强党中央对外事工作的集中统一领导，准确把握当前国际形势发展变化，锐意进取，开拓创新，努力开创中国特色大国外交新局面，为实现"两个一百年"奋斗目标、实现中华民族伟大复兴的中国梦作出更大贡献。当今世界不确定不稳定因素增多，我国发展面临的机遇和挑战并存。我们要准确把握国际形势变化的规律，既认清中国和世界发展大势，又看到前进道路上面临的风险挑战，未雨绸缪、妥善应对，切实做好工作。"一带一路"建设是我们推动构建人类命运共同体的重要实践平台。几年来，"一带一路"建设从理念到行动，发展成为实实在在的国际合作，取得了令人瞩目的成就。地方外事工作是党和国家对外工作的重要组成部分，对推动对外交往合作、促进地方改革发展具有重要意义。要在中央外事工作委员会集中统一领导下，统筹做好地方外事工作，从全局高度集中调度、合理配置各地资源，有目标、有步骤推进相关工作。做好新形势下外事工作，中央外事工作委员会要发挥决策议事协调作用，推动外交理论和实践创新，为外事工作不断开创新局面提供有力指导。要强化顶层设计和统筹协调，提高把方向、谋大局、定政策能力，推进对外工作体制机制改革，加强外事工作队伍建设，抓好重点工作的推进、检查、督办，确保党中央对外决策部署落到实处。

5月15日

［纲　文］　国家主席习近平在北京会见博鳌亚洲论坛理事长潘基文。

［目　文］　习近平指出，博鳌亚洲论坛成立于21世纪初，其初心就是亚洲国家联合自强、共迎挑战、提升亚洲影响。论坛的使命和宗旨，就是推动亚洲经济一体化，促进地区国家同世界各国交流合作，实现互利共赢。论坛的成立和发展同中国改革开放进程相

生相伴。希望论坛与时俱进,聚焦亚洲和新兴市场经济体,关注世界发展重大现实问题,为破解发展难题、完善经济治理、实现可持续发展提供新理念、新思路、新办法,为推动中国和世界共同发展繁荣发挥积极作用。作为东道国,中国将一如既往支持论坛理事会工作,支持论坛不断提升影响力。中国开放的大门不会关闭,只会越开越大。我们将在开放的环境中适应开放,在开放的环境中赢得发展。我们将坚定支持多边主义,维护多边贸易体制,构建开放型世界经济,致力于推动经济全球化朝着更加开放、包容、普惠、平衡、共赢的方向发展。我在今年论坛年会上宣布了中国自主扩大开放新一轮举措。这些举措将尽快落地,为亚洲和世界带来更大发展机遇。

潘基文表示,感谢中国政府对博鳌亚洲论坛的大力支持。当前形势下,论坛需要发出支持全球化、支持自由贸易的明确信息,要充分借助中方"一带一路"倡议,推动亚洲保持开放和创新,实现更好发展。从长远看,论坛还要在立足亚洲基础上超越亚洲,成为一个促进世界人民和谐共处的重要平台,为构建人类命运共同体作出努力。

14日,国务委员兼外交部部长王毅在北京会见了潘基文。

5月15日

[纲　文] **全国政协在北京召开"健全系统性金融风险防范体系"专题协商会。**

[目　文] 全国政协主席汪洋主持会议并讲话。全国政协副主席张庆黎主持上午的会议。中共中央政治局委员、国务院副总理刘鹤出席会议并讲话。全国政协副主席梁振英、辜胜阻在会上发言。全国政协副主席董建华、何厚铧、陈晓光、夏宝龙、巴特尔、刘新成出席会议。人民银行负责人介绍了情况,中共中央、国务院有关部门和单位负责人到会听取意见建议,与委员互动交流。

汪洋指出,防控金融风险事关国家安全、发展全局、人民群众财产安全,是实现高质量发展必须跨越的重大关口,是必须打好的攻坚战。十三届全国政协第一次专题协商会选取这一议题开展协商,是人民政协围绕中心、服务大局的体现。要更好发挥政协协商平台建言资政和宣传党和政府政策主张、凝聚共识的作用,把专题协商会这一民主形式坚持好、发展好、完善好。

24位委员在会上发言。委员们认为,以习近平同志为核心的党中央高度重视防范和化解金融风险工作并作出一系列重大决策部署,有关方面做了大量卓有成效的工作,金融风险处置取得初步成果。委员们建议,要牢固树立和贯彻落实新发展理念,坚持稳中求进工作总基调,坚持金融服务实体经济的根本宗旨,标本兼治、精准施策,在保持经济金融平稳运行的前提下逐步化解风险。要着力加强制度建设,补齐防范金融风险的制度短板,加快健全金融基础设施,完善社会信用体系,建立金融监管协调机制,健全地方债务会计准则和信息披露制度,构建房地产市场健康发展的长效机制。要坚决整治非法金融乱象,全面加强各类金融活动的监管,引导互联网金融等金融新业态健康发展。

5月15日

[纲　文] **中共中央党校(国家行政学院)举行2018年春季学期第二批入学学员**

开学典礼。

［目　文］　中共中央政治局委员、中央党校（国家行政学院）校长（院长）陈希出席并讲话。中央有关部门负责人，中央党校（国家行政学院）校委会（院委会）成员、全体学员和教职工参加开学典礼。中国浦东、井冈山、延安干部学院学员通过视频会议系统同步参加。

5月15日

［纲　文］　中科院广州生物医药与健康研究院全自动干细胞诱导培养设备研制项目团队研制的全自动干细胞诱导培养设备通过验收。

［目　文］　这是世界上首台全自动、大规模、规范化诱导及扩增的干细胞诱导生产系统。该设备将实现全自动化、规模化、智能化的诱导干细胞制备，对再生医学及其相关的细胞治疗领域产生重大影响。

5月15日

［纲　文］　黑龙江省第十三届人民代表大会第二次会议选举王文涛为黑龙江省省长。

5月15日

［纲　文］　"新时代　新机遇——内地与香港创科合作研讨会"在香港特区政府总部举行。

［目　文］　研讨会由香港特区政府主办、中央政府驻港联络办支持。香港特区行政长官林郑月娥在研讨会上致辞。科学技术部副部长黄卫在会上介绍了有关新政策的内容。国务院港澳办、中央政府驻港联络办有关负责人和香港特区政府创新及科技局负责人发言。中国科学院及中国工程院在港院士、特区政府官员和科技界代表共100余人参会。

5月15日

［纲　文］　国务院副总理胡春华在北京分别会见英国议会上院议员鲍威尔勋爵、欧盟委员会农业与农村发展委员霍根。

［目　文］　胡春华在会见鲍威尔时表示，中英关系"黄金时代"稳步推进，进入加速发展的新时期。中方愿同英方在经贸金融、"一带一路"、减贫等方面加强合作，进一步促进双方友好关系。

胡春华会见霍根时表示，中欧农业合作发展势头良好，双方应充分发挥各自优势，扎实开展务实合作，推动中欧农业合作深入发展。

5月15—19日

［纲　文］　国家主席习近平特使、国务院副总理、中美全面经济对话中方牵头人刘鹤应邀访问美国。

［目　文］　17—18日，刘鹤率领的中方代表团和包括财政部长姆努钦、商务部长罗斯和贸易代表莱特希泽等成员的美方代表团就贸易问题进行了建设性磋商。

19日，中美两国在华盛顿就双边经贸磋商发表联合声明。声明说，双方同意，将采取有效措施实质性减少美对华货物贸易逆差。为满足中国人民不断增长的消费需求和促进高质量经济发展，中方将大量增加自美购买商品和服务。这也有助于美国经济增长和就业。双方同意有意义地增加美国农产品和能源出口，美方将派团赴华讨论具体事项。双方就扩大制造业产品和服务贸易进行了讨论，就创造有利条件增加上述领域的贸易达成共识。双方高度重视知识产权保护，同意加强合作。中方将推进包括《专利法》在内的相关法律法规修订工作。双方同意鼓励双向投资，将努力创造公平竞争营商环境。双方同意继续就此保持高层沟通，积极寻求解决各自关注的经贸问题。

访美期间，刘鹤在华盛顿分别会见了美国总统特朗普，美国前国务卿基辛格，临时参议长、参议院财政委员会主席哈奇以及众议院筹款委员会主席布雷迪等。

5月15—17日

［纲　文］　王晨率全国人大常委会大气污染防治法执法检查组在山西开展执法检查。

［目　文］　全国人大常委会副委员长王晨率执法检查组在太原、晋中、阳泉等地进行检查，听取山西贯彻实施大气污染防治法的情况汇报。

王晨等在太原市杏花岭区，察看了空气质量智能化监管平台运行情况，对运用大数据和认知计算等高新技术进行大气污染精细化监控和防治予以肯定；在平定县冠山镇石板坪村，入户走察看散煤治理情况，看望积极支持冬季清洁取暖"煤改气"工程的村民；在太原钢铁（集团）公司、山西瑞光热电公司、吉利集团山西公司、太原长风商务区电动出租车充电站、阳泉公交总公司、阳煤集团二矿和奥伦胶带公司等企业，分别察看了脱硫脱硝设备运行、挥发性有机污染物治理、锅炉清洁能源改造、新能源汽车推广使用等情况，要求进一步调整能源结构，减少煤炭消费，增加清洁能源使用，实施超低排放改造，鼓励企业在大气污染防治中当排头兵。

王晨指出，山西大力推进能源结构优化，推行煤炭消费减量和清洁化利用，加强重点行业和"散乱污"工业企业治理，加大机动车污染防治工作力度，大气污染防治取得积极进展。同时要看到煤炭占山西一次能源消费的比重为80%以上，明显高于全国，二氧化硫、氮氧化物、烟粉尘等排放总量均在全国前列，大气污染防治形势依然严峻，任务艰巨。必须坚定不移推动资源型经济转型发展，把污染防治放在各项工作重要位置，科学制定发展规划，大力调整产业结构、能源结构和运输结构。要切实贯彻好新修订的大气污染防治法，加大执法力度，坚持违法必究，运用法治的力量打赢蓝天保卫战。

5月15—16日

［纲　文］　第十轮中美工商领袖和前高官对话在北京举行。

［目　文］　对话由中国国际经济交流中心和美国全国商会联合举办。双方围绕中美经贸关系问题展开交流，涉及中美贸易摩擦及双方未来政策走向、"一带一路"国际合作及数字经济、能源、农业、工业等议题。

15日，国家副主席王岐山在北京会见出席第十轮中美工商领袖和前高官对话的美方代表时表示，中美关系自建交以来虽历经风雨但始终向前。平等互利的经贸关系是两国关系的"压舱石"，其本质是合作共赢。良好的经贸关系符合中美两国人民根本利益。双方要加深了解，增加信任，通过对话协商解决存在的分歧。中国将进一步深化改革、扩大开放，不断改善贸易投资环境，持续释放市场魅力。希望中美工商领袖和智库专家凝聚共识，共同推动中美经贸关系稳定健康发展。

美方代表表示，良好的美中经贸关系有助于两国和世界经济稳定发展。美国工商界将继续推动双方各层面沟通交流，通过协商对话寻求共赢的解决方案。

5月16日

［纲　文］　习近平视察军事科学院。

［目　文］　中共中央总书记、国家主席、中央军委主席习近平在军事科学院军事医学研究院，考察相关科研工程进展情况，看到不少成果达到世界先进水平，勉励大家再接再厉，再创佳绩；在军事科学院机关，看望了在军事科学院工作的"两院"院士，了解他们的工作情况；接见了军事科学院第八次党代会全体代表，同大家合影留念。

习近平听取军事科学院工作汇报并发表讲话。他指出，军事科学研究具有很强的探索性，要把创新摆在更加突出的位置，做好战略谋划和顶层设计，加强军事理论创新、国防科技创新、军事科研工作组织模式创新，把军事科研创新的引擎全速发动起来。要紧紧扭住战争和作战问题推进军事理论创新，构建具有我军特色、符合现代战争规律的先进作战理论体系，不断开辟当代中国马克思主义军事理论发展新境界。要推进军事科研领域政策制度改革，形成顺畅高效的运行机制，把创新活力充分激发出来。要深入研究理论和科技融合的内容、机制和手段，把理论和科技融合的路子走实走好。要毫不动摇坚持党对军队绝对领导，认真落实全面从严治党要求，把各级党组织搞坚强，把党的领导贯穿军事科研工作各方面和全过程。要加强科研作风建设，加强科研经费管理，营造良好风气。各级要主动靠上去解决实际困难，把大家拧成一股绳，努力开创新时代军事科研工作新局面。

军事科学院是中国人民解放军的科研机构，几十年来为国防和军队建设作出了贡献。在这次深化国防和军队改革中，军事科学院进行了重塑，习近平2017年7月向重新组建的军事科学院授予军旗并致了训词。

5月16日

［纲　文］　中共中央总书记、国家主席习近平在北京会见由朝鲜劳动党中央政治局委员、中央副委员长朴泰成率领的朝鲜劳动党友好参观团。

［目　文］　习近平表示，今年3月金正恩委员长成功访华，我同他举行了历史性会晤，上星期我又同金正恩委员长在大连成功会晤，就双方共同关心的重大问题进行深入沟通，为新时代中朝关系发展指明了方向。这次朝鲜所有道、市委员长共同组团访华，既是落实我同金正恩委员长两次会晤重要共识的具体举措，也是两党开展的一次重要交往，体现了金正恩委员长和朝党中央对加强两党两国交流互鉴、深化中朝友好合作的高度重视。

相信双方将以此访为契机,深化交流合作,推动中朝友好合作关系不断向前发展。当前中国特色社会主义进入新时代,朝鲜社会主义发展进入新的历史时期。我们支持改善北南关系、推动朝美对话、实现半岛无核化,支持朝鲜发展经济、改善民生,支持金正恩委员长带领朝鲜党和人民走符合自身国情的发展道路,愿同朝方深化治党治国经验交流,推动两国社会主义建设事业取得新的更大发展。

朴泰成表示,此次由朝鲜所有道、市委员长组成的友好参观团受金正恩委员长指派访华,旨在落实两党最高领导人重要共识,学习中国经济建设和改革开放经验,为朝党贯彻落实集中力量优先发展经济的新战略路线发挥积极作用,为巩固两党领导人亲自提升的朝中友谊作出新的贡献。

5月16日
[纲　文] 国家主席习近平就印尼发生恐怖袭击事件致电印尼总统佐科表示慰问。

5月16日
[纲　文] **李克强主持召开国务院常务会议。**
[目　文] 会议主要内容是:一、部署推进政务服务"一网通办"和企业群众办事"只进一扇门""最多跑一次"。会议指出,近年来,按照党中央、国务院部署,各地区各部门深化"放管服"改革,运用"互联网+政务服务"便民利企,取得积极成效。下一步,围绕优化营商环境、激发市场活力和社会创造力,推进政务服务"一网通办":一要整合构建国家、省、市三级互联的网上政务服务平台,除法律规定或涉密等外,政务服务均应纳入平台办理。坚持联网通办是原则、孤网是例外,政务服务上网是原则、不上网是例外,原则上不再批准单个部门建设孤立信息系统。二要实行办事要件标准化。公布必须到现场办理事项的"最多跑一次"目录,推行"前台综合受理、后台分类审批、统一窗口出件"。原则上不再保留各地政府部门自设的服务大厅。三要简化办事环节,能共享的材料不得要求重复提交,并完善相关制度。加快电子证照推广互认。四要建立统一数据共享交换平台,对未按要求改造对接政务信息系统的,不审批新项目,不拨付运维经费。五要强化数据共享安全保障,依法加强隐私等信息保护。到2019年底,使网上可办的省级、市县级政务服务事项分别不低于90%、70%。二、决定在全国推开外资企业设立商务备案与工商登记"一口办理"。会议决定,进一步简化外资企业设立程序,从6月30日起,在全国推行外资商务备案与工商登记"一套表格、一口办理",做到"无纸化""零见面""零收费",大幅压减办理时间。推动银行、海关、税务、外汇等外资企业信息实时共享、联动管理。要加强督查,确保措施切实落地。三、确定进一步降低实体经济物流成本的措施。会议确定,一是从2018年5月1日到2019年12月31日,对物流企业承租的大宗商品仓储设施用地减半征收城镇土地使用税。同时,从2018年7月1日到2021年6月30日,对挂车减半征收车辆购置税。二是2018年底前,实现货车年审、年检和尾气排放检验"三检合一"。简并货运车辆认证许可,对未改变关键结构参数的车型实行备案管理。取消4.5吨及以下普通货运从业资格证和车辆营运证。对货运车辆推行跨省异地检验。三

是推动取消高速公路省界收费站。简化物流企业分支机构设立手续。采取上述措施，加上增值税率调整后相应下调铁路运价，预计全年降低物流成本120多亿元。会议要求积极发展公路、铁路、水运多式联运，进一步提升物流效率。

5月16日

［纲　文］　国务院办公厅印发《关于加强行政规范性文件制定和监督管理工作的通知》。

［目　文］　《通知》由三个部分组成：一、严格依法行政，防止乱发文件。二、规范制发程序，确保合法有效。三、加强监督检查，严格责任追究。

《通知》指出，各地区、各部门要按照要求抓紧对本地区、本部门的文件开展自查自纠，发现存在违反法律法规和国家政策、侵犯群众合法权益的"奇葩"文件等问题的，要及时纠正，造成严重影响的，要按照有关规定严肃问责。要做好机构改革过程中行政规范性文件清理和实施的衔接工作，新组建或者职责调整的政府部门要对本部门负责实施的行政规范性文件进行清理，需要修改的，及时进行修改；不需要修改的，做好继续实施的衔接工作，确保依法履职。各地区、各部门要将本通知的贯彻落实情况和工作中遇到的重要事项及时报司法部。

5月16日

［纲　文］　国务院办公厅印发《关于调整国务院残疾人工作委员会组成人员的通知》。

［目　文］　《通知》说，根据机构设置、人员变动情况和工作需要，国务院对国务院残疾人工作委员会组成人员作了调整。现将调整后的名单通知如下，主任：王勇。副主任：孟扬、张海迪、朱之文、高晓兵、张义珍、王贺胜、鲁勇。委员由有关部门负责人组成。国务院残疾人工作委员会的具体工作由中国残联承担。

5月16日

［纲　文］　国资委、财政部、证监会印发《上市公司国有股权监督管理办法》。

［目　文］　《办法》共13章79条。主要有总则、国有股东所持上市公司股份通过证券交易系统转让、国有股东所持上市公司股份公开征集转让、国有股东所持上市公司股份非公开协议转让、国有股东所持上市公司股份无偿划转、国有股东所持上市公司股份间接转让、国有股东发行可交换公司债券、国有股东受让上市公司股份、国有股东所控股上市公司吸收合并、国有股东所控股上市公司发行证券、国有股东与上市公司进行资产重组、法律责任、附则等内容。自2018年7月1日起施行。2007年印发的《国有股东转让所持上市公司股份管理暂行办法》（国资委证监会令第19号）同时废止。

5月16日

［纲　文］　交通运输部印发《铁路行业统计管理规定》。

［目　文］　《规定》共6章34条。主要有总则、工作职责、统计调查管理、统计资料的管理和公布、监督检查、附则等内容。自2018年7月1日起施行。原铁道部于2006

年9月21日公布的《铁路行业统计管理规定》(铁道部令第28号)同时废止。

5月16日

[纲　文]　银保监会发布《个人税收递延型商业养老保险业务管理暂行办法》。

[目　文]　《办法》共6章36条。主要有总则、业务条件、大类资产配置、运作规范、风险管理、监督管理等内容。自2018年5月16日起施行。

5月16—17日

[纲　文]　首届上海合作组织妇女论坛在北京举办。

[目　文]　全国人大常委会副委员长、全国妇联主席沈跃跃出席开幕式并致辞。论坛由全国妇联举办,以"凝聚女性力量 促进共同发展"为主题,设三个分议题,即"妇女与创新发展""妇女与美丽世界""妇女与互利合作"。上合组织成员国、观察员国、对话伙伴的政要、妇女组织负责人,专家学者以及上合组织国家驻华使馆、上合组织秘书处、联合国相关机构代表等200余人应邀出席。

5月16—17日

[纲　文]　上海合作组织成员国文化部长第十五次会晤在海南三亚举行。

[目　文]　会晤由文化和旅游部、海南省人民政府共同主办。中国、印度、哈萨克斯坦、吉尔吉斯斯坦、巴基斯坦、俄罗斯、塔吉克斯坦、乌兹别克斯坦八个成员国的代表团共同签署了《上海合作组织成员国政府间文化合作协定2018—2020年执行计划》和《上海合作组织成员国文化部长第十五次会晤新闻声明》。

5月16—24日

[纲　文]　国务委员兼外交部部长王毅应邀对法国、西班牙、葡萄牙、阿根廷进行正式访问并出席在阿根廷举行的二十国集团外长会议。

[目　文]　王毅在法国访问期间,在巴黎分别会见了法国总统马克龙、法国总统外事顾问埃蒂安,同法国外长勒德里昂举行会谈。双方就朝鲜半岛核、伊朗核、中东局势等共同关心的国际和地区热点问题交换了看法。

王毅在西班牙访问期间,在马德里分别会见西班牙国王费利佩六世、西班牙首相拉霍伊,与西班牙外交大臣达斯蒂斯举行了会谈并共同会见记者。

王毅在葡萄牙访问期间,在里斯本分别会见葡萄牙总统德索萨、总理科斯塔,与葡萄牙外长席尔瓦举行会谈。

王毅在阿根廷访问期间,在布宜诺斯艾利斯会见阿根廷总统马克里,与阿根廷外长福列举行会谈。

20—21日,二十国集团外长会议在布宜诺斯艾利斯召开,与会代表围绕多边主义与全球治理、信息技术带来的新挑战、实现公平和可持续发展的行动等议题展开讨论。为本年在阿根廷举行的二十国集团峰会作准备。

王毅出席会议时表示,今年是中国改革开放40周年。40年来,中国7亿人口摆脱贫困,为全球发展事业作出重要贡献。我们将坚持改革,扩大开放,落实以人民为中心的发展理念，始终做世界和平的建设者、全球发展的贡献者、国际秩序的维护者。在实现自身发展的同时，努力为人类的共同发展事业作出更多贡献。

23日，王毅结束访问阿根廷回国，途经华盛顿同美国国务卿蓬佩奥举行会晤。双方就中美关系及共同关心的问题深入交换意见。

5月17日

［纲　文］　中共中央宣传部发出《关于认真组织学习〈习近平新时代中国特色社会主义思想三十讲〉的通知》。

［目　文］　《通知》说，党的十九大确立了习近平新时代中国特色社会主义思想党的指导思想的历史地位并写进党章，十三届全国人大一次会议通过的宪法修正案将习近平新时代中国特色社会主义思想载入宪法，实现了党和国家指导思想的又一次与时俱进。习近平新时代中国特色社会主义思想，是对马克思列宁主义、毛泽东思想、邓小平理论、"三个代表"重要思想、科学发展观的继承和发展，是马克思主义中国化最新成果，是党和人民实践经验和集体智慧的结晶，是中国特色社会主义理论体系的重要组成部分，是全党全国人民为实现中华民族伟大复兴而奋斗的行动指南，必须长期坚持并不断发展。各级党组织要按照学懂弄通做实的要求，组织认真学习习近平新时代中国特色社会主义思想原文原著，用好《三十讲》这一重要辅助读物，深入理解掌握习近平新时代中国特色社会主义思想，进一步树立"四个意识"，增强"四个自信"，切实把思想和行动统一到习近平新时代中国特色社会主义思想上来，统一到中央重大决策部署上来。

5月17日

［纲　文］　交通运输部印发《公路水运工程监理企业资质管理规定》。

［目　文］　《规定》共5章35条。主要有总则、资质等级和从业范围、申请与许可、监督检查等内容。自2018年7月1日起施行。2004年6月30日以交通部令2004年第5号发布的《公路水运工程监理企业资质管理规定》、2014年4月9日以交通运输部令2014年第7号发布的《关于修改〈公路水运工程监理企业资质管理规定〉的决定》、2015年5月12日以交通运输部令2015年第4号发布的《关于修改〈公路水运工程监理企业资质管理规定〉的决定》同时废止。

5月17日

［纲　文］　工业和信息化部印发《通信建设工程质量监督管理规定》。

［目　文］　《规定》共5章35条。主要有总则、通信质量监督机构及其职责、质量监督内容和程序、法律责任等内容。自2018年7月1日起施行。2001年12月19日公布的《通信工程质量监督管理规定》（原信息产业部令第18号）同时废止。

5月17日

［纲　文］　卫生健康委印发《医疗消毒供应中心基本标准》《医疗消毒供应中心管理规范》《健康体检中心基本标准（试行）》《健康体检中心管理规范（试行）》《眼科医院

基本标准（试行）》《眼科医院管理规范（试行）》。

5月17日

［纲　文］　郭声琨在北京出席深入学习贯彻习近平总书记重要讲话精神座谈会并讲话。

［目　文］　中央政法委书记郭声琨指出，习近平总书记2017年5月19日的重要讲话，是习近平新时代中国特色社会主义思想的有机组成部分，是习近平新时代中国特色社会主义政法思想在公安工作领域的集中体现，为加强新时代公安工作和队伍建设提供了科学指南。要从增强"四个意识"的政治高度，从公安事业发展进步的战略高度，把学习贯彻习近平总书记重要讲话精神作为长期的重大政治任务，一以贯之地抓紧抓好。要毫不动摇地坚持党对公安工作的绝对领导，切实铸牢对党忠诚的政治灵魂，坚决维护习近平总书记核心地位，坚决维护党中央权威和集中统一领导，坚定不移做新时代中国特色社会主义事业忠诚卫士。要坚持以人民为中心的发展思想，严格规范公正文明执法，依法严厉打击各类违法犯罪活动，深化惠民便民改革，锻造纪律严明的过硬队伍，履行好党和人民赋予的职责使命。

5月17日

［纲　文］　推动长江经济带发展领导小组会议在北京召开。

［目　文］　会议由中共中央政治局常委、国务院副总理、推动长江经济带发展领导小组组长韩正主持。推动长江经济带发展领导小组成员、领导小组办公室以及有关部门单位负责人参加会议。会议内容是学习贯彻落实中共中央总书记习近平在深入推动长江经济带发展座谈会上的讲话精神，审议有关文件，明确目标、分解任务，部署下一阶段重点工作。

韩正指出，要按照中央统筹、省负总责、市县抓落实的管理体制，充分发挥各有关部门单位和沿江省市的作用，形成推动长江经济带发展强大合力。要强化法治保障，加强综合执法，建立健全跨部门、跨区域执法协作机制，坚持铁腕治江，形成对环境违法行为的强大震慑。要咬定目标、埋头苦干，为全面建成小康社会、夺取新时代中国特色社会主义伟大胜利作出新的贡献。

5月17日

［纲　文］　政法口机构改革专项协调小组会议暨中央司法体制改革领导小组会议在北京召开。

［目　文］　会议由中央政法委书记郭声琨主持。国务委员、公安部部长赵克志，最高人民法院院长周强，最高人民检察院检察长张军，中央政法委委员陈一新、陈文清、傅政华、陈训秋、王宁、宋丹，及中央政法委机关、中央编办、中国法学会、最高人民法院、最高人民检察院、公安部、司法部、自然资源部、应急管理部、国务院国资委、中央军委改革和编制办、武警部队、中国海警局有关负责人参加会议。

郭声琨指出，要认真学习贯彻习近平总书记全面深化改革重要思想，进一步提高政治站位，增强"四个意识"，从更高层次上系统谋划、统筹推进政法口机构改革和司法体制改革，形成全方位深层次的政法改革新格局，以实际行动迎接改革开放40周年。要健全政法改革组织实施机制，增强改革系统性、整体性、协同性，统筹推进政法组织体系改革，统筹推进跨军地改革，统筹推进司法责任制和综合配套改革，统筹推进刑事和民事诉讼制度改革，着力构建优化协同高效的政法机构职能体系、权责一致的司法权运行新机制，在更高层次实现公正和效率相统一。要统筹推进体制改革和科技创新，推动政法工作在质量、效率、动力变革中实现跨越式发展。要坚持顶层设计与基层创造相统一、改革与法治相统一、解决思想问题与解决实际问题相统一、抓部署与抓落实相统一，形成共同推进政法改革的合力，确保改革取得预期成效。

5月17日

〔纲 文〕 国际冰球联合会在丹麦哥本哈根表决并全票通过关于中国男子和女子冰球队直接晋级2022年冬奥会的议案。

5月17日

〔纲 文〕 全国政协主席汪洋在北京会见法国国民议会第一副议长博纳尔。

〔目 文〕 汪洋说，今年1月，习近平主席与来访的马克龙总统就进一步深化两国关系达成重要共识，为新时期中法全面战略伙伴关系发展指明了方向、注入了新动力。中方愿与法方一道努力，全面落实好两国元首达成的重要共识，进一步夯实政治互信，继续加强在国际事务中的协调与合作，坚持互利共赢，共同谱写中法关系新篇章。中国全国政协愿同法国国民议会保持交流互鉴，为两国关系持续深入发展作出新贡献。

博纳尔表示，法方高度重视对华关系，法国国民议会愿与中方加强交流与合作，推动法中关系迈向更高水平。

5月17日

〔纲 文〕 外交部发言人表示，朝方努力应当赢得有关方面相向而行。

〔目 文〕 有记者问：美国联邦参议员兰德·保罗在就朝鲜威胁可能重新考虑朝美领导人会晤接受采访时表示，朝鲜释放了3名美国公民、宣布将停止核导试验，作出了让步，但没有从美国这一方看到任何进展。朝鲜最新表态只是以自己的方式进行反映。他对即将举行的朝美领导人会晤仍然保持乐观。中方对此有何评论？

发言人说，保罗参议员也是美国会参院外委会成员，我真心希望上述这种换位思考的方式和主张互谅互让的态度能够得到重视。一段时间以来，在有关各方的共同努力下，朝鲜半岛问题的解决终于朝正确方向迈出了重要一步。半岛当前出现的对话缓和局面来之不易，值得所有有关各方共同珍惜。朝方为此所作的一系列重要努力，包括宣布停止核导试验、关闭丰溪里核试验场等举措，展现了朝方推进半岛无核化、与有关各方建立互信的善意，以及朝方致力于通过对话推动半岛问题政治解决进程的诚意，值得充分肯定，应该受到国际社会的鼓励、欢迎和支持，更应当赢得有关方面的相向而行。

5月17—20日

〔纲 文〕 中央军委副主席张又侠率团访问巴基斯坦。

［目　文］　访问期间，张又侠分别会见了巴基斯坦代总统、参议院主席桑吉拉尼，巴基斯坦总理阿巴西；会见了参联会主席祖拜尔、陆军参谋长巴杰瓦、空军参谋长穆贾希德、海军参谋长阿巴西，就地区安全形势和两军在反恐、联演联训、装备技术等领域开展合作交换意见。

5月18日

［纲　文］　科技部、全国工商联印发《关于推动民营企业创新发展的指导意见》。

［目　文］　《意见》由三个部分组成：一、总体要求。二、重点任务。三、保障措施。

5月18日

［纲　文］　自然资源部发布2017年中国土地矿产海洋资源统计公报。

［目　文］　公报说，2017年末，全国耕地面积13486.32万公顷（20.23亿亩），全国因建设占用、灾毁、生态退耕等减少耕地面积32.04万公顷，通过土地整治、农业结构调整等增加耕地面积25.95万公顷，年内净减少耕地面积6.09万公顷。2017年国有建设用地供应60.31万公顷（904万亩），同比增长13.5%；全年出让国有建设用地22.54万公顷，同比增长6.4%。矿产资源方面，2017年地质勘查投入资金775.68亿元，与上年基本持平。2017年新发现矿产地124个，其中大中型油气矿产15处，非油气矿产109处。海洋资源方面，2017年海洋生产总值77611亿元，同比增长6.9%，海洋生产总值占国内生产总值的9.4%。海洋保护区生态环境状况基本稳定。地质环境方面，全国共成功预报地质灾害1016起，避免人员伤亡39869人，避免直接经济损失12.5亿元。新增国家地质公园8处，新增世界地质公园2处，新增地质公园面积7.28万公顷。测绘和地理信息方面，2017年测绘资质单位完成服务总值1042.95亿元，同比增长12.3%。全国测绘资质单位总数18636家，同比增长7.8%。

5月18日

［纲　文］　**《2018中国卫星导航与位置服务产业发展白皮书》在北京发布。**

［目　文］　《白皮书》指出，2017年我国卫星导航与位置服务产业总体产值已达到2550亿元，较2016年增长20.4%。其中包括与卫星导航技术直接相关的芯片、器件、算法、软件、导航数据、终端设备等在内的产业核心产值占比为35.4%，达到902亿元，北斗对产业核心产值的贡献率已达到80%。2017年，正值北斗卫星导航系统正式开通5周年。5年来，北斗卫星导航系统已广泛应用于交通、海事、电力、民政、气象、渔业、测绘、矿产、公安、农业、林业、国土、水利、金融、市政管网等十几个行业领域，各类国产北斗终端产品推广应用已累计超过4000万台/套，包括智能手机在内的采用北斗兼容芯片的终端产品社会用户总保有量接近5亿台/套。

5月18日

［纲　文］　中国新一代海洋综合科考船"向阳红01"完成中国首次环球海洋综合科

学考察，返回山东青岛。

［目　文］　"向阳红01"船于2017年8月28日从青岛出发，跨越印度洋、南大西洋、太平洋，科考范围主要集中在人类认知较为薄弱的南半球，填补了多个海域调查的空白。航次历时263天，行程38600海里，完成了大洋、极地多项科考任务，实现了资源、环境、气候三位一体的高度融合。

本航次中，科考队在中印度洋海盆区进一步圈划出稀土超常富集核心区域，使我国成为目前对印度洋深海稀土调查研究程度最高的国家。在南极海域，"向阳红01"船与"雪龙"船联合执行了中国第34次南极科学考察，首次将大洋与极地科考整合在一起，首次将我国南极科考由传统的西经45度向东扩展到西经37度海域。在海洋环境研究方面，本次科考覆盖我国大洋资源开发的重点区域、南极半岛陆架区及沿途大洋微塑料、大洋缺氧带和海洋酸化等的高密度区和高发区，全程开展了与海洋生态相关领域的调研。在海洋气候方面，环球航次穿越了东亚季风、南亚季风、非洲季风和澳洲季风等多个季风系统。科考队探查了季风、洋流、高低纬度之间的内在联系。

5月18日

［纲　文］　2018年"5·18国际博物馆日"中国主会场活动在上海市历史博物馆举行。

［目　文］　活动由国家文物局、上海市人民政府主办。开幕式上，国家文物局公布了"第十五届（2017年度）全国博物馆十大陈列展览精品推介"名单，内蒙古博物馆"大辽契丹——辽代历史文化陈列"等10个展览入选；公布了"2018年全国最具创新力博物馆"评选结果，重庆中国三峡博物馆和河北省博物院入选；发布了"手机中的博物馆记忆"十佳优秀作品。国家文物局还与中央广播电视总台联合举行了专题片《如果国宝会说话》全球推广仪式；与中国移动通信集团有限公司签署了有关文物管理信息化、文化推广和公众服务的战略合作协议；与百度公司共同启动"用科技传承文明：AI博物馆计划"，并发布了包含2894个信息点的全国数字博物馆地图（一期）。

2018年"国际博物馆日"的主题是"超级连接的博物馆：新方法、新公众"。

5月18日

［纲　文］　孙孚凌在北京逝世。

［目　文］　中国现代民族工商业者的优秀代表，著名的社会活动家，中华全国工商业联合会的杰出领导人，中国共产党的亲密朋友，中国人民政治协商会议第八届、第九届全国委员会副主席，中华全国工商业联合会第六届执行委员会常务副主席，第七届、第八届执行委员会名誉副主席孙孚凌同志在北京逝世，享年97岁。

24日，孙孚凌遗体在北京八宝山革命公墓火化。习近平、李克强、栗战书、汪洋、王沪宁、赵乐际、韩正等送别。

5月18日

［纲　文］　中国大连至俄罗斯新西伯利亚国际道路运输试运行启动仪式在大连

举行。

［目　文］　交通运输部副部长刘小明，海关总署副署长胡伟，俄联邦汽车运输署署长德沃伊内赫·阿列克谢·维克多洛维奇，国际道路运输联盟（IRU）秘书长翁贝托·德·布雷托，辽宁省副省长王明玉，大连市市长谭成旭出席启动仪式并致辞。

此次试运行线路途经我国辽宁、吉林、黑龙江三省和内蒙古自治区，俄罗斯后贝加尔斯克、伊尔库茨克、新西伯利亚等地，全程约5500公里。大连交通运输集团、黑龙江龙运集团和俄罗斯全球卡车运输公司等中俄运输企业参加了此次试运行。

5月18—19日

［纲　文］　**全国生态环境保护大会在北京召开，习近平出席会议并发表讲话。**

［目　文］　中共中央总书记习近平指出，要自觉把经济社会发展同生态文明建设统筹起来，充分发挥党的领导和我国社会主义制度能够集中力量办大事的政治优势，充分利用改革开放40年来积累的坚实物质基础，加大力度推进生态文明建设、解决生态环境问题，坚决打好污染防治攻坚战，推动我国生态文明建设迈上新台阶。党的十八大以来，我们开展一系列根本性、开创性、长远性工作，加快推进生态文明顶层设计和制度体系建设，加强法治建设，建立并实施中央环境保护督察制度，大力推动绿色发展，深入实施大气、水、土壤污染防治三大行动计划，率先发布《中国落实2030年可持续发展议程国别方案》，实施《国家应对气候变化规划（2014—2020年）》，推动生态环境保护发生历史性、转折性、全局性变化。打好污染防治攻坚战时间紧、任务重、难度大，是一场大仗、硬仗、苦仗，必须加强党的领导。各地区各部门要增强"四个意识"，坚决维护党中央权威和集中统一领导，坚决担负起生态文明建设的政治责任。地方各级党委和政府主要领导是本行政区域生态环境保护第一责任人，各相关部门要履行好生态环境保护职责，使各部门守土有责、守土尽责、分工协作、共同发力。要建立科学合理的考核评价体系，考核结果作为各级领导班子和领导干部奖惩和提拔使用的重要依据。对那些损害生态环境的领导干部，要真追责、敢追责、严追责，做到终身追责。

国务院总理李克强出席并讲话。国务院副总理韩正作总结讲话。发展改革委、财政部、生态环境部、河北省、浙江省、四川省负责人作交流发言。全国政协主席汪洋，中共中央政治局常委王沪宁、赵乐际，中共中央政治局委员、中央书记处书记，全国人大常委会有关领导人，国务委员，最高人民法院院长，最高人民检察院检察长，全国政协有关领导人出席会议。各省区市和计划单列市、新疆生产建设兵团、中央和国家机关有关部门、有关人民团体、有关国有大型企业、军队有关单位负责人参加会议。

5月18日—6月18日

［纲　文］　**2018中国国际摄影艺术节、中国第十七届国际摄影艺术展览在郑州举办。**

［目　文］　艺术节、艺术展览由中国摄影家协会、郑州市人民政府主办。以"2018与新时代同行"为主题，囊括了雅安·阿瑟斯－贝特朗等国际知名摄影师的作品，也有李

学亮、高健生等中国摄影名家的作品。

中国国际摄影艺术节每两年举办一届，本届摄影艺术展览共收到109个国家和地区投寄的23万余幅作品，经评定共有296件作品入选。活动设"中外摄影对着拍——纪念中国改革开放40年"专题展、"鸟瞰地球"等18个板块，分别在升达艺术馆和郑东新区文化广场展出，同步开展名家对话、专家见面会、影像工作坊、国际青年摄影扶持计划、无人机展演、跨界影像展映、手机晒照展演、器材图书交易和中外摄影对着拍9项活动。

5月19日

［纲　文］　中共中央总书记、国家主席习近平就古巴航空公司自墨西哥租用的一架客机在哈瓦那失事，分别向古巴共产党中央第一书记劳尔·卡斯特罗、国务委员会主席兼部长会议主席迪亚斯－卡内尔和墨西哥总统培尼亚致慰问电。

［目　文］　习近平在致古巴领导人的慰问电中表示，惊悉古巴发生严重空难事故，造成重大人员伤亡。我谨代表中国共产党、中国政府、中国人民，并以我个人的名义，向遇难者表示深切的哀悼，向古巴共产党、古巴政府、古巴人民以及遇难者家属表示诚挚的慰问。

习近平在致培尼亚的慰问电中向在古巴空难事故中遇难的墨西哥机组人员表示深切的哀悼、向他们的家属表示诚挚的慰问。

同日，国务院总理李克强也就此向古巴国务委员会主席兼部长会议主席迪亚斯－卡内尔致慰问电。

5月20日

［纲　文］　新华社讯，中共中央办公厅印发《关于进一步激励广大干部新时代新担当新作为的意见》。

［目　文］　《意见》由七个部分组成：一、大力教育引导干部担当作为、干事创业。二、鲜明树立重实干重实绩的用人导向。三、充分发挥干部考核评价的激励鞭策作用。四、切实为敢于担当的干部撑腰鼓劲。五、着力增强干部适应新时代发展要求的本领能力。六、满怀热情关心关爱干部。七、凝聚形成创新创业的强大合力。

5月20日

［纲　文］　《人民日报》报道，2018年第一季度，中国电影票房达202.18亿元，超越北美成为全球第一大电影市场。这也是多年来，全球电影市场冠军第一次由北美以外的地区摘得。

5月20日

［纲　文］　《人民日报》发表评论员文章《深刻认识加强生态文明建设的重大意义——一论学习贯彻习近平总书记全国生态环境保护大会重要讲话》。

5月20—22日

[纲　文]　**韩正在广东调研自贸试验区建设和深化粤港澳合作等工作。**

[目　文]　国务院副总理韩正在广东自贸试验区珠海横琴片区、广州南沙片区、深圳前海蛇口片区，调研自贸区规划建设发展情况。考察港珠澳大桥建设，询问开通准备情况，察看通关流程；在粤澳合作中医药科技产业园、深港科技创新特别合作区，了解园区建设发展前景；在前海e站通服务中心，察看服务窗口，调研全流程改革情况；在华为技术有限公司，了解企业推动核心技术研发和数字化转型情况；在前海深港青年梦工场，与深港青年创业创新团队交流和询问项目研发、市场前景、政策支持等情况，鼓励他们抓住重大机遇，为促进两地共同发展作出贡献。

22日，韩正在深圳主持召开扩大开放工作座谈会时指出，建设自贸试验区是以习近平同志为核心的党中央在新形势下全面深化改革、扩大开放的重大战略举措。广东自贸试验区建设要紧紧抓住制度创新这个核心任务，努力形成更多可复制、可推广的制度成果。要加强事中事后监管，建设诚信体系，打造高标准、国际化、法治化、便利化的营商环境。要推动通关一体化改革，建设智慧海关，让国门更安全、通关更便利。韩正强调，粤港澳大湾区建设是习近平总书记亲自谋划、亲自部署、亲自推动的国家战略。要立足三地优势，加强三地联动，高质量高起点做好大湾区规划建设，打造国际一流湾区和世界级城市群。要优化产业布局，发展实体经济、高新技术产业、现代服务业。要促进创新要素便捷流动，吸引国际创新资源集聚，打造国际科技创新中心。要贯彻绿水青山就是金山银山的理念，全面加强生态环境建设，重点推进水污染治理，2019年深圳市要全面消除黑臭水体，2020年广东地级以上城市建成区要基本消除黑臭水体。

5月20—22日

[纲　文]　**胡春华在河南、安徽、湖北三省调研防汛工作。**

[目　文]　国务院副总理、国家防汛抗旱总指挥部总指挥胡春华出席在武汉召开的防汛工作座谈会。他指出，要认真学习领会习近平总书记关于防灾减灾救灾的一系列重要指示精神，贯彻落实党中央、国务院决策部署，进一步强化责任落实，毫不松懈地做好今年防汛抗旱和抢险救灾各项工作，确保人民群众生命安全，确保重要工程重要设施防洪安全，为经济社会健康发展提供有力保障。国务委员、国家防汛抗旱总指挥部副总指挥王勇主持座谈会。

长江、黄河、淮河等大江大河历来是全国防汛的重点。胡春华在黄河小浪底水利枢纽工程、花园口险工，淮河蚌埠闸、阜阳王家坝闸，长江荆江大堤观音矶、引江济汉工程，察看汛情和堤坝防守情况，与参加防汛备汛的基层干部群众交流。胡春华指出，2018年防汛抗旱形势十分复杂严峻，要有力有序有效做好防灾救灾各项工作。要密切监视天气和汛情变化，及时发布预测预警信息，做好重点区域气象水文精细化预报。要加强防洪工程、蓄滞洪区精准科学调度，保障重点保护区防洪安全。要强化堤坝、圩垸及水库水电站的巡查除险，对险工险段、重要部位要24小时值守。要细化实化城市防洪排涝措施，做好应急管制和应急救援。发生水旱灾害地区，要迅速全力抗灾救灾，保障灾区群众基本生活，做好供水供电交通等水毁设施抢险修复，尽快恢复生产生活秩序。胡春华要求，各地区要严格落实防汛行政首长责任制，按照"党政同责、一岗双责、失职追责"要求，逐级压实防汛救灾责任。

5月20—22日

[纲　文]　孙春兰在浙江省调研。

[目　文]　国务院副总理孙春兰分别在杭州市妇产科医院、桐乡市第一人民医院、浙江大学医学院附属第一医院、乌镇互联网医院等医疗机构，考察公立医院改革、"互联网＋医疗健康"和社会办医情况并召开座谈会。她肯定浙江省综合医改试点取得的成效，指出要以习近平新时代中国特色社会主义思想为指导，坚持以人民健康为中心，强化医疗、医保、医药"三医"联动，加大公立医院改革力度，明确各级医疗卫生机构功能定位，加快构建覆盖城乡、高效运行的分级诊疗体系，为人民群众提供全方位全周期健康服务保障。要以大卫生、大健康理念统领医改各项工作，把预防放到更重要的位置，切实加强疾病预防和健康促进。要以医联体建设为平台，推动优质医疗资源和卫生健康服务下沉，筑牢基层医疗卫生服务网底。

浙江是首批实施高考综合改革的省份，孙春兰在浙江省教育考试院调研并召开高考综合改革座谈会时指出，要坚定高考改革方向，落实立德树人根本任务，优化考试内容，突出综合素质和能力考查，完善多元录取机制，联动推进基础教育和高等教育改革，让高考更好发挥引导素质教育、促进学生全面发展的重要作用。她强调，今年高考在即，各地要加强责任落实，做好考试安全、考生服务保障等工作，确保实现公正考试、平安考试、诚信考试目标。

5月20—27日

[纲　文]　2018年世界男子羽毛球团体锦标赛（汤姆斯杯）及世界女子羽毛球团体锦标赛（尤伯杯）在泰国曼谷举行。

[目　文]　中国羽毛球男队在男团决赛中以3∶1击败日本羽毛球男队，6年后再夺汤姆斯杯。中国羽毛球女队自1984年参加尤伯杯以来首次无缘决赛，连续17届尤伯杯全部晋级决赛的纪录被终结。

5月21日

[纲　文]　李克强考察商务部、海关总署并主持召开座谈会。

[目　文]　国务院总理李克强在海关总署监控指挥中心，听取了工作人员关于近几年推进通关一体化便利化进展情况的汇报，并与上海、青岛等地海关一线人员视频交流。李克强叮嘱他们要围绕企业需求，用现代信息技术促进服务水平提升，进一步压缩进口和出口通关时间及成本。同时，忠实履行国门卫士职责，坚决打击走私，坚决防止洋垃圾和不合格、不安全的劣质产品特别是不符合检疫标准的"冻品肉食"进入国内，维护国内生

产者、消费者合法权益；在商务部外资司，了解鼓励利用外资各项政策落实情况以及目前引资方面存在的问题和下一步打算。他说，我们开放的大门会越开越大，要积极改善外商投资环境，把自贸试验区扩大开放的成熟经验向全国复制推广，让中国继续成为吸引外资、促进互利共赢的热土。

座谈会上，李克强听取了商务部、海关总署主要负责人的汇报。他说，过去40年，开放有力带动了改革，促进了发展。在新的历史时期，进一步扩大开放是我们必然的战略选择。深化各项改革、激发市场活力、优化发展环境、推动高质量发展，都必须通过更高水平的开放来带动。必须以习近平新时代中国特色社会主义思想为指导，深刻认识和把握我们开放面临的国际环境新变化，按照党中央、国务院部署，尊重经济规律，统筹谋划进一步扩大开放的格局、战略和举措，抢抓机遇、勇迎挑战，以主动开放促进发展升级。要在坚持扩大内需的同时，积极推动外贸转型，实现"优进优出"。进一步扩大关键技术、适应消费升级需要的优质产品和服务进口，倒逼国内产业加快升级。鼓励企业积极参与国际市场竞争，大力推动创新，提高出口产品档次和品牌影响力，培育外贸发展新动能，着力开拓多元化市场，增大回旋余地。要坚持引进来和走出去并重，促进双向投资协调发展。尽快修订完成外商投资负面清单，进一步放宽市场准入，研究实施更有力有效的吸引外资政策，加强知识产权保护，加快构建依法依规、公平竞争的环境，提高我国对外商投资的"磁吸力"，促进国内相关领域技术和管理水平提高。

5月21日

[纲　文]　中共十三届全国人大常委会党组召开会议。

[目　文]　全国人大常委会委员长、党组书记栗战书主持会议并讲话。王晨、张春贤、沈跃跃、吉炳轩、艾力更·依明巴海、王东明、白玛赤林和杨振武出席会议并发言。专题学习中共中央总书记习近平关于人民代表大会制度的思想。

会议指出，党的十八大以来，以习近平同志为核心的党中央高度重视、全面加强党对人大工作的领导，推动人大工作取得历史性成就。习近平就坚持和完善人民代表大会制度、发展社会主义民主政治提出一系列新理念新思想新战略，拓展了人民代表大会制度的科学内涵、基本特征和本质要求，标志着党对人民代表大会制度的规律性认识达到新的高度，为做好新时代人大工作指明了方向、提供了遵循。坚持党的领导是做好人大工作的重大政治原则。要牢固树立"四个意识"，坚决维护习近平总书记权威和核心地位，坚决维护以习近平同志为核心的党中央权威和集中统一领导。要坚持以习近平新时代中国特色社会主义思想指导、统领人大工作，全面落实到人大工作各方面和全过程。要紧紧围绕党和国家工作大局，确定人大工作的思路和重点任务，确保党中央决策部署得到全面贯彻执行。

5月21日

[纲　文]　中国在西昌卫星发射中心用"长征四号丙"运载火箭，成功将探月工程嫦娥四号任务"鹊桥"号中继星发射升空。

［目　文］　这是世界首颗运行于地月拉格朗日L2点的通信卫星，为年底择机实施的嫦娥四号月球探测任务提供地月间的中继通信。

25日，探月工程嫦娥四号任务"鹊桥"中继星成功实施近月制动，进入月球至地月拉格朗日L2点的转移轨道。

5月21日

［纲　文］　中央组织部在北京召开新时代激励干部新担当新作为暨加强改进选调生工作座谈会。

［目　文］　会议传达贯彻中共中央总书记习近平的指示。中共中央政治局委员、中组部部长陈希指出，要深入学习贯彻习近平新时代中国特色社会主义思想，深入贯彻落实习近平总书记的重要指示，进一步激励广大干部新时代新担当新作为。加强改进选调生工作，努力建设高素质专业化干部队伍，为实现"两个一百年"奋斗目标、实现中华民族伟大复兴的中国梦提供坚强组织保证。

5月21日

［纲　文］　国务院办公厅印发《关于成立第四次全国经济普查领导小组的通知》。

［目　文］　《通知》说，为加强对第四次全国经济普查工作的领导，根据《全国经济普查条例》和《国务院关于开展第四次全国经济普查的通知》（国发〔2017〕53号），国务院决定成立第四次全国经济普查领导小组，现将有关事项通知如下。一、主要职责。负责第四次全国经济普查组织和实施，协调解决普查中的重大问题。二、组成人员。组长：韩正。副组长：丁学东、宁吉喆、孙志军。成员：牛占华、雷东生、唐承沛、余蔚平、任荣发、唐军、贾楠。三、工作机构及其职责。领导小组办公室设在统计局，承担领导小组的日常工作，研究提出需领导小组决策的建议方案，督促落实领导小组议定事项，加强与有关地区和部门的沟通协调，承办领导小组交办的其他事项。办公室主任由统计局副局长贾楠兼任。领导小组成员因工作变动需要调整的，由所在单位向领导小组办公室提出，报领导小组组长审批。领导小组不作为国务院议事协调机构，任务完成后自动撤销。

5月21日

［纲　文］　交通运输部公布《城市轨道交通运营管理规定》。

［目　文］　《规定》共7章56条。主要有总则、运营基础要求、运营服务、安全支持保障、应急处置、法律责任、附则等内容，自2018年7月1日起施行。

5月21日

［纲　文］　《人民日报》发表评论员文章《新时代推进生态文明建设的重要遵循——二论学习贯彻习近平总书记全国生态环境保护大会重要讲话》《将改革开放进行到底》。

5月21—23日

［纲　文］　汪洋在甘肃省甘南藏族自治州调研。

［目　文］　全国政协主席汪洋在甘南农村、牧区、企业、学校、宗教场所，了解藏区经济社会发展情况，并主持召开座谈会，听取有关方面意见建议。他指出，党的十八大

以来，有关地区和部门认真贯彻党中央关于藏区工作的决策部署，各方面工作都取得新的进步，社会大局保持稳定，民族团结不断巩固，宗教关系更加和顺，经济运行稳中向好，贫困发生率显著下降，藏区城乡面貌焕然一新。成绩来之不易，值得充分肯定。藏区工作的着眼点和着力点是维护祖国统一、加强民族团结。要全面贯彻党的民族政策，努力创造各族群众共居、共学、共事、共乐的社会条件，促进各民族交往交流交融，让各民族在中华民族大家庭中手足相亲、守望相助。要坚持党的宗教工作基本方针，坚持我国宗教中国化方向，积极引导宗教与社会主义社会相适应。要加强党对宗教工作的领导，引导宗教界弘扬爱国主义优良传统，深入挖掘教义教规中有利于社会和谐、时代进步、健康文明的内容，自觉遵守国家法律法规，切实加强教风建设和寺庙内部管理，促进宗教健康发展。藏区大多处于高寒边远地区，贫困面大、贫困程度深，脱贫攻坚任务非常艰巨。要加强组织领导，压实工作责任，狠抓政策落实，把已有的脱贫成果巩固好；同时采取更有针对性、实效性的工作，精准施策，精准发力，坚决啃下"硬骨头"。要牢固树立绿水青山就是金山银山的理念，坚持生态惠民、生态利民、生态为民，守好藏区的蓝天、碧水和新鲜空气。

5月22日

［纲　文］　国家主席习近平在北京集体会见来华出席上海合作组织成员国安全会议秘书第十三次会议的外方代表团团长。

［目　文］　习近平指出，当前，本地区安全形势总体稳定，同时仍面临"三股势力"、毒品走私、跨国有组织犯罪等严峻挑战。这需要我们加强忧患意识，冷静思考，准确判断，妥善应对。要把握安全合作战略方向，继续巩固战略互信，加强政策沟通和协调，坚持公平正义，共同推动以政治外交手段和平解决热点问题。要继续秉持共同、综合、合作、可持续安全观，推行综合施策、标本兼治的安全治理模式，推动上海合作组织安全合作迈上新台阶。要加强安全合作行动能力，构建更加严密健全高效的执法合作网络，继续推进安全领域合作，共同加强维稳能力建设。中方将继续把自身安全同地区国家安全融合起来，同成员国携手建设相互尊重、公平正义、合作共赢的新型国际关系，推动构建人类命运共同体。

俄罗斯安全会议秘书帕特鲁舍夫、吉尔吉斯斯坦安全会议秘书萨根巴耶夫代表外方发言。他们表示，各国支持中国作为上海合作组织主席国为推动落实领导人共识、携手应对成员国面临的共同挑战、维护国际和平与安全提出的倡议。在中方主持下，本次安全会议秘书会议深入探讨了打击恐怖主义、"三股势力"，加强信息安全，维护社会稳定等成员国共同关心的问题，为加强上海合作组织安全领域合作进一步指明了方向，为筹备青岛峰会发挥了重要作用。新形势下，上海合作组织安全合作越发彰显出强大的生命力。各国愿拓展广泛而密切的合作，使上海合作组织在国际事务中发挥更大的作用。

同日，中央外事工作委员会办公室主任杨洁篪在北京会见帕特鲁舍夫。

21—22日，上海合作组织成员国安全会议秘书第十三次会议在北京举行，国务委员、公安部部长赵克志主持会议并作主旨发言。印度、哈萨克斯坦、吉尔吉斯斯坦、巴基斯坦、俄罗斯、塔吉克斯坦、乌兹别克斯坦等上合组织成员国代表，上合组织秘书处和地区反恐怖机构执委会代表参加会议。与会各方就地区安全形势深入交换意见，研究了新形势下共同打击"三股势力"、毒品贩运、跨国有组织犯罪以及保障国际信息安全等领域合作问题，并就进一步巩固政治互信、携手应对安全威胁和挑战达成广泛共识，为青岛峰会做了政治和安全准备。会议签署纪要并发表了《上海合作组织成员国安全会议秘书第十三次会议新闻稿》，赵克志和上合组织秘书长阿利莫夫共同会见了中外媒体记者。

会议期间，赵克志在北京分别会见与会的俄罗斯安全会议秘书帕特鲁舍夫、吉尔吉斯斯坦安全会议秘书萨根巴耶夫、乌兹别克斯坦安全会议秘书马赫穆多夫、塔吉克斯坦安全会议秘书卡霍罗夫、哈萨克斯坦总统助理兼安全会议秘书叶尔梅克巴耶夫、巴基斯坦总理国家安全顾问詹朱阿、印度副国家安全顾问康纳。

5月22日

［纲　文］　交通运输部公布《外国航空运输企业常驻代表机构审批管理办法》。

［目　文］　《办法》共5章34条。主要有总则，代表机构的设立、延期、变更和终止，监督管理，法律责任，附则等内容。自2018年9月1日起施行。原民航总局于2006年4月3日公布的《外国航空运输企业常驻代表机构审批管理办法》（民航总局令第165号）同时废止。

5月22日

［纲　文］　银保监会印发《银行业金融机构联合授信管理办法（试行）》。

［目　文］　《办法》共6章42条。主要有总则、联合授信管理架构、联合风险防控、联合风险预警处置、联合惩戒及监督管理、附则等内容。自2018年5月22日起施行。

5月22日

［纲　文］　卫生健康委药监局印发《大型医用设备配置与使用管理办法（试行）》。

［目　文］　《办法》共7章49条。主要有总则、管理目录、配置规划、配置管理、使用管理、监督管理、附则等内容。自2018年5月22日起施行。原卫生部、国家发展改革委和财政部《大型医用设备配置与使用管理办法》（卫规财发〔2004〕474号）、原卫生部《新型大型医用设备配置管理规定》（卫规财发〔2013〕13号）同时废止。

5月22日

［纲　文］　第四届中美省州长论坛在成都举行。

［目　文］　全国人大常委会副委员长武维华出席论坛开幕式并致辞。论坛由中国人民对外友好协会和四川省人民政府共同主办，以"坚持合作共赢，共同发展进步"为主题，围绕贸易投资、绿色发展、创新经济三个主题举行三次全体会议。美国阿拉斯加州、新墨

西哥州、加利福尼亚州、艾奥瓦州、密歇根州、俄亥俄州和中国四川省、黑龙江省、湖南省、河北省的负责人或特别代表出席了本届论坛。

21日,国务院副总理刘鹤在北京会见出席论坛的美国阿拉斯加州州长沃克、新墨西哥州副州长桑切斯等美方主要代表时表示,我刚从华盛顿返回北京,此次中美双方就经贸问题进行了积极、务实、富有成果的会谈,达成一些重要共识,这符合两国人民的利益,符合全世界人民的利益。中美省州长论坛是重要的双边地方交流机制,希望双方以本届论坛为契机,从地方层面推动多领域务实合作,促进中美关系稳定健康发展。

沃克、桑切斯等表示,全世界都在庆祝美中就经贸问题取得了共识。美方愿进一步加强与中国地方在贸易投资、绿色发展、人文交流等领域的合作,为推动美中关系发展作出积极贡献。

5月22日

［纲　文］　《人民日报》发表评论员文章《坚决打好污染防治攻坚战——三论学习贯彻习近平总书记全国生态环境保护大会重要讲话》。

5月22—24日

［纲　文］　全国人大常委会办公厅在北京举办全国省市两级人大常委会负责同志学习班。

［目　文］　全国人大常委会副委员长王晨出席开班式并指出,要以习近平新时代中国特色社会主义思想为指导,深入学习宣传和贯彻实施宪法,坚持全面准确、学懂原文、悟透原理,注重深刻领会和把握宪法修正案的核心要义和精神实质,进一步坚定宪法自信、增强宪法自觉,奋发有为做好新时代人大工作。

学习班主要学习内容是:学习贯彻习近平新时代中国特色社会主义思想,深入学习贯彻党的十九大和十九届二中、三中全会精神,学习贯彻十三届全国人大一次会议精神,学习与人大工作密切相关的法律制度。

5月23日

［纲　文］　习近平主持召开中央审计委员会第一次会议并讲话。

［目　文］　中共中央总书记、中央审计委员会主任习近平强调,改革审计管理体制,组建中央审计委员会,是加强党对审计工作领导的重大举措。要落实党中央对审计工作的部署要求,加强全国审计工作统筹,优化审计资源配置,做到应审尽审、凡审必严、严肃问责,努力构建集中统一、全面覆盖、权威高效的审计监督体系,更好发挥审计在党和国家监督体系中的重要作用。各地区各部门特别是各级领导干部要积极主动支持配合审计工作,依法自觉接受审计监督,认真整改审计查出的问题,深入研究和采纳审计提出的建议,完善各领域政策措施和制度规则。中央审计委员会各成员单位更要带头接受审计监督。各地区各部门特别是各级领导干部要及时、准确、完整地提供同本单位本系统履行职责相关的资料和电子数据,不得制定限制向审计机关提供资料和电子数据的规定,已经制

定的要坚决废止。对有意设置障碍、推诿拖延的，要进行批评和通报；造成恶劣影响的，要严肃追责问责。审计机关要严格遵守纪律，对违反纪律规定的要严肃查处。

中共中央政治局常委、中央审计委员会副主任李克强，中共中央政治局常委、中央审计委员会副主任赵乐际，中央审计委员会委员出席会议。会议审议通过了《中央审计委员会工作规则》《中央审计委员会办公室工作细则》《2017年度中央预算执行和其他财政支出情况审计报告》《2018年省部级党政主要领导干部和中央企业领导人员经济责任审计及自然资源资产离任（任中）审计计划》等文件。

5月23日

[纲　文]　李克强主持召开国务院常务会议。

[目　文]　会议主要内容是：一、确定加大困难地区和薄弱环节教育投入，推进多渠道增加托幼和学前教育资源供给。会议确定，一是2018—2020年中央财政新增安排70亿元，重点支持"三区三州"教育脱贫攻坚。中央预算内投资加大支持贫困县、民族自治县等改善教育设施。二是2018年中央财政新增130亿元，通过转移支付重点用于中西部、贫困地区和农村义务教育、职业教育等。三是新增1万名"特岗计划"教师名额，重点向深度贫困地区倾斜。四是逐步全面实现义务教育教师平均工资水平不低于当地公务员平均工资水平，规范教师编制管理。落实乡村教师生活补助政策，加强艰苦边远贫困地区乡村教师培训。为更好满足亿万家庭"幼有所育"需求，会议要求，严格落实城镇小区配建幼儿园政策，引导社会力量按照规范要求举办普惠性幼儿园和托幼机构，鼓励各地因地制宜多渠道增加供给。强化幼儿安全防护，依法加强准入、安全等监管，落实幼师持证上岗制度。防止和纠正学前教育"小学化"倾向，让广大幼儿健康快乐、父母安心放心。二、采取措施加快推进奶业振兴、保障乳品质量安全。会议认为，奶业是健康中国、强壮民族不可或缺的产业。必须加快推进奶业振兴，提升乳品质量安全水平。一要大力引进和繁育良种奶牛，建设国家核心育种场。加强优质饲草料生产。发展标准化规模养殖，建设优质奶源基地。二要强化质量安全监管，修订提高生鲜乳、灭菌乳等国家标准，建立全过程质量追溯体系。力争3年内显著提升国产婴幼儿配方乳粉的品质、竞争力和美誉度。三要强化金融保险、奶畜养殖用地等支持，为奶业振兴创造条件。三、决定深化服务贸易创新发展试点，以开放推动经济结构优化升级。会议决定，在2016年国务院批准开展服务贸易创新发展试点基础上，从2018年7月1日起至2020年6月30日止在北京等17个地区深化试点。

5月23日

[纲　文]　新华社讯，中共中央办公厅、国务院办公厅印发《关于深入推进审批服务便民化的指导意见》。

[目　文]　《意见》由三个部分组成：一、总体要求。二、主要任务。三、组织实施。

《意见》指出，各级党委要高度重视深入推进审批服务便民化工作，切实履行领导责任,把这项工作列入重要议事日程,做好与地方机构改革统筹结合,研究重大问题,把握改革方向,蹄疾步稳扎实推进。各省、自治区、直辖市政府要制定本地区工作方案,细化分解任务,明确时间节点,层层压实责任,指导市县两级政府制定具体实施办法,将改革任务清单化、项目化,明确施工图、时间表、责任链,确保改革措施落地生效。

5月23日
［纲　文］　银保监会印发《商业银行流动性风险管理办法》。
［目　文］　《办法》共4章75条。主要有总则、流动性风险管理、流动性风险监管、附则等内容。自2018年7月1日起施行。《商业银行流动性风险管理办法(试行)》(中国银监会令2015年第9号)同时废止。本办法实施前发布的有关规章及规范性文件如与本办法不一致的,按照本办法执行。

5月23日
［纲　文］　郭声琨在北京主持召开全国扫黑除恶专项斗争领导小组会议。
［目　文］　中共中央政治局委员、全国扫黑除恶专项斗争领导小组组长郭声琨指出,要深入学习贯彻习近平总书记重要指示精神,坚持以人民为中心,坚持依法严惩、标本兼治,切实打好扫黑除恶主动仗、攻坚仗、整体仗,不断夺取专项斗争新胜利。如果人民群众安全感没有保障,就谈不上全面小康。要打好主动仗,把矛头对准人民群众反映强烈的地区和领域,出重拳、下重手,务必把黑恶势力的嚣张气焰打下去。对涉黑涉恶案件一律深挖其背后腐败问题,对黑恶势力"保护伞"一律一查到底、绝不姑息。要以专项斗争为牵引,着力解决各类突出违法犯罪问题,净化社会治安环境。要认真贯彻"两高两部"指导意见,严格把握好法律政策界限,确保专项斗争在法治轨道上进行。要把铲除黑恶势力滋生土壤作为必须打好的攻坚战,落实行业监管责任,加强基层组织建设,推动基层社会治理创新,努力从根本上遏制黑恶势力滋生蔓延。要统筹协调各方资源和力量,打好整体仗,细化职责任务,强化督导检查,确保各项措施落地见效。要加强宣传引导,广泛发动群众,打好扫黑除恶人民战争。

5月23日
［纲　文］　中央外事工作委员会办公室主任杨洁篪在北京会见巴基斯坦总理国家安全顾问詹朱阿。
［目　文］　杨洁篪表示,习近平主席2015年访巴以来,中巴全天候战略合作伙伴关系取得长足发展。新形势下,中巴要保持高层交往势头,加强战略沟通协调,深化全方位合作,推进中巴经济走廊建设,推动两国关系不断取得新的积极成果,造福两国人民。

詹朱阿表示,巴方始终与中方坚定站在一起,愿同中方一道努力,以中巴经济走廊建设为契机,深化各领域合作,推动巴中全天候战略合作伙伴关系向前发展。

5月23日
［纲　文］　国务委员兼国防部部长魏凤和在北京会见坦桑尼亚国防军司令马贝约。
［目　文］　魏凤和说,中国和坦桑尼亚有着牢不可破的传统友谊,是全天候的好朋

友。中坦两军长期保持特殊友好关系，各领域合作富有成效。中国军队愿与坦桑尼亚军队一道，传承中坦传统友谊，着眼构建人类命运共同体和推动"一带一路"建设，不断深化务实合作。

马贝约表示，坦方愿与中方共同努力，推动坦中两国两军关系不断迈上新台阶，更好造福两国人民。

5月23日

［纲　文］　《人民日报》发表评论员文章《担负起生态文明建设的政治责任——四论学习贯彻习近平总书记全国生态环境保护大会重要讲话》。

5月24日

［纲　文］　国务院印发《关于国务院机构改革涉及行政法规规定的行政机关职责调整问题的决定》。

［目　文］　《决定》说，一、现行行政法规规定的行政机关职责和工作，《国务院机构改革方案》确定由组建后的行政机关或者划入职责的行政机关承担的，在有关行政法规规定尚未修改或者废止之前，调整适用有关行政法规规定，由组建后的行政机关或者划入职责的行政机关承担；相关职责尚未调整到位之前，由原承担该职责和工作的行政机关继续承担。地方各级行政机关承担行政法规规定的职责和工作需要进行调整的，按照上述原则执行。二、行政法规规定上级行政机关对下级行政机关负有批准、备案、复议等管理监督指导等职责的，上级行政机关职责已调整到位、下级行政机关职责尚未调整到位的，由《国务院机构改革方案》确定承担该职责的上级行政机关履行有关管理监督指导等职责。三、实施《国务院机构改革方案》需要制定、修改、废止行政法规，或者需要由国务院作出相关决定的，国务院有关部门应当及时提出意见和建议，司法部起草草案后，依照法定程序报国务院审批。四、实施《国务院机构改革方案》需要修改或者废止部门规章和规范性文件的，国务院有关部门要抓紧清理，及时修改或者废止。相关职责已经调整，原承担该职责和工作的行政机关制定的部门规章和规范性文件中涉及职责和工作调整的有关规定尚未修改或者废止之前，由承接该职责和工作的行政机关执行。五、各级行政机关要精心组织，周密部署，确保行政机关履行法定职责、开展工作的连续性、稳定性、有效性，特别是做好涉及民生、应急、安全生产等重点领域工作。上级行政机关要加强对下级行政机关的监督指导，划入、划出职责的部门要主动衔接，加强协作，防止工作断档、推诿扯皮、不作为、乱作为，切实保障公民、法人和其他组织的合法权益。

5月24日

［纲　文］　国务院在北京召开全国普通高等学校毕业生就业创业工作电视电话会议。

［目　文］　国务院总理李克强作出批示指出：促进高校毕业生就业创业，关系基本

民生，也是加快创新型国家建设的重要支撑。2018年高校毕业生人数再创新高，达820万人，促进就业任务更为繁重。各地区、各部门要以习近平新时代中国特色社会主义思想为指导，认真贯彻党中央、国务院决策部署，把落实好就业优先战略和积极就业政策放在突出位置，认真细致地做好就业创业服务，大力拓宽毕业生就业渠道。进一步深化"放管服"改革，通过营造更好的营商环境，打造大众创业、万众创新升级版，促进新产业新业态等新动能加快成长，创造更多适应毕业生特点和成才需要的管理型、智能型、技术型高质量就业岗位，充分释放他们的创新潜能和创造活力。各方面形成合力，千方百计保持高校毕业生就业水平总体稳定，为促进高质量发展和民生改善作出更大贡献。

国务院副总理孙春兰、胡春华出席会议并讲话。会议强调，要坚持就业优先战略和积极的就业政策，抓住主要矛盾，突出工作重点，确保高校毕业生就业形势总体平稳。大力发展有利于吸纳就业的产业，培育壮大新动能，加快发展先进制造业和现代服务业，支持传统产业优化升级，为高校毕业生就业提供广阔空间。落实支持创业创新、小微企业、基层就业的各项政策，加大对就业困难毕业生政策倾斜。推进人力资源市场建设，整治侵害高校毕业生就业权益的各种违法违规行为，营造良好就业环境。加强和改进服务，实施好高校毕业生就业创业促进计划，加强专项职业技能培训，做好实名制就业管理和服务，提升高校毕业生就业创业能力。

会议指出，就业不仅是民生，也是国计。要引导毕业生将个人前途与国家命运紧密联系在一起，多渠道开发就业岗位，完善待遇保障和职业发展政策，鼓励更多毕业生到基层一线发光发热，在服务国家发展战略中大显身手，到人民军队"大熔炉"锤炼成长，为民生改善贡献才智，在创新创业中成就梦想。把就业教育贯穿人才培养始终，引导学生树立正确的择业观，合理确定就业预期，科学规划职业生涯。深化高等教育供给侧结构性改革，优化学科布局结构，增设产业升级和社会发展急需专业，创新人才培养模式，大力发展现代职业教育，培养更多适应社会需要的创新型、复合型、应用型人才。

5月24日

[纲　文]　韩正在北京主持召开推进"一带一路"建设工作领导小组会议。

[目　文]　杨洁篪、胡春华、肖捷、何立峰和推进"一带一路"建设工作领导小组成员、领导小组办公室以及有关部门负责人参加会议。会议主要内容是：学习贯彻习近平新时代中国特色社会主义思想和党的十九大精神，总结推进"一带一路"建设工作进展情况，审议有关文件，部署下一阶段重点工作。

中共中央政治局常委、推进"一带一路"建设工作领导小组组长韩正强调，在党中央、国务院坚强领导下，各地区各部门各单位做了大量工作，"一带一路"建设取得了显著成效。下一步，要以习近平新时代中国特色社会主义思想为指引，牢固树立"四个意识"，坚定"四个自信"，坚持稳中求进工作总基调，认真落实首届"一带一路"国际合作高峰论坛成果，紧紧围绕构建人类命运共同体，推动"一带一路"建设走深走实、行稳致远，更好造福各国人民。要加强统筹协调和督促检查，确保各项工作有力有序有效推进；强化安全风险评估和双多边安保合作,加强"一带一路"建设安全保障;弘扬共商共建共享理念,传播好"一带一路"声音;加强区域发展战略联动协调,推动形成区域协调发展新格局。

5月24日

[纲　文]　水利部印发修订后的《水利建设质量工作考核办法》,自2018年5月24日起施行。

5月24日

[纲　文]　汪洋在北京会见王文杉率领的台湾联合报系访问团一行。

[目　文]　全国政协主席汪洋表示,台湾问题攸关中华民族的根本利益。当前两岸关系形势复杂严峻,我们坚持体现一个中国原则的"九二共识",推动两岸关系和平发展,推进祖国和平统一进程;继续扩大两岸经济文化交流合作,率先同台湾同胞分享大陆发展机遇,让广大台胞台企获得实实在在的好处;坚决反对和遏制任何"台独"分裂图谋和行径,绝不允许国家分裂的历史悲剧重演。汪洋希望联合报系站在中华民族整体利益高度,顺应历史潮流,善尽媒体责任,坚持释放正能量,反对"台独"分裂,讲好"两岸一家亲"的故事,推动两岸同胞凝聚文化认同,增进相互了解,实现心灵契合。

5月24日

[纲　文]　外交部发言人就布基纳法索同"台湾""断交"答记者问。

[目　文]　有记者问:据报道,布基纳法索政府发表声明,决定自即日起同"台湾""断交"。中方对此有何评论?

发言人说,我们注意到布基纳法索政府发表声明,决定同"台湾"断绝所谓"外交"关系,中方对此表示赞赏。众所周知,1971年10月联合国大会第二十六届会议通过了第2758号决议,明确中华人民共和国政府是代表全中国的唯一合法政府。该决议所确认的一个中国原则已成为国际社会的普遍共识。一个中国原则涉及中国的核心利益和13亿多中国人民的感情,也是中国同世界各国保持和发展友好合作关系的前提和政治基础。当前,中非全面战略合作伙伴关系保持良好发展势头。今年9月中国将主办中非合作论坛北京峰会,必将掀起中非友好合作新的高潮。近年来,冈比亚、圣多美和普林西比纷纷同中国实现关系正常化,重返中非友好合作大家庭,充分表明一个中国原则是人心所向,大势所趋。我们欢迎布基纳法索在一个中国原则基础上早日加入中非友好合作大家庭。

5月24日

[纲　文]　国防部新闻发言人就美方取消邀请中方参加环太军演发表谈话。

[目　文]　发言人表示,近日,美方罔顾事实炒作所谓南海"军事化",并以此为借口取消邀请中方参加"环太—2018"联合军演。美方这一决定不具建设性。任何时候关上交流的大门都无助于促进中美两军的互信与合作。中国对南海诸岛及其附近海域拥有无可争辩的主权。中方在自己的领土上开展建设活动,部署必要的防卫设施,是主权国家的正当权利,是坚定捍卫国家主权安全、维护地区和平稳定的必要举措,与"军事化"完全无关。美方无权对此说三道四。邀不邀请,都不可能改变中国为维护亚太地区和平与稳定

发挥作用的意志，更不可能动摇中国坚定捍卫自身主权和安全利益的决心。发展健康稳定的中美两军关系，符合双方的共同利益，需要双方共同努力加以维护。我们希望美方着眼大局，摒弃"零和"思维，妥善处理分歧，努力让两军关系成为中美关系的稳定因素。

5月24日

[纲　文]　中国"南海深部计划"西沙深潜航次结束。

[目　文]　来自全国14个单位60名考察队员乘坐"探索一号"科考船返回三亚。在本航次中，我国科学家乘坐"深海勇士"号载人深潜器在南海首次发现"冷水珊瑚林"和新的冷泉活动喷口。

本航次是我国自主研制的4500米载人深潜器"深海勇士"号2018年正式投入试验性应用以来执行的第三个航次任务。来自同济大学、中科院海洋研究所、广州海洋地质调查局等单位的8名科研人员，先后乘坐"深海勇士"号下潜。其中，我国著名海洋地质学家、"南海深部计划"专家组组长、82岁高龄的同济大学汪品先院士在南海三次下潜。

5月24—25日

[纲　文]　应国务院总理李克强邀请，德国总理默克尔对中国进行正式访问。

[目　文]　访问期间，国家主席习近平、全国人大常委会委员长栗战书在北京分别与默克尔举行会晤、会见。李克强在北京同默克尔举行会谈，共同出席中德经济顾问委员会座谈会，并同与会代表交流。

习近平欢迎默克尔第11次访华并指出，2014年中德建立全方位战略伙伴关系以来，两国关系得到长足发展，合作广度和深度达到前所未有的水平。中方愿同德方共同努力，推动双边关系不断迈上新高度。双方要保持高层密切交往，加强对双边关系的顶层设计，鼓励两国各领域交流合作，用好机制性对话，我们欢迎德国抓住中国新一轮开放机遇；要以科技创新为引领，共同做大蛋糕、做大产业、做大市场，双方可以在未来产业领域开展更多合作，共同开拓第三方市场；要以人文合作为抓手，夯实两国友好的民意基础；要展现中德两国的责任和担当，共同应对各种全球性挑战，我们愿继续同德方在多边框架内一道推进全球治理和多边主义，在推动解决热点难点问题方面加强沟通合作。中方赞赏德方支持"一带一路"倡议，欢迎德国企业积极参与。

默克尔表示，德中关系已进入新时代，德国愿抓住中国深化开放带来的新机遇，扩大德中贸易投资合作，扩大人文交流。在当前世界形势发生很大变化的背景下，德中两国要加强在国际事务中沟通协调，密切在二十国集团等多边框架内业已富有成效的合作。

李克强同默克尔会谈时表示，当前中德关系与各领域合作呈现全面、深入发展的良好势头，中方对此表示满意。两国新一届政府应共同努力，加强规划，推动中德关系与各领域互利合作在现有高水平基础上更上层楼。中国和欧盟是世界上两支重要力量。中方坚定支持欧洲一体化进程，希望欧盟团结、稳定、开放、繁荣。当前形势下，中方期待推进中欧投资协定谈判，愿同欧方一道积极倡导多边主义，共同维护以规则为基础的多边贸易体制，促进贸易和投资自由化便利化，为世界和平与发展作出贡献。

默克尔表示，德方愿同中方加强经贸、科技、自动驾驶等广泛领域合作。欢迎中国企业投资德国。德中合作将为世界和多边秩序作出积极贡献。德方愿为促进欧盟同中国关系的发展作出努力，支持推进欧中投资协定谈判，希望尽早取得积极进展。

栗战书会见默克尔时表示，中国的人民代表大会制度最终落脚点是实现中国共产党领导、人民当家作主和依法治国的有机统一，实践证明这一制度符合中国国情，是一个好制度。两国立法机构要增进对彼此社会制度和发展道路的理解，分享立法经验，为双边关系发展增添正能量。

默克尔表示，德方高度重视对华关系，支持两国立法机构开展交流合作。

5月24—28日

[纲　文]　栗战书在河南检查大气污染防治法实施情况。

[目　文]　全国人大常委会委员长栗战书率领全国人大常委会执法检查组在安阳、郑州、洛阳的钢铁、化工、电力、机械制造、新材料等企业，询问污染物排放标准，查看污染治理和监测设备，了解企业技术改造、节能减排情况；在省环保厅检查环境监测及重污染天气预警应急工作；在村民家中了解"电代煤""气代煤"情况；在建设工地查看扬尘污染防控；在遥感监测点、公交充电站了解机动车污染排放治理、新能源公交车使用推广情况。

栗战书分别主持会议，与五级人大代表和群众代表座谈，听取河南省有关方面情况汇报。他指出，党的十八大以来，以习近平同志为核心的党中央推动生态环境保护发生历史性、转折性、全局性变化，形成了习近平总书记关于生态文明建设的思想。这一重要思想从根本上扭转了多年存在的一些不正确发展理念，对生态文明建设进行了顶层设计和全面部署，着力推动解决人民群众最关心的突出生态环境问题，为建设美丽中国提供了指导和遵循。河南大气污染防治取得明显成效，同时存在不少问题，形势依然严峻。要把党中央要求和法律责任落到实处，勇于担当，动真碰硬，下大决心和大力气解决污染问题。要大力调整经济、产业、能源、运输结构，切实把污染物排放总量降下来，从根本上改善大气环境。

5月24—29日

[纲　文]　国家副主席王岐山出席第二十二届圣彼得堡国际经济论坛并访问白俄罗斯。

[目　文]　25日，王岐山在俄罗斯圣彼得堡出席第二十二届圣彼得堡国际经济论坛并发表了题为"增进信任，携手合作，共同发展"的致辞。本届论坛以"建立信任经济"为主题。

在俄期间，王岐山会见了俄罗斯总统普京、俄罗斯石油公司总裁谢钦、俄中友协主席梅津采夫等友好人士，并考察了"波罗的海明珠"综合社区项目。

27—29日，王岐山访问白俄罗斯，在明斯克分别同白俄罗斯总统卢卡申科、白俄罗斯总理科比亚科夫举行会见、会谈。访问期间，王岐山向白俄罗斯胜利纪念碑敬献花圈。

5月24—27日

[纲 文] 应国务委员兼外交部部长王毅邀请,新西兰副总理兼外交部部长彼得斯访问中国。

[目 文] 25日,中央外事工作委员会办公室主任杨洁篪在北京会见彼得斯时表示,中新关系发展潜力巨大,两国领导人多次会晤,为两国关系发展指明了方向。新形势下,双方应认真落实两国领导人重要共识,深化政治互信,推进务实合作,携手共建"一带一路",维护多边自由贸易体系,推进中新自贸协定升级谈判取得积极进展,推动中新关系不断迈上新台阶。

彼得斯表示,新方高度重视发展对华关系,坚持一个中国政策,愿同中方一道,密切高层交往,加强各领域合作,推动两国全面战略伙伴关系取得更大发展。

同日,王毅在北京与彼得斯会谈时表示,中新建交46年来,两国关系保持良好发展势头。双方要继续秉持相互尊重、平等互利原则,密切高层及各级别交往,深化各领域务实合作,推动中新全面战略伙伴关系更进一步。双方应携手推进多边主义进程,维护全球自由贸易和投资体系。

彼得斯表示,新西兰新一届政府高度重视发展新中关系。新方愿积极参与"一带一路"合作,将积极参加首届中国国际进口博览会,同中方探讨开展更多合作。

5月25日

[纲 文] 国家主席习近平在北京会见法国前总统奥朗德。

[目 文] 习近平指出,当前国际形势正经历深刻复杂变化,同时世界各国相互依存加深,没有任何国家能够独善其身。中方愿同法方加强战略协调,坚持多边主义进程,携手应对全球性挑战,促进世界经济增长、贸易和投资自由化便利化,为维护和平稳定、开放包容的国际秩序作出积极贡献。中方也愿致力于加强同欧盟的合作。

奥朗德表示,很高兴能在担任法国总统期间,为加强法中关系作出努力,为法中全面战略伙伴关系注入了新动力。我珍惜同习近平主席的友谊,高度评价在习近平主席领导下,中方在国际事务中的积极作用,特别是为达成气候变化《巴黎协定》所作的重要贡献。在当前形势下,我很高兴法中战略合作态势能够得到延续和巩固,这有利于维护多边主义,有利于通过对话和合作解决国际和地区问题。

5月25日

[纲 文] 国家主席习近平同阿曼苏丹国苏丹卡布斯互致贺电,共同宣布建立中阿战略伙伴关系,并热烈庆祝两国建交40周年。

[目 文] 习近平在贺电中指出,中阿建交40年来,两国政府和人民相互尊重、平等相待,结下了深厚友谊,双边关系全面快速发展。双方在共建"一带一路"框架内各领域合作成果丰硕,给两国和两国人民带来了实实在在的好处。我高度重视中阿关系发展,愿同你以两国建交40周年为契机,共同宣布将两国关系定位提升至战略伙伴关系。

我相信，这将为两国关系发展提供有力政治保证，引领两国在共建"一带一路"合作中取得更多成果，维护双方在国际和地区事务中的共同利益，推动两国关系不断迈上新台阶。

卡布斯在贺电中表示，阿方重视发展对华关系，珍视建交40年来两国友好合作取得的积极成果，愿通过建立并不断加强阿中战略伙伴关系，进一步促进两国的共同利益。

同日，中、阿两国分别发表了《中华人民共和国和阿曼苏丹国关于建立战略伙伴关系的联合声明》。

5月25日

［纲　文］　第十三次上海合作组织成员国最高法院院长会议在北京举行，国家主席习近平致贺信。

［目　文］　习近平指出，上海合作组织最高法院院长会议作为本组织重要的司法合作机制，为加强成员国法治建设理念和制度交流、深化各领域务实合作发挥了重要作用。当前，中国正在建设中国特色社会主义法治体系，推进全面依法治国，坚持依法治国、依法执政、依法行政共同推进，坚持法治国家、法治政府、法治社会一体建设，全面推进科学立法、严格执法、公正司法、全民守法，营造法治化、国际化、便利化的营商环境，建设社会主义法治国家。希望各方深化上海合作组织框架内司法合作，更有效地打击犯罪、化解纠纷，为推进"一带一路"建设，为促进本组织地区发展营造良好法治环境。

本次会议由中国最高人民法院主办，中央政法委书记郭声琨出席开幕式，宣读习近平的贺信并致辞。最高人民法院院长周强、上合组织观察员国和对话伙伴最高法院院长或代表出席。与会代表表示，要进一步加强上合组织框架内的国家法院和法官间的交流，了解各国司法职能、体制的异同，增进相互理解与互信，为各国法院之间更好地开展司法合作筑牢基础。会议一致通过《第十三次上海合作组织成员国最高法院院长会议联合声明》。

5月25日

［纲　文］　**李克强主持召开国务院全体会议。**

［目　文］　国务院全体会议组成人员出席会议。国务院其他部门、单位负责人列席会议。

李克强指出，要坚持全面深化改革，着力转变政府职能，勇于自我革命，进一步激发市场活力。持续推进"放管服"，放宽市场准入，大力实施减税降费，充分发挥市场在资源配置中的决定性作用和更好发挥政府作用。加强事中事后监管，减少监管的重复、烦苛和自由裁量权，营造公平竞争市场环境。充分利用"互联网+"等加快打造统一政务服务平台，建设协同高效、便民利企的服务型政府。坚定不移扩大开放，带动改革不断深化，让内外资企业在广阔的中国市场中公平竞争。要坚持新发展理念，加快新旧动能转换，增强发展内生动力。加快经济结构调整，培育新动能和改造提升传统动能，推动产业迈向中高端。加大基础研究和关键技术攻关，打造"双创"升级版，实施包容审慎监管，促进新技术新业态新模式竞相迸发，提升产业核心竞争力，更大发挥新动能对就业的吸纳作用。坚定淘汰落后产能，大力发展环保产业，走出生态保护和经济发展的双赢之路。

李克强强调，国务院各部门、各单位要坚决维护以习近平同志为核心的党中央权威和集中统一领导，牢固树立"四个意识"，落实全面从严治党要求，密切协作配合、创新工作方法，真抓实干、狠抓落实、勇于担责，严守廉洁本色，尽心竭力做好本届政府工作，向党和人民交出合格答卷。

5月25日

[纲　文]　十三届全国政协第三次双周协商座谈会在北京召开，就历史文化名城名镇保护建言献策。

[目　文]　全国政协主席汪洋主持会议并讲话。全国政协副主席刘新成作主题发言。全国政协副主席张庆黎、刘奇葆、夏宝龙出席会议。全国政协委员贺云翱、张复明、周岚、丁伟、刘恒、马东平、连玉明、宋纪蓉、李修松、吴洪亮、张颐武、安庭、张妹芝、俞金尧，学者冯骥才在会上发言。住房和城乡建设部负责人介绍了有关情况，发展改革委、财政部、自然资源部、文化和旅游部负责人做了交流回应。

15位委员、学者围绕历史文化名城名镇保护的政策法规、方法路径、支持保障、监督问责等提出意见建议。大家认为，改革开放以来，我国名城名镇保护工作迈出重要步伐。特别是党的十八大以来，以习近平同志为核心的党中央高度重视文化传承和遗产保护，我国历史文化名城名镇保护的理念和实践都有重大发展，相关法律法规逐步完善，全社会保护意识显著增强，保护综合效益日益显现，一大批古城、古镇、古村落得到真实完整保护，为世界遗产贡献了更多中国文化资源。同时也要看到，我国历史文化名城名镇保护工作发展不平衡不充分的问题仍然比较突出，存在重物质遗产、轻非物质遗产，重经济价值、轻精神价值等倾向，大拆大建、拆真建假、拆旧建新、拆小建大、过度开发等问题仍比较普遍。

一些委员建议，历史文化名城名镇保护是一项系统工程，也是一项长期任务，需要全社会共同参与、绵绵用力、久久为功。要完善相关法律法规，强化考核和问责力度。要理顺体制机制，整合优化相关力量和资源，统筹协调保护工作。要坚持规划先行，一张蓝图干到底。要坚持分类指导，鼓励各地积极探索历史遗存活化利用的多元路径。要完善政策措施，加大资金等方面支持力度，提高政策精准性、有效性。要健全名城名镇保护和修复的标准，加强专业人才培养，做好传统建筑营造技艺的保护传承。要加大宣传力度，在全社会形成关注重视文化发展、保护历史文化遗产的浓厚氛围和良好环境。

5月25日

[纲　文]　军兵种和武警部队巡视工作座谈会在北京召开。

[目　文]　中央军委副主席张又侠、军委政治工作部主任苗华出席。军委纪律检查委员会书记张升民主持会议。

在听取陆军、海军、空军、火箭军、战略支援部队和武警部队党委巡视工作领导小组组长汇报后，张又侠指出，要深刻领悟、坚决落实习近平主席关于巡视工作的决策指示，科学评估当前军队巡视工作总体形势，准确把握巡视工作的本质属性和着力重点，以更有力的举措不断提高工作质量效益,在新的起点上推动军队巡视工作向纵深发展,努力为强军兴军提供坚强政治保证和有力纪律支撑。深化军队政治巡视,要聚焦坚持党对军队的绝对领导,筑牢听党指挥的政治根基;聚焦全面加强军队党的建设,营造风清气正的政治生态;聚焦推动全面从严治党,压实管党治党的政治责任。要从党和军队事业全局出发,全面贯彻政治巡视要求,进一步加强体系和机制建设,改进组织模式和方法手段,大力加强巡视队伍建设。大单位党委要强化推进巡视工作的主体责任,党委书记要亲力亲为、真抓实抓,努力提高巡视工作的锐度力度,确保利剑高悬、震慑常在。

5月25日

[纲　文] 全国反恐怖工作电视电话会议在北京召开。

[目　文] 国务委员、国家反恐怖工作领导小组组长赵克志出席并讲话。国务院副秘书长孟扬主持会议。国家反恐怖工作领导小组副组长陈光军、王宁、李伟,国家反恐怖工作领导小组成员单位、工作联系单位和中央有关部门负责人出席会议。北京、上海、山东、新疆等地反恐怖工作领导小组负责人在会上发言。

赵克志指出,要坚持以习近平新时代中国特色社会主义思想为指导,认真贯彻落实习近平总书记关于反恐怖工作的系列重要指示精神,牢固树立总体国家安全观,坚定不移抓好党中央关于反恐怖斗争各项重大决策部署的落实,努力把新时代反恐怖斗争提升到一个新水平。要牢牢绷紧反恐怖斗争这根弦,加强涉恐情报搜集预警,深化严打暴恐活动专项行动,集中整治暴力恐怖和宗教极端思想的传播渗透,持续深化涉恐安全隐患排查整治,始终保持对暴力恐怖活动的严打高压威慑态势,坚决防范暴力恐怖风险,不断巩固我国反恐怖斗争持续向好的良好态势。要全面落实治本之策,健全反恐怖工作体系,深化反恐国际合作,持续推进"去极端化",努力从源头上铲除暴恐活动的滋生土壤。要严格落实反恐怖工作责任制,压紧压实属地责任、部门责任、单位责任,确保反恐怖斗争各项部署要求落到实处。

5月25日

[纲　文] 张又侠在军委联合参谋部信息通信局营区幼儿园,看望慰问军委机关幼儿园师生。

5月25日

[纲　文] 中央军委副主席许其亮、国务委员兼国防部长魏凤和在北京分别与蒙古国国防部长恩赫包勒德会见、会谈。

[目　文] 许其亮会见恩赫包勒德时说,中方愿在新时代大背景下同蒙方共同努力,落实好习近平主席与蒙古国领导人达成的重要共识,尊重彼此核心利益,对接好"一带一路"倡议和"发展之路"战略,不断丰富两国关系内涵和合作领域。希望两国军队保持高层交往,深化务实合作,加强战略沟通,增进战略互信,推动两军关系走深走实,为两国友好合作提供有力支撑。

恩赫包勒德说,蒙方始终把加强对华合作作为蒙对外政策的优先方向,愿加强蒙中发展战略对接，不断拓展各领域交流合作。

魏凤和与恩赫包勒德会谈时说，中方奉行和平外交政策，践行亲、诚、惠、容的周边外交理念，愿与蒙方一道，不断推进中蒙全面战略伙伴关系，相互尊重，共同发展，造福两国人民。中国军队愿与蒙方进一步加强两军在人员培训、联演联训、国际维和、反恐和边境管控等领域的务实合作，推动两军关系再上一个新台阶。

恩赫包勒德说，蒙方愿与中方加强包括国防领域在内的各领域务实交流合作，推动两国两军关系持续深入发展。

5月25—27日

［纲　文］　**2018世界制造业大会在合肥举办。**

［目　文］　大会由全球中小企业联盟、联合国工业发展组织、中国人民对外友好协会、安徽省人民政府联合主办。参会嘉宾超过4000位，其中100多位境内外世界500强高管、近500家国内外制造业领军知名企业负责人、30多位"两院"院士专家学者参会，对话交流制造业领域前沿发展理念，构建了更为广阔的产业、技术等合作空间。发布了《2018世界制造业大会合肥宣言》。

5月26日

［纲　文］　**胡春华在中国农业科学院调研农业科技工作。**

［目　文］　在中共中央总书记习近平致中国农业科学院建院60周年贺信发表一周年之际，中共中央政治局委员、国务院副总理胡春华在中国农业科学院国家作物种质资源库、重大科学工程楼和现代农业科技展示园，了解农作物种质资源安全保存与有效利用情况、现代作物育种技术研发与应用进展，考察蔬菜营养品质调控及植物工厂智能化管控等研发应用进展情况，并与科研人员讨论交流。调研期间，胡春华主持召开农业科技专家座谈会，听取了8位不同领域专家、企业家对农业科技工作的意见建议。

5月26日

［纲　文］　**自然资源部中国地质调查局在黑龙江省安达市松科二井工程现场召开大陆科学钻探工程（松科二井）完井暨学术研讨现场会。**

［目　文］　该成果总体达到国际先进水平，在深部钻探技术和白垩纪陆相古气候研究方面达到国际领先水平。松科二井于2014年4月13日开钻，历时4年多时间，完钻井深7018米，成为亚洲国家实施的最深大陆科学钻井和国际大陆科学钻探计划（ICDP）成立22年来实施的最深钻井。工程取得了地质科技四项重大突破与进展。

5月26日

［纲　文］　**中国首次在沙漠组织的航天员野外生存训练结束。**

［目　文］　在巴丹吉林沙漠参加野外生存训练的15名航天员全部顺利返京，标志着此次训练取得成功。为期19天的沙漠野外生存训练由中国航天员中心组织，酒泉卫星发射中心提供训练保障。训练主要针对空间站载人航天飞行任务飞船应急返回着陆沙漠地

域特殊情况开展，旨在使航天员掌握救生物品的使用方法，进一步提高在沙漠环境的生存能力，锻炼意志品质，增强团队协作和凝聚力。

5月26日

[纲　文]　国务委员兼外交部部长王毅在北京同布基纳法索外长巴里举行会谈并签署《中华人民共和国与布基纳法索关于恢复外交关系的联合公报》。

[目　文]　28日，全国政协主席汪洋在北京会见巴里时表示，布基纳法索政府承认一个中国原则，作出中布复交的战略决策，顺应时代潮流，符合国际社会普遍共识，必将被历史证明是完全正确的。中布两国经济互补性强，合作前景广阔。中方愿同布方携手努力，推动两国关系健康顺利发展，书写好中布友好合作新篇章。

巴里表示，恢复与中国外交关系符合历史潮流，得到布基纳法索人民拥护。布方很高兴回归中非合作大家庭，将恪守一个中国原则，与中方深入开展合作，为促进两国关系和非中关系发展作出贡献。

5月26—29日

[纲　文]　2018中国国际大数据产业博览会在贵阳举行，习近平向会议致贺信。

[目　文]　国家主席习近平向会议致贺信指出，当前，以互联网、大数据、人工智能为代表的新一代信息技术日新月异，给各国经济社会发展、国家管理、社会治理、人民生活带来重大而深远的影响。把握好大数据发展的重要机遇，促进大数据产业健康发展，处理好数据安全、网络空间治理等方面的挑战，需要各国加强交流互鉴、深化沟通合作。中国高度重视大数据发展。我们秉持创新、协调、绿色、开放、共享的发展理念，围绕建设网络强国、数字中国、智慧社会，全面实施国家大数据战略，助力中国经济从高速增长转向高质量发展。希望各位代表和嘉宾围绕"数化万物·智在融合"的博览会主题，深入交流，集思广益，共同推动大数据产业创新发展，共创智慧生活，造福世界各国人民，共同推动构建人类命运共同体。

全国人大常委会副委员长王晨出席开幕式，宣读习近平的贺信并致辞。数博会由发展改革委、工业信息化部、国家网信办、贵州省人民政府共同主办，以"数化万物·智在融合"为主题，举行数博会开（闭）幕式、8场高端对话、50余场专业论坛。举办人工智能全球大赛总决赛，发布中国首批产业扶贫攻坚标准、人工智能助理等51项领先科技成果，100个大数据应用场景，集中展示5G技术及应用，首次展示中国天眼超算技术应用成果，展出超过1000项最新产品和技术及解决方案。美国、英国、意大利、以色列总领馆举办分论坛及系列活动。

5月27日

[纲　文]　外交部、国防部发言人就美国军舰擅自进入中国西沙群岛领海表示，中方对美方有关行径表示强烈不满和坚决反对，强烈敦促美方立即停止此类侵犯中国主权、威胁中国安全的挑衅行动。

［目　文］　有记者问：据报道，5月27日，美国"希金斯"号和"安提坦"号两艘军舰进入中国西沙群岛领海。请问中方对此有何评论？

发言人说，5月27日，美国海军"希金斯"号和"安提坦"号军舰未经中国政府允许，擅自进入中国西沙群岛领海。中国海军依法对美舰实施查证识别，并予以警告驱离。西沙群岛是中国固有领土。根据《中华人民共和国领海及毗连区法》，中国政府于1996年公布了西沙群岛的领海基线。中国有关法律对外国军舰进入中国领海有关事宜作出了明确规定。美方再次派遣军舰擅自进入中国西沙群岛领海，违反中国法律及相关国际法，严重侵犯中国主权，破坏有关海域的和平、安全和良好秩序。中方对美方有关行径表示强烈不满和坚决反对，强烈敦促美方立即停止此类侵犯中国主权、威胁中国安全的挑衅行动。中方将继续采取一切必要措施捍卫国家主权和安全。

国防部新闻发言人就美舰擅自进入中国西沙群岛领海答记者问时表示，西沙群岛是中国固有领土。根据《中华人民共和国领海及毗连区法》，中国政府于1996年公布了西沙群岛的领海基线。美方再次派军舰擅自进入中国西沙群岛领海挑衅，违反中国法律及相关国际法，严重侵犯中国主权，损害中美两军战略互信，破坏有关海域的和平、安全和良好秩序。中方对此坚决反对。中国军队加强海空战备建设，提高防卫水平，捍卫国家主权和安全，维护地区和平稳定的决心意志是坚定不移的。

5月27—30日

［纲　文］　应国务委员兼外交部部长王毅邀请，多民族玻利维亚国外交部部长瓦纳库尼对中国进行正式访问。

［目　文］　29日，王毅在北京同瓦纳库尼举行会谈时指出，中方愿同玻方保持高层交往，引领两国关系发展，在"一带一路"框架下拓展务实合作，在国际和地区事务中加强协调。中拉合作的实质是南南合作，谋求的是优势互补、合作共赢，造福的是双方人民。中方愿不断丰富中拉全面合作伙伴关系内涵。

瓦纳库尼表示，中国是维护世界和平与发展的重要力量。玻利维亚感谢中国长期以来为玻提供的宝贵支持和帮助，愿同中方共建"一带一路"，促进拉中整体合作深入发展。

5月28日

［纲　文］　中国科学院第十九次院士大会、中国工程院第十四次院士大会在北京开幕，习近平出席并发表讲话。

［目　文］　大会由中国科学院院长白春礼主持，中国工程院院长周济致开幕词。国务院总理李克强，中共中央政治局常委王沪宁、韩正，部分中共中央政治局委员，全国人大常委会、国务院、全国政协、中央军委有关领导人，1300多位"两院"院士，"百名科学家、百名基层科技工作者"代表，中央和国家机关及军队有关方面负责人，在京有关科研机构的科技人员和高等院校师生代表等出席。

中共中央总书记习近平指出，中国要强盛、要复兴，就一定要大力发展科学技术，努力成为世界主要科学中心和创新高地。形势逼人，挑战逼人，使命逼人。我国广大科技工作者要把握大势、抢占先机，直面问题、迎难而上，瞄准世界科技前沿，引领科技发展方向，肩负起历史赋予的重任，勇做新时代科技创新的排头兵，努力建设世界科技强国。

5月29日，李克强在中国科学院第十九次院士大会和中国工程院第十四次院士大会上作经济社会发展形势报告。30日，国务院副总理刘鹤为两院院士作了科技工作有关情况的报告。6月1日，中共中央政治局委员、中组部部长陈希主持召开院士代表座谈会，强调要深入学习贯彻习近平在中国科学院第十九次院士大会、中国工程院第十四次院士大会上的讲话精神，牢固树立"四个意识"、坚定"四个自信"，弘扬科学报国光荣传统，把个人理想自觉融入国家发展伟业，勇做新时代科技创新排头兵，为实现"两个一百年"奋斗目标、实现中华民族伟大复兴的中国梦创造新业绩、作出新贡献。

5月28日至6月1日，中国科学院第十九次院士大会在北京召开。大会审议通过了学部主席团工作报告和各专门委员会、各学部常委会工作报告，召开了第六届学部学术年会，颁发了2018年度陈嘉庚科学奖和陈嘉庚青年科学奖，并结合学部职能定位深入讨论了院士章程修订、院士队伍建设、科技智库建设等工作。

5月28日至6月1日，中国工程院第十四次院士大会在北京召开。大会审议通过了《中国工程院章程》（修订草案）；李晓红当选为中国工程院院长，陈左宁、钟志华、邓秀新、何华武、王辰当选为中国工程院副院长；举行了第十二届光华工程科技奖颁奖仪式，国务院副总理刘鹤为光华工程科技成就奖获得者徐匡迪院士和其他获奖人员颁发了获奖证书；举行了2017年当选外籍院士颁证仪式、全院学术报告会、各学部常委会换届选举等活动。

5月28日

［纲 文］ 纪念马克思诞辰200周年专题研讨会在深圳举行。习近平向会议致贺信。

［目 文］ 中共中央总书记习近平的贺信表示，值此纪念马克思诞辰200周年专题研讨会开幕之际，我谨代表中国共产党，并以我个人的名义，向会议的召开表示衷心的祝贺，向出席会议的各国共产党领导人和同志们表示热烈的欢迎。马克思是马克思主义的主要创始人，马克思主义是人类历史上的伟大创造。在人类思想史上，就科学性、真理性、影响力、传播面而言，没有一种思想理论能达到马克思主义的高度，也没有一种学说能像马克思主义那样对世界产生了如此巨大的影响。中国共产党人始终坚持以科学的态度对待科学，以真理的精神追求真理，锲而不舍推进马克思主义中国化、时代化、大众化，形成了系列理论创新成果，推动中国特色社会主义进入了新时代，彰显了科学社会主义在21世纪的强大生机活力。中国共产党正在新时代中国特色社会主义思想指引下，团结带领全国各族人民为决胜全面建成小康社会、夺取新时代中国特色社会主义伟大胜利而努力奋斗。我们愿同包括共产党在内的世界各国政党和政治组织一道，加强对话、深化交流、开

展合作，为推动构建人类命运共同体、建设更加美好的世界贡献智慧和力量。预祝研讨会圆满成功。

研讨会由中国共产党举办，以"21世纪马克思主义与世界社会主义未来"为主题。中共中央对外联络部部长宋涛在开幕式上宣读了习近平的贺信并发表主旨讲话。来自50个国家75个共产党的100余位领导人和代表参会。

29日，中共中央政治局委员、中宣部部长黄坤明在北京分别会见与会的部分外国共产党领导人、蒙古人民党总书记阿玛尔巴伊斯格楞和其率领的代表团。

5月28日
［纲　文］　国务院任命胡静林为国家医疗保障局局长。

5月28日
［纲　文］　韩正在北京市通州区调研北京城市副中心规划建设工作。

［目　文］　国务院副总理韩正在北京城市副中心规划展厅，了解副中心规划建设进展；在副中心行政办公区建设工地，察看办公楼工程以及园林、管线等配套工程，询问工程进度安排和技术亮点等情况；在大运河森林公园，听取城市副中心历史文化、水系治理和园林绿化等情况汇报，察看大运河沿岸生态环境治理情况；主持召开座谈会，听取北京市和有关部门意见建议，研究部署下一步重点工作。

韩正表示，要以习近平新时代中国特色社会主义思想为指导，全面贯彻党的十九大精神，按照世界眼光、国际标准、中国特色、高点定位的要求，高起点、高标准、高水平规划建设管理北京城市副中心，着力打造国际一流的和谐宜居之都示范区、新型城镇化示范区和京津冀区域协同发展示范区，促进北京优化提升首都功能、有序疏解非首都功能。要认真落实北京城市总体规划，深化城市副中心规划，做深做实控制性详细规划，强化与专项规划的衔接整合，以人为本做好城市设计，实现"多规合一"。要坚决维护规划的严肃性和权威性，增强规划的约束力和执行力，确保规划真正落地。要尊重工程建设规律，坚持质量第一、安全第一，确保工程质量经得起时间和历史的检验。

5月28日
［纲　文］　卫生健康委印发《严重精神障碍管理治疗工作规范（2018年版）》。

［目　文］　《规范》由十一个部分组成：一、机构、职责及保障条件。二、患者的发现、诊断、登记和报告。三、随访管理与指导。四、居家患者药物治疗。五、应急处置。六、精神康复。七、人员培训。八、宣传与健康教育。九、督导。十、信息与资料管理。十一、质量控制。

《规范》要求，对质控中发现的问题要及时指出，定期通报，向同级卫生健康行政部门汇报。各级精防机构每年撰写质控报告，于次年1月31日前提交上级精防机构和同级卫生健康行政部门。

5月28日
［纲　文］　教育部印发《中小学图书馆（室）规程》。

〔目　文〕　《规程》共 7 章 39 条。主要有总则、体制与机构、图书配备与馆藏文献信息建设、图书馆与文献信息管理、应用与服务、条件与保障等内容。自 2018 年 6 月 1 日起施行，2003 年 5 月 1 日发布的《中小学图书馆（室）规程》同时废止。

5 月 28 日

〔纲　文〕　邮政局发布《快递末端网点备案暂行规定》，自 2018 年 5 月 28 日起施行。

5 月 28 日

〔纲　文〕　国务委员兼外交部部长王毅在北京会见联合国副秘书长、亚太经社会执行秘书阿赫塔尔。

〔目　文〕　王毅肯定联合国特别是亚太经社会与中方的合作并表示，希望亚太经社会发挥优势，把自身工作同"一带一路"更紧密结合，与中方携手推动亚太经济合作和一体化进程，为本地区经济社会发展注入新动力。

阿赫塔尔感谢中方对联合国和亚太经社会的大力支持，表示亚太经社会将充分发挥政府间平台作用，全面深入参与"一带一路"建设，为亚太发展繁荣和 2030 年可持续发展议程落实作出贡献。

5 月 28 日—6 月 1 日

〔纲　文〕　第五届中国（北京）国际服务贸易交易会在北京举行。

〔目　文〕　交易会由商务部、北京市人民政府共同主办，商务部交流中心和北京市国际服务贸易事务中心具体执行。120 个国家和地区参会，其中 46 个"一带一路"沿线国家和地区聚焦金融、基础设施建设、投资、文化、大健康等领域举办多场专题活动。

28 日，中共中央政治局委员、国务院副总理胡春华考察了交易会。参观了服务贸易成果展、创新发展试点展，以及有关国家、国内省区市展区和专业展区，了解服务贸易创新发展成效、参展国家开展国际服务贸易的情况，询问企业对发展服务贸易的意见和建议，勉励企业练好内功，抢抓机遇，形成自己的特色和优势。

5 月 29 日

〔纲　文〕　国家主席习近平在北京会见英国约克公爵安德鲁王子。

〔目　文〕　习近平指出，我 2015 年对英国进行了成功的国事访问，开辟了中英关系"黄金时代"。当前国际形势发生很大变化，但中英关系"黄金时代"继续稳步向前发展。梅首相今年初成功访华，两国各领域合作保持良好发展势头。中方愿同英方继续密切高层互访，办好机制性对话，确保中英关系始终沿着正确轨道健康稳定向前发展。为顺利实现"两个一百年"奋斗目标，中国将坚持走中国特色自主创新道路，实施创新驱动发展战略。中国将坚持扩大开放，加强创新领域国际合作。中英加强科技创新合作有利于实现互利双赢，为两国关系"黄金时代"注入更多新内涵。

安德鲁表示，习近平主席 2015 年对英国成功的国事访问，有力推进了英中两国广泛领域的合作。英国高度关注中国经济正由高速增长向高质量发展转变，我愿继续致力于加强两国科技、创新、产业等领域务实合作，增进两国人民相互了解，推动英中"黄金时代"取得更大发展。

5月29日

［纲　文］　新华社讯，中共中央发布《中共中央关于涉党和国家机构改革党内法规和相关文件专项清理的决定》。

［目　文］　中共中央决定，废止3件、修改35件中央党内法规和相关文件。

《决定》指出，中央纪委、中央各部门要抓紧对本单位涉机构改革的党内法规和相关文件进行清理，国家机关各部委党组（党委）要按照机构改革精神及时清理自身制定的涉机构改革的文件。各省、自治区、直辖市党委要组织实施好本地区涉机构改革党内法规和相关文件的清理工作。各地区各部门要深刻认识专项清理工作的重要意义，认真抓好贯彻执行。对废止的党内法规和相关文件，要按照档案、保密管理有关规定，做好存档、查档利用等工作。对需要修改的党内法规和相关文件，要抓紧启动修改工作，优质高效完成修改任务。

5月29日

［纲　文］　中共中央党史和文献研究院编辑的《十八大以来重要文献选编》下册，由中央文献出版社出版。

［目　文］　《十八大以来重要文献选编》下册，收入自2015年10月党的十八届五中全会后至2017年10月党的十九大召开前这段时间内的重要文献，共72篇，约63万字。其中，习近平总书记的文稿34篇，其他中央领导同志的文稿16篇，中共中央、国务院的有关文件22篇。有19篇重要文献是第一次公开发表。

5月29日

［纲　文］　孙春兰主持召开国务院防治重大疾病工作部际联席会议暨国务院防治艾滋病工作委员会会议。

［目　文］　国务院副总理孙春兰指出，我国仍然面临多重疾病威胁并存、多种健康影响因素交织的复杂局面，要把防治重大疾病作为推进健康中国建设的重要任务，着力解决影响人民健康的突出问题，让群众看得见、摸得着、得实惠。艾滋病、结核病、流感等重大传染病的防治，要把预防摆在更加重要的位置，做好疫情监测预警，推进疫苗等生物医学科技创新，加强对重点地区和人群的综合干预，通过救治保障、廉价药等措施减轻患者负担，防止因病致贫返贫。地方病的防治，要因地制宜，因病施策，加快推进改水降氟等综合措施，从源头上治理地方病的危害，同时做好现症病人的救治。青少年近视的防治，要建立干预体系，推进教医协同，突出学校主体责任，抓好眼保健操、户外活动、普及健康知识等措施落地落实，坚决遏制青少年视力低下势头。各地各部门要切实担负起防治重大疾病的职责，健全工作机制，加强协作配合，形成防控工作的合力。

同日，孙春兰在中国疾病预防控制中心进行调研，考察了性病艾滋病预防控制中心、国家流感中心、全国传染病疫情直报系统、生物安全实验室以及突发事件处置中心，了解重大疾病防控的科技研发、监测预警、应急处置情况，与科研人员和专家进行交流。她说，中国疾控中心是疾病防控的国家队，要加大防治技术科研攻关，开展健康教育和科普宣传，加强基层业务指导培训，培养疾控专业人才队伍，不断提高我国疾病防治水平。同时也要做好公共卫生援外和国际合作交流工作，提升我国在疾病预防控制领域的国际影响力。

5月29日

[纲　文]　全国禁毒工作电视电话会议在北京召开。

[目　文]　国务委员、国家禁毒委员会主任赵克志出席并讲话。他分析了我国禁毒斗争面临的形势，总结了我国禁毒工作取得的成效和经验，就做好下一步禁毒工作作了部署。国务院副秘书长、国家禁毒委副主任孟扬主持会议。国家禁毒委副主任、委员、各成员单位联络员及公安部有关业务局负责人出席会议。山东、海南、云南等省级禁毒委员会和最高人民法院、国家卫生健康委负责人在会上发言。

5月29日

[纲　文]　海关总署公布《海关总署关于修改部分规章的决定》。

[目　文]　《决定》说，根据国务院进一步深化"放管服"改革的决策部署，为进一步简化海关手续，减轻企业负担，降低制度性交易成本，海关总署决定对《中华人民共和国海关关于境外登山团体和个人进出境物品管理规定》等82部规章进行修改，自2018年7月1日起施行。

5月29日

[纲　文]　海关总署公布《海关总署关于废止部分规章的决定》。

[目　文]　《决定》说，根据国务院进一步深化"放管服"改革的决策部署，为进一步简化海关手续，减轻企业负担，降低制度性交易成本，现决定废止1991年3月6日以海关总署令第16号公布的《海关对出口退税报关单管理办法》和2000年5月31日以国家出入境检验检疫局令第23号公布的《出入境检验检疫标志管理办法》。本决定自2018年5月29日起生效。

5月29日

[纲　文]　国家民委、体育总局印发《全国少数民族传统体育运动会组织管理办法》。

[目　文]　《办法》共10章37条。主要有总则、组织机构、主办单位权利和职责、承办单位权利和职责、运动会申办、比赛项目设置、竞赛项目立项、运动员登记与交流、体育文化活动等内容。自2018年5月29日起施行。国家民委、体育总局《关于印发〈全国少数民族传统体育运动会竞赛项目立项暂行规定〉的通知》（民委发〔2004〕174号）、《国家民委　国家体育总局关于印发〈中华人民共和国少数民族传统体育运动会申办办法〉（试行）的通知》（民委发〔2010〕14号）、《国家民委　国家体育总局关于印发〈全国少数

民族传统体育运动会运动员注册与交流管理办法（试行）》的通知》（民委发〔2010〕199号）同时废止。

5月29日

［纲　　文］　南水北调中线工程累计为北方输水超144亿立方米。

5月29日

［纲　　文］　《人民日报》发表评论员文章《深刻把握科技创新与发展大势——一论学习贯彻习近平总书记两院院士大会重要讲话》。

5月30日

［纲　　文］　习近平给陕西照金北梁红军小学的学生回信。

［目　　文］　中共中央总书记习近平在回信中说，照金北梁红军小学的同学们：你们好！你们的来信我收到了，看了以后感到很高兴。你们在信中说，村里的老人常给你们讲照金的革命历史，这片红色的土地让你们骄傲和自豪。希望你们多了解中国革命、建设、改革的历史知识，多向英雄模范人物学习，热爱党、热爱祖国、热爱人民，用实际行动把红色基因一代代传下去。我去过你们的家乡照金。在党和政府以及社会各界关心下，北梁小学即将恢复为完全小学，同学们上高年级不用跑远路了，在学校能喝上直饮水、洗上热水澡。你们说，今天的幸福生活来之不易，这话讲得很好。希望你们怀着一颗感恩的心，珍惜时光，努力学习，将来做对国家、对人民、对社会有用的人。"六一"国际儿童节马上就要到了，我祝你们、祝全国各族少年儿童节日快乐！

照金镇位于陕西省铜川市耀州区，是陕甘边革命根据地的中心。2015年2月，习近平曾到照金考察，看望慰问老区干部群众。照金北梁红军小学曾是一所完全小学，2008年教育布局调整中只保留了一年级至三年级，2018年9月恢复为完全小学。此前，该校二年级和三年级的51名小学生给习总书记写信，汇报了学习革命历史的体会和学校发展变化的情况，表达了感恩奋进、早日成才的决心。

5月30日

［纲　　文］　中共中央总书记、国家主席习近平在北京同老挝人民革命党中央总书记、国家主席本扬举行会谈。

［目　　文］　双方一致强调要推动中老命运共同体建设取得新成果，更好造福两国和两国人民。双方相互通报了各自党的建设和国内发展情况并共同出席了有关合作文件的签字仪式。

习近平强调，随着中老关系进入新的发展阶段，双方应在巩固命运共同体共识基础上，聚焦命运共同体建设，推动其由理念转化为行动、由愿景转变为现实，让中老命运共同体落地生根、开花结果。一要加强战略沟通，巩固命运共同体政治基础。中老双方应开展全方位、多层次、机制性对话交流，不断提升互信水平。二要深化务实合作，拉紧命运共同体利益纽带。双方应着力推动"一带一路"框架下大项目合作，加强民生和扶贫合作，上下联动，形成中老合作新格局。三要加强安全合作，筑牢命运共同体安全防线。双方应加强在联合国、东亚合作、澜湄合作等多边机制中的协调配合，有效维护两国共同利益。四要活跃人文交流，夯实命运共同体民意基础。通过民间往来和人文交流，让命运共同体意识真正扎根到民间、深植在基层。五要重视生态保护，推动命运共同体持续发展。双方应就生态和环保加强交流互鉴，探索打造绿色共同体的新路。

本扬表示，我完全赞同习近平总书记同志对推动老中命运共同体建设的指导意见，愿进一步发挥两党关系对老中关系的政治引领作用，保持两党高层定期会晤，加强党的建设、治国理政经验交流和政府各领域务实合作，加快推进老中"一带一路"框架下大项目合作，密切在国际和地区事务中的协调配合，共同建设好老中牢不可破的社会主义命运共同体，造福两国和地区人民。

31日，国务院总理李克强在北京会见本扬时指出，中方愿同老方密切配合，推进交通基础设施、农业、教育、旅游等重点领域合作，共同推动中老全面战略合作伙伴关系在多领域、多层次取得新进展。我们支持有实力、有信誉的中国企业赴老投资兴业，更好实现互利双赢。

本扬表示，老方愿继续秉持"四好"精神，推进双方在基础设施、农业、教育、卫生等领域的互利合作，进一步密切两国人民之间的交流，推动两党两国关系与合作取得更大更新成果。

同日，中共中央政治局常委、中央纪委书记赵乐际在北京会见本扬时表示，中方愿同老方继续努力，围绕党的建设、党内监督等深入交流互鉴，增强各自管党治党能力，提升两国反腐败质量和水平，为中老关系发展作出积极贡献。

本扬表示，老方高度评价中国共产党的全面从严治党成就，对两党反腐败工作交流合作表示满意，希望进一步学习借鉴中共党建经验，共同建设好老中命运共同体。

5月30日

[纲　文]　李克强主持召开国务院常务会议。

[目　文]　会议主要内容有：一、确定进一步积极有效利用外资的措施，推动扩大开放促进经济升级。会议确定：一是放宽市场准入。落实已明确的取消或放宽汽车、船舶、飞机等制造业领域外资准入限制的承诺。完善合格境外投资者制度，积极引入境外交易者参与原油、铁矿石等期货交易，支持外资金融机构更多参与地方政府债券承销。二是对标国际提升投资便利化水平。2018年7月1日前要完成修订出台外商投资准入负面清单工作。将清单内投资总额10亿美元以下的外资企业设立及变更，下放至省级政府审批和管理。简化外国人才来华工作许可程序，在中国境内注册企业选聘符合条件的外国人才可在2个工作日内获发签证。三是保护外资合法权益。严打侵权假冒、侵犯商业秘密、商标恶意抢注等行为，大幅提高知识产权侵权法定赔偿上限。四是强化国家级开发区利用外资重要平台作用，示范带动提高利用外资水平。五是完善和用好信贷、用地、社保等支持政策，降低企业经营成本。引导外资更多投向中西部地区和现代农业、生态建设、先进制

造业、现代服务业。二、决定较大范围下调日用消费品进口关税，更好满足群众多样化消费需求。会议决定，从2018年7月1日起，将服装鞋帽、厨房和体育健身用品等进口关税平均税率由15.9%降至7.1%；将洗衣机、冰箱等家用电器进口关税平均税率由20.5%降至8%；将养殖类、捕捞类水产品和矿泉水等加工食品进口关税平均税率从15.2%降至6.9%；将洗涤用品和护肤、美发等化妆品及部分医药健康类产品进口关税平均税率由8.4%降至2.9%。有关部门要落实降税措施，防止中间环节加价获利，让广大消费者受惠，促进国内产业竞争力提升。三、部署建立残疾儿童康复救助制度，给他们更多帮扶和关爱。会议决定，建立残疾儿童康复救助制度，从2018年10月1日起，对符合条件的0—6岁视力、听力、言语、肢体、智力等残疾儿童和孤独症儿童，包括经济困难家庭、福利机构收养的残疾儿童和残疾孤儿等，提供手术、辅助器具配置和康复训练等救助。救助经费纳入县级以上地方政府预算，中央财政给予适当补助。到2020年基本实现残疾儿童应救尽救。

5月30日

［纲　文］　国务院印发《关于建立企业职工基本养老保险基金中央调剂制度的通知》。

［目　文］　《通知》说，根据党中央、国务院决策部署和《中华人民共和国社会保险法》有关要求，为深入贯彻习近平新时代中国特色社会主义思想和党的十九大精神，均衡地区间企业职工基本养老保险基金负担，实现基本养老保险制度可持续发展，国务院决定建立养老保险基金中央调剂制度，自2018年7月1日起实施。

《通知》指出，要健全保障措施，确保制度顺利实施。一是完善省级统筹制度，推进养老保险基金统收统支工作。二是强化养老保险基金预算管理，确保应收尽收，杜绝违规支出。三是建立健全考核奖惩机制，将养老保险相关工作情况列入省级政府工作责任制考核内容。四是推进信息化建设，建立全国养老保险缴费和待遇查询系统、养老保险基金中央调剂监控系统以及全国共享的中央数据库。

5月30日

［纲　文］　新华社讯，中共中央办公厅、国务院办公厅印发《关于进一步加强科研诚信建设的若干意见》。

［目　文］　《意见》由八个部分组成：一、总体要求。二、完善科研诚信管理工作机制和责任体系。三、加强科研活动全流程诚信管理。四、进一步推进科研诚信制度化建设。五、切实加强科研诚信的教育和宣传。六、严肃查处严重违背科研诚信要求的行为。七、加快推进科研诚信信息化建设。八、保障措施。

《意见》指出，加强党对科研诚信建设工作的领导。各级党委（党组）要高度重视科研诚信建设，切实加强领导，明确任务，细化分工，扎实推进。有关部门、地方应整合现有科研保障措施，建立科研诚信建设目标责任制，明确任务分工，细化目标责任，明确完成时间。科技部要建立科研诚信建设情况督查和通报制度，对工作取得明显成效的地方、部门和机构进行表彰；对措施不得力、工作不落实的，予以通报批评，督促整改。

5月30日

［纲　文］　交通部、网信办、工业信息化部、公安部、人民银行、税务总局、市场监管总局印发《关于加强网络预约出租汽车行业事中事后联合监管有关工作的通知》。

［目　文］　《通知》要求，各级有关部门要建立网约车行业联合监管机制。针对未取得网约车经营许可从事网约车经营、线上线下车辆人员不一致、信息泄露、不依法纳税、不正当竞争、非法经营资金支付结算等违法违规行为，各相关管理部门可开展联合约谈。约谈后仍拒不改正的，可根据网约车平台公司的违法行为严重程度，对其相应采取暂停发布、下架移动互联网应用程序、停止互联网服务、6个月内停止联网或停机整顿等处置措施。

《通知》提出，要加强网约车行业事中事后联合监管应急响应和处置，探索利用互联网思维创新监管方式，对平台公司的行政处罚行为通过信用系统进行公告，利用信息化手段实现部门间和各部门内部信息互通、资源共享，探索建立多方协同治理机制。

5月30日

［纲　文］　中国科协成立60周年百名科学家、百名基层科技工作者座谈会在北京召开。

［目　文］　中共中央政治局常委王沪宁出席会议并讲话。陈希、黄坤明、陈竺、卢展工和韩启德以及苗华出席会议，万钢主持会议。中央和国家机关有关部门负责人，200多位科学家和基层科技工作者代表参加会议。5月30日是全国科技工作者日，与会代表向全国科技工作者发出《科技中国梦　建功新时代》倡议书，11位科学家和基层科技工作者代表作了发言。

王沪宁表示，广大科技工作者要深入学习贯彻习近平总书记在中国科学院第十九次院士大会、中国工程院第十四次院士大会上的重要讲话精神，全力投身创新实践，勇攀科技发展高峰，切实担负起进军世界科技强国的时代使命。

5月30日

［纲　文］　国家副主席王岐山在北京会见红十字国际委员会主席莫雷尔。

［目　文］　王岐山表示，红十字国际委员会为保障人的生命和健康、促进世界和平与发展作出了积极贡献。当前国际人道形势依然严峻。国际社会应加大人道援助力度，特别是发达国家要切实履行援助义务。习近平主席提出构建人类命运共同体的重要思想，倡导国际社会共同弘扬人道、博爱、奉献精神。中国政府将一如既往地支持红十字人道主义事业，鼓励中国红十字会与国际红十字组织就"一带一路"建设等各领域加强务实合作。

莫雷尔高度评价中国对国际人道主义事业作出的贡献，感谢中方对红十字国际委员会的支持，希望同中方加强"一带一路"建设等各领域合作。

5月30日

[纲　　文]　全国政协主席汪洋在北京会见黑山议长布拉约维奇。

[目　　文]　汪洋说，中黑建交以来，两国本着互尊互信、平等相待、互利共赢的精神开展交流合作，共同为促进世界和平与发展作出积极贡献。当前，两国高层往来密切，政治互信牢固，各领域交流合作持续深化，两国关系迈入了快速发展的新阶段。中方愿同黑方加强发展战略对接，深化"一带一路"合作，推动中黑关系实现更大发展。中国全国政协愿加强同黑山议会的友好交往与合作，为两国关系不断发展作出新贡献。

布拉约维奇说，黑方高度重视发展对华关系，黑山议会愿加强同中方的交流合作，支持在"一带一路"倡议和"16+1合作"框架下密切两国各领域务实合作，为发展黑中关系、欧中关系发挥积极作用。

6月1日，全国人大常委会委员长栗战书在北京会见黑山议长布拉约维奇。栗战书表示，两国关系多年来健康发展的一条重要经验，就是双方始终坚持国家不论大小一律平等，始终在涉及彼此核心和重大利益关切的问题上相互支持。希望双方以"一带一路"建设为"桥"，深化传统友谊，扎实推进大项目建设，进一步加强发展战略对接。中国全国人大愿同黑山议会加强交流，为两国日益密切的务实合作营造公平有序的法律环境，为推进两国人民友好往来和相互理解牵线搭桥。

布拉约维奇说，黑方重视发展对华关系，恪守一个中国原则，支持"一带一路"建设、"16+1合作"，愿深化两国立法机构合作。

5月30日

[纲　　文]　国务委员兼国防部长魏凤和在北京会见奥地利军队总参谋长科曼达。

[目　　文]　魏凤和说，奥地利是中国在欧洲的重要合作伙伴。中国军队愿同奥地利军队一道，认真落实习近平主席与范德贝伦总统达成的重要共识，着眼推进构建人类命运共同体和"一带一路"建设，推动两军友好交流与合作深入发展，为发展中奥友好战略伙伴关系作出贡献。

科曼达说，奥方对推进富有成果的两国两军合作充满期待，愿与中方共同努力，推动奥中务实合作迈上新台阶。

5月30日

[纲　　文]　外交部发言人回应美国白宫29日发表的声明时说，中方敦促美方言而有信，按照联合声明精神与中方相向而行。

[目　　文]　在当日例行记者会上，有记者问：据报道，美国白宫29日发表声明称，美方将于6月15日前公布总额约500亿美元的中国输美重大工业技术产品清单并将对其征收25%的关税。中方对此如何评论？

发言人表示，在国际关系中，每一次变脸和出尔反尔都是对自己国家信誉的又一次损耗和挥霍。美方有关声明显然有悖于不久前中美双方在华盛顿达成的共识。中方敦促美方言而有信，按照联合声明精神与中方相向而行。中方始终主张通过平等对话磋商、以建设性方式妥善处理和解决有关经贸分歧,这符合中美两国和两国人民的根本长远利益,也是国际社会的共同期待。中方不想打,但也不怕打贸易战。兵来将挡,水来土掩。如果美方执意任性妄为,中方必将采取坚决有力措施维护自身正当利益。

5月30日

[纲　文]　《人民日报》发表评论员文章《坚定信心矢志不移自主创新——二论学习贯彻习近平总书记两院院士大会重要讲话》。

5月30日—6月5日

[纲　文]　国务委员兼外交部部长王毅访问德国,赴布鲁塞尔举行第八轮中欧高级别战略对话,访问南非并出席金砖国家外长正式会晤。

[目　文]　王毅在德国访问期间,在柏林会见了德国总统施泰因迈尔,与德国外长马斯举行了会谈。

6月1日,王毅在布鲁塞尔同欧盟外交与安全政策高级代表莫盖里尼共同主持第八轮中欧高级别战略对话。双方就伊核、朝核等共同关心的国际和地区热点问题交换看法。双方一致同意,继续维护和执行伊核全面协议,进一步加强沟通协调,维护共同利益。双方支持朝鲜半岛北南双方和平与和解进程,期待即将举行的朝美领导人会晤顺利、成功。继续加强在经贸投资、互联互通、气候变化、能源、海洋、反恐等领域的互利合作,同时进一步开拓在政治安全以及防务领域的交流与合作。

同日,王毅在布鲁塞尔会见欧盟委员会主席容克。

6月4日,王毅在南非比勒陀利亚出席金砖国家外长正式会晤。会晤由南非外长西苏鲁主持,俄罗斯外长拉夫罗夫、印度外长斯瓦拉杰和巴西副外长加尔旺出席。各国与会代表积极评价金砖合作十年来取得的巨大进展,赞赏中方上年担任主席国为推动金砖合作所作重要贡献,表示在当前国际形势发生复杂变化的背景下,金砖国家应进一步加强协调合作,深化战略伙伴关系,共同坚持多边主义,反对单边主义和保护主义,维护国际关系基本准则。与会代表表示,将全力支持、积极配合南非筹备好第十次领导人会晤,确保会晤成功,对外发出积极有力的信号,为世界注入稳定性。会晤后还发表了《新闻公报》。

王毅在南非访问期间,在比勒陀利亚会见了南非总统拉马福萨,与南非外长西苏鲁举行会谈。

5月31日

[纲　文]　国家主席习近平任免驻外大使。

[目　文]　习近平根据全国人民代表大会常务委员会的决定任免下列驻外大使:一、免去刘显法的中华人民共和国驻肯尼亚共和国特命全权大使职务;任命孙保红(女)为中华人民共和国驻肯尼亚共和国特命全权大使。二、免去陆慧英(女)的中华人民共和国驻马里共和国特命全权大使职务;任命朱立英为中华人民共和国驻马里共和国特命全权大使。三、免去李杰的中华人民共和国驻密克罗尼西亚联邦特命全权大使职务;任命黄峥

为中华人民共和国驻密克罗尼西亚联邦特命全权大使。四、免去杨优明的中华人民共和国驻赞比亚共和国特命全权大使职务；任命李杰为中华人民共和国驻赞比亚共和国特命全权大使。

5月31日

［纲　文］　中共中央政治局召开会议。

［目　文］　中共中央总书记习近平主持会议。会议主要内容是：一、审议《乡村振兴战略规划（2018—2022年）》。会议指出，党的十九大提出实施乡村振兴战略，是以习近平同志为核心的党中央着眼党和国家事业全局、顺应亿万农民对美好生活的向往，对"三农"工作作出的重大决策部署，是决胜全面建成小康社会、全面建设社会主义现代化国家的重大历史任务，是新时代做好"三农"工作的总抓手。会议要求，各级党委和政府要提高思想认识，真正把实施乡村振兴战略摆在优先位置，把党管农村工作的要求落到实处，把坚持农业农村优先发展的要求落到实处。各地区各部门要树立城乡融合、一体设计、多规合一理念，抓紧编制乡村振兴地方规划和专项规划或方案，做到乡村振兴事事有规可循、层层有人负责。要针对不同类型地区采取不同办法，做到顺应村情民意，既要政府、社会、市场协同发力，又要充分发挥农民主体作用，目标任务要符合实际，保障措施要可行有力。要科学规划、注重质量、稳步推进，一件事情接着一件事情办，一年接着一年干，让广大农民在乡村振兴中有更多获得感、幸福感、安全感。二、审议《关于打赢脱贫攻坚战三年行动的指导意见》。会议指出，党的十九大把脱贫攻坚战作为决胜全面建成小康社会必须打赢的三大攻坚战之一，作出全面部署。未来3年，还有3000万左右农村贫困人口需要脱贫。我们必须清醒认识打赢脱贫攻坚战面临的困难和挑战，切实增强责任感和紧迫感，再接再厉、精准施策，以更有力的行动、更扎实的工作，集中力量攻克贫困的难中之难、坚中之坚，确保坚决打赢脱贫这场对如期全面建成小康社会、实现第一个百年奋斗目标具有决定性意义的攻坚战。各级党委和政府要把打赢脱贫攻坚战作为重大政治任务，进一步落实脱贫攻坚责任制。要完善脱贫攻坚考核监督评估机制，提高考核评估质量和水平，切实解决基层疲于迎评迎检问题。要保持贫困县党政正职稳定，加强对脱贫一线干部的关爱激励。要开展扶贫领域腐败和作风问题专项治理，集中力量解决扶贫领域形式主义、官僚主义的突出问题，坚决依纪依法惩治贪污挪用、截留私分、虚报冒领、强占掠夺等行为。要深入宣传脱贫攻坚典型经验，宣传脱贫攻坚取得的成就。

5月31日

［纲　文］　国务院办公厅印发《关于公布山西太宽河等5处新建国家级自然保护区名单的通知》。

［目　文］　《通知》说，山西太宽河、吉林头道松花江上游、吉林甑峰岭、黑龙江细鳞河、贵州大沙河等5处新建国家级自然保护区已经国务院审定，现将名单予以公布。新建国家级自然保护区的面积、范围和功能分区等由生态环境部另行公布。有关地区要按照批准的面积和范围组织勘界，落实自然保护区土地权属，并在规定的时限内标明区界，予

以公告。

5月31日

［纲　文］　贯彻落实《地方党政领导干部安全生产责任制规定》电视电话会议在北京召开。

［目　文］　国务院总理李克强作出批示指出：扎实做好安全生产工作，健全和严格落实安全生产责任制是关键保障。各地区要以习近平新时代中国特色社会主义思想为指导，认真贯彻党中央、国务院决策部署，坚持以人民为中心，牢固树立安全发展理念，切实把《地方党政领导干部安全生产责任制规定》落实到位，强化细化各环节管理和责任追究制度，形成科学加强安全生产基础设施、及时排查风险隐患、安全第一警钟长鸣的有效机制。各部门要加大指导支持力度，与地方形成合力。同时要根据党和国家机构改革部署，加快建立健全应急管理体制机制，持续提升安全生产风险防控能力，坚决遏制重特大事故发生，切实保障人民群众生命财产安全。

国务委员王勇出席会议并讲话。他强调，要深入学习贯彻习近平总书记关于安全生产的重要思想，按照李克强总理重要批示要求，牢固树立安全生产红线意识，严格落实地方党政领导干部安全生产责任制，加快健全安全生产责任体系，以高度的政治责任感抓好安全生产工作。

5月31日

［纲　文］　发展改革委、财政部、能源局印发《关于2018年光伏发电有关事项的通知》。

［目　文］　《通知》由三个部分组成：一、合理把握发展节奏，优化光伏发电新增建设规模。二、加快光伏发电补贴退坡，降低补贴强度。三、发挥市场配置资源决定性作用，进一步加大市场化配置项目力度。

10月9日，发展改革委、财政部、能源局就此《通知》发布有关事项说明如下。一、2018年5月31日（含）之前已备案、开工建设，且在2018年6月30日（含）之前并网投运的合法合规的户用自然人分布式光伏发电项目，纳入国家认可规模管理范围，标杆上网电价和度电补贴标准保持不变。二、已经纳入2017年及以前建设规模范围（含不限规模的省级区域），且在2018年6月30日（含）前并网投运的普通光伏电站项目，执行2017年光伏电站标杆上网电价，属竞争配置的项目，执行竞争配置时确定的上网电价。三、请各省级能源、价格主管部门和电网公司做好政策宣介落实工作。请各派出能源监管机构加强对并网及政策执行情况的监管。

5月31日

［纲　文］　国家医疗保障局在北京正式挂牌。

［目　文］　作为国务院直属机构，国家医疗保障局整合了人力资源社会保障部的城镇职工和城镇居民基本医疗保险、生育保险职责，原国家卫生和计划生育委员会的新型农村合作医疗职责，发展改革委的药品和医疗服务价格管理职责，民政部的医疗救助职责。

5月31日

[纲　文]　文化和旅游部发布《中华人民共和国文化和旅游部2017年文化发展统计公报》。

[目　文]　《公报》显示，截至2017年末，全国文化系统所属及管理的文化单位共有32.64万个，比上年末增加1.58万个；从业人员248.30万人，增加13.50万人。艺术表演团体15752个，比上年末增加3451个；全年演出293.77万场，比上年增长27.4%，其中赴农村演出184.44万场，增长21.7%；国内观众12.49亿人次，增长5.7%，其中农村观众8.30亿人次，增长33.8%。公共图书馆3166个，比上年末增加13个；图书总藏量9.70亿册，增长7.5%；电子图书10.26亿册，增长15.6%。全年全国公共图书馆流通总人次7.45亿，增长12.7%；全年共为读者举办各种活动15.559万次，增长11.1%；参加人次8857万，增长24.1%。群众文化机构44521个，比上年末增加24个。全年全国群众文化机构共组织开展各类文化活动197.86万场次，比上年增长7.6%；服务人次63951万，增长10.5%。文物机构9931个，比上年末增加977个；全年接待观众114773万人次，比上年增长13.3%。2017年全国文化事业费855.80亿元，比上年增加85.11亿元，增长11.0%；全国人均文化事业费61.57元，比上年增加5.83元，增长10.5%。文化事业费占财政总支出的比重为0.42%，比重比上年提高0.01个百分点。

5月31日

[纲　文]　外交部发言人表示，美方炒作所谓中国南海军事化问题，有种"贼喊捉贼"的滑稽。

[目　文]　有记者问：据报道，美方近日多次谈到所谓中国南海军事化问题，表示美将继续开展"航行自由行动"。美国防部长马蒂斯表示将在本周举行的香格里拉对话会上就此作出强硬表态。中方对此有何评论？

发言人说，美在南海地区军事存在远远超过中国和其他南海沿岸国家军力的总和。美军舰放着宽阔的南海航道不走，偏偏不时故意闯入中国有关岛礁邻近海域，还美其名曰"航行自由行动"。美方想要的果真是国际法赋予的航行自由吗？还是美国霸权词典里的"横行自由"？中国不是在南海最早部署武器的国家，也不是部署武器最多的国家，更不是在南海军事活动最频繁的国家。到底是谁在南海推动"军事化"，大家可以擦亮眼睛，答案不言自明。中方奉行防御性国防政策，人不犯我，我不犯人。中方在南海自己的岛礁上部署必要和有限的国土防御设施，是堂堂正正地行使国际法赋予我们的自保权和自卫权，正当合法。我们想奉劝美方有些人，放弃无谓的炒作，本着负责任的态度，多做有利于地区国家互信合作、有利于维护地区和平稳定的事。

有记者问：据报道，朝鲜劳动党中央委员会副委员长金英哲已抵达纽约，为朝美领导人会晤做准备。同日，美白宫发言人桑德斯称，美朝团队在板门店和新加坡会谈进展顺利。但也有报道称，双方在无核化定义和路径等问题上似有不少分歧，会晤还有可能推迟。中方对上述有何评论？

发言人说，我们注意到朝美双方工作团队正在为朝美领导人会晤积极开展准备工作。中方一直认为，朝美领导人直接接触对话，是解决半岛核问题的关键。当前半岛局势打破多年僵局，实现无核化面临历史性机遇。中方坚定致力于实现半岛无核化，充分肯定今年以来朝方采取的一系列主动积极行动，同时我们认为在推进半岛无核化的进程中，有必要重视并解决朝鲜的合理安全关切。随着无核化目标的实现，应建立起长期、有效的半岛和平机制。中方愿继续为此发挥积极和建设性作用。

5月31日

［纲　文］《人民日报》发表评论员文章《构筑强大科技实力和创新能力——三论学习贯彻习近平总书记两院院士大会重要讲话》。

6 月

6月1日

[纲　文]　上海合作组织首届媒体峰会在北京举行，国家主席习近平致贺信。

[目　文]　国家主席习近平的贺信写道：值此上海合作组织首届媒体峰会开幕之际，我谨表示热烈的祝贺！向远道而来的各国新闻界朋友们表示诚挚的欢迎！当今世界，社会信息化迅猛发展，媒体在推动各国人民心灵相通方面发挥着越来越重要的作用。一年前，我提议举办上海合作组织首届媒体峰会，就是为了促进上海合作组织人文领域交流合作。相信这次峰会将为凝聚组织力量发挥积极作用。媒体作为上海合作组织各国开展交流合作、促进民心相通的重要桥梁，要努力做"上海精神"的弘扬者、务实合作的开拓者、人民友好的传播者。中国坚定支持上海合作组织发展，愿同各方携手前行，建设更加紧密的地区命运共同体，推动构建人类命运共同体。预祝上海合作组织首届媒体峰会取得圆满成功！

峰会由国务院新闻办公室主办，以"弘扬上海精神　开启媒体合作新时代"为主题。中共中央政治局委员、中宣部部长黄坤明在开幕式上宣读习近平贺信并发表主旨演讲。上合组织各国的新闻事务部门和主流媒体负责人及有关方面代表共260余人出席。峰会发布了《上海合作组织首届媒体峰会关于加强媒体交流合作的倡议》，签署了一系列媒体交流合作协议和备忘录。

6月1日

[纲　文]　国务院批复北京等15个省市人民政府和商务部，同意深化服务贸易创新发展试点。

[目　文]　批复说，商务部关于深化服务贸易创新发展试点的请示收悉。现批复如下：一、原则同意商务部提出的《深化服务贸易创新发展试点总体方案》，同意在北京、天津、上海、海南、深圳、哈尔滨、南京、杭州、武汉、广州、成都、苏州、威海和河北雄安新区、重庆两江新区、贵州贵安新区、陕西西咸新区等省市（区域）深化服务贸易创新发展试点。深化试点期限为2年，自2018年7月1日起至2020年6月30日止。二、深化试点工作要以习近平新时代中国特色社会主义思想为指导，全面贯彻党的十九大和十九届二中、三中全会精神，统筹推进"五位一体"总体布局和协调推进"四个全面"战略布局，坚持创新、协调、绿色、开放、共享发展理念，以供给侧结构性改革为主线，深入探索适应服务贸易创新发展的体制机制、政策措施和开放路径，加快优化营商环境，最

大限度激发市场活力，打造服务贸易制度创新高地。三、试点地区人民政府（管委会）要加强对试点工作的组织领导，负责试点工作的实施推动、综合协调及措施保障，重点在管理体制、开放路径、促进机制、政策体系、监管制度、发展模式等方面先行先试，为全国服务贸易创新发展探索路径。四、国务院有关部门要按照职能分工，加强对试点工作的协调指导和政策支持，主动引领开放，创新政策手段，形成促进服务贸易创新发展合力。商务部要加强统筹协调、督导评估，会同有关部门及时总结推广试点经验。五、深化试点期间，暂时调整实施相关行政法规、国务院文件和经国务院批准的部门规章的部分规定，具体由国务院另行印发。国务院有关部门根据《深化服务贸易创新发展试点总体方案》相应调整本部门制定的规章和规范性文件。试点中的重大问题，商务部要及时向国务院请示报告。

6月1日

[纲　文]　国务院安全生产委员会办公室印发《关于宣布失效一批安全生产文件的通知》。

[目　文]　《通知》说，为贯彻落实党中央、国务院关于加强法治政府建设的决策部署，进一步推进依法行政，国务院安全生产委员会办公室对2008—2013年印发的文件进行了全面清理，决定对其中252件文件宣布失效。有关文件自2018年6月1日起一律停止执行，不再作为行政管理的依据。

6月1日

[纲　文]　应急管理部印发《关于宣布失效一批安全生产文件的通知》。

[目　文]　《通知》说，为贯彻落实全面依法治国基本方略及党中央、国务院关于加强法治政府建设的决策部署，进一步推进应急管理部门依法行政，经商有关部委和单位，并经应急管理部部长办公会议审议通过，决定对554件安全生产文件宣布失效。有关文件自2018年6月1日起一律停止执行，不再作为行政管理的依据。

6月1日

[纲　文]　韩正在北京主持召开京津冀协同发展领导小组会议。

[目　文]　会议主要内容是：深入学习贯彻中共中央总书记习近平关于京津冀协同发展的讲话和指示精神，讨论有关文件，部署下一阶段重点工作。李鸿忠、蔡奇、王勇和京津冀协同发展领导小组成员、领导小组办公室、有关部门负责人以及专家咨询委员会成员参加会议。

中共中央政治局常委、京津冀协同发展领导小组组长韩正指出，推动京津冀协同发展，是以习近平同志为核心的党中央作出的重大决策，是一个重大国家战略。在党中央、国务院坚强领导下，京津冀三省市和有关部门单位做了大量工作，京津冀协同发展取得了显著成效。下一步，要认真学习贯彻习近平新时代中国特色社会主义思想和党的十九大精神，牢固树立"四个意识"，坚定"四个自信"，思想认识再提高，责任担当再强化，深刻认识京津冀协同发展的重大战略意义，以强烈的政治责任感和历史使命感，推动京津冀协同发展取得新的突破。

6月1日

[纲　文]　国税地税征管体制改革座谈会在北京召开。

[目　文]　国务院副总理韩正出席会议并讲话。会议深入学习贯彻中共中央总书记习近平关于深化党和国家机构改革重要思想，贯彻落实国务院总理李克强批示要求，对国税地税征管体制改革进行动员部署。

韩正表示，改革国税地税征管体制是以习近平同志为核心的党中央作出的重大决策，是深化党和国家机构改革的重要内容。要以习近平总书记关于深化党和国家机构改革的重要讲话为根本遵循，贯彻落实党的十九届三中全会审议通过的《中共中央关于深化党和国家机构改革的决定》精神，按照十三届全国人大一次会议批准的《国务院机构改革方案》要求，落实好《国税地税征管体制改革方案》，坚定有序推进改革，构建优化高效统一的税收征管体系。各地区、各部门在改革实施中不能讲条件、不能搞变通、不能打折扣，确保国税地税征管体制改革圆满完成。各级税务部门在抓好改革实施的同时，要做好组织税收收入工作，保证税收收入稳定增长，确保国家税收安全。要改进纳税服务，落实税收优惠政策，推动优化营商环境，展现新机构的新作为、新风采。

15日，国税地税合并，全国省级新税务机构统一挂牌。按照中共中央、国务院关于国税地税征管体制改革的决策部署，全国各省（自治区、直辖市）级以及计划单列市国税局、地税局合并且统一挂牌，标志着国税地税征管体制改革迈出阶段性关键一步。根据国税地税征管体制改革总体安排，税务系统机构改革将按照先挂牌再"三定"，先把省局改革做稳妥再扎实推进市局及县局改革，先合并国税地税机构再划转社费费和非税收入征管职责的顺序推进。此次省级新税务局挂牌后，在7月底前，市、县级税务局逐级分步完成集中办公、新机构挂牌等改革事项。国家税务总局集中制发了《关于税务机构改革有关事项的公告》《关于做好国税地税征管体制改革过渡期有关税收征管工作的通知》等制度文件，推出了"一厅通办""一键咨询""一网办理"等一系列为民便民利民举措，不断提升纳税服务水平；依法清理了与国税地税征管体制改革要求不相适应的税务部门规章和规范性文件，统一了政策执行口径和执法标准，增强税收政策确定性。

同日，国家税务总局局长王军和北京市市长陈吉宁共同为国家税务总局北京市税务局揭牌；国家税务总局有关负责人分别出席了有关省市新税务局挂牌仪式；各省（区、市）以及计划单列市党委政府有关负责人、国家税务总局派出的联络督导组负责人、省级新税务局领导班子及内设机构负责人参加了当地挂牌仪式。

7月5日，全国各市级国税局、地税局合并，535个市级新税务局集中统一挂牌并对外履行职责，标志着国税地税征管体制改革顺利向纵深推进。根据部署，改革进入"改好省局树样板"与"市县推进全覆盖"并行的阶段。

7月20日，全国县乡国税地税机构正式合并，所有县级和乡镇新税务机构统一挂牌。

6月1日

［纲　文］　孙春兰在北京有色金属研究总院幼儿园和北京医科大学附属小学，与孩子们共度六一国际儿童节。

［目　文］　国务院副总理孙春兰向全国少年儿童致以节日的祝贺，向广大少儿工作者致以诚挚的问候。

孙春兰指出，党中央、国务院始终十分关心少年儿童的健康成长，重视少年儿童的教育。5月30日习近平总书记给陕西照金北梁红军小学学生回信，勉励他们用实际行动把红色基因一代代传下去，珍惜时光、努力学习，将来做对国家、对人民、对社会有用的人。希望广大少年儿童牢记习近平总书记的谆谆教诲，爱祖国、爱人民、爱劳动、爱科学、爱社会主义，努力成长为有知识、有品德、有作为的新一代建设者。希望各级党委和政府深入贯彻习近平新时代中国特色社会主义思想，认真落实党中央、国务院关于幼有所育、学有所教的决策部署，加快发展学前教育，促进义务教育均衡优质发展，不断增强人民群众教育获得感。各级政府要加大经费投入，切实把普惠性学前教育纳入基本公共服务予以保障，完善鼓励企事业单位办园的政策，着力解决"入园难""入园贵"问题。要树立正确的教育观念，充分发挥学校主渠道作用，科学确定课后服务内容和形式，持续推进校外培训机构综合治理，维护基础教育的良好生态。要营造尊师重教的社会氛围，完善教师的待遇保障机制，维护教师职业尊严和合法权益，让教师更好担负起教书育人的使命。

6月1日

［纲　文］　外交部发言人就美方日前表示对中国公民各项签证政策没有改变表示，中方对美方澄清表示欢迎，中美签证便利化符合两国人民共同利益。

［目　文］　有记者问：据报道，美国国务院日前表示，美国对中国公民的各项签证政策都没有改变，中国学生赴美仍然获得最长5年的签证，美国对敏感专业申请人的审查程序也没有变化，并且不针对中国公民。美国国务院强调，美国欢迎愈来愈多的中国公民访问美国。中方对此有何评论？

发言人说，人员往来是促进中美两国间各领域交流与合作的基础。中美签证便利化是对等互惠的事情，符合两国人民共同利益。中美双方应采取更加积极的措施，使两国人员往来更加便利，进而为两国各领域交流合作创造更好的条件。

有记者问：据报道，美国商务部宣布将从6月1日起对欧盟、加拿大、墨西哥输美钢、铝产品分别征收25%和10%的关税，引发有关各方强烈批评。中方对此有何评论？

发言人说，这一消息各方都非常关注。当前国际格局正发生前所未有的深刻变化，热点难点问题层出不穷，单边主义和保护主义日趋抬头。很多国家对当前美方搞单边主义和保护主义感到担忧。各国特别是主要经济体，应该坚决反对各种贸易和投资保护主义，维护以世贸组织为核心、规则为基础、公平开放的多边贸易体制，维护正常的国际贸易秩序，促进世界经济的持续复苏和增长。

6月1日

［纲　文］　原国家计划委员会党组副书记、副主任甘子玉，在北京逝世，享年88岁。

6月1日

［纲　文］　《人民日报》发表评论员文章《深化改革着力激发创新活力——四论学习贯彻习近平总书记两院院士大会重要讲话》。

6月2日

［纲　文］　发展改革委公布废止《电力监管信息公开办法》（原国家电力监管委员会令第12号），自2018年6月2日起实施。

6月2日

［纲　文］　外交部发言人就朝美领导人会晤筹备最新进展表示，中方希望并支持朝美双方继续相向而行、互释诚意，积极推进领导人会晤准备工作。

［目　文］　有记者问：当地时间6月1日下午，美国总统特朗普在白宫会见了朝鲜劳动党中央委员会副委员长金英哲，会后特朗普宣布确定将于6月12日在新加坡举行美朝领导人会晤。中方对此有何评论？

发言人说，朝美双方近期围绕两国领导人会晤密切沟通并取得积极进展，在政治解决半岛问题的正确道路上又迈出重要一步，我们为此感到高兴。中方多次强调，当前半岛形势面临难得的历史机遇，下一步能否找到实现半岛无核化与持久和平之路，朝美领导人会晤是关键。我们希望并支持朝美双方继续相向而行、互释诚意，积极推进领导人会晤准备工作，争取实现双方和国际社会都希望看到的结果，为开启半岛无核、和平、繁荣的新时代作出积极贡献。

6月2日

［纲　文］　中国在酒泉卫星发射中心用"长征二号丁"运载火箭，成功将高分辨率对地观测系统重大专项的高分陆地应急监测卫星（即高分六号卫星）发射升空。

［目　文］　卫星顺利进入预定轨道。高分六号卫星将与在轨运行的高分一号卫星组网形成"2米/8米光学成像卫星系统"，时间分辨率从4天提高到2天，是我国高分辨率对地观测能力显著提升的重要标志之一。

6月2日

［纲　文］　《人民日报》发表评论员文章《培养造就大批优秀科技人才——五论学习贯彻习近平总书记两院院士大会重要讲话》。

6月2—5日

［纲　文］　栗战书在内蒙古自治区检查大气污染防治法实施情况。

［目　文］　全国人大常委会委员长栗战书率领全国人大常委会执法检查组在呼和浩特、包头和鄂尔多斯的电力、钢铁、煤炭、化工、新能源汽车等企业，了解企业技术升级

改造和节能减排情况。他指出，生态环境问题归根到底是经济发展方式问题。要坚持绿色发展，实行源头治理、综合施策。一方面在治理现有污染上下功夫，大力整治排放不达标企业和"散乱污"企业。另一方面在控制排放总量上下功夫，制定中长期规划，大力调整产业、能源结构，做好煤炭清洁高效利用这篇大文章；在风沙源生态治理工程现场查看防沙固沙成效；在自治区环保厅检查环境监测监控等工作。他指出，内蒙古要把保护好生态环境作为重大政治任务，践行"塞罕坝"精神，艰苦奋斗，久久为功，持续推进京津冀风沙源治理、"三北"防护林建设，加强荒漠化治理、湿地保护和污染防治，在祖国北疆构筑起一道万里绿色长城。

栗战书分别主持会议与五级人大代表和群众代表座谈，听取内蒙古有关方面情况汇报。栗战书指出，以习近平同志为核心的党中央对打好污染防治攻坚战作出了全面部署。要提升政治站位，强化政治责任，把习近平总书记的指示要求记在心里、扛在肩上、落实到实际工作中，坚决打赢蓝天保卫战。大气污染防治法每一条都是经验教训的总结，每一条都凝聚着人民群众的期盼，每一条都意味着责任担当。要让法律深入人心，成为污染治理的有力武器，确保法律规定的政府责任、企业责任、公民责任落到实处，坚决纠正"有法不依、执法不严、违法不究"的情况。要发挥人大代表的桥梁纽带作用，及时反映群众呼声，集中人民智慧，推动形成全社会共同治理的良好局面。

6月2—3日

[纲　文] 国务院副总理、中美全面经济对话中方牵头人刘鹤与美国商务部长罗斯在北京就两国经贸问题进行磋商。

[目　文] 双方就落实两国在华盛顿的共识，在农业、能源等多个领域进行了沟通，取得了进展，相关细节有待双方最终确认。中方的态度是始终一贯的。为了满足人民群众日益增长的美好生活需要，满足经济高质量发展的要求，中国愿意从包括美国在内的世界各国增加进口，这对两国人民和全世界都有益处。改革开放和扩大内需是中国的国家战略，我们的既定节奏不会变。中美之间达成的成果，都应基于双方相向而行、不打贸易战这一前提。如果美方出台包括加征关税在内的贸易制裁措施，双方谈判达成的所有经贸成果将不会生效。

6月3日

[纲　文] 国务院办公厅印发《关于推进奶业振兴保障乳品质量安全的意见》。

[目　文] 《意见》由六个部分组成：一、总体要求。二、加强优质奶源基地建设。三、完善乳制品加工和流通体系。四、强化乳品质量安全监管。五、加大乳制品消费引导。六、完善保障措施。

《意见》指出，各地区、各有关部门要根据本意见精神，按照职责分工，加大工作力度，强化协同配合，制定和完善具体政策措施，抓好贯彻落实。农业农村部要会同有关部门对本意见落实情况进行督查，并向国务院报告。

6月3日

[纲　文]　《人民日报》发表评论员文章《为科技事业发展提供坚强政治保证——六论学习贯彻习近平总书记两院院士大会重要讲话》。

6月3—4日

[纲　文]　韩正在福建省调研推进政府职能转变、优化营商环境等工作。

[目　文]　国务院副总理韩正在厦门市行政服务中心，了解阳光政务平台建设，听取厦门市构建"多规合一"体系、推进工程建设项目审批制度改革情况汇报；在太古飞机工程有限公司，察看飞机维修车间，询问企业生产经营、市场前景、营商环境等情况，了解厦门打造全球重要"一站式"航空维修基地成果；在福建自贸试验区厦门片区，考察东渡港区，了解福建自贸试验区建设进展。

4日，韩正在厦门主持召开工程建设项目审批制度改革试点工作座谈会，听取有关部门和部分试点地区情况汇报，研究部署下一阶段重点工作。

韩正表示，要认真学习贯彻习近平新时代中国特色社会主义思想和党的十九大精神，按照党中央、国务院部署要求，对工程建设项目审批制度进行全流程、全覆盖改革，对一切不符合新发展理念、不符合高质量发展要求、不适应社会主义市场经济体制的政府管理方式都要坚决改变，要以市场主体和群众感受为标准，构建科学、便捷、高效的工程建设项目审批和管理体系。各有关部门要坚决服从改革大局，形成支持改革、配合改革、推进改革的合力。试点地区党委政府要切实加强领导，完善工作机制，层层压实责任，推动重点改革任务早日取得突破。要上下联动、共同努力，做好相关法律法规立改废释等工作，确保如期完成工程建设项目审批制度改革目标任务。

6月3—5日

[纲　文]　胡春华在河北省调研督导脱贫攻坚工作。

[目　文]　国务院副总理、国务院扶贫开发领导小组组长胡春华在保定市望都县中韩庄镇、固店镇、高岭乡和张家口市沽源县的西辛营乡、长梁乡，检查脱贫攻坚考核发现问题整改落实情况，了解产业扶贫、就业扶贫、易地扶贫搬迁、教育扶贫、健康扶贫等工作进展，询问贫困群众生产生活情况，并与村干部和驻村帮扶干部座谈，听取对脱贫攻坚工作的意见建议。

胡春华指出，脱贫攻坚进入最后攻坚阶段，要旗帜鲜明地树立起抓落实的工作导向。要强化督战机制，扎实开展督查巡查，全面查找工作中的差距和不足，持续推动问题整改，提高扶贫精准度和实效性。要坚持目标标准，严格按照确定的年度任务和工作清单，落实好到户到人的精准帮扶举措。要深入开展扶贫扶志行动，培养贫困群众自己动手脱贫致富、建设美好家园的能力。要狠抓扶贫领域作风建设，切实解决形式主义、官僚主义问题，坚决克服疲倦厌战情绪，依法严厉打击扶贫领域贪污腐败行为。要关心爱护基层扶贫干部，激励他们用心用情用力持续做好帮扶工作。

调研督导期间，胡春华还着重了解了实施乡村振兴战略有关工作。他在奶牛养殖合作社、专业养殖户、奶站、种养一体化牧业公司、大型乳制品加工企业，了解奶牛标准化规模养殖、优质奶源基地建设和乳制品生产全过程质量控制等情况，并查看了夏收工作进展和乡村教育、卫生、人居环境整治等农业农村建设发展情况。

6月4日

［纲　文］　李克强在银川市考察。

［目　文］　国务院总理李克强在银川市第一人民医院，听取了宁夏开展"互联网＋医疗健康"工作汇报。银川智慧互联网医院覆盖了全区所有社区乡镇，实现了远程诊断。他与联合诊疗患者的社区医生和北京专家在线交流，勉励他们当好群众健康守护者。在闽宁中学，了解开展"互联网＋教育"情况，他说，教育是获取知识、促进起点公平的关键，"互联网＋教育"可以让贫困地区孩子也能听到好老师的讲课，开拓他们的眼界，点燃改变人生的火把。目前农村信息基础设施落后，要加大政府投入，解决网速慢、资金不足等卡脖子问题。他还询问教师收入，叮嘱地方负责人要做到义务教育教师平均工资不低于当地公务员平均工资水平。在IBI育成中心，与在这里创业的归国留学人员、沿海返乡创客、自主择业的军转干部等交流，勉励他们通过智慧和劳动创造精彩人生。

6月4日

［纲　文］　统一战线深入学习贯彻习近平新时代中国特色社会主义思想和中共十九大精神专题研讨班在北京开班。

［目　文］　全国政协主席汪洋出席开班式并讲话。开班式由中央统战部部长尤权主持。万鄂湘、陈竺、丁仲礼、郝明金、蔡达峰、武维华、陈晓光、苏辉、郑建邦、辜胜阻、刘新成、何维、邵鸿、高云龙等各民主党派中央和全国工商联负责人，无党派人士代表，中央国家机关、司法机关和地方政府担任省部级领导职务的党外干部参加开班式。

汪洋指出，中国特色社会主义进入新时代，统一战线肩负的使命更加繁重，地位和作用更加重要。要以习近平新时代中国特色社会主义思想凝心聚力，打牢共同思想政治基础，把中共的各项方针政策在统一战线贯彻落实下去，把各方面实现民族复兴的智慧力量凝聚起来，最大限度团结积极力量、争取中间力量、转化消极力量，奋力开创新时代统一战线事业发展新局面。

同日，汪洋听取了中央社会主义学院工作汇报。他表示，中央社院作为统一战线人才教育培养的主阵地，要把牢办学方向、强化统战特色、夯实研究基础、加强队伍建设，为推动新时代统一战线事业发展发挥更大作用。

6月4日

［纲　文］　银保监会印发《关于印发人身保险公司〈精算报告〉编报规则的通知》。

［目　文］　《通知》说，一、各人身保险公司应严格执行我会有关精算规定及本通知要求，按规定提取责任准备金，加大负债管理力度；落实资产负债匹配报告制度，推动负

债与资产有效联动；强化现金流压力测试制度，严守流动性风险底线。二、我会将进一步依法加强总精算师履职情况管理。对于初次申请核准总精算师任职资格的人员，需提交拟担任总精算师职务之前所在公司出具的履职情况报告；总精算师任职过程中及离任后，原公司需依照《保险公司董事及高级管理人员审计管理办法》（保监发〔2010〕78号）在规定时间内提交总精算师的审计报告。三、对于未按照规定如实填报《精算报告》、提取责任准备金、负债与资产严重错配以及出现重大流动性风险等情况的，我会将依照法律法规对有关公司及责任人进行处罚。四、公司应于每年4月30日之前报送上一年度《精算报告》。年度《精算报告》应当经过董事会审议通过。2017年度《精算报告》应于2018年9月30日之前上报。五、《关于印发〈精算报告〉编报规则的通知》（保监发〔2009〕121号）自本通知发布之日起废止。

6月4日

［纲　文］　应急管理部印发《关于宣布失效一批安全生产文件的通知》。

［目　文］　《通知》说，为贯彻落实党中央、国务院关于加强法治政府建设和推进简政放权、放管结合、优化服务的决策部署，维护法令统一，进一步推进依法行政，应急管理部对有关安全生产方面的部门文件进行了全面清理。经商有关部委和单位，并经应急管理部部长办公会议审议通过，决定对265件安全生产文件宣布失效，自本通知印发之日起一律停止执行，不再作为行政管理的依据。

6月4日

［纲　文］　国务院副总理孙春兰在北京会见国际奥委会主席巴赫一行。

［目　文］　孙春兰指出，中国高度重视并积极推进北京冬奥会筹办工作，将全面落实绿色、共享、开放、廉洁的办奥理念，提速场馆和基础设施建设，加强竞赛组织和服务保障，努力举办一届精彩、非凡、卓越的奥运盛会。同时以此为契机，加快冰雪运动发展，推动群众体育和竞技体育均衡发展，提升人民健康水平。

巴赫高度评价北京冬奥会筹办工作，感谢中国对奥林匹克运动作出的贡献。

6日，巴赫在北京为国家体育总局原副局长、中国奥委会原副主席李富荣颁发了奥林匹克勋章（银质），以表彰其为奥林匹克运动作出的贡献。

6月5日

［纲　文］　民政部印发《关于推进"互联网＋殡葬服务"行动方案》。

［目　文］　《方案》由三个部分组成：一、总体要求。二、重点任务和进度安排。三、保障措施。

《方案》指出，各地要把推进"互联网＋殡葬服务"作为践行"民政为民、民政爱民"工作理念、优化殡葬服务管理的重要举措来部署实施，明确领导责任，将其纳入民政信息化建设的统一安排，并积极争取纳入当地政府"互联网＋"行动计划，制定专项工作方案和配套政策措施，强化督导考核，确保各项任务落实到位。立足当地实际，重点做好信息平台建设与应用推广，开展在线服务等工作，提升殡葬服务信息化水平。加强与相关部门的沟通协调，依托殡葬工作领导协调机制或联席会议制度，研究解决推进"互联网+殡葬服务"工作中的重大问题。

6月5日

［纲　文］　孙春兰在教育部考试中心检查2018年高考准备工作。

［目　文］　国务院副总理孙春兰通过国家教育考试考务指挥系统了解有关地方考场、试卷保管和分发场所等情况。

孙春兰指出，高考是实现教育公平乃至社会公平的重要制度，承载为国选人育人的重大使命。党中央十分重视高考工作，习近平总书记强调，深化考试招生制度改革，维护和增强全国统一高考在人才选拔培养中的核心地位。各级党委政府要深入贯彻习近平总书记重要指示精神，认真落实党中央、国务院决策部署，建立中国特色的高考招生制度，充分发挥高考在促进学生成长、国家选才、社会公平方面的重要作用。

6月5日

［纲　文］　中国在西昌卫星发射中心成功发射"风云二号"H星。

［目　文］　这是我国第一代静止轨道气象卫星"风云二号"工程的最后一颗卫星，也是我国成功发射的第十七颗风云系列气象卫星。

8月2日，国家卫星气象中心宣布，"风云二号"H星已到达"正式工作岗位"东经79度，并传回监测到的高质量大气图像。

6月5—11日

［纲　文］　第十届海峡论坛在厦门举行。

［目　文］　论坛由大陆40家、台湾41家共81家两岸单位共同主办，以"扩大民间交流、深化融合发展"为主题，包括青年交流、基层交流、文化交流、经济交流四大交流版块36项49场活动，福建各设区市同期举办18项活动。台湾各界人士8000余人出席本届论坛。

6日，全国政协主席汪洋出席论坛开幕式并致辞。苏辉和顾秀莲、王家瑞等，中国国民党副主席郝龙斌和亲民党、新党、无党团结联盟等台湾政党代表和有关县市代表、主办单位代表，以及台湾各界人士出席。

汪洋指出，海峡两岸同胞同根同源、同文同种，是骨肉相亲、血脉相连的一家人，推动两岸关系和平发展是两岸同胞的共同心愿。坚持体现一个中国原则的"九二共识"，是确保两岸关系和平发展的关键，也是我们同台湾当局和各政党进行交往的基础和条件。只要做到这一点，任何政党和团体同大陆交往都不会存在障碍。"台独"分裂势力及其活动损害国家主权和领土完整，煽动两岸同胞敌意和对立，是台海和平稳定的最大威胁，必须坚决反对。

论坛开幕前，汪洋会见了出席论坛的部分两岸嘉宾和主办单位代表。汪洋勉励他们共担民族大义，共享发展机遇，共促交流合作，为两岸关系和平发展奉献更多心力。

6月6日

[纲　文]　李克强主持召开国务院常务会议。

[目　文]　会议主要内容是：一、部署在市场监管领域推进管理方式改革和创新，全面推行"双随机、一公开"监管。会议指出，落实《政府工作报告》要求，全面推行"双随机、一公开"市场监管方式，随机抽取检查对象，随机选派执法检查人员，抽查情况及查处结果及时向社会公开，是深化"放管服"改革、优化营商环境的重要举措。一要推动市场监管日常检查"双随机"方式全覆盖，检查结果全部公开。对有投诉举报等情况需要专项或重点检查的，也要严格规范程序。二要加强顶层设计，统一"双随机、一公开"制度和流程，整合各类市场监管平台。三要推进跨部门综合执法、联合监管，减少多头多层重复执法。四要提升基层执法能力，完善考核和问责免责办法。会议要求，各有关部门都要推出有利于促进市场公平和效率的监管创新举措。二、决定全面清理各类证明事项，更多消除群众和企业办事烦恼。会议决定，一是对国务院部门规章和规范性文件等设定的证明事项，可直接取消的要立即停止执行，并抓紧修改或废止规章、文件。年底前先行取消申请施工许可证时需提交的资金到位证明等一批证明事项。二是对法律法规有规定，但可通过法定证照、书面告知承诺、政府部门间核查等涵盖或替代的证明事项，要提请修法，依托信息共享和信用体系予以取消。三是对各地自行设定的证明事项，除地方性法规规定外，最晚应于年底前取消。四是各地区各部门要及时公布取消和保留的证明事项清单，对确需保留的要逐项列明设定依据、办理指南等。清单之外，政府部门、公用事业单位和服务机构不得索要证明。三、确定进一步建设和完善社会信用体系的措施，以诚信立身兴业。会议指出，贯彻党中央、国务院决策部署，近几年按照社会主义市场经济要求，社会信用体系建设取得重要进展，统一社会信用代码基本实现全覆盖，守信联合激励和失信联合惩戒机制初步显威。要坚持应用导向、立法先行，进一步加强社会信用体系建设。

6月6日

[纲　文]　发展改革委印发《必须招标的基础设施和公用事业项目范围规定》，自2018年6月6日起施行。

6月6日

[纲　文]　税务总局发布《企业所得税税前扣除凭证管理办法》，自2018年7月1日起施行。

6月6日

[纲　文]　证监会公布修改后的《首次公开发行股票并上市管理办法》《首次公开发行股票并在创业板上市管理办法》，自2018年6月6日起施行。

6月6日

[纲　文]　证监会公布《存托凭证发行与交易管理办法（试行）》。

[目　文]　《办法》共8章60条。主要有总则、存托凭证的发行、存托凭证的上市

和交易、存托凭证的信息披露、存托凭证的存托和托管、投资者保护、法律责任等内容。自 2018 年 6 月 6 日起施行。

6 月 6 日

［纲　文］　证监会公布《试点创新企业境内发行股票或存托凭证并上市监管工作实施办法》。

［目　文］　《办法》共 5 章 24 条。主要有总则、试点企业的选取、试点企业的发行条件及审核核准程序、发行与上市等内容。自 2018 年 6 月 6 日起施行。

6 月 6 日

［纲　文］　证监会公布《中国证监会科技创新咨询委员会工作规则（试行）》，自 2018 年 6 月 6 日起施行。

6 月 6 日

［纲　文］　孙春兰在北京参加"科学防控近视、关爱孩子眼健康"主题活动，调研考察青少年近视防控工作。

［目　文］　本日是全国爱眼日，国务院副总理孙春兰在北京市史家胡同小学和南磨房社区卫生服务中心考察时指出，近年来我国青少年视力健康问题日益严重，习近平总书记对此高度重视，作出重要指示。各地各相关部门要把习近平总书记的关怀带到广大青少年中，认真落实党中央、国务院关于青少年近视防控的决策部署，组织开展好全国爱眼日系列活动，在全社会营造"政府主导、部门配合、专家指导、学校教育、家庭关注"的良好氛围，通过各方面的共同努力，让每个孩子都有一双明亮的眼睛和光明的未来。

6 月 6 日

［纲　文］　上海合作组织工商论坛在北京举行。

［目　文］　论坛由中国国际贸易促进委员会主办，来自俄罗斯、印度、巴基斯坦、哈萨克斯坦、乌兹别克斯坦、塔吉克斯坦、吉尔吉斯斯坦、阿塞拜疆等国商协会和企业家代表共约 300 人，围绕"搭建战略对接平台，推动互联互通合作"和"促进投资贸易便利化，助力中小企业创新发展"展开讨论。

6 月 6 日

［纲　文］　外交部发言人针对美国军方证实日前派 B-52 轰炸机飞越南沙群岛附近海域一事发表谈话。

［目　文］　发言人说，前几天美国国防部长还在炒作中国所谓南海"军事化"问题，现在美国军方又证实派了 B-52 轰炸机去南海有关空域飞行。我不知道你们美国媒体如何看待这个问题。美派 B-52 轰炸机这样的进攻性战略武器到南海是不是"军事化"？！B-52 轰炸机到南海也是为了航行飞越自由吗？！如果有人三天两头全副武装地到你家门口耀武扬威、探头探脑，你是不是应该提高警惕、加强戒备和防卫能力？！我想再给美方几个忠告：第一，停止炒作所谓中国南海"军事化"问题，不要再睁眼说瞎话。第二，停止在南海地区寻衅滋事，因为横行是有风险的，碰瓷也是需要付出代价的。第三，中方不

会被任何所谓军舰军机吓倒，只会更加坚定地采取一切必要措施捍卫国家主权安全，维护南海地区和平稳定。

6月6日

[纲　文]　《人民日报》发表评论员文章《坚定不移加强知识产权保护》。

6月6—10日

[纲　文]　应国家主席习近平邀请，吉尔吉斯共和国总统热恩别科夫对中国进行国事访问并出席上海合作组织成员国元首理事会第十八次会议。

[目　文]　访问期间，习近平在北京同热恩别科夫举行会谈。两国元首一致同意建立中吉全面战略伙伴关系，翻开两国友好合作新篇章，并共同签署了《中华人民共和国和吉尔吉斯共和国关于建立全面战略伙伴关系联合声明》，见证了双边各项合作文件的签署。国务院总理李克强、全国人大常委会委员长栗战书在北京分别会见了热恩别科夫。

习近平同热恩别科夫会谈时指出，吉尔吉斯斯坦是最早支持和参与"一带一路"建设的国家之一。中方愿同吉方开拓思路，挖掘潜力，推动双方合作不断迈上新台阶。要加强发展战略对接和政策协调，寻找更多利益交汇点和增长点，共同规划好两国合作重点领域和项目，要扩大经贸投资，加快推动大项目合作；要扩大人文和地方合作，增进睦邻友好；要提升安全合作水平，打击"三股势力"和跨国有组织犯罪。习近平高度评价吉尔吉斯斯坦对中国担任上海合作组织主席国工作给予的大力支持，表示中方愿与吉方共同努力，推动上海合作组织沿着健康稳定轨道向前发展。

热恩别科夫表示，吉方将坚定奉行一个中国政策，愿同中方加强经贸、人文等领域务实合作，协力打击"三股势力"，共同维护本地区和平、稳定与安全。吉方支持"一带一路"伟大倡议，相信它一定会有力推动本地区共同发展。吉方将保持两国各项合作协议的延续性。

李克强会见热恩别科夫时指出，中方愿同吉方挖掘合作潜力，加快推进产能、互联互通、金融等领域合作，推动两国务实合作提质升级。中方愿扩大进口吉优质农产品，促进经贸关系平衡发展。支持有实力的中国企业赴吉投资兴业，希望吉方为此提供便利和保障。期待双方加强在上海合作组织框架内合作，共同提升区域经济合作水平。

热恩别科夫表示，吉方愿在睦邻友好基础上，同中方开展发展战略对接，深化投资、加工工业、农业、新能源、交通、卫生等领域合作，加强人员往来和文化交流。吉方愿为中国企业到吉投资提供便利。

栗战书会见热恩别科夫时表示，中国全国人大愿同吉议会一道，密切交流交往，加强治国理政经验交流，为"一带一路"合作这个打开共同繁荣之门的"金钥匙"做好法律和政策保障，支持加强两国安全合作，共同打击"东突"等"三股势力"，维护本地区安全稳定，积极推动两国人文和旅游合作，推动中吉全面战略伙伴关系高水平发展。

热恩别科夫表示，对华关系是吉优先方向，愿加强打击"三股势力"合作，支持"一带一路"倡议，支持两国立法机构交流。

6月6—10日

〔纲 文〕 应国家主席习近平邀请,哈萨克斯坦共和国总统纳扎尔巴耶夫对中国进行国事访问并出席上海合作组织成员国元首理事会第十八次会议。

〔目 文〕 访问期间,习近平在北京同纳扎尔巴耶夫举行会谈。两国元首一致决定巩固中哈传统友谊,在民族复兴征途上携手前行,并共同签署了《中华人民共和国和哈萨克斯坦共和国联合声明》,见证了有关双边合作文件的签署。两国元首还共同接见了中哈首部合拍电影《音乐家》主要演职人员并观看电影片花。国务院总理李克强、全国人大常委会委员长栗战书在北京分别会见了纳扎尔巴耶夫。

习近平同纳扎尔巴耶夫会谈时指出,中哈关系已成为邻国友好关系的典范。中国愿同哈萨克斯坦在构建人类命运共同体道路上先行一步,为开创人类更加光明的未来凝聚智慧和力量。我愿同你一道,为中哈友好事业这艘巨轮掌舵领航。中国梦和哈萨克斯坦梦都体现了以人民为中心的发展理念以及我们对美好未来的追求。中哈要携手前行,相互助力,交相辉映。中方将一如既往坚定支持哈方的内外政策,愿同哈方深化打击"三股势力"等方面合作,密切在国际和地区事务中沟通协调。中哈两国5年来围绕共建"一带一路"的合作已进入深度融合、相互促进的新阶段。双方要加强政策协调力度,落实好丝绸之路经济带建设同"光明之路"新经济政策对接合作规划,推进产能、投资、经贸、能源、金融、互联互通建设、农业、创新合作,开辟人文合作新局面。

纳扎尔巴耶夫表示,哈方坚持一个中国政策,坚定打击"三股势力",愿继续同中方在国际事务中相互支持,密切在上海合作组织和亚信会议框架内沟通协调。习近平主席5年前在哈萨克斯坦首倡的丝绸之路经济带倡议将造福本地区国家。哈方愿加强"光明之路"新经济政策同"一带一路"建设对接,深化哈中各领域合作。

李克强会见纳扎尔巴耶夫时指出,近年来,中哈合作取得一系列开创性成果,特别是产能合作的深入推进取得积极成果。希望双方进一步加强基础设施建设、能源、资源等领域产能合作,扩大农产品贸易、金融等合作。共同促进贸易投资与人员往来便利化,推动两国产业提质升级。加强在上海合作组织框架内的协调配合,以更多务实合作成果造福本地区国家和人民。

纳扎尔巴耶夫表示,哈方是"一带一路"建设的重要伙伴,愿加强同中方发展战略对接,推进在工业、投资、创新、农业、能源、金融等各领域务实合作。密切在国际和地区事务中的沟通协调,秉持"上海精神",共同促进地区稳定与发展。

栗战书会见纳扎尔巴耶夫时表示,两国立法机构要落实好两国元首达成的重要共识,保持密切往来,深化治国理政经验交流,服务实现各自国家战略目标,推动两国关系在更高水平上不断发展。

纳扎尔巴耶夫表示,哈方钦佩中国取得的伟大成就,感谢中方的长期支持,愿加强"一带一路"合作,支持打击"三股势力",支持两国立法机构交流。

6月6—7日

［纲　文］　汪洋在厦门调研。

［目　文］　全国政协主席汪洋在有关台资企业和台胞聚集社区调研，走访厦门大学台湾研究院，并与在闽工作的台湾同胞代表座谈。他指出，要认真学习贯彻习近平总书记对台工作重要思想，秉持"两岸一家亲"理念，持续扩大经济文化交流合作，逐步让台湾同胞在大陆学习、工作、生活与大陆同胞享有同等待遇，不断增进两岸同胞亲情和福祉。推动两岸关系和平发展，利益在两岸同胞，动力也在两岸同胞。每一个在大陆学习、工作、生活的台湾同胞，都在用自己的亲身经历讲述"两岸一家亲"的生动故事，都是两岸关系和平发展的实践者、贡献者。地方各级党委和政府要注意听取他们的心声，回应他们的关切，为他们在大陆发展创造更加便利的条件。要加强组织领导，细化配套政策，切实把《关于促进两岸经济文化交流合作的若干措施》落到实处，让台企台胞有实实在在的获得感。涉台研究机构要坚持正确的政治方向，注重以问题为导向加强研究，培养更多涉台工作人才，积极开展两岸学术交流，为促进祖国统一大业贡献智慧和力量。

6月6—8日

［纲　文］　**郭声琨在江苏调研并主持召开东部地区部分省市政法委书记座谈会。**

［目　文］　中央政法委书记郭声琨在徐州市贾汪区马庄村、镇江市宜城街道中心社区、南京市网格学院，调研城乡网格化管理、基层社会治理创新，了解群众对安全的真感受和新需求；在南京市公安局玄武分局，考察了扫黑除恶专项斗争进展情况；在镇江市公共法律服务中心、南京市人民检察院、南京市鼓楼区人民法院，就政法改革听取干警意见建议。他指出，当前，政法改革进入系统性、整体性、重构性变革的新阶段。要统筹谋划政法口机构改革和司法体制改革，形成全方位深层次的改革格局，使政法改革各方面、各领域、各环节有序衔接、协同并进，有效破解改革难题，确保改革取得实实在在的成效。

郭声琨在南京主持召开东部地区部分省市政法委书记座谈会，听取政法工作汇报，研究部署下一步工作。郭声琨指出，要把学习贯彻习近平新时代中国特色社会主义思想作为首要政治任务，坚持不懈抓紧抓好，在学深悟透、对表对标、破解难题、组织领导上下功夫，统一思想行动，明确发展方向，以维护国家安全和社会稳定的新业绩检验学习贯彻成效。

6月7日

［纲　文］　**国务院批复农业农村部，同意设立"中国农民丰收节"。**

［目　文］　批复说，关于申请设立"中国农民丰收节"的请示收悉。同意自2018年起，将每年农历秋分设立为"中国农民丰收节"。具体工作由你部商有关部门组织实施。

6月7日

［纲　文］　**国务院办公厅印发《关于调整国务院防治艾滋病工作委员会组成人员的通知》。**

〔目　文〕　《通知》说，根据机构设置、人员变动情况和工作需要，国务院对国务院防治艾滋病工作委员会组成人员作了调整。现将调整后的名单通知如下。主任：孙春兰。副主任：马晓伟、丁向阳。委员由有关部门负责人组成。国务院防治艾滋病工作委员会办公室设在卫生健康委，承担国务院防治艾滋病工作委员会日常工作，办公室主任由卫生健康委副主任王贺胜兼任。

6月7日

〔纲　文〕　卫生健康委发布《关于宣布失效第三批委文件的决定》。

〔目　文〕　《决定》说，根据国务院关于进一步深入推进依法行政、加快建设法治政府的决策部署和文件清理工作要求，我委决定，对于那些主要内容同现行法律法规的规定和精神相抵触的，或者不利于稳增长、促改革、调结构、惠民生的，或者明显不适应现实需要的，或者已有新的规定的，或者调整对象已消失、工作任务已完成的不需要继续执行的第三批委文件宣布失效。

6月7日

〔纲　文〕　国务院总理李克强致电朱塞佩·孔特，祝贺他就任意大利共和国总理。

6月7日

〔纲　文〕　胡春华在天津市调研自贸试验区建设情况。

〔目　文〕　国务院副总理胡春华在滨海新区行政审批局，了解自贸试验区建设和"放管服"改革进展情况；在太平洋国际集装箱码头，听取东疆港区建设、海铁换装中心、通关便利化等工作情况；在国家融资和新金融展示中心、保税区国际汽车城，了解融资租赁产业发展和金融改革、平行进口汽车业务等情况。

胡春华指出，要以习近平新时代中国特色社会主义思想为指导，认真贯彻落实习近平总书记重要指示批示精神，按照党中央、国务院决策部署，高标准高质量建设好自贸试验区，为全面深化改革和扩大开放探索新途径、积累新经验。2018年是全面贯彻党的十九大精神的开局之年，也是改革开放40周年，在新的历史起点上，自贸试验区建设要牢牢把握制度创新这个核心，坚持问题导向，对标国际先进规则，大胆试、大胆闯、自主改。要适应改革开放形势的变化，加快转型发展步伐，推动形成更多高质量的改革试点经验，使自贸试验区在全面深化改革和高水平开放中继续发挥示范引领作用。

6月7日

〔纲　文〕　孙春兰在文化和旅游部调研。

〔目　文〕　国务院副总理孙春兰指出，要深入学习贯彻习近平新时代中国特色社会主义思想，全面落实党的十九大、十九届二中、三中全会和全国两会精神，推动文化事业、文化产业和旅游业融合发展，满足人民群众的美好生活需要，不断开创文化建设和旅游发展新局面。文化兴则国家兴，文化强则民族强。文化是旅游的灵魂，旅游是文化的载体，文化和旅游领域的融合相得益彰。要坚定文化自信，牢牢把握正确的政治方向，坚持以人民为中心的创作导向，始终把社会效益放在首位，提供健康向上、人民喜闻乐见的文化产品和服务，加强阅读推广，进一步提高国民素质和社会文明程度。继续推进文化遗产保护工作，加强文物保护利用，提高非遗保护传承水平，将优秀传统文化、红色革命文化保护好、传承好、弘扬好。要牢固树立"四个意识"，坚定"四个自信"，坚决落实党中央关于深化党和国家机构改革的决策部署，优化职能配置，健全体制机制，全面加强党对文化和旅游工作的领导，求真务实、真抓实干，以新气象新作为开创文化和旅游工作新局面。

6月7日

[纲　文]　原南京军区副司令员王子波，在南京逝世，享年96岁。

6月8日

[纲　文]　新华社讯，中共中央办公厅、国务院办公厅印发《关于推荐改革开放杰出贡献表彰人选的通知》。

[目　文]　《通知》明确了推荐人选范围与条件。推荐人选范围为改革开放以来，各地区各系统各领域为推动改革开放作出杰出贡献的个人，包括军队人员、港澳台侨人员以及外籍人员。符合条件的已故人员可以推荐。推荐人选为改革开放40年来在全国具有标志性意义、产生重大社会影响、示范引领作用突出的个人，并同时具备政治素质过硬，为推动改革开放作出杰出贡献，遵守宪法法律，道德品德高尚等条件。推荐的外籍人士需对华友好，为中国改革开放事业作出杰出贡献，并具有良好的社会声誉。

《通知》提出了四个方面的工作要求。一是要加强组织领导，精心部署安排，成立中央庆祝改革开放40周年表彰工作领导小组负责本次表彰工作的组织领导。二是要坚持政治标准，把握正确方向。必须把政治标准放在首位，坚定不移地同以习近平同志为核心的党中央保持高度一致，凡政治上不合格的，坚决不予推荐。三是要坚持党的领导与发扬民主有机统一，确保推荐人选质量。切实把好推荐人选的政治关、品德关、贡献关、廉洁关，把为推动改革开放作出杰出贡献的标志性人选推荐上来。四是要依法依规推荐，严肃工作纪律。杜绝暗箱操作，坚决防止"带病推荐"。对在推荐中严重渎职或弄虚作假的，按照有关规定严肃处理。

6月8日

[纲　文]　十三届全国政协第四次双周协商座谈会在北京召开，围绕"基本解决执行难问题"协商议政。

[目　文]　全国政协主席汪洋主持会议并讲话。最高人民法院院长周强介绍了有关情况。全国政协副主席汪永清作主题发言。全国政协副主席张庆黎、卢展工、梁振英、夏宝龙出席会议。全国政协委员吕忠梅、王光贤、窦荣兴、汤维建、庄振文、李明蓉、黄廉熙、王均金、皮剑龙、汪利民、海霞等在会上发言。中央政法委、最高人民法院、国家发展改革委负责人作了交流回应。

委员们从法治保障、联合惩戒、信息化建设、执行救助、综合治理等方面，对解决执行难问题建言献策。委员们认为,解决执行难问题,必须坚持中国共产党的领导,充分发挥中国特色社会主义政治优势和制度优势,以问题为导向,以人民满意为标准,以制度建设为支撑,稳中求进、标本兼治,形成党委领导、政法委协调、人大监督、政府支持、法院主办、部门配合、社会参与的执行工作大格局。要建立健全财产信息登记、社会诚信、企业和个人破产、执行救助等制度,加快强制执行立法进程,加大对失信联合惩戒力度和抗拒执行的打击力度,构建不敢逃债、不能逃债、不愿逃债的制度体系。要推进信息化与执行工作的深度融合,加快实现信用信息共享。要合理区分界定"执行难"与"执行不能"案件,建立执行不能案件依法退出机制。政府部门要带头履行法院的生效裁判,树立守法诚信的良好形象。要加强典型案例宣传,营造守法诚信光荣、违法失信可耻的社会氛围,引导社会公众理性看待和规避市场风险。要加强对法院执行工作的规范和监督,杜绝消极执行、拖延执行、选择性执行和乱执行行为,让人民群众在每一个司法案件中感受到公平正义。

6月8日

[纲　文]　司法部发布《2018年国家统一法律职业资格考试公告》。

6月8日

[纲　文]　国务院副总理胡春华在北京会见俄罗斯副总理兼总统驻远东联邦区全权代表特鲁特涅夫。

[目　文]　胡春华表示,加强中俄远东开发合作是习近平主席和普京总统达成的重要共识,也是两国务实合作的优先方向。双方要加强发展战略、政策和项目对接,将双方合作提升至新高度。特鲁特涅夫表示,俄方愿同中方共同努力,推动远东开发合作取得更多实际成果。

双方还就中国东北地区和俄罗斯远东及贝加尔地区政府间合作委员会工作交换了意见。

6月8日

[纲　文]　德国—中国中医药中心在汉诺威医科大学康复中心正式成立并举行揭牌仪式。

[目　文]　德国—中国中医药中心由中国中医科学院牵头筹建,德国中医学会、汉诺威医科大学和天士力集团参与建设。中德两国中医药专家在揭牌仪式后举行了学术研讨会。

6月8—10日

[纲　文]　应国家主席习近平邀请,俄罗斯总统普京对中国进行国事访问并出席上海合作组织成员国元首理事会第十八次会议。

[目　文]　访问期间,习近平在北京同普京举行会谈。两国元首一致同意,秉持世代友好理念和战略协作精神,拓展和深化各领域合作,推动新时代中俄关系在高水平上实现更大发展。两国元首听取了中俄各领域合作委员会负责人及两国外长的汇报,并就朝鲜

半岛局势、伊朗核问题等共同关心的问题深入交换了意见，共同签署了《中华人民共和国和俄罗斯联邦联合声明》，见证了多项双边合作文件的签署，共同会见了中外记者。习近平向普京授予首枚"友谊勋章"。习近平和普京乘高铁自北京前往天津并在高铁上见证了中俄铁路和货物运输等双边合作文件的签署，两国元首在天津观看中俄青少年冰球友谊赛。国务院总理李克强在北京会见了普京。

习近平同普京会谈时指出，中方愿同俄方一道努力，久久为功，巩固高水平互信，拓展各领域合作，深化人文交流互鉴，密切国际协调配合，把中俄世代友好理念一代代传承下去。不断充实两国协作战略内涵，推动中俄关系与日俱进，与日俱新，造福两国人民。在双方共同努力下，当前中俄各领域合作保持强劲势头，利益融合不断深化，"一带一路"建设同欧亚经济联盟对接取得重要早期收获。中俄同为联合国安理会常任理事国，坚定维护以联合国宪章宗旨和原则为核心的国际秩序和国际体系，倡导国际关系民主化，促进热点问题政治解决进程，继续为维护世界和平和国际战略稳定发挥积极作用。中方愿同包括俄方在内的上海合作组织各成员国一道，以青岛峰会为契机，进一步弘扬"上海精神"，确保上海合作组织继续健康稳定发展。

普京表示，俄中双方相互照顾彼此核心利益和重大关切，积极推进政治、经济、人文各领域对话合作，密切在国际事务中沟通协调。双方关系达到了历史最好水平，成为当今世界国与国关系的典范，为维护国际和平、安全与稳定发挥了重要作用。俄方愿加强同中方经贸、投资、能源、基础设施合作。

李克强会见普京时表示，中方愿加强"一带一路"倡议同欧亚经济联盟的对接，继续扩大双边贸易规模，稳步推进油气等能源合作项目，探讨延长合作产业链，加强科技、航空、金融等合作，推动中俄全面战略协作伙伴关系迈上新台阶。

普京表示，俄方愿同中方加强发展战略对接，持续推进各领域务实合作，密切人文交流，在上合组织以及其他多边机制下更好协调配合，助力两国关系与合作取得更多成果。

6月9日

[纲　文]　2018年"文化和自然遗产日"大会在北京举行。

[目　文]　大会由国家林业和草原局、贵州省人民政府主办，国家林业和草原局局长张建龙、贵州省副省长吴强出席大会并讲话。国家林业和草原局副局长彭有冬主持大会并宣读国家林业和草原局世界遗产专家委员会委员名单。贵州省赤水市政府、中国联合国教科文组织全委会、住房和城乡建设部有关领导在会上讲话。联合国教科文组织副总干事恩吉达为可可西里颁发世界遗产证书。中国科学院院士刘嘉麒代表新任国家林业和草原局世界遗产专家委员会委员领取聘书。会议介绍，目前我国拥有世界自然遗产12项，自然与文化双遗产4项，数量均居世界第一。

"文化和自然遗产日"于2017年经国务院批准设立，时间为每年6月的第二个星期六。

6月9—10日

［纲　文］　上海合作组织成员国元首理事会第十八次会议在青岛举行。

［目　文］　国家主席习近平主持会议并发表题为《弘扬"上海精神" 构建命运共同体》的讲话。习近平指出，上海合作组织成立17年来，走过了不平凡的发展历程，取得了重大成就。我们以《上海合作组织宪章》《上海合作组织成员国长期睦邻友好合作条约》为遵循，构建起不结盟、不对抗、不针对第三方的建设性伙伴关系。这是国际关系理论和实践的重大创新，开创了区域合作新模式，为地区和平与发展作出了新贡献。今天，上海合作组织是世界上幅员最广、人口最多的综合性区域合作组织，国际影响力不断提升，已经成为促进世界和平与发展、维护国际公平正义不可忽视的重要力量。

本次青岛峰会是上合组织扩员后首次召开的峰会，来自12个国家的国家元首或政府首脑、10个国际组织或机构负责人出席峰会，注册外宾超过2000人，参与采访的中外记者超过3000人，成员国领导人签署、见证了23份合作文件，达成了一系列共识，是上合组织成立以来规模最大、级别最高、成果最多的一次峰会。与会各方共同回顾上海合作组织发展历程，就本组织发展现状、任务、前景交换意见，就国际和地区问题协调立场，达成了共识。会议发表了《上海合作组织成员国元首理事会会议新闻公报》《上海合作组织成员国元首关于贸易便利化的联合声明》《上海合作组织成员国元首致青年共同寄语》《上海合作组织成员国元首关于在上海合作组织地区共同应对流行病威胁的声明》。成员国领导人签署了《上海合作组织成员国元首理事会青岛宣言》以及一系列决议，包括批准《〈上海合作组织成员国长期睦邻友好合作条约〉实施纲要（2018—2022年）》，批准《上海合作组织成员国打击恐怖主义、分裂主义和极端主义2019年至2021年合作纲要》，批准《2018—2023年上海合作组织成员国禁毒战略》及其落实行动计划，批准《上海合作组织预防麻醉药品和精神药品滥用构想》，制定《上海合作组织成员国粮食安全合作纲要》草案，批准《上海合作组织成员国环保合作构想》，批准《〈上海合作组织成员国元首致青年共同寄语〉实施纲要》，批准《上海合作组织秘书长关于上海合作组织过去一年工作的报告》，批准《上海合作组织地区反恐怖机构理事会关于地区反恐怖机构2017年工作的报告》，签署《上海合作组织秘书处与联合国教科文组织合作谅解备忘录（2018—2022年）》，任命上海合作组织秘书长、上海合作组织地区反恐怖机构执行委员会主任等，见证了经贸、海关、旅游、对外交往等领域合作文件的签署。

10日，国家主席习近平同俄罗斯总统普京、蒙古国总统巴特图勒嘎在青岛举行中俄蒙三国元首第四次会晤。习近平主持会晤。三国元首全面总结三方合作进展和成果，共同规划下一阶段优先任务和方向。

会议期间，习近平在青岛国际会议中心举行宴会，欢迎出席上海合作组织青岛峰会的外方领导人；分别会见了巴基斯坦总统侯赛因、乌兹别克斯坦总统米尔济约耶夫、塔吉克斯坦总统拉赫蒙，会见了印度总理莫迪并共同见证了有关双边合作文件的签署，会见了白俄罗斯总统卢卡申科并见证了有关双边合作文件的签署，会见了阿富汗总统加尼、蒙古国总统巴特图勒嘎；同伊朗总统鲁哈尼举行会谈并共同见证了有关双边合作文件的签署。

7月3日，新华社讯，习近平对上合组织青岛峰会成功举办作出指示指出，上合组织青岛峰会办得很成功，山东省特别是青岛市作出了很大贡献，服务保障工作有力有序、精心细致，体现了世界水准，展示了中国气派、山东风格、青岛特色，谨向为此付出努力的广大干部群众表示慰问和感谢。举办上合峰会，为青岛、为山东的发展带来了新的机遇，希望认真总结"办好一次会，搞活一座城"的有益经验，推广好的做法，弘扬好的作风，放大办会效应，开拓创新、苦干实干，推动各项工作再上新台阶。

6月9—13日

［纲　文］　"流动的文化——大运河文化带非遗大展暨第四届京津冀非遗联展"在北京全国农业展览馆举办。

［目　文］　展览由北京市文化局牵头，大运河沿线天津、河北、江苏、浙江等7省市文化厅（局）共同主办。以"流动的文化"为主题，挖掘大运河带的文化内涵，擦亮世界认可的国家文化符号。展览展示来自我国浙江、江苏、安徽、河南、山东、河北、天津、北京8省市非遗代表性项目58项，优秀传统文化展品3000余件，118位代表性传承人亮相现场。

6月10日

［纲　文］　国务院印发《关于积极有效利用外资推动经济高质量发展若干措施的通知》。

［目　文］　《通知》由六个部分组成：一、大幅度放宽市场准入，提升投资自由化水平。二、深化"放管服"改革，提升投资便利化水平。三、加强投资促进，提升引资质量和水平。四、提升投资保护水平，打造高标准投资环境。五、优化区域开放布局，引导外资投向中西部等地区。六、推动国家级开发区创新提升，强化利用外资重要平台作用。

《通知》指出，各地区、各部门要充分认识新时代推动扩大开放、积极有效利用外资对于建设现代化经济体系、促进经济升级的重要意义，高度重视，主动作为，狠抓落实，注重实效，确保各项措施与已出台政策有效衔接，形成合力。涉及修订或废止行政法规、国务院文件、经国务院批准的部门规章的，由原牵头起草部门或商务部会同有关部门报请国务院修订或废止。商务部、发展改革委要会同有关部门加强督促检查，重大问题及时向国务院请示报告。

6月10日

［纲　文］　国务院办公厅印发《进一步深化"互联网+政务服务"推进政务服务"一网、一门、一次"改革实施方案》。

［目　文］　《方案》由七个部分组成：一、发展现状和总体要求。二、基本原则和工作目标。三、以整合促便捷，推进线上"一网通办"。四、以集成提效能，推进线下"只

进一扇门"。五、以创新促精简,让企业和群众"最多跑一次"。六、以共享筑根基,让"数据多跑路"。七、保障措施。

《方案》指出,各地区、各部门要认真贯彻落实党中央、国务院决策部署和推进审批服务便民化的要求,层层压实责任,加强统筹协调,结合实际精心组织落实本实施方案,推动"互联网+政务服务"取得更大实效。

6月10日

[纲　文]　国家外汇管理局公布《合格境外机构投资者境内证券投资外汇管理规定》。

[目　文]　《规定》共7章28条。主要有总则、投资额度管理、账户管理、汇兑管理、外汇风险管理、统计与监督管理等内容。自2018年6月10日起实施。《合格境外机构投资者境内证券投资外汇管理规定》(国家外汇管理局公告2016年第1号)同时废止。其他相关外汇管理规定与本规定不一致的,以本规定为准。

6月10日

[纲　文]　外交部发言人就阿富汗政府和塔利班分别宣布临时停火表示,中方对此表示赞赏,希望双方延长停火时间,尽早重启和谈。

[目　文]　有记者问:7日,阿富汗政府宣布同塔利班临时停火。9日,塔利班方面对外表示将在阿全境停火三天。请问中方对此有何评论?

发言人说,我们注意到阿富汗政府和塔利班分别宣布临时停火,对此表示赞赏。希望双方以阿国家和民族利益为重,相向而行,延长停火时间,尽早重启和谈,推进阿和解进程,早日实现阿和平稳定。

6月10—15日

[纲　文]　应国务委员兼外交部部长王毅邀请,加纳外交与地区一体化部长博奇韦对中国进行正式访问。

[目　文]　11日,王毅在北京同博奇韦会谈时表示,很高兴阿库福-阿多总统已确认9月来华出席中非合作论坛北京峰会。中方愿同加方利用好中非合作论坛平台,携手共建"一带一路",本着共商共建共享原则,不断挖掘合作潜力,更好造福两国和两国人民。

博奇韦表示,加新政府高度重视发展加中关系,坚定奉行一个中国原则。加方迫切希望学习中国改革和发展经验,积极参与"一带一路"建设,推动双边合作不断取得新进展。

12日,中央外事工作委员会办公室主任杨洁篪在北京会见博奇韦时表示,中加传统友谊由两国老一辈领导人亲手缔造和培育,历久弥坚。习近平主席欢迎阿库福-阿多总统来华出席中非合作论坛北京峰会。中方愿同加方一道,进一步加强交往合作,推动新形势下两国关系提质升级。

博奇韦表示,加方高度钦佩习近平主席的治国理念和对非政策,支持"一带一路"倡议,愿传承两国友好,借鉴中国发展经验,加强各领域交流合作。阿库福-阿多总统期待赴华出席中非合作论坛北京峰会。

6月11日

[纲　文]　十三届全国人大常委会第五次委员长会议在北京举行。

[目　文]　全国人大常委会委员长栗战书主持会议。全国人大常委会副委员长曹建明、张春贤、沈跃跃、吉炳轩、艾力更·依明巴海、万鄂湘、陈竺、王东明、白玛赤林、丁仲礼、郝明金、蔡达峰、武维华出席会议。

会议决定，十三届全国人大常委会第三次会议6月19日至22日在北京举行。委员长会议建议，十三届全国人大常委会第三次会议的议程是：审议电子商务法草案、人民法院组织法修订草案、人民检察院组织法修订草案；审议全国人大常委会委员长会议关于提请审议关于宪法和法律委员会职责问题的决定草案的议案，中央军委关于提请审议关于中国海警局履行海上维权执法职权的决定草案的议案；审议国务院关于2017年中央决算的报告，审查和批准2017年中央决算；审议国务院关于2017年度中央预算执行和其他财政收支的审计工作报告；审议国务院关于坚持创新驱动发展、深入推进国家科技重大专项工作情况的报告，关于研究处理固体废物污染环境防治法执法检查报告及审议意见情况的报告；审议全国人大常委会执法检查组关于检查统计法实施情况的报告；审议栗战书委员长访问埃塞俄比亚、莫桑比克、纳米比亚情况的书面报告；审议全国人大常委会代表资格审查委员会关于个别代表的代表资格的报告；审议有关任免案。

6月11日

[纲　文]　打赢脱贫攻坚战三年行动电视电话会议在北京举行。

[目　文]　中共中央总书记习近平对脱贫攻坚工作作出指示强调，脱贫攻坚时间紧、任务重，必须真抓实干、埋头苦干。各级党委和政府要以更加昂扬的精神状态、更加扎实的工作作风，团结带领广大干部群众坚定信心、顽强奋斗，万众一心夺取脱贫攻坚战全面胜利。打赢脱贫攻坚战，对全面建成小康社会、实现"两个一百年"奋斗目标具有十分重要的意义。行百里者半九十。各级党委和政府要把打赢脱贫攻坚战作为重大政治任务，强化中央统筹、省负总责、市县抓落实的管理体制，强化党政一把手负总责的领导责任制，明确责任、尽锐出战、狠抓实效。要坚持党中央确定的脱贫攻坚目标和扶贫标准，贯彻精准扶贫精准脱贫基本方略，既不急躁蛮干，也不消极拖延，既不降低标准，也不吊高胃口，确保焦点不散、靶心不变。要聚焦深度贫困地区和特殊贫困群体，确保不漏一村不落一人。要深化东西部扶贫协作和党政机关定点扶贫，调动社会各界参与脱贫攻坚积极性，实现政府、市场、社会互动和行业扶贫、专项扶贫、社会扶贫联动。

国务院总理李克强作出批示指出，实现精准脱贫是全面建成小康社会必须打赢的攻坚战，是促进区域协调发展的重要抓手。各地区各部门要全面贯彻党的十九大精神，以习近平新时代中国特色社会主义思想为指导，认真落实党中央、国务院关于打赢脱贫攻坚战三年行动的决策部署，进一步增强责任感紧迫感，坚持精准扶贫精准脱贫基本方略，聚焦深度贫困地区和特殊贫困群体，细化实化政策措施，落实到村到户到人，加强项目资金管理，压实责任，严格考核，凝聚起更大力量，真抓实干，确保一年一个新进展。要注重精准扶贫与经济社会发展相互促进，注重脱贫攻坚与实施乡村振兴战略相互衔接，注重外部帮扶与激发内生动力有机结合，推动实现贫困群众稳定脱贫、逐步致富，确保三年如期完成脱贫攻坚目标任务。

中共中央政治局委员、国务院扶贫开发领导小组组长胡春华出席会议并讲话。会议传达了习近平指示和李克强批示，安排部署今后三年脱贫攻坚工作。有关省区负责人在会上发言。国务院扶贫开发领导小组成员、中央和国家机关有关部门负责人、省部级干部"学习贯彻习近平新时代中国特色社会主义思想，坚决打好精准脱贫攻坚战"专题研讨班学员参加会议。各省、自治区、直辖市和新疆生产建设兵团，中央党校（国家行政学院）设分会场。

6月11日

［纲　文］　新华社讯，中共中央办公厅、国务院办公厅、中央军委办公厅印发《关于深入推进军队全面停止有偿服务工作的指导意见》。

［目　文］　《意见》指出，军队全面停止有偿服务，是党中央、中央军委和习近平总书记着眼实现党在新时代的强军目标、全面建成世界一流军队作出的重大战略决策，是深化国防和军队改革的重要内容。这项工作自2016年初开展以来，经过各方共同努力，组织领导、政策制度、军地联动、司法保障体系逐步建立完善，项目清理停止成效明显，人员分流安置顺利，善后问题处理平稳，保持了部队和社会两个大局稳定。当前，军队全面停止有偿服务工作正处在决战决胜的关键时期，部队各级、地方各级党委和政府必须坚定信心决心，强化工作统筹，密切军地配合，聚力攻坚克难，确保如期完成军队全面停止有偿服务这一政治任务、国家任务、强军任务。

《意见》强调，军队全面停止有偿服务是军队、中央和国家机关、地方党委和政府的共同责任。各有关方面要高度重视，牢固树立"四个意识"，加强组织领导和工作统筹。党委领导同志要敢于担当、勇于负责，对复杂敏感项目要亲自上手、一抓到底。要严肃工作纪律，适时开展专项巡视和审计，查处违纪违法问题。要以严实作风推动工作高标准落实，确保如期圆满完成军队全面停止有偿服务任务。

6月11日

［纲　文］　企业职工基本养老保险基金中央调剂制度贯彻实施工作会议在北京召开。

［目　文］　国务院总理李克强作出批示指出：建立企业职工基本养老保险基金中央调剂制度，对于增强基本养老保险制度可持续性、均衡地区间养老保险基金负担、促进实现广大人民群众基本养老保险权益公平共享具有重要意义。各地区、各部门要以习近平新时代中国特色社会主义思想为指导，认真贯彻党中央、国务院决策部署，统一思想认识，坚持从全局出发，加强统筹协调，切实做好中央调剂基金筹集、拨付、管理等工作，健全考核奖惩机制，确保中央调剂制度顺利平稳实施。各地区要切实履行基本养

老金发放的主体责任,进一步加强收支管理,加快完善省级统筹制度,通过盘活存量资金、划转部分国有资本等充实社保基金,确保基本养老金按时足额发放,有效防范和化解支付风险。有关部门要与各方面密切配合,形成合力,不断完善基金中央调剂制度,推进养老保险全国统筹,努力为人民群众提供更高质量、更有效率、更加公平、更可持续的养老保障。

国务院副总理韩正出席会议并讲话,国务院副总理胡春华主持会议。韩正指出,要依法做好基本养老保险费征收工作,扩大制度覆盖面,提高征缴率,夯实缴费基数,增强中央调剂基金制度可持续性。要加快推进省级基本养老保险基金统收统支,2020年全面实现省级统筹,为养老保险全国统筹打好基础。要扎实做好中央调剂基金管理工作,强化基金预算严肃性和硬约束,确保基金专款专用。要认真做好基金缺口弥补工作,加大财政支持力度,确保全国退休职工按时足额领取养老金。各地区、各部门要深入学习贯彻习近平新时代中国特色社会主义思想和党的十九大精神,全面贯彻落实《中华人民共和国社会保险法》,加强组织领导,健全保障措施,确保企业职工基本养老保险基金中央调剂制度顺利实施,为决胜全面建成小康社会、夺取新时代中国特色社会主义伟大胜利作出新的贡献。

6月11日

〔纲　文〕　人民银行、外汇局发布《关于人民币合格境外机构投资者境内证券投资管理有关问题的通知》,自2018年6月11日起实施。

6月11日

〔纲　文〕　《人民日报》发表评论员文章《国际关系理论和实践的重大创新——一论习近平主席上合组织青岛峰会重要讲话》。

6月11—12日

〔纲　文〕　李克强在湖南省衡阳市、长沙市考察。

〔目　文〕　国务院总理李克强在衡阳白水村大田里,察看水稻长势,与农民一起根据每亩投入和收益测算种植的合理规模,询问他们种粮还需要哪些扶持,并表示,13亿多人吃饭是天大的事,要加大对农业的投入和扶持,加强水利、道路等基础设施建设,因地制宜发展多种形式适度规模经营,发展精细农业,提高农产品质量,多措并举让农民种粮有更多收益,保护和调动他们的种粮积极性。在白沙洲工业园,听取湖南特别是湘南承接产业转移情况汇报。他说,产业由东部向中西部转移符合经济规律,有利于区域平衡协调发展。要以习近平新时代中国特色社会主义思想为指导,贯彻党中央、国务院部署,围绕加快新旧动能转换、促进经济转型升级,推动产业合理有序转移。在三一集团长沙智能制造车间,鼓励企业以更多有核心竞争力的产品满足用户定制需求,走向世界高端制造前列。听了企业依托38万多台工业设备联网数据形成的"挖掘机指数"介绍,他要求对其中反映出的不同地区经济活跃度情况深入分析。在外商独资的博世长沙公司,了解企业生产线智能化升级的情况,希望企业继续加大对中国市场的投资。他说,你们的制造也是中国制造，我们将一视同仁。中国将进一步扩大开放，敞开双臂欢迎外商来华兴业，继续成为外商投资的热土。中国对各国发展先进制造业持开放态度，愿在自动驾驶等先进制造领域加强国际合作。在58集团，企业负责人介绍了当前就业市场供求特点，李克强尤其关心大学生、农民工等就业情况。他说，就业是民生根本、发展基石。要发展"互联网＋民生"，积极培育和引导分享经济、零工经济等新业态健康发展，既大量拓展就业岗位，又满足多样化消费升级需求。李克强还考察了家政人员培训，鼓励他们通过专业服务解决群众生活难题。

6月11—20日

[纲　文]　全国政协主席汪洋应邀对刚果（布）、乌干达、肯尼亚进行正式友好访问。

[目　文]　汪洋访问刚果（布）期间，在布拉柴维尔分别会见了刚果（布）总统萨苏、总理穆安巴和国民议会议长姆武巴，并同刚果（布）参议长恩戈洛进行会谈；参观了"万村通"金德烈新村示范点、姆皮拉中学和中刚非洲银行等两国合作项目。

汪洋访问乌干达期间，在坎帕拉分别会见了乌干达总统穆塞韦尼、议长卡达加、副总统塞坎迪，并同乌干达总理鲁贡达举行会谈。汪洋看望慰问了中国援乌医疗队，参观辽沈工业园和乌国家通信骨干网运行维护中心合作项目，并出席第二届乌干达龙舟赛开幕式。

汪洋访问肯尼亚期间，在内罗毕分别会见了肯尼亚总统肯雅塔、参议长卢萨卡，并同肯尼亚国民议会议长穆图里举行会谈。汪洋参观了肯尼亚马拉姆巴茶园，考察了中肯合作建设的肯尼亚首条现代化铁路蒙内铁路和首个中非联合研究中心，并分别同在肯中资企业代表和中央媒体驻肯机构代表座谈。

6月11—13日

[纲　文]　黄坤明在河南省调研。

[目　文]　中宣部部长黄坤明在郑州、开封、周口、许昌等地的农村、社区、企业和宣传文化单位、文物保护单位，了解基层结合实际创新开展宣传思想工作和文化建设的情况，听取加强改进工作的意见建议。

黄坤明指出，推动习近平新时代中国特色社会主义思想深入人心、落地生根，是做好新时代宣传思想文化工作的重中之重。要切实增强政治责任感和时代使命感，推进理论武装、新闻出版、文艺创作、思想政治教育、精神文明创建等各方面工作协同发力，让党的创新理论更加深入有效地走进基层、走进群众。要积极探索新时代文明传习中心建设，坚持联系实际、效果优先，把准普通百姓关切点，抓住社会发展关键点，激发思想情感共鸣点，用群众的语言、喜闻乐见的形式宣传科学理论、阐释方针政策、传播主流价值，大力培养时代新人、弘扬时代新风。做好新时代宣传思想文化工作，重点在基层，关键在创新。要大力推进媒体融合发展，创新建设县级融媒体中心，把整体谋划与分类指导结合起来，把发挥自身优势与用好新技术结合起来，着眼教育引导群众、服务生产生活，完善信息供给结构，提高信息供给质量，切实提升主流舆论吸引力影响力。

6月11—14日

[纲　文]　尤权在云南省调研。

[目　文]　中央统战部部长尤权在昆明、迪庆藏族自治州和德宏傣族景颇族自治州，走访民族社区、民族村和民族学校，看望少数民族群众，调研民族团结进步创建工作，勉励当地干部群众全面贯彻党的民族政策，始终牢记中共中央总书记习近平关于做好民族工作的指示精神，把民族团结思想传播到每个社区、村镇和学校，使中华民族共同体意识深入各级干部、各族群众和青少年的心田，牢固树立各民族谁也离不开谁的思想，自觉促进各民族交往交流交融。

尤权在考察境外藏胞创办企业、边境贸易区时指出，帮助民族地区摆脱贫困是脱贫攻坚的重中之重，也是促进民族团结的重要基础。要用足用好各项政策，结合民族地区特点发展特色产业，让各族群众真正得到实惠，共同过上好日子。在云南藏语系佛学院、松赞林寺与藏传佛教界人士座谈。他希望宗教界人士始终坚持我国宗教中国化方向，继承和发扬爱国主义光荣传统，不断提高宗教学识和修养，自觉维护祖国统一、民族团结、社会稳定，坚决抵制境外势力对藏传佛教的影响，努力用中华文化浸润我国宗教，使宗教更好地与社会主义社会相适应。

6月11—15日

[纲　文]　赵克志在新疆维吾尔自治区调研。

[目　文]　国务委员、公安部部长赵克志在乌鲁木齐、和田、喀什、克孜勒苏柯尔克孜自治州和新疆生产建设兵团第十四师的公安基层单位和边境一线调研，并主持召开多场座谈会，听取进一步做好新疆反恐维稳工作的意见建议。他指出，在以习近平同志为核心的党中央治疆方略指引下，新疆反恐维稳工作取得重大阶段性成果，为全国社会稳定和反恐怖斗争作出了重大贡献。要紧紧围绕新疆工作总目标，始终绷紧反恐怖斗争这根弦，持续深化严打专项斗争，深入推进"去极端化"工作，全力打好反恐维稳组合拳。要健全党政军警兵民"六位一体"工作机制，完善立体化、智能化边境管理设施，切实形成强边固防的铜墙铁壁。要坚持严格规范公正文明执法，不断巩固完善行之有效的措施，全面加强社会治安综合治理，努力建设更高水平的法治新疆、平安新疆。

6月11—25日

[纲　文]　2018年上海国际电影电视节举办。

[目　文]　电影电视节由国家广播电视总局、中央广播电视总台和上海市人民政府主办，以"回望历史，不忘初心"为主题。展会规模达到历届之最。由台长论坛引领的多场多主题论坛，关注纪录片创新、原创综艺、现实题材影视剧创作、对外讲好中国故事等主题。

6月11—15日

[纲　文]　第二届"中国—中东欧国家艺术合作论坛"在成都举行。

[目　文]　论坛由中国文化和旅游部、四川省人民政府主办，成都市人民政府、四

川省文化厅承办。以"当代艺术的实践与探寻——传统的当代价值"为主题，包括艺术论坛、成果展览、专场演出等活动，深化中国与中东欧16国在艺术领域的交流，增进与"一带一路"沿线国家的民心相通，为中国与中东欧各国合作可持续发展培养民众基础。

6月12—14日

[纲 文] 习近平在山东省考察。

[目 文] 中共中央总书记习近平在青岛、威海、烟台、济南等地的科研院所、社区、党性教育基地、企业、农村，考察党的十九大精神贯彻落实和经济社会发展情况。

习近平在青岛蓝谷的青岛海洋科学与技术试点国家实验室，听取实验室在开发利用海洋资源能源、服务海洋经济发展、保护海洋生态环境以及构建综合立体海洋观测网络等方面的情况介绍，了解深远海科考船队共享平台建设和科考船工作情况；在超算仿真大厅，察看高性能科学计算和系统仿真平台运行情况，并向科研人员询问构建超级计算机互联网、研发人工智能和大数据系统"深蓝大脑"、打造国家一流海洋系统模拟器的最新进展；察看海洋高端装备联合实验室内，水下仿生机器鱼、无人水面船、海洋传感器等具有自主知识产权和核心关键技术的海洋仪器设备；在青岛市李沧区上流佳苑社区，听取青岛市城市发展规划建设和旧城风貌保护情况汇报，察看村史馆内旧村老屋复原场景，了解社区实施旧城改造、加强基层党建以及居民生活变化情况。

习近平在胶东（威海）党性教育基地刘公岛教学区，登上东泓炮台遗址，了解北洋海军威海卫基地防务情况和威海卫保卫战、刘公岛保卫战历史；在甲午战争博物馆陈列馆，参观甲午战争史实展，听取了威海市依托红色资源打造党性教育基地情况介绍；在万华烟台工业园、中集来福士海洋工程有限公司烟台基地、浪潮集团高端容错计算机生产基地，进车间，看样品，听介绍，了解有关情况。

习近平在济南市章丘区双山街道三涧溪村考察，在村党群服务中心，听取这个村以党建为统领、强化班子建设、推动产业发展、保护生态环境、汇聚人才资源、建设文明村风家风、壮大村级集体经济等情况介绍。习近平指出，乡村振兴，人才是关键。要积极培养本土人才，鼓励外出能人返乡创业，鼓励大学生村官扎根基层，为乡村振兴提供人才保障。要加强基层党组织建设，选好配强党组织带头人，发挥好基层党组织战斗堡垒作用，为乡村振兴提供组织保证。

14日，习近平听取了山东省委和省政府工作汇报。希望山东深入贯彻党的十九大精神和新时代中国特色社会主义思想，坚持稳中求进工作总基调，统筹推进"五位一体"总体布局、协调推进"四个全面"战略布局，全面做好稳增长、促改革、调结构、惠民生、防风险各项工作，打好"三大攻坚战"。

考察期间，习近平视察了北部战区海军某潜艇部队，听取了部队建设有关情况介绍，询问官兵的工作生活情况，接见北部战区海军副师职以上领导干部并听取了北部战区海军工作汇报；在济南亲切接见了驻山东部队副师职以上领导干部。

6月12日

［纲　文］　国务院办公厅印发《关于调整国务院促进中小企业发展工作领导小组的通知》。

［目　文］　《通知》说，根据机构设置、人员变动情况和工作需要，国务院决定对国务院促进中小企业发展工作领导小组作相应调整，现将有关事项通知如下。一、主要职责。二、组成人员。组长：刘鹤。副组长：苗圩、刘昆、高雨。成员由有关部门负责人组成。三、工作机构。四、工作规则。五、工作要求：各成员单位要按照职责分工，认真落实领导小组工作部署，主动研究促进中小企业发展的重大问题，制定相关配套政策措施或提出政策措施建议；加强协调配合、沟通联络和信息共享，形成工作合力，共同做好促进中小企业发展工作。

6月12日

［纲　文］　市场监管总局在北京召开全国市场监管部门安全监管工作电视电话会议。

［目　文］　会议主要内容是：贯彻习近平新时代中国特色社会主义思想和党的十九届三中全会精神，研究部署下一步安全监管工作。市场监管总局局长张茅在会上通报了近期食品药品安全和特种设备安全形势，对下一步安全隐患排查治理工作作出部署。市场监管总局副局长毕井泉主持会议，就贯彻落实此次会议精神提出具体要求。

6月12日

［纲　文］　国家知识产权局知识产权发展研究中心发布《2017年中国知识产权发展状况评价报告》。

［目　文］　《报告》显示，我国知识产权发展状况世界排名提升迅速，在2012年至2016年4年间从第十九位提升至第十位，平均每年提升3个位次，知识产权发展的总体水平，尤其是知识产权的保护运用水平快速提升。2017年中国知识产权综合发展指数为218.3（以2010年为100），比上年增长9.0%，保持较高增速。

6月12日

［纲　文］　外交部就朝美领导人会晤发表声明。

［目　文］　声明说，朝美领导人会晤顺利举行并取得了积极成果。这是推动朝鲜半岛无核化和政治解决进程取得的重要进展。我们对朝美两国领导人作出的政治决断表示高度赞赏，对会晤取得的成果表示欢迎和支持，对有关各方为推动会晤取得成功所作努力予以积极评价。实现半岛无核化，结束持续60多年的敌视与对立，谋求半岛和地区的持久和平与繁荣，符合时代发展潮流，也是国际社会的普遍呼声。此次朝美领导人会晤及其取得的成果，是向着上述目标迈出的正确而重要的步伐。中方坚持实现半岛无核化，坚持维护半岛和平与稳定，坚持通过对话协商解决问题，为此作出了不懈努力。一段时间以来，半岛形势出现的重大积极变化，特别是朝美领导人会晤取得的成果，符合中方期待。我们希望并支持朝美双方落实好两国领导人达成的共识，推进后续协商，进一步巩固和扩大成

果，使政治解决半岛问题成为可持续、不可逆的进程。中方作为半岛近邻和重要一方，愿同有关各方一道，继续致力于实现半岛无核化和建立半岛和平机制。

6月12日

［纲　文］　国务委员兼外交部部长王毅在北京会见东盟秘书长林玉辉。

［目　文］　王毅表示，2018年是中国—东盟建立战略伙伴关系15周年，双方同意并确认在过去15年合作成果基础上，携手共建更为紧密的命运共同体。一是制定《中国—东盟战略伙伴关系2030年愿景》，二是办好中国—东盟创新年，三是加强"一带一路"倡议同《东盟互联互通总体规划2025》等东盟发展规划对接。

林玉辉表示，东盟秘书处愿发挥积极作用，深化东盟与中国在政治、经贸、社会人文等各领域合作。

双方还就南海问题交换了意见。双方一致认为，通过中国和东盟国家的努力，南海形势明显趋稳。王毅强调，只要域外国家不兴风作浪，南海就会保持稳定，"南海行为准则"磋商也将顺利推进。

6月12日

［纲　文］　中国自主设计建造的亚洲最大自航绞吸挖泥船——"天鲲号"完成首次试航。

［目　文］　经过为期近4天的海上航行，"天鲲号"的动力系统和推进系统等接受了海洋环境的考验。此次试航经由长江口北角开往浙江花鸟山海域进行。

2017年11月3日上午，由中国船舶工业集团公司第七〇八研究所设计，上海振华重工集团启东公司建造的新一代重型自航绞吸挖泥船在江苏启东成功下水。"天鲲号"全船长140米，宽27.8米，最大挖深35米，总装机功率25843千瓦，设计每小时挖泥6000立方米，绞刀额定功率6600千瓦。

2019年1月9日，"天鲲号"经过近3个月的挖泥、挖岩试验后顺利返航。这标志着其完成全部测试，正式具备投产能力。

6月12日

［纲　文］　《人民日报》发表评论员文章《弘扬"上海精神"破解时代难题——二论习近平主席上合组织青岛峰会重要讲话》。

6月13日

［纲　文］　国家主席习近平同巴拿马总统巴雷拉互致贺函，庆祝两国建交一周年。

［目　文］　习近平在贺函中指出，去年6月，中国同巴拿马正式建立外交关系，开启了两国关系新纪元。去年11月，你成功对中国进行国事访问，我们就中巴关系全面发展进行共同探讨和规划。在双方精心培育下，中巴关系发展的种子正在开花结果。事实证明，中巴建交是双方登高望远作出的正确政治决断，得到两国人民一致拥护。我高度重视中巴关系发展，愿同你一道努力，本着相互尊重、合作共赢、共同发展的原则，加强各领

域互利合作，使中巴关系枝繁叶茂，造福两国和两国人民。

巴雷拉在贺函中表示，一年来，巴中在传统友谊和既有合作基础上，达成重要共识，取得丰硕成果。在此背景下，双方迎来建交一周年的历史性时刻。我对亲身参与巴中关系开局起步深感自豪，将继续满怀热情地致力于从最广泛领域加强巴中关系。

6月13日

〔纲　文〕　李克强主持召开国务院常务会议。

〔目　文〕　会议主要内容是：一、部署实施蓝天保卫战三年行动计划，持续改善空气质量。会议指出，要按照党中央、国务院部署，顺应群众期盼和高质量发展要求，在"大气十条"目标如期实现、空气质量总体改善的基础上，以京津冀及周边地区和长三角地区等重点区域为主战场，通过3年努力进一步明显降低细颗粒物浓度，明显减少重污染天数。二、确定进一步扩大进口的措施，促进调结构惠民生和外贸平衡发展。会议确定，适应消费升级和供给提质需要，支持关系民生的日用消费品、医药和康复、养老护理等设备进口。落实降低部分商品进口税率措施，减少中间流通环节，清理不合理加价，让群众切实感受到降税带来的好处。大力发展新兴服务贸易，促进研发设计、物流、咨询服务、节能环保等生产性服务进口。完善免税店政策，扩大免税品进口。增加有助于转型发展的技术装备进口。会议要求，要优化进口通关流程，开展海关"经认证的经营者"（AEO）国际互认，提高进口贸易便利化水平。清理进口环节不合理管理措施和收费。创新进口贸易方式，支持跨境电商等新业态发展。加强外贸诚信体系建设和知识产权保护。促进对外贸易和对外投资有效互动。

6月13日

〔纲　文〕　国务院办公厅通知人民银行，调整中国人民银行货币政策委员会组成人员。

〔目　文〕　通知说，你行《关于任免货币政策委员会委员的请示》（银发〔2018〕122号）收悉。经国务院同意，现将调整后的货币政策委员会组成人员名单通知如下。主席：易纲（中国人民银行行长）。委员：丁学东、连维良、刘伟、陈雨露、刘国强、宁吉喆、郭树清、刘士余、潘功胜、田国立、刘世锦、刘伟、马骏。

6月13—17日

〔纲　文〕　首届上合组织国家电影节在青岛举办。

〔目　文〕　电影节由国家电影局和山东省人民政府主办，青岛市人民政府承办，外交部和上合组织秘书处支持。来自12个国家的影片与观众见面，其中参赛影片23部，参展影片55部，均为近两年来各国出品的新片。本届电影节评奖以"金海鸥奖"命名，设置了最佳影片、最佳导演、最佳编剧、最佳男演员、最佳女演员、评委会特别奖共6项大奖。其间举办电影展映、电影评奖、电影合作论坛、"聚焦国家"单元、电影市场、文化体验等活动。

6月13—14日

〔纲　文〕　文莱外交与贸易部第二部长艾瑞万应邀对中国进行正式访问。

〔目　文〕　访问期间，国务委员兼外交部部长王毅在北京同艾瑞万会谈时表示，中方愿同文方落实好两国高层共识，密切高层往来，深化发展战略对接，推进"一带一路"合作，推动两国关系取得更大发展，愿同文莱共同努力，推动中国—东盟关系提质升级。

艾瑞万表示，文方期待并相信中国在习近平主席领导下取得更大发展成就，愿同中方深化"一带一路"合作。

双方还就南海问题交换了意见，一致同意继续全面有效落实《南海各方行为宣言》，推动"南海行为准则"磋商。

6月13日

〔纲　文〕　外交部发言人表示，美方日前宣布将停止美韩军演，证明中方的"双暂停"倡议合情合理、切实可行。

〔目　文〕　发言人表示，在朝美领导人新加坡会晤之前，朝鲜半岛局势就已经出现了积极变化。朝鲜方面停止了核试验，美韩方面在军演问题上也作出了自我约束。这在事实上就实现了中方提出的"双暂停"倡议。美国总统特朗普12日在记者会上表示将停止美韩军演，这再次证明中方的倡议合情合理、切实可行，不仅符合各方利益，也能解决各方最急迫的安全关切。中方在半岛问题上的主张站得住脚，终将得到各方支持。

6月13日

〔纲　文〕　《人民日报》发表评论员文章《共同描绘历史新阶段的发展蓝图——三论习近平主席上合组织青岛峰会重要讲话》。

6月14日

〔纲　文〕　习近平致信祝贺中国福利会成立80周年。

〔目　文〕　中共中央总书记习近平贺信写道：值此中国福利会成立80周年之际，我代表中共中央，并以我个人的名义，向你们表示热烈的祝贺！向长期辛勤工作在我国妇女儿童事业一线的同志们致以诚挚的慰问！80年来，中国福利会秉持"永远和党在一起"的坚定信念，在妇幼保健、校内外教育、少儿文化及社会福利等领域开展实验性、示范性工作，为我国妇女儿童事业发展，为促进祖国统一事业、维护世界和平与发展，发挥了独特作用，取得了丰硕成果。希望中国福利会全面贯彻中共十九大精神，团结凝聚广大妇女儿童工作者，继续致力于缔造未来的事业，促进妇女儿童健康发展，为培养有知识、有品德、有作为的社会主义建设者和接班人服务，为实现"两个一百年"奋斗目标、实现中华民族伟大复兴的中国梦作出新的更大贡献！

纪念中国福利会成立80周年大会在上海举行。中共中央政治局委员、上海市委书记李强在会上宣读习近平的贺信并讲话。

中国福利会的前身是1938年由宋庆龄先生创办的保卫中国同盟，1950年改名为中国福利会，主要从事妇幼保健卫生、儿童文化教育和社会福利等方面工作。

6月14日

［纲　文］　国家主席习近平在北京会见美国国务卿蓬佩奥。

［目　文］　习近平指出，中美两国在维护世界和平稳定、促进全球发展繁荣方面拥有广泛共同利益、肩负重要责任。中美合作可以办成有利于两国和世界的大事，希望双方团队按照我同特朗普总统北京会晤达成的共识，加强沟通，增进互信，管控分歧，扩大合作，推动中美关系沿着正确轨道向前发展，更好造福两国人民和世界各国人民。中美建交近40年来两国关系发展历程给我们的重要启迪就是，要始终正确看待彼此战略意图，尊重和照顾彼此核心利益和重大关切。中方一直致力于同美国发展相互尊重、平等相待、互利共赢的合作关系。双方要加强高层交往及机制性对话，拓展各领域合作，扩大地方和人文交流，不断夯实两国关系基础。希望美方慎重妥善处理台湾、经贸摩擦等敏感问题，防止中美关系受到大的干扰。双方要就重大国际地区和全球性问题加强沟通和协调，共同做世界和平建设者、国际秩序维护者。

蓬佩奥表示，在两国元首共同引领下，美中关系不断发展。美方重视发展对华关系，愿与中方加强沟通，处理好突出问题，深化各领域务实合作，并协力应对国际和地区挑战。美方赞赏中方在政治解决朝鲜半岛核问题方面发挥的重要作用，愿同中方共同努力，推动实现朝鲜半岛无核化和持久和平。

同日，中央外事工作委员会办公室主任杨洁篪、国务委员兼外交部部长王毅在北京分别与蓬佩奥会见、会谈。

杨洁篪表示，健康稳定发展的中美关系符合两国人民根本利益，也是国际社会普遍期待。希望美方同中方一道，以两国元首北京会晤重要共识为指引，牢牢把握两国关系发展的正确方向，拓展各领域务实合作，妥善处理分歧，推动中美关系取得更大进展。杨洁篪并重申了中方在台湾、经贸等问题上的原则立场。

蓬佩奥表示，美中扩大双边合作将造福两国人民。美方坚持奉行一个中国政策，愿与中方加强合作，使两国关系更加富有成果。

王毅表示，中美两国拥有广泛而重要的共同利益，双方对话与合作的需要远远大于分歧和竞争。希望美方同中方一道，落实好习近平主席和特朗普总统北京会晤达成的一系列重要共识，相互尊重、聚焦合作、管控分歧，推动中美关系实现健康发展。

蓬佩奥表示，美中双方在重要领域开展了合作，同时也面临一些挑战。美方愿与中方一道，拓展合作，应对挑战，探讨发展长期性的战略关系，共同推动构建一个更加美好的世界。美方在台湾问题上的立场没有变化，将继续坚持一个中国政策。

蓬佩奥通报了美朝领导人新加坡会晤有关情况。美方高度评价中方为推动解决朝鲜半岛核问题以及美朝领导人成功会晤所发挥的重要积极作用。解决半岛核问题仍有大量工作要做，美方愿就此继续同中方保持密切沟通与协调。

6月14日

［纲　文］　证监会公布《创新企业境内发行股票或存托凭证上市后持续监管实施办

法（试行）》。

[目　文]　《办法》共 7 章 52 条。主要有总则、公司治理、信息披露、收购及股份权益变动、重大资产重组、其他事项、附则等内容。自 2018 年 6 月 14 日起实施。

6 月 14 日

[纲　文]　最高人民法院、最高人民检察院、文物局、公安部、海关总署印发《涉案文物鉴定评估管理办法》。

[目　文]　《办法》共 6 章 56 条。主要有总则、鉴定评估范围和内容、鉴定评估机构和人员、鉴定评估程序、监督管理、附则等内容。自 2018 年 6 月 14 日起实施。此前有关规定与本办法不一致的，以本办法为准。

6 月 14 日

[纲　文]　国家主席习近平特使、国务院副总理孙春兰应邀出席在俄罗斯莫斯科举行的第 21 届世界杯足球赛开幕式。

[目　文]　在俄罗斯期间，孙春兰在莫斯科会见了俄罗斯总统普京；分别会见了俄罗斯副总理戈利科娃、戈洛杰茨，国际足联主席因凡蒂诺、亚洲足联主席萨尔曼；考察了中共六大会址常设展览馆、俄联邦卫生部妇产围产学中心、莫斯科大学孔子学院并观看了中俄青少年足球友谊赛。

6 月 14 日—7 月 15 日，第 21 届世界杯足球赛在俄罗斯境内 11 座城市中的 12 座球场举行。这是俄罗斯历史上首次承办世界杯足球赛，也是世界杯首次在东欧国家举行。除东道主队外，来自亚洲、欧洲、非洲、北中美及加勒比地区、南美洲五个赛区的 31 支队伍在历时两年多的预选赛后锁定世界杯决赛圈名额。法国队、克罗地亚队、比利时队分获冠军、亚军、季军。

6 月 14 日

[纲　文]　外交部发言人表示，中方对日方参与"一带一路"建设一直持开放态度，支持两国企业围绕"一带一路"和第三方市场取得更多合作成果。

[目　文]　有记者问：据日本媒体报道，日本企业近期纷纷加紧行动，赶乘"一带一路"快车。有的借助中欧班列数量的增加，开始提供自日本经中国通往欧洲的运输服务，帮助日企将更多产品销往欧洲。在波兰等"一带一路"沿线国家，日本企业也通过中标和实施基础设施项目扩大了设备和技术的出口。中方对此怎么看？

发言人说，这表明越来越多的日本企业正在把对参与"一带一路"倡议的积极态度转化为实际行动，国际上有越来越多的人对"一带一路"建设的前景充满信心。中方对日方参与"一带一路"建设一直持开放态度。特别是在共同开辟第三方市场方面，中日互补优势明显，双方开展相关合作不仅有利于拓展中日经贸合作，也有利于第三方的经济发展。不久前，中日双方签署了《关于中日第三方市场合作事项的备忘录》，决定设立跨部门的"推进中日第三方市场合作工作机制"，相信这将为两国企业开展第三方市场合作提供更好的制度保障和有效的合作平台。我们支持两国企业围绕"一带一路"和第三方市场取得更多合作成果，惠及两国人民，实现互利双赢。

6月14日

［纲　文］《人民日报》发表评论员文章《携手创造更加光明的美好未来——四论习近平主席上合组织青岛峰会重要讲话》。

6月14—15日

［纲　文］　胡春华在云南省调研脱贫攻坚工作。

［目　文］　云南省昭通市地处乌蒙山集中连片贫困地区腹地，贫困面广，贫困发生率高，是"贫中之贫、坚中之坚"的深度贫困地区。中共中央政治局委员、国务院扶贫开发领导小组组长胡春华在彝良县洛泽河镇、大关县悦乐镇、鲁甸县龙树镇的扶贫产业基地、搬迁安置点、扶贫协作项目点、乡村小学、村卫生室等，调研产业扶贫、易地扶贫搬迁、劳务扶贫、东西部扶贫协作、教育扶贫、健康扶贫等工作进展，进村入户询问贫困群众生产生活情况，与基层干部、驻村工作队等交流。

胡春华指出，要深入学习贯彻习近平总书记关于脱贫攻坚的重要指示精神，认真落实党中央、国务院关于打赢脱贫攻坚战三年行动的决策部署，聚焦深度贫困地区和特殊贫困群体，坚持目标标准，贯彻精准方略，扎实有力推进脱贫攻坚各项政策举措，确保不漏一村不落一人，坚决打赢深度贫困地区脱贫攻坚战。深度贫困地区脱贫攻坚是硬仗中的硬仗，必须整合扶贫资源，集中力量攻坚。要聚焦解决贫困人口"两不愁、三保障"，扎实有力推进各项帮扶工作，既不降低标准，也不吊高胃口。要聚焦基础设施和公共服务短板，加大政策倾斜力度，着力改善深度贫困地区发展条件。要聚焦提高脱贫质量，促进特色产业扶贫持续稳定发展，提高劳务扶贫组织化程度和劳务协作力度，加强易地扶贫搬迁产业配套和就业安置，提高东西部扶贫协作工作水平。要聚焦扶贫扶志，激发贫困群众内生动力，广泛调动贫困群众勤劳脱贫致富、建设美好家园的积极性、主动性、创造性。要聚焦扶贫领域作风建设，促进真抓实干、埋头苦干，确保如期实现深度贫困地区脱贫攻坚目标任务。

6月14—20日

［纲　文］　第五届中国—南亚博览会暨第二十五届昆明进出口商品交易会在昆明举办。

［目　文］　国务院副总理胡春华出席开幕式并致辞。博览会由商务部和云南省人民政府共同主办，南亚各国商务部门联合举办。以"促进中国—南亚东南亚全面合作与发展"为宗旨，以推动"一带一路"建设为主线，以"亲诚惠容、合作共赢"为主题，以"隆重、热烈、节俭、精彩"为总体要求。设置了主题国主宾国馆展示区、南亚馆、东南亚馆、境外馆、境内馆、旅游馆、农业馆、新材料馆等19个展馆，标准展位约8500个，展览面积19万平方米。规模为历届南博会之最，共有87个国家、地区和国际组织参展参会，首次实现国内31个省市区参展。会期举办了第十一届中国—南亚商务论坛、中国—南亚科技部长会议、中国—南亚智库论坛、商品（服务）采购大会、博览会客厅、南亚国家官方

发展援助高官论坛、第十四届东盟华商会、GMS 经济走廊活动周、第四届中国侨商投资贸易促进会、第七届中国·东南亚·南亚电视艺术周、第七届中国—东盟行业合作昆明会议等系列活动。

6 月 14—15 日

〔纲　文〕　应国务委员兼外交部部长王毅邀请，土耳其外交部部长恰武什奥卢访华。

〔目　文〕　15 日，国家副主席王岐山在北京会见恰武什奥卢时表示，近年来中土双方按照两国元首达成的重要共识，相互尊重并照顾彼此关切，支持对方走符合本国国情和人民利益的发展道路，各领域务实合作不断发展。要继续对接好"一带一路"和"中间走廊"倡议，在大项目支撑基础上更加深化各层次市场互动，加强安全反恐合作，增进人文交流，加深两国人民之间的了解和情谊，以实实在在的行动深化中土战略互信。

恰武什奥卢表示，土方恪守一个中国原则，支持"一带一路"倡议。愿加强双方包括安全反恐在内的各领域合作，共同落实好两国元首的重要共识。

同日，王毅在北京与恰武什奥卢会谈时表示，双方要继续相互照顾彼此核心关切，筑牢双方政治互信的基础。中方愿在共建"一带一路"框架下，启动对接双方发展战略的具体规划，支持中国企业同土方开展更多务实合作，希望土方为中国企业提供良好的营商环境。中方愿同土方共同推进互设文化中心工作，促进相互了解。

恰武什奥卢表示，土方从战略的高度看待和推进土中关系，将恪守一个中国的立场，愿积极促进两国关系的积极发展势头，深化务实合作。土方将继续深化同中方的反恐安全和情报合作。

6 月 15 日

〔纲　文〕　习近平致信祝贺《人民日报》创刊 70 周年。

〔目　文〕　中共中央总书记习近平在贺信中写道：值此《人民日报》创刊 70 周年之际，我代表党中央，向你们表示热烈的祝贺！向报社全体新闻工作者和离退休同志致以诚挚的问候！《人民日报》是党中央机关报。70 年来，在党中央坚强领导下，《人民日报》坚持政治家办报和党性原则，与党和人民同心同德，深入宣传党的理论和路线方针政策，热情报道人民的伟大实践，在革命、建设、改革各个历史时期发挥了十分重要的作用，创造了光荣历史。当前，中国特色社会主义进入了新时代，全面建设社会主义现代化强国新征程已经开启。《人民日报》要深入学习贯彻新时代中国特色社会主义思想和党的十九大精神，忠实履行党的新闻舆论工作职责使命，坚持正确政治方向，弘扬优良传统，深化改革创新，加强队伍建设，改进宣传报道，讲好中国故事，构建全媒体传播格局，不断提升传播力、引导力、影响力、公信力，为实现"两个一百年"奋斗目标、实现中华民族伟大复兴的中国梦作出新的更大贡献！

同日，人民日报社举行庆祝创刊 70 周年大会。中共中央政治局委员、中宣部部长黄坤明出席大会并讲话。会上宣读了习近平的贺信，人民日报社负责人和老职工、青年记者编辑代表先后发言。

1948年6月15日，《人民日报》在河北省平山县里庄创刊。1949年8月1日，中共中央决定《人民日报》为中共中央机关报。经过70年发展，人民日报社现拥有报纸、杂志、网站、客户端等10多种载体，400多个发布终端，覆盖用户总数达7.86亿。

6月15日

[纲　文]　国家主席习近平应约同俄罗斯总统普京通电话。

[目　文]　习近平指出，总统先生刚刚成功对中国进行国事访问并出席上海合作组织青岛峰会，取得丰硕成果。我倍加珍视同总统先生的深厚友谊，倍加珍视中俄关系的大好局面。在中俄各自国家发展的关键时刻，在世界大势和热点问题纷繁变化的重要节点，我们两人及时保持沟通，中俄两国彼此互为牢固稳定依托，相互给予坚定有力支持，维护了两国主权、安全、发展利益，捍卫了地区及世界和平稳定和公平正义。我愿继续同总统先生一道，引领中俄全面战略协作伙伴关系持续、稳定、高水平发展。习近平祝贺俄罗斯世界杯胜利开幕，预祝本届世界杯在俄方精心组织下取得圆满成功。

普京再次祝贺上海合作组织青岛峰会在习近平主席主持下取得圆满成功，感谢中方给予的热情接待。普京表示，不久前，我对中国进行了成功的国事访问，同习近平主席就推动俄中全面战略协作伙伴关系实现更大发展达成重要共识。我非常珍视同习近平主席的个人友谊，愿继续同习近平主席保持密切联系。我真诚祝愿在习近平主席领导下，中国发展取得更伟大的成就。

6月15日

[纲　文]　中共中央、国务院印发《中共中央国务院关于打赢脱贫攻坚战三年行动的指导意见》。

[目　文]　《意见》由八个部分组成：一、全面把握打赢脱贫攻坚战三年行动的总体要求。二、集中力量支持深度贫困地区脱贫攻坚。三、强化到村到户到人精准帮扶举措。四、加快补齐贫困地区基础设施短板。五、加强精准脱贫攻坚行动支撑保障。六、动员全社会力量参与脱贫攻坚。七、夯实精准扶贫精准脱贫基础性工作。八、加强和改善党对脱贫攻坚工作的领导。

6月15日

[纲　文]　栗战书在北京主持召开全国人大常委会大气污染防治法执法检查组第二次全体会议。

[目　文]　全国人大常委会副委员长沈跃跃、丁仲礼出席会议。会议听取4个检查小组赴8个省区检查法律实施情况的汇报，研究部署下一步工作。

全国人大常委会委员长栗战书指出，要以习近平总书记关于生态文明建设的思想为指引和遵循，清醒判断大气污染防治总体形势，深入查找法律实施中存在的突出问题，查清病灶、对症下药，推动大气污染防治法全面有效实施，让法律制度成为刚性约束和不可触碰的高压线。大气污染防治法修订实施以来，为打赢蓝天保卫战提供了有力法治保障。各地区各部门依法治污的意识不断增强，按照党中央决策部署和法律规定，切实加大工作力度，重点城市重污染天数大幅减少，大气环境质量持续改善。同时要清醒看到，大气污染防治形势依然十分严峻，大气环境质量离党中央要求、人民群众期盼还有很大差距。这次执法检查发现，"大气污染防治法"的学习宣传不深入，配套法规和标准不完善，法律责任落实不到位，法律武器没有得到充分运用，成为影响污染防治成效的重要原因。执法检查就是要真找准问题、真抓住问题、真解决问题，不能走过场，不能搞评功摆好那一套。要多用事实说话，客观真实反映情况和问题，典型违法事例要点名，敢于动真碰硬，督促有关方面认真纠正违法行为。要以法律为准绳，对照法律规定逐条梳理归纳查找出来的问题，体现人大执法检查特点。

6月15日

［纲　文］　国务院办公厅印发《关于做好证明事项清理工作的通知》。

［目　文］　《通知》由五个部分组成：一、各部门要对本部门规章和规范性文件等设定的各类证明事项进行全面清理，尽可能予以取消。二、各部门要结合本部门职责，对法律、行政法规设定的证明事项，本着尽可能取消的原则，逐项提出取消或保留的建议，于2018年9月底前报送司法部。三、各地区要对法律、行政法规、部门规章和部门规范性文件设定的、在本行政区域内实施的证明事项进行梳理，逐项提出取消或保留的建议，于2018年9月底前报送司法部。四、司法部要做好本次清理的组织实施工作。五、各地区、各部门要以本次清理工作为契机，进一步转变行政管理方式，规范行政行为，切实改进服务作风，提升监管效能。

《通知》指出，各地区、各部门要于2018年6月30日前，将本次清理工作的有关负责同志和联络员名单报送司法部。

6月15日

［纲　文］　国务院办公厅印发《关于调整国家防汛抗旱总指挥部组成人员的通知》。

［目　文］　《通知》说，根据机构设置、人员变动情况和工作需要，国务院决定对国家防汛抗旱总指挥部的组成单位和人员进行调整。现将调整后的名单通知如下。总指挥：胡春华。副总指挥：王勇、鄂竟平、黄明、马宜明、高雨。秘书长：叶建春。副秘书长：余勇。成员由有关部门负责人组成。

6月15日

［纲　文］　证监会公布修改后的《证券发行与承销管理办法》，自2018年6月15日起施行。

6月15日

［纲　文］　税务总局公布《关于修改部分税务部门规章的决定》。

［目　文］　《决定》说，根据《第十三届全国人民代表大会第一次会议关于国务院机构改革方案的决定》《全国人民代表大会常务委员会关于国务院机构改革涉及法律规定的

行政机关职责调整问题的决定》《国务院关于国务院机构改革涉及行政法规规定的行政机关职责调整问题的决定》（国发〔2018〕17号），税务部门规章规定的国税地税机关的职责和工作，调整适用相关规定，由新的税务机关承担。经对税务部门规章进行清理，国家税务总局决定对《欠税公告办法（试行）》（国家税务总局令第9号公布）等23部税务部门规章部分条款予以修改。自2018年6月15日起实施。

6月15日

〔纲　文〕　海关总署公布《进口可用作原料的固体废物国内收货人注册登记管理实施细则》。

〔目　文〕　《细则》共6章46条。主要有总则，受理，审查和批准，变更、重新申请和延续，监督管理，附则等内容。自2018年8月1日起试行。《进口可用作原料的固体废物国内收货人注册登记管理实施细则（试行）》（原质检总局公告2009年第91号公布）同时废止。

6月15日

〔纲　文〕　税务总局发布《关于公布全文失效废止和部分条款失效废止的税收规范性文件目录的公告》。

〔目　文〕　《公告》说，根据《第十三届全国人民代表大会第一次会议关于国务院机构改革方案的决定》《全国人民代表大会常务委员会关于国务院机构改革涉及法律规定的行政机关职责调整问题的决定》《国务院关于国务院机构改革涉及行政法规规定的行政机关职责调整问题的决定》（国发〔2018〕17号）以及《税收规范性文件制定管理办法》（国家税务总局令第41号公布）的有关规定，国家税务总局对税收规范性文件进行了清理。清理结果已经2018年6月5日国家税务总局局务会议审议通过，现将《全文失效废止的税收规范性文件目录》和《部分条款失效废止的税收规范性文件目录》予以公布。国税机构和地税机构合并前，需要适用本公告公布失效和废止的税收规范性文件的，按照原规定执行。

《全文失效废止的税收规范性文件目录》包括《国家税务总局关于调整国家税务局、地方税务局税收征管范围若干具体问题的通知》（国税发〔1996〕37号）等37件文件。《部分条款失效废止的税收规范性文件目录》包括《国家税务总局关于进一步加强土地增值税征收管理工作的通知》（国税发〔1996〕227号）等13件文件。

6月15日

〔纲　文〕　税务总局发布《关于修改部分税收规范性文件的公告》。

〔目　文〕　《公告》说，根据《第十三届全国人民代表大会第一次会议关于国务院机构改革方案的决定》《全国人民代表大会常务委员会关于国务院机构改革涉及法律规定的行政机关职责调整问题的决定》《国务院关于国务院机构改革涉及行政法规规定的行政机关职责调整问题的决定》（国发〔2018〕17号）有关规定，税收规范性文件规定的国税地税机关的职责和工作，调整适用相关规定，由新的税务机关承担。

国家税务总局依据《税收规范性文件制定管理办法》(国家税务总局令第41号公布),对税收规范性文件进行了清理。清理结果已经2018年6月5日国家税务总局局务会议审议通过,现将《修改的税收规范性文件目录》予以公布。本公告自发布之日起施行。国税机构和地税机构合并前,需要适用本公告公布的税收规范性文件的,按照修改前的规定执行。

6月15日

[纲　文]　外交部发言人就美方公布对华贸易措施回答记者提问。

[目　文]　有记者问:北京时间6月15日晚,美国贸易代表办公室公布对中国输美产品加征关税清单。中方对此有何评论?

发言人说,我必须强调,中美双方曾就经贸问题开展多轮磋商,力图解决分歧,实现双赢。令我们深感遗憾的是,美方置双方已经形成的共识于不顾,反复无常,挑起贸易战。此举既损害双边利益,又破坏世界贸易秩序,中方对此坚决反对。中方并不想打贸易战,但面对美方损人不利己的短视行为,中方不得不予以强有力回击,坚决捍卫国家利益和人民利益,坚决捍卫经济全球化和多边贸易体制。我们将立即出台同等规模、同等力度的征税措施,双方此前磋商达成的所有经贸成果将同时失效。当今时代,发起贸易战不符合全球利益。我们呼吁各国采取共同行动,坚决制止这种过时和倒退的行为,坚定捍卫人类共同利益。

16日,国务院关税税则委员会发布公告,决定对原产于美国的659项约500亿美元进口商品加征25%的关税。

公告指出,2018年6月15日,美国政府发布了加征关税的商品清单,将对从中国进口的约500亿美元商品加征25%的关税,其中对约340亿美元商品自2018年7月6日起实施加征关税,同时就约160亿美元商品加征关税开始征求公众意见。美方这一措施违反了世界贸易组织相关规则,有悖于中美双方磋商已达成的共识,严重侵犯我方的合法权益,威胁我国国家和人民的利益。根据《中华人民共和国对外贸易法》《中华人民共和国进出口关税条例》等法律法规和国际法基本原则,国务院关税税则委员会决定对原产于美国的659项约500亿美元进口商品加征25%的关税,其中545项约340亿美元商品自2018年7月6日起实施加征关税,对其余商品加征关税的实施时间另行公布。

6月16日

[纲　文]　中共中央、国务院印发《关于全面加强生态环境保护　坚决打好污染防治攻坚战的意见》。

[目　文]　《意见》由十个部分组成:一、深刻认识生态环境保护面临的形势。二、深入贯彻习近平生态文明思想。三、全面加强党对生态环境保护的领导。四、总体目标和基本原则。五、推动形成绿色发展方式和生活方式。六、坚决打赢蓝天保卫战。七、着力

打好碧水保卫战。八、扎实推进净土保卫战。九、加快生态保护与修复。十、改革完善生态环境治理体系。

《意见》指出，新思想引领新时代，新使命开启新征程。让我们更加紧密地团结在以习近平同志为核心的党中央周围，以习近平新时代中国特色社会主义思想为指导，不忘初心、牢记使命、锐意进取、勇于担当，全面加强生态环境保护，坚决打好污染防治攻坚战，为决胜全面建成小康社会、实现中华民族伟大复兴的中国梦不懈奋斗。

6月16日

［纲　文］　**国务院安委会举办2018年全国安全宣传咨询日活动。**

［目　文］　国务委员王勇在北京出席2018年全国安全宣传咨询日活动。全国各省、市和有关企业按照国务院安委会办公室的统一部署，通过设置展台、举办展览、开展演出、VR体验等现场活动结合互动直播、知识竞赛、在线解答等线上活动进行安全宣传。

6月16—20日

［纲　文］　**国务委员兼国防部部长魏凤和应邀正式访问柬埔寨。**

［目　文］　访问期间，魏凤和在金边会见了柬埔寨首相洪森；与柬副首相兼国防大臣迪班举行会谈。

6月17日

［纲　文］　**赵南起逝世。**

［目　文］　中国共产党的优秀党员，久经考验的忠诚的共产主义战士，无产阶级革命家，杰出的民族工作领导人，我军现代后勤建设的领导者，中国人民政治协商会议第九届全国委员会副主席，中华人民共和国中央军事委员会原委员，中国人民解放军原总后勤部部长，原军事科学院院长赵南起同志，在北京逝世，享年91岁。

25日，赵南起遗体在北京八宝山革命公墓火化。习近平、李克强、栗战书、汪洋、王沪宁、赵乐际、韩正、王岐山、胡锦涛等送别。

6月18日

［纲　文］　**新华社讯，中央军委印发《传承红色基因实施纲要》。**

［目　文］　《纲要》全面贯彻习近平新时代中国特色社会主义思想和党的十九大精神，深入贯彻习近平强军思想，明确了传承红色基因的指导思想、基本原则、着力重点和主要工作，是新时代传承红色基因、弘扬优良传统的指导性文件。

《纲要》指出，大力传承红色基因，是新时代政治建军的战略任务和基础工程，对于激励官兵铭记历史、不忘初心、牢记使命、不懈奋斗，奋力实现党在新时代的强军目标、把人民军队全面建成世界一流军队，具有重要意义。要着眼培养"四有"革命军人、锻造"四铁"过硬部队，扭住强固精神支柱、对党绝对忠诚这个根本，把握突出固根铸魂、聚力备战打仗、强化问题导向、注重融入实践、坚持创新发展的基本原则，深扎信仰之根，王岐山会见武齐斯时表示,双方相互理解尊重彼此核心利益和重大关切,战略互信不断巩固。中方高度重视中希关系,愿同希方继续携手努力,加强各层级交往,扩大在"一带一路"框架内的务实合作,密切文化、体育、旅游等人文交流,推动中希全面战略伙伴关系不断走深、走实,造福两国和两国人民。

武齐斯表示,希方对高水平的希中关系感到满意,将继续尊重中方核心利益,加强与中国各领域合作。希腊愿促进欧盟与中国携手,在维护世界和地区安全稳定、推动经济全球化方面发挥更大作用。

6月19日

[纲 文] 韩正在天津市调研京津冀协同发展工作。

[目 文] 国务院副总理韩正在天津市规划展览馆,听取天津市总体规划及有关绿色生态屏障和湿地保护情况汇报;在科大讯飞人工智能产业示范基地,了解天津市加快建设全国先进制造研发基地和发展智能产业情况,察看企业在机器翻译、智慧医疗、智慧教育等领域的最新研发成果;在天津滨海—中关村科技园,调研园区建设和企业落户等情况,与入驻园区的企业职工交流;考察天津深之蓝水下新视界科技有限公司、零氪科技(天津)有限公司,了解企业自主创新发展情况。

韩正指出,推动京津冀协同发展,是以习近平同志为核心的党中央作出的重大决策。天津要认真学习贯彻习近平新时代中国特色社会主义思想和党的十九大精神,牢固树立"四个意识",坚定"四个自信",紧紧围绕有序疏解北京非首都功能这一核心任务,立足比较优势,把握好"一基地三区"功能定位,更好发挥高端引领和辐射带动作用,在推动京津冀协同发展中作出更大贡献。滨海新区发展基础雄厚、条件优越,要在有序疏解北京非首都功能中发挥独特作用,积极承接符合国家发展需要和有竞争力的产业转移,着力打造全国先进制造研发基地及生产性服务业集聚区。天津港是京津冀重要出海港口,要瞄准国际一流水准,进一步降费提效,降低进出口企业成本,打造具有国际竞争力的优良港口。天津自贸试验区要找准定位,勇于先行先试,形成更多可复制可推广的经验。天津要着力提高发展质量和效益,加快建设现代化经济体系,在推动高质量发展中作出表率。

6月19日

[纲 文] 中国记协发布《中国新闻事业发展报告(2017年)》。

[目 文] 《报告》由中国记协会同国家广播电视总局、国家互联网信息办公室等部门联合编写,从"新闻从业环境""媒体转型与融合发展""权益保护、职业道德建设和新闻评奖""对外交流合作"等方面,反映中国新闻事业的新情况新发展。

《报告》指出,媒体融合依然是2017年中国媒体发展的主题,传统媒体与新兴媒体融合提速升级,内容与平台、渠道、技术、管理一体化发展,正向"融为一体、合而为一"的深度融合迈进。中央媒体持续发力引领深度融合,融合传播能力迅速提升;省级和市县级媒体因地制宜、主动作为,逐渐形成各具特色的融合发展模式。新兴媒体市场蓬勃发展,网络信息流通安全有序,网民合法表达更加理性,正能量传播影响力进一步扩大,网络空间从单一主体的政府管理向多元互动的综合治理转变,构筑网上网下同心圆。截至2017年底,共有231564人持有国家新闻出版广电总局发放的具有采访资质的新闻记者证,其中报纸记者84761人,期刊记者6324人,通讯社记者2849人,电台、电视台和新闻电影制片厂记者136224人,新闻网站记者1406人。

6月19日

[纲　文]　外交部发言人表示,中方奉劝美方回归理性,停止损人不利己的言行。

[目　文]　有记者问:据报道,6月18日,美国国务卿蓬佩奥在底特律经济俱乐部发表讲话,指责中方在经贸问题上的政策,称美方将采取强硬手段应对。中方对此有何评论?

发言人说,中国商务部发言人已表明中方在经贸问题上的严正立场。必须指出,美方有关言论颠倒黑白,对中方进行无端指责,其目的是掩盖自身的单边主义和保护主义做法。近日,美方置双方已经形成的共识于不顾,反复无常,再度挑起贸易战,其做法已失信于世人,伤害中美两国人民和企业利益,伤害全世界人民利益。中方不想打贸易战,但也不怕打贸易战,将继续采取有效举措坚决捍卫国家利益和人民利益,坚决捍卫经济全球化和多边贸易体制。同时,无论外界环境如何变化,中方都将按照既定节奏,坚持以人民为中心,坚定推进改革开放,坚定推进经济高质量发展,加快建设现代经济体系。

6月19—22日

[纲　文]　十三届全国人大常委会第三次会议在北京举行。

[目　文]　全国人大常委会委员长栗战书主持开幕会、闭幕会。全国人大常委会副委员长王晨、曹建明、张春贤、沈跃跃、吉炳轩、艾力更·依明巴海、万鄂湘、陈竺、王东明、白玛赤林、丁仲礼、郝明金、蔡达峰、武维华,秘书长杨振武和常委会组成人员出席会议。

会议主要内容是:一、会议表决通过了全国人大常委会关于全国人大宪法和法律委员会职责问题的决定、关于中国海警局行使海上维权执法职权的决定。二、会议表决通过了全国人大常委会关于批准2017年中央决算的决议,批准了2017年中央决算。三、会议表决通过了全国人大常委会代表资格审查委员会关于个别代表的代表资格的报告。四、会议经表决,任命史耀斌为全国人大财政经济委员会副主任委员。五、会议表决通过了第五任全国人大常委会香港特别行政区基本法委员会组成人员名单。六、会议经表决,免去张荣顺的全国人大常委会法制工作委员会副主任职务,任免了第四任全国人大常委会澳门特别行政区基本法委员会部分组成人员。七、会议经表决,免去邹加怡的国家监察委员会委员职务;任命杨万明为最高人民法院副院长、审判委员会委员、审判员,免去沈德咏的最高人民法院副院长、审判委员会委员、审判员职务;免去刘季幸的中国人民解放军军事法院院长职务,任命刘立根为中国人民解放军军事法院院长;任命童建明为最高人民检察院副检察长、检察委员会委员,任命陈国庆为最高人民检察院副检察长;免去李晓峰的中国人民解放军军事检察院检察长职务。八、会议表决通过了全国人大常委会关于接受张荣顺辞去全国人大常委会委员等职务的请求的决定。

22日，栗战书在北京人民大会堂向第五任全国人大常委会香港特别行政区基本法委员会组成人员颁发任命书。全国人大常委会副委员长王晨主持了颁发任命书仪式。他们是：主任沈春耀，副主任谭惠珠、张勇，委员刘廼强、陈冬、陈弘毅、武增、莫树联、黄玉山、黄柳权、梁美芬、韩大元。

香港特别行政区基本法委员会是全国人大常委会下设的工作委员会，组成人员共12人，由内地人士和香港人士各6人组成，任期5年。第四任香港特别行政区基本法委员会已经结束任期。

6月19—20日

[纲　文]　朝鲜劳动党委员长、朝鲜国务委员会委员长金正恩对中国进行访问。

[目　文]　19日，中共中央总书记、国家主席习近平在北京同金正恩举行会谈。两国领导人就中朝关系发展和朝鲜半岛局势坦诚深入交换了意见，一致表示要维护好、巩固好、发展好中朝关系，共同推动朝鲜半岛和平稳定面临的良好势头向前发展，为维护世界和地区和平稳定、繁荣发展作出积极贡献。

习近平指出，我们高兴地看到，金正恩委员长同志同特朗普总统在新加坡举行重要会晤，就实现半岛无核化、建立半岛持久和平机制达成原则共识，取得积极成果，中方对此高度评价。金正恩委员长同志专程来华访问，体现了对中朝两党两国战略沟通的高度重视，我对此高度评价。一段时间以来，在有关各方共同努力下，半岛问题重新回到对话协商解决的正确轨道，半岛形势朝着和平稳定的方向发展。金正恩委员长同志为实现半岛无核化、维护半岛和平作出了积极努力。这次朝美首脑举行会晤，迈出了半岛核问题政治解决进程的重要一步。希望朝美双方落实好首脑会晤成果，有关各方形成合力，共同推进半岛和平进程。中方将一如既往发挥建设性作用。

金正恩表示，前不久举行的朝美首脑会晤取得符合各方利益和国际社会期待的积极成果。如果双方能一步步扎实落实首脑会晤共识，朝鲜半岛无核化将打开新的重大局面。朝方感谢并高度评价中方在推动半岛无核化、维护半岛和平稳定方面发挥的重要作用，希望同中方及有关各方一道，推动构建朝鲜半岛持久牢固和平机制，为实现半岛持久和平共同努力。

20日，习近平在钓鱼台国宾馆会见金正恩时指出，金正恩委员长百日内三度来华同我举行会晤，双方共同开创了中朝高层交往的新历史。我们高兴地看到，中朝双方达成的重要共识正逐步得到落实，中朝友好合作关系焕发出新的生机活力，朝鲜半岛对话缓和势头得到了有力巩固，朝鲜劳动党新的战略路线推动朝鲜社会主义事业迈上了新征程。我相信，在中朝双方共同努力下，中朝关系一定能够更好造福两国和两国人民。当前，中国特色社会主义进入了新时代，中国共产党和中国各族人民正紧密团结在党中央周围，为实现"两个一百年"奋斗目标和中华民族伟大复兴的中国梦而努力奋斗。中方愿同朝方互学互鉴、团结合作，共同开创两国社会主义事业更加美好的未来。

金正恩表示，我将同中国同志一道，竭尽全力把朝中关系提升到新高度，并为维护世界和地区和平稳定发挥应有的作用。相信在以习近平同志为核心的党中央坚强领导和习近平新时代中国特色社会主义思想指引下，中华民族伟大复兴的中国梦一定能顺利实现。

同日，金正恩参观了中国农业科学院国家农业科技创新园和北京市轨道交通指挥中心。

6月19—24日

[纲　文]　应国务院总理李克强邀请，尼泊尔总理奥利对中国进行正式访问。

[目　文]　访问期间，国家主席习近平、全国人大常委会委员长栗战书在北京分别会见奥利。李克强在北京同奥利举行会谈，两国总理达成原则共识，尽早就签署中尼过境运输议定书开展事务性磋商并见证了中尼政治、交通、基础设施、产能、经济技术等十余项双边合作文件的签署。双方发表了《中华人民共和国和尼泊尔联合声明》。

习近平会见奥利时指出，当前中尼两国关系正面临新的发展机遇。双方要密切高层交往，加强战略沟通，继续坚持和平共处五项原则，尊重和照顾彼此核心利益和关切，巩固中尼关系政治基础，提升中尼关系政治站位。中方愿同尼方加强"一带一路"框架下基础设施互联互通、灾后重建、经贸投资等领域合作，构建全方位互利合作格局。双方要加强文化交流，打造中尼人文合作新亮点，筑牢中尼友好民意基础。要加强执法能力建设合作，共同打击跨国犯罪，维护好中尼共同安全。中尼要加强在国际重大问题上沟通协调。

奥利表示，尼泊尔坚定奉行一个中国政策，决不允许任何势力在尼泊尔领土上从事任何反华活动。尼方愿同中方拓展新形势下合作。尼方高度评价习主席提出的人类命运共同体主张，并愿积极参与"一带一路"建设。

李克强同奥利会谈时指出，中方愿同尼方尽快恢复和提升现有口岸功能，通过口岸、公路、铁路、航空、通信等联通工程，构建跨越喜马拉雅立体互联互通网络，提升联通水平。发挥互补优势，深化经贸、产能、投资、农产品等领域合作，支持中国企业赴尼投资兴业，希望尼方提供便利。争取早日启动自贸协定谈判，更好实现互利共赢。中方愿同尼方密切在联合国、上海合作组织、南亚区域合作联盟等多边组织内的沟通协调，维护共同利益。

奥利表示，尼方愿进一步同中方加强双边关系，扩大务实合作，加强口岸、道路、铁路、通信及跨喜马拉雅合作，密切在地区和国际问题上的沟通协调，推动两国关系取得更大发展。

栗战书会见奥利时表示，两国立法机构要加强沟通交流和治国理政经验分享，为促进各领域合作作出应有贡献。

奥利表示，坚定奉行一个中国政策，支持"一带一路"倡议，支持两国立法机构加强交流。

6月19—23日

[纲　文]　应全国人大常委会委员长栗战书邀请，阿塞拜疆国民议会议长阿萨多夫

率团访华。

〔目　文〕　20日，栗战书在北京同阿萨多夫会谈时介绍了中国改革开放40年和中共十八大以来党和国家事业取得的伟大成就。他说，中国取得的历史性成就、发生的历史性变革，最根本的是有习近平新时代中国特色社会主义思想的指引和以习近平同志为核心的党中央的坚强领导。经过长期探索和实践，我们建立了符合中国实际的包括人民代表大会制度在内的社会主义民主政治制度。人民代表大会制度坚持党的领导、人民当家作主、依法治国有机统一，能够确保统一高效组织和推进国家各项事业，团结全体人民朝着实现"两个一百年"奋斗目标、实现中华民族伟大复兴的中国梦共同奋斗。中国全国人大重视加强与阿塞拜疆国民议会的关系，双方要以落实两国元首达成的重要共识为主线，为经贸往来和企业投资提供法律保障。希望双方密切领导层、专门委员会和友好小组之间的交往，加强治国理政经验交流，支持两国教育、青年、旅游等人文交流和地方合作，不断增进人民之间的友好感情。

阿萨多夫说，阿中友好既体现在悠久的历史传统中，也体现在蓬勃开展的互利合作中。阿方是最早响应"一带一路"倡议的国家之一，期待与中方开展各领域务实合作，更好地造福两国和两国人民。阿国民议会愿为阿中世代友好作出更大贡献。

6月19—22日

〔纲　文〕　应国务委员兼外交部部长王毅邀请，塞内加尔外交和海外侨民部长卡巴对中国进行正式访问。

〔目　文〕　20日，中央外事工作委员会办公室主任杨洁篪在北京会见卡巴时表示，近年来，在习近平主席和萨勒总统的共同指引下，两国关系达到全面战略合作伙伴关系的高水平。中方愿同塞方一道，巩固政治互信，保持高层交往，加强在中非合作论坛和联合国框架内的合作，为中塞关系发展注入新动力，推动建设更加紧密的中非命运共同体。

卡巴表示，塞内加尔对中国怀有深厚感情，坚定支持"一个中国"原则。萨勒总统期待9月来华出席中非合作论坛北京峰会，进一步加强两国全方位合作，推动塞中关系取得更大发展。

同日，王毅同卡巴举行会谈时表示，习近平主席下个月将赴南非出席金砖国家领导人会晤并访问非洲国家，充分体现了对中非关系的高度重视。中非双方正在筹备今年9月举行的中非合作论坛北京峰会。中方愿同包括塞方在内的非方成员一道努力，使峰会成为加强中非、中塞团结合作的又一历史性盛会。

卡巴表示，塞方高度重视发展塞中关系，愿同中方加强在中非合作论坛框架下的合作，为推动论坛建设作出自己更大贡献。

6月20日

〔纲　文〕　国家主席习近平在北京人民大会堂接受13国新任驻华大使递交国书。

〔目　文〕　习近平欢迎各国使节来华履新，请他们转达对各有关国家领导人和人民的诚挚问候和美好祝愿，强调中国高度重视发展同各国关系，愿进一步增进互信、合作与交往，推动双边关系不断迈上新台阶，更好造福中国和各国人民。希望使节们为此作出积极贡献。中国政府将为使节们履职提供便利和支持。

13位新任驻华大使是：巴巴多斯驻华大使杰克曼、秘鲁驻华大使克萨达、安哥拉驻华大使内图、摩尔多瓦驻华大使杰利马莱、印度尼西亚驻华大使周浩黎、多米尼克驻华大使查尔斯、新西兰驻华大使傅恩莱、塞浦路斯驻华大使图马齐斯、特立尼达和多巴哥驻华大使西丹辛格、摩洛哥驻华大使梅库阿尔、苏丹驻华大使沙维尔、黑山驻华大使帕约维奇、圣马力诺驻华大使萨利齐奥尼。

6月20日

[纲　文] 　李克强主持召开国务院常务会议。

[目　文] 　会议主要内容是：一、部署进一步缓解小微企业融资难融资贵，持续推动实体经济降成本。会议确定了进一步缓解小微企业融资难融资贵的措施：一是增加支持小微企业和"三农"再贷款、再贴现额度，下调支小再贷款利率。完善考核机制，实现单户授信总额1000万元及以下小微企业贷款同比增速高于各项贷款增速，有贷款余额户数高于上年同期水平。二是从2018年9月1日至2020年底，将符合条件的小微企业和个体工商户贷款利息收入免征增值税单户授信额度上限，由100万元提高到500万元。国家融资担保基金支持小微企业融资的担保金额占比不低于80%，其中支持单户授信500万元及以下小微企业贷款及个体工商户、小微企业主经营性贷款的担保金额占比不低于50%。三是禁止金融机构向小微企业贷款收取承诺费、资金管理费，减少融资附加费用。四是支持银行开拓小微企业市场，运用定向降准等货币政策工具，增强小微信贷供给能力，加快已签约债转股项目落地。鼓励未设立普惠金融事业部的银行增设社区、小微支行。五是将单户授信500万元及以下的小微企业贷款纳入中期借贷便利合格抵押品范围。二、确定加快已在境外上市新药审批，落实抗癌药降价措施，强化短缺药供应保障。会议确定，一是有序加快境外已上市新药在境内上市审批。对治疗罕见病的药品和防治严重危及生命疾病的部分药品简化上市要求，可提交境外取得的全部研究资料等直接申报上市，监管部门分别在3个月、6个月内审结。将进口化学药品上市前注册检验改为上市后监督抽样，不作为进口验放条件。二是督促推动抗癌药加快降价，让群众有更多获得感。各省（区、市）对医保目录内的抗癌药要开展专项招标采购。对医保目录外的独家抗癌药要抓紧推进医保准入谈判。开展国家药品集中采购试点，实现药价明显降低。三是加强全国短缺药品供应保障监测预警，建立短缺药品及原料药停产备案制度，加大储备力度，确保患者用药不断供。三、通过《医疗纠纷预防和处理条例（草案）》。

6月20日

[纲　文] 　国务院办公厅印发《关于调整国务院食品安全委员会组成人员的通知》。

[目　文] 　《通知》说，根据工作需要和人员变动情况，国务院对国务院食品安全委员会组成人员作了调整。现将调整后的组成人员名单通知如下。主任：韩正。副主任：胡春华、王勇。委员：孟扬、蒋建国、雷东生、高翔、林念修、田学军、徐南平、王江平、

侍俊、高晓兵、赵大程、程丽华、赵英民、韩长赋、王炳南、李世宏、曾益新、张际文、张茅、毕井泉、张务锋、彭有冬、李健、刘振芳。国务院食品安全委员会办公室设在市场监管总局,承担国务院食品安全委员会日常工作,办公室主任由市场监管总局党组书记、副局长毕井泉兼任,办公室副主任由市场监管总局副局长孙梅君兼任。

6月20日

［纲　文］　全国人大常委会委员长栗战书在北京会见南非国民议会事务主席弗罗里克。

［目　文］　栗战书说,习近平主席提出的真实亲诚理念和正确义利观在中非合作中得到很好践行,中非传统友谊结出新的硕果。越来越多的非洲朋友赞赏中国发展成就和经验。中方愿与包括南非在内的非洲国家加强治国理政经验交流,实现中非共同发展。中南关系是发展中国家和新兴市场国家友好合作的典范。希望两国以建交20周年为契机,携手办好金砖国家约堡峰会和中非合作论坛北京峰会,共同推进"一带一路"建设,加强立法机构交流合作,推动中南全面战略伙伴关系迈向更高水平。

弗罗里克说,中国是非洲国家真诚的朋友。南非愿与中方加强在中非合作论坛和金砖机制下的合作,推动两国关系全面发展。

6月20日

［纲　文］　国务院副总理孙春兰在北京会见联合国副秘书长、联合国艾滋病规划署执行主任西迪贝一行。

［目　文］　孙春兰表示,中方愿深化双方在艾滋病防治、人才培养等领域合作交流,并加强国际卫生合作,建设健康中国,共同促进发展中国家提升艾滋病防治水平,增进各国民众健康福祉。

西迪贝赞赏中国在艾滋病防治等卫生健康领域取得的巨大成就,表示愿与中方进一步加强合作。

6月20日

［纲　文］　正兵团职离休干部、中国人民解放军原副总参谋长兼军委办公厅主任胡炜,在北京逝世,享年98岁。

6月20—26日

［纲　文］　经中巴新双方商定,巴布亚新几内亚总理奥尼尔访问中国。

［目　文］　访问期间,国家主席习近平在北京会见奥尼尔。国务院总理李克强在北京同奥尼尔举行会谈并共同见证了多项双边合作文件的签署。

习近平会见奥尼尔时指出,两国要坚持增进政治互信,秉持相互尊重、平等相待原则,在涉及主权、领土完整、国家尊严问题上相互支持、相互照顾,不断夯实两国关系政治基础。要坚持拓展互利合作,不断做大合作"蛋糕",开拓合作新领域。巴布亚新几内亚不久前已正式加入亚洲基础设施投资银行,并成为太平洋岛国地区首个与中方签署"一带一路"建设谅解备忘录的国家,双方要以此为新起点,积极拓展"一带一路"框架内务实合作，为双边关系持续稳定发展提供强劲动力。要坚持深化人民友谊，扩大两国民间交往和地方合作，增强两国人民对发展双边关系的参与感、获得感。中方愿同巴新方加强在多边机制中的协调配合，支持巴新办好今年的亚太经合组织领导人非正式会议，共同建设开放型亚太经济。

奥尼尔表示，巴布亚新几内亚致力于深化同中国战略伙伴关系，坚定奉行一个中国政策，高度评价并积极支持习近平主席提出的伟大的"一带一路"倡议，期待在经贸、投资、农业、旅游、基础设施等领域同中方扩大合作。

李克强同奥尼尔会谈时表示，中方赞赏巴新坚定奉行一个中国政策，支持巴新自主选择适合本国的发展道路，愿将"一带一路"倡议同巴新的发展战略更好对接，发挥互补优势，在经贸投资、能源资源、基础设施、工业产能等重点领域创造更多合作机遇，打造中巴新合作新的亮点。中方支持巴新办好今年亚太经合组织领导人非正式会议，愿加强两国在联合国、亚太经合组织、太平洋岛国论坛等多边机制和应对气候变化问题上的协调配合，维护发展中国家的共同利益。

奥尼尔表示，巴新愿同中方扩大双边贸易和投资，推进天然气、工业园、社区大学等重点项目合作，扩大旅游、人文等领域交流合作。感谢中方对巴新主办亚太经合组织领导人非正式会议的大力支持。

6月20—22日

[纲　文]　应国务委员兼外交部部长王毅邀请，丹麦外交大臣萨穆埃尔森对中国进行正式访问。

[目　文]　20日，中央外事工作委员会办公室主任杨洁篪在北京会见萨穆埃尔森时表示，近年来中丹各层级交往频密，政治、经济、科技、文化等各领域合作成果丰硕。中方愿同丹方一道，落实两国领导人达成的重要共识，以全面战略伙伴关系建立十周年为新起点，夯实政治互信，深化务实合作，加强多边协调，推动中丹关系行稳致远，共同促进中欧关系发展。

萨穆埃尔森表示，今年是丹中建立全面战略伙伴关系十周年，双边关系保持强劲发展势头。丹方愿同中方加强各领域合作，推动丹中关系更上层楼。

同日，王毅同萨穆埃尔森会谈时表示，中方愿同丹方深化在政治、经贸、人文、可持续发展、北极及反腐败等领域的合作，并就共建"一带一路"加强合作。在当前形势下，双方还应加强沟通与协调，共同维护多边主义进程和全球自由贸易体系，推动建设开放型世界经济。

萨穆埃尔森表示，发展积极对华关系是丹麦外交最优先的方向之一，丹方愿探讨同中方就共建"一带一路"加强合作，支持开放市场和自由贸易，反对贸易保护主义。

6月21日

[纲　文]　国家主席习近平在北京会见来华出席"全球首席执行官委员会"特别圆

桌峰会的知名跨国企业负责人，并同他们座谈。

［目　文］　与会企业家代表围绕"开放·合作·共赢"的峰会主题，就"一带一路"、创新智造、绿色发展、全球治理等议题发表看法并高度评价中国改革开放取得的成就，赞赏中国为推动世界经济增长作出的贡献。习近平听取他们的发言，并回应他们的意见和建议。

习近平指出，中国向世界打开大门、实行改革开放已有40年历史。在座各家公司都是中国改革开放的重要参与者、见证者、贡献者、受益者，同中国结下了不解之缘。40年里，中国发生了巨大的变化，中国经济持续高速增长，7亿多人实现联合国标准的脱贫。眺望新征程，我们对改革开放更加有信心，更加相信对外开放是中国发展的关键一招；国际社会是一个地球村，不应搞零和博弈。世界命运应由各国共同掌握，国际规则应由各国共同书写，全球事务应由各国共同治理，发展成果应由各国共同分享。中方愿同世界各国一道，携手构建人类命运共同体；"一带一路"倡议提出5年来，充分挖掘各方潜力，造福沿线各国人民。"一带一路"不是封闭的，而是开放包容的；不是中国一家的独奏，而是沿线国家的合唱。我们鼓励跨国公司同中国企业开展合作，达到互利共赢，取得更为务实成果；随着创新发展理念日益深入人心、创新驱动发展战略不断推进，中国科技创新的脚步更加稳健。我们始终把满足人民对美好生活的向往作为科技创新的出发点和落脚点；我们要建设的现代化是人与自然和谐共生的现代化。我们将用最严格制度、最严密法治保护生态环境，通过各种措施，从理念到行动，保护地球家园，使天更蓝，水更清，为子孙后代留下一个可持续的生存环境。经济全球化对世界经济发展作出了重要贡献，已成为不可逆转的时代潮流。我们将秉持共商共建共享的全球治理观，继续发挥负责任大国作用，积极参与全球治理体系改革和建设，为改革和优化全球治理注入中国力量；中国开放的大门不会关闭，只会越开越大。中国将继续大幅度放宽市场准入，继续创造更具吸引力的投资环境，加强知识产权保护，主动扩大进口，为国内外企业家投资创业营造更加宽松有序的环境。

同日，由中国人民对外友好协会主办的"全球首席执行官委员会"特别圆桌峰会在北京举行，20位跨国公司全球首席执行官与会。

6月21日

［纲　文］　国务院印发《关于建立残疾儿童康复救助制度的意见》。

［目　文］　《意见》由三个部分组成：一、总体要求。二、制度内容。三、组织实施。

《意见》指出，残疾儿童康复救助制度自2018年10月1日起全面实施。各省级人民政府要在2018年9月底前制定出台本地残疾儿童康复救助制度和配套政策措施。中国残联要会同相关部门督促指导各地做好贯彻落实各项工作，及时研究解决工作中发现的问题，重大情况向国务院报告。国务院将适时组织专项督查。

6月21日

［纲　文］　发展改革委印发《关于创新和完善促进绿色发展价格机制的意见》。

［目　文］　《意见》由七个部分组成：一、重要意义。二、总体要求。三、完善污水处理收费政策。四、健全固体废物处理收费机制。五、建立有利于节约用水的价格机制。六、健全促进节能环保的电价机制。七、狠抓政策落地。

6月21日

［纲　文］　《人民日报》发表评论员文章《更好发挥审计在党和国家监督体系中的重要作用》。

6月22日

［纲　文］　住房和城乡建设部决定废止《城市轨道交通运营管理办法》（建设部令第140号），自2018年7月1日起施行。

6月22日

［纲　文］　银保监会发布《个人税收递延型商业养老保险资金运用管理暂行办法》。

［目　文］　《办法》共6章36条。主要有总则、业务条件、大类资产配置、运作规范、风险管理等内容。自2018年6月22日起施行。

6月22日

［纲　文］　科技部、发展改革委、国防科工局、军委装备发展部、军委科技委发布《促进国家重点实验室与国防科技重点实验室、军工和军队重大试验设施与国家重大科技基础设施的资源共享管理办法》。

［目　文］　《办法》共7章24条。主要有总则、管理职责、信息互通、双向开放、协同创新、评价考核、附则等内容。自2018年6月22日起实施。

6月22日

［纲　文］　十三届全国人大常委会在北京举行第五讲专题讲座。

［目　文］　全国人大常委会委员长栗战书主持。生态环境部部长李干杰作了题为《以习近平生态文明思想为指导　动员全社会力量建设美丽中国》的讲座。

6月22—23日

［纲　文］　中央外事工作会议在北京召开。

［目　文］　中共中央总书记习近平出席并讲话。国务院总理李克强主持会议。中共中央政治局常委栗战书、汪洋、王沪宁、赵乐际、韩正，国家副主席王岐山，中共中央政治局委员、中央书记处书记，全国人大常委会有关领导，国务委员，最高人民法院院长，最高人民检察院检察长，全国政协有关领导同志等出席会议。中宣部、中央对外联络部、外交部、发展改革委、商务部、中央军委联合参谋部、广东省、驻美国使馆负责人作大会交流发言。

习近平强调，我国对外工作要坚持以新时代中国特色社会主义外交思想为指导，统筹国内国际两个大局，牢牢把握服务民族复兴、促进人类进步这条主线，推动构建人类命运共同体，坚定维护国家主权、安全、发展利益，积极参与引领全球治理体系改革，打造更加完善的全球伙伴关系网络，努力开创中国特色大国外交新局面，为全面建成小康社会、进而全面建设社会主义现代化强国创造有利条件、作出应有贡献。对外工作体制机制改革是推进国家治理体系和治理能力现代化的内在要求。要根据党中央统一部署，落实对外工作体制机制改革，加强驻外机构党的建设，形成适应新时代要求的驻外机构管理体制。

李克强在主持会议时指出，习近平总书记的重要讲话从党和国家事业全局出发，全面总结了党的十八大以来我国对外工作取得的历史性成就，准确把握中国和世界发展大势，回答了新时代如何做好对外工作的重大理论和实践问题，为全面推进新时代对外工作明确前进方向、提供根本遵循。要深入学习领会、全面贯彻落实习近平总书记重要讲话精神和习近平新时代中国特色社会主义外交思想，全方位推进我国对外工作，奋力开创中国特色大国外交新局面。

中央外事工作委员会办公室主任杨洁篪在总结讲话中指出，这次会议最重要的成果是确立了习近平外交思想的指导地位。习近平外交思想是习近平新时代中国特色社会主义思想的重要组成部分，是以习近平同志为核心的党中央治国理政思想在外交领域的重大理论成果，是新时代我国对外工作的根本遵循和行动指南。

6月22—23日

［纲　文］　全国政协系统党的建设工作座谈会在北京举行。

［目　文］　全国政协主席、党组书记汪洋出席会议并讲话。全国政协副主席、党组副书记张庆黎主持第一次全体会议，传达了中共中央总书记习近平关于加强政协系统党的建设工作的论述。全国政协副主席兼秘书长、党组成员夏宝龙主持第二次全体会议。刘奇葆、卢展工、王正伟、马飚、杨传堂、李斌、巴特尔、汪永清、何立峰出席会议。

汪洋指出，要深入学习贯彻习近平新时代中国特色社会主义思想和党的十九大精神，按照新时代党的建设总要求，全面推进政协党的建设，发挥各级政协党组领导核心作用、基层党组织战斗堡垒作用、共产党员先锋模范作用，把党中央决策部署和对政协工作要求落实下去，把海内外中华儿女实现中华民族伟大复兴的智慧力量凝聚起来，为实现党的十九大确定的目标任务而奋斗。

6月22—25日

［纲　文］　应国务院总理李克强邀请，法国总理菲利普对中国进行正式访问。

［目　文］　访问期间，国家主席习近平、全国人大常委会委员长栗战书在北京分别会见了菲利普。李克强在北京同菲利普举行会谈，共同见证了双方能源、科技、农业食品、医药卫生等领域十余项双边合作文件的签署，并共同会见记者、出席中法企业家座谈会。菲利普对深圳、上海进行了参访。

习近平会见菲利普时指出，中法是全面战略伙伴，双方要强化伙伴意识，坚持相互信任、平等相待，尊重和照顾彼此核心利益和重大关切。充分发挥中法各个对话交流机制和平台作用，增进相互了解，深化互信。要着力深化务实合作，尽早落实已达成的各项合作共识和协议，发挥好重大项目的引领带动作用，加快培育新的合作增长点。中方赞赏法方愿积极参与共建"一带一路"的合作，愿本着共商共建共享原则，实现"一带一路"倡议同法国和欧盟发展战略有效对接。

菲利普表示，法国对法中关系充满信心，愿继续深化两国经贸、文化交流，推进民用核能、航空航天等战略性合作。"一带一路"倡议是一个面向未来的合作设想，符合全人类的利益。法国在国际事务中坚持独立自主的政策，在多边主义面临挑战的今天，拥有稳定的合作伙伴非常宝贵。

李克强同菲利普会谈时指出，推动两国战略产业对接再上新台阶。推动核能、航空航天领域大项目早日落地并长期稳定实施。支持两国企业和科研机构在数字经济、人工智能、高端制造等领域加强创新合作。提升两国贸易投资便利化水平。拓展在农业食品、金融、创新、医疗卫生等领域的合作。希望法方进一步放宽对华高技术产品出口限制，为中国投资者提供更加公平透明、可预期的营商环境。本着共商共建共享原则，推进第三方市场合作与共建"一带一路"相结合，更好对接第三方国家需求，以公开、透明方式，推动合作尽早迈出实质性步伐。中方愿加强两国在语言文化、教育、青年、博物馆等领域的合作，为务实合作走深走实夯实民意基础。

菲利普表示，法方愿同中方进一步增进政治互信，深化务实合作，共同应对当前世界形势中的不稳定性，维护多边主义和自由贸易体系，反对贸易保护主义、单边主义。进一步拓展双方在工业、经济、民用核能、航空航天领域的合作，更好促进双方共同发展。

栗战书会见菲利普时指出，两国立法机构要密切友好往来，交流治国理政经验，为两国务实合作提供有力的法律和制度保障，为中法友谊打下更广泛、更坚实的社会基础。

菲利普表示，法方支持两国立法机构、地方政府层面交流，愿同中方在各领域开展合作，共同致力促进世界的和平与稳定。

6月23日

［纲　文］　**人民银行、银保监会、证监会、发展改革委、财政部印发《关于进一步深化小微企业金融服务的意见》。**

［目　文］　《意见》由八个部分组成：一、加大货币政策支持力度，引导金融机构增加小微企业信贷投放。二、建立分类监管考核评估机制，着力提高金融机构支持小微企业的精准度。三、强化银行业金融机构内部考核激励，疏通内部传导机制。四、拓宽多元化融资渠道，加大直接融资支持力度。五、运用现代金融科技等手段，提高金融服务可得性。六、健全普惠金融组织体系，增强小微信贷持续供给能力。七、增强财税政策支持力度，减少各类融资附加费用。八、优化营商环境，提升小微企业融资能力。

6月23日

［纲　文］　**国务院任命王群为常驻联合国工业发展组织代表、常驻国际原子能机构代表；免去史忠俊的常驻联合国工业发展组织代表、常驻国际原子能机构代表职务。**

6月24日

［纲　文］　全国扫黑除恶专项斗争督导工作培训班在北京开班。

［目　文］　中共中央政治局委员、全国扫黑除恶专项斗争领导小组组长郭声琨出席开班式并讲话，中央政法委秘书长、全国扫黑办主任陈一新主持开班式。各督导组组长、副组长、成员和第一批被督导省市有关负责人参加培训。

郭声琨指出，要以习近平新时代中国特色社会主义思想为指导，充分认识扫黑除恶专项斗争的重大意义，以督导压实政治责任、回应人民群众期待、破解重点难点问题，坚决夺取扫黑除恶专项斗争的全面胜利。要坚持问题导向，围绕中央确定的督导工作重点，进一步推动各地把专项斗争作为重大政治任务牢牢扛在肩上，把查处"保护伞"与侦办涉黑涉恶案件紧密衔接，把系统治理、源头治理各项措施落到实处。各督导组要在深入实际、掌握实情上下功夫，帮助找准症结，加强鞭策督促，推动解决影响和制约专项斗争深入开展的问题。要在把握规律、精准督导上下功夫，深入把握不同地区黑恶势力犯罪的不同表现，有针对性地推动完善打击思路、政策、举措。要在依靠群众、发动群众上下功夫，坚持开门搞督导，突出群众意见在督导工作中的权重，请群众参与、监督、评判，打一场扫黑除恶的人民战争。

6月24日

［纲　文］　《人民日报》发表评论员文章《习近平外交思想是新时代中国特色大国外交的根本遵循和行动指南——一论贯彻落实中央外事工作会议精神》。

6月25日

［纲　文］　习近平写信勉励新近入党的电影表演艺术家牛犇。

［目　文］　中共中央总书记习近平写道，牛犇同志：你好！得知你在耄耋之年加入了中国共产党，实现了自己的夙愿，我为此感到高兴。你把党当作母亲，把入党当成神圣的事情，60多年矢志不渝追求进步，决心一辈子跟党走，这份执着的坚守令人感动。几十年来，你以党员标准要求自己，把为人民创作作为人生追求，坚持社会效益至上，塑造了许多富有生命力、感染力的艺术形象，受到人民群众高度评价和充分肯定。希望你发挥好党员先锋模范作用，继续在从艺做人上作表率，带动更多文艺工作者做有信仰、有情怀、有担当的人，为繁荣发展社会主义文艺贡献力量。顺祝身体健康、生活幸福！

此前，83岁高龄的电影表演艺术家牛犇入党一事，引起媒体和社会广泛关注。牛犇是上海电影制片厂演员，11岁起从事表演工作，参演过《龙须沟》《红色娘子军》《天云山传奇》《牧马人》等一批脍炙人口的影片。因其对中国电影的贡献，2017年获得金鸡奖终身成就奖。牛犇经历过旧社会的苦难，受老一辈电影人的影响，青年时期就立志加入中国共产党，几十年从未放弃追求进步。近年来，他又多次向组织表达入党意愿。2018年5

月31日,中共上海电影(集团)有限公司演员剧团支部委员会同意吸收牛犇为中共预备党员。

6月25日

[纲 文] 新华社讯,习近平就禁毒工作作出指示。

[目 文] 中共中央总书记习近平指示指出,要加强党的领导,充分发挥政治优势和制度优势,完善治理体系,压实工作责任,广泛发动群众,走中国特色的毒品问题治理之路,坚决打赢新时代禁毒人民战争。党的十八大以来,国家禁毒委和各地区、各有关部门坚决贯彻中央决策部署,主动作为、攻坚克难,推动禁毒工作取得重要阶段性成果。禁毒工作事关国家安危、民族兴衰、人民福祉,毒品一日不除,禁毒斗争就一日不能松懈。要依法严厉打击毒品违法犯罪,加大重点地区整治力度,坚决摧毁制贩毒团伙网络,深挖涉毒黑恶势力及其"保护伞",铲除毒品问题滋生蔓延的土壤。要坚持关口前移、预防为先,重点针对青少年等群体,深入开展毒品预防宣传教育,在全社会形成自觉抵制毒品的浓厚氛围。

1987年12月,第42届联合国大会决议,正式将每年6月26日定为"国际禁毒日"。2018年国际禁毒日,我国的宣传主题是"健康人生、绿色无毒"。

6月25日

[纲 文] 国务院印发《国务院工作规则》。

[目 文] 《规则》共10章。主要有总则、组成人员职责、全面正确履行政府职能、坚持依法行政、实行科学民主决策、推进政务公开、健全监督制度、会议制度、公文审批、工作纪律等内容。自2018年6月25日起施行。

6月25日

[纲 文] 教育部公布《教育统计管理规定》。

[目 文] 《规定》共6章41条。主要有总则、教育统计机构和人员、教育统计调查和分析、教育统计资料的管理和公布、教育统计监管等内容。自2018年8月1日起施行。1986年国家教委发布的《教育统计工作暂行规定》(〔86〕教计字034号)同时废止。

6月25日

[纲 文] 财政部印发《中央对地方重点生态功能区转移支付办法》,自2018年6月25日起施行。《中央对地方重点生态功能区转移支付办法》(财预〔2017〕126号)同时废止。

6月25日

[纲 文] 财政部、林草局印发《林业生态保护恢复资金管理办法》。

[目 文] 《办法》共6章30条。主要有总则、资金使用范围、资金分配、资金下达、资金管理监督等内容。自2018年6月25日起施行。《退耕还林工程现金补助资金管理办法》(财农〔2002〕156号)、《完善退耕还林政策补助资金管理办法》(财农〔2007〕339号)、《天然林资源保护工程财政专项资金管理办法》(财农〔2011〕138号)、《财政

部国家林业局关于修改有关资金管理办法条文的通知》(财农〔2016〕192号)同时废止。《退耕还林财政资金预算管理办法》(财农〔2010〕547号)中有关涉及财政资金管理规定与本办法不符的,执行本办法。

6月25日

[纲　文]　自然资源部发布《关于宣布失效的规范性文件目录的公告》。

[目　文]　《公告》说,根据中共中央办公厅、国务院办公厅、中央军委办公厅《关于开展军民融合发展法规文件清理工作的通知》的有关要求,自然资源部开展了有关法规文件清理工作。现将自然资源部宣布失效的规范性文件目录予以公布。

6月25日

[纲　文]　自然资源部印发《关于健全建设用地"增存挂钩"机制的通知》。

[目　文]　《通知》说,各级自然资源主管部门分解下达新增建设用地计划,要把批而未供和闲置土地数量作为重要测算指标,逐年减少批而未供、闲置土地多和处置不力地区的新增建设用地计划安排。对于处置批而未供和闲置土地两项任务均完成的省份,国家安排下一年度计划时,将在因素法测算结果基础上,再奖励10%新增建设用地计划指标;任一项任务未完成的,核减20%新增建设用地计划指标。

6月25日

[纲　文]　国务院任命于文明为国家中医药管理局局长;任命余艳红(女)为国家中医药管理局副局长。

6月25日

[纲　文]　《人民日报》发表评论员文章《准确把握当前和今后一个时期的国际形势——二论贯彻落实中央外事工作会议精神》。

6月25—27日

[纲　文]　政协第十三届全国委员会常务委员会第二次会议在北京举行。

[目　文]　全国政协副主席张庆黎主持开幕会,全国政协主席汪洋主持闭幕会并讲话。全国政协副主席刘奇葆、董建华、万钢、何厚铧、卢展工、王正伟、马飚、陈晓光、梁振英、夏宝龙、杨传堂、李斌、巴特尔、汪永清、何立峰、苏辉、郑建邦、辜胜阻、刘新成、何维、邵鸿、高云龙和常委会组成人员出席会议。会议围绕"解决深度贫困地区脱贫问题"协商建言,中共中央政治局委员、国务院副总理胡春华应邀出席会议并作报告。会议审议通过了有关人事任免事项。14位全国政协常委、委员围绕"解决深度贫困地区脱贫问题"作大会发言。

汪洋主持闭幕会时强调,打赢精准脱贫攻坚战是中共十九大提出的三大攻坚战之一。本次常委会议以"解决深度贫困地区脱贫问题"为议题,是全国政协连续第三年以脱贫攻坚为议题召开的专题议政性常委会议,体现了人民政协围绕中心、服务大局的一贯原则。各党派团体、各族各界人士对中共中央的重大决策部署坚决响应,同频共振、同向发力,体现了我国政治制度的鲜明特点和巨大优越性。新时代对人民政协工作提出了新的更高要求,要认真贯彻落实习近平总书记关于加强和改进人民政协工作的重要思想,以党的建设和思想政治建设为引领,以制度建设为保障,在继承中发展、在发展中创新,推动人民政协展现新气象、实现新作为。

全国政协委员、中国科学技术大学副校长潘建伟在闭幕会前作了题为"量子科学与技术的发展及应用"专题学习讲座。

6月25—26日

[纲 文] 第七届世界军人运动会组织委员会全体会议在武汉举行。

[目 文] 军运会组委会主席、中央军委副主席许其亮,军运会组委会主席、国务院副总理孙春兰出席会议并讲话。会议总结军运会前期筹备情况,部署下一步工作。中央军委训练管理部领导宣读了军运会筹备工作任务清单,明确了军地23个相关单位、解决78项重难点问题的任务责任。中央宣传部、外交部、国家体育总局和中央军委国际军事合作办公室负责人作了大会发言。

26日上午,与会代表现地考察了军运会运动员村、武汉体育中心主场馆、海军五项比赛场馆。中央国家机关有关部门、军队有关单位和湖北省、武汉市领导等参加活动。

6月26日

[纲 文] 人力资源社会保障部、财政部发布《关于使用失业保险基金支持脱贫攻坚的通知》。

[目 文] 《通知》说,一、提高深度贫困地区失业保险金标准。从2019年1月1日起,深度贫困地区失业保险金标准上调至最低工资标准的90%。二、提高深度贫困地区企业稳岗补贴标准。对深度贫困地区的失业保险参保企业,可以将稳岗补贴标准提高到该企业及其职工上年度实际缴纳失业保险费总额的60%。三、放宽深度贫困地区参保职工技能提升补贴申领条件。《人力资源社会保障部 财政部关于失业保险支持参保职工提升职业技能有关问题的通知》(人社部发〔2017〕40号)中规定的申领技能提升补贴需符合"依法参加失业保险,累计缴纳失业保险费36个月(含36个月)以上的"条件,对深度贫困地区参加失业保险的企业职工,放宽到"依法参加失业保险,累计缴纳失业保险费12个月(含12个月)以上的"。

6月26日

[纲 文] 交通运输部印发《关于全面加强生态环境保护坚决打好污染防治攻坚战的实施意见》。

[目 文] 《意见》由十一个部分组成:一、深入贯彻落实习近平生态文明思想。二、建设绿色交通基础设施。三、推广清洁高效的交通装备。四、推进交通运输创新发展。五、打好调整运输结构攻坚战。六、打好柴油货车等污染防治攻坚战。七、强化安全监管和应急能力建设。八、积极参与绿色交通国际合作。九、开展绿色交通全民行动。十、健全生态文明治理体系。十一、全面加强党的领导。

6月26日

［纲　文］　全国人大常委会委员长栗战书在北京与缅甸联邦议会议长兼民族院议长曼温凯丹举行会谈。

［目　文］　栗战书说，近年来，习近平主席与缅方领导人多次进行深入战略沟通，为两国全面战略合作指明了方向。当前，中缅都面临发展经济、改善民生、带领人民过上幸福美好生活的重要任务。双方要密切配合，在"一带一路"合作框架内共建中缅经济走廊，落实好中方援助项目，重点支持发展农业、水利、教育、医疗等民生事业，增进民间友好。希望缅方切实采取措施，严防缅北冲突再次升级，保障中方边民及在缅北机构和人员安全。中国全国人大愿同缅甸议会保持高层互访势头，加强各专门委员会和中国地方人大与缅甸省邦议会之间的交往，就治国理政、立法以及为双方务实合作提供法律保障等重点工作交流经验。

曼温凯丹说，缅方钦佩中方的发展成就，期待学习中方的成功经验，愿与中方密切配合，深化各领域务实合作，把缅中胞波情谊维护好发展好。缅甸议会愿加强与中国全国人大的交往，共同为缅中友好世代传承作出不懈努力。

同日，国家副主席王岐山在北京会见曼温凯丹时说，双方要保持高层交往势头，加强沟通、加深了解、巩固互信、加强合作，实现互利共赢和多赢。中方支持缅方为保持国内和平稳定、实现国家发展所作努力，愿在"一带一路"框架下积极推进中缅经济走廊建设，加强中缅各领域特别是农业水利、基础设施、能源等重点领域务实合作。

曼温凯丹表示，缅中胞波情谊源远流长，缅方很高兴看到中国发展建设取得巨大成就，感谢中方给予的宝贵支持，希望加强缅中经济走廊建设及各领域合作。

6月26日

［纲　文］　韩正在北京会见香港特别行政区行政长官林郑月娥，就《粤港澳大湾区发展规划纲要》听取意见和建议。

［目　文］　国务院副总理韩正表示，建设粤港澳大湾区是习近平总书记亲自谋划、亲自部署、亲自推动的国家战略。要以习近平新时代中国特色社会主义思想为指导，全面准确贯彻"一国两制"方针，严格依照宪法和基本法办事，着力促进粤港澳优势互补、合作共赢、协同发展，让大湾区广大人民群众共享发展成果。希望香港抓住历史性机遇，充分发挥在金融、航运、贸易以及专业服务等方面的优势，积极参与粤港澳大湾区建设。

林郑月娥表示，香港特别行政区政府一直参与规划编制工作，香港社会各界对规划充满期待，相信建设粤港澳大湾区能为香港带来新的发展机遇。

6月26日

［纲　文］　赵克志在北京市强制隔离戒毒所调研。

［目　文］　国务委员、国家禁毒委员会主任赵克志调研时指出，要坚持以习近平新时代中国特色社会主义思想为指导，认真学习贯彻习近平总书记关于禁毒工作的重要指示精神，充分发挥我们的政治优势和制度优势，广泛动员全社会力量，深入推进毒品问

题治理，大力开展毒品预防宣传教育，切实做好吸毒人员教育挽救工作，努力形成全民参与、社会共治、群策群力、群防群治的良好局面，坚定不移把新时代禁毒人民战争推向深入。

6月26日

［纲　文］　日本永青文库向国家图书馆捐赠汉籍仪式在国家图书馆典籍博物馆举行。

［目　文］　文化和旅游部部长雒树刚，日本前首相、永青文库理事长细川护熙，驻日本大使程永华，日本驻华大使横井裕等出席仪式。国家图书馆馆长韩永进代表国家图书馆向细川护熙颁发捐赠证书。

雒树刚在致辞中感谢细川护熙长期以来致力于中日友好事业，赞赏永青文库在中日和平友好条约缔结40周年之际将细川家族数代人收藏的36部4175册珍贵汉籍无偿赠予中国国家图书馆，表示该义举将为新时期中日文化交流与合作发挥示范和推动作用。

细川护熙表示，很欣喜看到在双方的共同努力下，中日关系重回正常发展轨道，他本人愿一如既往，为深化中日人文交流与务实合作不断作出贡献。

6月26日

［纲　文］　《人民日报》发表社论《谱写无愧于新时代的青春篇章——热烈祝贺中国共青团第十八次全国代表大会开幕》。

6月26—29日

［纲　文］　中国共产主义青年团第十八次全国代表大会在北京召开。

［目　文］　习近平、李克强、栗战书、汪洋、赵乐际、韩正等党和国家领导人出席开幕会，中共中央政治局常委王沪宁代表中共中央发表了题为《乘新时代东风　放飞青春梦想》的致辞。中华全国总工会党组书记、书记处第一书记李玉赋代表中华全国总工会、中华全国妇女联合会、中国文学艺术界联合会、中国作家协会、中国科学技术协会、中华全国归国华侨联合会、中华全国台湾同胞联谊会、中国残疾人联合会向大会致贺词。

会议选举产生了由170名委员、129名候补委员组成的共青团十八届中央委员会；会议通过了中国共产主义青年团第十八次全国代表大会关于十七届中央委员会报告的决议；大会通过了关于《中国共产主义青年团章程（修正案）》的决议，决定这一修正案自通过之日起生效。大会一致同意把习近平新时代中国特色社会主义思想写入共青团的行动指南。

大会号召，全团要更加紧密地团结在以习近平同志为核心的党中央周围，高举习近平新时代中国特色社会主义思想伟大旗帜，团结带领广大团员青年在决胜全面建成小康社会、全面建设社会主义现代化国家进程中，奋力谱写壮丽的青春篇章！

7月2日，中共中央总书记习近平在中南海同团中央新一届领导班子成员集体谈话并发表讲话，他强调，青年一代有理想、有本领、有担当，国家就有前途、民族就有希望。代表广大青年、赢得广大青年、依靠广大青年是我们党不断从胜利走向胜利的重要保证。中华民族伟大复兴的中国梦终将在一代代青年的接力奋斗中变为现实。新时代的青年工作要毫不动摇坚持党的领导，坚定不移走中国特色社会主义群团发展道路，紧紧围绕、始终贯穿为实现中国梦而奋斗的主题，让广大青年敢于有梦、勇于追梦、勤于圆梦。

会上，共青团十八届中央书记处第一书记贺军科汇报了共青团第十八次全国代表大会和十八届一中全会的召开情况。

6月27日

[纲　文]　国家主席习近平在北京会见美国国防部长马蒂斯。

[目　文]　习近平说，当今世界正处在大发展大变革大调整时期，世界多极化、经济全球化深入发展，国与国相互依存更加紧密。中国人民要建设社会主义现代化强国，但我们坚持走和平发展道路，不会走扩张主义和殖民主义道路，更不会给世界造成混乱。中美关系是世界上最重要的双边关系之一。中美建交近40年的历史和现实表明，中美关系发展得好，可以造福两国人民和各国人民，有利于世界和地区的和平、稳定、繁荣。中美在广泛领域存在共同利益，双方的共同点远远大于分歧。宽广的太平洋可以容纳中美两国和其他国家。中美双方应该本着相互尊重、合作共赢的原则推进两国关系发展。在看到中美存在共同利益的同时，我们也不回避双方之间存在的分歧。在涉及中国主权和领土完整问题上，我们的态度是坚定的也是明确的，老祖宗留下来的领土一寸也不能丢，别人的东西我们一分一毫也不要。两军关系是两国关系的重要组成部分。近年来，两军关系保持良好发展势头。自古知兵非好战，加强两军各层次的交往和机制建设，有利于消除疑虑，防止误解误判和意外事件。希望两军加强沟通，增进互信，深化合作，管控风险，推动两军关系成为两国关系的稳定器。

马蒂斯感谢习近平的会见，表示美方高度重视两国两军关系，两军关系在两国关系中的地位作用至关重要。美方愿以美中两国元首重要共识为引领，加强战略沟通，扩大互利合作，管控分歧风险，避免冲突对抗，使两军关系成为推动两国关系发展的建设性因素。

同日，中央外事工作委员会办公室主任杨洁篪，国务委员兼国防部部长魏凤和在北京分别与马蒂斯举行会见、会谈。

28日，中央军委副主席许其亮在北京会见马蒂斯时说，习近平主席指出，我们有一千条理由把中美关系搞好，没有一条理由把中美关系搞坏。习主席和特朗普总统就发展两国两军关系达成重要共识，为我们提供了战略引领。中美建交近40年的实践充分说明，合则两利、斗则俱伤。希望双方进一步增进互信，深化合作，妥处分歧，管控风险，共同促进两军关系的发展，努力使两军关系成为两国关系的稳定器，为维护地区和世界的和平与安宁作出贡献。

马蒂斯说，在历史的长河中，美中合作是主流。两军在两国关系中的地位作用至关重要。我们有信心与中方共同努力，构建建设性两军关系。

6月27日

[纲　文]　中共中央印发《关于追授郑德荣等7名同志"全国优秀共产党员"称号

的决定》。

[目　文]　《决定》说，今年是全面贯彻党的十九大精神的开局之年，是改革开放40周年。在习近平新时代中国特色社会主义思想指引下，全党同志正满怀豪情、意气风发，奋力书写实现中华民族伟大复兴中国梦的新篇章。为大力表彰宣传信念坚定、对党忠诚、担当作为、干事创业的新时代典型，激励和引导广大党员干部进一步把思想和行动统一到习近平新时代中国特色社会主义思想和党的十九大精神上来，不忘初心、牢记使命，见贤思齐、锐意进取，努力创造无愧于时代、无愧于人民、无愧于历史的业绩，党中央决定，追授郑德荣、钟扬、李泉新、许帅、姜仕坤、张进、张超等7名同志"全国优秀共产党员"称号。

6月27日

[纲　文]　李克强主持召开国务院常务会议。

[目　文]　会议主要内容是：一、听取深入推进"互联网＋农业"促进农村一二三产业融合发展情况汇报。会议指出，按照党中央、国务院部署，深入实施乡村振兴战略，更大发挥市场作用，依托"互联网＋"发展各种专业化社会服务，促进农业生产管理更加精准高效，使亿万小农户与瞬息万变的大市场更好对接，对推动农业提质增效、拓宽农民新型就业和增收渠道意义重大。一要加快信息技术在农业生产中的广泛应用。围绕良种繁育、田间管理、病虫害防治、收储等环节，利用大数据、物联网等提高农业生产管理效能。扩大农业物联网区域试验范围、规模和内容，推进重要农产品全产业链大数据建设。二要实施"互联网＋"农产品出村工程，强化电商企业与小农户、家庭农场、农民合作社等产销对接，加强农村网络宽带、冷链物流等设施建设，推动解决农产品"卖难"问题，实现优质优价带动农民增收。强化网上销售农产品质量安全监管。三要鼓励社会力量运用互联网发展各种亲农惠农新业态、新模式，满足"三农"发展多样化需求，推动大众创业、万众创新在农村向深度发展，带动更多农民就近就业。探索政府购买服务等机制，建设涉农公益服务平台，加大对农户信息技术应用培训，使手机成为广大农民的"新农具"，使互联网成为助力农村一二三产业融合发展的重要设施。二、部署调整运输结构提高运输效率，降低实体经济物流成本。会议确定，一是循序渐进、突出重点，优化交通运输结构，更好发挥铁路在大宗物资运输、长距离运输中的骨干作用。加大基础设施投入，带动有效投资，力争到2020年大宗货物年货运量在150万吨以上的工矿企业和新建物流园区接入铁路专用线比例、沿海重要港区铁路进港率分别达80％、60％以上。着力提高沿长江重要港区铁路进港率。二是加快发展多式联运，健全标准体系，推进城市生产生活物资公铁联运。发展铁路集装箱运输，推进海铁联运、铁水联运。开展全程冷链运输等试点，积极发展电商快递班列。三是推动船、车、班列、港口、场站、货物等信息开放共享，实现到达交付、通关查验、转账结算等"一站式"线上服务。推进公路货运车辆标准化，促进公路货运行业创新发展。四是进一步清理运输环节经营服务性收费，有关部门要开展督查，着力解决"乱收费、乱罚款"等问题，规范铁路货运收费，取缔不合理收费，纠正偏高收

费，降低物流费用。五是引导和规范交通运输领域"互联网+"新业态公平竞争、健康发展，防范和消除安全隐患。

6月27日

［纲　文］　国务院印发《打赢蓝天保卫战三年行动计划》。

［目　文］　《计划》由十个部分组成：一、总体要求。二、调整优化产业结构，推进产业绿色发展。三、加快调整能源结构，构建清洁低碳高效能源体系。四、积极调整运输结构，发展绿色交通体系。五、优化调整用地结构，推进面源污染治理。六、实施重大专项行动，大幅降低污染物排放。七、强化区域联防联控，有效应对重污染天气。八、健全法律法规体系，完善环境经济政策。九、加强基础能力建设，严格环境执法督察。十、明确落实各方责任，动员全社会广泛参与。

《计划》指出，普及大气污染防治科学知识，将其纳入国民教育体系和党政领导干部培训内容。各地建立宣传引导协调机制，发布权威信息，及时回应群众关心的热点、难点问题。新闻媒体要充分发挥监督引导作用，积极宣传大气环境管理法律法规、政策文件、工作动态和经验做法等。

6月27日

［纲　文］　新华社讯，中共中央办公厅、国务院办公厅印发《关于建立"一带一路"国际商事争端解决机制和机构的意见》。

［目　文］　《意见》要求，要深入贯彻党的十九大和十九届二中、三中全会精神，以习近平新时代中国特色社会主义思想为指导，积极促进"一带一路"国际合作，依法妥善化解"一带一路"建设过程中产生的商事争端，平等保护中外当事人合法权益，努力营造公平公正的营商环境，为推进"一带一路"建设、实行高水平贸易和投资自由化便利化政策、推动建设开放型世界经济提供更加有力的司法服务和保障。

《意见》提出，最高人民法院设立国际商事法庭，牵头组建国际商事专家委员会，支持"一带一路"国际商事纠纷通过调解、仲裁等方式解决，推动建立诉讼与调解、仲裁有效衔接的多元化纠纷解决机制，形成便利、快捷、低成本的"一站式"争端解决中心，为"一带一路"建设参与国当事人提供优质高效的法律服务。

6月27日

［纲　文］　国务院办公厅印发《关于调整2019年中国北京世界园艺博览会组织机构组成人员的通知》。

［目　文］　《通知》说，根据机构设置、人员变动情况和工作需要，国务院决定对2019年中国北京世界园艺博览会组织委员会和执行委员会组成人员作相应调整。现将有关事项通知如下。一、组委会组成人员。主任委员：胡春华。第一副主任委员：蔡奇。副主任委员：陈吉宁、高雨、姜增伟、张建龙、张军、江泽慧。委员由有关负责人组成。二、执委会组成人员。主任：蔡奇。执行主任：陈吉宁、姜增伟、张建龙、张军、黄润秋、陈健、江泽慧。常务副主任：张工。三、其他事项。（一）组委会的日常联络和协调工作由组

委会联络小组负责，高雨兼任组长，张伟兼任常务副组长，具体工作由贸促会承担。（二）组委会、执委会组成人员需要调整时，由所在单位提出意见，经组委会联络小组审核后，报组委会主任委员批准。执委会委员以北京市有关部门同志为主，如需国务院有关部门同志参加，由北京市、贸促会、林草局商有关部门提出意见，报组委会主任委员批准。

6月27日

［纲　文］　新华社讯，中宣部、文化和旅游部、国家税务总局、国家广播电视总局、国家电影局等印发通知，要求加强对影视行业天价片酬、"阴阳合同"、偷逃税等问题的治理。

［目　文］　通知指出，近年来，我国影视业快速发展，整体呈现出良好态势。同时，也暴露出天价片酬、"阴阳合同"、偷逃税等问题。这些问题不仅推高影视节目制作成本，影响影视创作整体品质，破坏影视行业健康生态，而且滋长拜金主义倾向，误导青少年盲目追星，扭曲社会价值观念，必须采取有效措施切实加以整治。

通知强调，要制定出台影视节目片酬执行标准，明确演员和节目嘉宾最高片酬限额，现阶段，严格落实已有规定，每部电影、电视剧、网络视听节目全部演员、嘉宾的总片酬不得超过制作总成本的40%，主要演员片酬不得超过总片酬的70%。影视行业主管部门要加强监管，对影视明星参与综艺娱乐节目、亲子类节目、真人秀节目等进行调控，严格执行网络视听节目审批制度，严格规范影视剧、网络视听节目片酬合同管理，加大对偷逃税行为的惩戒力度。电视台、影视制作机构、电影院线、互联网视听网站、民营影视发行放映公司，不得恶性竞争、哄抬价格购买播出影视节目，坚决纠正高价邀请明星、竞逐明星的不良现象。政府资金、免税的公益基金等不得参与投资娱乐性、商业性强的影视剧和网络视听节目、助长过高片酬。

6月27日

［纲　文］　证监会公布《证券期货经营机构及其工作人员廉洁从业规定》，自2018年6月27日起施行。

6月27日

［纲　文］　中国在西昌卫星发射中心用"长征二号丙"运载火箭，成功将新技术试验双星发射升空，卫星进入预定轨道。

［目　文］　两颗卫星主要用于开展星间链路组网及新型对地观测技术试验。此次任务是长征系列运载火箭的第278次飞行。

6月27日

［纲　文］　《人民日报》发表评论员文章《谱写中国特色大国外交时代华章——四论贯彻落实中央外事工作会议精神》。

6月28日

［纲　文］　国务院公布修订后的《奥林匹克标志保护条例》，自2018年7月31日

起施行。

6月28日

［纲　文］　国务院在北京召开全国深化"放管服"改革、转变政府职能电视电话会议。

［目　文］　国务院总理李克强出席并讲话。国务院副总理韩正主持会议。国务院副总理孙春兰、胡春华、刘鹤，国务委员魏凤和、王勇、王毅、肖捷、赵克志出席会议。发展改革委、市场监管总局和浙江省人民政府主要负责人在会上发言。

李克强说，简政放权、放管结合、优化服务改革是一场刀刃向内的政府自身革命，是推动政府职能深刻转变、极大激发市场活力的战略举措。过去五年，在以习近平同志为核心的党中央坚强领导下，各级政府始终抓住"放管服"改革这个牛鼻子，对促进创业创新、稳增长保就业发挥了关键支撑作用，让企业和群众有了更多获得感，成为促进经济稳中向好的关键一招。未来五年，应对风险挑战、推动经济高质量发展、打造竞争新优势、满足人民对美好生活新期盼，必须以习近平新时代中国特色社会主义思想为指导，坚持新发展理念，进一步解放思想，尊重经济规律，持续深入推进"放管服"改革，最大限度减少政府对市场资源的直接配置和市场活动的直接干预，创新和完善事中事后监管，提高政府服务效能，打造国际一流、公平竞争的营商环境，更大激发市场活力、增强内生动力、释放内需潜力。

李克强指出，要以更实举措深化"放管服"改革。一是以简政放权放出活力和动力。二是以创新监管管出公平和秩序。健全以"双随机、一公开"为基本手段、以重点监管为补充、以信用监管为基础的新型监管机制。推进跨部门联合监管和"互联网+监管"。对新兴产业实施包容审慎监管。对涉及安全质量方面的要严格按规定监管。对刁难企业和群众、不作为乱作为的坚决问责。三是以优化服务服出便利和品质。持续开展减证便民行动。五年内不动产登记时间和电力用户办电时间均压缩三分之二以上。着力搭建平台、精准服务，为大众创业、万众创新营造良好生态。发展"互联网+医疗""互联网+教育"等，提供公平可及的公共服务。打造全国一体化政务服务平台，三年内实现国务院部门数据共享、满足地方普遍性政务需求，五年内政务服务事项全面实现"一网通办"。

6月28日

［纲　文］　国务院办公厅印发《关于进一步加强城市轨道交通规划建设管理的意见》。

［目　文］　《意见》由五个部分组成：一、总体要求。二、完善规划管理规定。三、有序推进项目实施。四、强化项目风险管控。五、完善规划和项目监管体系。

《意见》自2018年6月28日起施行。《国务院办公厅关于加强城市快速轨道交通建设管理的通知》（国办发〔2003〕81号）同时废止。

6月28日

［纲　文］　国务院新闻办公室发表《中国与世界贸易组织》白皮书。

［目　文］　这是中国首次就这一问题发表白皮书。白皮书全文约1.2万字，除前言、结束语外，共包括四个部分，分别为中国切实履行加入世贸组织承诺、中国坚定支持多边贸易体制、中国加入世贸组织后对世界作出重要贡献、中国积极推动更高水平对外开放。

白皮书说，2001年中国加入世界贸易组织，是中国深度参与经济全球化的里程碑，标志着中国改革开放进入历史新阶段。中国加入世贸组织以来，不断完善社会主义市场经济体制，全面加强同多边贸易规则的对接，切实履行货物和服务开放承诺，强化知识产权保护，对外开放政策的稳定性、透明度、可预见性显著提高，为多边贸易体制有效运转作出了积极贡献。加入世贸组织以来，中国始终坚定支持多边贸易体制，全面参与世贸组织各项工作，推动世贸组织更加重视发展中成员的关切，反对单边主义和保护主义，与各成员共同推动世贸组织在经济全球化进程中发挥更大作用。中国坚定不移奉行互利共赢的对外开放战略，遵循世贸组织自由贸易理念，在对外开放中展现大国担当。从加入世贸组织到共建"一带一路"，中国开放胸襟、拥抱世界，为促进世界经济贸易发展、增加全球民众福祉作出了重大贡献，成为世界经济的主要稳定器和动力源。

6月28日

［纲　文］　发展改革委、商务部发布《外商投资准入特别管理措施（负面清单）（2018年版）》，自2018年7月28日起施行。

6月28日

［纲　文］　十三届全国政协第五次双周协商座谈会在北京召开，以"治理佛教道教商业化"为议题。

［目　文］　全国政协主席汪洋主持会议并讲话。全国政协副主席巴特尔作主题发言。全国政协副主席张庆黎、王正伟、夏宝龙出席会议。全国政协委员杨小波、李光富、班禅额尔德尼·确吉杰布、王秀军、罗正富、胡诚林、黄晓薇、樊绪银、祁志峰、安七一、刘莉、刘晓梅、宗性等，学者楼宇烈在会上发言。中央统战部负责人介绍了有关情况，中央网信办、发展改革委、文化和旅游部、证监会负责人做了交流互动。委员、学者们围绕佛教道教商业化的成因、表现以及治理的思路举措等提出意见建议。

汪洋指出，佛教道教商业化是当前宗教领域的突出问题，扰乱了正常的宗教活动秩序，损害了佛教道教的形象，败坏了社会风气，党中央高度重视，社会各界广为关注。本次双周协商座谈会以"治理佛教道教商业化"为议题，是人民政协贯彻落实党中央决策部署和习近平总书记重要指示精神、以问题为导向开展建言资政和民主监督的重要体现，对于深刻认识宗教商业化的危害性、进一步厘清治理思路和政策、促进佛教道教健康发展和净化社会风气具有重要意义。

一些委员建议，治理佛教道教商业化问题既是攻坚战，更是持久战。当前中央态度是坚决的，政策法规是明确的，社会氛围是有利的，关键是要厘清责任，较真碰硬地去解决，确保有关政策法规落地见效。地方各级党委政府要全面贯彻落实党的宗教工作基本方针，坚决摒弃"宗教搭台、经济唱戏"的错误做法，切实承担主体责任，严守政策法规红线。有关部门要加强统筹协调和密切配合,以解决重点难点问题为突破口,大力开展专项督查和综合治理,健全完善宗教活动场所财务监督管理制度,严肃查处乱建大型露天宗教造像、投资承包经营寺庙宫观、网上宗教敛财等活动。要加强宣传教育,引导党政干部深入理解宗教工作方针政策,引导信教群众正确认识宗教的本质和社会功能。佛教道教界要切实加强自身建设,严守教规戒律,提升宗教修为,弘扬清净庄严、朴素节俭的优良教风,不断增强抵制商业化不良影响的能力。

6月28日

〔纲 文〕 韩正在北京会见澳门特别行政区行政长官崔世安,就《粤港澳大湾区发展规划纲要》听取意见和建议。

〔目 文〕 国务院副总理韩正表示,建设粤港澳大湾区是习近平总书记亲自谋划、亲自部署、亲自推动的国家战略。要以习近平新时代中国特色社会主义思想为指导,全面准确贯彻"一国两制"方针,严格依照宪法和基本法办事,着力促进粤港澳优势互补、合作共赢、协同发展,让大湾区广大人民群众共享发展成果。希望澳门抓住历史性机遇,发挥好"一个中心""一个平台"的优势,积极参与粤港澳大湾区建设。

崔世安表示,建设粤港澳大湾区将为澳门带来新的发展机遇,澳门特别行政区政府将广泛听取社会各界意见,积极主动做好规划纲要落实工作。

6月28日

〔纲 文〕 国务委员兼外交部部长王毅在北京会见缅甸国务资政府部部长吴觉丁瑞。

〔目 文〕 王毅说,中缅全面战略合作深入发展。中方愿同缅方保持高层接触,深化合作,推进中缅经济走廊建设。中方支持缅方推进国内和平进程,愿继续发挥劝和促谈作用。双方要切实维护好边境地区的和平与稳定。中方支持缅甸和孟加拉国通过友好协商妥善解决若开邦问题,并将继续提供必要帮助。

吴觉丁瑞表示,缅方愿同中方加强战略沟通,维护边境地区的稳定。

6月28日—7月3日

〔纲 文〕 中共中央政治局委员、国家监察委员会主任杨晓渡率中共代表团访问巴西、阿根廷。

〔目 文〕 杨晓渡访问巴西期间,在巴西利亚会见了巴西总统特梅尔;分别同民主运动主席茹卡及巴西透明监察部部长罗萨里奥进行工作会谈,同劳工党、共产党、社会党等政党代表交流。

杨晓渡访问阿根廷期间,在布宜诺斯艾利斯会见了阿根廷总统马克里;分别同执政联盟领导人、阿司法和人权部部长加拉瓦诺举行工作会谈,考察了共和国方案党基层党建,同青年组织领导人互动交流。

6月28—30日

〔纲 文〕 应国务委员兼外交部部长王毅邀请,孟加拉国外交部部长阿里访华。

[目　文]　29日，国家副主席王岐山在北京会见阿里时表示，习近平主席和孟加拉国领导人共同将中孟关系提升为战略合作伙伴关系，为促进两国加深了解、增进互信、共同发展、实现互利共赢提供了新机遇。当今世界和平发展、经济全球化、构建人类命运共同体是大势所趋。中孟关系是中国亲诚惠容周边外交理念的生动体现，中方为孟发展取得的突出成就而欣喜，愿以共建"一带一路"为契机加强各领域合作，将两国领导人达成的重要共识落实在行动中。

阿里表示，愿不断巩固和加强孟中各领域合作，在"一带一路"框架下推动双边关系迈上新台阶。

同日，王毅在北京与阿里会谈时表示，2016年习近平主席访孟，两国领导人将中孟关系提升为战略合作伙伴关系。我们愿同孟方一道，为中孟战略合作伙伴关系发展注入新动力。

阿里表示，孟方致力于加强同中国的全面合作和发展战略对接，积极参与"一带一路"建设，推动孟中关系不断迈上新台阶。

6月29日

[纲　文]　**中共中央政治局召开会议。**

[目　文]　中共中央总书记习近平主持会议。审议《关于适应新时代要求大力发现培养选拔优秀年轻干部的意见》。

会议指出，当前，中国特色社会主义进入新时代，我们党团结带领人民进行伟大斗争、建设伟大工程、推进伟大事业、实现伟大梦想，关键在于建设一支高素质专业化干部队伍，归根到底在于培养选拔一批又一批优秀年轻干部接续奋斗。新时代新使命要求我们切实增强责任感和紧迫感，以更长远的眼光、更有效的举措，及早发现、及时培养、源源不断选拔使用适应新时代要求的优秀年轻干部，为党和国家事业发展注入新的生机活力。要按照做好新时代年轻干部工作的总体思路、目标任务、政策措施，统一思想、提高认识，进一步推进年轻干部工作制度化、规范化、常态化。要着眼"两个一百年"奋斗目标，着眼推进国家治理体系和治理能力现代化，着眼党的事业后继有人、兴旺发达，努力建设一支忠实贯彻习近平新时代中国特色社会主义思想、全心全意为人民服务，适应新使命新任务新要求、经得起风浪考验，数量充足、充满活力的高素质专业化年轻干部队伍。

会议要求，各级党委（党组）要增强大局意识和全局观念，把年轻干部工作摆上重要议事日程，切实抓紧抓好。要建立以党委（党组）主要负责同志为第一责任人的工作责任制，一级抓一级，一级带一级，逐级负责，层层抓落实，把发现培养选拔年轻干部工作实效作为党建工作考核的重要内容。

6月29日

[纲　文]　**中共中央政治局举行第六次集体学习。**

[目　文]　中共中央总书记习近平主持学习。本次学习的主题是：加强党的政治建

设。中央组织部臧安民就这个问题作了讲解，并谈了意见和建议。

习近平在主持学习时强调，马克思主义政党具有崇高政治理想、高尚政治追求、纯洁政治品质、严明政治纪律。如果马克思主义政党政治上的先进性丧失了，党的先进性和纯洁性就无从谈起。这就是我们把党的政治建设作为党的根本性建设的道理所在。党的政治建设是一个永恒课题。要把准政治方向，坚持党的政治领导，夯实政治根基，涵养政治生态，防范政治风险，永葆政治本色，提高政治能力，为我们党不断发展壮大、从胜利走向胜利提供重要保证。党的十九大明确提出党的政治建设这个重大命题，强调党的政治建设是党的根本性建设，要把党的政治建设摆在首位，以党的政治建设为统领。今天，我们以这个题目进行集体学习，目的是深化对党的政治建设的认识，增强推进党的政治建设的自觉性和坚定性，并以此庆祝党的97岁生日。党的政治建设落实到干部队伍建设上就要不断提高各级领导干部特别是高级干部把握方向、把握大势、把握全局的能力，辨别政治是非、保持政治定力、驾驭政治局面、防范政治风险的能力，善于从政治上分析问题、解决问题。各级领导干部特别是高级干部要炼就一双政治慧眼，不畏浮云遮望眼，切实担负起党和人民赋予的政治责任。

6月29日

［纲　文］　国家主席习近平向土耳其总统埃尔多安致贺电，祝贺埃尔多安再次当选土耳其总统。

6月29日

［纲　文］　国务院公布《人力资源市场暂行条例》。

［目　文］　《条例》共7章48条。主要有总则、人力资源市场培育、人力资源服务机构、人力资源市场活动规范、监督管理、法律责任等内容。自2018年10月1日起施行。

6月29日

［纲　文］　中组部、中宣部印发《关于在广大知识分子中深入开展"弘扬爱国奋斗精神、建功立业新时代"活动的通知》。

［目　文］　《通知》由三个部分组成：一、充分认识开展活动的重要意义。二、密切联系实际，扎实开展活动。三、加强组织领导，确保活动实效。

《通知》要求，请各地区各部门各单位按照本通知精神制定具体实施方案，活动开展情况同时报告中央组织部和中央宣传部。

6月29日

［纲　文］　中宣部授予王传喜"时代楷模"称号。

［目　文］　王传喜是山东省临沂市兰陵县下庄街道代村社区党委书记、村委会主任，党的十九大代表。他担任基层党组织书记19年来，率领村"两委"班子和党员干部加强基层组织建设，发挥党员先锋模范作用，筑牢村庄发展根基；团结群众发展现代农业，壮大集体经济，实现村民共同富裕；积极推动乡村有效治理，倡导文明新风，不断提

升群众获得感幸福感。王传喜始终牢记共产党员的初心使命，模范践行新时期沂蒙精神，干事创业、服务群众，赢得了干部群众的广泛赞誉，曾先后获得全国劳动模范、全国优秀共产党员等荣誉称号。

6月29日

［纲　文］　发展改革委、财政部印发《行政事业性收费标准管理办法》。

［目　文］　《办法》共6章35条。主要有总则、申请和受理、审批程序和原则、管理和监督、法律责任等内容。自2018年5月1日起执行。《国家发展改革委、财政部关于印发〈行政事业性收费标准管理暂行办法〉的通知》（发改价格〔2006〕532号）同时废止。

6月29日

［纲　文］　科技部公布《国家野外科学观测研究站管理办法》。

［目　文］　《办法》共6章28条。主要有总则、管理职责、建设、运行、考核与评估等内容。自2018年6月29日起施行。

6月29日

［纲　文］　商务部公布修改后的《外商投资企业设立及变更备案管理暂行办法》，自2018年6月30日起施行。

6月29日

［纲　文］　银保监会公布《金融资产投资公司管理办法（试行）》。

［目　文］　《办法》共6章67条。主要有总则，设立、变更与终止，业务范围和业务规则，风险管理，监督管理等内容。自2018年6月29日起施行。

6月29日

［纲　文］　韩正在北京会见香港各界青年代表访问团并座谈。

［目　文］　国务院副总理韩正表示，香港回归祖国以来，"一国两制"实践取得了举世公认的成功。习近平总书记十分关心青年健康成长，对广大香港青年寄予厚望。青年兴则国家兴，青年强则国家强。希望香港青年加强学习，增进对国家和民族历史的了解，热爱我们的国家和民族，传承爱国爱港光荣传统；勇于实践，把握香港融入国家发展大局的历史机遇，把个人事业同香港发展、国家发展紧密结合起来，在报效香港、报效国家中施展才华、实现抱负，为保持香港长期繁荣稳定、实现中华民族伟大复兴的中国梦作出贡献。

香港青年代表表示，通过参访活动加深了对国家经济社会发展情况的了解，增强了积极参与国家发展的信念。香港青年将高举爱国爱港的旗帜，开拓视野、抓住机遇，更好地将国家所需和香港所长结合起来，为国家改革开放和现代化建设贡献自己的力量。

香港各界青年代表访问团由香港青年社团领袖、青年专业人士、大学生和青年教师、青年工商界人士、青年新媒体人士、基层青年代表等140多人组成，以"国家发展战略与香港青年机遇"为主题，先后到深圳、武汉、北京围绕粤港澳大湾区建设、长江经济带发展、京津冀协同发展等重大战略进行了参观访问。

6月29日

［纲　文］　国务院副总理韩正在北京会见新加坡副总理张志贤。

［目　文］　韩正表示，中新是友好邻邦。在两国领导人关心推动下，双方走出了一条互学互鉴、互利共赢的合作之路。2015年习近平主席对新加坡进行国事访问，两国确立了与时俱进的全方位合作伙伴关系。中方愿同新方一道落实两国领导人共识，进一步夯实政治互信，对接发展战略，发挥好中新双边合作联委会等机制作用，深化重大合作项目，大力推进"一带一路"框架下的合作，加强互联互通、金融合作、三方合作，打造好"南向通道"，推动中新关系不断向前发展。

张志贤表示，新加坡高度重视对华关系，始终支持自由贸易，愿意持续加强两国"一带一路"框架下合作，推动两国务实合作不断取得新成果。

6月29日

［纲　文］　中央外事工作委员会办公室主任杨洁篪在南非德班出席第八次金砖国家安全事务高级代表会议。

［目　文］　杨洁篪表示，当前国际形势正经历前所未有的复杂深刻变化。金砖国家是维护世界和平、促进共同发展、加强全球治理的重要力量，应进一步加强战略互信与务实合作，为维护世界和平稳定发挥建设性作用。

会议为7月金砖国家领导人约翰内斯堡会晤做政治准备，就国际形势和地区热点问题以及加强金砖国家在维和行动、反恐、网络安全等领域合作深入交换意见，达成广泛共识。各方表示，金砖合作十年来共识广泛，成果丰硕。新形势下，金砖国家要进一步加强团结合作，共同维护国际规则，坚持多边主义，完善全球治理，有效应对传统与非传统安全挑战，为促进世界和平稳定与发展作出积极贡献。

会议期间，杨洁篪分别会见南非国家安全部长杜巴，俄罗斯、南非、印度和巴西代表团团长。

6月29日

［纲　文］　国务委员兼外交部部长王毅应约同美国国务卿蓬佩奥通电话。双方就中美关系及共同关心的一些国际地区问题交换了意见，同意继续保持密切联系。

6月29日

［纲　文］　中国红十字会十届五次理事会在北京召开。

［目　文］　全国人大常委会副委员长、中国红十字会会长陈竺出席会议并讲话。会议根据《中华人民共和国红十字会法》和《中国红十字会章程》，聘请国家副主席王岐山为中国红十字会名誉会长。会议审议通过了《中国红十字会第十届理事会人事变更情况报告》，宣读了致离任中国红十字会名誉会长、名誉副会长的感谢信，听取了中国红十字会助力扶贫攻坚工作进展情况和中国红十字会参与"一带一路"建设工作进展情况报告。

6月29日

[纲　文]　首轮中韩企业家和前高官对话会在北京举行。

[目　文]　对话会由中国国际经济交流中心和大韩商工会议所共同主办。中国国际经济交流中心理事长曾培炎和韩国国会前议长丁世均，以及中韩两国企业家、政府前高官及专家共30名代表参加了对话。双方围绕全球化形势、中韩经贸关系现状以及中韩企业的合作机会等议题展开交流，并达成联合声明。

同日，国务院总理李克强在北京会见与会的韩方代表，并同他们座谈。韩国国会前议长丁世均以及SK株式会社、三星电子、现代汽车等韩国大企业负责人参加。

李克强指出，中韩两国发展优势互补，两国企业间合作基础深厚，前景广阔。中国开放的大门会越开越大，将进一步转变政府职能，更大激发市场活力，优化营商环境，对中外企业一视同仁。中国政府高度重视保护知识产权，不断出台新举措，包括大幅提高知识产权侵权法定赔偿上限，执法力度也越来越大。欢迎韩国企业抓住中国进一步扩大开放、经济迈向高质量发展的机遇，近水楼台先得月，积极深化对华合作，扩大对华投资，特别是对中国中西部地区的投资，拓展电子领域标志性大项目合作，共同开拓第三方市场，更好实现互利共赢。

韩方代表表示，韩国企业界十分关注中国的创新驱动发展战略，赞赏中方为创造更好的营商环境所作努力，愿抓住中国经济结构转型和产业升级、经济新动能新业态蓬勃发展的机遇，继续扩大对华投资与创新合作，开展第三方市场合作，为推动两国经贸关系发展、促进地区繁荣与稳定、维护世界自由贸易作出积极贡献。

6月29日

[纲　文]　《人民日报》发表评论员文章《以榜样之光照亮复兴征程》。

6月30日

[纲　文]　中共中央、国务院印发《关于完善国有金融资本管理的指导意见》。

[目　文]　《意见》由六个部分组成：一、总体要求。二、完善国有金融资本管理体制。三、优化国有金融资本管理制度。四、促进国有金融机构持续健康经营。五、加强党对国有金融机构的领导。六、协同推进强化落实。

《意见》指出，各级党委和政府要统一思想，以高度的政治责任感和历史使命感，切实履行对完善国有金融资本管理工作的领导责任。要根据本意见，结合实际制定实施意见，加强统筹协调、明确责任分工、细化目标任务、强化督促落实，确保国有金融资本管理得到有效加强。

6月30日

[纲　文]　中组部发布《2017年中国共产党党内统计公报》。

[目　文]　《公报》说，截至2017年12月31日，中国共产党党员总数为8956.4万名，比上年净增11.7万名，增幅为0.1%。中国共产党现有基层组织457.2万个，比

上年增加5.3万个,增幅为1.2%。其中,基层党委22.8万个,总支部29.1万个,支部405.2万个。

6月30日

［纲　文］　发展改革委、商务部发布《自由贸易试验区外商投资准入特别管理措施(负面清单)(2018年版)》,自2018年7月30日起施行。2017年6月5日国务院办公厅印发的《自由贸易试验区外商投资准入特别管理措施(负面清单)(2017年版)》同时废止。

6月30日

［纲　文］　银保监会印发《保险机构独立董事管理办法》。

［目　文］　《办法》共7章56条。主要有总则,独立董事设置要求,独立董事任职条件,独立董事产生、罢免及换届机制,独立董事职责、权利和义务,独立董事的管理,监督和处罚等内容。自2018年6月30日起施行。原中国保监会2007年4月6日发布的《保险公司独立董事管理暂行办法》(保监发〔2007〕22号)同时废止。

6月30日—7月1日

［纲　文］　退役军人工作经验交流会在河北召开。

［目　文］　国务院副总理孙春兰、中央政法委书记郭声琨,国务委员、公安部部长赵克志出席并讲话。会议总结交流河北等地经验做法,研究部署进一步做好退役军人工作。

会议期间,与会代表考察了河北省加强退役军人服务管理工作的好做法好经验,河北、北京、天津、山东、湖南、贵州等省市作了经验介绍,10个地方和部门作了书面经验交流。

会议强调,要坚持以习近平新时代中国特色社会主义思想为指导,坚决贯彻党中央、国务院决策部署,提高政治站位,增强"四个意识",落实主体责任,加强协调配合,推动现有政策不折不扣地落实,同时结合各地实际完善政策措施,维护退役军人合法权益。

7 月

7月1日

[纲　文]　国家主席习近平致电祝贺非洲联盟第三十一届首脑会议召开。

[目　文]　习近平指出，非洲联盟是非洲联合自强的旗帜。非盟积极推进非洲一体化进程，非洲国家在重大国际和地区问题上继续用一个声音说话，维护和平与安全能力不断提升。衷心祝愿非盟引领非洲国家不断取得新的更大成就。今年9月将举行中非合作论坛北京峰会。会议以"合作共赢，携手构建更加紧密的中非命运共同体"为主题，中方将同非方携手努力，把峰会主题同中非共建"一带一路"、联合国2030年可持续发展议程、非盟《2063年议程》及非洲各国发展战略结合起来，推动中非全面战略合作伙伴关系迈上新台阶。我期待同非方领导人在北京共襄盛举，共商中非合作发展大计，为增进中非人民福祉、促进世界和平与发展贡献力量。

同日，非洲联盟第三十一届首脑会议在毛里塔尼亚首都努瓦克肖特开幕。本届非盟峰会系列会议沿用上届主题，即"赢得反腐败斗争的胜利：一条非洲转型的可持续之路"。各国首脑对非盟改革、非洲一体化、反腐败及打击恐怖主义和地区安全局势展开讨论。非盟目前共有55个成员国，非盟首脑会议是非盟最高权力机构，一年举办两次。

7月1日

[纲　文]　香港特区政府举行升旗仪式和酒会庆祝回归祖国21周年。

[目　文]　全国政协副主席董建华、梁振英，香港特区行政长官林郑月娥、香港中联办主任王志民及社会各界人士约2400人到场观礼。

同日，香港特区政府公布2018年度授勋名单，共有282人获颁授勋衔或嘉奖。其中，终审法院常任法官邓桢等4人获颁大紫荆勋章。

7月1日

[纲　文]　"复兴之路"基本陈列新时代部分"不忘初心　砥砺奋进　不断开创新时代中国特色社会主义事业新局面"主题展览在中国国家博物馆开展。

[目　文]　"复兴之路"基本陈列是全面展示中华民族复兴之路的宏大主题展览，2007年在中国人民革命军事博物馆首展，2011年在国家博物馆复展。本次丰富充实工作由中宣部、文化和旅游部、中央党史和文献研究院、发展改革委、中央军委政治工作部负责。展览在保持国家博物馆原有"复兴之路"基本陈列基础上，浓缩"砥砺奋进的五年"大型成就展精华部分，以"不忘初心　砥砺奋进　不断开创新时代中国特色社会主义事业新

局面"为主题，作为"复兴之路"基本陈列的新时代部分展出。

展览包括"序篇：开辟治国理政新境界 开创中国特色社会主义事业新局面"和"贯彻新发展理念 建设现代化经济体系""坚持中国特色社会主义政治发展道路 推进国家治理体系和治理能力现代化""坚定文化自信 创造中华文化新辉煌""以人民为中心 增进群众获得感""绿水青山就是金山银山 社会主义生态文明迈入新阶段""实现强军目标 建设世界一流军队""丰富'一国两制'理论与实践 推进祖国统一""推动构建人类命运共同体 谱写中国特色大国外交新篇章""全面从严治党 确保党始终成为伟大事业的坚强领导核心""不忘初心 牢记使命 永远奋斗"10个单元。

7月1日

［纲 文］《人民日报》发表社论《始终同人民想在一起、干在一起——热烈庆祝中国共产党成立九十七周年》。

7月1—3日

［纲 文］ 韩正在海南省调研。

［目 文］ 中共中央政治局常委、推进海南全面深化改革开放领导小组组长韩正在博鳌乐城国际医疗旅游先行区，调研先行区规划建设情况；在东寨港国家级自然保护区，实地察看红树林保护和生态修复情况；在海口江东新区，听取新区规划情况汇报；在海南省政务数据中心，了解大数据建设有关情况，与中心工作人员互动交流；在中国科学院深海科学与工程研究所，考察装备研发和科技创新成果；在三亚南繁育制种基地，察看水稻田，了解农业育种情况；在洋浦经济开发区，调研区内大宗商品交易、港口物流产业发展情况，考察国投孚宝30万吨级油品码头运行情况；参观了海南建省办经济特区30周年成就展，考察博鳌亚洲论坛永久会址，出席海南省与中央企业战略合作协议签约仪式。

2日，韩正在海口主持召开推进海南全面深化改革开放领导小组会议，学习贯彻中共中央总书记习近平讲话精神，审议有关文件，研究部署下一阶段重点工作。胡春华、何立峰和推进海南全面深化改革开放领导小组成员、领导小组办公室、有关部门及企业负责人参加会议。

韩正表示，赋予海南经济特区改革开放新的使命，是习近平总书记亲自谋划、亲自部署、亲自推动的重大国家战略。要以习近平新时代中国特色社会主义思想为指导，全面贯彻落实党的十九大精神，站在党和国家事业发展全局的高度，深刻认识推进海南全面深化改革开放的重大意义，坚持稳中求进工作总基调，坚持新发展理念，推动海南成为新时代全面深化改革开放的新标杆。要把握好新的战略定位，紧紧围绕建设全面深化改革开放试验区，扎实推进自贸试验区建设，逐步探索、稳步推进中国特色自由贸易港建设；紧紧围绕建设国家生态文明试验区，实行最严格的生态环境保护制度，为推进全国生态文明建设探索新经验；紧紧围绕建设国际旅游消费中心，深入推进国际旅游岛建设，积极培育旅游消费新业态、新热点；紧紧围绕建设国家重大战略服务保障区，全面加强支撑和保障能力建设。

7月1—3日

［纲　文］　应中国政府邀请，第七十二届联合国大会主席莱恰克访华。

［目　文］　2日，国家副主席王岐山在北京会见莱恰克时表示，世界的和平稳定、共同发展是近14亿中国人民过上更加美好生活、中华民族实现现代化必不可少的外部环境。习近平主席倡导和推动构建人类命运共同体，建设持久和平、普遍安全、共同繁荣、开放包容、清洁美丽的世界，符合人类共同利益和时代潮流。中国愿在"一带一路"框架下与各国实现共同发展，将继续坚定支持多边主义，支持联合国发挥核心作用，为建设公平正义的全球治理体系贡献中国智慧和力量。

莱恰克表示，中国是多边主义的有力支持者和促进世界和平与发展不可或缺的重要力量，联合国愿同中国继续深化全方位合作。

3日，中央外事工作委员会办公室主任杨洁篪在北京会见莱恰克时表示，前不久召开的中央外事工作会议确立了习近平外交思想的指导地位，这是中国参与全球治理和联合国工作的根本遵循和行动指南。当前形势下，国际社会必须坚持多边主义，共同维护世界和平、繁荣与稳定。中国支持联合国发挥积极作用，将继续做世界和平的建设者、全球发展的贡献者和国际秩序的维护者，与各国携手构建人类命运共同体。

莱恰克积极评价中国在联合国事务中发挥的重要作用，愿同中方加强多边领域合作。

同日，国务委员兼外交部部长王毅在北京同莱恰克举行会谈时表示，中国坚定支持联合国在维护和平、促进发展方面发挥的重要作用，坚定支持多边主义进程，坚定维护以联合国为核心的国际体系。中方愿与联合国加强合作，推动以对话协商解决地区热点问题，应对好各种全球性威胁和挑战。

莱恰克表示，感谢中国支持多边主义。中国提出构建人类命运共同体、"一带一路"倡议，将为推进全球和平与发展作出重要贡献。

7月2日

［纲　文］　十三届全国人大常委会第八次委员长会议在北京举行。

［目　文］　全国人大常委会委员长栗战书主持会议。全国人大常委会副委员长王晨、曹建明、张春贤、沈跃跃、吉炳轩、艾力更·依明巴海、万鄂湘、陈竺、王东明、白玛赤林、丁仲礼、郝明金、蔡达峰、武维华出席会议。会议决定，十三届全国人大常委会第四次会议7月9日至10日在北京举行。

委员长会议上，全国人大常委会秘书长杨振武汇报了常委会第四次会议议程草案、日程安排意见等。全国人大环境与资源保护委员会主任委员高虎城汇报了大气污染防治法执法检查有关情况、关于全面加强生态环境保护依法推动打好污染防治攻坚战的决议草案有关情况。

7月2日

［纲　文］　国务院办公厅转发商务部等部门《关于扩大进口促进对外贸易平衡发展

的意见》。

[目　文]　《意见》由五个部分组成：一、总体要求。二、优化进口结构促进生产消费升级。三、优化国际市场布局。四、积极发挥多渠道促进作用。五、改善贸易自由化便利化条件。

《意见》指出，各地区、各部门要高度重视新形势下扩大进口工作，根据本意见，按照职责分工，明确责任，抓紧制订出台具体政策措施，推进政策落实。商务部要切实发挥牵头作用，加强指导，督促检查，确保各项政策措施落实到位。

7月2日

[纲　文]　工业信息化部公布《〈中华人民共和国监控化学品管理条例〉实施细则》。

[目　文]　《细则》共8章61条。主要有总则、建设和生产管理、经营和使用管理、进出口管理、数据申报和保存、国际视察及国内监督检查、法律责任等内容。自2019年1月1日起施行。1997年3月10日公布的《〈中华人民共和国监控化学品管理条例〉实施细则》（原化学工业部令第12号）同时废止。

7月2日

[纲　文]　农业农村部印发《农业绿色发展技术导则（2018—2030年）》。

[目　文]　《导则》由四个部分组成：一、重要意义。二、思路和目标。三、主要任务。四、保障措施。

《导则》指出，坚持农业农村优先发展，不断加大农业绿色技术体系创新支持力度。通过重大科技突破与产业示范，引领农业供给侧结构性改革，解决制约农业绿色发展的重大瓶颈问题，支撑农业绿色发展。

7月2日

[纲　文]　环境司法国际研讨会在北京举行。

[目　文]　研讨会由最高人民法院和联合国环境署、欧洲环保协会共同举办，以"司法在全球环境治理中的作用"为主题。中华人民共和国首席大法官、最高人民法院院长周强，法国宪法委员会主席洛朗·法比尤斯，联合国副秘书长兼环境署执行主任埃里克·索尔海姆出席开幕式并致辞。会议通过了《环境司法国际研讨会共识》。《共识》指出，各方代表将致力于不断深化所在国家或者组织彼此间的司法交流与合作，推动完善国内和国际相关环境法治体系，协力构建各国环境司法之间的信息共享和协调合作机制，提升环境法官的职业水平和司法素养。

7月2日

[纲　文]　华人数学家丘成桐获马塞尔·格罗斯曼奖。

[目　文]　在意大利罗马开幕的第十五届马塞尔·格罗斯曼会议上，数学家丘成桐被授予马塞尔·格罗斯曼奖，以表彰其在证明广义相对论中总质量的正定性、完善"准局域质量"概念、证明"卡拉比猜想"，以及在黑洞物理研究等工作中的巨大贡献。

丘成桐1969年毕业于香港中文大学崇基学院数学系，1971年获得加州大学伯克利分校数学博士（导师为陈省身），1993年被选为美国科学院院士，1994年成为中国科学院外籍院士。丘成桐对微分几何的研究影响了包括天文学和理论物理学在内的众多学科。他先后荣获菲尔兹奖、克拉福德奖、沃尔夫奖等奖项，是第一位获得最高数学奖菲尔兹奖的华人，也是继陈省身后第二位获得沃尔夫数学奖的华人。丘成桐长期热心祖国的数学事业，先后创办了香港中文大学数学研究所、北京晨兴数学中心、浙江大学数学科学中心、清华大学丘成桐数学研究中心等教育科研机构。

7月2日

［纲　文］　在巴林麦纳麦举行的第四十二届世界遗产大会上，中国贵州梵净山获准列入《世界遗产名录》。

［目　文］　经联合国教科文组织世界遗产委员会同意，中国贵州梵净山获准列入《世界遗产名录》。至此，我国世界遗产增至53处，世界自然遗产增至13处。世界自然遗产总数超越之前并列的澳大利亚和美国，居世界第一。

7月2日

［纲　文］　中央政法委书记郭声琨在北京会见新加坡副总理兼国家安全统筹部长张志贤。

［目　文］　郭声琨说，习近平外交思想是习近平新时代中国特色社会主义思想的重要组成部分。中方将在习近平外交思想指引下，同新方一道落实好两国领导人共识，大力推进"一带一路"框架下合作。希望双方执法安全部门加强禁毒、反恐、追逃追赃、打击电信诈骗等跨国犯罪方面的合作，为维护两国及地区安全稳定、构建人类命运共同体作出新贡献。

张志贤表示，愿同中方深化包括执法安全在内的各领域合作。

7月2日

［纲　文］　第七次中老两党理论研讨会在老挝万象举行。

［目　文］　研讨会以"中国改革开放和老挝革新事业的实践和经验"为主题。中共中央政治局委员、中宣部部长黄坤明和老挝人民革命党中央政治局委员、政府副总理本通分别作了主旨报告。

研讨会期间，黄坤明分别会见了老挝人民革命党中央总书记、国家主席本扬，老挝党中央政治局委员、政府副总理本通，同老挝党中央书记处书记、中宣部部长吉乔举行会谈。

7月2日

［纲　文］　中国常驻联合国日内瓦办事处和瑞士其他国际组织代表俞建华在联合国人权理事会第三十八次会议上发言。

［目　文］　俞建华代表近140个国家发表题为"坚持以人民为中心，促进和保护人权"的联合声明。俞建华表示，人人得享人权，是人类社会的共同梦想。促进和保护人权应该坚持以人民为中心，将人民对美好生活的向往作为奋斗目标。坚持以人民为中心，就

是要把实现人民幸福作为发展的目的和归宿,在人民中寻找发展动力,依靠人民推动发展,使发展造福人民。各国应有效落实2030年可持续发展议程,从经济、社会和环境三方面实现可持续发展,不让任何一个人掉队。

7月2—3日

［纲　文］　2018年全国文化和旅游工作座谈会在北京召开。

［目　文］　文化和旅游部部长雒树刚作了工作报告。各省区市文化厅局、旅发委(旅游局),新疆生产建设兵团文化体育新闻出版广播电视局、商务局(旅游局),各计划单列市的文化局、旅发委(旅游局)负责人等参加会议。会议主题是以习近平新时代中国特色社会主义思想为指导,全面贯彻落实党的十九大和十九届二中、三中全会精神,贯彻落实党中央关于深化党和国家机构改革决定的精神,贯彻落实中央关于经济社会发展的总体要求,特别是关于文化建设和旅游发展的决策部署,总结上半年工作,部署下半年工作,谋划下一阶段工作思路。

7月3日

［纲　文］　新华社讯,中共中央办公厅、国务院办公厅印发《关于深化项目评审、人才评价、机构评估改革的意见》。

［目　文］　《意见》由六个部分组成:一、总体要求。二、优化科研项目评审管理。三、改进科技人才评价方式。四、完善科研机构评估制度。五、加强监督评估和科研诚信体系建设。六、加强组织实施,确保政策措施落地见效。

《意见》指出,聚焦"三评"工作中存在的突出问题,从破除体制机制障碍入手,找准突破口,更加注重质量、贡献、绩效,树立正确评价导向,增强针对性,突出实招硬招,提高改革的含金量和实效性。针对自然科学、哲学社会科学、军事科学等不同学科门类特点,建立分类评价指标体系和评价程序规范。推行同行评价,引入国际评价,进一步提高科技评价活动的公开性和开放性,保证评价工作的独立性和公正性,确保评价结果的科学性和客观性。

7月3日

［纲　文］　国务院办公厅印发《关于成立京津冀及周边地区大气污染防治领导小组的通知》。

［目　文］　《通知》说,为推动完善京津冀及周边地区大气污染联防联控协作机制,经党中央、国务院同意,将京津冀及周边地区大气污染防治协作小组调整为京津冀及周边地区大气污染防治领导小组。现将有关事项通知如下:一、主要职责。贯彻落实党中央、国务院关于京津冀及周边地区(以下称区域)大气污染防治的方针政策和决策部署;组织推进区域大气污染联防联控工作,统筹研究解决区域大气环境突出问题;研究确定区域大气环境质量改善目标和重点任务,指导、督促、监督有关部门和地方落实,组织实施考评奖惩;组织制定有利于区域大气环境质量改善的重大政策措施,研究审议区域大气污染防

治相关规划等文件；研究确定区域重污染天气应急联动相关政策措施，组织实施重污染天气联合应对工作；完成党中央、国务院交办的其他事项。二、组成人员。组长：韩正。副组长：李干杰、陈吉宁、张国清、许勤。成员由有关部门负责人组成。三、工作机构。领导小组办公室设在生态环境部，承担领导小组日常工作。办公室主任由生态环境部副部长赵英民兼任，成员为领导小组成员单位有关司局级负责同志。四、工作规则。领导小组实行工作会议制度和信息报送制度。工作会议由组长召集，也可由组长委托副组长召集，根据工作需要定期或不定期召开；参加人员为领导小组成员，必要时可邀请其他有关部门和地方人员参加。相关部门和省级政府每年向领导小组报告区域大气污染防治年度任务完成情况和下一年度工作计划。

7月3日

［纲　文］　汪洋在北京会见蔡衍明董事长率领的台湾旺旺中时媒体集团访问团一行。

［目　文］　全国政协主席汪洋指出，维护国家统一是民族大义，任何力量都不能阻挡。我们将坚定坚持体现一个中国原则的"九二共识"，坚决反对和遏制"台独"分裂活动，推动两岸关系和平发展，推进祖国和平统一进程。两岸同胞是血脉相连的一家人。我们愿意扩大两岸经济文化交流合作，率先同台湾同胞分享大陆发展机遇，为台湾同胞在大陆发展提供同等待遇，使两岸同胞关系更密切、交流更深入、利益更融合。两岸关系和平发展符合两岸同胞的共同利益，只有两岸关系好，台湾同胞才能好。希望旺旺中时媒体集团秉持一贯立场，坚守民族情怀，善尽社会责任，积极倡导"两岸一家亲"理念，继续为推动两岸关系和平发展营造良好舆论环境。

同日，汪洋在北京会见饶颖奇率领的台湾民意代表交流参访团一行时说，多年来，政协委员与台湾民意代表形成了定期互访的活动机制，建立了坦诚务实的合作平台，打造了民意交流的重要品牌，在增进同胞相互理解、促进两岸交流合作等方面发挥了积极作用。祖国统一是大势所趋，民族复兴是人心所向。大陆对台大政方针是明确的、一贯的、稳定的，我们推动两岸关系和平发展的方针政策不会改变，促进两岸交流合作和心灵契合的理念不会改变，制止"台独"分裂图谋的坚强意志不会动摇，为台湾同胞办实事、办好事的政策力度不会削弱。希望持续深化政协委员与台湾民意代表交流，在继承中发展，在发展中创新，带动更多新生力量参与交流，夯实两岸关系和平发展的民意基础。

7月3日

［纲　文］　国务委员兼国防部长魏凤和在北京会见俄罗斯陆军总司令萨柳科夫。

［目　文］　魏凤和说，中俄是风雨同舟的全面战略协作伙伴，两国关系稳如泰山、牢不可破。我们要落实习近平主席与普京总统的重要共识，推动新时代中俄关系在高水平上实现更大发展。希望两军相互支持，加强全方位合作，共同应对威胁挑战，维护地区和世界和平稳定。

萨柳科夫表示，俄方愿与中方一道，保持良好协作，进一步深化务实合作，推动两军友好关系不断向前发展。

7月3—4日

［纲　文］　全国组织工作会议在北京召开。

［目　文］　中共中央总书记习近平出席会议并讲话。中共中央政治局常委王沪宁、赵乐际，部分中共中央政治局委员，中央书记处书记出席会议。中央党的建设工作领导小组成员，各省区市和计划单列市、新疆生产建设兵团，中央和国家机关有关部门、有关人民团体，有关金融机构、国有大型企业和高校，军队有关单位负责人等参加会议。北京市、天津市、福建省、水利部、中国铝业集团有限公司、哈尔滨工业大学负责人作交流发言。中组部部长陈希作了总结讲话。

习近平指出，中国特色社会主义进入新时代，我们党一定要有新气象新作为，关键是党的建设新的伟大工程要开创新局面。伟大斗争、伟大工程、伟大事业、伟大梦想，其中起决定性作用的是党的建设新的伟大工程。要把新时代坚持和发展中国特色社会主义这场伟大社会革命进行好，我们党必须勇于进行自我革命，把党建设得更加坚强有力。组织路线对坚持党的领导、加强党的建设、做好党的组织工作具有十分重要的意义。新时代党的组织路线是：全面贯彻新时代中国特色社会主义思想，以组织体系建设为重点，着力培养忠诚干净担当的高素质干部，着力集聚爱国奉献的各方面优秀人才，坚持德才兼备、以德为先、任人唯贤，为坚持和加强党的全面领导、坚持和发展中国特色社会主义提供坚强组织保证。新时代党的组织路线是理论的也是实践的，要在推进党的建设新的伟大工程、落实全面从严治党的实践中切实贯彻落实。各级党委（党组）要加强对党的建设的领导，扛起主责、抓好主业、当好主角，把每条战线、每个领域、每个环节的党建工作抓具体、抓深入。党委（党组）书记作为第一责任人，推动党建责任层层落实落地，把党建工作抓实、抓细、抓到位。

7月3—5日

［纲　文］　应全国人大常委会委员长栗战书邀请，俄罗斯联邦委员会主席马特维延科率团访华。

［目　文］　访华期间，国家主席习近平、全国政协主席汪洋在北京分别会见了马特维延科。栗战书在北京与马特维延科举行会谈，并共同主持中国全国人大同俄议会合作委员会第四次会议。双方同意继续运用好这一交流机制，统筹规划两国立法机构合作的新思路新举措，进一步推动和加强地方、双边和多边机制下的合作，强化中俄经贸、人文等交流合作。

习近平会见马特维延科时指出，当前，中俄关系处于历史最好时期，树立了大国、邻国交往的典范。今年，两国都顺利完成各自国内重要政治议程，在实现国家和民族富强振兴的道路上迈出坚实步伐，也为中俄关系保持长期健康稳定发展奠定了坚实基础。我们要倍加珍视和维护双方成熟、牢固的战略伙伴关系，毫不动摇地深化全面战略协作，一如既往坚定支持对方维护核心利益，积极参与国际事务和全球治理，为世界和平稳定作出重要贡献。希望双方认真落实好我同普京总统达成的各项合作共识，不断更新合作理念、创新合作模式，推动各领域合作取得新的成果，更好地造福两国和两国人民。立法机构合作是双边关系重要组成部分。

马特维延科说，当前双方的重要任务是要落实好两国元首达成的重要共识。两国立法机构在其中大有可为。俄联邦议会愿深化与中国全国人大的合作，加强立法等方面经验交流，推动各领域务实合作，密切在多边议会组织的协调配合，更好地服务于俄中关系发展大局。

栗战书与马特维延科会谈时说，面对复杂多变的国际形势，中方愿同俄方坚定不移深化全面战略协作伙伴关系，坚定捍卫两国自身和共同利益。栗战书向俄方介绍了中国全国人大服务国家发展大局的情况。他说，坚持中国共产党领导，集中力量办大事是中国政治制度的独特优势。中国全国人大及其常委会始终围绕党和国家工作大局依法履职，推动中共中央决策部署贯彻落实，动员各方面力量实现国家发展目标。中方愿与俄方加强治国理政经验交流。

马特维延科表示，俄议会愿与中国全国人大紧密合作，积极推动落实两国元首达成的重要共识，加强立法经验交流，支持地方深化合作，加强在多边议会组织框架内的合作，推动建立上海合作组织成员国立法机构合作机制，不断丰富俄中关系内涵。

7月3—5日

［纲　文］　　2018年全球海洋院所领导人会议在青岛召开。

［目　文］　　会议由中国海洋试点国家实验室、山东省科技厅、美国科学促进会《科学》出版机构联合主办，以"加强海洋观测研究合作伙伴关系"为主题。旨在交流海洋科技发展经验，聚焦建立海洋观测研究合作新型伙伴关系，推动多领域合作，共同应对社会经济发展对海洋科技的挑战，为人类命运共同体建设建言献策。来自中国、美国、俄罗斯、英国等24个国家的150余位与会专家达成多项共识，并取得"国际海洋科普联盟""海洋天然产物三维结构数据库"等多项成果，为建设全球海洋科技命运共同体增添新动能。

7月4日

［纲　文］　　习近平致信祝贺党中央机关刊《求是》暨《红旗》创刊60周年。

［目　文］　　中共中央总书记习近平的贺信写道，在党中央机关刊《求是》暨《红旗》创刊60周年之际，我代表党中央，向杂志社全体工作人员表示热烈的祝贺！《求是》杂志是党中央指导全党全国工作的重要思想理论阵地。长期以来，同志们坚持党刊姓党、政治家办刊原则，积极宣传阐释党的基本理论、基本路线、基本方略，深入宣传阐释党中央重大决策部署，及时宣传党的最新理论成果，在党的理论研究和宣传方面作出了艰辛探索和不懈努力，为推动马克思主义中国化时代化大众化，用新时代中国特色社会主义思想武装全党、教育人民、指导实践作出了重要贡献。希望同志们深入贯彻落实党的十九大精神，

高扬党的理论旗帜，增强"四个意识"，坚定"四个自信"，自觉在思想上政治上行动上同党中央保持高度一致，牢牢把握正确政治方向和舆论导向，坚持理论联系实际，锐意进取，改革创新，不断提高理论宣传水平，更好服务党和国家工作大局，为巩固马克思主义在意识形态领域的指导地位、巩固全党全国各族人民团结奋斗的共同思想基础作出新的更大的贡献！

《求是》杂志前身为中共中央主办的《红旗》杂志，1958年创刊。1988年7月，《求是》杂志出版第1期，沿用原《红旗》杂志的邮发代号。目前杂志年度发行量超过180万份。

13日，纪念《求是》暨《红旗》杂志创刊60周年大会在北京召开。中共中央政治局委员、中宣部部长黄坤明出席会议并讲话，强调要认真学习贯彻习近平总书记致《求是》暨《红旗》杂志创刊60周年的贺信精神，高扬新时代党的理论旗帜，把宣传阐释好习近平新时代中国特色社会主义思想作为第一职责，切实发挥好中央党刊的示范引领作用，不断筑就党的理论宣传新高峰。

7月4日

[纲　文]　李克强主持召开国务院常务会议。

[目　文]　会议主要内容是：一、确定进一步扩大科研人员自主权的措施，更大释放创新活力。会议指出，要落实习近平总书记在两院院士大会上的重要讲话精神，按照党中央、国务院部署，深化科技领域"放管服"改革，按照能放尽放的要求赋予科研人员更大的人财物自主支配权，充分调动他们的积极性，激发创新活力，壮大经济发展新动能。二、部署进一步做好稳定和扩大就业工作。会议指出，稳就业是经济发展的重中之重，也是最大的民生。当前我国城镇新增就业持续增长、失业率保持低位，但也面临挑战和较大不确定性因素。各地区各部门要稳不忘忧，多措并举完成全年就业任务。三、会议审议通过了《国务院关于修改〈全国经济普查条例〉的决定（草案）》。

7月4日

[纲　文]　国务院总理李克强应约同欧盟委员会主席容克通电话。

[目　文]　李克强表示，当前国际形势纷繁复杂，单边主义、保护主义不断抬头。中国和欧盟作为世界上两支重要力量，应当凝聚共识，扩大合作，拓展共同利益，携手应对挑战。中方期待在不久后举行的新一轮中国—欧盟领导人会晤期间，同欧方就中欧关系发展和共同关心的国际和地区问题交换意见，努力在推进中欧投资协定谈判、应对气候变化等领域取得务实成果，共同维护多边主义、促进贸易和投资自由化便利化，维护世界和平稳定与发展，向外界表明人类进步的潮流是持续向前的。

在谈及即将举行的第七次中国—中东欧国家领导人会晤时，李克强指出，中国坚定支持欧洲一体化进程，支持一个团结、稳定、发展的欧盟。"16+1合作"是开放、透明、包容的跨区域合作平台，是中欧关系的重要组成部分和有益补充。我们始终坚持按照国际规则和欧盟法律法规同中东欧国家开展合作，这有利于促进欧洲平衡发展和一体化进程。欢迎欧洲企业积极参与"16+1合作"，实现互利多赢。

容克表示，当前国际形势下，欧盟各国一致同意应采取多边主义的政策。欧方期待在第二十次欧中领导人会晤期间，同中方就支持多边主义、自由贸易等发出强有力的声音，加强在欧中投资协定谈判、气候变化、航空等领域的沟通协调，推动会晤取得积极成果。欧方对于遵守欧盟贸易政策的"16+1合作"持开放态度。

7月4日

［纲　文］　全国东西部扶贫协作工作推进会在北京召开。

［目　文］　中共中央政治局委员、国务院扶贫开发领导小组组长胡春华出席会议并讲话。会议传达学习中共中央总书记习近平指示精神，签署2018年东西部扶贫协作协议，安排部署下一阶段重点工作。

胡春华指出，要深入贯彻习近平总书记在银川东西部扶贫协作座谈会上的重要讲话精神，按照党中央、国务院决策部署，把握新形势、适应新要求，聚焦脱贫、务实推进，推动东西部扶贫协作再上新台阶。务实推进东西部扶贫协作，必须有明确目标要求。要强化产业合作，发挥东西部各自优势，建立企业参与扶贫协作长效机制，促进西部产业发展。要加强劳务协作，提高劳务输出组织化程度，精准做好劳务对接。要突出人才支援，推进干部人才双向交流，探索"组团式"帮扶。要深化携手奔小康行动，广泛动员社会各界参与，形成帮扶合力。西部地区要强化开放意识、市场意识，主动对接、积极协作。

7月4日

［纲　文］　发展改革委办公厅印发《关于清理规范电网和转供电环节收费有关事项的通知》。

［目　文］　《通知》由四个部分组成：一、取消电网企业部分垄断性服务收费项目。二、全面清理规范转供电环节不合理加价行为。三、加快落实已出台的电网清费政策。四、工作要求。

《通知》要求，省级价格主管部门要于8月底前将降价措施执行和落实情况报发展改革委（价格司），发展改革委将于9月组织专项工作小组赴部分地区开展重点督促指导。

7月4日

［纲　文］　教育部印发《高等学校学生心理健康教育指导纲要》。

［目　文］　《纲要》指出，心理健康教育是提高大学生心理素质、促进其身心健康和谐发展的教育，是高校人才培养体系的重要组成部分，也是高校思想政治工作的重要内容。要培育学生自尊自信、理性平和、积极向上的健康心态，促进学生心理健康素质与思想道德素质、科学文化素质协调发展。

《纲要》要求，各级教育工作部门要将心理健康教育工作作为高校思想政治工作测评和文明校园创建的重要内容。各高校要将心理健康教育纳入学校改革发展整体规划，纳入人才培养体系、思想政治工作体系和督导评估指标体系。

7月4日

［纲　文］　教育部办公厅印发《关于严厉查处高等学校学位论文买卖、代写行为的

通知》。

[目　文]　《通知》由六个部分组成：一、切实提高认识。二、完善工作机制。三、严格责任落实。四、加强教育宣传。五、强化监督检查。六、严肃责任追究。

《通知》要求，各省级教育行政部门、有关部门（单位）教育司（局）和部属各高等学校要抓紧部署一次专项检查，并于2018年9月15日前以公函形式将开展学位论文买卖、代写行为处理工作专项检查情况报送教育部教育督导局（纸质材料和电子材料各一份）。

7月4日

[纲　文]　教育部办公厅发布《关于开展幼儿园"小学化"专项治理工作的通知》。

[目　文]　《通知》由四个部分组成：一、指导思想。二、治理任务。三、治理步骤。四、组织实施。

《通知》指出，开展幼儿园"小学化"专项治理，事关人民群众切身利益，事关幼儿身心健康成长，事关学前教育事业科学发展，意义十分重大。各地务必要高度重视，切实加强组织领导，认真制订专项治理工作方案，压实职能部门推进责任，强化幼儿园主体责任，明确工作目标，采取有效措施，确保如期完成治理任务。

7月4—7日

[纲　文]　中共中央书记处书记、中央统战部部长尤权率中共代表团访问葡萄牙。

[目　文]　访问期间，尤权在里斯本分别会见葡萄牙总统德索萨、葡萄牙社会党副总书记门德斯、社民党副主席茹斯蒂诺、波尔图市长莫雷拉，考察了葡萄牙维拉贡德中文学校。

7月5日

[纲　文]　新华社讯，习近平对实施乡村振兴战略作出指示。

[目　文]　中共中央总书记习近平作出指示指出，实施乡村振兴战略，是党的十九大作出的重大决策部署，是新时代做好"三农"工作的总抓手。各地区各部门要充分认识实施乡村振兴战略的重大意义，把实施乡村振兴战略摆在优先位置，坚持五级书记抓乡村振兴，让乡村振兴成为全党全社会的共同行动。要坚持乡村全面振兴，抓重点、补短板、强弱项，实现乡村产业振兴、人才振兴、文化振兴、生态振兴、组织振兴，推动农业全面升级、农村全面进步、农民全面发展。要尊重广大农民意愿，激发广大农民积极性、主动性、创造性，激活乡村振兴内生动力，让广大农民在乡村振兴中有更多获得感、幸福感、安全感。要坚持以实干促振兴，遵循乡村发展规律，规划先行，分类推进，加大投入，扎实苦干，推动乡村振兴不断取得新成效。

国务院总理李克强作出批示指出，实施乡村振兴战略，事关决胜全面建成小康社会和全面建设社会主义现代化强国全局。各地区各部门要全面贯彻党的十九大精神，以习近平新时代中国特色社会主义思想为指导，认真落实党中央、国务院部署，科学实施乡村振兴战略规划，继续加大"三农"投入力度，落实好惠农富农政策，深入推进农业供给侧结构性改革，加快农业科技进步，构建现代农业产业体系、生产体系、经营体系。创新城乡融合发展体制机制，着力改善农村基础设施和公共服务，扎实推进农村人居环境整治三年行动。依托"互联网+"促进农村一二三产业融合发展，大力培育新型经营主体，拓展农民稳定就业和持续增收渠道。进一步汇聚全社会推动乡村振兴的合力，努力建设亿万农民幸福生活的美丽家园。

同日，全国实施乡村振兴战略工作推进会议在北京举行。中共中央政治局委员、中央农村工作领导小组组长胡春华出席会议并讲话。中央农村工作领导小组成员单位，各省区市和计划单列市、新疆生产建设兵团，中央和国家机关有关部门负责人等参加会议。会议部署落实了中共中央、国务院日前印发的《乡村振兴战略规划（2018—2022年）》提出的各项重点任务，有关省区和部门负责人在会上发言。

7月5日

［纲　文］　新华社讯，中共中央办公厅、国务院办公厅印发《全国扫黑除恶专项斗争督导工作方案》。

［目　文］　《方案》明确，由中央政法委牵头，会同全国扫黑除恶专项斗争领导小组成员单位，组成扫黑除恶专项斗争中央督导组开展督导工作。督导工作从2018年上半年开始，到2019年底，基本实现督导工作全覆盖。主要对各省（自治区、直辖市）党委和政府及其有关部门开展督导，并下沉至部分市地级党委和政府及其有关部门。对涉及的重点案件，直接到县乡村进行督导，对存在突出问题的地方等进行重点督导。

《方案》指出，督导工作主要围绕政治站位、依法严惩、综合治理、深挖彻查、组织建设、组织领导等6个重点开展。

7月5日

［纲　文］　国务院办公厅印发《关于调整国务院深化医药卫生体制改革领导小组组成人员的通知》。

［目　文］　《通知》说，根据机构设置、人员变动情况和工作需要，国务院决定对国务院深化医药卫生体制改革领导小组组成人员进行调整。现将调整后的名单通知如下。组长：孙春兰。副组长：何立峰、马晓伟、刘昆、张纪南、丁向阳、胡静林。成员由有关部门负责人组成。领导小组秘书处设在卫生健康委，承担领导小组日常工作，负责研究提出深化医药卫生体制改革重大方针、政策、措施的建议，督查落实领导小组会议议定事项，承办领导小组交办的其他事项。马晓伟同志兼任秘书处主任，丁向阳、王贺胜、连维良、余蔚平、邱小平、李滔、徐景和同志兼任秘书处副主任。秘书处具体工作由卫生健康委体制改革司承担。

7月5日

［纲　文］　国务院印发《关于开展2018年国务院大督查的通知》。

［目　文］　《通知》由五个部分组成：一、总体要求。二、督查重点。三、督查安

排。四、督查问责和督查激励。五、督查纪律。

《通知》指出，国务院大督查各项工作要严格落实中央八项规定及实施细则精神、国务院廉政工作会议精神及有关廉政要求。在实地督查中，国务院督查组成员要严格遵守"十不准"督查纪律要求，确保督查工作严肃、认真、廉洁。实地督查期间，国务院办公厅督查室设立值班电话，接受各地区、各部门对督查组及其成员在廉洁、纪律、作风等方面的举报投诉并进行核查，对核查属实的将严肃处理。

7月5日

［纲　文］　中共中央政治局委员、中宣部部长黄坤明率中共代表团出席在越南胡志明市举行的第十四次中越两党理论研讨会。

［目　文］　研讨会以"中国改革开放和越南革新事业的实践和经验"为主题，黄坤明作了主旨报告。

在越期间，黄坤明在河内会见了越共中央总书记阮富仲；同越共中央政治局委员、中央宣教部部长武文赏举行会谈，会见越共中央政治局委员、胡志明市委书记阮善仁。

7月5日

［纲　文］　《人民日报》发表评论员文章《坚持新时代党的组织路线——一论贯彻落实全国组织工作会议精神》。

7月5—10日

［纲　文］　国务院总理李克强对保加利亚进行正式访问并出席第七次中国—中东欧国家领导人会晤，赴德国主持第五轮中德政府磋商并对德国进行正式访问。

［目　文］　5—8日，李克强访问保加利亚，在索非亚会见了保加利亚总统拉德夫；同保加利亚总理鲍里索夫举行会谈，见证了经贸、科技、农业、质检、金融等领域多项双边合作文件的签署并共同会见记者。双方发表了《中华人民共和国政府和保加利亚共和国政府联合公报》。

7日，李克强在索非亚出席第七次中国—中东欧国家领导人会晤。中东欧16国领导人与会。中国同中东欧16国共同发表《中国—中东欧国家合作索非亚纲要》。各国领导人共同见证"一带一路"、交通和能源基础设施建设、工业园区、金融、教育、文化、质检等领域20余项合作协议签署。李克强与鲍里索夫共同为中国—中东欧国家农业示范区揭牌。

会议期间，李克强在索非亚与中东欧16国领导人共同参观中国—中东欧国家地方合作成果展、出席第八届中国—中东欧国家经贸论坛开幕式并致辞；分别会见与会的阿尔巴尼亚总理拉马、爱沙尼亚总理拉塔斯、匈牙利总理欧尔班、克罗地亚总理普连科维奇、斯洛伐克总理佩莱格里尼、塞尔维亚总理布尔纳比奇、拉脱维亚总理库钦斯基斯、斯洛文尼亚总理采拉尔、马其顿总理扎埃夫、波黑部长会议主席兹维兹迪奇、黑山总理马尔科维奇、捷克总理巴比什。

8—10日，李克强访问德国，在柏林会见德国总统施泰因迈尔；同德国总理默克尔举行会谈并共同主持第五轮中德政府磋商。两国总理听取了两国外交、经济、工业、财政、金融、教育、科技、贸易、环保、农业、社保、卫生等部门负责人的汇报并共同见证了双方农业、教育、青年、卫生、化工、通信、汽车、自动驾驶等领域20多项双边合作文件的签署。双方一致认为，中德要深化金融财经领域合作，用好高级别财金对话等机制，加强宏观经济政策沟通，打造双边和第三方市场合作融资平台。通过二十国集团等多边平台，旗帜鲜明反对保护主义，维护以多边规则为基础的自由贸易体系，推动全球经济强劲、可持续、平衡增长。德方赞赏中方进一步开放金融市场等措施。中方支持法兰克福金融中心和人民币离岸市场建设，同意授予德意志银行非金融企业债务融资工具承销商资格。双方一致同意，当前形势下，中德要继续推动双边经贸与投资合作向前发展，共同维护自由贸易和一个基于公平、公认规则的国际市场，相互扩大开放，放宽市场准入。中方愿同德方探讨共同开拓第三方市场。德方愿发挥自身优势同中方开展"工业4.0"合作。两国政府要为企业合作搭建平台，优化环境，提供便利。中方邀请德方出席首届中国国际进口博览会。欢迎德方继续扩大对华投资，鼓励德国企业到中国中西部地区投资设厂。

李克强与默克尔共同会见记者介绍磋商成果并回答提问，出席第九届中德经济技术合作论坛闭幕式并发表讲话，出席中德自动驾驶汽车展示活动。

7月6日

[纲　文]　习近平在北京主持召开中央全面深化改革委员会第三次会议。

[目　文]　中共中央总书记、中央全面深化改革委员会主任习近平指出，党的十九大以来，党中央在深化党的十八大以来改革成果的基础上，不失时机推进重大全局性改革，全面深化改革取得新的重大进展。继续推进改革，要把更多精力聚焦到重点难点问题上来，集中力量打攻坚战，激发制度活力，激活基层经验，激励干部作为，扎扎实实把全面深化改革推向深入。

中共中央政治局常委、中央全面深化改革委员会副主任王沪宁、韩正出席会议。中央全面深化改革委员会委员出席，中央和国家机关有关部门负责人列席会议。会议审议通过了《关于支持河北雄安新区全面深化改革和扩大开放的指导意见》《关于建设新时代文明实践中心试点工作的指导意见》《关于规范校外培训机构发展的意见》《关于学前教育深化改革规范发展的若干意见》《关于全面实施预算绩效管理的意见》《关于完善促进消费体制机制进一步激发居民消费潜力的若干意见》《完善促进消费体制机制实施方案（2018—2020年）》《关于建立健全基本公共服务标准体系的指导意见》《关于加强文物保护利用改革的若干意见》《关于推进政府购买服务第三方绩效评价工作的指导意见》《防范和惩治统计造假弄虚作假督察工作规定》《关于浙江等地深化"最多跑一次"改革需要中央层面解决的事项清单及工作建议》《关于开展县以下事业单位管理岗位职员等级晋升制度试点工作的实施意见》《关于推进军民融合深度发展若干财政政策的意见》《关于增设北京互联网法院、广州互联网法院的方案》《关于设立最高人民检察院公益诉讼检察厅的方案》。

7月6日

［纲　文］　新华社讯，习近平对浙江省安吉县黄杜村农民党员来信提出向贫困地区捐赠白茶苗一事作出指示。

［目　文］　中共中央总书记习近平作出指示指出，"吃水不忘挖井人，致富不忘党的恩"，这句话讲得很好。增强饮水思源、不忘党恩的意识，弘扬为党分忧、先富帮后富的精神，对于打赢脱贫攻坚战很有意义。

2018年4月，黄杜村20名农民党员给习近平写信，汇报村里种植白茶致富的情况，提出捐赠1500万株茶苗帮助贫困地区群众脱贫。

习近平作出指示后，国务院扶贫办会同有关方面立即落实，确定湖南省古丈县、四川省青川县和贵州省普安县、沿河县等3省4县的34个建档立卡贫困村作为受捐对象。受捐4县均为国家贫困县和省定深度贫困县，受捐群众都是尚未脱贫的建档立卡贫困户。

此前，黄杜村农民党员向西部地区贫困村捐赠白茶苗举行签约仪式。根据协议，黄杜村村民将"白叶一号"白茶苗，捐赠给以上34个贫困村栽种，实施种植指导和茶叶包销。通过土地流转、茶苗折股、生产务工等方式，预计带动1862户5839名建档立卡贫困人口增收脱贫。

7月6日

［纲　文］　习近平对泰国普吉岛游船倾覆事故作出指示。

［目　文］　8时45分许，两艘载有中国游客的游船在泰国普吉岛附近海域突遇特大暴风雨发生倾覆事故。船上127名中国游客中，16人死亡、33人失踪，另有78人获救，受伤游客送当地医院治疗。

中共中央总书记习近平作出指示，外交部和我驻泰国使领馆要加大工作力度，要求泰国政府及有关部门全力搜救失踪人员，积极救治受伤人员。文化和旅游部要配合做好相关工作。目前正值暑期，外出旅游人员较多，一些地方雨情汛情等情况突出，各地区各有关部门要及时进行风险提示，提醒旅行社和游客增强风险防范意识，消除安全隐患，加强安全检查监测和应急工作，切实保障人民群众生命财产安全。

国务院总理李克强作出批示，要求全力搜救我失踪游客、救治伤员，妥为做好善后工作。要重视做好外出旅游人员安全防范工作，通过境外中国公民保护机制，切实维护好我公民合法权益，确保出行安全。

按照习近平指示和李克强要求，外交部和中国驻泰国使领馆启动应急机制，积极协调泰方全力开展搜救工作、救治受伤人员。泰方持续增派救援力量，全力开展搜救。外交部、交通运输部、文化和旅游部组成联合工作组赶赴泰国普吉参与现场处置。

7月6日

［纲　文］　《习近平谈治国理政》第一卷中、英文版电子书面向全球发布。

［目　文］　为了向国际社会全面、深入介绍习近平新时代中国特色社会主义思想，由外文出版社出版的《习近平谈治国理政》第一卷中、英文版电子书在亚马逊、

Overdrive、易阅通、掌阅四家数字交易平台上线，面向全球发布。

2014年9月出版的《习近平谈治国理政》，2018年1月由中宣部会同有关部门和单位修订再版，改称《习近平谈治国理政》第一卷。《习近平谈治国理政》第一卷与2017年11月出版的《习近平谈治国理政》第二卷是有机统一的整体，记录了以习近平同志为核心的党中央团结带领全党全国各族人民在新时代坚持和发展中国特色社会主义的伟大实践，是国内外读者学习掌握习近平新时代中国特色社会主义思想和党的十九大精神的权威读本。

《习近平谈治国理政》第一卷中、英文版电子书与纸质版图书内容一致。此次电子书上线覆盖全球网络读者，有助于国际社会更加快速、便捷地了解习近平新时代中国特色社会主义思想的发展脉络和主要内容，更好了解中国共产党为推动构建人类命运共同体、促进人类和平与发展崇高事业贡献的中国智慧和中国方案。

7月6日

［纲　文］　十三届全国政协第六次双周协商座谈会在北京召开，就"解决中小学生课外负担重问题"建言献策。

［目　文］　全国政协主席汪洋主持并讲话。全国政协副主席陈晓光作主题发言。全国政协副主席卢展工、夏宝龙、郑建邦出席会议。全国政协委员袁贵仁、白清元、俞敏洪、温雪琼、马景林、张雪、王欢、唐江澎、陈星莺、孙惠玲、李国华、陈卓禧、戴立益、邓健、徐景坤在会上发言。教育部负责人介绍了有关情况，民政部、财政部、国家市场监管总局负责人作了交流互动。15位委员从建立科学的教育评价体系、优化教育资源供给、深化招生考试制度改革、规范校外培训、加强家庭教育等方面提出意见建议。

一些委员建议，中小学生课业负担过重既是教育问题，也是社会问题。减负不是简单减作业、减课时，不是不再提倡勤奋刻苦的学习态度，更不是降低教学质量、片面追求教育资源均衡，而是坚决减去违背教育规律和青少年成长规律的功利化教学行为和违规办学乱象。治理工作应疏堵结合、标本兼治、精准施策、久久为功。要加强校外培训机构治理整顿，明确设置标准，规范培训行为，加强监督管理。要加强学校招生管理，严禁将各类竞赛、考级、奖励证书作为入学依据，斩断学校与培训机构背后的利益链条。中小学校要担负起教育主阵地的功能，优化课后服务，妥善解决"三点半"难题。要稳步推进教育综合改革，探索科学的教育质量评价制度，改变学校"唯分数"评价学生、政府"唯升学率"评价学校的片面做法。地方各级党委政府要把中小学生减负作为重要工作来抓，明确监督职责，完善政策法规，做好配套服务。社会各界要树立科学的教育观和正确的成才观，营造有利于减负和学生身心健康发展的社会大环境。

7月6日

［纲　文］　国家医疗保障局、财政部、人力资源社会保障部、卫生健康委印发《关于做好2018年城乡居民基本医疗保险工作的通知》。

［目　文］　《通知》由六个部分组成：一、提高城乡居民医保筹资标准。二、推进统一的城乡居民医保制度建立。三、完善门诊统筹保障机制。四、做好贫困人口医疗保障工

作。五、改进管理服务。六、加强组织保障和宣传引导。

《通知》指出,确保按时足额征收,巩固参保覆盖面。在机构改革期间,要保证工作的延续性,确保群众待遇不断档。遇到重大问题要及时报告。

7月6日

［纲　文］　气象局印发《风云气象卫星数据管理办法(试行)》,自2018年7月6日起施行。

7月6日

［纲　文］　国务委员兼外交部部长王毅在维也纳出席伊核问题外长会。

［目　文］　会议由欧盟外交与安全政策高级代表莫盖里尼主持,伊朗外长扎里夫、俄罗斯外长拉夫罗夫、法国外长勒德里昂、德国外长马斯、英国外交国务大臣伯特等出席。各国与会代表表示,伊核全面协议是一项得到安理会核准的国际协议,理应得到遵守和执行。美国退出全面协议并实施单边制裁有违自身承诺,有违国际法,也有违全面协议自身的规定。新形势下,各方应坚持多边主义,加强沟通协调,共同维护全面协议,维护各方根据协议享有的正当权益。外长会通过了联合声明。

会议期间,王毅在维也纳分别会见了奥地利总统范德贝伦、奥地利总理库尔茨,与奥地利外长克奈斯尔举行了会谈。

7月6日

［纲　文］　外交部、商务部发言人就美国对340亿美元中国产品加征关税表态。

［目　文］　发言人表示,世界范围内更多跨国企业、中小企业和普通消费者都将被殃及,美国的众多行业和公众也已越来越意识到自身将深受其害。事实上,美国政府近来采取的一系列单边主义和贸易投资保护主义措施已经在世界范围内引起广泛担忧和谴责,也已招致不少国家的反制和报复。中方始终反对单边主义行径,反对贸易投资保护主义。我们一直在尽最大努力推动有关方面客观认识全球化进程,理性处理贸易关系中出现的分歧和问题,但这需要有关方面相向而行。任何试图单方面施压都是徒劳的,任何人对此不要抱有幻想。在中国自身正当利益受到不公平对待的情况下,中方理所当然作出必要反击。

商务部新闻发言人表示,美国违反世贸规则,发动了迄今为止经济史上规模最大的贸易战。这种征税行为是典型的贸易霸凌主义,正在严重危害全球产业链和价值链安全,阻碍全球经济复苏步伐,引发全球市场动荡,还将波及全球更多无辜的跨国公司、一般企业和普通消费者,不但无助,还将有损于美国企业和人民利益。中方承诺不打第一枪,但为了捍卫国家核心利益和人民群众利益,不得不作出必要反击。我们将及时向世贸组织通报相关情况,并与世界各国一道,共同维护自由贸易和多边体制。同时,中方再度重申,我们将坚定不移深化改革、扩大开放,保护企业家精神,强化产权保护,为世界各国在华企业创造良好营商环境。我们将持续评估有关企业所受影响,并将努力采取有效措施帮助企业。

根据美国海关和边境保护局消息,美国于当地时间7月6日00:01(北京时间6日12:01)起对第一批清单上818个类别、价值340亿美元的中国商品加征25%的进口关税。作为反击,中国也于同日对同等规模的美国产品加征25%的进口关税。

7月6日

[纲　文]　《人民日报》发表评论员文章《加强党的组织体系建设——二论贯彻落实全国组织工作会议精神》《"美国贸易吃亏论"当休矣》。

7月7日

[纲　文]　国务院办公厅印发《关于调整内蒙古大黑山等6处国家级自然保护区的通知》。

[目　文]　《通知》说,《生态环境部关于批准内蒙古大黑山等6处国家级自然保护区范围调整的请示》(环生态〔2018〕59号)收悉。经国务院批准,现通知如下:一、国务院同意调整内蒙古大黑山、河南丹江湿地、广西九万山、四川花萼山、西藏芒康滇金丝猴和西藏羌塘国家级自然保护区的范围。调整后保护区的面积、范围和功能分区等由生态环境部予以公布。二、有关地区要按照批准的调整方案组织勘界,落实自然保护区土地权属,并在规定的时限内标明区界,予以公告。三、有关地区和部门要严格执行《中华人民共和国自然保护区条例》和《国家级自然保护区调整管理规定》等有关规定,切实加强对自然保护区工作的领导、协调和监督,妥善处理好自然保护区管理与当地经济社会发展及居民生产生活的关系,确保各项管理措施得到落实,高标准建设国家级自然保护区。

7月7日

[纲　文]　水利部办公厅印发《关于开展全国河湖"清四乱"专项行动的通知》。

[目　文]　《通知》由七个部分组成:一、专项行动范围。二、专项行动目标。三、清理整治主要内容。四、组织实施。五、行动步骤和进度安排。六、工作要求。七、联系人及联系方式。

7月7日

[纲　文]　纪念全民族抗战爆发81周年仪式在中国人民抗日战争纪念馆举行。

[目　文]　中共中央政治局委员、北京市委书记蔡奇主持纪念仪式。中央有关部门、北京市和中央军委政治工作部负责人,参加过抗日战争的老战士代表、抗战烈士遗属代表,首都各界群众代表等约500人参加仪式。

首都学生代表集体朗诵了"王雨亭家书""王孝慈家书"两封抗战家书,首都志愿者合唱团合唱了《黄河大合唱》第四乐章《黄水谣》、第七乐章《保卫黄河》。各界代表还一同参观了"伟大抗战　伟大精神——纪念全民族抗战爆发81周年主题展览"。

7月7日

[纲　文]　《人民日报》发表评论员文章《着力培养忠诚干净担当的高素质干部——三论贯彻落实全国组织工作会议精神》《以有力督导推进扫黑除恶专项斗争》《美国贸易霸

凌主义贻害全球》。

7月7—10日

［纲　文］　应国家主席习近平邀请，科威特国埃米尔萨巴赫对中国进行国事访问。

［目　文］　9日，习近平在北京同萨巴赫举行会谈。两国元首一致决定建立中科战略伙伴关系，为新时期中科关系注入新动力、开辟新前景，并见证了多项双边合作文件的签署。双方还发表了《中华人民共和国和科威特国关于建立战略伙伴关系的联合声明》。

习近平指出，中方把科威特作为在海湾方向共建"一带一路"和维护地区稳定的重要合作伙伴。双方要深化政治互信，坚定支持彼此核心利益。中方将一如既往支持科方走符合本国国情的发展道路。科威特是最早同中国签署共建"一带一路"合作文件的国家。双方要加强发展战略对接，争取实现合作项目早期收获。要扩大在能源、基础设施、金融、贸易、投资等领域合作，密切人文交流，深化安全和反恐合作。中方愿同科方加强沟通和协调，推动中国同海湾阿拉伯国家合作委员会关系稳步向前发展，共同促进地区和平稳定。

萨巴赫表示，中国是世界公认的爱好和平的国家。科方坚定奉行一个中国政策。我此访带来前所未有庞大的代表团，科方愿同中方在互信的基础上，本着务实的精神，加强在政治、经济、文化、安全等领域合作关系，合作建设"一带一路"，共同促进海湾地区乃至世界的和平与安全。

7月7—8日

［纲　文］　生态文明贵阳国际论坛2018年年会在贵阳举办，国家主席习近平致贺信。

［目　文］　习近平指出，生态文明建设关乎人类未来，建设绿色家园是各国人民的共同梦想。国际社会需要加强合作、共同努力，构建尊崇自然、绿色发展的生态体系，推动实现全球可持续发展。此次论坛年会以"走向生态文明新时代：生态优先　绿色发展"为主题，相信将有助于各方增进共识、深化合作，推进全球生态文明建设。中国高度重视生态环境保护，秉持绿水青山就是金山银山的理念，倡导人与自然和谐共生，坚持走绿色发展和可持续发展之路。我们愿同国际社会一道，全面落实2030年可持续发展议程，共同建设一个清洁美丽的世界。

国务院副总理孙春兰出席开幕式，宣读习近平贺信并致辞。年会由全国政协人口资源环境委员会、发展改革委、科技部、生态环境部、住房城乡建设部、北京大学、贵州省人民政府主办，以"走向生态文明新时代：生态优先　绿色发展"为主题。来自35个国家和地区的2426名嘉宾参会，围绕"一带一路"、"长江经济带"、生态自然环境、可持续发展、气候变化、反贫困等方面集思广益，分享了各自在生态文明建设领域的探索和取得的成果。年会发布了《2018贵阳共识》。

7月8日

［纲　文］　《人民日报》发表评论员文章《大力发现培养选拔优秀年轻干部——四论

贯彻落实全国组织工作会议精神》《美国贸易盲动症注定引火烧身》。

7月8—13日

［纲　文］　国务院副总理胡春华对法国、布基纳法索进行访问。

［目　文］　胡春华在法国访问期间，在巴黎会见法国外长勒德里昂和农业部长特拉韦尔，与经济和财政部长勒梅尔举行会谈；考察了当地部分企业和农业合作社。

胡春华在布基纳法索访问期间，在瓦加杜古会见布基纳法索总统卡博雷；与总理蒂耶巴举行会谈，就如何进一步加强双边合作深入交换意见，达成了广泛共识并共同出席了中国驻布使馆开馆仪式，并见证了有关合作文件签字仪式；胡春华与驻布使馆工作人员、援布专家和中资机构代表座谈，听取情况介绍，勉励大家努力工作，为中布友好合作不断作出新的贡献。

7月9日

［纲　文］　国家主席习近平任免驻外大使。

［目　文］　习近平根据全国人民代表大会常务委员会的决定任免下列驻外大使：一、免去魏文华的中华人民共和国驻喀麦隆共和国特命全权大使职务；任命王英武为中华人民共和国驻喀麦隆共和国特命全权大使。二、免去孙保红（女）的中华人民共和国驻加纳共和国特命全权大使职务；任命王世廷为中华人民共和国驻加纳共和国特命全权大使。

7月9日

［纲　文］　国家主席习近平同卡塔尔国埃米尔塔米姆互致贺电，热烈庆祝两国建交30周年。

［目　文］　习近平在贺电中指出，中卡建交30年来，在双方共同努力下，双边关系保持良好发展势头。两国政治互信不断巩固，各领域合作稳步推进，人文交流日益密切。2014年11月你成功对华进行国事访问，我们共同宣布中卡建立战略伙伴关系，掀开了中卡关系的新篇章。我高度重视中卡关系发展，赞赏卡塔尔积极参与"一带一路"建设，愿同你携手努力，以两国建交30周年为新起点，推动中卡关系不断向前迈进，更好造福两国和两国人民。

塔米姆在贺电中说，您高度重视发展卡中关系，我对此表示高度赞赏和衷心感谢。我愿同您共同努力，支持和推动两国各领域关系发展，促进两国人民的共同利益。卡方将继续积极参与"一带一路"建设，实现共同繁荣。

7月9—10日

［纲　文］　十三届全国人大常委会第四次会议在北京举行。

［目　文］　全国人大常委会委员长栗战书主持会议。全国人大常委会副委员长王晨、曹建明、张春贤、沈跃跃、吉炳轩、艾力更·依明巴海、万鄂湘、陈竺、王东明、白玛赤林、丁仲礼、郝明金、蔡达峰、武维华，秘书长杨振武和常委会组成人员出席会议。

会议表决通过了全国人大常委会关于全面加强生态环境保护依法推动打好污染防治

攻坚战的决议。决议指出，生态文明建设关系中华民族永续发展，关系亿万中国人民的福祉。要坚持以习近平新时代中国特色社会主义思想特别是习近平生态文明思想为指引，坚持党对生态文明建设的领导，建立健全最严格最严密的生态环境保护法律制度，大力推动生态环境保护法律制度全面有效实施，广泛动员人民群众积极参与生态环境保护工作，打好污染防治攻坚战，为全面建成小康社会、全面建设富强民主文明和谐美丽的社会主义现代化强国而努力奋斗。

7月9日

[纲　文]　国务院机构改革第三次推进会在北京召开。

[目　文]　国务院副总理韩正出席会议并讲话。会议学习贯彻中共中央总书记习近平关于深化党和国家机构改革的思想和指示精神，梳理总结前一段国务院机构改革工作，研究部署下一步任务。

韩正表示，在以习近平同志为核心的党中央坚强领导下，国务院机构改革有序推进，顺利完成了第一阶段转隶组建和第二阶段制定"三定"规定的任务，新老机构接替平稳有序，干部职工思想稳定、精神面貌良好，实现了机构改革与日常工作互促共进。下一步，要以习近平新时代中国特色社会主义思想为指引，增强"四个意识"，坚定"四个自信"，把工作做得细而又细、实而又实，完成好国务院机构改革各项任务。

7月9日

[纲　文]　中共中央宣传部、缅甸联邦政府宣传部主办的《习近平谈治国理政》缅文版首发式暨中缅治国理政研讨会在缅甸首都内比都举行。

[目　文]　缅甸人民院副议长吞吞亨、民族院副议长埃达昂，联邦政府宣传部部长佩敏、自然资源和环境保护部部长翁温，以及中缅两国各界代表300多人出席此次首发式和研讨会。

《习近平谈治国理政》第一卷于2014年9月出版、2018年1月再版，受到中外读者广泛关注和好评。该书已出版24个语种27个版本，发行到160多个国家和地区。《习近平谈治国理政》第一卷缅文版由中国外文出版社与缅甸亚洲名望媒体集团合作翻译出版，是该书再版后首个通过国际出版合作完成的文版。

7月9日

[纲　文]　中国在酒泉卫星发射中心用"长征二号丙"运载火箭及上面级，以"一箭双星"方式，成功将巴基斯坦遥感卫星一号和科学实验卫星"PakTES-1A"发射升空，卫星进入预定轨道。

[目　文]　巴基斯坦遥感卫星一号是中国空间技术研究院航天东方红卫星有限公司为巴方研制的一颗光学遥感卫星，主要用于巴基斯坦国土资源普查、环境保护、灾害监测和管理、农作物估产和城市规划等领域，将对巴基斯坦发展国民经济、改善人民生活、促进社会进步发挥积极作用，也将为中巴经济走廊和"一带一路"建设提供空间遥感信息服务。"PakTES-1A"是巴基斯坦自主研制的一颗科学实验卫星，主要开展对卫星平台的技

术验证工作。这是长征系列运载火箭的第279次飞行。

7月9日

［纲　文］　《人民日报》发表评论员文章《着力集聚爱国奉献的优秀人才——五论贯彻落实全国组织工作会议精神》《"晋江经验"孕育发展奇迹》《美国"贸易零和论"是一种危害世界的心魔》。

7月10日

［纲　文］　中阿合作论坛第八届部长级会议在北京举行。

［目　文］　国家主席习近平出席开幕式并发表题为《携手推进新时代中阿战略伙伴关系》的讲话，宣布中阿双方一致同意，建立全面合作、共同发展、面向未来的中阿战略伙伴关系。

中阿合作论坛第八届部长级会议以"共建'一带一路'、共促和平发展、携手推进新时代中阿战略伙伴关系"为主题。国务委员兼外交部部长王毅同阿方主席、沙特外交大臣朱拜尔共同主持。中国和阿盟成员国代表、阿盟秘书长以及中方有关部门负责人等近300人出席。会议通过并签署了《北京宣言》《论坛2018年至2020年行动执行计划》《中阿合作共建"一带一路"行动宣言》3份成果文件。

会议期间，国家副主席王岐山分别会见了与会的阿拉伯国家联盟秘书长盖特和埃及外长舒凯里。中共中央政治局委员、中央外事工作委员会办公室主任杨洁篪会见了沙特外交大臣朱拜尔。王毅分别同阿联酋外交与国际合作部长阿卜杜拉、阿盟秘书长盖特举行会谈；同埃及外长舒凯里举行中埃外交部战略对话。王毅同朱拜尔共同主持举行中沙高委会政治外交分委会第三次会议，双方签署了《中沙高委会政治外交分委会工作计划执行方案》。

7月10日

［纲　文］　全国政协在北京召开"发展实体经济　提高供给体系质量"专题协商会。

［目　文］　全国政协主席汪洋、国务委员王勇出席会议并讲话。刘奇葆主持上午的会议，高云龙在会上发言，万钢、卢展工、王正伟、马飚、夏宝龙、汪永清、苏辉、何维出席会议。发展改革委负责人介绍了情况，中共中央、国务院有关部门负责人到会听取意见建议，回应了委员们的关切。

26位委员在会上发言。委员们认为，近年来各地区、各部门认真贯彻落实中共中央的决策部署，牢固树立新发展理念，坚持把振兴实体经济摆在经济工作的突出位置，坚持以供给侧结构性改革为主线，我国经济保持了增长平稳、结构优化、效益提升、动能转换的良好势头，成绩来之不易。同时也要看到，适应高质量发展的法律法规、政策体系、标准体系、绩效评价、人才支撑还没有形成，实体经济发展仍面临不少困难，提高供给体系质量任重道远。要继续推进"三去一降一补"，优先降低能源、物流、通信、资金、土地五大基础性成本，以不良资产处置为抓手加快经济新陈代谢，破除无效供给。要加快制造强国建设，集中攻克关键核心技术，推进互联网、大数据、人工智能与实体经济深度融合。要深入实施创新驱动发展战略，建立以企业为主体、市场为导向、产学研深度融合的技术创新体系，加大知识产权保护，厚植激励创新创造的土壤。要落实鼓励民间投资的政策，切实解决民营企业融资难、融资贵、税费重等问题，破除各种隐性壁垒。要坚持引进来与走出去相结合，坚决反对保护主义、单边主义，以高水平开放倒逼高质量发展。

7月10日

［纲　文］　韩正在国家医疗保障局调研并主持召开座谈会。

［目　文］　国务院副总理韩正重点了解抗癌药降价、医保支付方式改革、治理高值医用耗材过度使用等工作开展情况，调研医疗保障制度改革、医疗保障扶贫、医疗救助等工作，结合观看异地就医结算平台演示，了解异地就医直接结算工作有关情况，与干部职工进行深入交流。

韩正指出，组建国家医疗保障局，是以习近平同志为核心的党中央作出的重大决策部署，是深化党和国家机构改革的重要组成部分。要坚持以人民为中心的发展思想，完善统一的城乡居民基本医疗保险制度和大病保险制度，着力解决医疗保障领域发展不平衡不充分问题。要千方百计保基本，坚持尽力而为、量力而行，聚焦基本医疗需求，满足人民群众最迫切的愿望和要求。要始终做到可持续，健全医保筹资机制，强化医保基金监管，确保医保资金合理使用、安全可控。要发挥好医保的基础性、引导性作用，实行医疗、医保、医药"三医联动"，形成协同推进医改的良好格局。要积极回应社会关切，加快推进抗癌药降价，减轻医药费用负担，给人民群众带来实实在在的好处。要完善国家异地就医结算系统，健全异地就医结算机制，做好异地就医直接结算工作。要转变政府职能、提高政府效能，加快推进"互联网＋医保"，提升医保服务的品质和便利性。要坚持高标准、严要求，抓好党风廉政建设，打造忠诚干净担当的高素质干部队伍。

7月10日

［纲　文］　发展改革委等17部委印发《关于大力发展实体经济积极稳定和促进就业的指导意见》。

［目　文］　《意见》由十个部分组成：一、发展壮大新动能，创造更多高质量就业岗位。二、促进传统产业转型升级，引导劳动者转岗提质就业。三、深入推进创新创业，催生吸纳就业新市场主体。四、加快农业供给侧结构性改革，培育新型农业经营主体和新型职业农民。五、支持返乡下乡创业，拓宽农村劳动力转移就业渠道。六、推动新型城镇化高质量发展，扩大就地就近就业规模。七、推进高水平对外开放，稳定和促进外向型就业。八、健全联动机制，提高职业技能培训基础能力。九、加强统筹施策，加大援企稳岗力度。十、提高监测预警能力，强化失业风险应对。

《意见》要求，各地区、各有关部门要充分认识做好发展实体经济积极稳定和促进就业工作的重要性和紧迫性，切实加强组织领导，细化、实化本意见各项政策措施，确保各项工作任务落到实处。

7月10日

〔纲　文〕　财政部、税务总局、工业和信息化部、交通运输部印发《关于节能新能源车船享受车船税优惠政策的通知》，自2018年7月10日起执行。

7月10日

〔纲　文〕　中国在西昌卫星发射中心用"长征三号甲"运载火箭，成功发射了第三十二颗北斗导航卫星。

〔目　文〕　该卫星属倾斜地球同步轨道卫星，卫星入轨并完成在轨测试后，将接入北斗卫星导航系统，为用户提供更可靠服务。此次发射的北斗导航卫星和配套运载火箭由中国航天科技集团有限公司所属的中国空间技术研究院和中国运载火箭技术研究院分别抓总研制，这是长征系列运载火箭的第280次飞行。

7月10日

〔纲　文〕　《人民日报》发表评论员文章《美国"贸易不平衡论"是一笔偏心的糊涂账》。

7月11日

〔纲　文〕　国务院办公厅印发《关于调整国务院反垄断委员会组成人员的通知》。

〔目　文〕　《通知》说，根据工作需要和人员变动情况，国务院对国务院反垄断委员会组成人员作了调整。现将调整后的组成人员名单通知如下。主任：王勇。副主任：张茅、孟扬。委员：胡祖才、王江平、甘藏春、程丽华、戴东昌、李成钢、刘国强、翁杰明、甘霖、贾楠、梁涛、阎庆民、綦成元、贺化。秘书长：甘霖（兼）。国务院反垄断委员会办公室设在市场监管总局，承担国务院反垄断委员会日常工作。

7月11日

〔纲　文〕　国务院办公厅印发《关于调整国务院教育督导委员会组成人员的通知》。

〔目　文〕　《通知》说，根据工作需要和人员变动情况，国务院对国务院教育督导委员会组成人员作了调整，现将调整后的组成人员名单通知如下。主任：孙春兰。副主任：陈宝生、丁向阳。委员：连维良、朱之文、黄卫、陈肇雄、陈改户、侍俊、余蔚平、汤涛、王广华、易军、张桃林、曾益新、尚勇、唐军。国务院教育督导委员会办公室设在教育部，承担委员会日常工作。

7月11日

〔纲　文〕　国务院办公厅印发《关于调整全国绿化委员会组成人员的通知》。

〔目　文〕　《通知》说，根据机构设置、人员变动情况和工作需要，国务院决定对全国绿化委员会的组成单位和人员进行调整，现将调整后的名单通知如下。主任：韩正。副主任：丁学东、张建龙、钱毅平、张勇、程丽华、倪虹、卢彦。委员由有关部门负责人组成。全国绿化委员会办公室设在林草局，承担全国绿化委员会日常工作，办公室主任由自然资源部党组成员、林草局局长张建龙兼任。全国绿化委员会成员因工作变动等需要调整的，由所在单位向全国绿化委员会提出，报全国绿化委员会主任审批。

7月11日

［纲　文］　郭声琨主持召开中央政法委全体会议。

［目　文］　赵克志、周强、张军出席会议。会议总结上半年工作，研究部署下半年工作。

中共中央政治局委员、中央政法委书记郭声琨指出，要坚持以习近平新时代中国特色社会主义思想为指导，进一步增强"四个意识"、坚定"四个自信"，坚持党对政法工作的绝对领导，坚持以人民为中心的发展思想，以全面深化政法改革为根本动力，以智能化建设为重要抓手，以过硬队伍建设为重要保障，努力建设更高水平的平安中国、法治中国，不断增强人民群众获得感、幸福感、安全感。要把学习贯彻习近平新时代中国特色社会主义思想作为首要政治任务，深入开展大学习大研讨大培训活动，形成讲政治、讲忠诚、讲业绩的浓厚氛围。

7月11日

［纲　文］　国家副主席王岐山在北京会见美国芝加哥市市长伊曼纽尔，双方就中美关系和两国地方合作等深入交换了意见。

7月11日

［纲　文］　外交部、商务部发言人就美方公布拟对中国2000亿美元输美产品加征关税清单发表谈话。

［目　文］　外交部发言人说，美方行为是典型的贸易霸凌主义，中方将作出必要反制，坚决维护自身正当合法权益。当今时代，各国经济不同程度融入全球产业链、价值链，彼此之间相互依存、兴衰相伴。立己达人方是正确选择。如果固守"零和博弈"的过时思维，任性挑起贸易战，不仅损害当事双方利益，也伤及全球产业链上的各方利益，不会有赢家。中国货物出口的40%，高科技产品出口的2/3都是在华外资企业实现的。美方是在向全世界开火，也在向自己开火。多位国际经济界权威人士的有关表态也充分表明，美方失去理性的行为十分危险，害人害己，不得人心。国际社会应共同努力，坚决抵制单边主义，反对保护主义，维护多边贸易体制和自由贸易规则。这是作为负责任国家应有的担当和责任。

同日，商务部新闻发言人就美方公布拟对我2000亿美元输美产品加征关税清单发表谈话指出，美方以加速升级的方式公布征税清单，是完全不可接受的，我们对此表示严正抗议。美方的行为正在伤害中国，伤害全世界，也正在伤害其自身，这种失去理性的行为是不得人心的。中方对美方的行为感到震惊，为了维护国家核心利益和人民根本利益，中国政府将一如既往，不得不作出必要反制。与此同时，我们呼吁国际社会共同努力，共同维护自由贸易规则和多边贸易体制，共同反对贸易霸凌主义。与此同时，我们将立即就美方的单边主义行为向世界贸易组织追加起诉。

7月11日

［纲　文］　东北虎豹国家公园标识正式启用。

〔目　文〕　东北虎豹国家公园标识正式启用，将用于展示东北虎豹国家公园的品牌形象、品牌价值和品牌文化。

东北虎豹国家公园是全国首批开展国家公园体制试点的10个单位之一，东北虎豹国家公园体制试点区跨吉林、黑龙江两省，总面积149.26万公顷。其中，吉林省占71%，黑龙江省占29%。试点区涉及吉林延边和黑龙江牡丹江2个地市、6个县，含7个国有林业局、77个林场、3个农场和12处各种类型的自然保护地。

7月11日

〔纲　文〕　原北京军区政治委员刘振华，在北京逝世，享年97岁。

7月11—21日

〔纲　文〕　第十二届全国舞蹈展演在昆明举办。

〔目　文〕　展演由文化和旅游部、云南省人民政府主办，文化和旅游部艺术司、云南省文化厅、昆明市人民政府承办，以"舞蹈艺术的盛会，人民群众的节日"为活动宗旨。本届展演积极倡导创作演出现实题材特别是反映改革开放40年的舞蹈作品；首次纳入舞剧、舞蹈诗，展示来自全国各地的80个舞蹈节目和5部舞剧，推动舞蹈创作形成大小兼顾、均衡发展的格局；首次开展巡演活动，发挥优秀舞蹈作品的导向和示范作用。展演期间，组织开展"一场一评""一剧一评"，加强舞蹈理论评论建设。

7月12日

〔纲　文〕　新华社讯，习近平对中央和国家机关推进党的政治建设作出指示。

〔目　文〕　中共中央总书记习近平作出指示指出，中央和国家机关首先是政治机关，必须旗帜鲜明讲政治，坚定不移加强党的全面领导，坚持不懈推进党的政治建设。希望中央和国家机关各级党组织和广大党员干部牢固树立"四个意识"，坚定"四个自信"，带头维护党中央权威和集中统一领导，在深入学习贯彻新时代中国特色社会主义思想上作表率，在始终同党中央保持高度一致上作表率，在坚决贯彻落实党中央各项决策部署上作表率，建设让党中央放心、让人民群众满意的模范机关。中央和国家机关工委要强化统一领导中央和国家机关党的工作的政治担当，指导督促部委党组（党委）认真履行机关党建主体责任，以党的政治建设为统领，形成强大合力，推动全面从严治党各项举措落地见效，开创中央和国家机关党的建设和各项事业新局面。

同日，中央和国家机关党的政治建设推进会在北京召开。中共中央政治局委员、中央和国家机关工委书记丁薛祥在会上传达习近平指示并讲话。会上，8个部委党组（党委）负责人作了交流发言，12个单位进行书面交流。中央和国家机关各单位机关党委书记、常务（专职）副书记和机关纪委书记参加会议。

会议指出，中央和国家机关各单位要深入学习贯彻习近平新时代中国特色社会主义思想和党的十九大精神，牢固树立"四个意识"，带头坚决维护习近平总书记的核心地位、坚决维护党中央权威和集中统一领导，坚持正确政治方向，严守党的政治纪律和政治规矩，严肃党内政治生活，不折不扣贯彻落实党中央决策部署，做好"三个表率"，建设"模范机关"。

7月12日

〔纲 文〕 新华社讯，中共中央办公厅印发《关于党的基层组织任期的意见》。

〔目 文〕 《意见》说，党的十九大党章修正案规定："党的基层委员会、总支部委员会、支部委员会每届任期三年至五年。"为贯彻落实党章规定，严肃党内政治生活，严格党的组织制度，完善党的基层组织任期，现提出如下意见。一、党的基层委员会每届任期一般为5年，党的总支部委员会、支部委员会每届任期一般为3年，其中，村和社区党的委员会、总支部委员会、支部委员会每届任期为5年。本意见印发前已换届的党的基层组织，原则上从本届任期届满后，开始执行上述规定。二、党的基层组织应严格执行任期制度，任期届满按期进行换届选举。如需延期或提前进行换届选举，应报上级党的委员会批准，延长或提前期限一般不超过1年。三、各地区各部门各单位党委（党组）要高度重视，加强组织领导，确保党的基层组织任期调整统一规范、平稳衔接。根据党组织隶属关系和干部管理权限，上级党组织要切实负起责任，认真做好基层党组织领导班子调整配备等相关换届准备工作，及时提醒督促按期换届。四、中国人民解放军、中国人民武装警察部队党的基层组织任期，由中央军委规定。五、本意见自发布之日起施行。其他有关党的基层组织任期的规定，凡与本意见不一致的，按照本意见执行。

7月12日

〔纲 文〕 中央财政拨付资金50.9亿元，支持有关省区开展耕地轮作休耕制度试点工作，比上年增加25.3亿元，增长98.8%。

7月12日

〔纲 文〕 中医药局等13个（部、委、局）印发《关于加强新时代少数民族医药工作的若干意见》。

〔目 文〕 《意见》由九个部分组成：一、指导思想、基本原则和发展目标。二、切实提高少数民族医药医疗服务能力。三、大力发展少数民族医药养生保健服务。四、切实加强少数民族医药人才队伍建设。五、扎实推进少数民族医药传承与创新。六、推动少数民族医药产业发展。七、大力弘扬少数民族医药文化。八、积极推动少数民族医药海外发展。九、完善发展少数民族医药事业的政策措施。

7月12日

〔纲 文〕 《人民日报》报道，中国首个自主研发的抗艾滋病新药——艾博韦泰长效注射剂获国家药品监督管理局批准上市。

〔目 文〕 该药是全球首个抗艾滋病长效融合抑制剂，拥有全球原创知识产权。

7月12日

〔纲 文〕 针对美国贸易代表办公室7月10日发表的《关于301调查的声明》，商务部发表声明。

［目　文］　声明说，一、美方污蔑中方在经贸往来中实行不公平做法，占了便宜，是歪曲事实、站不住脚的。二、美方指责中方漠视中美经贸分歧、没有进行积极应对，是不符合事实的。三、美方指责中方反制行动没有国际法律依据，其实恰恰是美方单方面发起贸易战没有任何国际法律依据。四、中方被迫采取反制行动，是维护国家利益和全球利益的必然选择，是完全正当、合理合法的。对于美方一再发出的贸易战威胁，中国政府反复申明"不愿打、不怕打、必要时不得不打"的原则立场。五、美国打贸易战不仅针对中国，还以全世界为敌，将把世界经济拖入危险境地。美方打着"美国优先"的旗号，以一己之私，随意"退群"，四面树敌，不仅以知识产权为名对中国发起301调查，还以国家安全名义对全球主要经济体发起232调查，针对钢铁、铝、汽车等重要产业制造贸易摩擦。六、中方将继续按照既定部署和节奏，坚定不移地推动改革开放，并与世界各国一道，坚定不移地维护自由贸易原则和多边贸易体制。

7月12日

［纲　文］　中国贸促会发布，截至2017年，中国出口ATA（"暂准免税进口"）单证册签发量已跃居亚洲第一，世界第七，涉单货值超过20亿元人民币。

［目　文］　ATA单证册主要应用于临时进出口货物，例如去境外参加展览会或交易会的展品，去境外测试或使用的各类专业设备，赴境外商务洽谈所携带商业样品等。

7月12日

［纲　文］　《人民日报》发表评论员文章《美国升级贸易战是霸凌主义对世界的挑衅》。

7月12—14日

［纲　文］　应国务委员兼外交部部长王毅邀请，博茨瓦纳共和国国际事务与合作部长尤妮蒂·道对中国进行正式访问。

［目　文］　13日，国家副主席王岐山在北京会见尤妮蒂·道时表示，中方为博方发展取得的成绩感到高兴，希望双方不断增进政治互信，拓展务实合作，分享发展经验。中非是真诚的朋友，习近平主席提出的人类命运共同体理念应在中非、中博关系中得到具体体现。欢迎马西西总统出席中非合作论坛北京峰会，相信在两国元首引领下，中博关系将会提升到新的水平。

尤妮蒂·道表示，博茨瓦纳高度重视对华关系，坚定奉行一个中国政策。马西西总统期待出席中非合作论坛北京峰会，并愿在"一带一路"框架下拓展和深化博中各领域合作。

同日，王毅在北京同尤妮蒂·道举行会谈时说，今年9月即将举行的中非合作论坛北京峰会对中非关系发展具有里程碑意义。中方欢迎博方积极参与"一带一路"合作，欢迎博方参加将于今年11月在上海举办的首届中国国际进口博览会。

尤妮蒂·道说，马西西总统和博政府将坚定奉行一个中国政策，支持习近平主席关于构建人类命运共同体的重要理念和"一带一路"倡议。博方一贯致力于维护多边主义。

7月13日

[纲　文]　习近平主持召开中央财经委员会第二次会议。

[目　文]　中共中央总书记、中央财经委员会主任习近平强调，关键核心技术是国之重器，对推动我国经济高质量发展、保障国家安全都具有十分重要的意义，必须切实提高我国关键核心技术创新能力，把科技发展主动权牢牢掌握在自己手里，为我国发展提供有力科技保障。

中共中央政治局常委、中央财经委员会副主任李克强，中共中央政治局常委、中央财经委员会委员王沪宁、韩正出席会议。中央财经委员会委员出席会议，中央和国家机关有关部门负责人列席会议。会议听取了发展改革委、科技部、工业和信息化部、中国科学院、中国工程院的汇报。

会议强调，要充分发挥社会主义市场经济的独特作用，充分发挥我国社会主义制度优势，充分发挥科学家和企业家的创新主体作用，形成关键核心技术攻坚体制。要聚焦国家需求，统筹整合力量，发挥国内市场优势，强化规划引领，形成更有针对性的科技创新的系统布局和科技创新平台的系统安排。要坚持开放合作创新，扩大科技领域对外开放，充分利用国际创新资源，开辟多元化合作渠道，精准选择合作领域，加强高等院校、科研院所等对外科技交流合作，强化创新伙伴关系。

会议指出，突破关键核心技术，关键在于有效发挥人的积极性。要发扬光大"两弹一星"精神，形成良好精神面貌。教育引导广大科技工作者强化责任意识，弘扬科学精神，坚定自信，潜心研究，努力作出更多有价值的原创性成果。要加强党中央对科技工作的集中统一领导，形成推动攻克关键核心技术的强大合力。要加强科技领域干部队伍建设，培养一大批能够把党和国家科技政策贯彻落实好的组织型人才，成为领导科技工作的行家里手和科研人员的知心人。要广泛开展科学普及活动，形成热爱科学、崇尚科学的社会氛围，提高全民族科学素质。

7月13日

[纲　文]　习近平在北京会见中国国民党前主席连战率领的台湾各界人士参访团。

[目　文]　中共中央总书记习近平强调，大道之行、人心所向，势不可挡。我们有充分的信心和足够的能力，牢牢把握正确方向，坚定不移推动两岸关系和平发展、推进祖国和平统一进程。希望两岸同胞共同努力，坚持体现一个中国原则的"九二共识"，坚决反对和遏制"台独"，扩大深化两岸各领域交流合作，增进同胞亲情福祉，在新时代携手同心书写中华民族伟大复兴新篇章。

习近平指出，"不畏浮云遮望眼，自缘身在最高层"。只要大家登高望远，就能看清主流、把握大势，共同推动两岸关系克难前行。我们对两岸关系未来充满信心，因为推动两岸关系和平发展、携手致力民族复兴，是符合民族整体利益、顺应时代潮流、造福两岸同胞、得到两岸同胞拥护的正确道路；因为不管经历多少风雨，两岸同胞在民族、文化认同和情感上从未分离；因为尽管数十年来两岸关系跌宕起伏，但总体趋势是向前发展的；因为两岸是密不可分、休戚与共的命运共同体。两岸同胞对更加美好生活的共同追求，对两岸关系走近走好的一致向往，是任何人都阻挡不了的。

习近平指出，"不忘初心，方得始终"。正确道路要坚持走下去。特别是在当前台海形势下，两岸同胞更要坚定信心，团结前行。第一，坚定不移坚持"九二共识"、反对"台独"。第二，坚定不移扩大深化两岸交流合作。第三，坚定不移为两岸同胞谋福祉。第四，坚定不移团结两岸同胞共同致力民族复兴。民族强盛是同胞共同之福，民族弱乱是同胞共同之祸。实现中华民族伟大复兴是近代以来中华民族最伟大的梦想，是一代又一代中国人为之不懈奋斗的共同事业。民族复兴道路上，台湾同胞不应该缺席，也一定不会缺席。两岸同胞要顺应历史大势、共担民族大义，共同推动两岸关系和平发展、推进祖国和平统一进程，共圆中华民族伟大复兴的中国梦。

连战提出一个中国、两岸和平、互利融合、振兴中华四点主张。他表示，2005年国共两党共同发布两岸和平发展五项愿景，基于坚持"九二共识"、反对"台独"的共同认知，推动两岸关系走上和平发展正轨。当前，台海形势陷入不稳定，正在对台湾民众的安全与福祉造成危害。两岸人民同属中华民族，曾经走过休戚与共的历史，本即一家人，不应再内耗，应当相偕以行，为追求两岸和平共荣而献策献力，共建和平的海峡及繁荣的两岸。

连战表示，两岸应在"九二共识"基础上巩固政治互信，重启对话，循序渐进处理历史所遗留的政治分歧。同时，通过经济合作、文化交流、民间往来，不断扩大互利，厚植两岸人民的同胞情谊、兄弟情怀，持续增进融合，共同促成振兴中华、民族复兴的美好未来。

同日，全国政协主席汪洋在北京会见连战率领的台湾各界人士参访团时指出，两岸同胞是命运与共的骨肉兄弟，是血浓于水的一家人。民进党当局处心积虑设置障碍，阻挡不住两岸同胞交往交流的脚步。我们秉持"两岸一家亲"理念，愿意率先同台湾同胞分享大陆发展机遇，落实促进两岸经济文化交流合作的各项措施，为台湾同胞前来大陆学习、创业、就业、生活提供更多便利，逐步享有与大陆企业、大陆同胞同等的待遇，促进两岸同胞心灵契合。

连战表示，中华文化和民族认同深植于台湾广大台胞心中。当前台海形势不稳、危机潜伏，使热心两岸关系和平发展的各界人士深感忧虑，不符合台湾同胞根本利益。所有中华儿女不能沉默无为，应共担民族大义，致力追求台海和平稳定，共谋民族复兴。

7月13日

[纲　文]　**李克强主持召开国务院常务会议**。

[目　文]　会议主要内容是：一、部署中央预算执行和其他财政收支审计查出问题整改工作，使积极财政政策发挥更大效用。会议要求，要抓紧整改2017年度中央预算执行和其他财政收支审计查出的问题，一是相关部门、单位和地方政府一把手要切实担起第

一责任，对查出的问题制定台账、明确整改时间表，对屡改屡犯的问题要集中攻关、确保销账。整改结果于10月底前报告国务院，并在向全国人大常委会报告后向社会公开。二是加快财政资金支出进度，着力解决存量资金闲置、预算资金下达慢、预算绩效评价不到位和财政资金挤占挪用等问题，使公帑花出更大效益。三是进一步优化财政支出结构，提高财政资金地方统筹比例。健全预算约束、转移支付、国资监管等制度。会议强调，要加大对审计查出问题整改工作的督促检查，既要惩处乱作为，又要问责不作为，更要激励开拓实干，以更有效的整改成果促进经济持续稳定发展和民生不断改善。二、决定新设一批跨境电子商务综合试验区，持续推进对外开放、促进外贸转型升级。会议决定，推动跨境电商在更大范围发展，择优选择电商基础条件好、进出口发展潜力大的地方，并向中西部和东北地区倾斜，在北京、呼和浩特、沈阳、长春、哈尔滨、南京、南昌、武汉、长沙、南宁、海口、贵阳、昆明、西安、兰州、厦门、唐山、无锡、威海、珠海、东莞、义乌等22个城市新设一批跨境电商综合试验区。会议要求，有关部门和城市政府要深化外贸领域"放管服"改革，以跨境电商为突破口，在物流、仓储、通关等方面进一步简化流程、精简审批，完善通关一体化、信息共享等配套政策，推进包容审慎有效的监管创新，推动国际贸易自由化、便利化和业态创新。

7月13日

[纲　文]　国务院办公厅印发《关于开展全国政策性粮食库存数量和质量大清查的通知》。

[目　文]　《通知》由四个部分组成：一、总体要求。二、清查步骤。三、强化责任。四、保障措施。

《通知》要求，本次粮食库存大清查以2019年3月末（统计结报日）为清查时点，分为准备、自查、普查、抽查、整改五个阶段。纳入清查范围的所有政策性粮食承储企业要实事求是反映粮食库存情况，严格按照粮食库存大清查各项要求逐货位进行自查。省级政府统一组织，各地市级人民政府对本行政区域内纳入清查范围的承储企业库存粮食逐货位进行全面普查。国务院有关部门对重点地区、重点企业自查和普查情况进行抽查。对粮食库存大清查发现的问题，各地要督促企业狠抓整改落实，建立整改台账，明确责任单位和整改时限。要强化责任，严格落实自查、普查、抽查责任，对清查结果实行责任追究制。

7月13日

[纲　文]　国资委印发《中央企业违规经营投资责任追究实施办法（试行）》。

[目　文]　《办法》共8章82条。主要有总则、责任追究范围、资产损失认定、责任认定、责任追究处理、责任追究工作职责、责任追究工作程序等内容。自2018年8月30日起施行。《中央企业资产损失责任追究暂行办法》（国资委令第20号）同时废止。

7月13日

[纲　文]　中央党校（国家行政学院）举行2018年春季学期毕业典礼。

［目　文］　中共中央政治局委员、中央党校（国家行政学院）校长（院长）陈希出席毕业典礼，并为学员颁发毕业证书。中央党校（国家行政学院）分管日常工作的副校长（副院长）何毅亭主持毕业典礼，本期毕业学员共1543人。

7月13日

［纲　文］　《人民日报》发表评论员文章《美国不应将世界经济拖入"衰退陷阱"》。

7月13—22日

［纲　文］　"中国精神——第四届中国油画进京展"在中国美术馆举办。

［目　文］　进京展由中国美术家协会主办。展览包括表现性油画、写实性油画、抽象性油画，共计展出作品187件。

7月13—22日

［纲　文］　2018中国童书博览会在北京展览馆举办。

［目　文］　童博会由中国出版协会、北京市妇女联合会、北京出版发行业协会主办，以"让中国的孩子读最好的童书，让世界的孩子读中国最好的童书"为主题，以国内外专家和机构为核心资源，搭建儿童阅读、家庭分享、行业创新、产业发展等四位一体化的儿童阅读推广服务平台。

7月13—17日

［纲　文］　2018中国·内蒙古国际合唱周在呼和浩特举办。

［目　文］　合唱周由上海合作组织支持、内蒙古自治区人民政府与国际合唱联盟主办。上合组织成员国、"一带一路"国家和来自五大洲的39个国家和地区的396名合唱演员，共同唱响"上海精神"进行曲、合奏"一带一路"交响曲。合唱周活动包括开幕式演出"上合之夜"、世界青年合唱团呼包鄂三地巡演，中外合唱团展演，声乐、作曲艺术国际大师讲座，国际合唱论坛以及闭幕式演出"五洲同声 唱响草原"等内容。

7月14日

［纲　文］　国务院印发《关于推进国有资本投资、运营公司改革试点的实施意见》。

［目　文］　《意见》由五个部分组成：一、总体要求。二、试点内容。三、实施步骤。四、配套政策。五、组织实施。

《意见》指出，各省级人民政府对本地区国有资本投资、运营公司试点工作负总责，要紧密结合本地区实际情况，制定本地区国有资本投资、运营公司改革试点实施方案，积极稳妥组织开展试点工作。各省级人民政府要将本地区改革试点实施方案报国务院国有企业改革领导小组备案。

7月14日

［纲　文］　国务院印发《关于加强滨海湿地保护严格管控围填海的通知》。

［目　文］　《意见》由六个部分组成：一、总体要求。二、严控新增围填海造地。三、加快处理围填海历史遗留问题。四、加强海洋生态保护修复。五、建立长效机制。

六、加强组织保障。

《意见》指出，各沿海省（自治区、直辖市）是加强滨海湿地保护、严格管控围填海的责任主体，政府主要负责人是本行政区域第一责任人，要切实加强组织领导，制定实施方案，细化分解目标任务，依法分类处置围填海历史遗留问题，加大海洋生态保护修复力度。

7月14日

［纲　文］　"向阳红03"科考船在厦门起航，执行中国大洋50航次科考。

［目　文］　"向阳红03"科考船在西太平洋、东太平洋等区域执行中国大洋50航次科考任务，2018年12月完成任务返回厦门。

本航次执行我国深海战略专项"蛟龙探海"工程的重要任务，分A段和B段，共计150天，航程约15000海里。其中，A段为第一航段，为期50天，主要在中国大洋协会多金属结核合同区开展资源和环境、生物多样性调查，获取合同区环境基线数据和样品。B段分为第二、第三航段，为期100天。第二航段主要在东太平洋中国五矿集团公司多金属结核合同区开展资源和环境调查，进一步了解合同区资源概况；第三航段主要在东太平洋中国五矿合同区和东太平洋中国大洋协会合同区开展资源和环境基线调查。

"向阳红03"科考船为中国自主设计与建造、综合观测技术能力达到国际一流水平的科学考察船，具备海洋动力、地质与地球物理、生物生态、海洋化学等环境综合科考能力。

7月14日

［纲　文］　第八届中国儿童戏剧节在北京中国儿童剧场开幕。

［目　文］　戏剧节由文化和旅游部艺术司指导，中国儿童艺术剧院联合北京市东城区委、区政府和中国儿童戏剧研究会共同主办，以"点亮五洲童心，塑造美好未来"为主题，历时43天，涵盖优秀剧目展演、艺术研讨和丰富的戏剧活动。五大洲16个国家的38家儿童戏剧团体携61台剧目演出229场，惠及16万观众。

7月14日

［纲　文］　《人民日报》发表评论员文章《"反契约陷阱"给世界经济带来失序风险》。

7月14—15日

［纲　文］　第七届世界和平论坛在清华大学举行。

［目　文］　论坛由清华大学主办、中国人民外交学会协办，以"构建安全共同体：平等、公平、正义"为主题。中共中央政治局委员、中央外事工作委员会办公室主任杨洁篪出席开幕式并作主旨演讲。来自多个国家的前政要及智库领袖就当今世界持续面临的安全挑战形势进行讨论，提出建设性应对方案，推动国际社会安全合作。

7月14—22日

［纲　文］　中共中央政治局委员、上海市委书记李强率中共代表团访问古巴、巴拿马、秘鲁。

［目　文］　李强访问古巴期间，在哈瓦那会见古巴国务委员会主席兼部长会议主席迪亚斯－卡内尔；分别同古共中央政治局委员、古巴工人中央工会总书记吉拉特，古共中央书记处书记、国际关系部部长巴拉格尔举行会谈，出席圣保罗论坛第二十四次年会并发表演讲，考察古巴遗传工程和生物技术研究中心，与古共领导人共同观看上海改革开放40年成就图片展和"上海之夜"文艺演出。

李强访问巴拿马期间，分别会见了巴拿马总统巴雷拉、巴拿马主义党主席何塞·巴雷拉和巴拿马城市长布兰顿，见证上海市同巴拿马城签署两市合作交流意向书，考察科隆自贸区，出席上海改革开放40年成就图片展。

李强访问秘鲁期间，会见了秘鲁总理比利亚努埃瓦，同"为了变革的秘鲁人"党主席比奥莱塔举行会谈，会见利马市长卡斯塔涅达，见证上海市同利马市签署友好协议，出席上海改革开放40年成就图片展和"上海之夜"文艺演出。

7月15日

［纲　文］　**国家主席习近平就巴基斯坦发生严重恐怖袭击事件向巴基斯坦总统侯赛因致慰问电。**

［目　文］　习近平向无辜遇难者表示深切的哀悼，向伤者及遇难者的亲属表示诚挚的慰问。习近平表示，恐怖主义是人类的共同敌人。中方坚决反对一切形式的恐怖主义，对这一恐怖袭击事件予以强烈谴责。中国人民始终同巴基斯坦人民站在一起，坚定支持巴基斯坦为打击恐怖主义、维护国家稳定、保护人民生命安全所作的努力。

14日，针对巴基斯坦自杀式爆炸袭击一事，外交部发言人表示，中方对这起袭击事件深感震惊，予以强烈谴责。中方向遇难者表示沉痛哀悼，向受伤人员和遇难者家属表示深切慰问。中国反对一切形式的恐怖主义，坚定支持巴基斯坦政府和人民为打击恐怖主义、维护国家稳定和人民安全所作的不懈努力。

7月15日

［纲　文］　**国家药监局发布通告：长生生物违规生产冻干人用狂犬病疫苗。**

［目　文］　通告说，对长春长生生物科技有限责任公司开展飞行检查，发现该企业冻干人用狂犬病疫苗生产存在记录造假等严重违反《药品生产质量管理规范》行为。目前，国家药监局已要求吉林省食品药品监督管理局收回该企业《药品GMP证书》(证书编号：JL20180024)，责令其停止狂犬疫苗的生产，责成企业严格落实主体责任，全面排查风险隐患，主动采取控制措施，确保公众用药安全。吉林省食品药品监督管理局调查组已进驻该企业，对相关违法违规行为立案调查。国家药监局派出专项督查组，赴吉林督办调查处置工作。本次飞行检查所有涉事批次产品尚未出厂和上市销售，全部产品已得到有效控制。

7月15日

［纲　文］　**中国首支维和直升机分队全体官兵荣获联合国"和平荣誉勋章"。**

［目　文］　中国首支维和直升机分队授勋仪式在位于苏丹达尔富尔法希尔的营区举行，全体140名维和官兵荣获联合国"和平荣誉勋章"。

联合国和非洲联盟驻达尔富尔联合特派团（联非达团）联合特别代表马马波罗在授勋仪式上致辞说，中国维和直升机分队在推进达尔富尔地区和平重建和人道主义援助工作中表现优异，许多方面都堪称联非达团维和部队的典范，我为你们感到骄傲。

中国维和直升机分队累计安全飞行近800小时，运送各类人员近5000名、物资装备近200吨，4架直升机的航迹遍布达尔富尔任务区15个任务点。

7月15日

［纲　文］　《人民日报》发表评论员文章《饮水当思源　先富帮后富》《"恐怖陷阱"冲击全球产业链和价值链》。

7月16日

［纲　文］　国家主席习近平在北京会见来华出席第二十次中国欧盟领导人会晤的欧洲理事会主席图斯克和欧盟委员会主席容克。

［目　文］　习近平指出，中方愿在相互尊重、公平正义、合作共赢的基础上，同欧方共同努力，推动中欧全面战略伙伴关系百尺竿头更进一步，促进双方经济社会发展和民众福祉。双方要牢牢把握中欧全面战略伙伴关系正确方向，继续推进和平、增长、改革、文明四大伙伴关系建设。要挖掘中欧经贸合作潜力，促进双向投资，加强创新领域合作，丰富"一带一路"框架下合作，包括探索行之有效的三方合作。要探索中欧文明对话的新领域新模式，扩大人文领域交流合作。今年是中国改革开放40周年，中方在这具有历史性意义的年份推进新一轮改革开放，宣布并开始实施了一系列开放举措，未来还将向中国人民和世界交出全面深化改革、扩大开放的更好成绩单。中国和欧盟都处在世界最大经济体、贸易体之列，也都是多边贸易体制受益者、维护者。双方应当顺应世界多极化、经济全球化的时代潮流，加强战略沟通和协作，携手维护多边主义、基于规则的自由贸易体系，共同维护开放型世界经济，促进贸易和投资自由化便利化、完善全球治理、推进人类和平与发展事业。

图斯克和容克表示，欧盟感谢中国支持欧洲一体化进程，愿同中国扩大各领域合作，密切在国际事务中沟通协调。欧盟和中国都致力于多边主义，都主张维护以规则为基础的国际秩序，在相互尊重基础上处理国家间关系，通过多边协商完善多边贸易体系。

同日，国务院总理李克强在北京同图斯克、容克共同主持第二十次中国欧盟领导人会晤。李克强与图斯克、容克共同见证了中国同欧盟之间在投资、环保、循环经济、蓝色伙伴关系、海关等领域多项合作文件的签署并共同会见记者并回答提问。双方一致同意发表《第二十次中国欧盟领导人会晤联合声明》和《中欧领导人气候变化和清洁能源联合声明》。李克强和容克共同出席中欧企业家圆桌会开幕式，听取双方企业家对深化中欧合作的意见和建议，一致认为中欧经贸投资合作前景广阔，双方将共同努力，扩大双向开放，放宽市场准入，优化营商环境，更好实现互利共赢。

国务院副总理刘鹤在北京会见来京出席第二十次中欧领导人会晤的欧盟委员会副主席卡泰宁时表示，中欧领导人会晤和中欧经贸高层对话相继成功举行，下一步双方要落实好已达成的一系列丰硕成果共识，让双方人民和企业真正获益。当前，单边主义和贸易霸凌主义对世界造成严重危害，中方愿与欧盟一道坚定维护自由贸易规则和多边贸易体制，与时俱进完善世贸组织。

卡泰宁表示，欧盟在贸易方面有相同关切，愿与中方加强沟通协调，携手推动世贸组织改革，共同维护多边贸易体制。

7月16日

[纲　文]　国家主席习近平在北京会见联合国教科文组织总干事阿祖莱。

[目　文]　习近平指出，当今世界，各国人民前途命运越来越紧密相连。人类文明是多元并存的。进入新时代的中国，我们一方面坚持文化自信，大力发展教育、科技、文化事业，提高文明素质，一方面秉持"世界大同"、和合共生的传统理念，主张各国文化相互尊重，交流互鉴。中国提出"一带一路"倡议，既要促进共同发展，也要促进民心相通。中国愿为促进世界文明对话和人类发展进步作出更大贡献。联合国教科文组织作为全球最大的智力合作组织，可以为构建人类命运共同体发挥重要作用。中国同联合国教科文组织的关系持续稳定发展，这有利于世界和平与繁荣。中方重视联合国教科文组织，坚定支持联合国教科文组织在促进世界发展中发挥的重要作用，愿深化双方合作，共同造福世界各国人民，特别是助力发展中国家教育、科技、文化事业进步。

阿祖莱表示，当今世界，孤立主义、单边主义抬头。国际社会应开放包容，坚持多边主义、坚持对话交流，这也是全球治理的重要内容。联合国教科文组织感谢中国的坚定支持，高度评价双方合作，赞赏中方致力于多边主义。联合国教科文组织同中方理念高度契合，赞同习近平主席提出的构建人类命运共同体主张，愿积极参与"一带一路"合作，为世界和平、安全与合作作出贡献。

17日，中宣部部长黄坤明在北京会见阿祖莱时表示，中方高度赞赏联合国教科文组织在维护世界文化多样性、促进世界持久和平方面发挥的重要作用，愿意继续加强同教科文组织务实合作，共同促进文明交流互鉴，推动构建人类命运共同体。

阿祖莱表示，联合国教科文组织致力于坚持和推动多边主义，同中国理念高度契合，感谢中方对其坚定支持，期待进一步加强同中国的交流与合作。

7月16日

[纲　文]　国家主席习近平在北京会见世界银行行长金墉。

[目　文]　习近平指出，中国同世界银行有着长期良好的合作。我们赞赏世界银行积极支持"一带一路"倡议，以及近年来大力推进增资和股权改革，提高包括中国在内的新兴市场国家和发展中国家的代表性和发言权。世界银行是维护多边主义和经济全球化的重要力量。中方愿深化同世界银行的全球发展伙伴关系，促进贸易和投资自由化便利化，

共同推动全球减贫和可持续发展，维护开放型世界经济，建设人类命运共同体。作为负责任大国和现行国际体系的建设者和贡献者，中国将坚定不移支持完善多边贸易体制，推动贸易和投资自由化便利化，致力于同各方一道，做大合作的蛋糕，实现互利共赢。我们提出"一带一路"倡议，就是要在国际规则基础上，通过共商共建共享，促进国际发展合作。中方愿加强同世界银行在"一带一路"框架下合作。

金墉表示，在全球化时代，各国都不能闭关自守，都要遵守规则。世界银行赞赏中方支持多边主义和经济全球化，支持世界银行增资和股权改革。习主席提出的"一带一路"倡议体现着远见卓识，极大地有助于国际发展合作和减贫事业。世界银行愿同中方进一步深化"一带一路"框架下合作，共同推动全球减贫和发展事业不断取得新的成就。

7月16日

［纲　文］　全国人大常委会党组进行集体学习。

［目　文］　学习内容为习近平新时代中国特色社会主义思想，以"中国共产党的历史使命"为主题，围绕"历史使命、历史责任和我们的历史担当"进行专题讨论。全国人大常委会委员长、党组书记栗战书主持并讲话。王晨、曹建明、张春贤、沈跃跃、吉炳轩、艾力更·依明巴海、王东明、白玛赤林和杨振武出席会议并发言。中央党校副校长谢春涛作专题报告。

7月16日

［纲　文］　尼雷尔领导力学院奠基仪式在坦桑尼亚举行。中共中央总书记习近平致贺信。

［目　文］　习近平表示，值此坦桑尼亚革命党、南非非洲人国民大会、莫桑比克解放阵线党、安哥拉人民解放运动、纳米比亚人组党、津巴布韦非洲民族联盟—爱国阵线六姊妹党联合建设的尼雷尔领导力学院奠基之际，我谨代表中国共产党，并以我个人的名义，对此致以热烈的祝贺。南部非洲六姊妹党是领导各自国家民族解放斗争和经济建设的重要力量。联合建设尼雷尔领导力学院是六姊妹党加强党的自身建设、提高执政能力的重要举措，将为各自国家发展进步发挥积极作用。长期以来，中国共产党同六姊妹党保持传统友好关系，为双方国家关系发展发挥了重要政治引领作用。中国共产党愿以此为契机，同包括六姊妹党在内的非洲各国政党加强交流，互学互鉴，携手推动建设更加紧密的中非命运共同体，共同为人类和平与发展的崇高事业作出积极贡献。

中共中央对外联络部部长宋涛在奠基仪式上宣读了习近平的贺信。南部非洲六姊妹党总书记共同出席奠基仪式，分别宣读了南非总统拉马福萨、莫桑比克总统纽西、安哥拉总统洛伦索、纳米比亚总统根哥布、津巴布韦总统姆南加古瓦的贺信。

尼雷尔领导力学院是南部非洲六姊妹党联合培训机构。学院由六党共同建设，通过招标方式由中方公司承建。

7月16日

［纲　文］　科技部公布修改后的《高等级病原微生物实验室建设审查办法》，自

2018年10月31日起施行。

7月16日

［纲　文］　广电总局公布《广播电视设备器材入网认定管理办法》。

［目　文］　《办法》共5章25条。主要有总则、申请和认定、监督管理、法律责任等内容。自2018年8月20日起施行。国家广播电影电视总局2004年6月18日颁布的《广播电视设备器材入网认定管理办法》同时废止。

7月16日

［纲　文］　生态环境部印发《环境影响评价公众参与办法》，自2019年1月1日起施行。

7月16日

［纲　文］　民政部、财政部、国务院扶贫办印发《关于在脱贫攻坚三年行动中切实做好社会救助兜底保障工作的实施意见》。

［目　文］　《意见》由三个部分组成：一、总体要求。二、任务措施。三、组织保障。

《意见》要求，各地脱贫攻坚三年行动中的社会救助兜底保障工作进展情况及工作中出现的重大问题，请及时报告民政部、财政部、国务院扶贫办。

7月16日

［纲　文］　国务院决定免去蒋建国的国务院新闻办公室主任职务。

7月16日

［纲　文］　国家副主席王岐山在北京会见由党主席斯齐亚沃尼率领的阿根廷共和国方案党干部考察团。

［目　文］　王岐山表示，近年来习近平主席同马克里总统三次会晤，就新时期深化中阿全面战略伙伴关系作出顶层设计，为两国关系发展指引了方向。政治互信是两国关系发展的基础，政党交流是两国关系的重要组成部分。中国共产党愿同阿根廷共和国方案党建立新型政党关系，互学互鉴，为促进中阿关系更好发展发挥重要作用。

斯齐亚沃尼表示，阿方高度重视阿中关系，希望提升双方合作质量。阿根廷共和国方案党愿借鉴中方发展经验，加强两党交流合作。

7月16日

［纲　文］　第三届上合组织青年交流营开营仪式在青岛举行。

［目　文］　本届上合组织青年交流营为期8天，分青岛、北京两个阶段举行，主题为"新上合、新伙伴"，200多名来自12个上合组织成员国和观察员国的青年代表参加交流营活动。活动期间举行青年论坛、专题讲座、文化交流、参观访问等一系列丰富多彩的活动，与会代表还围绕"上合组织地区民心相通新机遇""上合组织地区青年发展新举措"等主题，共同探讨如何为地区发展贡献青春力量。此外，各国青年代表共同学习讨论《上合组织成员国元首致青年共同寄语》，畅谈认识和体会，分享对"上海精神""一带一路"

倡议的感受和实践。

上合组织青年交流营活动是国家主席习近平2015年在上海合作组织乌法峰会上提出的倡议，自2016年起连续举办了三届。

7月16日

[纲　文]　"应对不平衡不充分发展，实现可持续发展目标"高级别会议在纽约联合国总部举办。

[目　文]　会议由中国常驻联合国代表团与联合国经济与社会事务部、联合国开发计划署在纽约联合国总部共同举办。中国常驻联合国代表马朝旭表示，中方愿同各方一道，共同维护自由贸易和多边贸易体制，坚定维护世界各国的共同利益。近来，单边主义、保护主义威胁全球经济增长，已经在世界范围内引起广泛担忧，遭到普遍反对。中方一贯反对单边主义和贸易投资保护主义，主张理性处理贸易关系中出现的分歧和问题。中国愿同世界各国一道努力，推进国际发展合作，优化发展伙伴关系，改善国际发展环境，妥善应对不平衡不充分发展，构建人类命运共同体。

与会各方普遍认为，联合国讨论此问题，有助于各方进一步推进落实2030年可持续发展议程，实现惠及各方的可持续发展。国际社会应积极构建伙伴关系，采取集体行动，共同应对全球面临的发展领域挑战。与会各方还积极评价中国在落实2030年可持续发展议程中发挥的引领作用，高度赞赏中国—联合国和平与发展基金为支持发展中国家实现经济、社会和环境的协调发展，推进落实2030年可持续发展议程作出的重要贡献。

7月17日

[纲　文]　中共中央在中南海召开党外人士座谈会。

[目　文]　中共中央总书记习近平主持座谈会并讲话。中共中央政治局常委李克强、汪洋、王沪宁、韩正出席。丁薛祥、刘鹤、胡春华、尤权、王勇、肖捷、何立峰，中共中央、国务院有关部门负责人出席座谈会。会议就当前经济形势和下半年经济工作听取各民主党派中央、全国工商联负责人和无党派人士代表的意见建议。

李克强通报了上半年经济工作有关情况，介绍了中共中央关于做好下半年经济工作的考虑。民革中央主席万鄂湘、民盟中央主席丁仲礼、民建中央主席郝明金、民进中央主席蔡达峰、农工党中央主席陈竺、致公党中央主席万钢、九三学社中央主席武维华、台盟中央主席苏辉、全国工商联主席高云龙、无党派人士代表林毅夫先后发言。他们赞同中共中央对我国经济形势的分析和下半年经济工作的考虑，并就推进供给侧结构性改革、实施健康中国战略、建设粤港澳大湾区、优化营商环境、增强经济平稳健康发展动力、加强青藏高原生态文明建设、做好重点区域农业面源污染治理、深化两岸民间产业合作等提出意见和建议。

中共中央总书记习近平指出，今年以来，面对国内外形势的深刻复杂变化，中共中央观大势、把方向、谋全局，各地区各部门按照中共中央部署，坚持稳中求进工作总基调，坚持新发展理念，落实高质量发展的要求，推进供给侧结构性改革，加快改革开放步伐，着力打好三大攻坚战，我国经济发展取得了新成绩。下半年，我们要坚持稳中求进工作总基调，在保持经济社会大局稳定的基础上，在改革开放和结构调整等方面积极进取，加强统筹协调，形成政策合力，扎实细致工作，稳就业、稳金融、稳外贸、稳外资、稳投资、稳预期，做好民生保障和社会稳定工作，统筹做好经济社会发展工作，保持经济平稳健康发展。

习近平给大家提出三点希望。一是希望大家正确认识当前经济形势，保持信心、坚定决心，更广泛地凝聚共识。二是希望大家聚焦中共十九大确定的目标任务，发挥特点优势，为推动高质量发展献计出力。三是希望大家正确认识当前社会热点问题，加强思想引导，为经济社会发展营造良好环境。

7月17日

[纲　文]　国务院任命张建民为国家烟草专卖局局长，免去凌成兴的国家烟草专卖局局长职务。

7月17日

[纲　文]　国务院办公厅印发《关于调整国务院安全生产委员会组成人员的通知》。

[目　文]　《通知》说，根据机构设置、人员变动情况和工作需要，国务院决定对国务院安全生产委员会作相应调整。现将调整后的名单通知如下。主任：刘鹤。副主任：王勇、赵克志、黄明、王玉普、孟扬。成员由有关部门负责人组成。安委会办公室设在应急部，承担安委会的日常工作。办公室主任由应急部部长王玉普兼任，办公室副主任由应急部副部长付建华、孙华山，应急部副部长、煤矿安监局局长黄玉治，应急部党组成员、总工程师王浩水担任。安委会成员因工作变动等需要调整的，由所在单位向办公室提出，报安委会主任批准。

7月17日

[纲　文]　卫生健康委、中医药管理局发布《关于印发互联网诊疗管理办法（试行）等3个文件的通知》。

[目　文]　《通知》说，为贯彻落实《国务院办公厅关于促进"互联网+医疗健康"发展的意见》有关要求，进一步规范互联网诊疗行为，发挥远程医疗服务积极作用，提高医疗服务效率，保证医疗质量和医疗安全，国家卫生健康委员会和国家中医药管理局组织制定了《互联网诊疗管理办法（试行）》《互联网医院管理办法（试行）》《远程医疗服务管理规范（试行）》，现印发给你们，请遵照执行。

7月17日

[纲　文]　水利部宣布，全面推进河长制取得重大进展。

[目　文]　截至6月底，31个省（自治区、直辖市）全部建立河长制，提前半年完成中央确定的目标任务。机构到位，河长就位，全国明确省、市、县、乡四级30多万名河长，设立76万多名村级河长。百万河长上岗，每条河流都有了"健康守护人"。据统

计，全国有省级河长 402 人，其中 59 位省级党政主要负责人担任总河长。29 个省份将河长体系延伸至村，打通河长制"最后一公里"。

7 月 17 日

［纲　文］　公安部与国家文物局在北京召开全国打击文物犯罪专项行动电视电话会议。

［目　文］　会议确定，公安部与国家文物局联合部署全国公安机关和文物部门从即日起至 2018 年 12 月 31 日，开展为期 6 个月的打击文物犯罪专项行动，严厉打击文物犯罪活动，严惩文物犯罪分子，完善安保措施，堵塞监管漏洞，坚决遏制文物犯罪案件多发高发态势，切实保护国家文物安全。

7 月 17 日

［纲　文］　国家副主席王岐山在北京会见世界卫生组织总干事谭德塞。

［目　文］　王岐山表示，中国政府致力于推进"健康中国"建设，在发展中不断提高人民的健康水平和幸福感。中方赞赏世卫组织在协调全球卫生发展方面发挥的重要作用，支持世卫组织在各层面推动落实健康可持续发展目标。中方愿进一步加强同世卫组织合作，为促进全球卫生事业发展贡献力量。

谭德塞对中国特色卫生事业取得的成就予以高度评价，表示世卫组织将继续坚定奉行一个中国原则，深化双方在"一带一路"、南南合作等框架下的战略合作。

同日，国务委员兼外交部部长王毅在北京会见谭德塞时表示，健康是全球治理和各国发展战略的重要内容。中方愿将"一带一路"倡议中的"健康丝绸之路"、中非合作中的"健康非洲行动"以及中国两个百年目标中的全面小康建设同世卫组织未来五年战略规划相对接，支持全球健康事业发展，造福人类子孙后代。

谭德塞对此表示赞同，感谢中国始终如一支持全球卫生事业，表示世卫组织愿积极参与"一带一路"建设。

7 月 17 日

［纲　文］　中国共产党与世界政党高层对话会非洲专题会在坦桑尼亚达累斯萨拉姆举行。

［目　文］　对话会非洲专题会由中国共产党主办，来自非洲近 40 个国家约 40 个政党和政治组织的近百名政党领导人与会。会议是推进中国共产党与世界政党高层对话会机制化工作的创新性探索，为 9 月举行的中非合作论坛北京峰会提供政党智慧和方案。中共中央对外联络部部长宋涛和坦桑尼亚总统、革命党主席马古富力出席开幕式并发表主旨讲话。

7 月 17 日

［纲　文］　2018 南非"感知中国——中国主题图书展"活动在南非约翰内斯堡大学图书馆开幕。

［目　文］　活动由国务院新闻办公室主办，中国图书进出口（集团）总公司、南非

中国人民友好协会和约翰内斯堡大学共同承办。中宣部常务副部长、中央政策研究室副主任王晓晖，南非高等教育部副部长布提·马纳米拉，约翰内斯堡大学校长特斯利兹·马瓦拉出席并致辞。两国文化、艺术、出版、传媒、商贸等各界人士和华侨华人代表等参加。

本次图书展设立了《习近平谈治国理政》专门书架，还展示了《之江新语》等习近平的相关著作。此次图书展共展示了300余种优秀图书，不仅有汉语学习图书及《老子》《论语》等经典著作，还有介绍当代中国经济社会文化的书籍。还特别推出了中国主题图书数字图书馆，利用易阅通数字平台，提供200种中国主题图书的电子书阅读服务，约翰内斯堡大学的学生和周边社区都可以借阅。

7月17日

[纲　文]　由中国援建的帕西格河桥梁项目在菲律宾首都马尼拉正式开工。

[目　文]　菲律宾总统杜特尔特、中国驻菲大使赵鉴华及多位菲内阁部长出席了开工仪式。此次开工建设的两座帕西格河大桥由中国路桥工程有限责任公司总承建，工期均为30个月。

7月17—29日

[纲　文]　国务院食品安全办等19个部委举办2018年全国食品安全宣传周活动。

[目　文]　本次全国食品安全宣传周的主题为："尚德守法：食品安全让生活更美好"。活动包括主场活动、第十届中国食品安全论坛、食品安全"进万家"、全国儿童食品安全守护行动、餐饮业质量安全提升工程交流会、食品安全谣言治理行动、"互联网＋食品安全"交流会、部委主题日等14大项。全国各地方食药监管部门及社会团体、行业协（学）会等组织开展宣传周活动。

17日，国务委员王勇在北京出席全国食品安全宣传周启动仪式时指出，要坚持以习近平新时代中国特色社会主义思想为指导，认真贯彻党中央、国务院决策部署，全面加强食品安全工作，以"四个最严"保障"舌尖上的安全"，不断提高人民群众的获得感、幸福感、安全感。

7月17—20日

[纲　文]　王晨率全国人大常委会传染病防治法执法检查组在广东开展执法检查。

[目　文]　全国人大常委会副委员长王晨率执法检查组听取了广东省实施传染病防治法情况汇报。在广州、惠州、深圳的疾控中心察看了发现、检测、判断等疫情管理、应急处置情况；在广州市第八人民医院、惠州市中心人民医院了解规范治疗、隔离收治等情况；在广州市白云街社区卫生服务中心、惠州市博罗县龙溪街道社区卫生服务中心、观背村卫生站、深圳湾社区健康中心了解基层医疗机构向城乡居民提供公共卫生服务及传染病诊治情况；在博罗县龙溪中学和深圳市康泰生物制品股份有限公司检查学校疫情防控和企业疫苗研发生产情况。

王晨指出，广东对外交往频繁、流动人口多，有的类型传染病发病率较高，防治任务依然艰巨。要坚持联防联控、群防群控，完善政府主导、部门合作、社会参与的传染病防治工作机制。注重机制长效性，防止出现随着疫情高发而加强，随着疫情低发而弱化现象。坚持把握规律，创新手段，控制传染源，切断传播途径，保护易感人群。

7月17—20日

［纲　文］　第九届中国少年儿童合唱节在遵义举行。

［目　文］　合唱节由文化和旅游部主办，文化和旅游部公共文化司、贵州省文化厅、遵义市人民政府承办。来自全国24个省、自治区、直辖市的40支合唱队伍1766名少年儿童参加合唱展演。组委会还特别邀请了2支由特殊群体组成的残疾人合唱团和2支来自农村地区的乡村少年宫合唱团参加展演。

7月18日

［纲　文］　李克强主持召开国务院常务会议。

［目　文］　会议主要内容是：一、部署持续优化营商环境，提高综合竞争力，巩固经济稳中向好。会议指出，一是再取消养老机构设立许可、营业执照作废声明、外商投资道路运输业立项审批、台港澳人员在内地就业许可等17项行政许可等事项，其中6项提请修法后取消。二是年底前实现海关与检验检疫业务全面融合，统一申报单证、统一现场执法等。三是优化办税服务，大幅压缩企业办理纳税时间。四是加快投资项目承诺制改革，政府定标准、强监管，企业作承诺、守信用，最终实现企业投资一般"零审批"。五是抓紧出台新版市场准入负面清单，落实各类所有制企业一视同仁的承诺，废止妨碍市场公平竞争的规定，严厉查处侵权假冒、违规收费等行为。六是在全国逐步推开营商环境评价，强化地方政府责任，加大正向激励。二、确定加快建设全国一体化在线政务服务平台的措施，以"一网通办"更加便利群众办事创业。会议指出，一是各级政务服务平台要从政府供给导向向群众需求导向转变，注重回应和解决社会热点难点问题。二是加快打破"信息孤岛"，实现数据"一网共享"。建设身份认证、电子印章、电子证照等统一系统，以中国政府网为总门户，与各地区各部门政务服务平台联通，面向市场主体和群众的政务事项一律公开，为社会提供政务服务公共入口，逐步做到线上线下一套服务标准、一个办理平台。三是通过政府购买服务，鼓励社会力量参与政务服务平台建设。

7月18日

［纲　文］　国务院印发《关于优化科研管理提升科研绩效若干措施的通知》。

［目　文］　《通知》由五个部分组成：一、优化科研项目和经费管理。二、完善有利于创新的评价激励制度。三、强化科研项目绩效评价。四、完善分级责任担当机制。五、开展基于绩效、诚信和能力的科研管理改革试点。

《通知》指出，科技部、财政部、教育部、中科院等相关部门和单位要加快职能转变，优化管理与服务，加强事中事后监管，放出活力与效率，管好底线与秩序，为科研活动保驾护航。要开展对试点单位落实改革措施的跟踪指导和考核，对推进试点工作不力、无法达到预期目标的，及时取消试点资格、终止支持。对证明行之有效的经验和做法，及时总结提炼在全国推广。

7月18日

［纲　文］　国务院办公厅印发《关于改革完善医疗卫生行业综合监管制度的指导意见》。

［目　文］　《意见》由五个部分组成：一、总体要求。二、明确监管主体和责任。三、加强全过程监管。四、创新监管机制。五、加强保障落实。

《意见》强调，加强综合监管制度建设的保障落实。要落实部门责任，加大责任追究力度，建立权威有效的督察机制。要完善法律法规和标准体系，提升信息化水平，加强队伍和能力建设，加强宣传引导，动员社会各方共同推进综合监管制度建设。

7月18日

［纲　文］　国务院办公厅印发《关于调整国务院国有企业改革领导小组组成人员的通知》。

［目　文］　《通知》说，根据机构设置、人员变动情况和工作需要，国务院决定对国务院国有企业改革领导小组作相应调整。现将调整后的名单通知如下。组长：刘鹤。副组长：王勇。成员由有关负责人组成。领导小组办公室设在国资委，承担领导小组的日常工作。办公室主任由国资委主任肖亚庆兼任，办公室副主任由国资委副主任翁杰明兼任。领导小组成员因工作变动等需要调整的，由所在单位向领导小组办公室提出，按程序报领导小组批准。

7月18日

［纲　文］　国务院总理李克强在北京会见马来西亚总理特使、元老理事会牵头人达因。

［目　文］　李克强表示，中方愿同马方相向而行，在相互尊重、平等相待的基础上，保持两国关系持续向好发展的势头，将"一带一路"倡议同马方发展战略更好对接，推进产业园、临海工业区、交通基础设施等大项目合作，扩大人文交流，更好造福两国人民。一个良好的中马关系不仅使两国人民受益，也有利于本地区的和平稳定与发展。当前中国同东盟的关系稳步提升，双方一致期待进一步扩大互利合作。马来西亚历史上为促进中国同东盟关系发展作出重要贡献。在新形势下，希望马方继续为中国同东盟关系与合作的不断深化发挥建设性作用。

达因表示，马中两国是好朋友、好伙伴。马哈蒂尔总理高度重视对华关系，愿继续同中国密切合作，推动马中关系健康稳定发展。不论两国关系在发展过程中出现任何问题，马中双方都可以找到解决问题的办法。马方愿同中方一道，共同推动两国以及亚洲国家发展，推进东盟同中国的互利合作，为两国、地区乃至世界人民谋福利。

同日，国务委员兼外交部部长王毅在北京会见达因时表示，中方愿同马方一道，加强发展战略对接，深化"一带一路"合作，做大互利合作增量，加强在国际和地区事务上的协调配合，更好造福两国人民，促进地区繁荣发展。

达因表示，马来西亚新政府高度重视对华关系，全力支持习近平主席提出的"一带一路"合作倡议。马哈蒂尔总理始终积极发展对华关系，他期待着尽早对中国进行正式访问。

7月18日

［纲　文］　国务院新闻办公室发表《青藏高原生态文明建设状况》白皮书。

［目　文］　白皮书全文约1.4万字，除前言和结束语外，共包括六个部分，分别是生态文明制度逐步健全、生态保育成效显著、环境质量持续稳定、绿色产业稳步发展、科技支撑体系基本建立、生态文化逐渐形成。

白皮书说，青藏高原位于中国西南部，包括西藏和青海两省区全部以及四川、云南、甘肃和新疆等四省区部分地区，总面积约260万平方公里，大部分地区海拔超过4000米。青藏高原被誉为"世界屋脊""地球第三极""亚洲水塔"，是珍稀野生动物的天然栖息地和高原物种基因库，是中国乃至亚洲重要的生态安全屏障，是中国生态文明建设的重点地区之一。

7月18日

［纲　文］　银保监会印发《关于切实加强和改进保险服务的通知》。

［目　文］　《通知》由四个部分组成：一、严格规范保险销售行为。二、切实改进保险理赔服务。三、大力加强互联网保险业务管理。四、积极化解矛盾纠纷。

《通知》要求，各保险公司、各保险中介机构要认真落实本通知要求，加强领导，落实责任，结合本公司实际抓紧出台推动服务提升的具体措施，持续加强和改进保险服务，提升保险业社会信誉，更好地服务实体经济和广大人民群众。

7月18日

［纲　文］　民航局印发《关于通用航空分类管理的指导意见》。

［目　文］　《意见》由六个部分组成：一、总体要求。二、创建通用标准制度体系。三、培养通用航空人才队伍。四、做实通用航空监管机制。五、搭建通用航空服务平台。六、保障措施。

7月18日

［纲　文］　教育部印发《前沿科学中心建设方案（试行）》。

［目　文］　《方案》由四个部分组成：一、建设要求。二、建设立项。三、建设管理。四、建设措施。

《方案》指出，探索新的基础研究组织模式，以问题为导向，打破学科、学院的界限，大力引进高端人才，构筑相对独立的研究团队和研究平台，形成一支相对稳定的高水平科研队伍。建立相应管理服务体系，改革聘用机制，用好国家科研项目和经费管理、成果转化等改革政策，建立分类评价考核机制，使科研人员能够潜心开展持续深入的基础研究。

7月18日

［纲　文］　教育部印发《高等学校基础研究珠峰计划》。

［目　文］　《计划》由五个部分组成：一、指导思想。二、基本原则。三、发展目

标。四、核心任务。五、政策措施。

《计划》指出，成立高等学校基础研究战略咨询专家委员会，推动高等学校基础研究全面发展，为率先取得基础研究重大突破夯实基础。积极参与国家实验室建设，争取新建一批重大科技基础设施、国家重点实验室等重大科技创新基地，完善教育部重点实验室布局和管理。

7月18日

［纲　文］　工业信息化部等13个部门印发《综合整治骚扰电话专项行动方案》。

［目　文］　《方案》由三个部分组成：一、总体要求。二、重点工作。三、相关要求。

《方案》指出，当前，营销电话扰民、恶意电话骚扰等问题日益突出，严重影响人民群众正常生活。依据《网络安全法》《消费者权益保护法》《全国人大常委会关于加强网络信息保护的决定》《电信条例》等法律法规，决定自2018年7月起至2019年12月底，在全国开展综合整治骚扰电话专项行动。

7月18日

［纲　文］　国家统计局公布全国夏粮生产数据显示，2018年全国夏粮总产量13872万吨，比2017年减产306万吨，下降2.2%。

7月18日

［纲　文］　纪念经叔平同志诞辰100周年座谈会在北京举行。

［目　文］　全国政协主席汪洋出席座谈会并在会前会见了经叔平亲属。全国政协副主席兼秘书长夏宝龙主持座谈会。全国政协副主席、全国工商联主席高云龙出席座谈会并发言。中共中央书记处书记、中央统战部部长尤权在座谈会上缅怀了经叔平同志的光辉一生，指出要学习他热爱祖国、热爱人民、对国家和民族无比忠诚；坚持真理、追求进步、始终听党话、跟党走；关注实业、锲而不舍、不忘强国富民初心；严以律己、公而忘私、始终秉持勤勉敬业，为实现中华民族伟大复兴的中国梦而不懈奋斗。

经叔平（1918年7月—2009年9月14日），是中国现代民族工商业者的优秀代表，著名的社会活动家，全国工商联的杰出领导人，中国共产党的亲密朋友，中国人民政治协商会议第九届全国委员会副主席，第七届、第八届全国工商联主席，中国民生银行名誉董事长。

7月18日

［纲　文］　江苏镇江建成投运总功率为10.1万千瓦的储能电站，总容量20.2万千瓦时，成为目前国内规模最大的电池储能电站项目。

［目　文］　电力部门计算，该系统可以在不新建发电厂的情况下，为当地每天多提供近40万千瓦时的电力供应，可满足17万居民生活用电。

7月18日

［纲　文］　《人民日报》发表评论员文章《续写"八八战略"新篇章》。

7月18—20日

[纲　文]　胡春华在黑龙江调研农业农村工作。

[目　文]　国务院副总理胡春华在齐齐哈尔市甘南县、富裕县和哈尔滨市双城区，实地考察奶牛养殖小区、奶农合作社、规模化牧场、乳品生产企业、乳业工程技术研究中心等，了解奶牛标准化规模养殖、生鲜乳销售、婴幼儿配方乳粉生产和质量管理情况，并与养殖户、企业负责人、科技人员和基层干部交流。

胡春华指出，推进奶业振兴，必须抓住关键环节，着力提高供给体系的质量和效率。要加强优质奶源基地建设，就地就近保障高产优质饲草料供应，加强良种奶牛繁育推广，深入开展养殖标准化示范创建，促进养殖节本增效。要健全以奶农为核心的生产经营体系，积极发展家庭牧场，培育壮大奶农合作社，扶持合作社和养殖场建设加工厂。要加大对奶农政策扶持力度，培育引进专业人才，增强奶农市场竞争和抵御风险能力。要做强做优乳制品加工业，支持企业创新研发。要建立全过程乳品质量安全监管和追溯体系，严厉打击违法行为，保障乳品质量安全。

调研期间，胡春华考察了大豆生产情况。他指出，要坚持质量兴农，以市场为导向，加快调整优化农业结构，促进绿色化、优质化、特色化、品牌化发展。要全面落实好藏粮于地、藏粮于技战略，确保国家粮食安全。

7月18—19日

[纲　文]　第三届金砖国家媒体高端论坛在南非开普敦举办。

[目　文]　中宣部常务副部长、中央政策研究室副主任王晓晖在开幕式上发表了题为《深化媒体交流互鉴　共促金砖合作发展》的主旨演讲。金砖国家媒体高端论坛合作机制由新华通讯社倡议并联合巴西金融资讯集团、俄罗斯卫星通讯社、印度教徒报集团、南非独立传媒集团共同发起。本届论坛以"在构建包容、公正的全球秩序中加强媒体合作"为主题。与会各国媒体负责人围绕"加强金砖叙述——媒体的角色与责任""以建设性、发展性新闻理念擘画全球共享未来——为加强金砖国家新媒体合作寻路""金砖国家媒体和非洲"等三个议题进行研讨。

7月18—22日

[纲　文]　第十六届世界青少年花样游泳锦标赛在匈牙利布达佩斯举行。

[目　文]　中国队获得2枚银牌和1枚铜牌，俄罗斯队包揽全部9枚金牌。

7月19—29日

[纲　文]　国家主席习近平对阿联酋、塞内加尔、卢旺达和南非进行国事访问并出席在南非约翰内斯堡举行的金砖国家领导人第十次会晤，过境毛里求斯并进行友好访问。

[目　文]　陪同习近平出访的有：习近平夫人彭丽媛、中央办公厅主任丁薛祥、中央外事工作委员会办公室主任杨洁篪、国务委员兼外交部部长王毅、国家发展改革委主任何立峰等。18日，习近平在阿联酋《联邦报》《国民报》发表题为《携手前行，共创未来》

的署名文章。20日，习近平在塞内加尔《太阳报》发表题为《中国和塞内加尔团结一致》的署名文章。21日，习近平在卢旺达《新时代报》发表题为《中卢友谊情比山高》的署名文章。22日，习近平在南非《星期日独立报》《星期日论坛报》《周末守卫者报》发表题为《携手开创中南友好新时代》的署名文章。

19—21日，习近平访问阿联酋。在阿布扎比同阿联酋副总统兼总理穆罕默德、阿布扎比王储穆罕默德举行会谈。两国领导人共同见证了"一带一路"建设等合作文件的签署。穆罕默德王储向习近平授予阿联酋国家最高荣誉勋章扎耶德勋章、赠送1匹阿拉伯马。双方发表了《中华人民共和国和阿拉伯联合酋长国关于建立全面战略伙伴关系的联合声明》。

21—22日，习近平访问塞内加尔。在达喀尔同塞内加尔总统萨勒举行会谈。两国元首高度评价近年来中塞关系取得的长足发展，一致同意继续携手努力，推动两国各领域合作取得更多成果，开创中塞关系更加美好的明天。萨勒向习近平授予塞内加尔国家最高荣誉勋章国家雄狮勋位团大十字勋章。两国元首见证了共建"一带一路"等多项双边合作文件的签署并共同会见了记者。习近平同萨勒共同出席塞内加尔竞技摔跤场项目移交仪式。

22—23日，习近平访问卢旺达。在基加利同卢旺达总统卡加梅举行会谈。两国元首积极评价中卢建交47年来双边关系发展成就，共同规划中卢友好合作未来，一致同意共同推动双方互利合作结出更加丰硕成果，为中卢人民、中非人民带来更多福祉。两国元首共同见证了关于"一带一路"建设等多项双边合作文件的签署并共同会见了记者。习近平和彭丽媛参观了基加利大屠杀遇难者纪念馆。

23—25日，习近平访问南非。在比勒陀利亚同南非总统拉马福萨举行会谈。两国元首高度评价中南传统友好，就推进新时期中南全面战略伙伴关系达成重要共识，一致同意加强高层往来，深化政治互信，对接发展战略，推进务实合作，密切人文交流，让两国人民更多享受中南合作成果。两国元首共同见证了多项双边合作文件的签署并共同会见了记者。习近平和拉马福萨在比勒陀利亚出席中南科学家高级别对话会开幕式并致辞，两国元首出席北汽投资项目首辆汽车下线视频连线仪式。

25—27日，金砖国家领导人第十次会晤在南非约翰内斯堡举行。南非总统拉马福萨主持。国家主席习近平、巴西总统特梅尔、俄罗斯总统普京、印度总理莫迪出席。习近平发表了题为《让美好愿景变为现实》的讲话。五国领导人听取金砖国家安全事务高级代表会议主席、金砖国家工商理事会主席、金砖国家新开发银行行长分别汇报工作情况；围绕"金砖国家在非洲：在第四次工业革命中共谋包容增长和共同繁荣"主题，就金砖国家合作及共同关心的重大国际问题深入交换看法，达成广泛共识；共同见证多项合作文件的签署，会晤发表《金砖国家领导人约翰内斯堡宣言》。

会议期间，习近平出席金砖国家工商论坛，并发表题为《顺应时代潮流 实现共同发展》的讲话，强调金砖国家要顺应历史大势，坚持合作共赢、创新引领、包容普惠、多边主义，为构建新型国际关系、构建人类命运共同体发挥建设性作用；出席"金砖+"

领导人对话会并发表讲话指出，当今世界正处于大发展大变革大调整时期，新兴市场国家和发展中国家面临共同的机遇和挑战。新兴市场国家和发展中国家加强团结合作愈显重要；出席纪念金砖国家领导人会晤10周年非正式会议；同俄罗斯总统普京举行会晤并共进晚餐，两国元首就当前国际形势及共同关心的重大问题深入交换意见；分别会见巴西总统特梅尔、乌干达总统穆塞韦尼、土耳其总统埃尔多安、阿根廷总统马克里、印度总理莫迪。

27—28日，习近平过境毛里求斯并进行友好访问。其间，习近平会见毛里求斯总理贾格纳特时指出，要挖掘务实合作潜力，提高双方贸易和投资自由化便利化水平，早日商签中毛自由贸易协定，发挥毛里求斯参与共建"一带一路"的独特区位优势，加强沟通对接，深化广泛领域合作。要加强人文交流，促进相互了解。

贾格纳特积极评价习近平主席提出的构建人类命运共同体主张。毛里求斯将继续坚定奉行"一个中国"政策，欢迎"一带一路"倡议，愿深化同中国的互利友好合作。

7月19日

［纲　文］　习近平对汛情高度重视并作出指示。

［目　文］　中共中央总书记习近平对汛情高度重视并作出指示，近期全国部分地区出现强降雨，四川、陕西、甘肃等地一些河流出现超警水位，有的地方洪涝灾害严重，有的地方引发山体滑坡等地质灾害，造成人员伤亡和财产损失。习近平强调，当前，正值洪涝、台风等自然灾害多发季节，相关地区党委和政府要牢固树立以人民为中心的思想，全力组织开展抢险救灾工作，最大限度减少人员伤亡，妥善安排好受灾群众生活，最大限度降低灾害损失。要加强应急值守，全面落实工作责任，细化预案措施，确保灾情能够快速处置。要加强气象、洪涝、地质灾害监测预警，紧盯各类重点隐患区域，开展拉网式排查，严防各类灾害和次生灾害发生。国家防总、自然资源部、应急管理部等相关部门要统筹协调各方力量和资源，指导地方开展抢险救灾工作，全力保障人民群众生命财产安全和社会稳定。

7月以来，我国多地出现大到暴雨，长江发生2次编号洪水，嘉陵江上游、涪江上游、沱江上游发生特大洪水，大渡河上中游发生大洪水，黄河发生1次编号洪水，部分中小河流发生超警以上洪水。截至7月18日，我国有27个省（区、市）遭受洪涝灾害，造成2053万人、1759千公顷农作物受灾，因灾死亡54人、失踪8人，倒塌房屋2.3万间，直接经济损失约516亿元。

受灾地区已启动应急响应，积极统筹谋划、细化措施、科学应对，全力做好险情巡查抢护、水毁设施抢修抢通、人员转移安置等工作。国家防总、自然资源部、应急管理部派出工作组赴防汛第一线，督促指导地方开展防汛抢险救灾工作。

7月19日

［纲　文］　统一战线参与毕节试验区建设座谈会在贵州毕节召开。习近平对毕节试验区工作作出指示。

[目　文]　中共中央总书记习近平指示指出，30年来，在党中央坚强领导下，在社会各方面大力支持下，广大干部群众艰苦奋斗、顽强拼搏，推动毕节试验区发生了巨大变化，成为贫困地区脱贫攻坚的一个生动典型。在这一过程中，统一战线广泛参与、倾力相助，作出了重要贡献。现在距2020年全面建成小康社会不到3年时间，要尽锐出战、务求精准，确保毕节试验区按时打赢脱贫攻坚战。同时，要着眼长远、提前谋划，做好同2020年后乡村振兴战略的衔接，着力推动绿色发展、人力资源开发、体制机制创新，努力把毕节试验区建设成为贯彻新发展理念的示范区。统一战线要在党的领导下继续支持毕节试验区改革发展，在坚持和发展中国特色社会主义实践中不断发挥好中国共产党领导的多党合作的制度优势。

全国政协主席汪洋出席并讲话。中央统战部部长尤权在会上传达了习近平的指示并主持会议。各民主党派中央和全国工商联主席、无党派人士代表和贵州省、毕节市党委主要负责人发言。中央和国家机关有关部门，贵州省、毕节市负责人参加座谈会。

汪洋指出，30年来，统一战线成员对毕节试验区倾注了深厚感情，做了大量卓有成效的帮扶工作，为试验区建设贡献了智慧和力量，丰富了多党合作的实践形式，彰显了中国新型政党制度的优越性。

7月19日
[纲　文]　国家主席习近平、国务院总理李克强分别与柬埔寨国王西哈莫尼、柬埔寨首相洪森互致贺电，庆祝两国建交60周年。

7月19日
[纲　文]　新华社讯，习近平签署通令，给3名个人记功。
[目　文]　给海军工程大学某研究所所长、教授肖飞记一等功。给原第二军医大学基础部热带医学教研室主任、教授潘卫庆，火箭军原装备研究院总工程师兼研究员肖龙旭记三等功。

7月19日
[纲　文]　国务院任命陈杰为同济大学校长（副部长级），免去钟志华的同济大学校长职务。

7月19日
[纲　文]　国务院办公厅印发《关于成立国务院推进政府职能转变和"放管服"改革协调小组的通知》。
[目　文]　《通知》由四个部分组成：一、协调小组组成人员及主要职责。二、协调小组各专题组及主要职责。三、协调小组各保障组及主要职责。四、有关要求。

《通知》指出，各专题组和保障组要根据职责分工，细化分阶段重点工作，制定可量化、可考核、有时限的目标任务。对跨领域、跨部门、跨层级的重大问题，要加大研究协调力度，及时督促解决，推动各项改革协同配套、整体推进。要尊重基层首创精神，及时总结推广地方部门典型经验做法。

7月19日

〔纲　文〕　国务院办公厅印发《关于调整国家应对气候变化及节能减排工作领导小组组成人员的通知》。

〔目　文〕　《通知》说，根据国务院机构设置、人员变动情况和工作需要，国务院决定对国家应对气候变化及节能减排工作领导小组组成单位和人员进行调整。现将调整后的名单通知如下。组长：李克强。副组长：韩正、王毅。成员：丁学东、孔铉佑、张勇、陈宝生、王志刚、苗圩、黄树贤、傅政华、刘昆、陆昊、李干杰、王蒙徽、李小鹏、鄂竟平、韩长赋、钟山、雒树刚、马晓伟、易纲、肖亚庆、王军、张茅、宁吉喆、王晓涛、李宝荣、白春礼、刘雅鸣、张建龙、杨宇栋、冯正霖等。国家应对气候变化及节能减排工作领导小组具体工作由生态环境部、发展改革委按职责承担。

7月19日

〔纲　文〕　国务院办公厅印发《医疗卫生领域中央与地方财政事权和支出责任划分改革方案》。

〔目　文〕　《方案》由四个部分组成：一、总体要求。二、主要内容。三、配套措施。四、实施时间。

《方案》指出，各地区、各部门要高度重视，加强组织领导，协同推进相关改革，完善省以下分担机制，强化支出责任落实，修订完善规章制度，确保改革顺利推进。自2019年1月1日起实施。

7月19日

〔纲　文〕　王勇在北京调研中央企业党的建设和反腐倡廉工作并主持召开座谈会。

〔目　文〕　国务委员王勇指出，要深入学习习近平新时代中国特色社会主义思想，按照新时代党的建设总要求，全面从严抓好中央企业党的建设和反腐倡廉工作，推动各项工作不断迈上新台阶、再上新水平。以习近平同志为核心的党中央对加强国有企业党的建设和反腐倡廉工作作出一系列重大部署，我们必须全面抓好贯彻落实，以更大力度、更实举措把中央企业党的建设推向深入。要把党的政治建设摆在首位，强化"四个意识"，坚定"四个自信"，带头做到坚决维护习近平总书记的核心地位、坚决维护党中央权威和集中统一领导，坚决同以习近平同志为核心的党中央保持高度一致。

7月19日

〔纲　文〕　第四次全国经济普查电视电话会议在北京召开。

〔目　文〕　国务院副总理、国务院第四次全国经济普查领导小组组长韩正出席会议并讲话。国家统计局负责人汇报了第四次全国经济普查准备和安排情况，财政部、市场监管总局和河北省、江苏省、重庆市政府有关负责人作了发言。

韩正表示，第四次全国经济普查是党的十九大胜利召开、中国特色社会主义进入新时代后的一次重大国情国力调查。要深入贯彻落实习近平新时代中国特色社会主义思想和党的十九大精神，坚持科学、依法、创新、为民普查，摸清最新"家底"，夯实统计基础，为加强和改善宏观调控、深化供给侧结构性改革、科学制定中长期发展规划、推进国家治理体系和治理能力现代化、推动高质量发展，提供科学准确的统计信息支持。

会前，韩正主持召开了第四次全国经济普查领导小组第一次全体会议，审议普查方案，研究部署下一阶段工作。

7月19日

[纲　文]　第五届"全球重要农业文化遗产"（中国）工作交流会在赤峰市阿鲁科尔沁旗召开。

[目　文]　交流会由农业农村部国际合作司主办、内蒙古自治区赤峰市阿鲁科尔沁旗人民政府承办。共有来自全国15个地区的150多名从事农业文化遗产保护研究的专家、学者参加了会议。本次交流会分析了全球重要农业文化遗产工作面临的形势和任务，总结了各地遗产工作的成绩与经验，研究谋划了下一阶段的工作，与会专家学者还围绕我国农业文化遗产保护与乡村振兴等主题进行了交流。

自联合国粮农组织于2002年提出全球重要农业文化遗产保护工作以来，已有21个国家的52项传统农业系统被列入遗产名录。中国于2012年开始了中国重要农业文化遗产的挖掘和保护工作，截至6月，农业农村部批准了4批共91项国家级的农业文化遗产，其中15项被列入全球重要农业文化遗产，继续在遗产数量上保持国际领先地位。

7月19日

[纲　文]　2018"我爱祖国海疆"全国青少年航海模型教育竞赛活动启动仪式在上海某军港的海军988舰举行。

[目　文]　活动由国家体育总局航空无线电模型运动管理中心指导、中国航海模型运动协会主办。活动是面向全国青少年开展的以科技、体育与国防教育为主题的大型公益活动。自1994年开办以来，已经举办了18届。全国青少年累计直接参加人数已超过1000万人次。多年来，海军、海疆、海防等元素已深深融入活动当中，激励着青少年爱祖国、爱海疆、爱海军。

8月12—15日，活动总决赛在日照举行，来自全国31个省市的代表队1700余人参赛。

7月19日

[纲　文]　商务部新闻发言人说，针对美方拟对我2000亿美元产品加征关税，中方已在世贸组织对其提出追加起诉，这是捍卫世贸组织基本原则的必要之举。

[目　文]　发言人说，美方对中国340亿美元商品加征关税，违反了世贸组织最惠国待遇原则和约束关税义务，中方将其诉诸世贸组织。此次美方抛出拟对中国2000亿美元商品加征关税的清单，中方在世贸组织进一步追加了起诉。要不要多边贸易体制，是一个重大的原则问题。针对有人肆意破坏自由贸易原则和多边贸易体制，我们仍然坚信，全球贸易伙伴共同制定的规则体系、共同打造的多边贸易体制，应该而且必须得到遵守和维护。针对美方升级贸易战，中方将不得不、也必然会采取必要的反制。

就日前有美方官员称中美谈判破裂责任在中国,发言人表示,这种说法不符合事实。我们注意到,美方一边举着关税大棒,在全世界实行贸易霸凌主义,一边又不断标榜自己的委屈和无辜,把所有的责任扣到对方头上。自今年2月以来,中美之间已经先后进行四轮磋商。从整个过程的实际情况来看,正是美方言而无信和反复无常,才关上了双方谈判的大门。

7月19日

[纲 文] 中俄特大型能源合作项目首船亚马尔液化天然气运抵中国。

[目 文] 中俄能源合作重大项目——亚马尔液化天然气项目向中国供应的首船15.9万立方米液化天然气通过北极东北航道运抵中国石油旗下的江苏如东,首船亚马尔液化天然气入港仪式在如东液化天然气接收站举行。

亚马尔项目是中国提出"一带一路"倡议后在俄罗斯实施的首个特大型能源合作项目,项目位于俄罗斯境内的北极圈内,是目前全球在北极地区最大型液化天然气工程。项目的天然气可采储量达到1.3万亿立方米,凝析油可采储量6000万吨;将建成3条年产量550万吨液化天然气生产线,全部建成后每年可生产液化天然气1650万吨,凝析油120万吨,其中第一条生产线已于2017年12月投产。

7月19日

[纲 文] 国际奥委会宣布,2022年北京冬奥会将新增比赛小项,届时总共将产生109枚金牌。

[目 文] 新增的小项为女子单人雪车、短道速滑混合团体接力、跳台滑雪混合团体、自由式滑雪大跳台(男子、女子)、自由式滑雪空中技巧混合团体和单板滑雪障碍追逐混合团体。

项目总数上,北京冬奥会将包括51个男子项目和46个女子项目,另有12个混合项目,男、女运动员人数分别达到1578人和1314人。女性运动员在全体运动员中的占比为45.44%,创下冬奥会历史新高。女性运动员将参加46个小项,同样为历届冬奥会最多。参赛运动员的男女比例更趋于平衡。

7月19日

[纲 文] 国务委员兼国防部部长魏凤和在北京会见瑞士军队司令雷博特。

[目 文] 魏凤和说,瑞士是中国在欧洲的重要合作伙伴。中方愿与瑞方一道,着眼推进构建人类命运共同体,认真落实两国元首重要共识,进一步加强战略沟通、深化伙伴情谊、弘扬创新精神,推动两军各领域合作不断深入,为发展中瑞创新战略伙伴关系作出积极贡献。

雷博特说,瑞方愿与中方共同努力,不断深化两军高层交往、人员培训、国际维和等领域交流合作,推动两军关系迈上新台阶。

7月19日

[纲 文] "感知中国·中国影视非洲放映计划(法语区)"启动仪式在塞内加尔首

都达喀尔举行。

[目　　文]　本次活动由国务院新闻办公室、中国国家广播电视总局、中国驻塞内加尔大使馆以及塞内加尔新闻、电信、邮政和数字经济部联合主办，四达时代传媒（塞内加尔）有限公司、塞内加尔广播电视台承办。来自中塞广播影视和新闻界180多位嘉宾出席。根据计划，法语配音的26部中国电影、20部中国电视剧将在塞内加尔等多个非洲法语区国家进行展映。

7月19日

[纲　　文]　《人民日报》发表评论员文章《建设更加美丽的青藏高原》。

7月19—23日

[纲　　文]　栗战书在江西省调研。

[目　　文]　全国人大常委会委员长栗战书在赣州、南昌、九江、景德镇等地，同干部群众交流，了解地方经济社会发展和人大工作情况；在共和国摇篮瑞金，向红军烈士纪念塔敬献花篮，瞻仰革命旧址，参观中华苏维埃代表大会制度史陈列馆；在瑞金市叶坪乡仰山村，走进村民家中看望慰问，在村医务室和村委会询问村民看病、社保、住房等情况，得知全村已经实现脱贫，他说，各级干部要积极履职尽责，出实招、办实事、见实效，坚决打赢脱贫攻坚战，让老百姓过上更加富裕幸福的生活；在新材料、新能源、电子信息、飞机制造等企业，调研产品研发、市场推广和企业发展情况，鼓励企业努力攻克核心技术，在自主创新上取得更多成果；考察长江最美岸线建设情况；在景德镇御窑厂遗址了解陶瓷文物保护工作；在陶溪川陶瓷文化创意园调研，叮嘱要把传统文化瑰宝保护好、传承好，把现代陶瓷产业做大做强。

调研期间，栗战书同部分县委书记座谈交流，前往省人大常委会机关看望干部职工，并就人大工作如何服务党和国家工作大局，召开座谈会听取地方各级人大负责同志和人大代表的意见建议。栗战书指出，要把坚持党的领导贯彻和体现到人大工作各方面和全过程，确保每一项部署、每一项举措都自觉服从服务大局，保证党中央和同级党委的决策部署落实到位。要持之以恒加强人大自身建设，深入学习、研究、宣传、贯彻习近平总书记关于人民代表大会制度的论述，大兴调查研究之风，弘扬担当作为精神和求真务实作风。要充分发挥人大代表作用，更好了解民情、反映民意、集中民智，让人大工作更具活力。

7月19—22日

[纲　　文]　郭声琨在内蒙古自治区、辽宁省调研。

[目　　文]　中央政法委书记郭声琨在内蒙古调研时指出，要把学习贯彻习近平新时代中国特色社会主义思想作为首要政治任务，团结各族群众，不断增强"四个意识"，在学懂弄通做实中坚定正确政治方向、汲取强大前进力量，着力巩固和发展民族团结、社会稳定、边疆安宁的良好局面，进一步筑牢祖国北疆安全稳定屏障。

郭声琨在兴安盟中级人民法院、检察分院和司法局，考察司法体制改革情况；在乌兰浩特市兴安派出所、代钦社区、义勒力特嘎查，询问网格化管理、矛盾纠纷调处、综治中心建设运行等情况，了解扫黑除恶专项斗争进展；在中央政法委定点扶贫点扎赉特旗，走访贫困群众，看望挂职干部，考察产业扶贫等工作。

郭声琨在辽宁调研时指出，要坚持以习近平新时代中国特色社会主义思想为指导，进一步提高政治站位，增强"四个意识"，积极适应国内外形势新变化对政法工作提出的新要求，着力提高执法司法能力和水平，为老工业基地振兴发展作出更大贡献。

郭声琨在丹东、沈阳的基层政法单位、街道社区调研，召开座谈会听取意见建议；在沈阳市中级人民法院、太原街派出所和丹东边检站，了解司法体制改革、便民利民服务等情况；在太原街派出所和五里河街道综治中心，考察扫黑除恶、网格化服务管理、矛盾纠纷调处等工作；在中国刑警学院，了解学院建设和新兴学科发展情况；在沈阳市中级人民法院，听取运用信息化手段提高执行效率情况介绍。

7月19—22日

［纲　文］　第二十八届全国图书交易博览会在深圳举办。

［目　文］　博览会由国家新闻出版署、广东省人民政府、深圳市人民政府共同主办，以"新时代、新阅读"为主题。全国31个省（区、市）以及中央部委、行业协会、出版集团等41个展团的800余家出版单位参展，设1个主会场、5个分会场，展场总面积超过10万平方米，展销图书23多万种、100多万册，组织文化活动400多场，邀请150余位名家学者开展阅读交流活动。

7月19—25日

［纲　文］　第十四届中国国际合唱节暨国际合唱联盟合唱教育大会在北京举办。

［目　文］　大会由文化和旅游部对外文化联络局、国际合唱联盟、中国对外文化集团公司、北京市教育委员会、北京市西城区人民政府和中国合唱协会共同主办。来自59个国家和地区的合唱组织负责人、专家学者以及308支合唱团的15000余名合唱爱好者参与此次活动。本届合唱节期间，开展15个大项总计263场合唱活动，包括开闭幕式、合唱教育大会、大师班工作坊、评测展演、高水平合唱团展演、合唱新作品音乐会、公益专场音乐会等。

7月20日

［纲　文］　住房城乡建设部、交通运输部、水利部、人力资源社会保障部印发《造价工程师职业资格制度规定》。

［目　文］　《规定》共5章32条。主要有总则、考试、注册、执业等内容。自2018年7月20日起施行。原人事部、原建设部发布的《造价工程师执业资格制度暂行规定》（人发〔1996〕77号）同时废止。根据该暂行规定取得的造价工程师执业资格证书与本规定中一级造价工程师职业资格证书效用等同。

7月20日

［纲　文］　住房城乡建设部、交通运输部、水利部、人力资源社会保障部印发《造

价工程师职业资格考试实施办法》。

7月20日

[纲　文]　自然资源部组织的中国第九次北极科学考察队正式启程。

[目　文]　科学考察队乘"雪龙"号科学考察船从上海极地考察国内基地码头出发。

9月26日,中国第九次北极科学考察队完成考察任务,返回上海。本次总航程约1.25万海里,考察队在白令海、楚科奇海、加拿大海盆、北冰洋中心区域等海域开展了基础环境、海底地形、生态、渔业、海冰和航道等综合调查。将业务化监测项目和科研项目相结合,实施了88个海洋综合站位和10个冰站的考察,冰站数量、冰基浮标以及锚碇观测平台的布放量均为历次北极考察之最。

7月20日

[纲　文]　中国信息通信科技集团有限公司揭牌成立大会在武汉举行。

[目　文]　公司由武汉邮电科学研究院与电信科学技术研究院联合重组成立,由国务院国有资产监督管理委员会代表国务院履行出资人职责,总部设在武汉,列入中央企业序列。

新成立的中国信科集团注册金额300亿元,员工总数3.8万人,资产总额逾800亿元,年销售收入近600亿元。重组后,公司将围绕5G技术和产业发展,加快推进移动通信、光纤通信、集成电路等技术深度融合,以有效提升国有资本在信息通信制造领域的控制力和影响力,增强国家信息通信设施及网络的安全保障水平。

7月21日

[纲　文]　国务院办公厅印发《关于调整国务院西部地区开发领导小组组成人员的通知》。

[目　文]　《通知》说,根据机构设置、人员变动情况和工作需要,国务院决定对国务院西部地区开发领导小组组成单位和人员进行调整。现将调整后的名单通知如下。组长:李克强。副组长:韩正。成员:何立峰、姜信治、蒋建国、乐玉成、陈宝生、王志刚、苗圩、石玉钢、王小洪、黄树贤、刘昆、张纪南、陆昊、李干杰、王蒙徽、李小鹏、鄂竟平、韩长赋、钟山、雒树刚、马晓伟、易纲、倪岳峰、王军、聂辰席、宁吉喆、郭树清、张建龙、杨宇栋、冯正霖、刘永富、胡怀邦、林念修等。国务院西部地区开发领导小组具体工作由发展改革委承担。

7月21日

[纲　文]　国务院办公厅印发《关于调整国务院振兴东北地区等老工业基地领导小组组成人员的通知》。

[目　文]　《通知》说,根据机构设置、人员变动情况和工作需要,国务院决定对国务院振兴东北地区等老工业基地领导小组组成单位和人员进行调整。现将调整后的名单通知如下。组长:李克强。副组长:韩正。成员:何立峰、姜信治、蒋建国、乐玉成、陈宝

生、王志刚、苗圩、黄树贤、刘昆、张纪南、陆昊、李干杰、王蒙徽、李小鹏、鄂竟平、韩长赋、钟山、雒树刚、易纲、肖亚庆、倪岳峰、王军、张茅、聂辰席、宁吉喆、白春礼、郭树清、张克俭、张建龙、杨宇栋、邓凯、陆东福、胡怀邦、林念修等。国务院振兴东北地区等老工业基地领导小组具体工作由发展改革委承担。

7月21日

〔纲　文〕　国务院办公厅印发《关于调整国家能源委员会组成人员的通知》。

〔目　文〕　《通知》说，根据机构设置、人员变动情况和工作需要，国务院决定对国家能源委员会组成单位和人员进行调整。现将调整后的名单通知如下。主任：李克强。副主任：韩正。委员：何立峰、韩文秀、丁学东、乐玉成、王志刚、苗圩、陈文清、刘昆、陆昊、李干杰、王蒙徽、李小鹏、鄂竟平、韩长赋、钟山、王玉普、易纲、肖亚庆、王军、郭树清、王大忠等。国家能源委员会办公室主任由发展改革委主任兼任，副主任由能源局局长兼任，办公室具体工作由能源局承担。

7月21日

〔纲　文〕　中国证券监督管理委员会原主席、党委书记周正庆，在北京逝世，享年83岁。

7月22—29日

〔纲　文〕　国际泳联跳水世界青年锦标赛在乌克兰基辅举办。

〔目　文〕　共有来自42个国家和地区的230名年轻选手参加比赛。中国队共收获14金8银2铜，名列奖牌榜首位。

7月23日

〔纲　文〕　李克强主持召开国务院常务会议。

〔目　文〕　会议主要内容是：一、部署更好发挥财政金融政策作用，支持扩内需调结构促进实体经济发展。会议听取了财政金融进一步支持实体经济发展的汇报，要求保持宏观政策稳定，坚持不搞"大水漫灌"式强刺激，根据形势变化相机预调微调、定向调控，应对好外部环境不确定性，保持经济运行在合理区间。财政金融政策要协同发力，更有效服务实体经济，更有力服务宏观大局。一是积极财政政策要更加积极。二是稳健的货币政策要松紧适度。三是加快国家融资担保基金出资到位，努力实现每年新增支持15万家（次）小微企业和1400亿元贷款目标。对拓展小微企业融资担保规模、降低费用取得明显成效的地方给予奖补。四是坚决出清"僵尸企业"，减少无效资金占用。继续严厉打击非法金融机构及活动，守住不发生系统性风险底线。二、确定围绕补短板、增后劲、惠民生推动有效投资的措施。会议认为，激发社会活力，推动有效投资稳定增长，是推进供给侧结构性改革补短板、巩固经济稳中向好势头、促进就业的重要举措。一要深化投资领域"放管服"改革，调动民间投资积极性。在交通、油气、电信等领域推介一批以民间投资为主、投资回报机制明确、商业潜力大的项目。推进高水平对外开放，完善外商再投资鼓励政策，加快已签约外资项目落地。二要有效保障在建项目资金需求。督促地方盘活财政存量资金，引导金融机构按照市场化原则保障融资平台公司合理融资需求，对必要的在建项目要避免资金断供、工程烂尾。三要对接发展和民生需要，推进建设和储备一批重大项目。加强基础研究和关键领域核心技术攻关。会议通过了石化产业规划布局方案，要求安全环保优先，并支持民营和外资企业独资或控股投资，促进产业升级。

7月23日

[纲　文]　汪洋在北京主持召开调研协商座谈会。

[目　文]　汪洋与民主党派中央、全国工商联负责人和无党派人士代表，就相关党派团体2018年上半年开展的推动实施乡村振兴战略重点考察调研进行协商。中央统战部部长尤权出席座谈会。巴特尔、刘新成、何维、邵鸿参加座谈会。发展改革委、民政部、财政部、住房城乡建设部、农业农村部、国家卫生健康委、国务院扶贫办负责人与党外人士进行了交流。

全国政协主席汪洋肯定相关党派团体开展调研取得的成果。他指出，以习近平同志为核心的中共中央，对加强政党协商作出一系列规范化制度化安排，为各民主党派、工商联和无党派人士履行职能提供了更加健全的制度保障。调研协商是政党协商的新探索，是中国共产党领导的多党合作和政治协商的重要形式。相关党派团体要在吃透中共中央大政方针的基础上，发挥优势、扬长避短，深入基层、摸准情况，提出高质量、建设性的意见建议。有关部门要高度重视调研协商，为相关党派团体调研提供更有力的支持，积极回应各党派团体和党外代表人士的呼声，采纳合理的意见建议。要在会协商、善议政上下更大功夫，不断完善调研协商的制度和程序，提高协商的针对性和有效性，彰显我国新型政党制度的优势。

民进中央主席蔡达峰、农工党中央主席陈竺、九三学社中央主席武维华、台盟中央主席苏辉、全国工商联主席高云龙、无党派人士代表郭雷先后在座谈会上发言。他们结合调研提出一系列建议，主要包括：加快建立党委领导、政府负责、社会协同、公众参与、法治保障的乡村社会治理体制，在相关工作中尊重群众意愿，保障村民合法权益；深入开展精准健康脱贫，加快提高基层医疗服务能力，为乡村振兴提供健康支撑；积极开展乡村环境综合治理，坚持规划先行、因时制宜，防止不顾实际铺摊子、搞"形象工程"；支持民营企业参与乡村振兴，完善相关政策，破解用地指标少、项目融资难等问题；统筹推进跨区域人口布局优化工程，实现乡村振兴与城镇化适度衔接等。

7月23日

[纲　文]　国务院办公厅印发《关于加强核电标准化工作的指导意见》。

[目　文]　《意见》由四个部分组成：一、总体要求。二、总体目标。三、重点任务。四、组织实施。

《意见》明确，到2019年，形成自主统一的、与我国核电发展水平相适应的核电标准体系；到 2022 年，国内自主核电项目采用自主核电标准的比例大幅提高，我国核电标准的国际影响力和认可度显著提升；到 2027 年，跻身核电标准化强国前列，在国际核电标准化领域发挥引领作用。

7 月 23 日

［纲　文］　教育部办公厅印发《关于国内高等教育学历学位认证工作有关事项的通知》。

［目　文］　《通知》说，为贯彻落实《教育部办公厅 财政部办公厅 国家发展改革委办公厅关于全面取消国内高等教育学历学位认证服务收费的通知》（教财厅〔2018〕1号），现就有关事项通知如下：一、凡在高等学校学生学籍学历信息管理系统和学位信息管理系统相关数据库中注册的学历学位，一律实行网上查询和电子认证。二、实施电子注册制度前的国内高等教育学历学位（2002 年以前毕业的学历信息和 2008 年 9 月以前授予的学位信息），继续通过人工核查提供书面认证。三、各高等学校和其他学历学位授予单位的教务、学生、档案管理等相关部门应当根据《高等学校档案管理办法》相关规定，依申请出具学习成绩单、学习经历和获奖证书等证明材料。四、教育部所属学历学位认证有关单位要按照各自职责，进一步简化流程、规范管理、提高服务质量。

7 月 23 日

［纲　文］　交通运输部公布《交通运输统计管理规定》。

［目　文］　《规定》共 8 章 44 条。主要有总则、统计机构和统计人员职责、统计调查项目、统计调查实施、统计分析与监测、统计资料的管理和公布、监督检查等内容。自 2018 年 10 月 1 日起施行。2005 年 12 月 30 日以交通部令 2005 年第 13 号发布的《港口统计规则》同时废止。

7 月 23 日

［纲　文］　第五届中非民间论坛在成都举行。国家主席习近平向论坛致贺信。

［目　文］　习近平表示，值此第五届中非民间论坛开幕之际，我谨代表中国共产党、中国政府、中国人民，并以我个人的名义，向论坛的召开表示热烈的祝贺，向出席会议的非洲国家领导人及各界人士表示诚挚的欢迎。中非民间论坛是中国人民和非洲人民的重要桥梁。自 2011 年 8 月创办以来，论坛坚持"增进民间友好、促进务实合作、推动世界和平"的中非民间友好三原则，取得了积极进展并实现了机制化，为促进中非民间友好交流合作发挥了重要作用。人民友好是国与国关系的重要基础，也是今后中非关系发展的重要领域。今年 9 月，我们将举行中非合作论坛北京峰会。本届论坛以"凝聚民间力量，促进中非友好互信"为主题，必将有力推动中非民间友好往来与合作。希望大家交流思想、分享经验、凝聚共识，为中非民间友好合作建言献策，为构建更加紧密的中非命运共同体注入鲜活动力、夯实民意基础。预祝第五届中非民间论坛取得圆满成功。

第五届中非民间论坛由中国民间组织国际交流促进会主办，以"凝聚民间力量，促进中非友好互信"为主题。中共中央对外联络部部长宋涛宣读了习近平的贺信。国家副主席王岐山出席开幕会并作主旨讲话。塞舌尔共和国人民党主席、副总统梅里顿，刚果（布）总理穆安巴分别致辞。来自30多个国家的140多家民间组织200多名代表参会。

7月23—24日

[纲　文]　2018"汉学与当代中国"座谈会在北京举办。

[目　文]　座谈会由文化和旅游部、中国社会科学院主办，中外文化交流中心承办，以"改革开放40年——中国与世界"为主题。来自24个国家的28位汉学家、中国问题研究专家和智库学者以及11位中方学者参与，围绕"中国发展新理念与国际合作新前景""'一带一路'与共同发展""中国文化与人类命运共同体"三个分议题进行了交流与对话。

23日，中共中央政治局委员、中宣部部长黄坤明在北京同与会的各国汉学家座谈。来自美国、哈萨克斯坦、乌克兰、印度等国汉学家，围绕"改革开放40年——中国与世界"主题作了发言，并就推进中外文化交流提出了建议。

7月23—27日

[纲　文]　应全国人大常委会委员长栗战书邀请，日本国会众议院议长大岛理森率团访华。

[目　文]　访华期间，国务院总理李克强、全国人大常委会副委员长王晨在北京分别会见了大岛理森。栗战书在北京与大岛理森举行会谈。大岛理森还访问了西安和深圳。

李克强会见大岛理森时表示，希望双方按照中日之间四个政治文件的原则和精神，以史为鉴，面向未来，落实好业已达成的各项共识，推动两国关系持续沿着正常轨道向前发展。在当前贸易保护主义、逆全球化思潮抬头的背景下，中日作为世界主要经济体和自由贸易的受益者，应当共同维护多边主义、以规则为基础的国际秩序和自由贸易体制。中国将继续扩大开放，进一步放宽市场准入，欢迎包括日本在内的各国企业扩大对华合作。中方愿同日方加强创新对话合作，共同推进创新发展。积极开展第三方市场合作，实现互利共赢。希望双方继续用好议会交流平台，加强立法机构交往，增进理解，深化互信，夯实两国关系发展的民意基础。

大岛理森表示，日方愿本着日中四个政治文件原则，根据以史为鉴、面向未来的精神推进两国关系发展。双方有责任将这一精神传承给下一代。日方愿同中方加强立法机构等各领域交流，共同推动两国关系稳定发展。

栗战书与大岛理森会谈时表示，在两国各方面共同努力下，中日关系重回正常发展轨道。今年是中国改革开放40周年。习近平主席强调，中国开放的大门不会关闭，只会越开越大。不论中国发展到什么程度，都将始终不渝坚持和平发展道路，致力于构建人类命运共同体。中国出台了一系列扩大开放的具体举措，希望日方继续抓住中国新一轮扩大开放的重大机遇。中日还应加强在国际事务中的合作，共同维护经济全球化和贸易自由化，推动全球治理体系朝着更加公平合理的方向发展。中国全国人大愿与日本国会继续用好定期交流机制，加强立法、执法监督合作和政策沟通协调，交流治国理政经验，为推进中日友好合作提供法律和制度保障。双方要发挥优势积极推动地方合作，促进民间友好，不断巩固中日关系的民意基础。

大岛理森说，我们要在铭记历史的基础上开创日中关系新局面。加强对华互利合作是日本各界的普遍共识。日本国会愿加强与中国全国人大的交往，坦诚交流对话，促进民众间的相互理解，推动各领域务实合作，为日中关系发展作出新的贡献。

7月24日

［纲　文］　国务院印发《关于同意在北京等22个城市设立跨境电子商务综合试验区的批复》。

［目　文］　《批复》说，一、同意在北京市、呼和浩特市、沈阳市、长春市、哈尔滨市、南京市、南昌市、武汉市、长沙市、南宁市、海口市、贵阳市、昆明市、西安市、兰州市、厦门市、唐山市、无锡市、威海市、珠海市、东莞市、义乌市22个城市设立跨境电子商务综合试验区，名称分别为中国（城市名）跨境电子商务综合试验区，具体实施方案由城市所在地省级人民政府分别负责印发。二、跨境电子商务综合试验区建设要全面贯彻党的十九大精神，以习近平新时代中国特色社会主义思想为指导，按照党中央、国务院决策部署，统筹推进"五位一体"总体布局和协调推进"四个全面"战略布局，坚持新发展理念，全面实施创新驱动发展战略，以供给侧结构性改革为主线，以推动形成全面开放新格局为目标，复制推广前两批综合试验区成熟经验做法，因地制宜，突出本地特色和优势，着力在跨境电子商务企业对企业（B2B）方式相关环节的技术标准、业务流程、监管模式和信息化建设等方面先行先试，为推动全国跨境电子商务健康发展探索新经验、新做法。三、有关部门和省（自治区、直辖市）人民政府要积极深化外贸领域"放管服"改革，以跨境电子商务为突破口，大力支持综合试验区大胆探索、创新发展，在物流、仓储、通关等方面进一步简化流程、精简审批，完善通关一体化、信息共享等配套政策，推进包容审慎有效的监管创新，推动国际贸易自由化、便利化和业态创新。四、有关省（自治区、直辖市）人民政府要切实加强对综合试验区建设的组织领导，健全机制、明确分工、落实责任，有力有序有效推进综合试验区建设发展。五、国务院有关部门要按照职能分工，加强指导和服务。按照鼓励创新、包容审慎的原则，坚持问题导向，深入调查研究，创新政策措施，加强沟通协作，进一步为综合试验区发展营造良好的环境。

7月24日

［纲　文］　国务院办公厅印发《关于部分地方优化营商环境典型做法的通报》。

［目　文］　《通报》说，为促进各地区、各部门交流互鉴，进一步推动形成竞相优化营商环境的良好局面，经国务院同意，现将开展企业投资项目承诺制改革等28项优化营商环境的典型做法通报如下。一、部分地方优化营商环境典型做法：（一）改革投资审批等制度方面8项：企业投资项目承诺制改革、"多规合一"和完善工程建设项目审批体系改革、并联审批和"多图联审"等改革、区域评估改革、"标准地"改革、限时联合验

收改革、强市放权改革、制定政府部门内部审批事项清单。(二)便利企业开办和经营方面3项:"一照多址"和"一证多址"改革、涉税业务"全市通办"、以"线上税银互动"缓解企业融资难题。(三)提升贸易便利化水平方面3项:推行"一站式阳光价格"清单、贸易服务事项只进"一扇门"、海关特殊监管区域"四自一简"监管模式。(四)创新监管理念和方式方面4项:信用风险分类监管、制定新兴行业分类指导目录、大数据监管、跨区域网络市场协同监管。(五)提供优质公共服务方面4项:"互联网+医疗健康"和"互联网+教育"、"互联网+医保"、公用服务企业入驻政务服务中心、获得电力便利化改革。(六)推进政务服务"一网、一门、一次"改革方面6项:政务服务一张网、审批服务标准化、集成套餐服务、民生服务"指尖"办理、不动产登记改革、建设统一政务咨询投诉举报平台。二、各地区、各部门要坚决贯彻落实党中央、国务院决策部署,深刻认识优化营商环境的重要性、紧迫性,以更大决心、更强力度、更实举措推进"放管服"改革,持续优化营商环境,聚焦市场主体和人民群众办事创业的痛点难点,突出重点,把该放的权放给市场主体,营造公平竞争的市场环境,更大限度激发市场活力、调动人的积极性和社会创造力。

7月24日

[纲 文] **国家防汛抗旱总指挥部在北京召开全体会议。**

[目 文] 会议传达贯彻中共中央总书记习近平对防汛抢险救灾工作的指示精神和国务院总理李克强的批示要求,研究部署防汛抗旱工作。国务院副总理、国家防汛抗旱总指挥部总指挥胡春华出席会议并讲话,国务委员、国家防汛抗旱总指挥部副总指挥王勇主持会议。

胡春华指出,要充分认识防汛抗旱面临的严峻形势,认真贯彻落实党中央、国务院的决策部署,牢固树立以人民为中心的思想,强化措施,落实责任,全力以赴做好防汛抗旱和抢险救灾工作,确保人民群众生命财产安全和社会稳定。要密切监测天气和汛情旱情发展变化,加强预报预警,充分发挥水利工程作用,科学防御江河洪水。要紧盯各类重点隐患区域,强化应急值守、巡堤查险和险情抢护处置,切实减少中小河流、山洪、城市内涝危害,有效应对台风影响,严防滑坡、泥石流等次生灾害。

7月24日

[纲 文] **全面深化司法体制改革推进会在深圳召开。**

[目 文] 中央政法委书记郭声琨出席并讲话。中共中央政治局委员、广东省委书记李希出席并致辞。赵克志、周强、张军出席。

郭声琨指出,要坚持以习近平新时代中国特色社会主义思想为指引,增强"四个意识",坚持党的绝对领导、坚持以人民为中心,积极探索组织科学化、运行高效化、履职专业化、保障现代化,加快构建中国特色社会主义司法制度体系,推动政法事业实现新飞跃、依法治国取得新进步。要准确把握新时代、新阶段、新任务,科学谋划、统筹推进司法体制改革,加快构建总揽全局、协调各方的党领导政法工作体系,系统完备、科学合理的司法机构职能体系,权责统一、规范有序的司法权运行体系,多元精细、公正高效的诉讼制度体系、联动融合、实战实用的维护安全稳定工作机制体系，普惠均等、便民利民的司法公共服务体系，约束有力、激励有效的职业制度体系，为维护社会稳定、促进公平正义、服务人民群众提供完备体制机制保障。

7月24日

［纲 文］ **全国文物系统先进集体和先进工作者表彰会议在北京举行。**

［目 文］ 文化和旅游部部长雒树刚出席会议并讲话，国家文物局局长刘玉珠主持会议。人力资源和社会保障部副部长张义珍宣读了《关于表彰全国文物系统先进集体和先进工作者的决定》，决定授予北京市文物研究所等49个单位"全国文物系统先进集体"荣誉称号，授予张彤等28名同志"全国文物系统先进工作者"荣誉称号。全国文物系统先进集体和先进工作者代表，各省、自治区、直辖市和计划单列市、新疆生产建设兵团文物局主要负责人参加会议。

7月24日

［纲 文］ **东亚奥协在北京召开理事会特别会议，决定取消原定在台中举办的2019年东亚青年运动会。**

［目 文］ 东亚奥协秘书长宋鲁增在接受媒体采访时表示，2014年，为支持台湾地区奥林匹克和体育运动发展，东亚奥协将2019年东亚青年运动会主办权授予台中市。然而，去年以来，台湾一些政治势力在岛内发起了所谓"东京奥运会正名公投"活动，公然挑战"奥运模式"，使台中2019年东亚青年运动会面临极大的政治风险和政治干扰。国际奥委会明确表示，不会考虑批准对中华台北奥委会现有名称做任何修改。即便如此，台湾部分势力仍不收敛，继续推进所谓"公投"。为维护东亚体育界的团结、稳定、和谐以及奥林匹克运动的健康发展，东亚奥协理事会对上述情况进行了研究，依据章程，就取消2019年东亚青年运动会进行了表决并作出上述决定。

同日，国务院台办发言人就此表示，民进党当局和推动所谓"公投"的"台独"势力难逃其咎。东亚奥协决定取消2019年东亚青年运动会，原因在于台湾一些政治势力和"台独"分子，在民进党当局的纵容下推动所谓"东京奥运正名公投"，公然挑战"奥运模式"，使这次运动会面临极大的政治风险和政治干扰。我们历来反对以政治干预体育，对所谓"正名公投"的挑衅，多次表达了坚决反对的立场。国际奥委会也高度关注，并致函中华台北奥委会表明态度。"奥运模式"必须坚持和维护，这是国际体育界的共识。取消台中2019年东亚青年运动会，是东亚奥协作出的正确决定。

7月24—27日

［纲 文］ **赵乐际在黑龙江省调研。**

［目 文］ 中共中央政治局常委、中央纪委书记赵乐际在抚远市团结村的村民家中，询问他们脱贫致富、看病、社保、子女上学就业、农闲文化生活等情况，了解群众对干部作风的意见建议。在省纪委监委和大庆市、抚远市纪委监委机关，看望纪检监察干部，他说，我们党的根本宗旨是全心全意为人民服务，纪检监察、巡视巡察工作总的原则

就是人民群众反对什么、痛恨什么，我们就坚决防范和纠正什么。要把精准发现解决群众身边腐败和作风问题，作为市县巡察和纪委监委日常监督的聚焦点，特别是对扶贫领域腐败问题，教育、医疗、食品药品安全等民生领域腐败问题，以及涉黑"保护伞"问题，依规依纪依法严肃查处；要结合实际，有什么问题就解决什么问题，什么问题突出就整治什么问题，推动全面从严治党向基层延伸，让老百姓有更多获得感。

赵乐际主持召开巡视整改落实工作座谈会，他指出，抓好巡视整改，是对"四个意识"的直接检验，巡视整改不落实，就是对党不忠诚。要学懂弄通做实习近平总书记关于巡视工作重要思想，提高政治站位，强化政治担当，把巡视工作作为坚决维护习近平总书记核心地位、坚决维护党中央权威和集中统一领导的重大举措，把巡视整改作为贯彻党中央部署要求、推动整体工作的有力抓手。要认真落实党委（党组）巡视整改主体责任、书记第一责任人责任，制定整改方案，明确整改要求，提高整改质量。要讲求整改方法，抓住主要矛盾，创新思路举措，发扬钉钉子精神，一个问题一个问题解决，确保巡视整改落到实处。要深化成果运用，推动改革、完善制度，发挥巡视标本兼治战略作用。

调研期间，赵乐际参观了铁人王进喜纪念馆，在大庆钻探钻井二公司1205钻井队、大庆石化公司炼油厂、哈尔滨电气动力装备有限公司生产班组一线调研企业党建和纪检工作情况。

7月25日

［纲　文］　国务院印发《关于加快推进全国一体化在线政务服务平台建设的指导意见》。

［目　文］　《意见》由六个部分组成：一、总体要求。二、总体架构和任务要求。三、推进政务服务一体化，推动实现政务服务事项全国标准统一、全流程网上办理。四、推进公共支撑一体化，促进政务服务跨地区、跨部门、跨层级数据共享和业务协同。五、推进综合保障一体化，确保平台运行安全平稳规范。六、组织实施。

《意见》指出，各地区各部门要把加快全国一体化在线政务服务平台建设作为深化"放管服"改革、推进政府治理现代化的重要举措，制定具体实施方案，明确时间表、路线图，加大政策支持力度，强化工作责任，确保各项任务措施落实到位。有关实施方案和工作进展要及时报送国务院办公厅。

7月25日

［纲　文］　全国人大常委会传染病防治法执法检查组第二次全体会议在北京举行。

［目　文］　会议研究提请全国人大常委会审议的执法检查报告，对做好执法检查后续工作提出要求。中共中央政治局委员、全国人大常委会副委员长王晨出席会议并讲话。全国人大常委会副委员长艾力更·依明巴海、陈竺、蔡达峰出席会议。全国人大教科文卫委员会负责人介绍了执法检查工作进展情况，执法检查组成员和国务院有关部门负责同志对执法检查报告稿提出了意见建议。

会议指出，传染病防治工作关系到人民群众的身体健康和生命安全，关系到经济社会发展和国家安全稳定。要继续紧扣党中央决策部署，按照传染病防治法各项规定，坚持问题导向，推动影响法律实施、制约工作发展、损害群众利益的突出问题得到有效解决，充分发挥执法检查法律监督作用。要增强法治意识，加强法律贯彻实施，用法治规范和保障传染病防治工作。

5月至7月，执法检查组分4个小组赴内蒙古、广东等8个省（区）开展实地检查，了解传染病防治法实施情况。

7月25日

［纲　文］　政协第十三届全国委员会第七次主席会议暨主席会议第二次集体学习在北京举行。

［目　文］　全国政协主席汪洋主持会议并讲话。夏宝龙等就有关议题作了说明。张庆黎、刘奇葆、董建华、万钢、何厚铧、卢展工、王正伟、马飚、陈晓光、梁振英、杨传堂、李斌、巴特尔、汪永清、苏辉、郑建邦、辜胜阻、刘新成、何维、邵鸿出席会议。会议审议通过了全国政协第十三届常委会第三次会议议程（草案）和日程，决定于8月20日至22日在京召开全国政协第十三届常委会第三次会议；原则通过了政协全国委员会全体会议工作规则（修订草案）、政协全国委员会常务委员会工作规则（修订草案）、政协全国委员会委员履职工作规则（修订草案）等；审议通过了政协全国委员会反映社情民意信息工作条例等；听取了提案委员会工作情况汇报。上述草案将提请第三次常委会议审议。会议审议通过了撤销曾志权第十三届全国政协委员资格的决定，提请第三次常委会议追认。

主席会议围绕中共十八大以来全面深化改革情况进行了集体学习。中央改革办有关负责人介绍了中共十八大以来全面深化改革的情况。汪洋指出，中共十八大以来，以习近平同志为核心的中共中央以非凡的政治勇气和高超的政治智慧推进全面深化改革，主要领域改革主体框架基本确立，重要领域和关键环节改革取得突破性进展，中国特色社会主义制度更加完善。人民政协坚定不移支持改革、参与改革、服务改革，为全面深化改革建言资政，做了大量有益工作。中国特色社会主义进入新时代，人民政协要深入学习领会和贯彻落实中共中央的决策部署，组织广大政协委员围绕深化改革中的重点难点问题，深入调查研究，积极协商建言，加强民主监督。要发挥好人民政协作为统一战线组织的功能和优势，多做解疑释惑、宣传政策、理顺情绪、化解矛盾、增进共识的工作，为全面深化改革添动力、增助力、聚合力，最大限度地凝聚起全面深化改革的强大正能量。

7月25日

［纲　文］　韩正在北京冬奥组委调研。

［目　文］　国务院副总理、第24届冬奥会工作领导小组组长韩正在冬奥组委首钢办公区，实地察看园区情况；在料仓办公楼，观看赛区沙盘模型，了解场馆和基础设施规划建设情况；结合展板听取冬奥组委办公园区总体情况汇报，并与冬奥组委工作人员互动交流。

韩正主持召开第 24 届冬奥会工作领导小组全体会议。中共中央政治局委员、第 24 届冬奥会工作领导小组副组长孙春兰、蔡奇出席会议并讲话。第 24 届冬奥会工作领导小组成员和中央有关部门负责人参加会议。会议学习贯彻习近平新时代中国特色社会主义思想和党的十九大精神，贯彻落实中共中央总书记习近平对冬奥会筹办工作的指示精神，进一步明确目标要求，研究部署下一阶段筹办重点任务。

韩正指出，要严格按照规划推进场馆和基础设施建设，加强施工安全监管，使工程质量经得起历史检验。要统筹做好示范场馆建设和测试赛准备工作，确保实现测试预期目标。要高水平推进赛会服务保障工作，打造智慧冬奥，提高赛事组织与赛会服务效率。要加强新闻宣传和文化推广，持续提升北京冬奥会影响力。要狠抓冬奥备战，着力提升竞技水平，围绕"带动 3 亿人参与冰雪运动"目标，加快推动群众性冰雪运动发展。要深化国际交流合作，广泛推进经济、文化、人文等交流。有关地区和部门要进一步增强"四个意识"，坚定"四个自信"，加强组织领导，落实工作责任，确保按期完成各项筹办任务。要坚持节俭办赛，严格预算管理，严控办奥成本，加强监督执纪，做好廉洁办奥工作。

7 月 25 日

[纲　文]　中央统战部、全国工商联在北京召开电视电话会议，部署推进工商联所属商会改革发展工作。

[目　文]　中央统战部部长尤权、全国工商联主席高云龙出席会议并讲话。中央和国家机关有关部门负责人出席会议。浙江省委统战部、江西省工商联、发展改革委、民政部等四个单位在会上发言。

尤权指出，要以习近平新时代中国特色社会主义思想和党的十九大精神为指导，切实增强责任感和使命感，认真贯彻落实中央关于工商联所属商会改革的决策部署。要推动统战工作向商会有效覆盖，充分发挥工商联的指导、引导、服务职能，探索创新商会治理和运行模式，加强制度化规范化建设，培育发展中国特色商会组织。各地各有关部门要在党委统一领导下，各司其职、密切协作，加强指导和督查。

高云龙要求各级工商联组织深入宣传贯彻会议精神，不折不扣地落实各项改革举措。

7 月 25 日

[纲　文]　教育部基础教育质量监测中心发布《中国义务教育质量监测报告》。

[目　文]　《报告》对我国义务教育阶段学生德智体美和学校教育教学等状况进行了客观呈现，并对如何进一步提升义务教育质量提出建议。

7 月 25 日

[纲　文]　第九届海外华裔及港澳台地区青少年"中国寻根之旅"夏令营北京集结营开营式在北京举行。

[目　文]　中央统战部部长尤权出席，向营员颁授营旗并讲话。来自 40 个国家和港澳台地区的 3000 余名青少年参加。

尤权说，中国的独立繁荣富强凝聚着海外侨胞的心血和努力，祖（籍）国人民永远不会忘记广大侨胞作出的重要贡献。他勉励营员们牢记习近平主席关于"根""魂""梦"的重要论述,正是伟大的民族之根、文化之魂、复兴之梦,把我们中华民族紧紧地联结在一起,凝聚成生生不息、枝繁叶茂的参天大树。

活动由国务院侨务办公室主办。在京期间,营员们参访了长城、故宫、水立方、颐和园等著名文化景点。

7月25日

[纲　文]　全国公安厅局长座谈会暨全面深化公安改革推进会在深圳召开。

[目　文]　国务委员、公安部部长赵克志,中组部副部长、国家公务员局局长傅兴国出席会议并讲话,公安部党委常务副部长王小洪主持会议。

赵克志指出,要坚持以习近平新时代中国特色社会主义思想为指导,深入学习贯彻党的十九大和十九届二中、三中全会精神,不断增强"四个意识"、坚定"四个自信",深入贯彻落实党中央重大决策部署,按照全面深化司法体制改革推进会要求,在继续抓好党中央关于全面深化公安改革"1+3"意见方案落实的基础上,以更大的智慧和勇气深化改革,着力解决影响和制约公安事业发展的体制性障碍、结构性矛盾、深层次问题,努力构建符合新时代要求、适应国家治理体系和治理能力现代化的现代警务管理体制,切实担负起为新时代中国特色社会主义保驾护航的重大职责使命。

7月25日

[纲　文]　全国司法厅(局)长会议在深圳举行。

[目　文]　司法部部长傅政华出席会议并讲话,司法部党组书记袁曙宏传达全面深化司法体制改革推进会精神,通报司法部机构改革情况。司法部副部长熊选国主持会议。各省(区、市)司法厅(局)长、政府法制办公室主任,新疆生产建设兵团司法局局长、监狱局局长,军委政法委政治工作局主任等参加会议。会议提出要更好地履行职责,在全面推进依法治国中展现新作为。会议的主要任务是:坚持以习近平新时代中国特色社会主义思想为指导,深入贯彻落实党的十九大和十九届二中、三中全会精神,按照全面深化司法体制改革推进会部署要求,进一步统一思想、凝聚共识,研究谋划司法部重新组建后全系统改革发展思路,集中部署改革工作,奋力开启事业发展新局面。

7月25日

[纲　文]　第一届中国特色军事法治理论学术研讨会在北京举行。

[目　文]　研讨会由军事科学院军事法制研究院主办,以"深入贯彻落实习主席依法治军重要指示、加快构建中国特色军事法治体系"为主题,旨在研讨交流国防和军队法治化建设重大理论和现实问题,打造军事法治研究交流合作平台,探索军事法治研究交流合作长效机制,共同推进中国特色军事法治理论研究创新发展。与会专家学者还就"习近平强军思想法治篇""构建完善中国特色军事法规制度体系""中国特色军事法治实施、监督、保障理论与实践"三个专题展开研讨和交流。来自军委机关、各军兵种、军事科学院、国防大学、国防科技大学、武警部队以及中国法学会、中国社会科学院等军地单位的领导

和专家代表参会。

7月25日

[纲　文]　财政部紧急拨付农业生产救灾及特大防汛抗旱补助资金10亿元支持应对台风和洪涝灾害。

[目　文]　支持甘肃、四川、福建、陕西、重庆、广西、内蒙古、江西、贵州、新疆、浙江等省、市、自治区应对台风和洪涝灾害，用于修复水毁水利设施，购置种子（苗）、化肥、农药、农机柴油、饲草料，做好死亡畜禽无害化处理等工作，最大限度降低灾害损失，帮助恢复灾区群众生产生活和农业救灾补损，保障受灾地区社会稳定。

7月25日

[纲　文]　**中国黄山成为世界生物圈保护区网络新成员。**

[目　文]　联合国教科文组织发布公告说，该组织人与生物圈计划国际协调理事会决定在世界生物圈保护区网络中增添24个新保护区，其中包括中国黄山。

黄山位于安徽省南部黄山市境内，山境总面积约1200平方公里，其中黄山风景区面积为160.6平方公里。作为风景名山，黄山素以奇松、怪石、云海、温泉、冬雪"五绝"景观著称于世，境内1019处景观中，自然景观688处、文化景观331处；景区生态系统稳定平衡，境内动植物种类众多。

黄山风景区于1990年入选联合国教科文组织世界文化与自然遗产名录，2004年加入教科文组织世界地质公园网络。人与生物圈计划国际协调理事会认为，黄山风景区里的森林生态系统始终保持良好，是众多古老动植物物种的栖身之处，因此这是一处十分重要的遗传物质库，其生物多样性也十分丰富。

7月25日

[纲　文]　**中央军委副主席张又侠在北京会见越共中央书记处书记、越南人民军总政治局主任梁强。**

[目　文]　张又侠说，中国军队愿同越南军队一道，认真落实两党两国领导人重要共识，继续遵循长期稳定、面向未来、睦邻友好、全面合作的方针和好邻居、好朋友、好同志、好伙伴的精神，保持战略沟通，深化务实合作，妥善管控分歧，为推动中越全面战略合作伙伴关系深入发展贡献力量。

梁强说，越方愿同中方共同努力，继承和发扬越中传统友好，努力推动两国两军关系不断迈上新台阶。

7月25日

[纲　文]　**中央军委副主席张又侠在北京会见塞尔维亚国防部部长武林。**

[目　文]　张又侠说，近年来，中塞两军关系保持积极发展势头，双方相互支持，交流合作不断取得新进展。中方始终从战略高度和长远角度看待中塞关系，愿同塞方一道，进一步巩固政治互信，扩大各层次、各领域合作，打造两国命运共同体、利益共同体，造福两国人民。

武林表示，塞方致力于发展塞中全面战略伙伴关系，期待深化双方包括防务军事在内的各领域合作，推动两国两军关系持续健康发展。

同日，国务委员兼国防部部长魏凤和在北京与武林举行会谈时说，中方愿同塞方一道，进一步加强防务安全领域的战略协作，拓展两军务实合作，为推动中塞全面战略伙伴关系不断深化作出贡献。

武林说，塞方高度重视塞中关系，支持"一带一路"建设，愿加强两军高层交往，深化军事医学、联演联训、人员培训等领域的交流合作，推动两军关系不断发展。

7月25—27日

[纲　文]　**李克强在西藏自治区考察**。

[目　文]　国务院总理李克强在林芝、山南、拉萨考察经济社会发展。

李克强在林芝市西嘎门巴村群众家中询问生活情况；在雅鲁藏布江和尼洋河交汇处，考察水资源和生态保护，他说，青藏高原是中国和亚洲的"水塔"，要切实加强生态建设，为全国可持续发展提供支撑；在山南市川藏铁路拉林段施工现场，了解工程进展情况；在西藏人民医院，与患者、医生护士交流，他说，目前西藏医疗资源难以满足群众需要，国家将在医院、藏医药大学建设上加大支持；在拉萨市柳梧双创基地与青年创客交流，他说，在西藏开展双创，对于推动向高质量方向发展意义重大，西藏年轻人投身市场创业，推动了择业首选进机关观念的转变，展现出市场活力；在大昭寺，他强调西藏自古以来就是祖国神圣领土不可分割的一部分，希望宗教界人士为维护祖国统一、促进民族团结和社会和睦继续作出贡献；在布达拉宫，考察文物保护情况，表示国家将加大对珍贵文献研究的支持，推动文化传承与交流，向布达拉宫广场上的群众问好，祝愿各族人民永远和睦相处；看望了帕巴拉·格列朗杰、热地、向巴平措和列确、巴桑等老同志，高度评价他们为西藏发展稳定和祖国建设作出的贡献。

考察期间，李克强肯定西藏各项事业取得的成就，希望西藏在以习近平同志为核心的党中央坚强领导下，坚持党的治藏方略，推动富民兴藏，维护祖国统一，加强民族团结，促进西藏经济社会发展和长治久安。

7月25—28日

[纲　文]　**栗战书在福建省调研**。

[目　文]　全国人大常委会委员长栗战书在泉州、福州、南平等地调研时指出，要以习近平新时代中国特色社会主义思想为指引，发挥人大在全面依法治国中的重要作用，为实现高质量发展、推进改革开放和社会主义现代化建设提供有力法治保障。

栗战书在晋江，参观城市展馆，考察民营企业，同干部群众和企业家座谈交流，了解"晋江经验"的丰富内涵和生动实践。他说，16年前，习近平总结提出"晋江经验"，为晋江乃至福建改革发展提供了制胜法宝和行动指南，到现在仍具有重大指导意义。在福州市晋安区了解环境整治和生态公园建设成效；在南平市政和县梅坡村，同基层干部和群众唠家常、算收入、谈致富；在新材料、新能源企业和物联网产业基地、大数据产业园，了解前沿科技,体验智能产品,考察数字经济发展情况。

调研期间,栗战书看望省人大机关干部职工,了解立法工作队伍建设和常委会会议审议情况,走进政和县人大常委会,调研县乡人大工作和建设情况,主持召开座谈会,听取福建省四级人大负责同志和部分人大代表的意见建议。栗战书说,人大及其常委会作为国家权力机关,处在民主法治建设的第一线,在全面依法治国中负有重大职责,承担着重要任务。要坚持党对立法工作的领导,发挥人大在立法工作中的主导作用,适应改革发展稳定需要,不断完善法律体系。地方立法要围绕大局,立足实际,努力体现地方特色。要用好宪法法律赋予的监督职权,敢于动真碰硬,扭住突出问题一抓到底,确保宪法法律有效实施,确保各项工作在法治轨道上运行。要大力推进法治宣传教育,弘扬宪法精神,增强全民法治观念。

7月26日

[纲　文]　**中央统战部在北京召开党外知识分子学习习近平在两院院士大会上讲话精神座谈会。**

[目　文]　统战部部长尤权主持座谈会并讲话。党外院士和留学人员代表在座谈会上发言。

尤权指出,党的十八大以来,以习近平同志为核心的党中央坚持"聚天下英才而用之"战略思想,高度重视知识分子和知识分子工作。习近平总书记在今年两院院士大会上的重要讲话,深刻分析了当前科技创新面临的机遇挑战,对广大科技工作者把握大势、迎难而上、引领科技发展方向提出了殷切期望。希望广大党外知识分子认真贯彻习近平总书记重要讲话精神,坚定"四个自信",把个人理想融入国家发展伟业,为建设世界科技强国、实现中华民族伟大复兴中国梦贡献力量。

会议启动党外院士与留学人员国情考察服务团活动。这一活动始于2011年,每年举办一次。2018年由36名党外两院院士和专家组成服务团,赴青海就生态环保、新能源、教育、医疗卫生等开展考察和服务。

7月26日

[纲　文]　**卫生健康委、中医药局印发《医疗联合体综合绩效考核工作方案（试行）》。**

[目　文]　《方案》由四个部分组成:一、总体要求。二、组织管理。三、考核工作安排。四、工作要求。

《方案》指出,开展医联体综合绩效考核是推进医联体建设、构建分级诊疗制度的重要内容,是促进优质医疗资源上下贯通,引导公立医院主动帮扶基层、履行社会责任、彰显公益性的重要手段。

7月26日

[纲　文]　**人民银行发布《关于修改〈金融机构大额交易和可疑交易报告管理办**

法〉的决定》。

［目　文］《决定》说，为进一步提升义务机构可疑交易报告有效性，中国人民银行决定对《金融机构大额交易和可疑交易报告管理办法》（中国人民银行令〔2016〕第3号发布）的部分条款予以修改。将《金融机构大额交易和可疑交易报告管理办法》（中国人民银行令〔2016〕第3号发布）第十五条修改为"金融机构应当在按本机构可疑交易报告内部操作规程确认为可疑交易后，及时以电子方式提交可疑交易报告"。本决定自发布之日起施行。

7月26日

［纲　文］上海合作组织地方经贸合作示范区青岛多式联运中心启用。

［目　文］作为示范区所在地，胶州市整合胶州火车站、中铁联集青岛中心站、山东济铁胶州物流园、青岛港等资源，构建海陆空铁一体化物流运转体系，打造了中国—上海合作组织地方经贸合作示范区青岛多式联运中心。

2018年6月在青岛举行的上海合作组织成员国元首理事会第十八次会议上，中国提出支持在青岛建设中国—上海合作组织地方经贸合作示范区。

7月26日

［纲　文］2018年泰国"中国书架"项目在泰国规模最大的中国图书专营书店南美书店落户。

［目　文］项目由国家新闻出版署主办，中国出版集团公司下属中国图书进出口（集团）总公司与泰国南美有限公司共同承办。在"一带一路"倡议下，中泰两国各领域交流与合作不断深入。近5年来，中国出版集团公司所属人民文学出版社、商务印书馆、中华书局等5家出版社与泰国曼德琳教育出版社等7家出版社签署了75个合作项目。

7月26日

［纲　文］外交部发言人就近日美国总统特朗普声称中方正把贸易摩擦反制的目标对准美国农民等言论表示，目前的局面，完全是美方奉行单边主义和贸易保护主义，言而无信、出尔反尔，执意挑起对华贸易战造成的。

［目　文］有记者问：据报道，特朗普25日称，中方正把贸易战反制的目标对准美国农民，并称相关做法非常"恶毒"，企图让美方作出让步。中方对此有何回应？

发言人表示，中国是美国农产品的主要买家。多年来，中美农业合作不断扩大，日益深化，给双方带来了实实在在的利益，应该说是互利共赢的。2017年6月，中美双方就美国牛肉输华问题达成一致。2018年5月，中美双方团队曾在华盛顿就经贸问题举行建设性磋商，双方同意有意义地增加美国农产品对华出口。这些协议本来都可以顺利实施，但令人遗憾的是，事态的发展并非像人们期待的那样。目前的局面，完全是美方奉行单边主义和贸易保护主义，言而无信、出尔反尔，执意挑起对华贸易战造成的。美国的农民正在为美国政府的贸易霸凌行径买单。希望美方倾听国内各界的理性声音，倾听国际社会的普遍呼声，认清形势，权衡利弊，不要在错误的道路上越走越远。

7月26日

［纲　　文］　中国—南非经贸论坛在南非约翰内斯堡举行。

［目　　文］　论坛由中国国际贸易促进委员会主办，南非非国大经济发展论坛、南非中国经贸协会协办。数百名来自中国和南非的企业家参与论坛，围绕能源、农业、金融与贸易等话题进行讨论和磋商。

7月26日

［纲　　文］　中国严正驳斥美国对中国经济模式的无端指责。

［目　　文］　世界贸易组织总理事会在日内瓦举行年内第三次会议。美国常驻世贸组织大使谢伊根据美方会前提交的文件对中国经济模式进行无端指责。

中国常驻世贸组织大使张向晨说，世界上没有一个放之四海而皆准的"市场经济"标准。世贸规则没有赋予任何成员这样特殊的权利，把自己的经济模式作为"市场经济"的样板，一旦有哪个国家不肯照搬，就是"市场经济"。如果说"市场经济"这个议题还有什么意义的话，就是它再次提醒我们，还有成员，包括美国，不顾世贸规则和自身承诺，根据国内法的所谓"市场经济"标准，在反倾销调查中对其他成员使用"替代国"做法。在研究如何使多边贸易体制适应全球化的变化方面，中国愿意发挥建设性作用，作出自己的贡献。但是，世贸组织的当务之急，是制止单边主义和保护主义蔓延，让争端解决机制恢复正常运转，让贸易战尽快停下来。

7月26—27日

［纲　　文］　胡春华在浙江省调研外贸工作。

［目　　文］　国务院副总理胡春华在宁波、杭州的部分贸易、电子、机械、能源、纺织企业，了解企业生产经营、市场开拓、科技研发等情况，询问企业遇到的问题和困难，鼓励企业苦练内功、提升产品质量，加强国际合作、开辟多元化市场，推动形成面向全球的产业链和贸易、服务网络，加快培育国际合作和竞争新优势。

胡春华指出，要以习近平新时代中国特色社会主义思想为指导，按照党中央、国务院决策部署，坚持稳中求进工作总基调，扎扎实实做好外贸领域各项工作，促进对外贸易平稳健康发展。各地、各有关部门要密切跟踪外贸形势变化，及时了解企业诉求，帮助企业解决面临的实际困难。要深入推进"放管服"改革，加大知识产权保护，进一步优化营商环境，想方设法为企业减负担、增活力。要按照既定的节奏和步伐，继续坚定不移地扩大对外开放，特别要尽快落实已经出台的扩大开放各项措施。

7月27日

［纲　　文］　国务院在北京召开全国安全生产电视电话会议。

［目　　文］　国务院总理李克强作出批示指出：今年以来，经过各方共同努力，全国安全生产形势总体稳定，成绩来之不易。同时，要清醒看到当前形势依然严峻，重特大事故时有发生，必须警钟长鸣，安全生产工作不能有一丝松懈。各地区、各部门要以习近平

新时代中国特色社会主义思想为指导，认真贯彻党中央、国务院决策部署，牢固树立安全发展理念，坚持生命至上、安全第一，深化改革创新，进一步健全应急管理体制机制，严格落实安全生产责任制，严格安全监管执法，强化安全风险防控和隐患排查治理，加强安全基础能力建设，依法严惩违法违规和失职渎职行为，坚决防范遏制重特大安全事故。当前正值主汛期和旅游旺季，要坚持守土有责、履职尽责，加强安全风险提示、预警预报和应急处置，认真落实相关领域安全防范措施，切实维护人民群众生命财产安全。

国务院副总理、国务院安委会主任刘鹤，国务委员、国务院安委会副主任王勇、赵克志出席会议。会议要求，深入学习贯彻中共中央总书记习近平关于加强安全生产的指示精神，按照国务院总理李克强批示要求，毫不放松抓好安全生产工作，全力维护人民群众生命财产安全。会议指出，今年以来，各地区、各部门坚决贯彻落实党中央、国务院决策部署，实现事故总量、较大事故、重特大事故"三下降"，大部分地区、大部分行业"两稳定"，全国安全生产形势稳定向好，但各种矛盾问题和风险隐患仍然突出，务必保持高度警醒。

26日，国务院安委会召开全体会议，总结上半年安全生产工作，安排部署下半年重点工作。

7月27日

[纲　文]　十三届全国政协第七次双周协商座谈会在北京召开。

[目　文]　全国政协主席汪洋主持会议并讲话。全国政协副主席何厚铧、梁振英作主题发言。全国政协副主席张庆黎、夏宝龙出席会议。全国政协委员裘援平、林健锋、吴以环、蔡冠深、马有礼、李慧琼、卢伟国、高迎欣、吴志良、霍启刚、朱小丹、耿惠昌、屠海鸣、刘雅煌、朱鼎健，学者梁桂全在会上发言。发展改革委、国务院港澳事务办公室、广东省政府有关负责人作了互动交流。

16位委员、学者围绕体制机制创新、要素互联互通、教育医疗合作、人才交流、青年创业就业、建设宜居生活圈等，对推进粤港澳大湾区建设提出意见建议。大家认为，香港和澳门的命运始终同祖国的命运紧密相连。建设粤港澳大湾区对于促进内地与港澳互利合作、确保港澳长期繁荣稳定具有重大而深远的意义。他们建议，要坚持以制度创新为核心，总结梳理内地与港澳建立更紧密经贸关系安排的实施成果。以问题为导向，进一步强化基础设施对接，推动经济、社会、文化、生态等管理体制创新，实现商品、服务、资金、人员自由高效流动，破除制约粤港澳融合发展的各种体制机制和政策法规障碍。要坚持创新驱动发展，优化大湾区内产业布局，培育国际科技创新中心，推动传统产业转型升级，加快形成现代化经济体系。要坚持以开放促改革，发挥好港澳的开放优势，加快广东自贸试验区开放步伐，鼓励先行先试，创造更多新鲜经验，有序向大湾区推广。要坚持以人民为中心，推动教育医疗共建共享和融合发展，为港澳同胞特别是青年在内地学习、就业、创业、生活提供更多便利条件，增进大湾区居民的获得感和认同感。

7月27日

[纲　文]　**韩正主持召开国务院推进政府职能转变和"放管服"改革协调小组全体会议。**

[目　文]　国务委员、协调小组副组长王勇，协调小组成员，各专题组、保障组负责人等出席会议，有关部门负责人列席会议。会议学习贯彻习近平新时代中国特色社会主义思想和党的十九大精神，贯彻落实全国深化"放管服"改革转变政府职能电视电话会议精神，审议有关文件，部署当前和下一步重点工作。

国务院推进政府职能转变和"放管服"改革协调小组组长韩正表示，深化"放管服"改革是加快政府职能转变、促进政府治理体系和治理能力现代化的重要举措，是政府刀刃向内的一场自我革新。深入推进政府职能转变和"放管服"改革，必须有勇气和智慧，坚持目标导向、问题导向，加强分类指导、精准施策。要把群众的感受作为主要评判标准，聚焦市场反映强烈的"痛点"和"堵点"，明确改革目标和重点任务，通过解决主要问题实现预期目标，把"放管服"改革不断推向纵深。要实施好"双随机、一公开"监管，推进综合执法，运用互联网、大数据等现代信息技术手段，提高监管的针对性、有效性。要统一监管标准，完善监管规则，强化法律保障，健全社会诚信体系，加强执法人员培训，为加强和创新事中事后监管提供全面支撑。推进政府职能转变和"放管服"改革协调小组要充分发挥统筹协调、督促指导的作用，确保各项改革工作积极稳妥有序推进。各专题组、保障组要把查找问题作为主要工作方法，建立直接了解基层一线情况的信息渠道和有效手段，有针对性地提出改革措施建议。要强化督查落实，实实在在地解决突出问题，积极回应人民群众呼声，让企业和群众真实地感受到政府职能在转变、营商环境在改善。

7月27日

[纲　文]　**孙春兰在北京主持召开部分省份退役军人服务管理工作推进会。**

[目　文]　国务院副总理孙春兰指出，要深入学习贯彻中共中央总书记习近平关于退役军人工作的指示批示精神，不断增强责任感和紧迫感，扎实做好退役军人服务管理工作，切实保障退役军人合法权益，维护社会和谐稳定大局。要在提高退役军人服务管理工作精细化水平上下功夫，建立完善服务体系，扎实做好退役军人安置就业、保险接续、困难帮扶、优待抚恤和信息采集、悬挂光荣牌等重点工作。"八一"将至，要做好拥军优属、拥政爱民等工作，广泛开展走访慰问活动，积极帮扶下岗失业、生活困难的退役军人和优抚对象，使他们感受到党和政府的关怀。

7月27日

[纲　文]　**首届中国国际进口博览会倒计时100天誓师动员大会在上海举行。**

[目　文]　国务院副总理胡春华出席大会并讲话。中共中央政治局委员、上海市委书记李强出席动员大会并讲话。

胡春华指出，举办中国国际进口博览会，是习近平总书记亲自谋划、亲自提出、亲自部署推动的，是以习近平同志为核心的党中央着眼新一轮高水平对外开放作出的重大决策,是我们坚定支持贸易自由化、主动向世界开放市场的重大举措。要以习近平新时代中国特色社会主义思想为指导,深入学习领会贯彻总书记重要批示指示精神,按照党中央、国务院决策部署,扎扎实实做好各项筹备工作。进口博览会要向全世界最著名的展会看齐,搭建好国家展、企业展和论坛三大支柱,把"三合一"的特色充分展现出来,形成广泛的国际影响力。

会议结束后,胡春华在上海国家会展中心考察了场馆改造现场和安保指挥部,并为进口博览会标识及吉祥物揭幕。

7月27日

[纲　文]　中国记协新媒体专业委员会在北京成立。

[目　文]　中国记协主席张研农主持会议。中宣部副部长蒋建国出席成立大会并讲话。中国记协常务副主席胡孝汉当选第一届主任委员。大会通过了《中国记协新媒体专业委员会规则》。

新媒体专业委员会作为中国记协所属专门工作机构和服务于新媒体新闻信息传播的专业性组织,将强化政治引领,推动行业自律,打造工作平台,加强联络服务。第一届150多名委员来自新闻宣传管理部门、新闻单位、新闻行业组织、高校新闻院系、新闻研究机构等。

7月27日

[纲　文]　新华社讯,退役军人事务部、财政部发布通知:再次提高部分退役军人和其他优抚对象等人员抚恤和生活补助标准。

[目　文]　从2018年8月1日起,伤残人员(残疾军人、伤残人民警察、伤残国家机关工作人员、伤残民兵民工)残疾抚恤金标准、"三属"(烈士遗属、因公牺牲军人遗属、病故军人遗属)定期抚恤金标准、"三红"(在乡退伍红军老战士、在乡西路军红军老战士、红军失散人员)生活补助标准,在现行基础上提高10%,在乡老复员军人生活补助标准在现行基础上每人每年提高1200元,烈士老年子女生活补助标准由现行每人每月390元提高至440元。以上提标经费由中央财政承担。带病回乡退伍军人生活补助标准由现行每人每月500元提高至550元,参战参试退役军人生活补助标准由现行每人每月550元提高至600元,农村籍老义务兵每服一年义务兵役每月增加补助5元,达到每月35元。以上提标经费由中央财政和地方财政按比例承担。

提高后,一级因战、因公、因病残疾军人抚恤金标准分别为每人每年80140元、77610元和75060元,分别比2017年提高了7290元、7060元和6820元。烈属、因公牺牲军人遗属、病故军人遗属定期抚恤金标准分别提高到每人每年25440元、21850元和20550元。在乡退伍红军老战士、在乡西路军红军老战士和红军失散人员生活补助标准,分别提高到每人每年55570元、55570元和25070元。

往年通常在10月1日提高部分退役军人和其他优抚对象等人员抚恤补助标准,2018年将提标时间提前到8月1日,主要考虑到广大军人军属和退役军人对"八一"建军节的特殊情感，体现党和政府对退役军人和其他优抚对象的关心关爱。自改革开放以来，国家已第25次提高残疾军人残疾抚恤金标准，第28次提高"三属"定期抚恤金标准和"三红"生活补助标准。

7月27日

［纲　文］　退役军人事务部等军地12个部门印发《关于促进新时代退役军人就业创业工作的意见》。

［目　文］　《意见》由五个部分组成：一、提升就业创业能力。二、加大就业支持力度。三、积极优化创业环境。四、建立健全服务体系。五、切实加强组织领导。

《意见》指出，各地结合实际制定实施细则，贯彻落实情况及时报告。

7月27日

［纲　文］　退役军人事务部、中组部、中央文明办、发展改革委、公安部、财政部、人力资源社会保障部、国资委、医保局、中央军委政治工作部发布《关于进一步加强由政府安排工作退役士兵就业安置工作的意见》。

［目　文］　《意见》由四个部分组成：一、统一思想认识。二、提升安置质量。三、依法保障待遇。四、强化组织领导。自2018年8月1日起执行。2018年8月1日后退出现役的士兵适用本意见。各地各有关部门要根据本意见，制定具体实施办法，落实好各项规定和任务。

7月27日

［纲　文］　证监会公布修改后的《关于改革完善并严格实施上市公司退市制度的若干意见》，自2018年7月27日起施行。

7月27日

［纲　文］　工业信息化部、发展改革委印发《扩大和升级信息消费三年行动计划（2018—2020年）》。

［目　文］　《计划》由四个部分组成：一、总体要求。二、主要目标。三、主要行动。四、保障措施。

《计划》指出，各地工业和信息化、发展改革主管部门要加强信息消费重大决策、重大工程和重大问题的统筹协调，做好组织保障。建立完善信息消费发展的协同工作机制，明确地方信息消费发展目标和实施方案，加大对信息消费工作成效考核力度，做好行动计划的贯彻落实。支持有条件的地方成立信息消费发展专家咨询委员会，为开展工作提供参考和支持。

7月27日

［纲　文］　朝鲜在平壤友谊塔为中国人民志愿军烈士举行祭奠活动。

［目　文］　友谊塔前，朝鲜最高领导人金正恩敬献的花圈摆放在塔基上，缎带上写着"光荣属于中国人民志愿军烈士"。朝鲜最高人民会议常任委员会副委员长杨亨燮、内阁副总理李龙男等朝党政军干部，中国驻朝鲜大使李进军及使馆外交人员、旅朝华侨、在

朝留学生、驻朝机构和媒体等共同凭吊中国人民志愿军烈士。

7月27日

［纲　文］　《人民日报》发表评论员文章《顺应时代潮流，再创"金色十年"——一论习近平主席金砖国家工商论坛重要讲话》。

7月28日

［纲　文］　国务院公布《关于取消一批行政许可等事项的决定》。

［目　文］　《决定》说，经研究论证，国务院决定取消11项行政许可等事项，现予公布。另有6项依据有关法律设定的行政许可事项，国务院将依照法定程序提请全国人民代表大会常务委员会修订相关法律规定。对取消的行政许可等事项，相关部门要制定完善事中事后监管细则，自本决定发布之日起20个工作日内按规定向社会公布，并加强宣传解读，确保落实到位。

7月28日

［纲　文］　国务院办公厅印发《关于成立国家科技领导小组的通知》。

［目　文］　《通知》说，按照深化党和国家机构改革统一部署，根据议事协调机构调整有关安排和工作需要，国务院决定将国家科技教育领导小组调整为国家科技领导小组，现将有关事项通知如下。一、主要职责。研究、审议国家科技发展战略、规划及重大政策；讨论、审议国家重大科技任务和重大项目；协调国务院各部门之间及部门与地方之间涉及科技的重大事项。二、组成人员。组长：李克强。副组长：刘鹤。成员：何立峰、陈宝生、王志刚、苗圩、刘昆、张纪南、韩长赋、易纲、肖亚庆、白春礼、李晓红、刘国治、怀进鹏、高雨。国家科技领导小组办公室设在科技部，承担领导小组日常工作，办公室主任由科技部部长王志刚兼任。

7月28日

［纲　文］　应急管理部、教育部、科学技术部、中国科学技术协会、河北省人民政府和中国地震局在唐山召开全国首届地震科普大会。

［目　文］　大会以"防震减灾　科普先行"为主题，总结了近年来我国防震减灾科普工作经验，分析防震减灾科普工作新形势新要求，部署此后一个时期的防震减灾科普工作，提升全民防震减灾科学素质，全面提升全社会抵御地震灾害综合防范能力。

7月28日

［纲　文］　《人民日报》发表评论员文章《坚持合作共赢，建设开放经济——二论习近平主席金砖国家工商论坛重要讲话》。

7月29日

［纲　文］　中共中央办公厅、国务院办公厅发布《关于实施革命文物保护利用工程（2018—2022年）的意见》。

［目　文］　《意见》由五个部分组成：一、重要意义。二、总体要求。三、主要任务。四、重点项目。五、实施保障。

《意见》指出，建立革命文物保护利用工程实施情况的督查评估机制和"双随机"抽查机制，加强对各地区革命文物工作的督促检查，实行革命文物保护利用情况通报制度。各省（自治区、直辖市）要按照本意见要求，结合本地区实际制定具体落实办法。中央和国家机关有关部门要对各地区贯彻落实情况进行督促检查，并将有关情况报党中央、国务院。

7月29日

［纲　文］　国务院办公厅印发《为烈属、军属和退役军人等家庭悬挂光荣牌工作实施办法》，自2018年7月29日起施行。

7月29日

［纲　文］　中国在西昌卫星发射中心用"长征三号乙"运载火箭（及"远征一号"上面级），以"一箭双星"方式成功发射第三十三、三十四颗北斗导航卫星。

［目　文］　这两颗卫星属于中圆地球轨道卫星，是我国"北斗三号"系统第九、十颗组网卫星。卫星经过3个多小时的飞行，经轨控和相位捕获后，进入工作轨道。后续将进行集成测试与试验评估，并与此前发射的8颗"北斗三号"导航卫星进行组网运行。根据计划，年底前将建成由18颗"北斗三号"卫星组成的基本系统，为"一带一路"沿线国家提供服务。

此次发射的北斗导航卫星和配套运载火箭（及"远征一号"上面级）分别由中国航天科技集团有限公司所属的中国空间技术研究院和中国运载火箭技术研究院抓总研制。这是长征系列运载火箭的第281次飞行。

7月29日

［纲　文］　《人民日报》发表评论员文章《坚持创新引领，把握发展机遇——三论习近平主席金砖国家工商论坛重要讲话》。

7月30日

［纲　文］　李克强主持召开国务院常务会议。

［目　文］　会议主要内容是：一、听取吉林长春长生公司违法违规生产狂犬病疫苗案件调查进展汇报，要求坚决严查重处并建立保障用药安全长效机制。基本查明，长春长生公司在生产人用冻干狂犬病疫苗过程中，存在严重违反国家药品标准和药品生产质量管理规范、擅自变更生产工艺、编造生产和检验记录、销毁证据等违法行为，性质极其恶劣，涉嫌犯罪。公安机关已拘留并提请批准逮捕相关责任人。下一步，国务院调查组要继续深入开展工作。一要根据案件调查结果，依法从重对涉案企业和责任人、参与者作出严厉处罚，处以巨额罚款，并由司法机关进一步追究刑事责任，让严重违法犯罪者获刑入狱，把他们依法逐出市场，终身不得从事药品生产经营活动。二要指导各地

全部回收销毁未使用的涉案疫苗。已出口的要监督企业召回,并及时向世界卫生组织和有关国家通报。对涉案企业生产的其他疫苗严格查验,发现问题立即处置。加快完成已开展的全国全部46家疫苗生产企业全链条监督检查,及时向社会公布结果。三要深入开展监管责任调查,决不能手软。对玩忽职守、失职渎职的坚决一查到底,对贪赃枉法、搞利益输送的要重拳打击,对负有领导责任的也要依法依规严厉追责。四要全面查清涉案疫苗接种情况,依据相关领域专家作出的风险评估结果,科学拟定应对预案。相关部门要立足事实作出解释,及时回应社会关切。五要有针对性地抓紧研究提出进一步完善疫苗研发、生产、流通、使用全流程监管体制的方案,构建确保群众用药安全的长效机制。二、部署优化教育经费使用结构和落实义务教育教师工资待遇,办好人民满意的教育。会议指出,办好人民满意的教育,必须在保障教育合理投入的同时,把义务教育作为投入的重中之重,优化教育支出结构,促进公平而有质量的教育发展。各地要制定区域内各级学校生均经费和财政拨款基本标准,并建立动态调整机制。引导社会力量加大教育投入。财政教育经费存量资金优先保障、增量资金更多用于支持深度贫困地区和贫困家庭子女。要将绩效管理覆盖所有财政教育资金,严禁超标准建设豪华学校,把教育经费的每一笔钱用到关键处。会议听取了中小学教师工资待遇落实调研督查情况汇报,强调要强化地方政府责任,确保义务教育教师平均工资收入不低于当地公务员平均工资收入水平。

7月30日

[纲　文]　文化和旅游部系统安全生产工作会议在北京召开。

[目　文]　会议传达学习了中共中央总书记习近平关于加强安全生产的指示精神,传达了国务院总理李克强批示要求,以及国务院副总理刘鹤,国务委员王勇、赵克志在全国安全生产电视电话会议上的讲话精神,分析总结了文化和旅游系统安全生产形势及问题,研究部署下半年的安全生产工作。文化和旅游部部长雒树刚批示要求认真传达国务院安全生产委员会全体会议和全国安全生产电视电话会议精神,结合文化和旅游行业实际,抓好落实。

文化和旅游部副部长李金早出席会议并讲话。文化和旅游部各司局办公室负责人、各直属单位主管安全工作的负责人以及京津冀文化和旅游部门的负责人参加会议。

会议强调,要抓好汛期暑期文化和旅游安全工作。压实安全责任,加强组织领导和责任落实。加强风险预警提示,提高文化和旅游场所、企业、从业人员和群众的安全意识和避险、自救、互救能力。强化安全隐患排查,对博物馆、图书馆、公共文化馆、剧场等文化场所及旅游景区、旅行社等旅游场所暑期防汛安全隐患进行专项排查整治。加强应急管理工作,完善汛期安全事故应急处置预案。加强突发事件信息报送,确保应急通信畅通,信息报告及时准确。

7月30日

[纲　文]　银保监会印发《中国银保监会关于银行业和保险业做好扫黑除恶专项斗

争有关工作的通知》。

[目　文]　《通知》由九个部分组成：一、高度重视，勇于担当，增强工作责任感和使命感。二、强化领导，健全机制，扎实深入开展工作。三、突出重点，精准打击，加强高风险领域治理。四、积极配合，提升效率，为扫黑除恶专项斗争提供有力技术保障。五、深入排查，加大力度，及时做好线索移送。六、加强监管，严格准入，严防涉黑涉恶组织和个人进入银行业和保险业。七、改进服务，严格管理，履行好银行业和保险业社会责任和法律义务。八、加强宣传，正向引导，凝聚广大人民群众反黑反恶的共同力量。九、总结经验，定期报告，建立信息报送和监督检查机制。

《通知》指出，全国银行业和保险业扫黑除恶专项斗争工作领导小组将适时对有关工作落实情况进行监督检查；对于重视不够、措施不力的，将依法进行处理。

7月30日

[纲　文]　国家能源局印发《电力行业应急能力建设行动计划（2018—2020年）》。

[目　文]　《计划》提出实现省、市、县三级大面积停电事件应急预案全覆盖，灾害导致重大以上大面积停电减供负荷恢复80%以上及停电重点地区、重要城市负荷恢复90%以上的时间小于7天等目标。

7月30日

[纲　文]　铁路局印发《内地与香港过境铁路机车车辆驾驶人员资格管理办法》。

[目　文]　《办法》共6章22条。主要有总则、申请、考试、驾驶证管理、监督管理等内容。自2018年8月1日起施行。《铁道部关于港铁公司申办铁路机车动车组驾驶证有关事宜的复函》（铁运函〔2012〕990号）同时废止。

7月30日

[纲　文]　邮政局印发《进一步优化快递业务经营许可工作方案》。

[目　文]　《方案》由三个部分组成：一、总体要求。二、工作任务。三、工作要求。

《方案》指出，优化快递业务经营许可工作是国家邮政局系统落实国务院"放管服"改革要求，切实转变政府职能，推动快递业高质量发展的重要举措。各级邮政管理部门要将思想和行动统一到中央的决策部署上来，顺应大势，主动作为，不折不扣完成"放管服"改革各项目标任务。

7月30日

[纲　文]　财政部、农业农村部、银保监会印发《关于将三大粮食作物制种纳入中央财政农业保险保险费补贴目录有关事项的通知》。

[目　文]　《通知》指出，水稻、玉米、小麦三大粮食作物制种纳入中央财政农业保险保险费补贴目录。2018年投保农业保险的三大粮食作物制种，可按本通知规定申请中央财政农业保险保险费补贴。农户、种子生产合作社和种子企业等开展的符合规定的三大粮食作物制种，对其投保农业保险应缴纳的保费，纳入中央财政农业保险保险费补贴目

录。本通知自2018年7月30日起施行。各地应结合本通知要求，制定具体实施细则，执行中有关情况请及时报告。

7月30日

［纲　文］　国家知识产权局办公室、中央军委装备发展部办公厅发布《关于确定首批知识产权军民融合试点地方的通知》。

［目　文］　《通知》说，按照《国家知识产权局办公室 中央军委装备发展部办公厅关于开展知识产权军民融合试点工作的通知》（国知办发管字〔2018〕10号），经专家评审和认真研究，确定江苏省、福建省、山东省、湖南省、广东省、重庆市、四川省、陕西省、甘肃省、四川省成都市、上海市闵行区、山东省烟台市、湖南省长沙市为首批知识产权军民融合试点地方。试点期限为期3年，自2018年8月至2021年7月。请各试点地方对试点工作方案进一步完善，于9月底之前以所在地方人民政府名义印发实施，并报送国家知识产权局专利管理司和中央军委装备发展部。

7月30日

［纲　文］　国务院办公厅转发教育部等部门《教育部直属师范大学师范生公费教育实施办法》。

［目　文］　《办法》共6章27条。主要有总则、选拔录取、履约任教、激励措施、条件保障等内容。自2018年7月30日起施行。2007年印发的《教育部直属师范大学师范生免费教育实施办法（试行）》和2012年印发的《关于完善和推进师范生免费教育的意见》同时废止。

7月30日

［纲　文］　中宣部、中央军委政治工作部、团中央、海南省委在北京人民大会堂举行海军海口舰先进事迹报告会。

［目　文］　中央军委副主席张又侠在报告会前会见了报告团成员，代表中央军委主席习近平和军委其他领导，向报告团成员以及海口舰全体官兵致以问候。

报告会上，海军某驱逐舰支队政委胡姣明、海口舰舰长樊继功、海口舰官兵代表王柯鳗、王东，海口市民政局干部任菲，从不同角度介绍了海口舰的事迹。中央和国家机关干部代表、驻京部队官兵代表、首都青年代表等参加报告会。

海军海口舰是我国自主研发建造的导弹驱逐舰，自2003年组建以来，海口舰官兵群体始终牢记党和人民的期望重托，扎根南海、守卫南海、建功南海，持续紧盯未来海战、主要对手和问题短板，全面落实战斗力标准，大力开展实战化军事训练，始终保持高度戒备状态，先后完成首批、第十批、第二十七批亚丁湾护航任务，海上紧急搜救以及多项重大演训任务，开创了人民海军史上的多个第一，被海军授予"护航先锋舰"荣誉称号，荣立一等功1次、二等功1次。

8月2日，中宣部发布《关于授予海军海口舰"时代楷模"称号的决定》。

7月30日

［纲　文］　第九次中英战略对话在北京举行。

［目　文］　国务委员兼外交部部长王毅同英国外交大臣亨特与会。王毅表示，中方欢迎英方以更富雄心的姿态参与"一带一路"国际合作，开展三方合作先行先试，推进核电、金融、创新等领域合作，拓展人工智能、绿色能源、数字经济等新产业、新业态合作。中英应视彼此发展为机遇而非威胁。当前形势下，中英作为安理会常任理事国，应承担应有责任和义务，旗帜鲜明地维护多边主义进程，维护全球自由贸易体系和世贸组织规则，反对单边主义和贸易保护主义。双方应推动政治解决国际和地区热点问题，携手促进亚欧大陆共同繁荣，完善全球治理体系改革，推动建设新型国际关系，构建人类命运共同体。

亨特表示，英方赞赏中国政府在脱贫、经济和社会权利等方面取得的巨大成就，希望与中方加强战略对话，深化各领域交流合作，推动英中关系"黄金时代"持续发展。英方愿同中方加强沟通，共同应对各种挑战，维护多边主义和国际秩序。

同日，国务院总理李克强、中央外事工作委员会办公室主任杨洁篪在北京分别会见亨特。

李克强会见亨特时指出，当前形势下，中英作为联合国安理会常任理事国和世界主要经济体，有责任维护以联合国宪章宗旨和原则为核心的国际秩序和国际体系及以世贸组织为核心的多边贸易体制，应当携手坚持多边主义、维护开放型世界经济，为世界注入稳定的建设性力量。中方愿同英方继续秉持相互尊重、平等相待的原则，推动双边关系与合作全方位发展。双方应发挥互补优势，拓展各领域合作，以年内开通"沪伦通"项目为契机，积极培育新的合作增长点，更好实现互利共赢。

亨特表示，英方期待明年举行新一轮英中总理年度会晤，愿继续同中方深化政治互信，加强战略对接。当前国际局势正处在关键节点，英中两国应加强沟通与协调，共同坚持多边主义和自由贸易，维护基于规则的国际秩序。

7月30日

［纲　文］　《人民日报》发表评论员文章《坚持包容普惠，造福各国人民——四论习近平主席金砖国家工商论坛重要讲话》。

7月30日—8月5日

［纲　文］　**2018年世界羽毛球锦标赛在南京举行。**

［目　文］　中国羽毛球队在5个单项中取得2金3银3铜，其中，男双（李俊慧/刘雨辰）和混双（郑思维/黄雅琼）分获两金。

7月31日

［纲　文］　**中共中央政治局召开会议。**

［目　文］　中共中央总书记习近平主持会议。分析研究当前经济形势，部署下半年

经济工作,审议《中国共产党纪律处分条例》。

会议指出,当前经济运行稳中有变,面临一些新问题新挑战,外部环境发生明显变化。要抓住主要矛盾,采取针对性强的措施加以解决。下半年,要保持经济社会大局稳定,深入推进供给侧结构性改革,打好"三大攻坚战",加快建设现代化经济体系,推动高质量发展,任务艰巨繁重。要坚持稳中求进工作总基调,保持经济运行在合理区间,加强统筹协调,形成政策合力,精准施策,扎实细致工作。

会议要求,第一,保持经济平稳健康发展,坚持实施积极的财政政策和稳健的货币政策,提高政策的前瞻性、灵活性、有效性。财政政策要在扩大内需和结构调整上发挥更大作用。第二,把补短板作为当前深化供给侧结构性改革的重点任务,加大基础设施领域补短板的力度,增强创新力、发展新动能,打通去产能的制度梗阻,降低企业成本。第三,把防范化解金融风险和服务实体经济更好结合起来,坚定做好去杠杆工作,把握好力度和节奏,协调好各项政策出台时机。第四,推进改革开放,继续研究推出一批管用见效的重大改革举措。第五,下决心解决好房地产市场问题,坚持因城施策,促进供求平衡,合理引导预期,整治市场秩序,坚决遏制房价上涨。第六,做好民生保障和社会稳定工作,把稳定就业放在更加突出位置,确保工资、教育、社保等基本民生支出,强化深度贫困地区脱贫攻坚工作,做实做细做深社会稳定工作。

会议强调,要着力提高党的纪律建设的政治性、时代性、针对性,坚持使命引领和问题导向相结合,用严明的纪律管全党治全党。在党的纪律中,政治纪律最重要、最根本、最关键。要牢固树立"四个意识",把维护党中央权威和集中统一领导突出出来,严明政治纪律和政治规矩,始终保持党的先进性和纯洁性,不断巩固党执政的政治基础。

7月31日

[纲 文] 中共中央政治局举行第七次集体学习。

[目 文] 中共中央总书记习近平主持学习。本次学习主题是:全面停止军队有偿服务。军队全面停止有偿服务工作领导小组办公室专职副主任胡晓华就这个问题作了讲解,并谈了意见和建议。中共中央政治局各位委员听取了他的讲解,并就有关问题进行了讨论。

习近平在主持学习时指出,全面停止军队有偿服务,是党中央和中央军委着眼于强军兴军作出的重大决策,是深化国防和军队改革的重要内容。要坚定决心意志,加强创新突破,坚持积极稳妥,增强工作合力,不开口子、不打折扣、不搞变通,坚决做好全面停止军队有偿服务工作,为新时代强军事业创造良好条件。

7月31日

[纲 文] 国务院公布《医疗纠纷预防和处理条例》。

[目 文] 《条例》共5章56条。主要有总则、医疗纠纷预防、医疗纠纷处理、法律责任等内容。自2018年10月1日起施行。

7月31日

［纲　文］　国务院办公厅印发《关于调整国务院农民工工作领导小组组成人员的通知》。

［目　文］　《通知》说，根据机构设置、人员变动情况和工作需要，国务院决定对国务院农民工工作领导小组组成人员进行调整。现将调整后的名单通知如下。组长：胡春华。副组长：张纪南、丁向阳、郭玮。成员由有关部门负责人组成。领导小组办公室设在人力资源社会保障部，承担领导小组日常工作，人力资源社会保障部副部长邱小平兼任办公室主任。领导小组成员调整由各成员单位向领导小组办公室提出，报领导小组组长批准。

7月31日

［纲　文］　国防部在北京人民大会堂举行庆祝中国人民解放军建军91周年招待会。

［目　文］　国务委员兼国防部部长魏凤和出席并致辞。军委联合参谋部参谋长李作成、军委政治工作部主任苗华、军委纪律检查委员会书记张升民，解放军驻京各大单位、军委机关各部门、武警部队负责人，中共中央、国务院有关部门，北京市、对外友协负责人，军队离退休老干部代表，部队英模、首都民兵、军烈属和全国双拥模范、原国民党起义人员代表以及外国驻华使馆武官和夫人等中外嘉宾出席。

魏凤和说，中国将高举和平、发展、合作、共赢的旗帜，坚定不移走和平发展道路，坚定不移奉行防御性国防政策，与各国一道携手共建"一带一路"，推动构建新型国际关系，推动构建人类命运共同体，始终做世界和平的建设者、全球发展的贡献者、国际秩序的维护者。中国军队愿与各国军队一道，深化军事交流与合作，为维护世界和平发展发挥更大作用。世界上只有一个中国，台湾是中国领土不可分割的一部分。中国人民解放军有坚定的意志、充分的信心和足够的能力，坚决挫败任何形式的"台独"分裂图谋和行径，坚决挫败任何形式的外来干涉，坚决捍卫国家主权和领土完整，坚决维护中华民族伟大复兴进程。

7月31日

［纲　文］　中央精神文明建设指导委员会印发《关于集中治理诚信缺失突出问题　提升全社会诚信水平的工作方案》。

［目　文］　《方案》包括电信网络诈骗专项治理，互联网虚假信息、造谣传谣专项治理，涉金融领域失信问题专项治理和互联网金融风险专项整治，生态环境保护失信行为专项治理，扶贫脱贫失信问题专项治理，无证行医、非法医疗问题专项治理，假药问题专项治理，拖欠工资问题专项治理，"不合理低价游"专项治理，逃税骗税和"假发票"问题专项治理，法院判决不执行问题专项治理，交通运输失信问题专项治理，论文造假、考试作弊专项治理，骗取保险问题专项治理，非法社会组织专项治理，慈善捐助失信问题专项治理，营业性演出市场虚假宣传及炒票问题专项治理，"假彩票"问题专项治理，假球黑哨、使用兴奋剂问题专项治理等19项治理工作。每项专项治理工作均明确牵头单位和参与单位，并提出具体举措，确保落到实处、取得实效。

7月31日

〔纲　文〕　交通运输部公布修改后的《港口经营管理规定》，自2018年9月1日起施行。

7月31日

〔纲　文〕　交通运输部公布《船舶载运危险货物安全监督管理规定》。

〔目　文〕　《规定》共8章52条。主要有总则、船舶和人员管理、包装和集装箱管理、申报和报告管理、作业安全管理、监督管理、法律责任等内容。自2018年9月15日起施行。2003年11月30日以交通部令2003年第10号发布的《船舶载运危险货物安全监督管理规定》、2012年3月14日以交通运输部令2012年第4号发布的《关于修改〈船舶载运危险货物安全监督管理规定〉的决定》、1996年11月4日以交通部令1996年第10号发布的《水路危险货物运输规则（第一部分　水路包装危险货物运输规则）》同时废止。

7月31日

〔纲　文〕　自然资源部印发《关于全面推进不动产登记便民利民工作的通知》。

〔目　文〕　《通知》由三个部分组成：一、创新机制，全面推行不动产登记便民利民举措。二、夯实基础，不断提高不动产登记便民利民服务能力。三、加强领导，确保不动产登记便民利民举措落地见效。

《通知》指出，各级自然资源主管部门主要负责同志要亲自部署、狠抓落实，明确责任主体，将具体任务明确到岗、落实到人，并积极争取地方党委政府的支持，协调取消无谓证明和无法律法规依据的前置环节，加大对登记资料移交整合、软硬件设备等协调力度和经费保障力度。

7月31日

〔纲　文〕　财政部网站发布，中央财政2018年困难群众救助补助资金1400.9亿元已全部下达。

〔目　文〕　救助补助资金由各地统筹用于低保、特困人员救助供养、临时救助、流浪乞讨人员救助、孤儿基本生活保障等五方面支出。

另外，为支持各地做好农村危房改造工作，近日，中央财政下达2018年农村危房改造补助资金78.5亿元，加上已提前下达的187.5亿元，2018年中央财政共下达农村危房改造补助资金266亿元，支持完成低保户、农村分散供养特困人员、贫困残疾人家庭和建档立卡贫困户等四类重点对象危房改造任务190万户。至此，住房城乡建设部于2016年排查统计的全国585万户四类重点对象存量危房改造任务全部安排完毕。

7月31日

〔纲　文〕　中央军民融合发展委员会办公室会同国家标准委、军委装备发展部、国防科工局在北京召开统筹推进标准化军民融合工作部署会。

〔目　文〕　会议传达了党中央、国务院、中央军委领导同志关于统筹推进标准化军民融合工作的批示。研究建立了统筹推进标准化军民融合工作协调机制，负责协调解决标准化军民融合工作过程中跨军地、跨部门、跨领域问题，强化重大任务督导落实。审议通过了《统筹推进标准化军民融合工作总体方案》，研究部署了下一步工作任务。明确用 3—5 年时间，基本消除军民标准交叉重复矛盾问题，老旧标准得到及时更新，军民通用标准有效供给，重点领域新增标准军民通用化率达到 60% 以上，初步建立起军地衔接、精干高效、兼容发展的军民通用标准体系，有力保障军民融合发展战略实施。

7 月 31 日

［纲　文］　北京冬奥组委正式启动 2022 年北京冬奥会和冬残奥会特许经营计划。

［目　文］　2017 年 12 月 15 日，北京冬奥组委启动了北京冬奥会特许经营试运行计划，批准上市了徽章、钥匙扣等非贵金属制品、贵金属制品、服装服饰、文具、陶瓷和纪念邮票及邮品共 6 个大类、350 余款特许商品。

特许经营计划正式启动后，在特许产品开发方面，北京冬奥组委将分阶段开发 16 个大类的特许产品。

同时举办"冬奥有我——我的冬奥会和冬残奥会会徽商品创意设计大赛"。

7 月 31 日

［纲　文］　全国性宗教团体联席会议第六次会议在北京举行。

［目　文］　中央统战部副部长、国家宗教局局长王作安出席会议并讲话。中国佛教协会、中国道教协会、中国伊斯兰教协会、中国天主教爱国会、中国天主教主教团、中国基督教三自爱国运动委员会、中国基督教协会、中华基督教青年会全国协会、中华基督教女青年会全国协会等团体相关负责人参加会议，主要负责人在会上分别发言。各全国性宗教团体和中华基督教青年会全国协会、中华基督教女青年会全国协会在会上就在宗教活动场所升挂国旗发出共同倡议。

会议指出，在宗教活动场所升挂国旗，有利于宗教界人士和信教群众强化国家意识和公民意识，铸牢中华民族共同体意识，更加自觉地把党的命运、国家命运、自身命运紧紧联结在一起。

7 月 31 日

［纲　文］　中国在太原卫星发射中心用"长征四号乙"运载火箭，成功将高分十一号卫星发射升空，卫星进入预定轨道。

［目　文］　高分十一号卫星是高分辨率对地观测系统国家科技重大专项安排的光学遥感卫星，主要应用于国土普查、城市规划、土地确权、路网设计、农作物估产和防灾减灾等领域，可为"一带一路"等国家重大战略实施和国防现代化建设提供信息保障。本次是长征系列运载火箭的第 282 次飞行。

7 月 31 日

［纲　文］　"大洋一号"科考船起航执行中国大洋第 48 航次科考任务。

［目　文］　经自然资源部批准，"大洋一号"从位于青岛市的国家海洋局北海分局科

考基地码头起航，前往西北太平洋海域执行科学考察任务。本航次是落实"蛟龙探海"西北太平洋工作方案的重要航次，主要任务是在西北太平洋海山区开展资源环境的综合调查工作，履行我国富钴结壳勘探合同；开展深海生态环境调查；开展深海装备试验性应用；进行海洋微塑料、放射性核素等深海环境问题调查；同时对鸟类、海洋哺乳动物等进行观测。这个航次计划航程约6700海里，共100天。国内30家科研院所及高校的117人参加，其中科学家和工程技术人员（包括后备人员）87名，远洋船员30名。

11月7日，"大洋一号"科考船历航程1.3万海里完成科考任务，返回青岛母港，完成在西北太平洋的深海资源和环境综合调查以及"海龙"系列无人缆控潜水器（ROV）系统的实验与应用任务，获得六大科考突破。

7月31日

［纲　文］　《人民日报》发表评论员文章《坚持多边主义，完善全球治理——五论习近平主席金砖国家工商论坛重要讲话》。

7月31日—8月3日

［纲　文］　第八届全国少儿曲艺展演在江苏张家港举办。

［目　文］　展演由中国关心下一代工作委员会、中国曲艺家协会、江苏省文联、张家港市人民政府共同主办。旨在传承中华优秀传统文化，运用丰富多彩的曲艺形式诠释中国精神和时代价值，推动少儿曲艺事业繁荣发展。参加展演的65个节目涵盖45个曲种，有相声小品、快板快书、评书故事、单弦大鼓等，也有富于地域特色的苏州评弹、常德丝弦、广东粤曲、福建南音等，还有充满民族特色的水族旭早、蒙古族好来宝等少数民族曲种。

7月31日—8月5日

［纲　文］　国务委员兼外交部部长王毅访问马来西亚、新加坡，并出席在新加坡举行的东盟系列外长会。

［目　文］　王毅访问马来西亚期间，在吉隆坡会见了马来西亚总理马哈蒂尔，双方还就地区形势及中美经贸摩擦等问题交换了看法，一致认为，打贸易战没有赢家，面对当前逆全球化和保护主义行径，中马和地区国家应坚定推进东亚经济共同体建设，共同维护新兴经济体国家的团结和正当发展权益。

王毅访问新加坡期间，分别会见了新加坡总统哈莉玛、新加坡总理李显龙。

8月2日，王毅出席在新加坡举行的中国—东盟外长会议并讲话。外长们一致认为，面对当前保护主义抬头的严峻形势，中国和东盟应尽快达成"区域全面经济伙伴关系协定"，坚定致力于自由贸易和区域经济一体化进程，维护多边主义和以规则为基础的多边贸易体制。外长们一致欢迎中国—东盟国家形成"南海行为准则"单一磋商文本草案，表示希望双方继续推进准则磋商，共同维护地区和平稳定，促进地区发展繁荣。

4日，王毅出席在新加坡举行的东盟与中日韩（10+3）外长会议并讲话。中日韩和东盟国家外长均积极评价"10+3"合作取得的丰硕成果，肯定"10+3"合作为促进地区和平、稳定与繁荣发挥的积极作用。一致认为，面对单边保护主义给多边贸易体制带来的冲击和威胁，进一步加强"10+3"合作比以往任何时候更显重要。"10+3"国家应加强团结，坚定支持贸易自由化，反对保护主义，加快推进区域全面经济伙伴关系谈判，推动东亚经济共同体建设，维护东亚地区的和平与繁荣。

同日，王毅分别出席在新加坡举行的第八届东亚峰会外长会并讲话，第25届东盟地区论坛外长会并讲话。会议通过了中国倡议的灾害管理合作声明。

8 月

8月1日

［纲　文］　《人民日报》报道，中央军委印发《军队实施党内监督的规定》《军队实行党的问责工作规定》。

［目　文］　两个《规定》以习近平新时代中国特色社会主义思想为指导，全面贯彻习近平强军思想，着眼实现党在新时代的强军目标，深入推进政治建军、改革强军、科技兴军、依法治军，聚焦全面从严治党，坚持旗帜引领、把握根本遵循，坚持问题导向、力求务实管用，坚持统筹协调、科学筹划设计，坚持继承创新、体现军队特色，切实在加强军队党内监督、党的问责工作上立规明矩，立起刚性措施。

《军队实施党内监督的规定》着眼监督主体、监督职责、监督措施的有机统一，以监督责任为主轴，区别不同主体，明确监督职责，规范具体制度，建立中央军委统一领导、党委全面监督、纪委专责监督、基层党组织日常监督、党员民主监督的军队党内监督体系。《军队实行党的问责工作规定》围绕有权必有责、有责要担当、失责必追究，完善问责制度，健全问责机制，强化问责落实，规范党组织管党治党政治责任，督促党员领导干部践行忠诚干净担当。

两个《规定》自2018年8月1日起施行。

8月1日

［纲　文］　人民银行在北京召开2018年下半年工作电视会议。

［目　文］　会议的主要任务是，学习贯彻党中央、国务院关于经济金融工作的部署，总结上半年工作，分析当前国内外经济金融形势，研究部署下半年重点工作。人民银行行长易纲、党委书记郭树清出席会议并讲话。

会议提出，2018年下半年实施稳健的货币政策，把好货币供给总闸门，加强预调微调，保持流动性合理充裕。鼓励金融机构加大支持实体经济的力度，降低实体经济融资成本。积极稳妥防范化解金融风险，把防范化解金融风险和服务实体经济更好结合起来。按照防范化解重大风险攻坚战三年行动方案的部署和要求，认真抓好贯彻落实。继续改善小微企业的金融服务。强化考核激励，落实好深化小微企业金融服务的各项政策措施。继续深入推进金融支持打赢脱贫攻坚战三年行动，更加聚焦深度贫困地区，加大对深度贫困地区金融扶贫的工作力度。要进一步扩大金融开放，稳步推进人民币国际化，有序实现人民币资本项目可兑换。更加注重和市场的政策沟通，为金融改革发展稳定营造良好氛围。大兴调查研究之风，提高金融宏观管理科学化水平。

8月1日

［纲　文］　财政部发布，2018年中央财政安排232.97亿元支持各地加快灾后水利薄弱环节建设。

［目　文］　按照国务院常务会议审议通过的《灾后水利薄弱环节和城市排水防涝补短板行动方案》有关工作部署，2017年财政部和有关部委联合编制印发了《加快灾后水利薄弱环节建设实施方案》，并通过中央财政水利发展资金补助地方相关项目建设。2018年，中央财政继续加大投入力度，支持各地开展中小河流治理、小型病险水库除险加固，并启动了农村基层防汛预报预警体系建设。财政部要求，各地要切实管好用好相关资金，及时将年度建设任务分解落实到具体项目，进一步提升水利防灾减灾能力。

8月1日

［纲　文］　全国"扫黄打非"办公室、工业信息化部、公安部、文化和旅游部、广电总局、国家网信办印发《关于加强网络直播服务管理工作的通知》。

［目　文］　《通知》由五个部分组成：一、加强网络直播服务许可和备案管理工作。二、强化网络直播服务基础管理工作。三、组织开展存量违规网络直播服务清理工作。四、建立健全网络直播服务监管工作机制。五、网络接入服务提供者、应用商店未尽到许可、备案手续审核及监管义务造成有害信息传播的，由有关主管部门按照相关法律法规予以查处。

8月1日

［纲　文］　最高人民法院印发《关于为海南全面深化改革开放提供司法服务和保障的意见》。

［目　文］　《意见》由七个部分组成：一、切实提高政治站位，增强为海南全面深化改革开放提供司法服务和保障的责任感、使命感。二、充分发挥司法职能，推动海南构建法治化、国际化、便利化的营商环境和公平开放统一的市场环境。三、支持建立多元化国际商事纠纷解决机构，发挥多元化纠纷解决机制作用。四、加强智慧法院建设，用信息化手段提高案件审判质效。五、深化司法体制改革，确保各项改革部署落地见效。六、加强人才队伍建设，为审判工作提供智力支持。七、加强国际交流合作，提升我国司法的国际影响力。

8月1日

［纲　文］　最高人民法院印发《关于依法妥善审理民间借贷案件的通知》。

［目　文］　《通知》由四个部分组成：一、加大对借贷事实和证据的审查力度。二、严格区分民间借贷行为与诈骗等犯罪行为。三、依法严守法定利率红线。四、建立民间借贷纠纷防范和解决机制。

《通知》指出，各级人民法院在审理民间借贷纠纷案件中发现新情况、新问题，请及时层报最高人民法院。

8月1日

[纲　文]　国家药监局会同卫生健康委等部门组成核查组对2017年发现的武汉生物制品研究所有限责任公司生产的批号为201607050—2效价不合格百白破疫苗处置工作开展核查。

[目　文]　核查组到武汉后召开了全体会议，传达学习中共中央总书记习近平指示精神和国务院总理李克强批示要求，决定设立综合组、调查组、补种组、专家组等工作组，全面开展核查工作。核查组听取了湖北省政府、省市监管部门和武汉生物公司的汇报，通过现场勘查、调阅文件、核查卷宗记录、比对数据资料、约谈有关人员等方式，还原了设备故障现场情况，核实了百白破疫苗生产经营情况，确认了不合格疫苗流向和补种情况，摸排了企业存在的风险隐患，查核了地方监管部门日常监管和执法处罚情况。

经核查，该批次不合格百白破疫苗为2016年7月19日生产。因分装设备传动链条故障导致停机20分钟。停机期间，因灌装前的半成品缓冲罐摇动不充分，导致该批次疫苗有效成分分布不均匀。企业出厂自检时，未考虑到设备故障可能引起质量不稳定问题，未对故障时间段分装的产品进行专门检验，仍按照常规方法进行抽检，致使自检效价结果未能真实反映该批次疫苗质量状况。该批次疫苗上市前，中国食品药品检定研究院（以下简称中检院）对疫苗批签发有效性指标按规定的比例进行随机抽检时，未抽到故障时间段分装的疫苗。2017年10月27日，中检院在国家药品抽验中发现，该批次白喉效价81IU/剂，国家标准为不低于30IU/剂；破伤风效价56IU/剂，国家标准为不低于40IU/剂，这两项指标符合规定。百日咳效价2.8IU/剂，国家标准为不低于4IU/剂，不符合规定。

经核查，武汉生物公司已召回该批次全部未使用的疫苗，并在武汉市药品监管部门监督下销毁。中检院对武汉生物公司其他批次百白破疫苗进行了检验，质量指标均合格。不合格百白破疫苗流向的河北、重庆两省市已按照要求开展补种工作。截至目前，已分别完成了应补种儿童总数的71%、75%。考虑到百白破疫苗应分别在3、4、5、18月龄进行4剂次接种，尚未补种的后续剂次需根据受种儿童的实际接种情况确定间隔时间。因此，补种工作完成还需要一定的时间。

核查组认定，武汉生物公司未按生产规程操作。地方监管部门存在监管不到位问题。对事故的处罚没有按国家有关法规和规定从严从重，行政处罚偏轻。核查组强调，下一步，国家药监局将会同有关部门和地方政府督促企业进一步整改，依法严肃追究企业和监管部门责任、落实补种措施、及早发布核查处理结果。其他相关后续工作正在抓紧进行中。

17日，经湖北省纪检监察机关依纪依法调查，根据《中华人民共和国药品管理法》《湖北省药品生产日常监督管理办法》《中国共产党纪律处分条例》《中国共产党问责条例》《中华人民共和国监察法》等相关规定，并报经湖北省委批准，湖北省对省食品药品监督管理局、武汉市政府、武汉市食品药品监督管理局等单位11名履职监督失职失责人员予以严肃问责。

8月1日

[纲　文]　外交部发言人就美方计划宣布对价值2000亿美元中国输美商品征收关税的报道表示，单方面威胁和施压只会适得其反。

[目　文]　有记者问：有报道说，美方计划于1日晚些时候宣布对价值2000亿美元中国输美商品征收关税，税率从10%上调至25%。中方对此有何回应？近期中美双方是否就经贸问题进行过沟通？是否讨论了如何缓和当前中美紧张的经贸关系？

发言人说，中方在中美经贸问题的立场是非常坚定、明确的，没有改变。美方的施压和讹诈不会起作用。如果美方采取进一步升级举动，中方必然会予以反制，坚决维护我们的正当合法权益。至于中美之间沟通与对话问题，中方始终主张通过对话协商处理中美之间的贸易摩擦，我们为此作出的努力和展示的诚意，国际社会非常清楚。同时我要强调，对话必须建立在相互尊重和平等的基础上，建立在规则之上，建立在信用之上。单方面威胁和施压只会适得其反。

2日，针对美方拟提高对中国2000亿美元输美产品征税税率，商务部新闻发言人指出，美方这两天有两个动作，一方面发表声明，要把对中国2000亿美元输美产品的征税税率由10%提高到25%；另一方面四处散风，要和中方恢复谈判。美方不仅不顾全世界的利益，甚至也不顾美国普通农民、企业家和消费者的利益，对中方玩弄软硬兼施的两手策略，这种做法对中方不会有任何作用，也使世界上反对贸易战的国家和地区感到失望。对于美方升级贸易战的威胁，中方已经做好充分准备，将不得不作出反制，以捍卫国家尊严和人民利益，捍卫自由贸易和多边体制，捍卫世界各国共同利益。同时，中方一贯主张通过对话解决分歧，但前提是必须平等相待和信守诺言。美方对中方的种种无端指责，根本目的是打压中国的和平发展。中方一贯认为，坏事可以变成好事，挑战可以转化为机遇，我们对实现经济高质量发展的目标充满信心。

3日，国务院关税税则委员会发布公告，决定对原产于美国的部分进口商品（第二批）加征关税。公告说，2018年7月11日美国政府发布了对从中国进口的约2000亿美元商品加征10%关税的措施。8月2日美国贸易代表声明称拟将加征税率由10%提高至25%。美方背离了双方多次磋商共识，单方面再次升级了贸易摩擦，严重违反世界贸易组织规则，破坏全球产业链和自由贸易体制，实质性损害了我国国家和人民利益，也将对包括美国在内的世界经济发展造成负面影响。

同日，商务部新闻发言人发表谈话时表示，中方决定，将依法对自美进口的约600亿美元产品按照四档不同税率加征关税。中方的差别化税率反制措施是理性和克制的，是在广泛听取意见、认真评估影响后提出的，特别是充分考虑了人民的福利、企业的承受力和维护全球产业链运转等因素。征税措施的实施日期将视美方行动而定，中方保留继续出台其他反制措施的权利。中方始终认为，在相互尊重、平等互利的原则基础上进行协商，才是解决贸易分歧的有效途径，任何单边的威胁或讹诈只会导致矛盾激化，损害各方利益。中方再次强调，由于美方不顾双方企业和消费者利益，一再升级事态，中方不得不采取必要的反制措施，以捍卫国家尊严和人民利益，捍卫自由贸易和多边体制，捍卫世界各国共同利益。

8月1日

［纲　文］　《人民日报》发表评论员文章《为人类和平发展作出中国贡献——六论习近平主席金砖国家工商论坛重要讲话》。

8月2日

［纲　文］　国家体育总局公布《关于开展全民运动健身模范市和全民运动健身模范县（市、区）创建工作的通知》。

［目　文］　《通知》由六个部分组成：一、总体要求。二、创建标准。三、申报审核。四、评审方法。五、命名表彰。六、评审要求。

《通知》指出，国家体育总局对全民运动健身模范市、全民运动健身模范县（市、区）实施动态管理，不定期对全民运动健身模范市、全民运动健身模范县（市、区）进行抽查，并将结果予以通报，对于巩固全民健身工作成效显著的地方予以表扬；对于工作不力，全民健身工作出现滑坡，群众意见较大的地方，予以批评直至撤销命名。

8月2日

［纲　文］　全国体育标准化技术委员会及设施设备分会换届大会在北京举行。

［目　文］　国家标准化委员会代表宣读了新一届全国体育标准化技术委员会人员组成名单。

8月2日

［纲　文］　水利部发布，南水北调中线一期工程完成首次正式向北方30条河流生态补水。

［目　文］　从2018年4月开始，向沿线受水区河南、河北、天津等省市生态补水，截至6月30日累计补水8.7亿立方米。利用南水北调中线工程进行生态补水，是水利部贯彻落实中共中央总书记习近平"节水优先、空间均衡、系统治理、两手发力"新时期水利工作方针的具体行动和举措。作为国家战略性基础设施，南水北调中线工程在保障京津等华北地区城市供水安全的同时，也发挥了生态环境效益。

8月2日

［纲　文］　《人民日报》发表评论员文章《坚定信心，保持经济稳中向好态势——一论确保实现经济社会发展目标任务》《政治引领聚人心——二论在广大知识分子中深入开展"弘扬爱国奋斗精神、建功立业新时代"活动》。

8月3日

［纲　文］　发展改革委、人民银行、财政部、银保监会、国资委印发《2018年降低企业杠杆率工作要点》。

［目　文］　《要点》由六个部分组成：一、建立健全企业债务风险防控机制。二、深入推进市场化法治化债转股。三、加快推动"僵尸企业"债务处置。四、协调推动兼并重组等其他降杠杆措施。五、完善降杠杆配套政策。六、做好降杠杆工作的组织协调和服务监督。

8月3日

［纲　文］　人力资源社会保障部办公厅印发《关于深入开展人力资源服务机构助力脱贫攻坚行动的通知》。

［目　文］　《通知》由三个部分组成：一、总体要求。二、具体措施。三、组织实施。

《通知》指出，各地要深刻领会中共中央总书记习近平脱贫攻坚重要思想的精神实质和深刻内涵，提高政治站位，强化政治自觉，进一步增强做好工作的责任感和紧迫感。

8月3日

［纲　文］　**中央财政下达2018年城乡医疗救助补助资金126.2亿元。**

［目　文］　加上已提前下达的107.9亿元和在新疆生产建设兵团部门预算中安排的0.9亿元，中央财政2018年城乡医疗救助补助资金235亿元已全部下达。

资金由各地统筹用于做好资助城乡困难居民参加城镇居民基本医疗保险和新型农村合作医疗，对城乡困难居民符合规定的医疗费用给予资助以及全面开展重特大疾病医疗救助等工作。财政部、民政部、医保局要求，地方各级财政、民政、医保部门要科学测算城乡医疗救助资金需求，结合上级财政补助资金安排情况，合理安排本级财政城乡医疗救助资金。同时，要严格按照有关规定，确保专款专用。

8月3日

［纲　文］　**国务院台办发言人表示，台湾问题事关中国主权和领土完整，也是中美关系中最重要、最敏感的问题。**

［目　文］　有记者问，美国参议院日前通过"2019年度国防授权法案"，支持强化台防卫能力、扩大联合训练、军售及高级别军事交流等，台当局表示感谢。请问对此有何评论？

发言人表示，台湾问题事关中国主权和领土完整，也是中美关系中最重要、最敏感的问题。我们坚决反对美国与台湾地区进行任何形式的官方往来和军事联系。民进党当局企图挟洋自重，只会造成台海局势更加紧张动荡，两岸关系更加复杂严峻。

8月3日

［纲　文］　《人民日报》发表评论员文章《保持定力，积极应对新问题新挑战——二论确保实现经济社会发展目标任务》《立足岗位书写报国之志——三论在广大知识分子中深入开展"弘扬爱国奋斗精神、建功立业新时代"活动》。

8月3—9日

［纲　文］　第二届北京纪实影像周在中华世纪坛举办。

［目　文］　影像周由广电总局宣传司指导，北京市新闻出版广电局主办，中国广播电影电视社会组织联合会纪录片工作委员会、中央新影集团、中国纪录片网、北京广播电视台、首都纪录片发展协会联合协办。重点关注改革开放40年，特别融入"冬奥""扶贫"等时代元素，设立了"隆重纪念改革开放40周年纪实影像大事记"特展和"2022相约北京""同心同梦"等展览单元，包括论坛、表彰活动、人才与项目交流、展览展映等板块。

8月4日

［纲　文］　国务院印发《关于在上海市浦东新区暂时调整实施有关行政法规规定的决定》。

［目　文］　《决定》说，根据《国务院关于上海市进一步推进"证照分离"改革试点工作方案的批复》（国函〔2018〕12号），国务院决定，即日起至2018年12月31日，在上海市浦东新区暂时调整实施下列行政法规规定：一、暂时调整实施《医疗器械监督管理条例》第三十四条第二款关于大型医用设备配置许可证核发的规定，对试点区域内的社会办医疗机构配置乙类大型医用设备不实行许可管理，加强事中事后监管。二、暂时停止实施《饲料和饲料添加剂管理条例》第十五条第一款关于设立饲料添加剂、添加剂预混合饲料生产企业审批程序和审批期限的规定，实行告知承诺制。

国务院有关部门、上海市人民政府要根据上述调整，及时对本部门、本市制定的规章和规范性文件作相应调整，建立与试点工作相适应的管理制度。国务院将根据"证照分离"改革试点工作的实施情况，适时对本决定的内容进行调整。

8月4日

［纲　文］　陈希在北戴河看望慰问暑期休假专家。

［目　文］　受中共中央总书记习近平委托，中组部部长陈希看望慰问暑期休假专家，并召开座谈会，听取意见建议。中共中央政治局委员、国务院副总理胡春华一同看望慰问和座谈。

陈希指出，广大专家人才要牢固树立"四个意识"、坚定"四个自信"，保持强烈的爱国心、坚定的报国志，把爱国奉献的热情转化为创新创造的不竭动力，把科研成果应用在建设社会主义现代化强国的伟大事业中，把人生理想融入实现中华民族伟大复兴中国梦的不懈奋斗中。要牢记时代使命、勇攀科技高峰，力求提出更多原创理论、作出更多原创发现，努力实现我国在关键核心技术上的自主可控，把创新主动权、发展主动权牢牢掌握在自己手中。

参加休假活动的62位专家，是以两院院士为主体的代表。

8月4日

［纲　文］　《人民日报》发表评论员文章《稳中求进，推动实现高质量发展——三论确保实现经济社会发展目标任务》。

8月5日

[纲　文]　国务院办公厅印发《全国深化"放管服"改革转变政府职能电视电话会议重点任务分工方案的通知》。

[目　文]　《通知》由两个部分组成：一、任务分工。二、工作要求。

《通知》指出，各地区、各部门的贯彻落实情况，年底前书面报国务院。工作中取得的重大进展、存在的突出问题要及时报告。国务院推进政府职能转变和"放管服"改革协调小组办公室将适时组织开展专项督促检查。

8月5日

[纲　文]　全国量子计算与测量标准化技术委员会在山东济南高新区正式揭牌。

[目　文]　这是目前国内首个量子计算与测量标准化组织，对于提高我国在这一领域的国际标准话语权具有重要意义。

8月5日

[纲　文]　《人民日报》发表评论员文章《尽心尽责，努力把各项工作做好——四论确保实现经济社会发展目标任务》。

8月5—10日

[纲　文]　应国务委员兼外交部部长王毅邀请，第73届联合国大会主席埃斯皮诺萨访华。

[目　文]　访华期间，国务院总理李克强、中央外事工作委员会办公室主任杨洁篪在北京分别会见埃斯皮诺萨。王毅在北京与埃斯皮诺萨举行会谈。

李克强会见埃斯皮诺萨时表示，中国坚定维护联合国权威，支持联合国在国际事务中发挥核心作用，全面深入参与联合国在政治、经济、社会、发展、维和等各领域的工作，将继续履行应尽的国际义务，做世界和平的建设者、全球发展的贡献者、国际秩序的维护者。当前国际形势下，我们比以往任何时候都更需要一个多边主义的世界。各国应维护以规则为基础的国际秩序，恪守联合国宪章的宗旨和原则，坚持通过对话协商解决分歧。维护世界贸易组织基本规则，坚持并完善自由贸易体制，促进贸易和投资自由化便利化。推动国际关系民主化和法治化，反对保护主义。联合国、世界贸易组织等都需要进行完善和改革，但改革不是另起炉灶，要在维护"二战"后国际秩序的基础上进行，在维护联合国宪章以及自由贸易等重大原则的前提下开展。

埃斯皮诺萨表示，联合国愿同中方以及世界各国共同维护以规则为基础的国际秩序，促进在国际法和世界贸易组织框架下的自由贸易，推动包容、惠及所有人的经济全球化，携手应对挑战，促进世界和平稳定与发展繁荣。

杨洁篪会见埃斯皮诺萨时表示，中方将积极支持联大和主席女士的工作，履行应尽责任，为应对面临的突出挑战继续作出贡献。当前形势下，联合国和联大尤其要旗帜鲜明地反对单边主义和保护主义，发出建设开放型世界经济，维护多边贸易体制的声音。

埃斯皮诺萨高度赞赏中国用实际行动为世界和平与发展作出的重要贡献，表示联合国坚定奉行多边主义，愿同中方开展更紧密合作。

王毅与埃斯皮诺萨会谈时表示，国际社会应强化对多边主义的共识，维护联合国的权威和作用，维护以联合国宪章宗旨和原则为核心的国际体制，推动经济全球化朝着更加开放、包容、普惠、平衡、共赢的方向发展。各方应坚决反对单边贸易保护主义，捍卫国际规则和法治，维护世界人民的共同利益。

埃斯皮诺萨表示，感谢中国一贯支持多边主义和联合国作用并为此发挥重要建设性作用。"一带一路"倡议将为促进全球发展作出积极贡献，我将继续予以支持。

8月6日

[纲　文]　新华社讯，习近平对王继才同志先进事迹作出指示。

[目　文]　中共中央总书记习近平指示指出，王继才同志守岛卫国32年，用无怨无悔的坚守和付出，在平凡的岗位上书写了不平凡的人生华章。我们要大力倡导这种爱国奉献精神，使之成为新时代奋斗者的价值追求。对王继才同志的家人，有关方面要关心慰问。对像王继才同志那样长期在艰苦岗位甘于奉献的同志，各级组织要积极主动帮助他们解决实际困难，在思想、工作和生活上给予更多关心爱护。

王继才生前是江苏省灌云县开山岛民兵哨所所长。开山岛位于我国黄海前哨，面积只有两个足球场大，战略位置十分重要。1985年部队撤编后，设立民兵哨所，但因条件艰苦，先后上岛的10多位民兵都不愿长期值守。1986年，26岁的王继才接受了守岛任务，从此与妻子以海岛为家，与孤独相伴，在没水没电、植物都难以存活的孤岛上默默坚守，把青春年华全部献给了祖国的海防事业。2014年，王继才夫妇被评为全国"时代楷模"。2018年7月27日，王继才在执勤时突发疾病，经抢救无效去世，年仅58岁。

9月12日，中宣部、中央军委政治工作部、江苏省委在北京举办学习宣传王继才同志先进事迹座谈会。中共中央政治局委员、中宣部部长黄坤明出席会议并讲话。座谈会上，王继才妻子王仕花以及有关方面同志作了发言。部分中央宣传文化单位负责同志，社会各界代表共约100人参加座谈会。

8月6日

[纲　文]　国务院办公厅印发《港澳台居民居住证申领发放办法》，自2018年9月1日起施行。

8月6日

[纲　文]　国务院办公厅印发《关于规范校外培训机构发展的意见》。

[目　文]　《意见》由七个部分组成：一、总体要求。二、明确设置标准。三、依法审批登记。四、规范培训行为。五、强化监督管理。六、提高中小学育人能力。七、加强组织领导。

《意见》指出，要通过健全工作机制、做实专项治理、强化问责考核、重视宣传引导，推动各方各司其职，取得工作实效。在规范校外培训机构的同时，还要提高中小学育人能力，提升教学质量，严明入学纪律，做好课后服务，从根本上解决"培训热"问题。

8月6日

［纲　文］　民政部公布《慈善组织信息公开办法》，自2018年9月1日起施行。

8月6日

［纲　文］　江西省第十三届人民代表大会常务委员会第五次会议决定，接受刘奇辞去江西省人民政府省长职务的请求，任命易炼红为江西省人民政府副省长，代理省长职务。

8月6日

［纲　文］　哈尔滨工程大学E唯代表队在美国圣迭戈获得第二十一届国际水下机器人竞赛冠军。

［目　文］　国际水下机器人竞赛由国际无人系统联合会和美国海军装备研究院共同主办，以"水下赌城"为主题，要求机器人在水下自主完成投币出发、自主巡线、发射鱼雷、抓取目标物、水声定位等任务。哈尔滨工程大学E唯代表队在最终"兑现"任务中，定位、抓取6个球，以3球优势力压第二名新加坡国立大学，从13个国家47支大学队伍中脱颖而出。

8月6日

［纲　文］　贵州省六盘水市盘州市梓木戛煤矿发生煤与瓦斯突出事故。

［目　文］　事故造成13人死亡、7人受伤。

10日，国务院安委办发布《关于贵州省六盘水市盘州市梓木戛煤矿"8·6"重大煤与瓦斯突出事故的通报》。《通报》初步分析事故的原因是，110102切眼掘进工作面违规采用顺层钻孔预抽煤巷条带瓦斯作为区域防突措施，瓦斯治理方案制定有缺陷，现场落实有差距，导致煤层突出危险性没有消除，作业过程中扰动煤体，诱发煤与瓦斯突出事故。

8月6日

［纲　文］　《人民日报》发表评论员文章《积极进取，引领中国经济行稳致远——五论确保实现经济社会发展目标任务》《书写防沙治沙的绿色传奇》。

8月7日

［纲　文］　国务院任免人员。

［目　文］　任命徐麟为国务院新闻办公室主任，免去其国家互联网信息办公室主任职务；任命庄荣文为国家互联网信息办公室主任、国务院新闻办公室副主任（兼），免去其国家新闻出版署（国家版权局）署长（局长）职务。

8月7日

［纲　文］　国家主席习近平特使、交通运输部部长李小鹏出席哥伦比亚总统权力交接仪式，并会见新任总统杜克。

［目　文］　李小鹏向杜克转达了习近平的祝贺和良好祝愿。李小鹏表示，中方愿同哥方一道，优先坚持政治引领，深挖双边合作潜力，在"一带一路"框架下推进经贸、能矿、基建、农业、创新等领域合作，促进文明交流互鉴，加强多边事务协作，推动中哥关系不断迈上新台阶。

杜克感谢习近平主席派特使出席哥总统权力交接仪式，请李小鹏转达他对习近平主席的亲切问候。杜克表示，哥方高度重视哥中关系，将发展对华关系视为哥外交政策优先方向，愿同中方加强治国理政经验交流，深化各领域合作，推动双边关系持续向前发展。

8月7日

［纲　文］　财政部、应急管理部向四川、内蒙古紧急下拨中央财政自然灾害生活补助资金2.5亿元。

［目　文］　其中，追加补助四川2亿元，补助内蒙古5000万元，用于近期四川、内蒙古部分严重暴雨洪涝灾害地区受灾群众生活救助需要。此前，国家减灾委、应急管理部针对四川、内蒙古部分地区严重暴雨洪涝灾害，启动国家Ⅳ级救灾应急响应，派出多个工作组赶赴灾区。

8月7日

［纲　文］　卫生健康委、中医药局印发《关于进一步做好分级诊疗制度建设有关重点工作的通知》。

［目　文］　《通知》由七个部分组成：一、加强统筹规划，加快推进医联体建设。二、以区域医疗中心建设为重点推进分级诊疗区域分开。三、以县医院能力建设为重点推进分级诊疗城乡分开。四、以重大疾病单病种管理为重点推进分级诊疗上下分开。五、以三级医院日间服务为重点推进分级诊疗急慢分开。六、完善保障政策。七、加强组织实施。

8月7日

［纲　文］　卫生健康委、中医药局印发《关于坚持以人民健康为中心推动医疗服务高质量发展的意见》。

［目　文］　《意见》由六个部分组成：一、充分认识发挥医务人员健康中国建设主力军作用、推动医疗服务高质量发展的重要意义。二、总体要求。三、大力推动医疗服务高质量发展。四、依法保障医务人员基本权益。五、营造调动医务人员积极性的良好环境。六、加强组织领导。

8月7日

［纲　文］　税务总局公布《税务检查证管理办法》。

［目　文］　《办法》共6章26条。主要有总则、证件式样、证件申领和核发、证件使用、监督管理等内容。自2019年1月1日起施行。《国家税务总局关于印发〈税务检查证管理暂行办法〉的通知》(国税发〔2005〕154号，国家税务总局公告2018年第31号修改)同时废止。

8月7日

［纲　文］　体育总局印发《境外非政府组织在境内开展体育活动管理办法》，自2018年8月7日起施行，有效期5年。

8月7日

［纲　文］　体育总局印发《关于进一步规范体育赛场行为的若干意见》，自2018年8月7日起施行，有效期2年。

8月7日

［纲　文］　青海省第十三届人民代表大会常务委员会第五次会议决定，接受王建军辞去青海省人民政府省长职务的请求，任命刘宁为青海省人民政府副省长，代理省长职务。

8月7日

［纲　文］　中国科学院国家天文台宣布，由其管理和运行的国家重大科技基础设施郭守敬望远镜已圆满完成一期光谱巡天观测。

［目　文］　一期巡天共发布光谱901万，确定534万组恒星光谱参数。郭守敬望远镜发布的光谱数是世界上其他巡天项目发布光谱数总和的1.8倍。

国家天文台科研人员利用郭守敬望远镜提供的数据，成功绘制出银河系银盘外围的空间结构剖面图。同时，还发现了万余颗像宇宙"化石"一样记录宇宙化学演化的最初历史的贫金属星，构建了目前世界上最大的、适合现有大望远镜跟踪观测的宇宙"化石"样本。同时，科研人员还发现了一批稀有的、锂元素丰度超过正常值上百倍的小质量贫金属星。其中，有一颗锂元素含量约是同类天体的3000倍，是目前已知锂元素丰度最高的恒星。

8月7日

［纲　文］　中央纪委国家监委网站发布，中共中央纪委对天津市原副市长陈质枫严重违纪问题进行立案审查。

［目　文］　经查，陈质枫同志违反中央八项规定精神和廉洁纪律，在党的十八大后，仍多次违规打高尔夫球；违反工作纪律，违规决策、审批项目，造成国有权益巨额损失。依据《中国共产党纪律处分条例》有关规定，经中央纪委常委会会议研究并报中共中央批准，决定给予陈质枫同志留党察看两年处分，按副厅级确定其退休待遇；收缴其违纪所得。

8月8日

［纲　文］　**国家主席习近平任免驻外大使。**

［目　文］　习近平根据全国人民代表大会常务委员会的决定任免下列驻外大使：一、免去符华强的中华人民共和国驻吉布提共和国特命全权大使职务；任命卓瑞生为中华人民共和国驻吉布提共和国特命全权大使。二、免去吴杰的中华人民共和国驻乍得共和国特命全权大使职务；任命李津津为中华人民共和国驻乍得共和国特命全权大使。三、免去

王世廷的中华人民共和国驻马拉维共和国特命全权大使职务；任命刘洪洋为中华人民共和国驻马拉维共和国特命全权大使。

8月8日

［纲　文］　国务院任命周长奎为北京2022年冬奥会和冬残奥会组织委员会副主席；免去鲁勇的北京2022年冬奥会和冬残奥会组织委员会副主席职务。

8月8日

［纲　文］　人力资源社会保障部、财政部印发《关于进一步加大就业扶贫政策支持力度 着力提高劳务组织化程度的通知》。

［目　文］　《通知》由六个部分组成：一、大力促进就地就近就业。二、积极支持创业带动就业。三、大力开展有组织劳务输出。四、通过公益性岗位托底安置。五、大规模开展职业培训。六、切实加强组织保障。

《通知》指出，执行期限截止到2021年12月31日，各地要提前做好政策到期衔接准备，在确保贫困劳动力稳定脱贫的同时，做到政策不断档、服务不断线、后续有衔接。

8月8日

［纲　文］　教育部、财政部、发展改革委印发《关于高等学校加快"双一流"建设的指导意见》。

［目　文］　《意见》由五个部分组成：一、总体要求。二、落实根本任务，培养社会主义建设者和接班人。三、全面深化改革，探索一流大学建设之路。四、强化内涵建设，打造一流学科高峰。五、加强协同，形成"双一流"建设合力。

《意见》指出，充分发挥高校党委在"双一流"建设全程的领导核心作用，推动重大安排部署的科学决策、民主决策和依法决策，确保"双一流"建设方案全面落地。健全高校"双一流"建设管理机构，创新管理体制与运行机制，完善部门分工负责、全员协同参与的责任体系，建立内部监测评价制度，按年度发布建设进展报告，加强督导考核，避免简单化层层分解、机械分派任务指标。

8月8日

［纲　文］　卫生健康委、发展改革委、教育部、财政部、人力资源社会保障部、中医药局、医保局印发《关于加强和完善麻醉医疗服务意见》。

［目　文］　《意见》由六个部分组成：一、总体要求和主要目标。二、加强麻醉医师培养和队伍建设。三、拓展麻醉医疗服务领域。四、保障麻醉医疗服务质量和安全。五、提高麻醉医务人员积极性。六、切实做好麻醉医疗服务组织实施。

《意见》指出，各地区、各有关部门要高度重视加强和改善麻醉医疗服务工作，将其纳入健康中国建设和深化医改的重点工作总体部署，加强组织领导和政策协调衔接，密切协作配合，强化落实责任，完善配套措施，统筹推进。各地要在2018年11月底前，制定麻醉医师培养规划和加强麻醉医疗卫生服务的具体实施方案，确保各项政策措施取得实效。

8月8日

〔纲　文〕　国务院关税税则委员会发布公告，对原产于美国约160亿美元进口商品加征关税。

〔目　文〕　经国务院批准，国务院关税税则委员会决定对《国务院关税税则委员会关于对原产于美国500亿美元进口商品加征关税的公告》（税委会公告〔2018〕5号）中对美加征关税商品清单二的商品作适当调整后，自2018年8月23日12时01分起实施加征25%的关税。

根据有关部门、行业协会、企业的意见，为最大限度保护国内消费者和企业利益，对征税商品清单进行了适当调整，具体商品范围以《国务院关税税则委员会关于对原产于美国约160亿美元进口商品加征关税的公告》（税委会公告〔2018〕7号）为准。其他事项仍按照税委会公告〔2018〕5号执行。

同日，针对美方决定自8月23日起对约160亿美元中国输美产品加征25%的关税，商务部新闻发言人指出，美方这一行为又一次将国内法凌驾于国际法之上，是十分无理的做法。中方为维护自身正当权益和多边贸易体制，不得不作出必要反制，决定对约160亿美元自美进口产品加征25%的关税，并与美方同步实施。

8月8日

〔纲　文〕　财政部、中央文明办、发展改革委、工业信息化部等12部门联合发布公告，坚决禁止擅自利用互联网销售彩票行为。

8月8日

〔纲　文〕　发展改革委办公厅、交通运输部办公厅、公安部办公厅印发《关于开展交通出行领域严重失信行为专项治理工作的通知》。

〔目　文〕　《通知》由六个部分组成：一、高度重视交通出行领域失信治理工作。二、建立失信治理工作机制。三、分步开展失信治理工作。四、督促失信治理对象限期整改。五、反馈失信治理结果。六、持续扎实做好失信治理工作。

8月9日

〔纲　文〕　《人民日报》报道，生态环境部发布《2017中国近岸海域生态环境质量公报》。

8月9日

〔纲　文〕　体育总局公布《体育市场黑名单管理办法》，自2018年8月9日起施行，有效期5年。

8月10日

〔纲　文〕　中国民用航空局召开新闻发布会，介绍中国民航在"一带一路"建设中所取得的进展。

〔目　文〕　中国民用航空局称，截至目前，我国已与62个"一带一路"参与国家和地区签订了双边政府间航空运输协定，已与45个参与国家实现直航。

8月10日

〔纲　文〕　外交部发言人针对美国宣布恢复对伊朗单边制裁一事表示，中方一贯反对单边制裁，对话谈判才是解决问题真正出路。

〔目　文〕　有记者问，日前，美国总统特朗普在白宫发表声明，宣布恢复对伊朗首轮单边制裁。请问中方对此有何评论？这是否会对中伊经贸、能源领域合作带来冲击？

发言人说，中方一贯反对单边制裁和"长臂管辖"，并已多次公开表明上述立场。长期以来，中国同伊朗在经贸、能源等领域开展了公开、透明和正常的商业合作，合情、合理、合法，既不违反联合国安理会决议和中方承诺的国际义务，也不损害其他国家利益，理应得到尊重和维护。中方一贯认为，动辄制裁或以制裁相威胁解决不了问题，只有对话、谈判才是解决问题的真正出路。希望有关方面本着平等和相互尊重的原则，通过对话、协商化解分歧，共同维护地区及世界的和平稳定。

8月10—12日

〔纲　文〕　"纪念改革开放40周年港澳同胞参与改革开放奉献祖国"大型图片展览在香港会展中心举行。

〔目　文〕　展览由香港大公文汇传媒集团主办。展览图文并茂，共设近300块展板，展出逾千张珍贵相片，分为"波澜壮阔大时代""团结一致向前看""命运共同体""超级联系人""昂首再上新征程"等多个部分，内容丰富。展览其中一部分"骨肉总相连"主要展示了港澳同胞时刻关注支持国家的教育、科技、文化、医疗卫生、体育等事业的发展。众多慈善家纷纷通过成立基金会，投入财富、心血和精力，为祖国内地的慈善事业作出贡献。

8月11日

〔纲　文〕　国务院公布修改后的《全国经济普查条例》，自2018年8月11日起施行。

8月11日

〔纲　文〕　第七届（2014—2017）鲁迅文学奖在北京揭晓。

〔目　文〕　7个奖项共34篇（部）作品获奖。其中，《世间已无陈金芳》《蘑菇圈》等获中篇小说奖，《父亲的后视镜》《1987年的浆水和酸菜》等获短篇小说奖，《朋友：习近平与贾大山交往纪事》《西长城》等获报告文学奖，《去人间》《落日与朝霞》等获诗歌奖，《山河袈裟》《北京：城与年》等获散文杂文奖，《中国当代文学传媒研究》《有关20世纪中国文学史研究的几个问题》等获文学理论评论奖，《火的记忆Ⅰ：创世纪》《潜》等获文学翻译奖。

鲁迅文学奖经过6届评奖已评选出230篇（部）作品。20多年来，鲁迅文学奖评奖条例不断完善，评奖规则逐渐规范、细化。本届评奖是党的十九大以来第一次全国性文学评奖，按照中宣部关于改进文艺评奖的精神，广泛征求意见，反复研究论证，认真总结近年来各项国家级文学奖经验，对《鲁迅文学奖评奖条例》及细则进行重新修订，在制度层面确保评奖的导向性、权威性和公正性。

8月11—12日

［纲　文］　第三届全国武术运动大会在天津举行。

［目　文］　大会由国家体育总局武管中心、武术研究院，中国武术协会、天津市体育局主办。大会的口号是"让武术融入生活 让武术走向世界 共铸武术魂 同圆中国梦！"来自全国的约1500名选手在竞赛项目的48个分项、126个小项上进行了争夺。本届大会还新设了"太极"（八法五步）和"功夫"两个展示项目。

8月12日

［纲　文］　**国务院总理李克强与日本首相安倍晋三互致贺电，庆祝中日和平友好条约缔结40周年。**

［目　文］　李克强在贺电中表示，40年前，两国老一辈领导人和政治家作出缔结中日和平友好条约的决断，以法律形式确认了中日联合声明的各项原则，为中日关系树立了重要里程碑。40年来，中日关系取得令人瞩目的发展，为两国人民带来福祉，也为地区和世界的繁荣稳定作出贡献。今年5月，我应邀赴日出席第七次中日韩领导人会议并对日本进行正式访问，推动中日关系重新回到正常发展轨道。中方愿同日方继续本着以史为鉴、面向未来的精神，遵循中日四个政治文件各项原则，维护政治基础，深化互利合作，妥善管控分歧，推动中日关系长期健康稳定发展。

安倍晋三在贺电中表示，40年前日中两国伟大的先辈们将作为两国关系长期指针的和平友好精神铭刻于条约之中。此后，日中双方在这一基础上共同努力，推动两国关系在政治、经济、文化、人员往来等广泛领域取得了实实在在的发展。日中两国对地区和世界和平繁荣负有重要责任。双方应继续携手深化合作，为解决国际社会面临的各种课题作出贡献，回应各方期待。今年5月，李克强总理对日本进行了正式访问，此访对今后日中关系发展具有极其重要的意义。通过此访日中关系回到了正常发展轨道。我期待年内访问贵国，推动日中关系进入新阶段。

8月12日

［纲　文］　**国务院办公厅函复民政部，同意建立农村留守儿童关爱保护和困境儿童保障工作部际联席会议制度。**

［目　文］　函复说，你部关于调整农村留守儿童关爱保护工作部际联席会议名称、职能及成员单位的请示收悉。经国务院同意，现函复如下：国务院同意调整农村留守儿童关爱保护工作部际联席会议制度，建立农村留守儿童关爱保护和困境儿童保障工作部际联席会议制度。联席会议不刻制印章，不正式行文，请按照国务院有关文件精神认真组织开

展工作。

8月12日

［纲　文］　国资委发布《国务院国有资产监督管理委员会公告》。

［目　文］　《公告》说，根据《国务院关于国务院机构改革涉及行政法规规定的行政机关职责调整问题的决定》（国发〔2018〕17号）要求，进一步落实机构改革相关精神，国资委对截至2018年7月底现行有效的规章规范性文件进行了全面清理。清理结果已经国资委第149次主任办公会议审议通过，现予公告。

8月12日

［纲　文］　发展改革委批复江苏省发展改革委，同意《苏州市城市轨道交通第三期建设规划（2018—2023年）》。

［目　文］　批复说，你委关于《上报〈苏州市城市轨道交通近期建设规划（2016—2022）〉的请示》（苏发改设施发〔2016〕667号）、《苏州市人民政府关于〈苏州市城市轨道交通近期建设规划（2017—2023年）〉相关问题补充说明的报告》（苏府〔2017〕63号）等文件收悉。经研究并商住房城乡建设部，现批复如下。一、为提升苏南地区一体化发展水平，支撑苏州市域城镇体系快速发展和城市空间布局，完善城市综合交通体系，缓解城市交通拥堵，同意苏州市城市轨道交通第三期建设规划建设6号线、7号线、8号线、S1线等4个项目，规划期为2018—2023年。二、在规划实施过程中，要按照现代、安全、高效、绿色、经济的原则，统筹城市开发进程、建设条件及财力情况，量力而行，有序推进项目建设。三、深入做好项目建设方案论证。四、加强城市轨道交通与综合交通系统的衔接。五、严格按照批准的建设规划和权限审批（核准）项目，基本建设方案不得随意变更。六、切实防范地方政府债务风险。七、切实保障城市轨道交通工程质量和运营安全。八、请你委会同有关部门加强建设过程中监督检查，并依据相关规定做好项目后评价和竣工验收等有关工作，发现违规行为及时处置，遇有重大问题及时向我委报告。

8月12日

［纲　文］　内蒙古自治区鄂温克族自治旗成立60周年庆祝大会举行。

［目　文］　全国人大民委和国家民委，内蒙古自治区常委、人大常委会、政府、政协，内蒙古军区向鄂温克族自治旗发来贺电。鄂温克族自治旗地处祖国北疆呼伦贝尔草原腹地，是全国3个少数民族自治旗之一。1958年8月，自治旗刚成立时，全旗只有1万多人口，财政收入28万元，全旗只有5个自然村屯，基础设施建设十分落后。2017年，全旗地区生产总值完成100.5亿元，是1978年的291倍；地方财政总收入完成21.1亿元，是1958年的7535倍。农牧业从过去的游牧迁徙、靠天养畜，逐渐发展为产业化、机械化的现代生产经营模式，牲畜总头数稳定在100万头（只）以上；工业从无到有，规模以上工业总产值完成88.4亿元；第三产业在经济结构中的比重达到28.5%，文化旅游、商贸物流、金融保险、餐饮娱乐等服务业日渐繁荣。

8月13日

［纲　文］　市场监管总局、卫生健康委公布《医疗器械不良事件监测和再评价管理办法》。

［目　文］　《办法》共9章80条。主要有总则、职责与义务、报告与评价、重点监测、风险控制、再评价、监督管理、法律责任等内容。自2019年1月1日起施行。

8月13日

［纲　文］　卫生健康委公布《医疗技术临床应用管理办法》。

［目　文］　《办法》共7章51条。主要有总则、医疗技术负面清单管理、管理与控制、培训与考核、监督管理、法律责任等内容。自2018年11月1日起施行。

8月13日

［纲　文］　人民银行发布《2017年中国普惠金融指标分析报告》。

［目　文］　《报告》显示，从2017年填报结果看，我国普惠金融稳步发展，金融服务可得性、使用情况、质量进一步改善，传统金融产品和服务已广泛普及，信息技术发展正深刻改变着普惠金融的发展方式。我国基础金融服务已基本实现行政村全覆盖，银行结算账户和银行卡使用已广泛普及，电子支付迅速发展，保险产品和服务使用稳步增长，信用建设稳步推进，消费者金融素养有所提升，金融消费纠纷非诉解决机制建设取得进展，信贷对普惠金融的支持力度平稳增长，信贷障碍有所改善，但部分领域信贷支持有待加强。以账户和银行卡使用情况为例，截至2017年末，全国人均拥有6.6个账户，人均持有4.81张银行卡（其中信用卡0.39张）。农村地区个人银行结算账户39.66亿户，人均4.08户；当年新增4.05亿户，同比增长11.37%。

8月13日

［纲　文］　中国儿童青少年体育健身指数评估报告（2017）在上海发布。

［目　文］　指数的数据采集由教育部体育卫生与艺术教育司指导实施，在上海市教委的协助指导下，上海体育学院国家社科基金重大招标项目"中国儿童青少年体育健身大数据平台建设研究"团队承担了具体的调研工作和数据分析。

数据显示，我国儿童青少年体育健身总体指数为60.2分，比2016年提升0.9分。报告采用百分制，从健身环境、健身行为、健身效果3个方面对我国儿童青少年的体育健身情况进行了综合评估。报告显示，我国儿童青少年的体育健身环境指数为74.8分，体育健身行为指数为40.0分，体育健身效果指数为80.1分。与以往相比，我国儿童青少年体育健身整体上呈现向好的趋势。

8月13日

［纲　文］　联合国消除种族歧视委员会在日内瓦就中国履行《消除一切形式种族歧视国际公约》报告举行审议对话会。

［目　文］　中国政府代表团副团长、外交部条法司司长徐宏在会上表示，中国政府

目前正在就《国家人权行动计划（2016—2020年）》实施情况进行中期评估，总的看涉及少数民族的各项指标完成情况良好。中国少数民族参政议政权利得到切实保障。55个少数民族都有本民族的全国人大代表和全国政协委员。中国少数民族和民族地区经济社会状况得到较快发展。中国少数民族教育事业快速发展，国家全部免除农村义务教育阶段学生学杂费，提高农村义务教育阶段中小学公用经费保障水平，部分民族地区实现了15年免费教育。中国少数民族文化传承与保护力度持续加大。

8月13—20日

［纲　文］　第二十四届世界哲学大会在北京举办。

［目　文］　本届大会是世界哲学大会第二次在亚洲、第一次在中国举办。大会由国际哲学团体联合会、北京大学主办，以中国哲学思想文化传统作为基础学术架构、以"学以成人"为主题展开哲学研讨。来自世界121个国家和地区的6000余名哲学家代表和哲学爱好者参会。举办超过1000场次不同类型的学术活动，包括全体大会、专题论坛、邀请讲座、分组会议、圆桌会议、特邀会议及学生专场等。大会收到5000多篇论文投稿，涵盖哲学及以哲学为中心的人文社会科学研究各领域。

8月14日

［纲　文］　财政部发布《地方政府债券弹性招标发行业务规程》，自2018年8月14日起施行。

8月14日

［纲　文］　商务部新闻发言人针对美国就外资国家安全审查改革发表谈话。

［目　文］　发言人表示，已注意到美国"外国投资风险评估现代化法案"已作为"2019财年国防授权法案"的一部分由特朗普总统签署成法。中方将对法案内容进行全面评估，并将密切跟踪法案实施过程中对中国企业产生的影响。当前经济全球化深入发展，跨国投资方兴未艾。中美企业在深化投资合作方面有强烈的意愿，巨大的潜力。两国政府应顺应企业呼声，提供良好的环境和稳定的预期。美方应客观、公正对待中国投资者，避免国家安全审查成为中美企业开展投资合作的障碍。

8月14日

［纲　文］　外交部、国防部发言人就美方签署"2019财年国防授权法案"发表谈话。

［目　文］　有记者问：据报道，日前，美国国会"2019财年国防授权法案"已经由总统特朗普签署成法，其中包含要求制定"全政府对华战略"、就加强台军战备提交评估和计划等涉华消极条款。中方对此有何评论？

外交部发言人表示，中方已多次就此表明立场并向美方提出严正交涉，我们对美方不顾中方坚决反对执意通过并签署含有涉华消极内容的"2019财年国防授权法案"表示强烈不满。中方敦促美方摒弃冷战思维和零和博弈理念，正确客观看待中国和中美关系，恪守一个中国原则和中美三个联合公报规定，不得实施有关涉华消极条款，以免给中美关系和两国重要领域合作造成损害。

同日，国防部新闻发言人就美方签署"2019财年国防授权法案"发表谈话说，该法案涉华内容充斥冷战思维，渲染中美对抗，干涉中国内政，违反一个中国原则和中美三个联合公报规定，破坏中美两国两军关系发展氛围，损害中美互信与合作，中国军队对此坚决反对，并已向美方提出严正交涉。台湾是中国的一部分。台湾问题事关中国主权和领土完整，是中美关系中最重要、最敏感的核心问题。我们坚决反对任何国家与"台湾"开展任何形式的官方往来和军事联系，这一立场坚定明确。我们绝不允许任何人、在任何时候、以任何形式把台湾从中国分裂出去。人无信不立，国无信则衰。我们敦促美方恪守在台湾问题上向中方作出的承诺，恪守一个中国原则和中美三个联合公报规定，慎重处理涉台问题，以免损害中美两国两军关系和台海和平稳定。

8月14日

［纲　文］　**国际灌排委员会第六十九届国际执行理事会全体会议公布2018年（第五批）世界灌溉工程遗产名录。**

［目　文］　会议在加拿大萨斯卡通召开。中国的都江堰、灵渠、姜席堰、长渠4个项目全部申报成功。至此，我国已有17处世界灌溉工程遗产项目，是拥有遗产工程类型最丰富、灌溉效益最突出、分布范围最广泛的国家。

都江堰是中国古代无坝引水的代表性工程，引长江支流岷江之水灌溉成都平原，目前灌溉面积1000多万亩。灵渠位于广西兴安县，是沟通长江流域的湘江和珠江流域的漓江的跨流域水利工程，兼有水运和灌溉效益，目前灌溉面积约6万亩。姜席堰位于浙江龙游县，渠首自衢江支流灵山港引水，利用河中沙洲建上下二堰引水，灌溉3.5万亩农田。长渠位于湖北襄阳，是古代"长藤结瓜"式灌溉工程的典型代表，目前灌溉面积30多万亩。

8月15日

［纲　文］　**中共中央总书记习近平、国务院总理李克强分别向柬埔寨人民党主席洪森致贺电，祝贺其领导柬埔寨人民党在第六届国会选举中获胜。**

8月15日

［纲　文］　**中共中央党史和文献研究院会同国务院扶贫办编辑的《习近平扶贫论述摘编》由中央文献出版社出版。**

［目　文］　《摘编》共分8个专题：决胜脱贫攻坚，共享全面小康；坚持党的领导，强化组织保证；坚持精准方略，提高脱贫实效；坚持加大投入，强化资金支持；坚持社会动员，凝聚各方力量；坚持从严要求，促进真抓实干；坚持群众主体，激发内生动力；携手消除贫困，共建人类命运共同体。书中收入242段论述，摘自习近平2012年11月15日至2018年6月的讲话、报告、演讲、指示、批示等60多篇重要文献。其中许多论述是第一次公开发表。

8月15日

［纲　文］　韩正在北京主持召开粤港澳大湾区建设领导小组全体会议。

［目　文］　李希、何立峰出席会议，香港特别行政区行政长官林郑月娥、澳门特别行政区行政长官崔世安等粤港澳大湾区建设领导小组成员、领导小组办公室以及有关部门负责人参加会议。会议主要内容是：深入学习贯彻中共中央总书记习近平关于粤港澳大湾区建设的讲话精神，讨论审议有关文件，研究部署下一阶段工作。

中共中央政治局常委、粤港澳大湾区建设领导小组组长韩正表示，建设粤港澳大湾区，是习近平总书记亲自谋划、亲自部署、亲自推动的国家战略，是新时代推动形成全面开放新格局的新举措，也是推动"一国两制"事业发展的新实践。要深入贯彻习近平新时代中国特色社会主义思想和党的十九大精神，从实现中华民族伟大复兴的战略高度深刻认识大湾区建设的重大意义，全面准确贯彻"一国两制"方针，坚持新发展理念，充分发挥粤港澳综合优势，建设富有活力和国际竞争力的一流湾区和世界级城市群，打造高质量发展的典范。要以让老百姓得实惠为出发点和落脚点，实施好港澳居民证件便利化、进一步便利港澳居民到内地创业就业、大幅降低粤港澳通信漫游费用等政策措施。要积极吸引和对接全球创新资源，建设"广州—深圳—香港—澳门"科技创新走廊，打造大湾区国际科技创新中心。中央支持香港建设国际创新科技中心，在香港建立中国科学院院属研究机构，支持澳门建设中医药科技产业发展平台。要加快构建与国际接轨的开放型经济新体制，建设高水平参与国际经济合作新平台，构筑丝绸之路经济带和21世纪海上丝绸之路对接融汇的重要支撑区。

8月15日

［纲　文］　证监会公布修改后的《证券登记结算管理办法》《上市公司股权激励管理办法》，自2018年9月15日起施行。

8月15日

［纲　文］　中俄第十四轮战略安全磋商在莫斯科举行。

［目　文］　中央外事工作委员会办公室主任杨洁篪同俄罗斯联邦安全会议秘书帕特鲁舍夫共同主持。就中俄关系和共同关心的国际和地区问题交换意见，达成共识。

同日，杨洁篪在索契会见了俄罗斯总统普京。

8月15日

［纲　文］　外交部发言人针对日本首相安倍晋三向靖国神社捐献祭祀费一事表示，中方敦促日方切实正视和深刻反省侵略历史，以实际行动取信于亚洲邻国和国际社会。

［目　文］　有记者问，今天是日本战败纪念日，目前没有日本内阁成员参拜靖国神社，日本首相安倍晋三捐献了祭祀费，一些国会议员参拜。中方对此有何评论？

发言人说，中方注意到目前没有日本内阁成员参拜靖国神社，同时也注意到日本首相安倍晋三向靖国神社捐献了祭祀费，一些国会议员参拜。靖国神社供奉着对侵略战争负有直接责任的甲级战犯，我们坚决反对日方的错误做法。中方敦促日方切实正视和深刻反省侵略历史，以实际行动取信于亚洲邻国和国际社会。

8月15日

［纲　文］　国台办发言人就台湾新课纲将中国史纳入东亚史表示，这一行为将破坏两岸关系。

［目　文］　记者问：据报道，台湾"教育部门"课审大会日前审议通过高中历史课纲，将中国史纳入东亚史，教科书将不再以中国史、台湾史及世界史的方式呈现。请问对此有何评论？

发言人表示，民进党当局上台以来，破坏两岸关系政治基础，支持纵容形形色色的"台独"分裂活动。如有关报道属实，强行修改高中历史课纲并将中国史纳入东亚史，就是在教育领域推行"去中国化""台独"分裂行径的又一实证，不仅荼毒台湾年青一代，更进一步破坏两岸关系，加剧两岸对抗。两岸同属一个中国，两岸同胞同属中华民族，台湾文化是中华文化不可分割的一部分。任何"去中国化"行径都无法割裂两岸的历史和文化联结。民进党当局的这一倒行逆施，已遭到台湾社会强烈反对。"台独"分裂活动数典忘祖，必将遭到两岸同胞更加强有力的遏制和打击。

8月15—19日

［纲　文］　2018世界机器人大会在北京举行。

［目　文］　国务院副总理刘鹤出席开幕式并致辞。中共中央政治局委员、北京市委书记蔡奇，全国政协副主席、中国科协主席万钢等出席开幕式。大会由北京市人民政府、工业信息化部、中国科协主办，中国电子学会、北京市经信委、北京经济技术开发区管委会承办，以"共创智慧新动能，共享开放新时代"为主题。由论坛、博览会、大赛、地面无人系统活动4大板块组成。160多家企业的展品亮相博览会，16个国家和地区的选手参加机器人大赛。

8月16日

［纲　文］　中共中央政治局常务委员会召开会议。

［目　文］　中共中央总书记习近平主持会议并讲话。会议听取关于吉林长春长生公司问题疫苗案件调查及有关问责情况的汇报。

会议指出，在党中央坚强领导下，国务院多次召开会议研究，派出调查组进行调查，目前已基本查清案件情况和有关部门及干部履行职责情况。

会议强调，疫苗关系人民群众健康，关系公共卫生安全和国家安全。这起问题疫苗案件是一起疫苗生产者逐利枉法、违反国家药品标准和药品生产质量管理规范、编造虚假生产检验记录、地方政府和监管部门失职失察、个别工作人员渎职的严重违规违法生产疫苗的重大案件，情节严重，性质恶劣，造成严重不良影响，既暴露出监管不到位等诸多漏洞，也反映出疫苗生产流通使用等方面存在的制度缺陷。要深刻汲取教训，举一反三，重典治乱，去疴除弊，加快完善疫苗药品监管长效机制，坚决守住公共安全底线，坚决维护最广大人民身体健康。要完善法律法规和制度规则，明晰和落实监管责任，加强生产过程现场检查，督促企业履行主体责任义务，建立质量安全追溯体系，落实产品风险报告制度。对风险高、专业性强的疫苗药品，要明确监管事权，在地方属地管理的基础上，要派出机构进行检查。要加强监管队伍能力建设，尽快建立健全疫苗药品的职业化、专业化检查队伍。要提高违法成本，对那些利欲熏心、无视规则的不法企业，对那些敢于挑战道德和良知底线的人，要严厉打击，从严重判，决不姑息。对涉及疫苗药品等危害公共安全的违法犯罪人员，要依法严厉处罚，实行巨额处罚、终身禁业。要加强干部队伍建设，激励担当作为，切实履行职责，对失职渎职行为严肃问责。

会议同意，对金育辉（吉林省副省长，2017年4月起分管吉林省食品药品监管工作）予以免职，对李晋修（吉林省政协副主席，2015年12月至2017年4月任分管吉林省食品药品监管工作的副省长）责令辞职，要求刘长龙（长春市市长，2016年9月任长春市代市长，10月起任长春市市长）、毕井泉（市场监管总局党组书记、副局长，2015年2月至2018年3月任原食品药品监管总局局长）引咎辞职，要求姜治莹（吉林省委常委、延边朝鲜族自治州委书记，2012年3月至2016年5月任长春市委副书记、市长）、焦红（国家药监局局长）作出深刻检查；对35名非中管干部进行问责；决定中央纪委国家监委对吴浈（原食品药品监管总局副局长、原卫生计生委副主任，分管药化注册管理、药化监管和审核查验等工作）进行立案审查调查。会议责成吉林省委和省政府、国家药监局向中共中央、国务院作出深刻检查。

8月16日

[纲　文]　李克强主持召开国务院常务会议。

[目　文]　会议主要内容有：一、听取吉林长春长生公司问题疫苗案件调查情况汇报并作出相关处置决定。会议指出，按照党中央、国务院部署，国务院调查组已查明吉林长春长生公司违法违规生产狂犬病疫苗案件和生产不合格百白破疫苗的主要事实，涉案企业唯利是图、逐利枉法，情节严重，性质恶劣。这一案件也暴露出相关地方在落实药品安全地方政府负总责、国家和地方监管部门在依法履行监管职责方面严重缺位，特别是存在重大风险隐患信息不报告、应急处置不力等问题，属严重失职失察和不作为。目前公安机关对长春长生案件已侦查终结并依法将犯罪嫌疑人全部移送起诉。有关部门还妥善做好问题疫苗涉外工作。会议确定，一是严惩违法犯罪行为，严肃追究责任。依据《药品管理法》，由相关方面依职权没收长春长生公司所有违法所得并处最高罚款。同时对负有监管责任的地方政府和主管部门相关责任人严厉追责，以儆效尤。二是抓好补种、保障合格疫苗供应、督促企业整改等后续工作。在目前已对全国疫苗生产企业围绕质量安全开展排查基础上，进一步深入细查，发现问题及时公告、及时处理。三是抓紧完善相关法律法规，健全最严格的药品监管体系，完善疫苗全链条监管和电子追溯等制度，堵塞监管漏洞，推动国产疫苗技术升级，切实保障人民群众用药安全。二、部署以改革举措破除民间投资和民营经济发展障碍，激发经济活力和动力。会议听取了关于进一步促进民间投资和民营经

济发展的汇报，要求坚持基本经济制度和"两个毫不动摇"，一是下更大力气降低民间资本进入重点领域的门槛。聚焦补短板、扩内需、稳就业，在环保、交通能源、社会事业等方面，向民间资本集中推介一大批商业潜力大、投资回报机制明确的项目，积极支持民间资本控股。二是取消和减少阻碍民间投资进入养老、医疗等领域的附加条件，帮助解决土地、资金、人才等方面的难题，加强事中事后监管，营造公平竞争市场环境。三是进一步落实好减税降费措施，尤其是营改增等减税措施要抓紧到位。畅通金融服务实体经济传导机制，采取建立贷款风险补偿机制等方式，缓解小微企业和民营企业融资难融资贵问题，多措并举降低企业成本。

8月16日

［纲　文］　胡春华在北京主持召开2019北京世园会组委会第三次会议。

［目　文］　北京市委书记、组委会第一副主任委员蔡奇出席并讲话。

国务院副总理、组委会主任委员胡春华指出，各成员单位要再接再厉，进一步增强紧迫感，坚持问题导向，细化工作方案，统筹安排好重大外事活动，加快国际招展签约落地，高标准推进园区和配套设施建设，高质量做好布展工作，精心策划组织好会期活动，加大宣传力度，全力做好服务保障，确保安全保障万无一失。要坚持开门办展，充分借鉴其他国家的成熟经验和做法。及早谋划园区的长期运营发展，既确保当期举办效果，又增强后续发展能力。办好世园会是一项复杂的系统工程，离不开坚强的组织领导和密切的协作配合。各有关单位要按照职责分工，层层压实责任，牢固树立"分工不分家"的思想，扎扎实实把各项筹办工作落实到位，确保2019北京世园会取得圆满成功。

8月16日

［纲　文］　经财政部和广东省人民政府批准，广东省成功发行大湾区专项债和全国首只水资源专项债。

［目　文］　本次发行的水资源专项债券发行额为10亿元，期限为10年，中标利率为3.96%。债券资金将全部用于支持广东最大水利工程——珠三角水资源配置工程建设，以项目水费收入作为债务偿还来源。项目周期内的现金流收入稳定充裕，能够完全覆盖还本付息需要，信用评级为最高等级AAA级。

8月16日

［纲　文］　财政部、民政部、体育总局公布修改后的《彩票管理条例实施细则》，自2018年10月1日起施行。

8月16日

［纲　文］　国务委员兼外交部部长王毅在北京会见巴基斯坦参议院主席桑吉拉尼。

［目　文］　王毅表示，巴基斯坦刚刚成功举行大选，相信在新政府领导下，巴国家建设事业将取得新成就。中方愿一如既往支持巴维护国家主权和发展权益，共同推进中巴经济走廊建设，不断丰富中巴全天候战略合作伙伴关系内涵。

桑吉拉尼表示，对华友好是巴外交政策基石和国内各党派共识，这一政策不会动摇。

新政府愿同中方一道推进"一带一路"建设，共建中巴经济走廊。

17日，全国人大常委会委员长栗战书在北京会见桑吉拉尼时说，近年来，双方积极落实习近平主席2015年访问巴基斯坦时两国领导人达成的共识，各领域合作取得长足进展。中巴关系应当成为睦邻友好的典范、地区和平稳定的支柱、"一带一路"国际合作的标杆。中国全国人大重视加强与巴参议院的交流合作，愿共同努力，始终做中巴友好的坚定捍卫者和积极推动者，推动中巴全天候战略合作伙伴关系迈上新台阶。

桑吉拉尼说，巴中友谊是巴基斯坦外交政策的基石。在新的形势下，巴方愿与中国继续加强各领域合作，共同应对双方面临的各种挑战。

同日，全国政协主席汪洋在北京与桑吉拉尼举行会谈时说，中方愿与巴方一道，认真落实习近平主席与巴方领导人达成的重要共识，保持两国高层密切交往的传统，在涉及彼此核心利益和重大关切上坚定地相互支持，扩大安全、经贸、人文等领域的合作，加快"一带一路"框架下中巴经济走廊建设，为中巴全天候战略合作伙伴关系注入新的内涵。中国全国政协愿与巴基斯坦参议院加强交流合作，开展治国理政经验交流，共同为构建中巴命运共同体发挥积极作用。

桑吉拉尼表示，中巴经济走廊建设取得丰硕成果，惠及巴全体人民。巴方愿同中方一道继续为巩固中巴友谊、助推双边关系发展作出努力。

8月16日

［纲　文］　中日韩三国合作秘书处在韩国首尔举行《中日韩共用汉字词典》出版仪式。

［目　文］　《中日韩共用汉字词典》以2014年东北亚名人会第九次会议发布的《中日韩共同常用八百汉字表》为基础，由三国合作秘书处组建的专家学者团队历时两年编撰，注释了600多个中日韩常用汉字在三国语言中相似或不同的发音及含义。

8月17日

［纲　文］　习近平对首个"中国医师节"作出指示。

［目　文］　中共中央总书记习近平作出指示指出，长期以来，我国广大医务人员响应党的号召，弘扬敬佑生命、救死扶伤、甘于奉献、大爱无疆的精神，全心全意为人民健康服务，在疾病预防治疗、医学人才培养、医学科技发展等方面发挥了重要作用并取得了丰硕成果，涌现出一大批医学大家和人民好医生。特别是在面对重大传染病威胁、抗击重大自然灾害时，广大医务人员临危不惧、义无反顾、勇往直前、舍己救人，赢得了全社会高度赞誉。将每年8月19日设立为"中国医师节"，体现了党中央对卫生健康工作的高度重视，对广大医务人员优秀业绩的充分肯定。各级党委、政府和全社会都要关心爱护医务人员，形成尊医重卫的良好氛围。希望广大医务人员认真学习贯彻新时代中国特色社会主义思想和党的十九大精神，践行社会主义核心价值观，坚持全心全意为人民服务，弘扬救死扶伤的人道主义精神，继往开来，再接再厉，不断为增进人民健康作出新贡献，为健康

中国建设谱写新篇章,努力开创我国卫生健康事业新局面。

同日,国务院副总理孙春兰在北京市海淀医院,传达习近平对全国卫生健康工作者的节日祝贺和亲切关怀,看望慰问一线医务人员并座谈。她指出,设立"中国医师节"是党和人民给予医务人员的特殊荣耀,希望大家以此为新起点,深入贯彻习近平总书记重要指示精神,修医德、行仁术,用优质的服务增进人民健康福祉。各地区、各有关部门要认真落实党中央、国务院决策部署,让医务人员的劳动得到尊重、价值得到体现。5名医务人员代表在座谈时发言。国家机关有关部门、北京市、中央军委有关部门负责人以及医疗卫生领域代表参加座谈。

19日,由中国医师协会主办的中国医师节庆祝大会在北京举行。会上举行了医师宣誓仪式,并对80名"中国医师奖"获得者进行了表彰。

"中国医师节"是继教师节、记者节、护士节之后,经国务院批准的第四个行业性专属节日。它的设立,体现了党中央对卫生健康工作的高度重视,对广大医务人员优秀业绩的充分肯定,是党和人民给予医务人员的特殊荣耀。

8月17日
[纲　文]　国务院总理李克强致电伊姆兰·汗,祝贺他当选巴基斯坦总理。

8月17日
[纲　文]　十三届全国人大常委会第十一次委员长会议在北京举行。
[目　文]　全国人大常委会委员长栗战书主持。全国人大常委会副委员长王晨、曹建明、张春贤、沈跃跃、吉炳轩、艾力更·依明巴海、万鄂湘、陈竺、王东明、白玛赤林、丁仲礼、郝明金、蔡达峰、武维华出席会议。会议决定,十三届全国人大常委会第五次会议于8月27日至31日在北京举行。

委员长会议建议,十三届全国人大常委会第五次会议审议电子商务法草案、土壤污染防治法草案、个人所得税法修正案草案、刑事诉讼法修正草案;审议全国人大常委会委员长会议关于提请审议民法典各分编草案的议案;审议国务院关于提请审议耕地占用税法草案的议案、车辆购置税法草案的议案等。

委员长会议建议的议程还有:审议国务院关于提请审议批准《中华人民共和国和巴巴多斯引渡条约》的议案;审议国务院关于今年以来国民经济和社会发展计划执行情况的报告、关于今年以来预算执行情况的报告、关于推动城乡义务教育一体化发展提高农村义务教育水平工作情况的报告;审议全国人大常委会执法检查组关于检查传染病防治法实施情况的报告;审议关于在部分地区和部分在京中央机关暂时调整适用公务员法有关规定情况的中期报告;审议全国人大常委会代表资格审查委员会关于个别代表的代表资格的报告;审议有关任免案。

委员长会议上,全国人大常委会秘书长杨振武就常委会第五次会议议程草案、日程安排意见等作了汇报。全国人大常委会有关副秘书长,全国人大有关专门委员会、常委会有关工作委员会负责人就常委会第五次会议有关议题作了汇报。

8月17日

［纲　文］　十三届全国政协第八次双周协商座谈会在北京召开。

［目　文］　全国政协主席汪洋主持会议并讲话。全国政协副主席杨传堂作主题发言。全国政协副主席张庆黎、夏宝龙出席会议。全国政协副主席郑建邦，全国政协委员陈晓华、范国强、江泽林、吴晶、段青英、陈雷、薛延忠、莫荣、李云才、苏华、张志勇、常信民、李成贵，基层"三农"干部代表蔡松涛、王传喜在会上发言。中央组织部负责人介绍了有关情况，中央农村工作领导小组办公室、农业农村部、人力资源和社会保障部负责人作了协商交流。13名委员和2名基层"三农"干部代表围绕健全党管农村工作的领导体制机制、加大政策激励力度、创新干部选拔任用机制、加强教育培训、补齐农村发展短板等提出意见建议。

一些委员建议进一步发挥我国政治优势和制度优势，健全农村工作领导体制，强化部门之间的协调配合，合力推动乡村干部培养和人才振兴。加强"三农"工作干部队伍的培养、配备、管理、使用，选优配强村党组织带头人，为业绩突出的基层干部提供更多便捷的上升通道。要打破城乡分割的体制樊篱，通过建机制、搭平台、强优惠、给荣誉，鼓励大学生、复员军人回乡创业，鼓励公职人员回乡任职，改变人才由农村向城市的单向流动。要统筹制定"三农"工作队伍教育培训规划，整合干部教育培训机构、农业院校、科研院所、实训基地等培训资源，积极推行网络远程培训，提高基层干部素质，培养大批新型职业农民。要把工业和农业、城市和农村作为一个整体统筹谋划，把乡村干部培养和人才振兴与产业振兴、文化振兴、组织振兴、生态振兴统筹谋划，从根本上增强农业农村发展能力，真正让农业成为有奔头的产业，让农民成为有吸引力的职业，让农村成为安居乐业的美丽家园。

8月17日

［纲　文］　国务院办公厅印发《关于进一步调整优化结构提高教育经费使用效益的意见》。

［目　文］　《意见》由五个部分组成：一、总体要求。二、完善教育经费投入机制。三、优化教育经费使用结构。四、科学管理使用教育经费。五、加强组织实施。

《意见》强调，坚持"优先保障、加大投入，尽力而为、量力而行，统筹兼顾、突出重点，深化改革、提高绩效"的原则，对教育经费投入、使用、管理提出明确要求。

8月17日

［纲　文］　银保监会印发《关于废止和修改部分规章的决定》。

［目　文］　《决定》说，为进一步扩大银行业对外开放，取消中资银行和金融资产管理公司外资持股比例限制，实施内、外资一致的股权投资比例规则，中国银保监会决定：一、废止《境外金融机构投资入股中资金融机构管理办法》。二、对《中国银监会中资商业银行行政许可事项实施办法》《中国银监会农村中小金融机构行政许可事项实施办法》《中国银监会非银行金融机构行政许可事项实施办法》部分条款予以修改。自2018年8月

17日起施行。

8月17日

［纲　文］　海关总署公布《中华人民共和国海关统计工作管理规定》。

［目　文］　《规定》共5章29条。主要有总则、统计调查与统计监督、统计分析与统计服务、统计资料编制与管理等内容。自2018年10月1日起施行。2006年9月12日以海关总署令第153号公布的《中华人民共和国海关统计工作管理规定》同时废止。

8月17日

［纲　文］　银保监会办公厅印发《关于进一步做好信贷工作提升服务实体经济质效的通知》。

［目　文］　《通知》由九个部分组成：一、进一步疏通货币政策传导机制，满足实体经济有效融资需求。二、大力发展普惠金融，强化小微企业、"三农"、民营企业等领域金融服务。三、支持基础设施领域补短板，推动有效投资稳定增长。四、积极发展消费金融，增强消费对经济的拉动作用。五、做好进出口企业金融服务，发挥金融在稳外贸中的积极作用。六、盘活存量资产，提高资金使用效率。七、有效运用保险资金，切实发挥风险管理和保障功能。八、规范经营行为，严禁附加不合理贷款条件。九、深化体制机制改革，加强服务实体经济能力建设。

8月17日

［纲　文］　国务院扶贫办举行新闻发布会。

［目　文］　国务院扶贫办副主任夏更生在发布会上介绍，2017年，中西部20个省份共有125个贫困县申请脱贫摘帽。2018年6月，国务院扶贫开发领导小组委托第三方评估机构分两批开展专项评估检查。第一批11个省份的40个县于6月初启动，第二批9个省份的85个县于6月底启动。评估检查结果显示，第一批11个省份的40个贫困县均达到脱贫摘帽条件。经国务院扶贫开发领导小组审议同意，所在的11个省份近期已相继宣布其脱贫摘帽。第二批9个省份的85个县专项评估检查情况将于9月向社会发布。

8月17日

［纲　文］　国务委员兼外交部部长王毅应约同伊朗外长扎里夫通电话。

［目　文］　王毅表示，中方重视中伊关系，愿根据形势发展，继续推进中伊互利合作。伊朗核问题全面协议是多边主义重要成果，符合国际社会共同利益。坚持全面协议也符合伊朗根本利益。我们已公开表明，反对在国际关系中采取单边制裁和"长臂管辖"的错误做法。

扎里夫向中方通报了有关伊朗核问题的最新情况，强调伊方重视中方为维护伊朗核问题全面协议发挥的建设性作用，愿同包括中方在内有关各方加强协调，妥善应对当前伊朗核问题面临的新形势。

8月17日

［纲　文］　国防部新闻发言人就美发表2018年度《中国军事与安全发展态势报告》发表谈话。

［目　文］　发言人说，美国国防部发表2018年度《中国军事与安全发展态势报告》，曲解中国战略意图，渲染所谓"中国军事威胁"，妄议两岸关系和台海形势等。中国军队对此表示坚决反对，并向美方提出严正交涉。中国坚定走和平发展道路，坚定奉行防御性国防政策，始终是世界和平的建设者、全球发展的贡献者、国际秩序的维护者。近年来，中国军队越来越多地执行维和、护航、救灾等海外军事任务，在力所能及范围内承担更多国际责任，提供更多公共安全产品，所作贡献和努力得到国际社会的普遍赞赏。中国军队加强现代化建设，是为了维护国家的主权、安全和发展利益，维护世界的和平、稳定与繁荣。中国军队改革、武器装备发展、网络空间防御能力建设正当合理。美方报告中的指责纯属臆测。台湾是中国的一部分，这是铁的事实。我们要求美方恪守一个中国原则和中美三个联合公报规定，慎重处理涉台问题。中国军队将一如既往，坚定捍卫国家主权和领土完整，坚定维护台海地区和平稳定。

发言人强调，中方在海上问题上的立场是一贯的、明确的。中方致力于与有关国家通过直接谈判协商和平解决争议。中方在南海岛礁开展和平建设活动，是主权国家的合法权利，除满足必要的国土防卫需求外，是为民事需求服务，以更好地履行国际责任和义务。美方打着"航行自由"的旗号，频繁派舰机赴南海挑衅，制造紧张局势，才是地区和平稳定的真正威胁。美方年复一年地发表所谓"中国军事与安全发展态势报告"，损害中美互信，不符合双方的共同利益。我们要求美方摒弃冷战思维，客观理性看待中国的国防和军队建设，停止发表有关报告，以实际行动维护两军关系稳定发展。

8月17日

［纲　文］　中国科学家发现锂元素丰度最高的巨星。

［目　文］　以中国科学院国家天文台为首的科研团队依托国家重大科技基础设施郭守敬望远镜发现了一颗奇特天体，它"居住"在银河系中心附近的蛇夫座，距离地球约4500光年。它的质量不足太阳的1.5倍，锂元素含量却是太阳的3000倍。它是目前已知的锂元素丰度最高的巨星。

8月17—19日

［纲　文］　中央军委党的建设会议在北京召开。

［目　文］　中共中央总书记、中央军委主席习近平出席会议并发表讲话。中央军委副主席许其亮、中央军委副主席张又侠出席会议，并就贯彻落实习近平讲话精神、加强我军党的领导和党的建设工作提出要求。中央军委委员魏凤和、李作成、苗华、张升民出席会议。各战区、各军兵种、军委机关各部门、军事科学院、国防大学、国防科技大学和武警部队党委书记、副书记以及有关领导等参加会议。

习近平指出，全面加强新时代我军党的领导和党的建设工作，是推进党的建设新的伟大工程的必然要求,是推进强国强军的必然要求。全军要全面贯彻新时代中国特色社会主义思想和党的十九大精神,深入贯彻新时代党的强军思想,落实新时代党的建设总要求,落实新时代党的组织路线,坚持党对军队绝对领导,坚持全面从严治党,坚持聚焦备战打仗,全面提高我军加强党的领导和党的建设工作质量,为实现党在新时代的强军目标、完成好新时代军队使命任务提供坚强政治保证。反腐败斗争必须坚定不移抓下去,不会变风转向。要坚持无禁区、全覆盖、零容忍,坚持重遏制、强高压、长震慑,坚持受贿行贿一起查,健全完善权力运行制约和监督体系,扎紧制度笼子,不给权力脱轨、越轨留空子。要坚持标本兼治,加强党内政治文化建设,注重在固本培元上下功夫,引导大家正心修身、律己持家、清廉为官,自觉抵御歪风邪气的侵蚀。

8月17—21日

[纲　文]　应国务院总理李克强邀请,马来西亚总理马哈蒂尔对中国进行正式访问。

[目　文]　访问期间,国家主席习近平、全国人大常委会委员长栗战书在北京分别会见了马哈蒂尔。李克强在北京同马哈蒂尔举行会谈,共同见证了双方经贸、农业、金融、科技等领域多项双边合作文件的签署。双方发表了《中华人民共和国政府和马来西亚政府联合声明》。

习近平会见马哈蒂尔时指出,双方要接续友谊,深化合作。中方坚定奉行中马友好,相信新时期中马关系大有可为。要本着相互尊重、友好协商的原则,妥善对待存在问题,坚持友好合作的大方向,实现互利双赢。要立足亚洲,胸怀世界,坚持战略自主,推动中国—东盟合作提质升级,推动东亚经济共同体建设;赋予南南合作新活力,提高发展中国家代表性和发言权;旗帜鲜明反对单边主义和贸易保护主义。双方要以共建"一带一路"为主线推进新时期中马务实合作。要加强统筹规划和各自发展战略的对接,推进产业和创新合作。要培育新合作亮点,探讨合作新领域、新思路、新模式,持续做大合作增量,扩大互利共赢。探讨在"一带一路"沿线国家开展第三方合作,为地区和世界经济发展注入更多正能量。

马哈蒂尔表示,马方新时期"向东看"愿借鉴中国发展的成功经验,不断创新创造,实现自身更大发展。习近平主席提出的"一带一路"倡议是为了促进地区的交往合作,将使地区所有国家获益。马来西亚支持并愿积极参与共建"一带一路",相信这有利于地区发展繁荣。

李克强同马哈蒂尔会谈时指出,中方愿将"一带一路"倡议同马方发展战略更好对接,推进中马产业合作与园区建设,加强经贸投资、农渔业、交通基础设施建设等领域合作。中方愿进口更多符合本国消费者需求的马来西亚优质产品,提高两国贸易便利化水平,同时也鼓励双方有实力、有信誉的企业扩大双向投资,双方要提供良好稳定的营商环境。中方愿同马方拓展科技创新、汽车、金融、电子商务等领域新的合作。双方要持续推进人文交流,为中马务实合作夯实民意基础。

马哈蒂尔表示，我愿确认，马新政府将继续奉行对华友好政策，期待通过此访进一步巩固深化两国关系，实现双方在经贸等各领域的互利共赢，推动马中关系提质升级。贸易保护主义是开历史倒车。一个健康稳定的马中关系不仅使马方受益，也有利于地区和平、稳定与繁荣。

栗战书会见马哈蒂尔时表示，中国愿同周边国家分享发展机遇，实现共同繁荣。中国将坚定维护以世贸组织为核心的多边和自由贸易体制，坚定推动构建创新、开放、联动、包容的世界经济。中国全国人大愿同马来西亚国会加强交往合作，为落实两国领导人共识和深化各领域合作提供法律上的保障。

马哈蒂尔表示，马新政府将继续致力于发展对华关系，深化两国合作，同中方一道推动两国关系迈上新台阶。

8月18日

［纲　文］　国务院任免人员。

［目　文］　同意毕井泉辞去国家市场监督管理总局副局长职务。任命徐建培为北京2022年冬奥会和冬残奥会组织委员会副主席；免去王晓东的北京2022年冬奥会和冬残奥会组织委员会副主席职务。

8月18日

［纲　文］　国务委员兼外交部部长王毅应约同土耳其外长恰武什奥卢通电话。

［目　文］　王毅表明中方致力于发展中土战略合作关系的原则立场，表示中方支持土方为维护国家安全稳定、经济社会发展所作出的努力，相信在埃尔多安总统领导下，土耳其人民一定能够团结一致，克服暂时困难，实现稳定发展。中方愿同土方一道，共同维护发展中国家，特别是新兴经济体的正当权益。

恰武什奥卢介绍了土耳其的形势及土方的立场，强调土方将会克服面临的挑战。土方愿为此同中方加强战略沟通。恰武什奥卢并表示，土方希望进一步深化同中方的互利合作，将积极参与"一带一路"建设。

8月18日

［纲　文］　外交部发言人就美国国防部发表2018年度《中国军事与安全发展态势报告》表示，中方坚决反对美方罔顾事实，对中国国防建设妄加评论。

［目　文］　有记者问：美国国防部日前发表2018年度《中国军事与安全发展态势报告》，渲染"中国军事威胁论和军力不透明"，对中国加强国防建设表示关注。你对此有何评论？

发言人说，美方上述报告罔顾事实，对中国国防建设妄加评论，对中方维护领土主权和安全利益的正当行为说三道四。中方对此坚决反对。中国坚持走和平发展道路，奉行防御性国防政策，始终是世界和平的建设者、全球发展的贡献者、国际秩序的维护者。中国推进国防建设，旨在维护国家独立、主权和领土完整，是在行使一个主权国家的正当权利，完全正当合理、无可非议。中方敦促美方摒弃"冷战"思维和零和博弈过时观念，客观、理性看待中国战略意图和国防建设，停止年复一年发表不负责任的报告，以实际行动维护中美两国关系、两军关系稳定发展。

8月18日

［纲　文］《人民日报》发表评论员文章《奏响新时代的长江之歌》。

8月18—24日

［纲　文］2018年度国际儿童青少年戏剧协会艺术大会在北京举行。

［目　文］艺术大会以"构想未来"为主题，从56个国家426部申请作品中精选了来自五大洲11个国家16个演出团的18台剧目，在一周内集中展演53场；还有一系列的艺术活动同期开展，包括3场艺术交流大会、21个中外儿童戏剧工作坊、2场东西方多元文化对话、下一代培训项目、专题研讨会、儿童戏剧主题夏令营、"中国日"主题活动等。

8月18日—9月2日

［纲　文］第十八届亚运会在印度尼西亚举行。

［目　文］国家主席习近平特使、国务院副总理孙春兰出席开幕式。来自亚洲45个国家和地区的1.13万名运动员，参加亚运会40个大项、465个小项的比赛。本届亚运会中国代表团共派出845名运动员，参加38个大项、376个小项的比赛。中国代表团共获得132金、92银、65铜，并打破2项世界纪录、4项亚洲纪录和19项亚运会纪录。中国队在射箭、游泳、田径等项目上多次创造历史突破，三大球项目取得显著进步，在篮球项目上，中国队包揽了3对3、5对5男、女子组所有的4枚金牌；中国女足获得1枚宝贵的银牌；中国女排以全胜战绩登上最高领奖台。

18日，孙春兰在雅加达分别会见印度尼西亚总统佐科、亚奥理事会主席艾哈迈德亲王。

19日，孙春兰看望了亚运会中国体育代表团，转达习近平和党中央、国务院对体育健儿们的关心和慰问，鼓励他们弘扬奥林匹克精神、传承中华体育精神，赛出水平、赛出风格，充分展示良好形象和精神风貌，为祖国和人民交上一份满意的答卷。

孙春兰在北京出席第十八届亚运会中国体育代表团总结大会，指出体育战线要深入贯彻落实习近平新时代中国特色社会主义思想和党的十九大精神，认真总结雅加达亚运会参赛经验，抓住关键、突出重点，扎实推进2020年东京奥运会备战工作。

8月19—28日

［纲　文］应国务委员兼外交部部长王毅邀请，乌拉圭外长尼恩对中国进行正式访问。

［目　文］19日，王毅在北京与尼恩举行会谈时表示，外长这次访华，同中方签署共建"一带一路"、服务贸易协议等合作文件，充分体现了乌拉圭发展对华关系的战略远见。双方要保持全方位交往，继续在涉及彼此核心利益和重大关切问题上相互支持。希望

乌方继续发挥积极影响,推进中国同南美共同市场对话合作取得新的进展。

尼恩表示,作为首个同中方签署共建"一带一路"谅解备忘录的南共市国家,乌方愿以此为契机,进一步拉近南共市同中国的关系。

8月20日

[纲 文] 中共中央总书记、国家主席习近平在北京会见越共中央政治局委员、中央书记处常务书记陈国旺。

[目 文] 习近平请陈国旺转达对阮富仲总书记和陈大光主席的问候。习近平表示,当前,国际和地区形势正在发生深刻复杂变化,中越关系和两国社会主义事业步入新的发展阶段,面临新的机遇和挑战。去年我同阮富仲总书记实现第二次互访,就深化两党两国关系达成一系列重要共识。中越关系总体向好发展势头更加巩固,中越友好合作潜力不断得到释放,我们对此感到高兴。我们愿同越方一道,就一些全局性、战略性重大问题深入沟通,加强对中越关系发展的政治引领,推动中越关系进一步发展。

习近平指出,今年是中越全面战略合作伙伴关系建立10周年。10年来,中越关系得到长足发展,有力促进了两国各自发展,增进了人民福祉,也为推进世界社会主义事业、维护地区和平稳定作出了积极贡献。中方始终坚持从战略高度和长远角度看待两党两国关系,愿同越方一道,在"十六字"方针和"四好"精神指引下,使中越关系沿着正确轨道不断向前迈进。双方要通过多种形式保持高层交往,加强对双边关系的政治引领;要加大两国发展战略对接和政策沟通,不断深化务实合作;要坚持对话协商,有效管控分歧,推动两国海上共同开发早日取得实质进展;要进一步夯实双边关系的民意基础,培养两国民众相亲相近的友好感情。

陈国旺首先转达阮富仲总书记和陈大光主席对习近平总书记、国家主席的问候。他表示,越方衷心祝贺中共十九大以来中国人民在习近平总书记和中共中央领导下取得的新的伟大建设成就,高度评价中方为地区和世界和平稳定作出的重要贡献。在越中两党总书记的亲自领导下,越中两党两国关系取得长足发展,给两国人民带来福祉。当前形势下,巩固和深化越中两党关系、始终保持两党的初心极为重要。

同日,中共中央政治局常委王沪宁在同陈国旺举行会谈时表示,当前中越关系总体保持良好发展态势,习近平总书记和阮富仲总书记2017年再次实现历史性互访,为新形势下中越关系发展指明了方向、规划了蓝图。今年以来,中越关系又呈现出许多新形势、新变化、新亮点。希望双方聚焦贯彻落实两党总书记重要共识,切实发挥两党高层交往对中越关系的政治引领作用,推动中越全面战略合作伙伴关系持续健康稳定发展。

陈国旺表示,巩固、加强、深化越中传统友谊是越方的一贯坚定立场,中国是越南对外关系的头等优先,越南党始终坚定支持社会主义中国发展强大,希望同中方一道,秉持"十六字"方针和"四好"精神,深化治党治国经验交流,加强各领域务实合作,妥善管控分歧,共同建设越中具有战略意义的命运共同体。

8月20日

[纲 文] 国家主席习近平就联合国前秘书长安南逝世向联合国秘书长古特雷斯致慰问电。

8月20日

[纲 文] 国务院总理李克强同巴基斯坦总理伊姆兰·汗通电话。

[目 文] 李克强祝贺伊姆兰·汗就任巴基斯坦总理,并表示,巴基斯坦是中国全天候战略合作伙伴,中巴关系历经时间和国际风云变幻考验,两国始终平等相待,相互支持。习近平主席2015年成功访巴,有力推动两国关系发展。新形势下,中方将继续坚定支持巴方维护国家安全、稳定与发展的努力,愿同巴方密切高层交往,深化务实合作,在重大国际地区问题上加强协调配合,促进两国共同发展,为地区和平与繁荣贡献力量。中巴经济走廊是新时期中巴合作的标志性工程。中方赞赏总理先生坚定支持走廊建设的积极表态,希双方科学规划走廊未来发展。中方赞赏巴方为保障走廊建设安全所作大量努力,相信巴方会继续采取严密措施,确保中方在巴人员、机构与合作项目安全。中方愿同巴方加强各领域合作,进口更多有竞争力的巴方优质产品,促进贸易平衡发展,为两国人民带来更多福祉。

伊姆兰·汗表示,巴基斯坦人民对中国人民怀有深厚友谊。在巴方最艰难的时刻,中方始终同巴方站在一起。巴基斯坦新政府愿同中方发展比以往更加强有力的关系。巴中经济走廊给巴方带来新的发展机遇,巴方将继续推动走廊建设,采取最严密措施保护中方在巴人员及项目安全。

8月20日

[纲 文] 国务院办公厅印发《深化医药卫生体制改革2018年下半年重点工作任务》。

[目 文] 《任务》由七个部分组成:一、有序推进分级诊疗制度建设。二、建立健全现代医院管理制度。三、加快完善全民医保制度。四、大力推进药品供应保障制度建设。五、切实加强综合监管制度建设。六、建立优质高效的医疗卫生服务体系。七、统筹推进相关领域改革。

《任务》指出,各地区、各有关部门要高度重视深化医改工作,加强组织领导。国务院医改领导小组秘书处要加强医改工作监测,定期通报各省(自治区、直辖市)医改重点任务进展。推动卫生与健康事业发展改革与管理的考核工作,综合医改试点省份要选择部分地市进行探索,考核结果作为政府考核的重要内容。加强宣传引导,充分发挥试点地区先行先试作用,及时总结推广地方经验。

8月20日

[纲 文] 国务院办公厅印发《关于调整成立国务院第三次全国国土调查领导小组的通知》。

[目 文] 《通知》说,根据机构设置、人员变动情况和工作需要,国务院决定,第

三次全国土地调查调整为第三次全国国土调查，国务院第三次全国土地调查领导小组调整为国务院第三次全国国土调查领导小组，对领导小组组成单位和人员进行相应调整。现将调整后的名单通知如下。组长：韩正。副组长：丁学东、陆昊。成员由有关部委办负责人组成。领导小组是阶段性工作机制，不属于新设立议事协调机构。领导小组办公室设在自然资源部，办公室主任由自然资源部副部长王广华兼任。

8月20日

［纲　文］　教育部、财政部公布《高等学校学生勤工助学管理办法（2018年修订）》，自2018年8月20日起施行。

8月20日

［纲　文］　税务总局、财政部、人力资源社会保障部、卫生健康委、医疗保障局在北京召开社会保险费和非税收入征管职责划转工作动员部署视频会议。

［目　文］　会议对贯彻好党中央、国务院决策部署，落实国务院总理李克强、国务院副总理韩正批示精神，确保划转工作平稳落地进行统筹布置安排。按照党中央国务院决策部署，社会保险费和第一批非税收入征管职责划转交接工作要在2018年12月10日前完成，自2019年1月1日起由税务部门统一征收各项社会保险费和先行划转的非税收入。

8月20日

［纲　文］　肖捷出席2018年国务院大督查动员部署会议。

［目　文］　会议就深入学习贯彻中共中央总书记习近平和国务院总理李克强关于加强督查工作的指示批示精神、开展实地督查工作进行动员部署。

国务院秘书长肖捷指出，2018年是全面贯彻落实党的十九大精神的开局之年，是改革开放40周年，也是新一届政府全面履职的重要一年。对各地区各部门落实党中央、国务院决策部署情况开展一次全面集中督查，具有重要意义。要突出重点，深入开展精准督查，围绕打好三大攻坚战和实施乡村振兴战略、扩内需促开放、深化"放管服"改革、推进创新驱动发展、保障和改善民生等重点工作，紧盯堵点难点问题，督促有关方面立行立改。督查组全体成员要以铁的纪律、严的要求、实的作风，担当有为、团结协作，务求督查实效，扎实完成各项任务，为推动党中央、国务院决策部署落地生效，确保完成全年经济社会发展主要目标任务作出积极贡献。

8月20日

［纲　文］　中共中央书记处书记、中央统战部部长尤权在北京会见由公明党中央干事兼国际委员会委员长远山清彦率领的日本超党派年轻政治家代表团。

［目　文］　尤权说，今年是中日和平友好条约缔结40周年，习近平主席应约同安倍晋三首相通电话，就本着和平友好条约精神推动中日关系改善和发展达成重要共识。中方愿同日本主要政党保持友好交流，增进政治互信，为推动中日关系改善和发展作出积极贡献。

远山清彦说，日本各主要政党愿积极落实两国领导人达成的共识，为两国关系不断改善发展贡献力量。

8月20日

［纲　文］　全国首家金融法院——上海金融法院正式挂牌成立。

8月20—22日

［纲　文］　政协第十三届全国委员会常务委员会第三次会议在北京召开。

［目　文］　全国政协主席汪洋主持开、闭幕会。全国政协副主席张庆黎、刘奇葆、董建华、万钢、何厚铧、卢展工、王正伟、马飚、陈晓光、梁振英、夏宝龙、杨传堂、李斌、巴特尔、汪永清、苏辉、郑建邦、辜胜阻、刘新成、何维、邵鸿、高云龙和常委会组成人员出席会议。本次常委会议以"污染防治中存在的问题和建议"建言资政。国务院副总理韩正到会作报告并与委员们互动交流。

会议审议通过了修订后的政协全国委员会全体会议工作规则、常务委员会工作规则和委员履职工作规则。会议经过表决，增补宋秀岩为政协第十三届全国委员会委员、经济委员会副主任；追认关于撤销曾志权的政协第十三届全国委员会委员资格的决定。

汪洋主持闭幕会时指出，打好污染防治攻坚战是中共十九大提出的三大攻坚战之一。本次常委会议以"污染防治中存在的问题和建议"为议题，是全国政协聚焦三大攻坚战集中协商议政的具体行动，体现了人民政协围绕中心、服务大局的工作原则和履职特点，展现出党和国家事业的重心推进到哪里、人民政协的工作就跟进到哪里的行动自觉和务实作为。第十三届全国政协要适应新时代新任务新要求，坚持把学习贯彻习近平总书记关于加强和改进人民政协工作的重要思想作为重中之重，突出问题导向，抓住薄弱环节，着力强化思想理论武装，着力加强政协系统党的建设，着力凝聚思想政治共识，努力开创人民政协事业新局面。

闭幕会前，国防大学副校长肖天亮应邀作题为"世界新军事革命与我国的国防和军队现代化建设"的学习讲座。

8月20—21日

［纲　文］　胡春华在辽宁省调研外贸工作。

［目　文］　国务院副总理胡春华指出，要以习近平新时代中国特色社会主义思想为指导，按照党中央、国务院决策部署，加快高水平对外开放，扎实做好各项外贸工作，促进对外贸易平稳健康发展。

胡春华在辽宁自贸试验区大连片区、大连商品交易所和大连港，听取有关情况介绍。他强调，要适应更高水平的开放要求，突出制度创新这个核心，推动贸易投资自由化便利化，把自贸试验区建设成为对外开放新高地，真正在扩大开放中发挥试验田作用、引领作用和对周边地区的辐射带动作用。要对标国际先进水平，着力在压缩通关时间、减少通关费用上下功夫，帮助外贸企业提升效率、降低成本。要用好相关金融工具，为外贸企业有效管理价格波动等市场风险提供更好金融服务。在外资企业调研，了解企业生产经营情况、存在的主要困难和问题。他指出，中国对外开放的大门会越开越大，营商环境会越来越好，必将为各国企业带来更多商机。中国政府将一如既往地保护所有在华企业的合法权益，支持国外企业扩大在华生产和投资，共同分享中国发展红利。

8月21日

［纲　文］　李克强在北京主持召开国务院西部地区开发领导小组会议。

［目　文］　国务院副总理、国务院西部地区开发领导小组副组长韩正，孙春兰、刘鹤、王勇、肖捷、巴特尔、何立峰出席。发展改革委汇报了西部开发进展等情况。西部各省区市政府负责人发了言。

国务院总理、国务院西部地区开发领导小组组长李克强说，党的十八大以来，在以习近平同志为核心的党中央坚强领导下，西部地区经济社会发展取得了新的历史性成就，对全国发展起到了重要支撑作用。西部地区是我国发展的巨大战略回旋余地，也是全面建成小康社会、实现现代化的重点难点。当前，面对国内外环境的新变化，要按照向高质量方向发展、解决发展不平衡不充分问题的要求，紧紧依靠改革开放创新，促进西部地区发展动力增强、产业结构升级、民生不断改善，为全国经济保持稳中向好拓展空间。西部地区开发领导小组成员单位和西部各省份要以习近平新时代中国特色社会主义思想为指导，奋发有为、主动作为，推动西部地区改革开放和经济社会发展取得新成就。

8月21日

［纲　文］　郭声琨在北京主持召开全国扫黑除恶专项斗争领导小组会议。

［目　文］　全国扫黑除恶专项斗争领导小组副组长赵克志、周强、张军、李书磊、齐玉、陈一新，领导小组成员、领导小组办公室副主任等参加会议。会议听取中央第一督导组对河北省开展督导工作情况汇报。

中共中央政治局委员、全国扫黑除恶专项斗争领导小组组长郭声琨指出，中央第一督导组通过有力有效的工作，形成了传导责任、发动群众、震慑犯罪、齐抓共管等效应，推动河北专项斗争取得明显战果，较好地完成了各项督导工作任务。对督导发现的问题要紧盯不放、一督到底，推动扎实整改、逐一销账。要总结督导试点经验，指导其他督导组认真借鉴，进一步树立问题导向，完善工作机制，加大问责力度，提高督导水平。要进一步压实第一责任，强化政治担当，以起色不大的地区、行业、领域为重点进行深化打击，努力突破更多涉黑涉恶案件，进一步增强震慑效应。要把打"保护伞"作为下一步主攻方向，推动对"保护伞"的查处取得更大战果。要认真剖析案件，提出司法建议，推动落实监管责任、堵塞治理漏洞。要坚持实事求是，调整优化考核机制，形成正确导向，充分调动地方和基层扫黑除恶主动性积极性。

8月21日

［纲　文］　中华人民共和国和萨尔瓦多共和国建立外交关系。

［目　文］　国务委员兼外交部部长王毅同萨尔瓦多共和国外长卡斯塔内达在北京举行会谈并签署《中华人民共和国和萨尔瓦多共和国关于建立外交关系的联合公报》。国家

副主席王岐山在北京会见萨尔瓦多代理总统职务第一指定人冈萨雷斯、总统法律秘书阿尔瓦拉多、外长卡斯塔内达。

同日，在国台办举行的新闻发布上，有记者问：8月21日，萨尔瓦多共和国政府宣布同"台湾"断绝所谓"外交关系"，中萨建立了外交关系，蔡英文、民进党当局就此对大陆横加指责，请问国台办对此有何评论？

国台办发言人指出，中萨建交是萨尔瓦多根据自己国家和人民的利益作出的正确决定。世界上绝大多数国家都已作出同样的决定。事实一再证明，坚持一个中国原则是国际社会普遍共识，是人心所向，大势所趋。世界上只有一个中国，台湾是中国神圣领土的一部分。任何企图制造"两个中国"、"一中一台"、搞"台湾独立"的行径都是没有任何出路的，也必将遭到全体中国人民的坚决反对。民进党当局企图掩盖真相、转移焦点，升高两岸对抗，破坏两岸关系，是不能得逞的；企图在国际上离间生事，更是不自量力。

22日，外交部发言人针对美方就中国与萨尔瓦多建交发表的有关言论表示，中方敦促美方正确看待中萨建交，慎重妥善处理涉台问题。

有记者问：美方国务院称，对萨尔瓦多决定同"台湾""断交"深感失望，正在审视与萨关系，指责中方片面改变现状，敦促中方节制，不可采取危害台湾人民的胁迫手段。美国驻萨尔瓦多大使表示，萨台"断交"会影响美萨政府间关系。"美国在台协会"称，中国大陆"单方面改变台海现状"的作为损害地区稳定。有美国参议员声称将推动取消美国对萨援助。请问中方对此有何评论？

发言人表示，中国和萨尔瓦多都是独立的主权国家，有权决定自己国家的对外关系。中萨两国在一个中国原则基础上建交，顺应历史潮流，顺应国际大势，符合国际法和国际关系基本准则，符合两国和两国人民的根本利益，不影响彼此同其他国家发展关系。萨尔瓦多作出联合国及其他177个国家已经作出的正确决定，其他人没有道理对此指手画脚甚至横加干涉。美国自己早在39年前就已同中国建交了。现在美方一方面阻挠甚至恐吓其他主权国家承认一个中国原则，同中国发展正常国家关系；另一方面允许蔡英文"过境"美国并在美活动。美方这种做法毫无道理，中国人民坚决反对。

8月21日

[纲　文]　**第十二届中华图书特殊贡献奖颁奖仪式在北京举行。**

[目　文]　本届特殊贡献奖共评出12名中华图书特殊贡献奖获得者和3名青年成就奖获得者。阿尔巴尼亚出版家布雅尔·胡泽里、法国作家玛丽安娜·巴斯蒂·布吕吉埃（女）、匈牙利翻译家姑兰（女）、日本作家荒川清秀、吉尔吉斯斯坦作家库勒塔耶娃·乌木特（女）、拉脱维亚翻译家史莲娜（女）、摩洛哥作家法塔拉·瓦拉卢、尼泊尔翻译家孙达尔·纳特·巴特拉伊、波兰出版家安杰伊·卡茨佩尔斯基、罗马尼亚翻译家白罗米（女）、俄罗斯出版家季马林·奥·亚、乌兹别克斯坦翻译家卡尔什波夫·穆尔塔扎获得中华图书特殊贡献奖；柬埔寨青年作家谢莫尼勒、伊朗青年作家孟娜（女）、英国青年翻译家米欧敏（女）获得青年成就奖。

中华图书特殊贡献奖是国家新闻出版总署设立的一个政府奖项，旨在表彰在介绍中国、翻译和出版中国图书、促进中外文化交流等方面作出重大贡献的外国翻译家、作家和出版家。特殊贡献奖已成功举办11届，奖励了来自44个国家的108位获奖者。

8月21日

［纲　文］　天津市、河北省、山东省三地海事部门在河北黄骅港举行2018年渤海西部海域三地海上搜救暨溢油应急联合演习。

［目　文］　本次应急联合演习旨在以演习促"实战"，检验相邻省市间海上搜救及溢油应急处置成员单位的应急反应能力，以提高海上应急联合处置实战水平，共同构筑海上应急防线。

同日，三地海事部门签署了《渤西三地海事区域合作共建协议》，合力打造海事区域合作共建示范区。

8月21日

［纲　文］　中国伊斯兰教协会在北京举行古尔邦节招待会。

［目　文］　中共中央书记处书记、统战部部长尤权，全国政协副主席王正伟、马飚、巴特尔等到会祝贺。中国伊斯兰教协会会长杨发明在招待会上致辞。40多位阿拉伯国家的驻华使节，在京外国穆斯林专家代表，中央和北京市有关部门负责人，首都各界穆斯林代表共300余人出席了招待会。

8月21日

［纲　文］　中国东北地区和俄罗斯远东及贝加尔地区政府间合作委员会第二次会议在大连召开。

［目　文］　国务院副总理胡春华与俄罗斯副总理兼总统驻远东联邦区全权代表特鲁特涅夫共同主持会议。双方一致同意加强沟通交流，加大工作力度，进一步完善委员会机制，加强对合作的规划引领，优化营商环境，提升通关便利化水平，推进互联互通建设，为扩大港口物流、资源开发、现代农业、装备制造等领域投资合作创造条件，为中俄经贸合作不断注入新动力。胡春华与特鲁特涅夫签署了会议纪要。

8月21日

［纲　文］　中国成功研制4米量级碳化硅反射镜。

［目　文］　由中国科学院长春光学精密机械与物理研究所承担的国家重大科研装备研制项目"4米量级高精度碳化硅非球面反射镜集成制造系统"本日通过项目验收。

大口径高精度非球面光学反射镜是高分辨率空间对地观测、深空探测和天文观测系统的核心元件。大口径高精度碳化硅非球面反射镜制造关键技术瓶颈在于碳化硅材料制备、非球面加工检测以及高性能改性镀膜三方面。研发团队完成了这三方面的制造设备研制与制造工艺研究，突破了多项镜坯制备关键技术。这是目前公开报道的世界上最大口径碳化硅单体反射镜。该制造系统的成功研制，标志着我国该制造领域的技术水平跻身国际先进行列。

8月21—22日

[纲　文]　　全国宣传思想工作会议在北京召开。

[目　文]　　中共中央总书记习近平出席会议并讲话。中共中央政治局常委王沪宁主持会议。中央网信办、文化和旅游部、人民日报社、中央广播电视总台、北京市和广东省负责人作交流发言。部分中共中央政治局委员、中央书记处书记出席会议。中央宣传思想工作领导小组成员，各省区市和计划单列市、新疆生产建设兵团、中央宣传文化系统各单位，中央和国家机关有关部门、有关人民团体，中管金融企业、部分国有重要骨干企业和高校、军队有关单位负责人等参加会议。

习近平指出，完成新形势下宣传思想工作的使命任务，必须以新时代中国特色社会主义思想和党的十九大精神为指导，增强"四个意识"、坚定"四个自信"，自觉承担起举旗帜、聚民心、育新人、兴文化、展形象的使命任务，坚持正确政治方向，在基础性、战略性工作上下功夫，在关键处、要害处下功夫，在工作质量和水平上下功夫，推动宣传思想工作不断强起来，促进全体人民在理想信念、价值理念、道德观念上紧紧团结在一起，为服务党和国家事业全局作出更大贡献。要加强党对宣传思想工作的全面领导，旗帜鲜明坚持党管宣传、党管意识形态。要以党的政治建设为统领，牢固树立"四个意识"，坚决维护党中央权威和集中统一领导，牢牢把握正确政治方向。要加强作风建设，坚决纠正"四风"特别是形式主义、官僚主义。宣传思想干部要不断掌握新知识、熟悉新领域、开拓新视野，增强本领能力，加强调查研究，不断增强脚力、眼力、脑力、笔力，努力打造一支政治过硬、本领高强、求实创新、能打胜仗的宣传思想工作队伍。

王沪宁在主持会议时表示，习近平总书记的讲话，站在新时代党和国家事业发展全局的高度，深刻总结了党的十八大以来党的宣传思想工作的历史性成就和历史性变革，深刻阐述了新形势下党的宣传思想工作的历史方位和使命任务，深刻回答了一系列方向性、根本性、全局性、战略性重大问题，对做好新形势下党的宣传思想工作作出重大部署。讲话总揽全局、视野高远、内涵丰富、思想精深，是指导新形势下党的宣传思想工作的纲领性文献。我们要认真学习领会，把思想和行动统一到讲话精神上来，全力以赴抓好各项任务落实。

8月21—24日

[纲　文]　　国务委员兼国防部部长魏凤和对印度进行正式友好访问。

[目　文]　　访问期间，魏凤和在新德里会见了印度总理莫迪，与印度国防部部长西塔拉曼举行会谈，就加强合作，促进两军关系发展，维护边境地区安全稳定交换意见。

8月22日

[纲　文]　　李克强主持召开国务院常务会议。

[目　文]　　会议主要内容是：一、部署进一步推进缓解小微企业融资难融资贵政策落地见效。会议强调，一要坚持稳健的货币政策，不搞"大水漫灌"，注重精准施策，着

力疏通政策传导机制,鼓励金融机构增加小微企业贷款,降低融资成本。合理确定小微企业贷款期限、还款方式,缩短贷款审批周期,适当提高中长期贷款比例。稳健发展中小企业高收益债券、私募债。二要建立金融机构绩效考核与小微信贷投放挂钩的激励机制。加快落实小微企业贷款利息收入免征增值税政策。适当提高贷存比指标容忍度。支持发行小微企业贷款资产支持证券。三要坚持促发展和防风险并重,优化监管考核,增设小微信贷专项考核指标,使小微企业得实惠,禁止存贷挂钩、借贷搭售等行为,有效防范和化解金融信贷风险。二、决定扩大基本医保跨省异地就医住院费用直接结算范围,便利群众就近就医。为落实政府工作报告深化医改要求,推进基本医保跨省异地就医住院费用直接结算,解除更多群众异地住院报销烦恼。会议确定,一是将外出农民工和外来就业创业人员全部纳入直接结算,采用"就医地目录、参保地确定报销比例"模式,促进人力资源自由流动。二是跨省异地就医直接结算定点医疗机构重点放在基层,年底前确保每个县级行政区至少有1家。三是加快将所有定点医疗机构接入国家统一结算平台,推动网上直接结算。三、确定促进天然气协调稳定发展的措施和生物燃料乙醇产业总体布局。会议确定,一是构建拓展国内生产、稳定国际合作的多元化供应体系,加强管网、储气库、接收站等设施建设和互联互通,保障供需平衡,实现有序利用。二是加大国内勘探开发力度,创新机制鼓励各类投资主体参与,支持以市场化方式转让矿业权。三是完善天然气调峰、应急和安全保障机制。

8月22日

〔纲 文〕 税务总局、公安部、海关总署、中国人民银行在北京召开会议,共同部署打击虚开增值税发票、骗取出口退税违法犯罪两年专项行动。

〔目 文〕 会议指出,这次专项行动,要以更加有力有效的措施筑牢监管堤坝,以更加严厉严格的手段净化税收秩序,对"假企业"虚开发票和"假出口"骗取退税等违法犯罪行为开展打击和震慑,坚决将违法犯罪分子绳之以法,切实维护依法诚信纳税人的合法权益,营造公平稳定、可预期的营商环境,推动经济健康发展,更好发挥税收在国家治理中的基础性、支柱性、保障性作用。各相关单位要严厉打击没有实际经营业务只为虚开发票的"假企业",严厉打击没有实际出口只为骗取退税的"假出口"。对不创造任何实际价值只为骗取国家利益的专业犯罪个人或团伙,以零容忍的态度"露头就打",靶向整治,让"假企业"和"假出口"无处藏身。同时,对遵纪守法的纳税人要进一步优化服务、增进便利,不给依法经营者带来些许紧张气氛,不给经济发展增添些许不利影响。

8月22日

〔纲 文〕 民政部在北京召开全国民政系统打赢脱贫攻坚战三年行动电视电话会议。

〔目 文〕 民政部部长黄树贤、国务院扶贫办副主任夏更生出席会议并讲话。民政部副部长唐承沛主持会议。国务院扶贫办、财政部相关司局负责人和民政部扶贫工作领导小组负责人参加会议。各省(自治区、直辖市)、新疆生产建设兵团和已开通视频系统的地（市、州、盟）、县（市、区、旗）民政部门相关负责人，以及财政、扶贫部门负责人参加会议。

会议主要内容是：贯彻落实《中共中央 国务院关于打赢脱贫攻坚战三年行动的指导意见》和中共中央总书记习近平关于打赢脱贫攻坚战的指示精神，推动《民政部关于贯彻落实〈中共中央 国务院关于打赢脱贫攻坚战三年行动的指导意见〉的行动方案》《民政部 国务院扶贫办 财政部关于在脱贫攻坚三年行动中切实做好社会救助兜底保障工作的实施意见》有效落实，部署安排民政系统脱贫攻坚工作。

8月22日

[纲　文]　**国务院派出31个督查组，分赴各省（区、市）及新疆生产建设兵团，对贯彻落实党中央、国务院重大决策部署情况开展实地督查。**

[目　文]　本次实地督查围绕中央经济工作会议部署和《政府工作报告》目标任务贯彻落实，重点聚焦五个方面开展：一是打好三大攻坚战和实施乡村振兴战略工作部署和推动落实情况；二是持续扩大内需和推进高水平开放，尤其是促进有效投资、积极扩大消费、稳定外贸出口、改善外商投资环境等工作情况；三是深化"放管服"改革情况，重点是简政放权事项落地、完善事中事后监管、优化政务服务、减税降费等工作情况，全面开展营商环境重要指标调查；四是推进创新驱动发展，主要是激发科技创新活力、打造"双创"升级版情况；五是保障和改善民生，特别是就业、医疗、养老政策落实，治理拖欠农民工工资等工作情况。

8月22日

[纲　文]　**自然资源部召开专题会议，部署全国围填海现状调查工作。**

[目　文]　会议提出，本次调查主要包括前期准备、外业核测、内业整理、成果检查、专题数据库建设等工作步骤；对合法合规围填海要逐一进行现场核实，对违法违规围填海在现场核实基础上还应进行实地测量；2018年底前要完成全国围填海现状调查报告和历史遗留问题清单。此外，各沿海省份要形成本省的围填海现状调查报告、历史遗留问题清单、围填海现状分布图以及围填海项目现场调查表、照片影像、调查成果电子数据等。

会议要求，调查工作要按照围填海现状调查技术规程要求，统一工作流程和技术方法，加强数据质量控制；各海区分局、技术单位、各级海洋主管部门要高度重视、精心组织、密切配合，明确任务分工，形成工作合力，确保按期保质完成工作任务。

8月22日

[纲　文]　**司法部、市场监管总局印发《关于规范和推进司法鉴定认证认可工作的通知》。**

[目　文]　《通知》由三个部分组成：一、范围与形式。二、工作要求。三、加强组织领导。

《通知》要求，各地司法行政机关和市场监督管理部门要从维护司法公正、促进社会公平正义的高度，提高认识、统一思想，加强沟通、密切协作，认真组织落实。

8月22日

［纲　文］　民航局、发展改革委发布《关于印发〈民航领域鼓励民间投资项目清单〉的通知》。

［目　文］　《通知》由六个部分组成：一、统一思想，高度重视。二、协调配合，加快推进。三、规范操作，提高质量。四、加强监管，督促落实。五、注重引导，政策支持。六、跟踪服务，定期调度。

《通知》指出，有关省（区、市）地方政府和民航行业管理部门要切实履职尽责，加强协调服务。请民航各地区管理局于2018年底向民航局报送辖区内清单项目进展情况。

8月22日

［纲　文］　司法部、最高人民法院、公安部公布《人民陪审员选任办法》，自2018年8月22日起施行。

8月22日

［纲　文］　中国奶业协会与农业农村部奶及奶制品质量监督检验测试中心（北京）发布《中国奶业质量报告（2018）》。

［目　文］　《报告》指出，我国乳品产量基本稳定，2017年全国奶类产量为3655.2万吨，居世界第三位，约占全球产量4.5%。乳制品产量达2935.0万吨，增长4.2%。奶业标准化、规模化、组织化水平不断提高。全国存栏100头以上的奶牛规模养殖比重达58.3%，同比提高6个百分点。规模牧场100%实现机械化挤奶。质量安全监管成效显著。连续9年实施生鲜乳质量安全监测计划，2017年抽检2.3万批次生鲜乳品。严格进口乳制品监管，未准入境乳制品244批次，已全部要求退货或销毁。

8月22日

［纲　文］　国务委员兼外交部部长王毅在北京会见由菲律宾财政部部长多明格斯率领的菲律宾政府代表团。

［目　文］　王毅表示，在习近平主席和杜特尔特总统亲自引领下，中菲关系进入快车道，呈现全面改善和发展势头，这一积极变化完全符合两国人民的根本和长远利益。中方愿同菲方加强两国高层交往，推动各领域务实合作迈上新台阶。希望菲方更加积极参与共建"一带一路"。

多明格斯表示，"一带一路"是21世纪最了不起的伟大倡议，菲方将继续积极参与。菲方高度赞赏并将积极参加首届中国国际进口博览会。

23日，国务院副总理胡春华在北京会见多明格斯一行时表示，在两国元首的共同关心和引领下，中菲关系掀开了新的篇章。双方应进一步增进政治互信，拓展和深化务实合作，不断造福两国人民。

8月22日

［纲　文］　国务委员兼外交部部长王毅会见来华参会的菲律宾外长卡耶塔诺。

［目　文］　双方认为增进相互信任极为重要，愿积极推动两国各部门各层级加强交

流，增进了解，巩固和深化互信。双方同意共同努力为两国下阶段高层往来做好准备。

鉴于菲律宾已出任中国—东盟关系协调国，双方还一致同意共同推进中国—东盟全面战略伙伴关系，继续全面有效落实《南海各方行为宣言》，积极有序推进"南海行为准则"磋商。

8月22日

[纲　文]　中国驻喀山总领馆正式开馆。

8月22日

[纲　文]　《人民日报》发表评论员文章《支持港澳台同胞共享国家发展机遇的重要举措》。

8月22—26日

[纲　文]　第二十五届北京国际图书博览会暨第十六届北京国际图书节在中国国际展览中心新馆举办。

[目　文]　图博会由新闻出版署、科学技术部、北京市人民政府、中国出版协会、中国作家协会主办，中国图书进出口（集团）总公司承办，秉承"把世界优秀图书引进中国，让中国图书走向世界"的办会宗旨。来自93个国家和地区的2500多家出版单位展出30多万种最新图书，展会规模再创历史新高。本届书展的主宾国是摩洛哥。

23日，中宣部部长黄坤明参观第二十五届北京国际图书博览会时指出，要坚持以习近平新时代中国特色社会主义思想为指导，认真贯彻落实全国宣传思想工作会议精神，坚持正确出版导向，牢固树立精品意识，着力加强内容建设，积极推进改革创新，深化国际交流合作，努力实现出版业高质量发展，加快推动我国从出版大国向出版强国迈进。

8月23日

[纲　文]　新华社讯，汪洋在北京主持召开部分省区市政协主要负责人座谈会，听取开展习近平总书记关于加强和改进人民政协工作的思想学习研讨活动情况汇报。

[目　文]　全国政协主席汪洋指出，开展习近平总书记关于加强和改进人民政协工作的重要思想的学习研讨活动，是人民政协学习贯彻习近平新时代中国特色社会主义思想和党的十九大精神，加强思想理论武装的重要举措。要按照学懂弄通做实的要求，真正掌握核心要义和思想精髓，推动学习制度化、常态化，真正使学习研讨的过程成为统一思想、凝聚共识的过程，成为研究问题、推动工作的过程，用理论学习加强思想武装，促进工作质量提升，为新时代人民政协事业发展注入强大动力。学习贯彻习近平总书记关于加强和改进人民政协工作的重要思想，是一个持续推进、不断深化的过程，是一项长期的政治任务。要坚持思想学习、理论研究、工作改进紧密结合，坚持问题导向，抓住薄弱环节，科学谋划加强和改进政协工作的思路举措。要在拓展学习广度和深度上下功夫，把学习活动覆盖到全部政协组织、全体政协委员和机关干部，不留工作盲区。要坚持学以致用，推动理论和实践创新，认真做好成果转化，及时总结推广典型经验。要增进上下级政

协之间的沟通互动，注意听取地方各级政协的合理建议，努力形成做好工作的良好氛围。

受汪洋委托，全国政协副主席张庆黎、夏宝龙也分别听取了部分省区市政协主要负责人的汇报。

8月23日

〔纲　文〕　中宣部在北京召开全国外宣工作推进会。

〔目　文〕　中宣部部长黄坤明出席会议并讲话，指出要深入学习贯彻习近平新时代中国特色社会主义思想和党的十九大精神，认真贯彻落实全国宣传思想工作会议精神，讲好中国故事，传播好中国声音，提高中华文化国际影响力，向世界展现真实立体全面的中国，更好服务党和国家事业发展。党的十八大以来党的对外宣传理论创新和实践创新深入推进，引领外宣工作取得开创性、历史性成就。立足新时代、肩负新使命，对外宣传要坚持以我为主、融通中外，以理服人、以情动人，让世界更好了解中国。要主动宣介习近平新时代中国特色社会主义思想，主动讲好中国共产党治国理政的故事、新时代中国特色社会主义事业发展进步的故事、中国人民奋斗圆梦的故事、中国坚持和平发展合作共赢的故事，加强媒体、文化、旅游、智库等的交流，增进中外友好交往和相互理解。要把握外宣工作的特点和规律，积极创新外宣理念、话语体系，拓展传播渠道、方式方法，提高专业化精准化水平。要强化"大宣传""一盘棋"意识，加强组织领导、统筹协调，推进国际传播能力建设，培养一支适应形势发展要求的人才队伍，不断开创外宣工作新局面。

8月23日

〔纲　文〕　国家重大科技基础设施中国散裂中子源项目通过国家验收，投入正式运行。

〔目　文〕　作为中国首台散裂中子源和粤港澳大湾区首个国家重大科技基础设施，中国散裂中子源历经6年半的建设，按指标、按工期高质量地完成了工程建设任务，综合性能进入国际同类装置先进行列，正式对国内外各领域的用户开放。中国散裂中子源填补了国内脉冲中子源及应用领域的空白，为多个领域的基础研究、高新技术开发提供研究平台。

8月23日

〔纲　文〕　国家监察委员会、最高人民法院、最高人民检察院、公安部、外交部印发《关于敦促职务犯罪案件境外在逃人员投案自首的公告》。

〔目　文〕　《公告》说，为依法惩治职务犯罪，贯彻落实宽严相济刑事政策，给境外在逃职务犯罪嫌疑人、被告人、罪犯（以下统称"职务犯罪案件境外在逃人员"）以改过自新、争取宽大处理的机会，根据《中华人民共和国刑法》《中华人民共和国监察法》等有关规定，特公告如下：一、职务犯罪案件境外在逃人员自本公告发布之日起至2018年12月31日前，向监察机关、公安机关、人民检察院、人民法院或者其所在单位、城乡基层组织等有关单位、组织自动投案，或者通过我国驻外使领馆向监察机关、公安机关、人民检察院、人民法院自动投案，如实供述自己罪行，可以依法从轻或者减轻处罚。其中，有效挽回被害单位、被害人经济损失，积极退赃的，可以减轻处罚；犯罪较轻的，可以免除处罚。二、职务犯罪案件境外在逃人员委托他人代为表达自动投案意思，或者以书信、电报、电话、邮件等方式表达自动投案意思，后本人回国到案接受办案机关处理的，视为自动投案。三、鼓励职务犯罪案件境外在逃人员的亲友积极规劝其尽快投案自首。经亲友规劝投案的，或者亲友主动报案后将职务犯罪案件境外在逃人员送去投案的，视为自动投案。四、职务犯罪案件境外在逃人员具有揭发他人犯罪行为，查证属实的，或者提供重要线索，从而得以侦破其他案件的，或者有积极协助抓捕其他在逃人员等立功表现的，可以依法从轻或者减轻处罚；有重大立功表现的，可以依法减轻或者免除处罚。五、职务犯罪案件境外在逃人员要认清形势，珍惜机会，尽快投案自首，争取从宽处理。在公告期限内拒不投案自首且随后被引渡或遣返的，监察、司法机关将依法从严惩处。窝藏、包庇、资助职务犯罪案件境外在逃人员，帮助职务犯罪案件境外在逃人员毁灭、伪造证据，掩饰、隐瞒、转移犯罪所得及其收益，构成犯罪的，将依法追究刑事责任。六、鼓励和保护广大人民群众和海外有关组织、个人积极举报，动员、规劝职务犯罪案件境外在逃人员投案自首。提供职务犯罪案件境外在逃人员藏匿线索，经查证属实的，有关部门将依法对举报人给予奖励，并对举报人的人身安全予以相应保护，对个人信息严格保密。对威胁、报复举报人，构成犯罪的，依法追究刑事责任。七、境外在逃经济犯罪嫌疑人、被告人、罪犯参照适用本公告。八、本公告自发布之日起施行。

8月23日

［纲　文］　人力资源社会保障部公布《关于废止〈台湾香港澳门居民在内地就业管理规定〉的决定》。

［目　文］　《决定》说，根据《国务院关于取消一批行政许可等事项的决定》（国发〔2018〕28号）中取消台港澳人员在内地就业许可的精神，为进一步便利香港澳门台湾居民在内地（大陆）工作生活，促进交往交流，人力资源社会保障部决定，对《台湾香港澳门居民在内地就业管理规定》（劳动和社会保障部令第26号）予以废止。本决定自公布之日起生效。

8月23日

［纲　文］　工业信息化部发布《关于进一步规范电信资费营销行为的通知》。

8月23日

［纲　文］　公安部发布《公安机关执法公开规定》。

［目　文］　《规定》共6章41条。主要有总则、向社会公开、向特定对象公开、网上公开办事、监督和保障等内容。自2018年12月1日起施行，2012年8月18日印发的《公安机关执法公开规定》同时废止。

8月23日

［纲　文］　**卫生健康委、发展改革委、人力资源社会保障部、医保局、中医药局、**

药监局印发《关于开展儿童白血病救治管理工作的通知》。

［目　文］　《通知》由三个部分组成：一、充分认识开展儿童白血病救治管理工作的重要意义。二、提高儿童白血病医疗服务管理水平。三、完善儿童白血病药品供应和医疗保障制度。

《通知》指出，各级卫生健康、发展改革、人力资源社会保障、医疗保障、中医药、药监等部门要加强组织领导和沟通协调，落实好儿童白血病救治管理工作各项要求。要加大相关保障政策宣传力度，对定点医院名单和基本信息进行公示，提高群众知晓率，引导合理预期。各省份要及时总结，推广适宜经验做法，调整完善相关政策，确保儿童白血病诊疗效果，加大保障力度，提高儿童健康水平。

8月23日

［纲　文］　**中央财政下达2018年残疾人事业发展补助资金10.3亿元。**

［目　文］　补助资金用于支持各地做好扶残助残工作，推动残疾人事业发展。加上已提前下达的21.4亿元，2018年中央财政残疾人事业发展补助资金31.7亿元已全部下达，由各地统筹用于含残疾儿童康复救助的残疾人康复、托养、扶贫、助学、文化、家庭无障碍改造、机动轮椅车燃油补贴等方面支出。

8月23日

［纲　文］　**国务院副总理胡春华在北京会见英国国际贸易大臣福克斯。**

［目　文］　胡春华表示，中方高度重视中英关系，始终把发展中英关系放在十分重要的位置。中方愿与英方一道，坚定维护多边贸易体制，全面加强经贸领域合作，推动中英关系持续健康稳定发展。

8月23日

［纲　文］　**香港中华总商会在香港会展中心举办"中总世界华商高峰论坛"。**

［目　文］　论坛聚焦于"一带一路"和粤港澳大湾区带来的新机遇。近千名全球华商和政府官员、专家学者参加。全国政协副主席辜胜阻，香港特别行政区行政长官林郑月娥，中央人民政府驻香港特区联络办公室主任王志民，中央统战部副部长、国务院侨务办公室主任许又声，外交部驻港特派员公署特派员谢锋等出席了开幕式。

8月23—25日

［纲　文］　**首届中国国际智能产业博览会在重庆举行。国家主席习近平向会议致贺信。**

［目　文］　习近平指出，我们正处在新一轮科技革命和产业变革蓄势待发的时期，以互联网、大数据、人工智能为代表的新一代信息技术日新月异。促进数字经济和实体经济融合发展，加快新旧发展动能接续转换，打造新产业新业态，是各国面临的共同任务。中国高度重视创新驱动发展，坚定贯彻新发展理念，加快推进数字产业化、产业数字化，努力推动高质量发展、创造高品质生活。中国愿积极参与数字经济国际合作，同各国携手推动数字经济健康发展，为世界经济增长培育新动力、开辟新空间。本次会议以"智能

化：为经济赋能，为生活添彩"为主题，体现了世界经济发展的趋势，体现了各国人民对美好生活的期盼。希望与会代表深化交流合作，智汇八方、博采众长，共同推动数字经济发展，为构建人类命运共同体贡献智慧和力量。

国务院副总理韩正出席开幕式，宣读习近平的贺信并致辞。本届智博会由科技部、工业信息化部、中国科学院、中国工程院、中国科学技术协会和重庆市人民政府共同主办，主题为"智能化：为经济赋能，为生活添彩"。来自28个国家和地区的500多家企业参展。围绕全球大数据智能化领域新产品、新技术、新业态和新模式，本届智博会设置了综合展区、大企业展区、创新展区、专题展区、智慧体验广场等5个展区，展馆面积约18.6万平方米。本届博览会还举办了工业互联网高端论坛、半导体产业高端论坛等9场专业论坛，"腾讯云+"未来重庆峰会、华为云中国行等7场企业专题活动，以及无人驾驶挑战赛、全球"互联网+"创新创业大赛等专业赛事，并发布《中国智能化发展指数报告》《中国大数据发展指数报告》等成果。

22日，韩正在重庆分别会见出席首届中国国际智能产业博览会的蒙古国副总理恩赫图布辛、老挝副总理宋迪、新加坡荣誉国务资政吴作栋。

8月23—24日

[纲　文]　**全国社保局局长会议和社会保险基金监管座谈会在贵阳召开。**

[目　文]　人力资源社会保障部副部长游钧出席会议并讲话。各省、自治区、直辖市，新疆生产建设兵团和计划单列市人力资源社会保障厅（局）分管负责人，人力资源社会保障部有关司局负责人参加了会议。会议以习近平新时代中国特色社会主义思想为统领，贯彻落实党的十九大和十九届二中、三中全会精神，总结2018年上半年社会保险工作，分析形势，研究部署下一步加强基金风险防控和社保经办重点工作任务，凝聚共识，开拓进取，共同推进社会保险事业迈向新征程。

8月23—25日

[纲　文]　**国务委员兼外交部部长王毅对蒙古国进行正式访问。**

[目　文]　访问期间，王毅在乌兰巴托分别会见了蒙古国总统巴特图勒嘎、蒙古国国家大呼拉尔主席恩赫包勒德；同蒙古国外长朝格特巴特尔举行会谈，双方签署了中蒙政府关于纪念两国建立外交关系70周年的谅解备忘录和中蒙外交部2019—2020年合作计划，并共同会见了记者。

8月23—26日

[纲　文]　**"首届中国大熊猫国际文化周"在北京中华世纪坛举行。**

[目　文]　文化周由国务院新闻办公室指导，林业和草原局、中国人民对外友好协会、四川省人民政府、陕西省人民政府和甘肃省人民政府主办，中国大熊猫保护研究中心、五洲传播中心、四川省人民政府新闻办公室等单位承办，以"熊猫文化，世界共享"为主题。

8月24日

［纲　文］　习近平主持召开中央全面依法治国委员会第一次会议。

［目　文］　中共中央政治局常委、中央全面依法治国委员会副主任李克强、栗战书、王沪宁出席会议。中央全面依法治国委员会委员出席，中央和国家有关部门负责人列席会议。会议审议通过了《中央全面依法治国委员会工作规则》《中央全面依法治国委员会2018年工作要点》，审议了《中华人民共和国人民法院组织法（修订草案）》《中华人民共和国人民检察院组织法（修订草案）》，研究部署了委员会近期工作。

中共中央总书记、中央全面依法治国委员会主任习近平强调，全面依法治国具有基础性、保障性作用，在统筹推进伟大斗争、伟大工程、伟大事业、伟大梦想，全面建设社会主义现代化国家的新征程上，要加强党对全面依法治国的集中统一领导，坚持以全面依法治国新理念新思想新战略为指导，坚定不移走中国特色社会主义法治道路，更好发挥法治固根本、稳预期、利长远的保障作用。

8月24日

［纲　文］　第十一届中国青少年科技创新奖颁奖大会在北京人民大会堂举行。

［目　文］　国务院副总理孙春兰出席并讲话。孙春兰希望广大青少年把个人理想融入到国家和民族事业中，继承前辈们科学报国的优良传统，坚持追求真理、勇攀高峰的科学精神，保持踏实奋斗的心态，掌握科学的研究方法，取得无愧于新时代的新发现、新发明、新技术，扛起振兴国家科技事业、建设世界科技强国的大旗。全社会要为青少年创新创造营造良好环境，提供更多机会和更大舞台，深化科普活动，搭建创新平台，健全培养机制，帮助更多孩子树立科学梦想、坚持科学梦想、实现科学梦想。

中国青少年科技创新奖是邓小平同志亲属根据他的遗愿，捐献出他生前全部稿费，委托共青团中央、全国青联、全国学联、全国少工委共同设立的，共1000多名学生获得奖励和支持。

8月24日

［纲　文］　证监会公布《外商投资期货公司管理办法》，自2018年8月24日起施行。

8月24日

［纲　文］　中纪委、国家监委印发《国家监察委员会特约监察员工作办法》。

［目　文］　《办法》共5章17条。主要有总则，聘请、换届、解聘，职责、权利、义务，履职保障等内容。自2018年8月24日起施行。2013年10月10日原监察部公布的《监察机关特邀监察员工作办法》同时废止。

8月24日

［纲　文］　交通运输部发布《2017年全国收费公路统计公报》。

8月24日

［纲　文］　孙春兰在国家中医药局、中国中医科学院调研。

［目　文］　国务院副总理孙春兰在中国中医科学院古籍善本库、中药资源中心、青蒿素研究中心，了解中医古籍和中药资源保护利用、中医药科研情况，并在国家中医药局与国医大师、专家学者座谈，听取意见建议。

孙春兰指出，从以治病为中心转变到以人民健康为中心，体现了大卫生、大健康的理念，中医药在保障人民健康中大有可为。要完善中医药服务网络、提升服务能力，充分发挥中医药在治未病、疾病治疗、康复保健中的重要作用。我国的医药典籍博大精深，要做好系统挖掘、整理和利用，对散存在国医大师、老中医、老药工手里的中医药精髓进行抢救式保护。各地区各有关部门要把发展中医药事业作为弘扬传统文化、坚定"四个自信"的具体行动，充分发挥中医药在深化医改中的优势作用。要加大投入保障力度，健全符合中医药特点的法规政策、管理体系、评价和标准体系，推进中医药院校教育改革，健全人才评价和激励机制，切实把中医药这一祖先留给我们的宝贵财富继承好、发展好、利用好。

8月24日

［纲　文］　国家副主席王岐山在北京会见日中协会会长、自民党众议员野田毅率领的日中协会代表团。

［目　文］　王岐山表示，2018年是中日和平友好条约缔结40周年，双方应以中日四个政治文件为基础，本着以史为鉴、面向未来的精神，妥善处理问题和分歧，保持两国关系积极改善势头。要落实好两国领导人达成的重要共识，继续相向而行，深化务实合作。希望日中协会不忘初心、坚定信念，继续发挥民间友好独特优势，为两国关系改善作出积极贡献。

日方表示，日中协会愿以日中和平友好条约缔结40周年和中国改革开放40周年为契机，坚定不移为日中两国关系改善发展作出新的努力。

8月24日

［纲　文］　中泰经贸联委会第六次会议在泰国曼谷举行。

［目　文］　国务委员王勇与泰国副总理颂奇共同主持。双方一致认为，新形势下两国应共同反对单边主义和贸易保护主义，推动贸易投资自由化便利化。双方围绕经济发展战略对接，加强贸易投资、互联互通、农业、科技、航天、旅游、金融等领域合作开展广泛而深入的交流探讨，达成多项成果。会后，双方签署会议纪要及多份合作文件。

在泰期间，王勇在曼谷会见泰国总理巴育；出席了2018中泰经贸合作论坛，并考察了泰国"东部经济走廊"规划建设情况。

8月24日

［纲　文］　《人民日报》发表评论员文章《努力开创宣传思想工作新局面——论学习贯彻习近平总书记在全国宣传思想工作会议重要讲话精神》。

8月24—26日

［纲　文］　**汪洋在西藏自治区调研。**

［目　文］　全国政协主席汪洋在昌都、拉萨的易地扶贫搬迁新村、草原牧区、产业园区、宗教场所，了解西藏经济社会发展、脱贫攻坚、寺庙管理等情况。

汪洋指出，要以习近平新时代中国特色社会主义思想为指导，认真贯彻党的治藏方略和西藏工作原则，紧紧围绕维护祖国统一、加强民族团结这个着眼点和着力点，牢牢把握改善民生、凝聚人心这个出发点和落脚点，推进精准扶贫和精准脱贫，加快全面建成小康社会步伐，积极构筑生态安全屏障，大力促进民族团结，加强和创新寺庙管理，深入开展反分裂斗争，努力实现西藏繁荣发展和长治久安。打赢西藏脱贫攻坚战，对于改善各族群众民生福祉、巩固民族团结具有重大意义。要坚持把提高脱贫质量放在首位，合理确定脱贫时序，不赶时间进度，更加注重帮扶的长期效果，夯实稳定脱贫、逐步致富的基础。宗教工作事关西藏社会稳定和长治久安，必须居安思危、未雨绸缪。要坚持党的宗教工作基本方针，坚持我国宗教中国化方向，提高宗教工作法治化水平，促进藏传佛教更好与社会主义社会相适应。

调研期间，汪洋看望了帕巴拉·格列朗杰等藏族领导干部和老同志，以及在拉萨的全国政协委员、自治区和拉萨市政协委员、自治区政协机关和统战部工作人员。

8月24日—10月16日

［纲　文］　**中科院海斗深渊科考试验队完成第三次万米深渊综合科考（TS09航次）任务。**

［目　文］　海斗深渊科考试验队由中国科学院深海科学与工程研究所、中科院沈阳自动化研究所等9家单位59名科考队员组成。

8月24日，中科院海斗深渊科考试验队从三亚出发，赴马里亚纳海沟海域执行中国科学院战略性先导科技专项（B类）"海斗深渊前沿科技问题研究与攻关"、中国科学院战略性先导科技专项（A类）预研项目"深海智能装备发展预先研究"、国家重点研发计划"深海关键技术与装备"重点专项的科技任务。

10月16日，中科院海斗深渊科考试验队完成了在马里亚纳海沟的深海科考任务后返回三亚。

8月25日

［纲　文］　**国家主席习近平同伊拉克总统马苏姆互致贺电，庆祝两国建交60周年。**

［目　文］　习近平在贺电中指出，中伊建交60年来，在双方共同努力下，两国关系保持良好发展势头，各领域合作稳步推进。2015年两国宣布建立战略伙伴关系，开启了中伊友好新篇章，为两国关系带来更多新机遇。我高度重视中伊关系发展，愿同你一道努力，以两国建交60周年为契机，在共建"一带一路"框架下加强发展战略对接，开展互利合作，深化两国战略伙伴关系，更好造福两国和两国人民。

马苏姆在贺电中表示，近年来伊中两国关系显著发展，经贸合作取得巨大进步。伊拉克愿全方位拓展两国关系，造福友好的两国人民，促进两国和地区的安全、和平与发展。

同日，国务院总理李克强同伊拉克总理阿巴迪也互致了贺电。

8月25日

［纲　文］　国务院办公厅印发《关于加强政府网站域名管理的通知》。

［目　文］　《通知》由四个部分组成：一、健全政府网站域名管理体制。二、进一步规范政府网站域名结构。三、优化政府网站域名注册注销等流程。四、加强域名安全防护及监测处置工作。

《通知》指出，各地区、各部门要对本地区、本部门行政机关及其内设机构、承担行政职能的事业单位持有的域名进行全面梳理，清理注销不合规的域名、网站已关停但仍未注销的域名，以及被用于非政府网站的域名。其中，域名为".cn"".政务"的，集中反馈至国家域名注册管理机构进行注销，域名为其他顶级域名的，由域名持有者联系相应的注册机构进行注销。政府网站域名清理情况请于2019年4月30日前书面报送国务院办公厅。

8月25日

［纲　文］　自然资源部中国地质调查局、国家能源局新能源和可再生能源司、中国科学院科技战略咨询研究院、国务院发展研究中心资源与环境政策研究所发布《中国地热能发展报告（2018）》白皮书。

［目　文］　白皮书指出，中国地热能资源丰富，但资源探明率和利用程度较低，开发利用潜力很大。立足国情和地热能资源禀赋，坚持面向未来、面向现代化、面向市场，主动融入京津冀协同发展、长江经济带发展和"一带一路"建设，全面统筹地热能产业链高质量发展，并给出了推动中国地热能高质量发展的对策建议，包括尽快摸清中国地热能资源家底、攻关地热能勘探开发利用关键技术、先行先试培育地热能高质量发展示范区、出台优惠政策支持地热能高质量发展、建立完善地热能的管理和监管体制机制等。其中，先行先试培育地热能高质量发展示范区包括建立雄安新区地热能区域性高效开发利用示范区、建设北京城市副中心浅层地热能集群化利用示范区、建设共和干热岩型地热能勘查和试验性开发工程、建设地热能特色小镇示范区。

8月25日

［纲　文］　**中国首次完整回收陨石坑，首次获得西双版纳目击陨石全记录实证。**

［目　文］　在建的世界最大天文馆——上海天文馆宣布，我国首次完整回收陨石坑，首次获得西双版纳目击陨石全记录实证，形成了"火流星目击视频—陨石主体—主体陨石坑—科研成果—科普讲座—博物馆收藏"的完整实证。在定于2020年开馆的上海天文馆中，人们见到这块陨石的"全生命周期"。据介绍，通过陨石坑可以反演陨石陨落前的飞行速度、方向等信息，具有科研价值。

2018年6月1日21时45分左右，云南省西双版纳傣族自治州景洪市上空，巨大的明亮火球划过夜空,并被公众拍到视频。

根据中国科学院紫金山天文台徐伟彪研究员公布的科研成果,可以确定此次火流星事件是一次目击陨石陨落事件。陨石母体在高速飞行中与大气层摩擦,表面温度急剧增高,最终导致母体爆裂解体成数百块碎片散落在东南—西北方向长约10公里、宽1—2公里的狭长地带,面积约有20平方公里,范围涵盖勐海县勐遮镇10余个自然村。

西双版纳陨石雨先后共发现500余块石陨石,总重量不超过50公斤,是普通球粒陨石L6型,正在向国际陨石学会申请命名为"曼桂陨石"。其中,勐遮镇曼桂村村民玉香怀发现最大的一块陨石主体达1228克,其陨石坑也首次完整回收,洞口平均直径为13厘米,深度为25厘米,入射角度约70度。

8月25日

[纲 文] 外交部发言人表示,中方在半岛核问题上的立场是一贯和明确的,将继续与有关各方保持密切沟通,为实现半岛无核化目标和东北亚长治久安发挥积极作用。

[目 文] 有记者问,近日,美方表示中方近来在朝鲜半岛核问题上的态度有所变化,影响了美朝通过谈判解决半岛核问题的进程,中方对此有何评论?

发言人表示,美方的说法违背基本事实,是不负责任的,中方对此严重关切,并已向美方提出严正交涉。中方在朝鲜半岛核问题上的立场是一贯和明确的。我们坚持实现朝鲜半岛无核化,坚持维护朝鲜半岛和平稳定,坚持通过对话协商解决问题。多年来,中方为推动半岛核问题的妥善解决做了不懈努力,发挥了重要、建设性作用,中方一直全面严格执行安理会涉朝决议,国际社会对这一切是有目共睹的。我们支持美朝双方按照两国领导人新加坡会晤共识,积极推进政治解决半岛问题进程。现在的问题是,有关各方应当坚持政治解决的方向,积极接触、商谈,照顾彼此合理关切,展示更多诚意和灵活性,而不是反复无常,诿过于人,这样才能确保政治解决半岛问题进程不断取得进展。

8月25日

[纲 文] 中国在西昌卫星发射中心用"长征三号乙"运载火箭(及"远征一号"上面级)以"一箭双星"方式成功发射第三十五、三十六颗北斗导航卫星。

[目 文] 两颗卫星属于中圆地球轨道卫星,也是我国北斗三号全球系统第十一、十二颗组网卫星。卫星经过3个多小时飞行后进入预定轨道,并与此前发射的10颗北斗三号导航卫星进行组网,适时提供服务。此次发射的北斗导航卫星及配套运载火箭(及"远征一号"上面级)分别由中国科学院微小卫星创新研究院和中国航天科技集团有限公司中国运载火箭研究院抓总研制,这是长征系列运载火箭的第283次飞行。

按规划,到2018年底,我国将发射18颗北斗三号工程组网卫星,覆盖"一带一路"沿线国家;到2020年左右,完成30多颗组网卫星发射,实现全球服务能力。

8月25—28日

[纲 文] 应国务委员兼外交部部长王毅邀请,老挝外长沙伦赛对中国进行正式访问。

［目　文］　26日，国家副主席王岐山在北京会见沙伦赛时表示，面对纷繁复杂的国际和地区形势，中方将一如既往坚定支持老挝走符合自身国情的发展道路。习近平总书记和本扬总书记不久前实现了历史性互访，中方愿同老方切实落实好两国领导人达成的重要战略共识，加强治党治国经验互学互鉴，做好发展战略对接，深化务实合作，落实共建"一带一路"等合作文件，共同维护地区和平，不断促进澜湄次区域合作。

沙伦赛表示，老方将同中方一道，保持两党两国最高领导人年度会晤好传统，认真落实双方重要共识，积极推进老中命运共同体建设。

同日，王毅在北京同沙伦赛举行会谈时表示，在双方最高领导人亲自引领和推动下，中老关系保持良好发展势头，形成了以中老经济走廊为规划、以大项目合作为龙头、以民生和扶贫合作为侧翼的共建"一带一路"新格局，澜湄合作取得积极进展。中方将继续同老方一道，加快制定中老经济走廊规划，加快中老铁路建设，争取更多合作项目落地。

沙伦赛表示，愿同中方一道，加快共建"一带一路"，以老方担任澜湄合作共同主席国为契机深化澜湄合作。

8月26日

［纲　文］　习近平对中船重工第七六〇所黄群等3名同志壮烈牺牲作出指示。

［目　文］　8月20日，2018年第18号台风"温比亚"过境辽宁省大连市，受其影响，停靠在中国船舶重工集团有限公司第七六〇研究所的国家某重点试验平台出现重大险情。在危急紧要关头，第七六〇研究所党委委员、副所长黄群带领11名同志组成抢险队，对试验平台进行加固作业。作业过程中，黄群、宋月才、姜开斌被巨浪卷入海中，英勇牺牲。

中共中央总书记习近平闻讯后对黄群等3名同志壮烈牺牲作出指示指出，黄群、宋月才、姜开斌3位同志面对台风和巨浪，挺身而出、英勇无惧，为保护国家重点试验平台壮烈牺牲，用实际行动诠释了共产党员对党忠诚、恪尽职守、不怕牺牲的优秀品格，用宝贵生命践行了共产党员"随时准备为党和人民牺牲一切"的初心和誓言，他们是共产党员的优秀代表、时代楷模。广大党员干部要以黄群、宋月才、姜开斌同志为榜样，坚定理想信念、不忘初心、牢记使命，履职尽责、许党报国，为实现"两个一百年"奋斗目标、实现中华民族伟大复兴的中国梦贡献智慧和力量。

9月14日，"时代楷模"发布仪式在中央电视台举行，现场宣读了《中共中央宣传部关于授予中船重工第七六〇研究所抗灾抢险英雄群体"时代楷模"称号的决定》，播放了反映抗灾抢险英雄群体先进事迹的短片。中宣部负责人为获奖群体颁发了"时代楷模"奖章和荣誉证书。发布单位有关负责人、"时代楷模"的亲友、同事及社会各界代表等参加。

8月26日

［纲　文］　新华社讯，中共中央印发修订后的《中国共产党纪律处分条例》，自**2018年10月1日起施行。**

8月26日

［纲　文］　国家主席习近平特使、全国政协副主席苏辉在津巴布韦首都哈拉雷出席津巴布韦总统姆南加古瓦就职典礼。

8月26日

［纲　文］　最高人民法院国际商事专家委员会正式成立并召开首届研讨会。

［目　文］　中华人民共和国首席大法官、最高人民法院院长周强出席，为专家委员颁发聘书并讲话指出，要充分发挥国际商事专家委员会的重要作用，公正、专业、高效解决国际商事纠纷，努力营造稳定、公平、透明、可预期的法治化营商环境，为推进"一带一路"倡议实施、推动建设开放型世界经济提供更加有力的司法服务。

最高人民法院党组成员罗东川主持国际商事专家委员会成立活动，并宣读《关于成立最高人民法院国际商事专家委员会的决定》和《关于聘任最高人民法院国际商事专家委员会首批专家委员的决定》。中国国际贸易促进委员会副会长卢鹏起、中华全国工商业联合会党组成员鲁勇、中华全国律师协会会长王俊峰，中国国际经济贸易仲裁委员会等有关单位代表，国际商事专家委员会专家委员代表，国内外高校、研究机构专家学者，国际商事法庭全体法官，最高人民法院有关部门负责人参加了国际商事专家委员会成立活动和首届研讨会。

8月26日

［纲　文］　中欧班列累计开行数量达到10000列。

［目　文］　X8044次中欧班列（汉堡—武汉）到达武汉吴家山铁路集装箱中心站，标志着中欧班列累计开行数量达到10000列。

中欧班列自2011年开行以来，从无到有，快速发展，规模数量呈现井喷式增长。中欧班列初步实现重去重回，2018年上半年返程班列稳定增长。

8月26—30日

［纲　文］　应国务委员兼外交部部长王毅邀请，希腊外长科恰斯对中国进行正式访问。

［目　文］　27日，王毅在北京同科恰斯举行会谈，并共同签署了两国政府间共建"一带一路"合作谅解备忘录。

王毅表示，面对充满不确定、不稳定性的国际形势，中希应共同推动中欧关系深入发展，共同坚持多边主义，反对单边主义，为世界注入更多正能量和稳定性。中方愿同希方以"一带一路"合作为统领，深化各领域合作，推动两国关系取得新成果。

科恰斯说，希方积极支持习近平主席提出的"一带一路"倡议，愿以签署合作谅解备忘录为契机，推动两国务实合作迈上新台阶。

28日，国家副主席王岐山在北京会见科恰斯时表示，中方愿同希方以两国领导人共识为引领，加深各层面各领域相互了解，不断夯实中希全面战略伙伴关系互信基础；加强发展战略对接，推进"一带一路"建设；加强在重大国际和地区事务上的协调与配合，共同应对全球性挑战；推动中欧关系健康稳定发展，为建设新型国际关系和构建人类命运共同体作出新贡献。

科恰斯表示，希腊是中国真诚的伙伴，两国关系具有战略意义。希方愿同中方深化各领域务实合作，加强文明互鉴，发挥文化底蕴优势，促进人类和平与发展。

同日，中共中央政治局委员、中央外事工作委员会办公室主任杨洁篪在北京会见科恰斯时表示，新形势下，双方要深化政治互信，推进务实合作，密切人文交流，加强国际和地区事务合作，以签署"一带一路"合作谅解备忘录为契机，推动两国全面战略伙伴关系迈上新台阶，共同为构建相互尊重、公平正义、合作共赢的新型国际关系和人类命运共同体作出新贡献。

科恰斯表示，希腊期待同中国发展更紧密关系，推动"一带一路"合作取得新成果。希方愿为促进欧中友好发挥桥梁作用。

8月26—29日

［纲　文］　应国务委员兼外交部部长王毅邀请，秘鲁外交部部长波波利西奥对中国进行正式访问。

［目　文］　27日，国家副主席王岐山在北京会见波波利西奥时表示，两国同为环太平洋地区重要新兴市场国家，是相互信赖的好朋友、共同发展的好伙伴。2016年习近平主席访秘，开启了两国全面战略伙伴关系新篇章。双方要不断加深了解、增进互信，以共建"一带一路"为契机，密切沟通协调，深化务实合作，造福两国人民。中国将不断深化改革、扩大开放，坚定维护开放型世界经济，与各国分享中国经济发展新机遇。

波波利西奥表示，秘方钦佩中国发展取得的巨大成就。愿在两国领导人重要共识引领下，与中方加强各领域交流合作，不断深化秘中全面战略伙伴关系，共同维护好世界自由贸易体制。

28日，王毅在北京与波波利西奥举行两国外交部第十次政治磋商。王毅指出，秘鲁是第一个同中方签署一揽子自贸协定的拉美国家，积极支持共建"一带一路"。面对当前充满不确定性的国际形势，双方应进一步加强战略协调，共同倡导多边主义，共同维护以联合国为核心的国际体系。2021年是秘鲁独立200周年和中秘建交50周年，也是中国共产党建立100周年，双方应以此为坐标，以共建"一带一路"为契机，推动中秘关系迈上新的历史台阶。

波波利西奥表示，秘鲁不认同那种将"一带一路"倡议视为地缘战略的看法，相信这一倡议将促进所有参与方的共同发展。秘方愿同中方一道践行多边主义，推动自由贸易。拉美各国都是主权独立国家，有权决定自己的外交政策，萨尔瓦多作出的是正确选择，违反一个中国原则将在国际上失去人心。

8月27日

［纲　文］　推进"一带一路"建设工作5周年座谈会在北京人民大会堂举行。

[目　文]　中共中央总书记习近平出席并讲话。中共中央政治局常委、推进"一带一路"建设工作领导小组组长韩正主持座谈会。丁薛祥、刘鹤、杨洁篪、胡春华、肖捷出席座谈会。推进"一带一路"建设工作领导小组成员单位主要负责人，中央纪委国家监委、最高人民法院负责人，各省区市和新疆生产建设兵团推进"一带一路"建设工作领导小组组长，有关企业负责人和专家学者代表等参加座谈会。座谈会上，全国政协副主席、发展改革委主任何立峰，国务委员、外交部部长王毅，上海市市长应勇，浙江省委书记车俊，重庆市市长唐良智，四川省省长尹力，招商局集团有限公司董事长李建红，浙江吉利控股集团有限公司董事长李书福，中国宏观经济研究院研究员史育龙等发言。他们结合实际就推进"一带一路"建设工作介绍了情况，谈了意见和建议。

习近平强调，共建"一带一路"顺应了全球治理体系变革的内在要求，彰显了同舟共济、权责共担的命运共同体意识，为完善全球治理体系变革提供了新思路新方案。我们要坚持对话协商、共建共享、合作共赢、交流互鉴，同沿线国家谋求合作的最大公约数，推动各国加强政治互信、经济互融、人文互通，一步一个脚印推进实施，一点一滴抓出成果，推动共建"一带一路"走深走实，造福沿线国家人民，推动构建人类命运共同体。要加强党对共建"一带一路"工作的领导。各地区各部门要增强"四个意识"、坚定"四个自信"，主动站在党和国家大局上谋划推动共建"一带一路"工作。推进"一带一路"建设工作领导小组要根据党中央统一部署，发挥牵头抓总作用，协调各地区各部门，明确工作重点，细化工作方案，层层分解任务，加强督促检查，推动有关部署和举措逐项落到实处。各地区要加强共建"一带一路"同京津冀协同发展、长江经济带发展、粤港澳大湾区建设等国家战略对接，促进西部地区、东北地区在更大范围、更高层次上开放，助推内陆沿边地区成为开放前沿，带动形成陆海内外联动、东西双向互济的开放格局。

韩正主持会议时表示，习近平总书记的重要讲话高屋建瓴、统揽全局、思想深刻、内涵丰富，为推进"一带一路"建设工作提供了根本遵循。我们要深刻学习领会，认真贯彻落实，以时不我待、只争朝夕的精神投入到工作中，推动共建"一带一路"走深走实。要树立全局意识，强化战略思维，做好规划设计，紧抓重点项目，强化风险防范，注重宣传舆论，努力画好共建"一带一路""工笔画"。推进"一带一路"建设工作领导小组要在党中央、国务院领导下，加强协调指导，强化上下联动、整体推进、督促到位的工作机制。各地区各部门各单位要尽职尽责、主动作为，扎实高效开展工作。

8月27日

[纲　文]　国务院办公厅印发《关于调整国家科技领导小组组成人员的通知》。

[目　文]　《通知》说，根据人员变动情况和工作需要，国务院决定，任命国务院副秘书长陆俊华为国家科技领导小组成员，免去国务院机关党组成员高雨的国家科技领导小组成员职务。

8月27日

[纲　文]　2018年全国医改工作电视电话会议在北京召开。

[目　文]　国务院总理李克强作出批示指出：新一轮医改以来，我们坚持用中国式办法破解医改这个世界性难题，取得重大阶段性成效，卫生健康事业稳步发展，人民健康水平稳步提高。广大医改工作者和医务人员充分发扬改革创新、敬业奉献精神，为推进医改和维护人民健康作出重要贡献。谨致以诚挚问候！望以习近平新时代中国特色社会主义思想为指导，认真贯彻党中央、国务院关于实施健康中国战略和深化医改的决策部署，坚持以人民为中心的发展思想，坚持保基本、强基层、建机制，敢触动利益，敢啃"硬骨头"，持续加大医疗、医保、医药联动改革力度，努力在降低虚高药价、深化公立医院改革、完善基本医保和分级诊疗制度、发展"互联网+"医疗健康等方面取得新突破，更有效缓解群众看病难看病贵问题，在全社会形成尊医重卫的良好氛围，为推动健康中国建设、保障和改善民生、实现全面建成小康社会作出新贡献！

国务院副总理、国务院医改领导小组组长孙春兰出席会议并讲话。她指出，要深入贯彻习近平总书记关于卫生健康工作的重要指示精神，认真落实李克强总理重要批示要求，坚定医改的理念、原则和路径，破解重点难点问题，努力实现人民群众得实惠、医务人员受鼓舞、投入保障可持续、健康事业得发展。各地各有关部门要坚持以大卫生大健康理念为统领，加强健康促进，坚持"三医"联动，推进基本医疗卫生制度建设，着力解决看病难看病贵问题。加快抗癌药降价、国家药品集中采购试点、完善基本药物制度以及强化监管等工作，挤压药价水分，确保质量安全。推进医疗服务价格、财政投入、薪酬制度等改革，加强医院管理和绩效考核，调动医务人员积极性。改革医保支付方式，强化基本医保、大病保险、医疗救助综合保障，防止因病致贫返贫。

8月27日

[纲　文]　**韩正在北京会见香港特别行政区保安局局长李家超率领的香港纪律部队文化交流团全体成员。**

[目　文]　国务院副总理韩正听取了交流团成员关于香港纪律部队工作情况的介绍，对他们的工作给予肯定。韩正希望纪律部队全面准确理解和贯彻"一国两制"方针，坚定有效地维护国家安全，维护香港法治，为广大市民提供优质服务，积极促进香港与内地的有关交流合作向纵深发展。

李家超等表示，香港纪律部队一定继续依法履职尽责，为维护国家主权、安全和发展利益，保持香港长期繁荣稳定作出更大贡献。

同日，中央政法委书记郭声琨在北京会见李家超率领的香港纪律部队文化交流团主要成员时指出，中共十九大开启了国家发展新征程，也为香港提供了更多机遇。我们愿与香港纪律部队一道，按照习近平主席在庆祝香港回归祖国20周年大会上的重要讲话指引的方向，加强交流合作，全面准确贯彻"一国两制"、"港人治港"、高度自治的方针，为保持香港长期繁荣稳定和维护国家主权、安全、发展利益作出新贡献。

香港纪律部队文化交流团此次考察交流围绕"改革开放40载，传承发展新时代"的主题展开。

8月27日

［纲　文］　胡春华在国家防总指挥中心主持召开防汛抗洪救灾专题会议。

［目　文］　会议传达中共中央总书记习近平关于做好防汛抢险救灾工作的指示精神和国务院总理李克强的批示要求，分析研判汛情灾情，进一步安排部署防汛抗洪防台风工作。国务委员、国家防汛抗旱总指挥部副总指挥王勇出席会议并讲话。

国务院副总理、国家防汛抗旱总指挥部总指挥胡春华肯定前期防汛抗洪防台风工作取得的阶段性成效。他指出，虽然目前"七下八上"的防汛抗洪关键期已经过去，但今年天气形势复杂多变，未来一段时期的防汛抗旱防台风形势依然严峻，要认真贯彻落实党中央、国务院的决策部署，坚决克服麻痹松懈思想，发扬不怕疲劳、连续作战精神，继续绷紧安全这根弦，强化责任落实，排查消除隐患，确保广大人民群众生命财产安全。要强化救灾工作，迅速组织抢险救援，全力搜救失踪人员，妥善转移安置受灾群众，保障群众基本生活，有序开展灾后救助和恢复重建。要切实落实好各项防汛抗旱措施，准确发布预警信息，完善应急抢险救援准备，加强水库科学调度，进一步做好后汛期各项工作。要及时发布灾情和救灾信息，主动解疑释惑，有效回应社会关切，营造防汛抗洪工作良好氛围。

8月27日

［纲　文］　中宣部追授杨雪峰"时代楷模"称号。

［目　文］　"时代楷模"发布仪式在中央电视台举行，现场发布了杨雪峰的事迹，宣读了《中共中央宣传部关于追授杨雪峰同志"时代楷模"称号的决定》，中央宣传部负责人为杨雪峰的亲属颁发了"时代楷模"奖章和证书。公安部、重庆市委有关负责人，杨雪峰的亲友、同事，首都公安干警及社会各界代表等参加发布仪式。

杨雪峰生前是重庆市公安局渝北分局交巡警支队石船公巡大队副大队长。他从警21年，始终不忘初心、牢记使命，扎根基层、奋战一线，不怕工作辛苦，不嫌岗位偏远，坚决服从组织安排；他认真履职尽责，苦练业务本领，开展专项治理工作，执行急难险重任务，总是以身作则、冲锋在前；他坚持执法为民，忠诚维护法律尊严，模范保障交通安全，干了很多暖民心、解民忧、护民安的好事实事，受到干部群众广泛称赞。2018年2月18日，杨雪峰在执行春运交通安保任务中突遭暴力袭击，与犯罪嫌疑人英勇搏斗，因伤势过重英勇牺牲，年仅41岁。杨雪峰曾荣立个人一等功1次、三等功2次，获得"全国公安系统一级英雄模范"称号。

8月27日

［纲　文］　王晨出席全国人大常委会海洋环境保护法执法检查组第一次全体会议并讲话。

［目　文］　全国人大常委会副委员长沈跃跃、白玛赤林、丁仲礼出席会议。全国人大常委会副委员长王晨指出，要深入贯彻习近平生态文明思想，依法保护海洋生态环境，坚决打好污染防治攻坚战。我国既是陆地大国，也是海洋大国。党的十八大以来，以习近平同志为核心的党中央高度重视生态文明建设和生态环境保护，谋划开展一系列根本性、

开创性、长远性工作，强调"坚持陆海统筹，加快建设海洋强国"，推动海洋事业发展和海洋生态环境保护不断取得新进展。当前，我国全海域海水水质状况整体改善，但海洋生态环境保护形势依然严峻，一些地方陆源污染超标排放仍较突出，局部海域污染严重。我们必须高度重视海洋生态环境保护，既要有蓝天白云、绿水青山，也要有碧海银滩，满足人民日益增长的优美生态环境需要。全国人大常委会贯彻落实党中央决策部署，开展海洋环境保护法执法检查，就是要通过加大监督工作力度，抓住典型案例，找准问题症结，推动各级政府和部门、企业全面落实海洋环境保护的法律责任，解决海洋生态环境保护工作中存在的突出问题，依法保护和改善海洋生态环境。

8月27日

［纲　文］　《人民日报》发表评论员文章《把"九个坚持"作为根本遵循——论学习贯彻习近平总书记在全国宣传思想工作会议重要讲话精神》。

8月27—31日

［纲　文］　十三届全国人大常委会第五次会议在北京举行。

［目　文］　全国人大常委会委员长栗战书主持开、闭幕会。王晨、曹建明、张春贤、沈跃跃、吉炳轩、艾力更·依明巴海、万鄂湘、陈竺、王东明、白玛赤林、丁仲礼、郝明金、蔡达峰、武维华，秘书长杨振武和常委会组成人员等172人出席会议。

会议主要内容是：一、会议经表决，通过了电子商务法、土壤污染防治法、关于修改个人所得税法的决定，国家主席习近平分别签署第七、八、九号主席令予以公布。二、会议表决通过了关于批准《中华人民共和国和巴巴多斯引渡条约》的决定。三、会议表决通过了全国人大常委会代表资格审查委员会关于个别代表的代表资格的报告。四、会议经分别表决，免去郑淑娜、王超英的全国人大常委会法制工作委员会副主任职务。五、会议经表决，任命罗东川为最高人民法院副院长、审判委员会委员、审判员。

栗战书在闭幕会上指出，全国人大常委会要坚决贯彻落实习近平总书记在中央全面依法治国委员会第一次会议上的重要讲话精神，坚持党中央对全面依法治国的集中统一领导，行使好宪法法律赋予的各项职权，担负起人大在全面依法治国中的使命职责。要发挥人大在立法工作中的主导作用，深入推进科学立法、民主立法、依法立法，在保证立法质量的前提下，加快立法步伐、提高立法效率，进一步完善中国特色社会主义法律体系，为决胜全面建成小康社会、开启全面建设社会主义现代化国家新征程筑牢法治根基。

闭幕会后，十三届全国人大常委会举行第六讲专题讲座，栗战书主持。中国人民大学常务副校长、法学院教授王利明作了题为《我国民法典分编编纂中的几个问题》的讲座。

8月28日

［纲　文］　新华社讯，习近平作出指示强调，共同呵护好孩子的眼睛，让他们拥有一个光明的未来。

［目　文］　中共中央总书记习近平作出指示指出，我国学生近视呈现高发、低龄化

趋势，严重影响孩子们的身心健康，这是一个关系国家和民族未来的大问题，必须高度重视，不能任其发展。习近平指示有关方面，要结合深化教育改革，拿出有效的综合防治方案，并督促各地区、各有关部门抓好落实。习近平强调，全社会都要行动起来，共同呵护好孩子的眼睛，让他们拥有一个光明的未来。

我国青少年视力健康一直牵动着习近平的心。此前，习近平已就相关工作作出指示。近日，在看到有关报刊刊载的《中国学生近视高发亟待干预》一文后，习近平又作出上述指示。

30日，教育部、卫生健康委、体育总局、财政部、人力资源社会保障部、市场监管总局、新闻出版署、广电总局印发《综合防控儿童青少年近视实施方案》。

8月28日

［纲　文］　国家主席习近平给参加"一带一路"青年创意与遗产论坛的青年代表回信。

［目　文］　国家主席习近平指出，我提出"一带一路"倡议五年来，在各方共同努力下，共建"一带一路"从理念转化为行动，从愿景转变为现实，取得了丰硕成果。这些成果的取得离不开各国青年积极响应和热情参与。共建"一带一路"为中非合作注入了强劲动力。今年9月，2018年中非合作论坛北京峰会即将召开。我将同非方领导人共商新形势下中非友好合作发展大计。青年是国家的未来，中非青年是中非友好的未来。希望你们加强文化交流、心灵沟通，继续关注并积极参与共建"一带一路"，支持中非团结合作，同26亿中非人民一道，为传承中非传统友谊作出贡献，为携手打造更加紧密的中非命运共同体、构建人类命运共同体作出自己的努力。

"一带一路"青年创意与遗产论坛于2018年5月在长沙和南京举办。来自51个国家的73名青年代表参加了论坛。来自埃塞俄比亚的汉娜·格塔丘等同学在来信中向习近平汇报了自己参加论坛的感悟，并就"一带一路"建设、中非合作、中非青年交流等提出了看法和建议。

8月28日

［纲　文］　汪洋在北京主持召开调研协商座谈会。

［目　文］　汪洋与有关民主党派中央、全国工商联负责人，就相关党派团体2018年开展的推动实施区域协调发展战略调研成果进行协商。民革中央常务副主席郑建邦、民盟中央常务副主席陈晓光、民建中央常务副主席辜胜阻、致公党中央主席万钢、全国工商联主席高云龙在座谈会上介绍了相关调研成果。统战部部长尤权、全国政协副主席巴特尔出席会议。发展改革委、科技部、工业信息化部、自然资源部、生态环境部、交通运输部、商务部的负责人参与协商交流。

汪洋对相关党派团体的调研成果给予肯定。他指出，协商民主是我国社会主义民主政治的特有形式和独特优势。以习近平同志为核心的党中央高度重视协商民主建设，大力推动协商民主广泛多层制度化发展。开展调研协商是加强和改进政党协商的重要探索，既拓展了政党协商的新渠道新途径，也提升了民主党派参政议政的质量和水平，促进了党和政府决策的科学性和施政的有效性。要进一步创新调研协商方式，完善协商机制，增强协商实效，坚持围绕中共中央重大决策部署建言资政，同心同向、凝心聚力，更好彰显我国新型政党制度的优越性。

8月28日

［纲　文］　自然资源部发布，全国水网数据库正式建成。

［目　文］　该数据库收录了我国333万余条自然和人工河流、湖泊、水库、水渠等水系实体数据。可支持在水系任一点向上游溯源和向下游追踪及分析，实现全国河流、河段名称查询检索等功能。自此，我国每条长度500米以上的河流和每个面积大于5000平方米的湖泊、水库、坑塘等都有了唯一的编码。

8月28日

［纲　文］　财政部、应急管理部向山东和安徽紧急下拨中央财政自然灾害生活补助资金2.2亿元。

［目　文］　其中，山东省1.5亿元、安徽省7000万元，主要用于近期山东、安徽部分地区严重暴雨洪涝灾害受灾群众紧急转移安置、过渡期生活救助、倒损民房恢复重建、因灾遇难人员家属抚慰等受灾群众生活救助需要。

此前，针对山东、安徽部分地区遭受严重暴雨洪涝灾害，应急管理部启动国家Ⅳ级救灾应急响应，派出多个工作组赶赴灾区，组织调拨3000顶帐篷、5000张折叠床、8万床（件）衣被等中央救灾物资，指导和支持灾区政府做好抢险救援和受灾群众生活保障等各项工作。

8月28日

［纲　文］　生态环境部印发《关于山西省临汾市国控环境空气自动监测数据造假案有关情况的通报》。

［目　文］　《通报》指出，临汾案件是一起有组织、有预谋的蓄意犯罪行为，充分反映出一些地方党委和政府未建立防范和惩治监测数据弄虚作假责任体系和工作机制；个别领导干部私欲膨胀，政绩观严重扭曲；有的运维公司内部管理存在严重漏洞，机制不健全，对运维人员疏于教育监督。生态环境部将坚决贯彻党中央、国务院的各项决策部署，不断健全防范和惩治生态环境监测数据弄虚作假机制，持续加大监测数据质量管理和监督检查力度，对存在生态环境监测不当干预和弄虚作假的，坚持"零容忍"，发现一起，查处一起，通报一起，不论涉及谁，都将一查到底，决不姑息，切实为生态文明建设和生态环境保护工作提供坚实基础。

8月28日

［纲　文］　交通运输部公布修改后的《船员注册管理办法》，自2018年9月1日起施行。

8月28日

［纲　文］　公安部在太原召开全国公安机关扫黑除恶专项斗争推进会。

［目　文］　部署推动专项斗争不断向纵深发展。会议指出，全国扫黑除恶专项斗争正处于从全面推开向纵深推进的转型阶段，中央第一轮专项督导工作正全面铺开。各级公安机关要切实增强责任感和使命感，提高政治站位，把专项斗争作为一把手工程、重点工作来落实。各级公安机关要把线索摸排核查作为扫黑除恶的突破口和着力点，贯穿专项斗争全过程，确保发现及时、核查准确，实现件件有结果，切实加大群众发动力度，压实线索核查责任，加强对治安乱点进行滚动摸排，对新领域、新业态进行拉网排查和追踪调查。要深挖彻查黑恶势力"保护伞"，确保扫黑除恶和反腐拍蝇同步推进，严格落实"一案三查"，坚决整肃警纪、纯洁队伍。

8月28日

［纲　文］　国务院副总理刘鹤在北京会见中投公司国际咨询委员会委员。

［目　文］　刘鹤表示，中国人均GDP正向1万美元迈进，规模巨大的国内市场正在形成，中国经济的前景十分光明。无论外部环境如何变化，我们将坚定不移推进改革开放，坚定不移维护经济全球化和多边贸易体制，坚定不移推动构建人类命运共同体。

委员们表示，单边主义和贸易保护主义是世界经济面临的最大不确定性，有可能导致灾难性后果。建议中国进一步深化改革、扩大开放，在多边贸易体系中发挥更大作用。

27—28日，国际咨询委员会第十次会议在北京召开。会议就中投公司重大发展战略、境外投资战略和重大决策提供咨询等进行交流。

8月28日

［纲　文］　《人民日报》发表评论员文章《推动构建人类命运共同体的重要实践平台——论学习习近平总书记在推进"一带一路"建设工作五周年座谈会重要讲话》。

8月28日—9月5日

［纲　文］　应国家主席习近平邀请，科特迪瓦总统瓦塔拉出席中非合作论坛北京峰会并对中国进行国事访问。

［目　文］　访问期间，习近平在北京同瓦塔拉举行会谈，共同见证了有关双边合作文件的签署。两国元首一致同意，推动中科关系迈向更高水平，实现互利共赢。国务院总理李克强在北京会见了瓦塔拉。

习近平同瓦塔拉会谈时指出，中科建交35年来，两国各领域合作不断扩大，成效显著。中方赞赏科方坚定奉行一个中国政策，坚定支持科方维护主权、安全、发展权益，支持科特迪瓦走适合本国国情的发展道路。双方要在涉及彼此核心利益和重大关切问题上更加坚定地相互支持。经贸合作是中科关系的"推进器"，要以共建"一带一路"为契机，加强发展战略对接，促进两国高质量、可持续的共同发展。要有效应对安全挑战，为促进西非地区和非洲大陆和平稳定发挥建设性作用。要在联合国安理会加强协调，共同维护包括非洲国家在内广大发展中国家的合法权益。

瓦塔拉表示，科特迪瓦完全支持习近平主席提出的"一带一路"重要倡议，愿积极参与、并愿推动西非经济货币联盟国家共同参与共建"一带一路"合作。科方高度评价中方在多边事务中努力维护发展中国家权益,感谢中方一直支持非洲,积极参与联合国在非洲的维和行动。我相信,中非合作论坛北京峰会一定会取得成功,成为中非合作的一次历史性盛会。

李克强会见瓦塔拉时表示,中方赞赏科方奉行一个中国政策。我们鼓励有实力的中国企业参与科民生项目建设,开展农产品加工、供水等合作,希望科方不断改善营商环境,更好实现互利共赢。中方愿同西非加强次区域合作,乐见一个稳定发展的西非。

瓦塔拉表示,科坚定奉行一个中国政策,支持"一带一路"倡议,愿学习中国治国理政经验,加强在国际事务中的沟通协调,推动科中关系提质升级。

8月28—29日

[纲　文]　2018年"一带一路"知识产权高级别会议在北京召开。国家主席习近平向会议致贺信。

[目　文]　习近平在贺信中指出,中国发扬丝路精神,提出共建"一带一路"倡议,得到有关国家和国际社会广泛认同和热情参与,取得了丰硕成果。我们愿同各方继续共同努力,本着共商共建共享原则,将"一带一路"建设成为和平之路、繁荣之路、开放之路、创新之路、文明之路,让丝路精神发扬光大。知识产权制度对促进共建"一带一路"具有重要作用。中国坚定不移实行严格的知识产权保护,依法保护所有企业知识产权,营造良好营商环境和创新环境。希望与会各方加强对话,扩大合作,实现互利共赢,推动更加有效地保护和使用知识产权,共同建设创新之路,更好造福各国人民。

国务委员王勇出席开幕式,宣读习近平致会议的贺信并致辞。会议由国家知识产权局、国家版权局、商务部、北京市人民政府和世界知识产权组织共同主办,以"包容、发展、合作、共赢"为主题。来自"一带一路"沿线近60个国家的知识产权机构、国际及区域组织以及驻华使馆代表,国务院知识产权战略实施工作部际联席会议成员单位、国内知识产权系统、企业、知识产权服务机构及学术界的代表300余人与会,围绕"知识产权在促进'一带一路'沿线国家产业升级和经济发展方面的重要作用""加强知识产权保护,探索适合'一带一路'沿线国家国情的知识产权保护模式,营造良好创新和营商环境"等议题展开交流讨论。

28日,国务院总理李克强在北京会见与会的世界知识产权组织总干事高锐和与会代表时表示,产权保护是市场经济的基石,保护知识产权是实现创新发展的必然要求。在新一轮科技革命大背景下,在发展中国家经济转型升级过程中,创新日益成为引领世界各国发展的第一动力。保护知识产权,就是保护创新、保护创新人才的热情。中国作为世界最大发展中国家,经济正处在提质升级的关键阶段,将采取更为严格的知识产权保护制度,进一步完善相关法律法规。对于侵犯知识产权的行为,一经查实将严厉处罚。我们对内外资企业一视同仁、同等保护,决不允许强制技术转让,发现一起,将依法查处一起。这不仅是中国扩大开放、融入世界经济的需要,也是中国经济实现转型升级、向高质量发展的内在需求。

高锐表示，中国的发展成就令人赞叹。过去40年，中国建立起高水平的知识产权保护制度，把知识产权作为创新和经济发展的驱动力，对中外企业一视同仁。祝贺中国在2018年全球创新指数报告中的排名位置显著提升，相信中国还将不断发展和进步。世界知识产权组织愿进一步深化同中国的合作，维护多边主义，共同应对挑战。

8月28日—9月2日

［纲　文］　黄坤明在内蒙古自治区调研。

［目　文］　中宣部部长黄坤明调研时指出，宣传思想战线要坚持以习近平新时代中国特色社会主义思想为指导，深入学习贯彻全国宣传思想工作会议精神，牢记使命任务，坚持守正创新，切实转变作风，打牢基层基础，把统一思想、凝聚力量作为中心环节，把增强人民精神文化获得感幸福感作为出发点和落脚点，努力开创宣传思想工作新局面。

黄坤明在呼伦贝尔、兴安盟等地的苏木、嘎查、社区和宣传文化单位，了解有关情况，听取意见建议；在中央宣传部定点帮扶的国家级贫困县科尔沁右翼中旗看望贫困户，与干部群众和有关企业进行座谈。他强调，要坚决落实党中央关于打赢脱贫攻坚战的重大决策部署，把精准扶贫脱贫与推动乡村振兴结合起来，求真务实、埋头苦干，以高度政治自觉和过硬工作作风把扶贫脱贫工作做到点子上、关键处。要结合实际、着眼长远，精心培育带动作用大、可持续性强、高质量发展的特色产业，加大生态治理力度，增强贫困地区经济社会发展后劲。要持之以恒推进农村精神文明建设，着力培育文明乡风、良好家风、淳朴民风，把优质文化资源更多更精准地向贫困地区倾斜，以暖心强信心，激发群众脱贫致富奔小康的内生动力，用勤劳的双手创造美好生活。

8月29日

［纲　文］　国务院总理李克强向"纪念中日和平友好条约缔结40周年中日大学生千人交流大会"致贺词。

［目　文］　李克强在贺词中表示，40年前，中日两国老一辈领导人作出缔结中日和平友好条约的决断，以法律形式确认了中日联合声明的各项原则，为两国关系确立了根本指引和遵循。前不久，我同安倍晋三首相互致贺电庆祝缔约40周年，双方共同认为应当继续秉持缔约精神，推动中日关系长期健康稳定发展。中方愿同日方相向而行，在中日之间四个政治文件基础上，以史为鉴，面向未来，深化互利合作，促进共同发展，维护繁荣稳定。青年人代表着未来。中日两国的青年人怎么看对方，会影响两国关系今后的走向和发展。"欲流之远，必浚其源"，推动中日关系长期合作和友好，终究要靠深植两国青年彼此信任。中国政府将一如既往支持两国青年互访交流。希望两国青年通过此次大会，重温缔约精神、拓展沟通方式、相互砥砺学习、增进理解互信，为两国关系长期健康稳定发展加油助力。

日本首相安倍晋三也向大会致贺词表示，今年5月李克强总理正式访问日本，对日中关系发展具有重大意义。两国应发展长期友好稳定的关系。年轻人肩负着两国的未来。双方应继续推进青少年交流，为日中友好搭建更多交流桥梁。

"纪念中日和平友好条约缔结40周年中日大学生千人交流大会"在北京大学举行。中日两国1000余名大学生参加大会。

8月29日

［纲　文］　栗战书在北京主持召开部分全国人大代表座谈会。

［目　文］　会议就加强和改进全国人大工作、更好发挥人大代表作用听取代表意见建议。52位列席十三届全国人大常委会第五次会议的全国人大代表参加座谈会。代表们结合履职实践，围绕做好新时代人大工作、更好发挥人大代表作用，谈感受说体会提建议。

全国人大常委会委员长栗战书指出，要深入学习贯彻习近平新时代中国特色社会主义思想，吃透党中央精神，善于从大局和全局上思考问题、发表意见、提出建议，紧紧扣住贯彻落实党中央决策部署履行职责、做好工作。大家对基层情况最熟悉，对党中央决策部署贯彻情况最了解，对人民群众的呼声感受最真切，提出了很好的意见和建议，我们将认真研究和采纳。

8月29日

［纲　文］　韩正在北京主持召开大气污染防治专题工作会议。

［目　文］　会议贯彻落实党中央、国务院关于打赢蓝天保卫战的决策部署，审议《京津冀及周边地区2018—2019年秋冬季大气污染综合治理攻坚行动方案》等文件，对京津冀及周边地区、汾渭平原大气污染防治重点工作作出安排。京津冀及周边地区大气污染防治领导小组成员、汾渭平原大气污染防治协作小组成员、有关部门和企业负责人参加会议。

国务院副总理韩正指出，各地区各有关部门要从全局和战略的高度深化认识，始终坚持问题导向，以空气质量明显改善为刚性要求，坚决打赢蓝天保卫战。粗放的发展方式是大气污染严重的根本原因，要坚持标本兼治、突出治本，加快调整优化产业结构。要着力解决污染治理工程建设领域低价中标问题，确保治污设施建得牢、用得了、效果好。要坚持"以气定改"，突出重点区域，按照宜电则电、宜气则气、宜煤则煤、宜油则油的原则，稳步推进北方地区冬季清洁取暖，确保群众安全温暖过冬。要统筹"油、路、车"治理，深入开展打击"黑加油站点"专项行动。要加强扬尘综合整治，做好露天矿山、秸秆焚烧治理等工作。

8月29日

［纲　文］　银保监会在北京召开银行保险监管工作电视电话会议。

［目　文］　会议学习贯彻党中央、国务院关于下半年经济金融工作的安排部署，总结2018年以来的工作，研究分析当前形势，对近期重点工作任务提出要求。银保监会主席郭树清出席会议并讲话。

8月29日

［纲　文］　中国国际贸易促进委员会研究院发布《中国对外直接投资战略研究

报告》。

〔目　文〕　《报告》认为，中国"走出去"战略与管理体系不断调整，对外直接投资正处于历史最好时期，应根据新形势的发展需要，进一步完善对外直接投资战略。近10年，中国对外投资年均增长27.2%，跻身对外投资大国行列。2017年，中国对外直接投资流量1246.3亿美元，位居世界第3；对外直接投资存量14820.2亿美元，位居世界第8。

8月29日

〔纲　文〕　全国首份关税保证保险单开出。

〔目　文〕　为进一步降低企业交易成本，促进贸易便利化，优化营商环境，海关总署从9月1日起启动关税保证保险担保试点。作为全国首批试点海关之一，北京海关正式开出首份关税保证保险单，9月1日正式生效。

所谓关税保证保险，是由保险公司为进出口企业向海关直接提供关税保证保险。关税保证保险是海关创新担保方式的一项重要内容，也是海关全国通关一体化改革的一项创新措施，实施"一次申报、分步处置"的有力保证。

8月29日

〔纲　文〕　中国自主研发的首款商用100G硅光芯片投产使用。

〔目　文〕　该系列产品支持100—200Gb/s高速光信号传输，具备超小型、高性能、低成本、通用化等优点，可广泛应用于传输网和数据中心光传输设备。

该款商用化硅光芯片由国家信息光电子创新中心、光迅科技公司等单位联合研制。在一个不到30平方毫米的硅芯片上，集成了包括光发送、调制、接收等近60个有源和无源光元件，是目前世界上集成度最高的商用硅光子集成芯片之一。

8月29日

〔纲　文〕　财政部商水利部、农业农村部拨付农业生产救灾及特大防汛抗旱补助资金8.1亿元。

〔目　文〕　资金用于支持山东、安徽、吉林、黑龙江、江苏、福建、江西、河南、湖北、湖南、广东、重庆、贵州、陕西、甘肃和黑龙江农垦等地开展抢险救灾，用于农业生产救灾以及修复水毁水利设施等方面，帮助恢复灾区群众生产。其中，拨付山东省2.2亿元用于支持应对台风和暴雨洪涝灾害。

财政部要求，有关省份严格按照资金管理规定，管好用好中央财政补助资金，加快资金拨付和预算执行，提高资金使用效益，快速应对处置灾情，全力做好抢险救灾和农业生产补损工作。

8月29日

〔纲　文〕　国务委员兼外交部部长王毅在北京会见日本外务事务次官秋叶刚男。

〔目　文〕　王毅表示，李克强总理今年5月成功访问日本，中日关系重回正常轨道。两国关系历经曲折取得的改善势头值得双方珍惜。今年是中日和平友好条约缔结40

周年。双方要坚持中日四个政治文件和四点原则共识,维护好两国关系的政治基础。中方愿与日方拓展创新、第三方市场等领域务实合作,推进东亚经济共同体建设和区域一体化进程。

秋叶刚男表示,日方对日中关系重回正常轨道感到高兴,愿同中方一道努力,推动两国关系不断向前发展。

8月29日

［纲　文］　《人民日报》发表评论员文章《肩负起时代赋予的使命任务——论学习贯彻习近平总书记在全国宣传思想工作会议重要讲话精神》。

8月29日—9月1日

［纲　文］　第十次全国归侨侨眷代表大会在北京召开。

［目　文］　习近平、李克强、栗战书、汪洋、王沪宁、韩正、王岐山等党和国家领导人出席开幕会,赵乐际代表党中央发表了题为《为新时代凝聚侨的力量　谱写民族复兴的新篇章》的致辞。全国妇联党组书记黄晓薇代表中华全国总工会、中国共产主义青年团中央委员会、中华全国妇女联合会、中国文学艺术界联合会、中国作家协会、中国科学技术协会、中华全国台湾同胞联谊会向大会致贺词。贺词指出,各群团组织要强化政治引领,引导所联系的群众更加紧密团结在以习近平同志为核心的党中央周围,为实现中国梦不懈奋斗,共同开创新时代党的群团工作新局面。会上宣读了《中国侨联、国务院侨办关于表彰中国侨界杰出人物和全国归侨侨眷先进个人的决定》《人力资源社会保障部、中国侨联关于表彰全国侨联系统先进集体和先进工作者的决定》《中国侨联关于表彰全国侨联系统先进组织和先进个人的决定》,并为获奖单位和个人颁奖。大会主席团常务主席万立骏代表中国侨联第九届委员会向大会作了题为《贯彻新思想　建功新时代　团结凝聚广大归侨侨眷和海外侨胞为实现中华民族伟大复兴的中国梦而奋斗》的工作报告。

1日,第十次全国归侨侨眷代表大会在北京人民大会堂闭幕。中共中央政治局常委王沪宁出席大会,并在会前会见了出席大会的海外嘉宾、港澳代表和中国侨联新老班子成员。

大会宣布了当选的中国侨联第十届委员会主席、副主席、秘书长、常务委员名单,通过了关于中国侨联第九届委员会工作报告的决议,关于《中华全国归国华侨联合会章程(修正案)》的决议,关于聘请中国侨联第十届委员会顾问、海外委员、荣誉委员的决议。

8月30日

［纲　文］　习近平给中央美术学院8位老教授回信。

［目　文］　中共中央总书记习近平在回信中写道,周令钊、戴泽、伍必端、詹建俊、闻立鹏、靳尚谊、邵大箴、薛永年同志:你们好!来信收悉。长期以来,你们辛勤耕耘,致力教书育人,专心艺术创作,为党和人民作出了重要贡献。耄耋之年,你们初心不改,依然心系祖国接班人培养,特别是周令钊等同志年近百岁仍然对美育工作、美术事

业发展不懈追求，殷殷之情令我十分感动。我谨向你们表示诚挚的问候。美术教育是美育的重要组成部分，对塑造美好心灵具有重要作用。你们提出加强美育工作，很有必要。做好美育工作，要坚持立德树人，扎根时代生活，遵循美育特点，弘扬中华美育精神，让祖国青年一代身心都健康成长。值此中央美术学院百年校庆之际，希望学院坚持正确办学方向，落实党的教育方针，发扬爱国为民、崇德尚艺的优良传统，以大爱之心育莘莘学子，以大美之艺绘传世之作，努力把学院办成培养社会主义建设者和接班人的摇篮。

中央美术学院的前身——国立北京美术学校创建于1918年，是由我国著名教育家蔡元培倡导建立的中国第一所现代形态的美术专门学校。近日，周令钊、戴泽、伍必端、詹建俊、闻立鹏、靳尚谊、邵大箴、薛永年等8位中央美术学院老教授给习近平总书记写信，表达老一代艺术家和艺术教育家对中华民族伟大复兴的坚定决心，对进一步加强美育，培养德智体美全面发展的社会主义建设者和接班人的心声。

8月30日

[纲　文]　李克强主持召开国务院常务会议。

[目　文]　会议主要内容是：一、听取2018年减税降费政策措施落实情况汇报，决定再推新举措支持实体经济发展。会议确定，在实施好已出台措施的同时，再推出支持实体经济发展的新举措。一是对因去产能和调结构等政策性停产停业企业给予房产税和城镇土地使用税减免、对社保基金和基本养老保险基金有关投资业务给予税收减免、对涉农贷款量大的邮政储蓄银行涉农贷款利息收入允许选择简易计税方法按3%税率缴纳增值税。二是为鼓励增加小微企业贷款，从2018年9月1日至2020年底，将符合条件的小微企业和个体工商户贷款利息收入免征增值税单户授信额度上限，由此前已确定的500万元进一步提高到1000万元。三是为推动更高水平对外开放，鼓励和吸引境外资本参与国内经济发展，对境外机构投资境内债券市场取得的债券利息收入暂免征收企业所得税和增值税，政策期限暂定3年，完善提高部分产品出口退税率。采取上述措施，预计全年再减轻企业税负超过450亿元。会议要求，已定和新定的各项减税降费政策要尽快落实到位，国务院督查组和审计署要加强督查推动，各部门都要主动拿出减轻市场主体负担的措施，让企业和群众切实有感受。二、部署完善国家基本药物制度，保障群众基本用药需求、减轻药费负担。会议确定，一要及时调整基本药物目录。此次调整在覆盖临床主要病种的基础上，重点聚焦癌症、儿科、慢性病等病种，调入有效性和安全性明确、成本效益比显著的187种中西药，其中肿瘤用药12种、临床急需儿童药品22种，均比原目录显著增加。调整后基本药物目录总品种扩充到685种。今后新审批上市、疗效有显著改善且价格合理的药品将加快调入。二要减轻患者药费负担。推进公立医疗机构集中带量采购等方式，推动降药价。建立基本药物、基本医保联动和保障医保可持续的机制，将基本药物目录内符合条件的治疗性药品按程序优先纳入医保目录，使医保更多惠及参保群众。鼓励各地在高血压、糖尿病、严重精神障碍等慢性病管理中，在保证药效前提下优先使用基本药物，减少患者药费支出。三要确保基本药物不断供。对用量小等易导致短缺的基本药物，可采取定

点生产、纳入储备等措施保证供应。公立医疗机构要优先使用基本药物，使用情况与相关补助资金拨付挂钩。与此同时，要强化药品质量安全监管，确保群众安全放心用药。

8月30日

[纲　文]　国务院印发《关于促进天然气协调稳定发展的若干意见》。

[目　文]　《意见》由三个部分组成：一、总体要求。二、加强产供储销体系建设，促进天然气供需动态平衡。三、深化天然气领域改革，建立健全协调稳定发展体制机制。

《意见》指出，要按照党中央、国务院关于深化石油天然气体制改革的决策部署和加快天然气产供储销体系建设的任务要求，落实能源安全战略，着力破解天然气产业发展的深层次矛盾，有效解决天然气发展不平衡不充分问题，确保国内快速增储上产，供需基本平衡，设施运行安全高效，民生用气保障有力，市场机制进一步理顺，实现天然气产业健康有序安全可持续发展。

8月30日

[纲　文]　全国公共机构能源资源节约和生态环境保护工作会议在北京召开。

[目　文]　国务委员兼国务院秘书长肖捷出席会议并讲话。国务院副秘书长、国家机关事务管理局局长李宝荣主持会议。会议要求，坚持新发展理念，贯彻落实党中央、国务院《关于全面加强生态环境保护 坚决打好污染防治攻坚战的意见》，扎实推进公共机构节能环保重点工作，突出机关、学校、医院等重点单位，抓好推广绿色建筑、提高用水效率、推进清洁取暖等关键环节，倡导绿色出行、垃圾分类、厉行节约。

8月30日

[纲　文]　全国禁毒工作电视电话会议在北京召开。

[目　文]　国务委员、国家禁毒委员会主任、公安部部长赵克志出席并讲话。国务院副秘书长、国家禁毒委副主任孟扬主持会议。国家禁毒委副主任兼国家禁毒办主任刘跃进通报了工作情况。会议贯彻落实中共中央总书记习近平关于禁毒工作的系列指示精神和党中央关于禁毒工作的决策部署，总结上半年的禁毒工作，分析当前禁毒形势，研究部署当前和今后一个时期的禁毒工作。

8月30日

[纲　文]　生态环境部印发《关于生态环境领域进一步深化"放管服"改革，推动经济高质量发展的指导意见》。

[目　文]　《意见》由六个部分组成：一、总体要求。二、加快审批制度改革，激发发展活力与动力。三、强化环境监管执法，营造公平发展环境。四、优化生态环境公共服务，增强服务高质量发展能力。五、推进环保产业发展，打造高质量发展新增长点。六、健全生态环境经济政策，充分发挥市场在资源配置中的决定性作用。

《意见》指出，地方各级生态环境部门要勇于担当、主动作为，强化协调配合，按照本意见要求，结合本地区实际，创新做法，细化举措，制定落实方案。要加强宣传引导，研究新问题、新情况，总结推广经验，建立奖惩机制，对实施成效显著的地区予以表扬，对落实不力的予以通报，确保生态环境领域"放管服"改革各项任务落到实处、促进高质量发展取得实效。各省（区、市）生态环境保护部门要将本意见落实情况于每年1月底前报送生态环境部。

8月30日

［纲　文］　第十次中日韩文化部长会议在哈尔滨召开。

［目　文］　文化和旅游部部长雒树刚、韩国文化体育观光部长官都钟焕、日本文部科学大臣林芳正共同出席会议并发表讲话。会议上，三国文化部长共同梳理近年来中日韩文化交流的发展与成果，并就未来进一步深化务实合作交换意见。会后三方发表了《中日韩文化部长会议——哈尔滨行动计划（2018年至2020年）》，规划了未来3年三国合作领域与项目。中国西安市、韩国仁川市和日本东京都丰岛区被授予了2019"东亚文化之都"称号。

会议期间举行了中韩、中日、日韩双边会谈，并举办中日韩联合音乐会、"文化之都"论坛等文化活动。

8月30日

［纲　文］　《人民日报》发表社论《汇聚侨界力量　建功复兴伟业——祝贺第十次全国归侨侨眷代表大会开幕》。

8月30日

［纲　文］　《人民日报》发表评论员文章《为世界经济发展注入新动能——论学习习近平总书记在推进"一带一路"建设工作五周年座谈会重要讲话》《建设具有强大凝聚力和引领力的社会主义意识形态——论学习贯彻习近平总书记在全国宣传思想工作会议重要讲话精神》。

8月30日—9月7日

［纲　文］　应国家主席习近平邀请，塞拉利昂总统比奥来华出席中非合作论坛北京峰会并对中国进行国事访问。

［目　文］　访问期间，习近平在北京同比奥举行会谈，共同见证了有关双边合作文件的签署。两国元首一致同意，巩固友好互信，扩大务实合作，将中塞全面战略合作伙伴关系不断向前推进，更好造福两国人民。国务院总理李克强在北京会见了比奥。

习近平同比奥会谈时指出，两国人民并肩抗击史无前例的埃博拉疫情，在国际社会传为佳话。塞拉利昂是当年支持恢复中华人民共和国在联合国合法席位的提案国之一。总统先生讲原则、明大义，一直坚持一个中国原则，中方对此高度赞赏。中国不会忘记老朋友，始终把发展同非洲国家的团结合作作为对外政策的重要基础，这一原则绝不会因为中国自身发展和国际地位提高而变化。中方尊重塞拉利昂人民的自主选择，愿同塞方密切高层交往，加强治国理政经验交流，扩大在基础设施建设、农渔业、医疗卫生、教育、安全能力建设等领域合作，继续在多边领域相互支持，推动两国关系行稳致远。

比奥表示，塞拉利昂人民尤其不会忘记，在我们抗击埃博拉疫情最困难的时候，是中国政府和人民率先驰援。塞拉利昂愿意学习借鉴中国发展经验，密切两国关系，积极参与共建"一带一路"，深化教育、渔业、卫生、基础设施等领域合作。塞方致力于加强同中方在多边事务中沟通协调，以维护非洲国家正当利益。

李克强会见比奥时表示，中塞同属发展中国家，中方乐见塞经济发展、民生改善，愿为塞经济社会发展提供力所能及的支持，实现共同发展，互利共赢。中方愿继续加强贸易和投资合作，打造教育、卫生等领域合作新亮点。希望塞方提供更多优惠政策，吸引中国企业赴塞投资。

比奥表示，感谢中方在塞经历困难、特别是在抗击埃博拉疫情时给予的真诚帮助，始终坚定同塞站在一起。塞方愿学习中方治国理政经验，拓展贸易、投资、金融合作，进一步深化双边关系。

8月30日—9月5日

［纲　文］ 应国家主席习近平邀请，博茨瓦纳总统马西西出席中非合作论坛北京峰会并对中国进行国事访问。

［目　文］ 访问期间，习近平在北京同马西西举行会谈，两国元首共同见证了有关合作文件的签署。国务院总理李克强在北京会见了马西西。

习近平同马西西会谈时指出，中博要密切高层往来，深化政府、立法机构、地方等领域交往，加强治国理政交流。两国要始终在涉及各自发展道路、核心利益和重大关切问题上相互理解和支持。中方愿同博方加强发展战略对接，欢迎博方积极参与"一带一路"建设。要促进人文领域交流，加大野生动物保护合作。要就国际和地区事务加强沟通和协作，共同维护发展中国家权益，推动建设新型国际关系，构建人类命运共同体。

马西西表示，博茨瓦纳祝贺并希望借鉴中国在发展、减贫等方面取得的巨大成就。我愿通过这次访问，将博中关系提升到新的水平。中国是国际社会的重要力量，是发展中国家的重要伙伴。博茨瓦纳坚定奉行一个中国政策，感谢中国为非洲反殖、争取民族独立和国家发展提供的支持，赞同构建人类命运共同体伟大理念，支持"一带一路"倡议，致力于拓展双方在中非合作论坛框架下合作。

李克强会见马西西时表示，中方愿同博方密切各领域合作，加强党际交流，鼓励有实力的中国企业赴博，按照市场化原则开展合作，助力博经济社会发展和民生改善。希望双方挖掘互补优势，扩大贸易、投资、旅游等合作，加强在国际地区事务中的沟通协调，更好实现互利共赢。

马西西表示，欢迎更多来自中国的投资，助力博方打造地区互联互通的枢纽。博方愿同中方共同努力，确保中非合作论坛北京峰会取得成功。

8月30日—9月5日

［纲　文］ 应国家主席习近平邀请，布基纳法索总统卡博雷出席中非合作论坛北京峰会并对中国进行国事访问。

［目　文］ 访问期间，习近平在北京同卡博雷举行会谈，两国元首共同见证了双边

合作文件的签署。国务院总理李克强在北京会见了卡博雷。

习近平同卡博雷会谈时表示，布基纳法索首次参加中非友好合作大家庭聚会，这对中布、中非关系发展都很重要。中方高度赞赏总统先生作出同中国恢复外交关系的政治决断。中布复交3个月来，双边关系发展取得令人鼓舞的进展，开局良好。中方从战略高度和长远角度规划和推进两国关系，愿同布方一道，不断增进政治互信，开展交流互鉴，推动两国各领域合作全面、有序开展，共同开启新时代平等互信、合作共赢的中布友好合作新篇章，使两国关系行稳致远，更好造福两国人民。中方支持布方打击恐怖主义，维护国家和地区稳定的努力。

卡博雷表示，布基纳法索承认世界上只有一个中国，中华人民共和国政府是代表全中国的唯一合法政府。布基纳法索高度赞赏中国在国际事务中致力于多边主义，主张合作共赢，感念于中国重视非洲人民的诉求、支持非洲的发展，我们独立自主地作出同中国复交的决定，回到非中合作大家庭，这完全符合布基纳法索未来发展的方向。我们对两国复交以来双边合作快速推进并取得积极成果感到满意，愿学习借鉴中国发展理念，增进两国政治互信，深化各领域务实合作。

李克强会见卡博雷时表示，中方愿本着相互尊重、平等相待的原则，同布方对接发展战略，重点推动在农业、医疗卫生、人力资源、能源等涉及发展和民生领域的合作，鼓励有实力的中国企业根据市场原则赴布投资。中布都是发展中国家，愿加强双方在国际及非洲事务中的合作。

卡博雷表示，中布复交是布独立自主作出的决定，符合未来发展潮流。布方高度赞赏中国展现出的领导力和在多边场合给予非洲的支持。布中合作潜力巨大，希望加强双方在人员培训、卫生、农业、能源等领域合作，实现互利共赢。

8月30—31日

［纲　文］　孙春兰在陕西省调研地方病防治工作。

［目　文］　国务院副总理孙春兰在麟游县崔木镇中心卫生院，调研了大骨节病等地方病防治工作，并在移民搬迁安置点看望患者，了解改水、改粮、科学补碘和环境卫生综合整治情况，并主持召开全国地方病专项防治工作推进会。

孙春兰指出，各地各有关部门要站位全局，充分认识地方病对经济社会发展、对人民群众健康的深刻影响，带着责任、带着感情，对防治地方病专门部署、专人负责、专项保障，细化实施方案，加大投入力度，强化督查考核，确保地方病防控与脱贫攻坚任务同步完成。防治地方病是重大公共卫生问题，要因病施策、防管并重、综合治理。对饮水型氟砷中毒和水源性高碘病区，要全面完成改水任务，加强对改水工程的管理和维护，确保群众喝上卫生安全的水。燃煤型氟砷中毒病区，要做好改炉改灶后的维修服务，有条件的地方推广使用清洁能源。在饮茶型地氟病地区，要引导群众认识高氟砖茶的危害，稳步推广普及低氟砖茶。在血吸虫病流行区坚持以控制传染源为主的防治策略，在缺碘地区继续做好食盐加碘、科学补碘，巩固成果，防止反弹。加强家犬驱虫、家畜屠宰等管理，切断包虫病传播途径。做好大骨节病、氟骨症、晚期血吸虫病等重症患者救治帮扶，加大贫困患者救治力度，努力做到应治尽治、应保尽保。

8月30—31日

[纲　文]　胡春华在南疆调研脱贫攻坚工作。

[目　文]　中共中央政治局委员、国务院扶贫开发领导小组组长胡春华在墨玉县奎牙镇、喀尔赛镇，洛浦县多鲁乡，新疆生产建设兵团第十四师四十七团七连，深入扶贫产业基地、扶贫实训就业基地、乡村小学等，实地调研产业扶贫、就业扶贫、教育扶贫以及农村人居环境整治等工作进展，了解贫困群众生产生活状况和收入增长情况，听取基层干部群众对脱贫攻坚的意见建议。

胡春华指出，要加大工作力度，强化政策举措，集中力量加快攻坚。要坚持目标标准，扎实有力推进各项帮扶工作，确保贫困人口稳定实现"两不愁、三保障"。要针对基础设施和公共服务等短板，加大政策倾斜力度，着力改善深度贫困地区发展条件。要因地制宜发展贫困地区特色产业，加强特色农产品产销对接，构建多元化的利益联结机制，让贫困群众更多分享产业发展收益。要注重培养贫困群众依靠自身努力脱贫的意识，加强教育培训和宣传引导，完善帮扶政策和方式，充分调动贫困群众脱贫致富的积极性主动性。要在确保当期脱贫的同时，积极推进贫困地区乡村产业发展、农村人居环境改善和社会事业进步，促进脱贫攻坚和实施乡村振兴战略有机衔接。

8月30日—9月1日

[纲　文]　第六届中国—亚欧博览会在乌鲁木齐举办。

[目　文]　国务院副总理胡春华出席开幕式并致辞。博览会由新疆维吾尔自治区人民政府、商务部、外交部、中国国际贸易促进委员会主办，以"'一带一路'共商共建共享"为主题。举办了4场平行论坛、22场贸易及投资促进活动，涉及丝绸之路经济带核心区建设、"一带一路"交通基础设施建设、中巴信息走廊建设以及医疗服务、精准扶贫、纺织服装等领域。

29日，胡春华在乌鲁木齐分别会见出席博览会的格鲁吉亚副总理兼基础设施和地区发展部部长茨基季什维利、阿富汗长老院主席穆斯利姆亚尔，双方分别就共同关心的问题交换了意见。参加会见的外方政要表示，愿与中方一道，在"一带一路"框架下加强贸易、投资和基础设施等领域务实合作，推动双边关系稳步发展。

8月30日—9月12日

[纲　文]　"影像见证40年"全国摄影大展在中国国家博物馆举行。

[目　文]　大展由中国文联、中国摄影家协会主办，中国文联摄影艺术中心承办。本次展览以人民为中心，以摄影的独特视角形象地再现人民群众生活衣食住行、教育、卫生、社会保障等各方面翻天覆地的变化，集中彰显我国改革开放40年来经济、政治、文化、社会、生态、民生等各方面所取得的成就，以进一步增强"四个自信"，激发亿万人民为全面建成小康社会、实现中华民族伟大复兴的中国梦而努力奋斗。

8月31日

[纲　文]　习近平签署中华人民共和国主席令。

[目　文]　主席令（第七号）说，《中华人民共和国电子商务法》已由中华人民共和国第十三届全国人民代表大会常务委员会第五次会议于2018年8月31日通过，现予公布，自2019年1月1日起施行。

主席令（第八号）说，《中华人民共和国土壤污染防治法》已由中华人民共和国第十三届全国人民代表大会常务委员会第五次会议于2018年8月31日通过，现予公布，自2019年1月1日起施行。

主席令（第九号）说，《全国人民代表大会常务委员会关于修改〈中华人民共和国个人所得税法〉的决定》已由中华人民共和国第十三届全国人民代表大会常务委员会第五次会议于2018年8月31日通过，现予公布，自2019年1月1日起施行。

8月31日

[纲　文]　十三届全国政协第九次双周协商座谈会在北京召开。

[目　文]　全国政协主席汪洋主持会议并讲话。全国政协副主席陈晓光在会上作主题发言。全国政协副主席张庆黎、马飚、夏宝龙出席会议。全国政协委员李智勇、李晓安、许玲、边发吉、李龙熙、董强、胡德兆、丁小岗、郑大发、赵红卫、李剑萍、黄绮、曹其东，全国劳模代表李凯军在会上发言。全国总工会负责人介绍了有关情况，中宣部、教育部、人力资源社会保障部负责人现场作了协商交流。委员们和全国劳模代表围绕弘扬劳模精神和工匠精神的时代内涵、重大作用、激励措施及保障机制等提出意见建议。

一些委员建议，弘扬劳模精神和工匠精神，要加强顶层设计，健全制度保障，发挥工会、企业、社会的协同作用，系统完善劳模和工匠人才的培养、评价、使用、激励、保障等措施，使他们经济上有保障、发展上有空间、社会上有地位。要尽快修改完善职业教育法，理顺职业教育管理体制，加强职业教育供给侧改革，深化产教融合、校企合作，积极推进现代学徒制。要完善工资正常增长机制，做实技能工人等级制度，健全劳动者技能水平与薪酬挂钩制度，实现技高者多得、多劳者多得。要加强和改进宣传工作，创造更多接地气、有温度的劳模和工匠题材文艺精品，讲好劳模故事、工匠故事，营造热爱劳动、崇尚技能、鼓励创新的社会氛围。

8月31日

[纲　文]　人力资源社会保障部印发《打赢人力资源社会保障扶贫攻坚战三年行动方案》。

[目　文]　《方案》由七个部分组成：一、总体要求。二、全力推进就业扶贫。三、持续推进技能扶贫。四、全面落实社会保险扶贫政策。五、不断加强人事人才扶贫。六、加大深度贫困地区支持力度。七、加强扶贫攻坚工作组织保障。

《方案》指出，各省、自治区、直辖市及新疆生产建设兵团人力资源社会保障厅（局）

具体实施方案于 2018 年 10 月底前报送人力资源社会保障部。每年 10 月底前将工作开展情况报送人力资源社会保障部，人力资源社会保障部将按要求向党中央报告工作情况。

8 月 31 日

［纲　文］　交通运输部公布《铁路工程建设项目招标投标管理办法》。

［目　文］　《办法》共 7 章 60 条。主要有总则，招标，投标，开标、评标和中标，监督管理，法律责任等内容。自 2019 年 1 月 1 日起施行。

8 月 31 日

［纲　文］　交通运输部公布《运输机场使用许可规定》。

［目　文］　《规定》共 7 章 61 条。主要有总则、机场使用许可、机场使用手册、机场名称管理、监督管理、法律责任等内容。自 2019 年 1 月 1 日起施行。原民航总局于 2005 年 10 月 7 日公布的《民用机场使用许可规定》（民航总局令第 156 号）同时废止。

8 月 31 日

［纲　文］　**交通运输部公布《民用航空器飞行机械员合格审定规则》，自 2019 年 1 月 1 日起施行。**

8 月 31 日

［纲　文］　**交通运输部公布修改后的《公共航空运输企业经营许可规定》《铁路专用设备缺陷产品召回管理办法》，自 2018 年 10 月 1 日起施行。**

8 月 31 日

［纲　文］　交通运输部公布《航空安全员合格审定规则》。

［目　文］　《规则》共 6 章 39 条。主要有总则、执照的管理、训练及考试考核要求、监督管理、法律责任等内容。自 2019 年 1 月 1 日起施行。原民航总局于 2007 年 4 月 1 日公布的《航空安全员合格审定规则》（民航总局令第 184 号）同时废止。

8 月 31 日

［纲　文］　交通运输部公布《高速铁路基础设施运用状态检测管理办法》。

［目　文］　《办法》共 6 章 37 条。主要有总则、职责与分工、检测内容及检测设备、组织与实施、监督检查等内容。自 2018 年 10 月 1 日起施行。

8 月 31 日

［纲　文］　**国家副主席王岐山、外交部部长王毅在北京分别会见由干事长二阶俊博率领的日本自民党代表团。**

［目　文］　王岐山会见二阶俊博时说，发展中日友好关系符合两国人民根本利益和时代潮流。双方应以中日和平友好条约缔结 40 周年为契机，按照中日四个政治文件和两国领导人重要共识，发挥好各层面各领域优势，进一步增加往来，不断加深了解，增进政治互信，扩大互利合作，推动两国关系在重回正轨的基础上得到新的发展。执政党交流对发展两国政治关系具有重要作用，中方愿同日方一道，落实好中日执政党交流机制会议各

项共识，为中日关系发展凝聚更多正能量。

二阶俊博表示，日中两国关系友好发展为亚洲和世界作出贡献。日方愿进一步巩固日中关系改善势头，同中方共同沿着和平发展道路继续前进。

王毅会见二阶俊博时表示，今年正值中日和平友好条约缔结40周年，是一个承前启后的重要节点。双方一要回到原点，维护好两国关系健康发展的政治基础。二要不忘初心，牢记重建两国人民友好的重要使命。三要重温诺言，遵循无论日本还是中国都不在地区谋求霸权的宣示，而且共同反对任何其他国家建立这种霸权。四要与时俱进，共同推进东亚经济共同体建设。

二阶俊博表示，日方愿与中方共同努力，维护当前积极势头，推动两国关系健康稳定发展。

8月31日

［纲　文］　第七次中日财长对话在北京举行。

［目　文］　财政部部长刘昆和日本副首相兼财务大臣麻生太郎携双方财政部、央行及金融监管高级官员出席，展开面对面对话交流。双方举行了4场专题会议，就中日宏观经济形势与政策及结构性改革、中日财政合作、中日金融合作以及中日在G20、"10+3"等多边框架下的财金合作等议题进行了深入讨论，取得多项合作共识。

双方一致认为，任何国家都不能从保护主义中受益，同意共同维护和促进自由、开放和基于规则的多边贸易体系，充分发挥G20、"10+3"等多边机制以及亚洲开发银行、世界银行等多边开发机构的作用，加强基础设施领域合作、推动减贫与发展事业、深化区域财金合作、维护区域经济金融稳定。双方还就开展中日第三方市场合作交流了看法，并将探讨未来合作的可能性。

30日，国务院副总理韩正、刘鹤在北京分别会见麻生太郎。双方就中日关系、中日双边经济财金合作有关事宜交换意见。

8月31日

［纲　文］　《人民日报》发表评论员文章《为完善全球治理体系变革提供新思路新方案——论学习习近平总书记在推进"一带一路"建设工作五周年座谈会重要讲话》《培养担当民族复兴大任的时代新人——论学习贯彻习近平总书记在全国宣传思想工作会议重要讲话精神》。

8月31日—9月6日

［纲　文］　应国家主席习近平邀请，加纳总统阿库福-阿多出席中非合作论坛北京峰会并对中国进行国事访问。

［目　文］　访问期间，习近平在北京同阿库福—阿多举行会谈，两国元首共同见证了有关双边合作文件的签署。国务院总理李克强在北京会见了阿库福—阿多。

习近平同阿库福—阿多会谈时指出，中加关系在中非关系发展史上发挥过重要引领作用。双方要发扬中加传统友好，不断赋予中加关系新的活力和内涵。要密切高层交往，继续相互理解、相互支持。中方欢迎加方积极参与"一带一路"建设并加入亚洲基础设施投资银行，愿同加方对接发展战略，拓展各领域合作，加强人文交流。双方要密切在国际和地区问题上沟通协调，更好维护两国和发展中国家共同利益。

阿库福—阿多表示，加纳当年就投票支持恢复中华人民共和国在联合国的合法席位，并一直坚持"一个中国"政策。新形势下，加纳愿不断深化两国关系，积极参与共建"一带一路"，为两国合作注入新的动力。中国沿着中国特色社会主义道路不断前进，对世界和平与发展发挥着重要作用。中国是非洲稳定和振兴的重要机遇，加纳为此感到高兴和鼓舞。加纳将永远是中国在非洲值得信赖的朋友。

李克强会见阿库福—阿多时表示，中方愿同加方一道，将两国老一辈领导人开创的友好事业发扬光大，巩固两国合作全面快速发展的良好势头。拓展产能合作，根据市场原则鼓励中国企业同加方开展合作。提升投资贸易便利化水平，希望加方继续完善法律保障，打造更加公正的投资环境。深化人力资源、农渔业合作，实现互利共赢。

阿库福—阿多表示，加中友谊源远流长。加方从与中方的合作中受益良多，双方合作有力推动了加公路、铁路、通信等基础设施建设。加方愿同中方尽快签订双边投资保护协定，共同推动两国关系更上一层楼。

9 月

9月1日

［纲　文］　中共中央、国务院印发《关于全面实施预算绩效管理的意见》。

［目　文］　《意见》由八个部分组成：一、全面实施预算绩效管理的必要性。二、总体要求。三、构建全方位预算绩效管理格局。四、建立全过程预算绩效管理链条。五、完善全覆盖预算绩效管理体系。六、健全预算绩效管理制度。七、硬化预算绩效管理约束。八、保障措施。

《意见》指出，全面实施预算绩效管理是党中央、国务院作出的重大战略部署，是政府治理和预算管理的深刻变革。各地区各部门要更加紧密地团结在以习近平同志为核心的党中央周围，把思想认识和行动统一到党中央、国务院决策部署上来，增强"四个意识"，坚定"四个自信"，提高政治站位，把全面实施预算绩效管理各项措施落到实处，为决胜全面建成小康社会、夺取新时代中国特色社会主义伟大胜利、实现中华民族伟大复兴的中国梦奠定坚实基础。

9月1日

［纲　文］　国务院办公厅印发《关于调整国家科技体制改革和创新体系建设领导小组组成人员的通知》。

［目　文］　《通知》说，根据机构设置、人员变动情况和工作需要，国务院决定对国家科技体制改革和创新体系建设领导小组组成单位和人员进行调整。现将调整后的名单通知如下。组长：刘鹤。副组长：王志刚、陆俊华、林念修、余蔚平。成员由有关部委办负责人组成。国家科技体制改革和创新体系建设领导小组办公室设在科技部，承担领导小组日常工作。

9月1日

［纲　文］　公安部发布修订后的《公安机关办理国家赔偿案件程序规定》，自2018年10月1日起施行。

9月1日

［纲　文］　中共中央党校（国家行政学院）举行2018年秋季学期入学学员开学典礼。

［目　文］　中共中央政治局委员、中央党校（国家行政学院）校长（院长）陈希出席并讲话。中央有关部门负责人、中央党校（国家行政学院）校委会（院委会）成员、全

体学员和教职工参加开学典礼。中国浦东、井冈山、延安干部学院学员通过视频会议系统同步参加。

9月1日

［纲　文］　《人民日报》发表评论员文章《共同绘制好精谨细腻的"工笔画"——论学习习近平总书记在推进"一带一路"建设工作五周年座谈会重要讲话》《更好满足人民精神文化生活新期待——论学习贯彻习近平总书记在全国宣传思想工作会议重要讲话精神》。

9月1—5日

［纲　文］　应国家主席习近平邀请，南非总统拉马福萨出席中非合作论坛北京峰会，并对中国进行国事访问。

［目　文］　访问期间，习近平在北京同拉马福萨举行会谈，两国元首共同见证了双边合作文件的签署。国务院总理李克强在北京会见了拉马福萨。

习近平同拉马福萨会谈时指出，中国和南非真诚友好、相互信任。欢迎总统先生访华并同我共同主持中非合作论坛北京峰会，相信这将为中南、中非关系发展注入新的强劲动力。中南关系的意涵已经远远超出双边范畴，具有全球性、战略性影响。建交20年来，两国始终坚持互尊互信、互惠互利，始终做到相知相亲、相依相靠。我们要沿着已经确定的大方向、大目标不断前进，积极落实双方已经达成的各项重要共识，做好两国未来10年合作战略规划，加强高层往来，深化政治互信，推进务实合作，增进党际和人文交流。要共同致力于把中非合作开展得红红火火，把金砖合作做大做强，在多边框架内密切沟通和协调，维护好发展中国家的合法权益，促进国际关系民主化，推动国际体系和国际秩序朝着更加公平合理的方向发展。

拉马福萨表示，南中关系是建立在相互尊重、平等互利基础上的，历久弥新，具有战略性，双方保持高层交往对深化互信十分重要。习近平主席今年7月对南非进行了十分成功的国事访问。我也很高兴以南非总统身份首次访华，继续我们之间的战略沟通。南方愿借鉴中方在执政党建设、企业管理等方面的有益经验，积极参与"一带一路"合作。

李克强会见拉马福萨时表示，习近平主席今年7月成功访问南非，为新时期中南、中非关系发展注入新动力。中方愿同南非深入开展工业、装备制造业、投资、海洋经济等领域合作，鼓励更多中国企业到南非开展本地化合作。扩大经济特区和工业园区合作，扩大双边贸易规模。加强金砖国家合作，共同维护多边主义、自由贸易，维护发展中国家的发展势头。

拉马福萨表示，南中关系具有战略性，这体现在双方各领域合作、各层级交往不断推进和深化。南方愿同中方继续加强在双边和多边各领域合作，加强多边机制建设，扩大南南合作，维护以联合国和世界贸易组织为核心的多边主义。

9月1—4日

［纲　文］　应国家主席习近平邀请，埃及总统塞西对中国进行国事访问并出席中非

合作论坛北京峰会。

［目　文］　访问期间，习近平在北京同塞西举行会谈，两国元首共同见证了双边合作文件的签署。国务院总理李克强在北京会见了塞西。

习近平同塞西会谈时指出，中方高度重视发展中埃全面战略伙伴关系。我们将一如既往支持埃及政府为维护稳定、发展经济、改善民生所作努力，支持埃及走符合本国国情的发展道路，支持埃及在国际和地区事务中发挥更大作用，愿同埃方加强战略沟通协调，维护共同利益。双方要在涉及彼此核心利益问题上继续相互支持，就双边关系及共同关心的重大问题及时交换意见，分享治国理政经验，密切各层级、各领域往来。中方视埃方为共建"一带一路"的重要和长期合作伙伴，愿同埃及"2030愿景""苏伊士运河走廊开发"等发展战略紧密对接，推进两国务实合作，加强反恐安全协作。中埃都是文明古国，要共同推动文明对话交流。

塞西表示，埃及是最早支持"一带一路"倡议的国家之一，坚信这一倡议将为埃中双边和国际区域合作带来巨大机遇。埃及将继续支持和参与共建"一带一路"。作为非盟下任轮值主席国，埃及将继续推动非洲同中国的合作。非洲国家最需要的就是发展。中非合作论坛北京峰会的召开证明了中国对非洲发展的高度重视。埃方全力支持中方成功举办峰会。埃及积极评价中国在中东问题上秉持公正立场，愿加强同中国在多边领域的协作。

李克强会见塞西时表示，埃及是有影响的地区大国，中埃关系发展快速，两国高层保持密切交往。习近平主席同总统先生就进一步深化两国全面战略伙伴关系达成广泛共识。中埃优势互补，中方愿推动中国企业赴埃投资，利用苏伊士运河工业园区开展产能、加工贸易等合作，拓展更广阔的市场，更好实现互利双赢，希望埃方为此提供税收等方面的优惠政策。

塞西表示，埃中交往历史悠久，建交以来关系快速发展，合作不断深化。埃方希望借鉴中国的发展经验，欢迎中国企业扩大对埃投资，发挥埃及的区位优势，用好苏伊士运河工业园区，共同开拓欧洲、中东、非洲市场。

9月1—7日

［纲　文］　应国务院总理李克强邀请，埃塞俄比亚总理阿比出席中非合作论坛北京峰会，并对中国进行正式访问。

［目　文］　访问期间，国家主席习近平、全国人大常委会委员长栗战书在北京分别会见阿比。李克强在北京同阿比举行会谈，并共同见证了多项双边合作文件的签署。

习近平会见阿比时指出，埃塞俄比亚是中国在非洲的重要合作伙伴，两国关系定位已提升为全面战略合作伙伴关系。中方支持埃方走适合本国国情的发展道路，赞赏埃方积极参与共建"一带一路"，愿同埃方保持高层交往势头，全面深化各领域互利合作，在涉及彼此核心利益和重大关切问题上继续相互支持，密切在国际和地区事务中的沟通协调，维护两国和发展中国家共同利益。

阿比表示，埃塞珍视两国间平等互利合作，愿学习中国治国理政经验，致力于深化两国关系，积极参与共建"一带一路"，拓展双边交流合作，密切在国际事务中的协调。

李克强同阿比会谈时指出，中方愿本着平等合作、互利共赢的精神，按照市场规则和商业原则，推动两国合作呈现更多活力。鼓励中国企业赴埃投资，扩大双方人力资源开发合作。扎实推进有关交通基础设施及配套项目建设。中方乐见东非地区保持和平稳定，愿同埃方加强在国际和地区事务中的沟通协调，更好维护两国和发展中国家共同利益。

阿比表示，在中国支持下，埃塞和非洲大陆不断实现发展进步。中国企业在埃塞经济社会发展中日益发挥重要作用。埃方愿同中方加强人力资源、能源、公路铁路等基础设施合作。

栗战书会见阿比时说，此次中非合作论坛北京峰会顺应经济全球化大趋势，契合各国促和平、谋发展的共同愿望，将谱写中非共建"一带一路"的新篇章。中方高度重视埃塞的关切，将继续加强在铁路、供水、机场等基础设施和金融、贸易、投资领域的合作，促进中埃全面战略合作伙伴关系迈上新台阶。

阿比表示，两国关系强劲，合作深入。相信中非合作论坛北京峰会将为非中和埃中合作共赢、共同发展开启新的里程碑。

9月1—7日

［纲　文］　应国务院总理李克强邀请，莱索托首相塔巴内出席中非合作论坛北京峰会，并对中国进行正式访问。

［目　文］　访问期间，国家主席习近平在北京会见了塔巴内。李克强在北京同塔巴内举行会谈，并共同见证了双方合作文件的签署。

6日，习近平会见塔巴内时指出，中莱是好朋友和好伙伴，两国关系是大小国家相互尊重、平等协作的典范。中方赞赏莱方坚持一个中国原则，愿同莱方一道，不断深化两国友好互利合作，加强政府、政党、立法机构、社会各界交流，在彼此核心利益和重大关切问题上继续相互理解支持，密切在国际和地区事务中的沟通和协调，维护彼此和发展中国家共同利益，更好造福两国人民。

塔巴内赞同习主席在北京峰会提出的中非合作发展愿景，赞赏中方提出的"八大行动"，相信这将极大推动非中合作。非洲的未来在中国。莱中互为真诚的伙伴，感谢中国长期以来给予的支持。莱索托钦佩中国改革开放取得的成就，中国已找到了符合自身国情的发展道路，这提振了非洲国家实现发展的信心。

李克强同塔巴内会谈时指出，中方愿同莱方继续本着互利共赢的原则，扩大贸易与投资合作，加强在能源、农业、基础设施等重点领域合作，更好实现互利双赢。我们鼓励有竞争力的中国企业赴莱投资兴业。愿同莱方加强在国际和地区事务中的沟通协调，共同维护以联合国为核心的多边主义，维护自由贸易。

塔巴内表示，莱方高度珍视同中国的友谊与合作，钦佩中国取得的巨大发展成就，赞赏中方在各领域为推进莱经济社会发展给予的帮助和支持。莱索托将继续坚定奉行一个中国政策。莱方欢迎中国企业的投资与合作，将进一步优化营商环境。

9月1—9日

［纲　文］　中央军委副主席许其亮对哈萨克斯坦、塔吉克斯坦、吉尔吉斯斯坦进行正式访问。

［目　文］　许其亮访问哈萨克斯坦期间，在阿斯塔纳会见了哈萨克斯坦议会上院议长托卡耶夫，与哈国防部部长叶尔梅克巴耶夫举行正式会谈。

许其亮访问塔吉克斯坦期间，在杜尚别会见了塔吉克斯坦总统拉赫蒙，与塔国防部部长米尔佐举行正式会谈。

许其亮访问吉尔吉斯斯坦期间，在比什凯克会见了吉尔吉斯斯坦总统热恩别科夫，与吉军总长杜伊申比耶夫举行正式会谈。

9月1—8日

［纲　文］　第十四届中国长春电影节在长春举办。

［目　文］　电影节由国家电影局指导，中央广播电视总台、吉林省人民政府、长春市人民政府共同主办，以"新时代·新摇篮·新力量"为主题。举办"金鹿奖"评奖、影片展映、电影论坛、电影市场、群众电影文化活动、开闭幕式等六大板块10项活动。本届电影节为群众带来了210部影片300场展映，规模创长春电影节历史之最；电影音乐季、电影嘉年华等活动吸引了3000多支群众文化团体参与；举办了1500多场次公益电影、城市穿越等文化惠民活动。《红海行动》《我不是药神》获最佳故事片奖。

9月2日

［纲　文］　中非合作论坛第七届部长级会议在北京举行。

［目　文］　国务委员兼外交部部长王毅、商务部部长钟山同南非外长西苏鲁、贸易和工业部部长戴维斯共同主持会议。53个中非合作论坛非方成员国外交部部长和主管对外经贸事务的部长或代表以及非盟委员会高级代表出席。会议审议通过了《关于构建更加紧密的中非命运共同体的北京宣言》和《中非合作论坛—北京行动计划（2019—2021年）》两份成果文件草案，将提交中非领导人在北京峰会上通过。会议欢迎并祝贺冈比亚、圣多美和普林西比、布基纳法索成为论坛新成员。

9月2日

［纲　文］　商务部与毛里求斯外交、地区一体化和国际贸易部在北京签署《中华人民共和国商务部与毛里求斯共和国外交、地区一体化和国际贸易部关于结束中国毛里求斯自由贸易协定谈判的谅解备忘录》。

9月2日

［纲　文］　《人民日报》发表评论员文章《推动共建"一带一路"走深走实造福人民——论学习习近平总书记在推进"一带一路"建设工作5周年座谈会重要讲话》《不断提升中华文化影响力——论学习贯彻习近平总书记在全国宣传思想工作会议重要讲话精神》。

9月2—9日

［纲　文］　应国家主席习近平邀请，刚果总统萨苏出席中非合作论坛北京峰会并对中国进行国事访问。

［目　文］　访问期间，习近平在北京同萨苏举行会谈，两国元首共同见证了双边合作文件的签署。国务院总理李克强在北京会见了萨苏。

习近平同萨苏会谈时指出，中方视刚果共和国为"全天候"朋友，愿同刚方进一步巩固深化政治互信，扩大高层及各层次交往，加强治国理政经验交流，强化政策、理念和战略沟通，牢牢把握中刚关系的正确方向，在涉及彼此核心利益和重大关切问题上继续坚定相互支持，不断深化中刚全面战略合作伙伴关系的内涵。双方还要在全球性重要议题上加强协调配合，推动全球治理体系和国际秩序朝着更加公正合理方向发展。中方坚定不移推进双方互利合作，欢迎刚方积极参与"一带一路"建设，推动两国各领域交流合作取得更加丰硕成果。

萨苏表示，刚方感谢中方长期以来的宝贵帮助，高度评价习近平主席提出的"一带一路"倡议和人类命运共同体理念，赞赏习主席提出的"八大行动"，愿将本国发展战略同"一带一路"倡议对接，加快各自发展。刚中友谊牢不可破，刚方不会受国际上那些关于非中关系杂音的干扰，将坚定致力于深化刚中、非中全面战略合作伙伴关系。

李克强会见萨苏时表示，中刚建交以来，两国始终相互尊重，平等相待，真诚相处，经历了国际风云变幻的考验，友好关系持续向前发展。习近平主席同总统先生举行富有成果的会谈，为两国关系注入新动力。中方愿同刚方保持高层交往势头，增强政治互信，将"一带一路"倡议同刚方发展战略更好对接，推动中刚关系与合作不断提质升级。

萨苏表示，中非合作论坛北京峰会成功举行，为中非合作注入新活力。"一带一路"倡议正在帮助非洲国家实现国家发展的愿望。刚方愿同中方密切高层往来，在基础设施建设、通信、农业等领域合作，实现互利共赢。

9月3日

［纲　文］　纪念中国人民抗日战争暨世界反法西斯战争胜利73周年座谈会在北京举行。

［目　文］　座谈会由中宣部、中央统战部、中央党史和文献研究院、中央军委政治工作部联合举办。中共中央政治局委员、中宣部部长黄坤明出席。参加过抗日战争的老战士和老同志代表、抗战烈士遗属代表，中央党政军群有关部门负责人，各民主党派中央、全国工商联负责人和无党派人士代表，为中国人民抗日战争胜利作出贡献的国际友人或其遗属代表，首都各界群众代表等约200人参加座谈会。

中央统战部、中央党史和文献研究院、中央军委政治工作部负责人和抗战老战士、青年学生代表先后发言，阐释中国人民抗日战争暨世界反法西斯战争胜利的意义，表达铭记历史、缅怀先烈、珍爱和平、开创未来的决心和信心。大家表示，要以习近平新时代中国特色社会主义思想为指引，弘扬伟大的抗战精神，不忘初心、牢记使命，为实现"两个一百年"奋斗目标、实现中华民族伟大复兴中国梦，为推进人类和平与发展事业不懈奋斗。

9月3日

［纲　文］　教育部发布《关于印发〈来华留学生高等教育质量规范（试行）〉的通知》。

［目　文］　《通知》说，《规范》是我部首次专门针对来华留学教育制定的质量规范文件，是指导和规范高校开展来华留学教育的全国统一的基本准则，也是开展来华留学内部和外部质量保障活动的基本依据。请各地方各高校予以高度重视，认真遵照执行，以《规范》为准绳改进来华留学教育工作，提高教育质量和管理服务水平。各地方各高校可在此文件基础上，制定本地本校层面的配套规范，完善来华留学质量保障体系，以质量促发展，以规范促管理，实现来华留学教育工作健康可持续发展。

9月3日

［纲　文］　国家统计局发布报告，改革开放以来我国农村贫困人口减少7.4亿人。

［目　文］　报告显示，从1978年到2017年，我国农村贫困人口减少7.4亿人，年均减贫人口规模接近1900万人；农村贫困发生率下降94.4个百分点，年均下降2.4个百分点。改革开放40年来，我国通过深化改革和大规模的扶贫开发，贫困人口大幅减少，对全球减贫的贡献率超七成。此外，贫困地区农村居民收入保持较快增长。数据显示，2017年，贫困地区农村居民人均可支配收入9377元，扣除价格因素，实际水平是2012年的1.6倍，年均实际增长10.4%，比全国农村平均增速快2.5个百分点。2017年贫困地区农村居民人均可支配收入是全国农村平均水平的69.8%，比2012年提高了7.7个百分点。

9月3日

［纲　文］　中国国家博物馆与陕西省委宣传部、陕西省文物局共同举办的"大唐风华"展览在中国国家博物馆开幕。

［目　文］　展览为期两个月，分为"文武安天下""皇室的珍宝""长安多丽人""大唐异乡客""学理共归真"等部分，以唐代壁画和墓志为线索和重点，配合展出相关文物，从而达到展示唐代艺术、文化和生活的目的。本次展览是新时代国家博物馆国内交流系列展览之一，汇集近120件（套）唐代精品文物。此外，展览中许多精品文物是首次出馆展出，如陕西历史博物馆韩休墓的高士图、武惠妃敬陵壁画、西安碑林博物馆的苏谅妻马氏墓志等。

9月3日

［纲　文］　全国人大常委会副委员长王晨在北京会见由主席维特费尔特率领的挪威议会外交与国防委员会代表团。

［目　文］　王晨说，自中挪关系实现正常化以来，双边关系发展势头良好，正迎来新的发展阶段。中国全国人大愿同挪威议会加强各层级友好往来，深化立法和治国理政经

验交流，推动共建"一带一路"，提升各领域务实合作水平，巩固两国关系的民意和社会基础。

维特费尔特说，愿与中方加强交流合作，促进双边关系健康稳定发展。

9月3日

[纲　文]　《人民日报》发表评论员文章《让党的旗帜在宣传思想战线高高飘扬——论学习贯彻习近平总书记在全国宣传思想工作会议重要讲话精神》。

9月3—4日

[纲　文]　中非合作论坛北京峰会在北京举行。

[目　文]　国家主席习近平出席开幕式并发表题为《携手共命运 同心促发展》的主旨讲话，强调中非要携起手来，共同打造责任共担、合作共赢、幸福共享、文化共兴、安全共筑、和谐共生的中非命运共同体，重点实施好产业促进、设施联通、贸易便利、绿色发展、能力建设、健康卫生、人文交流、和平安全"八大行动"。

中国和53个非洲国家的国家元首、政府首脑、代表团团长和非洲联盟委员会主席出席，会议以"合作共赢，携手构建更加紧密的中非命运共同体"为主题。习近平和论坛共同主席国南非总统拉马福萨分别主持第一阶段和第二阶段会议。会议通过《关于构建更加紧密的中非命运共同体的北京宣言》和《中非合作论坛—北京行动计划（2019—2021年）》。峰会闭幕后，习近平同论坛前任共同主席国南非总统拉马福萨、新任共同主席国塞内加尔总统萨勒在北京人民大会堂共同会见记者。

3日晚，习近平和夫人彭丽媛在北京人民大会堂举行宴会，欢迎出席中非合作论坛北京峰会的外方领导人和夫人。宴会后，习近平和彭丽媛同贵宾们观看文艺演出。

会议期间，习近平出席中非领导人与工商界代表高层对话会暨第六届中非企业家大会开幕式并发表题为《共同迈向富裕之路》的主旨演讲。彭丽媛在钓鱼台国宾馆芳华苑出席"中非携手抗艾 共享美好未来"主题会议并发表致辞，与37位非洲国家元首、政府首脑夫人共同发布《中非艾滋病防控主题会议联合倡议》。

8月30日至9月6日，国家主席习近平、国务院总理李克强、全国人大常委会委员长栗战书、全国政协主席汪洋、中共中央政治局常委王沪宁、中共中央政治局常委赵乐际、国务院副总理韩正、国家副主席王岐山、国务院副总理孙春兰、国务院副总理刘鹤、国务委员兼外交部部长王毅在北京分别同与会的53个非洲国家的国家元首、政府首脑、代表团团长和非洲联盟委员会主席、联合国秘书长古特雷斯、世界卫生组织总干事谭德塞等举行会谈、会见。

9月4日

[纲　文]　国家主席习近平致电阿里夫·阿尔维，祝贺他当选巴基斯坦总统。

9月4日

[纲　文]　教育部印发《高校思想政治工作专项资金管理暂行办法》。

〔目　文〕　《办法》共6章24条。主要有总则、管理程序与职责、预算管理、支出和决算管理、监督检查与绩效管理等内容。自2018年9月4日起施行。

9月4日

〔纲　文〕　国务院办公厅函复应急管理部，同意调整完善危险化学品安全生产监管部际联席会议制度。

〔目　文〕　函复说，你部关于完善危险化学品安全生产监管部际联席会议制度的请示收悉。经国务院同意，现函复如下：国务院同意调整完善危险化学品安全生产监管部际联席会议制度。联席会议不刻制印章，不正式行文，请按照国务院有关文件精神认真组织开展工作。

9月4日

〔纲　文〕　中共中央政治局委员、中宣部部长黄坤明在北京会见印度人民党领导人、恰尔肯德邦首席部长达斯。

〔目　文〕　黄坤明说，在习近平主席和莫迪总理的重视和推动下，中印关系保持稳定发展。中国共产党重视同包括印度人民党在内的印度各政党的友好关系，愿与印方一道积极落实两国领导人的重要共识，进一步深化两国党际交往，发展新型政党关系，为中印关系不断向前发展作出更大贡献。

达斯说，印中关系稳定发展意义重大，印方欢迎中方企业赴印投资兴业，期待进一步加强包括党际交往在内的双边关系。

9月4日

〔纲　文〕　《人民日报》发表评论员文章《增强"四力"打造过硬队伍——论学习贯彻习近平总书记在全国宣传思想工作会议重要讲话精神》。

9月4—6日

〔纲　文〕　国际雪豹保护大会在深圳召开。

〔目　文〕　大会由国家林业和草原局、广东省人民政府、中国野生动物保护协会主办，深圳市人民政府承办。来自中国、阿富汗等12个雪豹分布国的政府或专家代表，自然保护区以及全球雪豹及其生态系统保护行动计划指导委员会秘书处、世界自然基金会、国际野生生物保护学会、雪豹保护信托基金等国际性的和各国的非政府组织、大专院校、科研机构等单位代表、专家，共210余人参加本次大会。会议通过了《全球雪豹保护深圳共识》。

9月5日

〔纲　文〕　财政部、税务总局发布《关于金融机构小微企业贷款利息收入免征增值税政策的通知》。

〔目　文〕　《通知》指出，为进一步加大对小微企业的支持力度，自2018年9月1日至2020年12月31日，对金融机构向小型企业、微型企业和个体工商户发放小额贷款取得的利息收入，免征增值税。

9月5日

［纲　文］　中国酒泉卫星发射中心成功发射商业亚轨道火箭双曲线一号。

［目　文］　双曲线一号火箭（SQX-1Z）搭载3颗立方体星，进入预定轨道后，火箭将2颗立方体星依次释放进行亚轨道验证飞行，其中1颗完成降落伞着陆回收。

双曲线一号商业亚轨道火箭由北京星际荣耀科技有限公司研制生产，此次发射的火箭是其先期验证型号。该型火箭试验成功并进入市场后，将为小卫星及星座客户提供一体化商业发射服务。

9月5日

［纲　文］　国务委员兼国防部部长魏凤和在北京会见新加坡三军总长王赐吉。

［目　文］　魏凤和说，在习近平主席和李显龙总理共同引领下，中新关系持续巩固深化。中方愿与新方一道，加强高层战略沟通，不断推进联演联训、智库交流等领域务实合作，持续深化地区多边安全合作与协调，推动发展中新与时俱进的全方位合作伙伴关系，积极维护地区和平稳定。

王赐吉说，新方重视中国在国际和地区事务中的重要影响和作用，愿与中方加强合作，增进战略互信，促进两国两军关系的发展。

9月5日

［纲　文］　《人民日报》发表评论员文章《走出一条特色鲜明的合作共赢之路——论习近平主席在中非合作论坛北京峰会开幕式上主旨讲话》《守正创新推动宣传思想工作不断强起来——论学习贯彻习近平总书记在全国宣传思想工作会议重要讲话精神》。

9月5—8日

［纲　文］　应国家主席习近平邀请，摩纳哥元首阿尔贝二世亲王对中国进行国事访问。

［目　文］　7日，习近平在北京同阿尔贝二世举行会谈时指出，中国和摩纳哥虽然相距遥远，国情存在显著差异，但两国坚持相互尊重、平等相待、合作共赢，双边关系发展得很好，为大小国家友好相处、共同发展树立了榜样。中方一贯主张，国家不论大小、贫富、强弱，都是国际社会的平等一员，这是构建新型国际关系应有之义。中摩双方要保持密切交往，围绕"一带一路"倡议探讨深化生态环保、应对气候变化、清洁能源、绿色低碳、野生动物保护等领域合作，丰富人文交流，继续做大小国家友好交往的典范。阿尔贝二世亲王是国际奥委会委员，支持中国举办2008年夏季奥运会，我们欢迎你来华出席2022年冬奥会。习近平介绍了刚刚闭幕的中非合作论坛北京峰会情况，强调中方支持非洲合作伙伴多元化，愿同包括摩方在内各国合作，共同支持非洲实现持久和平和可持续发展。

阿尔贝二世表示，这是我第十次访华，每次来华都能看到中国经济社会文化发展的新成就。这次访华我去吉林省参观了养蜂、东北虎保护等项目，中方在生态环境保护方面取得的成就令我印象深刻。摩方对摩中双边关系感到满意，高度赞赏并积极支持中国在国际事务中的重要作用，特别是习近平主席为全球治理、应对气候变化等方面作出的突出贡献，愿同中方加强互利共赢交流合作。我支持并祝愿 2022 年北京张家口冬奥会取得成功。

9月6日

[纲　文]　李克强主持召开国务院常务会议。

[目　文]　会议主要内容是：一、确定落实新修订的个人所得税法的配套措施，为广大群众减负。会议指出，要在确保 10 月 1 日起如期将个税基本减除费用标准由 3500 元提高到 5000 元并适用新税率表的同时，抓紧按照让广大群众得到更多实惠的要求，明确子女教育、继续教育、大病医疗、普通住房贷款利息、住房租金、赡养老人支出 6 项专项附加扣除的具体范围和标准，使群众应纳税收入在减除基本费用标准的基础上，再享有教育、医疗、养老等多方面附加扣除，确保扣除后的应纳税收入起点明显高于 5000 元，进一步减轻群众税收负担，增加居民实际收入、增强消费能力。二、决定完善政策确保创投基金税负总体不增。会议决定，保持地方已实施的创投基金税收支持政策稳定，由有关部门结合修订个人所得税法实施条例，按照不溯及既往、确保总体税负不增的原则，抓紧完善进一步支持创投基金发展的税收政策。三、部署打造"双创"升级版，增强带动就业能力、科技创新力和产业发展活力。会议指出，深入实施创新驱动发展战略，打造大众创业、万众创新升级版，有利于推动新旧动能转换和扩大就业。四、会议通过《专利代理条例（修订草案）》。

9月6日

[纲　文]　新华社讯，中央军委印发《关于加强新时代军队党的建设的决定》。

[目　文]　《决定》指出，党的领导和党的建设是我军建设发展的关键，关系强军事业兴衰成败，关系党和国家长治久安。面向未来，我军党的领导和党的建设工作必须全面加强。全军要全面贯彻习近平新时代中国特色社会主义思想和党的十九大精神，深入贯彻习近平强军思想，落实新时代党的建设总要求，落实新时代党的组织路线，坚持党对军队绝对领导，坚持全面从严治党，坚持聚焦备战打仗，全面提高我军加强党的领导和党的建设工作质量，为实现党在新时代的强军目标、完成好新时代我军使命任务提供坚强政治保证。全面加强新时代我军党的领导和党的建设工作是重大政治责任。各级要全面落实党委主体责任、纪委监督责任、党委书记副书记"第一责任人"责任和领导干部"一岗双责"，奋力开创人民军队党的建设新局面，凝聚起实现中国梦强军梦的磅礴力量。

9月6日

[纲　文]　第三次全国国土调查工作电视电话会议在北京召开。

[目　文]　国务院副总理、国务院第三次全国国土调查领导小组组长韩正出席会议并讲话。自然资源部负责人通报了第三次全国国土调查工作准备情况。财政部、国家统计局和河南、广东、甘肃省政府有关负责人作了发言。

韩正指出，第三次全国国土调查是中国特色社会主义进入新时代后的一次重大国情国力调查。要坚持以习近平新时代中国特色社会主义思想为指导，严格按照国务院有关通知要求，统一部署、精心实施、创新方法、完善机制，摸清我国自然资源基础家底，全面掌握真实、准确、可靠的基础数据。数据真实是调查的生命线。各地区、各部门要增强大局意识，坚持实事求是的原则，各司其职、各负其责、密切协作，严格落实《土地调查条例》确定的"全国统一领导、部门分工协作、地方分级负责、各方共同参与"的组织实施要求。要依法开展国土调查，对依法获取的数据和资料，任何单位和个人均不得擅自调整和修改。要科学进行国土调查，尽可能采用先进技术手段，减少可能出现的人为干扰，千方百计提高数据质量。

会前，韩正还主持召开了国务院第三次全国国土调查领导小组第一次全体会议，研究部署下一阶段工作。

9月6日
［纲　文］　国家统计局发布的报告显示，1981年至2017年全社会投资累计完成490万亿元，年均增长20.2%。

［目　文］　报告显示，2017年，全国固定资产投资中施工项目建设规模达132万亿元，而1980年仅为4822亿元；2017年施工项目个数89万个，投产项目个数62万个，均为改革开放后历史最高水平。

9月6日
［纲　文］　全国政协主席汪洋在北京出席朝鲜驻华使馆国庆70周年招待会并致辞。

9月6日
［纲　文］　全国政协主席汪洋在北京会见由党首山口那津男率领的日本公明党代表团。

［目　文］　汪洋表示，今年是中日和平友好条约缔结40周年。中日是具有重要世界影响的国家，双方应自觉肩负起各自历史使命，着眼大局和长远发展中日关系，为构建人类命运共同体、建设更加美好的世界共同努力。政党交流是中日关系的重要组成部分，希望双方深化交流合作，增进理解和信任，夯实中日关系的政治基础，为中日关系行稳致远创造条件。

山口那津男向汪洋转交了日本首相安倍晋三致国家主席习近平的亲署信并表示，公明党始终致力于日中友好，希望日中携手合作，为地区和世界和平和繁荣担起责任、作出贡献。

9月6日
［纲　文］　《人民日报》发表评论员文章《答好和平与发展的时代命题——论习近平主席在中非合作论坛北京峰会开幕式上主旨讲话》。

9月6—9日
［纲　文］　第六届中国（绵阳）科技城国际科技博览会举办。

〔目　文〕　科博会由科技部和四川省人民政府主办，以"军民融合·科技创新·开放合作"为主题。大会展览总面积7万平方米，是2017年的1.8倍，展品超过1万件。为瞄准打造"全国军民融合第一展"，大会专门设立1万平方米的军民融合馆，首次单独设立7500平方米的北斗技术应用展馆、2100平方米的航空航天展区、2000平方米的核技术应用展区，中电科、中兵装、中核建等军工集团，中物院、中科院、哈工大等26家高校院所，中国商飞、中广核等110余家企业参展。大会期间还同步举行论坛活动31项，包括国际军民融合创新发展论坛、北斗技术应用大会等。本届科博会还创新办展体制机制，与国家级协会（学会）、重点科研院所和行业领军企业等展开深度合作，首次由中国卫星导航与定位协会、中国空气动力学会等7家国家级协会（学会）自主举办各类专业论坛、展览展示和全国性赛事活动。

9月6—10日

〔纲　文〕　应国务委员兼外交部部长王毅邀请，冰岛外交部部长索尔达松正式访问中国。

〔目　文〕　6日，国家副主席王岐山在北京会见索尔达松时表示，两国间相互尊重、平等相待，树立了大小国家友好合作关系典范，符合两国人民根本利益。中冰关系近年来快速稳定发展，务实合作富有成果，中冰友好深入人心。中方赞赏冰方在对华关系上展现出的开拓创新精神，愿同冰方不断加深了解，增进互信，对接发展战略，实现更高水平优势互补和合作共赢，开辟中冰关系更美好的未来。

索尔达松表示，冰方感谢中方在冰岛遭遇金融危机时给予的帮助，愿与中方加强在经贸、旅游、地热、北极事务和气候变化等领域合作，实现共同发展。

同日，王毅在北京与索尔达松举行会谈时表示，冰岛地缘重要性突出，是亚欧之间开展互联互通合作的天然伙伴，中冰双方应加强发展战略对接，围绕"一带一路"建设开展合作。双方还应积极拓展经贸、地热、旅游、北极、气候变化等领域的务实合作，进一步造福两国人民。

索尔达松表示，冰岛对"一带一路"倡议持开放态度，愿与中方共同为促进欧亚大陆互联互通作出贡献。冰方愿以担任北极理事会轮值主席国为契机，深化两国北极事务合作。

9月6日

〔纲　文〕　首届中非民营经济合作高峰论坛在杭州举办。

〔目　文〕　论坛由全国工商联和浙江省人民政府主办。作为中非合作论坛北京峰会的一项配套活动，以"深化中非民营经济合作"为主题，旨在搭建中非民营企业间友好交流和务实合作的平台，促进中非民营企业在更高质量更高水平上合作，实现互利共赢、共同发展。设置了"民营企业助力中非产能合作""民营企业助力中非基础设施发展""民营企业助力中非医疗卫生健康产业发展"三个平行论坛。来自中非政府部门、民营企业和研究机构的300多名代表分享了各自的经验。发布了《首批中国民营企业在非境外经贸合作区清单》，并签署了多项经济合作协议，内容涉及航空合作、工业园区建设、国际商事调解、跨境电商等。

9月7日

[纲　文]　国家主席习近平任免驻外大使。

[目　文]　习近平根据全国人民代表大会常务委员会的决定任免下列驻外大使：一、免去田琦的中华人民共和国驻也门共和国特命全权大使职务；任命康勇为中华人民共和国驻也门共和国特命全权大使。二、免去刘豫锡的中华人民共和国驻多哥共和国特命全权大使职务；任命巢卫东为中华人民共和国驻多哥共和国特命全权大使。三、免去旷伟霖的中华人民共和国驻非盟使团团长、特命全权大使职务；任命刘豫锡为中华人民共和国驻非盟使团团长、特命全权大使。四、免去张汉晖的中华人民共和国驻哈萨克斯坦共和国特命全权大使职务；任命张霄为中华人民共和国驻哈萨克斯坦共和国特命全权大使。五、免去崔志伟的中华人民共和国驻黑山特命全权大使职务；任命刘晋为中华人民共和国驻黑山特命全权大使。六、免去邹肖力的中华人民共和国驻希腊共和国特命全权大使职务；任命章启月（女）为中华人民共和国驻希腊共和国特命全权大使。七、免去刘全的中华人民共和国驻瓦努阿图共和国特命全权大使职务；任命周海成为中华人民共和国驻瓦努阿图共和国特命全权大使。八、任命张润为中华人民共和国驻多米尼加共和国特命全权大使。九、免去张晋雄的中华人民共和国驻苏里南共和国特命全权大使职务；任命刘全为中华人民共和国驻苏里南共和国特命全权大使。

9月7日

[纲　文]　国家主席习近平通过视频祝贺纪念"一带一路"倡议在哈萨克斯坦提出5周年商务论坛举行。

[目　文]　习近平在祝贺视频中表示，值此"一带一路"倡议在哈萨克斯坦提出5周年之际，谨向论坛召开表示热烈的祝贺，向纳扎尔巴耶夫总统表示衷心的感谢，向各位嘉宾致以诚挚的问候。"一带一路"倡议提出后，得到国际社会广泛关注，各有关国家积极响应。参与共建"一带一路"的众多国家政策协调不断加强，重大经贸项目加快实施，基础设施联通网络正在形成，产业和金融合作稳步推进，各国民间往来更加密切，为各国人民带来了实实在在的福祉。哈萨克斯坦是"一带一路"倡议的坚定支持者和积极参与者。5年来，在双方共同努力下，中哈共建"一带一路"合作取得丰硕成果。中国愿同哈萨克斯坦及其他有关各国一道，秉持共商共建共享理念，以开放包容姿态致力于共同发展和繁荣，把"一带一路"建设成为和平之路、繁荣之路、开放之路、创新之路、文明之路，为造福各国人民、推动构建人类命运共同体作出更大贡献。预祝论坛圆满成功。

纪念"一带一路"倡议在哈萨克斯坦提出5周年商务论坛在哈萨克斯坦首都阿斯塔纳举行。哈萨克斯坦总统纳扎尔巴耶夫及哈方高层出席。

同日，由中国公共外交协会、哈萨克斯坦国际关系委员会和G-Global国际秘书处主办的"一带一路"中哈智库媒体人文交流论坛在阿斯塔纳举行,包括主论坛、中哈智库媒体高端对话会分论坛和中哈健康文化与产业合作分论坛。两国政府、智库、媒体和企业代表围绕深化务实合作、推动人文交流等内容进行了讨论。

9月7日

[纲 文] 全国人大常委会立法工作会议在北京举行。

[目 文] 全国人大常委会委员长栗战书出席会议并讲话。全国人大常委会副委员长王晨主持会议。全国人大常委会副委员长曹建明、张春贤、沈跃跃、艾力更·依明巴海、万鄂湘、陈竺、白玛赤林、丁仲礼、郝明金、蔡达峰出席。会议传达了立法规划有关情况。全国人大财经委、司法部、生态环境部、中央军委法制局、全国人大常委会法工委负责人作了发言。

栗战书指出,党中央已批准了十三届全国人大常委会立法规划。要准确把握做好新时代立法工作、完成立法规划的基本要求,加强和改进立法工作。一要坚持党中央对立法工作的集中统一领导,确保立法工作正确政治方向。二要发挥人大及其常委会在立法工作中的主导作用,形成工作合力,共同做好立法工作。三要增强工作紧迫感,在保证立法质量的前提下加大工作力度、加快立法工作步伐。四要健全责任机制,加强调查研究,加强协同配套,讲好立法故事,切实做好立法规划组织实施工作。

9月7日

[纲 文] 韩正在北京主持召开国务院食品安全委员会第一次全体会议并讲话。

[目 文] 国务院副总理、国务院食品安全委员会副主任胡春华,国务委员、国务院食品安全委员会副主任王勇出席会议并讲话。市场监管总局、农业农村部、卫生健康委、海关总署、公安部等部门负责人作了发言。国务院食品安全委员会成员单位和有关部门负责人参加会议,食品安全专家委员会有关专家列席会议。会议学习贯彻中共中央总书记习近平关于食品安全工作的指示精神,贯彻落实国务院总理李克强提出的工作要求,听取食品安全工作情况汇报,审议有关文件,研究部署当前和今后一个时期食品安全工作。

国务院副总理、国务院食品安全委员会主任韩正指出,食品安全关系到每一个人的健康,是百姓最关心的民生问题之一。当前食品领域风险因素复杂,食品安全形势依然严峻。要始终坚持问题导向,决不回避问题,善于发现问题、研究问题、解决问题。针对群众反映强烈的果蔬、粮食农药残留和重金属超标,食品掺假造假,餐饮后厨卫生等烦心事,要采取更有针对性、更管用、更务实的举措,在持续解决问题中推动食品安全工作,不断提高食品安全工作能力和水平。

9月7日

[纲 文] 国务院在北京召开全国开展"大棚房"问题专项清理整治行动电视电话会议。

[目 文] 国务院副总理胡春华出席会议并讲话指出,"大棚房"问题严重违反土

地管理法律法规，直接触碰耕地保护红线和永久基本农田划定底线，要认真贯彻习近平总书记重要指示精神，落实李克强总理等中央领导同志的批示要求，落实国务院专题会议决定，不折不扣开展好"大棚房"问题专项清理整治行动，坚决遏制农地非农化乱象。开展"大棚房"问题专项清理整治行动，涉及面广，政策性强，社会敏感度高，必须准确把握清理整治范围，明确责任分工，加强组织领导，确保如期保质完成任务。

9月7日

［纲　文］　税务总局发布《关于做好个人所得税改革过渡期政策贯彻落实的通知》。

［目　文］　《通知》由五个部分组成：一、提高认识，切实加强组织领导。二、夯实基础，稳妥做好系统切换。三、优化服务，积极提升服务质效。四、创新方式，精准有效开展宣传。五、强化分析，及时做好效应跟踪。

9月7日

［纲　文］　北京冬奥组委、中国残联、北京市人民政府、河北省人民政府联合发布《北京2022年冬奥会和冬残奥会无障碍指南》。

［目　文］　《指南》共分为10章，包括总则、技术规范（包括无障碍通行、辅助设施、酒店和住宿）、信息无障碍、场馆和运动员村无障碍设计、城市无障碍设施、无障碍交通、社会环境与服务无障碍等内容，既提出了原则要求，也提供了参数、图例和服务内容。

9月7日

［纲　文］　国务院总理李克强在北京会见美国埃克森美孚公司董事长兼首席执行官**伍德伦**。

［目　文］　李克强表示，欢迎埃克森美孚在华建设大型独资石化项目。希望包括贵公司在内的外国企业抓住机遇，按照市场规则和商业原则同中方开展合作，更好实现互利共赢。过去40年中国发展取得的成就得益于改革开放，这条路我们会坚定不移走下去。中方将进一步放宽市场准入，对中外企业一视同仁，更好保护知识产权，不断优化营商环境，为外国企业来华投资提供更多便利，继续成为外国投资的热土。希望包括埃克森美孚在内的美国企业积极扩大对华投资，同时发出客观公正的声音，推动外界积极理性看待中国改革开放和发展。

埃克森美孚公司此次同中方商谈了100亿美元独资石化项目落户广东事宜。伍德伦表示，埃克森美孚公司同中国有着长期合作关系。我们赞赏中国政府近期出台的一系列扩大开放、优化营商环境、保护知识产权等举措，这不仅有助于中国实现自身发展目标，也将为包括埃克森美孚公司在内的各国企业在华开展合作提供广阔机遇。我们的发展目标同中方发展规划有很多契合之处，对有关合作项目的成功抱有信心，愿以世界一流技术助力中国制造，开展长期合作。

9月7日

［纲　文］　国家副主席王岐山在北京出席中国人民对外友好协会和中朝友好协会举

办的朝鲜国庆 70 周年庆祝招待会。

9月7日

［纲　文］　中央外事工作委员会办公室主任杨洁篪在北京会见古巴国务委员会第一副主席兼部长会议第一副主席巴尔德斯。

［目　文］　杨洁篪表示，当前，国际形势正发生深刻复杂变化，中古要发扬密切高层交往的好传统，继续加强战略沟通和治国理政经验交流，相互支持相互帮助，深化合作。

巴尔德斯表示，古巴政府和人民将坚定致力于发展同中国的特殊友好关系，同中方加强协调合作。

9月7日

［纲　文］　中央军委副主席张又侠、国务委员兼国防部部长魏凤和在北京分别与伊朗国防部部长哈塔米会见、会谈。

［目　文］　张又侠会见哈塔米时说，近年来，中伊两军各领域合作稳步发展，取得了实实在在的成果。中方愿与伊方携手努力，不断深化战略互信，将两军关系提升到新的水平。伊朗核问题全面协议是联合国认可的具有法律效力的国际协议，应该继续得到切实执行。中方愿与包括伊方在内的有关各方一道为此作出努力。

哈塔米说，伊方愿与中方一道，全面落实两国领导人达成的共识，推动两国两军关系不断向前发展。

魏凤和与哈塔米会谈时说，中方高度重视中伊两国两军关系，中伊在涉及彼此核心利益的重大关切问题上相互理解、相互支持，在许多重大国际和地区问题上保持着密切沟通与协调。中方愿同伊方发展两军关系，加强战略沟通，推动两军各领域交流合作不断取得新成果，为发展两国全面战略伙伴关系作出积极贡献。

哈塔米表示，伊方赞赏中方为维护国际和地区和平稳定发挥的重要作用，愿同中方深化各领域务实合作，更好造福两国人民。

9月7日

［纲　文］　第十三届全国政协党组理论学习中心组举行第三次集体学习。

［目　文］　本次学习的主题是：当前国际形势。中央外事工作委员会办公室副主任刘建超就当前国际形势作了专题辅导报告，并回答了有关问题。

全国政协主席、党组书记汪洋主持并讲话。全国政协副主席、党组副书记张庆黎，全国政协副主席、党组成员刘奇葆、卢展工、王正伟、马飚、夏宝龙、杨传堂、李斌、巴特尔出席会议，部分党组成员作了发言。

9月7日

［纲　文］　财政部、应急管理部向广东省、云南省、新疆维吾尔自治区和新疆生产建设兵团下拨中央财政自然灾害生活补助资金 1.55 亿元。

［目　文］　资金主要用于近期相关省份严重暴雨洪涝和泥石流灾害受灾群众紧急转

移安置、过渡期生活救助、倒损民房恢复重建、因灾遇难人员家属抚慰等受灾群众生活救助需要。

此前，国家减灾委、应急管理部针对广东、云南、新疆等地发生的严重暴雨洪涝和泥石流灾害已启动国家Ⅳ级救灾应急响应，分别派出工作组赶赴重灾区查看灾情。

9月7日

［纲　文］　中国在太原卫星发射中心用"长征二号丙"运载火箭成功发射"海洋一号"C星。

［目　文］　该星进一步提升我国海洋遥感技术水平，对我国研究海气相互作用、提高防灾减灾能力、开展全球气候变化研究、解决人类共同面临的全球气候变暖等问题具有重要意义，将开启我国自然资源卫星陆海统筹发展新局面，助力海洋强国建设。

"海洋一号"C星是我国第三颗海洋水色系列卫星，是我国民用空间基础设施规划的首颗海洋业务卫星。该星与计划在2019年发射的"海洋一号"D星组成我国首个海洋民用业务卫星星座，进行上、下午组网观测，大幅提高水色卫星全球覆盖能力。

"海洋一号"C星装载了海洋水色水温扫描仪、海岸带成像仪、紫外成像仪、星上定标光谱仪和船舶自动识别系统等5个有效载荷。与"海洋一号"A星和B星相比，该星观测精度、观测范围、使用寿命均有大幅提升。

9月7日

［纲　文］　《人民日报》发表评论员文章《共筑更加紧密的中非命运共同体——论习近平主席在中非合作论坛北京峰会开幕式上主旨讲话》。

9月7—9日

［纲　文］　赵克志在浙江省调研。

［目　文］　国务委员、公安部部长赵克志在诸暨市公安局枫桥派出所、诸暨市街道社区、杭州市公安基层单位调研，并主持召开多场座谈会，听取基层民警和干部群众的经验做法和意见建议。他指出，要深刻认识、准确把握新时代"枫桥经验"的重大意义、丰富内涵和基本遵循，紧紧依靠群众、充分发动群众，不断提高基层治理现代化水平，切实做到"矛盾不上交、平安不出事、服务不缺位"。要着力锻造一支绝对忠诚于以习近平同志为核心的党中央、党和人民满意的过硬公安队伍，加强公安基层基础建设，创新基层警务模式，善于运用法治思维和法治方式防范风险、化解矛盾、维护群众合法权益，不断增强人民群众的获得感、幸福感、安全感。

9月7—9日

［纲　文］　国务委员兼外交部部长王毅对巴基斯坦进行正式访问。

［目　文］　访问期间，王毅在伊斯兰堡出席了巴基斯坦总统阿尔维就职典礼并会见阿尔维；分别会见了巴总理伊姆兰·汗、巴陆军参谋长巴杰瓦、国民议会议长凯瑟；与巴基斯坦外长库雷希举行会谈并共同会见记者。双方就双边关系和共同关心的国际和地区议题交换意见。

9月7—21日

［纲　文］　第五届丝绸之路国际艺术节在西安举办。

［目　文］　艺术节由文化和旅游部、陕西省人民政府主办，陕西省文化厅承办。共有118个国家和地区参与。在文艺演出、美术展览、惠民巡演等板块的基础上，举办2018国际青年汉学家研修班（西安班）、2018国际现代艺术周、2018国际儿童戏剧周、2018数字互动文化娱乐周及2018丝路长安大学生艺术节等五项专题活动。

9月7—11日

［纲　文］　第四届中国西藏旅游文化国际博览会在拉萨举行。

［目　文］　博览会由文化和旅游部、西藏自治区人民政府主办，以"畅游新西藏·守护第三极"为主题。展示西藏厚重独特的历史文化和独具魅力的自然风光，进一步扩大对内对外开放，加快建设国家面向南亚开放的重要通道，全力提升西藏对内对外开放水平，树立西藏开放、自信、包容的新形象。其间举行的招商引资落地项目合同集中签约仪式上，成功签约合同类项目108个，总投资540.82亿元。本届藏博会首次在林芝开设分会场，展示了藏东南独特秀丽的自然风光和多姿多彩的风土人情。

9月7—9日

［纲　文］　2018世界旅游城市联合会青岛香山旅游峰会在青岛举行。

［目　文］　峰会由世界旅游城市联合会及其会员城市青岛市人民政府主办。围绕"把握发展趋势 提升城市品牌"峰会主题，举办了四场主题分别为"旅游城市品牌建设""高速兴起的大众旅游及其全球影响""城市形象与城市品牌：旅游城市如何通过品牌提升形象""创建和管理城市品牌推广的合作伙伴关系"的论坛。来自世界59个国家、112个旅游城市、200余家旅游相关企业和包括联合国在内的多家国际组织，约400名代表出席本届峰会。

9月8日

［纲　文］　中宣部、退役军人事务部印发《关于开展"最美退役军人"学习宣传活动的通知》。

［目　文］　《通知》指出，各地要深入挖掘身边退役军人立足本职、干事创业的感人事迹，选树一大批先进典型，举办一系列富有仪式感的活动，开展形式多样的实践活动，大力学习宣传"最美退役军人"先进事迹，推动学习宣传活动进企业、进农村、进机关、进校园、进社区、进军营、进网站。

9月8日

［纲　文］　人民银行、财政部、发展改革委、证监会发布《公告〔2018〕第15号》。

［目　文］　《公告》说，为推动我国债券市场发展与对外开放，进一步便利国际开发机构在境内发行债券，现决定废止《国际开发机构人民币债券发行管理暂行办法》（中国人民银行 财政部 国家发展和改革委员会 中国证券监督管理委员会公告〔2010〕第10

号公布），将国际开发机构人民币债券发行纳入境外机构在境内发行债券框架内统一管理，由相关部门在各自职责范围内分工负责。

9月8日

［纲 文］ 人民银行、财政部公布《全国银行间债券市场境外机构债券发行管理暂行办法》。

［目 文］ 《办法》共6章30条。主要有总则，发行申请，债券发行、登记、托管、结算，信息披露，其他等内容。

9月8日

［纲 文］ **中央全面依法治国委员会办公室在北京召开法学法律界专家座谈会。**

［目 文］ 会议内容为学习中共中央总书记习近平在中央全面依法治国委员会第一次会议上的讲话精神。中共中央政治局委员、中央全面依法治国委员会办公室主任郭声琨出席并讲话。与会法学专家学者围绕学习贯彻习近平讲话精神、加快推进全面依法治国畅谈体会，提出意见建议。

郭声琨指出，习近平总书记关于全面依法治国的新理念新思想新战略，是习近平新时代中国特色社会主义思想的重要组成部分，创造性地丰富和发展了中国特色社会主义法治理论，是马克思主义法治思想中国化的最新成果，是深化全面依法治国实践的根本遵循。要把学习宣传贯彻习近平总书记关于全面依法治国的新理念新思想新战略作为重要任务，坚持党对全面依法治国的集中统一领导，紧紧围绕习近平总书记提出的全面依法治国七项重点工作，立足新时代、找准着力点、推进新实践，加快建设中国特色社会主义法治国家。

9月8日

［纲 文］ **《人民日报》发表评论员文章《以"八大行动"谱写合作新篇章——论习近平主席在中非合作论坛北京峰会开幕式上主旨讲话》。**

9月8—10日

［纲 文］ **中共中央总书记、国家主席习近平特别代表，中共中央政治局常委、全国人大常委会委员长栗战书率中国党政代表团访问朝鲜，并出席朝鲜建国70周年庆祝活动。**

［目 文］ 9日，栗战书在平壤会见了朝鲜劳动党委员长、国务委员会委员长金正恩。栗战书首先转达习近平对金正恩的亲切问候并转交亲署函。习近平在亲署函中指出，朝鲜建国70年以来，在金日成同志、金正日同志和委员长同志坚强领导下，朝鲜党和人民奋力推进社会主义建设事业，取得了不平凡的成就。当前，委员长同志正带领朝鲜党和人民，全面贯彻落实新战略路线，致力于发展经济、改善民生，在社会主义建设各个领域不断取得新的成就。维护好、巩固好、发展好中朝关系始终是中国党和政府坚定不移的方针。今年以来，委员长同志同我先后三次会晤，达成重要共识，掀开了中朝关系发展新篇章。我愿同委员长同志一道，加强对中朝关系规划指引，落实好双方重要共识，推动中朝

关系实现更大发展。

同日,栗战书出席朝鲜建国 70 周年庆祝活动,与金正恩等朝党和国家领导人以及平壤各界群众一起,在金日成广场观看了庆祝游行活动,当晚共同观看了大型团体操表演《辉煌的祖国》。随后,栗战书出席了朝鲜劳动党中央副委员长崔龙海代表朝方举行的国庆招待会。

10 日,栗战书会见金正恩,并共同出席为中国党政代表团举行专场文艺演出和盛大欢迎招待会。

访问期间,栗战书会见了朝鲜最高人民会议常任委员会委员长、朝鲜劳动党中央政治局常委金永南并共同出席了朝方为中国党政代表团举行的欢迎招待会,观看了朝方为各国代表团和平壤市民举办的音乐舞蹈综合演出;在锦绣山太阳宫,向金日成主席和金正日总书记塑像敬献了花篮;率中国党政代表团参谒了中朝友谊塔,敬献花篮并在留言簿上题词,深切缅怀在抗美援朝战争中牺牲的中国人民志愿军烈士;参观了平壤教员大学。

9月8—9日

[纲　文]　新闻出版署在北京召开首次中国印刷业创新大会。

[目　文]　大会的主题是"聚焦智能化",探寻印刷行业智能化升级发展新路径,引领我国印刷业高质量发展。会议发布了《中国印刷业智能化发展报告》。

9月8—11日

[纲　文]　第二十届中国国际投资贸易洽谈会在厦门举办。国家主席习近平致贺信。

[目　文]　习近平指出,20 多年来,中国国际投资贸易洽谈会致力于打造双向投资促进、权威信息发布和投资趋势研讨三大平台,已发展成全球最具影响力的国际投资盛会之一,为我国改革开放和社会主义现代化建设作出了积极贡献。今年是改革开放 40 周年。中国对外开放的大门只会越开越大,希望投洽会以双向投资促进为主题,精耕细作,打造国际化、专业化、品牌化的精品,办成新一轮高水平对外开放的重要平台,为推动形成全面开放新格局、建设开放型世界经济发挥积极作用。

投洽会以"贯彻新发展理念、融入'一带一路',促进双向投资"为主题,来自全球近 50 个国家和地区参展,超过 110 个国家和地区 1000 多个工商团组、约 5000 家企业的超过 12 万名客商参会。其中,国际组织、境外商协会、跨国公司及世界 500 强企业团组超过 300 个。本届投洽会安排 20 多场有关"一带一路"主题的系列活动,包括"丝路对话——21 世纪海上丝绸之路建设暨国际产能合作研讨会""新丝绸之路发展交流会""'一带一路'发展高层论坛""'一带一路'中医药发展论坛"等,搭建投资促进平台,全面推动"一带一路"沿线国家的交流与合作。

9月8—9日

[纲　文]　2018 中国—东盟市长论坛在南宁举行。

[目　文]　论坛由中国市长协会、广西壮族自治区住房和城乡建设厅、南宁市人民

政府主办，以"共建21世纪海上丝绸之路，创新中国—东盟城市合作"为主题，设有城市建设与金融服务、城市发展与科技创新、城市互联互通与交通物流产业合作、城市跨境合作创新4个分议题。来自东盟和中国国内的市长、专家学者、企业家等约300位嘉宾，就共建更为紧密的中国—东盟命运共同体进行探讨。

9月8—9日

［纲　文］　2018年国际田联洲际杯比赛在捷克俄斯特拉发举行。

［目　文］　2010年世界杯田径赛改名国际田联洲际杯赛，每四年举办一届，本年是第三届国际田联洲际杯赛。洲际杯以洲为单位，共有四支队伍：欧洲队、美洲队（包括南、北美洲）、亚太队（包括亚洲和大洋洲）、非洲队。各单项，每个代表队派出两位选手参加，所以全部项目均为8人出战，直接决赛。中国选手获得2枚金牌1枚银牌3枚铜牌。

中国选手吕会会以63米88的成绩获得女子标枪金牌。中国名将巩立姣以19.63米的成绩夺得女子铅球金牌。在男子100米"飞人大战"中，中国短跑名将苏炳添以10秒03的成绩获得银牌。

9月9日

［纲　文］　中共中央总书记、国家主席习近平就朝鲜国庆70周年向朝鲜劳动党委员长、国务委员会委员长金正恩致贺电。

9月9日

［纲　文］　《人民日报》发表评论员文章《让中非友好的接力棒代代相传——论习近平主席在中非合作论坛北京峰会开幕式上主旨讲话》。

9月9—18日

［纲　文］　全国人大与各国议会联盟在北京举办第三次发展中国家议员研讨班。

［目　文］　全国人大常委会副委员长王晨出席开班式并致辞。来自埃塞俄比亚、毛里求斯、莫桑比克、纳米比亚、巴基斯坦、斯里兰卡、坦桑尼亚等国的议员与全国人大代表和专家学者围绕"立法机构在实现可持续发展目标进程中的作用"等议题进行研讨。

9月10日

［纲　文］　国家主席习近平在北京人民大会堂接受8位新任驻华大使递交国书。

［目　文］　习近平欢迎各位使节来华履新，请他们转达对各有关国家领导人和人民、有关机构领导人的诚挚问候和美好祝愿并指出，中国高度重视发展同各国关系，愿进一步增进政治互信，深化务实合作和人文交流，加强在国际事务中的协调合作。希望使节们发挥桥梁和纽带作用，为增进中国同有关国家和地区人民友谊、促进互利合作作出积极贡献。

8位新任驻华大使是：南苏丹驻华大使杜库、圣多美和普林西比驻华大使多明戈斯、多米尼加首任驻华大使加拉维托、斐济驻华大使坦吉萨金鲍、智利驻华大使施密特、德国驻华大使葛策、塞拉利昂驻华大使恩多马希纳、欧盟驻华代表团团长郁白。

9月10日

［纲　文］　国务院派出8个督查组，分赴国务院30个部门和单位，对贯彻落实党中央、国务院重大决策部署情况开展实地督查。

［目　文］　本次实地督查按照"一部一策"的方式，聚焦影响政策落实的"最先一公里"，对有关部门和单位贯彻落实中央经济工作会议部署和《政府工作报告》目标任务情况进行全面对标对表。同时，针对人民群众和市场主体反映强烈的堵点、梗阻和瓶颈问题，尤其是前一阶段对地方督查中发现的典型问题以及各有关方面提出的意见建议，围绕深化"放管服"改革和转变政府职能，督促有关部门举一反三、立行立改，加快完善政策措施，积极回应社会关切。

9月10日

［纲　文］　发展改革委发布《中华人民共和国国家发展和改革委员会公告（2018年第11号）》。

［目　文］　《公告》说，为贯彻落实党中央国务院关于深化"放管服"改革、加快政府职能转变的要求，激发市场活力和社会创造力，经商国务院相关部门，决定废止《国家发展改革委关于转变职能改进和加强煤炭生产运行管理工作的通知》等8个文件，现予以公告。

9月10日

［纲　文］　交通运输部、公安部印发《关于进一步加强网络预约出租汽车和私人小客车合乘安全管理的紧急通知》。

［目　文］　《通知》由五个部分组成：一、立即开展行业安全大检查。二、加强网约车和顺风车平台驾驶员背景核查。三、严格督促企业落实安全生产和维稳主体责任。四、健全完善投诉报警和快速反应机制。五、严厉打击非法营运行为。

《通知》指出，各省级交通运输主管部门要会同同级公安机关于2019年1月15日前将本辖区内专项整治行动开展情况及成果报送交通运输部（运输服务司），并抄报公安部（交通管理局）。专项整治行动期间，交通运输部、公安部将对各地区专项整治行动开展情况进行督查。

9月10日

［纲　文］　全国政协主席汪洋在北京与乌拉圭副总统、国会主席兼参议长托波兰斯基举行会谈。

［目　文］　汪洋表示，2016年，习近平主席和巴斯克斯总统共同宣布建立中乌战略伙伴关系，引领两国关系进入新时代。希望双方共同落实两国元首达成的重要共识，共建"一带一路"，加强发展战略和合作规划的对接，推动中乌合作水平迈上新台阶。中国全国政协愿同乌拉圭国会一道，加强交流合作，为中乌关系发展作出新贡献。

托波兰斯基表示，中国是乌多年来最大的贸易伙伴，乌方愿继续深化双边关系，加强治国理政交流，积极参与"一带一路"建设，推进两国人民之间的交往与联系，持续提升合作水平，推动乌中战略伙伴关系迈向更高水平。

9月10日

[纲　文]　国务委员兼外交部部长王毅在北京会见东盟常驻代表委员会一行。

[目　文]　王毅说，中国历来高度重视同周边、发展中国家和中小国家的关系，将继续把东盟置于中国外交全局的重要位置和周边外交的优先方向。中国和东盟应共同努力，坚定维护多边规则、共同利益和地区安全。中国将继续支持东盟在区域合作中的中心地位，促进中国—东盟关系取得更大发展。

中国—东盟关系协调国菲律宾常驻代表伊丽莎白等表示，东盟愿与中方进一步加强合作，共同维护多边规则，加速区域全面经济伙伴关系协定谈判进程。

9月10日

[纲　文]　国务院新闻办公室、中国常驻联合国日内瓦代表团主办的"中国改革开放与人权发展"展览在联合国日内瓦总部万国宫开幕。

[目　文]　联合国人权理事会主席苏克，国际移民组织总干事斯温，欧盟以及英国、德国、巴基斯坦等30余国使节，各国常驻日内瓦代表团、联合国有关机构和非政府组织代表等600余人参加开幕式。本次展览共展出38块展板近90幅图片，同时还有多部反映中国扶贫成就的微视频循环播放。精彩写实的图片、生动的视频使观众对中国人权事业的发展进步有了更直观的认识。

11日，在联合国人权理事会第三十九次会议一般性辩论中，中国人权研究会代表桂晓伟进行了大会发言。在发言中，他结合自己在新疆维吾尔自治区出生、成长的经历，介绍了新疆通过遏制宗教极端思想蔓延、有效开展反恐反分裂斗争实现社会稳定和促进当地旅游事业发展的真实情况，引起与会者广泛关注。

9月10日

[纲　文]　中国第一艘自主建造的极地科学考察破冰船在上海下水，并正式命名为"雪龙2"号。

[目　文]　"雪龙2"号建造工程由自然资源部所属的中国极地研究中心组织实施，中国船舶工业集团有限公司第七〇八研究所设计，江南造船（集团）有限责任公司承担建造。设计船长122.5米，船宽22.3米，吃水7.85米，吃水排水量约13990吨，航速12—15节，续航力2万海里，自持力60天，载员90人，能以2—3节的航速在冰厚1.5米+0.2米雪的环境中连续破冰航行。

"雪龙2"号船是一艘满足无限航区要求、具备全球航行能力，能够在极区大洋安全航行的具备国际先进水平的极地科学考察破冰船。该船可实现极区原地360度自由转动，并可突破极区20米当年冰冰脊，船舶机动能力大幅提升。

9月10—11日

[纲 文] 全国教育大会在北京召开。

[目 文] 10日，中共中央总书记习近平、国务院总理李克强出席会议并讲话。中共中央政治局常委汪洋、王沪宁、赵乐际、韩正等出席大会。中央教育工作领导小组成员，各省区市和计划单列市、新疆生产建设兵团，中央和国家机关有关部门、有关人民团体，军队有关单位，部分高校负责人参加大会。

习近平指出，在党的坚强领导下，全面贯彻党的教育方针，坚持马克思主义指导地位，坚持中国特色社会主义教育发展道路，坚持社会主义办学方向，立足基本国情，遵循教育规律，坚持改革创新，以凝聚人心、完善人格、开发人力、培育人才、造福人民为工作目标，培养德智体美劳全面发展的社会主义建设者和接班人，加快推进教育现代化、建设教育强国、办好人民满意的教育。长期以来，广大教师贯彻党的教育方针，教书育人，呕心沥血，默默奉献，为国家发展和民族振兴作出了重大贡献。教师是人类灵魂的工程师，是人类文明的传承者，承载着传播知识、传播思想、传播真理、塑造灵魂、塑造生命、塑造新人的时代重任。全党全社会要弘扬尊师重教的社会风尚，努力提高教师政治地位、社会地位、职业地位，让广大教师享有应有的社会声望，在教书育人岗位上为党和人民事业作出新的更大的贡献。

李克强指出，要认真学习领会和贯彻落实习近平总书记重要讲话精神，以习近平新时代中国特色社会主义思想为指导，准确把握教育事业发展面临的新形势新任务，全面落实教育优先发展战略，在经济社会发展规划上优先安排教育、财政资金投入上优先保障教育、公共资源配置上优先满足教育和人力资源开发需要。坚持改革创新，坚持教育公平，推动教育从规模增长向质量提升转变，促进区域、城乡和各级各类教育均衡发展，以教育现代化支撑国家现代化。

11日，国务院副总理孙春兰出席大会闭幕会并作总结讲话。她指出，各地各部门要把深入学习贯彻习近平总书记重要讲话和大会精神作为当前的重要任务，提高思想认识，制定具体方案，确保党中央决策部署落地见效。

国务委员兼国务院秘书长肖捷主持会议。中组部、中宣部、发展改革委、教育部、财政部、上海市、山东省、湖北省、广西壮族自治区、甘肃省负责人作交流发言。

9月10—11日

[纲 文] 中国与加勒比地区国家反腐败执法合作会议在格林纳达首都圣乔治市举行。

[目 文] 国家监委副主任徐令义，格林纳达政府总理米切尔等出席开幕式并致辞。特立尼达和多巴哥、牙买加等11个加勒比地区国家派高级别代表出席会议。各方围绕本国反腐败经验、当前国际和地区反腐败形势以及合作前景等议题进行探讨，并共同发表了会议联合声明。

9月11日

[纲　文]　**李克强在国家市场监督管理总局考察并主持召开座谈会。**

[目　文]　国务院总理李克强在产品质量安全监管司，询问产品质量合格率特别是儿童用品合格率情况，并与一线监管人员视频交流，对他们采用"双随机、一公开"监管和抽检分离方式促进公正监管予以肯定；听取了市场监管总局深化"放管服"改革的打算。

座谈会上，市场监管总局负责人作了汇报。李克强说，党的十八大以来，在以习近平同志为核心的党中央坚强领导下，各地区各部门按照党中央国务院部署，转变政府职能，持续推进简政放权、放管结合、优化服务，对实现经济稳中向好发挥了重要作用。面对当前错综复杂的国内外形势，要着力优化营商环境，降低制度性交易成本，坚定企业发展信心，加强和改进市场监管，更大激发市场活力、释放内需潜力、增强发展动力。要深化商事制度改革，进一步放宽准入，让市场主体拥有更多发展机会。加大对各类所有制企业特别是小微企业支持，促进提升企业竞争力和扩大就业。

9月11日

[纲　文]　**黄坤明在北京调研。**

[目　文]　中宣部部长黄坤明在海淀区融媒体中心、门头沟区城子街道文化中心、创客图书馆和创客文化中心、朝阳区三里屯三联韬奋书店以及位于东城区的北京剧目排练中心，了解媒体融合发展、公共文化服务、文化产业发展、文艺剧目创作等情况，与有关方面负责人、工作人员和基层群众交流，听取意见建议。

黄坤明指出，北京是全国文化中心，具有深厚的历史底蕴和丰富的文化资源，要在推动文化高质量发展上走在前列，在满足群众文化需求上作出表率。要推进公共文化服务标准化、均等化，把"硬件"建设和"软件"建设结合起来，完善服务设施、创新运行机制，发挥好志愿服务的重要作用，让公共文化服务更多更好地走进人们的生活空间。

9月11日

[纲　文]　**农业农村部印发《关于支持长江经济带农业农村绿色发展的实施意见》。**

[目　文]　《意见》由四个部分组成：一、切实增强推动长江经济带农业农村绿色发展的自觉性和紧迫性。二、突出抓好长江经济带农业农村绿色发展的重点任务。三、协同推进长江经济带农业农村绿色发展与乡村振兴。四、保障措施。

9月11日

[纲　文]　**中央军委训练管理部表示，我军司号制度恢复和完善工作正有序展开。**

[目　文]　我军司号制度的恢复和完善计划分两步组织实施：2018年10月1日起，按现行规定全军恢复播放作息号；2019年8月1日起，全军施行新的司号制度。

9月11日

[纲　文]　**中央党校（国家行政学院）校长（院长）陈希在北京会见澳新高级公务员研讨班一行。**

[目　文]　陈希对由澳新政府学院创始院长菲尔斯率领的研讨班一行来华表示欢迎。他说，中国、澳大利亚、新西兰高级公务员交流项目，对增进三国相互了解和相互信任，交流治国理政经验，推动务实合作和共同发展有积极作用。

菲尔斯表示澳新政府学院高度重视与中方的交流、合作，希望取得更加丰硕的成果。

9月11日

[纲　文]　著名评书表演艺术家单田芳，在北京去世，享年84岁。

9月11—12日

[纲　文]　国家主席习近平在俄罗斯符拉迪沃斯托克出席第四届东方经济论坛。

[目　文]　陪同习近平出访的有：中央办公厅主任丁薛祥、中央外事工作委员会办公室主任杨洁篪、国务委员兼外交部部长王毅、国家发展改革委主任何立峰等。

11日，国家主席习近平在符拉迪沃斯托克同俄罗斯总统普京举行会谈。两国元首一致认为，2018年以来，中俄关系呈现更加积极的发展势头，进入更高水平、更快发展的新时期。一致同意，无论国际形势如何变化，中俄都将坚定发展好两国关系，坚定维护好世界和平稳定。双方还就共同关心的国际和地区问题交换了看法。两国元首共同见证了多项双边合作文件的签署，并共同会见了记者。

同日，习近平在符拉迪沃斯托克和普京出席中俄地方领导人对话会，两国元首听取双方代表汇报本次对话会情况和中俄地方合作情况并分别致辞；习近平和普京在远东风采街观看了阿穆尔州经济发展和对华合作图片展以及黑龙江省和阿穆尔州传统手工艺展，听取了黑龙江省和阿穆尔州人文领域友好交流情况介绍。

12日，第四届东方经济论坛全会在符拉迪沃斯托克举行。国家主席习近平、俄罗斯总统普京、蒙古国总统巴特图勒嘎、日本首相安倍晋三、韩国总理李洛渊等出席。习近平发表了题为《共享远东发展新机遇　开创东北亚美好新未来》的致辞。与会领导人表示，俄罗斯远东地区开发成效显著，各方愿积极参与远东开发，并共同促进东北亚地区合作，造福各国人民。全会后，与会各国领导人共同出席第三届"远东杯"国际帆船拉力赛第一赛段颁奖仪式。会议期间，习近平分别会见了蒙古国总统巴特图勒嘎、日本首相安倍晋三。

同日，习近平在符拉迪沃斯托克同普京一起访问"海洋"全俄儿童中心。两国元首参观反映当年中国地震灾区儿童在俄罗斯疗养情景的图片墙后，共同前往剧场，出席"海洋"全俄儿童中心接待汶川地震灾区儿童10周年纪念仪式。

习近平指出，中俄是山水相连、同舟共济的好邻居、好伙伴，两国人民守望相助、患难与共，谱写了许多感人故事。2008年中国汶川特大地震发生后，俄方救援队第一时间赶赴灾区救援。应俄罗斯政府邀请，996名灾区中小学生来到"海洋"全俄儿童中心疗养，收获了终生难忘的"海洋"记忆。中俄关系发展史，也是两国青少年密切交往的历史。近年来，中俄青少年交流日益密切，增进了相互了解和友谊。

9月11—13日

[纲　文]　国务院副总理胡春华出席在越南河内举行的世界经济论坛东盟会议。

[目　文]　12日，胡春华出席世界经济论坛东盟会议开幕式并致辞。胡春华表示，当前世界经济总体回暖，但不稳定不确定因素增加，经济全球化和多边贸易体制面临严峻挑战。中国愿同东盟和世界各国一道，抓住新工业革命的机遇，坚持开放共赢，加强创新引领，促进包容增长，实现联动发展，推动构建创新、开放、联动、包容的世界经济。东盟是中国的好邻居和共建"一带一路"的好伙伴。中方愿同东盟国家加强发展规划对接，扩大经贸往来，深化创新合作，推进区域经济一体化进程，构建更为紧密的中国—东盟命运共同体。

本次会议主题为"东盟4.0：企业家精神与第四次工业革命"。越共中央总书记阮富仲出席会议开幕式，来自东盟及有关国家各界代表1000余人与会。

会议期间，胡春华在河内分别会见了越共中央总书记阮富仲、总理阮春福，新加坡总理李显龙，世界经济论坛主席施瓦布。

9月11—15日

[纲　文]　王晨率全国人大常委会海洋环境保护法执法检查组在海南省检查。

[目　文]　执法检查组听取了海南省实施海洋环境保护法情况汇报，在海口、儋州、洋浦、乐东、三亚等地进行检查；在海口实地查看并肯定排海河流生态维护工作，要求加快水污染防治，实施流域环境和近岸海域综合治理；在儋州了解养殖基地废水处理情况，要求全面整治入海污染源，严格控制海水养殖等造成的海上污染；在中石化海南炼油化工有限公司和金海纸浆有限公司，检查工业废水处理、入海排污口设置与管理情况；在洋浦环境监测站，查看入海排污口实时监测系统；在乐东、三亚检查城市污水处理、滨海湿地与红树林保护、海岸整治修复、深海科学与工程研究情况。

全国人大常委会副委员长王晨指出，要坚定不移贯彻习近平总书记重要指示，坚持全面依法治国，认真实施海洋环境保护法，强化法律刚性约束，筑牢不可触碰的法律高压线；海洋环境保护法规定了各级政府及有关部门的监管责任、企业的主体责任和公众的社会责任，要强化责任落实，把法律规定变成实际行动；要强化法律宣传普及，营造全社会共同保护海洋环境的良好氛围。

9月12日

[纲　文]　李克强主持召开国务院常务会议。

[目　文]　会议主要内容是：一、部署在全国有序推开"证照分离"改革，持续解决"准入不准营"问题。会议决定，按照该放给市场的放足放到位、该政府管的管好管到位的要求，从2018年11月10日起，在全国对第一批上百项涉企行政审批事项推进"照后减证"，对不必要设定审批、市场机制能够有效调节、可由行业自律管理的事项直接取消审批或改为备案，并加强市场经营过程的监管；对目前不能取消审批、但通过事中事后监管能够纠正不符合审批条件行为的审批事项实行告知承诺制，由市场主体作出承诺、达到审批条件即可获批经营，发现与承诺不符的依法撤销审批决定并从重处罚；对涉及公众

健康和安全等不宜采取告知承诺方式的审批事项，要优化准入服务，分门别类减少申报材料和环节、压缩审批时限、提高透明度，为创业创新主体进入市场消除障碍。二、决定再压减工业产品生产许可证 1/3 以上并简化审批，为市场主体减负。会议决定，在确保质量安全、公正监管的前提下，进一步压减工业产品生产许可证并简化审批程序。一是再取消 14 类工业产品生产许可证，使实施生产许可证管理的产品类别进一步从 38 类减至 24 类。二是对保留的生产许可证简化审批程序。将发证机关组织的发证前产品检验改由企业在申请时提交符合要求的产品检验合格报告。对除危险化学品外的省级发证产品实行现场审查后置，企业提交相关材料并作出质量安全承诺后即可领取许可证。三是推行"一企一证"，对一家企业生产不同类别产品的只发一张许可证。三、听取清理证明事项工作进展汇报，要求加大力度消除群众办事烦忧。

9月12日

［纲　文］　国务院办公厅印发《关于开展生态环境保护法规、规章、规范性文件清理工作的通知》。

［目　文］　《通知》由五个部分组成：一、清理范围。二、清理职责。三、清理要求。四、结果报送。五、组织实施。

《通知》指出，各地区、各部门要充分认识清理工作的重要性，加强组织领导，制定具体方案，明确责任分工和时限要求，抓紧开展清理工作。

9月12日

［纲　文］　国务院总理李克强在北京会见日本经济界代表团。

［目　文］　李克强会见日本经济团体联合会会长中西宏明、日中经济协会会长宗冈正二、日本商工会议所会长三村明夫率领的日本经济界代表团并同他们座谈。日本主要企业负责人 200 余人出席。

李克强表示，双方应当恪守中日四个政治文件确立的原则，本着以史为鉴、面向未来的精神，从两国人民根本和长远利益出发，牢牢把握和平友好合作的正确方向，巩固当前两国关系改善势头，推动中日关系在重回正轨的基础上行稳致远。中国将坚定不移地推进改革开放，进一步放宽市场准入，严格保护知识产权，优化营商环境，使中国继续成为外国投资的热土。中日都是世界主要经济体，有责任共同发出反对单边主义和保护主义、维护多边主义和自由贸易的声音，为世界经济进一步复苏发展提供稳定预期。中方愿同包括日本在内的各方一道，积极推进中日韩自贸区和"区域全面经济伙伴关系协定"谈判进程，以实际行动促进贸易和投资自由化便利化，推动构建开放型世界经济。

日本经济界三团体负责人向李克强递交了日本 21 世纪中日关系展望委员会编写的双边关系建议书。他们表示，日本经济界支持日中两国政府共同努力，反对保护主义，维护多边主义和自由贸易，推进日中韩自贸区、"区域全面经济伙伴关系协定"谈判进程，加强日中在创新、数字经济等领域的合作，积极开拓第三方市场合作，实现互利共赢。

9月12日

［纲　文］　财政部、应急管理部向山东追加下拨 **1.5** 亿元中央救灾资金。

［目　文］　资金主要用于近期山东省部分地区严重台风和暴雨洪涝灾害受灾群众紧急转移安置、过渡期生活救助、倒损民房恢复重建等受灾群众生活救助需要。

此前，国家减灾委、应急管理部针对山东"温比亚"台风及暴雨洪涝灾情紧急启动国家Ⅳ级救灾应急响应，先后派出2个工作组赶赴灾区协助当地抗洪救灾，会同财政部向山东省先期拨付了1.5亿元中央财政自然灾害生活补助资金，组织调拨帐篷、衣被、折叠床等大量中央救灾物资。

9月12日

［纲　文］　国家副主席王岐山在北京会见委内瑞拉副总统罗德里格斯。

［目　文］　王岐山表示，在习近平主席和马杜罗总统的指引下，双方各领域合作稳步推进、成果丰硕。中方支持委内瑞拉人民探索适合自己的发展道路，赞赏委内瑞拉等拉美国家对"一带一路"倡议的热烈响应，愿与委方共同维护好发展中国家的利益。期待中委高委会第十六次会议取得圆满成功，开启两国关系新篇章。

罗德里格斯表示，中国的发展繁荣为世界作出了重要贡献，委高度重视对华关系，支持"一带一路"和共同构建人类命运共同体倡议。委愿学习借鉴中国经验，加强两国合作，推动委中关系迈上新台阶。

9月12日

［纲　文］　外交部发言人表示，中方很高兴看到中非合作论坛北京峰会闭幕不久，联合国大会就审议通过了两份涉非洲重要决议，在其中重申"合作共赢"和"人类命运共同体"理念。

［目　文］　有记者问：10日，第七十二届联大通过了77国集团提交的非洲发展新伙伴关系和非洲冲突起因决议，重申了"合作共赢"和"人类命运共同体"理念。中方对此有何评论？

发言人说，前不久，中非合作论坛北京峰会刚刚闭幕，峰会取得了圆满成功和丰硕成果。其中最重要的一项，就是中非双方一致同意构建更加紧密的中非命运共同体，本着合作共赢精神，共同实施"八大行动"，推动中非合作提质升级，更好地惠及非洲人民。决议呼吁国际社会本着合作共赢和构建人类命运共同体精神，加强对非洲国家实现可持续发展、建设持久和平的支持。决议的基调和主旨与北京峰会达成共识的精神是一致的。这再次充分说明，"合作共赢"和"人类命运共同体"等理念深入人心，已经得到国际社会的广泛支持。中非合作不仅符合双方共同利益，也响应了国际社会的一致呼声。

9月12日

［纲　文］　中国足协获2018亚足联"梦想亚洲"社会责任奖。

［目　文］　中国足球协会在马来西亚吉隆坡举行的首届亚足联社会责任大会暨2018亚足联"梦想亚洲"社会责任颁奖典礼上，获亚足联"梦想亚洲"最佳会员协会激励奖。

亚足联"梦想亚洲"社会责任奖旨在表彰亚洲范围内在开展足球公益活动、履行社会责任义务方面作出突出贡献的国家（地区）足球协会、非政府组织、企业和个人。这是中国足协首次获颁此项荣誉。

9月12日

［纲　文］　《人民日报》发表社论《办好人民满意的教育》。

9月12—13日

［纲　文］　韩正在广西壮族自治区南宁、钦州、北海调研经济社会发展情况。

［目　文］　国务院副总理韩正在中国—东盟信息港股份有限公司，考察国际贸易"单一窗口"、中国与东盟信息基础设施建设和数字广西建设等情况；在钦州保税港区，考察南向通道建设，对广西通过整合港口、优化航线提升市场竞争力的做法表示肯定；在鑫德利光电、慧宝源医药、三诺电子等企业考察时指出，民营企业是吸纳就业的主体力量，是促进创新的重要力量。各相关部门和各级政府要千方百计关心民营企业、支持实体经济，落实好一系列减税降费措施，出台缓解融资难融资贵的新举措，进一步完善体制机制，切实减轻民营企业和中小企业负担，创造有利于民营经济发展的大环境。

韩正在中国与东盟国家合作建设的中新南宁国际物流园、中马钦州产业园区，了解规划建设现状，考察了冠捷显示科技（北海）有限公司。他希望外资企业抓住难得的机遇，搭乘中国经济发展的快车。广西要营造良好的市场环境和法治环境，发挥独特区位优势，有效吸引外资，积极承接东部地区优质产能转移；考察华谊钦州化工新材料一体化基地、中石油钦州千万吨炼油项目，了解建设进展和运行情况。他指出，规划建设重点项目，有利于推动产能调整，优化产业区域布局。大企业、大项目要充分发挥促进当地就业和增加税收的关键作用，带动上下游产业链，促进地方经济持续健康发展。

9月12—13日

［纲　文］　国务委员兼国防部部长魏凤和作为国家主席习近平的代表，率团赴俄罗斯观摩"东方—2018"战略演习。

［目　文］　在俄后贝加尔边疆区楚戈尔训练场，魏凤和与俄罗斯总统普京、国防部部长绍伊古一同观摩了实兵实弹演习并出席了随后举行的阅兵。

"东方—2018"战略演习是自1981年苏联"西方—81"演习以来俄罗斯规模最大的军事演习，参演人员超过30万，参演装备车辆3.6万台、各种飞机1000余架、舰船近80艘，堪称史无前例。

中国军队参加"东方—2018"战略演习，参演兵力约3200人，各型装备车辆1000余台，固定翼飞机和直升机30架，与来自俄东部军区、中部军区、海军北方舰队和空降部队的参演部队并肩作战。这是中国军队经过革命性改革重塑后首次以军委联合参谋部为主、抽组军委机关相关部门精干人员编成中方导演部赴境外组织联合战役行动演练，也是中国军队历史上派兵出境参演规模最大的一次。演练课题由以往的联合反恐拓展为组织联合防御和反攻的传统安全课题。与历次"和平使命"演习相比，这次战略演习层级更高、规模更大、要素更全、联合性更强，标志着中俄双方政治战略互信和军事合作水平达到了历史新高。

9月12—15日

［纲　文］　应国务委员兼外交部部长王毅邀请，马耳他外交与贸易促进部长阿贝拉对中国进行正式访问。

［目　文］　王毅在北京同阿贝拉举行会谈，并共同签署《中华人民共和国政府与马耳他共和国政府中期合作规划指导委员会首次会议纪要》。

9月12—15日

［纲　文］　第十五届中国—东盟博览会和中国—东盟商务与投资峰会在南宁举办。

［目　文］　国务院副总理韩正出席开幕式并发表《打造更高水平战略伙伴关系，迈向更为紧密的中国—东盟命运共同体》主旨演讲。

博览会是中国和东盟10国政府经贸主管部门及东盟秘书处共同主办的国际经贸盛会。本届博览会展览总面积12.4万平方米，总展位数6600个，参展企业2780家，比上届增长2.6%，8个东盟国家包馆。会期举办贸易投资促进活动91场，投资合作项目涵盖中国20多个省区与东盟及欧美等10多个国家。东盟国家的农产品、生活消费品、轻工工艺品，中国的工程机械、食品包装机械、电力设备、卫生洁具等商品成交踊跃。"一带一路"国际展区有19个区域外国家的114家企业参展，推动中国和东盟同区域外经济体的合作。本届中国—东盟博览会框架下共举办35个高层论坛，其中会期举行信息港、农业、金融、环保等领域23个论坛。

11日，韩正在南宁分别会见出席第十五届中国—东盟博览会和中国—东盟商务与投资峰会的柬埔寨首相洪森、缅甸副总统敏瑞、越南副总理王庭惠和老挝副总理宋迪。

9月13日

［纲　文］　国务院批复辽宁省人民政府、发展改革委，同意沈抚改革创新示范区建设方案。

［目　文］　批复说，你们关于沈抚改革创新示范区建设方案的请示收悉。现批复如下：一、原则同意《沈抚改革创新示范区建设方案》，请认真组织实施。二、沈抚改革创新示范区建设要全面贯彻党的十九大和十九届二中、三中全会精神，以习近平新时代中国特色社会主义思想为指导，坚持稳中求进工作总基调，坚持新发展理念，按照高质量发展要求，坚持以供给侧结构性改革为主线，全面落实新一轮东北地区等老工业基地振兴战略，以改革创新为引领，着力推进体制机制改革，深入实施创新驱动发展战略，培育现代产业体系，推进绿色低碳发展，建设东北地区改革开放的先行区、优化投资营商环境的标杆区、创新驱动发展的引领区和辽宁振兴发展的新引擎。三、辽宁省人民政府要加强对沈抚改革创新示范区建设的组织领导，抓紧完善工作机制，尽快制定配套措施，落实工作责任，确保《方案》确定的目标任务如期实现，形成对辽宁乃至东北地区强有力辐射带动作

用。重要政策和重大建设项目要按规定程序报批。四、国务院有关部门要按照职责分工，加强协调指导，在政策实施、资金安排、体制机制创新、重大项目建设等方面给予积极支持，帮助解决《方案》实施中遇到的问题和困难，为沈抚改革创新示范区建设创造良好的政策环境。五、国家发展改革委要加强对沈抚改革创新示范区建设的指导，协调解决重点和难点问题。要强化对《方案》实施情况的跟踪分析，适时组织开展《方案》实施情况评估，重大问题及时向国务院报告。

9月13日

［纲　文］　新华社讯，中共中央办公厅、国务院办公厅印发《关于加强国有企业资产负债约束的指导意见》。

［目　文］　《意见》由六个部分组成：一、总体要求。二、分类确定国有企业资产负债约束指标标准。三、完善国有企业资产负债自我约束机制。四、强化国有企业资产负债外部约束机制。五、加强国有企业资产负债约束的配套措施。六、加强国有企业资产负债约束的组织实施。

9月13日

［纲　文］　中共中央办公厅、国务院办公厅印发《海南省机构改革方案》。

9月13日

［纲　文］　国务院办公厅印发《关于完善国家基本药物制度的意见》。

［目　文］　《意见》由七个部分组成：一、总体要求。二、动态调整优化目录。三、切实保障生产供应。四、全面配备优先使用。五、降低群众药费负担。六、提升质量安全水平。七、强化组织保障。

《意见》要求，要加强组织领导，各级政府要将国家基本药物制度实施情况纳入政府绩效考核体系。要加强督导评估，建立健全基本药物制度实施督导评估制度，充分发挥第三方评估作用，强化结果运用。要加强宣传引导，加强政策解读，营造基本药物制度实施的良好社会氛围。

9月13日

［纲　文］　司法部公布《国家统一法律职业资格考试违纪行为处理办法》。

［目　文］　《办法》共5章29条。主要有总则，报名人员、应试人员及其他相关人员违纪行为处理，考试工作人员违纪行为处理，违纪行为处理程序等内容。自2018年9月13日起施行。

9月13日

［纲　文］　教育部办公厅发布《关于面向中小学生的全国性竞赛活动管理办法（试行）》。

［目　文］　《办法》要求，地方各级教育行政部门、各中小学校、各类教育机构不得组织承办或组织中小学生参加清单之外的冠以"全国""国家""大中华"等字样面向中小学生的竞赛活动，不得为违规竞赛提供场地、经费等条件，一经发现，将予以严肃处理。

同时，在竞赛产生的文件、证书、奖章显著位置，要标注教育部批准文号以及"不作为中小学招生入学依据"等字样。本办法自2018年9月13日起实施。

9月13日

［纲　文］　民政部在北京举行第十届中华慈善奖表彰大会。

［目　文］　国务委员王勇出席大会并讲话。本届中华慈善奖共表彰慈善楷模28名、慈善项目49个、捐赠企业37个、捐赠个人16名。

中华慈善奖是我国最高规格的政府慈善奖项，也是中国慈善领域最权威、最有影响力、参与度最高的奖项，由民政部每两年评选表彰一次。

9月13日

［纲　文］　国务院副总理孙春兰在北京会见联合国世界旅游组织秘书长波洛利卡什维利一行。

［目　文］　孙春兰欢迎波洛利卡什维利就任联合国世界旅游组织秘书长后首次访华，积极评价双方的良好合作关系，表示愿加强双方在各领域务实合作，推动"一带一路"旅游合作不断深入，促进全球旅游业包容、可持续发展，为构建人类命运共同体作出积极贡献。

波洛利卡什维利高度赞赏中国旅游业发展成就，表示将与中方加强沟通合作，共同推动全球旅游业迈上新台阶。

9月13日

［纲　文］　尤权在北京会见香港会计界主要团体负责人访问团。

［目　文］　中央统战部部长尤权指出，会计界作为香港重要专业界别，长期以来为维护香港繁荣稳定、推动内地改革开放贡献良多。希望包括会计界在内的香港广大专业人士，继续发扬爱国爱港的优良传统，全力支持特区政府依法施政，推进香港融入国家发展大局，助力业界青年健康成长，为维护香港长期繁荣稳定、推动"一国两制"事业发展，作出新的更大贡献。

9月13日

［纲　文］　国务委员兼外交部部长王毅在北京同法国外长勒德里昂举行会谈。

［目　文］　王毅表示，明年将是两国建交55周年，也是中国留法勤工俭学运动100周年，对中法关系具有特殊意义。他表示，中方愿同法方加强"一带一路"建设的相互沟通，探讨包括共同开拓第三方市场在内的新型合作方式。双方应为维护多边主义、改善全球治理、促进世界和平与发展作出各自的贡献。

勒德里昂表示，法方愿同中方推动两国各领域合作，围绕共建"一带一路"探讨合作方式。

14日，国务院总理李克强在北京会见勒德里昂时表示，当前两国各领域合作稳步推进。中法核电合作成功进行了30年，今年在第三代核电合作方面取得突破性进展。中法间互利共赢发展的潜力空间巨大，中方愿同法方推进全方位务实合作，使中法关系发展更好惠及双方人民。中法同为世界主要经济体和联合国安理会常任理事国，在当前形势下应共同努力，为促进世界稳定、发展与繁荣作出贡献。

勒德里昂表示，当前国际形势复杂多变，法中合作越来越具有时代意义。法中都支持多边主义，支持通过政治方法解决分歧。法方愿加强同中方的战略沟通与务实合作。

同日，商务部部长钟山在北京与勒德里昂共同主持召开中法经贸混合委员会第25次会议。

9月13日

［纲　文］　原中共中央顾问委员会委员，原农牧渔业部党组书记、部长林乎加，在北京逝世，享年102岁。

9月13日

［纲　文］　《人民日报》发表评论员文章《教育是国之大计、党之大计——论学习贯彻习近平总书记全国教育大会重要讲话》。

9月13—16日

［纲　文］　应国家主席习近平邀请，委内瑞拉总统马杜罗对中国进行国事访问。

［目　文］　访问期间，习近平在北京同马杜罗举行会谈，两国元首见证了两国政府关于共同推进"一带一路"建设的谅解备忘录等双边合作文件的签署。国务院总理李克强、全国人大常委会委员长栗战书在北京分别会见了马杜罗。马杜罗出席中国—委内瑞拉高级混合委员会第十六次会议全体会暨闭幕式并致辞。

习近平同马杜罗会谈时指出，中方赞赏委方在涉及中方核心利益和重大关切问题上给予中方理解和支持，将一如既往支持委内瑞拉政府谋求国家稳定发展的努力，支持委内瑞拉探索符合本国国情的发展道路，愿同委方加强治国理政经验交流。双方要优化创新务实合作，以签署共建"一带一路"谅解备忘录为契机，加紧对接、推进落实双方业已达成的合作共识，提升委方自主发展能力，推动两国合作可持续发展。双方要积极促进民心相通，扩大人文领域交流合作和地方交往，夯实两国友好社会根基。双方要加强多边协调配合，继续在联合国等国际和地区组织内加强沟通，共同参与全球治理体系改革和建设，维护发展中国家正当权益。中方一贯在平等互利、共同发展原则基础上推进同拉美国家合作，愿促进中拉论坛建设，推动中拉全面合作伙伴关系持续稳步发展。

马杜罗表示，委方感谢中方长期以来给予的理解和支持，希望更多借鉴中国改革开放和治国理政成功经验，愿积极参与"一带一路"建设，探讨有效融资方式，加强能源、产能等领域合作，扩大人文交流，携手共创两国关系更加美好的未来。我高度认同习近平主席倡导的构建人类命运共同体理念，愿同中方一道维护多边主义。

李克强会见马杜罗时指出，中方愿同委方本着平等互利、合作共赢的原则继续开展经贸往来，鼓励商业化、可持续的合作，希望委方提供更多政策支持和法律保障。希望双方促进人文交流，巩固两国友好的民意基础。

马杜罗表示，委中关系是国家间合作的典范。委内瑞拉已制定国家经济复苏增长计划,欢迎中国企业积极参与委内瑞拉经济建设,愿进一步促进同中方的全方位合作。

栗战书会见马杜罗时表示,中方坚定支持委内瑞拉人民捍卫国家主权、民族尊严和发展权利,支持委内瑞拉走符合自身国情的发展道路,愿同委方积极落实两国元首重要共识,用好政治互信水平高、经济互补性强的优势,推动两国全面战略伙伴关系再上新台阶,共同推动建设新型国际关系、构建人类命运共同体。

马杜罗表示,委中是亲密朋友,两国真诚友好、相互信任、平等相待、优势互补。我此访就是要和习近平主席共同规划两国关系的未来,深化务实合作,将两国关系提升到更高水平。

9月13—15日

[纲 文] 应国务委员兼外交部部长王毅邀请,智利外交部部长安普埃罗对中国进行正式访问。

[目 文] 14日,国家副主席王岐山在北京会见安普埃罗时表示,中国支持拉美各国人民选择适合自己历史文化和现实国情的发展道路,视智利为在拉美和亚太事务中的重要伙伴,愿与智方密切各层面往来,深化政治互信,加强战略对接,共建"一带一路",实现合作共赢。"国之交在于民相亲",要进一步加强中智人文交流,从历史、文化和哲学角度认清世界发展趋势,共同建设人类命运共同体。

安普埃罗表示,智方钦佩中国发展成就,赞叹中华古老文明焕发出新的蓬勃生机。智中关系长期友好,希望同中方加强合作,在"一带一路"建设和人文交流等各领域不断取得新的成果。

同日,王毅在北京同安普埃罗举行会谈时表示,中智关系长期走在中拉关系前列,创造了多项"第一"。双方应加强沟通合作,坚定维护多边主义和全球自由贸易体制;在共建"一带一路"进程中深化互利合作,实现共同繁荣。中方支持智利2019年主办亚太经合组织领导人非正式会议,愿为此提供积极协助。

安普埃罗表示,智方支持"一带一路"倡议,赞赏中国将举办首届国际进口博览会,愿与中方共同努力,推动双边自贸协定升级版尽快生效。

9月14日

[纲 文] 十三届全国政协第十次双周协商座谈会在北京召开。

[目 文] 全国政协主席汪洋主持会议并讲话。全国政协副主席李斌、何维在会上作了发言。全国政协副主席张庆黎、梁振英、夏宝龙出席会议。全国政协委员孙咸泽、曲凤宏、于鲁明、谢茹、方来英、高永文、王正荣、凌锋、杨关林、王阶、李思进、戎蓉、饶克勤在会上发言。卫生健康委负责人介绍了有关情况,财政部、国家医保局、国家药监局负责人现场作了协商交流。13位委员从落实政府办医责任、调整医疗服务价格、改革人事薪酬制度、加强管理制度建设等方面提出建议。

一些委员建议,要坚持公立医院的公益性质,全面落实政府投入政策,建立以质量为核心、公益性为导向的医院考评机制，消除医院被动逐利动机，从根本上解决过度检查、过度医疗等问题。要巩固破除以药补医改革成果，加快建立科学合理的长效补偿机制，建立以成本和收入结构变化为基础的医疗服务价格动态调整机制，督促医院切实降低运行成本。要完善公立医院管理体制，加快实行政事分开和管办分开，减少政府对医院人事编制、科室设定、收入分配等方面的管理，落实公立医院经营管理自主权。要加大人事薪酬制度改革力度，综合考虑经济发展、社会责任、职业风险等因素确定薪酬水平，完善内部绩效分配办法，重点向临床一线、业务骨干、关键岗位等倾斜。要加快医联体建设，推进分级诊疗、医养结合、医防融合等深入发展，有效解决看病难的问题。要合理配置医疗资源，鼓励社会力量投资医疗卫生事业，重点在非基本医疗服务领域增加服务供给、优化结构。

9月14日

［纲　文］　全国人大常委会委员长栗战书、国家副主席王岐山在北京分别会见乌拉圭副总统、国会主席兼参议长托波兰斯基。

［目　文］　栗战书表示，自2016年习近平主席和巴斯克斯总统共同宣布建立中乌战略伙伴关系以来，中乌关系步入历史最好时期，乌方在南方共同市场国家中率先同中方签署共建"一带一路"谅解备忘录，两国关系发展面临新的机遇。面对复杂多变的国际形势，中乌、中拉要深化在农业、贸易、旅游、体育等领域合作，共谋发展，共同维护多边主义和自由贸易体制，共同维护发展中国家共同利益。中国全国人大愿同乌拉圭国会加强友好往来，开展治国理政经验交流互鉴。

托波兰斯基表示，乌中关系发展对乌至关重要。乌愿积极参与"一带一路"建设，深化各领域合作，不断推进两国关系发展。

同日，国家副主席王岐山在北京会见托波兰斯基时说，中国坚持走中国特色社会主义道路，坚定"四个自信"，迎来了从站起来、富起来向强起来的伟大飞跃。中国倡导构建人类命运共同体，支持乌拉圭和拉美人民走适合自己的发展道路，愿同乌方加强各层面各领域往来，不断加深了解、增进互信，通过平等合作实现互利共赢，为两国人民带来更大福祉。

托波兰斯基表示，中国的发展成就令人瞩目，乌方高度重视发展对华关系，愿支持参与"一带一路"建设，同中方加强经贸、海洋开发、农业和农产品加工、教育文化等各领域合作。

9月14日

［纲　文］　胡春华在北京出席人工影响天气工作座谈会并讲话。

［目　文］　国务院副总理胡春华指出，要深入学习贯彻习近平新时代中国特色社会主义思想，按照党中央、国务院的决策部署，坚持基础性、公益性定位，加强基础设施和装备现代化建设，完善体制机制，强化创新驱动，推动人工影响天气事业发展再上新台阶，为经济社会发展和人民群众安全福祉提供有力保障。要顺应经济社会发展对人工影响

天气工作提出的新要求，大力推进科学作业、精准作业、安全作业，全面提升人工影响天气工作质量和效益。要加强基础研究和应用技术研发，加快科技成果转化应用，提升创新驱动发展水平。要强化安全监管，提高事故应急处置能力，确保不发生责任事故。要完善投入机制，健全法规规范，优化机构队伍，强化对人工影响天气工作的组织保障。

9月14日

［纲　文］　中国科学院三江源国家公园研究院在青海省西宁市揭牌。

［目　文］　该研究院由中国科学院和青海省人民政府发起成立，实行理事会领导下的院长负责制。建立三江源国家公园研究机构是《三江源国家公园体制试点方案》确定的任务之一，也是三江源国家公园建设的重要支撑。研究院首先推动四大计划——数字江河源计划、高原物种基因组计划、全球气候变化与三江源生态系统管理研究计划、国家公园科普计划的实施，将建立生态监测评估预警体系，建设大数据支撑下的科研、科普展示平台，补齐三江源国家公园建设中的人才和科技支撑两大短板。

9月14日

［纲　文］　中国与南非首个联合研究中心——中南矿产资源开发利用联合研究中心在约翰内斯堡的南非国家矿业技术研究院揭牌。

［目　文］　该中心致力于加强中南在采矿、选矿、环保和能源材料等领域的学术交流和人才互访，共同促进联合研究和成果转化，推动两国矿业领域的科技创新合作。

9月14日

［纲　文］　由中国企业承建的230千伏塔维扬—拉克绍及115千伏南湃—通昆输变电线路项目竣工仪式在老挝万象举行。

［目　文］　老挝副总理宋赛、中国驻老挝大使王文天等200多位中老嘉宾出席了竣工仪式。230千伏塔维扬—拉克绍及115千伏南湃—通昆输变电线路项目为中国政府优惠贷款项目，中国进出口银行提供资金，由北方国际工程总承包，合同总额约为1.99亿美元。

9月14日

［纲　文］　《人民日报》发表评论员文章《牢牢把握教育改革发展的"九个坚持"——论学习贯彻习近平总书记全国教育大会重要讲话》。

9月14—16日

［纲　文］　中国残疾人联合会第七次全国代表大会在北京召开。

［目　文］　习近平、李克强、栗战书、汪洋、王沪宁、赵乐际等党和国家领导人出席开幕会，中共中央政治局常委韩正代表党中央、国务院发表了题为《在新时代的伟大征程中创造残疾人更加幸福美好的新生活》的致辞。共青团十八届中央书记处第一书记贺军科代表中华全国总工会、中国共产主义青年团中央委员会、中华全国妇女联合会、中国文学艺术界联合会、中国作家协会、中国科学技术协会、中华全国归国华侨联合会、中华全国台湾同胞联谊会向大会致贺词。中国残联主席张海迪代表中国残联第六届主席团向大会

作了题为《以习近平新时代中国特色社会主义思想为指引 团结带领残疾人兄弟姐妹共奔美好小康生活》的工作报告。来自全国各地的 600 多名代表，肩负着 8500 万残疾人的重托出席大会。

16 日，中国残疾人联合会第七次全国代表大会闭幕，国务委员王勇出席并讲话。大会宣布了中国残联第七届名誉主席、主席团和执行理事会名单。中国残疾人联合会第七届名誉主席：邓朴方。中国残疾人联合会第七届主席团主席：张海迪。中国残疾人联合会第七届执行理事会理事长：周长奎。

9 月 14 日—2019 年 2 月 14 日

〔纲　文〕　"重文德之光华：重华宫原状文物展"在希腊雅典卫城博物馆举办。

〔目　文〕　来自中国故宫博物院的 154 件清朝乾隆时期珍贵文物在此展出。展品包括皇帝礼服、座椅、屏风和书法作品等。这也是这批文物首次出国展出。

9 月 15 日

〔纲　文〕　发展改革委印发《价格认定复核办法》。

〔目　文〕　《办法》共 6 章 24 条。主要有总则、复核的提出、复核的受理、复核的办理、复核决定等内容。自 2019 年 1 月 1 日起施行。

9 月 15 日

〔纲　文〕　公安部发布《公安机关互联网安全监督检查规定》。

〔目　文〕　《规定》共 5 章 29 条。主要有总则、监督检查对象和内容、监督检查程序、法律责任等内容。自 2018 年 11 月 1 日起施行。

9 月 15 日

〔纲　文〕　《人民日报》发表社论《促进残疾人全面发展和共同富裕——热烈祝贺中国残疾人联合会第七次全国代表大会开幕》。

9 月 15 日

〔纲　文〕　《人民日报》发表评论员文章《全力培养社会主义建设者和接班人——论学习贯彻习近平总书记全国教育大会重要讲话》。

9 月 15—16 日

〔纲　文〕　栗战书在浙江省调研。

〔目　文〕　全国人大常委会委员长栗战书在衢州柯城区府山街道人大代表联络站进行调研，主持召开基层人大代表座谈会；在省人大机关看望并召开工作座谈会。他指出，习近平总书记在浙江工作期间，就人大工作进行了深入思考和实践，强调做好人大工作要把握好坚持党的领导与发挥人大作用的关系、加快发展与法制保障的关系、依法办事与开拓创新的关系、监督与支持的关系、人大与人民群众的关系；他对地方立法工作提出，要坚持党对立法工作的领导，坚持立法为民，发挥人大在立法中的主导作用，坚持法制统一，坚持立法与改革发展相适应，不断提高立法质量。这些重要论述和要求不仅对当时而且对现在也有重要指导意义，全国人大和地方各级人大都要认真学习领会，在实践中认真贯彻落实。

调研期间，栗战书参观了杭州"五四宪法"历史资料陈列馆，考察了衢州市行政服务中心、杭州市"梦想小镇"等特色小镇。

9月15—17日

[纲 文] **第二十四次全国地方立法工作座谈会在杭州召开。**

[目 文] 全国人大常委会委员长栗战书出席会议并讲话。全国人大常委会秘书长、副秘书长，全国人大宪法和法律委员会、全国人大常委会法工委、各省区市人大常委会有关负责人等参加会议。与会者围绕加强党的领导、提高地方立法质量、发挥人大在地方立法中的主导作用进行了交流。

栗战书指出，要以习近平新时代中国特色社会主义思想和党的十九大精神为指导，总结改革开放40年来我国立法工作特别是地方立法工作的成就和经验，推动地方立法工作与时代同步伐、与改革同频率、与实践同发展，为完善中国特色社会主义法律体系、推动地方经济社会发展作出新贡献。坚持党对立法工作的领导特别是党中央的集中统一领导，是立法工作的重大政治原则，也是做好立法工作的根本保证。改革开放40年来，有立法权的地方人大及其常委会在党中央和地方党委领导下，围绕党和国家中心工作，以宪法和法律为依据，紧密结合地方实际，积极探索和推进地方立法工作，制定一大批地方性法规，促进了地方治理方式转变和治理能力提升，为各地经济社会发展提供了重要的法制保障。地方立法体制不断完善，立法经验不断丰富，立法水平不断提高，也为坚持和完善人民代表大会制度、加强地方政权建设和地方人大工作夯实了基础。

9月15—18日

[纲 文] **2018年世界航线发展大会在广州举行。**

[目 文] 大会以"汇聚广州·连通世界"为主题。围绕"航空""城市""经济"三大热词，邀请全球各大机场和航空公司、知名风投机构专家、国家相关产业研究专家以及来自世界各地业界专家及高层代表共同探讨航空、城市与经济的联动关系，为广州乃至全球城市联通发展问计献策。来自全球112个国家的300多家航空公司、700多家机场管理机构与130多家政府及旅游机构参会。

9月15—21日

[纲 文] **中国科协、中央宣传部、教育部、科技部、工业信息化部、中科院主办2018年全国科普日活动。**

[目 文] 活动主题是"创新引领时代，智慧点亮生活"，全国各地围绕这一主题组织开展1.8万场科普活动。

17日，中共中央政治局常委王沪宁以及黄坤明、蔡奇、万钢等在中国科技馆参加全国科普日北京主场活动。王沪宁表示，要深入贯彻习近平总书记关于科技创新和科学普及的重要指示精神，持续抓好科普工作，提升全民科学素质，激发创新发展活力，为建设世

9月16日

［纲　文］　新华社讯，中共中央办公厅、国务院办公厅印发《防范和惩治统计造假、弄虚作假督察工作规定》，自2018年8月24日起施行。

9月16日

［纲　文］　中国—越南双边合作指导委员会第十一次会议在胡志明市举行。

［目　文］　国务委员兼外交部部长王毅和越南副总理兼外长范平明共同主持会议。双方同意不断完善和改进指导委员会机制运作，进一步加强统筹规划，推动各领域务实合作取得更多成果。同时本着实事求是的精神和灵活务实的态度，解决合作过程中出现的具体问题。

双方成员单位和地方代表分别向会议汇报相关领域合作情况和建议，并进行了对口交流。王毅在总结发言中表示，管控海上分歧的最积极方式是探讨共同开发；对完成陆地边界勘界立碑10周年最好的纪念是尽快成立跨境经济合作区。

9月16日

［纲　文］　国台办发言人表示，据向有关部门了解，一个时期以来，台湾间谍情报机关以大陆为目标，大肆加强情报窃取和渗透破坏活动。

［目　文］　发言人表示，为此，国家安全机关组织开展专项打击行动。我们要求台湾有关方面立即停止对大陆的渗透破坏活动，避免对日益复杂严峻的两岸关系造成进一步伤害。

9月16日

［纲　文］　**中国科学家吴宜灿获欧洲聚变核能创新奖。**

［目　文］　欧洲聚变核能创新奖颁奖典礼在意大利举行。欧盟委员会科研与创新部门负责人帕特里克·蔡尔德为吴宜灿颁奖，以表彰其在核能中子物理前沿领域的开创性贡献。

欧洲聚变核能创新奖由欧盟常设执行机构——欧盟委员会于2014年设立，每两年评选一次，旨在从全球范围内评选和表彰为聚变领域科技创新作出杰出贡献的科学家。吴宜灿是该奖项设立以来首位获奖的中国学者，也是首位获此殊荣的亚洲科学家。

吴宜灿现任中国科学院核能安全技术研究所所长，是世界著名的核能中子物理科学家。从20世纪80年代起，他就致力于核能中子物理研究，在核能中子输运的基础理论、关键技术和工程应用等方面取得了重要突破。他建立了复杂核能系统中子输运理论，攻克了中子输运精准建模与高效计算求解的这一世界性难题。

9月16日

［纲　文］　《人民日报》发表评论员文章《建设高素质专业化教师队伍——论学习贯彻习近平总书记全国教育大会重要讲话》。

9月16—21日

[纲　文]　国务院副总理韩正访问俄罗斯、新加坡。

[目　文]　16—18日，韩正访问俄罗斯，在莫斯科会见了俄罗斯总统普京；同俄罗斯第一副总理西卢安诺夫共同主持中俄投资合作委员会第五次会议，同俄罗斯副总理科扎克共同主持中俄能源合作委员会第十五次会议。会议总结梳理了两国投资、能源合作成果，并就下一步合作规划达成一系列共识。双方一致同意，抓紧推进落实会议共识，为年内两国总理第二十三次定期会晤做好准备。韩正分别与西卢安诺夫、科扎克共同签署会议纪要；分别会见了俄罗斯天然气工业公司总裁米勒和俄罗斯石油公司总裁谢钦。

19—21日，韩正访问新加坡期间，分别会见了新加坡总统哈莉玛、总理李显龙、副总理张志贤、副总理尚达曼；考察了新加坡城市规划馆和新加坡国际港务集团。

20日，韩正同张志贤共同主持中新双边合作联委会第十四次会议、苏州工业园区联合协调理事会第十九次会议、天津生态城联合协调理事会第十次会议和中新（重庆）战略性互联互通示范项目联合协调理事会第二次会议。双方全面梳理高层共识落实情况和务实合作进展，充分肯定苏州工业园区、天津生态城、（重庆）战略性互联互通示范项目和广州知识城建设成果，重点围绕共建"一带一路"、经济转型、金融合作、人文交流、包容和可持续发展等议题进行深入交流，并规划下阶段合作方向和重点。双方一致同意继续从战略高度和长远角度推进共建"一带一路"，建设好互联互通、金融支撑、三方合作三大平台，将对接"一带一路"的中新互联互通陆海新通道和三方合作打造为合作新亮点，更好发挥示范和推动作用。

会议宣布启动中新双边刑事司法协助条约谈判。会后，韩正和张志贤共同出席了两国科技创新、合作经验推广、人才培训、文化交流等领域合作文件签字仪式。会前，韩正和张志贤共同瞻仰了邓小平纪念碑。

9月16—19日

[纲　文]　全国人大常委会副委员长、全国妇联主席沈跃跃访问罗马尼亚。

[目　文]　访问期间，沈跃跃在布加勒斯特分别会见罗马尼亚众议长德拉格内亚，总理登奇勒，社民党妇女组织主席、欧盟基金部部长普伦布。

9月16日

[纲　文]　吉林省政协原主席、党组书记王国发，在北京逝世，享年72岁。

9月17日

[纲　文]　国务院办公厅印发《推进运输结构调整三年行动计划（2018—2020年）》。

[目　文]　《计划》由十个部分组成：一、总体要求。二、铁路运能提升行动。三、水运系统升级行动。四、公路货运治理行动。五、多式联运提速行动。六、城市绿色配送

行动。七、信息资源整合行动。八、加大政策保障力度。九、加大督导考核力度。十、营造良好发展环境。

《计划》指出，要加强政策保障，积极落实财政和用地用海支持政策，确保运输结构调整取得实效。地方政府要尽快组织编制运输结构调整工作实施方案，细化分解目标任务，确保责任落实到位。

9月17日

［纲　文］　教育部、工业信息化部、中国工程院印发《关于加快建设发展新工科实施卓越工程师教育培养计划2.0的意见》。

［目　文］　《意见》由四个部分组成：一、总体思路。二、目标要求。三、改革任务和重点举措。四、组织实施。

《意见》指出，要深化与有关部门合作，组建专家组、工作组。充分发挥理工科专业类教学指导委员会作用，统筹各领域卓越工程师教育培养计划2.0实施。充分发挥新工科研究与实践专家组、卓越工程师教育培养计划专家委员会以及各行业卓越工程师教育培养计划专家组的作用，统筹推进计划实施。

9月17日

［纲　文］　教育部印发《关于加快建设高水平本科教育全面提高人才培养能力的意见》。

［目　文］　《意见》由十个部分组成：一、建设高水平本科教育的重要意义和形势要求。二、建设高水平本科教育的指导思想和目标原则。三、把思想政治教育贯穿高水平本科教育全过程。四、围绕激发学生学习兴趣和潜能深化教学改革。五、全面提高教师教书育人能力。六、大力推进一流专业建设。七、推进现代信息技术与教育教学深度融合。八、构建全方位全过程深融合的协同育人新机制。九、加强大学质量文化建设。十、切实做好高水平本科教育建设工作的组织实施。

9月17日

［纲　文］　中央单位定点扶贫工作推进会在北京召开。

［目　文］　会议主要内容是：学习贯彻中共中央总书记习近平关于扶贫的论述，签署2018年定点扶贫责任书，安排部署下一阶段重点工作。

中共中央政治局委员、国务院扶贫开发领导小组组长胡春华出席会议并讲话。他指出，要深入贯彻习近平总书记对中央单位定点扶贫工作的重要指示精神，按照党中央、国务院决策部署，切实把握新形势、适应新要求，推动定点扶贫工作再上新台阶，为坚决打赢脱贫攻坚战作出新的更大贡献。中央单位要把定点扶贫作为一项重大政治任务，健全工作机制，不折不扣落实好帮扶承诺，切实发挥示范引领作用。要严格开展考核监督，确保定点扶贫取得实效。要坚持发挥单位、行业优势与立足贫困地区实际相结合，积极创新帮扶举措，丰富定点扶贫工作内容。

9月17日
[纲　文]　就业工作座谈会在北京召开。

[目　文]　省部级干部统筹完善养老保险和积极应对人口老龄化专题研讨班全体学员，国务院就业工作部际联席会议各成员单位、海关总署以及中央组织部、中央党校的负责人参加会议。

国务院副总理胡春华出席会议并讲话。他指出，要以习近平新时代中国特色社会主义思想为指导，增强对当前稳就业重要性的认识，按照党中央、国务院决策部署，扎扎实实做好各项就业工作，确保就业大局稳定。当前我国就业总体平稳，但一些苗头性、倾向性问题进一步显现，对就业形势的严峻性、复杂性决不能掉以轻心。要未雨绸缪，突出重点，强化保障，有效应对，以实际行动增强企业和全社会的信心。各地要勇于担当，主动作为，抓紧制定稳就业的综合措施，加大稳岗就业力度，以创新创业带动更多就业，全力做好就业帮扶和服务，兜住就业底线、促进社会和谐稳定。有关部门要密切跟踪形势变化，结合自身职能，加强宏观调控和政策支持，为稳就业作出积极贡献。

9月17日
[纲　文]　国际奥委会北京2022年冬奥会协调委员会第三次会议在北京冬奥组委首钢办公区召开。

[目　文]　国家体育总局局长、中国奥委会主席、北京冬奥组委执行主席苟仲文，国际奥委会副主席、北京冬奥会协调委员会主席胡安·安东尼奥·萨马兰奇在开幕式致辞。北京冬奥组委相关部门负责人分别就组委会组织管理、场馆和基础设施、宣传与参与进行了主题陈述。协调委员会委员对北京冬奥组委高效、务实的筹办工作予以赞许并提出了建设性意见。

9月17日
[纲　文]　纪念杨静仁同志诞辰100周年座谈会在北京举行。

[目　文]　全国政协主席汪洋出席座谈会，并在会前会见了杨静仁亲属。全国政协副主席兼秘书长夏宝龙主持座谈会。全国政协副主席、国家民委主任巴特尔出席座谈会。

国务院副总理孙春兰在座谈会上缅怀了杨静仁同志的光辉一生，强调要学习他坚定信念、对党忠诚的政治品格，胸怀全局、勇担重任的担当精神，坚持真理、实事求是的优良作风，心系人民、无私奉献的高尚情操，为决胜全面建成小康社会、实现中华民族伟大复兴的中国梦继续奋斗。

杨静仁（1918年9月17日—2001年10月19日）是党和国家统一战线和民族工作卓越的领导人，曾担任国务院副总理，第五、六、七、八届全国政协副主席。

9月17日
[纲　文]　3位中国科学家入选2018世界经济论坛青年科学家。

[目　文]　世界经济论坛发布2018年度青年科学家榜单，3位来自生物医药领域的中国科学家入围。本次评选中，世界范围内共有36位科学家入选，其中包括3位中国科

学家，分别是专门研究心血管疾病病因的天津医科大学教授艾玎、研发用于早期疾病诊断传感器的天津大学教授段学欣以及研究方向为环境因素和遗传性疾病关系的南开大学药物化学生物学国家重点实验室教授杨娜。

世界经济论坛官网介绍，所有入选科学家年龄都在40周岁以下，他们在人工智能、生物学和生物医药、物理学和材料科学、能源和量子计算等广泛领域潜心研究，不断拓展科学前沿，为改善人类健康、推动可持续发展、促进社会包容和平等作出了贡献。

9月17日

［纲　文］　生态环境部与联合国环境署在北京召开2018年中国国际保护臭氧层日纪念大会。

［目　文］　生态环境部有关负责人，臭氧秘书处执行秘书蒂娜·玻比利、蒙特利尔议定书多边基金秘书处秘书长爱德华多·加南出席了纪念大会，来自联合国开发计划署、联合国环境署、联合国工业发展组织、世界银行、德国国际合作机构等国际和双多边组织，国家保护臭氧层领导小组成员单位，各省（区、市）及计划单列市环境保护厅（局），科研院所、行业协会和企业等代表120余人参加了会议。

9月17日

［纲　文］　《人民日报》发表评论员文章《大力推进教育体制改革创新——论学习贯彻习近平总书记全国教育大会重要讲话》《勇当新时代改革开放新标杆》。

9月17—19日

［纲　文］　世界公众科学素质促进大会在北京召开。国家主席习近平向大会致贺信。

［目　文］　习近平指出，科学技术是第一生产力，创新是引领发展的第一动力。当前，全球新一轮科技革命孕育兴起，正在深刻影响世界发展格局，深刻改变人类生产生活方式。加强科技产业界和社会各界的协同创新，促进各国开放合作，是让科技发展为人类社会进步发挥更大作用的重要途径。中国高度重视科学普及，不断提高广大人民科学文化素质。中国积极同世界各国开展科普交流，分享增强人民科学素质的经验做法，以推动共享发展成果、共建繁荣世界。希望各位嘉宾在本次大会期间就普及科学知识、弘扬科学精神、传播科学思想、倡导科学方法积极交流互鉴，为增强公众科学素质、促进科学成果共享、推动构建人类命运共同体作出贡献。

中共中央政治局常委王沪宁出席开幕式，宣读习近平主席的贺信并致辞。联合国秘书长古特雷斯向大会发来贺信。联合国教科文组织代表、世界知识产权组织代表、世界工程组织联合会主席分别在开幕式上致辞。

大会由中国科协发起主办，联合国教科文组织、世界知识产权组织、国际科学理事会、世界工程组织联合会予以支持，以"科学素质与人类命运共同体"为主题。设有"科学素质促进人的全面发展""科学素质促进可持续发展""科学素质促进：责任与担当""科学素质促进：创新与发展"4个分议题，来自23个国际科技组织、38个国家的

58个国别科技组织和机构的代表以及境内有关方面代表1000余人参加大会。

9月17—19日

[纲　文]　2018世界人工智能大会在上海举行。国家主席习近平致信。

[目　文]　习近平在贺信写道：值此2018世界人工智能大会召开之际，我谨表示热烈的祝贺！向出席大会的各国代表、国际机构负责人和专家学者、企业家等各界人士表示热烈的欢迎！新一代人工智能正在全球范围内蓬勃兴起，为经济社会发展注入了新动能，正在深刻改变人们的生产生活方式。把握好这一发展机遇，处理好人工智能在法律、安全、就业、道德伦理和政府治理等方面提出的新课题，需要各国深化合作、共同探讨。中国愿在人工智能领域与各国共推发展、共护安全、共享成果。中国正致力于实现高质量发展，人工智能发展应用将有力提高经济社会发展智能化水平，有效增强公共服务和城市管理能力。中国愿意在技术交流、数据共享、应用市场等方面同各国开展交流合作，共享数字经济发展机遇。希望与会嘉宾围绕"人工智能赋能新时代"这一主题，深入交流、凝聚共识，共同推动人工智能造福人类。预祝2018世界人工智能大会取得圆满成功！

开幕式上，中共中央政治局委员、上海市委书记李强宣读了习近平的贺信并致辞。中共中央政治局委员、国务院副总理刘鹤出席开幕式并讲话。

大会由发展改革委、科技部、工业信息化部、国家互联网信息办公室、中国科学院、中国工程院和上海市政府共同主办。来自近40个国家和地区的专家学者、企业家等围绕人工智能技术前沿、产业趋势和热点问题开展对话交流，200多家人工智能领域领军企业参加论坛和展示活动。

9月17—23日

[纲　文]　2018年国家网络安全宣传周举办。

[目　文]　宣传周由中宣部、中央网信办、教育部、工业信息化部、公安部、人民银行、广电总局、全国总工会、共青团中央、全国妇联等10部门共同举办，以"网络安全为人民，网络安全靠人民"为主题。各省（区、市）分别组织开展校园日、电信日、法治日、金融日、青少年日、个人信息保护日等主题日活动。宣传周的开幕式、网络安全博览会、网络安全技术高峰论坛等活动在成都举行。

19日，2018年国家网络安全宣传周开幕式在成都举行。中共中央政治局委员、中宣部部长黄坤明出席并讲话，强调要坚持以习近平总书记关于网络强国的重要思想为指引，牢固树立正确的网络安全观，坚决筑牢国家网络安全屏障，切实维护国家网络安全和人民群众合法权益。

9月17—20日

[纲　文]　郭声琨在新疆维吾尔自治区调研。

[目　文]　中央政法委书记郭声琨在自治区维稳指挥部，通过视频察看大巴扎、景区治安情况，慰问一线执勤人员；在喀什、和田法院、监狱，考察暴恐案件依法审理、服刑人员教育改造等情况；在街头便民警务站和乡综治中心，考察社会治理和基层基础工

作；在少数民族家庭，了解他们的工作、生活情况。并到幼儿园、服装厂考察民生改善情况；在清真寺，同宗教人士交流，勉励他们发扬爱国爱教优良传统，引导信教群众正确理解教义，自觉"去极端化"，共同建设美好家园。

9月18日

[纲　文]　李克强主持召开国务院常务会议。

[目　文]　会议主要内容是：一、要求把已定减税降费措施切实落实到位，确保社保费现有征收政策稳定。会议强调，在当前国际形势错综复杂情况下，要进一步激发我国市场活力，一个关键举措是要加大简政减税降费力度。要把减税降费措施切实落实到位，对落实情况开展检查核实，决不允许拖延和打折扣，决不允许自行其是。二、部署加大关键领域和薄弱环节有效投资，以扩大内需推进结构优化民生改善。会议指出，2018年以来我国固定资产投资增速回落，有些地方基础设施投资同比下降。要贯彻党中央、国务院部署，聚焦补短板扩大有效投资，按照既不过度依赖投资、也不能不要投资、防止大起大落的要求，稳住投资保持正常增长，这也是深化供给侧结构性改革、带动就业的重要举措。要紧扣国家规划和重大战略，加大"三区三州"等深度贫困地区基础设施、交通骨干网络特别是中西部铁路公路、干线航道、枢纽和支线机场、重大水利等农业基础设施、生态环保重点工程、技术改造升级和养老等民生领域设施建设。三、确定促进外贸增长和通关便利化的措施。会议确定：一是推进更高水平贸易便利化，2018年将进口和出口整体通关时间、进出口监管证件再压减1/3并降低通关费用。二是进一步降低进出口企业成本，完善出口退税政策，加快出口退税进度，降低出口查验率，扩大出口信用保险覆盖面，鼓励金融机构增加出口信用保险保单融资和出口退税账户质押融资、加大对外贸企业尤其是中小微企业信贷投放。鼓励和支持企业开拓多元化市场。

9月18日

[纲　文]　国务院印发《关于推动创新创业高质量发展打造"双创"升级版的意见》。

[目　文]　《意见》由九个部分组成：一、总体要求。二、着力促进创新创业环境升级。三、加快推动创新创业发展动力升级。四、持续推进创业带动就业能力升级。五、深入推动科技创新支撑能力升级。六、大力促进创新创业平台服务升级。七、进一步完善创新创业金融服务。八、加快构筑创新创业发展高地。九、切实打通政策落实"最后一公里"。

《意见》指出，各地区、各部门要充分认识推动创新创业高质量发展、打造"双创"升级版对于深入实施创新驱动发展战略的重要意义，把思想、认识和行动统一到党中央、国务院决策部署上来，认真落实本意见各项要求，细化政策措施，加强督查，及时总结，确保各项政策措施落到实处，进一步增强创业带动就业能力和科技创新能力，加快培育发展新动能，充分激发市场活力和社会创造力，推动我国经济高质量发展。

9月18日

[纲　文]　国务院公布《关于修改部分行政法规的决定》。

[目　文]　《决定》说，根据党的十九届三中全会审议通过的《中共中央关于深化党和国家机构改革的决定》和十三届全国人大一次会议批准的《国务院机构改革方案》，国务院对机构改革涉及的行政法规进行了清理，决定对《卫星地面接收设施接收外国卫星传送电视节目管理办法》《有线电视管理暂行办法》《中药品种保护条例》《卫星电视广播地面接收设施管理规定》《反兴奋剂条例》《易制毒化学品管理条例》《国务院关于经营者集中申报标准的规定》《外国企业常驻代表机构登记管理条例》《戒毒条例》《残疾预防和残疾人康复条例》等10部行政法规的部分条款予以修改。自2018年9月18日起施行。

9月18日

[纲　文]　财政部、科技部、国资委印发《关于扩大国有科技型企业股权和分红激励暂行办法实施范围等有关事项的通知》，自2018年9月18日起执行。

9月18日

[纲　文]　税务总局印发《关于进一步优化办理企业税务注销程序的通知》。

[目　文]　《通知》由四个部分组成：一、实行清税证明免办服务。二、优化税务注销即办服务。三、简化税务注销办理的资料和流程。四、工作要求。

《通知》指出，税务总局将对各地税务机关改革措施落实情况进行督察督导，对纳税人实际办税感受进行走访调研、组织明察暗访，并将结果纳入绩效考评。对工作落实不力、纳税人反映强烈的问题，一经核实，将依法依规追究相关领导及人员的责任。自2018年10月1日起执行。

9月18日

[纲　文]　《人民日报》报道，最高人民法院发布《关于在司法解释中全面贯彻社会主义核心价值观的工作规划（2018—2023）》。

[目　文]　《规划》要求，要在司法解释中大力弘扬爱国、敬业、文明、和谐的社会主义核心价值。要修订完善有关名誉权、荣誉权司法解释，加强对英雄烈士名誉权、荣誉权案件纠纷的指导力度；修订完善婚姻、家庭纠纷等司法解释，进一步优化家事审判方式和工作机制，切实弘扬中华民族传统家庭美德；加强未成年人权益保护工作，预防和惩治校园暴力等现象，促进未成年人健康成长。

《规划》强调，要在司法解释中大力弘扬诚实守信的社会主义核心价值。要进一步修订完善合同法司法解释，在全社会倡导讲诚信、重规则的契约精神；尽快出台关于防范惩治虚假诉讼的司法解释，推动当事人诚信诉讼；修订完善有关执行工作的司法解释，促进社会信用体系建设。

9月18日

[纲　文]　司法部印发《关于深入推进公共法律服务平台建设的指导意见》。

[目　文]　《意见》由六个部分组成：一、总体要求。二、全面建成公共法律服务平

台。三、推进三大平台一体服务。四、推进三大平台一体监管。五、推进三大平台一体保障。六、加强组织领导。

《意见》要求，司法系统要在全面建成实体、热线、网络三大平台基础上，推动三大平台服务、监管和保障的融合，形成线上线下一体化公共法律服务平台。

9月18日

［纲　文］　新华社讯，汪洋在北京主持召开座谈会，听取部分专家学者对全国政协重点研究课题的意见建议。

［目　文］　全国政协副主席张庆黎、王正伟、苏辉出席座谈会，潘岳、潘维、曹德本、李君如、张峰在会上发了言。

全国政协主席汪洋指出，理论上清醒是政治上清醒的前提，理论上坚定是政治上坚定的保障。没有正确的理论指导，不可能站得高、看得远，不可能做到行动坚决有力。政协系统要着力加强理论学习，真正把习近平总书记关于加强和改进人民政协工作的重要思想学深悟透，用以武装头脑、指导实践、推动工作，更好把握新时代人民政协的新方位新使命，努力开创政协事业发展新局面。

经党中央批准，全国政协于2018年9月底召开中共中央总书记习近平关于加强和改进人民政协工作的重要思想理论研讨会。从5月开始，全国政协系统组织开展了集中学习研讨活动，全国政协确定了18个课题和6个重点课题，由主席会议成员分别牵头，组织有关部门、地方政协、高等院校和研究机构共同学习和研究，旨在以理论学习、思想武装促进工作质量提升，同时为召开理论研讨会做准备。

受汪洋委托，全国政协副主席张庆黎、刘奇葆、卢展工、马飚、李斌、汪永清、辜胜阻、刘新成、何维、邵鸿、高云龙近日也分别就有关课题听取了专家学者的意见建议。

9月18日

［纲　文］　中共中央政治局委员、中宣部部长黄坤明在北京会见由缅甸全国民主联盟第二副主席、曼德勒省首席部长佐敏貌率领的缅甸全国民主联盟干部考察团。

［目　文］　黄坤明说，习近平总书记与昂山素季主席在中国共产党与世界政党高层对话会期间就进一步深化中缅友好关系达成新的重要共识，为中缅关系发展指明了方向。中国共产党愿与缅甸全国民主联盟不断深化治国治党经验交流，共同推动中缅全面战略合作伙伴关系向前发展。

佐敏貌说，缅民盟珍视缅中"胞波"情谊，愿学习借鉴中共执政经验，加强交流合作，实现互利共赢。

9月18日

［纲　文］　中共中央书记处书记、中央统战部部长尤权在北京会见了由古共中央书记处书记、国际关系部部长巴拉格尔率领的古巴共产党代表团。

［目　文］　尤权表示，中古两国是社会主义命运共同体。在习近平总书记和劳尔第一书记关心和推动下，两党两国关系发展迅速，各领域合作取得新成果。中国共产党愿同

古巴共产党完善交往机制，深化治党治国经验交流，进一步发挥好对两国关系的政治引领作用。

巴拉格尔表示，古共希望与中共加强交流合作，学习借鉴中国的发展经验。

9月18日

[纲　文]　商务部新闻发言人就美方决定对2000亿美元中国输美产品加征关税发表谈话。

[目　文]　发言人指出，美方不顾国际国内绝大多数意见反对，宣布自9月24日起对2000亿美元中国输美产品加征10%的关税，进而还要采取其他关税升级措施。对此我们深表遗憾。为了维护自身正当权益和全球自由贸易秩序，中方将不得不同步进行反制。美方执意加征关税，给双方磋商带来了新的不确定性。希望美方认识到这种行为可能引发的不良后果，并采取令人信服的手段及时加以纠正。

9月18日

[纲　文]　国务院关税税则委员会发布公告，决定对美国原产的约600亿美元进口商品实施加征关税。

[目　文]　公告说，2018年7月11日美国政府宣布对从中国进口的约2000亿美元商品加征10%关税，8月2日又将加征税率提高至25%。9月18日，美国政府宣布实施对从中国进口的约2000亿美元商品加征关税的措施，自9月24日起加征关税税率为10%，2019年1月1日起加征关税税率提高到25%。美方一意孤行，导致中美贸易摩擦不断升级。为捍卫自由贸易和多边体制，捍卫自身合法权益，中方不得不对已公布的约600亿美元清单商品实施加征关税措施。根据《中华人民共和国对外贸易法》《中华人民共和国进出口关税条例》等法律法规和国际法基本原则，经国务院批准，国务院关税税则委员会决定对原产于美国的5207个税目、约600亿美元商品，加征10%或5%的关税，自2018年9月24日12时01分起实施。如果美方执意进一步提高加征关税税率，中方将给予相应回应，有关事项另行公布。中方再次重申，实施上述加征关税措施的目的是遏制贸易摩擦升级，是对美方单边主义、贸易保护主义的被迫回应，中方希望美方停止贸易摩擦，中美双方通过平等、诚信、务实的对话，相互尊重，共同维护互利共赢的双边经贸关系大局，共同维护自由贸易原则和多边贸易体制，共同促进世界经济的繁荣与发展。

19日，就美国宣布将对2000亿美元中国输美产品加征关税一事，外交部发言人表示，美方的威胁、恫吓、讹诈对中方不起作用。中美经贸合作的本质是互利共赢的，在平等、诚信和相互尊重的基础上进行对话磋商是解决中美经贸问题的唯一正确途径。

9月18日

[纲　文]　《人民日报》发表评论员文章《坚持党对教育事业的全面领导——论学习贯彻习近平总书记全国教育大会重要讲话》。

9月18—20日

[纲　文]　2018年夏季达沃斯论坛在天津举行。

［目　文］　国务院总理李克强出席2018年夏季达沃斯论坛开幕式并发表特别致辞。李克强表示，夏季达沃斯论坛成立以来的这些年，正是各方应对国际金融危机、推动世界经济复苏的时期。在历经艰难曲折之后，世界经济出现整体复苏态势。然而，当前国际环境中不稳定不确定因素明显增多，逆全球化倾向抬头，怎样继续壮大新动能、促进世界经济持续稳定增长，是各方普遍关心的问题。本届论坛以"在第四次工业革命中打造创新型社会"为主题，具有很强的针对性。

来自100多个国家2500多位嘉宾就"全球创新前景展望""中国对外开放四十年""揭秘中国金融科技""中国的湾区经济""塑造中国人工智能的未来"等议题进行交流。

18日，国家主席习近平在北京分别会见来华出席夏季达沃斯论坛的塞尔维亚总统武契奇并共同见证了双边合作文件的签署，会见爱沙尼亚总统卡柳莱德，会见拉脱维亚总统韦约尼斯并共同见证了双边合作文件的签署，会见萨摩亚总理图伊拉埃帕。

会议期间，李克强在天津分别会见来华出席夏季达沃斯论坛的塞尔维亚总统武契奇、拉脱维亚总统韦约尼斯、世界经济论坛主席施瓦布、爱沙尼亚总统卡柳莱德；同萨摩亚总理图伊拉埃帕举行会谈，共同见证了双方多份合作文件的签署。

19日，李克强在天津梅江会展中心同出席2018年夏季达沃斯论坛的工商、金融、智库、媒体界代表举行对话会。李克强就中国金融开放、知识产权保护、减税降费、创新创业、世界贸易体制改革等问题回答了提问。世界经济论坛主席施瓦布主持对话会。来自中国、美国、欧洲、日本等国和地区200余名代表出席。

9月18—21日

［纲　文］　王岐山在江苏省、上海市调研。

［目　文］　国家副主席王岐山在南京大学、中科院上海光学精密机械研究所等高校和科研院所，常州市中国以色列常州创新园、上汽集团、GE中国科技园、中国商飞设计研发中心等企业和产业园区，考察科学研究、技术创新、市场经营、中外合作等情况。

王岐山指出，要以习近平新时代中国特色社会主义思想为指导，全面贯彻新发展理念，深入实施创新驱动发展战略，在扩大开放中推动科技创新再上新台阶。新发展理念中创新居于首位，有着深刻的现实意义和长远的战略意义。中国特色社会主义进入新时代，推动高质量发展，根本出路是通过技术创新、组织和制度创新，动态平衡地处理好速度、结构、质量和效益的关系。要在深化改革和扩大开放中激发创新活力，既重视技术上的进步，也提升创新体系能力；既突出核心技术攻关，也加强基础理论研究。

9月18—21日

［纲　文］　应全国人大常委会委员长栗战书邀请，乌兹别克斯坦最高会议立法院主席伊斯梅洛夫率团访华。

［目　文］　访华期间，栗战书在北京与伊斯梅洛夫举行会谈。全国政协主席汪洋、全国人大常委会副委员长王晨在北京分别会见了伊斯梅洛夫。

栗战书与伊斯梅洛夫会谈时说，5年前习近平主席访问中亚时首次提出"一带一路"倡议，乌兹别克斯坦是最早支持、最早行动，也是最先取得收获的国家之一。前不久，贵国将落实"一带一路"倡议写入外交政策法令，充分表明对这一倡议的坚定支持和积极响应。中方愿与乌方密切配合，以共建"一带一路"为主线，不断深化各领域互利合作，推动两国关系发展取得更多实际成果。中方高度重视与乌兹别克斯坦最高会议的友好合作关系，愿与乌方携手推动落实两国元首共识，进一步加强高层、专门委员会和友好小组之间的交往，加强治国理政、立法经验交流，就怎样通过立法服务国家发展大局和改革开放开展互学互鉴，为提升各领域合作水平创造良好法律、政策和人文环境。

伊斯梅洛夫说，乌兹别克斯坦最高会议期待进一步密切与中国全国人大的交流合作，学习中方在推进改革发展和加强法治建设方面的经验，加强地方立法机构的交往，通过完善立法为两国各领域互利合作提供法律保障。

汪洋会见伊斯梅洛夫时说，今年6月上海合作组织青岛峰会期间，习近平主席和米尔济约耶夫总统成功会晤，达成一系列重要共识，为两国关系深入发展描绘出新蓝图。中国全国政协愿加强与乌兹别克斯坦最高会议立法院及社会各界的交往，为两国各领域友好合作积极建言资政，不断夯实两国全面战略伙伴关系的基础。

伊斯梅洛夫说，在两国元首的高度重视和亲自推动下，乌中关系发展势头良好，各领域合作成果丰富。乌兹别克斯坦最高会议愿为乌中友好事业的深入发展贡献力量。

9月18—19日

[纲　文]　**中华人民共和国首席大法官、最高人民法院院长周强率中国法院代表团访问越南。**

[目　文]　访问期间，周强分别会见了越南国家主席陈大光、越南常务副总理张和平、越南最高人民法院院长阮和平等，并应邀就"中国法院司法体制改革与智慧法院建设"为越南法院学院和越南773家法院作视频讲座。

9月18—19日

[纲　文]　**"2018·北京人权论坛"在北京举行。**

[目　文]　论坛由中国人权研究会、中国人权发展基金会主办，以"消除贫困：共建一个没有贫困、共同发展的人类命运共同体"为主题。中宣部部长黄坤明、中国人权研究会会长向巴平措、中国人权发展基金会理事长黄孟复出席开幕式并致辞。

来自近50个国家、地区和国际组织的官员、专家学者、知名人士等200余人出席。"消除贫困就是保障人权"成为各国与会者共识。

9月18—20日

[纲　文]　**第三届中法文化论坛在西安举行。**

[目　文]　中法文化论坛中方主席、全国人大常委会副委员长、欧美同学会（中国留学人员联谊会）会长陈竺以及论坛法方主席、法国前总理拉法兰出席开幕式并致辞。

论坛由欧美同学会（中国留学人员联谊会）、法国展望与创新基金会主办，西安市人民政府、中法文化艺术研究中心承办，以"'一带一路'：文明互鉴与创新"为主题。设置了入城式系列活动、开幕式暨主旨演讲、尼斯日、国际智库合作论坛、中法市长对话、闭幕式等6项主体活动，还设置了中法文化大师对话等8项平行论坛和9项文化展览交流活动。

9月19日

[纲　文]　国家主席习近平在北京会见巴基斯坦陆军参谋长巴杰瓦。

[目　文]　习近平说，双方在重大国际和地区问题上保持了高度一致，中方始终高度重视中巴关系。双方在彼此重大关切问题上保持高度互信。中方对巴方为"一带一路"和中巴经济走廊建设提供的支持和安全保障表示赞赏。只要有高度的互信和切实措施，中巴经济走廊建设就会取得成功，并造福两国人民。当前国际和地区形势复杂多变，两国相互支持，相互帮助，互利合作，取得丰硕成果，顺应了时代潮流。双方应继续加强国际和地区问题上的协调与合作，在涉及彼此核心利益问题上坚定支持对方。近年来，两军合作不断深入，取得了许多重要务实成果。对巴高度重视军队建设及在捍卫国家安全和发展中发挥的重要作用表示赞赏。两军应进一步深化推进各领域各层次交流合作，坚决打击恐怖势力，确保中巴经济走廊建设安全，为两国共同利益和共同发展提供可靠安全保障。

巴杰瓦表示，巴方坚定支持"一带一路"倡议。不管形势如何变化，巴始终把发展对华关系置于对外关系的首要战略位置，在涉及彼此核心利益问题上与中方始终站在一起。巴方对中方为巴提供的各方面帮助表示诚挚的感谢，愿进一步加强与中国军队的战略沟通、务实交流、反恐合作，共同提升应对各种安全挑战的能力，维护两国共同利益和战略安全，为国际地区和平稳定作贡献。

18日，中央军委副主席张又侠在北京会见巴杰瓦时说，中方赞赏巴新一届政府将全力推进双边关系发展的立场，愿与巴新一届政府共同传承友好关系，全力推进中巴经济走廊建设，更好地造福两国人民。中巴两军关系是两国关系的重要支柱，两军应进一步深化各领域务实合作，不断提高应对各种安全风险和挑战的能力，携手维护好两国共同利益。

巴杰瓦表示，巴军方与新政府对华政策是高度一致的，巴方重视并支持开展"四国机制"合作，将一如既往地发展巴中友好合作关系，确保巴中经济走廊建设安全顺利推进。

9月19日

[纲　文]　国家主席习近平和夫人彭丽媛在钓鱼台国宾馆看望在北京休养的柬埔寨国王西哈莫尼和太后莫尼列。

[目　文]　在中秋佳节来临之际，习近平首先祝西哈莫尼国王和莫尼列太后节日快乐、健康长寿。习近平指出，中柬关系紧密、特殊，积淀着深厚的历史感情。建交60年来，由中国老一辈领导人和西哈努克太皇共同缔造和精心培育的中柬友谊正日益焕发蓬勃生机。西哈莫尼国王和莫尼列太后心系中柬友好，为发展中柬关系作出了重要贡献。中方珍视同柬埔寨王室的特殊友谊。从2016年至今，我同西哈莫尼国王和莫尼列太后年年相

见，像家人聚会一样。我同西哈莫尼国王就继承和弘扬中柬传统友好达成重要共识，推动双边关系进入历史最好时期。两国高层和人民要像走亲戚一样常来常往。

习近平祝贺柬埔寨大选顺利成功，并产生新一届国会和政府，祝愿在西哈莫尼国王庇佑下、在以洪森首相为首的王国政府领导下，柬埔寨将在国家建设事业中取得新的更大成就。祝愿柬埔寨长治久安、人民幸福。习近平强调，中方高度重视对柬关系，将同柬方一道，传承好两国传统友谊，继往开来，推动中柬全面战略合作伙伴关系不断迈上新台阶。

西哈莫尼和莫尼列感谢习近平和彭丽媛的友好情谊。他们表示，我们每次见到习近平主席和彭丽媛教授，都像见到家人一样亲切。柬埔寨人民感谢中方长期以来给予的坚定支持和宝贵帮助，感谢习近平主席非常关心、重视并推动柬中关系发展。

9月19日

[纲 文] **2018年国际和平日纪念活动在南京举行。中共中央总书记、国家主席习近平向纪念活动致贺信。**

[目 文] 习近平表示，值此2018年国际和平日纪念活动举办之际，我谨代表中国共产党、中国政府和中国人民，并以我个人的名义，向纪念活动的举办致以热烈的祝贺！向出席纪念活动的各国嘉宾、民间和平组织、安全智库代表和各界人士表示诚挚的欢迎。和平始终是人类社会的普遍期待与殷切向往。当今世界，和平与发展已成为时代主题，但各国面临的安全威胁日益复杂，战争威胁始终挥之不去。中华民族热爱和平，中国人民深知和平之可贵，中国坚定不移走和平发展道路，永远是世界和平的建设者、全球发展的贡献者、国际秩序的维护者。国际和平日纪念活动设立以来，致力于传播和平理念、维护世界和平，已成为各方加强安全治理合作、凝聚国际和平力量的重要平台。今年的纪念活动以"推动构建人类命运共同体，携手建设持久和平、普遍安全的世界"为主题，契合国际和平日设立宗旨，符合世界各国及其人民根本利益。希望大家集思广益、凝聚共识、汇聚力量，为推动构建人类命运共同体、建设更加美好的世界发挥积极作用。预祝2018年国际和平日纪念活动取得圆满成功。

国家副主席王岐山出席2018年国际和平日纪念活动开幕式并发表主旨讲话。联合国秘书长古特雷斯为和平日发来视频贺词。全国政协副主席、中国人民争取和平与裁军协会副会长马飚出席开幕式。

本次纪念活动由中国人民争取和平与裁军协会与江苏省人民政府、联合国驻华系统合作主办，活动主题为"推动构建人类命运共同体，携手建设持久和平、普遍安全的世界"，与联合国提出的2018年国际和平日主题"和平权力——《世界人权宣言》70周年"相互契合。50多个国家和地区的嘉宾、民间和平组织、安全智库代表等与会，参加相关纪念活动，传播和平理念，凝聚国际和平力量。

活动期间，王岐山集体会见了蒙古国副总理恩赫图布辛、哥斯达黎加前总统阿里亚斯、日本前首相鸠山由纪夫、法国前总理德维尔潘、尼泊尔前总理普拉昌达和墨西哥国家复兴运动党主席波列文斯基等外方嘉宾。

9月19日

［纲　文］　全国人大常委会副委员长王晨在北京会见由主席图根达特率领的英国议会下院外委会代表团。

［目　文］　王晨说，习近平主席2015年对英国成功进行国事访问，开启了中英关系"黄金时代"。两国立法机构应加强立法和治国理政经验交流，为"一带一路"建设和务实合作提供良好法律环境，尊重和照顾彼此核心利益和重大关切，为实现中英关系在新时代健康稳定发展作出贡献。

图根达特说，愿通过访问增进对中国的了解，加强协调合作。

9月19日

［纲　文］　第四次中国—中东欧国家旅游合作高级别会议在克罗地亚杜布罗夫尼克举行。

［目　文］　国务院总理李克强向开幕式致贺词。李克强在贺词中表示，旅游业是全球经济中增长最快的行业之一。中国和中东欧国家旅游资源丰富，开展旅游合作基础良好，潜力巨大。希望双方以举办中国—中东欧国家旅游合作高级别会议为契机，积极扩大旅游合作，促进中国和中东欧国家人文交流，增进双方人民之间的相互了解，助力各国共同发展。中国—中东欧国家合作启动6年来，各方合作热情高涨，机制日趋成熟，各领域合作持续深化，成为具有重要影响的跨区域合作机制，促进了中欧关系更加全面、深入发展。中国将同中东欧国家一道，继续扎实推进各领域务实合作，让"16+1合作"成果更多更好地惠及各国人民。

文化和旅游部部长雒树刚率团与会。与会各国旅游部部长、代表团团长赞同雒树刚对"16+1"旅游合作实施5年来所取得成绩的评价，表达了深化与中国各领域合作的期望，表示将以此次会议为契机，推动"16+1"旅游合作走深、走实，迈上新的台阶。

会议期间，中国与克罗地亚签署了《中华人民共和国文化和旅游部与克罗地亚共和国旅游部旅游合作谅解备忘录》。

9月19日

［纲　文］　中国在西昌卫星发射中心用"长征三号乙"运载火箭（及"远征一号"上面级），以"一箭双星"方式成功发射第三十七、三十八颗北斗导航卫星。

［目　文］　这两颗卫星属于中圆地球轨道卫星，是我国北斗三号系统第十三、十四颗组网卫星。卫星经过3个多小时的飞行后顺利进入预定轨道，后续将进行测试与试验评估，并与此前发射的12颗北斗三号导航卫星进行组网，适时提供服务。

此次发射的两颗北斗导航卫星首次装载了国际搜救组织标准设备，将为全球用户提供遇险报警及定位服务。卫星发射成功后将建成北斗中轨搜救系统，提升全球卫星搜救系统的遇险报警转发效率，为全球遇险人员提供"中国守护"。发射成功也标志着北斗系统在全球遇险救助领域迈出"走出去"的坚实一步。下一步，交通运输部相关部门将继续与中国卫星导航系统管理办公室保持紧密合作，做好后续卫星搭载搜救载荷的建设筹备工作。

9月19—21日

[纲 文] 汪洋率中央代表团出席宁夏回族自治区成立60周年庆祝活动。

[目 文] 中央代表团团长是全国政协主席汪洋。中央代表团副团长是国务院副总理孙春兰、统战部部长尤权、全国人大常委会副委员长曹建明、国家民委主任巴特尔、军委政治工作部主任苗华。代表团由62人组成，成员包括中央和国家机关有关部门、军队有关单位、其他4个自治区和对口支援宁夏的福建省有关负责人等。

19日，汪洋率代表团出席向宁夏回族自治区赠送纪念品仪式。中央代表团赠送的纪念品共计12项，包括中共中央总书记习近平题词贺匾、"美丽宁夏"珐琅器、"民族团结"瓷瓶、"劳动托起中国梦"纪念章、"暖心"杯、"携手奔小康"茶具、多媒体教学一体机、LED显示屏、玩教具、健康体检一体机、心电监护仪和全科诊断仪。

同日，汪洋率代表团部分成员分别赴宁夏军区、武警宁夏总队慰问，并会见自治区政法系统代表，代表党中央、国务院、中央军委，代表习近平主席向大家致以崇高敬意和亲切问候；出席庆祝宁夏回族自治区成立60周年文艺晚会"绽放新时代"。

20日，宁夏回族自治区成立60周年庆祝大会在贺兰山体育场举行。汪洋出席庆祝大会并讲话。孙春兰宣读中共中央、全国人大常委会、国务院、全国政协、中央军委关于庆祝宁夏回族自治区成立60周年的贺电。纪念大会在"塞上儿女心向党"群众文艺表演中拉开帷幕。5个仪仗方队与五地市方队依次入场，主题表演分为"黄河魂魄·精神传承""丝路欢歌·开放发展""闽宁协作·八方支援""塞上江南·美丽宁夏""民族团结·幸福家园""奋进新时代·共筑中国梦"6个篇章。

同日，汪洋听取宁夏回族自治区党委、政府工作汇报。在听取汇报前，会见了自治区现职副省军级以上负责人。

21日，汪洋率代表团一分团在固原看望慰问各族各界干部群众，参观六盘山红军长征纪念馆；孙春兰率代表团二分团在吴忠、尤权率代表团三分团在石嘴山、曹建明率代表团四分团在银川、苗华率代表团五分团在中卫分别看望慰问各族各界干部群众。

9月19—20日

[纲 文] 首届世界语言资源保护大会在长沙召开。

[目 文] 大会由联合国教科文组织、中国教育部、中国联合国教科文组织全国委员会、国家语委、湖南省人民政府联合主办，以"语言多样性对于构建人类命运共同体的作用：语言资源保护、应用与推广"为主题。来自40个参会国的代表及联合国教科文组织嘉宾、部分国家驻华使（领）馆嘉宾等参会。与会者从语言文化多样性政策与措施、语言资源保护规范标准与人才建设、语言资源开发应用与推广等方面开展研讨，分享各国语言资源保护经验，展望现代信息科技与语言资源保护、开发、应用相结合的前景，达成了多方面共识，会议通过了《岳麓宣言（草案）》。

目前，全世界范围内大约有6700种语言，其中40%的语言面临消亡或正处于消亡的边缘。教育部、国家语委于2015年启动了中国语言资源保护工程。

9月20日

[纲　文]　习近平在北京主持召开中央全面深化改革委员会第四次会议。

[目　文]　中央全面深化改革委员会副主任李克强、王沪宁，中央全面深化改革委员会委员出席会议。中央和国家机关有关部门负责人列席会议。

会议审议通过了《关于推动高质量发展的意见》《关于建立更加有效的区域协调发展新机制的意见》《关于支持自由贸易试验区深化改革创新的若干措施》《关于完善系统重要性金融机构监管的指导意见》《关于改革和完善疫苗管理体制的意见》《关于统一规划体系更好发挥国家发展规划战略导向作用的意见》《关于促进小农户和现代农业发展有机衔接的意见》。

中共中央总书记、中央全面深化改革委员会主任习近平指出，改革重在落实，也难在落实。改革进行到今天，抓改革、抓落实的有利条件越来越多，改革的思想基础、实践基础、制度基础、民心基础更加坚实，要投入更多精力、下更大气力抓落实，加强领导，科学统筹，狠抓落实，把改革重点放到解决实际问题上来。

9月20日

[纲　文]　新华社讯，中共中央、国务院印发《关于完善促进消费体制机制进一步激发居民消费潜力的若干意见》。

[目　文]　《意见》由四个部分组成：一、总体要求。二、构建更加成熟的消费细分市场，壮大消费新增长点。三、健全质量标准和信用体系，营造安全放心消费环境。四、强化政策配套和宣传引导，改善居民消费能力和预期。

《意见》指出，各地区各部门要充分认识完善促进消费体制机制的重要意义，切实强化组织领导，逐项抓好改革任务和政策落实。要加大统筹协调力度，由国家发展改革委牵头会同有关部门建立完善促进消费体制机制的部门协调机制，统筹促进消费工作，制定整体战略、重要政策和措施。加强促进消费工作的监督考核。要积极推进本意见贯彻落实，抓紧制定实施完善促进消费体制机制的实施方案（2018—2020年）。有关部门要针对本行业本领域细分市场，完善促进消费的政策体系，形成释放消费潜力的政策合力。各地区要按照本意见和实施方案的要求，结合实际抓紧制定具体实施方案和细化政策措施，进一步激发居民消费潜力。

9月20日

[纲　文]　农业农村部发布《2017年全国渔业经济统计公报》。

[目　文]　《公报》显示，2017年全社会渔业经济总产值24761.22亿元，其中，海洋捕捞产值1987.65亿元。国内海洋捕捞量1112.42万吨，同比下降6.3%。2017年全国水产品总产量比上年增长1.03%。其中，海水产品产量同比增长0.62%、远洋渔业产量同比增长4.97%、水产养殖面积同比增长0.05%。全国渔民人均纯收入18452.78元，同比增长9.16%。

9月20日

[纲　文]　经中央军委批准，增加"献身国防科技事业杰出科学家"林俊德、"逐梦

海天的强军先锋"张超为全军挂像英模。

［目　文］　中央军委政治工作部统一印制张思德、董存瑞、黄继光、邱少云、雷锋、苏宁、李向群、杨业功、林俊德、张超10位挂像英模画像，近期陆续下发至全军连级以上单位。强军网推出挂像英模画像。

军委政治工作部下发通知，要求旅团级单位统一组织画像悬挂工作，对连级单位俱乐部、军史场馆、文化活动中心、文化长廊等场所的悬挂作出了规范和明确。通知强调，悬挂画像时要专门安排时间进行集中教育，组织官兵重温英模事迹，学习英模精神。要结合部队主题教育和经常性思想教育，广泛开展"学英雄光辉事迹、走英雄成长道路"群众性学习实践活动，引导官兵传承红色基因、聚力练兵备战，自觉担当起新时代军队使命任务。

9月20日

［纲　文］　**黄坤明在北京同推进文艺创作研修班学员座谈。**

［目　文］　中宣部部长黄坤明指出，要坚持以习近平新时代中国特色社会主义思想为指导，深入学习贯彻全国宣传思想工作会议精神，坚定文化自信，坚持以人民为中心的创作导向，把守正创新融入贯穿到文艺创作实践全过程，努力打造更多无愧于时代的精品力作，筑就新时代的文艺高峰。中国特色社会主义进入新时代，文艺创作面临历史机遇、肩负光荣使命。广大文艺工作者要立足中华民族走向复兴的伟大历程，扎根当代中国波澜壮阔的伟大实践，坚持中华文化立场，弘扬中华美学精神，展现用心用情用功的时代作为，焕发坚定自信勇立潮头的时代创造，书写中华民族新史诗。

9月20日

［纲　文］　**《人民日报》报道，经中共中央批准，中央纪委国家监委对财政部原党组副书记、副部长张少春严重违纪违法问题进行立案审查调查。**

［目　文］　经查，张少春违反政治纪律，违规打探有关案情，对抗组织审查；违反中央八项规定精神，违规出入私人会所、接受公款宴请；违反组织纪律，在职务调整等方面为他人谋取利益，并收受财物；违反廉洁纪律，搞钱色交易，收受礼品、礼金；违反生活纪律。利用职务上的便利或职权地位形成的便利条件，为他人谋取利益并收受巨额财物涉嫌受贿犯罪。

张少春身为党的高级干部，丧失理想信念，毫无党性原则，权力观异化，把公权力和影响力变成牟取私利的工具，生活堕落，甘于被"围猎"，严重违反党的纪律，构成职务违法并涉嫌犯罪，且违纪违法事实主要发生在党的十八大后，属于典型的不收敛、不收手，性质恶劣，情节严重，应予严肃处理。依据《中国共产党纪律处分条例》《中华人民共和国监察法》等有关规定，经中央纪委常委会会议研究并报中共中央批准，决定给予张少春开除党籍处分；由国家监委给予其开除公职处分；收缴其违纪违法所得；将其涉嫌犯罪问题移送检察机关依法审查起诉，所涉财物随案移送。

2019年5月13日，北京市第二中级人民法院公开宣判财政部原党组副书记、副部长张少春受贿案，对被告人张少春以受贿罪判处有期徒刑15年，并处罚金人民币600万元；对张少春受贿所得财物及其孳息，依法予以追缴，上缴国库。

9月20日

[纲　文]　《人民日报》报道，经中共中央批准，中央纪委国家监委对贵州省委原常委、省政府原副省长王晓光严重违纪违法问题进行立案审查调查。

[目　文]　经查，王晓光违反政治纪律和政治规矩，政治信仰缺失，热衷于阅看有严重政治问题的境外书刊，拉票助选，封官许愿，不遵守外事工作纪律并造成恶劣影响，对抗组织审查；违反中央八项规定精神，大搞特权，违规公款豪华装修住所，大吃大喝，安排或接受可能影响公正执行公务的宴请；违反组织纪律，不按规定报告个人有关事项，在组织函询时不如实说明问题，违规为他人职务提拔提供帮助；违反廉洁纪律，利用职权为有关企业承揽工程提供帮助并约定收受好处费，违规从事营利活动并获取巨额利益，向管理服务对象借用巨额钱款谋利，违规占用公共财物、损公肥私，利用职权为他人谋利并同意收受干股，与多名女性搞钱色、权色交易；违反工作纪律，违规推动国家明令禁止的高尔夫球场建设项目，干预司法活动；违反生活纪律，贪图享乐、生活奢靡，痴迷兰花、玩物丧志。利用职务上的便利或职权地位形成的便利条件，为他人谋取利益并收受巨额财物涉嫌受贿犯罪；利用职务上的便利，非法占有公共财物涉嫌贪污犯罪。

王晓光身为党的高级干部，彻底背离了党的理想信念宗旨，德不配位，寡廉鲜耻，严重违反党的纪律，构成职务违法并涉嫌犯罪，是党的十八大后不收敛、不收手，政治问题与经济问题相互交织、甘于被"围猎"的典型，其行为严重破坏了贵州省的政治生态和市场经济秩序，性质严重，影响恶劣，应予严肃处理。依据《中国共产党纪律处分条例》《中华人民共和国监察法》等有关规定，经中央纪委常委会会议研究并报中共中央批准，决定给予王晓光开除党籍处分；由国家监委给予其开除公职处分；收缴其违纪违法所得；将其涉嫌犯罪问题移送检察机关依法审查起诉，所涉财物随案移送。

2019年4月23日，重庆市第一中级人民法院一审公开宣判贵州省人民政府原副省长王晓光受贿、贪污、内幕交易案，对被告人王晓光以受贿罪判处有期徒刑14年，并处罚金人民币300万元；以贪污罪判处有期徒刑5年，并处罚金人民币50万元；以内幕交易罪判处有期徒刑7年，并处罚金人民币17000万元，决定执行有期徒刑20年，并处罚金人民币17350万元。对王晓光受贿、贪污、内幕交易违法所得及其孳息依法予以追缴，上缴国库。

9月20—29日

[纲　文]　**中共中央政治局常委、中央纪委书记赵乐际对白俄罗斯、老挝、越南进行正式友好访问。**

[目　文]　赵乐际访问白俄罗斯期间，在明斯克分别会见白俄罗斯总统卢卡申科、总理鲁马斯、国民会议共和国院主席米亚斯尼科维奇和总统办公厅主任科恰诺娃；考察了中白工业园，了解园区规划运营等情况；向白俄罗斯国家图书馆赠送了《习近平谈治国理

政》等中国图书，宣介了习近平新时代中国特色社会主义思想的精髓要义和世界意义。

赵乐际访问老挝期间，分别会见老挝人革党中央总书记、国家主席本扬，政府总理通伦，中央书记处常务书记、国家副主席潘坎，并与中央政治局委员、中央纪委书记本通举行会谈；赵乐际还和本通一同看望慰问了中老铁路项目工作人员，共同出席中老铁路廉洁建设汇报会；视察了中国和平发展基金会援建的学校，并为"丝路之友"智慧校园项目揭牌。

赵乐际访问越南期间，分别会见越共中央总书记阮富仲，国会主席阮氏金银，越共中央政治局委员、中央书记处常务书记陈国旺，与越共中央书记处书记、中央检查委员会主任陈锦秀举行会谈，同越共中央政治局委员、中央书记处书记范明政共同出席了"中国改革开放和越南革新·融入国际成就"图片展开幕式。瞻仰了胡志明主席陵并敬献花圈。

26日，受中共中央总书记、国家主席习近平委托，赵乐际代表中共中央吊唁越南国家主席陈大光。吊唁仪式在河内越南国家殡仪馆举行。

9月20—24日

[纲　文]　第十七届中国西部国际博览会在成都举办。国家主席习近平致贺信。

[目　文]　习近平指出，西博会是中国对外开放的重要窗口，为中国西部地区参与共建"一带一路"，深化同世界各国交流合作搭建了重要平台。中国西部地区地域辽阔，资源富集，充满机遇，具有独特的区位优势，近年来中国实施西部大开发战略取得长足发展。中国西部地区积极参与共建"一带一路"，将进一步焕发出巨大生机活力，成为陆海内外联动、东西双向互济开放格局的重要组成部分。本届西博会以"中国新时代、西部新作为"为主题，聚焦共建"一带一路"，对中国西部地区深化对外交流合作具有积极意义。希望与会嘉宾深入了解中国西部地区，增进彼此友谊，加强合作交流，共享开放发展新机遇。

国务院副总理胡春华出席开幕式，宣读习近平主席贺信并致辞。博览会由发展改革委、商务部、外交部等16个部委、西部12个省（区、市）及新疆生产建设兵团、博鳌亚洲论坛共同主办或支持，四川省人民政府承办。以"中国新时代、西部新作为"为主题，坚持专业化、国际化、品牌化、信息化的办展方向，积极服务供给侧结构性改革，打造成为推进"一带一路"建设、推动经济全球化的国际公共产品，逐步成为"一带一路"沿线国家展示发展成就、开展国际贸易的开放合作平台。95个国家（地区）参会参展，共举办活动70余项。从活动类别看，主要分为六大类，包括主体活动9项，"一带一路"系列活动8项，主宾国系列活动11项，专项活动21项，国内其他省（区、市）活动11项，四川各市（州）活动10余项；从活动内容看，涵盖农业、文化、教育、科技、康养、应急、旅游、电商、物流、轨道交通、人力资源等20余个行业。

19日晚，胡春华在成都分别会见来华出席博览会的意大利副总理迪马约和尼泊尔副总统普恩，就落实好双方领导人达成的共识、加强"一带一路"合作等交换了意见。

9月20—21日

[纲　文]　第二届欧亚妇女论坛在俄罗斯圣彼得堡举行。

［目　文］　全国妇联主席沈跃跃出席并讲话。沈跃跃表示，广大妇女是实现全球安全和可持续发展的重要力量。中国一直为全球安全和可持续发展不懈努力，中国妇女愿与欧亚各国妇女共同携手维护世界和平、促进地区发展，为构建人类命运共同体贡献力量。她强调坚持互信平等，促进全球安全，勇于创新，发挥妇女在可持续发展中的作用，推动"一带一路"建设与各国发展战略对接，造福各国人民。她介绍了在以习近平同志为核心的党中央领导下中国妇女事业取得的辉煌成就。

论坛主题是"妇女致力于全球安全与可持续发展"。来自100多个国家约2000名政治家、社会活动家、学者和企业家代表，围绕妇女在保障全球安全、推动创新合作、发展数字经济、促进慈善和人道主义项目实施等领域的作用进行探讨。

论坛期间，沈跃跃会见了俄联邦委员会主席马特维延科。

9月20—21日

［纲　文］　**中宣部在浙江湖州市长兴县召开县级融媒体中心建设现场推进会。**

［目　文］　中宣部、中央网信办、国家广电总局、中国记协和浙江省有关负责人出席会议，各省区市及新疆生产建设兵团党委宣传部、部分县市区党委宣传部负责人参加会议，吉林、江西、湖北、四川以及北京市海淀区、河北省武强县、河南省项城市、湖南省浏阳市、甘肃省玉门市党委宣传部作了交流发言。

会议主要内容是：贯彻落实中共中央总书记习近平在全国宣传思想工作会议上的讲话精神，总结交流各地经验做法，对在全国范围推进县级融媒体中心建设作出部署安排，要求2020年底基本实现在全国的全覆盖，2018年先行启动600个县级融媒体中心建设。

9月20—28日

［纲　文］　**国务委员兼外交部部长王毅对多米尼加、圭亚那、苏里南三国进行正式访问，并出席第七十三届联合国大会一般性辩论。**

［目　文］　王毅访问多米尼加期间，在圣多明各会见了多米尼加总统梅迪纳；出席了中国驻多米尼加使馆揭牌仪式，同多米尼加外长巴尔加斯举行会谈并共同会见记者。

王毅访问圭亚那期间，在乔治敦会见了圭亚那总统格兰杰；同圭亚那副总统兼外长格里尼奇举行会谈并共同会见记者。

王毅访问苏里南期间，在帕拉马里博会见了苏里南总统鲍特塞；同苏里南副总统阿德欣举行会谈，会见苏里南外长拜赫勒并共同会见记者。

28日，王毅在纽约联合国总部出席第七十三届联合国大会一般性辩论，并发表题为《坚持多边主义　共谋和平发展》的演讲。

9月21日

［纲　文］　**习近平主持中共中央政治局第八次集体学习。**

［目　文］　本次学习主题是：实施乡村振兴战略。学习时，播放了有关乡村振兴战

略的专题片。韩长赋、刘永富发言，他们结合本部门工作实际谈了对实施乡村振兴战略的体会和意见。中共中央政治局各位委员听取了他们的发言，并就有关问题进行了讨论。

中共中央总书记习近平在主持学习时指出，乡村振兴战略是党的十九大提出的一项重大战略，是关系全面建设社会主义现代化国家的全局性、历史性任务，是新时代"三农"工作总抓手。我们要加深对这一重大战略的理解，始终把解决好"三农"问题作为全党工作重中之重，明确思路，深化认识，切实把工作做好，促进农业全面升级、农村全面进步、农民全面发展。

9月21日

[纲　文]　**中共中央政治局召开会议。**

[目　文]　中共中央总书记习近平主持会议。审议《中国共产党支部工作条例（试行）》和《2018—2022年全国干部教育培训规划》。

9月21日

[纲　文]　**中共中央总书记、国家主席习近平就越南国家主席陈大光逝世向越共中央总书记阮富仲致唁电。**

[目　文]　27日，受习近平委托，全国人大常委会委员长栗战书前往越南驻华使馆，代表中共中央和中国政府吊唁越南国家主席陈大光逝世。

9月21日

[纲　文]　**中宣部在北京举办第十三届中国公民道德论坛。**

[目　文]　本次论坛的主要任务是，深入学习贯彻习近平新时代中国特色社会主义思想和党的十九大精神，贯彻落实全国宣传思想工作会议精神，以"培养时代新人、弘扬时代新风"为主题，探讨新时代公民道德建设的现实意义和使命任务，推动开创新时代公民道德建设新局面。

河南省委宣传部、浙江省台州市、湖南省郴州市、广东省佛山市顺德区、中国电子科技集团有限公司、华中科技大学负责人，"时代楷模"、国家电网天津电力滨海供电运维检修部配电抢修班班长张黎明，中国人民大学教授冯玉军作交流发言。

9月21日

[纲　文]　**煤矿安监局印发《防范煤矿采掘接续紧张暂行办法》，自2018年11月1日起施行。**

9月21日

[纲　文]　**青海省第十三届人民代表大会第二次会议选举王建军为青海省人大常委会主任，选举刘宁为青海省省长。**

9月21日

[纲　文]　**国家电网公司、国际电工委员会在北京举办能源转型高端论坛暨国际标准创新基地授牌仪式。**

[目　文]　包括国网冀北电力有限公司在内的5家国家电网旗下的公司成为中国首

批国际标准创新基地。

9月21日

［纲　文］　外交部副部长郑泽光召见美国驻华大使布兰斯塔德，就美方援引美国国内法，对中国中央军委装备发展部及其负责人实施制裁提出严正交涉和抗议。

［目　文］　郑泽光指出，美方以中国同俄罗斯开展相关军事合作为由，制裁中国军方机构及负责人，严重违反国际法基本原则，性质极其恶劣，是赤裸裸的霸权主义行径。中俄军事合作是两个主权国家的正常合作，美方无权干涉。美方行径严重损害中美两国、两军关系，严重影响两国在国际和地区事务中的合作。中方将采取一切必要措施坚定捍卫国家利益。中方强烈敦促美方立即纠正错误，撤销所谓制裁，否则，美方必须对由此产生的后果负完全责任。

同日，外交部发言人就此表示，中方强烈敦促美方立即纠正错误，撤销所谓制裁。中方对美方上述无理做法表示强烈愤慨，并已提出严正交涉。美方有关做法严重违反国际关系基本准则，严重损害中美两国、两军关系。我们强烈敦促美方立即纠正错误，撤销所谓制裁，否则美方必须承担由此造成的后果。

22日，中央军委国际军事合作办公室副主任黄雪平召见美国驻华使馆代理国防武官孟绩伟，就美方宣布对中国中央军委装备发展部及该部负责人实施制裁提出严正交涉和抗议。

黄雪平说，中俄两国军事合作是主权国家进行的正常合作，符合国际法。美方悍然宣布对中国军队有关部门及高级将领实施无理制裁，是对国际关系准则的公然践踏，是霸权主义的充分体现，严重破坏两国、两军关系，性质十分恶劣。中方对此坚决反对、绝不接受。为表明严正立场，中方决定：立即召回在美国参加第二十三届国际海上力量研讨会并计划访问美国的海军司令员沈金龙；推迟计划于9月25日至27日在北京举行的中美两军联合参谋部对话机制第二次会议。中方要求美方立即纠正错误，撤销有关制裁，中国军队保留进一步采取反制措施的权利。

同日，国防部新闻发言人指出，9月20日，美国国务院宣布对中国中央军委装备发展部及该部负责人实施制裁。中国军队对此表示强烈愤慨和坚决反对，并已向美方提出严正交涉和抗议。中俄军事合作是主权国家之间的正常合作，符合国际法，美方无权干涉。美方的做法是对国际关系基本准则的公然践踏，是霸权主义的充分体现，严重破坏中美两国、两军关系。我们要求美方立即纠正错误，撤销所谓制裁，否则美方必须承担由此造成的后果。

9月21日

［纲　文］　《人民日报》发表评论员文章《生态文明的木兰溪样本》。

9月22日

［纲　文］　习近平向全国亿万农民祝贺中国农民丰收节。

[目 文] 9月23日是秋分日，我国迎来第一个中国农民丰收节。中共中央总书记习近平代表党中央，向全国亿万农民致以节日的问候和良好的祝愿。

习近平指出，设立中国农民丰收节，是党中央研究决定的，进一步彰显了"三农"工作重中之重的基础地位，是一件影响深远的大事。秋分时节，全国处处五谷丰登、瓜果飘香，广大农民共庆丰年、分享喜悦，举办中国农民丰收节正当其时。我国是农业大国，重农固本是安民之基、治国之要。广大农民在我国革命、建设、改革等各个历史时期都作出了重大贡献。今年是农村改革40周年，40年来我国农业农村发展取得历史性成就、发生历史性变革。希望广大农民和社会各界积极参与中国农民丰收节活动，营造全社会关注农业、关心农村、关爱农民的浓厚氛围，调动亿万农民重农务农的积极性、主动性、创造性，全面实施乡村振兴战略、打赢脱贫攻坚战、加快推进农业农村现代化，在促进乡村全面振兴、实现"两个一百年"奋斗目标新征程中谱写我国农业农村改革发展新的华彩乐章！

23日，首届中国农民丰收节主场活动在北京举行，学习贯彻中共中央总书记习近平对首届中国农民丰收节的指示精神，展示农业农村发展成就，与农民朋友共庆丰年、分享喜悦。中共中央政治局委员、国务院副总理胡春华出席活动并致辞。

活动期间，胡春华为2018年度"全国十佳农民"颁发证书。农民劳模代表、北京市农民代表等参加了主场活动。同期，全国6个分会场及各地举办了庆祝活动。

9月22日
[纲 文] 国资委决定废止《中央企业经济责任审计管理暂行办法》（国资委令第7号），自2018年9月22日起施行。

9月22日
[纲 文] 广深港高铁香港段开通仪式在香港西九龙站举行。

[目 文] 粤港各界人士约400人参加仪式。全国政协副主席董建华和梁振英、香港特区行政长官林郑月娥、广东省省长马兴瑞、国务院港澳办主任张晓明、香港中联办主任王志民等担任主礼嘉宾。自此，香港正式接入国家高铁大网络。

林郑月娥与马兴瑞共同为香港西九龙站揭幕，标志着高铁西九龙站正式投入使用。仪式结束后，林郑月娥和部分嘉宾登上"动感号"列车前往广州南站。

23日6时44分，深圳北站，广深港高铁香港段开通首趟列车G5711驶离站台；7时03分，到达香港西九龙站，在西九龙站迎接第一批乘客。此举标志着广深港高铁全线开通运营，内地高铁网将延伸至香港。

广深港高铁是中国高速铁路网的组成部分，全长141公里，其中内地段115公里，香港段26公里。广深港高铁全线贯通后，从香港到深圳最快14分钟，到广州最快47分钟；同时广深港高铁香港段开通运营后，可通达北京、上海、石家庄、郑州、武汉、长沙、杭州、南昌、福州、厦门、汕头、贵阳、桂林、昆明等城市，到达内地40多个车站，拉近香港与内地城市间的时空距离。

9月22日—10月7日

［纲　文］　2018北京国际设计周举办。

［目　文］　设计周由文化和旅游部与北京市人民政府共同主办，以"致敬生活"为主题，涵盖开幕活动、主题展览、主宾城市、设计博览会、设计周奖项、北京设计论坛、创新设计服务大会、非遗设计、设计之旅、时尚北京等10项主体内容，举办近千项各类文化创意活动，覆盖京津冀地区的各大文化创意场所，集中展示、推介文化创意和设计服务与相关产业融合发展的创新成果。

9月23日

［纲　文］　国务院印发《关于进一步压减工业产品生产许可证管理目录和简化审批程序的决定》。

［目　文］　《决定》说，经研究论证，国务院决定，进一步压减工业产品生产许可证管理目录，取消14类工业产品生产许可证管理，将4类工业产品生产许可证管理权限下放给省级人民政府质量技术监督部门（市场监督管理部门）。调整后继续实施工业产品生产许可证管理的产品共计24类，其中，由国家市场监督管理总局实施的7类，由省级人民政府质量技术监督部门（市场监督管理部门）实施的17类。

《决定》包括：一、工业产品生产许可证取消、下放管理权限的产品目录（共计18类）。二、调整后继续实施工业产品生产许可证管理的产品目录（共计24类）。

9月23日

［纲　文］　原中共中央顾问委员会委员，中共河南省委原第一书记刘杰，在深圳逝世，享年104岁。

9月23日

［纲　文］　《人民日报》发表评论员文章《向农民致敬　为丰收礼赞》。

9月24日

［纲　文］　国务院批复海南省人民政府、商务部，同意设立中国（海南）自由贸易试验区。

［目　文］　批复说，你们关于设立中国（海南）自由贸易试验区的请示收悉。现批复如下：一、同意设立中国（海南）自由贸易试验区。二、中国（海南）自由贸易试验区实施范围为海南岛全岛。相关土地、海域开发利用要严格遵守国家法律法规和海南省"多规合一"总体规划，并符合节约集约用地用海的有关要求。涉及无居民海岛的，要严格按照《中华人民共和国海岛保护法》等有关规定办理。三、中国（海南）自由贸易试验区内的海关特殊监管区域的实施范围和税收政策适用范围维持不变。四、海南省人民政府、商务部要会同有关部门做好《中国（海南）自由贸易试验区总体方案》的组织实施工作。

同日，国务院印发《中国（海南）自由贸易试验区总体方案》。《方案》由七个部分组成：一、总体要求。二、在海南全岛建设自由贸易试验区。三、加快构建开放型经济新体制。四、加快服务业创新发展。五、加快政府职能转变。六、加强重大风险防控体系和机制建设。七、坚持和加强党对自贸试验区建设的全面领导。

9月24日

［纲　文］　国务院办公厅印发《完善促进消费体制机制实施方案（2018—2020年）》。

［目　文］　《方案》由六个部分组成：一、进一步放宽服务消费领域市场准入。二、完善促进实物消费结构升级的政策体系。三、加快推进重点领域产品和服务标准建设。四、建立健全消费领域信用体系。五、优化促进居民消费的配套保障。六、加强消费宣传推介和信息引导。

9月24日

［纲　文］　国务院办公厅印发《关于加强长江水生生物保护工作的意见》。

［目　文］　《意见》由八个部分组成：一、总体要求。二、开展生态修复。三、拯救濒危物种。四、加强生境保护。五、完善生态补偿。六、加强执法监管。七、强化支撑保障。八、加强组织领导。

《意见》指出，要将水生生物保护工作纳入长江流域地方人民政府绩效及河长制、湖长制考核体系，进一步明确长江流域地方各级人民政府在水生生物保护方面的主体责任，根据任务清单和时间节点要求，定期考核验收，形成共抓长江大保护的强大合力。

9月24日

［纲　文］　国务院新闻办公室发布《关于中美经贸摩擦的事实与中方立场》白皮书。

［目　文］　白皮书全文约3.6万字，除前言外，共包括六个部分，分别是中美经贸合作互利共赢、中美经贸关系的事实、美国政府的贸易保护主义行为、美国政府的贸易霸凌主义行为、美国政府不当做法对世界经济发展的危害、中国的立场。

白皮书指出，中美两国经济发展阶段、经济制度不同，存在经贸摩擦是正常的，关键是如何增进互信、促进合作、管控分歧。长期以来，两国政府本着平等、理性、相向而行的原则，先后建立了中美商贸联委会、战略经济对话、全面经济对话等沟通协调机制，双方为此付出了不懈努力，保障了中美经贸关系在近40年时间里克服各种障碍，不断向前发展，成为中美关系的压舱石和推进器。

白皮书说，自2017年新一届美国政府上任以来，在"美国优先"的口号下，抛弃相互尊重、平等协商等国际交往基本准则，实行单边主义、保护主义和经济霸权主义，对许多国家和地区特别是中国作出一系列不实指责，利用不断加征关税等手段进行经济恫吓，试图采取极限施压方法将自身利益诉求强加于中国。中美经贸关系事关两国人民福祉，也关乎世界和平、繁荣、稳定。对中美两国来说，合作是唯一正确的选择，共赢才能通向更好的未来。中国的立场是明确的、一贯的、坚定的。

9月24日

[纲　文]　香港特区政府保安局局长李家超宣布,决定根据《社团条例》赋予保安局局长的权力作出命令,禁止"香港民族党"在香港运作。

[目　文]　此命令已于同日在香港宪报刊登,即时生效,"香港民族党"从此为一个非法社团。

同日,国务院港澳事务办公室发言人、中央政府驻港联络办负责人就香港特别行政区政府在政府宪报刊登禁止"香港民族党"运作的命令一事分别发表谈话。

国务院港澳事务办公室发言人表示,"香港民族党"是未经注册的非法社团,也是"港独"组织,其所谓党纲和公开发表的言论都鼓吹"港独"主张,并发展成员,筹措经费,勾结外部势力,利用各种方式煽动,有纲领、有预谋、有组织地从事分裂国家的活动,已严重违反国家宪法、香港基本法和香港现行有关法律,挑战"一国两制"的底线,危害国家主权安全和领土完整,损害香港的长期繁荣稳定和香港各界人士的根本利益。香港特别行政区政府依照有关法律和法定程序作出禁止"香港民族党"运作的决定,是维护国家安全和香港法治的应有之举,完全必要,我们坚决支持。中央政府坚定支持香港特别行政区依法惩治任何危害国家安全的行为。任何宣扬"港独"主张、从事分裂国家活动的组织,无论其规模、影响大小,是否采取暴力或武力方式,其活动的违法性和社会危害性都是十分严重的,都是危害国家安全的行为,对此必须采取"零容忍"的态度。

中央政府驻港联络办负责人表示,香港自古以来就是中国的领土。香港基本法第一条规定,"香港特别行政区是中华人民共和国不可分离的部分"。第十二条规定,"香港特别行政区是中华人民共和国的一个享有高度自治权的地方行政区域,直辖于中央人民政府"。习近平总书记去年"七一"视察香港时发表的重要讲话强调指出,"任何危害国家主权安全、挑战中央权力和香港特别行政区基本法权威、利用香港对内地进行渗透破坏的活动,都是对底线的触碰,都是绝不能允许的"。一段时间以来,香港社会极少数人公然挑战"一国两制"底线,成立非法组织,宣扬"香港独立"等严重违反宪法和基本法的主张,从事妄图分裂国家的活动。必须指出,在中国960多万平方公里的土地上,任何分裂国家的活动都是绝不能容许的,包括700多万香港同胞在内的全体中国人民,对"港独"必定是"零容忍"。

24日,外交部驻香港特区特派员公署回应美国驻港总领馆就香港特区政府禁止"香港民族党"运作事发表的评论表示,香港是中国的香港,"一国"是"两制"的前提,有关国家驻港机构应尊重中国主权和领土完整,尊重特区政府依法取缔"港独"组织。发言人敦促有关国家驻港机构尊重中国主权和领土完整,尊重国际法和国际关系准则,尊重特区政府依法取缔"港独"组织,停止以所谓的"言论和结社自由"为幌子干涉香港事务和中国内政,停止向"港独"势力发出错误信号,以实际行动履行支持"一国两制"、不支持"港独"的承诺。

25日,外交部发言人表示,香港特别行政区政府依照有关法律和法定程序作出禁止

"香港民族党"运作的决定,是维护国家安全和香港法治的应有之举,是香港特区事务,是中国内政,不容任何外国干预。个别国家和机构对香港特别行政区政府禁止"香港民族党"运作的决定说三道四,妄加评论,我们表示强烈不满和坚决反对。任何宣扬"港独"、从事分裂国家活动的组织和行为,都是绝对不能容许的。

9月25日

[纲　文]　国家主席习近平任免驻外大使。

[目　文]　习近平根据全国人民代表大会常务委员会的决定任免下列驻外大使:一、免去卞建强的中华人民共和国驻几内亚共和国特命全权大使职务;任命黄巍为中华人民共和国驻几内亚共和国特命全权大使。二、免去马克卿(女)的中华人民共和国驻捷克共和国特命全权大使职务;任命张建敏为中华人民共和国驻捷克共和国特命全权大使。三、免去曲星的中华人民共和国驻比利时王国特命全权大使职务;任命曹忠明为中华人民共和国驻比利时王国特命全权大使。四、免去史忠俊的中华人民共和国常驻联合国维也纳办事处和其他国际组织代表、特命全权大使职务;任命王群为中华人民共和国常驻联合国维也纳办事处和其他国际组织代表、特命全权大使。

9月25—28日

[纲　文]　习近平在黑龙江省、吉林省、辽宁省考察并视察79集团军。

[目　文]　中共中央总书记习近平在北大荒精准农业农机中心,听取发展现代化大农业、粮食生产、"三江连通"水资源综合利用等情况介绍;在农机指挥调度中心,向工作人员了解农业物联网综合服务管理平台运行情况,并通过大屏幕察看农场、农机远程管理调度等情况;在北大荒建三江国家农业科技园区,听取园区开展精准农业技术研究和成果转化情况汇报,向科研人员了解水稻繁育、土壤情况测试分析、栽培和推广种植情况;在中车齐车集团有限公司,听取了企业发展历史、生产、销售情况汇报,观看了正在进行的铁路货车疲劳和振动试验;在中国一重集团有限公司轧电制造厂车间,察看企业冶金、电力领域转子、轧辊产品生产情况,观看国产核反应堆压力容器接管段、华龙一号蒸发器管板等核电产品展示;在水压锻造车间,了解企业自主研发的新一代世界级1.5万吨自由锻造水压机运行情况。

习近平听取了吉林省河湖连通工程总体情况介绍。察看水体状况和动植物生存环境。他强调,良好生态环境是东北地区经济社会发展的宝贵资源,也是振兴东北的一个优势。要把保护生态环境摆在优先位置,坚持绿色发展。查干湖保护生态和发展旅游相得益彰,要坚持走下去。

习近平在辽阳市,视察中国石油辽阳石化公司,察看原油加工优化增效改造项目装置全貌和建设情况;在辽宁忠旺集团,察看了各种型号、不同用途的挤压铝产品,了解企业发展历程和规划,在轨道车体制造车间,向职工询问生产流程和技术要求;在雷锋纪念馆,参观雷锋生平和事迹展,听取学习雷锋活动情况介绍;在抚顺矿业集团西露天矿,察看西露天矿矿坑,了解采煤沉陷区综合治理情况和矿坑综合改造利用打算。

27日,习近平视察79集团军,强调要深入贯彻新时代党的强军思想,贯彻新形势下军事战略方针,坚持政治建军、改革强军、科技兴军、依法治军,坚持贯彻实战要求、紧贴使命任务、深化改革转型、扭住官兵主体,全面加强练兵备战,加快提升打赢能力,履行好党和人民赋予的使命任务。

28日下午,习近平在沈阳主持召开深入推进东北振兴座谈会。辽宁省委书记陈求发、吉林省委书记巴音朝鲁、黑龙江省委书记张庆伟、内蒙古自治区党委书记李纪恒先后发言,结合各自工作实际,就东北振兴谈认识、讲体会、摆问题、提思路。

习近平指出,东北地区是我国重要的工业和农业基地,维护国家国防安全、粮食安全、生态安全、能源安全、产业安全的战略地位十分重要,关乎国家发展大局。新时代东北振兴,是全面振兴、全方位振兴,要从统筹推进"五位一体"总体布局、协调推进"四个全面"战略布局的角度去把握,瞄准方向、保持定力,扬长避短、发挥优势,一以贯之、久久为功,撸起袖子加油干,重塑环境、重振雄风,形成对国家重大战略的坚强支撑。

9月25日

[纲　文]　政协第十三届全国委员会第十次主席会议在北京举行。

[目　文]　全国政协主席汪洋主持会议并讲话。全国政协副主席兼秘书长夏宝龙等分别就有关议题作了说明和汇报。全国政协副主席张庆黎、刘奇葆、万钢、卢展工、王正伟、马飚、陈晓光、梁振英、杨传堂、巴特尔、汪永清、苏辉、郑建邦、辜胜阻、刘新成、何维、邵鸿、高云龙出席会议。会议听取了经济委员会、农业和农村委员会、人口资源环境委员会工作汇报。审议并原则通过政协全国委员会主席会议工作规则(修订案)、秘书长会议工作规则(修订案)、专门委员会通则(修订草案),审议通过政协第十三届全国委员会专门委员会委员调整名单和有关人事事项草案。上述草案将提请第四次常委会议审议。

9月25日

[纲　文]　国务院办公厅印发《关于调整成立国家森林草原防灭火指挥部的通知》。

[目　文]　《通知》说,根据机构设置、人员变动情况和工作需要,国务院决定,国家森林防火指挥部调整为国家森林草原防灭火指挥部,对指挥部组成单位和人员进行相应调整。现将调整后的名单通知如下。总指挥:王勇。副总指挥:黄明、王玉普、孟扬、张建龙、蔡军。成员由有关部委办负责人组成。指挥部办公室设在应急部,承担指挥部日常工作,办公室主任由应急部部长王玉普兼任。

9月25日

[纲　文]　中宣部、中央政法委、公安部、中央军委政法委、全国总工会、共青团中央、全国妇联、中华见义勇为基金会联合印发《关于举办第十四届全国见义勇为英雄模范评选表彰活动的通知》。

[目　文]　《通知》要求,各地各部门要充分认识评选表彰全国见义勇为英雄模范

的重要意义，加强组织领导，精心安排部署，把组织评选表彰的过程变成弘扬见义勇为精神、传承中华传统美德的过程，培育和践行社会主义核心价值观的过程，推进精神文明建设和维护社会和谐稳定的过程；评选表彰工作要充分体现群众性，立足社区、企业、村镇、学校、连队、机关等基层单位，确保评选出的英雄模范事迹过硬、代表性强，可歌可泣、可信可学，使群众在参与中受到教育、得到提高；要把宣传工作贯穿评选表彰活动始终。

本届评选表彰活动，评选出全国见义勇为英雄（含英雄群体）10名（个），全国见义勇为模范（含模范群体）50名（个）。获全国见义勇为英雄荣誉称号的个人，奖励10万元人民币，牺牲的英雄追加10万元慰问金；获得全国见义勇为英雄群体荣誉称号的群体，共奖励20万元人民币，英雄群体中牺牲的个人，追加10万元慰问金；获全国见义勇为模范荣誉称号的个人，奖励5万元人民币，牺牲的模范追加10万元慰问金；获得全国见义勇为模范群体荣誉称号的群体，共奖励10万元人民币，模范群体中牺牲的个人，追加10万元慰问金。

9月25日
［纲　文］　**教育部、国家语委印发《中华经典诵读工程实施方案》。**
［目　文］　《方案》由四个部分组成：一、总体要求。二、基本原则。三、重点任务。四、组织实施。

《方案》指出，地方教育（语言文字）部门要将中华经典诵读工程作为传承发展中华优秀传统文化、提升文化自信的重要工作和贯彻落实全国教育大会的重要举措，加强统筹规划，结合本地区实际情况制定具体措施，确保工程各项活动广泛开展。

9月25日
［纲　文］　**证监会公布《证券公司和证券投资基金管理公司境外设立、收购、参股经营机构管理办法》，自2018年9月25日起施行。中国证监会发布的《关于证券投资基金管理公司在香港设立机构的规定》（证监会公告〔2008〕12号）同时废止。**

9月25日
［纲　文］　**中哈合作委员会双方主席会晤在北京举行。**
［目　文］　国务院副总理韩正同哈萨克斯坦第一副总理马明与会。双方梳理了委员会工作进展情况，就推进中哈务实合作交换意见。

韩正表示，在两国元首战略引领下，中哈关系保持高水平运行，共建"一带一路"合作成果丰硕。今年6月，两国元首再次会晤，对两国关系发展作出新的规划和部署。双方要全面落实两国领导人重要共识，进一步加强发展战略对接，深化产能、投资、经贸、财金、能源、互联互通等各领域合作，推动中哈全面战略伙伴关系不断迈上新台阶。

马明表示，哈中关系已成为邻国友好关系的典范，两国互利共赢合作快速推进。哈方愿进一步加强"光明之路"同"一带一路"深度对接，研究制定合作路线图，为哈中关系注入强劲动力。

9月25日

［纲　文］　国家副主席王岐山在北京会见日本创价学会会长原田稔。

［目　文］　王岐山表示，中日和平友好符合两国人民根本利益，是经过实践和时间检验得出的理性选择，是两国关系健康稳定发展的必由之路。创价学会秉持和平反战精神，为增进中日人民的理解和友谊作出了长期努力。近期中日关系保持改善势头，希望以两国领导人达成共识和中日和平友好条约缔结40周年为契机，中日各层面、各领域加强往来、加深了解、增进互信、促进合作，夯实两国政治关系基础，为推进中日睦邻友好发挥积极作用。

原田稔表示，创价学会坚定不移致力于日中和平友好。今年是日中和平友好条约缔结40周年和"池田倡议"发表50周年，愿传承优良传统，为日中关系作出新贡献。

9月25日

［纲　文］　中日第五次高级别政治对话在苏州举行。

［目　文］　中央外事工作委员会办公室主任杨洁篪同日本国家安全保障局长谷内正太郎共同主持。双方同意加强战略沟通，推动中日关系沿着正常轨道持续健康稳定向前发展。双方还就共同关心的国际和地区问题交换意见。

9月25日

［纲　文］　国防部新闻发言人就美对台出售总额约3.3亿美元的武器装备，包括战机装备配件及相关支持系统表示，中国军队对此表示强烈不满和坚决反对，向美方提出严正交涉。

［目　文］　有记者问：据媒体报道，美对台出售总额约3.3亿美元的武器装备，包括战机装备配件及相关支持系统。请问中国军队对此有何评论？

发言人表示，9月25日，美国政府通知国会，决定向台湾地区出售总额约3.3亿美元的武器装备。中国军队对此表示强烈不满和坚决反对，向美方提出严正交涉。台湾是中国的一部分，一个中国原则是中美关系的政治基础，我们坚决反对美售台武器。美方行径严重违反一个中国原则和中美三个联合公报规定，干涉中国内政，损害中国主权和安全利益，严重损害中美两国两军关系和台海和平稳定。中国军队维护国家主权和领土完整的决心意志坚定不移。我们强烈要求美方恪守一个中国原则和中美三个联合公报规定，立即撤销有关对台军售项目，停止售台武器和美台军事联系，以免给中美两国两军关系及台海和平稳定造成进一步损害。

9月25日

［纲　文］　《人民日报》发表评论员文章《合作是处理中美经贸摩擦唯一正确选择》。

9月26日

［纲　文］　习近平致信祝贺中央电视台建台暨新中国电视事业诞生60周年。

［目　文］　中共中央总书记习近平在贺信中写道：值此中央电视台建台暨新中国电

视事业诞生60周年之际，我代表党中央，向你们表示热烈的祝贺！向中央广播电视总台全体干部职工、全国广大电视工作者致以诚挚的问候！电视事业是党的新闻舆论工作的重要组成部分。60年来，广大电视工作者在党的领导下，坚持正确政治方向和舆论导向，围绕中心，服务大局，宣传党的主张，反映人民心声，唱响主旋律，传播正能量，为党和人民事业作出了积极贡献。中央广播电视总台组建以来，同志们按照党中央统一部署，积极推进深度融合、优势集聚、资源共享，深入宣传党的理论和路线方针政策，着力打造精品力作，创新对外宣传，为人民提供丰富的精神食粮，向世界展现了真实、立体、全面的中国。希望中央广播电视总台和全国广大电视工作者深入学习贯彻新时代中国特色社会主义思想和党的十九大精神，增强"四个意识"，坚定"四个自信"，坚持党的领导，坚持以人民为中心，忠实履行职责使命，统筹广播与电视、内宣和外宣、传统媒体和新兴媒体，加强国际传播能力建设，锐意改革创新，壮大主流舆论，努力打造具有强大引领力、传播力、影响力的国际一流新型主流媒体，奋力开创工作新局面，为实现"两个一百年"奋斗目标、实现中华民族伟大复兴的中国梦作出新的更大贡献！

同日，中央广播电视总台在北京举行纪念大会，会上宣读了习近平的贺信。中宣部部长黄坤明出席大会并讲话。中央广播电视总台负责人和职工代表、离退休老同志代表发言。

中央电视台成立于1958年5月1日，现开办41个频道，年播出32.9万小时，是全球唯一使用6种联合国工作语言不间断对外传播的电视媒体。2018年3月，中央电视台（中国国际电视台）、中央人民广播电台、中国国际广播电台整合为中央广播电视总台。

9月26日

[纲　文]　中共中央、国务院印发《乡村振兴战略规划（2018—2022年）》。

[目　文]　《规划》共11篇37章。主要有规划背景、总体要求、构建乡村振兴新格局、加快农业现代化步伐、发展壮大乡村产业、建设生态宜居的美丽乡村、繁荣发展乡村文化、健全现代乡村治理体系、保障和改善农村民生、完善城乡融合发展政策体系等内容。

9月26日

[纲　文]　李克强主持召开国务院常务会议。

[目　文]　会议主要内容是：一、确定推动外商投资重大项目落地、降低部分商品进口关税和加快推进通关便利化的措施，促进更高水平对外开放。会议决定，适应产业升级、降低企业成本和群众多层次消费等需求，从2018年11月1日起，降低1585个税目工业品等商品进口关税税率，将部分国内市场需求大的工程机械、仪器仪表等机电设备平均税率由12.2%降至8.8%，纺织品、建材等商品平均税率由11.5%降至8.4%，纸制品等部分资源性商品及初级加工品平均税率由6.6%降至5.4%，并对同类或相似商品减并税级。至此2018年以来出台降关税措施预计减轻企业和消费者税负近600亿元，我国关税总水平将由上年的9.8%降至7.5%。2018年11月1日前将进出口环节需验核的监管证件

从86种减至48种。清理不合规收费，10月底前由各地向社会公布当地口岸收费目录清单，清单之外不得收费。推动降低合规费用，年内集装箱进出口环节合规成本比上年降低100美元以上，沿海大港要有更大幅度降低。二、听取关于部分地方非洲猪瘟疫情和防控工作汇报，对下一步强化措施提出要求。会议指出，8月以来非洲猪瘟疫情在我国多个省份点状散发，按照党中央、国务院部署，有关部门和地方迅速处置，做了大量工作，目前疫情未发生扩散。要继续毫不松懈抓好防控工作，决不可掉以轻心。

9月26日

［纲　文］　银保监会公布《商业银行理财业务监督管理办法》。

［目　文］　《办法》共6章81条。主要有总则、分类管理、业务规则与风险管理、监督管理、法律责任等内容。自2018年9月26日起施行。

9月26日

［纲　文］　国家文物局印发《国家考古遗址公园发展报告》。

［目　文］　《报告》显示，截至2018年8月，国家文物局已评定公布20个省（区、市）36处国家考古遗址公园，总面积达61万公顷；另有24个省（区、市）67处考古遗址公园列入国家考古遗址公园立项名单。

《报告》指出，遗址本体保存现状显著改善。24处国家考古遗址公园累计实施文物保护项目156项，有效维护了遗址安全，改善了遗址所在区域环境现状。2014年至2016年，24家国家考古遗址公园共接待游客累计超过8000万人次，其中免费游客近4472万人次，公共文化服务功能和公益性特色突出。

9月26日

［纲　文］　全国政协主席汪洋在全国政协礼堂会见刚果（金）参议院第一副议长、刚中友好协会主席莫科洛。

［目　文］　汪洋说，不久前召开的中非合作论坛北京峰会掀开了中非关系新的篇章，习近平主席在峰会上宣布的"八大行动"将引领中非合作全面发展，为中刚关系发展注入新动力。汪洋感谢莫科洛长期以来为中刚友好事业作出的突出贡献，表示愿同刚方一道，落实两国元首会晤共识和论坛北京峰会成果，推动中刚合作共赢的战略伙伴关系不断迈上新台阶。中国全国政协愿与刚参议院保持密切联系，促进两国友好全面发展，造福两国人民。

莫科洛说，作为中国的老朋友和刚中友协主席，我高度赞赏刚中建立在互利共赢基础上的真诚友好关系，致力于进一步推动刚中各领域、全方位的交流与合作，促进刚中友谊不断深入发展。

9月26日

［纲　文］　国台办发言人举行例行新闻发布会。

［目　文］　发言人表示，大陆方面一贯积极支持两岸教育交流与合作，我们鼓励两岸青年学生多交往。但台湾间谍情报机构却采用卑劣手段，把魔手伸向大陆赴台就读、涉

世未深的年轻学子，严重伤害陆生利益，也严重破坏两岸教育交流。我们要求"台湾"有关方面立即停止任何危害国家安全的渗透破坏活动，切实保障大陆学生的人身安全。国家安全机关组织开展"2018—雷霆"专项行动，破获百余起台湾间谍案件，完全是依法办事，是为了维护国家安全，为了维护两岸正常的交往秩序，为了维护两岸同胞的合法权益。台湾某些部门回避事实，混淆是非，还倒打一耙，只能证明他们做贼心虚。

在回答制发台湾居民居住证相关问题时，发言人表示，事实证明，我们在不断努力为台湾同胞办实事、做好事、解难事。与之形成鲜明对比的却是，民进党当局无视台湾同胞的切身利益，不断进行阻挠和恐吓，出于一党之私和不可告人的政治目的，不断坏台湾同胞的好事，这也进一步暴露其本性，只能进一步丧失人心。

9月26—27日

[纲　文]　深入学习贯彻习近平总书记关于坚持和完善人民代表大会制度的重要思想交流会在石家庄举行。

[目　文]　全国人大常委会委员长栗战书出席会议并讲话。全国人大常委会副委员长王晨出席会议。与会者进行了交流研讨。大家一致认为，党的十八大以来，人民代表大会制度理论和实践与时俱进、完善发展，根本在于习近平新时代中国特色社会主义思想科学指引，在于以习近平同志为核心的党中央坚强领导。大家强调，人大及其常委会是党领导下的政治机关，人民代表大会制度是党支持和保证人民当家作主、实行依法治国的制度载体，必须在新时代不断坚持和完善好。大家表示，要以这次会议为契机，紧跟以习近平同志为核心的党中央决策部署，把人大工作放到党和国家工作大局、本地区中心任务中去思考、谋划和推进，完成好新时代交给人大的新任务。

栗战书指出，各级人大要准确把握习近平总书记关于坚持和完善人民代表大会制度的重要思想，深刻认识其时代意义、理论意义、实践意义，深入学习研究宣传贯彻习近平总书记的重要思想，自觉用以指导和推进新时代人大工作。

9月26—27日

[纲　文]　2018中国（曲阜）国际孔子文化节暨第五届尼山世界文明论坛在山东曲阜尼山举行。

[目　文]　全国人大常委会副委员长张春贤出席开幕式并致辞。论坛由文化和旅游部、教育部、山东省人民政府共同主办，尼山论坛理事会和济宁市人民政府承办，以"同命同运　相融相通：文明的相融与人类命运共同体"为主题。论坛期间，除开闭幕式外，共举行3场高端对话、4场主题演讲、1场专题论坛和21场次分组对话，共有海内外260多名专家学者出席。

9月27日

[纲　文]　中共中央发布《关于追授黄群、宋月才、姜开斌、王继才同志"全国优秀共产党员"称号的决定》。

〔目　文〕　《决定》说，黄群、宋月才、姜开斌和王继才同志是习近平新时代中国特色社会主义思想的忠实践行者，是用生命践行入党誓言、用奋斗书写时代篇章的光辉榜样。党中央号召广大党员、干部向他们学习。学习他们信仰坚定、对党忠诚的政治品格，树牢"四个意识"，坚定"四个自信"，坚持"革命理想高于天"，自觉用习近平新时代中国特色社会主义思想武装头脑，坚决维护习近平总书记党中央的核心、全党的核心地位，坚决维护党中央权威和集中统一领导。学习他们恪尽职守、担当有为的敬业精神，立足本职岗位，不务虚功、干在实处，主动担责、全力尽责，以实干诠释使命，以实干创造实绩。学习他们甘于奉献、勇于牺牲的崇高境界，在祖国最需要的地方艰苦奋斗、建功立业，在关键时刻和危急关头豁得出、顶得住，把理想信念时时处处体现为行动的力量。

9月27日

〔纲　文〕　国务院印发《关于在全国推开"证照分离"改革的通知》。

〔目　文〕　《通知》由三个部分组成：一、总体要求。二、重点内容。三、保障措施。

《通知》指出，各地区、各部门要以钉钉子精神全面抓好改革任务落实，健全激励约束机制和容错纠错机制，充分调动推进改革的积极性和主动性，鼓励和支持创新开展工作。要强化督查问责，对抓落实有力有效的，适时予以表彰；对未依法依规履行职责的，要严肃问责。

9月27日

〔纲　文〕　财政部印发《财政部贯彻落实实施乡村振兴战略的意见》。

〔目　文〕　《意见》由五个部分组成：一、准确把握支持实施乡村振兴战略的总体要求。二、建立健全实施乡村振兴战略多元投入保障制度。三、构建完善财政支持实施乡村振兴战略政策体系。四、着力提升财政资金管理水平和政策成效。五、切实加强组织保障。

9月27日

〔纲　文〕　交通运输部公布修改后的《中华人民共和国船舶污染海洋环境应急防备和应急处置管理规定》，自2018年9月27日起施行。

9月27日

〔纲　文〕　胡春华在内蒙古自治区呼伦贝尔市出席全国奶业振兴工作推进会议。

〔目　文〕　国务院副总理胡春华指出，要深入贯彻习近平总书记关于奶业振兴的系列重要指示精神，按照党中央、国务院部署，优化奶业生产布局，创新奶业发展方式，不断提高奶业发展质量效益和竞争力，为决胜全面建成小康社会提供有力支撑。推进奶业振兴是一项复杂的系统工程，必须突出重点、把握关键。要加快确立奶农规模化养殖在奶业发展中的基础性地位，积极发展奶牛家庭牧场，培育壮大奶农合作社，支持有条件的奶农和合作社发展乳制品加工流通。要鼓励乳制品加工企业做优做强，建立健全与奶农的利益联结机制，切实保障奶农利益。

在内蒙古期间，胡春华还来到呼伦贝尔市的海拉尔区和兴安盟的乌兰浩特市、科右前旗，实地调研推进奶业振兴、农村人居环境整治和脱贫攻坚等工作进展，考察农业合作社甜菜生产基地，并在贫困嘎查和农牧民家中，了解贫困群众生产生活情况。

9月27日

[纲　文]　国家副主席王岐山在北京会见丹麦王储腓特烈。

[目　文]　王岐山表示，2014年两国元首的成功会晤为中丹全面战略伙伴关系注入了新动力。中国的道路选择和新中国成立以来的巨大变化，有着深厚的历史文化积淀，坚定文化自信、实现文化复兴是中华民族伟大复兴的重要组成部分。文化多样性是多元世界的基本特征。了解不同国家的历史文化源流，才能理解各国所选择的不同道路、制度以及所遵循的理论支撑。中方愿同丹方进一步加强民间往来和文化交流，夯实互利合作和两国人民友谊基础。

腓特烈表示，中国发展日新月异、成就辉煌，丹方愿以丹中建立全面战略伙伴关系10周年为契机，加强双方各领域合作交流。

9月27日

[纲　文]　杨洁篪在北京会见以会长李镜波为团长的香港专业及资深行政人员协会访问团。

[目　文]　中共中央政治局委员杨洁篪对香港专业及资深行政人员协会成立以来旗帜鲜明地拥护中央对香港的方针政策，坚定支持特区政府依法施政，积极参与香港社会政治事务，大力推进内地与香港的专业交流合作，表示赞赏和肯定。他希望香港专业界人士把握新时代国家发展机遇，支持香港融入国家发展大局，充分发挥香港专业服务水准高等方面的优势，为国家深化改革、扩大开放和香港与内地优势互补、共同发展，贡献才智和力量。

9月27日

[纲　文]　外交部发言人针对美国领导人声称中国干预美国中期选举表示，奉劝美方停止对中国的无理指责和污蔑。

[目　文]　有记者问：据报道，美国领导人26日在联合国安理会会议上称，中国一直试图干预即将到来的美国中期选举，因为中方不满美政府的对华贸易政策。中方对此有何评论？

发言人表示，国务委员兼外交部部长王毅已经第一时间在联合国安理会对此作出了回应，阐明了中方立场。中国历来坚持不干涉内政原则，这是中国的外交传统，国际社会对此早有公论。世界上最惯于干涉别国内政的国家是谁，国际社会也很清楚。我们奉劝美方停止对中国的无理指责和污蔑，停止采取损害两国关系和两国人民根本利益的错误言行。

另有记者问：美国领导人称，《中国日报》在《得梅因纪事报》及其他报纸上刊登看起来像新闻的宣传广告，因为他们想影响美国农民。中方对此有何回应？

发言人说，根据美国法律，外国媒体可以同美国媒体开展各种形式的合作。《中国日报》在《得梅因纪事报》付费版面上刊登报道，就属于这一范畴。许多外国媒体都这么做。把这种正常合作说成是中国政府试图干预美国选举，纯属牵强附会、子虚乌有。

9月27日

[纲　文]　国台办发言人针对台湾有关方面近日公告修改相关规定，进一步限缩两岸人员往来与交流，应询发表谈话。

[目　文]　发言人表示，扩大和深化两岸交流交往是民心所向、大势所趋。民进党当局出于一党之私和不可告人的政治目的，大开历史倒车，不断为两岸人员往来和交流设置障碍，进一步破坏两岸关系和平发展成果，损害两岸同胞特别是台湾同胞权益，背离民心民意。民进党当局的倒行逆施，只能进一步丧失人心。我们将继续本着"两岸一家亲"理念，扩大深化两岸经济文化交流合作，促进两岸人员往来，为台湾同胞办实事、做好事、解难事，增进共同利益，促进心灵契合，团结广大台湾同胞，共同克服困难、排除干扰，推动两岸关系和平发展，推进祖国和平统一进程。

9月27—28日

[纲　文]　李克强在浙江省舟山市、台州市考察，并主持召开企业座谈会。

[目　文]　国务院总理李克强在位于舟山的浙江自贸试验区，了解企业对简政减税降费的实际感受，随机询问多位现场办事群众现在办事比过去有哪些变化，了解社保费收取情况。他要求要确保社保费现有征收政策稳定，严禁搞自行集中清缴，抓紧研究进一步降低社保费率，总体上有利于减轻企业负担。在鱼山岛，考察这里正在建设的、由民营企业投资和控股的世界级大型综合石化产业项目，他希望企业注重创新、质量、安全，真正打造国际化、绿色、炼化一体化程度国内最高的现代石化基地。考察了舟山港，听取港口发展的远景打算，他要求随行部门负责人会同地方围绕进一步扩大开放统筹做好规划，把地理、区位优势转化为未来发展的竞争优势。

李克强在台州杰克缝纫机公司，对企业从传统产业向智能制造升级予以肯定。他勉励说，要以技术进步塑造竞争新优势，以创新和品质升级打造行业"隐形冠军"。在台州市人力资源服务产业园，了解就业市场情况，与招聘机构和求职人员交谈。李克强说，面对当前下行压力，各地方各部门尤其要把稳就业放在更加突出位置，通过稳住经济基本盘、壮大发展新动能、织密帮扶保障网，着力保持就业稳定。

李克强主持召开国有、民营、外资企业和金融机构座谈会，十几位企业家谈了对形势的看法和建议。李克强对他们提出的融资成本上升、提高政策可预期性等问题一一回应，要求有关部门抓紧研究采取措施。他说，面对当前国际环境变化的挑战和新技术革命的机遇，我们要多听市场主体声音，多为企业排忧解难。中国拥有巨大的市场和人力资源潜力，我们有信心、有能力应对困难挑战，保持经济持续平稳运行。要坚持"两个毫不动摇"，支持各类所有制企业发展，在优化营商环境上下功夫，继续加大减税降费力度，降低企业融资、物流等成本，特别要对小微企业给予政策倾斜。

9月27—28日

［纲　文］　全国妇联十一届八次执委会议、十二次常委会议在北京召开。

［目　文］　全国妇联主席沈跃跃主持会议并讲话。会议学习贯彻习近平新时代中国特色社会主义思想和党的十九大精神，传达学习中央书记处关于进一步做好中国妇女十二大筹备工作的指示精神。会议审议通过了中国妇女十二大报告（审议稿）和《中华全国妇女联合会章程（修正案）（审议稿）》。

9月27—28日

［纲　文］　第三届丝绸之路（敦煌）国际文化博览会在甘肃敦煌举行。

［目　文］　中共中央政治局委员、国务院副总理孙春兰出席开幕式并致辞。博览会由中宣部牵头，甘肃省人民政府、文化和旅游部、国家广播电视总局、中国贸促会主办。以"展现丝路风采、促进人文交流、让世界更加和谐美好"为主题。博览会举办会议、论坛、展览、会演、商务等系列活动，内容涉及文化和旅游发展、丝路文物保护、沿线国家文化产业发展等议题。策划了32个专题展览项目，海内外58家单位及企业参展，展品7000余件，涵盖文物、艺术、设计、文创产品、数字成果等。

9月28日

［纲　文］　国家主席习近平向国际行动理事会第三十五届年会致贺信。

［目　文］　习近平表示，值此国际行动理事会第三十五届年会开幕之际，我谨代表中国政府和中国人民，并以我个人的名义，向年会的召开表示热烈的祝贺，向出席会议的各位理事会成员表示诚挚的欢迎。当今世界正面临百年未有之大变局。全球治理体系和国际秩序变革加速推进，加强全球治理、完善全球治理体系是大势所趋，也是各国面临的共同任务。国际行动理事会为解决各种全球性挑战进行了持续探索，在维护世界和平、促进共同发展方面发挥了积极作用。本届年会聚焦全球治理议题，具有重要意义，相信将有助于各方深化共识，推动完善全球治理体系。中国始终秉持共商共建共享的全球治理观，坚定支持多边主义，积极推动构建新型国际关系，推动构建人类命运共同体。我们愿同各国和国际社会一道，加强对完善全球治理体系的探索和实践，共同创造人类更加美好的未来。预祝年会取得圆满成功。

28—30日，国际行动理事会第三十五届年会在北京举行。年会由国际行动理事会主办，中国国际交流协会为中方合作单位，以"全球治理：时代所需，当下之要"为主题。全国人大常委会副委员长、中国国际交流协会副会长吉炳轩出席开幕式，宣读习近平主席的贺信并致辞。来自20多个国家和地区的前政界领导人出席会议。

国际行动理事会成立于1983年，是由多国前国家元首和政府首脑以个人身份组成的国际非政府组织，旨在对全人类共同面临的政治、经济和社会问题提出建议和解决方案。国际行动理事会曾于1993年在上海召开第十一届年会，2012年在天津召开第三十届年会。

29日，国家副主席王岐山在北京集体会见国际行动理事会成员时表示，世界各国都要走符合自身特色的道路。中国特色社会主义道路，是在1840年以来、新中国成立后近70年以及改革开放40年的艰辛探索和不懈奋斗中找到的，也深深根植于5000年一贯的中华文明。当今世界各国命运紧密相连，利益深度交融。中国将以习近平新时代中国特色社会主义思想为指导，坚定不移走和平发展道路，推动构建人类命运共同体。

国际行动理事会成员表示，国际社会应坚持多边主义，通过对话协商和加强合作解决世界重大问题。中国在全球治理体系中作用重要，理事会愿与中方合作，为改善全球治理建言献策。

9月28日

〔纲　文〕　全国森林草原防灭火工作电视电话会议在北京召开。

〔目　文〕　会议传达了国务院总理李克强批示，通报了当前全国森林草原防灭火工作情况，分析面临的形势，安排部署了全国秋冬季森林草原防灭火工作。国务委员、国家森林草原防灭火指挥部总指挥王勇出席会议并发表讲话。会议强调，要坚持以习近平新时代中国特色社会主义思想为指导，认真贯彻落实党中央、国务院关于防灾减灾救灾工作的各项决策部署，深刻认识森林草原防火面临的严峻形势，全力以赴做好2018年秋冬季森林防火灭火各项工作，确保森林草原资源安全。

9月28日

〔纲　文〕　全国政协办公厅、统战部、国务院侨办、国务院港澳办、国务院台办在北京人民大会堂举行国庆招待会。

〔目　文〕　全国政协主席汪洋出席并讲话。招待会由中共中央政治局委员杨洁篪主持。部分在京中共中央政治局委员、书记处书记，全国人大、国务院、全国政协领导同志，2800多名港澳台侨各界代表出席招待会。

9月28日

〔纲　文〕　汪洋在北京会见全国少数民族参观团全体成员。

〔目　文〕　全国政协主席汪洋指出，组织少数民族参观团是以习近平同志为核心的党中央心系各族群众的生动体现，是党的民族工作的优良传统，是促进各民族交往交流交融的重要制度安排。通过参观学习增长知识、开阔眼界、收获友谊，领略祖国改革发展的伟大成就，感受多民族大家庭的温暖，增进对伟大祖国、中华民族、中华文化、中国共产党、中国特色社会主义的认同，这是弥足珍贵的人生经历和精神财富。

全国少数民族参观团由国家民委组织，214名成员来自全国31个省（区、市）和新疆生产建设兵团，由各行各业涌现的民族团结优秀代表组成。参观团先后赴四川、陕西、河北、北京等地参观考察。

9月28日

〔纲　文〕　十三届全国政协第十一次双周协商座谈会在北京召开。

〔目　文〕　全国政协主席汪洋主持会议并讲话。全国政协副主席杨传堂在会上作主题发言。全国政协副主席张庆黎、卢展工、夏宝龙、高云龙出席会议。全国政协委员戚建国、徐敬业、王荣、王路、成平、王先进、陈义兴、唐英年、高彦明、郝振山、丁梅、夏先鹏、郑军，一线救援人员宋寅、郭文标在会上发言。交通运输部负责人介绍了有关情况，司法部、财政部、人力资源社会保障部负责人现场作了互动交流。

13位委员和2位一线救援人员围绕搜救能力建设、合作机制、人才队伍、立法修法、国际合作等提出意见建议。大家认为，改革开放以来特别是党的十八大以来，我国海洋救助事业取得长足进步，在应对海上突发事件、保障民生福祉、保护海洋生态环境、服务国家发展战略等方面发挥了日益重要的作用。但海洋救助能力还不够高，应急体系发展不平衡不充分，法律法规不健全、体制机制不顺畅、人才队伍不稳定等问题亟待解决。

一些委员建议，要立足当前、着眼长远，落实和完善国家相关规划，重点强化深远海救助保障能力和重大海上溢油应急处置能力，加快综合救助基站和应急救助基地布局，推进关键技术装备研发应用，实现我国海洋救助能力质的提升。要加快出台《海上交通安全法》，适时启动《海上人命搜寻救助条例》立法工作，制定潜水条例、沉船沉物打捞清除管理条例等法规制度，填补海上搜救专项法律空白。要完善专业救助队伍与社会力量常态化培训机制，适当提高各类搜救人员的待遇，打造精干、专业、稳定的海上搜救队伍，解决专业技能人才引进难、留住难等问题。要优化管理体制和工作机制，加强协同配合，确保国际、部际、部省、区域"四个联动"和军地、专群"两个结合"落到实处，形成海洋救助工作合力。要积极参与国际搜救事务和国际搜救组织活动，开展多种形式的多边双边搜救合作，提升我国话语权和影响力。要完善表彰制度，加大正面宣传，弘扬舍己为人的搜救精神，使海洋救助事业得到全社会的认可和尊重。

9月28日

[纲　文]　**商务部举办《2017年度中国对外直接投资统计公报》新闻发布会。**

[目　文]　商务部有关负责人介绍，2017年末，我国对外直接投资存量18090.4亿美元，占全球外国直接投资流出存量份额的5.9%，分布在全球189个国家地区，存量规模比上年末增加4516.5亿美元，在全球存量排名跃升至第二位，较上年前进4位。

《公报》显示，2017年我国对外直接投资1582.9亿美元，同比下降19.3%，这是自2003年我国发布年度统计数据以来，首次出现负增长，但仍是历史上第二高位，占全球比重连续两年超过一成。我国对外投资在全球外国直接投资中的影响力不断扩大，投资流量规模仅次于美国和日本，位居全球第三。从双向投资情况看，我国对外直接投资流量已连续三年高于吸引外资。2017年对外投资还呈现以下特点：行业分布广泛，门类齐全，六大行业存量规模超千亿美元。并购领域广泛，境外融资规模创历史之最。对欧洲、非洲的投资快速增长，流向"一带一路"参与国家投资增长三成。境外企业对东道国税收和就业贡献明显，对外投资双赢效果显现，2017年境外企业向投资所在国缴纳的各种税金总额达376亿美元，雇用外方员工171万人，较上年末增加36.7万人。

9月28日

[纲　文]　**落实中央全面依法治国委员会工作任务部署会在北京召开。**

〔目　文〕　会议就中央全面依法治国委员会办公室对中央全面依法治国委员会第一次会议确定的重点工作进行分解细化，形成了工作任务清单。立法、执法、司法、守法普法4个协调小组成员代表作了发言。赵克志、周强、张军出席会议。

中共中央政治局委员、中央全面依法治国委员会办公室主任郭声琨在会上指出，要把学习贯彻习近平总书记在中央全面依法治国委员会第一次会议上的讲话精神作为重大政治任务来抓，坚持党对全面依法治国集中统一领导，增强推进全面依法治国的思想和行动自觉，确保法治工作的正确方向。要积极研究谋划推进法治建设的思路举措、硬招实招，根据工作任务清单，逐项制定路线图、时间表，细化责任分工，明确时间节点，加强督导检查、跟踪问效，确保如期高质量完成任务。

9月28日

〔纲　文〕　住房城乡建设部发布修改后的《建筑工程施工许可管理办法》《房屋建筑和市政基础设施工程施工招标投标管理办法》，自2018年9月28日起施行。

9月28日

〔纲　文〕　澳门中华总商会举行庆祝中华人民共和国成立69周年酒会。

〔目　文〕　全国政协副主席何厚铧、澳门特区行政长官崔世安、中央政府驻澳门联络办副主任张荣顺、外交部驻澳门特派员公署署理特派员王冬等出席酒会。

澳门中华总商会成立于1913年，经历了百余年实践和探索，现已成为澳门工商界的大家庭，在保持社会稳定、促进经济繁荣以及发挥桥梁和中介作用方面发挥着作用。

9月28日

〔纲　文〕　斐济国家图书馆中国图书阅览区揭幕仪式在斐济首都苏瓦举行。

〔目　文〕　中国驻斐济大使钱波、斐济教育遗产艺术部常秘艾利森·伯切尔等出席揭幕仪式。中国河南郑州图书馆向该阅览区捐赠了6000多册书籍、2万部电子书籍以及计算机、书架和桌椅等设备。

9月28日

〔纲　文〕　《人民日报》发表评论员文章《以优秀共产党员为标杆》。

9月28日—10月19日

〔纲　文〕　全国梆子声腔优秀剧目展演在石家庄举办。

〔目　文〕　展演由中宣部文艺局、文化和旅游部艺术司主办，以"传承、创新、精品、惠民"为主旨，旨在进一步传播、弘扬和交流创新梆子声腔艺术，推动地方戏曲传承发展，促进戏曲艺术整体繁荣。来自北京、天津、河北等14个省（区、市）的23个剧种31台剧目，为观众献上56场演出。

9月29日

〔纲　文〕　新华社讯，中共中央办公厅、国务院办公厅印发《中央企业领导人员管理规定》并发出通知，要求各地区各部门结合实际遵照执行。

［目　　文］　《规定》共10章66条，分总则、职位设置、任职条件、选拔任用、考核评价、薪酬与激励、管理监督、培养锻炼、退出、附则，明确了中央企业领导人员管理的基本原则、基本要求和主要内容，覆盖了中央企业领导人员管理的全过程和各环节。

通知要求，各级党委（党组）要根据《规定》精神，完善所管理的国有企业或者所属企业领导人员管理制度。要坚持从实际出发，注重精准性、有效性，不能简单上下套用、盲目照搬照抄。要加强调研、检查和指导，及时研究新情况、解决新问题，切实建好、用好、管好国有企业领导人员队伍。

9月29日

［纲　　文］　中央和国家机关警示教育大会在北京召开。

［目　　文］　会议学习贯彻中共中央总书记习近平关于全面从严治党的论述，通报近年来查处的中央和国家机关党员领导干部违纪典型案例。

中共中央政治局委员、中央和国家机关工委书记丁薛祥出席会议时指出，中央和国家机关反腐败斗争形势依然严峻复杂，各级党组织和党员干部要提高站位、正视问题，做到警钟长鸣，强化正风肃纪，以永远在路上的执着推动全面从严治党向纵深发展，建设让党中央放心、让人民群众满意的模范机关。要旗帜鲜明讲政治，坚定政治信仰，严明党的政治纪律和政治规矩，严肃党内政治生活，增强政治历练，牢固树立"四个意识"，带头坚决维护习近平总书记的核心地位、坚决维护党中央权威和集中统一领导，切实筑牢拒腐防变的政治根基。

9月29日

［纲　　文］　2018年度中国政府友谊奖颁奖仪式在北京人民大会堂举行。

［目　　文］　国务院副总理刘鹤向获奖外国专家颁奖并讲话。科技部副部长、国家外国专家局局长张建国宣读了授奖决定。中国政府友谊奖是为表彰在中国现代化建设中作出突出贡献的外国专家而设立的最高荣誉奖项，本年度共有来自21个国家的50名外国专家获奖。

30日，国务院总理李克强在人民大会堂会见荣获2018年度中国政府友谊奖的外国专家和他们的亲属。李克强指出，中国将继续实施更加积极、开放、有效的人才引进政策，优化人才服务保障体系，通过建立外国人来华工作、居留等有机衔接机制，尽快实现外国人来华工作管理服务全流程"一网通"办理，采取外国人在中国生活"一卡"畅行等措施，为来华工作的外国人才提供更多便利。会见后，在场外国专家及其亲属应李克强邀请出席了庆祝中华人民共和国成立69周年招待会。

9月29日

［纲　　文］　国家反恐怖工作领导小组会议暨全国反恐怖工作电视电话会议在北京召开。

［目　　文］　本次会议是新一届国家反恐怖工作领导小组成立后的第一次全体会议。国务委员、国家反恐怖工作领导小组组长赵克志出席并讲话。国家反恐怖工作领导小组副

组长、国务院副秘书长孟扬主持会议。国家反恐怖工作领导小组成员单位、工作联系单位和中央有关部门、公安部有关业务局负责人出席会议。国家反恐怖工作领导小组副组长刘跃进通报了反恐怖工作情况。上海、广东、新疆反恐怖工作领导小组和中央网信办、教育部、交通运输部有关负责人在会上发言。会议要求各地区、各部门要严格落实反恐怖工作责任制实施办法等规定,认真履行工作职能,把反恐怖工作置于更加突出的位置,融入改革发展稳定的大局来谋划,纳入平安建设的全局来推进,积极构建齐抓共管的工作格局。

赵克志指出,要坚持以习近平新时代中国特色社会主义思想为指导,认真贯彻落实习近平总书记关于反恐怖工作的系列重要指示精神,增强"四个意识"、提高政治站位,坚定信心决心、提升能力水平,进一步凝聚反恐怖工作合力,奋力开创新时代反恐怖工作新局面。

9月29日

[纲　文]　税务总局公布《全文废止的税收规范性文件目录》。

[目　文]　《目录》包括:一、《国家税务总局关于海洋石油税务系统管理体制调整问题的通知》(国税发〔1994〕238号)。二、《国家税务总局印发〈关于进一步加强税务稽查工作的意见〉的通知》(国税发〔1998〕75号)。三、《国家税务总局关于注册税务师行业建立公告制度的通知》(国税发〔2006〕161号)。四、《国家税务总局关于发布〈税务师事务所职业风险基金管理办法〉的公告》(国家税务总局公告2010年第14号)。

9月29日

[纲　文]　卫生健康委、中医药局发布《关于规范家庭医生签约服务管理的指导意见》。

[目　文]　《意见》由九个部分组成:一、规范签约服务提供主体。二、明确签约服务对象及协议。三、丰富签约服务内容。四、落实签约服务费。五、优化签约服务技术支撑。六、完善双向转诊机制。七、推进"互联网+"家庭医生签约服务。八、强化签约服务的管理与考核。九、加强签约服务的宣传与培训。

9月29日

[纲　文]　韩正在北京会见香港工会联合会访问团。

[目　文]　中共中央政治局常委、国务院副总理韩正对香港工会联合会成立70周年表示祝贺,肯定香港工会联合会长期以来在团结香港各行各业群众、维护和争取劳工合法权益、支持特区政府依法施政、保持香港繁荣稳定方面发挥的重要作用。韩正希望香港工会联合会再接再厉,弘扬爱国爱港传统,推动"一国两制"事业行稳致远;增强大局意识,支持特区政府和行政长官依法施政;积极建言献策,加强与内地的交流合作,共同建设粤港澳大湾区,使香港更好地融入国家发展大局。

香港工会联合会会长、全国人大代表吴秋北,香港工会联合会理事长、全国政协委员黄国分别作了发言。

9月29日

［纲　　文］　尤权在北京会见参加国庆69周年活动的海外侨胞代表。

［目　　文］　中央统战部部长尤权指出，中国改革开放40年来取得的伟大成功，是海内外中华儿女同心同德、并肩奋斗的结果。改革开放只有进行时，希望广大海外侨胞积极投身中国改革和创新发展进程，积极参与"一带一路"建设，积极促进中外友好交流，为深化中国人民与世界各国人民的友谊贡献力量。

来自全球40个国家和地区的400余名华侨华人代表参加了会见。

9月29日

［纲　　文］　中央外事工作委员会办公室主任杨洁篪在北京会见哥斯达黎加前总统阿里亚斯。

［目　　文］　杨洁篪表示，哥斯达黎加是中美洲第一个同中国建交的国家。中哥双方建立了平等互信、合作共赢的战略伙伴关系，对华友好已成为哥跨党派共识。新时期，中方愿同哥方进一步巩固政治互信，深化务实合作，打造合作新的增长点。

阿里亚斯对中国改革开放40年来取得的成就表示赞赏，愿继续为促进哥中友好关系作出贡献。

9月29日

［纲　　文］　《人民日报》发表评论员文章《新时代"三农"工作总抓手——论学习习近平总书记关于实施乡村振兴战略重要讲话精神》《"两个毫不动摇"必须长期坚持》。

9月29—30日

［纲　　文］　全国政协在北京召开习近平总书记关于加强和改进人民政协工作的重要思想理论研讨会。

［目　　文］　全国政协主席汪洋出席会议并讲话。全国政协副主席张庆黎、夏宝龙分别主持全体会议。全国政协副主席刘奇葆、董建华、万钢、何厚铧、卢展工、王正伟、马飚、陈晓光、梁振英、杨传堂、李斌、巴特尔、汪永清、何立峰、苏辉、郑建邦、辜胜阻、刘新成、何维、邵鸿、高云龙出席会议。

汪洋指出，习近平总书记关于加强和改进人民政协工作的重要思想，深刻阐明了人民政协的地位作用、目标任务、职责使命、实践要求，科学回答了一系列方向性、全局性、战略性重大问题，是指引新时代人民政协工作的强大思想武器。要认真学习贯彻这一重要思想，把握其重大意义、丰富内涵和精神实质，切实在学懂弄通做实上下功夫，以理论学习、思想武装促进政协工作质量提升，切实担负起新时代人民政协的新使命。

为了深入学习贯彻习近平新时代中国特色社会主义思想和党的十九大精神，全国政协系统从5月开始开展习近平总书记关于加强和改进人民政协工作的重要思想学习研讨活动，召开8个片区座谈会和7场专家学者座谈会，确定了18个重点课题和6个基础性理论课题，共有各级政协委员79.38万人次、机关干部27.9万人次参加学习和研讨，形成研究论文3.6万余篇。

9月30日

［纲　文］　烈士纪念日向人民英雄敬献花篮仪式在北京天安门广场隆重举行。

［目　文］　党和国家领导人习近平、李克强、栗战书、汪洋、王沪宁、赵乐际、韩正、王岐山等，同各界代表一起出席仪式。敬献花篮仪式由中共中央政治局委员、北京市委书记蔡奇主持。在京中共中央政治局委员、中央书记处书记，部分全国人大常委会副委员长，国务委员，最高人民法院院长，最高人民检察院检察长，部分全国政协副主席和中央军委委员出席仪式。中央党政军群有关部门和北京市主要负责人，各民主党派中央、全国工商联负责人和无党派人士代表，在京老战士、老同志和烈士亲属代表，全国少数民族参观团成员，中央党校第16期县委书记研修班学员，首都各界群众代表等参加了敬献花篮仪式。

9月30日

［纲　文］　习近平邀请四川航空"中国民航英雄机组"全体成员参加庆祝中华人民共和国成立69周年招待会。

［目　文］　中共中央总书记习近平在北京人民大会堂会见他们，并同大家合影留念。习近平表示，很高兴在国庆69周年之际同大家见面。5月14日，你们在执行航班任务时，在万米高空突然发生驾驶舱风挡玻璃爆裂脱落、座舱释压的紧急状况，这是一种极端而罕见的险情。生死关头，你们临危不乱、果断应对、正确处置，确保了机上119名旅客生命安全。危难时方显英雄本色。你们化险为夷的英雄壮举感动了无数人。得知你们的英雄事迹，我很感动，为你们感到骄傲。授予你们"英雄机组""英雄机长"的光荣称号，是当之无愧的。平时多流汗，战时少流血。"5·14"事件成功处置绝非偶然。处置险情时，你们所做的每一个判断、每一个决定、每一个动作都是正确的，都是严格按照程序操作的。危急关头表现出来的沉着冷静和勇敢精神，来自你们平时养成的强烈责任意识、严谨工作作风、精湛专业技能。你们不愧为民航职工队伍的优秀代表。我们要在全社会提倡学习英雄机组的英雄事迹，更要提倡学习英雄机组忠诚担当、忠于职守的政治品格和职业操守。伟大出自平凡，英雄来自人民。把每一项平凡工作做好就是不平凡。新时代中国特色社会主义伟大事业需要千千万万个英雄群体、英雄人物。学习英雄事迹，弘扬英雄精神，就是要把非凡英雄精神体现在平凡工作岗位上，体现在对人民生命安全高度负责的责任意识上。飞行工作年复一年、日复一日，看似平凡，但保障每一个航班安全就是不平凡。希望你们继续努力，一个航班一个航班地盯，一个环节一个环节地抓，为实现民航强国目标、为实现中华民族伟大复兴再立新功。

四川航空"中国民航英雄机组"全体成员分别是：飞行机组责任机长刘传健、第二机长梁鹏、副驾驶徐瑞辰，客舱乘务组成员毕楠、张秋奕、杨婷、黄婷、周彦雯，航空安全员吴诗翼。为表彰他们成功处置"5·14"事件，6月8日，中国民航局和四川省政府授予川航3U8633航班机组"中国民航英雄机组"称号，授予机长刘传健"中国民航英雄机长"称号。

9月30日

［纲　文］　国家主席习近平就印度尼西亚中苏拉威西省发生强烈地震及海啸向印度尼西亚总统佐科致慰问电。

9月30日

［纲　文］　国务院在北京人民大会堂举行国庆招待会，热烈庆祝中华人民共和国成立69周年。

［目　文］　习近平、李克强、栗战书、汪洋、王沪宁、赵乐际、韩正、王岐山等党和国家领导人与1200多位中外人士同庆共和国华诞。国务院副总理韩正主持招待会。出席招待会的有：在京中共中央政治局委员、中央书记处书记、全国人大常委会副委员长、国务院副总理、国务委员、国家监察委员会主任、最高人民法院院长、最高人民检察院检察长、全国政协副主席和从领导职务上退下来的同志，以及中央军委委员、曾担任中央军委委员的同志。中央党政军群有关部门负责人，各民主党派、全国工商联负责人和无党派人士代表，北京市负责人，国家功勋荣誉表彰奖励获得者代表、全国劳动模范和先进人物代表，为民族地区稳定、发展、团结作出重要贡献的少数民族代表人士，在京的部分香港特区人士、澳门特区人士、台湾同胞和华人、华侨代表，在京访问的部分外宾、国际知名人士、各国驻华使节、各国际组织驻华代表、部分外国专家和其配偶也出席了招待会。

国务院总理李克强致辞。他首先代表党中央、国务院，向全国各族人民致以节日祝贺；向港澳同胞、台湾同胞、海外侨胞致以亲切问候；向所有关心支持中国建设发展和改革开放事业的国际友人表示衷心感谢。

李克强说，新中国波澜壮阔的历史进程，是中国共产党带领全国各族人民团结奋斗、国家面貌发生翻天覆地变化、人民生活水平不断提高的伟大历程。今年以来，在以习近平同志为核心的党中央坚强领导下，我们全面贯彻党的十九大精神和各项部署，沉着应对国内外环境变化带来的新挑战，集中力量把中国自己的事情办好，增强发展内生动力，多措并举化解风险隐患，保持了经济运行在合理区间。深化各项改革取得新进展，产业结构升级势头良好。主动对外开放迈出更大步伐，对外关系和国际合作开拓新局面。民生福祉不断改善，社会大局持续安全稳定。社会主义现代化建设事业发展呈现新气象。

9月30日

［纲　文］　国务院总理李克强在北京人民大会堂会见29国和地区新任驻华使节。

［目　文］　李克强指出，中国坚持走和平发展道路，坚定不移推进经济全球化。今年是中国改革开放40周年，作为世界上最大的发展中国家，我们愿在进一步扩大开放中同各国实现共同发展。在保护主义、单边主义抬头的背景下，我们愿同各方一道，继续本着相互尊重、平等互利原则，不断巩固和加强伙伴关系，推动对接发展战略，本着共商共建共享原则推动"一带一路"建设合作，携手捍卫多边主义和自由贸易，共建开放型世界经济，为促进世界经济稳定均衡发展注入新的动力。

各国和机构驻华使节祝贺中华人民共和国成立69周年,转达了各自国家和机构领导人对中国领导人和人民的问候,并表示,中国发展成就卓著,相信未来进一步深化改革、扩大开放将为世界带来更多发展机遇。愿为推动各自国家和地区同中国的友好合作、更好实现互利共赢发挥积极作用。各国和机构驻华使节应李克强邀请出席了国庆招待会。

9月30日

〔纲 文〕 国务院批复辽宁省人民政府、发展改革委,同意《沈抚改革创新示范区建设方案》。

〔目 文〕 批复说,一、原则同意《沈抚改革创新示范区建设方案》,请认真组织实施。二、沈抚改革创新示范区建设要全面贯彻党的十九大和十九届二中、三中全会精神,以习近平新时代中国特色社会主义思想为指导,坚持稳中求进工作总基调,坚持新发展理念,按照高质量发展要求,坚持以供给侧结构性改革为主线,全面落实新一轮东北地区等老工业基地振兴战略,以改革创新为引领,着力推进体制机制改革,深入实施创新驱动发展战略,培育现代产业体系,推进绿色低碳发展,建设东北地区改革开放的先行区、优化投资营商环境的标杆区、创新驱动发展的引领区和辽宁振兴发展的新引擎。三、辽宁省人民政府要加强对沈抚改革创新示范区建设的组织领导,抓紧完善工作机制,尽快制定配套措施,落实工作责任,确保《方案》确定的目标任务如期实现,形成对辽宁乃至东北地区强有力辐射带动作用。四、国务院有关部门要按照职责分工,加强协调指导,在政策实施、资金安排、体制机制创新、重大项目建设等方面给予积极支持,帮助解决《方案》实施中遇到的问题和困难,为沈抚改革创新示范区建设创造良好的政策环境。五、发展改革委要加强对沈抚改革创新示范区建设的指导,协调解决重点和难点问题。要强化对《方案》实施情况的跟踪分析,适时组织开展《方案》实施情况评估,重大问题及时向国务院报告。

9月30日

〔纲 文〕 新华社讯,中组部、中宣部、国资委党委发布通知,要求认真学习贯彻习近平总书记重要指示精神,广泛开展向黄群、宋月才、姜开斌同志为代表的抗灾抢险英雄群体和王继才同志学习。

〔目 文〕 通知指出,黄群、宋月才、姜开斌、王继才同志是习近平新时代中国特色社会主义思想的模范践行者,是共产党员的优秀代表和时代楷模。广大党员干部要学习他们信仰坚定、对党忠诚的政治品格。像他们那样,树牢"四个意识",坚定"四个自信",坚持"革命理想高于天",自觉用习近平新时代中国特色社会主义思想武装头脑,坚决维护习近平总书记党中央的核心、全党的核心地位,坚决维护党中央权威和集中统一领导。要学习他们恪尽职守、担当有为的敬业精神。像他们那样,立足本职岗位,不务虚功、干在实处、主动担责、全力尽责,以实干诠释使命、以实干创造实绩。要学习他们甘于奉献、勇于牺牲的崇高境界。

通知强调,各级党委(党组)及其组织部门要从思想、工作和生活上更多地关心关爱基层党员干部，领导干部要经常联系、关心慰问英勇牺牲、因公殉职党员干部的家属，帮助他们解决实际困难，传递党组织的关怀和温暖。

9月30日

[纲　文]　国务院办公厅印发《关于调整全国老龄工作委员会组成人员的通知》。

[目　文]　《通知》说，根据机构设置、人员变动情况和工作需要，国务院决定对全国老龄工作委员会组成人员进行调整。现将调整后的名单通知如下。主任：孙春兰。副主任：马晓伟、黄树贤、张纪南、姜信治、丁向阳。委员由有关部委办负责人组成。全国老龄工作委员会办公室设在卫生健康委，承担委员会日常工作。

9月30日

[纲　文]　国务院关税税则委员会发布公告，自2018年11月1日起，降低部分商品的最惠国税率。

[目　文]　本次降税主要涉及纺织品；石材、陶瓷、玻璃制品；部分钢铁及贱金属制品；机电设备及零部件，如金属加工机械、纺织机械、工程机械、输变电设备、电工器材、仪器仪表等；资源性商品及初级加工品，如非金属矿、无机化学品、木材及纸制品、宝玉石等。降税商品共1585个税目，约占我国税目总数的19%，平均税率由10.5%降至7.8%，平均降幅为26%。同时，随着关税总水平尤其是药品、日用消费品进口关税的下调，相应下调进境物品进口税（俗称行邮税）的税目税率。

9月30日

[纲　文]　教育部、统计局、财政部发布《关于2017年全国教育经费执行情况统计公告》。

[目　文]　《公告》说，2017年全国教育经费总投入为42562.01亿元，比上年的38888.39亿元增长9.45%。其中，国家财政性教育经费（主要包括一般公共预算安排的教育经费，政府性基金预算安排的教育经费，企业办学中的企业拨款，校办产业和社会服务收入用于教育的经费等）为34207.75亿元，比上年的31396.25亿元增长8.95%。2017年全国一般公共预算教育经费（包括教育事业费、基建经费和教育费附加）为29919.78亿元，比上年增长8.01%。中央财政教育经费4663.16亿元，比上年增长5.03%。2017年全国国内生产总值为827122亿元，国家财政性教育经费占国内生产总值比例为4.14%。

9月30日

[纲　文]　证监会公布修订后的《上市公司治理准则》，自2018年9月30日起施行。

9月30日

[纲　文]　国家医保局、财政部、国务院扶贫办印发《医疗保障扶贫三年行动实施方案（2018—2020年）》。

[目　文]　《方案》由三个部分组成：一、总体要求。二、重点措施。三、保障措施。

《方案》明确，到 2020 年，农村贫困人口全部纳入基本医保、大病保险和医疗救助保障范围，农村贫困人口医疗保障受益水平明显提高。

9 月 30 日

［纲　文］　人民银行发布《中国人民银行规章制定程序与管理规定》。

［目　文］　《规定》共 7 章 40 条。主要有总则，立项，起草，审查，决定和公布，解释、备案与清理等内容。自 2018 年 11 月 1 日起施行。《规章制定标准规程》（银办发〔2002〕268 号文印发）同时废止。

9 月 30 日

［纲　文］　"时代楷模"天眼巨匠南仁东事迹展暨南仁东塑像揭幕仪式在北京举行。

［目　文］　事迹展由中宣部、中国科学院、科技部、中国科协、贵州省委宣传部联合主办。中宣部、中科院、科技部、中国科协、贵州省等有关负责人出席活动。各主办单位代表、首都各界群众、科研工作者、学生代表等 200 余人参加活动并参观了展览。展览选用了百余张图片、80 余件实物及 10 余部影像资料，从梦想、创造、奋斗、团结、生命无垠 5 个方面，介绍了南仁东的成长足迹和先进事迹。

南仁东是我国著名天文学家，是国家重大科技基础设施项目——"中国天眼"500 米口径球面射电望远镜工程（FAST）的发起者和奠基人，为我国天文科学事业的发展作出了重要贡献。2017 年 9 月，南仁东因病逝世。11 月，中宣部追授南仁东"时代楷模"荣誉称号。

9 月 30 日

［纲　文］　《人民日报》发表评论员文章《牢牢把握农业农村现代化这个总目标——论学习习近平总书记关于实施乡村振兴战略重要讲话精神》。

9 月 30 日—10 月 21 日

［纲　文］　中国美术馆举办"中国美术馆庆祝改革开放 40 周年系列展：东方风来满眼春——中国美术馆典藏精品展（1978—2018）"。

［目　文］　展览展出中国美术馆收藏的、创作于 1978 年至今的水墨画、油画、版画、雕塑、水彩（粉）画、装置作品共 101 件，分为"春风又绿""春潮涌动""春意盎然"3 个部分，梳理 1978 年至 2018 年改革开放 40 年来当代中国美术的发展历程，以此反映社会的进步与艺术的革新，力图多角度地展现改革开放 40 年的中国美术事业创作和发展的成就。

10 月

10月1日

［纲　文］　中国常驻联合国代表团在联合国举办庆祝中华人民共和国成立69周年国庆招待会。

［目　文］　中国常驻联合国代表马朝旭大使、常驻联合国副代表吴海涛,第七十三届联大主席埃斯皮诺萨、美国前国务卿基辛格博士以及联合国高级官员、100多个国家驻联合国使节等500余人出席招待会。

10月1日

［纲　文］　中央广播电视总台开播国内首个上星超高清电视频道——CCTV4K超高清频道。

10月1日

［纲　文］　《人民日报》发表社论《用奋斗成就复兴伟业——热烈庆祝中华人民共和国成立69周年》。

10月1日

［纲　文］　《人民日报》发表评论员文章《谱写新时代乡村全面振兴新篇章——论学习习近平总书记关于实施乡村振兴战略重要讲话精神》。

10月2日

［纲　文］　中共中央总书记、国家主席习近平就原越共中央总书记杜梅逝世,向越共中央总书记阮富仲致唁电。

［目　文］　6日,中共中央政治局委员、中央外事工作委员会办公室主任杨洁篪在越南驻华使馆,吊唁杜梅逝世。

10月2日

［纲　文］　国务院免去努尔·白克力的国家发展和改革委员会副主任、国家能源局局长职务。

10月2日

［纲　文］　外交部发言人、国防部新闻发言人就美国"迪凯特"号驱逐舰进入南沙群岛有关岛礁邻近海域发表谈话。

［目　文］　发言人说,9月30日,美国"迪凯特"号驱逐舰未经中国政府允许,擅

自进入中国南沙群岛有关岛礁邻近海域。中国海军依法对美舰进行了识别查证，予以警告驱离。中国对南海诸岛及其附近海域拥有无可争辩的主权。当前，在中国和东盟国家共同努力下，南海局势继续趋稳向好。美方罔顾地区国家共同意愿，一再采取挑衅行为，打着所谓"航行与飞越自由"的幌子，违背国际关系基本准则，威胁中国的主权和安全，危害地区的和平稳定，中方对此表示强烈不满和坚决反对。我们强烈敦促美方立即纠正错误，停止此类挑衅行为，以免损害中美关系和地区和平稳定。中方将采取一切必要措施捍卫国家主权和安全。

同日，国防部新闻发言人就此指出，9月30日，美国海军"迪凯特"号导弹驱逐舰擅自进入中国南海有关岛礁邻近海域。中国海军170舰迅即行动，依法依规对美舰进行识别查证，并予以警告驱离。中国对南海诸岛及其附近海域拥有无可争辩的主权。当前，在中国和东盟国家的共同努力下，南海局势趋稳向好。但美方一再派军舰擅自进入中国南海岛礁邻近海域，严重威胁中国的主权和安全，严重破坏中美两国两军关系，严重危害地区和平稳定。中国军队对此坚决反对。中国尊重并维护各国依据国际法在南海享有航行和飞越自由，但坚决反对任何国家打着"航行自由"的幌子，行违法挑衅之实，威胁沿岸国主权和安全，危害地区和平与稳定。中国军队将坚定履行防卫职责，继续采取一切必要措施，坚决捍卫国家主权安全，坚定维护地区和平稳定。

10月3日

［纲　文］　中国载人航天工程办公室与联合国外空司在德国不莱梅第六十九届国际宇航联大会期间联合举办发布会，宣布中国空间站空间科学应用项目征集初步结果。

［目　文］　2018年5月，中国载人航天工程办公室与联合国外空司联合对外发布合作机会公告，邀请联合国各成员国积极参与未来中国空间站的空间科学应用国际合作，为世界各国创造更多利用中国空间站开展应用实验的机会并从中受益。经过为期4个月的征集，共收到来自25个国家的36个合作项目申请，包括25个舱内实验项目，11个舱外实验项目。下一步，中国载人航天工程办公室与联合国外空司将联合实施项目筛选工作，计划年底前完成初审。之后，中方将指导项目申请方开展项目实施方案的编制，计划2019年6月前完成项目终审。

10月3—5日

［纲　文］　赵克志在河南省检查指导国庆安保工作。

［目　文］　国务委员、公安部部长赵克志在郑州市、南阳市的公安基层单位和企业、社区，实地检查国庆安保措施落实情况，看望慰问坚守在国庆安保第一线的广大公安民警和警务辅助人员。他指出，要坚持以习近平新时代中国特色社会主义思想为指导，增强"四个意识"、提高政治站位，发扬奉献精神、坚守工作岗位，从严从实从细抓好国庆安保各项措施的落实，努力用我们的辛勤付出和无私奉献，守护好国家安全、社会安宁和百姓幸福，确保人民群众在平安祥和的氛围中欢度国庆佳节。

10月4日

[纲　文]　中共中央办公厅、国务院办公厅印发《关于建立健全基本公共服务标准体系的指导意见》。

[目　文]　《意见》指出，建立健全基本公共服务标准体系，明确中央与地方提供基本公共服务的质量水平和支出责任，以标准化促进基本公共服务均等化、普惠化、便捷化，是新时代提高保障和改善民生水平、推进国家治理体系和治理能力现代化的必然要求，对于不断满足人民日益增长的美好生活需要、不断促进社会公平正义、不断增进全体人民在共建共享发展中的获得感，具有重要意义。

《意见》提出了四个方面的重点任务：一是完善各级各类基本公共服务标准，构建涵盖国家、行业、地方和基层服务机构四个层面的基本公共服务标准体系。二是明确国家基本公共服务质量要求，提出幼有所育、学有所教、劳有所得、病有所医、老有所养、住有所居、弱有所扶以及优军服务保障、文体服务保障等九个方面的具体保障范围和质量要求。三是合理划分基本公共服务支出责任，明确政府在基本公共服务中的兜底职能，明确中央与地方支出责任划分，制定中央与地方共同财政事权基本公共服务保障国家基础标准。四是创新基本公共服务标准实施机制，要求促进标准信息公开共享，开展标准实施监测预警，推动标准水平动态有序调整，加强实施结果反馈利用，推进政府购买公共服务，鼓励开展创新试点示范。

10月4日

[纲　文]　国务院办公厅印发《关于调整全国政务公开领导小组组成人员的通知》。

[目　文]　根据机构设置、人员变动情况和工作需要，国务院决定对全国政务公开领导小组组成单位和人员进行调整。现将调整后的名单通知如下。组长：肖捷。副组长：彭树杰。成员由有关部委办单位负责人组成。领导小组办公室设在国务院办公厅，承担领导小组日常工作，负责研究提出推进全国政务公开工作的政策建议，督促落实领导小组议定事项，承办领导小组交办的其他事项。

10月4日

[纲　文]　中国运动员王简嘉禾在国际泳联短池游泳世界杯布达佩斯站的比赛中，以3分53秒97的成绩打破女子400米自由泳世界纪录。

10月5日

[纲　文]　外交部发言人就美领导人无端指责中国表示，美方有关讲话纯属捕风捉影、混淆是非、无中生有。

[目　文]　有记者问：美国副总统彭斯10月4日晚在智库发表讲话，声称中方干涉美国内政和选举，对中国内外政策进行无端指责。请问你对此有何评论？

发言人说，中国人民对中国特色社会主义有高度自信。历史和现实已经证明，这是一条符合中国国情、实现国家富强和人民幸福的成功之路。中国人民对此最有发言权。中国坚定不移推进全面深化改革、扩大对外开放。中国的发展主要靠全体中国人民自身的辛勤努力，同时也得益于我们同世界各国的互利合作，但绝非来自别人的施舍和恩赐。任何人都阻挡不了中国人民沿着中国特色社会主义道路坚定不移地走下去，取得更大成就。中国始终不渝走和平发展道路，致力于在和平共处五项原则基础上与各国发展友好合作关系，推进构建人类命运共同体。中国始终是世界和平的建设者、全球发展的贡献者、国际秩序的维护者。美方把中美之间的正常交流合作说成是中方干涉美国内政和选举是极其荒谬的。中国历来坚持不干涉内政原则，我们也根本没有兴趣去干涉美国的内政和选举。到底是谁动辄侵犯别国主权、干涉别国内政、损害别国利益，国际社会早已看得很清楚。任何对中国的恶意诋毁都是徒劳的。

有记者问：美国副总统彭斯在10月4日讲话中还就中国台湾地区、南海、人权和宗教等问题对中方进行无端指责、干涉中国内政。中方对此有何评论？

发言人说，世界上只有一个中国，台湾是中国不可分割的一部分。美方根本没有资格对有关国家在一个中国原则基础上同中方发展关系说三道四。"台独"势力及其分裂活动是对台海和平稳定最大的威胁。我们敦促美方切实恪守一个中国原则和中美三个联合公报规定，慎重妥善处理涉台问题，与中方一道反对和遏制"台独"，维护中美关系大局和台海和平稳定。中国对南海诸岛及其附近海域拥有无可争辩的主权。中国在南沙自己的领土上建设必要的国土防御设施，是国际法赋予主权国家的自保权、自卫权，与"军事化"无关。我们敦促美方停止挑事生非、制造紧张，尊重有关当事方通过谈判磋商解决问题的努力。中国政府高度重视保护和促进人权。中国各族人民依法享有充分的宗教信仰自由。中国的人权状况怎么样，中国人民最有发言权。奉劝美方好好照照镜子，多反省反省自己国内存在的人权问题，而不是利用人权和宗教问题干涉中国内政。

10月5日

[纲　文]　中国男队、女队在格鲁吉亚巴统获得第四十三届国际象棋奥林匹克团体赛冠军。

[目　文]　这是中国国象队首次加冕奥赛"双冠王"，也是国际象棋奥林匹克团体赛自1986年以来首次迎来"双冠"。

国际象棋奥林匹克团体赛是世界上规模最大、水平最高、影响力最广泛的国际象棋团体赛。本届奥赛于9月23日开幕，共有100多个国家和地区的300多支队伍、上千名棋手参赛。

10月6日

[纲　文]　国务院公布《关于严格管制犀牛和虎及其制品经营利用活动的通知》，自2018年10月6日起施行。1993年5月29日印发的《国务院关于禁止犀牛角和虎骨贸易的通知》同时废止。此前其他有关规定与本通知不符的，以本通知为准。

10月6日

[纲　文]　国务院批复江苏、安徽、山东、河南、湖北省人民政府和发展改革委，同意《淮河生态经济带发展规划》。

[目　文]　批复说，发展改革委《关于报送淮河生态经济带发展规划（送审稿）的请示》（发改地区〔2018〕945号）收悉。现批复如下：一、原则同意《淮河生态经济带发展规划》，请认真组织实施。二、《规划》实施要全面贯彻党的十九大和十九届二中、三中全会精神，以习近平新时代中国特色社会主义思想为指导，落实党中央、国务院决策部署，坚持稳中求进工作总基调，坚持新发展理念，按照高质量发展要求，统筹推进"五位一体"总体布局和协调推进"四个全面"战略布局，以供给侧结构性改革为主线，坚决打好防范化解重大风险、精准脱贫、污染防治三大攻坚战，着力推进绿色发展，改善淮河流域生态环境，实施创新驱动发展战略，深化体制机制改革，构建全方位开放格局，促进区域协调发展，推动经济发展质量变革、效率变革、动力变革，建设现代化经济体系，增进民生福祉，加快建成美丽宜居、充满活力、和谐有序的生态经济带。三、江苏、安徽、山东、河南、湖北省人民政府要加强组织领导，制定工作方案，明确责任分工，完善工作机制，将《规划》确定的重大工程、重大项目、重大政策、重要改革任务与本地区经济社会发展紧密衔接起来，确保各项目标任务落到实处。四、国务院有关部门和单位要按照职责分工加强指导，围绕《规划》确定的总体目标和重点任务，研究制定具体政策，在体制机制创新、政策措施实施、重点项目安排等方面给予积极支持；同时，注重调动社会力量参与，为《规划》实施创造良好环境，为增强淮河流域经济发展动力提供有力支撑。五、发展改革委要加强综合协调与服务，研究解决《规划》实施中的重点难点问题，会同有关部门加强跟踪分析和督促检查，适时组织开展《规划》实施情况评估，推动《规划》目标任务落实。

11月2日，发展改革委发布《关于印发〈淮河生态经济带发展规划〉的通知》。

10月6—13日

[纲　文]　第三届亚洲残疾人运动会在印度尼西亚首都雅加达举行。

[目　文]　来自亚洲43个国家和地区的约3000名运动员参加18个大项、568个小项的比赛。中国队232名运动员参加射箭、田径、羽毛球、硬地滚球、自行车、盲人门球、盲人柔道、举重、射击、游泳、乒乓球、坐式排球、轮椅篮球、轮椅击剑和轮椅网球共15个项目。中国代表团获得172金88银59铜，总计319枚奖牌，再一次登顶金牌榜和奖牌榜。其中破世界纪录7项，破亚洲纪录21项。

10月8日

[纲　文]　**李克强主持召开国务院常务会议。**

[目　文]　会议主要内容是：一、确定完善出口退税政策加快退税进度的措施，为企业减负，保持外贸稳定增长。会议决定，从2018年11月1日起，按照结构调整原则，

参照国际通行做法,将现行货物出口退税率为15%的和部分13%的提至16%;9%的提至10%,其中部分提至13%;5%的提至6%,部分提至10%。对高耗能、高污染、资源性产品和面临去产能任务等产品出口退税率维持不变。进一步简化税制,退税率由原来的七档减为五档。会议同时确定,为进一步加快退税进度,对信用评级高、纳税记录好的出口企业简化手续、缩短退税时间,全面推行无纸化退税申报,提高退税审核效率。优化退税服务,帮助企业及时收集单证申报退税,尽快实现电子退库全联网全覆盖。鼓励外贸综合服务企业为中小企业代办退税服务。坚决打击骗取出口退税行为。通过采取上述措施,2018年底前将办理退税平均时间由当前13个工作日缩短至10个工作日。二、部署推进棚户区改造工作,进一步改善住房困难群众居住条件。会议指出,棚改是重大民生工程,也是发展工程。按照党中央、国务院部署,近些年来各地区、各有关部门大力推进棚改工作,累计已有1亿多棚户区居民"出棚进楼",2018年1—9月全国棚改已开工534万套、占全年任务的92%以上,对改善住房困难群众居住条件、补上发展短板、扩大有效需求等发挥了一举多得的重要作用。

10月8日

[纲 文] 国务院批复河南、湖北、陕西省人民政府和发展改革委,同意汉江生态经济带发展规划。

[目 文] 批复说,发展改革委《关于报送汉江生态经济带发展规划(送审稿)的请示》(发改地区〔2018〕1059号)收悉。现批复如下:一、原则同意《汉江生态经济带发展规划》,请认真组织实施。二、《规划》实施要全面贯彻党的十九大和十九届二中、三中全会精神,以习近平新时代中国特色社会主义思想为指导,落实党中央、国务院决策部署,坚持稳中求进工作总基调,坚持新发展理念,按照高质量发展要求,统筹推进"五位一体"总体布局和协调推进"四个全面"战略布局,以供给侧结构性改革为主线,主动融入"一带一路"建设、京津冀协同发展、长江经济带发展等国家重大战略,坚决打好防范化解重大风险、精准脱贫、污染防治三大攻坚战。三、河南、湖北、陕西省人民政府要加强组织领导,制定工作方案,明确责任分工,完善工作机制,将《规划》确定的重大工程、重大项目、重大政策、重要改革任务与本地区经济社会发展紧密衔接起来,确保各项目标任务落到实处。四、国务院有关部门和单位要按照职责分工加强指导,围绕《规划》确定的总体目标和重点任务,研究制定具体政策,在体制机制创新、政策措施实施、重点项目安排等方面给予积极支持;同时,注重调动社会力量参与,为《规划》实施创造良好环境,为增强汉江流域经济发展动力提供有力支撑。五、发展改革委要加强综合协调与服务,研究解决《规划》实施中的重点难点问题,会同有关部门加强跟踪分析和督促检查,适时组织开展《规划》实施情况评估,推动《规划》目标任务落实。

10月8日

[纲 文] 新华社讯,中共中央办公厅、国务院办公厅印发《关于加强文物保护利

用改革的若干意见》。

［目　文］　《意见》由四个部分组成：一、重要意义。二、总体要求。三、主要任务。四、实施保障。

《意见》指出，地方党委和政府要全面贯彻党中央决策部署，按照本意见确定的文物改革目标和任务，着力抓好落实落细。各地区要将文物工作纳入地方党政领导班子和领导干部政绩考核综合评价体系，切实增强各级领导干部文物保护利用的意识。各部门要明确分工、形成合力，强化制度供给和资源要素支持，推进各项改革举措落地见效。文化和旅游部门、文物部门要履行好统筹协调职责，强化协作、积极推进。

10月8日

［纲　文］　工业信息化部印发《无线电干扰投诉和查处工作实施细则》。

［目　文］　《细则》共4章21条。主要有总则、无线电干扰排查任务下达、无线电干扰排查任务执行、无线电干扰查处证据采集和归档等内容。自2018年10月8日起施行。

10月8日

［纲　文］　国务院总理李克强与东盟轮值主席国新加坡总理李显龙互致贺电，纪念中国—东盟建立战略伙伴关系15周年。

［目　文］　李克强在贺电中表示，2003年，中国率先加入《东南亚友好合作条约》，并成为首个与东盟建立战略伙伴关系的国家。15年来，在中国和东盟国家共同努力下，双方关系保持健康稳定发展势头，政治互信不断增强，经贸联系日益密切，互利合作成果丰硕，人文交流空前活跃。中国—东盟关系的发展为双方20亿人民带来实实在在的利益，促进了地区乃至世界的和平稳定与繁荣。中国—东盟关系迈入提质升级的成熟期，面临新的发展机遇。中方始终将东盟作为周边外交的优先方向，愿与东盟做共同发展、共建和平、开放共赢、开拓创新、包容互鉴的好伙伴，建设更高水平的战略伙伴关系，打造更为紧密的命运共同体，共筑双方关系更加辉煌的未来。

李显龙在贺电中表示，东盟—中国战略伙伴关系强劲、务实、互利。15年来，围绕政治安全、经贸、社会人文三大支柱，双方合作深度和广度不断拓展。东盟与中国致力于提升互联互通水平，加强《东盟互联互通总体规划2025》与"一带一路"倡议对接。期待第21次领导人会议通过《东盟—中国战略伙伴关系2030年愿景》，为双方关系未来发展指明战略方向。

同日，外交部发言人表示，中国愿以此为契机，与东盟共同规划双方关系进一步深化的蓝图，不断提升务实合作水平，构建更为紧密的命运共同体。

10月8日

［纲　文］　经中美双方商定，美国国务卿蓬佩奥对中国进行访问。

［目　文］　中央外事工作委员会办公室主任杨洁篪在北京会见蓬佩奥时表示，当前中美关系正处在一个重要关头，面临不少挑战。中方已就美方近期一系列涉华消极言行提

出严正交涉并公开表明了原则立场。我们敦促美方立即纠正错误，停止采取损害中方利益的行动。中方将继续采取必要措施，坚定维护自身的主权、安全、发展利益。中美作为两个大国，合作才会双赢。希望美方作出正确选择，与中方相向而行，认真落实两国元首多次会晤达成的重要共识，在相互尊重基础上妥善管控分歧，在互利互惠基础上拓展务实合作，确保中美关系沿着正确轨道向前发展。杨洁篪重申了中方在中美经贸关系、台湾、南海等问题上的原则立场。

蓬佩奥表示，美国致力于同中国实现合作共赢。美方愿与中方加强沟通，共同寻找解决当前两国关系面临挑战的建设性方案。美方坚持一个中国政策，希望继续就国际和地区问题同中方保持沟通协调。

同日，国务委员兼外交部部长王毅在北京会见蓬佩奥时说，当前中美关系正处于一个关键阶段。美方应正确看待和认识中国的发展走向，停止对中方的无端指责和损害中方核心利益的错误做法，与中方相向而行，牢牢把握和坚持两国关系发展的正确方向。中方坚定致力于同美方发展良好的中美关系，同时也将坚定维护自身的主权、安全和发展利益。

王毅阐述了中方在中美经贸摩擦、台湾、南海等问题上的原则立场，强调贸易战解决不了问题，中方仍愿与美方通过谈判解决问题，但必须在平等、诚信和严肃的基础上进行。中国完全尊重所有国家自身的选择，从来不会干预其他国家的内政，在这件事情上，我们光明磊落，问心无愧。

蓬佩奥说，美中在很多问题上有明显分歧，但美国不反对中国发展，也没有全面遏制中国的政策。双方应在基于规则的基础上加强合作。美方坚持一个中国政策，希望继续就重大国际地区问题与中方加强沟通与合作。

10月8日

［纲　文］《人民日报》发表评论员文章《坚定信心，推进新时代东北全面振兴——论学习贯彻习近平总书记在深入推进东北振兴座谈会上重要讲话》《聆听改革开放的铿锵足音》。

10月8—10日

［纲　文］应国家主席习近平邀请，安哥拉总统洛伦索对中国进行国事访问。

［目　文］访问期间，习近平在北京同洛伦索举行会谈，并共同见证了双边合作文件的签署。国务院总理李克强、全国人大常委会委员长栗战书在北京分别会见了洛伦索。

习近平同洛伦索会谈时指出，双方要增进政治互信，密切高层交往，加强战略沟通，相互理解和支持彼此核心利益和重大关切。中方对非洲国家的历史遭遇感同身受，坚定支持非洲国家人民反对外来干涉、自主选择发展道路。要落实中非合作论坛北京峰会成果，推动"八大行动"有关举措早日落地，推进共建"一带一路"，加强彼此发展战略对接，做强传统领域合作，拓展新增长点，为两国互利合作打造新亮点，促进安方工业化和经济多元化进程。要扩大人员和地方省市交往，促进中安文明互鉴、民心相通。要开展国际合作，密切多边协调配合，共同维护多边主义，建设开放型世界经济，推动国际秩序更加公平合理。

洛伦索表示，安方期待进一步加强两国在基础设施建设及民生领域的合作，更好地助力安哥拉国家发展。中非合作论坛推动了中国同整个非洲之间的合作。中方在中非合作论坛框架内提出的合作计划对非洲国家发展具有非常积极的影响。希望安中合作能成为非中合作的典范。

李克强会见洛伦索时指出，中安务实合作前景广阔。下阶段，双方应当加强发展战略对接，落实好中非合作论坛北京峰会成果，创新合作模式，加快商签投资保护协定，推进产业、贸易、基础设施建设等重点领域合作，进一步发挥民营企业作用，推动中安互利合作升级，广泛惠及两国人民。中方鼓励中国企业赴安投资，遵守安方法律法规，希望安方提供营商便利，采取更多措施保障中国公民安全。

洛伦索表示，安中两国长期友好，互利共赢，是中非合作的样板。安方高度赞赏中非合作论坛北京峰会取得的积极成果，愿同中方加强在水电站、电网、公路、铁路等基础设施领域合作，将为中国企业在安投资兴业提供良好环境。

栗战书会见洛伦索时表示，双方要发挥互补优势、对接发展战略、拓展务实合作，共建"一带一路"，推动中非合作论坛北京峰会成果更多更好惠及双方人民。中国全国人大愿同安哥拉国民议会加强友好往来，推动两国元首重要共识的落实。

洛伦索表示，完全赞同中方对安中关系的评价，对双边关系未来充满信心。安方感谢中方为安实现国家发展梦想提供的无私帮助，愿同中方共同努力，不断深化安中战略伙伴关系。

10月8—9日
[纲　文]　**中共全国人大常委会党组召开会议。**
[目　文]　全国人大常委会委员长、党组书记栗战书主持并讲话。王晨、曹建明、张春贤、沈跃跃、吉炳轩、艾力更·依明巴海、王东明、杨振武出席会议并发言。会议就"改革开放40年的光辉历程"进行专题学习。

10月8—9日
[纲　文]　**韩正在成都调研。**
[目　文]　国务院副总理韩正在中国（四川）自由贸易试验区青白江铁路港片区，询问"蓉欧+"通道及网络布局情况。他强调，建设自由贸易试验区是以习近平同志为核心的党中央在新形势下全面深化改革和扩大开放的战略举措。要紧紧抓住制度创新这个核心，主动服务国家战略，推进西部地区陆海大通道建设，用好蓉欧快铁这张名片，打造蓉欧枢纽，实现互联互通，提升西部开发开放水平，形成对外开放新格局。韩正在天府新区规划厅观看规划沙盘，了解成都全域空间格局规划；在四川川大智胜软件股份有限公司，调研了解高科技民营企业参与重大科技项目情况；在中国—欧洲中心，考察"一带一路"沿线国家战略合作平台建设情况。他表示，西部地区要立足区位特征推进对外开放，积极

打造内陆开放经济高地。韩正与德国巴伐利亚、波兰罗兹驻成都代表等互动交流，希望通过更多经济文化交流让外国朋友切实感受到中国开放的大门越开越大；在成都京东方光电科技有限公司，了解企业发展、产品研发、市场销售以及应对外部环境变化等情况。他指出，要完善体制机制，不断优化营商环境，千方百计帮助企业解决难题，千方百计激活各类企业活力，大力支持实体经济发展。

10月8—15日

［纲　文］　第四届军民融合发展高技术装备成果展览在中国人民革命军事博物馆举办。

［目　文］　本届展览由中央军民融合发展委员会办公室、中央军委装备发展部、教育部、工业信息化部、财政部、国防科工局、全国工商联、中国科学院主办，302家单位、1349项展品参展，着力打造军民融合"国家品牌"，引领推动战略基础性领域自主可控建设和军民融合创新发展。展览期间举办论坛活动，知名院士、专家学者、民营企业代表等开展专题研讨交流。

11日，中央军委副主席许其亮、张又侠等参观了该展。

10月8日—11月8日

［纲　文］　"中国百年油画——靳尚谊油画精品展、大都油画藏品展"在中共中央党校（国家行政学院）美育馆举办。

［目　文］　展览由中共中央党校（国家行政学院）、中国美术家协会主办，北京大都美术馆、中共中央党校（国家行政学院）图书和文化馆承办。本次展出的百余幅作品均为我国三代杰出油画家的精品力作，凝聚着中国油画各个发展阶段的菁华，展现出中国油画史百年发展历程和中国油画独特的美学特征与艺术表达，同时见证了中国社会的变革。从中也可以看到西画东渐，西方美学的表达方式与东方的审美意境相互碰撞、相互融合的过程。

10月8—13日

［纲　文］　第五届丝绸之路国际电影节暨西影60周年纪念大会在西安举行。

［目　文］　本届电影节由国家电影局指导，陕西省人民政府、福建省人民政府主办，西安市人民政府、陕西省新闻出版广电局等承办，以"新时代·新丝路·新视界"为主题。电影节突出全民参与，新增"2018国际青年导演学术交流会""大师嘉年华""展映嘉年华"等特色活动，在西安30所高校、10个综合广场、100个社区展映国内外100多部优秀影片。

10月8—12日

［纲　文］　国家体育总局局长苟仲文率中国体育代表团访问朝鲜。

10月9日

［纲　文］　国家主席习近平致电巴尔哈姆·萨利赫，祝贺他当选伊拉克总统。

10月9日

［纲　文］　新华社讯，中共中央办公厅印发《关于统筹规范督查检查考核工作的通知》。

［目　文］　《通知》由四个部分组成：一、提高思想认识，明确总体要求。二、严格控制总量，实行计划管理。三、注重工作实绩，改进方式方法。四、加强组织领导，激励担当作为。

《通知》要求，各地区各部门要结合实际，制定贯彻落实通知的具体措施。

10月9日

［纲　文］　十九届中央第二轮巡视工作动员部署会在北京召开。

［目　文］　中共中央政治局常委、中央巡视工作领导小组组长赵乐际出席并讲话。中共中央政治局委员、中央巡视工作领导小组副组长杨晓渡主持会议，中共中央政治局委员、中央巡视工作领导小组副组长陈希宣布中央脱贫攻坚专项巡视组长授权任职及任务分工决定。会议传达学习了中共中央总书记习近平关于巡视工作指示精神，对做好脱贫攻坚专项巡视工作作出部署。

10月9日

［纲　文］　全国国有企业改革座谈会在北京召开。

［目　文］　中共中央政治局委员、国务院国有企业改革领导小组组长刘鹤出席会议并讲话，国务委员、国务院国有企业改革领导小组副组长王勇主持会议。会议交流了推进国有企业改革的经验做法，部分省市、部分中央企业和地方国有企业代表以及有关专家学者在座谈会上发言，30家单位提供了书面交流材料。

会议要求，要深入贯彻落实习近平总书记关于国有企业改革的重要思想，准确研判国有企业改革发展的国内外环境新变化，从战略高度认识新时代深化国有企业改革的中心地位，坚持稳中求进的工作总基调，按照完善治理、强化激励、突出主业、提高效率的要求，扎实推进国有企业改革。要突出抓好中国特色现代国有企业制度建设，加快形成有效制衡的法人治理结构；突出抓好混合所有制改革，夯实基本经济制度的重要实现形式；突出抓好市场化经营机制，充分调动企业内部各层级干部职工积极性；突出抓好供给侧结构性改革，加快高质量发展步伐；突出抓好改革授权经营体制，推动国有资本投资、运营公司试点取得实效；突出抓好国有资产监管。

10月9日

［纲　文］　《人民日报》报道，银保监会发布《中国普惠金融发展情况报告》摘编版。

［目　文］　白皮书显示，截至2017年末，我国银行业网点乡镇覆盖率达到95.99%。银行业小微企业贷款余额30.74万亿元，较2013年末增长73.1%；为1521万户小微企业提供贷款服务，较2013年末增长21.7%。2017年大中型商业银行对普惠金融客户取消收费项目335个、对387个项目实行收费减免。应对现存问题与挑战，要突出抓好普惠金融供给体系、产品服务体系、政策环境支撑体系、风险防范和监管体系、消费者

教育保护体系等五大体系建设。

10月9日

［纲　文］　统计局、科学技术部和财政部发布《2017年全国科技经费投入统计公报》。

［目　文］　《公报》显示，2017年我国研究与试验发展（R&D）经费投入总量超1.76万亿元，同比增长12.3%，增速较上年提高1.7个百分点；R&D经费与国民生产总值的比值达到2.13%，再创历史新高。

10月9日

［纲　文］　水利部印发《关于推动河长制从"有名"到"有实"的实施意见》。

［目　文］　《意见》由六个部分组成：一、总体要求。二、管好盛水的"盆"。三、护好"盆"中的水。四、加强统筹协调。五、夯实工作基础。六、落实保障措施。

10月9日

［纲　文］　财政部发布，2018年中央财政卫生健康人才培养培训补助资金71.14亿元已全部下达。

［目　文］　为进一步加强卫生健康人才培养工作，中央财政下达卫生健康人才培养培训补助资金45.35亿元，加上2017年提前下达的25.65亿元和新疆生产建设兵团0.14亿元，2018年卫生健康人才培养培训补助资金71.14亿元已全部下达，主要用于支持开展住院医师规范化培训、助理全科医生培训、全科医生特设岗位计划等人才培养培训项目。为进一步加强预算绩效管理，此次分配补助资金时将绩效考核结果作为重要因素，对考核成绩靠前的省份给予适当奖励。

10月9日

［纲　文］　中国在酒泉卫星发射中心用"长征二号丙"运载火箭（及"远征一号S"上面级），成功将遥感三十二号01组卫星发射升空，卫星进入预定轨道。

［目　文］　卫星主要用于开展电磁环境探测及相关技术试验。这是长征系列运载火箭的第286次飞行。此次卫星发射的海上测控任务，由远望7号船在印度洋某预定海域单船承担，这是该船首次赴印度洋执行任务。

10月9日

［纲　文］　《人民日报》发表评论员文章《发挥优势，把握东北振兴重点任务——论学习贯彻习近平总书记在深入推进东北振兴座谈会上重要讲话》。

10月9—15日

［纲　文］　2018年全国大众创业万众创新活动周举办。

［目　文］　国务院总理李克强作出批示指出：近几年，在各方面共同努力下，"双创"活动蓬勃发展，为激发创新潜力和市场活力、扩大就业发挥了积极作用。面对新形势，要以习近平新时代中国特色社会主义思想为指导，认真贯彻党中央、国务院决策部署，按照高质量发展的要求，更大力度实施创新驱动发展战略，持续深入推进"双创"。进一步

深化"放管服"改革,加强产权保护等制度建设,为各类市场主体营造市场化、法治化、国际化的创业创新生态。提升工业互联网平台服务能力,推动"互联网+社会民生"健康发展,改善公共服务,释放人民群众中蕴藏的无穷创造力,为加快培育新动能、不断提升我国经济的创新力和竞争力打下更坚实的基础。

活动周由发展改革委牵头组成的活动周组委会主办,以"高水平双创,高质量发展"为主题,设成都主会场和北京会场,以及全国各地分会场,举行展览展示、项目路演、投融资对接等各类创新创业活动。

9日,国务院副总理韩正在成都出席启动仪式并讲话。启动仪式结束后,韩正参观了创新创业主题展览,并与参展企业负责人交流。

10月10日

[纲　文]　习近平主持召开中央财经委员会第三次会议。

[目　文]　国务院总理、中央财经委员会副主任李克强,中共中央政治局常委、中央财经委员会委员王沪宁,中共中央政治局常委、中央财经委员会委员韩正,中央财经委员会委员出席会议,中央和国家机关有关部门负责人列席会议。会议听取了发展改革委、应急管理部、自然资源部、水利部、科技部和中国铁路总公司的汇报。会议研究提高我国自然灾害防治能力和川藏铁路规划建设问题。

中共中央总书记、中央财经委员会主任习近平指出,加强自然灾害防治关系国计民生,要建立高效科学的自然灾害防治体系,提高全社会自然灾害防治能力,为保护人民群众生命财产安全和国家安全提供有力保障;规划建设川藏铁路,对国家长治久安和西藏经济社会发展具有重大而深远的意义,一定把这件大事办成办好。

会议强调,提高自然灾害防治能力,要全面贯彻习近平新时代中国特色社会主义思想和党的十九大精神,牢固树立"四个意识",紧紧围绕统筹推进"五位一体"总体布局和协调推进"四个全面"战略布局,坚持以人民为中心的发展思想,坚持以防为主、防抗救相结合,坚持常态救灾和非常态救灾相统一,强化综合减灾、统筹抵御各种自然灾害。要坚持党的领导,形成各方齐抓共管、协同配合的自然灾害防治格局;坚持以人为本,切实保护人民群众生命财产安全;坚持生态优先,建立人与自然和谐相处的关系;坚持预防为主,努力把自然灾害风险和损失降至最低;坚持改革创新,推进自然灾害防治体系和防治能力现代化;坚持国际合作,协力推动自然灾害防治。规划建设川藏铁路,是促进民族团结、维护国家统一、巩固边疆稳定的需要,是促进西藏经济社会发展的需要,是贯彻落实党中央治藏方略的重大举措。要把握好科学规划、技术支撑、保护生态、安全可靠的总体思路,加强统一领导,加强项目前期工作,加强建设运营资金保障,发扬"两路"精神和青藏铁路精神,高起点高标准高质量推进工程规划建设。

10月10日

[纲　文]　国务院公布《行政区划管理条例》,自2019年1月1日起施行。1985年

1月15日国务院发布的《国务院关于行政区划管理的规定》同时废止。

10月10日

［纲　文］　卫生健康委、发展改革委、财政部、医保局、国务院扶贫办印发《健康扶贫三年攻坚行动实施方案》。

［目　文］　《方案》由八个部分组成：一、总体要求。二、实施贫困人口大病和慢性病精准救治三年攻坚行动。三、实施贫困地区重点传染病、地方病综合防控三年攻坚行动。四、实施贫困地区妇幼健康和健康促进三年攻坚行动。五、实施医疗保障扶贫三年攻坚行动。六、实施贫困地区基层医疗卫生机构能力提升三年攻坚行动。七、实施深度贫困地区健康扶贫三年攻坚行动。八、加强健康扶贫攻坚行动支撑保障和责任落实。

10月10日

［纲　文］　商务部公布《关于修改部分规章的决定》。

［目　文］　《决定》说，对《出口商品配额招标办法》《化肥进口关税配额管理暂行办法》《货物自动进口许可管理办法》《重点旧机电产品进口管理办法》《机电产品进口自动许可实施办法》《机电产品进口管理办法》的部分条款予以修改。自2018年10月10日起实施。

10月10日

［纲　文］　外汇局发布《关于公布废止和失效部分外汇管理规范性文件及相关条款的通知》。

［目　文］　《通知》说，为落实外汇管理"放管服"改革，进一步加大外汇管理法规清理力度，便于企业、个人了解执行外汇管理规定，促进贸易投资便利化，现就部分外汇管理规范性文件或条款的效力通知如下：一、对主要内容被新文件代替、与当前管理实际不符的14件外汇管理规范性文件，予以废止。二、对适用期已过或者调整对象已经消失，实际上已经失效的3件外汇管理规范性文件，宣布失效。三、对部分外汇管理规范性文件相关条款进行修改。本通知自2018年10月10日起生效。

10月10日

［纲　文］　国家医疗保障局印发通知，将阿扎胞苷等17种经过谈判的药品纳入《国家基本医疗保险、工伤保险和生育保险药品目录（2017年版）》乙类范围，并确定了医保支付标准。

10月10日

［纲　文］　国务院总理李克强在北京会见德国宝马集团董事长科鲁格。

［目　文］　李克强表示，深化中德务实合作符合双方共同利益。宝马公司同中方最新合作项目即将落地辽宁沈阳，将是中方放宽汽车行业外商来华投资股比限制后的首个受益者。这表明，中国对外开放的新举措不仅是"说到了"，更是踏踏实实地"做到了"。下一步，我们对外开放的力度会更大，开放的水平会更高，中国将继续并且长期成为外商投资的热土。我们欢迎包括德国企业在内的各国企业抓住机遇，扩大对华投资，更好实现共

同发展、互利共赢。

科鲁格表示，今年7月第五轮德中政府磋商期间，两国总理见证了宝马集团同中方合作伙伴签署战略合作框架协议。中国是宝马公司最大市场，我们十分珍惜在华投资机会，愿以沈阳新工厂落地为契机，进一步扩大对华合作，一些车型将面向包括中国在内的全球市场销售，创造互利双赢的局面。

10月10日

［纲　文］　**韩正在北京会见由贺一诚主席率领的澳门特别行政区立法会参访团。**

［目　文］　国务院副总理韩正听取了参访团关于澳门特别行政区立法会工作情况的介绍并给予肯定。他希望立法会认真贯彻落实中共中央总书记习近平关于澳门工作的指示精神，全面准确贯彻"一国两制"方针，坚决维护宪法和基本法权威，坚定有效维护国家主权、安全、发展利益，支持行政长官和特区政府依法施政，充分发挥联系各方的优势，积极推动澳门融入国家发展大局，着力促进经济适度多元化，改善居民生活。

贺一诚在发言中表示，澳门特区立法会要更好地履行基本法赋予的职责，为保持澳门长期繁荣稳定，为推进"一国两制"事业作出应有的贡献。

12日，国家首席大法官、最高人民法院院长周强在北京会见贺一诚率领的澳门特别行政区立法会参访团时表示，澳门回归以来，"一国两制"、"澳人治澳"、高度自治的方针得到全面贯彻落实。澳门特区立法会严格遵循宪法和基本法，积极推动澳门与内地的法律交流合作，为促进法治建设和澳门繁荣发展发挥了重要作用。

10月10日

［纲　文］　**中宣部部长黄坤明在北京会见由代理主席孔波雷率领的布基纳法索争取进步人民运动代表团。**

［目　文］　黄坤明表示，中非合作论坛北京峰会期间，习近平主席同卡博雷总统实现了两国复交后首次会晤，达成重要共识，为中布关系发展指明了方向。中方愿与布方在一个中国原则基础上，构建求同存异、相互尊重、互学互鉴的新型政党关系，引领中布关系更好更快更实地向前发展。

孔波雷说，布中复交符合历史潮流。布方希望进一步加强两党关系，促进各领域合作，推动两国关系和非中关系深入发展。

10月10日

［纲　文］　**国务委员兼外交部部长王毅应约同加拿大外长弗里兰通电话。**

［目　文］　弗里兰通报了加拿大同美国、墨西哥签署《美墨加协定》情况，表示自贸协定应是开放和包容的，不应排斥其他伙伴，《美墨加协定》也不应损害其他国家的正当权益。加方将根据自身决定推进与其他国家的自贸协定谈判。加方希望与包括中国在内的各国继续坚持基于规则的多边贸易体制，反对贸易保护主义。

王毅表示，中国一贯坚持自由贸易，主张维护以WTO为核心的多边贸易体制，反对任何形式的保护主义和各种名目的双重标准做法。任何试图阻挡中国实现现代化的企图都是不可能得逞的。希望加方以实际行动，与中方一道维护全球自由贸易体系，推进中加自贸区建设进程。

10月10日

〔纲　文〕　外交部发言人就美国所谓"重建中国"论调表示，美方需端正心态、尊重事实，停止对中国的无端指责。

〔目　文〕　有记者问：最近美国领导人多次声称，过去20多年，美国对华贸易产生了巨额逆差，送给了中国大量财富，相当于美国"重建"了中国。中方有何评论？

发言人说，美国领导人的说法把中国的发展成就归功到美国身上，不仅完全不符合事实，逻辑上也根本站不住脚。第一，任何国家的发展从根本上都是靠自己。中国迄今取得的巨大发展成就，靠的是中国共产党的正确领导和中国特色社会主义道路，靠的是坚定不移推进深化改革和扩大开放，靠的是全体中国人民的勤劳和智慧。当然，中国不是关起门来搞建设，而是敞开大门同各国开展互利共赢合作。作为近14亿人口的大国，中国的发展不可能依靠别人的施舍和恩赐。恐怕也没有哪个国家有这个实力来"重建"中国？！第二，美国对华贸易逆差是多重客观因素共同作用的结果。中方在今年9月发布《关于中美经贸摩擦的事实与中方立场》白皮书中，已对此作了全面的阐述，概括地说，美对华贸易逆差是由中美两国比较优势和国际分工格局决定的。对此美国的经济学家早有公论。中国的对外贸易一贯遵循市场规律，做的是公平买卖。美国从中国买的多、向中国卖的少，特别是在向中国出口高附加值产品方面自我设限，自然会出现逆差。美方就此指责中方，既不公平、也不合理。第三，中美双边贸易绝非所谓美国送给中国财富的"单行道"。长期以来，美国从中美经贸合作中获得广泛、巨大的经济利益。根据美中贸易全国委员会等机构估算，中美贸易平均每年为每个美国家庭节省850美元成本。根据中国商务部的统计，2016年美国企业实现在华销售收入约6068亿美元，利润超过390亿美元。德意志银行今年6月发布的研究报告认为，美国实际上在中美双边贸易过程中获得了比中国更多的商业净利益。这些数据和分析都说明，中美经贸合作本质上是互利共赢的。吃亏做买卖的事没人愿意干，更别说长达20多年。

11日，在商务部召开的例行新闻发布会上，针对美方近期将中国经济发展归功于美国对华的贸易投资，商务部新闻发言人表示，美方言论罔顾中美经贸合作事实，混淆视听。中国的发展，归根结底还是中国自身不断推进改革开放得来的。中方数据显示，自1987年我国有外资统计以来，中国累计实际利用外资20026亿美元，其中美国对华投资813.6亿美元，占4.06%。我们不否认美国投资对中国经济发展的贡献，但中国的发展，归根结底还是中国不断推进改革开放、靠中国人民自己奋斗干出来的。

10月10日

〔纲　文〕　国台办发言人就台湾当局领导人"双十讲话"中涉及两岸关系方面的言论发表谈话。

〔目　文〕　发言人应询表示，台湾当局领导人的讲话充斥着"两国论"分裂谬论和针对大陆的对抗思维，暴露出配合西方反华势力遏制大陆的险恶用心。如此充满敌意的挑衅言论，进一步证明民进党当局是两岸冲突的制造者，台海和平稳定的破坏者，只会进一步恶化两岸关系，将台湾带向更加危险的境地。大陆和台湾同属一个中国、台湾是中国一部分的法理事实，是任何人、任何势力都改变不了的。任何挟洋自重、升高对立、妄图破坏两岸关系、改变台湾地位的分裂图谋和行径，只能自取其辱，绝不可能得逞。

10月10日

[纲　文]　**全国政协在北京召开提案工作座谈会。**

[目　文]　全国政协副主席张庆黎出席会议并讲话。全国政协副主席马飚、夏宝龙、邵鸿出席会议。中共中央、国务院有关部门负责人，各省区市和副省级市政协提案工作机构负责人，各民主党派中央、全国工商联、有关人民团体提案工作机构负责人，部分提案承办单位部门负责人等参加会议。

张庆黎指出，要深入学习贯彻习近平总书记关于加强和改进人民政协工作的重要思想，进一步推进提案工作高质量发展。做好新时代政协提案工作，要努力做到强基础、抓关键、重保障、促合力、树典范，着力在提高提案质量、提案办理质量和提案服务质量上下功夫，强化各方统筹协调，发挥示范引领作用，扎实推进提案工作提质增效。

10月10日

[纲　文]　**最高人民法院在北京召开全国法院审判执行工作会议暨全国法院审判管理工作座谈会。**

[目　文]　最高人民法院院长周强出席会议并讲话，最高人民法院副院长李少平主持会议。北京、江苏、浙江、安徽高院和广州中院、成都中院、上海浦东新区法院、天津滨海新区法院、郑州金水区法院等作交流发言。

会议指出，自2016年3月向"执行难"全面宣战以来，全国各级法院以前所未有的工作力度推进解决"执行难"。经过近三年的努力，全国法院实现了执行工作模式的重大变革，执行工作质效有了很大提升，执行工作外部环境有了明显改善，"基本解决执行难"工作取得重大阶段性成效。

10月10日

[纲　文]　**财政部在香港特别行政区发行50亿元人民币国债。**

[目　文]　本次发行是对2018年7月2年期和5年期国债的增发。其中，面向机构投资者增发45亿元，包括2年期30亿元、5年期15亿元，中标价格均为100元，收益率分别为3.65%、3.80%；面向国外中央银行和地区货币管理当局增发5亿元，包括2年期3亿元、5年期2亿元，发行价格为同期限国债中标价格。

10月10日

[纲　文]　**林郑月娥发表任内第二份施政报告。**

[目　文]　香港特区行政长官林郑月娥表示，行政长官依照基本法规定对中央人民政府和香港特别行政区负责，必须全面、准确、坚定地担当"一国两制"的执行者、基本

法的维护者、法治的捍卫者,以及中央与香港特区关系发展的促进者,要让"一国两制"行稳致远,特区的管治必须坚守"一国"原则。维护国家安全,为基本法第二十三条立法,是特区政府的宪制责任。面对香港社会近年出现的复杂情况和新矛盾,特区政府对任何鼓吹"港独"、危害国家主权、安全及发展利益的行为绝不容忍,会无畏无惧地依法应对,维护国家和香港的利益。

施政报告长达近6万字,提出244项新措施和470项持续推行的措施,包括开拓土地、增加公营房屋的比例,抓紧"一带一路"倡议和粤港澳大湾区建设带来的机会,作出多项培育人才、改善民生、与青年同行的政策安排。

10月10日

[纲 文] 中越两国公安部第六次合作打击犯罪会议在北京举行。

[目 文] 国务委员、公安部部长赵克志与越共中央政治局委员、越南公安部部长苏林共同出席会议。公安部常务副部长王小洪通报了中越两国公安部第五次合作打击犯罪会议以来双方落实会议成果情况。双方签署了中越两国公安部第六次合作打击犯罪会议纪要。

11日,全国人大常委会委员长栗战书在北京会见苏林时说,中越同为社会主义国家,中方愿同越南党和政府一道,按照"十六字"方针和"四好"精神,进一步传承好中越传统友谊,建设好具有战略意义的中越命运共同体。希望双方公安部门贯彻落实好两党两国领导人的重要共识,认真规划、务实推进双边执法安全合作,为中越友好合作保驾护航,为巩固两党执政地位、维护两国国家安全和社会稳定作出新贡献。

苏林积极评价越中两党两国关系,表示愿不断加强越中执法安全各领域务实合作。

同日,中共中央政治局委员、中央政法委书记郭声琨在北京会见苏林时指出,习近平总书记和阮富仲总书记为深化两党两国关系作出了战略规划。希望两国公安部门认真落实两党两国最高领导人的重要共识,以本次会议为契机,进一步提升执法安全合作水平,加强打击跨国有组织犯罪、网络新型犯罪等合作,服务"一带一路"和"两廊一圈"建设,不断丰富中越全面战略合作伙伴关系时代内涵。

苏林表示,愿与中方共同努力,深入推进各领域务实合作。

10月10日

[纲 文] 中国广核集团在北京宣布,我国首个大型商业化光热示范电站——中广核德令哈50兆瓦光热示范项目正式投运。

[目 文] 中广核德令哈光热示范项目位于青海省海西蒙古族藏族自治州德令哈市的戈壁滩上,占地2.46平方公里,项目由25万片共62万平方米的反光镜、11万米长的真空集热管、跟踪驱动装置等组成。这些巨型反光镜就像向日葵一样,可以跟踪太阳转动,把热量源源不断地收集并贮存起来,实现24小时连续稳定发电。德令哈项目年发电量可达近2亿度,与同等规模的火电厂相比,每年可节约标准煤6万吨,减少二氧化碳等气体排放10万吨,相当于植树造林4200亩。

10月10日

[纲 文] 《人民日报》发表评论员文章《锐意进取,展现新气象新担当新作为——论学习贯彻习近平总书记在深入推进东北振兴座谈会上重要讲话》。

10月10—12日

[纲 文] 中日执政党交流机制第八次会议在日本举行。

[目 文] 会议由中国共产党和日本自民党、公明党共同举办。中共中央对外联络部部长宋涛率中共代表团出席会议,并在主旨发言中表示,今年是中日和平友好条约缔结40周年。不久前,习近平主席与安倍首相举行会见,为中日关系改善发展确定了原则并指明了方向。两国执政党要继续为发展中日关系发挥好政治引领作用,加强战略沟通,增进政治互信,搭建合作平台,引领民意舆论,共同开创中日关系新时代。

日本自民党干事长二阶俊博、公明党副党首井上义久表示愿与中方不断加强交流与合作,推动日中关系得到全面改善和加速发展。

双方围绕政治互信及务实合作进行坦诚深入交流,通过了《中日执政党交流机制第八次会议共同倡议》,还举办了中日"一带一路"合作国际示范区宣介会。

11日,宋涛在东京会见日本自民党总裁、首相安倍晋三时表示,不久前习近平主席与安倍首相会晤,确认了两国关系发展的原则和方向。此次中日执政党交流机制第八次会议在日召开,就是要落实双方领导人达成的共识,进一步发挥好党际交流对中日关系的政治引领作用,维护好两国关系发展的政治基础,建设性管控分歧,共同促进双方在"一带一路"框架下的务实合作。

安倍表示,日中执政党之间的交流对两国关系发展至关重要,日方愿与中方进一步密切党际交流,加强政治互信,共同推动日中关系得到不断改善和发展。

10月11日

[纲 文] 国务院办公厅印发《关于保持基础设施领域补短板力度的指导意见》。

[目 文] 《意见》由三个部分组成:一、总体要求。二、重点任务。三、配套政策措施。

《意见》指出,各地区、各部门要把基础设施领域补短板作为推进供给侧结构性改革、巩固经济稳中向好态势、促进就业和提升国家长期综合竞争力的重要举措,按照职责分工抓好贯彻落实,强化分类指导,层层压实责任,加强沟通协调,形成工作合力,确保各项政策及时落地生效。

10月11日

[纲 文] 水利部、国务院扶贫办、卫生健康委在北京召开实施水利扶贫三年行动暨坚决打赢农村饮水安全脱贫攻坚战视频会议。

[目 文] 水利部通报了《水利扶贫行动三年(2018—2020年)实施方案》,提出到2020年,全面解决贫困人口饮水安全问题,恢复和改善灌溉面积2000万亩,农村水电

扶贫工程精准帮助 6 万户贫困家庭增收。

会议指出，"十三五"以来，国家启动实施了农村饮水安全巩固提升工程，优先解决贫困人口的饮水安全问题。截至 2018 年 9 月底，中央安排投资 143 亿元，各地累计完成投资 1002 亿元，巩固提升受益人口 1.36 亿人，其中解决了 1478 万贫困人口的饮水安全问题；山东、重庆、甘肃 3 个省（市）已率先完成农村饮水安全脱贫攻坚任务。

10 月 11 日

［纲　文］　发展改革委、农业农村部、工业信息化部、财政部、自然资源部、商务部、文化和旅游部公布《国家农村产业融合发展示范园认定管理办法（试行）》。

［目　文］　《办法》共 7 章 31 条。主要有总则、职责及分工、创建单位申报、认定、支持政策、后续管理等内容。自 2018 年 10 月 11 日起实施，有效期 5 年。

10 月 11 日

［纲　文］　国家档案局公布《机关档案管理规定》。

［目　文］　《规定》共 7 章 70 条。主要有总则、机构和人员、基础设施、管理要求、信息化建设、奖励与处罚等内容。自 2019 年 1 月 1 日起施行。

10 月 11 日

［纲　文］　国家主席习近平夫人、联合国教科文组织促进女童和妇女教育特使彭丽媛在法国巴黎向联合国教科文组织第三届女童和妇女教育奖颁奖仪式致贺词。

［目　文］　彭丽媛表示，女童和妇女教育是一项崇高的事业。发展女童和妇女教育，让女性享有与男性同等释放自身发展潜力的机会，是实现全球 2030 年可持续发展目标的重要内容和重要举措。联合国教科文组织女童和妇女教育奖为鼓励更多人投身这项伟大事业发挥了独特而重要的作用。获奖者们致力于推动教育公平、帮助女童和妇女实现人生梦想，他们真诚奉献、不懈努力的精神令人敬佩。作为联合国教科文组织促进女童和妇女教育特使，我愿同各位一道，共同支持联合国教科文组织性别平等全球优先事项，让世界上每个女童、每位女性都获得人生出彩的机会。

联合国教科文组织女童和妇女教育奖由中国政府提议并资助设立，是联合国教科文组织在该领域设立的首个奖项。

10 月 11 日

［纲　文］　孙春兰在清华大学调研。

［目　文］　国务院副总理孙春兰考察了清华大学现代机构学与机器人化装备实验室、宽带数字媒体技术实验室，看望科研人员，了解项目进展和应用前景。

孙春兰主持召开座谈会，专题研究加强高校科技创新工作。有关部委、北京市负责人和 10 所高校负责人互动交流。孙春兰指出，要完善高校科技创新的项目布局，支持高校加强与地方、科研院所、企业开展协同创新，力争在关键核心技术自主创新上实现重大突破。基础研究是科技创新的基石。要以"双一流"建设为契机，加强对高校基础研究稳定支持，建设一批前沿科学中心，努力取得引领性原创成果。要简化科研项目申报和过程管理，赋予科研人员更大技术路线决策权、科研单位科研项目经费管理使用自主权，减少对高校微观科技创新活动的干预，充分释放科研人员的创新活力。要扭转不科学的评价导向，坚决克服唯文凭、唯论文、唯帽子等顽症痼疾，针对高校不同科研类型制定不同的评价办法，完善激励机制，切实为科研人员潜心科技创新营造良好环境。

10月11日

[纲　文]　华晨宝马铁西工厂新厂区开工仪式在沈阳举行。

[目　文]　国务院总理李克强和德国总理默克尔分别致贺信。

李克强表示，宝马集团成为中方放宽汽车行业合资股比限制后的首个受益者，开启了中德两国汽车制造业融合发展、互利共赢的新征程。今年适逢中国改革开放40周年。中国对外开放的大门会越开越大，将进一步放宽市场准入，为各类所有制、内外资企业打造一视同仁、不断优化的营商环境。欢迎外国企业扩大对华合作，更好实现共同发展。

默克尔表示，今年7月李克强总理和我在柏林共同见证华晨集团和宝马集团签署战略性框架合作协议，释放了德中发展长期稳定、互利双赢经济合作与伙伴关系的明确信号。德方欢迎中方深化改革开放，放宽市场准入，期待双方合作取得新的成绩。

10月11日

[纲　文]　新华社发表评论员文章《任何对中国的恶意诋毁都是徒劳》。

10月11—20日

[纲　文]　应国家主席习近平邀请，挪威国王哈拉尔五世对中国进行国事访问。

[目　文]　访问期间，习近平在北京同哈拉尔五世举行会谈，两国元首一致同意，为新时期中挪关系发展注入新动力，谱写两国传统友谊新篇章，并共同见证了有关合作文件的签署。全国人大常委会委员长栗战书在北京会见哈拉尔五世。

习近平同哈拉尔五世会谈时指出，双方要不断巩固和增进政治互信，坚持相互尊重、平等相待的交往原则，充分尊重并切实照顾彼此核心利益和重大关切，为中挪关系行稳致远打牢政治基础。要持续深化和拓展各领域务实合作，为两国经贸合作作出全面制度性安排，实现更高水平的互利共赢。中方愿同挪方积极探讨在"一带一路"框架内开展合作，共同促进亚欧大陆互联互通。要丰富人文交流内容和形式。中方愿同挪方加强冬季运动领域交流，欢迎挪方同中方分享经验并协助推进冬奥会筹办工作。要加强在国际事务中的合作和在联合国等多边框架内的沟通和协调，推动经济全球化、倡导世界多极化、维护多边主义、促进可持续发展，携手维护世界和平稳定，推动全球治理体系朝着更加公正合理的方向发展。中方愿同挪方加强在北极理事会框架内的交流合作，希望挪威继续为中欧关系健康稳定发展、中国—北欧合作发挥积极作用。

哈拉尔五世表示，我这次访华表明挪中关系重回正轨，并再次显示出强劲的生命力。我赞同习近平主席对加强挪中合作的看法。双方合作还大有潜力可挖。我们双方要共同努力拓展互利合作。我对2008年北京奥运会印象深刻，挪方愿同中方加强冬季运动交流合作，支持中方成功举办2022年冬奥会。

栗战书会见哈拉尔五世时表示，双方要在相互尊重、平等相待、合作共赢基础上，推动中挪关系在新的历史时期实现更大发展，为两国人民带来更多福祉。中国全国人大愿同挪议会加强友好往来、立法合作和人文交流，共同落实好两国元首的重要共识。

哈拉尔五世表示，挪方高兴地看到中国经济社会不断取得巨大成就，愿同中方加强互信、增进了解、拓展合作，实现两国关系健康稳定发展。

10月11—19日

［纲　文］　国务院总理李克强出席上合组织成员国政府首脑（总理）理事会会议并对塔吉克斯坦、荷兰正式访问，出席亚欧首脑会议并对比利时进行工作访问。

［目　文］　11—12日，上海合作组织成员国政府首脑（总理）理事会第十七次会议在塔吉克斯坦杜尚别举行，国务院总理李克强出席并讲话。李克强同与会成员国领导人签署并发表《上海合作组织成员国政府首脑（总理）理事会第十七次会议联合公报》，批准上合组织经贸、科技、环保等领域多项决议与合作文件。

会议期间李克强会见了哈萨克斯坦总理萨金塔耶夫、俄罗斯总理梅德韦杰夫、吉尔吉斯斯坦总理阿布尔加济耶夫、白俄罗斯总理鲁马斯、阿富汗首席执行官阿卜杜拉、乌兹别克斯坦总理阿里波夫。

13日，李克强在杜尚别会见塔吉克斯坦总统拉赫蒙，同塔吉克斯坦总理拉苏尔佐达举行会谈并共同见证了中塔政治、经贸、海关、地方合作等领域多项双边合作文件的签署。

14日，李克强在《欧洲时报》发表《故友新知　共创未来》署名文章。

14—16日，李克强访问荷兰期间，在海牙会见荷兰国王威廉－亚历山大；同荷兰首相吕特举行会谈并共同见证了两国经贸、金融、能源、农业等领域多项合作文件的签署；在荷兰议会大厦会见荷兰议会两院议长安吉·布鲁克斯－克诺尔和哈蒂亚·阿瑞布；在海牙市立博物馆与吕特共同出席中国—荷兰经贸论坛并发表主旨演讲；与吕特共同参观荷兰高新技术展并同企业家座谈交流，共同见证了双方企业签署有关合作协议。

16—19日，李克强出席第十二届亚欧首脑会议并对比利时进行工作访问。访问期间，李克强在布鲁塞尔同比利时首相米歇尔举行会谈，共同见证了两国核能、第三方市场、文化、物流、航空等领域多项双边合作文件的签署并会见记者；在比利时副首相兼经济大臣皮特斯的陪同下，参观了位于鲁汶的比利时微电子研究中心。

19日，李克强在布鲁塞尔出席第十二届亚欧首脑会议，并发表题为《共担全球责任　共迎全球挑战》讲话。本届亚欧首脑会议的主题为"欧洲和亚洲：全球伙伴应对全球挑战"。来自53个成员国的领导人和国际组织负责人与会。

会议期间，李克强在布鲁塞尔会见与会的越南总理阮春福、柬埔寨首相洪森、法国总统马克龙、英国首相特雷莎·梅、德国总理默克尔、意大利总理孔特、希腊总理齐普拉斯。

10月11—14日

［纲　文］　王晨率全国人大常委会海洋环境保护法执法检查组在浙江开展执法检查。

［目　文］　执法检查组在杭州听取了浙江省实施海洋环境保护法情况汇报，与人大代表、专家学者和基层执法人员进行座谈。在嘉兴，检查入海排污口管理和在线监测、海上应急处置、海洋增殖放流、垃圾清理和白洋河治理等情况。在宁波，检查杭州湾海洋生态整治、湿地保护修复、水产养殖污染防治、梅山国际集装箱码头环保设施运行等情况，并赴北仑区河头村查看农业面源污染治理、农村生活污水处理情况。

全国人大常委会副委员长王晨指出，要深入贯彻习近平生态文明思想，牢固树立和践行绿水青山就是金山银山理念。要用好在全国率先实施"河长制"和"湾滩长制"的经验，按照陆海统筹、河海兼顾原则，将治污水、防洪水、排涝水、保供水、抓节水的"五水共治"向海域延伸，抓好近岸海域污染防治十项攻坚举措落实，确保海洋环境质量"只能更好、不能变坏"。

10月11—12日

［纲　文］　中国文艺志愿者协会第二次全国代表大会、全国文联文艺志愿服务工作会在北京召开。

［目　文］　会议回顾总结文艺志愿服务过去五年的工作，研究部署此后五年的任务，修订《中国文艺志愿者协会章程》，选举产生中国文艺志愿者协会新一届领导机构。

10月11—13日

［纲　文］　尤权在新疆维吾尔自治区调研。

［目　文］　中央统战部部长尤权在乌鲁木齐市和和田市，考察了经学院和清真寺，并就做好新时代宗教工作，分别与有关党政干部和宗教界人士座谈；在乡村、企业和幼儿园，了解各族群众生产生活情况和民族团结进步创建工作情况。

尤权指出，要以习近平新时代中国特色社会主义思想和党的十九大精神为指导，认真落实党中央关于民族宗教工作的各项决策部署，坚持我国宗教中国化方向，大力促进民族团结和宗教和谐。要坚持党对宗教工作的领导，全面贯彻党的宗教工作基本方针，全面落实全国宗教工作会议精神和新修订的《宗教事务条例》，坚持我国宗教中国化方向，扎实做好抵御宗教极端思想渗透工作，不断提高宗教工作法治化水平，大力加强宗教人才培养，积极引导宗教与社会主义社会相适应。他希望宗教界人士继承和弘扬爱国爱教的优良传统，深入开展伊斯兰教"解经"工作，扎实搞好中国化经学思想建设，切实加强寺庙内部管理，引导信教群众正信正行，自觉遵守国家法律法规，促进伊斯兰教健康发展。

10月11—12日

［纲　文］　肖捷在河北省张家口市张北县、怀安县调研脱贫攻坚工作。

［目　文］　张北县、怀安县属燕山—太行山区集中连片特困地区，是国务院办公厅

定点扶贫县。国务委员兼国务院秘书长肖捷在张北县小二台镇、油篓沟镇、张北经济开发区和怀安县柴沟堡镇、太平庄乡、左卫镇,分别深入光伏电站、种植大棚、扶贫车间、职业教育中心、易地扶贫集中安置点等调研产业、教育、就业扶贫等工作进展,进村入户走访贫困群众,了解致贫原因和生产生活状况。

调研期间,肖捷分别召开座谈会,与两县有关负责人、村镇干部、贫困群众和国务院办公厅扶贫工作组交流,听取意见和建议。肖捷指出,脱贫攻坚进入最后攻关期,要进一步增强责任感、紧迫感,发挥当地资源和区位优势,集中力量持续攻坚,坚持扶贫和扶志、扶智、扶技相结合,总结推广经验做法,分析问题症结,有针对性地采取措施,多维度深入研究实施产业扶贫举措,落实兜底保障政策,完善扶贫长效机制,进一步巩固提升脱贫攻坚成果。

10月11—12日

[纲 文] 第四轮中日企业家和前高官对话会在北京举行。

[目 文] 两国的企业家、前政府高官及专家学者近70人与会,围绕如何促进经济全球化、推动亚洲基础设施建设、加强中日创新合作等议题进行交流。中日双方表示,面对贸易保护主义抬头的现象,应进一步维护以规则为基础的多边贸易体制和自由贸易原则。

10日,国务院总理李克强在北京会见与会的日方代表并座谈时指出,中日作为世界主要经济体,深化经贸合作不仅有利于双方,也有利于全球经济和贸易发展。希望双方发挥互补优势,拓展在贸易投资、财政金融、创新和高技术等领域合作,共同开拓第三方市场,维护多边主义和自由贸易体制。中国将继续扩大开放,欢迎日本企业加大对华投资,继续为促进中日交流合作发挥积极作用,推动中日关系健康稳定发展,共同实现可持续繁荣。

日本前首相福田康夫、日本经济团体联合会会长中西宏明等日方代表表示,日中两国企业界通过多个平台保持经常性沟通交流,对增进理解、扩大合作发挥了积极作用。日本经济界愿同中方积极探讨推进创新、第三方市场合作,加强双方在环境保护、应对老龄化等共同面临挑战领域的合作。

同日,国务委员兼外交部部长王毅在北京会见来华出席第四轮中日企业家和前高官对话会的日本前首相福田康夫及日方经济界代表。

10月11—15日

[纲 文] 第六届中法青年领导者论坛在重庆、北京举行。

[目 文] 论坛由中国人民外交学会和法中基金会举办,以"未来大都市"为主题。44名中法青年代表参加了本届论坛。

15日,国家副主席王岐山在北京会见与会双方代表时指出,当前人类社会面对许多共同机遇、风险和挑战,没有国家能够独善其身,经济全球化是大势所趋。中法都是拥有深厚历史文化积淀的伟大国家,今年1月,习近平主席和马克龙总统为新时期中法关系发展规划了蓝图，双方应加强各层面各领域的了解、对话与合作，把蓝图变为现实，共同推动构建人类命运共同体。希望两国青年不断加强往来、增进了解、深化合作，为打造更加富有活力、可持续发展的中法关系作出贡献。

论坛代表表示，中法青年领导者论坛是两国青年交流的重要平台，将继续致力于凝聚共识、促进合作，推动中法关系和世界和平发展不断取得新的进步。

10月12日

［纲　文］　国务院办公厅印发《关于调整全国爱国卫生运动委员会组成人员的通知》。

［目　文］　《通知》说，根据机构设置、人员变动情况和工作需要，国务院对全国爱国卫生运动委员会组成人员作了调整。现将调整后的名单通知如下。主任：孙春兰。副主任：马晓伟、李干杰、王蒙徽、韩长赋、丁向阳、梁言顺、连维良、李清杰。委员由有关部委办负责人组成。全国爱国卫生运动委员会办公室设在卫生健康委，承担全国爱国卫生运动委员会日常工作，办公室主任由卫生健康委副主任曾益新兼任。

10月12日

［纲　文］　十三届全国政协第十二次双周协商座谈会在北京召开。

［目　文］　全国政协主席汪洋主持会议并讲话。会议由民进中央与全国政协民族和宗教委员会共同承办。全国政协副主席巴特尔在会上作主题发言。全国政协副主席张庆黎、王正伟、夏宝龙、刘新成出席会议。全国政协委员郑福田、全哲洙、牛汝极、达久木甲、朱永新、旦科、约尔古丽·加帕尔、凌友诗、阿地里江·阿吉克力木、海霞、杨启儒、谢尚果、杨静华、杨小波、李玛琳在会上发言。教育部主要负责人介绍了有关情况，统战部、国家民委、国家广播电视总局负责人现场作了互动交流。15位委员围绕国家通用语言文字普及的能力建设、方法路径、着力重点、政策法规等提出意见建议。

一些委员指出，语言文字是人类交流的工具，是文化传承的载体，也是治国安邦的重器。普及国家通用语言文字与保护少数民族语言文字不是对立的，而是并行不悖的。建议适时修订《国家通用语言文字法》，既尊重和保护各民族使用和发展自己语言文字的自由，也保障各民族优先学习和使用国家通用语言文字的权利和义务。要聚焦重点地区、重点人群、重点问题持续发力，从师资力量、经费保障等方面予以倾斜，推进民族地区双语教育特别是学前教育，加强青壮年劳动力、基层公务员、民族宗教界人士等教育培训。要坚持政府主导、语委统筹、部门支持、社会参与，整合各方资源，创新方式方法，提高推普工作实效。要充分认识推普工作的长期性和艰巨性，坚持从实际出发，科学谋划、精准施策，绵绵用力、久久为功，不急于求成，不搞"一刀切"。

10月12日

［纲　文］　郭声琨在北京主持召开全国扫黑除恶专项斗争领导小组会议。

［目　文］　会议听取中央扫黑除恶第2至第10督导组督导情况汇报。赵克志、周

强、张军出席。

中共中央政治局委员、全国扫黑除恶专项斗争领导小组组长郭声琨指出，要以习近平新时代中国特色社会主义思想为指引，深入贯彻党中央决策部署，提高政治站位，坚持以人民为中心，抓好问题整改，完善思路措施，真正把督导工作成果转化为深入推进扫黑除恶专项斗争的实际成效。要消化、运用好督导成果，坚持专项斗争正确方向，准确把握专项斗争总体发展态势，研究好阶段性的"施工图"，扫黑、除恶、治乱、打伞、问责并举，持续保持强大攻势。要及时总结提炼专项斗争中的创造性探索，形成长效机制，推动扫黑除恶常态化运行。要自觉服务大局，依法打击扰乱市场秩序、侵犯企业家和老百姓合法权益的违法犯罪行为，努力为经济社会发展营造良好环境。

10月12日

［纲　文］　中宣部、中央文明办在北京召开建设新时代文明实践中心试点工作专题会议。

［目　文］　本次试点工作，中央在全国12个省（市）选定了50个县（市、区）开展试点。试点工作以全县域为整体，以县、乡镇、村三级为单元，成立新时代文明实践中心，旨在推动基层宣传思想文化工作和精神文明建设改革创新，实现更富活力、更具成效、更可持续的发展。

中宣部部长黄坤明出席会议并讲话指出，建设新时代文明实践中心，是推动习近平新时代中国特色社会主义思想深入人心、落地生根的重大举措，是进一步加强和改进基层思想政治工作的迫切需要，是推动乡村全面振兴、满足农民精神文化生活新期待的战略之举。要深刻认识重大意义，准确把握实践要求，以高度的政治责任感和时代使命感，推动农村精神文明建设和基层宣传思想工作守正创新、开创新局。

10月12日

［纲　文］　庆祝中国人民公安大学建校70周年大会在北京举行。

［目　文］　公安部部长赵克志出席会议并讲话。公安部、教育部、科技部、财政部有关部门负责人，全国公安院校、公安大学师生代表、离退休干部及校友代表等近4000人参加庆祝大会。

10月12日

［纲　文］　国务院副总理韩正在北京会见瑞典银瑞达投资公司董事会主席瓦伦堡。

［目　文］　双方就世界经济形势、自由贸易、科技创新等交换意见。

韩正表示，友好合作、互利共赢一直是中瑞关系的主流，希望双方共同努力，推动中瑞关系持续健康向前发展。经济全球化是不可阻挡的趋势，中方愿与瑞方一道，维护多边贸易体制，推动世界经济朝着更加开放、包容、普惠、平衡、共赢的方向发展。中国开放的大门会越开越大，欢迎瓦伦堡财团和银瑞达投资公司继续发挥独特优势，扩大对华投资，在互利互补、合作共赢中实现自身更大发展。

瓦伦堡表示，瓦伦堡财团坚定支持自由贸易，珍视对华关系，重视中国市场，愿与中国在科技创新等方面加强合作。

10月12日

［纲　文］　国家副主席王岐山在北京会见清华大学经济管理学院顾问委员会海外委员和中方企业家委员。

［目　文］　王岐山指出，中华民族伟大复兴有着深厚的历史文化积淀，中国特色社会主义已进入新时代。当今世界各国命运紧密相连，中国将坚定不移深化改革、扩大开放，同各国人民在交往和合作中不断增进对彼此历史和现实的了解，进而深化互信、互学互鉴、加强合作，携手应对人类共同面对的风险和挑战。中国经济已由高速发展转向实现高质量发展，希望委员们继续积极参与和见证中国经济建设，为推动中外各领域交流合作作出贡献。

顾问委员会主席布雷耶等表示，中外利益深度交融，彼此相互了解、信任和尊重的基础日益牢固，愿继续为中国经济发展和教育事业积极努力。

10月12日

［纲　文］　国务委员王勇在北京会见出席博鳌亚洲论坛理事工作会议的理事。

［目　文］　王勇表示，博鳌亚洲论坛是亚洲与世界凝聚智慧、共商合作的重要平台。希望论坛坚持多边主义、引领创新合作、促进共同发展，为完善全球经济治理、实现可持续发展作出积极贡献。作为东道国，中国将继续支持论坛取得更大发展。

论坛理事长潘基文等感谢中国政府长期以来对论坛的大力支持，表示论坛将继续坚持立足亚洲、面向世界，推动各国加强协调合作，反对单边主义和保护主义，努力实现亚洲和世界经济健康稳定发展。

10月12日

［纲　文］　国家主席习近平特使、全国人大常委会副委员长张春贤在马拉博出席赤道几内亚独立50周年庆典，并会见赤道几内亚总统奥比昂。

［目　文］　张春贤转达了习近平对奥比昂和赤几人民的问候和祝愿，并转交了习近平亲署贺函。张春贤表示，中赤几友好源远流长，各领域合作成果丰硕。中方愿同赤几方共同落实好两国元首重要共识和中非合作论坛北京峰会成果，推动两国全面合作伙伴关系迈上新台阶，为构建更加紧密的中非命运共同体作出贡献。

奥比昂请张春贤转达对习近平的良好祝愿并表示，中国是非洲国家的真诚朋友和重要合作伙伴，习近平主席在中非合作论坛北京峰会上提出的"八大行动"必将进一步助力非洲实现可持续发展。赤几方希望同中方在论坛框架下深化合作，推动双边关系取得更大发展。

10月12日

［纲　文］　新华社发表评论员文章《美国领导人演讲的五大谬误》。

10月12—15日

［纲　文］　第三届"中国创翼"创业创新大赛全国选拔赛和决赛在郑州举行。

[目　文]　大赛由人力资源社会保障部、发展改革委、科技部、共青团中央、中国残联共同举办。面向年满16周岁的各类创业创新群体，以贯彻"倡导创新文化""鼓励创业带动就业"的精神和国家创新驱动发展战略、就业优先战略及人才强国战略，推进"大众创业、万众创新"为核心价值，以营造创新创业氛围、培养创新创业意识为目标导向，以创新引领创业、创业带动就业为重点评价指标，突出参赛项目的社会价值和创业者的社会贡献。

本届大赛自2018年3月启动以来，全国共有31704个项目报名参赛且通过资格审核，其中既有大学生创业、留学人员归国创业、企业职工下海创业的案例，也有返乡创业者带领家乡人民脱贫致富、困难群体自强创业的故事；既有人工智能、装备制造、新材料新能源等创新性强、技术先进的高科技项目，也有环保家居、医疗健康、电商扶贫等技术或模式创新类项目；既有文化创意、传统工艺传承、旅游休闲等满足人们精神需求的人文创新类项目，也有农业新技术开发和农产品深加工项目。很多项目拥有国内外自主知识产权和专利技术，并与"互联网+"紧密融合。

15日，国务院副总理胡春华出席闭幕式并致辞。他强调，要以供给侧结构性改革为主线，深入实施创新驱动发展战略，推进"双创"不断向纵深发展，促进更高质量和更充分就业。

10月12—14日

[纲　文]　共建粤港澳大湾区青年论坛在澳门举行。

[目　文]　论坛由澳门特区政府主办，以"大湾区建设下的青年发展新机遇"为主题，主要活动包括主论坛、5个平行分论坛、青年领袖圆桌会议、大湾区青年篮球赛等。论坛发表了《澳门青年投身大湾区建设倡议》。

10月13日

[纲　文]　国务院印发《优化口岸营商环境促进跨境贸易便利化工作方案》。

[目　文]　《方案》由三个部分组成：一、总体要求。二、工作任务。三、组织实施。

《方案》指出，要充分发挥国务院口岸工作部际联席会议制度作用，明确各项任务的实施步骤和完成时限，统筹推进落实，协调解决推进过程中的重大问题。联席会议办公室要加强政策研究和协调，重大情况及时向国务院报告。优化口岸营商环境工作情况纳入国务院督查范围，督查考核结果向社会公布，对推进不力的地区和部门进行问责。

10月13日

[纲　文]　国务委员兼外交部部长王毅应约同墨西哥外长比德加赖通电话。

[目　文]　比德加赖通报了墨西哥同美国、加拿大签署《美墨加协定》情况，表示墨是独立主权国家，有关协定不会在任何方面影响墨中之间的交往，也不会对墨中贸易、投资以及政治关系产生任何限制。中国是墨西哥值得依赖的伙伴，墨方愿进一步发展双边

全面战略伙伴关系。

王毅表示，中墨作为全面战略伙伴，一贯在重大问题上相互理解、相互信任、相互支持。任何双多边自贸协定，都不应针对第三方，不应限制其他成员的正当权益，更不应搞排他主义。中墨同属新兴市场国家，双方应共同维护多边主义，共同维护自由贸易体制。

10月13—15日

［纲　文］　第四届中国"互联网+"大学生创新创业大赛全国总决赛在厦门大学举行。

［目　文］　大赛由教育部、中央网络安全和信息化领导小组办公室、发展改革委等部门和福建省人民政府共同主办，厦门大学承办。以"勇立时代潮头敢闯会创，扎根中国大地书写人生华章"为主题。本届赛事有265万学生参赛，创历史新高，来自47个国家和地区的600多支团队同台竞技，1000多家企业和投资机构支持参与大赛，70万大学生参加"青年红色筑梦之旅"活动，涌现出一大批优秀创新创业项目。

15日，国务院副总理孙春兰在厦门大学出席第四届中国"互联网+"大学生创新创业大赛闭幕式，转达中共中央总书记习近平对参加大赛和"青年红色筑梦之旅"活动全体同学的问候。

10月13—19日

［纲　文］　第七届中国昆剧艺术节在苏州昆山举办。

［目　文］　艺术节由文化和旅游部、江苏省人民政府主办，文化和旅游部艺术司、江苏省委宣传部等共同承办。演出内容既有新创、整理改编大型剧目，又有"名家传戏——当代昆剧名家收徒传艺工程"入选学生折子戏组台汇报演出，也有北大校园传承版《牡丹亭》。首场演出是昆山当代昆剧院首部原创昆剧《顾炎武》。

10月14日

［纲　文］　习近平《论坚持推动构建人类命运共同体》出版发行。

［目　文］　《论坚持推动构建人类命运共同体》由中共中央党史和文献研究院编辑、中央文献出版社出版。本部专题文集以2013年1月28日中共中央总书记习近平主持中共十八届中央政治局第三次集体学习时讲话的要点《更好统筹国内国际两个大局，夯实走和平发展道路的基础》为开卷篇，以2018年6月22日习近平在中央外事工作会议上讲话的要点《坚持以新时代中国特色社会主义外交思想为指导，努力开创中国特色大国外交新局面》为收卷篇，收入习近平论述坚持推动构建人类命运共同体的重要文稿85篇，约32万字。

10月14日

［纲　文］　新华社讯，中共中央办公厅印发《关于加强新时代人民政协党的建设工作的若干意见》。

［目　文］　《意见》由七个部分组成：一、加强新时代人民政协党的建设的总体要

求。二、切实担负起实现党对人民政协领导的政治责任。三、坚持用习近平新时代中国特色社会主义思想武装头脑。四、推进人民政协党的组织和党的工作有效覆盖。五、驰而不息改进作风。六、坚持用严明的纪律推进全面从严治党。七、加强对新时代人民政协党的建设工作的领导。

《意见》指出，各级政协党组织要主动加强与同级党的纪检、组织、宣传、统战等方面的联系配合，共同做好政协党的工作，共同建设好委员队伍、干部队伍，形成推动政协系统党的建设工作的强大合力和良好氛围。

10月14日

［纲　文］　中国核能系统冷却剂技术获新突破。

［目　文］　中国科学院合肥物质科学研究院核能安全技术研究所项目团队研制的液态金属锂实验回路，在国内首次实现1500K（相当于1227摄氏度）超高温稳定运行1000小时，标志着我国先进核能系统液态金属冷却剂关键技术取得新突破。

10月14日

［纲　文］　《人民日报》发表评论员文章《谁书写了中国成功故事》。

10月15日

［纲　文］　习近平致信祝贺西藏民族大学建校60周年。

［目　文］　中共中央总书记习近平在信中写道：值此西藏民族大学建校60周年之际，我代表党中央，并以我个人的名义，向全校广大师生员工和校友致以热烈的祝贺！西藏民族大学建校以来，贯彻党的教育方针，坚持正确办学方向，坚持立德树人，为党和人民、为西藏各项事业发展培养了一大批优秀干部和专业技术人才。西藏民族大学60年来取得的成绩，是在党的领导下西藏各项事业蓬勃发展、西藏各族人民生活不断改善的生动体现。站在新的历史起点上，希望你们全面贯彻落实新时代中国特色社会主义思想和党的十九大精神，紧紧围绕培养什么样的人、怎么培养人、为谁培养人这一根本问题，培育和弘扬社会主义核心价值观，提高教育教学水平，贯彻党的民族政策和宗教政策，加强民族团结进步教育，传承中华优秀传统文化，自觉维护民族团结，全面推进学校各项工作，努力培养德智体美劳全面发展的社会主义建设者和接班人，为推动西藏经济社会发展，为实现"两个一百年"奋斗目标、实现中华民族伟大复兴的中国梦作出新的更大贡献。

西藏民族大学坐落在陕西咸阳，前身为1957年中央指示创办、1958年开学的"西藏公学"，是西藏和平解放后党中央在祖国内地为西藏创办的第一所高等学校。

10月15日

［纲　文］　习近平主持召开中央军民融合发展委员会第二次会议并讲话。

［目　文］　中共中央总书记、中央军民融合发展委员会主任习近平指出，要强化责任担当，狠抓贯彻落实，提高法治化水平，深化体制改革，推动科技协同创新，加快推动军民融合深度发展。

中共中央政治局常委、中央军民融合发展委员会副主任王沪宁、韩正，中央军民融合发展委员会副主任、委员出席会议。中央和国家机关及军委机关有关部门负责人列席会议。会议审议通过《关于加强军民融合发展法治建设的意见》。

会议要求，要加强党中央集中统一领导，充分发挥我国社会主义制度能够集中力量办大事的政治优势，统一协调相关重大工程、重大计划、重大项目，统一调动所需的人、财、物等创新资源，形成整体合力。各有关部门和地区要增强"四个意识"，坚定"四个自信"，发扬钉钉子精神，实干苦干，不断取得军民融合发展新成效。要加快工作机构建设，尽快实现机构到位、职能到位、人员到位，加强干部队伍建设。要敢于啃硬骨头，积极开展创新实践。各级党委和政府要把抓军民融合发展任务落实作为重大政治责任，自觉在大局下把方向、定政策、抓落实，勇于革故鼎新，坚持埋头苦干，不断开创军民融合深度发展新局面。

10月15日

［纲　文］　十三届全国人大常委会第十四次委员长会议在北京举行。

［目　文］　全国人大常委会委员长栗战书主持。全国人大常委会副委员长王晨、曹建明、沈跃跃、吉炳轩、艾力更·依明巴海、万鄂湘、王东明、丁仲礼、郝明金、蔡达峰、武维华出席会议。会议决定，十三届全国人大常委会第六次会议10月22日至26日在北京举行。全国人大常委会秘书长杨振武就常委会第六次会议议程草案、日程安排意见等作了汇报。全国人大常委会有关副秘书长，全国人大有关专门委员会、常委会有关工作委员会负责人就常委会第六次会议有关议题作了汇报。

10月15日

［纲　文］　铁路局发布《铁路运输业信用管理暂行办法》。

［目　文］　《办法》共6章35条。主要有总则、信用信息采集、信用评定、信用信息使用、信用修复与申诉等内容。自2018年10月15日起施行。

10月15日

［纲　文］　财政部、工业信息化部发布《关于对小微企业融资担保业务实施降费奖补政策的通知》。

［目　文］　《通知》由三个部分组成：一、总体要求。二、实施内容。三、组织实施。

《通知》决定实施小微企业融资担保业务降费奖补政策，引导地方支持扩大实体经济领域小微企业融资担保业务规模，降低小微企业融资担保成本，促进专注于服务小微企业的融资担保机构可持续发展。

10月15日

［纲　文］　"时代楷模"、重庆市公安局渝北分局交巡警支队石船公巡大队原副大队长杨雪峰同志先进事迹报告会在北京人民大会堂举行。

［目　文］　报告会前，中央政法委书记郭声琨会见了杨雪峰亲属及报告团成员。

杨雪峰生前是重庆市公安局渝北分局交巡警支队石船公巡大队副大队长。他从警21年，始终不忘初心、牢记使命、扎根基层、奋战一线，不怕工作辛苦，不嫌岗位偏远，坚决服从组织安排；他认真履职尽责，苦练业务本领，开展专项治理工作，执行急难险重任务，总是以身作则、冲锋在前；他坚持执法为民，忠诚维护法律尊严，模范保障交通安全，干了很多暖民心、解民忧、护民安的好事实事，受到干部群众广泛称赞。2018年2月18日，杨雪峰在执行春运交通安保任务中突遭暴力袭击，与犯罪嫌疑人英勇搏斗，因伤势过重英勇牺牲，年仅41岁。杨雪峰曾荣立个人一等功1次、三等功2次，获得"全国公安系统一级英雄模范"称号。

10月15日

［纲　文］　第十届中国曲艺牡丹奖颁奖典礼在江苏扬州举行。

［目　文］　中国文联党组书记、副主席李屹为90岁高龄的单弦表演艺术家赵玉明和85岁高龄的独脚戏表演艺术家童双春2位终身成就曲艺艺术家颁奖，并宣布第十届中国曲艺牡丹奖颁奖系列活动开幕。

第十届中国曲艺牡丹奖共评出节目奖5个，表演奖6个，新人奖5个，文学奖4个。系列活动于10月14日至30日在江苏多地及上海全面铺开。除颁奖仪式外，还为广大人民群众密集奉献12台演出，以及一场讲座和一场研讨。

10月15日

［纲　文］　外交部发言人针对最近美国领导人声称中方说服3个拉美国家与台湾当局"断交"威胁了台海稳定表示，美方有关指责完全是颠倒黑白、混淆是非。

［目　文］　发言人说，世界上只有一个中国，台湾是中国不可分割的一部分。这是国际社会的普遍共识。中国同有关国家在一个中国原则基础上建交，既是双方作为主权国家享有的主权权利，也完全符合国际法和国际关系基本准则，符合历史潮流，是大势所趋，民心所向。美国早在近40年前就遵循一个中国原则同中国建立外交关系，现在却对其他国家这么做说三道四甚至横加干涉，这毫无道理。"台独"势力及其分裂活动是对台海和平稳定的最大威胁。台湾民进党当局正在试图破坏两岸同属一个国家、两岸关系不是国与国关系的现状，不仅阻碍了两岸关系的和平发展，也侵蚀着地区的和平与稳定。国际社会都应对此说不。有关国家同破坏台海现状的台湾当局断绝关系、划清界限，恰恰是在维护一个中国的国际共识，也为台海的和平稳定发挥了积极作用。美方近来在台湾问题上采取了一系列错误做法，包括允许台湾地区领导人"过境"美国、宣布对台湾出售武器计划等，这些行径严重违反一个中国原则和中美三个联合公报规定，助长了"台独"势力的嚣张气焰，损害了中美关系和台海和平稳定。中方敦促美方纠正错误，停止与台湾发展任何官方往来和军事联系，停止向台湾地区出售武器，停止无理干涉那些与中国已经或希望建交的国家，切实约束"台独"势力发展，以免对中美关系和台海和平稳定造成进一步损害。

10月15日

［纲　文］　商务部发布2018年第80号公告，公布对原产于美国和日本的进口氢碘

酸反倾销调查的最终裁定。

[目　文]　裁定原产于美国和日本的进口氢碘酸存在倾销,国内产业受到了实质损害,且倾销与实质损害之间存在因果关系,决定自2018年10月16日起,对上述产品征收反倾销税,税率为41.1%—123.4%,征收期限为5年。

应国内氢碘酸产业申请,商务部于2017年10月16日发布公告,决定对原产于美国和日本的进口氢碘酸进行反倾销立案调查。立案后,商务部严格按照中国相关法律法规和世贸组织相关规则进行调查,在初步调查基础上于2018年6月16日公布了该案肯定性初裁裁定,随后经过进一步调查作出最终裁定。

10月15日

[纲　文]　中国在西昌卫星发射中心用"长征三号乙"运载火箭以"一箭双星"方式成功发射第三十九、四十颗北斗导航卫星。

[目　文]　两颗卫星属于中圆地球轨道卫星,是我国北斗三号系统第十五、十六颗组网卫星。卫星顺利进入预定轨道,并与此前发射的卫星进行组网,适时提供服务。

2018年7月以来,北斗三号系统以每月一次两星的速度加速实施组网,4个月间成功将8颗北斗三号导航卫星送入预定轨道。根据计划,后续还将发射两颗中圆地球轨道卫星和一颗地球同步轨道卫星,年底将建成基本系统,为"一带一路"参与国家提供服务。

10月15日

[纲　文]　《人民日报》发表评论员文章《煽起"网络恐中"别有用心》。

10月15日

[纲　文]　新华社发表评论员文章《"强制技术转让说"站不住脚》。

10月15日

[纲　文]　《人民日报》报道,中央纪委国家监委对中国华融资产管理股份有限公司原党委书记、董事长赖小民严重违纪违法问题进行立案审查调查。

[目　文]　经查,赖小民违反政治纪律和政治规矩,违背中央金融工作方针政策,盲目扩张、无序经营导致公司严重偏离主责主业,不履行全面从严治党主体责任,造成恶劣政治影响;搞政治投机,为个人职务升迁拉关系,搞美化宣传个人,捞取政治资本,参加迷信活动,对抗组织审查。违反中央八项规定精神,讲排场、摆阔气,挥霍浪费国家财产,违规组织公款宴请,频繁在私人会所和高档餐厅接受私营企业主宴请,安排或接受下属单位公款接待亲属旅游。违反组织纪律,在人大代表选举和干部推荐过程中搞非组织活动,在干部选拔任用过程中任人唯权、任人唯利、任人唯圈,严重污染企业政治生态;在组织函询时不如实说明问题,不按规定报告个人有关事项。违反廉洁纪律,收受礼品、礼金,利用职权或职务影响为亲友经营活动牟利,与多名女性搞权色交易。违反工作纪律,违规决定公司重大事项,越级插手具体项目。利用职务上的便利或职权、地位形成的便利条件,为他人谋取利益并收受巨额财物涉嫌受贿犯罪;利用职务上的便利,非法占有公共财物涉嫌贪污犯罪。

赖小民身为党员领导干部，理想信念完全丧失，党性原则荡然无存，擅权妄为、腐化堕落、道德败坏、生活奢靡，甘于被"围猎"，严重违反党的纪律，构成职务违法并涉嫌犯罪，并在党的十八大后不收敛、不收手，且毫无顾忌、不知敬畏、变本加厉，政治问题与经济问题相互交织，群众反映特别强烈、腐败问题特别严重、性质特别恶劣，应予严肃处理。依据《中国共产党纪律处分条例》《中华人民共和国监察法》等有关规定，经中央纪委常委会会议研究，决定给予赖小民开除党籍处分；由国家监委给予其开除公职处分；收缴其违纪违法所得；将其涉嫌犯罪问题移送检察机关依法审查起诉，所涉财物随案移送。

10月15—16日

[纲　文]　**汪洋在云南省调研藏区民族宗教和脱贫攻坚工作。**

[目　文]　全国政协主席汪洋在迪庆农村贫困户、村委会、社区服务站、宗教场所，了解藏区经济社会发展、脱贫攻坚、民族团结、寺庙管理等情况，并听取云南省委脱贫攻坚情况汇报。

汪洋指出，要全面贯彻党的宗教工作基本方针，坚持我国宗教中国化方向，提高宗教工作法治化水平，引导宗教更好与社会主义社会相适应。宗教界要大力弘扬爱国主义优良传统，坚决同各类分裂和破坏活动作斗争，以端正教风、培育人才为重点加强自身建设，抵制宗教商业化倾向，推动藏传佛教健康发展。云南藏区贫困发生率高、贫困程度深、致贫原因复杂，脱贫攻坚任务艰巨繁重。要坚定不移聚焦现行贫困标准，认真查找和优先解决在落实"两不愁、三保障"中存在的问题，坚决克服扩大脱贫攻坚范围、拔高扶贫标准、影响解决"两不愁、三保障"质量的倾向，确保按期实现摆脱绝对贫困的历史性任务。要加强统筹谋划，搞好脱贫攻坚与乡村振兴的有效衔接，着力培育特色优势产业，解决易地扶贫搬迁后的发展问题，推动公共资源向深度贫困地区倾斜，实现可持续发展和逐步致富。

10月15—17日

[纲　文]　**孙春兰在福建省调研。**

[目　文]　国务院副总理孙春兰调研时强调，要深入学习贯彻习近平总书记关于卫生与健康工作的重要论述，认真落实全国医改工作电视电话会议精神，聚焦突出问题，深化改革攻坚，推动党中央、国务院关于全面深化医改的决策部署落地见效，不断增进人民群众的健康福祉。

孙春兰在三明市第一医院和医疗保障管理中心、南平市人民医院和延平区水东街道社区卫生服务中心，了解公立医院改革、药品招标采购、薪酬制度改革、基层卫生服务等情况，并在福州召开座谈会。她肯定三明医改的示范作用和福建医改的显著成效，强调要深入总结推广三明医改经验，在全省探索医保省级统筹，扩大医改成效和受益面，着力解决群众看病难看病贵问题；17日是我国"重阳节""老年节"，孙春兰在福州市鼓楼区鼓东街道社区养老服务照料中心，看望慰问老年人，并向全国老年人致以节日问候和祝福。

10月15—16日

[纲　文]　全国易地扶贫搬迁工作现场会在河南南阳召开。

[目　文]　国务院副总理、国务院扶贫开发领导小组组长胡春华出席会议并讲话。河南、山西、湖北、广西、陕西5省区政府负责人作交流发言。国务院办公厅以及国务院有关部门和单位的负责人，贵州、四川、云南、湖南、西藏等17个省区市政府分管领导和有易地扶贫搬迁任务的22个省区的发展改革、移民、扶贫部门主要负责人，有关金融机构负责人等出席会议。与会人员分三个组分别在南阳、洛阳、三门峡等地搬迁安置点进行了现场观摩。

胡春华强调，要深入贯彻习近平总书记关于扶贫工作的重要论述，按照党中央、国务院决策部署，坚持精准方略，强化政策举措落实，确保"搬得出、稳得住、能脱贫"，坚决打赢易地扶贫搬迁攻坚战。

会议期间，胡春华在南阳市内乡县、淅川县，了解易地扶贫搬迁、农村人居环境整治等工作进展，实地察看南水北调中线工程运行及水质保护情况。

10月15日—11月4日

[纲　文]　第124届广交会在广州举办。

[目　文]　广交会由商务部、广东省人民政府主办，中国对外贸易中心承办。本届广交会共有来自215个国家和地区的189812名采购商到会，累计出口成交2064.94亿元人民币，同比2017年秋交会下降1%左右。其中，对"一带一路"沿线国家和地区出口成交96.3亿美元，增长2.7%，占总成交额的32.3%。

10月16日

[纲　文]　国家主席习近平在北京会见英国四十八家集团俱乐部主席佩里。

[目　文]　习近平欢迎佩里再次访华。习近平指出，20世纪50年代初，西方国家对新中国实行贸易封锁之际，你的父亲带领几十位英国工商界有识之士，冲破重重阻碍来到中国，开启"破冰之旅"，撰写了一段中英友好的佳话，非常了不起。中国人民永远不会忘记在那个艰难岁月为开拓中英经贸往来作出历史性贡献的老一辈友好人士。中国人民正在为实现"两个一百年"奋斗目标而不懈努力。中国拥有五千年的灿烂文明，近代两三百年的封闭曾经造成了我们的落伍。吸取历史教训，当代中国开启了改革开放进程。今年是中国改革开放40周年。这40年中国经济社会发展取得巨大成就，更加坚定了我们坚持改革开放的决心。在当前世界形势下，中国也更加坚定支持贸易自由化，支持经济全球化。我们提倡在国际事务中要增进交流、合作、理解、互信，避免猜忌、偏见、误解。中国不会走国强必霸的道路。我们是世界和平的坚定维护者。中方主张构建人类命运共同体，主张发展国家间友好关系，致力于建设中英关系"黄金时代"。

佩里表示，我父亲开启"破冰之旅"时，中国还非常贫穷落后。过去40年来，中国取得了令全球瞩目的巨大发展成就。中共十九大为中国未来发展绘制了宏伟蓝图。四十八家集团俱乐部致力于增进中国同外部世界的交流,愿积极参与中国发展复兴进程。我们高度评价习近平主席提出的"一带一路"倡议和人类命运共同体理念,将继续本着"破冰之旅"精神,支持全球化,支持建设开放型世界经济,支持在"一带一路"框架内推进英中合作。

10月16日

〔纲　文〕　国务院扶贫办发布第二批85个脱贫摘帽县名单。

〔目　文〕　经县级提出、市级初审、省级核查和公示等程序,再通过第三方评估机构专项评估检查,2017年第二批申请退出的85个贫困县符合脱贫摘帽条件,河北省平山县、贵州省桐梓县、西藏自治区林周县、甘肃省两当县等9省区85个贫困县实现脱贫摘帽。至此,2017年申请退出的中西部20个省区市125个贫困县全部脱贫。

10月16日

〔纲　文〕　中共中央政治局委员、中组部部长陈希在北京会见坦桑尼亚革命党总书记巴希鲁及其率领的全国执委研修班成员。

〔目　文〕　陈希说,中方高度重视中坦全天候友谊,愿推动中坦全面合作伙伴关系实现新发展,为中非命运共同体建设发挥引领作用。今年恰逢中坦两党建立关系40周年。希望双方在新的历史起点上共同规划和推进两党、两国关系不断向前发展。

巴希鲁说,坦方希进一步加强两党关系,推动两国互利合作深入发展。

10月16日

〔纲　文〕　"2018中国投资论坛"在捷克布拉格举行。

〔目　文〕　全国人大常委会副委员长曹建明出席并在开幕式上发表主旨讲话。论坛由中国经济联络中心、捷中友好合作协会主办,中国—中东欧国家合作秘书处、国家发展改革委"一带一路"建设促进中心合办。以"'一带一路'倡议下16+1合作的机遇和挑战"为主题,是落实中国—中东欧16国政府会晤成果《中国—中东欧国家合作索非亚纲要》的内容之一。

10月16日

〔纲　文〕　司马义·艾买提在北京逝世。

〔目　文〕　中国共产党的优秀党员,忠诚的共产主义战士,党和国家民族工作的杰出领导人,维吾尔族人民的优秀儿子,中国人民政治协商会议第七届全国委员会副主席,原国务委员,第十届全国人民代表大会常务委员会副委员长司马义·艾买提同志,在北京逝世,享年84岁。

18日,司马义·艾买提遗体送别在北京八宝山革命公墓举行,习近平、栗战书、汪洋、王沪宁、赵乐际、韩正、王岐山、胡锦涛等送别。

10月16日

〔纲　文〕　经中共中央批准,中央军委对中央军委原委员、军委政治工作部原主任张阳严重违纪违法问题进行审查。

［目　文］　经查，张阳严重违反党的政治纪律和政治规矩、组织纪律、廉洁纪律和国家法律法规规定，涉嫌行贿、受贿、巨额财产来源不明犯罪，情节极为严重，影响极其恶劣。

张阳对党不忠诚不老实，搞两面派做两面人，政治蜕变、经济贪婪、生活腐化、品行低劣，且在党的十八大后不收敛不收手、顶风违纪，最终以自杀方式企图逃避党纪国法的惩处，严重损害党和军队事业，严重玷污军队政治工作和领导干部形象，经中央军委研究并报党中央批准，决定开除张阳党籍，依纪依法追缴涉案财物。此前，中央军委已决定开除张阳军籍，取消其上将军衔。

2017年8月28日，经党中央批准，中央军委决定对张阳进行组织谈话，调查核实其涉郭伯雄、徐才厚等案问题线索。经调查核实，张阳严重违纪违法，涉嫌行贿受贿、巨额财产来源不明犯罪。接受组织谈话期间，张阳一直在家中居住。11月23日上午，张阳在家中自缢死亡。

10月16—17日

［纲　文］　**全国人大财经委、全国人大常委会预算工委、财政部在济南召开人大预算审查监督重点向支出预算和政策拓展改革工作座谈会。**

［目　文］　全国人大常委会副委员长王晨出席并讲话。与会代表普遍表示，新时代推进人大预算审查监督重点拓展改革任务艰巨，除了需要政府及其财政、审计等部门加强配合，还亟待加强人大预算审查监督工作机构和干部队伍建设，着力培养高素质专业人才，推动改革尽快在各地各级落地生根、取得成效。

10月16—17日

［纲　文］　**全国扫黑除恶专项斗争推进会在武汉召开。**

［目　文］　中共中央政治局委员、全国扫黑除恶专项斗争领导小组组长郭声琨出席并讲话。全国扫黑除恶专项斗争领导小组成员、领导小组办公室副主任，各省、区、市和新疆生产建设兵团党委常委、政法委书记和高级人民法院院长、人民检察院检察长、公安厅（局）长、司法厅（局）长，省纪委监委、省委组织部负责人，省扫黑办主任等，参加会议。

郭声琨指出，各地各有关部门要以习近平新时代中国特色社会主义思想为指引，深入贯彻党中央决策部署，提高政治站位、强化责任担当，紧紧围绕三年为期的工作目标，以重点地区、行业、领域为突破口，以深挖彻查"保护伞"为关键点，以基层组织建设为着力点，抓住突出问题，奋力攻坚克难，进一步提高组织化、专业化、法治化、社会化水平，推动专项斗争持续深入、不断实现新突破。

10月16—17日

［纲　文］　**肖捷在江苏调研深化"放管服"改革、优化营商环境等工作。**

［目　文］　国务委员兼国务院秘书长肖捷考察了江苏省政务服务中心、南京市经济技术开发区，到江宁区和镇江市政务服务中心办事大厅，与办事企业和群众交流，了解企

业开办、投资项目审批、"双随机、一公开"监管、优化政务服务等情况,并分别召开省市县有关方面、企业负责人、一线工作人员座谈会,考察有关企业,听取他们对深化"放管服"改革、优化营商环境的意见建议。

肖捷指出,要以习近平新时代中国特色社会主义思想为指导,深入推进"放管服"改革,努力打造法治化、国际化、便利化的国际一流营商环境。要切实增强优化营商环境的责任感和紧迫感,重点在除烦苛、降成本、强监管、优服务上下功夫。

10月16—17日

[纲　文]　第九届中国国际安全生产论坛在杭州举办。

[目　文]　国务委员王勇出席论坛开幕式并致辞。论坛由应急管理部和国际劳工组织、浙江省人民政府主办,以"强化事故预防,促进安全发展"为主题。设主论坛和矿山事故预防、防范危化品事故、企业安全管理体系、安全生产应急救援、消防安全等5个分论坛。来自40多个国家和地区、3个国际组织的近千名嘉宾代表与会。同期举行第六届中俄安全生产高层对话、第九届中欧安全生产对话,以及第九届中国国际安全生产及职业健康展览会等活动。

10月17日

[纲　文]　国家主席习近平在北京会见俄罗斯总统办公厅主任瓦伊诺。

[目　文]　习近平指出,我同普京总统保持着密切交往,对中俄全面战略协作伙伴关系深入发展发挥了很好的引领作用。中俄关系正处于历史最好时期。在当前世界形势下,中俄双方要倍加珍视两国成熟、牢固的伙伴关系,毫不动摇地深化各领域合作。双方要抓紧落实我同普京总统达成的共识,深入推进两国在能源、创新等领域合作,加快"一带一路"建设同欧亚经济联盟的对接合作。要更加密切在国际事务中的沟通协调。双方要设计好、筹划好下阶段两国高层交往,推动新时代中俄关系不断迈上新台阶。中共中央办公厅同俄罗斯总统办公厅合作机制是我们双边交往的独特渠道,十分重要,也体现着中俄关系的特殊性和重要性。我支持双方继续运行好这个机制。

瓦伊诺表示,普京总统高度评价同习近平主席在第四届东方经济论坛期间的深入会谈,并期待着同习主席再次会晤。俄方高兴地看到,两国元首保持着频繁交往,两国政府部门开展了积极合作,两国人民的传统友谊也为双边关系不断向前发展提供了根本保障。俄罗斯总统办公厅同中共中央办公厅合作机制这一独一无二的合作模式,是俄中合作不可或缺的重要组成部分。

同日,中央办公厅主任丁薛祥在北京同瓦伊诺举行会谈时表示,元首外交是中俄关系发展的引领和保障。在习近平主席和普京总统的战略引领下,中俄全面战略协作伙伴关系更加成熟、牢固,两国各领域合作取得重要成果。中共中央办公厅愿同俄罗斯总统办公厅延续良好合作传统,确保高质量落实两国元首共识,为推动中俄关系发展作出更大贡献。

瓦伊诺表示,两办交往机制是俄中全面战略协作伙伴关系的重要组成部分。俄方致力于通过深化两办交流合作，落实好两国元首共识，推动俄中关系更上一层楼。

10月17日

[纲 文] 全国脱贫攻坚奖表彰大会暨先进事迹报告会在北京举行。**习近平、李克强对脱贫攻坚工作作出指示、批示。**

[目 文] 中共中央总书记习近平指示指出，改革开放的40年，是我国逐步消除贫困的40年。40年的接续奋斗，让7亿多人口摆脱了贫困，创造了人类减贫史上的奇迹。现在，中华民族千百年来存在的绝对贫困问题，就要历史性地得到解决，脱贫攻坚进入最为关键的阶段。行百里者半九十，越到紧要关头，越要坚定必胜的信念，越要有一鼓作气攻城拔寨的决心。只要各地区各部门切实担起责任、真抓实干，只要贫困地区广大干部群众继续奋发进取、埋头苦干，只要全党全国各族人民万众一心、咬定目标加油干，就一定能如期打赢脱贫攻坚这场硬仗。

国务院总理李克强批示指出，各地区各部门要以习近平新时代中国特色社会主义思想为指导，认真贯彻党中央、国务院决策部署，结合实施乡村振兴战略加大精准脱贫力度，特别要加强对深度贫困地区脱贫的支持，针对特殊贫困人口采取更有力的帮扶措施。严格资金监管，完善扶贫考核评估和督察巡查。把扶贫和扶志、扶智结合起来，更有效地激发贫困地区贫困人口脱贫内生动力，确保完成今年再减少1000万以上贫困人口的任务，确保到2020年我国现行标准下农村贫困人口实现脱贫，解决区域性整体贫困。

会议传达学习了习近平指示和李克强批示。中共中央政治局委员、国务院扶贫开发领导小组组长胡春华出席会议并讲话。2018年全国脱贫攻坚奖获奖代表、国务院扶贫开发领导小组成员、承担定点扶贫任务的在京中央单位有关负责人出席会议。会议对99名获奖个人和40个获奖单位进行表彰。刘洪、王喜玲、张渠伟、徐冬梅、黄振荣、闻彬军等获奖代表作先进事迹报告。

10月17日

[纲 文] **韩正在石家庄市调研并主持召开京津冀及周边地区冬季清洁取暖工作座谈会。**

[目 文] 国务院副总理韩正在正定镇新村、木厂村，考察"煤改电""煤改气"情况，并入户看望村民；在石家庄新奥燃气有限公司液化天然气应急储备站，了解场区工程和应急指挥平台建设情况；在白求恩国际和平医院，察看华茂供热有限公司实施的燃煤锅炉改建天然气锅炉情况。

座谈会学习贯彻中共中央总书记习近平批示精神，听取有关省市、部门关于天然气保供和确保群众安全温暖过冬工作情况汇报，进一步部署有关工作。

韩正表示，习近平总书记高度重视北方地区冬季清洁取暖，强调这项工作关系广大人民群众生活，是重大的民生工程、民心工程。我们要认真贯彻党中央、国务院决策部署，咬定目标，坚持一切从实际出发，因地制宜、循序渐进，把好事办实、实事办好，确保群众安全温暖过冬，持续改善大气环境质量。各有关部门要认真做好组织协调、政策支持、安全监管等工作。各有关地区要切实履行保障民生用气的主体责任，做好本地区供应量的分解落实、统筹安排、合理使用。供气企业要确保已确定的资源供应总量目标落实，严格按照合同保障足额供应。

10月17日

［纲　文］　教育部、共青团中央、全国少工委发布《关于严肃规范红领巾等少先队标志标识使用的通知》。

［目　文］　《通知》由五个部分组成：一、切实提高思想认识。二、迅速开展一次全面排查。三、有效提升少先队辅导员和相关教师专业化水平。四、严格规范学校管理。五、推动营造良好社会氛围。

《通知》要求各地将贯彻落实情况及时报教育部、共青团中央。

10月17日

［纲　文］　全国兴边富民行动暨全国民委系统对口支援新疆西藏工作会议在乌鲁木齐召开。

［目　文］　中共中央政治局委员、新疆维吾尔自治区党委书记陈全国，全国政协副主席、国家民委主任巴特尔出席会议并讲话。会议指出，要深入学习领会中共中央总书记习近平关于边疆治理的论述，坚持以人民为中心谋发展促发展，深入推进新时代兴边富民行动，促进各民族交往交流交融，铸牢中华民族共同体意识。要把全国民委系统援疆援藏工作打造成促进民族团结的民心工程、各方深度合作的长久工程、资源合理配置的高效工程、既尽善又尽美的圆满工程。

10月17日

［纲　文］　全国戏曲进乡村工作经验交流会在河南省新郑市召开。

［目　文］　中宣部、文化和旅游部有关负责人出席会议，来自全国31个省、自治区、直辖市和新疆生产建设兵团的宣传、文化部门负责同志以及部分戏曲艺术家代表共约150人参加了会议。河南、山东、广东等地代表作经验交流发言。与会人员参观了新郑市梨河镇新蛮子营村、和庄镇老庄刘村、薛店镇常刘社区以及孟庄镇的综合文化服务中心开展的戏曲进乡村工作情况。

会议指出，下一阶段戏曲进乡村工作要学习贯彻习近平新时代中国特色社会主义思想，抓住中央实施乡村振兴战略的大好机遇，利用振兴戏曲的有利条件，聚焦作品质量，适应农民需求，加强队伍建设，强化组织保障，稳扎稳打推动戏曲进乡村工作健康发展。

10月17日

［纲　文］　文化和旅游部在北京举办2018文化和旅游扶贫论坛。

［目　文］　文化和旅游部部长雒树刚出席论坛并发表主旨讲话，文化和旅游部党组成员李世宏主持论坛并作总结。论坛以"文旅融合　扶贫扶志"为主题，来自四川、贵州、江西、湖南、山西、甘肃、安徽等地文化和旅游部门的负责人进行交流发言。国家图书馆、中青旅控股股份有限公司、携程集团、贵州省非遗中心及来自青海、山东等地有关单

位和企业的代表分享了工作经验。全国22个重点脱贫省区文化和旅游部门负责人及来自各地的文化和旅游机构、企业、扶贫重点村代表约90人参加论坛。

10月17日

［纲　文］ 外交部发言人在例行记者会上表示，美方出于自身政治需要，一再编造谎言，炒作所谓债务问题，令人失望。

［目　文］ 发言人表示，中方敦促美方为广大发展中国家的发展多做实事，而不是挑拨离间。众所周知，产能不足、自主发展能力欠缺、基础设施落后、融资难是许多欠发达国家普遍面临的发展瓶颈。中国自身在很长时间也面临同样的问题，对广大发展中国家遇到的困难感同身受，能够急他们之所急，秉持正确义利观同这些国家开展互利合作，结合自身发展经验，在力所能及范围内向广大发展中国家提供不附加任何政治条件的帮助。这些合作有力促进了相关国家经济社会发展和民生改善。广大发展中国家也期待包括美国在内更有能力的发达国家能给予这样的帮助，期待发达国家能兑现承诺，也能根据发展中国家切实需要，提供不附加任何政治条件的实实在在的帮助。美方罔顾事实，不停地拿所谓债务问题说事。但事实上，在美方和一些媒体近来不断炒作的有关地区和国家债务中，中国合作项目债务占比很小，也没有哪个国家是因为与中国合作而陷入"债务陷阱"。美方给中国乱扣帽子的做法也不得人心。我们敦促美方正确看待中国同广大发展中国家的合作，美方自己也能为广大发展中国家的发展多做些实事，而不是站在一旁挑拨离间。

10月17日

［纲　文］ 新华社发表评论员文章《谁得道多助，谁失道寡助？》。

10月17—21日

［纲　文］ 国务委员兼国防部部长魏凤和出席在新加坡举行的第五届东盟防长扩大会。

［目　文］ 19日，第九次中国—东盟防长非正式会晤在新加坡举行。会议由魏凤和与东盟轮值主席国新加坡国防部长黄永宏共同主持。东盟防务部门领导人积极评价中国与东盟关系发展，赞赏中方为此作出的积极努力，支持中方就发展中国—东盟防务关系提出的建议倡议，希望与中方继续加强沟通，推动防务安全领域务实合作，增进理解与互信，共同维护地区发展与繁荣。

20日，第五届东盟防长扩大会在新加坡举行，魏凤和出席并发言指出，习近平主席提出构建人类命运共同体、亚太命运共同体理念，为破解国际关系中的"安全困境"，维护亚太地区乃至世界和平繁荣提供了崭新思路。亚太地区反恐形势严峻复杂，形成整体合力才是有效应对之道，各国应保持国际反恐正确导向，推动反恐合作走深走实，加强反恐能力建设。近年来，中国军队与相关国家军队努力推进互信建设，健全完善军事交流机制。今后，中方愿与各国一道，深化沟通交流，积累互信共识，共同扭紧地区稳定的"安全阀"。

会议讨论通过了《东盟防长扩大会关于建立务实信任措施的联合声明》《东盟防长扩

大会关于反对恐怖主义威胁的联合声明》。

会议期间，魏凤和分别会见了新加坡、美国、老挝、新西兰、日本、韩国、澳大利亚、泰国等国防长，就加强两军合作以及共同关心的问题交换了意见。

10月18日

［纲　文］　国家主席习近平向太湖世界文化论坛第五届年会致贺信。

［目　文］　习近平指出，文明交流互鉴是人类文明进步和世界和平发展的重要动力。人类始终在不同民族、不同文化的相遇相知中向前发展。太湖世界文化论坛这次年会以"文化对话：构建人类命运共同体"为主题，有助于各方增进沟通、凝聚共识、深化合作，促进世界文明交流互鉴。中国主张建设相互尊重、公平正义、合作共赢的新型国际关系，呼吁各国齐心协力，推动构建人类命运共同体。文明因交流而多彩，文明因互鉴而丰富。我们愿同国际社会一道，推动不同文明相互尊重、和谐共处，让文明互学互鉴成为推动构建人类命运共同体的积极力量，携手分享发展机遇、应对共同挑战，建设更加美好的世界。

18—19日，太湖世界文化论坛第五届年会在北京举行。全国人大常委会副委员长王晨出席开幕式，宣读习近平主席贺信并致辞。年会由太湖世界文化论坛和中国日报社主办，中国人民外交学会、故宫博物院、中央文史研究馆、中国社会科学院大学作为联合主办单位，文化和旅游部、中国文学艺术界联合会、国务院参事室作为支持单位。以"文化对话：构建人类命运共同体"为主题。从国际关系、世界经济、文化交流、生态文明、一带一路、互联网、传统医学等不同领域切入，中外专家学者围绕年会主题进行交流和对话。会议呼吁各国同心协力构建人类命运共同体，建设持久和平、普遍安全、共同繁荣、开放包容、清洁美丽的世界。

17日，王晨在北京分别会见出席太湖世界文化论坛第五届年会的吉尔吉斯斯坦副总理奥穆尔别科娃和论坛名誉主席、意大利前总理普罗迪，波兰前总统科莫罗夫斯基，埃及前总理沙拉夫等外国政要和知名人士。

10月18日

［纲　文］　新华社讯，中共中央办公厅、国务院办公厅印发《组建国家综合性消防救援队伍框架方案》。

［目　文］　《方案》就推进公安消防部队和武警森林部队转制，组建国家综合性消防救援队伍，建设中国特色应急救援主力军和国家队作出部署。包括一个总体方案和职务职级序列设置、人员招录使用和退出管理、职业保障3个子方案。

《方案》就按期高效推进队伍组建、建立健全相关法规制度、妥善做好人员转制安排、严格遵守改革工作纪律等提出明确要求。

10月18日

［纲　文］　铁路局印发《铁路安全生产约谈实施办法（试行）》。

［目 文］《办法》共6章26条。主要有总则、对铁路监督管理责任的约谈、对铁路企业主体责任的约谈、铁路外部原因涉及地方人民政府和相关责任单位的约谈、组织实施等内容。自2018年10月18日起实施。

10月18日

［纲 文］ 自然资源部发布《中国矿产资源报告（2018）》。

［目 文］《报告》显示，截至2017年底，我国已发现矿产173种，其中天然气水合物为当年新立矿种，初步预测我国海域天然气水合物资源量约800亿吨油当量；煤炭、石油、天然气、页岩气、锰矿、金矿、石墨等重要矿产查明资源储量增长。勘查新增资源量超过50亿吨煤田3处、超过百吨的金矿2个，探明地质储量超过亿吨的油田2处、超过500亿立方米的天然气田3个。截至2018年4月底，我国页岩气累计探明地质储量已经超过万亿立方米。

10月18日

［纲 文］ 工业信息化部、应急管理部发布《国家安全产业示范园区创建指南（试行）》。

［目 文］《指南》共5章26条。主要有总则，申报条件和评价指标，申报、评审和命名，示范园区和创建单位管理，附则等内容。自2018年10月18日起施行。

10月18日

［纲 文］ 国务院副总理刘鹤在北京分别会见新加坡副总理尚达曼、泛美开发银行行长莫雷诺。

［目 文］ 刘鹤会见尚达曼时表示，习近平主席2015年对新加坡成功进行国事访问，两国确立了与时俱进的全方位合作伙伴关系。当前中新关系发展势头良好，高层交往频繁，多领域务实合作成效显著。中方愿同新方一道推动两国关系继续迈上新台阶。

尚达曼表示，新中关系长期友好，新加坡愿与中国加强在基础设施、金融等领域合作，促进两国和地区经济繁荣。

刘鹤会见莫雷诺时表示，习近平主席高度重视发展中拉关系，提出携手推动构建人类命运共同体，这一倡议得到拉美和加勒比国家的积极响应。希望泛美行继续发挥中拉合作的纽带桥梁作用，促进双方在"一带一路"建设、中小企业发展、金融、减贫等领域进一步深化务实合作。

莫雷诺表示，明年是中国加入泛美行10周年。泛美行愿以此为契机，推动双方合作向更多领域、更高水平发展。

10月18日

［纲 文］ 中央外事工作委员会办公室主任杨洁篪在俄罗斯索契出席第十五届瓦尔代国际辩论俱乐部年会并致辞。

［目 文］ 杨洁篪指出，当前世界多极化加速推进，经济全球化深入发展，对和平与安全的追求成为各国普遍共识。同时，冷战思维、零和博弈仍然存在，单边主义持续抬

头，贸易保护主义表现突出，战乱冲突仍在困扰世界许多地区。国际社会应以高度负责的精神，共创机遇，共迎挑战，共同改革和建设全球治理体系，携手建设更加幸福美好和谐的世界。

瓦尔代国际辩论俱乐部由俄罗斯发起成立，每年举办一次年会，系世界各国政治家、学者交流互动的平台。

同日，杨洁篪在索契会见俄罗斯总统普京。

10月18日

［纲　文］　新华社发表评论员文章《到底谁在南海兴风作浪耍套路》。

10月18日

［纲　文］　《人民日报》发表评论员文章《时间是最客观的见证者——写在党的十九大召开一周年之际①》。

10月18—19日

［纲　文］　国家能源局、江苏省人民政府、国际可再生能源署在苏州主办首届"一带一路"能源部长会议和2018年国际能源变革论坛。国家主席习近平致信祝贺。

［目　文］　习近平在贺信中指出，共建"一带一路"倡议提出5年来，得到国际社会广泛认同和积极参与，取得了丰硕成果。我们愿同各方继续共同努力，坚持共商、共建、共享，推动"一带一路"合作走深走实，更好造福各国人民。能源合作是共建"一带一路"的重点领域。我们愿同各国在共建"一带一路"框架内加强能源领域合作，为推动共同发展创造有利条件，共同促进全球能源可持续发展，维护全球能源安全。希望与会嘉宾就深化能源国际合作和促进全球能源变革等重大问题深入交流、凝聚共识，推动建立"一带一路"能源合作伙伴关系，为推动构建人类命运共同体作出积极贡献。

国务委员王勇出席开幕式，宣读习近平主席的贺信并致辞。

首届"一带一路"能源部长会议主题为"共建'一带一路'能源合作伙伴关系"。来自29个国家和经济体、7个国际组织的代表，国内主要能源企业和有关金融机构负责人，部分国际知名能源企业负责人与会，就共建"一带一路"能源合作伙伴关系、为世界各国能源发展提供新动能、加强能源投资便利化、促进能源大宗商品贸易畅通和未来能源等议题进行交流。会议期间，中国与17个国家发布了《建立"一带一路"能源合作伙伴关系部长联合宣言》，为构筑更加紧密的能源命运共同体奠定了坚实基础，为推动全球能源绿色可持续发展提供了新模式新机制。

以"能源：为美好生活"为主题的2018年国际能源变革论坛发布了相关机构及企业的能源转型成果。与会嘉宾聚焦重点、交流互鉴，在"城市和区域能源转型""电力系统转型""绿色金融推动能源转型""可再生能源产业国际合作"四个主题论坛中展开探讨，达成广泛共识，为进一步深化互利共赢的能源国际合作、推动全球能源转型变革注入了新动力。

10月18—23日

［纲　文］　应国务委员兼外交部部长王毅邀请，葡萄牙外交部部长席尔瓦对中国进

行正式访问。

[日 文] 22日，中央外事工作委员会办公室主任杨洁篪在北京会见席尔瓦时表示，中方愿同葡方落实好两国领导人重要共识，以明年建交40周年为契机，不断巩固政治互信，深入挖掘合作潜力，加强共建"一带一路"合作，进一步夯实民意基础，推动中葡全面战略伙伴关系在新时期取得更大发展。

席尔瓦表示，葡方高度重视对华关系，愿同中方深化各领域交流合作，在国际事务中加强沟通与协调，共同维护多边主义。

同日，王毅在北京同席尔瓦会谈时指出，中方重视葡方关于加强中葡全面战略伙伴关系、深化务实合作的积极愿望，愿同葡方就下阶段两国重要高层交往做好充分准备工作。中方赞赏葡方支持共建"一带一路"，愿通过加强亚欧大陆的互联互通，不断拓展中葡互利合作的新领域和新空间。

席尔瓦表示，中方"一带一路"倡议与扩大欧亚互联互通目标完全一致，葡方愿积极参与共建，成为连接欧亚陆路和海上之路的重要枢纽。

10月19日

[纲 文] 国家主席习近平在北京会见俄罗斯国防部部长绍伊古。

[日 文] 习近平说，双方坚持将彼此作为最重要战略协作伙伴和外交优先方向，两国各领域合作成果丰硕，在国际事务中密切协调配合，成为促进世界和平稳定的关键因素和建设性力量，树立了大国和邻国关系的典范。中方将继续同俄方一道，充分利用明年中俄两国建交70周年的良好机会，加强全面协作和相互支持，推动中俄全面战略协作伙伴关系再攀新高，更好惠及两国人民。中俄两军关系是两国关系高水平和特殊性的重要标志，是战略合作的亮点和重要支撑。近年来，两军在联合演习、实战化训练、军事竞赛等各领域合作不断深化，取得了很多积极成果，双方获益匪浅。

绍伊古说，习近平主席和普京总统的战略引领是深化俄中全面战略协作伙伴关系的重要基础。普京总统重视两军合作，高度评价双方在"东方—2018"战略演习中的协调配合。俄方高度重视发展俄中两国两军关系，愿与中方共同努力，持续加强战略协作，进一步提升双方军事合作水平，共同提升应对各种安全挑战的能力，为维护两国共同利益和国际地区和平稳定作出贡献。

同日，中央军委副主席张又侠在北京会见绍伊古时说，作为两国关系的重要组成部分，中俄两军关系蓬勃发展，各领域合作亮点纷呈。中俄两军关系发展空间广阔、前景光明，中方愿与俄方一道，认真落实两国元首重要共识，推动两军关系深入发展，为维护各自国家主权、安全和发展利益以及地区和世界和平稳定作出应有贡献。

绍伊古说，近年来，俄中两军开展了一系列卓有成效的务实合作，为两国关系增添了积极内涵。俄方愿与中方一道，继续拓展两军各领域合作，为深化两国两军战略协作作出积极贡献。

10月19日

［纲　文］　中宣部授予卓嘎、央宗姐妹"时代楷模"称号。

［目　文］　"时代楷模"发布仪式现场宣读了《中共中央宣传部关于授予卓嘎、央宗姐妹"时代楷模"称号的决定》，播放了反映她们先进事迹的短片，中宣部负责人为卓嘎、央宗姐妹颁发了"时代楷模"奖章和荣誉证书。发布单位有关负责人、首都各界干部群众代表参加发布仪式。

卓嘎、央宗姐妹成长生活的西藏自治区山南市隆子县玉麦乡，地处祖国西南边陲，20世纪60年代以来很长一段时间，仅有父亲桑杰曲巴和卓嘎、央宗姐妹一户人家，被外界称作"三人乡"。她们在父亲桑杰曲巴的影响和带领下，始终秉持"家是玉麦，国是中国，放牧守边是职责"的坚定信念，几十年如一日，守护着祖国的领土，谱写了爱国守边的动人故事和时代赞歌。

10月19日

［纲　文］　卫生健康委、国务院扶贫办印发《贫困地区健康促进三年攻坚行动方案》。

［目　文］　《方案》提出健康教育进乡村、进家庭、进学校，健康教育阵地建设，基层健康教育骨干培养等几方面行动。到2020年，实现贫困地区居民健康教育全覆盖，省、地市、县各级建成健康教育骨干队伍并实现培训全覆盖，以县区为单位50%的中小学校达到健康促进学校标准。各贫困县区（贫困人口所在县区）居民健康素养水平达到本省份2020年目标水平或较2018年提高60%。

10月19日

［纲　文］　《人民日报》发表评论员文章《为了人民对美好生活的向往——写在党的十九大召开一周年之际②》。

10月19日

［纲　文］　新华社讯，经中共中央批准，中央纪委国家监委对内蒙古自治区政府原党组成员、副主席白向群严重违纪违法问题进行立案审查调查。

［目　文］　经查，白向群违反政治纪律，对抗组织审查，搞迷信活动；违反中央八项规定精神，接受可能影响公正执行公务的宴请、旅游安排并收受贵重礼品；违反组织纪律，不按规定报告个人有关事项，在组织谈话时不如实说明问题，长期卖官鬻爵，严重破坏当地政治生态；违反廉洁纪律，大肆收受礼品礼金，违规经商办企业，在购买住房中侵犯国家、集体利益，违规发放、领取津贴补贴；违反生活纪律。利用职务上的便利为他人谋取利益并收受巨额财物，涉嫌受贿犯罪；利用职务上的便利非法占有公共财物，涉嫌贪污犯罪。

依据《中国共产党纪律处分条例》《中华人民共和国监察法》等有关规定，经中央纪委常委会会议研究并报中共中央批准，决定给予白向群开除党籍处分；由国家监委给予其开除公职处分；收缴其违纪违法所得；将其涉嫌犯罪问题移送检察机关依法审查起诉，所涉财物随案移送。

2019年10月24日，辽宁省大连市中级人民法院公开宣判内蒙古自治区人民政府原副主席白向群受贿、贪污、内幕交易、泄露内幕信息案，认定被告人白向群的行为构成受贿罪、贪污罪、内幕交易、泄露内幕信息罪，决定执行有期徒刑16年，并处罚金人民币6250万元；对白向群受贿所得财物和内幕交易、泄露内幕信息违法所得及其孳息予以追缴，上缴国库，不足部分，继续追缴；贪污所得财物依法返还被害单位。白向群当庭表示服从判决，不上诉。

10月19—20日

［纲　文］　全国党委秘书长会议在北京召开。

［目　文］　中共中央总书记习近平作出指示指出，党委办公厅（室）作为党委的综合部门，是党委履行领导职责的参谋助手。党的十八大以来，各级党委办公厅（室）服务大局、勇于担当、辛勤工作，为推动党和国家事业发展作出了重要贡献。面向新时代，要进一步增强"四个意识"，加强理论武装，提高队伍素质，弘扬优良传统，坚持改革创新，坚决维护党中央权威和集中统一领导，全力推动党中央决策部署贯彻落实，全面提高"三服务"工作水平，建设让党放心、让人民满意的模范机关。

中央办公厅主任丁薛祥出席并讲话。会议总结交流了党的十八大以来党委办公厅（室）工作的成效和经验，研究了提高"三服务"工作水平的任务和措施，就党委办公厅（室）近期重点工作进行了具体部署。

10月19日—11月22日

［纲　文］　第二十届中国上海国际艺术节举办。

［目　文］　艺术节由文化旅游部主办、上海市人民政府承办，继续秉承"艺术的盛会，人民大众的节日"的宗旨，通过约350场活动展现改革开放40年以来，中国特色社会主义的实践和成就，通过打造"五大平台"、构建"两大机制"呈现红色文化、海派文化、江南文化，打响上海文化品牌，助力上海建设亚洲演艺之都。45台中外剧目、350多项活动、63个国家和地区的近万名艺术家、艺术机构与著名制作人参与，覆盖超过500万人次观众。

10月20日

［纲　文］　习近平给"万企帮万村"行动中受表彰的民营企业家回信。

［目　文］　中共中央总书记习近平在回信中写道，"万企帮万村"行动中受表彰的民营企业家们：你们好，来信收悉。看到有越来越多的民营企业积极承担社会责任，踊跃投身脱贫攻坚，帮助众多贫困群众过上了好日子，我非常欣慰。改革开放40年来，民营企业蓬勃发展，民营经济从小到大、由弱变强，在稳定增长、促进创新、增加就业、改善民生等方面发挥了重要作用，成为推动经济社会发展的重要力量。民营经济的历史贡献不可磨灭，民营经济的地位作用不容置疑，任何否定、弱化民营经济的言论和做法都是错误

的。支持民营企业发展，是党中央的一贯方针，这一点丝毫不会动摇。希望广大民营企业家把握时代大势，坚定发展信心，心无旁骛创新创造，踏踏实实办好企业，合力开创民营经济更加美好的明天，为实现中华民族伟大复兴的中国梦作出新的更大贡献。

2015年10月，全国工商联、国务院扶贫办等联合启动"万企帮万村"精准扶贫行动，已有6万多家民营企业参与其中。2018年10月，全国工商联、国务院扶贫办等单位首次开展"万企帮万村"行动先进民营企业表彰活动。这项活动连续开展三年，每年表彰100家企业。近日，受到表彰的民营企业家给习近平总书记写信，汇报了参与"万企帮万村"行动的体会，表达了继续为脱贫攻坚贡献力量的决心。

10月20日

[纲　文]　中国自主研制的大型灭火/水上救援水陆两栖飞机AG600，在湖北荆门漳河机场成功实施首次水上试飞任务。习近平致电祝贺。

[目　文]　中共中央总书记习近平在贺电中表示，大型灭火/水上救援水陆两栖飞机AG600水上首飞圆满成功，是我国航空工业坚持自主创新取得的又一重大科技成果。全体参研单位和人员奋勇拼搏、攻坚克难，项目研制实现重要突破。我向同志们表示衷心的祝贺！希望各有关方面继续弘扬航空报国精神，切实贯彻新发展理念，奋力推动创新发展，再接再厉，大力协同，确保项目研制成功，继续为满足我国应急救援体系和国家自然灾害防治体系建设需要、实现建设航空强国目标而奋斗。

国务院总理李克强作出批示指出，大型灭火/水上救援水陆两栖飞机AG600是我国坚持自主创新、发展高端制造业的标志性装备，圆满完成水上首飞意义重大。谨向参研参试的各单位和人员表示热烈祝贺和诚挚问候！望以习近平新时代中国特色社会主义思想为指导，认真贯彻党中央、国务院决策部署，牢牢把握高质量发展要求，深入实施创新驱动发展战略，再接再厉，奋勇拼搏，追求卓越，争取AG600早日投入使用，打造具有国际竞争力的中国制造品牌，为我国自然灾害防治能力提升和应急救援体系建设提供坚强有力支撑，为促进航空工业发展、推动中国制造迈向中高端作出新贡献。

工业和信息化部负责人现场宣读了习近平的贺电和李克强的批示。

AG600飞机是中国首次按照中国民航适航规章要求自主研制的大型特种用途飞机，也是目前世界上在研最大的水陆两栖飞机。AG600飞机具有执行森林灭火、水上救援、海洋环境监测与保护等多项特种任务的能力，是国家应急救援重大航空装备，对于填补我国应急救援航空器空白、满足国家应急救援和自然灾害防治体系能力建设需要具有里程碑意义。2016年7月，AG600飞机总装下线，2017年12月在珠海成功实现陆上首飞。

10月20日

[纲　文]　国务院总理李克强向第四次中国—中东欧国家地方领导人会议致贺信。

[目　文]　李克强在贺信中表示，中国—中东欧国家合作机制是中国同中东欧国家为提升双边关系、推动中欧合作、促进共同发展携手打造的跨区域合作平台，开创了中国同欧洲国家合作的新途径。多年来，"16+1合作"始终秉持开放包容、普惠均衡、互利共

赢的原则，各领域务实合作成果丰硕，给17国人民带来实实在在的利益，也赋予中欧全面战略伙伴关系新的内涵，促进了中国同欧盟关系与合作的发展。地方合作特色鲜明，生命力旺盛，是中国与中东欧国家关系的有力支撑，也是"16+1合作"的重要组成部分。今年是中国改革开放40周年，中国政府将一如既往地支持和鼓励地方在新一轮高水平对外开放中发挥更大作用。希望各方努力挖掘中国与中东欧国家地方优势互补的潜能，创新合作思路，在互联互通、产业园区、农业、旅游、科技、金融、文化交流等领域取得更多合作成果，为"16+1合作"长远发展和中欧共建和平、增长、改革、文明四大伙伴关系贡献力量。

同日，第四次中国—中东欧国家地方领导人会议在保加利亚首都索非亚举行，以"全球发展理念，地方合作实践"为主题。全国人大常委会副委员长曹建明出席开幕式并致辞。中国辽宁等16个省市自治区和16个中东欧国家的600多名地方政府和企业负责人出席会议，围绕农业、旅游、中小企业以及示范区等领域合作进行了探讨。会议发表《索非亚共识》，呼吁深化各领域地方合作。

10月20日

［纲　文］　国务院任命郝平为北京大学校长；免去林建华的北京大学校长职务。

10月20日

［纲　文］　交通运输部公布修改后的《中华人民共和国海事行政许可条件规定》，自2018年12月1日起施行。

10月20日

［纲　文］　港珠澳大桥管理局发布《港珠澳大桥通行指南》，对大桥路线、车辆通行、三地口岸通关、通行收费、安全保障、配套服务等方面进行了介绍。

10月20日

［纲　文］　《人民日报》发表评论员文章《新时代是奋斗者的时代——写在党的十九大召开一周年之际③》《勿为台海局势制造麻烦》。

10月20—29日

［纲　文］　文化和旅游部、北京市人民政府主办2018北京国际摄影周。

［目　文］　摄影周以"影像：时代·方位"为学术主题，涵盖开幕活动、系列展览、摄影市场、摄影讲堂、特约活动等五大内容板块，为市民带来了由31个国家摄影师的3047幅摄影作品及52个视频作品所组成的66个展览、33场论坛、讲座和十余场推介活动。摄影周除了在中华世纪坛主会场开展外，还走进社区、走进学校、走进艺术空间，在北京市东城区建国门街道西总布社区、北京三里屯小学·儿童摄影学校、中国人民大学、中国传媒大学、Roca北京艺术廊、尚巴美术馆以及王府井步行街设立了7处分会场，通过举办摄影图片展、摄影活动、摄影讲座等多种形式，将摄影周带到北京市民身边。

10月20—26日

［纲　文］　首届丝路国家青少年国际摄影作品展在中国宋庆龄青少年科技文化交流

中心举行。

［目　文］　作品展由北京国际摄影周组委会、丝路国家青少年国际摄影竞赛工作委员会、中国宋庆龄青少年科技文化交流中心共同举办，以"用影像链接友谊的丝绸之路"为主题。展品主要来源于丝路国家青少年国际摄影竞赛的获奖作品。该竞赛是以丝路沿线国家为主体的国际青少年摄影赛事，参赛人数超过61000人，共收到来自中国、缅甸、意大利等52个国家和地区摄影投稿157988幅（组）。展品内容包括丝路国家的自然景观、人文风情、民俗风貌、历史古迹、文化遗产等。

10月20—28日

［纲　文］　第十三届中国电影节暨2018中泰电影节在曼谷举行。

［目　文］　电影节由中国国家电影局、中国驻泰国大使馆、泰国文化部、泰国留学中国大学校友总会主办，曼谷中国文化中心、泰国国家电影协会联合会承办。本届电影节选定中国影片《闪光少女》和泰国电影《爱在路上》作为开幕电影。之后一周陆续播放《功夫瑜伽》《我的战争》《新疆味道》等13部中国影片纪录片以及《暹罗决：九神战甲》《勇士》等5部泰国影视剧。展映的中国电影全部加注了泰文字幕，部分泰国电影加注了中文字幕。

10月21日

［纲　文］　国务院办公厅印发《关于调整全国打击侵犯知识产权和制售假冒伪劣商品工作领导小组组成人员的通知》。

［目　文］　《通知》说，根据机构设置、人员变动情况和工作需要，国务院决定对全国打击侵犯知识产权和制售假冒伪劣商品工作领导小组组成人员进行调整，现将调整后的名单通知如下。组长：王勇。副组长：张茅、孟扬。成员由有关部委办（局）负责人组成。领导小组办公室设在市场监管总局，承担领导小组日常工作，办公室主任由市场监管总局副局长甘霖兼任。

10月21日

［纲　文］　全球首家孔子学院艺术空间在德国纽伦堡揭牌成立。

［目　文］　艺术空间由纽伦堡—埃朗根孔子学院主导建立，位于纽伦堡老城外城市公园不远处。艺术空间改建自一家摄影工作室，建筑为石砖墙体，三个大橱窗朝向一条主街，颇具历史感。同日，举办了"跨界——中德艺术实践交流"展。

10月21—30日

［纲　文］　中共中央政治局委员、天津市委书记李鸿忠率中共代表团访问蒙古、韩国、柬埔寨。

10月22—25日

［纲　文］　习近平在广东省考察并视察南部战区。

［目　文］　中共中央总书记习近平在珠海、清远、深圳、广州等地的企业、高校、乡村、社区，就贯彻落实党的十九大精神、深化改革开放、推动经济高质量发展等进行调研。

习近平考察了珠海横琴新区粤澳合作中医药科技产业园、格力电器股份有限公司、清远市所辖英德市电子商务产业园；在连江口镇连樟村村公共服务站，了解基层党建、脱贫攻坚、村民服务情况，在贫困户家中了解情况。

习近平在深圳参观了"大潮起珠江——广东改革开放40周年展览"；在广东自由贸易试验区深圳前海蛇口片区，察看前海开发情况；在深圳市龙华区民治街道北站社区，了解社区公共服务、基层党建、社区管理等情况。

习近平考察了广州市荔湾区西关历史文化街区永庆坊，沿街察看旧城改造、历史文化建筑修缮保护情况，在粤剧艺术博物馆，同粤剧票友交谈，希望他们把粤剧传承好发扬好；听取了广州市城市规划建设管理工作汇报；在暨南大学，参观了校史展览和办学成果展示，察看了图书馆华侨华人文献馆的馆藏文献和实物，并同部分港澳台同胞和海外侨胞学生交流，鼓励他们好好学习，将来为社会作出贡献；在广州明珞汽车装备有限公司、广州洁特生物过滤股份有限公司、广州视源电子科技股份有限公司、广东乐源数字技术有限公司、广州禾信仪器股份有限公司等企业，了解企业研发、销售、出口等情况。他指出，民营企业对我国经济发展贡献很大，前途不可限量。党中央一直重视和支持非公有制经济发展，这一点没有改变、也不会改变。创新创造创业离不开中小企业，我们要为民营企业、中小企业发展创造更好条件。

习近平听取了广东省委和省政府工作汇报。习近平指出，广东是改革开放的排头兵、先行地、实验区，改革开放以来党中央始终鼓励广东大胆探索、大胆实践。广东40年发展历程充分证明，改革开放是党和人民大踏步赶上时代的重要法宝，是坚持和发展中国特色社会主义的必由之路，是决定当代中国命运的关键一招，也是决定实现"两个一百年"奋斗目标、实现中华民族伟大复兴的关键一招。总结好改革开放经验和启示，不仅是对40年艰辛探索和实践的最好庆祝，而且能为新时代推进中国特色社会主义伟大事业提供强大动力。要掌握辩证唯物主义和历史唯物主义的方法论，以改革开放的眼光看待改革开放，充分认识新形势下改革开放的时代性、体系性、全局性问题，在更高起点、更高层次、更高目标上推进改革开放。

25日，习近平在南部战区视察调研时指出，要深入贯彻新时代党的强军思想，贯彻新形势下军事战略方针，聚焦研究打仗、指挥作战推进各项工作，加快建设坚强高效的战区联合作战指挥机构，全面提升打赢能力，坚决完成党和人民赋予的任务。

10月22日

［纲　文］　**李克强主持召开国务院常务会议。**

［目　文］　会议主要内容是：一、部署根据督查发现和企业关切的问题，进一步推动优化营商环境政策落实。会议指出，面对外部环境变化等对我国发展带来的诸多挑战，

要按照党中央、国务院要求，加大优化营商环境工作力度，想企业所想、急企业所急，抓好各项政策落实，消除制约企业发展的各种障碍，增强企业信心和竞争力。二、决定设立民营企业债券融资支持工具，以市场化方式帮助缓解企业融资难。会议指出，民营企业是中国特色社会主义的重要建设者，是推动经济社会发展的重要力量。要坚持"两个毫不动摇"，出台更多有利于民营企业稳定健康发展的政策。会议决定，对有市场需求的中小金融机构加大再贷款、再贴现支持力度，提高对小微和民营企业金融服务的能力和水平。同时，针对当前民营企业融资难，运用市场化方式支持民营企业债券融资，由人民银行依法向专业机构提供初始资金支持，委托其按照市场化运作、防范风险原则，为经营正常、流动性遇到暂时困难的民营企业发债提供增信支持；条件成熟时可引入商业银行、保险公司资金自愿参与，建立风险共担机制。三、确定建设国家"互联网＋监管"系统，促进政府监管规范化精准化智能化。为完善事中事后监管，加强和创新"双随机、一公开"等监管方式，会议决定，依托国家政务服务平台建设"互联网＋监管"系统，强化对地方和部门监管工作的监督，实现对监管的"监管"，并通过归集共享各类相关数据，及早发现防范苗头性和跨行业跨区域风险。会议要求加强工程推进统筹协调，确保2019年9月底前与国家政务服务平台同步上线运行。

10月22日

［纲　文］　交通运输部公布《快递业务经营许可管理办法》。

［目　文］　《办法》共7章36条，主要有总则、申请与受理、审查与决定、许可管理、监督检查、法律责任等内容。自2019年1月1日起施行。交通运输部于2009年9月1日以交通运输部令2009年第12号公布，2013年4月12日以交通运输部令2013年第4号、2015年6月24日以交通运输部令2015年第15号修改的《快递业务经营许可管理办法》同时废止。

10月22日

［纲　文］　交通运输部公布《邮件快件实名收寄管理办法》，自2018年10月22日起施行。

10月22日

［纲　文］　交通运输部公布修改后的《民用航空通信导航监视工作规则》《定期国际航空运输管理规定》，自2018年10月22日起施行。

10月22日

［纲　文］　证监会公布《证券期货经营机构私募资产管理业务管理办法》。

［目　文］　《办法》共10章85条。主要有总则，业务主体，业务形式，非公开募集，投资运作，信息披露，变更、终止与清算，风险管理与内部控制，监督管理与法律责任等内容。自2018年10月22日起施行。《证券公司客户资产管理业务管理办法》（证监会令第93号）、《基金管理公司特定客户资产管理业务试点办法》（证监会令第83号）、《期货公司资产管理业务试点办法》（证监会令第81号）、《证券公司集合资产管理业务实施细

则》(证监会公告〔2013〕28号)、《证券公司定向资产管理业务实施细则》(证监会公告〔2012〕30号)、《关于实施〈基金管理公司特定客户资产管理业务试点办法〉有关问题的规定》(证监会公告〔2012〕23号)、《基金管理公司单一客户资产管理合同内容与格式准则》(证监会公告〔2012〕24号)、《基金管理公司特定多个客户资产管理合同内容与格式准则》(证监会公告〔2012〕25号)同时废止。

10月22日

〔纲　文〕　全国人大常委会副委员长王晨在北京会见加拿大议会加中议会协会共同主席戴伊和佩斯基索利多。

〔目　文〕　王晨指出，中加两国领导人保持密切交往，对两国关系发展发挥了重要引领作用。中国全国人大愿与加议会共同努力，为增进政治互信，扩大务实合作，加强立法、人文等领域交流合作作出积极贡献。

戴伊和佩斯基索利多表示，加议会重视发展对华关系，希望进一步发挥两国议会交流机制作用，增进两国人民之间的友好感情。

10月22日

〔纲　文〕　中央军委副主席许其亮、国务委员兼国防部部长魏凤和在北京分别与德国国防部部长冯德莱恩会见、会谈。

〔目　文〕　许其亮会见冯德莱恩时说，近年来，习近平主席和默克尔总理保持了密切深入的交流沟通，推动两国全方位战略伙伴关系不断迈上新台阶，为两国两军关系发展指明了方向。中方愿同德方一道，全面落实两国领导人战略共识，从政治高度和长远角度谋划推动两军关系，通过深化合作促进各自军队建设，加强国际和多边场合的协调协作，共同维护地区和世界和平稳定。

冯德莱恩表示，两军关系是两国关系的重要组成部分。德方高度重视两军关系，愿进一步深化两军各层级交往，加强维和、卫勤、军事学术等领域合作，推动德中全方位战略伙伴关系进一步发展。

魏凤和与冯德莱恩会谈时说，我们高兴地看到，近年来在两国领导人的引领下，中德两国全方位战略伙伴关系不断提升。两军关系在中国与欧盟各国军队关系中堪称表率。中方愿与德方共同努力，加强战略互信，深化各领域务实合作，推动两军关系迈上新台阶。

冯德莱恩说，这是我首次访华，也是德国防长时隔8年再次访华。德中都主张多边主义，主张维护基于规则的国际秩序。德方愿与中方一道，不断提升双方军事合作水平，为两国全方位战略伙伴关系增添新内涵。

10月22日

〔纲　文〕　第二届中国考古学大会在成都召开。

〔目　文〕　大会由中国考古学会、中国社会科学院考古研究所主办，四川省文物考古研究院、成都文物考古研究院、四川大学历史文化学院承办。大会主题为"古代文化交流的考古学研究"，探讨人类起源、农业起源和文明起源三大考古学领域的最新课题。来自中国、美国、英国、日本、韩国、捷克等13个国家的400多位专家学者参会。

10月22日

［纲　文］　自然资源部在北京召开3颗2米/8米光学卫星（即高分一号02、03、04卫星）在轨交付仪式。

［目　文］　发展改革委、财政部、国防科工局、应急管理部、生态环境部、住房和城乡建设部、交通运输部、农业农村部、中国科学院、中国航天科技集团公司等有关部门负责人50余人参加交付仪式。

3颗2米/8米光学卫星正式交付自然资源部国土卫星遥感应用中心，进入业务化运行阶段。这是我国自主建造并成功组网运行的首个民用高分辨率业务卫星星座，也是新组建的自然资源部建设的首发业务卫星，代表目前我国民用遥感卫星星座发展的最高水平。

10月22日

［纲　文］　中国与印度首次执法安全高级别会晤在新德里举行。

［目　文］　国务委员、公安部部长赵克志与印度内政部部长辛格共同主持。赵克志和辛格共同签署了《中华人民共和国公安部与印度共和国内政部合作协议》。

23日，赵克志在新德里会见印度总理莫迪时表示，中方愿与印方一道，以两国领导人重要共识为指引，牢牢把握中印关系发展的正确方向，增进战略互信，推进全方位合作，加强各领域对话，深化在反恐、打击分裂势力、打击跨国犯罪等方面的执法安全务实合作，不断巩固和发展中印更加紧密的发展伙伴关系。

莫迪表示，印方愿同中方一道，保持战略沟通，增进政治互信，加强执法安全等各领域务实合作，推动印中关系在更高水平上向前发展。

10月22日

［纲　文］　《人民日报》发表社论《唱响新时代奋斗者之歌——热烈祝贺中国工会第十七次全国代表大会开幕》。

10月22日

［纲　文］　新华社发表评论员文章《美国诬蔑中国干涉内政荒谬至极》。

10月22日

［纲　文］　新华社讯，经中共中央批准，中央纪委国家监委对河北省政协原党组副书记、副主席艾文礼严重违纪违法问题进行立案审查调查。

［目　文］　经查，艾文礼违反组织纪律，不按规定报告个人有关事项；违反廉洁纪律，收受不法商人礼品礼金，违规从事营利活动，伙同家人大肆敛财，要求他人为其在北京购房；违反生活纪律。利用职务上的便利，为他人谋取利益并收受巨额财物涉嫌受贿犯罪。

艾文礼身为党的高级领导干部，丧失理想信念，背离宗旨意识，目无道德法纪，甘于被"围猎"，把公权力变为谋取私利的工具，严重违反党的纪律，构成职务违法并涉嫌犯罪，应予严肃处理。艾文礼自动投案，真诚悔罪悔过，依据《中国共产党纪律处分条例》

《中华人民共和国监察法》等有关规定，经中央纪委常委会会议研究并报中共中央批准，决定给予艾文礼开除党籍处分，按规定取消其享受的待遇；收缴其违纪违法所得；将其涉嫌犯罪问题移送检察机关依法审查起诉，并提出减轻处罚的建议，所涉财物随案移送。

2019年4月18日，江苏省苏州市中级人民法院公开宣判河北省政协原副主席艾文礼受贿案，对被告人艾文礼以受贿罪判处有期徒刑8年，并处罚金人民币300万元；对艾文礼受贿所得财物及其孳息予以追缴，上缴国库。艾文礼当庭表示服从判决，不上诉。

10月22—26日

[纲　文]　十三届全国人大常委会第六次会议在北京举行。

[目　文]　全国人大常委会委员长栗战书主持开、闭幕会。全国人大常委会副委员长王晨、曹建明、张春贤、沈跃跃、吉炳轩、艾力更·依明巴海、万鄂湘、陈竺、王东明、白玛赤林、丁仲礼、郝明金、蔡达峰、武维华，秘书长杨振武和常委会组成人员出席会议。会议期间，栗战书主持召开了十三届全国人大常委会第十五、十六次委员长会议，听取了本次常委会相关草案的汇报。

本次常委会议主要内容是：一、会议经表决，通过了关于修改刑事诉讼法的决定、新修订的人民法院组织法、新修订的人民检察院组织法、国际刑事司法协助法、消防救援衔条例、关于修改公司法的决定、关于修改野生动物保护法等15部法律的决定，国家主席习近平分别签署第10、11、12、13、14、15、16号主席令予以公布。二、会议表决通过了关于延长授权国务院在部分地方开展药品上市许可持有人制度试点期限的决定、关于专利等知识产权案件诉讼程序若干问题的决定、关于批准《中华人民共和国和格林纳达关于刑事司法协助的条约》的决定、关于批准《中华人民共和国和格林纳达引渡条约》的决定。三、会议表决通过了全国人大监察和司法委员会、财政经济委员会、外事委员会、农业与农村委员会分别提出的关于第十三届全国人大一次会议主席团交付审议的代表提出的议案审议结果的报告。四、会议表决通过了全国人大常委会代表资格审查委员会关于个别代表的代表资格的报告。五、会议经表决，任命刘俊臣为全国人大常委会法制工作委员会副主任。六、会议经表决，免去李如林的最高人民检察院副检察长、检察委员会委员职务。

栗战书在闭幕会上强调，十三届全国人大常委会坚持以习近平新时代中国特色社会主义思想和党的十九大精神为指导，坚决维护习近平总书记核心地位，坚决维护党中央权威和集中统一领导，紧扣贯彻落实党中央重大决策部署，紧扣回应人民群众重大关切，紧扣厉行法治、推进全面依法治国，认真行使法定职权，统筹部署、全面推进人大各项工作，实现了本届工作良好开局。要进一步振奋精神，紧张有序、精益求精地做好各项工作，圆满完成全年工作目标和任务。

闭幕会后，栗战书主持了十三届全国人大常委会第七讲专题讲座。中国科学院院士谭铁牛作了题为《人工智能的创新发展与社会影响》的讲座。

10月22—26日

[纲　文]　中国工会第十七次全国代表大会在北京召开。

［目　文］　习近平、李克强、栗战书、汪洋、王沪宁、赵乐际、韩正等党和国家领导人出席开幕会，王沪宁代表党中央发表了题为《展示新时代我国工人阶级团结奋斗新风采》的致辞。共青团中央书记处第一书记贺军科，中央军委委员、中央军委政治工作部主任苗华，代表人民团体和解放军、武警部队向大会致贺词。王东明代表中华全国总工会第十六届执行委员会作了题为《以习近平新时代中国特色社会主义思想为指导　团结动员亿万职工为决胜全面建成小康社会　夺取新时代中国特色社会主义伟大胜利而奋斗》的报告。来自全国各行各业的2000多名中国工会十七大代表和近百名特邀代表出席。会议期间，国务院总理李克强应邀在中国工会第十七次全国代表大会上作经济形势报告。

王东明当选为中华全国总工会主席。大会宣布了当选的全总第十七届执委会主席、副主席、主席团委员、书记处书记名单和经审会主任、副主任、常务委员名单；表决通过了关于中华全国总工会第十六届执行委员会报告、财务工作报告、经审工作报告决议（草案），表决通过了《关于〈中国工会章程（修正案）〉的决议》。

大会号召，以习近平新时代中国特色社会主义思想为指导，认真学习贯彻习近平总书记关于工人阶级和工会工作的重要论述，坚持走中国特色社会主义工会发展道路，团结动员亿万职工为决胜全面建成小康社会、夺取新时代中国特色社会主义伟大胜利、实现中华民族伟大复兴的中国梦而不懈奋斗。

10月22—30日

［纲　文］　**国家副主席王岐山访问以色列、巴勒斯坦、埃及和阿联酋。**

［目　文］　王岐山在以色列访问期间，在耶路撒冷分别会见以色列总统里夫林、总理内塔尼亚胡；并与内塔尼亚胡共同主持了中以创新合作联委会第四次会议，会议听取了两国有关部门对过去三年双方在科技、经贸、农业、卫生、交通等领域合作进展情况的报告和对下一阶段各领域合作的设想和建议。王岐山和内塔尼亚胡共同签署《中以创新合作行动计划（2018—2021）》，并见证了其他7份中以合作文件的签署；出席以色列创新峰会开幕式并发表演讲；在特拉维夫出席了以色列创新中心揭牌仪式并致辞，与魏茨曼科学研究所专家座谈。

王岐山在巴勒斯坦访问期间，在拉姆安拉会见了总理哈姆达拉并共同见证签署《关于启动中巴自贸区谈判的谅解备忘录》等文件；拜谒了巴勒斯坦前领导人阿拉法特墓并敬献花圈。

王岐山在埃及访问期间，在开罗会见埃及总统塞西，与总理马德布利举行会谈并共同见证了中埃农业、教育、文化等领域双边合作文件的签署。

王岐山在阿联酋访问期间，在阿布扎比会见阿联酋阿布扎比王储穆罕默德；在迪拜会见阿联酋副总统兼总理、迪拜酋长穆罕默德。

10月22—28日

［纲　文］　**中国—东盟"海上联演—2018"演习在湛江举行。**

［目　文］　演习由中国倡议，中国和东盟共同主导，参演官兵一共1200多人。进

行了编队离港、编队运动、编队通信、联合搜救、直升机甲板互降、海上航行补给占位 6 个课目的演练，加深了中国和东盟各国对《海上意外相遇规则》的理解和适用。

21 日，国务委员兼国防部长魏凤和在广州集体会见来华观摩中国—东盟"海上联演—2018"实兵演练的东盟各国观摩团团长。

10 月 22—29 日

［纲　文］　《湿地公约》第十三届缔约方大会全体会议在阿联酋迪拜举行。

［目　文］　由国家林业和草原局、外交部、生态环境部、香港渔农自然护理署等部门代表及北京林业大学专家组成的中国代表团，全程参与大会的各项议题讨论。代表团举办中国边会，设置宣传展位，开展一系列宣传活动。大会以"湿地，城镇可持续发展的未来"为主题，来自 170 多个国家和地区及 100 多个国际自然保护组织的近千名政府和非政府组织代表参加会议。

会议对申报认证的国际湿地候选城市进行了评估表决，公布了全球首批国际湿地城市并授牌，有 7 个国家 18 个城市获此殊荣。其中，中国有 6 个，分别是：常德、常熟、东营、哈尔滨、海口和银川。大会秘书处声明说，入选城市在湿地保护方面都有杰出的表现，这些城市将作为其他城市的榜样，通过更加积极的行动来实现可持续发展的目标。

10 月 23 日

［纲　文］　习近平在珠海出席港珠澳大桥开通仪式。

［目　文］　中共中央总书记习近平宣布大桥正式开通并巡览大桥，代表党中央向参与大桥设计、建设、管理的广大人员表示衷心的感谢、致以诚挚的问候。中共中央政治局常委、国务院副总理韩正，中共中央政治局委员、广东省委书记李希，香港特别行政区行政长官林郑月娥，澳门特别行政区行政长官崔世安出席仪式并致辞。丁薛祥、刘鹤、董建华、何厚铧、梁振英出席开通仪式。何立峰主持开通仪式。中央和国家机关有关部门、广东省、香港特别行政区、澳门特别行政区有关负责人员，以及粤港澳三方参建部门，港珠澳大桥管理局，大桥设计、监理、施工单位代表等参加开通仪式。

港珠澳大桥跨越伶仃洋，东接香港特别行政区，西接广东省珠海市和澳门特别行政区，总长约 55 公里，是"一国两制"下粤港澳三地首次合作共建的超大型跨海交通工程。大桥开通对推进粤港澳大湾区建设具有重大意义。

2009 年 12 月 15 日，港珠澳大桥工程开工建设。2017 年 7 月 7 日，主体工程全线贯通。大桥在设计理念、建造技术、施工组织、管理模式等方面进行一系列创新，标志着我国隧岛桥设计施工管理水平走在了世界前列。大桥于 10 月 24 日 9 时正式通车运营。

10 月 23 日

［纲　文］　中共中央总书记、国家主席习近平向越共中央总书记阮富仲当选国家主席致贺电。

10月23日

［纲　文］　最高人民法院印发《关于为实施乡村振兴战略提供司法服务和保障的意见》。

［目　文］　《意见》由七个部分组成：一、切实提高政治站位，增强为实施乡村振兴战略提供司法服务和保障的责任感和使命感。二、准确把握指导思想和基本原则，不断推进为实施乡村振兴战略提供司法服务和保障工作向纵深发展。三、助推农村改革发展，夯实农业农村现代化发展的基础。四、强化环境资源保护，助推乡村生态文明建设。五、弘扬社会主义核心价值观，促进文明和谐平安乡村建设。六、树立自治法治德治相结合理念，推动乡村治理体系和治理能力现代化。七、加强权益保护，满足农民日益增长的美好生活需要。

10月23日

［纲　文］　财政部、应急管理部向藏川滇下拨中央救灾款物。

［目　文］　财政部、应急管理部向西藏、四川、云南3省（区）下拨中央财政自然灾害生活补助资金1.35亿元。应急管理部从中央救灾物资兰州、西宁和格尔木储备库，向西藏自治区追加调拨3000顶帐篷、3万（床）件棉衣被、1.5万张折叠床等中央救灾物资，支持做好近期金沙江、雅鲁藏布江山体滑坡堰塞湖灾害受灾群众紧急转移安置、过渡期生活救助、倒损民房恢复重建等工作，确保受灾群众安全温暖过冬和灾区社会稳定。

针对上述山体滑坡堰塞湖灾害，国家减灾委、应急管理部此前紧急启动国家Ⅳ级救灾应急响应，先后派出两个部际联合工作组赶赴灾区，组织调拨大量帐篷、衣被、折叠床等中央救灾物资，协助和指导灾区开展抢险救援救灾工作。

10月23日

［纲　文］　中央军委政治工作部宣传局组织编写的通俗理论读物《军营理论热点怎么看·2018》印发全军。

［目　文］　本书着重呈现习近平强军思想提出的新的重大判断、新的理论概括、新的战略安排，着重阐释坚持走中国特色强军之路、全面推进国防和军队现代化的重大问题，着重回答官兵关心关注的热点问题。力求通过通俗的故事、朴实的道理、清新的文风，帮助官兵深入学习领会习近平强军思想，进一步增强政治认同、思想认同、理论认同、情感认同，做到学而信、学而用、学而行。

10月23日

［纲　文］　全国人大常委会副委员长王晨在北京会见由印度议会印中友好小组主席德卡率领的议员代表团。

［目　文］　王晨说，习近平主席同莫迪总理实现互访，多次成功会晤，共同引领中印关系保持良好发展势头。立法机关要落实好两国领导人达成的重要共识，增进互信，加强交流，完善合作的法律环境，培育人民间的友好感情。

德卡说，印议会愿为促进印中两国实现共同发展作出积极贡献。

10月23日

[纲　文]　江西省第十三届人民代表大会第二次会议选举刘奇为江西省人大常委会主任，选举易炼红为江西省省长。

10月23日

[纲　文]　国务委员兼外交部部长王毅在北京会见东盟十国驻华使节。

[目　文]　王毅表示，中国同东盟关系已从成长期进入成熟期。我们愿继续加强"一带一路"倡议与"东盟愿景2025"和东盟互联互通规划等对接，开展更多符合双方需求的合作。同东盟国家一道，致力于维护基于规则的多边主义和自由贸易体制，维护联合国在国际事务中的重要作用。

东盟十国驻华使节表示，东盟愿同中方深化在政治、经贸、人文等领域务实合作，共同致力于维护多边主义，维护以世界贸易组织为核心的自由贸易体制。

10月23—24日

[纲　文]　世界旅游经济论坛·澳门2018在澳门举办。

[目　文]　论坛由澳门特区政府社会文化司主办，联合国世界旅游组织为伙伴单位，以"新时代战略伙伴　新动力互利共赢"为主题。结合"中国—欧盟旅游年"与"粤港澳大湾区城市群发展规划"两大亮点，为论坛带来崭新风貌。200家企业与机构参与商务配对，为参会者带来拓展网络、投资和合作机遇。

10月24日

[纲　文]　新华社讯，习近平、李克强对自由贸易试验区建设作出指示、批示。

[目　文]　中共中央总书记习近平指示指出，建设自由贸易试验区是党中央在新时代推进改革开放的一项战略举措，在我国改革开放进程中具有里程碑意义。5年来，各自由贸易试验区认真贯彻党中央决策部署，锐意进取，勇于突破，工作取得重大进展，一大批制度创新成果推广至全国，发挥了全面深化改革的试验田作用。面向未来，要在深入总结评估的基础上，继续解放思想、积极探索，加强统筹谋划和改革创新，不断提高自由贸易试验区发展水平，形成更多可复制可推广的制度创新成果，把自由贸易试验区建设成为新时代改革开放的新高地，为实现"两个一百年"奋斗目标、实现中华民族伟大复兴的中国梦贡献更大力量。

国务院总理李克强批示指出，5年来，有关地方和部门密切配合，推动自贸试验区在改革开放的"深水区"积极探索创新，勇于攻坚克难，在多方面取得重大进展，成绩应予充分肯定。望以习近平新时代中国特色社会主义思想为指导，认真贯彻党中央、国务院决策部署，坚持新发展理念，更大力度推动自贸试验区改革开放创新。要着眼解决深层次矛盾和结构性问题，强化改革统筹谋划和系统集成，继续狠抓制度创新，加快形成发展和竞争新优势。积累更多可在更大范围乃至全国复制推广的经验，进一步发挥改革开放"排头兵"的示范引领作用。

同日，自由贸易试验区建设五周年座谈会在上海召开。国务院副总理韩正、胡春华出席会议并讲话。上海市委书记李强出席会议。国务院推进政府职能转变和"放管服"改革协调小组成员单位、国务院自由贸易试验区工作部际联席会议成员单位、中央有关部门、12个自由贸易试验区所在省市和自由贸易试验区管理机构负责人参加会议。

韩正表示，建设自贸试验区是以习近平同志为核心的党中央在新形势下全面深化改革、扩大对外开放的一项战略举措。5年来，在党中央、国务院坚强领导下，有关地区和部门共同努力，自贸试验区建设取得重大进展。要以习近平新时代中国特色社会主义思想为指导，认真贯彻党中央、国务院决策部署，继续解放思想、提高认识，牢牢把握制度创新这个核心，进一步推动自贸试验区改革开放和高质量发展。自贸试验区是国家的试验田，不是地方的自留地，要一切服从服务于国家战略进行探索和试验。自贸试验区是制度创新的高地，不是优惠政策的洼地，要紧紧依靠制度创新激发市场活力。自贸试验区是"种苗圃"，不是"栽盆景"，要加快形成更多可复制可推广的制度创新成果。自贸试验区是"首创性"的探索，不是简单优化程序，要坚持大胆试、大胆闯、自主改，彰显改革开放试验田标杆示范带动引领作用。

10月24日

[纲　文]　全国人大常委会委员长栗战书在北京会见柬埔寨参议院主席赛冲。

[目　文]　栗战书说，中国主张国家不分大小、强弱、贫富，一律平等，应相互尊重、平等相待。对周边国家，我们奉行习近平主席提出的亲诚惠容外交理念，致力于发展睦邻友好和互利合作。中柬关系堪称这方面的典范。今年是中柬建交60周年，中方将一如既往支持柬埔寨走符合本国国情的发展道路，愿加强在"一带一路"建设和农业、基础设施等领域合作，继续为柬保持稳定发展、改善人民生活提供积极帮助。中国全国人大愿加强与柬埔寨参议院和国会的友好关系，为推动双边关系的发展作出贡献。

赛冲说，柬中是可信赖的真朋友、好兄弟，愿推动柬中合作取得更多成果。

25日，全国政协主席汪洋在北京会见赛冲时说，习近平主席同西哈莫尼国王、洪森首相多次会晤，推动双边关系进入历史最好时期。当前，双方要在共建"一带一路"框架下，加快发展战略对接，加大在农业、人文、青年、旅游等领域交流合作力度，为深化中柬全面战略合作伙伴关系作出积极努力。中国全国政协愿同柬参议院保持各层级互访交流，夯实两国友好的民意基础。

赛冲表示，柬方珍视与中方的传统友好关系，愿进一步深化各领域互利合作，为巩固和深化柬中关系发挥积极作用。

10月24日

[纲　文]　全国政协在北京召开第一次网络议政远程协商会。

[目　文]　全国政协主席汪洋主持会议并讲话。全国政协副主席张庆黎、陈晓光、夏宝龙、汪永清出席会议。全国和地方政协委员张连起、殷兴山、袁爱平、胡德兆、朱建民、周鸿祎、王建沂、屠红燕、王国海、付胜龙、黄西勤、李志明、袁亚非作了发言。发

展改革委、工业和信息化部、财政部、税务总局、市场监管总局负责人作了互动交流。

汪洋指出，开展网络议政、远程协商是贯彻落实习近平总书记关于加强和改进人民政协工作的重要思想、拓展政协协商民主形式的重要探索。要坚持把互联网优势同政协协商特色结合起来，把习近平总书记关于懂网用网作为一项基本功的要求落到实处，不断丰富完善网络议政、远程协商方式，更好彰显人民政协作为专门协商机构的作用。

本次协商活动以"优化营商环境，促进民营经济高质量发展"为主题，13位委员在北京、浙江、湖南、广东四个会场以及通过手机连线方式发了言，前后共有800余位委员通过移动履职平台开展在线互动，积极建言资政。委员们建议，营商环境是软实力，需要硬措施来保障，需要下硬功夫推进政策落地见效。要以更大力度放宽市场准入，能采取市场化运作的公共基础设施项目和允许外资进入的领域，都向民间资本开放，推动审批制度更透明、更规范、更便捷，切实降低制度性交易成本。要以更大力度保护产权，完善相关法律法规，严肃查处一批侵害企业产权的行为，解决一批标志性产权纠纷案件，强化知识产权保护。要以更大力度减税降费，清理取消一批政府性基金，稳妥推进社保征缴方式改革。要以更大力度改善金融生态，把握好金融去杠杆节奏和力度，支持中小金融机构发展，完善小微企业融资担保增信机制，科学处置股权质押融资风险，重视解决企业资金拖欠问题，切实缓解民营企业融资难困境。民营企业自身也要稳健经营、聚焦主业，加快转型升级和创新发展，践行亲清政商关系，履行社会责任，助力中国经济高质量发展。

10月24日

[纲　文]　银保监会发布《关于保险资产管理公司设立专项产品有关事项的通知》。

[目　文]　《通知》设定了产品管理人条件，要求产品管理人应具有发行组合类保险资产管理产品业务资格。明确了专项产品的投资范围，主要包括上市公司股票、上市公司及其股东公开发行的债券和非公开发行的可交换债券等。同时强调了专项产品的退出安排和方式。

10月24日

[纲　文]　水利部发布《省界断面水文监测管理办法（试行）》。

[目　文]　《办法》由六个部分组成：一、总则。二、规划建设与运行。三、监测与预报。四、信息报送与分析评价。五、监督管理。六、附则。自2018年10月24日起施行。

10月24日

[纲　文]　教育部、国家语委发布《国家语言文字工作委员会语言文字规范标准管理办法（2018年修订）》，自2018年10月24日起施行。

10月24日

[纲　文]　国务委员兼外交部部长王毅在北京会见印尼总统特使、海洋统筹部长卢胡特和马来西亚前副总理安瓦尔。

[目　文]　王毅会见卢胡特时指出，中印尼是共建"一带一路"的天然合作伙伴，

中方愿同印尼开展共建"一带一路"与"全球海洋支点"战略的对接，积极推进印尼"区域综合经济走廊"开发，不断挖掘合作潜力和空间，全面落实两国领导人达成的合作共识，实现更多互利共赢。

卢胡特表示，印尼愿进一步密切双方高层往来，借鉴中国发展和治理经验，加强投资、产业、基础设施、渔业、人力资源等领域合作，实现共同发展进步。

王毅会见安瓦尔时指出，中马不仅要延续和巩固传统友谊，更要进一步拓展和加强两国关系，推进科技、创新等新领域合作，为两国共同发展注入新的动力。

安瓦尔表示，马方愿深化同中方在投资、创新、文化等各领域务实合作，欢迎中国在马经济社会发展进程中发挥更重要作用。

10月24日

［纲　文］　中国科学院科技战略咨询研究院、中国科学院文献情报中心与科睿唯安联合发布了《2018研究前沿》报告和《2018研究前沿热度指数》报告。

［目　文］　《2018研究前沿》报告依托于中国科学院的战略情报分析实力，以及科睿唯安 Web of Science 和基础科学指标（ESI）的高质量客观数据，遴选展示了10个高度聚合的大学科领域中的100个热点前沿和38个新兴前沿。研究前沿较为完整地反映了相关学科的发展趋势，并有效覆盖了近年获得诺贝尔奖的研究领域。如临床医学的"PD-1/PD-L1抑制剂治疗非小细胞肺癌和肾细胞癌"研究前沿是刚刚获得2018年诺贝尔医学或生理学奖的成果的研究领域，"引力波和黑洞的探测与模拟"也与2017年诺贝尔物理学奖研究主题密切相关。

在《2018研究前沿》基础上，《2018研究前沿热度指数》评估了美国、中国、英国、德国等主要国家在诸多前沿的贡献和潜在发展水平，展示全球的科研进展和态势。报告显示，美国、中国、英国和德国在这些前沿领域研究最为活跃。在十大学科领域的100个热点前沿和38个新兴前沿中，美国研究前沿热度指数排名第一的前沿有82个，中国排名第一的前沿数为32个，英国和德国分别有4个和6个前沿排名第一。中国的十大学科领域的发展多领域隆起，但仍有洼地，在化学与材料科学领域和数学、计算机科学和工学领域两个领域最为活跃，而在临床医学领域和天文学与天体物理领域的前沿贡献度方面表现明显不足。

10月24日

［纲　文］　《人民日报》发表评论员文章《激扬勇创世界一流的民族志气》。

10月24—26日

［纲　文］　第八届北京香山论坛在北京举行。国家主席习近平向论坛致贺信。

［目　文］　习近平表示，值此第八届北京香山论坛召开之际，我谨代表中国政府和中国人民，向论坛开幕表示热烈的祝贺，向出席论坛的各国防务部门和军队领导人、国际组织代表、专家学者，表示诚挚的欢迎！当今世界，和平、发展、合作、共赢是时代潮流，全球治理体系和国际秩序变革加速推进，世界各国人民命运相连、休戚与共。同时，

国际社会面临着日益凸显的传统和非传统安全挑战。中国坚持共同、综合、合作、可持续的新安全观，愿以更加开放的姿态与各国同心协力，以合作促发展、以合作促安全，推动构建人类命运共同体。中国军队始终是维护世界和平稳定的坚定力量。北京香山论坛是开展国际安全和防务对话的重要平台，自创办以来，秉持平等、开放、包容、互鉴的精神，为促进亚太地区安全对话与互信合作发挥了积极作用。本届论坛以"打造平等互信、合作共赢的新型安全伙伴关系"为主题，希望大家集智共商、凝聚共识，促进构建相互尊重、公平正义、合作共赢的新型国际关系，共创人类更加美好的未来。祝第八届北京香山论坛取得圆满成功！

论坛由中国军事科学学会和中国国际战略学会共同举办，以"打造平等互信、合作共赢的新型安全伙伴关系"为主题。围绕"国际安全治理的新理念新途径""恐怖主义威胁与应对""海上安全合作现实与愿景""联合国维和的挑战与合作"等议题进行对话交流。

24日，全国人大常委会委员长栗战书在出席第八届北京香山论坛欢迎晚宴，并发表演讲时表示，北京香山论坛旨在增信释疑、凝聚共识、扩大合作，自创办以来已逐步发展成为亚太地区重要的高端防务安全对话平台。世界上只有一个中国，台湾是中国不可分割的一部分。有的国家在台湾问题上采取了一系列错误做法，损害台海和平稳定，也威胁着地区和平安宁，我们对此坚决反对。我们将继续坚持"和平统一、一国两制"方针，以最大诚意、尽最大努力争取和平统一的前景。同时，我们坚决维护国家主权和领土完整，有坚定的意志、充分的信心和足够的能力，挫败任何形式的"台独"分裂图谋。

论坛期间，中央军委副主席许其亮在北京分别会见出席论坛的新加坡国防部长黄永宏、马来西亚国防部长穆罕默德·萨布、尼泊尔副总理兼国防部长博克瑞尔、越南国防部长吴春历、柬埔寨副首相兼国防大臣迪班。国务委员兼国防部长魏凤和在北京分别会见出席论坛的朝鲜人民武装力量省副相金亨龙、赤道几内亚国防部长巴卡莱、莫桑比克国防部长姆图穆克、塞尔维亚国防部长武林、委内瑞拉国防部长帕德里诺、厄瓜多尔国防部长哈林、缅甸国防部长盛温、东帝汶国防部长菲洛梅诺、斯里兰卡国防部常务秘书卡皮拉·维迪亚拉特纳；分别与柬埔寨副首相兼国防大臣迪班、尼日利亚国防部长丹阿里、新加坡国防部长黄永宏、马来西亚国防部长穆罕默德·萨布、越南国防部长吴春历、尼泊尔副总理兼国防部长博克瑞尔举行会谈；集体会见了巴布亚新几内亚国防部长米里森、瓦努阿图内政部长纳珀特、斐济武装部队副司令阿齐兹、汤加国防军参谋长费埃拉凯帕。

10月25日

［纲　文］　**栗战书在北京主持召开部分全国人大代表座谈会。**

［目　文］　56位列席十三届全国人大常委会第六次会议的全国人大代表参加座谈会。会议听取代表们对人大工作、民主法治建设等方面的意见建议。

全国人大常委会委员长栗战书指出，要自觉深入学习贯彻习近平新时代中国特色社会主义思想，始终牢记党和人民的重托，牢固树立"四个意识"，站稳政治立场，增强政治观念、法治观念、群众观念，更好发挥人大代表来自人民、植根人民的特点，履行好宪法法律赋予的神圣职责。建立与列席常委会会议的人大代表座谈机制，是全国人大常委会联系代表、接受监督的重要举措。人大代表对基层实际情况最熟悉，对党中央决策部署和宪法法律实施情况最了解，对人民群众所思所想所盼最清楚，可以把基层情况、群众呼声、思考建议充分反映出来，推动国家机关改进工作。

10月25日

[纲　文]　庆祝中国和平统一促进会成立30周年大会在北京举行。

[目　文]　全国政协主席汪洋出席大会并讲话。中央统战部部长尤权主持大会。全国政协副主席、民革中央常务副主席郑建邦代表23家发起单位向大会致辞，港澳地区统促会、台湾地区统派团体和海外统促会组织代表分别致辞。万钢、苏辉、高云龙和陈昌智、严隽琪、张宝文、王钦敏出席会议。

汪洋指出，要深入学习贯彻习近平新时代中国特色社会主义思想和中共十九大精神，坚持以爱国主义旗帜凝聚共同意志，坚持维护统一反对分裂的鲜明立场，坚持以争取民心为主线，坚持大团结大联合，顺应历史大势，共担民族大义，汇聚起海内外中华儿女反"独"促统的强大力量。

大会之前，中国统促会召开了九届二次理事大会，审议通过了工作报告，选举汪洋为会长，并决定了执行副会长、副会长、秘书长人选。

10月25日

[纲　文]　农业农村部在山东省烟台市召开全国海洋牧场建设工作现场会。

[目　文]　会议学习贯彻中共中央总书记习近平关于做好"三农"工作的论述特别是关于海洋牧场建设的指示精神，交流各地推进海洋牧场建设的好经验好做法，分析面临的新形势新任务，部署下一阶段工作。农业农村部部长韩长赋出席并讲话，农业农村部副部长于康震主持会议。山东省副省长于国安、浙江省副省长彭佳学等分别从省、市和示范区层面介绍了海洋牧场建设情况。农业农村部为国家级海洋牧场示范区代表授牌。与会代表还现场考察了山东省海洋牧场建设情况。

会议要求，要将海洋牧场建设放在海洋经济发展和生态保护的大局中统筹谋划，不断提升全国海洋牧场发展的整体水平。加强规划引领，更好指导和协调全国现代化海洋牧场建设有序发展。加强科技支撑，重点攻关生态增殖技术、海洋牧场生态容量及效果评估等关键共性技术，加强对海洋牧场建设的科学指导，促进科技成果推广应用。加强政策支持，在政策、项目和资金安排上对海洋牧场建设予以倾斜，鼓励更多社会资本参与海洋牧场建设。加强制度保障，强化海洋牧场建设管理顶层设计，创新建设管理机制，完善海洋牧场监管制度，确保海洋牧场建设取得实效。

10月25日

[纲　文]　第四届阿拉伯艺术节在成都闭幕。国家主席习近平致贺信。

[目　文]　习近平指出，中阿文明互鉴源远流长。历史上，中华文明和阿拉伯文明交

相辉映。举办阿拉伯艺术节是中阿双方增进民心相通的重要举措。中方愿同阿方携手努力，继续加强双方文明交流和人文合作，为全面合作、共同发展、面向未来的中阿战略伙伴关系发展夯实社会和民意基础，努力打造中阿命运共同体，为推动构建人类命运共同体作出贡献。

2018年7月10日，习近平在中国—阿拉伯国家合作论坛第八届部长级会议开幕式上宣布，中阿共同在华举办的第四届阿拉伯艺术节正式启动。同时在北京和成都举办。其间，包括中阿文化部长论坛、意会中国10周年大展——阿拉伯知名艺术家访华采风作品展、中阿城市文化和旅游论坛、中阿青年汉学论坛、阿拉伯文艺精品展演等20余项文化交流活动全面展开。

10月25日

［纲　文］　中国在太原卫星发射中心用"长征四号乙"运载火箭成功发射"海洋二号"B卫星。

［目　文］　该星将进一步提升我国海洋遥感业务化观测能力，壮大自然资源卫星体系，对提高我国海洋预报与监测预警水平，提升海洋防灾减灾与海上突发事件响应能力，服务海洋资源开发利用，开展全球变化研究，建设海洋强国具有重要的意义。

10月25日

［纲　文］　中阿合作论坛第四届文化部长会议在成都召开。

［目　文］　中方代表团团长、文化和旅游部部长雒树刚，阿拉伯国家联盟助理秘书长海法·阿布·加扎莱以及阿方代表团主席、沙特文化大臣白德尔·本·阿卜杜拉·阿勒沙特等21个阿拉伯国家的文化部部长、副部长或代表、驻华使节，中阿部分城市代表等出席了会议。中阿双方与会代表围绕"一带一路"国际合作框架下的文化交流与合作主题，深入交换意见，分享发展经验，坦诚探讨问题与对策。

会议审议通过了《中国—阿拉伯国家合作论坛第四届文化部长会议成都宣言》。《宣言》明确，中阿双方将共同落实《中国—阿拉伯国家合作论坛第八届部长级会议北京宣言》《中国—阿拉伯国家合作论坛2018年至2020年行动执行计划》《中国和阿拉伯国家合作共建"一带一路"行动宣言》三份成果文件的相关内容，加强中阿文化和旅游交流合作。

10月25日

［纲　文］　中央外事工作委员会办公室主任杨洁篪在北京会见西班牙工业、贸易与旅游大臣马罗托。

［目　文］　杨洁篪表示，去年，习近平主席同费利佩国王成功会晤，达成广泛共识，为双边关系发展指明了方向。双方要密切各层级、各领域交往，加强"一带一路"倡议同西班牙发展战略对接，深化基础设施、贸易、投资、旅游等领域务实合作。

马罗托表示，西班牙高度赞赏中国致力于扩大开放，期待着参加首届中国国际进口博览会，以进一步发掘两国巨大的合作潜力。

10月25日

［纲　文］　国务委员兼外交部部长王毅在北京会见古巴部长会议副主席卡布里

萨斯。

［目　文］　王毅表示，中方祝贺古方近期完成重大国内政治议程，相信在古巴党和政府领导下，古巴人民一定能在国家发展中不断取得新成就。中方将一如既往向古方提供力所能及的帮助，愿同古方加强全方位合作。

卡布里萨斯表示，古方坚定致力于发展同中国的好同志、好朋友、好伙伴关系，愿积极参与共建"一带一路"。

10月25日

［纲　文］　首届中国—新加坡"一带一路"投资合作论坛在新加坡举行。

［目　文］　论坛由发展改革委与新加坡贸易和工业部共同主办，发展改革委副主任宁吉喆与新加坡贸工部长陈振声出席论坛并作主旨发言。与会者围绕"'一带一路'框架下中新第三方市场合作发展机遇"和"健全完善项目融资和业务保障体系"等主题进行了研讨。来自中国、新加坡和其他国家及地区的政府部门、金融机构、专业化服务机构的代表，来自基础设施建设、石油化工、航运物流等领域的企业代表共300多人参加了本次论坛。

10月25日

［纲　文］　新华社发表评论员文章《贸易单边政策让美国"信誉降级"》。

10月25—27日

［纲　文］　孙春兰在辽宁省调研。

［目　文］　国务院副总理孙春兰在大连理工大学、辽宁大学、东北大学、中国医科大学的重点实验室和研发机构，了解科研成果应用情况；在中国（辽宁）自贸实验区大连片区Intel工厂、鞍山技师学院、沈阳市装备制造工程学校，了解技术技能人才培养的情况；在大连经济技术开发区第一中学、鞍山市钢都小学，了解素质教育、体教融合情况。

孙春兰在沈阳主持召开座谈会，专题研究教育服务东北振兴工作。她指出，要深入学习贯彻习近平总书记在全国教育大会和深入推进东北振兴座谈会上的重要讲话精神，提升教育服务经济社会发展能力，以教育现代化夯实东北振兴发展的根基。教育事关科技这个"第一生产力"和人才这个"第一资源"，在东北振兴中发挥着独特作用。有关部门要加大对教育的支持力度，在学科专业设置、科研基地布局、重点项目安排上给予倾斜。各级党委、政府要认真落实党中央、国务院决策部署，坚持优先发展教育，着力解决高校科研成果转化、师范校建设等重点难点问题，以新气象新担当新作为推进东北振兴。

10月25—27日

［纲　文］　应国务院总理李克强邀请，日本首相安倍晋三对中国进行正式访问。

［目　文］　访问期间，国家主席习近平、全国人大常委会委员长栗战书在北京分别会见了安倍晋三。李克强在北京同安倍晋三举行会谈，共同见证双方政治、创新、金融、海关、体育等领域10余项政府间合作协议的签署并会见记者；共同出席纪念中日和平友好条约缔结40周年招待会、第一届中日第三方市场合作论坛并致辞。

习近平会见安倍晋三时指出，在双方共同努力下，当前中日关系重回正常轨道，重现积极势头。这值得双方共同珍惜。双方要遵循中日四个政治文件确立的各项原则，坚持和平友好大方向，持续深化互利合作，推动中日关系在重回正轨基础上得到新的发展。新形势下，中日两国在双边领域相互依存日趋加深，在多边层面也拥有更加广泛多元的共同利益和共同关切。双方要开展更加深入的战略沟通，发挥好两国多层次、多渠道的对话机制作用，准确把握对方的发展和战略意图，切实贯彻践行"互为合作伙伴，互不构成威胁"的政治共识，加强正面互动，增进政治互信。要开展更高层次的务实合作，充分释放合作潜力。

安倍晋三表示，日方欢迎和支持中国进一步扩大对外开放，并愿继续积极参与中国发展进程。日方愿同中方一道，密切高层及各层级交往，持续改善两国友好的民意基础，妥善管控好双方分歧，推进日中战略互惠关系深入发展，共同致力于地区稳定与繁荣。"一带一路"是有潜力的构想，日方愿同中方在广泛领域加强合作，包括共同开拓第三方市场。

李克强同安倍晋三会谈时表示，中方愿同日方开展政治、经济等领域对话，加强政策沟通与协调，深化科技创新、节能环保、医疗养老、财政金融、防灾和农业等领域合作，把第三方市场合作打造成中日务实合作的新支柱。用好创新对话合作机制，共同推动有关项目早日落地。尽早开通海空联络机制下直通热线，加强海上执法部门交流对话，使东海成为和平、合作、友好之海。加快推动司法执法合作。加强两国青年、体育、地方等领域交流互鉴，采取有效措施便利双方人员往来。

安倍晋三表示，日方愿同中方加强高层交往势头，在日中四个政治文件基础上，加强战略沟通，深化两国经贸、投资、金融、创新、第三方市场、青少年、体育、地方各领域合作和交流。日中携手合作顺应时代潮流，有助于解决当今世界面临的共同课题。双方应共同努力，推进区域全面经济伙伴关系协定谈判尽快取得实质性进展，推动建立自由公正的国际经济秩序，为自由贸易和世界经济发展作出贡献。

栗战书会见安倍晋三时表示，中国全国人大愿加强中日立法机构各层级往来，为两国关系发展提供政治、法律和政策支持。

安倍晋三表示，愿以日中和平友好条约缔结40周年为契机，同中方密切高层往来，推进各领域合作，推动日中关系进入发展新阶段。

10月25日—11月3日

[纲　文]　第四十八届体操世锦赛在卡塔尔多哈举行。

[目　文]　来自70多个国家和地区的600多名体操运动员参加男女团体和个人共14个项目的角逐。本届世锦赛，中国队获得4金1银1铜，夺得男子团体、男子鞍马、女子平衡木、男子双杠4枚金牌，金牌数与美国队并列第一。

10月26日

[纲　文]　习近平签署中华人民共和国主席令（第十至十六号）。

〔目　文〕　主席令（第十号）说，《全国人民代表大会常务委员会关于修改〈中华人民共和国刑事诉讼法〉的决定》已由中华人民共和国第十三届全国人民代表大会常务委员会第六次会议于 2018 年 10 月 26 日通过，现予公布，自公布之日起施行。

主席令（第十一号）说，《中华人民共和国人民法院组织法》已由中华人民共和国第十三届全国人民代表大会常务委员会第六次会议于 2018 年 10 月 26 日修订通过，现将修订后的《中华人民共和国人民法院组织法》公布，自 2019 年 1 月 1 日起施行。

主席令（第十二号）说，《中华人民共和国人民检察院组织法》已由中华人民共和国第十三届全国人民代表大会常务委员会第六次会议于 2018 年 10 月 26 日修订通过，现将修订后的《中华人民共和国人民检察院组织法》公布，自 2019 年 1 月 1 日起施行。

主席令（第十三号）说，《中华人民共和国国际刑事司法协助法》已由中华人民共和国第十三届全国人民代表大会常务委员会第六次会议于 2018 年 10 月 26 日通过，现予公布，自公布之日起施行。

主席令（第十四号）说，《中华人民共和国消防救援衔条例》已由中华人民共和国第十三届全国人民代表大会常务委员会第六次会议于 2018 年 10 月 26 日通过，现予公布，自 2018 年 10 月 27 日起施行。

主席令（第十五号）说，《全国人民代表大会常务委员会关于修改〈中华人民共和国公司法〉的决定》已由中华人民共和国第十三届全国人民代表大会常务委员会第六次会议于 2018 年 10 月 26 日通过，现予公布，自公布之日起施行。

主席令（第十六号）说，《全国人民代表大会常务委员会关于修改〈中华人民共和国野生动物保护法〉等十五部法律的决定》已由中华人民共和国第十三届全国人民代表大会常务委员会第六次会议于 2018 年 10 月 26 日通过，现予公布，自公布之日起施行。

10 月 26 日

〔纲　文〕　国务院印发《关于进一步支持杨凌农业高新技术产业示范区发展若干政策的批复》。

〔目　文〕　《批复》说，科技部、陕西省人民政府：你们《关于进一步支持杨凌农业高新技术产业示范区发展若干政策建议的请示》（国科发农〔2018〕68 号）收悉。现批复如下：一、着力推动杨凌农业高新技术产业示范区实现高质量发展。要深入贯彻习近平新时代中国特色社会主义思想和党的十九大精神，坚定实施创新驱动发展战略、乡村振兴战略，以农业供给侧结构性改革为主线，切实落实新发展理念，按照"核心示范、带动旱区、服务全国"的定位，进一步加快以科技创新为核心的全面创新，力争到 2025 年把杨凌农业高新技术产业示范区建设成为干旱半干旱地区农业科技创新推广核心区，新时代乡村振兴、特色现代农业发展引领示范区，具有国际影响力的现代农业创新高地、人才高地和产业高地，为推动我国干旱半干旱地区农业现代化作出更大贡献。二、继续加大对杨凌示范区发展的政策支持力度。三、进一步加强对杨凌示范区建设的组织领导。要不断完善杨凌示范区建设领导小组工作机制，继续实行科技部、陕西省人民政府"双组长制"，协调支持杨凌示范区建设相关事项。有关部门要切实加大对杨凌示范区的支持力度，落实好相关政策措施。陕西省人民政府要出台相应政策，支持杨凌示范区进一步发挥好示范引领作用。

10月26日

[纲　文]　十三届全国人大常委会在北京人民大会堂举行宪法宣誓仪式。

[目　文]　全国人大常委会副委员长张春贤主持并监誓。十三届全国人大常委会第六次会议任命刘俊臣为全国人大常委会法制工作委员会副主任。根据全国人大常委会关于实行宪法宣誓制度的决定，上述人员依法进行宪法宣誓。全国人大机关有关负责人参加了宣誓活动。

10月26日

[纲　文]　政协十三届全国委员会第十一次主席会议暨主席会议第三次集体学习在北京举行。

[目　文]　全国政协主席汪洋主持会议并讲话。全国政协副主席张庆黎、夏宝龙等分别就有关议题作了说明和汇报。全国政协副主席董建华、万钢、何厚铧、卢展工、王正伟、马飚、陈晓光、杨传堂、李斌、汪永清、何立峰、苏辉、郑建邦、刘新成、何维、邵鸿、高云龙出席会议。中央全面依法治国委员会办公室负责人介绍了有关情况。

会议听取了关于学习贯彻中共中央总书记习近平关于加强和改进人民政协工作的思想理论研讨会精神情况的汇报。会议围绕新时代全面依法治国的新要求进行了集体学习。会议还听取了教科卫体委员会、社会和法制委员会工作汇报；审议并原则通过关于加强和改进全国政协委员学习工作的方案和修订后的全国政协加强和改进调研工作实施办法；审议通过撤销孟宏伟第十三届全国政协委员资格的决定，并提请第四次常委会议追认。会议还审议通过其他人事事项草案。

10月26日

[纲　文]　十三届全国政协第十三次双周协商座谈会在北京召开。

[目　文]　全国政协主席汪洋主持会议并讲话。全国政协副主席李斌在会上作主题发言。全国政协副主席张庆黎、夏宝龙、高云龙出席会议。全国政协委员王培安、杨云彦、高体健、贺丹、李守镇、黄绮、贾楠、屠海鸣、杨维刚、黄跃金、钱学明、丁金宏、张明华，专家学者翟振武、彭希哲在会上发言。发展改革委负责人介绍了有关情况，教育部、人力资源社会保障部、卫生健康委负责人现场做了交流回应。

汪洋强调，人口问题始终是我国面临的全局性、长期性、战略性问题，要深入学习贯彻习近平总书记关于人口工作的重要论述，立足国情、遵循规律、以人为本、统筹兼顾，正确处理当前和长远、总量与结构、人口变动与科学技术进步的关系，推动人口长期均衡发展，为促进家庭幸福、民族繁荣、经济社会发展奠定坚实基础。

委员们认为，我国全面推行计划生育以来，人口过快增长得到有效控制，对资源环境的压力有效缓解，为全面建成小康社会提供了基础性支撑。党的十八大以来，全面两孩政策效果明显，人口总量增长平稳，人口结构继续优化，人口素质稳步提升。同时也要看到，中国人口发展正在出现重大转折性变化，群众生育观念发生重大转变，人口与经济社会发展面临不少新情况新问题，需要高度重视。

一些委员建议，应对人口问题是复杂的系统工程，必须统筹谋划、综合施策。要加强人口中长期变动趋势研究，完善人口发展战略，建立健全符合国情和发展阶段的制度和政策。要抓紧完善相关法律法规，补齐影响生育的公共服务短板，全面减少生育限制，改革计划生育"一票否决"、超生征收社会抚养费等制度安排，大力发展托幼服务，落实育龄夫妻依法享有的各项福利待遇和计划生育免费服务。要充分挖掘人口素质红利，推进教育现代化，着力完善职业教育和培训体系，深化产教融合、校企合作，落实终身职业技能培训制度，建设知识型、技能型、创新型劳动力大军。要树立全面积极的人口老龄观，健全老年健康保障制度，创新医养结合健康养老服务模式，统筹推进养老服务体系建设。要弘扬重视家庭、孝老爱亲的传统文化，加强对青年一代婚姻生活科普宣传和正确价值观引导，为人口均衡发展营造良好社会环境。

10月26日

［纲　文］　财政部、生态环境部发布《大气污染防治资金管理办法》，自2018年10月30日起施行。

10月26日

［纲　文］　中央企业党的建设工作座谈会在北京召开。

［目　文］　中组部部长陈希出席会议并讲话，国务委员王勇主持座谈会。陈希强调，要深入学习贯彻习近平新时代中国特色社会主义思想，坚决维护习近平总书记的核心地位，坚决维护党中央权威和集中统一领导，贯彻新时代党的建设总要求和党的组织路线，全面提高中央企业党的建设质量，为培育具有全球竞争力的世界一流企业提供坚强保证。

10月26日

［纲　文］　国家电网公司董事长舒印彪当选国际电工委员会第三十六届主席。

［目　文］　任期为2020年至2022年。这是该组织成立112年来，首次由中国专家担任最高领导职务。

国际电工委员会是目前世界上最权威的三大标准化组织之一，也是全球成立最早、最具影响力的国际电工、电子等相关领域的标准化机构。已累计发布国际标准超过1万项，成员覆盖171个国家和地区。

10月26日

［纲　文］　《人民日报》发表评论员文章《把改革开放旗帜举得更高——论学习贯彻习近平总书记广东考察重要讲话精神》。

10月26—28日

［纲　文］　尤权在福建省调研。

［目　文］　中央统战部部长尤权在厦门、龙岩、福州等地，瞻仰古田会议会址，考察台资和民营高新技术企业，调研营商环境建设，并同参与脱贫攻坚的民营企业家座谈。尤权指出，习近平总书记近日在东北、广东考察时的重要讲话和给"万企帮万村"行动中受表彰的民营企业家的回信，充分表明了我们党对坚持社会主义基本经济制度的鲜明态度，充分体现了党和政府对民营企业的亲切关怀。民营经济在推动创新发展、参与扶贫事业中发挥了重要作用，广大民营企业家要深入学习领会习近平总书记的重要讲话和回信精神，坚定发展信心，加快转型升级步伐，提升核心竞争力，始终做到诚信守法经营，积极构建和谐劳动关系，主动参与脱贫攻坚事业，树立回馈社会、担当责任的良好形象。

调研期间，尤权在宗教活动场所，了解宗教工作情况，并同有关部门负责人座谈。他强调，要深入学习贯彻习近平总书记关于宗教工作的重要论述，认真执行党的宗教政策和《宗教事务条例》，按照"导"的思想方法，持续推进我国宗教中国化，提高宗教工作法治化水平，着力破解宗教领域重点难点问题，支持宗教界加强自身建设，促进宗教和顺、社会和谐。

10月26—27日
［纲　文］　**2018年全国新型职业农民发展论坛在济南举行。**
［目　文］　论坛经农业农村部批准，中央农业广播电视学校、农民体育协会、山东省农业厅主办。以"走进新时代·践行新使命·展现新作为"为主题。论坛发布了《2017年全国新型职业农民发展报告》。《报告》显示，2017年全国新型职业农民总量已突破1500万人，人均农业经营纯收入达2.78万元，27.7%的新型职业农民人均农业经营纯收入超过城镇居民人均可支配收入。

此外，由山东省农业厅主办的"2018年山东省新型职业农民对接会活动"和"2018年山东省新型职业农民技能大赛"同期举办。

10月27日
［纲　文］　**国务院办公厅印发《政府网站集约化试点工作方案》。**
［目　文］　《方案》由四个部分组成：一、总体要求。二、试点范围。三、试点任务。四、工作进度。

《方案》指出，未纳入试点范围的其他省（区、市）和国务院部门，可参照本方案推进本地区本部门政府网站集约化工作。

10月27日
［纲　文］　**第八届中日韩旅游部长会议在苏州召开。**
［目　文］　中国文化和旅游部部长雒树刚、韩国文化体育观光部长官都钟焕、日本国土交通大臣石井启一出席会议并发表主旨演讲。会议以"旅游促进区域合作健康、稳定和可持续发展"为主题，发表了《第八届中日韩旅游部长会议苏州宣言》。会议期间举行了中韩、中日、韩日双边会谈，并配套举办了中日韩旅游业界研讨会、企业洽谈会等

活动。

10月27—29日

［纲　文］　2018世界生命科学大会在北京举行。

［目　文］　国务院总理李克强作出批示指出：生命科学事关人的健康和发展，已成为许多国家科技创新的关键领域，全球生命科学面临前所未有的发展机遇。中国正在全面实施创新驱动发展战略和健康中国战略，不断加强生命科学研究，重视发展生命科学领域的新技术新产业，加快培育发展新动能，积极推进国际交流与合作。希望与会嘉宾围绕大会主题深入交流、凝聚共识，不断加强协作，推动生命科学研究和技术创新取得更多突破，携手应对重大疾病、人口老化、环境污染、资源短缺等挑战，促进世界经济社会可持续发展，为各国人民带来更多福祉。

大会由中国科学技术协会、科学技术部主办，中国科协生命科学学会联合体、中国生物技术发展中心承办，以"科学促进美好生活"为主题，围绕医学与健康、农业与食品安全、环境科学、生物技术与经济、卫生政策等领域，开展高水平学术交流和最新成果展示，包括多位诺贝尔奖获得者在内的400余位国内外生命科学领域科学家进行交流研讨。

10月28—29日

［纲　文］　司法部在呼和浩特召开全国司法行政信息化工作推进会。

［目　文］　会议部署落实"数字法治、智慧司法"信息化体系建设指导意见和实施方案，进一步加快推进司法行政信息化工作，为新时代全面依法治国、推动司法行政事业大发展提供有力的信息化支撑和保障。司法行政系统要在2018年底前，建成司法公有云和司法数据资源平台、共享服务平台，将面向公众服务的业务系统和数据迁移上云，为全系统信息化建设奠定基础。在2019年9月底，完成标准规范建设，完成全面依法治国、行政立法行政执法协调监督等六大类18项业务系统建设，完成司法大数据平台建设；在2019年底，基本实现"大平台共享、大系统共治、大数据慧治"的"数字法治、智慧司法"信息化建设目标。

10月28—31日

［纲　文］　国务委员兼外交部部长王毅对菲律宾、巴布亚新几内亚和斐济进行正式访问。

10月29日

［纲　文］　习近平在中南海同中华全国总工会新一届领导班子成员集体谈话。

［目　文］　中共中央政治局常委王沪宁，中共中央政治局委员丁薛祥、杨晓渡、陈希、郭声琨、黄坤明参加集体谈话。中华全国总工会主席王东明代表中华全国总工会新一届领导班子汇报了中国工会十七大召开情况和做好工会工作的考虑。全国总工会副主席李玉赋、张工、巨晓林作了发言。

中共中央总书记习近平指出，我国工运事业是党的事业的重要组成部分，工会工作是党治国理政的一项经常性、基础性工作。要坚持党对工会工作的领导，团结动员亿万职工积极建功新时代，加强对职工的思想政治引领，加大对职工群众的维权服务力度，深入推进工会改革创新，勇于担当、锐意进取，积极作为、真抓实干，开创新时代我国工运事业和工会工作新局面。各级党委和政府要贯彻党的全心全意依靠工人阶级的方针，保证工人阶级的主人翁地位。要加强和改进党对工会工作的领导，研究解决工会工作中的重大问题，推动建设一支高素质专业化的工会干部队伍，支持工会依法依章程创造性开展工作。

10月29日

［纲　文］　国家主席习近平同法国总统马克龙互致贺电，祝贺中法海洋卫星发射成功。

［目　文］　习近平在贺电中指出，航天合作是中法全面战略伙伴关系的重要内容。中法海洋卫星成功发射是两国航天合作最新成果，将在全球海洋环境监测、防灾减灾、应对气候变化等领域发挥重要作用。中方高度重视中法关系，愿同法方一道努力，推动深化两国各领域交流合作，推动紧密持久的中法全面战略伙伴关系不断迈向更高水平，更好造福两国和两国人民。

马克龙在贺电中表示，法中海洋卫星成功发射标志着两国航天合作迈出重要一步。该项目凝聚着两国航天机构和科研人员的辛勤努力，再次体现了法中两国推动国际社会共同应对气候变化挑战的积极意愿。航天合作是法中战略合作的重要组成部分，法方愿同中方一道，继续深化两国在航天和应对气候变化领域的交流合作。

同日，中国在酒泉卫星发射中心用"长征二号丙"运载火箭成功发射中法海洋卫星。中法海洋卫星是两国合作研制的首颗卫星，主要用于海洋动力环境监测，首次实现海风和海浪同步观测。中方负责提供卫星平台、海风观测载荷以及发射测控，法方负责提供海浪观测载荷，卫星探测数据双方共享。

10月29日

［纲　文］　国务院办公厅印发《关于聚焦企业关切进一步推动优化营商环境政策落实的通知》。

［目　文］　《通知》由七个部分组成：一、坚决破除各种不合理门槛和限制，营造公平竞争市场环境。二、推动外商投资和贸易便利化，提高对外开放水平。三、持续提升审批服务质量，提高办事效率。四、进一步减轻企业税费负担，降低企业生产经营成本。五、大力保护产权，为创业创新营造良好环境。六、加强和规范事中事后监管，维护良好市场秩序。七、强化组织领导，进一步明确工作责任。

10月29日

［纲　文］　国务院办公厅印发《关于调整国务院关税税则委员会的通知》。

［目　文］　《通知》说，根据机构设置、人员变动情况和工作需要，国务院决定对国务院关税税则委员会作相应调整，现将有关事项通知如下。一、主要职责。审议关税工

作重大规划，拟定关税改革发展方案，并组织实施；负责《中华人民共和国进出口税则》和《中华人民共和国进境物品进口税税率表》的税目、税率的调整和解释，报国务院批准后执行；负责编纂、发布《中华人民共和国进出口税则》；决定实行暂定税率的货物、税率和期限；决定关税配额税率；决定征收反倾销税、反补贴税、保障措施关税、报复性关税以及决定实施其他关税措施；审议上报国务院的重大关税政策和对外关税谈判方案；决定特殊情况下税率的适用；履行国务院规定的其他职责。二、组成人员。主任：肖捷。副主任：刘昆、丁学东。委员由有关部门负责人组成。国务院关税税则委员会办公室设在财政部，承担国务院关税税则委员会日常工作，办公室主任由财政部关税司主要负责同志担任。国务院关税税则委员会委员因工作变动等需要调整的，由所在单位向委员会办公室提出，报委员会主任批准。

10月29日

［纲　文］　国务院办公厅印发《关于调整国务院抗震救灾指挥部组成人员的通知》。

［目　文］　《通知》说，根据机构设置、人员变动情况和工作需要，国务院决定对国务院抗震救灾指挥部组成人员作相应调整。现将调整后的名单通知如下。指挥长：王勇。副指挥长：黄明、王玉普、孟扬、马宜明。成员由有关部门负责人组成。指挥部办公室设在应急部，承担指挥部日常工作。办公室主任由应急部副部长兼中国地震局局长郑国光担任，副主任由地震局副局长阴朝民、应急部消防救援局负责人琼色担任。指挥部成员因工作变动等需要调整的，由所在单位向指挥部办公室提出，报指挥长批准。

10月29日

［纲　文］　国家主席习近平夫人彭丽媛在北京会见塞尔维亚总统夫人塔玛拉。

［目　文］　彭丽媛赞赏塔玛拉扶助社会弱势群体和维护儿童权益方面所做工作，强调中国高度重视妇女儿童事业，我作为联合国教科文组织促进女童和妇女教育特使，愿同塞方分享中国有关成功经验，共同致力于促进国际儿童和妇女教育事业发展。

塔玛拉表示，塞尔维亚人民感谢中国长期给予的宝贵支持和帮助，十分珍视塞中友谊。塞尔维亚坚定致力于发展对华关系，愿做中国真诚的朋友和伙伴。

10月29日

［纲　文］　中组部部长陈希在北京会见新加坡常秘访华团。

［目　文］　陈希介绍了党的十九大、新时代党的组织工作等有关情况。希望双方不断拓展和深化包括人力资源和领导力开发在内的各领域合作，推动中新与时俱进的全方位合作伙伴关系不断向前发展。

新加坡常秘访华团团长、教育部常任秘书陈丽芬表示，希望继续加强交流合作，期待在人才交流等方面取得更加丰硕的成果。

10月29日

［纲　文］　学习贯彻习近平总书记关于扶贫工作的重要论述研讨会在北京召开。

［目　文］　中共中央政治局委员、国务院扶贫开发领导小组组长胡春华出席会议

并讲话指出，习近平总书记关于扶贫工作的重要论述，是马克思主义反贫困理论中国化的最新成果，是习近平新时代中国特色社会主义思想的重要组成部分，为打赢脱贫攻坚战提供了根本指引、总体框架、核心要求、基本方略、力量之源。要始终坚持用总书记重要论述武装头脑、指导实践、推动工作，以钉钉子精神全面抓好落实，确保如期完成脱贫攻坚任务。党的十八大以来脱贫攻坚的成功实践，充分证明了总书记重要论述的科学性、真理性。在最后攻坚阶段，必须坚决按照总书记的要求，坚持既定路线方针政策不动摇，确保焦点不散、靶心不变。要把提高脱贫质量放在首位，强化产业和就业扶贫，促进稳定脱贫、可持续脱贫。要因地制宜推进脱贫攻坚，有效调动各地积极性和创造性。要集中力量攻坚深度贫困，引导资源要素向深度贫困地区聚焦。要充分发挥贫困群众主体作用，增强脱贫内生动力。要做好脱贫攻坚与乡村振兴的衔接，接续推动脱贫地区经济社会发展和群众生活改善。要全面加强党对脱贫攻坚的领导，凝聚全党全社会力量，坚决打赢脱贫攻坚战。

10月29日
[纲　文]　全国军民融合发展工作座谈会在北京召开。

[目　文]　中共中央政治局常委、中央军民融合发展委员会副主任兼办公室主任韩正出席会议并讲话。发展改革委、国务院国资委、全国工商联、军委战略规划办、陕西省、青岛市、清华大学、中国航空工业集团等部门和单位代表作了交流发言。会议学习贯彻习近平新时代中国特色社会主义思想和党的十九大精神，传达学习中共中央总书记习近平在中央军民融合发展委员会第二次全体会议上的讲话精神，实施军民融合发展战略，部署军民融合发展工作。

韩正要求，各地区各部门各单位要增强"四个意识"，坚定"四个自信"，把抓军民融合发展任务落实作为重大政治责任，以钉钉子精神推动军民融合发展战略落地见效。尽快完成地方工作机构设置，实现机构到位、职能到位、人员到位。突出强军兴军，加强政策体系和标准体系建设，抓紧完善体制机制，推动重点改革，抓好示范带动，以实干开创军民融合发展新局面。

10月29日
[纲　文]　自然资源部公布，中国自然资源统一确权登记试点取得积极进展。

[目　文]　12个省份、32个试点区域共划定自然资源登记单元1191个，确权登记总面积186727平方公里，并重点探索了国家公园、湿地、水流、探明储量矿产资源等确权登记试点。试点启动以来，自然资源部会同中央编办、财政部、原环境保护部、水利部、原农业部、原国家林业局成立试点指导小组、专家咨询组，建立了动态跟踪机制，联合组成7个调研督导组，分赴11省开展调研督导，多次召开协调推进会推动，试点工作取得积极成效。

10月29日
[纲　文]　大熊猫国家公园管理局揭牌仪式在成都举行。

［目　文］　大熊猫国家公园，是由国家批准设立并主导管理，以保护大熊猫及其栖息地的原真性和完整性为主要目的，实现自然资源科学保护和合理利用的特定陆地区域。

大熊猫国家公园面积达 2.7134 万平方公里，分为四川省岷山片区、邛崃山—大相岭片区，陕西省秦岭片区和甘肃省白水江片区，其中四川园区占地 20177 平方公里，甘肃园区面积 2571 平方公里，陕西园区 4386 平方公里。

10 月 29 日

［纲　文］　王光英在北京逝世。

［目　文］　中国现代民族工商业者的优秀代表，著名的社会活动家，中国民主建国会和中华全国工商业联合会的杰出领导人，中国共产党的亲密朋友，第八届、九届全国人民代表大会常务委员会副委员长，中国人民政治协商会议第六届、七届全国委员会副主席，中国民主建国会第三届中央委员会常务副主任委员，中华全国工商业联合会第五届、六届执行委员会副主席，第七届、八届执行委员会名誉主席，原中国光大（集团）总公司名誉董事长王光英同志，在北京逝世，享年 100 岁。

11 月 2 日，王光英遗体在北京八宝山革命公墓火化。习近平、李克强、栗战书、汪洋、王沪宁、赵乐际、韩正、王岐山、胡锦涛等送别。

10 月 29 日

［纲　文］　《人民日报》发表评论员文章《不忘改革开放初心——论学习贯彻习近平总书记广东考察重要讲话精神》。

10 月 29—31 日

［纲　文］　全国广场舞北京集中展演活动在北京工业大学体育馆举办。

［目　文］　本次展演由文化和旅游部、国家体育总局、中央广播电视总台、北京市人民政府共同主办，是深入贯彻党的十九大精神、丰富群众性文化活动的重要举措，是庆祝改革开放 40 周年群众性主题宣传教育活动的重要项目。展演荟萃了全国 31 个省、自治区、直辖市，新疆生产建设兵团，以及高铁、民航等 39 个团队的优秀广场舞，展现了全国广场舞展演活动的丰硕成果。

10 月 29—30 日

［纲　文］　第五届世界佛教论坛在福建莆田举行。

［目　文］　全国政协主席汪洋向大会发来贺信。中央统战部部长尤权出席论坛开幕式并致辞。论坛由中国佛教协会和中华宗教文化交流协会主办，福建组委会承办，以"交流互鉴、中道圆融"为主题。来自 55 个国家和地区的佛教界人士、专家学者和其他社会知名人士共 1000 余名代表和嘉宾出席。中国佛教协会副会长宗性法师、美国法界佛教总会董事长恒实法师宣读《第五届世界佛教论坛宣言》，多位来自世界各地的高僧大德上台见证。《宣言》提出了有关弘扬佛教中道圆融精神，弘扬佛教慈悲和平教义，促进"一带一路"沿线国家的人文交流、民心相通，加强南北传佛教各领域交流等七项倡议。

28日，尤权在莆田会见参加论坛的部分代表时指出，中国政府坚定奉行宗教信仰自由政策，一如既往支持中国佛教界在独立自主、平等友好、相互尊重的基础上与世界各国佛教界加强交往。希望佛教界人士弘扬慈悲平等、中道圆融、交流互鉴、文明共生等价值理念，为构建人类命运共同体，建设持久和平、普遍安全、共同繁荣、开放包容、清洁美丽的世界贡献智慧和力量。

10月29—30日
[纲 文] 世界中文报业协会第五十一届年会在北京举行。
[目 文] 中宣部部长黄坤明出席开幕式并致辞。年会由世界中文报业协会主办，中华全国新闻工作者协会协办，经济参考报社承办，以"新时代的中文报业"为主题。来自17个国家和地区的130多位中文报业人士参加。

10月29日—11月8日
[纲 文] 第四届中国—拉丁美洲高级防务论坛在国防大学举行。
[目 文] 论坛由国防部、国防大学国际防务学院主办，以"增进了解、促进合作"为主题。玻利维亚、哥斯达黎加、乌拉圭等拉美国家防务（安全）部门和军队领导人出席。论坛采取专题讲座和互动交流等方式，主要研讨全球化背景下中拉双方共同关注的外交、经济、社会发展等内容，旨在使与会各国代表了解中国的对外政策和军队发展情况，增进互信友谊，拓展交流合作。

11月2日，中央军委副主席许其亮在北京会见出席论坛的外方代表。国务委员兼国防部长魏凤和在北京分别会见出席论坛的玻利维亚国防部长萨瓦莱塔、哥斯达黎加公共安全部长索托。

10月30日
[纲 文] 国家主席习近平就印度尼西亚客机失事向印尼总统佐科致慰问电。

10月30日
[纲 文] 新华社讯，中共中央办公厅印发《关于深化中央纪委国家监委派驻机构改革的意见》。
[目 文] 《意见》强调全面加强对派驻机构的领导。中央纪委国家监委派驻机构是中央纪委国家监委的重要组成部分，由中央纪委国家监委直接领导、统一管理。要建立中央纪委常委会统一领导、中央纪委国家监委统一管理，中央纪委副书记（常委）、国家监委副主任（委员）分管，相关职能部门分工负责、协调配合的派驻工作领导体制，加强对派驻机构的指导、管理、服务和保障。中央纪委国家监委要及时研究解决改革中的重大问题，加强派驻机构制度建设和服务保障。中央和国家机关各部门要积极配合，自觉支持派驻机构工作，确保改革各项任务落到实处。要坚守派驻机构作为党的政治机构、派驻监督作为政治监督的职能定位，加强政治建设，强化政治担当，加强能力建设，强化管理监督，建设忠诚干净担当的派驻机构干部队伍。

10月30日

〔纲 文〕 教育部、财政部、民政部、人力资源社会保障部、国务院扶贫办、中国残联发布《关于做好家庭经济困难学生认定工作的指导意见》。

〔目 文〕 《意见》由八个部分组成：一、重要意义。二、认定对象。三、基本原则。四、组织机构及职责。五、认定依据。六、工作程序。七、相关要求。八、附则。自2018年10月30日起施行。《关于认真做好高等学校家庭经济困难学生认定工作的指导意见》（教财〔2007〕8号）同时废止。

10月30日

〔纲 文〕 财政部、生态环境部发布《大气污染防治资金管理办法》，自2018年10月31日起实施。

10月30日

〔纲 文〕 发展改革委、国家能源局印发《清洁能源消纳行动计划（2018—2020年）》。

〔目 文〕 《计划》由七个部分组成：一、优化电源布局，合理控制电源开发节奏。二、加快电力市场改革，发挥市场调节功能。三、加强宏观政策引导，形成有利于清洁能源消纳的体制机制。四、深挖电源侧调峰潜力，全面提升电力系统调节能力。五、完善电网基础设施，充分发挥电网资源配置平台作用。六、促进源网荷储互动，积极推动电力消费方式变革。七、落实责任主体，提高消纳考核及监管水平。

10月30日

〔纲 文〕 科技部、海关总署印发《纳入国家网络管理平台的免税进口科研仪器设备开放共享管理办法（试行）》。

〔目 文〕 《办法》共4章22条。主要有总则、开放共享程序、监督管理等内容。自2018年12月1日起试行。

10月30日

〔纲 文〕 民政部公布《慈善组织保值增值投资活动管理暂行办法》，自2019年1月1日起施行。

10月30日

〔纲 文〕 民政部公布《儿童福利机构管理办法》。

〔目 文〕 《办法》共6章52条。主要有总则、服务对象、服务内容、内部管理、保障与监督等内容。自2019年1月1日起施行。

10月30日

〔纲 文〕 汪洋在北京会见港区省级政协委员联谊会访京团全体成员。

〔目 文〕 全国政协主席汪洋勉励联谊会成员和港区政协委员认真学习领会习近平新时代中国特色社会主义思想和习近平总书记关于港澳工作的重要论述，继续带头宣传贯彻"一国两制"方针，全力支持特区政府和行政长官依法施政、积极作为，团结香港各界人士集中精力发展经济、改善民生。继续发挥渠道畅通、联系广泛等优势，参与和推动香港与内地交流合作，支持香港融入国家发展大局。继续关心、支持和参与国家的改革开放，在政协活动中资政建言、凝聚共识，为实现中华民族伟大复兴的中国梦尽职履责。继续关心关爱下一代成长，引导香港青少年不断增进国家认同、民族认同、文化认同，使"一国两制"事业后继有人。

10月30日

［纲　文］　郭声琨在北京主持召开中央政法委员会全体会议暨中央司法体制改革领导小组专题会议。

［目　文］　会议学习贯彻中共中央总书记习近平关于全面深化改革的指示精神，审议司法体制改革有关文件，研究部署当前工作。赵克志、周强、张军出席会议。

中央政法委书记郭声琨指出，当前，司法体制改革已进入系统性、整体性变革的新阶段。要从增强"四个意识"、践行"两个维护"的高度，认真贯彻落实党中央改革决策部署，以庆祝改革开放40周年为契机，对照全面深化司法体制改革推进会作出的部署，细化任务清单，排出重点问题，以敢于担当的精神啃硬骨头、闯难关，不断取得突破性进展。要加快推进政法口机构改革，抓紧完善新的工作体制和运行机制，确保相关工作运转高效、保障有力。

10月30日

［纲　文］　最高人民检察院在北京举行全国检察机关深入推进扫黑除恶专项斗争督促座谈会。

［目　文］　最高检副检察长孙谦主持会议。最高检副检察长陈国庆传达了全国扫黑除恶专项斗争推进会精神。河北、广东、湖北、江苏、河南、四川6个省级检察院作了发言。

最高检检察长张军要求，全国检察机关要把扫黑除恶专项斗争作为强化"四个意识"、践行"两个坚决维护"的重大政治工程，作为提升人民群众获得感、幸福感、安全感的重大民生工程，作为落实全面依法治国部署的重大政治任务抓紧抓好，攻坚克难，全力以赴。

10月30日

［纲　文］　国务院任命李元元为华中科技大学校长，免去其吉林大学校长职务；免去丁烈云的华中科技大学校长职务。

10月30日

［纲　文］　中俄人文合作委员会第十九次会议在北京举行。

［目　文］　国务院副总理、中俄人文合作委员会中方主席孙春兰与俄罗斯副总理、委员会俄方主席戈利科娃共同主持会议。

孙春兰强调，2019年是中俄建交70周年。双方应以传承中俄世代友好为主线，落实好《中俄青少年世代友好宣言》，推动教育、文化、卫生、体育、电影、媒体、旅游、青年和档案领域合作取得更多务实成果，深化在"东北—远东""长江—伏尔加河"两大区域性合作机制框架下的人文交流。要创新工作机制，发挥好政府的示范带动和政策保障作用，吸引更多民间机构和地方参与、推动中俄人文交流不断发展壮大。

戈利科娃说，近年来，俄中关系呈现强劲发展势头，双方应继续深化在人文各领域的务实合作，扩大并提升两国人文交流至新水平，巩固两国关系的社会基础。

会议期间，孙春兰、戈利科娃还共同出席中俄电视艺术合作联盟成立暨中俄影视作品互播启动仪式，共同为中俄人文交流合作频道上线揭幕，并见证了有关领域9个合作协议的签署。

10月30日

[纲　文]　2018"一带一路"媒体合作论坛在海南博鳌举办。

[目　文]　论坛由人民日报社和海南省委、省政府主办，以"共建共享　合作共赢"为主题，设"'一带一路'区域合作""人工智能与智慧媒体""丝路文化发展"等议题，并就共建"一带一路"新闻合作联盟建言献策。来自90个国家和国际组织、205家媒体和机构的256位嘉宾出席。

11月2日，中共中央政治局委员、中宣部部长黄坤明在北京会见出席论坛的主要外方代表时表示，5年前中国国家主席习近平向全世界发出的"一带一路"倡议，已经由理念变为行动、由愿景化为现实，取得了丰硕成果。希望相关国家和地区的媒体不断深化交流合作，传播"一带一路"好声音，汇聚合作共赢正能量。

外方代表说，"一带一路"倡议取得的成就令人赞赏。愿加强媒体间合作，为"一带一路"建设作出更大贡献。

10月30日

[纲　文]　《人民日报》发表社论《谱写新时代的巾帼华章——热烈祝贺中国妇女第十二次全国代表大会开幕》。

10月30日

[纲　文]　《人民日报》发表评论员文章《以改革开放的眼光看待改革开放——论学习贯彻习近平总书记广东考察重要讲话精神》。

10月30日—11月2日

[纲　文]　中国妇女第十二次全国代表大会在北京举行。

[目　文]　习近平、李克强、栗战书、汪洋、王沪宁、韩正等党和国家领导人出席开幕会，赵乐际代表中共中央发表了题为《在新时代征程中谱写半边天壮丽篇章》的致辞。中华全国总工会党组书记、书记处第一书记李玉赋代表中华全国总工会、中国共产主义青年团中央委员会、中国文学艺术界联合会、中国作家协会、中国科学技术协会、中华全国归国华侨联合会、中华全国台湾同胞联谊会、中国残疾人联合会向大会致贺词。国务院副总理、国务院妇女儿童工作委员会主任孙春兰出席闭幕会并讲话。

来自全国各行各业的1637名中国妇女十二大代表和来自香港特别行政区、澳门特别行政区的 79 名特邀代表出席会议。大会选举产生了全国妇联第十二届执行委员会，万相兰等 295 人当选全国妇联第十二届执行委员会委员。选举全国妇联第十二届主席、副主席和常务委员。沈跃跃当选全国妇联主席。全国妇联十二届一次常委会议推选黄晓薇为全国妇联书记处第一书记。会议通过了《关于中华全国妇女联合会第十一届执行委员会报告的决议》《关于〈中华全国妇女联合会章程（修正案）〉的决议》。

10月31日

［纲　文］　中共中央政治局召开会议。

［目　文］　中共中央总书记习近平主持会议。分析研究当前经济形势，部署当前经济工作。

会议认为，今年以来，各地区各部门按照党中央决策部署，坚持稳中求进工作总基调，贯彻新发展理念，落实高质量发展要求，以供给侧结构性改革为主线，着力打好防范化解重大风险、精准脱贫、污染防治三大攻坚战，加快改革开放步伐，实现了经济社会持续健康发展。前三季度，经济运行总体平稳，稳中有进，继续保持在合理区间。居民消费价格基本稳定，制造业投资回升到近年来较高水平，进出口较快增长，利用外资稳步扩大，秋粮获得丰收，居民收入增长与经济增长基本同步，城镇新增就业提前完成全年目标。经济结构持续优化。支持民营经济发展，实施促进金融市场健康发展的一系列措施，提振了市场信心。

会议指出，当前经济运行稳中有变，经济下行压力有所加大，部分企业经营困难较多，长期积累的风险隐患有所暴露。对此要高度重视，增强预见性，及时采取对策。当前我国经济形势是长期和短期、内部和外部等因素共同作用的结果。我国经济正在由高速增长阶段转向高质量发展阶段，外部环境也发生深刻变化，一些政策效应有待进一步释放。

会议强调，面对经济运行存在的突出矛盾和问题，要坚持稳中求进工作总基调，坚持新发展理念，坚持以供给侧结构性改革为主线，加大改革开放力度，抓住主要矛盾，有针对性地加以解决。要切实办好自己的事情，坚定不移推动高质量发展，实施好积极的财政政策和稳健的货币政策，做好稳就业、稳金融、稳外贸、稳外资、稳投资、稳预期工作，有效应对外部经济环境变化，确保经济平稳运行。要坚持"两个毫不动摇"，促进多种所有制经济共同发展，研究解决民营企业、中小企业发展中遇到的困难。围绕资本市场改革，加强制度建设，激发市场活力，促进资本市场长期健康发展。继续积极有效利用外资，维护在华外资企业合法权益。要改进作风，狠抓落实，使已出台的各项政策措施尽快发挥作用。

10月31日

［纲　文］　中共中央政治局举行第九次集体学习。

［目　文］　本次学习的主题是：人工智能发展现状和趋势。北京大学教授、中国工程院院士高文就这个问题作了讲解，并谈了意见和建议。中共中央政治局各位委员听取了

讲解，并就有关问题进行了讨论。

中共中央总书记习近平在主持学习时强调，人工智能是新一轮科技革命和产业变革的重要驱动力量，加快发展新一代人工智能是事关我国能否抓住新一轮科技革命和产业变革机遇的战略问题。要深刻认识加快发展新一代人工智能的重大意义，加强领导，做好规划，明确任务，夯实基础，促进其同经济社会发展深度融合，推动我国新一代人工智能健康发展。

10月31日

［纲　文］　交通运输部公布修改后的《水上移动卫星通信管理规则》，自2018年12月10日起施行。

10月31日

［纲　文］　国家广电总局公布《关于取消部分规章和规范性文件设定的证明事项材料的决定》。

［目　文］　《决定》说，为贯彻落实党中央、国务院关于减证便民、优化服务的部署，按照《国务院办公厅关于做好证明事项清理工作的通知》（国办发〔2018〕47号）要求，国家广播电视总局对现行有效的广播电视规章和规范性文件设定的证明事项材料进行了全面清理。根据《规章制定程序条例》的相关规定，决定取消部门规章设定的17项证明事项材料，取消部门规范性文件设定的6项证明事项材料。

10月31日

［纲　文］　住房城乡建设部、商务部发布《关于废止〈外商投资建设工程设计企业管理规定〉等部门规章的决定》。

［目　文］　《决定》说，住房城乡建设部、商务部决定废止《外商投资建设工程设计企业管理规定》（建设部、对外贸易经济合作部令第114号）、《〈外商投资建设工程设计企业管理规定〉的补充规定》（建设部、商务部令第122号）和《外商投资建设工程服务企业管理规定》（建设部、商务部令第155号）。现予发布，自发布之日起施行。

10月31日

［纲　文］　国家药监局发布《关于药品信息化追溯体系建设的指导意见》。

［目　文］　《意见》由六个部分组成：一、指导思想。二、工作目标。三、基本原则。四、适用范围。五、工作任务。六、有关要求。

10月31日

［纲　文］　三峡水库完成2018年175米试验性蓄水。

［目　文］　这标志着三峡水库连续第9年完成175米试验性蓄水任务，为今冬明春发电、航运、供水、生态提供有力保障。

10月31日

［纲　文］　中国首次向老挝成批出口成品油。

［目　文］　中国石油天然气集团公司（中国石油）旗下的云南中石油国际事业有限

公司在昆明组织装运的约64吨柴油，经中老边境在老挝磨丁口岸移交老挝客户。

10月31日

［纲　文］　外交部发言人就中国从11月1日起正式接任联合国安理会11月份轮值主席发表谈话。

［目　文］　发言人表示，根据目前掌握的情况，安理会11月将举行多场会议，审议叙利亚、利比亚、伊拉克、黎巴嫩、中东、波黑、萨赫勒地区局势等问题。中方作为轮值主席，还考虑就当前形势下加强多边主义和联合国作用、非洲和平与安全问题举行安理会公开会议。我们正就11月工作计划同其他安理会成员国进行协商。联合国安理会是第二次世界大战后确立的集体安全机制的核心，是全球安全治理的重要平台。当前，国际和平与安全形势面临复杂挑战。作为11月安理会轮值主席，中方将推动安理会根据《联合国宪章》宗旨和原则，秉持客观公正，保持团结合作，采取有效行动，积极推进地区热点问题政治解决进程，为维护国际和平与安全发挥重要作用。

10月31日

［纲　文］　《人民日报》发表评论员文章《把创新发展主动权牢牢掌握在自己手中——论学习贯彻习近平总书记广东考察重要讲话精神》。

10月31日—11月6日

［纲　文］　应国家主席习近平邀请，萨尔瓦多总统桑切斯对中国进行国事访问。

［目　文］　访问期间，习近平在北京同桑切斯举行会谈，两国元首共同见证了多项双边合作文件的签署。国务院总理李克强、全国人大常委会委员长栗战书在北京分别会见了桑切斯。桑切斯在上海出席首届中国国际进口博览会。

习近平同桑切斯会谈时指出，中萨建交短短两个多月以来，双方各领域交往合作快速铺开，呈现出蓬勃活力和强劲势头。它有力地证明，中萨建交顺应历史潮流，符合两国根本和长远利益。要筑牢一个中国原则这个中萨关系的根基，为中萨关系构筑更深厚、更广泛、更坚实的基础。要深入开展对话交流，推进相互了解和信任，中方愿同萨各党派、立法机构、地方、社会团体开展交往，交流互鉴治国理政经验，共同致力于发展中萨关系。要加强各领域务实合作，完善合作机制，以共建"一带一路"为统领，把两国互补优势转化为全面合作优势。中方欢迎萨方扩大对华出口，将采取措施畅通萨产品输华通道。中方愿本着政府指导、企业主体、市场运作、互利共赢的原则同萨方开展基础设施等领域合作，支持有实力的中国企业赴萨尔瓦多投资兴业，要求中国企业守法经营、合规经营、诚信经营，多融入当地社会。

桑切斯表示，萨尔瓦多承认并恪守一个中国原则。萨中两国在许多问题上有相同的立场。萨中关系发展建立在相互尊重、相互信任基础之上。我此次访华，充分表明萨方对萨中关系充满信心并致力于深化双方关系。萨方欢迎中国投资，愿同中方加强在经贸、农业、基础设施建设、旅游、医疗卫生、教育、金融、科技等领域合作，愿积极参加共建"一带一路"，助力萨尔瓦多发展。

李克强会见桑切斯时指出，中方愿本着相互尊重、平等互利、共同发展的原则，持续推进中萨各领域合作，共同应对气候变化等全球性挑战。我们鼓励有实力的中国企业赴萨投资兴业，愿同萨方加强人文交流，引导两国各界广泛参与中萨友好事业，夯实两国关系与合作的民意基础。

桑切斯表示，萨方愿同中方加强政治对话，增进友好往来，积极参与共建"一带一路"，密切在联合国框架下的沟通与协调，促进拉共体同中国的互利合作。

栗战书会见桑切斯时表示，双方要在习近平主席和总统先生共同引领下，筑牢政治基础，在"一带一路"框架下加强合作，造福两国人民。中国全国人大愿与萨各界加强交流，增进了解，推动形成支持中萨友好的广泛社会共识。

桑切斯表示，萨方将恪守一个中国原则，积极参与共建"一带一路"，同中方加强包括立法机构在内的各领域交流合作。

10月31日—11月2日

［纲　文］　2018保密技术交流大会暨产品博览会在青岛举办。

［目　文］　大会由中国保密协会主办，以"坚持创新驱动，携手打造保密产业良好生态"为主题，旨在推动企业与用户、企业与企业、国内与国际进行保密技术交流合作，增强机关、单位干部职工保密意识，普及公众信息安全保密防范常识。会展由保密技术交流大会、保密技术产品博览会、保密技术论坛等活动组成。大会还设立了信息安全保密公众体验区，围绕公众关心的信息安全保密问题，通过警示教育、互动体验、图书影视等形式，普及信息安全保密知识和防护技能。

11 月

11月1日

[纲　文]　习近平在北京主持召开民营企业座谈会。

[目　文]　中共中央政治局常委汪洋、王沪宁、韩正,丁薛祥、刘鹤、胡春华、黄坤明、尤权、何立峰等出席座谈会。刘积仁、鲁伟鼎、王小兰、孙飘扬、卢勇、汤晓鸥、刘汉元、谈剑锋、刘屹、耿哲等10位企业家代表,就新形势下支持民营企业发展提出意见和建议。

中共中央总书记习近平强调,公有制为主体、多种所有制经济共同发展的基本经济制度,是中国特色社会主义制度的重要组成部分,也是完善社会主义市场经济体制的必然要求。非公有制经济在我国经济社会发展中的地位和作用没有变,我们毫不动摇鼓励、支持、引导非公有制经济发展的方针政策没有变,我们致力于为非公有制经济发展营造良好环境和提供更多机会的方针政策没有变。

习近平指出,当前要抓好六个方面政策举措落实。一是减轻企业税费负担。抓好供给侧结构性改革降成本行动各项工作,推进增值税等实质性减税,对小微企业、科技型初创企业可以实施普惠性税收免除,根据实际情况降低社保缴费名义费率,清理、精简行政审批事项和涉企收费。二是解决民营企业融资难融资贵问题。改革和完善金融机构监管考核和内部激励机制,扩大金融市场准入,拓宽民营企业融资途径,对符合经济结构优化升级方向、有前景的民营企业进行必要财务救助。省级政府和计划单列市可以自筹资金组建政策性救助基金,纠正一些政府部门、大企业利用优势地位以大欺小、拖欠民营企业款项的行为。三是营造公平竞争环境。鼓励民营企业参与国有企业改革。四是完善政策执行方式。加强政策协调性,制定相关配套举措,推动各项政策落地落细落实,让民营企业从政策中增强获得感。五是构建亲清新型政商关系。各级党委和政府要把构建亲清新型政商关系的要求落到实处,把支持民营企业发展作为一项重要任务,花更多时间和精力关心民营企业发展、民营企业家成长,经常听取民营企业反映和诉求,特别是在民营企业遇到困难和问题情况下更要积极作为、靠前服务,帮助解决实际困难。要加强舆论引导,正确宣传党和国家大政方针,对一些错误说法要及时澄清。六是保护企业家人身和财产安全。纪检监察机关在履行职责过程中,既要查清问题,也要保障合法的人身和财产权益,保障企业合法经营,让企业家卸下思想包袱,轻装前进。

11月1日

［纲　文］　国家主席习近平应约同美国总统特朗普通电话。

［目　文］　特朗普表示，我重视同习近平主席的良好关系，愿通过习近平主席向中国人民致以良好的祝愿。两国元首经常直接沟通非常重要，我们要保持经常联系。我期待着同习主席在阿根廷二十国集团领导人峰会期间再次会晤，我们可以就一些重大问题进行深入探讨。希望双方共同努力，为我们的会晤做好充分准备。美方重视美中经贸合作，愿继续扩大对华出口。两国经济团队有必要加强沟通磋商。我支持美国企业积极参加首届中国国际进口博览会。

习近平表示，很高兴再次同总统先生通电话。中方已就中美关系多次阐明原则立场。希望双方按照我同总统先生达成的重要共识，促进中美关系健康稳定发展。我也重视同总统先生的良好关系，愿同总统先生在出席阿根廷二十国集团领导人峰会期间再次会晤，就中美关系及其他重大问题深入交换意见。我们两人对中美关系健康稳定发展、扩大中美经贸合作都有良好的愿望，我们要努力把这种愿望变为现实。中美经贸合作的本质是互利共赢。过去一段时间，中美双方在经贸领域出现一些分歧，两国相关产业和全球贸易都受到不利影响，这是中方不愿看到的。中国即将举办首届国际进口博览会，这显示了中方增加进口、扩大开放的积极意愿。很高兴众多美国企业踊跃参与。中美双方也有通过协调合作解决经贸难题的成功先例。两国经济团队要加强接触，就双方关切问题开展磋商，推动中美经贸问题达成一个双方都能接受的方案。

两国元首还就朝鲜半岛局势交换意见。习近平强调，今年以来，朝鲜半岛形势出现积极变化。中方赞赏总统先生同金正恩委员长举行历史性会晤，推动了朝鲜半岛无核化和政治解决进程。希望美朝双方照顾彼此关切，进一步推进朝鲜半岛无核化和构建朝鲜半岛和平机制进程。中方将继续发挥建设性作用。

特朗普表示，今年以来，美朝会谈取得了积极进展。美方高度重视中方在朝鲜半岛问题上的重要作用，愿继续同中方加强沟通协调。

11月1日

［纲　文］　国家主席习近平同摩洛哥国王穆罕默德六世互致贺电，庆祝两国建交60周年。

［目　文］　习近平在贺电中指出，摩洛哥是最早同新中国建交的非洲国家之一。建交60年来，两国关系始终健康稳定发展。2016年中摩建立战略伙伴关系后，双边关系快速发展，各领域合作成果丰硕，我对此感到十分满意。我高度重视中摩关系发展，愿同你一道努力，以两国建交60周年为契机，巩固两国政治互信，深化双方在共建"一带一路"框架内的各项合作，共同落实好中非合作论坛北京峰会成果，推动中摩战略伙伴关系不断取得新的更大发展。

穆罕默德六世在贺电中对60年来摩中关系顺利发展表示满意。他说，两国一直相互理解和信任，经贸合作持续快速增长。摩方愿积极参与"一带一路"建设，响应中方在中非合作论坛框架内提出的合作倡议，推动摩中和非中合作不断取得积极成果。

同日，国务院总理李克强同摩洛哥首相奥斯曼尼互致了贺电。

11月1日

［纲　文］　新华社讯，中共中央印发《2018—2022年全国干部教育培训规划》。

［目　文］　《规划》由七个部分组成：一、总体要求。二、全面深入开展习近平新时代中国特色社会主义思想教育培训。三、完善培训内容体系。四、优化分类分级培训体系。五、建强培训保障体系。六、健全培训制度体系。七、组织领导。

《规划》指出，中央组织部要对本规划实施情况进行督促检查，开展中期和5年总结评估工作。中国人民解放军的干部教育培训工作，由中央军委根据本规划精神制定实施意见。

11月1日

［纲　文］　国务院总理李克强在北京分别会见联合国开发计划署署长施泰纳和美国联邦参议员亚历山大率领的美国参、众两院访华代表团。

［目　文］　李克强会见施泰纳时表示，联合国开发计划署是中国改革开放后第一个同我们建立合作关系的联合国发展机构。40年来，双方各领域合作卓有成效，助力了中国经济建设和社会发展。中国仍然并将长期是发展中国家，发展还不充分、不平衡。我们期待将自身发展规划同联合国2030年可持续发展议程相结合，继续同开发计划署加强合作，携手并进。当前国际形势中单边主义和保护主义抬头，带来不稳定和不确定因素。作为联合国安理会常任理事国和最大的发展中国家，中国期待同包括开发计划署在内的联合国发展机构一道，维护多边主义和以联合国宪章宗旨、原则为核心的国际秩序，共同应对全球性挑战，在南南合作框架下共同助力各国提升自主和可持续发展能力，为世界和平与发展事业不断作出贡献。

施泰纳表示，联合国开发计划署同中国建立了良好的伙伴关系，双方在中国和全球范围内开展了广泛合作。联合国开发计划署赞赏中国支持多边主义和联合国作用，愿同中方深化在创新、可持续发展等领域的合作，推动南南合作，共享发展经验。

李克强会见亚历山大率领的美国参、众两院访华代表团时指出，中美分别是最大发展中国家和最大发达国家，两国经济处于不同发展阶段，互补性很强，两国人民都从合作中切实受益。当然，经贸合作也会出现这样那样的问题。双方应当相互尊重和照顾彼此核心利益和重大关切，通过平等对话协商妥善管控和解决分歧，这对两国、对世界都有利。中国将坚定不移深化改革，进一步扩大开放。中国的发展将会为世界各国提供更多机遇和更广阔的市场。

美方议员表示，美中存在竞争，但彼此不是对手，共同利益远大于分歧，双方加强合作可以实现共同繁荣。对经贸领域存在的问题，双方应通过公平、平等协商解决，打贸易战不是解决问题的办法。美议员愿为促进美中关系、增进两国了解与合作发挥建设性作用。

11月1日

［纲　文］　胡春华在北京出席全国非洲猪瘟防控工作电视电话会议并讲话。

［目　文］　国务院副总理胡春华指出，要认真贯彻习近平总书记重要指示精神，落实李克强总理批示要求，按照党中央、国务院的决策部署，进一步压实责任、强化措施，全力以赴做好非洲猪瘟防控各项工作，坚决阻断疫情传播和蔓延，确保生猪产业安全、市场供应和社会稳定。我国部分地区发生非洲猪瘟疫情以来，各地区、各有关部门认真贯彻党中央、国务院的决策部署，做了大量工作，取得了积极成效，但当前疫情形势仍然十分严峻，加强防控工作极为紧迫。要全面压实防控责任，严格落实地方属地防控责任和部门监管责任，严肃追责问责，严厉打击生产经营者的违法违规行为，确保各项防控措施都落到实处。要强化关键防控措施，从严从速做好疫情处置，全面做好疫情排查监测，加大检疫检测和监督管理力度，充分发挥区域联防联控机制作用，坚决果断扑灭疫情、拔除疫点，切实防范疫情跨区域传播。

11月1日

［纲　文］　陈希在天津调研高校坚持党的领导、加强党的建设。

［目　文］　中组部部长陈希在南开大学马克思主义学院和习近平新时代中国特色社会主义思想研究院、历史学院，了解教学科研和党的建设情况；在天津大学图书馆党的理论和党史党建学习区，与师生交流理论学习情况；在全国高校"双带头人"教师党支部书记工作室，听取工作开展情况；在天津师范大学，观摩了思政选修课集体备课会。

陈希与天津市有关负责人和部分高校党委书记、校长座谈时指出，要全面加强党对高校的领导，把习近平新时代中国特色社会主义思想作为办学治校的根本遵循，坚持社会主义办学方向，巩固马克思主义在高校意识形态的主导地位，坚持和完善党委领导下的校长负责制。要全面加强高校党的建设，严密党的组织体系，重视发挥基层党组织作用；抓好带头人队伍建设，配强党建力量，加强指导和培训，增强做好党建工作本领；突出政治标准，严把发展党员关，加强党员教育管理，把先进标尺立起来，把先锋形象树起来。

11月1日

［纲　文］　北京2022年冬奥会和冬残奥会遗产工作协调委员会成立大会暨第一次全体会议在北京召开。

［目　文］　会上明确了该委员会的机构组成和工作内容。冬奥会已进入"北京周期"，为广泛动员各方力量，整合各方资源，全力做好遗产工作，经第二十四届冬奥会工作领导小组同意，北京冬奥会遗产协调工作委员会正式成立。

11月1日

［纲　文］　中国在西昌卫星发射中心用"长征三号乙"运载火箭，成功发射第四十一颗北斗导航卫星。

［目　文］　本颗卫星是我国北斗三号系统第十七颗组网卫星，也是北斗三号系统首颗地球静止轨道卫星。该卫星除提供基本导航服务（RNSS）外，还提供短报文服务

（RDSS）、星基增强服务（SBAS）。其中，短报文服务在全面兼容北斗二号短报文服务基础上，容量提升10倍，用户机发射功率降低10倍。

11月1日

[纲　文]　《人民日报》发表评论员文章《弘扬敢闯敢试、敢为人先的改革精神——论学习贯彻习近平总书记广东考察重要讲话精神》《坚持稳中求进 狠抓改革落实》。

11月1—2日

[纲　文]　改革开放与中国扶贫国际论坛在北京举办。国家主席习近平致信祝贺。

[目　文]　习近平在信中写道：值此改革开放与中国扶贫国际论坛开幕之际，我谨代表中国政府和中国人民，并以我个人的名义，对论坛的举办表示热烈的祝贺！向出席论坛的国际组织、金融机构、智库代表和各界人士表示诚挚的欢迎！中国作为世界上人口最多的发展中国家，一直是全球减贫事业的积极倡导者和有力推动者。新中国成立近70年来，中国共产党领导人民自力更生、艰苦奋斗，为解决贫困问题付出了艰辛努力。特别是40年前，中国开启了改革开放的伟大历程，同时也开启了人类历史上最为波澜壮阔的减贫进程。过去40年来，中国人民积极探索、顽强奋斗，实现7亿多贫困人口摆脱绝对贫困，创造了人类减贫史上的奇迹。让贫困人口和贫困地区同全国一道进入全面小康社会，是中国确定的庄严目标。我们将坚持以人民为中心的发展思想，大力实施精准扶贫、精准脱贫，发挥中国制度优势，坚持政府主导，深化东西部协作，动员全社会参与，把扶贫同扶志扶智相结合，开发式扶贫同保障性扶贫相统筹，确保到2020年消除绝对贫困。中国愿同各方一道，为推进世界减贫事业发展、实现联合国2030年可持续发展议程确定的减贫目标作出努力。希望各位嘉宾畅所欲言、互学互鉴、凝聚共识，加强减贫经验交流，促进国际减贫合作，为推动构建人类命运共同体贡献智慧和力量。预祝论坛取得圆满成功！

中宣部部长黄坤明出席开幕大会，宣读习近平的贺信并发表主旨演讲。论坛由中宣部、财政部、国务院扶贫办、世界银行主办，以"国际减贫合作：构建人类命运共同体"为主题。来自51个国家和11个国际组织400余人参加，围绕改革开放40年来中国取得的减贫成就、中国推动减贫脱贫中国理念转化为国际共识、减贫国际合作推动构建人类命运共同体等议题，与会嘉宾进行了探讨。

11月1—6日

[纲　文]　应国家主席习近平邀请，多米尼加总统梅迪纳对中国进行国事访问。

[目　文]　访问期间，习近平在北京同梅迪纳举行会谈，两国元首共同见证了双边合作文件的签署。国务院总理李克强、全国人大常委会委员长栗战书在北京分别会见了梅迪纳。国务委员兼外交部部长王毅同梅迪纳共同出席多米尼加驻华大使馆开馆仪式。梅迪纳在上海出席了首届中国国际进口博览会。

习近平同梅迪纳会谈时指出，中多建交半年来，两国关系迸发出蓬勃发展活力，展现出无限广阔前景。双方要加强顶层设计和政治引领。要坚持一个中国原则，为中多关系持久稳定发展打下坚实基础。要通过共建"一带一路",统筹规划和协调带动各领域合作。要本着企业主体、政府指导、市场运作、互利共赢原则,积极开展基础设施建设、金融、投资、旅游、民航等领域合作。要增进人文交流和相互了解,推动从中央到地方、从政府到立法机构、从官方到民间的交往,凝聚有利于中多合作的广泛共识。中方愿同多方开展人力资源培训、体育等方面合作,并向多方派出医疗队。要开展国际事务协调,共同维护国际和平和安全,维护发展中国家整体利益。

梅迪纳表示,多中建交完全符合多米尼加自身利益。多方愿同中方发展紧密的友好关系,深化两国人民的友谊,期待着在"一带一路"框架下,同中方开展经贸、基础设施建设、能源、电力、旅游等领域合作。多方致力于同中方一道,推动中拉关系发展。

李克强会见梅迪纳时指出,中多经济互补性强,务实合作潜力很大。中方支持有实力的中国企业和金融机构按市场规则和商业原则同多方开展电力、交通、港口等基础设施建设合作。中国愿进口多方有竞争力的优质产品,扩大双边经贸往来。中多旅游合作前景广阔,希望双方以此为契机扩大人员往来,拓展人文交流。

梅迪纳表示,建交以来,双方各领域合作取得丰硕成果,给两国人民带来实实在在的利益。多方欢迎中资企业赴多投资兴业,希望扩大多方产品对华出口,加强电力等领域合作,更好实现互利共赢。

栗战书会见梅迪纳时表示,中方愿与多方一道,在习近平主席和总统先生的共同引领下,以共建"一带一路"为契机,推进友好合作。中国举办国际进口博览会就是要展示扩大对外开放的决心,同各方分享中国发展机遇,欢迎多方积极参与。中国全国人大愿同多议会密切联系,推动落实两国元首共识。

梅迪纳表示,多方高度评价中国发展的巨大成就,认同中国共产党"以人民为中心"的执政理念,赞赏中方在国际上主张合作共赢。

11月1—9日

〔纲 文〕 全国人大常委会副委员长张春贤率全国人大代表团访问柬埔寨、巴基斯坦、泰国。

11月1—5日

〔纲 文〕 第十六届中国国际农产品交易会暨第二十届中国中部(湖南)农业博览会在长沙举办。

〔目 文〕 农交会由农业农村部、湖南省人民政府主办。国务院副总理胡春华出席开幕式并作主旨演讲。展出面积11.3万平方米,其中室内展览面积10.8万平方米,室外展览面积5000平方米。共设立了乡村振兴展区、扶贫展区、32个省区市(兵团)综合展区、湖南市州展区、行业专业展区、品牌农业展区、特色产业展区、农垦展区、海峡两岸农业合作展区、国际展区以及综合配套服务区等展区,4000多家企业参展,参展产品达16000种。共有来自乌干达、泰国、印度、马来西亚、法国等20个国家和地区的200余家国外公司参展。

其间，本届农交会与联合国粮农组织（FAO）联合举办部长级"全球农业南南合作高层论坛"。

11月1—10日
[纲　　文]　2018世界举重锦标赛在土库曼斯坦阿什哈巴德举行。

[目　　文]　中国举重队20名运动员分别参加女子59公斤级、64公斤级和男子73公斤级、81公斤级、109公斤级等14个级别比赛，获得20枚金牌、23枚银牌和10枚铜牌，奖牌总计53枚，位居金牌榜榜首。

11月2日
[纲　　文]　习近平在中南海同全国妇联新一届领导班子成员集体谈话。

[目　　文]　中共中央政治局常委王沪宁，丁薛祥、孙春兰、杨晓渡、陈希、郭声琨、黄坤明、尤权参加谈话。全国妇联主席沈跃跃代表全国妇联新一届领导班子汇报了中国妇女十二大召开情况和做好妇联工作的考虑。全国妇联副主席黄晓薇、刘洋、陈化兰作了发言。

中共中央总书记习近平指出，做好党的妇女工作关系团结凝聚占我国人口半数的妇女，关系为党和人民事业发展提供强大力量。要加强党对妇女工作的领导，坚持中国特色社会主义妇女发展道路，把握实现中华民族伟大复兴的中国梦这一当代中国妇女运动的时代主题，促进男女平等，发挥妇女在各个方面的积极作用，组织动员妇女走在时代前列，在改革发展稳定第一线建功立业。要以更实的举措推进妇联改革，深化基层妇联组织改革，转变机关干部工作作风，提高服务能力，加大攻坚克难力度，确保改革在基层落地。要把联系和服务妇女作为工作生命线，成为妇女信得过、靠得住、离不开的娘家人。要加强妇联干部队伍建设，努力培养高素质妇联干部队伍。

11月2日
[纲　　文]　国家主席习近平同汤加国王图普六世互致贺电，庆祝两国建交20周年。

[目　　文]　习近平在贺电中指出，中汤建交20年来，两国关系不断深入发展，务实合作和人文交流日益扩大。今年3月，你来华进行国事访问，我们就推进两国广泛领域交流和合作达成重要共识，为中汤关系发展指明了方向。我高度重视中汤关系发展，愿同你一道努力，以两国建交20周年为新起点，加强各领域交流合作，推动中汤关系不断迈上新台阶，更多更好惠及两国人民。

图普六世在贺电中表示，热烈祝贺汤中建交20周年。近年来，两国高层交往密切，各领域合作不断深化，两国人民相互了解和友谊与日俱增。我衷心祝愿中国繁荣昌盛、人民幸福安康。

11月2日
[纲　　文]　李克强主持召开国务院常务会议。

[目　　文]　会议主要内容是：一、确定进一步促进就业的针对性措施。会议指出，

今年以来我国就业形势总体稳定，前三季度城镇新增就业已完成全年目标任务。当前国内外形势错综复杂，就业压力仍然较大。要按照党中央、国务院部署，坚持就业优先战略，推出更加积极的政策。二、决定延长阶段性降低失业保险缴费费率政策执行期限。为减轻企业负担，促进扩大就业，会议决定，对用人单位和职工失业保险缴费比例总和从3%阶段性降至1%的现行政策，明年4月底到期后继续延续实施。三、听取国务院第五次大督查情况汇报，激励担当作为狠抓政策见效。会议指出，围绕党中央、国务院重大决策部署落实，国务院开展了第五次大督查，覆盖全国各地区和国务院主要部门。这次督查创新方式、成效明显，明察暗访结合，邀请全国人大代表、全国政协委员全程参与，对发现的政策落实不到位不协调、制度不健全、不作为乱作为等问题加强曝光，严厉问责。

11月2日

［纲　文］　深化中央纪委国家监委派驻机构改革动员部署会在北京举行。

［目　文］　中央纪委书记赵乐际出席并讲话。中央纪委副书记杨晓渡主持会议。交通运输部、中国石油天然气集团有限公司、中国银行股份有限公司、清华大学、广东省等纪检监察机构负责人作了发言。

赵乐际指出，要以习近平新时代中国特色社会主义思想为指导，深入贯彻落实党的十九大精神和党中央重大决策部署，贯彻落实党中央《关于深化中央纪委国家监委派驻机构改革的意见》，完善体制机制，强化监督职能，努力实现新时代派驻监督工作高质量发展。要坚持打铁必须自身硬，持续深化转职能、转方式、转作风，打造忠诚干净担当的派驻机构干部队伍。要按照政治过硬、本领高强要求，把党的政治建设摆在首位，在学懂弄通做实习近平新时代中国特色社会主义思想上下功夫、在结合实际创造性贯彻落实上下功夫；要提高精准监督能力、调查研究能力、统筹协调能力、运用监督执纪"四种形态"能力；要坚守党性原则，发扬斗争精神，坚持实事求是、依规依纪依法开展监督；要自觉接受党内监督和其他各方面监督，坚决防止"灯下黑"。

11月2日

［纲　文］　工业信息化部、发展改革委、科技部、公安部、交通运输部、市场监管总局发布《关于加强低速电动车管理的通知》。

［目　文］　《通知》由三个部分组成：一、开展低速电动车生产销售企业清理整顿。二、严禁新增低速电动车产能。三、建立长效监管机制。

《通知》指出，工业信息化部、科技部、公安部、交通运输部、市场监管总局等部门要组成联合督导组对各地落实情况开展督查，制定考核评估办法，对落实要求成效显著的地区和部门予以表彰，对工作不力的予以通报批评，对不作为的追责问责。要按照"升级一批、规范一批、淘汰一批"总体思路，加快制定发布《四轮低速电动车技术条件》等国家标准，加快研究提出低速电动车生产、销售、税费、保险和使用管理、售后服务等环节具体管理措施，建立完善低速电动车管理体系。

11月2日
［纲　文］　国资委公布《中央企业合规管理指引（试行）》。
［目　文］　《指引》共6章31条。主要有总则、合规管理职责、合规管理重点、合规管理运行、合规管理保障、附则等内容。自2018年11月2日起施行。

11月2日
［纲　文］　**优化营商环境高级别国际研讨会在北京举行。**
［目　文］　国务院总理李克强致贺信。李克强在贺信中表示，营商环境是企业生存发展的土壤。近年来，中国大力转变政府职能，持续推进"放管服"改革，在优化营商环境等方面作出了积极努力，取得了明显成效，激发了市场活力和社会创造力。中国将进一步加大改革开放创新力度，对内外资企业、不同所有制企业实行一视同仁、公平竞争的政策，加快打造市场化、法治化、国际化的一流营商环境，让中国继续成为中外企业投资发展、合作共赢的热土。中方期待同世界银行等国际组织进一步加强合作，共同应对全球性挑战。希望与会嘉宾围绕此次研讨会主题深入探讨，为促进全球开放合作、为各国持续优化营商环境积极贡献智慧。

研讨会由财政部、北京市人民政府与世界银行共同主办。北京市市长陈吉宁宣读了国务院总理的贺信并致辞。财政部副部长邹加怡、世界银行行长金墉分别致辞。此次会议为借鉴国际先进经验，持续优化提升本市营商环境，主要面向优化营商环境的实践和未来改革作出分享和探索。研讨会邀请世行营商环境政策咨询团队以及新加坡、韩国、俄罗斯等国家营商环境改革负责人等，围绕世行营商环境评价重点指标组织6场分组研讨会。中外双方从经验展示、模式创新、法律支撑等方面交流相关情况，探讨优化营商环境改革举措。

11月2日
［纲　文］　**中华全国新闻工作者协会主办的第二十八届中国新闻奖、第十五届长江韬奋奖评选结果揭晓。**
［目　文］　来自全国各级各类媒体的348件作品获中国新闻奖，其中，特别奖5件，一等奖62件（含10件新闻名专栏），二等奖98件，三等奖183件；20名新闻工作者获长江韬奋奖，其中长江系列10名，韬奋系列10名。特别奖获奖作品是：《领航，思想的力量开辟新时代》《中国反贫困斗争的伟大决战》《将改革进行到底》《央视网零首页十九大特别报道矩阵设计》《两会进行时》。

8日，第二十八届中国新闻奖、第十五届长江韬奋奖颁奖报告会在北京举行。中宣部部长黄坤明出席会议并讲话，强调新闻战线要坚持以习近平新时代中国特色社会主义思想为指导，深入学习贯彻全国宣传思想工作会议精神，不断增强脚力、眼力、脑力、笔力，守正创新做好新形势下新闻舆论工作。各级记协组织要认真履责，加强教育引导，强化激励示范，改进服务联络，加强新媒体工作，更好地把新闻工作者团结凝聚起来。

11月2日
［纲　文］　第三届中国质量奖颁奖大会在北京举行。

〔目　文〕　国务委员王勇出席大会并讲话。9家组织和1名个人荣获第三届中国质量奖，71家组织和9名个人荣获质量奖提名奖。

王勇强调，要坚持以习近平新时代中国特色社会主义思想为指导，牢固树立新发展理念，凝心聚力、奋发有为，深入推进质量改革发展，加快建设质量强国，为全面建设社会主义现代化强国奠定坚实质量基础。

11月2日

〔纲　文〕　**中国和白俄罗斯政府间合作委员会第三次会议在北京举行。**

〔目　文〕　会议由委员会中方主席、中央政法委书记郭声琨与委员会白方主席、白俄罗斯总统办公厅副主任斯诺普科夫共同主持。

郭声琨指出，在习近平主席和卢卡申科总统的战略引领和亲自推动下，中白全面战略伙伴关系迈入相互信任、合作共赢的新阶段，各领域交流合作达到历史最高水平。中白工业园是"一带一路"倡议的标志性项目，具有重要示范意义。希望双方进一步加强协作配合，扎实推进中白工业园项目建设，将其打造成为双方共建"一带一路"的样板工程。同时，要深入挖掘各领域合作潜力，进一步扩大经贸、高科技、教育、文化等交流合作，不断提升合作规模和水平。要深化执法安全合作，共同打击"三股势力"和跨国有组织犯罪，维护国家安全和民众福祉。

斯诺普科夫表示，白方愿深入参与"一带一路"建设，与中方进一步加强各领域合作。

会议前，郭声琨与斯诺普科夫举行了小范围会谈。会后，双方签署了会议纪要并见证签署了有关合作文件。

11月2日

〔纲　文〕　**国务委员兼外交部部长王毅在北京会见巴基斯坦外长库雷希。**

〔目　文〕　王毅表示，巴新一届政府成立后，中巴关系实现顺利过渡和良好开局。双方应继续坚定支持彼此的核心利益和重大关切，稳步推进中巴经济走廊建设，助力巴提升工业化水平和自主可持续发展能力。中方将继续为巴经济社会发展和国家建设提供力所能及的支持和帮助。

库雷希表示，巴基斯坦人民热爱中国，将继续在涉及中方核心利益的问题上坚定地同中国站在一起。中巴经济走廊建设将决定整个地区的未来，有力推动地区经济发展。

11月2日

〔纲　文〕　**中国第35次南极科学考察队出征。**

〔目　文〕　考察队登上"雪龙"号极地考察船，驶离位于上海的中国极地考察国内码头，执行南极科学考察任务。本次南极考察由自然资源部组织开展，考察队由来自80余家单位的351人组成。

2019年3月12日，第35次南极科学考察队安全完成考察任务，乘"雪龙"号返回上海。其间，总航程30800余海里，其中冰区航行2102海里。分别开展了长城站、中山站、泰山站、昆仑站、罗斯海新站等站点的综合考察工作，并在东南极冰盖开展了航空地球物理遥感观测，在南大洋阿蒙森海开展了海洋综合调查。

11月2日

［纲　文］　中铁二十局承建的蒙古国乌兰巴托市雅尔玛格立交桥竣工通车。

［目　文］　雅尔玛格立交桥位于乌兰巴托市区前往机场必经之路。2017年4月开工，2018年7月主桥通车。项目总投资约3026万美元，全部使用中方优惠贷款。

11月2日

［纲　文］　《人民日报》发表评论员文章《吃下定心丸，安心谋发展——论学习贯彻习近平总书记民营企业座谈会重要讲话》《奋力开创新时代干部教育培训新局面》。

11月2日

［纲　文］　《人民日报》报道，经中共中央批准，中央纪委国家监委对贵州省政府原党组成员、副省长蒲波严重违纪违法问题进行立案审查调查。

［目　文］　经查，蒲波违反政治纪律，对抗组织审查；违反中央八项规定精神，接受可能影响公正执行公务的宴请和旅游安排；违反组织纪律，利用职务便利违规为他人在干部选拔任用方面提供帮助，组织函询时不如实说明问题，不按规定报告个人有关事项；违反廉洁纪律，以赌博方式敛取巨额钱财，通过"大赌""假赌"大搞权钱交易，违规经商办企业，违规拥有非上市公司股份股权和购买定向增发股票；违反生活纪律。利用职务上的便利和职权、地位形成的便利条件为他人谋取利益并收受巨额财物，涉嫌受贿犯罪。

蒲波身为党的高级领导干部，丧失理想信念，毫无党性原则，对党不忠诚、不老实，腐化堕落、沉迷赌博，亦官亦商、"亲""清"不分，严重破坏任职地区的政治生态，严重违反党的纪律，构成职务违法并涉嫌犯罪，是党的十八大后不收敛、不收手的典型，群众反映强烈，政治影响恶劣，应予严肃处理。依据《中国共产党纪律处分条例》《中华人民共和国监察法》等有关规定，经中央纪委常委会会议研究并报中共中央批准，决定给予蒲波开除党籍处分；由国家监委给予其开除公职处分；终止其党的十九大代表资格；收缴其违纪违法所得；将其涉嫌犯罪问题移送检察机关依法审查起诉，所涉财物随案移送。

2019年7月18日，江苏省南京市中级人民法院公开宣判贵州省人民政府原副省长蒲波受贿案，对被告人蒲波以受贿罪判处无期徒刑，剥夺政治权利终身，并处没收个人全部财产；对蒲波受贿犯罪所得财物及孳息予以追缴，上缴国库。蒲波当庭表示服从判决，不上诉。

11月2—5日

［纲　文］　应国务院总理李克强邀请，巴基斯坦总理伊姆兰·汗对中国进行正式访问。

［目　文］　访问期间，国家主席习近平、全国人大常委会委员长栗战书、国家副主席王岐山在北京分别会见伊姆兰·汗。李克强在北京同伊姆兰·汗举行会谈，并共同见证了两国科研、司法、减贫、卫生、海关等领域十余项双边合作协议的签署。双方发表了《中华人民共和国和巴基斯坦伊斯兰共和国关于加强中巴全天候战略合作伙伴关系、打造

新时代更紧密中巴命运共同体的联合声明》。伊姆兰·汗在上海出席首届中国国际进口博览会。

习近平会见伊姆兰·汗时指出，中方始终将巴基斯坦置于中国外交优先方向，支持巴基斯坦维护国家独立、主权、领土完整，支持巴基斯坦新政府顺利施政和推进国家建设事业，愿同巴方一道努力，加强中巴全天候战略合作伙伴关系，打造更加紧密的中巴命运共同体。双方要推进更深入的战略沟通，保持两国领导人频繁互访和会晤，加强治国理政经验交流。要开展更紧密的务实合作，促进经贸交流与投资，夯实中巴经济走廊早期收获项目，推动走廊建设向产业园区、社会民生等领域拓展。要用好2019年中巴友好城市年契机，促进更活跃的人文交流。要加强反恐合作，打造更牢固的安全纽带。要加强在联合国、上海合作组织等多边平台的协调和沟通。

伊姆兰·汗表示，中国是巴基斯坦全天候战略合作伙伴，巴中友谊在巴基斯坦深入人心。巴基斯坦致力于继续深化对华关系，推进中巴经济走廊建设，助力巴基斯坦经济社会发展。巴方愿继续同中方密切在多边事务中沟通协调。

李克强同伊姆兰·汗会谈时指出，近年来，中巴围绕共建"一带一路"开展的各领域合作取得长足发展。中巴经济走廊实施的项目是经过充分论证、符合商业原则、有经济回报的。中方愿继续按照公开、透明原则，同巴方持续加快推进中巴经济走廊建设，造福两国人民。中方赞赏巴方致力于保护走廊建设和中方机构人员安全，希望巴方继续作出更大努力。中方愿扩大巴优质产品进口和市场准入，同巴方加强金融、农业、渔业等领域合作。我们希望看到一个稳定发展的巴基斯坦，愿向巴方提供力所能及的帮助，共同致力于地区的和平、稳定与繁荣。

伊姆兰·汗表示，巴方赞赏中方在巴经历困难的时候给予的大力支持，将始终是中方可以信赖的朋友，将继续坚定同中方站在一起。中国在过去40年取得巨大发展成就，巴方正在推进国内改革进程，愿学习借鉴中国的发展经验，进一步深化双方各领域务实合作，密切高层互访和各层级交往，推动巴中关系不断迈上新台阶。

11月2—3日

［纲 文］ 中国环境与发展国际合作委员会2018年年会在北京举行。

［目 文］ 国务院副总理、中国环境与发展国际合作委员会主席韩正出席年会开幕式并讲话。国合会委员及特邀顾问，外国政府部门、国际组织、研究机构、跨国公司和非政府组织等国合会国际合作伙伴代表以及国内有关部委代表、专家学者，共500余人参加会议。本次年会以"创新引领绿色新时代"为主题。生态环境部部长、国合会中方执行副主席李干杰发表了题为《全面推进改革创新为打好污染防治攻坚战提供坚强保障》的主旨演讲。会议听取了相关政策研究情况汇报，并讨论通过了给中国政府的政策建议。年会期间，还举办了迈向绿色低碳循环发展圆桌会，以及"绿色'一带一路'与2030年可持续发展议程""创新发展路径应对气候变化""2020后生物多样性保护""海洋环境治理""创新引领绿色城镇化""美丽中国2035""绿色消费与绿色转型""长江经济带绿色

发展创新"等 8 个主题论坛。

11月2—5日

［纲　文］　第十一届海峡两岸（厦门）文化产业博览交易会在厦门举办。

［目　文］　文博会由中台办、文化和旅游部、国家广播电视总局、福建省人民政府主办，厦门市人民政府、台湾亚太文化创意产业协会承办，以"一脉传承，创意未来"为主题。本届文博会开设省市与文化名企强企、工艺艺术品、创意设计、数字内容与影视、文创旅游 5 个展区，展区总面积 7 万多平方米，设展位将近 3500 个，1708 家文化企业和机构参展。推出 40 余场活动，有 30 多个分会场。

11月3日

［纲　文］　第三十一届东京国际电影节闭幕。中国影片《第一次的离别》和《武林孤儿》分获"亚洲未来"单元的最佳影片奖和国际交流基金亚洲中心特别奖。

11月3日

［纲　文］　《人民日报》发表评论员文章《创造让世界刮目相看的新的更大奇迹——论学习贯彻习近平总书记广东考察重要讲话精神》《民营经济只能壮大不能弱化——论学习贯彻习近平总书记民营企业座谈会重要讲话》。

11月3—10日

［纲　文］　应全国人大常委会委员长栗战书邀请，阿联酋联邦国民议会议长古拜希率团访华。

［目　文］　5 日，栗战书在北京与古拜希会谈时说，中方愿同阿方携手，积极落实两国领导人的共识，继续加大相互政治支持，推进"一带一路"共建合作，扩大人文交流，推动中阿友好更好惠及两国人民。今天上午，首届中国国际进口博览会在上海开幕，这是迄今为止世界上第一个以进口为主题的国家级展会。习近平主席出席开幕式并发表主旨演讲，向世界宣示中国推动更高水平开放的脚步不会停滞！中国推动建设开放型世界经济的脚步不会停滞！中国推动构建人类命运共同体的脚步不会停滞！中阿全面战略伙伴关系的建立对两国立法机构合作提出更高要求，中国全国人大与阿联酋联邦国民议会的合作已站在新的起点上。双方要加强各层级友好往来，密切在立法、监督等方面的交流互鉴，发挥立法机构职能作用，为两国合作提供法律保障；要大力弘扬传统友谊，推动文化、旅游、教育等领域合作，夯实中阿关系的社会基础。

古拜希说，中国已成为维护世界和平稳定、推动世界经济发展的重要力量。阿方将发展对华关系作为外交优先方向，希望同中方深化在政治、经济、文化、反恐等各领域的合作。阿联酋联邦国民议会愿与中国全国人大加强交流合作，进一步推动两国人民之间的友好往来，不断丰富阿中关系内涵。

会谈前，栗战书与古拜希共同签署了中国全国人大与阿联酋联邦国民议会合作谅解备忘录。

同日，全国政协主席汪洋在北京会见古拜希时说，中方愿同阿方一道，以两国领导人达成的重要共识为指引，巩固政治互信，推进互利合作，密切人文交流，丰富中阿全面战略伙伴关系内涵，更好造福两国和两国人民。中国全国政协愿加强同阿联酋联邦国民议会的交流与合作，不断夯实两国全面战略伙伴关系的基础。

古拜希说，阿中关系有着很好的社会民意基础，各领域交往密切。阿联邦国民议会愿为巩固和加强阿中全面战略伙伴关系继续作出贡献。

11月3—4日

[纲　文]　"农村宅基地等三项制度改革深化与创新"专家研讨会在江西鹰潭市余江区召开。

[目　文]　研讨会由自然资源部咨询研究中心、江西省自然资源厅、鹰潭市人民政府联合主办。来自自然资源部、中国社科院、中国工程院、清华大学、中国人民大学等机构的专家学者共40余人参会。会议认为，余江改革的经验成果还有进一步深化和创新的空间，建议余江改革要继续坚持市场化配置资源的取向，探索构建城乡统一建设用地市场体系的新路子。进一步增强改革的整体性协同性，促进乡村居民生产、生活、居住空间布局更加优化，城乡经济社会协调发展，人与自然和谐共生。

从2015年开始，余江作为全国15个宅改试点县之一，开展了覆盖全区1040个自然村，涉及30万农民的"宅改"。三年多来，余江先后出台试点政策43项，制定配套政策27项。截至10月底，已通过验收改革试点村906个，共退出宅基地34161宗4568亩（指退出的房屋和附属设施占地面积），退出宅基地可满足未来15年左右农民建房需求。

11月3—14日

[纲　文]　第二届深圳龙岗国际象棋大师赛举办。

[目　文]　大师赛由国家体育总局棋牌运动管理中心（中国棋院）、中国国际象棋协会、龙岗区人民政府主办。法国棋手瓦谢尔以1胜9和成功问鼎，荷兰棋手吉里和中国棋手丁立人分获第二、第三。

11月4日

[纲　文]　中央统战部在北京召开民营企业家座谈会。

[目　文]　会议旨在学习贯彻中共中央总书记习近平在民营企业座谈会上的讲话精神。中央统战部部长尤权出席会议并讲话。部分民营企业家和专家学者作了发言。

尤权指出，学习贯彻习近平总书记重要讲话，支持推动民营经济发展，事关我国经济安全和社会稳定，是一项重大政治任务。广大民营企业家要切实增强对中国特色社会主义道路的信心、对党中央大政方针的信心、对企业发展预期的信心，心无旁骛办企业，加快转型升级步伐，使企业行稳致远。各级统战部门和工商联组织要协助党委、政府完善政策举措，畅通政企沟通，推动政策落地，帮助企业解难纾困，为民营经济发展创造更好环境。

11月4日

[纲　文]　第四届中俄媒体论坛在上海举行。

[目　文]　中宣部部长黄坤明和俄罗斯联邦政府副总理阿基莫夫出席开幕式并作主旨演讲。

黄坤明在题为《谱写新时代中俄媒体合作新篇章》的主旨演讲中指出，在习近平主席与普京总统的战略引领下，中俄全面战略协作伙伴关系正处于历史的最好时期，树立了当今世界大国、邻国、新兴经济体间和谐共处、合作共赢的典范。面向新时代，中国将坚持以习近平新时代中国特色社会主义思想为指导，全面深化改革、全面扩大开放，始终高举和平、发展、合作、共赢的旗帜，深入推进"一带一路"国际合作，推动构建人类命运共同体。一个坚持和平发展道路的中国，一个持续繁荣发展的中国，必将为中俄关系行稳致远提供更加强劲的动力。

11月4日

[纲　文]　《人民日报》发表评论员文章《正确认识民营经济的发展困难——论学习贯彻习近平总书记民营企业座谈会重要讲话》。

11月4—5日

[纲　文]　"一带一路"国际科学组织联盟成立大会暨第二届"一带一路"科技创新国际研讨会在北京召开。国家主席习近平向大会致贺信。

[目　文]　习近平指出，共建"一带一路"受到了国际社会广泛欢迎。与相关国家开展科技合作是共建"一带一路"的重要内容，在改善民生、促进发展、应对共同挑战等方面发挥着积极作用。希望各国科学界携手并肩，共同努力，发挥好"一带一路"国际科学组织联盟的平台作用，加强科技创新政策和发展战略对接，开展重大科技合作，培养创新创业人才，提升科技创新能力，为促进民心相通和经济社会可持续发展，为推动建设绿色之路、创新之路，为推动构建人类命运共同体作出重要贡献。

国务院副总理刘鹤出席大会并宣读了习近平的贺信。刘鹤指出，习近平主席的贺信充分体现了中国政府对科技支撑"一带一路"建设的高度重视，充分肯定了科技合作在"一带一路"建设中的重要作用，为"一带一路"国际科学组织联盟和相互科技合作指明了未来的发展方向，具有非常重要的指导意义。

本届会议主题为"'一带一路'科技合作与可持续发展"。来自40余个"一带一路"沿线国家的700余名科研机构及大学负责人、国际组织代表、国际知名专家等出席会议。俄罗斯科学院、巴基斯坦科学院、联合国教科文组织、哈萨克斯坦科学院、尼泊尔特里布文大学、巴西科学院、发展中国家科学院、波兰科学院、匈牙利科学院等37家科研机构作为首批成员单位加入联盟。联盟秘书处设在中科院。联盟作为首个在"一带一路"倡议框架下由沿线国家科研机构和国际组织共同发起成立的综合性国际科技组织，为沿线各国深入开展科技合作、携手应对共同挑战、促进民心相通与人文交流、推动构建人类命运共同体搭建机制性、保障性的平台。

会议期间，大会围绕"绿色发展""信息与数据""政策与战略""基础研究与教育"等议题召开了7个科学分会，与会人员进一步总结了合作成果与经验，探讨了未来合作重点。大会期间举办了中科院"一带一路"科技创新合作成果展。

11月5日

［纲　文］　国务院办公厅印发《关于调整国务院第二次全国污染源普查领导小组组成人员的通知》。

［目　文］　《通知》说，根据机构设置、人员变动情况和工作需要，国务院决定对国务院第二次全国污染源普查领导小组组成人员进行相应调整。现将调整后的名单通知如下。组长：韩正。副组长：丁学东、李干杰、宁吉喆。成员由有关部委办负责人组成。领导小组办公室设在生态环境部，办公室主任由生态环境部副部长赵英民兼任。领导小组成员因工作变动等需要调整的，由所在单位向领导小组办公室提出，报领导小组组长审批。

11月5日

［纲　文］　发展改革委印发《国家发展改革委投资咨询评估管理办法》。

［目　文］　《办法》共7章28条。主要有总则、咨询评估范围、咨询评估机构管理、委内工作程序、咨询评估工作规范、咨询评估质量管理等内容。自2019年1月1日起施行。《国家发展改革委关于印发委托投资咨询评估管理办法（2015年修订）的通知》（发改投资〔2015〕1761号）和《国家发展改革委办公厅关于印发委托投资咨询评估委内工作规则（2015年修订）的通知》（发改办投资〔2015〕2032号）同时废止。

11月5日

［纲　文］　发展改革委印发《汉江生态经济带发展规划》。

［目　文］　《规划》由九个部分组成：一、规划背景。二、总体要求。三、加快推进生态文明建设，打造"美丽汉江"。四、加强综合交通网络建设，构建"畅通汉江"。五、创新引领产业升级，培育"创新汉江"。六、统筹城乡协调发展，创建"幸福汉江"。七、推进全方位开放，发展"开放汉江"。八、创新体制机制，建设"活力汉江"。九、组织实施。

11月5日

［纲　文］　工业信息化部发布《国家工业遗产管理暂行办法》。

［目　文］　《办法》共6章28条。主要有总则、认定程序、保护管理、利用发展、监督检查等内容。自2018年11月5日起施行。

11月5日

［纲　文］　国家主席习近平夫人、世界卫生组织结核病和艾滋病防治亲善大使彭丽媛在上海会见美国盖茨基金会联席主席比尔·盖茨。

［目　文］　彭丽媛表示，长期以来，盖茨基金会大力投入发展减贫、医疗卫生等事业，并同中国有关部门保持良好关系，在艾滋病防控、健康扶贫、全球卫生能力建设等领

域开展了富有成效的合作。当前,中国致力于健康中国建设,实施精准扶贫,防止因病致贫、因病返贫,并积极参与全球卫生事业和健康治理。我们支持盖茨基金会继续同中方加强双方和三方合作,包括提高中国卫生人才能力建设和全球卫生专业队伍储备。

盖茨祝贺首届中国国际进口博览会成功开幕。盖茨说,习近平主席今天上午在开幕式上的主旨演讲令人振奋。在当今复杂国际环境下,中国秉持开放包容和互利共赢精神同各国加强合作尤显难能可贵。人类在卫生健康领域正面临全球性挑战。我高度赞扬中国在发展减贫领域取得的巨大成就以及为促进世界卫生健康事业作出的杰出贡献。盖茨基金会愿继续加强同中方在上述领域的合作。

6日,国务委员兼外交部部长王毅在北京会见盖茨时表示,中方愿与盖茨基金会在扶贫减贫、疾病防控、农业技术研发等方面加强交流合作,探索和拓展在非洲的三方合作。中美作为两个大国,合则两利,斗则俱伤。当前形势下,双方要相向而行,致力于实现不冲突不对抗、相互尊重、合作共赢的前景,这不仅现实可行,对双方有利,也将惠及国际社会。希望盖茨先生和了解中国的美方有识之士为推动中美关系健康稳定发展发挥积极作用。

盖茨表示,互利共赢应是美中关系的主旋律,我愿为促进美中关系、增进两国人民友好发挥积极作用。

8日,国务院副总理韩正在北京会见盖茨时表示,中美两国在能源领域有良好的合作基础,中方愿与美方深化新能源、能源科技创新等方面互利合作,不断优化能源结构,促进能源清洁安全发展。中国开放的大门越开越大,营商环境不断改善,欢迎美国企业积极来华开展能源合作,共同推动能源技术进步,在互利互补、合作共赢中实现更大发展。

盖茨高度赞扬中国在能源可持续发展领域取得的成绩,表示愿继续加强同中方在能源领域的互利合作。

11月5日

[纲　文]　全国人大常委会海洋环境保护法执法检查组第二次全体会议在北京举行。

[目　文]　全国人大常委会副委员长沈跃跃、白玛赤林、丁仲礼出席会议。会议听取各检查小组汇报和检查组成员意见建议,研究讨论执法检查报告稿,部署提请常委会审议的各项准备工作。

11月5日

[纲　文]　虹桥国际财经媒体和智库论坛在上海举行。

[目　文]　中宣部部长黄坤明出席开幕式并发表题为《共担时代责任使命　共促开放融通共享》的主旨演讲。本次论坛是首届中国国际进口博览会框架内的一项活动,以"开放型世界经济构建与传播"为主题。来自79个国家的主流媒体负责人、智库专家以及有关方面代表共600多人参加。

11月5日

[纲　文]　《人民日报》发表评论员文章《增强对我国经济发展的必胜信心——论学习贯彻习近平总书记民营企业座谈会重要讲话》。

11月5—10日

[纲　文]　首届中国国际进口博览会在上海举办，国家主席习近平出席开幕式并讲话。

[目　文]　国家主席习近平出席开幕式并发表题为《共建创新包容的开放型世界经济》的主旨演讲。他指出，中国国际进口博览会是迄今为止世界上第一个以进口为主题的国家级展会，是国际贸易发展史上一大创举。这体现了中国支持多边贸易体制、推动发展自由贸易的一贯立场，是中国推动建设开放型世界经济、支持经济全球化的实际行动。中国将坚定不移奉行互利共赢的开放战略，将始终是全球共同开放的重要推动者、世界经济增长的稳定动力源、各国拓展商机的活力大市场、全球治理改革的积极贡献者。中国国际进口博览会不是中国的独唱，而是各国的大合唱。希望各位嘉宾深入探讨全球经济治理体系改革新思路，共同维护自由贸易和多边贸易体制，共建创新包容的开放型世界经济，向着构建人类命运共同体目标不懈奋进，开创人类更加美好的未来。

开幕式后，习近平同出席首届中国国际进口博览会的外国领导人共同巡馆。

中国国际进口博览会由商务部、上海市人民政府主办，以"新时代，共享未来"为主题，172个国家、地区和国际组织参会，3600多家企业参展，超过40万名境内外采购商到会洽谈采购。展览总面积达30万平方米。展览分为国家展和企业商业展两部分，国家馆共有82个国家、3个国际组织设立的71个展台，展览面积约为3万平方米，印度尼西亚、越南、巴基斯坦、南非、埃及、俄罗斯、英国、匈牙利、德国、加拿大、巴西、墨西哥等12个国家为主宾国。企业展主要分为服务贸易、汽车、智能及高端装备、消费电子及家电、服装服饰及日用消费品、医疗器械及医药保健、食品及农产品等七大展区。本届进博会交易采购，按一年计，累计意向成交578.3亿美元。

4日晚，习近平和夫人彭丽媛在上海举行宴会，欢迎出席首届中国国际进口博览会的各国贵宾。

中国国际进口博览会期间，习近平在上海分别会见肯尼亚总统肯雅塔、越南总理阮春福、老挝总理通伦、捷克总统泽曼、立陶宛总统格里包斯凯特、匈牙利总理欧尔班、参加首届中国国际进口博览会的外国企业家代表。国务院总理李克强在北京会见来华出席首届中国国际进口博览会的克罗地亚总理普连科维奇。国务院副总理韩正在北京会见泰国副总理颂奇。国务委员兼外交部部长王毅在上海分别会见捷克外长佩特日切克和墨西哥候任外长埃布拉德。

11月5—9日

[纲　文]　联合国全球卫星导航系统国际委员会第十三届大会在西安召开。国家主席习近平向大会致贺信。

[目　文]　习近平在贺信中指出，卫星导航系统是重要的空间基础设施，为人类社会生产和生活提供全天候的精准时空信息服务，是经济社会发展的重要信息保障。今年是联合国外空会议50周年，各国应该加强卫星导航领域的国际合作与协调，促进卫星导航全球化应用，推动卫星导航为人类福祉发挥更大作用。中国高度重视卫星导航系统建设发展，积极开展国际合作。北斗系统已成为中国实施改革开放40年来取得的重要成就之一。今年底，北斗系统将面向"一带一路"国家和地区开通服务，2020年服务范围覆盖全球，2035年前还将建设完善更加泛在、更加融合、更加智能的综合时空体系。中国愿同各国共享北斗系统建设发展成果，共促全球卫星导航事业蓬勃发展。希望与会代表深化交流、集思广益，为全球卫星导航系统更好服务全球、造福人类贡献智慧和力量。

来自16个国家和地区以及16个国际组织的400余名代表，对全球卫星导航系统（GNSS）建设发展的20余项议题进行了交流，达成了共识。供应商论坛形成联合声明，倡议共同发展卫星导航系统，指出全球卫星导航系统将成为大多数国家现在和未来定位、导航、授时（PNT）体系中的核心基石，各大供应商将进一步加强兼容与互操作、技术创新、服务的透明性，以及合作交流，同时考虑陆海空天各类用户应用需求，以更好地发展授时体系，更好地服务人类。

11月5—7日

[纲　文]　应国务院总理李克强邀请，俄罗斯总理梅德韦杰夫对中国进行正式访问。

[目　文]　访问期间，国家主席习近平在上海会见梅德韦杰夫。李克强在北京与梅德韦杰夫共同主持中俄总理第二十三次定期会晤并签署了《中俄总理第二十三次定期会晤联合公报》，共同见证了投资、能源、地方合作、人文、农业、海关、质检、航天等领域多项双边合作文件的签署。全国人大常委会委员长栗战书在北京会见了梅德韦杰夫。梅德韦杰夫出席了在上海举行的首届中国国际进口博览会。

习近平会见梅德韦杰夫时指出，当前，中俄都处在国家发展振兴的关键阶段，面对空前复杂的国际环境，保持中俄关系高水平运行、巩固中俄战略协作的重要性更加突出。全面落实我和普京总统就深化两国务实合作达成的重要共识，是双方下阶段工作的重中之重。双方要不断深化能源、农业、金融、科技创新等领域合作，扩大地方和人文交流，办好今明两年中俄地方合作交流年。

梅德韦杰夫表示，俄方愿同中方共同努力，落实好两国元首重要共识，拓展各领域务实合作，密切在国际事务中协调协作，维护国际规则，维护世界和平与稳定。双方要以明年庆祝两国建交70周年为契机，深化友谊，推动俄中全面战略协作伙伴关系深入发展。

李克强与梅德韦杰夫共同主持中俄总理第二十三次定期会晤。听取了国务院副总理、中俄投资合作委员会、能源合作委员会中方主席韩正，国务院副总理、中俄人文合作委员会中方主席孙春兰，国务院副总理、中俄总理定期会晤委员会、中国东北地区和俄罗斯远东及贝加尔地区政府间合作委员会中方主席胡春华，以及有关机制俄方负责人、俄第一副总理西卢安诺夫、副总理戈利科娃、副总理阿基莫夫、副总理特鲁特涅夫等的工作汇报。

李克强表示，中方愿同俄方持续深化政治和战略互信，扩大全方位合作，共同为维护世界和平、稳定与发展作出贡献。今年以来，中俄经贸合作持续快速发展，年内贸易额有望突破1000亿美元，未来合作潜力巨大。中方愿同俄方共同致力于维护世界贸易组织的基本原则和精神，维护自由贸易，倡导多边主义。中方愿将"一带一路"倡议同欧亚经济联盟更好对接，共商共建共享，也欢迎其他各方积极参与构建开放平台。

梅德韦杰夫表示，俄方愿同中方密切高层及各层级往来，深化务实合作，不断扩大贸易规模，增加双向投资，加快成立创新投资基金，加强创新、电子商务、农业、能源、核能、交通运输领域合作。落实好今明两年俄中地方合作交流年，加强俄远东地区同中国东北地区合作。

11月5—7日

[纲　文]　国家副主席王岐山访问新加坡。

[目　文]　访问期间，王岐山分别会见新加坡总统哈莉玛、总理李显龙；出席在新加坡举行的2018年创新经济论坛开幕式，并发表题为《顺应潮流，改革创新，共同发展》的致辞。会见了论坛创始人布隆伯格、论坛顾问委员会名誉主席基辛格、论坛顾问委员会主席保尔森等与会嘉宾。

11月5—7日

[纲　文]　第三届中国—中东欧国家创新合作大会在波黑萨拉热窝举行。

[目　文]　国务院总理李克强致贺信。李克强在贺信中表示，多年来，中国—中东欧国家合作聚焦务实合作、共同发展，秉持开放包容、互利共赢理念，各领域合作取得丰硕成果，助力各自经济增长，切实惠及各国人民，也推动了中国同欧盟关系与合作的发展。我们愿同中东欧国家进一步推进"16+1合作"，实现共同发展繁荣。创新合作是"16+1合作"的重要组成部分。在当前新产业革命快速发展背景下，中方愿同中东欧国家发挥互补优势，共育、共推、共享创新，在严格保护知识产权的基础上，支持各自企业基于市场规则和商业原则开展创新合作，共同抓住新产业革命机遇，持续为各自发展培育壮大新动能。希望本届大会深入探讨中国与中东欧国家全方位科技创新合作构想和倡议，集思广益，凝聚共识，推动创新合作迈上新台阶，为"16+1合作"和中欧关系发展注入新活力。

中国与中东欧16个国家的400余名代表与会。大会发布了《中国和中东欧国家创新与技术合作联合宣言》。会议期间，波黑国家交通和通讯部与萨拉热窝市，分别与华为签署了关于智慧城市和安全城市项目的联合声明与备忘录，旨在利用华为在信息与通信技术领域里的领先优势，推动波黑各个城市向"智慧城市"与"安全城市"转型。

11月6—7日

[纲　文]　习近平在上海市考察。

［目　文］　中共中央总书记习近平在上海的企业、社区、城市运行综合管理中心、高新科技园区，就贯彻落实党的十九大精神和当前经济形势、推进科技创新、加强城市管理和社区治理进行调研。

习近平在陆家嘴金融城党建服务中心，了解中心开展党建工作等情况；在虹口区市民驿站嘉兴路街道第一分站，逐一察看综合服务窗口、托老所、党建工作站等；在浦东新区城市运行综合管理中心，通过大屏幕了解上海城市精细化管理和国际贸易单一窗口运营情况；在洋山港通过视频连线洋山港四期自动化码头，听取码头建设和运营情况介绍。他指出，经济强国必定是海洋强国、航运强国。洋山港建成和运营，为上海加快国际航运中心和自由贸易试验区建设、扩大对外开放创造了更好条件。要有勇创世界一流的志气和勇气，要做就做最好的，努力创造更多世界第一；在张江科学城听取科学城发展历程及规划建设情况介绍，参观了大科学设施、集成电路、航空航天、生物医药等展区。同在场的科技工作者交谈，他强调，科学技术从来没有像今天这样深刻影响着国家前途命运，从来没有像今天这样深刻影响着人民生活福祉。在实现中华民族伟大复兴的关键时刻，要增强科技创新的紧迫感和使命感，把科技创新摆到更加重要位置，踢好"临门一脚"，让科技创新在实施创新驱动发展战略、加快新旧动能转换中发挥重大作用。

7日，习近平听取了上海市委和市政府工作汇报。他希望上海继续当好全国改革开放排头兵、创新发展先行者，勇于挑最重的担子、啃最难啃的骨头，发挥开路先锋、示范引领、突破攻坚的作用，为全国改革发展作出更大贡献。中华民族伟大复兴绝不是轻轻松松、敲锣打鼓就能实现的，必须进行具有许多新的历史特点的伟大斗争。我们仍然处在大有可为的历史机遇期，前景十分光明，挑战也十分严峻。现在，我国发展外部环境发生明显变化，我国经济已由高速增长阶段转向高质量发展阶段，发展不平衡不充分问题和各种周期性、结构性、体制性因素交织叠加在一起，加大了工作难度。但是，只要我们保持战略定力，集中精力办好自己的事情，我们认准的目标就一定能实现。

考察期间，习近平在上海接见驻沪部队副师职以上领导干部和团级单位主官，代表党中央和中央军委向驻沪部队全体官兵致以诚挚问候。

11月6日
［纲　文］　国务院公布《中华人民共和国消防救援衔标志式样和佩带办法》，自2018年11月6日起施行。

11月6日
［纲　文］　国务院公布修订后的《专利代理条例》。
［目　文］　《条例》共5章32条。主要有总则、专利代理机构和专利代理师、专利代理执业、法律责任、附则等内容。自2019年3月1日起施行。本条例施行前依法设立的专利代理机构以及依法执业的专利代理人，在本条例施行后可以继续以专利代理机构、专利代理师的名义开展专利代理业务。

11月6日

［纲　文］　生态环境部、农业农村部印发《农业农村污染治理攻坚战行动计划》。

［目　文］　《计划》由三个部分组成：一、总体要求。二、主要任务。三、保障措施。

《计划》指出，各省（区、市）要以本地区实施方案为依据，制定验收标准和办法，以县为单位进行验收。将农业农村污染治理工作纳入本省（区、市）污染防治攻坚战的考核范围，作为本省（区、市）党委和政府目标责任考核、市县干部政绩考核的重要内容。将农业农村污染治理突出问题纳入中央生态环保督察范畴，对污染问题严重、治理工作推进不力的地区进行严肃问责。

11月6日

［纲　文］　住房城乡建设部、财政部印发《农村危房改造脱贫攻坚三年行动方案》。

［目　文］　《方案》由四个部分组成：一、总体要求。二、重点任务。三、加强工作管理。四、强化实施保障。

《方案》指出，各地要加大农村危房改造工作信息收集报送力度，定期上报建设成效、经验做法、存在问题和工作建议等信息。对审计、纪检监察等部门发现以及各新闻媒体报道的农村危房改造问题，要及时调查处理并报告相关情况。要充分利用报刊、广播、电视等新闻媒体和网络新媒体，广泛宣传农村危房改造工作成效以及各地好的经验做法，营造积极的舆论氛围。

11月6日

［纲　文］　证监会公布《关于完善上市公司股票停复牌制度的指导意见》。

［目　文］　《意见》由四个部分组成：一、明确上市公司股票停复牌基本原则。二、健全上市公司股票停复牌申请制度。三、强化上市公司股票停复牌信息披露要求。四、做好相关配套工作。

《意见》指出，对于实践中出现的随意停牌、长期停牌、信息披露不充分不清晰，以及利用停复牌进行控制权之争等不当行为，证监会将加大监管执法力度，并严厉打击内幕交易等违法违规行为，依法严格追究违法违规主体的法律责任。自2018年11月6日起施行。

11月6日

［纲　文］　国务院总理李克强在北京同主要国际经济金融机构负责人举行第三次"1+6"圆桌对话会。

［目　文］　李克强同世界银行行长金墉、国际货币基金组织总裁拉加德、世界贸易组织总干事阿泽维多、经济合作与发展组织秘书长古里亚、金融稳定理事会主席卡尼和国际劳工组织副总干事格林菲尔德举行对话会。会议围绕"促进中国与世界经济在开放合作中寻求共赢"的主题，就中国经济和改革开放等议题交流。会议发表了《第三次"1+6"圆桌对话会联合新闻稿》。会后，李克强同与会者共同会见了记者。

同日，李克强在北京会见拉加德时表示，在当前全球经济不稳定不确定因素增多、保护主义抬头等背景下，中方愿同国际货币基金组织等主要国际经济机构密切沟通协调，推动国际经济合作、自由贸易发展，给世界经济复苏进程和金融市场注入稳定力量。习近平主席在首届中国国际进口博览会上再次向世界表明，中国对外开放的决心坚定不移。中国将以实际行动加以推进。在金融领域，我们将在继续保持金融稳定的同时，自主有序扩大金融市场开放，特别是在银行、证券、基金、期货和人身险等领域，推动尽早实现外资全控股、全牌照开放。中国将实施更大力度的简政、减税、降费，降低市场交易成本。货币政策不会搞"大水漫灌"，而是要更有针对性地支持民营企业和小微企业发展。

拉加德表示，国际货币基金组织已经感受到中国支持自由贸易、进一步扩大开放的坚定信心，对中国正在推进的改革开放，特别是金融市场开放目标、时间表和领域感到振奋。当前国际社会对贸易紧张局势带来的影响感到关切，密切关注债务、可持续性等问题。国际货币基金组织愿同中方加强沟通协调，共同维护国际金融稳定和国际经济可持续发展。

2日，国务院副总理刘鹤在北京会见金墉时表示，今年是中国改革开放40周年，即将在上海举行的首届中国国际进口博览会是我们主动开放市场的重大政策宣示和实际行动。中方愿深化与世界银行的发展伙伴关系，促进完善国际经济治理，共同推动经济全球化和可持续发展。

金墉表示，世界银行高度评价中国在改革开放和减贫发展领域取得的巨大成就，感谢中方对世界银行作出的积极贡献，愿继续推动双方在相关领域深化合作。

11月6日
[纲　文]　汪洋在北京会见王文渊率领的台湾工业总会理监事参访团一行。

[目　文]　全国政协主席汪洋肯定台湾工业总会为促进两岸经济合作、推动两岸关系和平发展作出的积极贡献。他指出，改革开放是当代中国发展进步的必由之路，也是两岸关系和平发展的重要动力。今年是大陆改革开放40周年，我们推出了一系列新的改革开放举措。在昨天举行的首届中国国际进口博览会上，习近平总书记强调共建创新包容的开放型世界经济，宣布了中国扩大开放的新举措，相信一定会让包括台企在内的各类市场主体有更好的发展条件和更多的获得感。大陆经济长期稳中向好的总体态势没有改变，两岸经济优势互补的特征没有改变，台企台胞在大陆发展前景更加广阔。国家统一、民族复兴是包括台湾同胞在内的全体中华儿女的共同期盼。两岸中国人要顺应历史大势，共担民族大义，坚定维护国家主权和领土完整，坚决反对和遏制"台独"分裂图谋和行径，以实际行动推动两岸关系和平发展、推进祖国和平统一进程，共圆中华民族伟大复兴的中国梦。

11月6日
[纲　文]　全国政协主席汪洋在北京会见由非洲经社理事会联盟主席、马里经社理事会主席布尔卡苏姆·海德拉率领的非洲经济社会理事会联盟代表团。

〔目　文〕　汪洋说，中方将继续按照习近平主席提出的真实亲诚理念和正确义利观，同非方一道，本着共商共建共享原则，推进中非"一带一路"建设合作，加快落实中非合作论坛北京峰会成果早日在非洲落地，夯实中非命运共同体的基础。中国全国政协将继续支持中国经社理事会同非洲经社理事会联盟及非洲国家有关机构密切合作，推动中非全面战略合作伙伴关系深入发展。

海德拉表示，愿进一步发挥经社理事会的桥梁纽带作用，为推动非中各领域互利合作、深化非中关系发挥积极作用。

11月6日

〔纲　文〕　全国人大常委会副委员长王晨在北京会见由韩国21世纪韩中交流协会会长金汉圭率领的韩国青年国会议员代表团。

〔目　文〕　王晨说，中韩是友好近邻和战略合作伙伴。习近平主席和文在寅总统一致同意，准确把握双边关系前进方向，确保中韩关系行稳致远。两国立法机构要加强定期交流机制、友好小组、青年议员等各方面交往，增进双边友好的社会和民意基础。

韩方表示，愿进一步发挥议员特别是青年议员在促进两国关系发展中的积极作用。

11月6日

〔纲　文〕　中央党校（国家行政学院）举行2018年秋季学期第一批进修班毕业典礼。

〔目　文〕　中共中央政治局委员、中央党校（国家行政学院）校长（院长）陈希出席毕业典礼，并为学员颁发毕业证书。中央党校（国家行政学院）本期毕业学员471人。

11月6日

〔纲　文〕　西安交通大学"西迁人"爱国奋斗先进事迹报告会在北京人民大会堂举行。

〔目　文〕　报告会前，国务院副总理孙春兰会见报告团成员。她指出，交大西迁是党中央调整新中国工业建设布局、高等教育布局的战略决策，也是知识分子响应党的号召、服务国家发展的时代壮举。习近平总书记高度赞扬交大"西迁人"的爱国奉献精神，勉励师生传承好西迁精神，为西部发展、国家建设奉献智慧和力量。教育战线要认真学习"西迁人"先进事迹，弘扬胸怀大局、心有大我的爱国精神，艰苦创业、玉汝于成的奋斗精神，扎根实际、勇攀高峰的创新精神，公而忘私、埋头深耕的奉献精神，加快"双一流"建设，培养更多适应经济高质量发展的优秀人才，创造更多支撑国家创新发展的科研成果，切实提升教育服务党和国家事业发展的成效。

报告会由中组部、中宣部、教育部、中国科协、陕西省委联合举办，首都高校师生代表、科技工作者代表和有关部委代表共700多人参加报告会。

11月6日

〔纲　文〕　中俄总理定期会晤委员会第二十二次会议在上海举行。

〔目　文〕　国务院副总理、中俄总理定期会晤委员会中方主席胡春华与俄罗斯副总理、委员会俄方主席阿基莫夫共同主持。双方一致同意，充分发挥委员会机制作用，加强沟通协调，加大工作力度，全力落实好签署的合作项目和协议，巩固合作基础，拓展农业、科技、金融、交通运输、服务贸易等领域合作，为中俄关系发展不断注入新的动力。

会前，胡春华与阿基莫夫举行了小范围会谈，就双方关心的问题交换了意见。

11月6日

[纲　文]　《人民日报》发表评论员文章《推动建设开放型世界经济——论习近平主席在首届中国国际进口博览会开幕式上主旨演讲》《大力支持民营企业发展壮大——论学习贯彻习近平总书记民营企业座谈会重要讲话》。

11月6—11日

[纲　文]　第十二届中国国际航空航天博览会在珠海举行，国家主席习近平致贺信。

[目　文]　习近平在贺信中指出，人类自古就对广袤无垠的天空充满向往，中华民族世代传递着飞天的梦想。19世纪以来，世界航空航天科技取得了巨大成就，促进了人类文明发展进步。面向未来，航空航天科技发展必将为人类带来更多福祉。中国始终致力于同世界各国一道，推动航空航天科技发展。经过20多年努力，中国国际航空航天博览会成为最具国际影响力的航空航天类专业展会之一，为推动世界航空航天科技发展发挥了积极作用。相信本届航展必将有力促进世界航空航天科技发展，推动国际交流合作，为世界各国人民共享航空航天技术发展成果作出贡献。

广东省委书记李希出席开幕式并宣读了习近平的贺信。来自43个国家和地区的770家厂商参展，同比增长10%；来自50多个国家的200个军政贸易代表团参观航展；专业观众近15万人次，普通观众约30万人次；共举办各类会议、论坛、活动190场，签订了569个项目价值超过212亿美元的各种合同、协议及合作意向，成交了239架各种型号的飞机。中国空军遴选30余型代表性装备，成体系地展示空军改革强军的新成就。歼-20、歼-10B、歼轰-7A、运-20、空警500、攻击2无人机等亮相。

11月6—8日

[纲　文]　应国家主席习近平邀请，古巴国务委员会主席兼部长会议主席迪亚斯—卡内尔，对中国进行国事访问。

[目　文]　访问期间，习近平在北京同迪亚斯—卡内尔举行会谈，两国元首共同见证了有关双边合作文件的签署。国务院总理李克强、全国人大常委会委员长栗战书、全国政协主席汪洋在北京分别会见了迪亚斯—卡内尔。迪亚斯—卡内尔在上海参观了首届中国国际进口博览会。

习近平同迪亚斯—卡内尔会谈时指出，双方要登高望远，统筹谋划，合力推动中古关系持续深入发展。政治上进一步巩固互信、相互支持，经济上互利共赢、相互帮助，治国理政上加强交流、相互借鉴。双方要在涉及彼此核心利益和重大关切的问题上继续坚定相互支持，中方将坚定支持古巴捍卫国家主权，走符合本国国情的社会主义道路，相信古巴人民在劳尔同志、主席同志等古巴领导人坚强有力的领导下，一定会与时俱进、开拓进取、团结奋斗，不断取得新的更大成就。中方赞赏古方长期以来为推动中国同拉美和加勒比国家关系发展发挥了积极和重要作用，愿同古方在重大国际和地区问题上保持密切协调。中方欢迎古方参与共建"一带一路"，双方要规划好经贸、能源、农业、旅游、生物制药等重点合作领域和项目，稳步向前推进。

迪亚斯—卡内尔表示，古中关系建立在相互尊重和互信互利的基础之上，经历了国际风云变幻的考验，也一定能经得起未来的任何挑战。古巴钦佩中国发展取得的巨大成就，古巴党高度赞同中共十九大提出的发展理念，愿学习借鉴，更好地推进国内经济社会模式更新和社会主义建设事业。古中双方要继续保持高层交往和政治对话，加强经贸、教育、文化等领域交流，密切在国际事务中的沟通协调。

李克强会见迪亚斯—卡内尔时表示，中古在涉及彼此核心利益问题上坚定相互支持，支持对方走符合各自国情的发展道路。中方愿同古方一道，继续发扬两国友好传统，巩固政治互信，深化务实合作，推动两国关系再上新台阶。中方始终秉持开放态度，坚持双赢原则，推进中古各领域合作。中方愿同古方加强新能源、信息通信、生物制药等重点领域合作，支持中国企业赴古投资兴业。我们愿扩大进口古巴具有独特优势的产品，同古方推进知识合作，加强发展经验交流。

迪亚斯—卡内尔表示，我期待通过此访进一步巩固和传承古中友好关系，密切高层交往，深化各领域务实合作，积极参与共建"一带一路"，加强交流互鉴，促进共同繁荣。

11月6—9日

［纲　文］　赵乐际在河南省调研。

［目　文］　中共中央政治局常委、中央纪委书记赵乐际调研时指出，要深入贯彻习近平新时代中国特色社会主义思想和党的十九大精神，落实中央纪委二次全会部署，抓好新修订党纪处分条例的学习贯彻，增强纪律建设的政治性、时代性、针对性，有力保障党中央重大决策部署贯彻落实，以实际行动坚决维护习近平总书记核心地位、坚决维护党中央权威和集中统一领导。

赵乐际在南阳市宛城区黄河社区、桐柏县吴湾村、信阳市南湾湖管理区、郑州国家高新技术产业开发区、新华三大数据有限公司，看望慰问困难群众，了解生产生活、养老保障、教育医疗、脱贫攻坚和基层党风廉政建设等情况，听取干部群众意见建议；在省纪委监委机关、信阳市和罗山县纪委监委机关实地走访调研。

赵乐际主持召开纪检监察工作座谈会时指出，修订《中国共产党纪律处分条例》是加强纪律建设的一件大事。贯彻执行《中国共产党纪律处分条例》，首要任务是保障党的路线方针政策和党中央重大决策部署贯彻落实。纪委监委要紧紧围绕党和国家工作大局，立足职能职责，加强对坚持稳中求进工作总基调、贯彻新发展理念、实现高质量发展、深化改革开放、打好三大攻坚战、优化经济发展环境等政策措施落实情况的监督检查，督促有关方面担当尽责、主动作为。要加大力度整治影响市场主体健康发展的腐败和作风问题，严肃查处以权谋私、钱权交易、贪污贿赂、吃拿卡要等违纪违法行为，坚决整治形式主义、官僚主义等违反中央八项规定精神的行为，推动构建亲清新型政商关系。赵乐际强调，要加强纪律教育，严格执行《中国共产党纪律处分条例》，让党员干部习惯在受监督和约束的环境中工作生活。领导干部特别是"一把手"要自觉贯彻《中国共产党纪律处分条例》，主动接受监督。纪委监委要把自己摆进去，带头遵守纪律，同时要严格执纪、精准执纪，加强《中国共产党纪律处分条例》落实情况监督检查，使铁的纪律转化为党员干部的行为准则。

11月7日

[纲　文]　中共中央、国务院印发《关于学前教育深化改革规范发展的若干意见》。

[目　文]　《意见》由九个部分组成：一、总体要求。二、优化布局与办园结构。三、拓宽途径扩大资源供给。四、健全经费投入长效机制。五、大力加强幼儿园教师队伍建设。六、完善监管体系。七、规范发展民办园。八、提高幼儿园保教质量。九、加强组织领导。

《意见》指出，全面加强党对学前教育事业的领导，按照管党建与管业务相结合的原则，市、县级党委教育工作部门或教育行政部门党组织统一领导和指导幼儿园党建工作。认真落实全面从严治党要求，实现幼儿园党的组织和党的工作全覆盖。充分发挥幼儿园党组织作用，保障正确办园方向，认真做好教职工思想政治工作，厚植立德树人基础。

11月7日

[纲　文]　国务院印发《关于支持自由贸易试验区深化改革创新若干措施的通知》。

[目　文]　《通知》由五个部分组成：一、营造优良投资环境。二、提升贸易便利化水平。三、推动金融创新服务实体经济。四、推进人力资源领域先行先试。五、切实做好组织实施。

《通知》指出，要以习近平新时代中国特色社会主义思想为指导，全面贯彻党的十九大和十九届二中、三中全会精神，深刻认识支持自贸试验区深化改革创新的重大意义，贯彻新发展理念，鼓励地方大胆试、大胆闯、自主改，进一步发挥自贸试验区全面深化改革和扩大开放试验田作用。

11月7日

[纲　文]　财政部、税务总局发布《关于境外机构投资境内债券市场企业所得税、增值税政策的通知》。

[目　文]　《通知》说，自2018年11月7日起至2021年11月6日止，对境外机构投资境内债券市场取得的债券利息收入暂免征收企业所得税和增值税。上述暂免征收企业所得税的范围不包括境外机构在境内设立的机构、场所取得的与该机构、场所有实际联系的债券利息。

11月7日

［纲　文］　税务总局发布《重大税收违法失信案件信息公布办法》。

［目　文］　《办法》共5章19条。主要有总则、案件标准、信息公布、惩戒措施等内容。自2019年1月1日起施行。《国家税务总局关于修订〈重大税收违法案件信息公布办法（试行）〉的公告》（国家税务总局公告2016年第24号，国家税务总局公告2018年第31号修改）同时废止。

11月7日

［纲　文］　国家统计局公布《战略性新兴产业分类（2018）》，自2018年11月7日起实施。

11月7日

［纲　文］　公安部发布《关于废止〈因私出入境中介活动管理办法〉的决定》。

［目　文］　《决定》说，经商国家市场监督管理总局同意，现决定废止2001年6月6日发布施行的《因私出入境中介活动管理办法》（公安部、国家工商行政管理总局第59号令）。自2018年11月10日起生效。

11月7日

［纲　文］　在2018赛季中超联赛第29轮比赛中，上海上港队主场以2∶1战胜北京人和队，提前一轮夺冠，打破了广州恒大队对中超冠军连续7年的垄断。

11月7日

［纲　文］　《人民日报》发表评论员文章《经济全球化是不可逆转的历史大势——论习近平主席在首届中国国际进口博览会开幕式上主旨演讲》《新一代民营企业家要更加奋发有为——论学习贯彻习近平总书记民营企业座谈会重要讲话》。

11月7—9日

［纲　文］　第五届世界互联网大会在浙江省乌镇举行，国家主席习近平致贺信。

［目　文］　习近平在贺信中指出，当今世界，正在经历一场更大范围、更深层次的科技革命和产业变革。互联网、大数据、人工智能等现代信息技术不断取得突破，数字经济蓬勃发展，各国利益更加紧密相连。为世界经济发展增添新动能，迫切需要我们加快数字经济发展，推动全球互联网治理体系向着更加公正合理的方向迈进。世界各国虽然国情不同、互联网发展阶段不同、面临的现实挑战不同，但推动数字经济发展的愿望相同、应对网络安全挑战的利益相同、加强网络空间治理的需求相同。各国应该深化务实合作，以共进为动力、以共赢为目标，走出一条互信共治之路，让网络空间命运共同体更具生机活力。本届世界互联网大会以"创造互信共治的数字世界——携手共建网络空间命运共同体"为主题。希望大家集思广益、增进共识，共同推动全球数字化发展，构建可持续的数字世界，让互联网发展成果更好造福世界各国人民。

中宣部部长黄坤明出席大会开幕式，宣读习近平贺信并发表主旨演讲。来自76个国家和地区的约1500名嘉宾与会，围绕"创造互信共治的数字世界——携手共建网络空间命运共同体"这一主题，交流思想、分享观点、贡献智慧、凝聚共识。大会发布了《中国互联网发展报告2018》《世界互联网发展报告2018》，聚焦国内外互联网最新进展，为全球互联网发展提供新的思想借鉴和智力支撑。大会发布的《乌镇展望2018》勾画了全球互联网未来发展的愿景。"互联网之光"展示了430余家国内外机构的新成果、新应用。世界互联网领先科技成果发布活动重点推介了15项新技术、新产品，形成示范引领效应。

11月7—9日

[纲　文]　尤权在浙江省调研。

[目　文]　中央统战部部长尤权在温州、宁波、杭州，考察民营企业、基层商会、创业园区和行政服务中心，调研营商环境建设，并同民营企业家座谈。尤权指出，习近平总书记在11月1日召开的民营企业座谈会上发表重要讲话，充分肯定了民营经济在推动改革开放中作出的重大贡献，重申了坚持中国特色社会主义基本经济制度的坚强决心，对进一步鼓励、支持、引导民营经济发展提出了明确要求。贯彻落实习近平总书记重要讲话精神，既需要各级党委、政府进一步优化营商环境，也需要广大民营企业家共同努力。广大民营企业家要认清我国民营经济发展的光明前景，不受无谓干扰，坚定发展信心。

调研期间，尤权考察了街道社区、基层宗教活动场所，看望了宗教界人士，希望宗教界人士持续推进我国宗教中国化，自觉与社会主义社会相适应。

11月7—10日

[纲　文]　第27届中国金鸡百花电影节在广东省佛山市举办。

[目　文]　电影节由中国文联、中国电影家协会、广东省佛山市委市政府主办，其间举办了国产新片推介展映、金鸡国际影展、港澳台影展、少数民族影展、中国电影高峰论坛等活动以及大众电影百花奖提名者表彰仪式、百花奖终评及颁奖典礼暨电影节闭幕式。

11月8日

[纲　文]　国家主席习近平在北京会见美国前国务卿基辛格。

[目　文]　习近平指出，40多年来，中美关系历经风雨和坎坷，但总体保持稳定前行。当今世界正面临百年未有之大变局，国际社会普遍期待着中美关系继续沿着正确的方向向前发展。我和特朗普总统约定在阿根廷二十国集团峰会期间会晤，双方可以就共同关心的问题深入交换意见。中美双方对彼此的战略意图要有准确的判断。一段时间以来，美国国内涉华消极声音增多，值得关注。中国坚持走和平发展道路，仍然致力于发展不冲突不对抗、相互尊重、合作共赢的中美关系，愿同美方在平等互利基础上，本着互谅互让的精神，通过友好协商妥善解决两国关系发展中出现的问题。同时，美方也应尊重中方按照自己选择的道路发展的权利和合理权益，同中方相向而行，共同维护中美关系的健康稳定发展。

基辛格表示，当前形势下，美中合作对世界和平与繁荣至关重要。我高度评价中方为此所作努力。发展美中关系需要战略思维和远见,美中双方要更好地相互理解,加强战略沟通,不断扩大共同利益,妥善管控分歧,向世人表明美中共同利益远远大于分歧。希望特朗普总统和习近平主席即将在阿根廷二十国集团峰会期间举行的会晤顺利成功。

同日,国务委员兼外交部部长王毅在北京会见基辛格时表示,合作是中美的唯一正确选择。对于当前的中美经贸分歧,我们认为应当而且可以通过平等对话予以妥善解决。中美经济高度互补,加强合作可以为美国提供更大的市场和增长动力,同时也可以为中国的发展提供良好的外部条件。双方可以通过做大中美经贸合作的蛋糕,实现互利共赢。

基辛格表示,美中双方有必要从更宽广的视角看待两国关系,为美中关系长远稳定发展确定基本遵循。我赞同双方通过对话妥善管控和解决好两国间的具体分歧。

10日,国家副主席王岐山在北京会见基辛格时表示,中美双方应当顺应潮流,不断加深相互了解,促进各领域交流合作,妥善管控分歧,探索新形势下两国相处之道,推动中美关系在下一个40年取得更大发展。

基辛格表示,美中两国共同利益大于分歧。赞同通过平等对话和协商解决两国间当前问题,对美中关系未来发展达成共识,愿为此作出努力。

同日,国务院副总理刘鹤在北京会见基辛格时表示,维护中美关系大局稳定符合两国和两国人民乃至整个世界的根本利益。中美双方应在两国元首共识指导下,本着相互尊重、平等互利的原则,妥善处理经贸等领域出现的问题。

基辛格表示,在当前形势下,双方要加强沟通对话,加深相互理解,有效管控分歧,实现美中关系长期稳定发展。

11月8日

[纲 文] **李克强在北京主持召开经济形势专家和企业家座谈会。**

[目 文] 会议就当前经济形势、谋划明年发展听取意见建议。中共中央政治局常委、国务院副总理韩正,孙春兰、胡春华、王勇、肖捷等出席。黄益平、何德旭、魏尚进等专家学者和浙江荣盛集团、紫光集团、智联招聘等企业负责人围绕宏观经济运行和政策、民营企业发展、技术创新、就业市场形势等发了言。

国务院总理李克强说,今年以来,全国上下在以习近平同志为核心的党中央坚强领导下,统筹稳增长、促改革、调结构、惠民生、防风险,积极应对各种困难挑战,经济在高基数基础上保持平稳运行,新动能蓬勃发展,城镇新增就业提前实现全年目标,取得了来之不易的成绩。但国内外环境错综复杂变化给经济运行带来了新的下行压力,实体经济困难增加,地区、行业走势出现分化,矛盾和问题不容低估。要按照党中央、国务院决策部署,坚定信心,未雨绸缪,做好应对困难的充分准备,精心谋划好明年发展,调动各方面积极性,更好发挥中国经济韧性强、潜力大等优势,培育壮大新的支撑力,确保经济平稳运行在合理区间、向高质量方向发展。要坚持稳中求进工作总基调,贯彻新发展理念,密切跟踪国内外形势变化,保持宏观政策的连续性稳定性,加强预调微调,提高政策的协同性,更加精准施策,营造稳定可预期的宏观环境。深入推进供给侧结构性改革，积极补短板促升级，更大力度减税降费，采取有效措施努力让民营企业、小微企业融资难融资贵状况有比较明显的改善。把就业优先放在宏观政策更加突出的位置，加大对重点群体就业服务力度，引导多种方式灵活就业，保持比较充分的就业，创造更多社会财富。

11月8日

［纲　文］　韩正在北京调研并出席工程建设项目审批制度改革试点工作推进会。

［目　文］　国务院副总理韩正表示，党中央、国务院高度重视营商环境建设，习近平总书记对改善营商环境提出了明确要求。工程建设项目审批制度改革是改善营商环境的一个重要方面，在有关地区和部门共同努力下，改革试点工作顺利推进，取得了积极进展。下一步，要按照改革既定目标，聚焦重点问题和关键环节，全面推动改革措施落地，确保高质量完成改革试点任务。要加快统筹整合各类规划形成"一张蓝图"，建立健全"多规合一"业务协同平台，实现工程建设项目在"一张蓝图"上生成、在"一张蓝图"基础上审批。要完善工程建设项目审批管理系统，把各个部门的审批系统按照一个标准连起来，真正做到信息共享，实现全流程全覆盖。要加强法律法规和政策文件的"立改废释"，将改革试点中取得的好经验、好做法，通过制度化的形式固定下来，建立长效机制，夯实法治基础。

调研期间，韩正在北京市规划和自然资源委员会，听取北京市工程建设项目审批制度改革试点工作及项目审批服务开展情况的汇报，实地调研"多规合一"信息系统建设与数据推送工作情况，了解"一张蓝图"和"多规合一"协同平台建设有关情况。

11月8日

［纲　文］　孙春兰在北京主持召开全国老龄工作委员会全体会议。

［目　文］　国务院副总理、全国老龄委主任孙春兰指出，要坚持以习近平新时代中国特色社会主义思想为指导，认真贯彻党中央、国务院应对人口老龄化的各项部署，全面加强新时代老龄工作，努力让老年人老有所养、生活幸福、健康长寿。要按照"总揽全局、积极应对，人人尽责、人人享有，尽力而为、量力而行，创新引领、开放合作"原则，加强顶层设计，深化改革创新，完善相关政策，统筹推进"健康服务、养老服务、社会保障"体系建设，为平稳度过人口老龄化高峰期创造良好条件。要贯彻大卫生大健康理念，推动医养资源打通使用，积极推进健康老龄化。

7日，孙春兰在中国老龄协会进行调研，了解城乡老年人生活状况抽样调查、优待和权益保护工作、"十三五"养老体系建设规划中期评估情况。

11月8日

［纲　文］　民建中央在北京召开座谈会，学习贯彻习近平总书记在民营企业座谈会上的重要讲话精神。

［目　文］　全国人大常委会副委员长、民建中央主席郝明金出席会议并讲话。姜明等十余位民建会员企业家代表畅谈了学习体会，并提出意见建议。

11月8日

［纲　文］　教育部发布《中小学教师违反职业道德行为处理办法（2018年修订）》《幼儿园教师违反职业道德行为处理办法》，自2018年11月8日起施行。

11月8日

［纲　文］　教育部发布《新时代高校教师职业行为十项准则》《新时代中小学教师职业行为十项准则》《新时代幼儿园教师职业行为十项准则》《教育部关于高校教师师德失范行为处理的指导意见》。

11月8日

［纲　文］　教育部发布《关于完善教育标准化工作的指导意见》。

［目　文］　《意见》由七个部分组成：一、深化对教育标准化工作重要性的认识。二、明确教育标准的分类。三、规范教育标准制定程序。四、完善教育标准体系框架。五、完善教育标准实施机制。六、健全教育标准管理机制。七、深化国际合作与交流。

11月8日

［纲　文］　自然资源部、新闻出版署、海关总署、全国"扫黄打非"工作小组办公室印发《关于加强有关承印、进出口经营单位地图管理工作的通知》。

［目　文］　《通知》由三个部分组成：一、充分认识做好地图管理工作的重要性。二、严格规范承印、进出口单位地图经营行为。三、健全地图监督管理长效机制。

《通知》强调，各有关地图承印和进出口经营单位要严格遵照《地图管理条例》《出版管理条例》《印刷业管理条例》《中华人民共和国海关加工贸易货物监管办法》等法律法规，依法开展地图经营活动。

11月8日

［纲　文］　全国人大常委会副委员长王晨在北京会见由主席格雷厄姆率领的英国议会跨党派中国小组代表团。

［目　文］　王晨表示，习近平主席和特雷莎·梅首相今年初就进一步提升两国关系的战略性、务实性、全球性和包容性达成重要共识。中国全国人大愿与英议会加强机制交流，增强法律与政策的沟通协调，促进"一带一路"建设和自由贸易，为打造中英关系"黄金时代"增强版作贡献。

格雷厄姆表示，英议会跨党派中国小组将发挥独特作用，推动双方交流合作。

11月8日

［纲　文］　国务委员兼外交部部长王毅在北京同澳大利亚外长佩恩举行第五轮中澳外交与战略对话。

［目　文］　王毅说，中方赞赏澳方支持并积极参与首届中国国际进口博览会，欢迎包括澳方在内的更多国家积极参与"一带一路"合作。愿同澳方加强在多边机制中的沟通协调，共同维护多边主义和自由贸易。希望澳方谨慎妥善处理涉台、涉海等问题。

佩恩表示，澳大利亚认为一个繁荣的中国对世界是积极的，中国影响力的增强也是自然的，澳方不认为中国是军事威胁。欢迎中方加大对澳投资。"一带一路"合作可以为地区基础设施建设作出贡献。

11月8日

［纲　文］　中国蹦床队在莫斯科举行的第三十三届蹦床世锦赛首次设立的大团体决赛中夺冠。

11月8日

［纲　文］　《人民日报》发表评论员文章《坚持包容普惠，推动共同发展——论习近平主席在首届中国国际进口博览会开幕式上主旨演讲》。

11月9日

［纲　文］　**国家主席习近平任免驻外大使。**

［目　文］　习近平根据全国人民代表大会常务委员会的决定任免下列驻外大使：一、免去王文天的中华人民共和国驻老挝人民民主共和国特命全权大使职务；任命姜再冬为中华人民共和国驻老挝人民民主共和国特命全权大使。二、免去刘洪洋的中华人民共和国驻东帝汶民主共和国特命全权大使职务；任命肖建国为中华人民共和国驻东帝汶民主共和国特命全权大使。三、免去齐前进的中华人民共和国驻阿拉伯叙利亚共和国特命全权大使职务；任命冯飚为中华人民共和国驻阿拉伯叙利亚共和国特命全权大使。四、免去余劲松（女）的中华人民共和国驻塞舌尔共和国特命全权大使职务；任命郭玮（女）为中华人民共和国驻塞舌尔共和国特命全权大使。五、任命李健为中华人民共和国驻布基纳法索特命全权大使。

11月9日

［纲　文］　**李克强主持召开国务院常务会议。**

［目　文］　会议主要内容是：一、要求加大金融支持缓解民营企业特别是小微企业融资难融资贵。会议指出，一要拓宽融资渠道。将中期借贷便利合格担保品范围，从单户授信500万元及以下小微企业贷款扩至1000万元。从大型企业授信规模中拿出一部分，用于增加小微企业贷款。二要激发金融机构内生动力，解决不愿贷、不敢贷问题。明确授信尽职免责认定标准，引导金融机构适当下放授信审批权限，将小微企业贷款业务与内部考核、薪酬等挂钩。三要力争主要商业银行四季度新发放小微企业贷款平均利率比一季度下降1个百分点。整治不合理抽贷断贷，清理融资不必要环节和附加费用，严肃查处存贷挂钩等行为。二、决定开展专项行动，解决拖欠民营企业账款问题。会议决定抓紧开展专项清欠行动，国办牵头督办，有关部门各负其责，审计部门要介入。凡有此类问题的都要建立台账，对欠款"限时清零"。严重拖欠的要列入失信"黑名单"，严厉惩戒问责。对地方、部门拖欠不还的，中央财政要采取扣转其在国库存款或相应减少转移支付等措施清欠。大力清理规范工程建设领域保证金，大幅提升商业债务违约成本，严禁发生新的欠款。三、部署有效发挥政府性融资担保作用支持小微企业和"三农"发展。会议确定，一

是各级政府性融资担保、再担保机构要以支农支小融资担保为主业，重点支持单户担保金额500万元及以下的小微企业和"三农"主体。二是降低融资成本。国家融资担保基金的担保费率不高于省级机构费率水平。三是实行风险分担，国家融资担保基金和金融机构承担的风险责任比例原则上均不低于20%，银行不得因此减少实际放款数额。

11月9日

［纲　文］　十三届全国政协第十四次双周协商座谈会在北京召开。

［目　文］　全国政协主席汪洋主持会议并讲话。全国政协副主席万钢在会上作主题发言。全国政协副主席张庆黎、夏宝龙、辜胜阻出席会议。全国政协委员房爱卿、苏波、欧阳明高、竺延风、黄丹华、曾毓群、李稻葵、许家印、徐和谊、胡军和相关企业负责人王传福、李斌在会上发言。工业信息化部负责人介绍了有关情况，发展改革委、科技部、财政部负责人作了互动交流。10位委员和2位企业负责人围绕新能源汽车产业发展趋势、技术创新、市场培育、政策支持、行业管理等建言资政。近50位委员在全国政协委员移动履职平台上发表意见。

一些委员建议，我国新能源汽车产业正处在政策驱动向市场驱动过渡的关键阶段，应认真总结经验，查找短板弱项，有针对性地完善相关政策措施。要研究制定面向2035年新能源汽车发展战略规划，尽快明确分类别、分地区的禁售燃油车时间表，稳定产业发展预期。要着眼于增强核心技术和系统集成能力，提升动力电池性能和整车智能化水平，加快燃料电池汽车关键技术研发，推进新能源、智能网联、自动驾驶技术跨界融合。要优化财政补贴政策，提前明确补贴退坡时间节点，精简补贴资金拨付流程。要强化基础设施支撑，重点解决充电设施不足等难题，积极推进氢能加注站建设，提高设施互联互通水平。要修订新能源安全、环保、节能、技术等标准，建立健全维保、年检、召回、报废、回收等制度。要建立产能信息发布机制，引导社会理性投资，规范地方政府优惠行为，防范和化解产能过剩问题。要坚持引进来和走出去并重，支持外商投资新能源汽车制造领域，鼓励国内优势企业进行海外布局。

11月9日

［纲　文］　工业信息化部公布《民用爆炸物品生产许可实施办法》。

［目　文］　《办法》共5章30条。主要有总则、申请与审批、监督管理、法律责任、附则等内容。自2019年1月1日起施行。原国防科学技术工业委员会2006年8月31日公布的《民用爆炸物品生产许可实施办法》（原国防科学技术工业委员会令第16号）同时废止。

11月9日

［纲　文］　国家综合性消防救援队伍授旗仪式在北京人民大会堂举行。

［目　文］　中共中央总书记、国家主席、中央军委主席习近平向应急管理部消防救援总监黄明授旗并致训词，代表党中央向全体消防救援人员致以热烈的祝贺。他强调，组建国家综合性消防救援队伍，是党中央适应国家治理体系和治理能力现代化作出的战略决

策，是立足我国国情和灾害事故特点、构建新时代国家应急救援体系的重要举措，对提高防灾减灾救灾能力、维护社会公共安全、保护人民生命财产安全具有重大意义。国家消防救援队伍要对党忠诚、纪律严明、赴汤蹈火、竭诚为民，在人民群众最需要的时候冲锋在前，救民于水火，助民于危难，给人民以力量，为维护人民群众生命财产安全而英勇奋斗。

中共中央政治局常委王沪宁宣读《中共中央、国务院关于授予国家综合性消防救援队伍"中国消防救援队"队旗的决定》。国务院副总理韩正主持授旗仪式。丁薛祥、张又侠、陈希、郭声琨、王勇等出席活动。500余名参加授旗仪式的消防救援人员进行了集体宣誓，誓词为：我志愿加入国家消防救援队伍，对党忠诚，纪律严明，赴汤蹈火，竭诚为民，坚决做到服从命令、听从指挥，恪尽职守、苦练本领，不畏艰险、不怕牺牲，为维护人民生命财产安全、维护社会稳定贡献自己的一切。

授旗仪式后，习近平等接见国家综合性消防救援队伍总队级以上干部，同大家合影留念。

根据《组建国家综合性消防救援队伍框架方案》，公安消防部队、武警森林部队转制，组建国家综合性消防救援队伍。这支队伍由应急管理部管理，实行统一领导、分级指挥，设有专门的衔级职级序列和队旗、队徽、队训、队服。

11月9日

［纲　文］　国务委员兼外交部部长王毅在北京会见孟加拉国外秘哈克。

［目　文］　双方就双边关系和若开邦避乱民众遣返问题交换意见。

王毅表示，孟缅双方在处理若开邦问题上取得重要进展，同意于本月中旬启动首批避乱民众遣返工作。这将为处理这个复杂的历史问题创造好的开端，并为下一步遣返积累经验。中方愿继续为此提供必要支持。联合国专门机构应为此发挥建设性作用。

哈克说，孟方将根据此前孟缅达成的共识，如期推进若开邦避乱民众遣返工作，孟方感谢中方的大力支持和帮助。

11月9日

［纲　文］　第二轮中美外交安全对话在华盛顿进行。

［目　文］　对话由中央外事工作委员会办公室主任杨洁篪同美国国务卿蓬佩奥、国防部长马蒂斯在华盛顿共同主持。国务委员兼国防部长魏凤和参加。中美双方围绕做好习近平主席和特朗普总统在阿根廷二十国集团领导人峰会期间会晤筹备工作进行了讨论，并就中美双边关系以及共同关心的国际与地区问题进行了沟通。

双方就各自战略意图进行了沟通。双方认为，维护中美关系稳定发展符合两国人民和国际社会的根本利益。双方同意按照两国元首确定的方向和原则，在相互尊重基础上管控分歧，在互利互惠基础上拓展合作，共同推进以协调与合作为基调的中美关系。中美双方同意两军保持各层级交往并加强机制性对话，增进沟通，降低风险。双方将就建立两军《危机预防沟通框架》保持沟通，并致力于落实"重大军事行动相互通报机制"和"海空相遇安全行为准则"两个互信机制。

中方全面阐述了在台湾问题上的原则立场，强调台湾问题事关中国主权和领土完整，是中美关系最重要最敏感的核心问题。"台独"势力及其分裂活动是当前台海和平稳定的最大威胁。中方坚决反对"台独"势力及其各种分裂活动，坚定维护自身主权和领土完整。一个中国原则是中美关系的政治基础。希望美方恪守一个中国原则和中美三个联合公报规定，慎重妥善处理涉台问题。美方重申，美国政府继续奉行一个中国政策，遵守中美三个联合公报。

关于南海问题，中方强调，中国对南沙群岛及其附近海域拥有无可争辩的主权。中方在自己的领土上建设民用和必要防御设施是行使国际法赋予主权国家的权利，完全正当合法，与"军事化"无关。中方敦促美方尊重事实，停止任何损害中方主权和安全利益的行为，切实为维护南海和平稳定发挥建设性作用，这也有利于降低安全风险。

在对话中，中方强调，新疆事务是中国内政，外国无权干涉。中国政府高度重视促进新疆经济社会发展，采取了一系列促稳定、促发展、促团结、促民生的措施，同时依法打击民族分裂和暴恐犯罪活动，维护国家安全、保护人民群众生命和财产。中方希望美方尊重事实，客观看待有关问题，停止干涉中国内政。

中方重申了在经贸问题上的原则立场。双方认为，应当切实落实好两国元首近日通话所达成的共识，支持两国经济团队加强接触，就双方关切问题开展磋商，推动达成一个双方都能接受的方案。

关于朝鲜半岛问题，中方重申坚持半岛无核化、坚持半岛和平稳定、坚持通过对话协商解决问题的原则立场。美方感谢中方在半岛问题上发挥的重要建设性作用。双方认为，美朝领导人新加坡会晤共识应得到积极落实，美朝应保持密切和实质性沟通，有关联合国安理会决议应继续得到执行。双方将继续就半岛问题保持沟通与协调。

同日，魏凤和在华盛顿与美国国防部长马蒂斯举行会谈。

7日，杨洁篪在白宫会见美国总统国家安全事务助理博尔顿。

11月9日

［纲　文］　《人民日报》发表评论员文章《让各国人民共享经济全球化和世界经济增长成果——论习近平主席在首届中国国际进口博览会开幕式上主旨演讲》。

11月10日

［纲　文］　交通运输部、商务部公布《关于废止〈外商投资道路运输业管理规定〉的决定》。

［目　文］　《决定》说，决定废止《外商投资道路运输业管理规定》（交通部、对外贸易经济合作部令2001年第9号，交通运输部、商务部令2014年第4号修正）。自2018年11月10日起施行。

11月10日

［纲　文］　司法部印发《关于充分发挥职能作用为民营企业发展营造良好法治环境

的意见》。

［目　文］　《意见》由六个部分组成：一、充分认识支持和促进民营企业发展的重要意义。二、加快推动相关法律法规立改废释，为促进民营企业发展提供有力法律保障。三、推进严格规范公正文明执法，为民营企业公平发展营造良好法治环境。四、创新拓展公共法律服务，为民营企业提供优质高效的法律服务。五、加大法治宣传力度，引导民营企业依法经营依法治企。六、加强组织领导，推动各项任务落到实处。

11月10日

［纲　文］　中宣部、退役军人事务部在北京发布2018年"最美退役军人"先进事迹。

［目　文］　发布仪式现场播放了王启荣等20位"最美退役军人"先进事迹的宣传短片，从不同侧面采访讲述了他们的工作生活感悟，中央宣传部和退役军人事务部领导为其颁发"最美退役军人"荣誉证书。

11月10日

［纲　文］　《人民日报》发表评论员文章《完善中国改革开放空间布局的新举措——论习近平主席在首届中国国际进口博览会开幕式上主旨演讲》《打造应急救援的主力军和国家队》。

11月11日

［纲　文］　发展改革委决定废止《电工进网作业许可证管理办法》（原国家电力监管委员会令第15号），自2018年11月11日起施行。

11月11日

［纲　文］　在国际泳联短池游泳世界杯东京站男子100米仰泳决赛中，中国选手徐嘉余以48秒88的成绩获得冠军并打破世界纪录。

11月11日

［纲　文］　《人民日报》发表评论员文章《中国将始终是全球共同开放的重要推动者——论习近平主席在首届中国国际进口博览会开幕式上主旨演讲》。

11月11—14日

［纲　文］　红十字会与红新月会国际联合会第十届亚太地区大会在马尼拉召开。

［目　文］　红十字会与红新月会国际联合会副主席、全国人大常委会副委员长、中国红十字会会长陈竺率中国红十字会代表团出席大会。陈竺主持大会第一次全体会议时指出，面对亚太地区不断增长的人道需求，各国红会迅速开展人道行动，在人道领域发挥了积极作用。

本届会议的主题是"在瞬息万变世界中的本土人道主义行动"。大会议题包括三个方面：如何通过志愿者、社区和合作伙伴的工作，提高抗灾和恢复能力；如何将本土人道主义行动与红十字、红新月运动在世界人道主义首脑会议上的承诺联系起来，在恢复力建设等方面实现更大的本土化；在瞬息万变的世界，把上一届会议的《北京创新呼吁》与红十字会的集体能力结合在一起，以适应迅速变化的环境。会议举办4次全体会议和8个分论坛。来自亚太、中东地区51个国家红会约300名代表参加大会。

11月12日

［纲　文］　习近平在北京会见香港澳门各界庆祝国家改革开放40周年访问团。

［目　文］　国务院副总理韩正，丁薛祥、杨洁篪、尤权、王毅、董建华、何厚铧、梁振英及中央和国家机关有关部门主要负责人，港澳各界代表200余人参加会见。香港特别行政区行政长官林郑月娥、澳门特别行政区行政长官崔世安以及部分访问团成员等发言，表达了对改革开放道路、"一国两制"的高度认同。他们表示，没有国家的改革开放，就没有港澳今天的发展局面。他们还回忆了亲身经历的参与国家改革开放和各项建设事业的故事，并就新时代国家改革开放和"一国两制"实践提出意见和建议。

国家主席习近平指出，在新时代国家改革开放进程中，香港、澳门仍然具有特殊地位和独特优势，仍然可以发挥不可替代的作用。希望港澳同胞继续以真挚的爱国热忱、敢为人先的精神投身国家改革开放事业，顺时而为，乘势而上，在融入国家发展大局中实现香港、澳门更好发展，共同谱写中华民族伟大复兴的时代篇章。中国特色社会主义进入了新时代，意味着国家改革开放和"一国两制"事业也进入了新时代。对香港、澳门来说，"一国两制"是最大的优势，国家改革开放是最大的舞台，共建"一带一路"、粤港澳大湾区建设等国家战略实施是新的重大机遇。我们要充分认识和准确把握香港、澳门在新时代国家改革开放中的定位，支持香港、澳门抓住机遇、乘势而上，培育新优势，发挥新作用，实现新发展，作出新贡献。习近平对大家提出四点希望：一是更加积极主动助力国家全面开放。二是更加积极主动融入国家发展大局。三是更加积极主动参与国家治理实践。四是更加积极主动促进国际人文交流。

11月12日

［纲　文］　中央政法委与中共浙江省委在浙江绍兴召开纪念毛泽东同志批示学习推广"枫桥经验"55周年暨习近平总书记指示坚持发展"枫桥经验"15周年大会。

［目　文］　中央政法委书记郭声琨出席并讲话，公安部部长赵克志作总结讲话。浙江省委书记车俊致辞并介绍浙江经验，中组部、民政部、北京市、上海市、安徽省、福建省、四川省、新疆维吾尔自治区有关负责人作典型发言。

郭声琨在会上指出，要以习近平新时代中国特色社会主义思想为指引，坚定不移走中国特色社会主义社会治理之路，坚持创新发展新时代"枫桥经验"，加快推进基层社会治理现代化，努力建设更高水平的平安中国，不断增强人民群众获得感、幸福感、安全感。

55年前，浙江诸暨枫桥干部群众创造了"发动和依靠群众，就地化解矛盾，坚持矛盾不上交"的"枫桥经验"。1963年11月，毛泽东作出批示，要"各地效仿，经过试点，推广去做"。2003年11月，时任浙江省委书记习近平指出，要充分珍惜、大力推广、不断创新"枫桥经验",最大限度发挥"枫桥经验"的积极作用,促进经济、社会和人的全面发展。

11月12日

[纲　文]　全国政协在北京中山公园中山堂举行仪式,纪念伟大的民族英雄、伟大的爱国主义者、中国民主革命的伟大先驱孙中山先生诞辰152周年。

[目　文]　全国政协副主席卢展工代表全国政协,全国人大常委会副委员长、民革中央主席万鄂湘代表民革中央,中共中央统战部秘书长陈宗荣代表中共中央统战部,北京市副市长王宁代表北京市政府,分别向孙中山先生塑像敬献了花篮。全国政协副主席刘奇葆主持纪念仪式。万钢、郑建邦、何鲁丽、周铁农、齐续春出席纪念仪式。

11月12日

[纲　文]　国家副主席王岐山在北京会见校长里夫率领的麻省理工学院理事会执委会成员。

[目　文]　王岐山表示,中美两国利益紧密相连,互利共赢,关乎世界繁荣与稳定。信任的前提是了解。中美之间要广泛接触,增进相互了解,既要了解彼此现实,也要了解彼此历史文化。宏观无限、微观亦无限,科学发现和技术进步永无止境。要秉持科学精神,在不断探究中使人类对自然和社会的认知更加渊博、深广。改革开放促进了中美科技教育交流,希望麻省理工学院继续推动两国科技教育和人文合作,为中美关系健康稳定发展作出贡献。

里夫表示,麻省理工学院珍视与中国的合作关系,愿进一步深化双方交流,为两国人民友好和双边关系发展作出积极努力。

11月12日

[纲　文]　以"新时代的中国:黑龙江　走振兴新路　约世界同行"为主题的外交部第十六场省区市全球推介活动在外交部举行。

[目　文]　国务委员兼外交部部长王毅在致辞中表示,按照习近平总书记重要指示精神,黑龙江正在坚持创新引领,加快新旧动能转换,努力走出一条新的全面振兴之路。黑龙江在中国新一轮对外开放中拥有独特优势。希望各国把握住中国深化改革开放的新机遇,一起开创互利互惠、合作共赢的美好未来。

黑龙江省委书记张庆伟表示,黑龙江正努力把区位优势、资源优势转化为发展新动能,全力打造创新发展新引擎,加快构建开放型经济新体制,全力构建全方位对外开放新格局。黑龙江省省长王文涛从旅游业、现代农业、装备制造业、新兴产业、国际合作等领域对黑龙江进行了推介。

120多个国家的驻华使节、国际组织驻华代表及工商界代表、中外专家学者和媒体记者等500余人出席。

11月12日

[纲　文]　首轮中加经济财金战略对话在北京举行。

［目　文］　国务委员王勇与加拿大财政部长莫诺、国际贸易多元化部长卡尔共同主持。本次对话双方就宏观经济形势和全球经济治理、贸易与投资合作、金融合作等议题进行了讨论，共达成50多项互利共赢成果。

11月12日

［纲　文］　突尼斯第一家孔子学院在突尼斯迦太基大学举行开班仪式。

［目　文］　中国驻突尼斯大使汪文斌、迦太基大学校长奥勒法·乌达及中文专业师生等200多人参加了仪式。

11月12日

［纲　文］　在2018—2019赛季短道速滑世界杯盐湖城站比赛中，中国选手武大靖以39秒505的成绩获得男子500米冠军，同时刷新了他自己在平昌冬奥会创造的39秒584的世界纪录。

11月12日

［纲　文］　《人民日报》发表评论员文章《让中国经济的大海更加壮阔——论习近平主席在首届中国国际进口博览会开幕式上主旨演讲》。

11月12—16日

［纲　文］　国务院总理李克强应邀对新加坡进行正式访问并出席第二十一次中国—东盟（10+1）领导人会议、第二十一次东盟与中日韩（10+3）领导人会议和第十三届东亚峰会。

［目　文］　访问期间，李克强在新加坡总统府会见新加坡总统哈莉玛；同新加坡总理李显龙举行会谈，双方还就共同关心的国际和地区问题深入交换了意见。两国总理共同见证双方自贸协定升级、互联互通、金融、科技、环境、文化、海关等领域多项双边合作文件的签署，双方发表了《中华人民共和国政府和新加坡共和国政府联合声明》。李克强在"新加坡讲座"发表《在开放融通中共创共享繁荣》的主旨演讲并回答现场提问，出席新加坡工商联合总会和中华总商会联合举办的欢迎晚宴并致辞，参观特沙生物医疗科技公司。

14日，李克强在新加坡会展中心出席第二十一次中国—东盟（10+1）领导人会议暨庆祝中国—东盟建立战略伙伴关系15周年纪念峰会。东盟十国领导人与会。李克强与李显龙共同主持会议。会议通过《中国—东盟战略伙伴关系2030年愿景》，发表科技创新合作联合声明，宣布2019年为媒体交流年。

同日，李克强在新加坡会展中心出席第二次"区域全面经济伙伴关系协定"（RCEP）领导人会议。东盟十国领导人以及韩国、日本、澳大利亚、新西兰、印度领导人与会。与会领导人一致同意，各方发展阶段不同，但应体现灵活性，调整各自雄心水平，以包容的心态照顾彼此敏感度，确保区域全面经济伙伴关系协定全面、平衡、高质量、高水平，使地区所有国家均从中受益，实现互利共赢。各方愿加紧努力，乘势而上，争取在2019年完成区域全面经济伙伴关系协定谈判。

会议期间，李克强同加拿大总理特鲁多举行第三次中加总理年度对话，双方发表"关于应对海洋垃圾和塑料的联合声明"；同澳大利亚总理莫里森举行第六轮中澳总理年度会晤；会见了新西兰总理阿德恩。

15日，李克强在新加坡会展中心出席第二十一次东盟与中日韩（10+3）领导人会议。东盟十国领导人以及韩国总统文在寅、日本首相安倍晋三共同出席。与会领导人表示，10+3合作作为东亚合作主渠道，是地区最富活力的合作机制之一，发展势头良好。10+3成立以来，地区贸易实现巨大增长，使东亚成为世界上最繁荣的地区之一。展望未来，各方一致同意尽快完成区域全面经济伙伴关系协定最后阶段谈判，推进清迈倡议多边化，增加本币使用，拓展"中日韩+X"、智慧城市、创新、电子商务合作，加强互联互通，推进在金融、教育、文化、农业、减贫、环境、卫生等领域合作。面对国际形势中的不确定性，各方表示将团结一致，共迎挑战，推进多边主义和基于规则的自由贸易体系，维护地区和平稳定。

同日，李克强在新加坡会展中心出席第十三届东亚峰会。东盟十国领导人以及俄罗斯总统普京、韩国总统文在寅、日本首相安倍晋三、印度总理莫迪、澳大利亚总理莫里森、新西兰总理阿德恩、美国副总统彭斯等共同出席。会议通过《东亚峰会领导人关于东盟智慧城市的声明》等多份成果文件。

会议期间，李克强分别会见了俄罗斯总统普京、缅甸国务资政昂山素季。

11月12—13日

[纲　文]　**全国干部教育培训工作会议在北京召开。**

[目　文]　中组部部长陈希指出，要把习近平新时代中国特色社会主义思想作为干部教育培训的首要任务和中心内容，坚持读原著学原文悟原理，坚持理论联系实际，深刻领会贯穿其中的马克思主义立场观点方法，武装头脑、指导实践、推动工作。要把旗帜鲜明讲政治作为干部教育培训的根本要求，教育引导广大干部增强"四个意识"、坚定"四个自信"，不折不扣贯彻落实党中央决策部署。要着力增强干部教育培训的时代性、针对性、有效性，聚焦党和国家事业新目标新部署，适应贯彻落实新发展理念、深化供给侧结构性改革、建设现代化经济体系、推动经济高质量发展等需要，精心设计培训内容、精确选调培训对象、精细挑选培训师资。

11月13日

[纲　文]　**司法部印发《关于推进个人调解工作室建设的指导意见》。**

[目　文]　《意见》由四个部分组成：一、充分认识推进个人调解工作室建设的重要意义。二、总体要求。三、主要任务。四、组织保障。

《意见》指出，各地可结合实际，按照本意见精神制定具体实施意见。

11月13日

[纲　文]　**交通运输部印发《农村公路建设质量管理办法》。**

〔目　文〕　《办法》共5章36条。主要有总则、质量责任、质量监管、质量管控要点等内容。自2019年1月1日起施行，有效期5年。原交通部发布的《农村公路建设质量管理办法（试行）》（交质监发〔2004〕370号）同时废止。

11月13日

〔纲　文〕　工业信息化部印发《关于推进民爆行业高质量发展的意见》。

〔目　文〕　《意见》由八个部分组成：一、总体要求。二、提高安全准入门槛，强化安全管理。三、优化产品结构，化解过剩产能。四、推动重组整合，提高产业集中度。五、实施创新引领，推动技术进步。六、健全质量体系，强化质量管理。七、扩大对外开放，加强国际交流合作。八、完善配套措施，积极稳妥推进行业高质量发展。

《意见》指出，各省级民爆行业主管部门要指导和督促企业落实各项政策措施，积极争取地方政府在财政、税收、金融等方面的配套政策，确保改革发展的各项措施平稳有序推进。

11月13日

〔纲　文〕　国务院副总理韩正在北京会见新开发银行行长卡马特一行。

〔目　文〕　韩正表示，习近平主席在首届中国国际进口博览会上宣布了中国深化改革、扩大开放的一系列新举措，体现了中国向世界开放的坚定决心，希望新开发银行积极支持和参与中国改革开放进程。新开发银行开业以来，在建章立制、业务运营、获得高信用评级等方面取得了长足进步，我们对此表示祝贺。中方愿进一步加强与新开发银行的务实合作，一如既往地为新开发银行开展业务提供积极支持。

卡马特表示，衷心感谢中国政府在新开发银行筹建和运营方面提供的大力支持。新开发银行愿继续深化与中方的合作，为金砖国家和广大发展中国家的发展繁荣发挥积极作用。

11月13日

〔纲　文〕　第四轮中德外交与安全战略对话在北京举行。

〔目　文〕　国务委员兼外交部部长王毅同德国外长马斯与会。双方一致认为，在复杂多变的国际形势下，中德应深化全方位战略合作，共同坚持多边主义，维护全球自由贸易体系。

同日，国家副主席王岐山在北京会见马斯时表示，当前国际形势面临许多问题，中国发展的经验告诉我们，只有不断创新、加快改革、扩大开放才能促进发展，实现繁荣；坚持和平发展，共建人类命运共同体才是康庄大道。中方愿同德方在相互尊重的基础上，增进了解和互信，加强发展战略对接，实现更高水平的优势互补，合作共赢。

马斯表示，近年来，德中高层交往密切，双边关系高水平运行。希望通过此访深化德中合作，共同应对当前所面临的全球性挑战。

12日，国务院副总理刘鹤、中央外事工作委员会办公室主任杨洁篪在北京分别会见马斯。

11月13日

[纲　文]　中印第九次防务安全磋商在北京举行。

[目　文]　会议由中央军委联合参谋部副参谋长邵元明与印度国防秘书米特拉在北京共同主持。双方讨论了中印两国两军关系、边境管控与边防合作，以及共同关心的国际和地区安全形势等问题。双方一致同意，要坚持以两国领导人重要共识为指引，坚持"稳定边防、增进互信、发展友谊、深化合作"的原则，推动两军关系向前发展，确认把两国领导人在涉边问题上的有关共识传导落实到职能部门和一线部队，确保中印边境地区的和平与安宁。

15日，国务委员兼国防部长魏凤和在北京会见米特拉时说，中印两国共同利益远大于分歧。良好的中印关系不仅符合两国人民利益，也有利于本地区和世界的稳定繁荣。两国领导人为中印关系绘制了美好蓝图，双方应落实好领导人共识，加强两军交流，增强安全领域互信，妥善管控分歧，深化互利合作，推动两国关系健康稳定发展。

米特拉说，对华关系是我们最重要的双边关系之一。希望双方进一步加强合作，推动两国两军关系发展。

11月13日

[纲　文]　《人民日报》发表评论员文章《让"枫桥经验"在新时代发扬光大》。

11月13—14日

[纲　文]　中央军委政策制度改革工作会议在北京召开。

[目　文]　中共中央总书记、中央军委深化国防和军队改革领导小组组长习近平出席会议并讲话。中央军委副主席、中央军委深化国防和军队改革领导小组常务副组长许其亮部署改革实施工作，中央军委副主席、中央军委深化国防和军队改革领导小组副组长张又侠对落实改革任务提出要求。中央军委委员魏凤和、李作成、苗华、张升民出席会议。军委机关各部门、全军各大单位负责人参加会议，中央和国家机关有关部门负责人列席会议。

习近平指出，军事政策制度调节军事关系、规范军事实践、保障军事发展，军事政策制度改革对实现党在新时代的强军目标、把人民军队全面建成世界一流军队，对实现"两个一百年"奋斗目标、实现中华民族伟大复兴的中国梦具有重大意义。要认清军事政策制度改革的重要性和紧迫性，统一思想、坚定信心、步调一致、狠抓落实，把军事政策制度改革任务完成好。推进军事政策制度改革是军地双方的共同任务，中央和国家机关、地方各级党委和政府要关心支持军队改革，落实好担负的改革任务，形成军地合力的良好局面。

11月13日—2019年3月20日

[纲　文]　"伟大的变革——庆祝改革开放40周年大型展览"在中国国家博物馆举办。

[目　文]　13日，中共中央政治局常委王沪宁出席展览开幕式并发表讲话。中宣

部部长黄坤明主持开幕式。孙春兰、蔡奇、郝明金、陈晓光、何立峰等出席开幕式。中央党政军有关部门和北京市负责人、驻京部队官兵和首都各界群众代表等约1000人参加开幕式。

同日，中共中央总书记习近平参观时指出，改革开放40年来，在中国共产党坚强领导下，中国人民艰苦奋斗、顽强拼搏，用双手书写了国家和民族发展的壮丽史诗，中华大地发生了感天动地的伟大变革。党的十九大描绘了中国发展的宏伟蓝图，只要我们坚持以新时代中国特色社会主义思想为指导，全面贯彻落实党中央决策部署，坚定不移全面深化改革、扩大对外开放，中国特色社会主义一定会迎来更加美好的明天。要通过展览，教育引导广大干部群众更加深刻地认识到中国共产党、中国人民和中国特色社会主义的伟大力量，更加深刻地认识到我们党的理论是正确的、党中央确定的改革开放路线方针是正确的、改革开放的一系列战略部署是正确的，更加深刻地认识到改革开放和社会主义现代化建设的光明前景，统一思想、凝聚共识、鼓舞斗志、团结奋斗，坚定跟党走中国特色社会主义道路、改革开放道路的信心和决心。

栗战书、汪洋、王沪宁、赵乐际、韩正、王岐山，在京中共中央政治局委员、中央书记处书记，全国人大常委会副委员长，国务委员，最高人民法院院长，最高人民检察院检察长，全国政协副主席以及中央军委委员等参观了展览。

展览经中共中央批准，中宣部、中央改革办等单位联合举办，以坚持和发展中国特色社会主义为主题，紧扣改革开放40年历程，紧扣改革开放的历史纵深感、群众获得感、发展成就感，安排设计了6个主题内容展区，多角度、全景式集中展示改革开放光辉历程、伟大成就、宝贵经验，展示党的十八大以来以习近平同志为核心的党中央高举改革开放旗帜、推进全面深化改革、扩大对外开放的战略决策部署，展现党中央将改革开放进行到底的政治魄力和坚定决心。展览以坚持和发展中国特色社会主义为主题，聚焦大事要事喜事，多角度、全景式集中展示改革开放40年的光辉历程、伟大成就和宝贵经验，突出展示党的十八大以来，人民群众生产生活发生的伟大变迁，中华民族迎来了从站起来、富起来到强起来的伟大飞跃。现场观众累计达423万人次、留言312万字，网上展馆点击浏览量4.03亿次。

11月14日

[纲 文] 习近平在北京主持召开中央全面深化改革委员会第五次会议。

[目 文] 中共中央总书记、中央全面深化改革委员会主任习近平指出，庆祝改革开放40周年，要以新时代中国特色社会主义思想为指导，深刻总结改革开放光辉历程和宝贵经验，引导广大干部群众充分认识改革开放重大意义和伟大成就，增强"四个意识"，坚定"四个自信"，继续高举改革开放伟大旗帜，把握完善和发展中国特色社会主义制度、推进国家治理体系和治理能力现代化的总目标，不断把新时代改革开放继续推向前进。

中共中央政治局常委、中央全面深化改革委员会副主任王沪宁、韩正出席会议。中央全面深化改革委员会委员出席，中央和国家机关有关部门负责人列席会议。

会议审议通过了《海南省创新驱动发展战略实施方案》《海南省建设国际旅游消费中心的实施方案》《关于支持海南全面深化改革开放有关财税政策的实施方案》《关于支持海南全面深化改革开放综合财力补助资金的管理办法》《关于调整海南离岛旅客免税购物政策工作方案》《加快完善市场主体退出制度改革方案》《深化政府采购制度改革方案》《国家职业教育改革实施方案》《关于加强县级融媒体中心建设的意见》《关于深化改革培育世界一流科技期刊的意见》《关于推进基层整合审批服务执法力量的实施意见》《关于加强和改进出版工作的意见》《国家组织药品集中采购试点方案》《关于全面推行行政执法公示制度执法全过程记录制度重大执法决定法制审核制度的指导意见》《"街乡吹哨、部门报到"——北京市推进党建引领基层治理体制机制创新的探索》。

11月14日

[纲　文]　**亚太空间合作组织成立10周年大会在北京举行。国家主席习近平致贺信。**

[目　文]　习近平指出，外层空间是人类共同的财富，探索、开发、和平利用外层空间是人类共同的追求。中国倡导世界各国一起推动构建人类命运共同体，坚持在平等互利、和平利用、包容发展的基础上，深入开展外空领域国际交流合作。中国一贯主张合理开发、利用空间资源，保护空间环境，推动航天事业造福全人类。亚太空间合作组织和各成员国在空间科学探索、空间技术开发、空间技术应用等领域开展了密切合作，发挥了积极作用。中国将继续积极支持亚太空间合作组织的工作，按照共商共建共享原则，促进空间事业进步和经济社会发展，为建设更加美好的世界贡献智慧和力量。

工业和信息化部部长苗圩出席开幕式并宣读习近平的贺信。各成员国理事签署《亚太空间合作组织2030发展愿景》，并共同见证北京航空航天大学、哈尔滨工业大学、西北工业大学与亚太空间合作组织签署合作协议，见证"亚太空间合作组织与西北工业大学航天创新人才培养基地"揭牌仪式。

本次大会以"推进空间合作　打造命运共同体"为主题，旨在进一步发挥亚太空间合作组织的平台作用，务实合作，开放共享，不断推动亚太地区航天事业向前发展。大会包括开幕式、航天局长论坛和其他分论坛等一系列活动，并同期举行"通过空间合作开展下一代航天创新人才培养"国际研讨会。国内外有关政府部门、高等院校、研究机构、行业协会及企业的代表共100余人参加了大会。

11月14日

[纲　文]　**国务院在北京召开全国冬春农田水利基本建设电视电话会议。**

[目　文]　国务院总理李克强对会议作出批示指出：加强农田水利基本建设，藏粮于地藏粮于技，是保障国家粮食安全、推动现代农业发展的重要举措。各地区各相关部门要以习近平新时代中国特色社会主义思想为指导，认真贯彻党中央、国务院决策部署，围绕实施乡村振兴战略，结合促进补短板领域有效投资，强化规划布局，突出提升防灾抗灾

减灾能力,进一步推进农田水利和重大水利工程建设。要压实各级政府责任,深化相关改革,加快构建集中统一高效的农田建设管理新体制。要建立投入稳定增长机制,加强建设资金源头整合,大力吸引社会资金投入,千方百计调动广大农民参与农田水利基本建设和日常管护的积极性,为夯实我国农业生产能力基础、更好保障粮食安全和主要农产品有效供给、促进农民增收和农村现代化建设作出新贡献。

会议以习近平新时代中国特色社会主义思想为指导,全面贯彻党的十九大和十九届二中、三中全会精神,认真落实《政府工作报告》要求和国务院有关部署,分析当前农田水利建设面临的新形势和新任务,动员部署今冬明春农田水利基本建设工作。

国务院副总理胡春华出席会议并讲话。他指出,要认真贯彻习近平总书记重要指示精神,落实李克强总理批示要求,坚持不懈地大兴农田水利,加快建设高标准农田,不断巩固和提升农业综合生产能力,为保障国家粮食安全和农业可持续发展提供强有力的支撑。要认真对照全面建成小康社会目标,系统谋划当前和今后两年农业农村重点工作,确保顺利完成任务。要认真做好秋粮收购、冬春农业生产、非洲猪瘟等动物疫病防控和"大棚房"问题整治整改等工作。

11月14日

[纲 文] 交通运输部、商务部公布修改后的《外商独资船务公司审批管理办法》,自2019年1月1日起施行。

11月14日

[纲 文] 郭声琨在北京主持召开中央政法委全体会议。

[目 文] 会议学习贯彻习近平总书记在民营企业座谈会上的讲话精神,审议中央政法委关于依法保障和服务民营企业健康发展的指导意见。赵克志、周强、张军等出席。

中央政法委书记郭声琨指出,要坚持主动服务,不断深化"放管服"改革,完善审批服务体系、法律服务体系、安全服务体系,努力为民营企业发展提供更多便利。要坚持平等保护,对各类产权主体一视同仁,依法妥善处理涉及民营企业的民商事、行政案件,依法打击侵犯民营企业合法权益的违法犯罪活动,平等保护民营企业及经营者合法权益。要坚持规范执法,严格把握法律政策界限,坚决防止刑事执法介入经济纠纷。要依法妥善处理民营企业因经营不规范引发的问题,继续甄别纠正冤错案件,让民营企业家专心创业、放心投资、安心经营。

11月14日

[纲 文] 中国雕塑家吴为山就任法兰西艺术院通讯院士。

[目 文] 中国美术馆馆长吴为山就任法兰西艺术院通讯院士仪式在巴黎举行。吴为山接过就职任书,正式成为继著名画家吴冠中之后就任该院通讯院士的第二位中国艺术家。

11月14—15日

[纲 文] 汪洋在江苏省调研宗教工作。

［目　文］　全国政协主席汪洋在江苏省有关宗教团体、宗教院校和宗教活动场所，了解宗教事务管理、团体建设、人才培养等情况，并主持召开座谈会，听取宗教界人士的意见建议。

汪洋对江苏贯彻党中央关于宗教工作决策部署取得的成绩给予了肯定。他指出，各级党委要深刻认识宗教工作无小事，切实加强党对宗教工作的领导，把宗教工作纳入重要议事日程，健全宗教事务管理网络，落实宗教工作责任制，确保基层宗教工作有人抓、有人管、能管好。要坚决摒弃"宗教搭台、经济唱戏"的错误思想，严禁商业资本介入宗教，任何组织和个人不能投资和经营宗教活动场所，不得将宗教活动场所作为企业资产上市。各宗教要深入挖掘教规教义中有利于社会和谐、时代进步、健康文明的内容，对教规教义作出符合当代中国发展进步要求、符合中华优秀传统文化的阐释，形成更多宗教中国化新成果。要加强教风建设和内部管理，严守教规戒律，提升宗教修为，爱护社会声誉，共同维护宗教界良好形象。要办好宗教院校，培养一支政治上靠得住、宗教上有造诣、品德上能服众、关键时起作用的宗教教职人员队伍，促进宗教健康发展。

15日，汪洋走访了省政协机关，并主持召开住苏全国政协委员座谈会，听取对全国政协工作的意见建议。他指出，要进一步学习领会习近平总书记关于加强和改进人民政协工作的重要思想，牢牢把握新时代人民政协的新使命新任务，推动人民政协这一具有中国特色的制度安排更加成熟更加定型。

11月14—16日

［纲　文］　王岐山在湖北省调研。

［目　文］　国家副主席王岐山在武汉、十堰，考察湖北省博物馆等文博单位，了解文物保护和文化传承情况；在丹江口水库，考察南水北调工程建设、库区生态环境保护、移民安置和脱贫攻坚等情况，并听取当地践行新发展理念情况介绍。

王岐山指出，要深入贯彻习近平生态文明思想，不折不扣贯彻落实党中央关于生态环境保护决策部署，下功夫守护好绿水青山。要按照到2020年全面建成小康社会、打赢脱贫攻坚战的目标，进一步增强责任感紧迫感，真抓实干、埋头苦干，兑现党中央作出的庄严承诺。要把践行"四个意识"与一项项工作实际结合起来，处理好生存与发展、局部与全局、当下与未来的关系，实现经济社会全面可持续发展，用担当的行动不断夯实党的执政基础。

11月14—19日

［纲　文］　中央政法委书记郭声琨在莫斯科出席中俄执法安全合作机制第五次会议并访问匈牙利。

［目　文］　15日，中俄执法安全合作机制第五次会议在莫斯科举行。会议由郭声琨同俄罗斯联邦安全会议秘书帕特鲁舍夫共同主持，中俄双方执法和司法部门的相关负责人就加强两国在执法、安全和司法领域的务实合作交换了意见。

郭声琨访问匈牙利期间，在布达佩斯会见了匈牙利国会主席克韦尔、副总理兼内务部长平特。

11月14—16日

［纲　文］　2018中国国际友好城市大会在武汉举行。

［目　文］　国家副主席王岐山出席开幕式并作主旨发言。大会由中国人民对外友好协会、中国国际友好城市联合会和武汉市人民政府主办，武汉市人民政府外事办公室、武汉市人民对外友好协会承办。来自60多个国家的300多位国际友城、城市组织代表和外国政要以及国内31个省（区、市），115个城市的300余位中方代表共计700余人出席。大会着眼构建人类命运共同体和地方政府发展实际需要，围绕"共享发展机遇、深化互利合作"的主题，共同探讨城市现代化、国际化、生态化问题，分享友好城市间的先进经验，促进共同繁荣和发展。大会发布了《武汉倡议》。

11月14—19日

［纲　文］　第二届世界警察手枪射击比赛在广州举行。

［目　文］　比赛由国际警察体育联合会发起，公安部委托广东省公安厅承办。73个国家和地区的256名选手参赛。中国一队、白俄罗斯队、匈牙利队分获团体总分前三名，中国一队、捷克队、白俄罗斯队分获男子团体前三名，中国一队、匈牙利队、阿联酋队分获女子团体前三名。中国一队的房刚、高梦旎分获男、女个人第一名。

11月15—21日

［纲　文］　国家主席习近平应邀对巴布亚新几内亚、文莱、菲律宾进行国事访问，并在巴新同建交太平洋岛国领导人会晤、出席在巴新莫尔兹比港举行的亚太经合组织第二十六次领导人非正式会议。

［目　文］　陪同习近平出访的有：中央办公厅主任丁薛祥、中央外事工作委员会办公室主任杨洁篪、国务委员兼外交部部长王毅、国家发展改革委主任何立峰等。14日，习近平在巴布亚新几内亚《信使邮报》《国民报》发表题为《让中国同太平洋岛国关系扬帆再启航》的署名文章。17日，习近平在文莱《婆罗洲公报》《诗华日报》《联合日报》《星洲日报》发表题为《携手谱写中国同文莱关系新华章》的署名文章。19日，习近平在菲律宾《菲律宾星报》《马尼拉公报》《每日论坛报》发表题为《共同开辟中菲关系新未来》的署名文章。

15—18日，习近平访问巴布亚新几内亚，同建交太平洋岛国领导人会晤并出席亚太经合组织第二十六次领导人非正式会议。

习近平访问巴布亚新几内亚期间，在莫尔兹比港会见巴布亚新几内亚总督达达埃；同巴布亚新几内亚总理奥尼尔会谈。两国领导人积极评价中国同巴新传统友谊，规划双边关系发展新蓝图，一致决定建立中巴新相互尊重、共同发展的全面战略伙伴关系。并共同见证了多项双边合作文件签署；习近平和奥尼尔出席中国援建的独立大道移交启用仪式、中国援建的布图卡学园启用仪式。

16日,习近平在莫尔兹比港同巴布亚新几内亚总理奥尼尔、密克罗尼西亚联邦总统克里斯琴、萨摩亚总理图伊拉埃帕、瓦努阿图总理萨尔瓦伊、库克群岛总理普纳、汤加首相波希瓦、纽埃总理塔拉吉等建交太平洋岛国领导人以及斐济政府代表、国防部长昆布安博拉举行集体会晤,就深化中国同太平洋岛国关系交换看法,一致同意将双方关系提升为相互尊重、共同发展的全面战略伙伴关系,开创全方位合作新局面。习近平主持会晤并发表主旨讲话,对新形势下中国和太平洋岛国关系发展提出建议,强调双方要把握机遇、共创未来,携手开创中国同太平洋岛国关系更加美好的未来。

同日,习近平在莫尔兹比港分别会见密克罗尼西亚、萨摩亚、瓦努阿图、库克群岛、汤加、纽埃、斐济等建交太平洋岛国领导人,同他们就双边关系和务实合作交换看法。

17日,习近平出席在巴布亚新几内亚莫尔兹比港举行的亚太经合组织工商领导人峰会并发表题为《同舟共济创造美好未来》的主旨演讲;出席亚太经合组织领导人同工商咨询理事会代表对话会,同代表们就构建开放型世界经济、共建"一带一路"等交换看法。

会议期间,习近平在莫尔兹比港分别会见了智利总统皮涅拉、韩国总统文在寅、印度尼西亚总统佐科。

18日,亚太经合组织第二十六次领导人非正式会议在巴布亚新几内亚莫尔兹比港举行。习近平出席并发表题为《把握时代机遇 共谋亚太繁荣》的讲话,指出亚太各方应该顺应经济全球化发展大势,秉持推动区域经济一体化宗旨,把握构建开放型世界经济大方向,努力保持亚太合作势头,稳步迈向更高水平。

本次亚太经合组织领导人非正式会议的主题是"把握包容性机遇,拥抱数字化未来"。与会各经济体领导人围绕"连接数字化未来,实现包容性增长"等重点议题深入交换看法,回顾合作历程,共商亚太愿景。

同日,习近平同亚太经合组织经济体领导人一道出席世界经济形势非正式对话会,听取国际货币基金组织总裁拉加德介绍世界经济形势。

18—20日,习近平访问文莱期间,在斯里巴加湾同文莱苏丹哈桑纳尔举行会谈。两国元首高度评价中文关系积极发展势头,一致决定建立中文战略合作伙伴关系,做政治互信、经济互利、人文互通、多边互助的好伙伴。两国元首见证了共建"一带一路"合作规划等双边合作文件的签署。双方发表了《中华人民共和国和文莱达鲁萨兰国联合声明》。

20—21日,习近平访问菲律宾期间,在马尼拉同菲律宾总统杜特尔特举行会谈。两国元首共同规划双边关系未来发展,达成重要共识,一致决定在相互尊重、坦诚相待、平等互利、合作共赢基础上建立中菲全面战略合作关系。并共同见证了《中华人民共和国政府与菲律宾共和国政府关于共同推进"一带一路"建设的谅解备忘录》《中华人民共和国政府与菲律宾共和国政府关于油气开发合作的谅解备忘录》等多项双边合作文件的签署。双方发表了《中华人民共和国与菲律宾共和国联合声明》。习近平会见了菲律宾众议长阿罗约和参议长索托;向菲律宾国父黎刹纪念碑敬献花圈。

11月15日

［纲　文］　国务院新闻办公室发表《新疆的文化保护与发展》白皮书。

［目　文］　白皮书包括前言、新疆各民族文化是中华文化的组成部分、各民族语言文字广泛使用、宗教文化受到尊重和保护、文化遗产保护和传承取得成就、文化事业和文化产业不断发展、对外文化交流日趋活跃等部分。

白皮书指出，中华人民共和国成立后，中国政府高度重视新疆各民族优秀传统文化的挖掘、传承与保护，坚持创造性转化、创新性发展，鼓励各民族相互学习语言文字，促进各民族交往交流交融，尊重各民族宗教信仰自由，推动文化事业和文化产业发展，推进各民族文化现代化，加强对外文化交流，在不同文化交流互鉴中，增强文化自信。

11月15日

［纲　文］　中共中央党校（国家行政学院）举行2018年秋季学期第二批入学学员开学典礼。

［目　文］　中共中央政治局委员、中央党校（国家行政学院）校长（院长）陈希出席并讲话。中央有关部门负责人，中央党校（国家行政学院）校委会（院委会）成员、全体学员和教职工参加开学典礼。中国浦东、井冈山、延安干部学院学员通过视频会议系统同步参加。

11月15日

［纲　文］　周强在北京会见澳门特别行政区终审法院院长岑浩辉。

［目　文］　国家首席大法官、最高人民法院院长周强表示，共建"一带一路"、粤港澳大湾区建设等国家战略实施对港澳发展是新的重大机遇，司法可以而且应当有更大作为。内地法院与澳门法院应深化务实合作，开展更加广泛的交流，进一步加强司法协助，共同发挥作用，为粤港澳大湾区建设营造良好法治环境，为共建"一带一路"提供更加有力的司法服务和保障。

岑浩辉表示，两地法院应加强联系，不断优化和完善司法交流合作，为共建"一带一路"和粤港澳大湾区建设作出更加积极的贡献。

11月15日

［纲　文］　国务委员兼国防部部长魏凤和在北京会见蒙古国防部国务秘书巴特比勒格。

［目　文］　魏凤和说，希望双方落实好习近平主席与蒙古国领导人达成的重要共识，尊重彼此核心利益，对接好"一带一路"倡议和"发展之路"战略，提升两国全面战略伙伴关系的发展水平。希望以明年两国建交70周年为契机，加强各领域务实合作。

巴特比勒格说，蒙方将蒙中关系置于对外工作的首要位置。希望双方开展维和维稳、防灾减灾等交流合作，把两军关系推向更高层次。

11月15日

［纲　文］　崔世安在澳门立法会发表任期内最后一份施政报告。

［目　文］　施政报告共分"聚焦民生改善，深化城市建设，促进经济发展，致力社会善治"四部分。

澳门特区行政长官崔世安在施政报告中指出，今年是国家"十三五"规划承上启下的关键年，澳门正与祖国一起迈向新时代，迎来前所未有的发展机遇。目前澳门经济持续向好，失业率维持低水平，公共财政稳健，民生获得改善，整体社会保持了稳中求进的总基调。明年将迎来澳门回归祖国20周年，也是特区政府换届之年。我们要创造良好的社会氛围，确保相关工作顺利进行，努力实现"坚持稳定发展大局，优先民生工程，强调经济社会均衡发展"的施政目标。

11月15日
［纲　文］　原电子工业部部长、党组书记张挺，在北京逝世，享年96岁。

11月16日

［纲　文］　国务院印发《关于做好当前和今后一个时期促进就业工作的若干意见》。
［目　文］　《意见》由五个部分组成：一、支持企业稳定发展。二、鼓励支持就业创业。三、积极实施培训。四、及时开展下岗失业人员帮扶。五、落实各方责任。

《意见》指出，从工业企业结构调整专项奖补资金中安排部分资金并适时下达，由地方统筹纳入就业补助资金，专项用于当前稳就业工作。各地要对现有补贴项目进行梳理，在保持政策连续性、稳定性的基础上，对补贴项目、补贴方式进行归并简化，提高资金使用效益。各地贯彻落实本意见的有关情况及发现的重要问题，要及时报送人力资源社会保障部。

11月16日
［纲　文］　交通运输部公布修改后的《民用航空人员体检合格证管理规则》《民用航空企业及机场联合重组改制管理规定》《维修和改装一般规则》《公共航空运输企业航空安全保卫规则》《通用航空经营许可管理规定》《民用航空器驾驶员合格审定规则》《民用航空器驾驶员学校合格审定规则》《小型航空器商业运输运营人运行合格审定规则》《一般运行和飞行规则》，自2019年1月1日起施行。

11月16日
［纲　文］　交通运输部公布《运输机场建设管理规定》《运输机场运行安全管理规定》，自2019年1月1日起施行。

11月16日
［纲　文］　税务总局印发《关于实施进一步支持和服务民营经济发展若干措施的通知》。
［目　文］　《通知》由五个部分组成：一、认真落实和完善政策，促进民营企业减税降负。二、持续优化营商环境，增进民营企业办税便利。三、积极开展精准帮扶，助力民营企业纾困解难。四、严格规范税收执法，保障民营企业合法权益。五、切实加强组织实

施，确保各项措施落实见效。

《通知》指出，各级税务机关要以习近平新时代中国特色社会主义思想为指导，从讲政治的高度，坚定不移强化责任担当，不折不扣抓好工作落实，以助力民营企业发展壮大的积极成效，促进经济活力不断增强和现代化经济体系建设深入推进，为服务高质量发展作出新的贡献。工作中的经验做法和意见建议，要及时向税务总局（政策法规司）报告。

11月16日

[纲　文]　科技部发布《全球生态环境遥感监测2018年度报告》。

[目　文]　《报告》显示，2017年中国单位GDP碳排放强度比2005年下降了46%，中国碳减排成效明显，排放增速逐渐降低，自2013年以来增速基本为零。2010—2017年全球大气二氧化碳浓度呈上升趋势，且与前40年相比增速不降反增，说明减少温室气体排放和应对气候变化仍需全球共同努力。中国碳排放总体虽呈上升趋势，但因政府积极采用了推广应用清洁能源与实施重大生态工程等措施，碳减排成效明显，排放增速逐渐降低，自2013年以来增速基本为零。

11月16日

[纲　文]　政协第十三届全国委员会第十二次主席会议在北京举行。

[目　文]　全国政协主席汪洋主持会议并讲话。全国政协副主席张庆黎传达了中共中央总书记习近平讲话精神。全国政协副主席兼秘书长夏宝龙等分别就有关议题作了说明。全国政协副主席万钢、卢展工、马飚、梁振英、杨传堂、李斌、汪永清、苏辉、郑建邦、辜胜阻、刘新成、何维、邵鸿、高云龙出席会议。

会议听取了港澳台侨委员会和外事委员会的工作汇报。审议通过了政协第十三届全国委员会常务委员会第四次会议议程（草案）和日程，决定11月28日至29日在京召开全国政协十三届常委会第四次会议。审议并原则通过全国政协加强和改进人民政协工作重点任务实施方案、政协全国委员会提案工作条例（修订草案）、修订后的政协全国委员会视察考察工作条例和有关人事事项草案。上述草案将提请第四次常委会会议审议。

11月16日

[纲　文]　中宣部在北京召开2019年度党报党刊发行工作视频会议。

[目　文]　会议要求深入学习贯彻习近平新时代中国特色社会主义思想和党的十九大精神，贯彻全国宣传思想工作会议精神，充分认识新形势下做好党报党刊发行工作的特殊重要性，作为重要政治任务牢牢抓在手上，切实做好《人民日报》《求是》杂志以及《光明日报》《经济日报》等中央重点党报党刊发行工作。

11月16日

[纲　文]　中宣部发布王逸平的先进事迹，追授他"时代楷模"称号。

[目　文]　"时代楷模"发布仪式现场宣读了《中共中央宣传部关于追授王逸平同志"时代楷模"称号的决定》，播放了反映他先进事迹的短片。中宣部负责人为王逸平的亲属颁发了"时代楷模"奖章和荣誉证书。中国科学院、科技部、上海市委有关负责人，王逸

平的亲友、同事及社会各界代表等参加发布仪式。

王逸平生前是中国科学院上海药物研究所研究员。他不忘初心、胸怀大爱，始终把解除人民群众病痛作为人生追求，研发现代中药丹参多酚酸盐，造福2000多万患者；他追求卓越、锐意创新，先后完成50多项新药药效学评价，构建了完整的心血管药物研发平台和体系；他坚韧执着、奋发忘我，以顽强的毅力和乐观的精神，25年与病魔不懈抗争，默默无闻投身科研，谱写了一曲感人至深的中药现代化奋进者之歌。2018年4月11日，王逸平因病在办公室离世，年仅55岁。

11月16日
［纲　文］　北京冬奥会可持续性咨询和建议委员会成立。

［目　文］　作为筹办工作的重要内容，可持续工作包括场馆建设、赛事组织、赛会服务等各个方面。为广泛凝聚各方智慧力量，发动高水平专家支持冬奥会筹办并参与可持续工作，经北京冬奥组委专题会研究决定，北京冬奥会可持续性咨询和建议委员会正式成立。

11月16日
［纲　文］　国务委员兼国防部部长魏凤和在北京分别会见缅甸国防军副总司令兼陆军司令梭温、泰国海军司令乐猜。

［目　文］　魏凤和会见梭温时说，无论形势如何变化，我们坚持中缅友好不会改变，支持缅走符合自身国情的发展道路不会改变，支持缅维护主权独立和领土完整不会改变，支持缅实现国内和平与民族和解不会改变。中国军队愿与缅军一道，推进务实合作，加强边境管控，维护边境稳定，携手构建基于互信互利、致力于维护两国共同安全和发展利益的两军关系。

梭温说，愿与中方深化各领域务实合作，共同维护边境安全，把两国两军关系推向新水平。

魏凤和会见乐猜时说，中泰两国人民有着"一家亲"的深厚情谊。中方坚决贯彻习近平外交思想和亲诚惠容周边外交理念，愿继续深化中泰全面战略合作伙伴关系，支持泰国做好东盟轮值主席国的工作。中国军队愿与泰方一道，深化各领域务实合作，推动两军关系不断迈上新台阶。

乐猜说，泰中两军在许多领域展开了卓有成效的合作。希望两军加强高层交往，加强各层级交流，进一步提升合作水平。

11月16—18日
［纲　文］　2018中国国际旅游交易会在上海举行。

［目　文］　交易会由文化和旅游部、中国民用航空局、上海市人民政府共同主办。展览面积达5.75万平方米，展台超过2200个，参展国家和地区107个。

11月16—23日
［纲　文］　第五届中国国际马戏节在珠海横琴长隆国际海洋度假区国际马戏城

举办。

［目　文］　马戏节由文化和旅游部、广东省人民政府主办，珠海市人民政府、广东长隆集团有限公司承办。来自非洲、欧洲、南美洲、北美洲、亚洲近20个国家和地区的25支马戏团队献技。

11月17日

［纲　文］　国家主席习近平特使、文化和旅游部部长雒树刚在马尔代夫首都马累出席萨利赫总统的就职典礼。

11月17日

［纲　文］　中国核武器事业的开拓者、核试验科学技术体系创建者，中国科学院院士、原国防科工委科学技术委员会正军职常任委员程开甲，在北京逝世，享年101岁。

11月18日

［纲　文］　中共中央、国务院印发《关于建立更加有效的区域协调发展新机制的意见》。

［目　文］　《意见》由十个部分组成：一、总体要求。二、建立区域战略统筹机制。三、健全市场一体化发展机制。四、深化区域合作机制。五、优化区域互助机制。六、健全区际利益补偿机制。七、完善基本公共服务均等化机制。八、创新区域政策调控机制。九、健全区域发展保障机制。十、切实加强组织实施。

《意见》指出，中央和国家机关有关部门要按照职能分工，研究具体政策措施，协同推动区域协调发展。各省、自治区、直辖市要制定相应落实方案，完善相关配套政策，确保区域协调发展新机制顺畅运行。

11月18日

［纲　文］　与改革开放同行——中国大百科全书出版社成立40周年暨中国百科出版事业发展座谈会在北京召开。

［目　文］　中宣部部长黄坤明出席会议并讲话。中国出版集团总裁谭跃主持座谈会，并宣读了中共中央总书记习近平就中国大百科全书出版社成立40周年和编纂出版新版《中国大百科全书》作出的指示。中国科学院、中国工程院、中国社会科学院、中国人民解放军军事科学院、北京大学、清华大学等单位100多位专家学者，以及出版发行界、新闻媒体500余人参加了座谈会。

11月18日

［纲　文］　外交部发言人就美国副总统彭斯有关涉华言论回答记者提问。

［目　文］　有记者问：美国副总统彭斯在亚太经合组织工商领导人峰会上作了演讲，发表了一些涉华言论，并称中国对太平洋岛国援助造成受援国债务负担。请问中方有何评论？

发言人说，亚太经合组织领导人会议刚刚在巴布亚新几内亚举行。习近平主席在会上发表了一系列讲话。习主席谈到了中方对当前世界经济形势的看法，也提出了加强国际合作、完善全球治理、应对共同挑战的一系列重要主张。其核心要义是，无论是国际合作，还是区域合作，都应该坚持开放、发展、包容、创新、规则导向，以应对共同挑战，实现互利共赢。这些主张顺应了世界经济和全球经济治理发展的大势，符合国际社会的普遍愿望，体现了大国领导人的战略视野和引领作用，受到与会各方高度赞同。我们注意到了美方的有关言论。中方认为，亚太经合组织正处于关键发展阶段，在此形势下，各方都应体现负责任、建设性态度，牢记亚太经合组织的初衷，把握亚太发展大方向。处理国际问题，要按共同制定的规则来办。遇到分歧应该通过协商对话来解决。不应该人为设置壁垒，更不应该搞你输我赢。就区域合作而言，无论是太平洋、印度洋，还是大西洋，都应该成为合作共赢的舞台，而不是地缘竞争、对抗对立的角力场。中国在相互尊重、互利共赢的基础上，同世界上许多国家开展了良好合作，包括在南南合作框架下与广大发展中国家开展的互利合作。没有哪个发展中国家是因为与中国合作而陷入债务困难的。相反，与中国的合作帮助这些国家提高了自主发展能力和水平，改善了当地民众的生活。因此，与中国合作受到了广大发展中国家政府和人民的普遍欢迎。在这些问题上，国际社会特别是和中国开展互利合作的广大发展中国家自有公论。

11月18日

［纲　文］《人民日报》发表评论员文章《让世界经济大船驶向更加美好彼岸——论习近平主席亚太工商峰会主旨演讲》。

11月18—25日

［纲　文］国务院副总理孙春兰对捷克、克罗地亚进行正式访问。

［目　文］孙春兰访问捷克期间，在布拉格分别会见捷克总统泽曼、总理巴比什，与捷克第一副总理兼内务部长哈马切克举行了会谈。

孙春兰访问克罗地亚期间，在萨格勒布分别会见了克罗地亚总理普连科维奇、克罗地亚副总理兼外交与欧洲事务部部长布里奇；看望了北京体育大学在克训练学习的足球、篮球、手球运动员和学生。

11月18—20日

［纲　文］应全国人大常委会委员长栗战书邀请，葡萄牙议会议长罗德里格斯率团访华。

［目　文］19日，栗战书在北京与罗德里格斯会谈时表示，中方愿同葡方一道，发挥好高层交往特别是元首外交的政治引领作用，继续在涉及彼此核心利益和重大关切的问题上相互理解和支持，积极推进共建"一带一路"等领域的互利合作，密切在国际事务中的沟通协作，推动中葡关系深入发展。中国全国人大愿同葡萄牙议会开展更加机制化、系统化的交流与合作，为全面推进国家关系发挥积极作用。要进一步扩大双方高层、各专门委员会和友好小组之间的往来，加强治国理政经验交流，助力两国关系发展和各自国内法

治建设；要充分发挥立法机构特点和优势，为两国互利合作营造良好的政策环境，从法律上保障投资者和相关人员的合法权益；要积极支持人文交流和地方合作，不断夯实中葡友好的社会基础。

罗德里格斯说，葡萄牙人民对中国人民怀着友好感情。在葡中社会各界的共同推动下，两国关系深入发展，在政治、经济、人文和国际事务等各领域开展了更加紧密的合作。葡萄牙议会愿加强与中国全国人大的交流与合作，继续为葡中友好事业添砖加瓦。

11月19日

[纲　文]　国家主席习近平同法国总统马克龙互致贺电，庆祝"中法环境年"正式启动。

[目　文]　习近平在贺电中指出，生态兴则文明兴，生态衰则文明衰。中法双方共同决定举办"中法环境年"，就是为了加强双方在生态环境保护、应对气候变化和生物多样性保护等领域的对话与合作，携手应对全球环境挑战。中方愿同法方共同努力，同国际社会携手前行，保护好人类赖以生存的地球家园，建设清洁美丽的世界。

马克龙在贺电中表示，应对气候变化以及保护环境和生物多样性是人类面临的最重要挑战之一，也是法中全面战略伙伴关系的核心内容。中国正在大力推进生态文明建设，积极参与多边气候治理进程，这为法中合作奠定了坚实基础。法方愿同中方共同努力，引领世界向绿色、低碳、可持续发展转型。

"中法环境年"启动活动在北京举行。生态环境部部长李干杰、法国国务部长兼生态转型与团结部长弗朗索瓦·德吕吉出席活动并共同为"中法环境年"标志揭幕。来自中法双方政府部门、科研机构、企业，以及国际组织的代表参加了启动活动。

同日，国务院副总理韩正在北京会见德吕吉时表示，习近平主席与马克龙总统就双边关系、重大国际问题进行深入交流，达成广泛共识。中方愿同法方共同努力，落实两国元首共识，推动中法关系迈上新台阶。中方高度重视生态环境领域国际合作，希望与法方加强在生态环境保护、应对气候变化、生物多样性保护等方面的对话与交流，携手建设清洁美丽的世界。

德吕吉表示，法中关系长期友好，法方珍视两国合作成果，愿在气候变化、环境保护等领域深化法中务实合作，进一步推动两国关系取得更大发展。

11月19日

[纲　文]　国务院办公厅印发《关于对国务院第五次大督查发现的典型经验做法给予表扬的通报》。

[目　文]　《通报》说，为进一步推动党中央、国务院重大决策部署贯彻落实，国务院部署开展了第五次大督查。从督查情况看，各地区、各部门在以习近平同志为核心的党中央坚强领导下，以习近平新时代中国特色社会主义思想为指导，全面贯彻党的十九大和十九届二中、三中全会精神，认真落实中央经济工作会议部署和《政府工作报告》提出

的任务要求，迎难而上，真抓实干，扎实做好稳增长、促改革、调结构、惠民生、防风险各项工作，实现了经济社会持续健康发展。为表扬先进，树立典型，进一步激励各地区、各部门担当作为、狠抓政策见效，推动形成改革创新、干事创业的生动局面，经国务院同意，对北京市大力推进外国人来华工作许可制度改革等130项地方典型经验做法予以通报表扬。

11月19日

［纲　文］　中央军委副主席许其亮在北京会见了古巴革命武装力量部部长辛特拉。

［目　文］　许其亮说，建交半个多世纪以来，在两国几代领导人的缔造和精心培育下，中古关系经受住了国际风云变幻的考验，历久弥坚。本月初，习近平主席会见了来华访问的古巴国务委员会主席兼部长会议主席迪亚斯－卡内尔，就深化两国关系达成重要共识。中古双方应进一步巩固两国传统友好，不断推进中古关系发展。近年来，中古两军关系取得快速发展，中方将一如既往支持古巴军队建设，促进两军交流合作全面深入发展。

辛特拉说，希望双方深化两军各领域务实合作，为推动两国关系不断向前发展贡献力量。

23日，国务委员兼国防部部长魏凤和在北京与辛特拉会谈时说，中古是特殊友好关系。近年来，在两国领导人引领下，中古关系保持高水平运行，两军关系取得长足发展。中方愿继续与古方携手并肩，不断深化两军战略互信与务实合作，为构建人类命运共同体、实现地区和世界和平发展作出积极贡献。

辛特拉说，古方感谢中方长期以来提供的无私援助，愿同中方进一步加强团结、密切合作，持续提升两国两军关系水平。

11月19日

［纲　文］　国务委员王勇在韩国出席博鳌亚洲论坛首尔会议开幕式并发表主旨演讲。

［目　文］　王勇指出，在经济全球化面临挑战、国际秩序受到冲击的关键时刻，亚洲各国应当携起手来，做国际秩序和国际规则的维护者，做多边主义和自由贸易的捍卫者，做全球发展和地区增长的引领者，为亚洲发展创造新奇迹，为世界繁荣作出新贡献。

同日，王勇在首尔会见了韩国总理李洛渊。

11月19日

［纲　文］　中越两军第五次边境高层会晤在广西崇左市龙州县举行。

［目　文］　国务委员兼国防部长魏凤和与越南国防部长吴春历出席。双方代表团共同观摩了两军边防部队水陆联合巡逻，并参观中方边防连队和龙州县水口镇学校、胡志明展馆。

20日，双方在越南高平省高平市开展交流座谈会等系列活动，观摩两军灾害救援联合演练。

11月19日

〔纲　文〕　中国在西昌卫星发射中心用"长征三号乙"运载火箭（及"远征一号"上面级），以"一箭双星"方式成功发射第四十二、四十三颗北斗导航卫星。

〔目　文〕　两颗卫星属于中圆地球轨道卫星，是中国北斗三号系统第十八、十九颗组网卫星。卫星经过3个多小时的飞行后顺利进入预定轨道，并与此前发射的十七颗北斗三号导航卫星进行组网联调。

此次发射的北斗导航卫星和配套运载火箭（及"远征一号"上面级）分别由中国航天科技集团有限公司所属的中国空间技术研究院和中国运载火箭技术研究院抓总研制。这是长征系列运载火箭的第291次飞行。

11月19日

〔纲　文〕　《人民日报》发表评论员文章《为世界经济发展把握正确方向——论习近平主席亚太工商峰会主旨演讲》。

11月19日

〔纲　文〕　中央纪委国家监委网站发布，经中共中央批准，中央纪委国家监委对河南省人大常委会原党组副书记、副主任王铁严重违纪违法问题进行立案审查调查。

〔目　文〕　经查，王铁违反政治纪律和政治规矩、组织纪律，在省委换届前搞拉票活动，不按规定报告个人有关事项；违反廉洁纪律，利用职权和职务影响为亲属经营活动等提供帮助，违规收受礼品礼金；违反生活纪律。

王铁身为党的高级领导干部，丧失党性原则，把公权力变为谋取私利的工具，其行为已违反党的纪律并构成职务违法，应予严肃处理。王铁自动投案，主动交代违纪违法问题，主动全额上交违纪违法所得，真诚认错悔错，可予从轻、减轻处理。依据《中国共产党纪律处分条例》《中华人民共和国监察法》等有关规定，经中央纪委常委会会议研究并报中共中央批准，决定给予王铁开除党籍处分；由国家监委给予其政务撤职处分，降为副处级非领导职务，办理退休手续；终止其河南省第十次党代会代表资格；收缴其违纪违法所得。

11月19—21日

〔纲　文〕　十三届全国政协京内新任委员学习研讨班在北京举行。

〔目　文〕　全国政协主席汪洋出席开班式并讲话。研讨班学习贯彻习近平新时代中国特色社会主义思想，特别是习近平关于加强和改进人民政协工作的思想这条主线，促使委员把握新时代人民政协的新方位新使命。500余位京内新任全国政协委员参加。

11月19—21日

〔纲　文〕　联合国世界地理信息大会在浙江省德清县举行。

〔目　文〕　国务院总理李克强致贺信。李克强表示，地理信息在经济社会发展中发挥重要作用。当今世界，地理信息技术与移动互联网、大数据、云计算等新一代信息技术深度融合，促进了新动能、新业态、新应用的发展。中国政府始终积极参与和支持全球地理信息领域合作，赞赏联合国在协调和管理地理信息、推动全球可持续发展方面作出的努力。中国将继续与各国携手努力，推动地理信息合作为服务全球治理、促进可持续发展、提升人类福祉、构建人类命运共同体发挥更大作用。希望大会本着"同绘空间蓝图，共建美好世界"主题，集思广益，加强合作，为扩大地理信息全球应用、促进世界地理信息创新发展作出贡献。

联合国秘书长古特雷斯致视频贺词。来自83个国家和地区的1200多名嘉宾围绕"同绘空间蓝图，共建美好世界"的主题，纵论地理信息技术发展大势，展示地理信息技术成果成就，共商地理信息合作思路。大会发布了《莫干山宣言：同绘空间蓝图，共建美好世界》。

同期进行的联合国世界地理信息技术与应用展览，集中呈现了来自40多个国家、200余家企业的450多项最新成果、领先技术、高端产品。大会组织了30余场成果发布和推介会，工商峰会上63个产业项目签约，其中地理信息项目39个，地理信息跨界融合项目24个。

11月20日

[纲　文]　国家主席习近平同巴勒斯坦国总统阿巴斯互致贺电，庆祝两国建交30周年。

[目　文]　习近平在贺电中指出，中巴友谊源远流长。中国是最早支持巴勒斯坦人民正义事业、最早承认巴勒斯坦解放组织的国家之一，也是最早同巴勒斯坦国建交的国家之一。建交30年来，两国在诸多领域开展交流合作，取得丰硕成果。我高度重视中巴关系发展，愿同你一道努力，继续推动中巴友好合作，更好造福两国和两国人民。中国始终支持巴勒斯坦人民恢复民族合法权利的正义事业，坚定支持建立以1967年边界为基础、以东耶路撒冷为首都、拥有完全主权的独立的巴勒斯坦国。中方将推动巴以和谈，继续为早日实现巴勒斯坦问题全面公正解决发挥积极作用。

阿巴斯在贺电中说，我为两国和两国人民间的传统友好关系深感自豪，对中国在支持巴勒斯坦人民及其事业上发挥的突出和重要作用表示高度赞赏。巴勒斯坦人民愿继续发扬同中方的传统友谊。我将一如既往地重视和推动两国关系发展，以造福两国人民，实现共同愿景。

同日，国务院总理李克强同巴勒斯坦总理哈姆达拉也互致了贺电。李克强在贺电中说，建交以来，中巴两国高层交往密切，政治互信日益加深，各领域合作不断拓展，两国关系积极健康发展。我愿同你一道，推动中巴友好合作取得更大进展。中方将一如既往地支持巴勒斯坦人民恢复民族合法权利的正义事业。衷心祝愿巴勒斯坦人民早日实现独立建国的梦想。

哈姆达拉在贺电中说，两国建交30年来，中国向巴勒斯坦提供了宝贵的支持，我们对此深表感激，愿继续同中国政府加强和拓展双边关系与合作，实现广泛的共同利益。

11月20日

［纲　文］　国务院在中南海举行宪法宣誓仪式。

［目　文］　国务院总理李克强监誓。国务院副总理韩正、胡春华、刘鹤，国务委员赵克志，以及国务院有关部门主要负责人等参加仪式。根据《中华人民共和国宪法》和《国务院及其各部门任命的国家工作人员宪法宣誓组织办法》，2018年4月至10月国务院任命的40个部门和单位的59名负责人依法进行宪法宣誓。

李克强要求大家忠于宪法，依法履职，实干担当，清廉自守，勤勉尽责做好本职工作，尽心竭力为群众办好事、解难事。全面贯彻习近平新时代中国特色社会主义思想和党的十九大精神，增强"四个意识"，不懈奋斗，保持经济社会平稳健康发展，交出经得起人民和历史检验的答卷。

11月20日

［纲　文］　国务院批复教育部，同意建立国务院职业教育工作部际联席会议制度。

［目　文］　批复说，你部《关于提请调整完善职业教育工作部际联席会议制度的请示》（教职成〔2018〕8号）收悉。现批复如下：同意建立由国务院领导同志牵头负责的国务院职业教育工作部际联席会议制度。联席会议不刻制印章，不正式行文，请按照国务院有关文件精神，认真组织开展工作。撤销职业教育工作部际联席会议，其职能并入国务院职业教育工作部际联席会议。

11月20日

［纲　文］　国务院办公厅印发《关于调整国家教材委员会组成人员的通知》。

［目　文］　《通知》说，根据机构设置、人员变动情况和工作需要，国务院决定对国家教材委员会组成人员进行调整。现将调整后的组成人员名单通知如下。主任：孙春兰。副主任：陈宝生、王晓晖、丁向阳。秘书长：朱之文。委员由部委办及有单位负责人和专家组成。国家教材委员会办公室设在教育部，由教育部教材局承担办公室工作。

11月20日

［纲　文］　最高人民法院印发《关于进一步深化司法公开的意见》。

［目　文］　《意见》由五个部分组成：一、总体要求。二、进一步深化司法公开的内容和范围。三、完善和规范司法公开程序。四、加强司法公开平台载体建设管理。五、强化组织保障。

《意见》指出，各级人民法院要充分认识进一步深化司法公开工作的重大意义，切实把思想和行动统一到党中央决策部署上来，认真落实本意见要求，进一步明确本辖区本单位司法公开重点任务，制定实施办法，细化具体措施，狠抓工作落实，推动形成全面深化司法公开新格局，奋力推进新时代人民法院工作实现新发展。

11月20日

［纲　文］　国家统计局公布修改后的《统计执法监督检查办法》，自2018年11月20日起施行。

11月20日

［纲　文］　教育部办公厅、国家市场监管总局办公厅、应急管理部办公厅印发《关于健全校外培训机构专项治理整改若干工作机制的通知》。

［目　文］　《通知》由五个部分组成：一、完善部门联合执法机制。二、加快证照办理进度。三、组建备案审核专家团队。四、构建管理服务平台。五、强化在线培训监管。

《通知》指出，校外培训机构治理已进入整改攻坚期，这是一项中央关心、群众关切、社会关注的重大任务，各地要针对突出问题，健全工作机制，要求确保不折不扣按时完成专项治理整改任务。

11月20日

［纲　文］　全国人大常委会海洋环境保护法执法检查组第三次全体会议在北京举行。

［目　文］　全国人大常委会副委员长王晨出席会议并讲话。全国人大常委会副委员长沈跃跃、白玛赤林出席会议，全国人大常委会副委员长丁仲礼主持。会议研究了拟提请全国人大常委会审议的执法检查报告，听取了国务院有关部门和"两高"有关负责人的意见。

11月20日

［纲　文］　韩正就北京大兴国际机场建设情况进行调研。

［目　文］　国务院副总理韩正指出，北京大兴国际机场是习近平总书记亲自关怀、亲自推动的重大标志性工程，要按照打造精品工程、样板工程、平安工程、廉洁工程的要求，精心组织施工，做好运营筹备，确保如期竣工投运，更好服务国家战略、展示国家形象。机场运营的核心是安全和便捷。要坚持以人为本，瞄准世界一流水准，提高运行效率和服务品质。要做好轨道交通衔接，真正实现零距离换乘，减少航站楼内的步行距离。要注意细节，做好指引标识的设计安装，提供更加舒适便捷的乘机环境。要积极开通更多航线航班，与更多国家实现互联互通，推动共建"一带一路"。

11月20日

［纲　文］　第五届中国—苏丹执政党高层政治对话在北京举行。

［目　文］　对话主题为"改革开放与执政党自身建设"。中共中央对外联络部部长宋涛、苏丹全国大会党副主席、总统助理费萨尔在开幕式上分别发表主旨讲话。

同日，全国人大常委会副委员长王晨在北京会见费萨尔率领的苏丹全国大会党代表团时说，习近平主席同巴希尔总统在中非合作论坛北京峰会期间举行会谈，为两国关系实现更大发展注入新的强劲动力。中国共产党愿同苏丹全国大会党加强治党理政经验交流，促进各领域务实合作。

费萨尔表示，愿学习借鉴中国共产党加强党的建设经验。

11月20日

［纲　文］　中国在酒泉卫星发射中心用"长征二号丁"运载火箭，成功将试验六号卫星及"天平一号"A星、B星，"嘉定一号"和软件定义卫星等4颗微纳卫星发射升空，

卫星均进入预定轨道。

［目　文］　试验六号卫星主要用于开展空间环境探测及相关技术试验；"天平一号"A星、B星主要用于地面测控设备精度标校；"嘉定一号"卫星是上海欧科微航天科技有限公司低轨商业通信卫星星座"翔云"的首发星；软件定义卫星在轨主要开展安卓平台地面软件技术太空移植等技术验证工作。

11 月 20 日

［纲　文］　沪港通运行 4 年来，累计成交金额已达 10.31 万亿元人民币。

［目　文］　沪股通累计共 930 个交易日，交易金额 6.05 万亿元人民币，日均交易金额 65.02 亿元人民币；港股通累计共 912 个交易日，交易金额 4.27 万亿元人民币，日均交易金额 46.77 亿元人民币。

11 月 20 日

［纲　文］　国际马术联合会 2018 年度大奖颁奖典礼在巴林举行，中国三项赛骑手华天与他的好友黄光宇共同创立的"骑士精神行动"获得国际马联同心协力奖。

11 月 20 日

［纲　文］　《人民日报》发表评论员文章《只有改革开放才能发展中国——论习近平主席亚太工商峰会主旨演讲》。

11 月 21 日

［纲　文］　李克强主持召开国务院常务会议。

［目　文］　会议主要内容是：一、决定延续和完善跨境电子商务零售进口政策并扩大适用范围，扩大开放更大激发消费潜力。会议决定，一是从 2019 年 1 月 1 日起，延续实施跨境电商零售进口现行监管政策，对跨境电商零售进口商品不执行首次进口许可批件、注册或备案要求，而按个人自用进境物品监管。二是将政策适用范围从之前的杭州等 15 个城市，再扩大到北京、沈阳、南京、武汉、西安、厦门等 22 个新设跨境电商综合试验区的城市。三是在对跨境电商零售进口清单内商品实行限额内零关税、进口环节增值税和消费税按法定应纳税额 70% 征收基础上，进一步扩大享受优惠政策的商品范围，新增群众需求量大的 63 个税目商品。四是按照国际通行做法，支持跨境电商出口，研究完善相关出口退税等政策。五是按照包容审慎监管原则，依法加强跨境电商企业、平台和支付、物流服务商等责任落实，强化商品质量安全监测和风险防控，维护公平竞争市场秩序，保障消费者权益。二、部署推进物流枢纽布局建设，促进提高国民经济运行质量和效率。会议指出，要瞄准国际先进水平，多措并举发展"通道+枢纽+网络"的现代物流体系，确保全社会物流总费用与国内生产总值比率明显降低，提高经济运行效率，促进高质量发展。

11 月 21 日

［纲　文］　工业信息化部、发展改革委、财政部、国资委印发《促进大中小企业融通发展三年行动计划》。

[目　文]　《计划》由三个部分组成：一、总体要求。二、主要行动。三、保障措施。

《计划》指出，各地相关部门建立融通发展重点企业和重点项目的融资信息对接清单，金融机构增加融资供给。鼓励设立各类创业投资引导基金、风险投资基金，引导股权投资机构加大支持。开展小微企业应收账款融资专项行动，充分发挥应收账款融资服务平台等金融基础设施作用，推动供应链核心企业支持小微企业供应商开展应收账款融资。

11月21日

[纲　文]　教育部、中宣部印发《关于加强中小学影视教育的指导意见》。

[目　文]　《意见》由三个部分组成：一、重要意义。二、工作目标。三、主要任务。

《意见》指出，各地教育行政部门要会同宣传部门加强对中小学影视教育工作指导，把影视教育作为中小学德育、美育等工作的重要内容，纳入学校教育教学计划，与学科教学内容有机融合，与校内外活动统筹考虑，灵活安排观影时间和方式，使观看优秀影片成为每名中小学生的必修内容，保障每名中小学生每学期至少免费观看两次优秀影片。

11月21日

[纲　文]　卫生健康委、中医药局印发《关于加快药学服务高质量发展的意见》。

[目　文]　《意见》由五个部分组成：一、进一步提高对药学服务重要性的认识。二、推进分级诊疗建设，构建上下贯通的药学服务体系。三、加快药学服务转型，提供高质量药学服务。四、加强药师队伍建设，充分调动药师队伍积极性。五、积极推进"互联网＋药学服务"健康发展。

11月21日

[纲　文]　韩正在北京会见香港特别行政区公务员事务局局长罗智光率领的特区政府常任秘书长和部门首长内地研修访问团全体成员。

[目　文]　在听取研修访问团成员代表发言后，国务院副总理韩正对香港特别行政区政府的工作表示肯定。他希望特区政府公务员特别是管治团队成员认真学习习近平总书记在会见香港澳门各界庆祝国家改革开放40周年访问团时的讲话精神，全面准确贯彻"一国两制"方针，增强宪法和基本法意识，积极推动香港融入国家发展大局，把增强市民幸福感、获得感作为政府施政的出发点和落脚点，为香港市民创造更加美好的生活，为实现中华民族伟大复兴的中国梦作出新贡献。

11月21日

[纲　文]　《人民日报》发表评论员文章《为世界经济拓展新的增长空间——论习近平主席亚太工商峰会主旨演讲》。

11月21—22日

[纲　文]　中宣部、国务院新闻办在巴拿马城拉美议会大厦举行"中国馆"揭牌仪式、"美丽中国　美丽巴拿马"图片展等人文交流活动。

〔目　文〕　中宣部副部长蒋建国、中国驻巴拿马大使魏强和拉美议会议长卡斯蒂略、巴拿马国民大会主席阿夫雷戈等政要和各界人士出席有关活动。

拉美议会"中国馆"是中国在全球建成的第十九个中国馆，也是继秘鲁、墨西哥和古巴之后，在拉美地区设立的第四个中国馆。中国馆的整体设计兼顾传统与现代，凸显中华文化特色，同时适当融入拉美文化元素，配备了介绍中国经济、政治、文化、社会、生态、科技等方面的图书和音像影视作品2000余种，涵盖中、西、英、葡4种语言，为拉美地区全面了解中国提供了新平台。

11月21—22日

〔纲　文〕　应国务院总理李克强邀请，哈萨克斯坦总理萨金塔耶夫对中国进行正式访问。

〔目　文〕　访问期间，国家主席习近平在北京会见萨金塔耶夫。李克强在北京同萨金塔耶夫举行中哈总理第四次定期会晤，两国总理共同见证了相关双边合作文件的签署。

习近平会见萨金塔耶夫时指出，我同纳扎尔巴耶夫总统保持着密切交往，达成许多重要共识，共同引领中哈关系发展。在两国政府共同努力下，这些共识正得到扎扎实实的落实。作为友好邻邦和全面战略伙伴，中方高度重视发展同哈萨克斯坦关系，赞同哈萨克斯坦以人民为中心的发展理念，坚定支持哈萨克斯坦人民走符合本国国情的发展道路。今年是我提出"一带一路"倡议5周年。5年来，"一带一路"合作造福沿线各国人民，为世界经济发展注入了新动能。我们赞赏哈萨克斯坦坚定支持并积极参与"一带一路"合作。中哈共建"一带一路"基础扎实，前景广阔。下一步，双方要重点加强政策协调，落实好丝绸之路经济带建设同"光明之路"新经济政策对接，规划好各领域合作。

萨金塔耶夫表示，哈方高度评价习近平主席5年前在哈萨克斯坦提出丝绸之路经济带倡议。这一伟大倡议对加强区域互联互通、应对全球挑战、维护世界安全和稳定、促进共同增长和繁荣具有重大意义。习近平主席将中国经济比作大海，哈方希望哈中合作这艘航船在中国经济的大海中扬帆远航。

李克强同萨金塔耶夫会晤时表示，两国高层交往密切，政治互信牢固，产能合作成果丰硕。中方愿将"一带一路"倡议同哈方发展战略更好对接，将中哈高水平互信与合作愿望转化为实实在在的成果，不断造福两国人民。我们愿同哈方扎实推进重点领域合作，稳定和拓展能源合作，扩大其他新兴领域合作。加快商签新版投资保护协定，为相互投资合作提供法律保障。促进文化、青年、旅游交流，为人员往来提供更多便利，巩固中哈友好的民意基础。密切在上海合作组织等多边框架下的协调配合，维护多边主义和自由贸易体系，助力地区的和平、稳定与发展。

萨金塔耶夫表示，哈方愿加强"光明之路"同"一带一路"倡议的对接，深化贸易、投资、产能、农业、能源等领域合作，加强人员培训和经验交流，推动两国关系不断迈上新台阶。

11月22日

[纲 文] 十三届全国政协第十五次双周协商座谈会在北京召开，围绕"妥善解决特色小镇建设中存在的问题"建言资政。

[目 文] 全国政协主席汪洋主持会议并讲话。全国政协副主席张庆黎、梁振英、夏宝龙、苏辉出席会议，邵鸿作主题发言。全国政协委员郭庚茂、宁高宁、陈萌山、高亚光、刘聪、何晓勇、莫天全、许进、蔡黄玲玲、李青，专家学者冯飞、赵喜凯在会上发言。发展改革委负责人介绍了有关情况，自然资源部、生态环境部、住房城乡建设部负责人现场作了互动交流。12位委员和专家围绕特色小镇发展方向、规划引领、产业培育、土地利用、人才引进、制度供给等资政建言。20余位委员在全国政协委员移动履职平台上发表意见。

一些委员建议，小镇之美，不仅在形，更在于魂。要坚持规划引领，强化"多规合一"，鼓励规划设计与产业策划深度融合，突出地域文化、时代特征、人文气韵，不定数量指标，不搞区域平衡。要厘清政府与市场的关系，政府的作用是引导而不是主导，切忌大包大揽、大干快上，产业选择、建设运营、资金筹措等主要依靠市场。要梳理整合相关政策，结合各地实际，在定居落户、土地利用、三产融合、公共服务、人才优惠等方面打出一套"组合拳"。要建立监督和评估机制，实现动态管理、有进有出。要加强宣传引导，及时总结成功经验，发挥典型示范作用。

11月22日

[纲 文] 全国政协农业和农村委员会在北京召开第一次对口协商座谈会，围绕"发展壮大乡村产业、推动实施乡村振兴"协商议政。

[目 文] 全国政协主席汪洋出席会议并讲话。全国政协副主席杨传堂作了发言，全国政协副主席夏宝龙、郑建邦出席会议。全国政协委员王侠、万建民、江泽林、周慕冰、王召明、陈晓华、马中平、宋丰强、马旭林、王静、李恳和地方政协委员吕维峰作了发言。农业农村部负责人介绍有关情况，中央农办、发展改革委、财政部、自然资源部、水利部和国务院扶贫办等部门负责人到会听取意见，并作了互动交流。12位全国和地方政协委员围绕农村产业发展、科技研发、金融服务、土地政策、电子商务、人才支撑等建言资政。

一些委员建议，实现乡村振兴，产业兴旺是重点。要推进农村一二三产业融合发展，大力发展农产品精深加工业，壮大乡村旅游、农业服务业等新业态。要创新农村承包地、宅基地和集体建设用地管理制度，划清政策界限，细化设施农业用地范围，加快盘活农房和宅基地，保障乡村产业发展的用地需求。要推进农村金融立法，明确涉农金融机构法律职责，厘清农村政策性、商业性、合作性金融的发展定位，强化金融服务乡村振兴政策支持。要推动供销社、邮政等农村实体网点信息化改造，整合物流快递资源，突破农村电商发展瓶颈制约，推进农村流通现代化。要实施乡村振兴科技支撑行动，加强农业科技研发应用。要更加重视人才培养，打造规模稳定、结构优化、素质优良的现代农业农村复合型人才队伍，为乡村振兴和产业发展提供强有力的人才支撑。

11月22日

［纲　文］　国家统计局发布2017年全国"三新"经济增加值。

［目　文］　根据《新产业新业态新商业模式统计分类（2018）》和《新产业新业态新商业模式增加值核算方法》，经核算，2017年全国"三新"经济增加值为129578亿元，相当于GDP的比重为15.7%，比上年提高0.4个百分点。按现价计算的增速为14.1%，比同期GDP现价增速提高2.9个百分点。

"三新"经济是新产业、新业态、新商业模式的简称，是经济中新产业、新业态、新商业模式生产活动的集合。"三新"经济增加值是指一个国家（或地区）所有常住单位一定时期内进行"三新"经济生产活动的最终成果。

11月22日

［纲　文］　财政部预算司公布全国地方政府债务余额。

［目　文］　截至2018年10月末，全国地方政府债务余额184043亿元，其中，一般债务109269亿元，专项债务74774亿元，政府债券181478亿元，非政府债券形式存量政府债务2565亿元。经第十三届全国人民代表大会第一次会议审议批准，2018年全国地方政府债务限额为209974.30亿元。其中，一般债务限额123789.22亿元，专项债务限额86185.08亿元。全国地方政府实际债务余额控制在全国人大批准的限额之内。

11月22日

［纲　文］　全国政务公开领导小组第一次会议在北京召开。

［目　文］　国务委员兼国务院秘书长、全国政务公开领导小组组长肖捷主持会议并讲话。会议听取了有关部门的情况汇报，审议通过了有关文件。

肖捷指出，党的十八大以来，在以习近平同志为核心的党中央坚强领导下，各地区各部门认真落实党中央、国务院决策部署，积极主动作为，推动政务公开工作取得显著成效，增进了人民群众对政府工作的理解、信任和支持。

11月22日

［纲　文］　国务委员兼外交部长王毅在北京会见联合国常务副秘书长阿明娜。

［目　文］　王毅表示，联合国是多边主义的旗帜和多边机制的核心。当前形势下，国际社会比以往任何时候都更需要一个强有力的联合国。作为安理会常任理事国，中国将继续坚定支持多边主义，支持联合国在国际事务中发挥中心作用，坚定维护发展中国家的正当权益。中国愿与联合国在应对气候变化等全球性问题上继续紧密合作，共同推进"一带一路"合作。

阿明娜表示，联合国赞赏中方坚定支持多边主义和联合国工作，期待同中方继续密切协调合作。

11月22日

［纲　文］　国务委员兼国防部部长魏凤和在北京会见埃及武装部队参谋长穆罕默德·赫加齐。

［目　文］　魏凤和说，在习近平主席和塞西总统共同引领下，中埃全面战略伙伴关系保持良好发展势头。中国军队高度重视中埃军事关系，愿双方进一步加强战略沟通，推进团组互访、专业交流、联演联训、人员培训等合作，将两军关系打造成中国与地区国家军事关系的典范，共同维护地区和世界和平稳定。

穆罕默德·赫加齐说，近年来，双方政治互信不断增强。希望两国两军进一步加强各领域交流沟通，促进两国两军关系取得更大发展。

11月22日

［纲　文］　第二届中国—阿拉伯国家政党对话会在杭州举行。

［目　文］　中共中央对外联络部部长宋涛出席开幕式并发表题为《携手打造中阿命运共同体，推动建设更加美好的世界》的主旨讲话。对话由中共中央对外联络部主办，以"携手共建更加美好的世界"为主题。来自17个阿拉伯国家的60多个主要政党领导人，以及中央党史和文献研究院、外交部、商务部等中央有关单位约200名中外方代表出席会议。与会者围绕"改革开放：道路选择与理念互鉴""'一带一路'：民心相通与利益交融"等议题进行了研讨。会议通过了《中阿政党对话2018杭州宣言》。

11月22日

［纲　文］　《人民日报》发表评论员文章《为世界共同繁荣作出更大贡献——论习近平主席亚太工商峰会主旨演讲》。

11月22—25日

［纲　文］　第六届中国海洋经济博览会在广东省湛江市举办。

［目　文］　博览会由自然资源部和广东省人民政府主办，以"蓝色引领、合作共享"为主题。设"两馆三区"，即国家馆、产业馆和海上展区、滨海旅游区、商品展销区，重点展览海工装备、海洋能源、海洋科技、港口物流、滨海旅游、海洋生物医药等新成果，以及举办涉海产业论坛及系列经贸活动。展览面积超过38万平方米，1.8万名国内外采购商参加本届海博会。

11月23日

［纲　文］　**中共中央在北京人民大会堂举行纪念刘少奇同志诞辰120周年座谈会。**

［目　文］　中共中央总书记习近平出席并讲话。中共中央政治局常委李克强、汪洋、王沪宁、赵乐际、韩正出席，中共中央政治局常委栗战书主持座谈会。中央党史和文献研究院院长冷溶、全国人大常委会秘书长杨振武、中央军委政治工作部主任苗华、湖南省委书记杜家毫等发言。中共中央书记处书记，全国人大常委会、全国政协、中央军委部分领导同志，中央党政军群有关部门、北京市、湖南省委负责人，刘少奇同志亲属、生前

友好、原身边工作人员和家乡代表等出席了座谈会。

习近平指出，刘少奇同志是伟大的马克思主义者，伟大的无产阶级革命家、政治家、理论家，党和国家主要领导人之一，中华人民共和国开国元勋，是党的第一代中央领导集体的重要成员。刘少奇同志的英名，同中国人民、中国共产党、中华人民共和国波澜壮阔的奋斗历史紧密相连。他为中国革命和建设事业殚精竭虑、呕心沥血，在经济、政治、军事、文化、教育、外交和党的建设等领域都建立了卓著功勋，受到全党全军全国各族人民的衷心爱戴。

习近平在讲话中深情回顾了刘少奇为中国革命和建设无私奉献的光辉一生。他指出，刘少奇同志数十年如一日的不懈奋斗，在我们党的历史上、在中华民族走向伟大复兴的历史上占有重要地位。刘少奇同志的崇高品德和高尚情操，无论过去、现在、将来都是中国共产党人和中国人民学习的光辉榜样。刘少奇同志的英名和功勋将永远为中国人民所铭记。经过中国共产党领导全国各族人民近百年的不懈奋斗，经过中华人民共和国近70年的风雨前行，经过改革开放40年的开拓前进，中华民族迎来了从站起来、富起来到强起来的伟大飞跃，迎来了实现中华民族伟大复兴的光明前景。全党全国各族人民要更加紧密地团结在党中央周围，高举中国特色社会主义伟大旗帜，不忘初心，牢记使命，奋发进取，埋头苦干，努力创造属于新时代的光辉业绩，把实现中华民族伟大复兴中国梦的伟大目标一步一步变为现实！

栗战书在主持座谈会时说，习近平总书记的重要讲话，回顾了刘少奇同志伟大、光荣的一生，高度评价了刘少奇同志的丰功伟绩，号召全党全国人民学习刘少奇同志的崇高品德和精神风范。讲话对于指导我们党把刘少奇同志等老一辈革命家所开创的伟大事业继续推向前进，在新时代坚持和发展中国特色社会主义具有重大意义。

11月23日

［纲　文］　国务院批复科技部、新疆维吾尔自治区人民政府、新疆生产建设兵团，同意乌鲁木齐、昌吉、石河子高新技术产业开发区建设国家自主创新示范区。

［目　文］　批复说，你们关于支持乌鲁木齐、昌吉、石河子高新技术产业开发区建设国家自主创新示范区的请示（国科发高〔2018〕235号）收悉。现批复如下：一、同意乌鲁木齐、昌吉、石河子3个高新技术产业开发区（以下统称乌鲁木齐、昌吉、石河子高新区）建设国家自主创新示范区，区域范围为国务院有关部门公布的开发区审核公告确定的四至范围。二、同意乌鲁木齐、昌吉、石河子高新区享受国家自主创新示范区相关政策，同时结合自身特点，不断深化简政放权、放管结合、优化服务改革，积极开展科技体制改革和机制创新，加强资源优化整合，在培育优势特色产业集群、科技创新重大平台建设、科技成果转化、人才培育引进、科技金融结合、知识产权运用与保护、面向中西亚合作创新等方面探索示范，努力创造出可复制、可推广的经验。三、同意将乌鲁木齐、昌吉、石河子高新区建设国家自主创新示范区工作纳入国家自主创新示范区部际协调小组统筹指导，落实相关政策措施，研究解决发展中的重大问题。四、新疆维吾尔自治区人民政

府和新疆生产建设兵团要加强组织领导，建立协同推进机制，搭建创新合作的联动平台，认真组织编制实施方案，细化任务分工，集成推进乌鲁木齐、昌吉、石河子高新区建设国家自主创新示范区各项工作。

11月23日

［纲　文］　发展改革委、自然资源部印发《关于建设海洋经济发展示范区的通知》。

［目　文］　《通知》由四个部分组成：一、落实目标任务。二、强化示范引领。三、明确职责分工。四、加强指导督促。

《通知》提出，示范区建设要以习近平新时代中国特色社会主义思想为指导，全面贯彻落实党的十九大和十九届二中、三中全会精神，坚持稳中求进工作总基调，坚持新发展理念，围绕统筹推进"五位一体"总体布局和协调推进"四个全面"战略布局，以供给侧结构性改革为主线，坚持陆海统筹，深入实施创新驱动发展战略，着力推动海洋经济高质量发展。

11月23日

［纲　文］　人民银行、证监会、发展改革委印发《关于进一步加强债券市场执法工作的意见》。

［目　文］　《意见》由三个部分组成：一、强化监管执法，建立统一的债券市场执法机制。二、加强执法保障，推进统一执法工作顺利开展。三、加强协同配合，建立密切协作的工作机制。

11月23日

［纲　文］　科技部发布《科学技术部科技统计工作管理办法》。

［目　文］　《办法》共6章22条。主要有总则、统计调查管理、统计机构与统计人员、资料的管理和发布、奖惩等内容。自2018年11月23日起施行。2007年9月29日科技部发布的《科技部科技统计工作管理暂行办法》同时废止。

11月23日

［纲　文］　海关总署公布《海关总署关于修改部分规章的决定》。

［目　文］　《决定》说，为贯彻落实党中央、国务院关于优化口岸营商环境的决策部署，进一步降低制度性交易成本，压缩通关时间，巩固和提升精简进出口环节监管证件改革成效，海关总署决定对《中华人民共和国海关关于超期未报关进口货物、误卸或者溢卸的进境货物和放弃进口货物的处理办法》等45部规章进行修改，自2018年11月23日起施行。

11月23日

［纲　文］　**全国畜禽养殖废弃物资源化利用现场会在福建漳州召开。**

［目　文］　国务院副总理胡春华出席会议并讲话。农业农村部部长韩长赋主持会议。中央和国家有关部委领导，31个省区市有关负责人参加了会议。

胡春华强调，加快推进畜禽养殖废弃物资源化利用是改善农村人居环境的重要任务，要深入贯彻习近平总书记的重要指示精神,按照党中央、国务院决策部署,坚持政府支持、企业主体、市场化运作的方针,坚持源头减量、过程控制、末端利用的治理路径,全面推进畜禽养殖废弃物资源化利用,加快构建种养结合、农牧循环的可持续发展新格局,为促进乡村全面振兴提供有力支撑。

会前,胡春华在漳州市漳浦县,实地了解畜禽养殖废弃物资源化利用和农村垃圾、污水处理等农村人居环境整治工作进展情况。

11月23日

[纲 文] 国务委员兼外交部部长王毅应约同巴基斯坦外长库雷希紧急通电话。

[目 文] 库雷希通报了本日中国驻卡拉奇总领馆遭袭击事件以及巴方初步调查情况并表示,巴政府和社会各界严厉谴责恐怖分子的暴力袭击,巴政府和人民坚决同中国朋友站在一起。巴方将进行彻底调查,保证将采取一切必要措施,尽最大努力消除恐怖势力。巴中友谊独特而珍贵,巴方将像保护自己公民一样保护在巴基斯坦的中国朋友的安全。

王毅说,中方对中国驻卡拉奇总领馆遭到武装袭击表示震惊,强烈谴责这一针对外交机构的暴行。巴警方采取迅速、果断行动,保护了总领馆人员安全,中方对此表示感谢,对巴警卫人员殉职表示沉痛哀悼。任何企图破坏中巴友谊的行径都不会得逞,巴方也一定有能力保持国内的安全稳定。请巴方高度重视这一事件并予以彻查,坚决防止类似事件再次发生。

11月23日

[纲 文] 藏中电力联网工程竣工投运。

[目 文] 工程起于西藏昌都市芒康县,止于山南市桑日县,跨越西藏三地市十区县,结束了西藏中东部地区电网孤网运行的历史,实现了西藏主干电网从220千伏向500千伏的跨越升级。

藏中电力联网工程由西藏藏中和昌都电网联网工程、川藏铁路拉萨至林芝段供电工程组成,总投资约162亿元,是迄今为止世界上自然条件最复杂、最具建设挑战性的高原超高压输变电工程。工程建成后,具备40万千瓦输送能力,远期可提升至百万千瓦,为藏中清洁能源开发与外送创造有利条件,加强西藏电网的网架结构,提高供电保障能力。

11月23日

[纲 文] 中国棋手居文君获得2018年世界女子国际象棋锦标冠军。

11月24日

[纲 文] 全国人大常委会委员长会议组成人员在北京进行专题学习。

[目 文] 全国人大常委会委员长栗战书主持并讲话。全国人大常委会副委员长王晨、曹建明、张春贤、沈跃跃、吉炳轩、艾力更·依明巴海、万鄂湘、陈竺、王东明、白玛赤林、丁仲礼、郝明金、武维华,秘书长杨振武参加学习并发言。学习主要内容是:学

习中共中央总书记习近平在中央政治局第九次集体学习时的讲话，围绕人大立法监督工作保障和规范人工智能发展进行学习讨论。

11月24日

［纲　文］　中国城市全面建成小康社会论坛在北京召开。

［目　文］　论坛由中国信息协会主办、中国信息协会信用专业委员会和竞争力智库承办。《中国城市全面建成小康社会监测报告2018》同期发布。《报告》显示，2017年中国全面建成小康社会指数为97.06，连续7年大幅上升。

11月24日

［纲　文］　中印边界问题特别代表第二十一次会晤在成都举行。

［目　文］　中方特别代表、国务委员兼外交部部长王毅同印方特别代表、印度国家安全顾问多瓦尔就边界问题、双边关系和共同关心的国际地区问题深入交换了意见，取得重要共识。会晤基调积极，富有建设性和前瞻性。一、双方回顾了特别代表会晤机制成立以来谈判取得的重要成果，认为这些成果为双方继续推进谈判进程奠定了重要基础。二、双方表示，将遵照习近平主席同莫迪总理就妥善处理边界问题、发展中印关系达成的重要共识，在两国领导人政治引领下，从两国关系大局和两国人民福祉出发，不断推进特别代表会晤谈判进程，争取早日达成公平合理和双方都能接受的边界问题解决方案。在边界问题最终解决之前，共同维护两国边境地区的和平与安宁。三、双方就进一步加强边境地区信任措施建设、妥善管控争议和边界问题解决框架进行了深入沟通，达成重要共识，并各自提出了一系列积极和建设性的建议。四、双方同意切实将两国领导人重要共识贯彻到双方各个层级包括一线部队，进一步完善边境地区信任措施建设，继续加强涉边部门之间的沟通协调。五、双方同意逐步扩大边境贸易和人员交往，提升两国边境地区友好合作的民意基础，为边界谈判和两国关系发展营造良好氛围。六、双方同意授权中印边境事务磋商和协调工作机制以上述共识和建议为基础，启动早期收获的磋商，以尽快达成具体成果。

11月25日

［纲　文］　新华社讯，中共中央印发《中国共产党支部工作条例（试行）》。

［目　文］　《条例》共8章37条。主要有总则、组织设置、基本任务、工作机制、组织生活、党支部委员会建设、领导和保障等内容。自2018年10月28日起施行。其他有关党支部的规定与本条例不一致的，按照本条例执行。

11月25日

［纲　文］　公安部发布修改后的《公安机关办理行政案件程序规定》，自2019年1月1日起施行。

11月25—28日

［纲　文］　国务院副总理刘鹤访问德国并出席第八届中欧论坛汉堡峰会。

［目　文］　访问期间，刘鹤分别会见德国总理默克尔、德经济与能源部部长阿尔特

迈尔、总理经济顾问罗勒、汉堡市长辰彻尔和欧盟委员会负责竞争事务的委员韦斯塔格；同德国副总理兼财政部部长肖尔茨举行会谈。

26—27日，第八届中欧论坛汉堡峰会在德国汉堡举办。刘鹤出席论坛并介绍了当前中国经济形势和发展前景，指出2018年是中国改革开放40周年，一系列中国扩大对外开放的重大举措正在加快落实。中欧都是自由贸易规则和多边体制的坚定维护者。双方有巨大的共同利益，要相互理解、相互包容，深化合作，携手应对挑战，共同推动构建人类命运共同体，实现世界持久和平和普遍繁荣。

11月26日

[纲　文]　中共中央政治局召开会议。

[目　文]　中共中央总书记习近平主持会议。审议《中国共产党农村基层组织工作条例》和《中国共产党纪律检查机关监督执纪工作规则》。

11月26日

[纲　文]　中共中央政治局举行第十次集体学习。

[目　文]　中共中央总书记习近平主持学习。本次学习的主题是：中国历史上的吏治。中国社会科学院历史所研究员卜宪群就这个问题作了讲解，并谈了意见和建议。中共中央政治局各位委员听取了讲解，并就有关问题进行了讨论。

习近平在主持学习时指出，正确的政治路线要靠正确的组织路线来保证。我们党要团结带领人民实现"两个一百年"奋斗目标、实现中华民族伟大复兴的中国梦，必须全面贯彻新时代党的组织路线，严把德才标准，坚持公正用人，拓宽用人视野，激励干部积极性，努力造就一支忠诚干净担当的高素质干部队伍。重视吸取历史经验是我们党的一个好传统。历史记述了前人的成功和失败，重视、研究、借鉴历史，了解历史上治乱兴衰规律，可以给我们带来很多了解昨天、把握今天、开创明天的启示。我们进行伟大斗争、建设伟大工程、推进伟大事业、实现伟大梦想，更需要重视、研究、借鉴历史。这对我们丰富头脑、开阔眼界、提高修养、增强本领具有重要意义。要坚持公正用人。用人以公，方得贤才。公正用人是我们党立党为公、执政为民在组织路线上的体现，应该成为我们选人用人的根本要求。公正用人，公在公心，公心归根到底是对党、对人民、对干部的责任心，坚持原则、实事求是、敢于负责、公正无私，公平对待和使用干部。公正用人，公在事业，要从党和人民事业出发选干部、用干部，坚持事业为上、依事择人、人岗相适。公正用人，公在风气，要采取有效措施，遏制住选人用人上的不正之风，做到善则赏之、过则匡之、患则救之、失则革之，把政治生态搞清明。

11月26日

[纲　文]　国务院新闻办公室举行新闻发布会，中国气候变化事务特别代表解振华介绍《中国应对气候变化的政策与行动2018年度报告》有关情况，并答记者问。

[目　文]　《报告》指出，中国政府一贯高度重视应对气候变化，以积极建设性的态

度推动构建公平合理、合作共赢的全球气候治理体系，并采取了切实有力的政策措施强化应对气候变化国内行动，展现了推进可持续发展和绿色低碳转型的坚定决心。

数据显示，2017 年我国单位国内生产总值二氧化碳排放（以下简称碳强度）比 2005 年下降约 46%，已超过 2020 年碳强度下降 40%—45% 的目标，提前 3 年实现。碳排放快速增长的局面得到初步扭转。非化石能源占一次能源消费比重达到 13.8%。森林蓄积量已经增加了 21 亿立方米，也超额完成了 2020 年的目标。这些目标的实现，为实现 2030 年二氧化碳排放达到峰值，并争取提前完成，奠定了非常好的基础。从 2011 年起，我国在 7 个省市开展了碳排放权交易试点工作，为建立全国统一的碳排放权交易市场打基础。2013 年 6 月开始，试点碳市场陆续上线交易。截至目前，7 个试点碳市场累计成交量突破 2.7 亿吨，累计成交金额约 60 亿元。试点范围内碳排放总量和强度实现了双降，碳市场发挥了控制温室气体排放、促进地方低碳发展的作用。

11 月 26 日

［纲　文］　国防部部长魏凤和、外交部部长王毅在北京分别会见联合国安理会成员国常驻代表访问团。

［目　文］　魏凤和说，中国坚定维护以联合国为核心的国际体系，中国军队始终坚持走和平发展道路。我们愿与各国携手努力，加强国际维和等各领域合作，打造公平正义、共建共享的安全格局，为构建人类命运共同体、维护世界和地区和平稳定积极贡献力量。

法国常驻联合国代表德拉特、埃塞俄比亚常驻联合国代表塞拉西代表访问团发言时表示，各国赞赏并期待中国在国际事务中发挥更大作用。

王毅会见联合国安理会常驻代表访华团时表示，联合国是多边主义的象征，也是多边机制的核心。按照联合国宪章宗旨和原则等国际规则行事，多边主义就能健康发展。国际社会需要一个更加强有力的联合国。安理会承担着维护国际安全稳定的特殊职责，应当共同维护多边主义，维护国际规则。他强调，中方处理安理会事务，一是全力维护联合国宪章宗旨和原则，二是根据事情本身的是非曲直决定自己的立场，三是致力于安理会成员间的团结合作。

外方代表表示，赞赏中方维护多边主义、支持联合国工作并为联合国维和、促进全球发展作出了突出贡献，愿与中国一道共同维护国际和平与安全。

11 月 26 日

［纲　文］　中华骨髓库首次向西班牙捐献造血干细胞。

［目　文］　本例涉外捐献，标志着西班牙成为中华骨髓库对国（境）外实现造血干细胞捐献的第 28 个国家和地区，其他还包括中国台湾、中国香港、美国、德国等。

11 月 26 日

［纲　文］　《人民日报》发表评论员文章《建设坚强战斗堡垒的制度保证》。

11月26日—12月9日

〔纲　文〕"庆祝改革开放40周年全国书法大展"在北京民族文化宫展览馆举办。

〔目　文〕书法大展由中国文学艺术界联合会、中国书法家协会、中国楹联学会共同主办。本次展览共展出109件作品，作者包括老、中、青三代书法家。

11月26—28日

〔纲　文〕"开罗中国电影之夜"电影展在埃及开罗举办。

〔目　文〕电影展由中国电影家协会主办，展映影片《侗族大歌》《香河》《滚拉拉的枪》《家在水草丰茂的地方》均为当代中国民族题材影片。

11月27日—12月5日

〔纲　文〕国家主席习近平应邀对西班牙、阿根廷、巴拿马、葡萄牙进行国事访问，并出席在阿根廷布宜诺斯艾利斯举行的二十国集团领导人第十三次峰会。

〔目　文〕陪同习近平出访的有：习近平夫人彭丽媛、中央办公厅主任丁薛祥、中央外事工作委员会办公室主任杨洁篪、国务委员兼外交部部长王毅、国家发展改革委主任何立峰等。27日，习近平在西班牙《阿贝赛报》发表题为《阔步迈进新时代，携手共创新辉煌》的署名文章。28日，习近平在阿根廷《号角报》发表题为《开创中阿关系新时代》的署名文章。30日，习近平在巴拿马《星报》发表题为《携手前进，共创未来》的署名文章。12月3日，习近平在葡萄牙《新闻日报》发表题为《跨越时空的友谊　面向未来的伙伴》的署名文章。27—29日，习近平对西班牙进行国事访问。在马德里会见西班牙国王费利佩六世；同西班牙首相桑切斯会谈。双方就发展中西关系达成广泛共识，一致同意以中西建交45周年为新起点，推动两国关系得到新的更大发展，给两国人民带来更多福祉。并共同见证了多项双边合作文件的签署，涉及文化、经济、民生、先进材料、电信、第三方市场合作、教育、金融等领域。双方发表了《中华人民共和国和西班牙王国关于加强新时期全面战略伙伴关系的联合声明》。习近平向西班牙参议院、众议院主要议员发表讲话，在马德里市政厅接受马德里城市金钥匙，同桑切斯共同会见中西企业顾问委员会双方代表。彭丽媛在西班牙王后莱蒂西娅陪同下参观位于马德里市中心的西班牙皇家剧院。

11月29日—12月2日，习近平出席二十国集团领导人布宜诺斯艾利斯峰会并对阿根廷进行国事访问。

习近平出席二十国集团领导人第十三次峰会并发表题为《登高望远，牢牢把握世界经济正确方向》的讲话，强调二十国集团要坚持开放合作、伙伴精神、创新引领、普惠共赢，以负责任态度把握世界经济大方向。

峰会以"为公平与可持续发展凝聚共识"为主题，与会领导人围绕这一主题交换了意见。峰会通过了《二十国集团领导人布宜诺斯艾利斯峰会宣言》。

峰会期间，习近平出席金砖国家领导人非正式会晤并发表讲话，会晤发表了《金砖国家领导人布宜诺斯艾利斯非正式会晤新闻公报》；出席中俄印领导人非正式会晤，同俄罗斯总统普京、印度总理莫迪就新形势下中俄印合作交换意见。三国领导人一致同意加强三方协调，凝聚三方共识，增进三方合作，共同促进世界的和平、稳定、发展。分别会见印度总理莫迪、俄罗斯总统普京、土耳其总统埃尔多安、日本首相安倍晋三、沙特阿拉伯王储穆罕默德、联合国秘书长古特雷斯、法国总统马克龙、德国总理默克尔，应邀同美国总统特朗普共进晚餐并举行会晤。两国元首在坦诚、友好的气氛中，就中美关系和共同关心的国际问题深入交换意见，达成重要共识。双方同意，在互惠互利基础上拓展合作，在相互尊重基础上管控分歧，共同推进以协调、合作、稳定为基调的中美关系。彭丽媛和出席二十国集团领导人布宜诺斯艾利斯峰会的部分国家领导人配偶共同参观奥坎波故居。

12月2日，习近平同阿根廷总统马克里在布宜诺斯艾利斯举行会谈。两国元首一致同意，以更加广阔的视野谋划两国关系发展蓝图，携手开创中阿全面战略伙伴关系新时代。并共同见证了《中华人民共和国政府与阿根廷共和国政府共同行动计划（2019—2023）》以及多项双边合作文件的签署。双方发表了《中华人民共和国和阿根廷共和国联合声明》。习近平接受马克里授予的"解放者圣马丁大项链级勋章"。

2—3日，习近平对巴拿马进行国事访问。在巴拿马城同巴拿马总统巴雷拉举行会谈，两国元首高度评价中巴建交以来双边关系发展良好势头及合作成果，就进一步推进两国关系达成广泛共识，并共同见证了多项双边合作文件的签署。双方发表了《中华人民共和国和巴拿马共和国联合新闻公报》。习近平同巴雷拉共同参观巴拿马运河新船闸、会见出席中国—巴拿马经贸合作论坛的双方企业家代表。习近平会见了巴拿马国民大会主席阿夫雷戈。彭丽媛应邀在巴拿马总统府会见巴拿马总统夫人、联合国艾滋病规划署拉美区特别亲善大使、巴拿马全国幼儿综合护理理事会主席卡斯蒂略，并共同出席艾滋病防治公共宣传活动。

4—5日，习近平对葡萄牙进行国事访问，在里斯本同葡萄牙总统德索萨举行会谈。两国元首一致同意，以中葡建交40周年为新的历史起点，推动中葡友好合作不断取得新成果，谱写中葡关系发展的新篇章；会见了葡萄牙总理科斯塔，共同见证了《中华人民共和国政府与葡萄牙共和国政府关于共同推进"一带一路"建设的谅解备忘录》等多项双边合作文件的签署；会见了葡萄牙议会议长罗德里格斯。双方发表了《中华人民共和国和葡萄牙共和国关于进一步加强全面战略伙伴关系的联合声明》。

11月27日

[纲　文]　国务院总理李克强在北京会见英国前首相卡梅伦。

[目　文]　李克强表示，中方高度重视发展同英国的关系，愿同英方秉持相互尊重、平等相待原则，巩固政治互信，深化经贸、金融等重点领域合作，进一步挖掘投资合作潜力，使中英关系发展取得更多互利共赢、惠及双方人民的成果。当前，英国同欧盟就

脱欧谈判达成协议备受关注。英国和欧盟都是中国的重要合作伙伴，我们乐见和平稳定、繁荣开放的英国和欧盟，将继续推进中英、中欧关系健康稳定发展，愿共同维护多边主义和自由贸易，在开放合作中实现共赢。

卡梅伦表示，我担任英国首相期间，在双方共同努力下，使英中关系进入"黄金时代"。当前英中合作不断深化，双向投资、贸易持续增长。英国将一如既往坚定支持基于规则的多边主义和自由贸易。

11月27日

［纲　文］　第二届中韩省长知事会议在北京举行。

［目　文］　会议由中国人民对外友好协会、北京市人民政府和韩国市道知事协议会共同主办。会议以"中韩地方政府携手走进新时代"为主题，两国地方政府代表围绕"推动文化旅游产业的交流与合作"以及"加强气候环境领域的保护与应对"等共同关心的议题进行了交流。双方发表《共同宣言》。

同日，国务院总理李克强在北京会见出席会议的双方代表时表示，前不久，两国元首举行会晤，进一步推动中韩关系发展。双边贸易投资增长迅速，拥有广阔提升空间。我们愿继续本着相互尊重、平等互利的原则，同韩方一道，推动中韩关系长期健康稳定向前发展。第二届中韩省长知事会议取得积极成果，特别是在人文、环保等领域进行了深入交流，这表明中韩地方之间有着强烈的合作愿望和巨大的合作潜力。

韩方代表祝贺中国改革开放40年来取得的巨大发展成就，认为这不仅有利于中国本身，也促进了东北亚地区的和平与繁荣。韩方愿同中方促进贸易投资合作和人文交流，加强地方政府合作，活跃民间往来，为两国关系发展作出新贡献。

11月27日

［纲　文］　庆祝检察机关恢复重建40周年暨全国检察机关第九次先进集体先进个人表彰大会在北京举行。

［目　文］　中央政法委书记郭声琨出席并讲话。最高人民检察院检察长张军主持会议。全国人大常委会副委员长曹建明、最高人民法院院长周强、全国政协副主席汪永清、最高人民检察院原检察长贾春旺、中央政法委秘书长陈一新、国家安全部部长陈文清、司法部部长傅政华、发展改革委副主任张勇等出席大会。人力资源社会保障部副部长张义珍宣读了人力资源社会保障部、最高检《关于表彰"全国模范检察院"和"全国模范检察官""全国模范检察干部"的决定》。最高检副检察长邱学强宣读了最高检《关于为98个先进集体和128名先进个人记一等功的决定》。

11月27日

［纲　文］　第四次全国经济普查办公室主任工作会议暨全国经济普查宣传月启动仪式在北京举行。

［目　文］　国务院第四次全国经济普查领导小组副组长、国家统计局局长宁吉喆出席并讲话。国务院经济普查办公室主任、副主任、部门成员单位成员，各省、自治

区、直辖市及新疆生产建设兵团经济普查办公室主任,部分新闻媒体参加会议和启动仪式。

会议指出,第四次全国经济普查是中国特色社会主义进入新时代、"两个一百年"奋斗目标的历史交汇期开展的首次重大国情国力调查,是在决胜全面建成小康社会、开启全面建设社会主义现代化国家新征程中的一次"全面体检"。各级经济普查机构和广大普查人员要从牢固树立"四个意识",坚决做到"两个维护"的政治高度充分认识新时代开展经济普查的重要意义,切实把思想和行动统一到党中央、国务院关于经济普查的各项决策部署要求上来。

11月27日

[纲　文]　"改革开放40年与我国家庭教育的理论创新和实践发展"主题学术年会在北京举办。

[目　文]　年会由中国家庭教育学会举办。全国妇联主席沈跃跃出席会议并讲话。年会旨在学习贯彻中共中央总书记习近平关于家庭教育的系列指示精神,总结回顾改革开放40年来我国家庭教育事业的发展历程和取得的成效,研讨家庭教育在立德树人、培育和践行社会主义核心价值观、培养担当民族复兴大任的时代新人中的地位和基础作用,展示推广科研课题成果。

11月27日

[纲　文]　**中央财政提前下达2019年专项扶贫资金共909.78亿元。**

[目　文]　财政部网站发布,2019年是脱贫攻坚战"啃硬骨头"的关键一年,也是大多数贫困县实现脱贫摘帽的收官之年。为深入贯彻习近平总书记扶贫工作论述精神,认真落实《中共中央　国务院关于打赢脱贫攻坚战的决定》《中共中央　国务院关于打赢脱贫攻坚战三年行动的指导意见》和中央经济工作会议等重要会议精神,进一步提高地方预算完整性,加快支出进度,帮助地方提前谋划和打赢脱贫攻坚战,近日,中央财政提前下达全国28个省(自治区、直辖市)2019年中央财政专项扶贫资金预算909.78亿元,约占2018年中央财政专项扶贫资金1060.95亿元的86%。在此次提前下达的909.78亿元中,安排资金120亿元,继续重点支持西藏、四省藏区、南疆四地州和四川凉山州、云南怒江州、甘肃临夏州等深度贫困地区,并将资金分解到具体区、州。

11月27日

[纲　文]　**阿里天文台科普站在西藏阿里挂牌。**

[目　文]　阿里天文台科普站由中国科协支持建设,国家天文台协同配合,中国科技馆、西藏科协、阿里天文台和阿里地区共同实施。

11月27日

[纲　文]　**人民银行、银保监会、证监会发布《关于完善系统重要性金融机构监管的指导意见》。**

[目　文]　《意见》由七个部分组成:一、总则。二、评估与识别。三、特别监管要

求。四、审慎监管。五、特别处置机制。六、国际协调与合作。七、实施。自2018年11月27日起施行。

《意见》组指出,金融控股公司适用国家有关金融控股公司监管的规定,但经金融委认定具有系统重要性的金融控股公司,同时适用本意见。

11月27日

［纲　文］　工业信息化部发布《道路机动车辆生产企业及产品准入管理办法》。

［目　文］　《办法》共7章47条。主要有总则、申请和受理、审查和决定、特别规定、监督检查、法律责任、附则等内容。自2019年6月1日起施行。2002年11月30日公布的《摩托车生产准入管理办法》（原国家经济贸易委员会令第43号）同时废止。

11月27日

［纲　文］　交通运输部公布修改后的《交通运输法规制定程序规定》,自2018年11月27日起施行。

11月27日

［纲　文］　国家广播电视总局在北京召开全国广播电视与网络视听文艺节目管理工作电视电话会议。

［目　文］　中宣部副部长、国家广播电视总局局长聂辰席出席并讲话。会议部署落实《国家广播电视总局关于进一步加强广播电视和网络视听文艺节目管理的通知》,推动广播电视和网络文艺高举旗帜、守正创新,进一步唱响主旋律,传播正能量。

11月27日

［纲　文］　全国人大常委会委员长栗战书、全国政协主席汪洋在北京分别会见越南祖国阵线中央委员会主席陈青敏。

［目　文］　栗战书会见陈青敏时说,自去年11月习近平总书记访问越南以来,双方积极落实两党两国领导人共识,推动各领域合作取得新进展。今年是中国改革开放40周年,也是中越建立全面战略合作伙伴关系10周年,中方将秉持共商共建共享原则,与越方一道,持续推进全方位互利合作,特别是"一带一路"同"两廊一圈"对接,共同建设具有战略意义的命运共同体。中国全国人大愿同越南祖国阵线加强交流,为中越关系持续发展作出新贡献。

陈青敏说,越方愿与中方进一步深化互利合作,加强治党治国理政经验交流,推动越中全面战略合作伙伴关系不断发展。

汪洋会见陈青敏时说,中方愿同越方一道,巩固传统友谊,推进"一带一路"和"两廊一圈"等发展战略对接,拓展互利合作,妥善处理分歧,推动新时期中越全面战略合作伙伴关系进一步向前发展。中国全国政协高度重视与越南祖国阵线中央的友好合作关系,愿持续深化交流合作,进一步夯实两国关系的民意基础,为两国关系发展不断注入新的活力。

陈青敏表示,希望进一步提升越中各领域务实合作水平和质量,积极推动两国全面战略合作伙伴关系持续向好发展。

11月27—29日

[纲　文]　尤权在广东调研。

[目　文]　中央统战部部长尤权参观了暨南大学校史展、办学成果展和图书馆华侨华人文献馆；在深圳考察了新的社会阶层人士集中的创意园、产业园，出席了新的社会阶层人士统战工作经验交流座谈会暨实践创新基地建设中期推动会。

尤权指出，要坚持以习近平新时代中国特色社会主义思想和党的十九大精神为指导，贯彻落实习近平总书记考察暨南大学时的重要讲话精神，扎根中国大地办中国特色社会主义大学，为实现中华民族伟大复兴培育人才。

11月28日

[纲　文]　联合国举行"声援巴勒斯坦人民国际日"纪念大会，国家主席习近平向大会致贺电。

[目　文]　习近平在贺电中表示，巴勒斯坦问题是中东问题的根源性问题，关系巴勒斯坦等中东各国长治久安和繁荣发展。早日全面公正解决巴勒斯坦问题，是人心所向，符合巴勒斯坦等地区各国人民利益，有利于促进世界和平稳定。今年是中巴建交30周年。中国是巴勒斯坦人民的好朋友、好伙伴，是巴以和平的坚定支持者。中方坚定支持和推动中东和平进程，支持巴勒斯坦人民恢复民族合法权利的正义事业。中国愿继续同国际社会一道，创新国际促和机制，推动巴以双方早日重启和谈，为实现中东全面、公正、持久和平作出不懈努力。

11月28日

[纲　文]　李克强主持召开国务院常务会议。

[目　文]　会议主要内容是：一、听取优化营商环境工作汇报，决定开展中国营商环境评价。会议指出，按照党中央、国务院部署，顺应社会期盼，近年来各地区、各部门持续推进"放管服"等改革，改善营商环境取得积极成效。二、部署进一步发展养老产业、推进医养结合，提高老有所养质量。会议指出，适应庞大老年群体多样化多层次养老需求，促进养老服务增加供给、改善质量，是践行以人民为中心的发展思想、保障改善民生的重要举措，也有利于扩大就业、提升服务业水平。一要鼓励地方多渠道解决养老服务有效供给不足问题。简化和放宽准入，支持各类所有制养老机构规模化、连锁化发展，发挥公办养老机构兜底保障作用，重点为经济困难失能失智老人、计划生育特殊家庭老人提供无偿或低收费托养服务。二要大力发展居家社区养老服务。落实新建住宅小区养老服务设施配建要求，对老旧小区和纳入特困供养等范围的老年人家庭开展适老化改造，支持养老机构运营社区养老服务设施。三要加强养老护理人员职业技能培训，加快推进长期照护服务发展。对从事养老服务并符合条件的个人和小微企业给予创业担保贷款支持。完善养老服务设施供地政策。四要强化跨部门协同监管，制定养老机构服务质量安全强制性国家标

准，实施敬老院改造提升和民办养老机构消防安全达标工程。

11月28日

〔纲　文〕　新华社讯，中共中央办公厅印发《干部人事档案工作条例》。

〔目　文〕　《条例》共7章46条。主要有总则、管理体制和职责、内容和分类、日常管理、利用和审核、纪律和监督等内容。自2018年11月20日起施行。1991年4月2日中央组织部、国家档案局印发的《干部档案工作条例》同时废止。

11月28日

〔纲　文〕　交通运输部公布修改后的《港口工程建设管理规定》《中华人民共和国船舶最低安全配员规则》《航道建设管理规定》，自2018年11月28日起施行。

11月28日

〔纲　文〕　中国藏医药浴法被正式列入联合国教科文组织人类非物质文化遗产代表作名录。

〔目　文〕　在联合国教科文组织保护非物质文化遗产政府间委员会第十三届常委会上，中国申报的"藏医药浴法——中国藏族有关生命健康和疾病防治的知识与实践"通过审议，列入人类非物质文化遗产代表作名录。这也是中国第四十个入选《非遗公约》名录的遗产项目。藏医药浴法，是通过沐浴天然温泉或药物煮熬的水汁或蒸汽，调节身心平衡，实现生命健康和疾病防治的传统知识和实践。

12月14日，文化和旅游部在北京召开藏医药浴法列入联合国教科文组织人类非物质文化遗产代表作名录保护工作座谈会。文化和旅游部部长雒树刚出席会议并讲话。中央有关部门和西藏自治区、青海省的相关负责人，以及相关机构负责人、社区代表、专家学者就藏医药浴法后续保护工作进行了研讨。

11月28日

〔纲　文〕　中国足球获得三项亚足联颁发奖项。

〔目　文〕　亚足联年度颁奖典礼在阿曼首都马斯喀特举行。中国足球获得三项奖项。其中，中国女足运动员王霜当选2018年度亚洲足球小姐，中国足协获得"亚足联年度草根足球激励级协会"奖，亚洲之钻奖颁给了亚足联前副主席、中国足协前副主席张吉龙。

11月28—29日

〔纲　文〕　全国政协十三届常委会第四次会议在北京举行。

〔目　文〕　全国政协副主席何厚铧主持开幕会。全国政协主席汪洋主持闭幕会并讲话。全国政协副主席张庆黎、刘奇葆、董建华、万钢、卢展工、王正伟、马飚、陈晓光、梁振英、夏宝龙、杨传堂、李斌、巴特尔、汪永清、苏辉、郑建邦、辜胜阻、刘新成、何维、邵鸿、高云龙出席会议。会议的主要议题是学习贯彻中共中央总书记习近平近期关于人民政协工作的讲话精神，加强和改进政协工作，迎接人民政协成立70周年。

会议审议通过了修订后的政协全国委员会专门委员会通则、政协全国委员会提案工作条例。会议表决决定，增补张效廉为第十三届全国政协委员、农业和农村委员会驻会副主任；冉万祥不再担任第十三届全国政协副秘书长，金学锋不再担任第十三届全国政协外事委员会驻会副主任；免去学诚民族和宗教委员会副主任职务，接受其请辞第十三届全国政协常委、委员；接受杜江涛请辞第十三届全国政协委员。会议追认关于撤销孟宏伟第十三届全国政协委员资格的决定。

11月28日—12月1日

[纲　文]　栗战书在云南省就制定基本医疗卫生与健康促进法开展立法调研。

[目　文]　全国人大常委会委员长栗战书在昆明市、德宏州、保山市调研，在社区卫生服务中心，了解基层医疗卫生机构人员力量、设施条件、服务水平等情况；与就诊患者交谈，询问他们就医方不方便、满不满意；听取疫苗流通、管理、接种过程介绍；在乡村卫生院，了解村民看病就医、卫生健康保障和家庭医生签约服务情况；在云南白药集团，考察企业生产经营和产品研发情况；在云南省人大常委会机关调研时，栗战书邀请10位各级人大代表座谈，听取他们对基本医疗卫生与健康促进法草案的意见建议。

调研期间，栗战书在国门口岸考察中缅经贸人员往来和跨境经济合作情况；在边防小学同教师和孩子们交流，勉励他们为民族地区教育发展和中缅睦邻友好作贡献；在村民家中唠家常、问收入、聊致富，还在村活动室同来自傣族、景颇族、白族、阿昌族、德昂族等民族的8位五级人大代表、基层干部进行座谈。栗战书希望云南贯彻落实好习近平总书记指示要求，推动党中央决策部署落地见效，强调地方人大要通过立法、监督等工作，助力脱贫攻坚，促进民族团结，保护生态环境，推动"一带一路"建设，更好服务发展大局、回应民生关切。

11月28—30日

[纲　文]　中国基督教第十次代表会议在北京举行。

[目　文]　来自全国30个省、自治区、直辖市的300多名代表参加会议。会议审议通过了中国基督教三自爱国运动委员会第九届、中国基督教协会第七届常委会工作报告，通过了新修订的中国基督教三自爱国运动委员会章程、中国基督教协会章程。徐晓鸿当选为中国基督教三自爱国运动委员会主席，吴巍当选为中国基督教协会会长。

30日，全国政协主席汪洋会见全体代表并对新一届基督教全国"两会"提出四点希望：一是拥护中国共产党的领导，自觉学习习近平新时代中国特色社会主义思想，落实党中央对宗教工作的决策部署，始终与党同心同德、同向同行。二是坚持我国基督教中国化方向，深化神学思想建设，对教规教义作出符合当代中国发展进步要求、符合中华优秀传统文化的阐释。三是坚持法治思维和法治意识，引导广大信众维护宪法和法律权威，坚决抵制违规违法宗教活动，既做好教徒，又做好公民。四是坚持加强团体自身建设，培养更多优秀人才，维护良好社会形象，更好发挥党和政府联系信教群众的桥梁纽带作用。

11月29日

［纲　文］　国家主席习近平同俄罗斯总统普京分别向中俄能源商务论坛致贺信。

［目　文］　习近平在贺信中指出，当前，中俄全面战略协作伙伴关系保持高水平运行，各领域合作不断发展。近年来，两国能源合作取得了丰硕成果，为促进两国经济社会发展发挥了积极作用。中方愿同俄方一道，共同推动中俄能源合作再上新台阶。举办中俄能源商务论坛是我和普京总统达成的重要共识，旨在为双方企业搭建直接对话交流的平台，广泛寻找合作机遇，精准对接合作需求。希望与会嘉宾围绕"进一步深化中俄能源贸易、投资及金融的全方位合作"的主题，深入沟通、凝聚共识，巩固现有合作，挖掘新的合作机会，推动中俄能源合作取得更多成果，更好惠及两国人民。

普京在贺信中表示，俄中全面战略协作伙伴关系正在稳步持续提升，能源合作作为俄中关系的重要组成部分，近年来取得长足发展。本次论坛议程丰富，内容充实，议题涵盖双方在油气、煤炭、电力、投资、科研和环保等领域合作，充分表明两国能源企业具有十分广泛的共同利益。相信来自两国政府部门、能源企业、金融机构和智库的参会嘉宾将开展内容丰富和具有建设性的对话，探索双方互利合作的新模式。

同日，中俄能源商务论坛在北京举行。国务院副总理韩正、俄罗斯联邦总统能源发展战略和生态安全委员会执行秘书谢钦出席开幕式，分别宣读习近平、普京的贺信并致辞。本次论坛的主题为"进一步深化中俄能源贸易、投资及金融的全方位合作"，与会代表从各自不同领域坦诚开展对话交流，讨论扩大双方能源合作机会，精准对接合作需求，进一步巩固中俄全面战略协作伙伴关系的合作基础。来自中俄双方有关部门和近90家企业的400余人出席。

11月29日

［纲　文］　《习近平喜欢的典故——平"语"近人》（西语版）启动仪式在阿根廷布宜诺斯艾利斯举行。

［目　文］　中国中央广播电视总台与阿根廷美洲传媒集团共同举行启动仪式。《习近平喜欢的典故——平"语"近人》（西语版）六集系列视频作品由中央广播电视总台制作，在阿根廷、西班牙等多国西语主流媒体推出。阿根廷政治经济问题研究中心等知名西语智库网站同步上线。中央广播电视总台旗下的西语电视、广播、客户端及社交平台也上线推出。

该系列作品选取了国家主席习近平在其讲话、文章和谈话中所引用的中国古代经典中的名言名句和历史故事，围绕"为民""立德""修身""家风""孝道""廉政"等不同主题，展现了习近平对中华优秀传统文化的深刻理解和从中汲取治国理政智慧的理念。该系列作品此前已被译成英语、日语、韩语等发布。

11月29日

［纲　文］　财政部、税务总局发布《关于易地扶贫搬迁税收优惠政策的通知》。

［目　文］　《通知》说，对易地扶贫搬迁贫困人口按规定取得的住房建设补助资金、拆旧复垦奖励资金等与易地扶贫搬迁相关的货币化补偿和易地扶贫搬迁安置住房，免征个人所得税。对易地扶贫搬迁贫困人口按规定取得的安置住房，免征契税。对易地扶贫搬迁项目实施主体取得用于建设安置住房的土地，免征契税、印花税。对安置住房建设和分配过程中应由项目实施主体、项目单位缴纳的印花税，予以免征。对安置住房用地，免征城镇土地使用税。在商品住房等开发项目中配套建设安置住房的，按安置住房建筑面积占总建筑面积的比例，计算应予免征的安置住房用地相关的契税、城镇土地使用税，以及项目实施主体、项目单位相关的印花税。本《通知》执行期限为2018年1月1日至2020年12月31日。自执行之日起的已征税款，除以贴花方式缴纳的印花税外，依申请予以退税。

11月29日

［纲　文］　**全国教育法治工作会议在北京召开。**

［目　文］　教育部部长陈宝生出席并讲话。教育部副部长田学军主持会议。北京、上海、浙江、山东、广东、四川、青岛、清华大学、武汉大学、南京农业大学等10个地方和高校作交流发言。各省（区、市）教育厅（教委）、各计划单列市教育局、新疆生产建设兵团教育局、教育部直属高等学校、教育部各司局负责人参加会议。会议研究部署新时代教育法治建设任务，为加快推进教育现代化、建设教育强国、办好人民满意的教育提供坚实的法治保障。这是新时代教育系统召开的第一次全国性教育法治工作会议。

11月29—30日

［纲　文］　**李克强在南通、南京考察经济社会发展情况。**

［目　文］　国务院总理李克强在江苏银行南通崇川支行，与银行负责人和前来申请贷款的企业人员交谈，考察金融服务小微企业情况；在罗莱公司，询问企业吸纳农民工就业情况，他说，农民工群体值得所有中国人乃至世界的尊重。中国过去几十年的发展成就是全体人民奋斗出来的，相当程度是农民工离开家乡、起早贪黑干出来的。企业绝不能拖欠农民工工资，要让员工收入随着企业发展合理增长。在南京德朔公司，了解企业产品创新、订单等情况；在苏宁控股集团，对企业加快转型、满足消费者多样化需求予以肯定。

在"智慧南京"中心，对当地运用互联网等新技术开展"不见面审批"和全方位便民服务表示赞许。他说，你们这个政务服务的小后台支撑了南京经济发展和人民生活的大前台，这是"放管服"改革的新亮点，推动了政务流程再造和信息资源共享，有力激发了市场活力和社会创造力。现在各地都在积极探索，希望你们在改善营商环境上追求卓越，继续走在全国前列。

11月29—30日

［纲　文］　**第二轮中国—欧盟工商领袖和前高官对话在比利时布鲁塞尔举行。**

［目　文］　对话由中国国际经济交流中心、欧洲企业协会联合主办。双方探讨了中欧合作应对保护主义和单边主义等全球性问题，以及中欧经贸关系和双边投资、WTO改

革和有效的多边主义、产业合作、"一带一路"倡议和欧亚互联互通战略对接等议题。中国国际经济交流中心理事长曾培炎和欧洲企业协会会长皮埃尔·加塔以及中欧工商领袖、政府前高官及专家学者共30多名代表参加了对话。

双方发表了联合声明。联合声明指出，双方强烈支持开放、平衡、包容和普惠的多边主义和以规则为基础的贸易及投资，中欧加强在WTO改革中的合作十分重要。双方支持加强亚欧的联系，鼓励"欧亚互联互通战略"和"一带一路"倡议对接。双方认为应加快建立并完成目标宏大的中欧双边投资协定谈判，向双方工商界和国际社会释放积极信号。

11月30日

［纲　文］　生态环境部、发展改革委、自然资源部印发《渤海综合治理攻坚战行动计划》。

［目　文］　《计划》由三个部分组成：一、总体要求。二、重点任务。三、保障措施。

《计划》指出，加强环境信息公开、公众参与和宣传，建立健全渤海生态环境信息共享机制。组织公众、社会组织等参与海洋环境保护公益活动，提高公众保护海洋环境的意识。三省一市要按规定公开建设项目环境影响评价信息，重点排污单位要依法、及时、准确地在当地主流媒体上公开污染物排放、治污设施运行情况等环境信息。

11月30日

［纲　文］　财政部、税务总局、证监会发布《关于个人转让全国中小企业股份转让系统挂牌公司股票有关个人所得税政策的通知》。

［目　文］　《通知》说，一、自2018年11月1日（含）起，对个人转让新三板挂牌公司非原始股取得的所得，暂免征收个人所得税。二、对个人转让新三板挂牌公司原始股取得的所得，按照"财产转让所得"，适用20%的比例税率征收个人所得税。三、2019年9月1日之前，个人转让新三板挂牌公司原始股的个人所得税，征收管理办法按照现行股权转让所得有关规定执行，以股票受让方为扣缴义务人，由被投资企业所在地税务机关负责征收管理。四、2018年11月1日之前，个人转让新三板挂牌公司非原始股，尚未进行税收处理的，可比照本通知第一条规定执行，已经进行相关税收处理的，不再进行税收调整。五、中国证券登记结算公司应当在登记结算系统内明确区分新三板原始股和非原始股。中国证券登记结算公司、证券公司及其分支机构应当积极配合财政、税务部门做好相关工作。

11月30日

［纲　文］　交通运输部印发《船舶大气污染物排放控制区实施方案》。

［目　文］　《方案》由六个部分组成：一、工作目标。二、设立原则。三、适用对象。四、排放控制区范围。五、控制要求。六、保障措施。

《方案》指出，各省级交通运输主管部门、各直属海事管理机构、长江航务管理局、珠江航务管理局要加强组织领导和协调，细化任务措施，明确职责分工，完善保障机制。

11月30日

［纲　文］　全国绿化委、国家林草局在北京召开三北工程建设40周年总结表彰大会。

［目　文］　中共中央总书记习近平对三北工程建设作出指示指出，三北工程建设是同我国改革开放一起实施的重大生态工程，是生态文明建设的一个重要标志性工程。经过40年不懈努力，工程建设取得巨大生态、经济、社会效益，成为全球生态治理的成功典范。当前，三北地区生态依然脆弱。继续推进三北工程建设不仅有利于区域可持续发展，也有利于中华民族永续发展。要坚持久久为功，创新体制机制，完善政策措施，持续不懈推进三北工程建设，不断提升林草资源总量和质量，持续改善三北地区生态环境，巩固和发展祖国北疆绿色生态屏障，为建设美丽中国作出新的更大贡献。

国务院总理李克强作出批示指出，40年来，经过几代人的艰苦努力，三北防护林体系建设取得巨大成就，在祖国北疆筑起了一道抵御风沙、保持水土、护农促牧的绿色长城，为生态文明建设树立了成功典范。要牢固树立新发展理念，坚持绿色发展，尊重科学规律，统筹考虑实际需要和水资源承载力等因素，继续把三北工程建设好，并与推进乡村振兴、脱贫攻坚结合起来，努力实现增绿与增收相统一，为促进可持续发展构筑更加稳固的生态屏障。

会议由国家林草局局长张建龙主持，国务院副总理韩正出席会议并讲话。国务院常务副秘书长丁学东宣读了习近平的指示和李克强的批示。会议对为三北工程建设作出贡献的先进集体、先进个人和"绿色长城奖章"获得者进行了表彰。陕西省延安市、新疆维吾尔自治区阿克苏地区、山西省右玉县和河北省迁西县喜峰口板栗专业合作社有关负责人作了发言。国务院有关部门和单位，三北地区13个省（区、市）和新疆生产建设兵团，工程区重点市县负责人，以及受表彰代表参加会议。

11月30日

［纲　文］　孙春兰在北京考察艾滋病防治工作。

［目　文］　在第31个世界艾滋病日前夕，国务院副总理、国务院防治艾滋病工作委员会主任孙春兰考察了北京市疾病预防控制中心艾滋病防治所，了解疫情流行形势、网络监测和快速检测工作情况；在北京性病艾滋病防治协会观摩防治人员培训，与基层工作人员、社会组织和志愿者代表交流。她指出，做好艾滋病防治工作，需要政府、社会和个人共同努力。各地区、各有关部门要强化防治力量和技术支撑，健全疫情监测网络，关爱防治人员、增强职业荣誉，不断提升艾滋病防治能力。要广泛动员社会力量，发挥社会组织优势，加强联防联控，实现专业防治机构与社会组织的有效衔接。全社会都要关心艾滋病患者和感染者，帮助他们坚定信心、共享健康。对恶意传播艾滋病的，要依法严厉打击。

11月30日

［纲　文］　民政部在济南召开全国婚姻礼俗改革工作座谈会。

〔目　文〕　会议指出，我国离婚率已连续14年增长且离婚率居高不下，由此引发一系列社会问题。革除婚俗陋习，推进和谐婚姻家庭建设是人民群众的热切期盼。一些地方天价彩礼、奢侈浪费大操大办、人情攀比、低俗闹婚、拜金盛行、道德滑坡等问题突出，不但成为乡村振兴和脱贫攻坚的绊脚石，而且影响了群众的精神风貌和文明素养，影响婚姻家庭和谐与社会健康有序发展。会议要求，要坚持教育引导、实践养成、制度保障，构建简约适度的婚姻礼俗礼仪，形成崇尚勤俭节约、反对奢侈浪费的良好社会风尚。

11月30日

〔纲　文〕　大洋综合资源调查船"大洋号"在广州中船工业黄埔文冲船舶有限公司下水。

〔目　文〕　"大洋号"是我国首艘按照绿色化、信息化、模块化、便捷化、舒适化和国际化原则设计建造的具有国际先进水平的全球级综合调查船。该船船长98米、型宽17米，设计排水量4780吨，续航力超过14000海里，具有全球无限航区调查作业能力。船上配有最先进的直流母排电力推进系统，采用了直叶推进器等特种技术，拥有超过50台套多种类型调查装备，是一艘集多学科、多功能、多技术手段于一体的新一代大洋综合资源调查船。

11月30日

〔纲　文〕　文化和旅游部在浙江省湖州市安吉县召开全国发展乡村民宿推进全域旅游现场会。

〔目　文〕　文化和旅游部部长雒树刚出席会议并讲话。会议以习近平新时代中国特色社会主义思想为指导，旨在深入贯彻落实党的十九大和十九届二中、三中全会精神，着力推进旅游供给侧结构性改革，以大力促进乡村民宿资源开发和产品建设为抓手，深化全域旅游发展，更好地满足人民群众日益增长的旅游美好生活需要。会议要求，各级文化和旅游行政部门要坚持问题导向，主动作为，开拓创新，切实加强组织领导，加强政策支持，加强规范管理，加强人才培训，不断开创全域旅游发展新局面。

11月30日

〔纲　文〕　首届自主船舶发展（万山）论坛暨珠海万山无人船海上测试场启用仪式在珠海举行。

〔目　文〕　论坛和启用仪式由珠海市人民政府、中国船级社、武汉理工大学、珠海云洲智能科技有限公司指导，珠海万山湾区无人船测试场有限公司主办，珠海市万山海洋开发试验区、珠海市科学技术协会协办。

论坛以"自主船舶技术、规范及产业发展"为主题，旨在引领自主船舶发展，推动智慧海洋建设。来自人工智能与自主船舶领域的专家、学者、企业代表探讨了自主船舶未来发展的趋势、进展、挑战和机遇。论坛举行珠海万山无人船海上测试场启用仪式，颁发全球首张无人船入级证书，标志着全球最大、亚洲首个无人船海上测试场正式启用运营，也标志着无人船艇产业发展进入标准化时代。

11月30日

［纲　文］　北京国安队夺得中国足协杯冠军。

11月30日—12月31日

［纲　文］　第四届"海上丝绸之路"（福州）国际旅游节在福州举办。

［目　文］　旅游节由文化和旅游部、福建省人民政府举办。主要活动包括2018中国旅游产业传播创新论坛、"海丝连世界·欢乐游福州"花车巡游等主活动，并开展了"海丝友城日"系列活动、第九届福州温泉国际旅游节等配套活动。

12 月

12 月 1 日

［纲　文］　国家主席习近平就美国前总统乔治·布什逝世向美国总统特朗普致唁电。

12 月 1 日

［纲　文］　国家主席习近平特使、全国人大常委会副委员长沈跃跃在墨西哥首都墨西哥城出席墨西哥总统权力交接仪式并会见新任总统洛佩斯。

12 月 1 日

［纲　文］　中国乒协第九届全国代表大会在北京召开。

［目　文］　来自全国各省、区、市的 29 个会员单位代表出席大会，国家乒乓球队全体教练员和运动员代表列席会议。刘国梁当选新一届乒协主席。

12 月 1—2 日

［纲　文］　中国民主建国会第十一届中央委员会第二次全体会议在北京举行。

［目　文］　会议主要内容是学习贯彻习近平新时代中国特色社会主义思想和中共十九大精神。会议通过了《中国民主建国会第十一届中央委员会第二次全体会议关于中央常务委员会工作报告的决议》《中国民主建国会第十一届中央委员会第二次全体会议关于中央监督委员会工作报告的决议》，通过了有关组织事项。

12 月 1—4 日

［纲　文］　郭声琨在湖南省、河南省调研。

［目　文］　1—2 日，中央政法委书记郭声琨在湖南衡阳市公安局、益阳市公安局刑侦支队，询问涉黑涉恶案件办理情况；在衡阳市石鼓区综治中心、城市"快警"平台和益阳市紫薇社区，察看警务机制改革、网格化服务管理、雪亮工程建设等情况；在益阳市赫山区人民法院，了解诉前调解、员额制改革等情况。他指出，要健全矛盾纠纷多元化解机制，从源头上破解案多人少难题。要统筹推进司法责任制改革和综合配套改革，健全司法权运行体系，进一步规范司法权运行，确保司法公正廉洁。

3—4 日，郭声琨在河南开封市司法局，了解首个"宪法宣传周"活动开展情况；在信阳、开封和新密、登封等地的社区村庄、市民中心、基层政法单位，了解基层社会治理创新、警务机制和司法责任制改革、便民利民举措落实等情况，对"宋都调解""封调禹顺"等纠纷化解方式给予肯定；在河南省公安厅，察看扫黑除恶案件线索核查督导、刑事科学技术建设应用等情况；参观了焦裕禄同志纪念馆，要求全国政法干警深入学习贯彻中共中央总书记习近平指示精神，大力弘扬焦裕禄精神，始终把人民放在心中最高位置，努力创造无愧于党和人民的新业绩。

12月2日

[纲　文]　银保监会发布《商业银行理财子公司管理办法》。

[目　文]　《办法》共6章62条。主要有总则，设立、变更与终止，业务规则，风险管理，监督管理，附则等内容。自2018年12月2日起施行。

12月2日

[纲　文]　《人民日报》发表评论员文章《从历史大势中把握规律引领方向——论习近平主席二十国集团领导人峰会重要讲话》。

12月2—8日

[纲　文]　中宣部、司法部、全国普法办公室举办2018年"宪法宣传周"活动。

[目　文]　"宣传周"以"尊崇宪法、学习宪法、遵守宪法、维护宪法、运用宪法"为主题，全国城乡开展了相关活动。

2日，中宣部、司法部、全国普法办公室在内蒙古呼和浩特举办2018年"宪法宣传周"活动启动仪式。

12月3日

[纲　文]　新华社讯，李克强在南京主持召开部分省（区）政府主要负责人经济形势座谈会。

[目　文]　会议就当前经济形势和明年发展听取意见建议。江苏省委书记娄勤俭、江苏省省长吴政隆和黑龙江省省长王文涛、河南省省长陈润儿、湖北省省长王晓东、广东省省长马兴瑞、广西壮族自治区政府主席陈武、四川省省长尹力等结合本地经济发展情况、下一步工作打算和对国家政策的建议发了言。

国务院总理李克强说，今年以来，全国上下在以习近平同志为核心的党中央坚强领导下，按照党中央、国务院部署，坚持稳中求进工作总基调，统筹稳增长、促改革、调结构、惠民生、防风险，面对国际国内各种挑战和不确定因素明显增多的情况，及时采取多方面针对性措施，经济在应对风险挑战中保持平稳发展、实现稳中有进，全年主要目标任务可以较好完成。但也要看到，当前国内外形势错综复杂，经济下行压力加大，地区走势分化，对困难和矛盾要有充分估计。必须把形势和问题分析透，坚定不移深化改革扩大开放，心无旁骛办好自己的事情，增强发展动力和后劲，保持经济平稳运行，推动高质量发展。要保持宏观政策连续性稳定性，根据市场主体需要及时完善政策，把握力度和节奏，精准预调微调，引导市场形成稳定预期。坚持以供给侧结构性改革为主线，聚焦支持制造业、服务业尤其是小微、民营企业等实体经济，广泛听取各方面意见，实施更大力度减税降费；适度扩大内需，适应拓展国内市场要求，促进消费供给升级，更大释放消费潜力；着眼补短板、调结构、增后劲，扩大有效投资，提高政府资金使用效率，降低民间投资准入门槛，带动扩大社会投资，推动经济发展和改善民生需要，具备条件的重大项目抓紧开工建设，尽早发挥效益。

12月3日

［纲　文］　国务院总理李克强致电热苏斯，祝贺他就任圣多美和普林西比总理。

12月3日

［纲　文］　农业农村部公布《渔业捕捞许可管理规定》。

［目　文］　《规定》共5章59条。主要有总则、船网工具指标、渔业捕捞许可证、监督管理等内容。自2019年1月1日起施行。原农业部2002年8月23日发布，2004年7月1日、2007年11月8日和2013年12月31日修订的《渔业捕捞许可管理规定》同时废止。

12月3日

［纲　文］　发展改革委、生态环境部、住房城乡建设部、水利部、农业农村部、林草局印发《洞庭湖水环境综合治理规划》。

［目　文］　《规划》明确综合治理的基本原则是：生态优先，绿色发展；远近结合，突出重点；水陆并重，河湖共治；空间管控，分区施策。到2020年，洞庭湖区城乡供水安全能力进一步提高，富营养化程度下降，规划区水生态环境质量恶化趋势得到遏止，生态系统功能有所改善。到2025年，洞庭湖区城乡供水安全全面保障，规划区水生态环境质量显著改善，生态系统良性发展。到2035年，洞庭湖区水资源水环境承载能力与建设社会主义现代化国家水安全保障要求相适应，生态环境根本好转，规划区水生态环境质量全部达标，建设美丽洞庭湖目标基本实现。

12月3日

［纲　文］　中南高级别人文交流机制第二次会议在北京举行。

［目　文］　国务院副总理、中南高级别人文交流机制中方主席孙春兰和南非艺术与文化部部长、中南高级别人文交流机制南方主席姆特特瓦共同主持会议。

孙春兰指出，当前，中南关系正站在新的历史起点上。双方应落实好两国元首互访重要成果，拉紧人文交流纽带，坚持以人民为中心，加强留学往来和语言互通，推进矿产、林业等联合研究中心建设，加强文化创意产业和文化遗产保护合作，深化传统医药、公共卫生、健康管理等合作，促进媒体、体育、旅游、青年、妇女、智库、地方、档案等领域合作不断深入，让人文交流成果更多更好造福普通民众，携手开创中南友好的新时代。

姆特特瓦说，近年来南中关系不断巩固发展，已超越双边关系范畴。双方应发挥人文交流机制作用，深化各领域务实合作，为深化两国全面战略伙伴关系奠定社会基础。

12月3日

［纲　文］　《人民日报》发表评论员文章《引领世界经济沿着正确轨道向前发展——

论习近平主席二十国集团领导人峰会重要讲话》。

12月3—6日

［纲　文］　应全国人大常委会委员长栗战书邀请，土耳其大国民议会议长耶尔德勒姆率团访华。

［目　文］　3日，栗战书在北京与耶尔德勒姆举行会谈时说，今年以来，习近平主席同埃尔多安总统两次会晤，就发展两国关系及重大国际地区问题达成重要共识，为新时代中土关系发展作出战略规划和顶层设计。中方始终从战略高度和长远角度看待中土战略合作关系，愿同土方进一步加强战略互信，坚定支持对方走符合自身国情的发展道路，深化互利合作，推动中土关系迈上新台阶。中国全国人大愿同土耳其大国民议会加强交流合作，将推动落实两国元首共识作为首要任务，积极开展各层次友好往来，为两国各领域务实合作提供法律保障，为中土战略合作关系发展作出更大贡献。

耶尔德勒姆说，当前，两国关系发展良好，在共建"一带一路"、经贸、铁路、旅游、反恐等领域合作前景广阔。土耳其坚定奉行一个中国政策，支持中国打击恐怖主义。两国立法机构应进一步加强友好交往，积极支持各领域务实合作，为两国关系发展注入新的活力。

4日，国务院总理李克强在北京会见耶尔德勒姆时表示，中方愿同土方在相互尊重、平等合作的基础上，继续相互尊重彼此核心利益和重大关切，加强包括议会交往在内的各领域、各层级交流合作，夯实两国关系发展的民意基础，推动中土关系持续健康向前发展。中土务实合作潜力很大。中方愿将"一带一路"倡议同土方发展战略更好对接，进一步发挥双方互补优势，推动两国贸易平衡发展，推进重点领域合作取得新进展，更好实现互利共赢。

耶尔德勒姆表示，土中两国地处亚洲两端，是重要战略合作伙伴。土方赞赏中国改革开放取得的成就，愿不断丰富和发展对华关系，同中方更好对接发展战略，深化基础设施建设、贸易投资等领域合作，实现共同发展。

12月3—5日

［纲　文］　黄坤明在广西壮族自治区调研。

［目　文］　中宣部部长黄坤明在桂林市灌阳县、兴安县、全州县，瞻仰红军烈士陵园和纪念碑园，了解红军长征湘江战役革命遗址遗存的保护利用情况，听取了有关工作介绍，并在来宾市武宣县调研基层宣传文化工作和农村精神文明建设。

黄坤明调研时指出，要深入学习贯彻习近平总书记关于传承红色基因、发扬革命精神的一系列重要论述，珍视党领导人民在长期革命斗争中铸就的宝贵精神财富，加强革命遗址遗存的保护利用，广泛开展革命历史和革命传统教育，激励广大干部群众以坚定的信心、昂扬的斗志奋力走好新时代的长征路。今年是改革开放40周年和广西壮族自治区成立60周年。要以此为契机，广泛开展群众性宣传教育活动，大力宣传改革开放的伟大变革，大力宣传自治区取得的辉煌成就，深化爱国主义教育和民族团结进步教育，更好地激励和动员各族干部群众守望相助、团结奋斗，共同创造更加美好的明天。

12月3—5日

［纲　文］　2018两岸企业家峰会年会在厦门举行。

［目　文］　全国政协主席汪洋出席并发表演讲。年会以"融合新举措　共享新商机"为主题，举行了开幕式、专题演讲、8场专题论坛和闭幕式等活动。两岸知名企业家、工商团体负责人、中小企业和青年创业者代表约1100人与会。共达成合作签约项目36个，涉及金额超过103亿元人民币。

年会期间，汪洋会见了峰会台湾方面理事长萧万长、副理事长江丙坤等台湾主要参会代表。

12月3—5日

［纲　文］　第八届中美司法与人权研讨会在北京举行。

［目　文］　研讨会由中国人权发展基金会和美中关系全国委员会共同主办。中央宣传部副部长蒋建国、中国人权发展基金会理事长黄孟复出席开幕式并致辞。来自中美两国的50余名专家学者参加本届研讨会，就以审判为中心的刑事诉讼制度与美国诉辩交易、政府监察与透明度建设、移民及反恐方面的人权保障问题、特定群体权利保障等议题进行了深入研讨。双方均认为此次交流坦诚、专业、具有建设性。

12月4日

［纲　文］　"深入学习贯彻实施宪法，坚定不移推进改革开放"座谈会在北京举行。习近平作出指示。

［目　文］　中共中央总书记习近平作出指示指出，坚持依法治国首先要坚持依宪治国，坚持依法执政首先要坚持依宪执政。我国现行宪法是在党的领导下，在深刻总结我国社会主义革命、建设、改革实践经验基础上制定和不断完善的，实现了党的主张和人民意志的高度统一，具有强大生命力，为改革开放和社会主义现代化建设提供了根本法治保障。党领导人民制定和完善宪法，就是要发挥宪法在治国理政中的重要作用。要用科学有效、系统完备的制度体系保证宪法实施，加强宪法监督，维护宪法尊严，把实施宪法提高到新水平。要在全党全社会深入开展尊崇宪法、学习宪法、遵守宪法、维护宪法、运用宪法的宣传教育活动，弘扬宪法精神，树立宪法权威，使全体人民都成为社会主义法治的忠实崇尚者、自觉遵守者、坚定捍卫者。

座谈会由全国人大常委会办公厅、中宣部、司法部主办。全国人大常委会委员长栗战书出席座谈会并讲话。全国人大常委会副委员长王晨传达了习近平指示并主持会议。国家监察委员会主任杨晓渡、全国人大常委会副委员长曹建明、万鄂湘、郝明金出席座谈会。中宣部、全国人大宪法和法律委员会、司法部、教育部、国务院发展研究中心、中国法学会、中国社会科学院有关负责人和2018年度法治人物候选人代表在座谈会上发言。

12月4日

[纲　文]　国务院办公厅印发《关于国家综合性消防救援车辆悬挂应急救援专用号牌有关事项的通知》。

[目　文]　《通知》由四个部分组成：一、专用号牌的核发范围和管理。二、专用号牌要素和车辆外观。三、悬挂专用号牌车辆的道路优先通行权。四、悬挂专用号牌车辆的政策保障。

12月4日

[纲　文]　国务院办公厅印发《关于全面推行行政规范性文件合法性审核机制的指导意见》。

[目　文]　《意见》由四个部分组成：一、总体要求。二、严格落实工作措施。三、健全审核工作机制。四、加大组织保障力度。

《意见》指出，司法部负责组织协调、统筹推进、督促指导本意见贯彻落实工作。要及时跟踪了解落实情况，督促检查指导规范性文件合法性审核机制建设，总结交流推广工作经验，研究协调解决共性问题。

12月4日

[纲　文]　国务院办公厅印发《关于2019年部分节假日安排的通知》。

12月4日

[纲　文]　最高人民法院印发《关于进一步全面落实司法责任制的实施意见》。

[目　文]　《意见》由四个部分组成：一、坚定不移推进司法责任制改革。二、完善新型审判权力运行机制，切实落实"让审理者裁判"的要求。三、完善新型监督管理机制和惩戒制度，切实落实"由裁判者负责"的要求。四、统筹推进司法责任制配套改革，提升司法责任制改革整体效能。

12月4日

[纲　文]　民政部、中组部、中央政法委、中央文明办、司法部、农业农村部、全国妇联印发《关于做好村规民约和居民公约工作的指导意见》。

[目　文]　《意见》由五个部分组成：一、总体要求。二、主要内容。三、制定程序。四、监督落实。五、组织领导。

《意见》指出，各级党委组织部门、政府民政部门要牵头协调，政法、文明办、司法行政、农业农村、妇联等部门要密切配合，合力推动。要加强督促检查，重点检查村规民约、居民公约制定或修订的主体、程序、内容是否合法，是否符合实际、具有可操作性，发现问题及时纠正。

12月4日

[纲　文]　2018年"国家宪法日"座谈会在香港会展中心举行。

[目　文]　座谈会由香港励进教育中心主办，香港特区政府、中央政府驻港联络办支持。全国政协副主席董建华和香港特区政府主要官员、法律界等各界人士与会，300余

名香港青少年学生现场与演讲嘉宾互动交流。

12月4日

［纲　文］　第十一轮中美工商领袖和前高官对话在华盛顿举行。

［目　文］　对话由中国国际经济交流中心和美国全国商会联合主办。中国国际经济交流中心理事长曾培炎和美国全国商会会长托马斯·多诺霍以及中美两国工商领袖、政府前高官及专家学者30余名代表参加了对话。与会代表一致认为，两国元首在阿根廷会晤，为今后一个时期中美关系指明了方向。健康稳定的中美经贸关系符合两国和世界的根本利益，推动双边关系尽快回到正常轨道，是两国人民的共同期待。合作始终是中美唯一正确选择，应登高望远，继续加强沟通化解分歧。双方围绕中美关系特别是经贸关系存在的主要问题进行了坦诚的对话交流，并提出了具有建设性的政策建议。双方就对话达成的共识发表了联合声明。

12月4日

［纲　文］　国内首个海洋工程数字化技术中心在天津滨海新区建成并投入使用。

［目　文］　该中心填补了我国在海洋工程数字仿真技术领域的空白。由中国海油工程公司设计建造，将依托360°全景球幕投影系统、半物理仿真船舶操作平台等，运用虚拟仿真技术，搭建多种仿真平台，进行海洋工程作业方案预演。

中心占地1500平方米，依托国际一流设备，搭建了浮托、吊装、水下作业、工程船舶操作四大仿真平台，将数字化技术融入海洋工程方案论证、设计分析、生产制造、工程作业、应急演练和运营维护的业务流程，将极大提高海洋工程设计效率和质量，减少海上工程作业风险。

12月4日

［纲　文］　《人民日报》发表评论员文章《中国将坚定不移走改革开放之路——论习近平主席二十国集团领导人峰会重要讲话》《筑牢民族复兴的宪法根基》。

12月4—5日

［纲　文］　十三届孔子学院大会在成都举行。

［目　文］　国务院副总理、孔子学院总部理事会主席孙春兰出席开幕式并致辞。开幕式前，孙春兰出席总部理事会会议，研究部署孔子学院工作。本次大会以"改革创新促发展，携手同心创未来"为主题，举办2个专题论坛、8场中外校长论坛和20个工作坊，围绕"孔子学院办学模式和管理机制创新""汉语+孔子学院特色化发展""孔子学院数字化建设""培育多元化合作伙伴关系"等议题沟通交流。来自154个国家和地区的1500多名代表参加大会。

孔子学院创办14年来，在坚持汉语教学的同时，积极拓展功能，有力助推了中国与各国的人文交流和经贸合作。目前，已有154个国家和地区建立了548所孔子学院和1193个课堂，各类面授学员累计1100万人。

12月4—14日

［纲　文］　"锦瑟万里，虹贯东西——16世纪至20世纪初中外'丝绸之路'历史档

案文献展"在巴黎联合国教科文组织总部举办。

[目　文]　"文献展"由中国国家档案局和中国联合国教科文组织全国委员会主办，中国第一历史档案馆承办。反映了16世纪至20世纪初"丝绸之路"沿线国家与中国开展经贸和文化往来的历史，展品类型包括地图、信件、绘画、丝绸制品、照片等。

12月4—5日

[纲　文]　中国民主同盟第十二届中央委员会第二次全体会议在北京举行。

[目　文]　会议的主要议程是学习贯彻习近平新时代中国特色社会主义思想和中共十九大精神。会议审议通过了《中国民主同盟第十二届中央委员会第二次全体会议关于中国民主同盟第十二届中央委员会监督委员会调整的决定》《中国民主同盟第十二届中央委员会第二次全体会议决议》。

12月4—6日

[纲　文]　中国民主促进会第十四届中央委员会第二次全体会议在北京召开。

[目　文]　会议主要内容是：学习贯彻中共中央总书记习近平关于加强和改进人民政协工作的思想。会议通过了《中国民主促进会规章制度制定条例（草案）》和《中国民主促进会第十四届中央委员会第二次全体会议决议（草案）》。

12月5日

[纲　文]　李克强主持召开国务院常务会议。

[目　文]　会议主要内容：一、决定再推广一批促进创新的改革举措，更大激发创新创造活力。会议指出，按照党中央、国务院部署，京津冀、上海、广东等8个区域对促进创新的改革举措开展了先行先试。去年第一批13项改革举措已推向全国。会议决定，再将新一批23项改革举措向更大范围复制推广，更大力度激活创新资源、激励创新活动，培育壮大发展新动能。二、会议通过《中华人民共和国专利法修正案（草案）》《生产安全事故应急条例（草案）》。

12月5日

[纲　文]　国务院办公厅印发《关于全面推行行政执法公示制度执法全过程记录制度重大执法决定法制审核制度的指导意见》。

[目　文]　《意见》由六个部分组成：一、总体要求。二、全面推行行政执法公示制度。三、全面推行执法全过程记录制度。四、全面推行重大执法决定法制审核制度。五、全面推进行政执法信息化建设。六、加大组织保障力度。

《意见》提出，各地区、各部门要于2019年3月底前制定本地区、本部门全面推行"三项制度"的实施方案，并报司法部备案。司法部要加强对全面推行"三项制度"的指导协调，会同有关部门进行监督检查和跟踪评估，重要情况及时报告国务院。

12月5日

[纲　文]　台湾民主自治同盟第十届中央委员会第二次全体会议在北京召开。

［目　文］　会议的主要内容是学习贯彻习近平新时代中国特色社会主义思想和中共十九大精神，听取并审议台湾民主自治同盟第十届中央常务委员会工作报告等。

12月5日

［纲　文］　发展改革委印发《关于支持优质企业直接融资，进一步增强企业债券服务实体经济能力的通知》。

［目　文］　《通知》由九个部分组成：一、支持信用优良、经营稳健、对产业结构转型升级或区域经济发展具有引领作用的优质企业发行企业债券。二、符合条件的企业申报发行优质企业债券，实行"一次核准额度、分期自主发行"的发行管理方式。三、优质企业申报企业债券，应当符合《公司法》《证券法》《企业债券管理条例》的相关要求。四、优质企业债券申报阶段，对债券资金用途实行正负面清单管理。五、各期债券发行前，发行人应公开披露募集资金拟投资的项目清单和偿债保障措施。六、优质企业债券发行人、中介服务机构应当切实履行信息披露义务，真实、准确、完整地向投资者充分揭示债券投资风险。七、本通知对优质企业的任何表述以及我委对其发行企业债券所作的任何决定，均不表明对发行人的经营风险、偿债风险、诉讼风险以及企业债券的投资风险或收益作出判断和保证。八、各省级发展改革部门可结合各地发展实际，主动服务，积极引导区域内优质企业开展企业债券直接融资，将债券募集资金投向符合国家产业政策的实体经济领域。九、加强优质企业债券事中事后监管，切实防范偿债风险。

12月5日

［纲　文］　生态环境部印发《关于生态环境保护助力打赢精准脱贫攻坚战的指导意见》。

［目　文］　《意见》由五个部分组成：一、总体要求。二、加大对深度贫困地区支持力度。三、加强生态环境保护扶贫。四、健全长效机制。五、强化支撑保障。

12月5日

［纲　文］　司法部发布修改后的《律师事务所管理办法》，自2019年1月15日起施行。

12月5日

［纲　文］　中国棋手柯洁在韩国高阳获得第23届三星杯世界围棋大师赛冠军。这是柯洁第三次问鼎三星杯，同时也成为世界围棋历史上最年轻的世界大赛六冠王。

12月5—10日

［纲　文］　应国家主席习近平邀请，德国总统施泰因迈尔对中国进行国事访问。

［目　文］　访问期间，习近平在北京同施泰因迈尔举行会谈。两国元首一致同意，加深互信，合作共赢，推动中德全方位战略伙伴关系继续深入发展，让中德合作取得更多有利于两国和两国人民、有利于世界和平与繁荣的成果。国务院总理李克强在北京会见了施泰因迈尔。

习近平同施泰因迈尔会谈时指出，当前国际形势正经历复杂深刻的演变。中德在很多问题上有相同或相近看法，双方应继续加强双多边合作，在造福两国人民的同时也为世界注入更多稳定性。习近平提出以下主张：深化中德关系，相互理解和信任是基础。合作共赢始终是中德双方政府和各界的主流意愿。双方要总结中德关系的成功经验，继续坚持超越意识形态差异，尊重彼此的发展道路；保持中德关系的活力，需要坚持开放和创新合作。今年是中国改革开放40周年，德国企业在中国新一轮开放中已捷足先登。我们愿意同包括德国在内的各国继续分享中国发展的红利，同时也希望德国继续对中国投资保持开放；拓宽合作空间，共建"一带一路"可以提供重要平台。中方愿同欧方、德方积极探讨开展三方合作，推进欧亚互联互通战略和"一带一路"倡议对接，共同做大亚欧大市场；双方要持之以恒推进人文交往，积极为文化、教育、青年、体育等广泛领域交流搭建更多平台；双方要携手推进全球治理，共同建设开放型世界经济，维护多边自由贸易体制，落实气候变化《巴黎协定》，推动世界经济强劲、可持续、平衡和包容增长，共同维护以联合国为核心的多边体系。

施泰因迈尔表示，德方对德中关系发展感到满意，愿同中方加强对话，增进了解，扩大共识，缩小分歧，深化合作，密切在国际事务中沟通协调，共同维护自由贸易。德国反对任何形式的保护主义，将继续致力于推动欧中互利合作，促进欧亚地区同中国的互联互通。

李克强会见施泰因迈尔时指出，中国正在进一步扩大开放，一系列新举措正在陆续落地，德国的汽车、化工、金融企业成为首批受益者。欢迎更多德国企业扩大对华投资，同时也希望德方为中国企业赴德投资经营创造公平环境。我们愿同德方扩大人文交流，夯实两国关系的民意基础。

施泰因迈尔表示，德方愿进一步扩大双边贸易规模，扩大对华投资，加强双方对话，同中方一道共同维护自由贸易和现有国际秩序。

12月6日

[纲　文]　**李克强在北京主持召开国家科技领导小组第一次全体会议。**

[目　文]　国务院副总理韩正、孙春兰、刘鹤、巴特尔、何立峰出席会议。会议研究国家科技发展战略规划、促进创新开放合作，推动落实赋予科研机构和人员更大自主权政策。

国务院总理、国家科技领导小组组长李克强指出，创新事关国家前途命运。党的十八大以来，在以习近平同志为核心的党中央坚强领导下，全国上下贯彻新发展理念，深入实施创新驱动发展战略，科技发展在多个领域取得重大突破，社会创新创造活力极大迸发，科技进步和新旧动能转换对经济发展形成了巨大推动力。当前世界新一轮科技革命和产业变革形势逼人，我国正处于经济转型升级的关键时期，面对机遇、困难和挑战，要立足增强经济创新力和竞争力，发挥我国人力人才资源丰富、国内应用市场巨大等优势，更大力度推进科技创新，推动高质量发展。国家科技领导小组各成员单位要以习近平新时代中国特色社会主义思想为指导，贯彻党的十九大精神，认真谋划科技事业改革发展，加强统筹协调，狠抓政策落实和重大任务推进，调动科技界和相关各方面力量，为建设创新型国家不懈努力。

12月6日

［纲　文］　国务院办公厅印发《关于对真抓实干成效明显地方进一步加大激励支持力度的通知》。自本通知印发之日起，《国务院办公厅关于对真抓实干成效明显地方加大激励支持力度的通知》（国办发〔2016〕82号）停止执行。

12月6日

［纲　文］　财政部、应急管理部向四川省和西藏自治区下拨4.5亿元特大型地质灾害救灾资金支持做好地质灾害应急救灾。

［目　文］　其中四川2.5亿元、西藏2亿元，用于金沙江白格滑坡、雅鲁藏布江色东普沟泥石流的应急救灾工作，包括灾后人员搜救等应急处置、为避免二次人员伤亡所采取的调查与监测、周边隐患排查、人员紧急疏散转移、排危除险和临时治理措施、现场交通后勤通信保障等。

12月6日

［纲　文］　财政部印发《会计人员管理办法》，自2019年1月1日起施行。

12月6日

［纲　文］　农业农村部公布《关于修改部分规章的决定》。

［目　文］　《决定》说，为了贯彻落实全国深化"放管服"改革转变政府职能电视电话会议精神和《国务院关于加快推进全国一体化在线政务服务平台建设的指导意见》（国发〔2018〕27号）的要求，农业农村部对与政务服务"一网通办"不相适应的规章进行了全面清理。经过清理，农业农村部决定：对《农药登记管理办法》《农药生产许可管理办法》《农药经营许可管理办法》《农药登记试验管理办法》《拖拉机和联合收割机登记规定》等5部规章的部分条款予以修改。自2018年12月6日起施行。

12月6日

［纲　文］　国务委员兼外交部部长王毅在北京会见柬埔寨青年联合会主席洪玛尼。

［目　文］　王毅表示，中柬建交60年来，双方始终相互尊重，平等相待；相互支持，高度互信；互利共赢，共同发展。中方坚定支持柬埔寨维护国家主权独立，走符合本国国情的发展道路，赞赏柬方在涉及中方核心利益问题上同中方站在一起。两国青年要传承中柬友好，把友谊的接力棒传下去。

洪玛尼表示，作为青年一代，愿传承柬中友谊，加强两国青年间的交流与合作。

12月6日—2019年6月28日

［纲　文］　第十二届中国（南宁）国际园林博览会在南宁园博园举办。

［目　文］　园博会由住房和城乡建设部与广西壮族自治区人民政府共同主办，南宁市人民政府、广西壮族自治区住房和城乡建设厅承办，以"生态宜居　园林圆梦"为主题。

国内44个城市、东盟及"一带一路"沿线国家19个城市参展，180万中外游客参观游览。本届园博会新增了城市建设发展主题展，同时发布了促进城市绿色发展、保障城市安全运行、建设和谐宜居城市3方面10项标准，包括《海绵城市建设评价标准》《绿色建筑评价标准》《城市综合防灾规划标准》《城市居住区规划设计标准》等。

12月6—8日

[纲　文]　应国务委员兼外交部部长王毅邀请，朝鲜外务相李勇浩对中国进行访问。

[目　文]　7日，国家主席习近平在北京会见李勇浩时指出，今年金正恩委员长三次访问中国，我同他就深化中朝友好合作、促进地区和平稳定发展等重大问题全面深入交换意见，很高兴看到双方达成的各项重要共识得到有效落实。明年我们将迎来中朝建交70周年。中国党和政府高度重视中朝关系，这是我们坚定不移的方针。当前中朝关系已经开启了新的篇章。双方要以明年办好中朝建交70周年纪念活动为契机，推动双边关系长期健康稳定发展。今年以来，朝鲜半岛形势发生积极变化，半岛问题重回政治解决的正确轨道。希望朝美双方相向而行，照顾彼此合理关切，使半岛和谈进程不断取得积极进展。中方将一如既往支持北南双方改善关系，推进和解合作。两国外交部门要继续加强沟通，为发展中朝关系、推进半岛问题政治解决进程共同作出努力。

李勇浩表示，朝方愿同中方一道，举办好明年朝中建交70周年庆祝活动，巩固传统友谊，加强双边合作。朝方继续致力于实现半岛无核化，愿就半岛及本地区和平稳定同中方保持密切沟通协调。

同日，国务委员兼外交部部长王毅在北京同李勇浩举行会谈时表示，中方愿同朝方一道，推动中朝关系实现更大发展。中朝双方要继续推动半岛形势沿着无核化大方向积极发展。中方希望朝美双方保持对话，平衡解决彼此关切。中方也支持北南双方推进和解合作。

李勇浩表示，愿继续与中方保持沟通协调，共同维护好半岛及本地区的稳定与发展。

12月7日

[纲　文]　国家主席习近平任免驻外大使。

[目　文]　习近平根据全国人民代表大会常务委员会的决定任免下列驻外大使：一、免去熊波的中华人民共和国驻柬埔寨王国特命全权大使职务；任命王文天为中华人民共和国驻柬埔寨王国特命全权大使。二、免去洪小勇的中华人民共和国驻越南社会主义共和国特命全权大使职务；任命熊波为中华人民共和国驻越南社会主义共和国特命全权大使。三、免去张吉明的中华人民共和国驻冈比亚共和国特命全权大使职务；任命马建春为中华人民共和国驻冈比亚共和国特命全权大使。四、任命欧箭虹（女）为中华人民共和国驻萨尔瓦多共和国特命全权大使。

12月7日

[纲　文]　十三届全国政协第十六次双周协商座谈会在北京召开。

［目　文］　全国政协主席汪洋主持会议并讲话。全国政协副主席万钢、邵鸿在会上作了发言，张庆黎、夏宝龙出席会议。全国政协委员曹健林、杨卫、卢柯、潘建伟、徐惠彬、徐涛、钱锋、万建民、张德兴、孟安明、沈南鹏、李景虹、匡光力在会上发言。科技部负责人介绍了有关情况，教育部、财政部、国家自然科学基金委负责人现场作了互动交流。13位委员围绕基础研究重大专项、经费投入、人才培养、评价机制、社会支持等建言资政。近30位委员在全国政协委员移动履职平台上发表意见。

一些委员建议，推动我国基础研究发展，必须坚持自由探索与目标导向相结合，坚持深化改革与开放合作相统筹，坚持基础研究与应用研究相融合。要加强前瞻部署，研究提出2020年后国家科技重大专项，在一些领域探索以国家实验室为责任主体单位，启动相关重大项目。要加大财政对基础研究的支持力度，鼓励企业和社会增加经费投入，构建多元化投入机制，提高投入效率。要深化科技管理体制改革，压减统合五花八门的政府计划和项目，赋予科研单位在项目经费管理使用中更大的自主权，切实尊重和保障科研人员的工作时间，让科技工作者心无旁骛干事业。要改革国家科技奖励评价体系，精简奖项、精选评委、精细评审，建立以创新质量和贡献为导向的绩效评价体系和长效评价机制，克服唯论文、唯职称、唯学历、唯奖项倾向。要完善人才发现、培养、使用机制，由一次性奖励向长期培养转变，建立跟踪评估和淘汰退出制度，改变人才"帽子满天飞"状况。要高度重视科研环境和学风建设，推进科研诚信立法进程，加大对科研造假等学术不端行为惩治力度，营造尊重学术和创造、鄙薄弄虚作假的科学文化。

12月7日

［纲　文］　国务院办公厅印发《关于推进政务新媒体健康有序发展的意见》。

［目　文］　《意见》由五个部分组成：一、总体要求。二、明确工作职责。三、加强功能建设。四、规范运维管理。五、强化保障措施。

《意见》要求，各地区、各部门要充分认识移动互联网环境下做好政务新媒体工作的重大意义，提高认识，转变观念，加强与宣传、网信、公安等部门的沟通协调，共同做好发布引导、舆情应对、网络安全等工作。

12月7日

［纲　文］　卫生健康委印发《关于表彰全国援外医疗工作先进集体和先进个人的决定》。

［目　文］　《决定》说，为弘扬援外医疗工作中的国际人道主义和无私奉献精神，表彰先进，树立典型，我委决定，授予援特立尼达和多巴哥医疗队等29个集体"全国援外医疗工作先进集体"荣誉称号，授予王振常等59名同志"全国援外医疗工作先进个人"荣誉称号。

17日，国务院副总理孙春兰在北京与全国援外医疗工作先进集体和先进个人代表座谈时指出，党中央高度重视援外医疗工作，习近平总书记充分肯定了中国医疗队"不畏艰苦、甘于奉献、救死扶伤、大爱无疆"的崇高精神。55年来，援外医疗队以精湛医术和高尚医德赢得了受援国政府和人民的高度赞誉，为增进与发展中国家的友谊作出了历史性贡献。新时代援外医疗工作要加强统筹协调，以"一带一路"沿线国家为重点，深化国际卫生合作交流。有关方面要完善政策，提高援外医疗队员待遇，解决好后顾之忧。

1963年以来，中国已累计派出援外医疗队员2.6万人次，诊疗患者2.8亿人次。

12月7日

[纲　文]　**国家组织药品集中采购和使用试点工作部署会在北京召开。**

[目　文]　国务院副总理、国务院医改领导小组组长孙春兰出席并讲话。她指出，药品集中采购是深化医改、解决看病难看病贵问题的重大举措。要坚持市场机制和政府作用相结合，探索跨区域联盟集中带量采购，量价挂钩、招采合一，做好保证使用、确保质量、稳定供应、及时回款等工作，促进药价回归合理水平、药品行业实现转型升级。坚持医疗、医保、医药联动，同步推进公立医院服务价格、薪酬制度、绩效考核等综合改革，实现"腾笼换鸟"，调动医务人员积极性。创新医保管理，建立"结余留用、合理超支分担"机制，鼓励医疗机构使用价格适宜的药品，打击欺诈骗保行为。药品改革涉及生产流通使用多方利益调整，试点地区和相关部门要提高政治站位，层层压实责任，精心组织实施，加强宣传引导，以试点工作的平稳有序推动医改向纵深发展，让改革成果更多转化为人民群众的获得感。

12月7日

[纲　文]　**新华社讯，在中宣部指导下，网络游戏道德委员会在北京成立。**

[目　文]　网络游戏道德委员会由来自有关部门和单位以及高校、专业机构、新闻媒体、行业协会等研究网络游戏和青少年问题的专家、学者组成，负责对可能或者已经产生道德争议和社会舆论的网络游戏作品及相关服务开展道德评议，为网络游戏管理部门提供决策参考，引导网络游戏企业自觉遵守社会公德和职业道德、履行社会责任，始终坚持把社会效益和保护未成年人身心健康放在首位，促进依法管理与以德治理相结合，推动网络游戏行业健康发展。

12月7日

[纲　文]　**中国在酒泉卫星发射中心用"长征二号丁"运载火箭，成功将沙特—5A/5B卫星发射升空，搭载发射10颗小卫星，卫星均进入预定轨道。**

[目　文]　两颗沙特卫星是该国国王科技城研制的低轨遥感卫星，每颗质量为425千克，设计寿命5年，有效载荷是1台全色/多光谱高分辨率相机，主要用于获取地面图像。搭载的10颗小卫星分别由湖南长沙天仪研究院、北京九天微星科技发展有限公司等单位研制。此次任务是长征系列运载火箭的第293次飞行。

12月7日

[纲　文]　**自然资源部中国地质调查局青岛海洋地质研究所"海洋地质九号"船完成入列首年调查科考任务，返回青岛。**

[目　文]　"海洋地质九号"船于2017年12月28日入列以来，分别赴我国东海、

南海、黄海以及西太平洋海域，完成了西太平洋深海地质调查科考、南黄海地震调查、东海宽线双缆地震测量和海洋试点国家实验室南海试验共享航次等任务，安全航行作业258天，累计航程2.5万余海里，完成多波束、浅地层剖面、海洋重力磁力等测线各13290公里，二维多道地震测量942公里，宽线双缆多道地震测量2759公里。在海洋基础地质调查、海域油气资源勘查、深海探测技术应用等方面取得了成果。

12月7日

[纲　文] **第六次中法高级别经济财金对话在法国巴黎举行。**

[目　文] 国务院副总理胡春华与法国经济与财政部长勒梅尔共同主持。双方围绕"构建紧密持久的中法全面经济战略伙伴关系"主题，就宏观经济形势和全球经济治理，经贸投资合作，农业、先进制造业、大项目合作与互联互通，金融合作等议题进行了交流，达成68项互利共赢成果。对话后，胡春华与勒梅尔共同会见了记者。在法期间，胡春华会见了法国外长勒德里昂，考察了当地部分企业和科研机构。

同日，胡春华在法国巴黎出席第四届丝路国际论坛开幕式并致辞。本届论坛在外交部、发展改革委等部门支持下，由国务院发展研究中心联合经合组织发展中心、联合国工业发展组织及国际关系和可持续发展中心共同举办，中国国际发展知识中心与中国发展研究基金会承办，南南合作金融中心和法中委员会协办。会议以"共建'一带一路'：促进全球可持续发展"为主题，聚焦"一带一路"与联合国2030年可持续发展议程对接，围绕"一带一路"与开放型世界经济、绿色低碳发展、新一轮科技革命以及包容性发展等议题进行研讨。

12月7日

[纲　文] **中澳高级别对话第五次会议在北京举行。**

[目　文] 会议由中国人民外交学会和澳大利亚外交贸易部联合举办，中澳双方代表50余人出席。中澳代表团分别由李肇星前外长和澳大利亚前总理霍华德任团长，成员包括政界、学界、企业界以及媒体等领域人士。会议围绕中澳政治关系、经贸合作、国际和地区问题及人文交流四个议题展开讨论。双方积极评价中澳关系，并对两国未来关系发展提出有益建议。

同日，中央外事工作委员会办公室主任杨洁篪在北京会见霍华德率领的中澳高级别对话第五次会议澳方代表团时表示，当前中澳双边关系具有改善发展势头。只要双方坚持相互尊重、平等互利，就能够推动双边关系不断行稳致远。我们愿同澳方共同深化政治互信，拓展务实合作，密切民间往来，加强在国际地区问题上的沟通协调，实现互利共赢。

霍华德表示，澳中高级别对话第五次会议取得积极成果。澳方各界愿发挥积极作用，推动两国关系取得新进展。

12月7—12日

[纲　文] **王岐山在广东省调研。**

[目　文] 国家副主席王岐山在珠海、佛山、广州、东莞、深圳等地，考察横琴、

南沙、前海等园区发展和粤港澳大湾区建设情况；在广汽集团、腾讯公司、香港科技大学霍英东研究院等企业和科研院所，了解技术创新、企业经营和粤港澳科技合作情况；巡览了港珠澳大桥，参观了广东改革开放40周年展览。

王岐山强调，要以习近平新时代中国特色社会主义思想为指引，深刻总结改革开放40年光辉历程和宝贵经验，全面贯彻新发展理念，建设好粤港澳大湾区，以更坚定的信心、更扎实的行动，谱写新时代改革开放新篇章。

12月8日

[纲　文]　中国在西昌卫星发射中心用"长征三号乙"运载火箭成功发射"嫦娥四号"探测器，开启了月球探测的新旅程。

[目　文]　"嫦娥四号"任务于2016年1月经国务院批准正式实施，包括中继星和探测器两次任务。"鹊桥"中继星于2018年5月21日在西昌卫星发射中心由"长征四号丙"遥二十七运载火箭成功发射，进入环地月拉格朗日L2点使命轨道，目前状态正常。

2019年1月3日上午10点26分，"嫦娥四号"探测器成功着陆在月球背面东经177.6度、南纬45.5度附近的预选着陆区，并通过"鹊桥"中继星传回了世界第一张近距离拍摄的月背影像图，揭开了古老月背的面纱。本次任务实现了人类探测器首次月背软着陆、首次月背与地球的中继通信，开启了人类月球探测新篇章。

1月11日，"嫦娥四号"着陆器与"玉兔二号"巡视器（月球车）工作正常，两器在"鹊桥"中继星支持下完成互拍，地面接收图像清晰，中外科学载荷工作正常，探测数据有效下传，搭载科学实验项目顺利开展，达到工程既定目标，标志着"嫦娥四号"任务获得成功。

同日，中共中央、国务院、中央军委对探月工程"嫦娥四号"任务圆满成功致贺电。

12月8日

[纲　文]　中国大洋矿产资源研究开发协会载人潜水器支持母船"深海一号"在武汉下水。

[目　文]　这是中国首艘按照绿色化、信息化和国际化原则设计建造的全球级特种调查船。该船续航力超过12000海里，配备了满足相关调查及数据处理所需要的多种类型实验室，2019年上半年交付使用。

12月8日

[纲　文]　第十七届中国电影华表奖在北京揭晓。

[目　文]　《红海行动》《战狼2》《十八洞村》《湄公河行动》《建军大业》《大唐玄奘》《龙之战》《老阿姨》《明月几时有》《大鱼海棠》10部影片获优秀故事片奖。《红海行动》导演林超贤获优秀导演奖，吴京凭借《战狼2》获优秀男演员奖，陈瑾凭借《十八洞村》获优秀女演员奖。

12月8日

[纲　文]　外交部副部长乐玉成紧急召见加拿大驻华大使麦家廉，就加方拘押华为

公司负责人提出严正交涉和强烈抗议。

[目　文]　乐玉成指出，加方以应美方要求为由，将在加拿大温哥华转机的中国公民拘押，严重侵犯中国公民的合法、正当权益，于法不顾，于理不合，于情不容，性质极其恶劣。中方强烈敦促加方立即释放被拘押人员，切实保障当事人的合法、正当权益。否则必将造成严重后果，加方要为此承担全部责任。

9日，乐玉成紧急召见美国驻华大使布兰斯塔德，就美方无理要求加方拘押在加拿大温哥华转机的华为公司负责人提出严正交涉和强烈抗议。乐玉成指出，美方所作所为严重侵犯中国公民的合法、正当权益，性质极其恶劣。中方对此坚决反对，强烈敦促美方务必高度重视中方严正立场，立即采取措施纠正错误做法，撤销对中国公民的逮捕令。中方将视美方行动作出进一步反应。

12月8日

[纲　文]　**王瑞林在北京逝世**。

[目　文]　中国共产党的优秀党员，久经考验的忠诚的共产主义战士，中国人民解放军杰出的政治工作领导者，中央军事委员会原委员，中国人民解放军原总政治部副主任，中央军委纪律检查委员会原书记王瑞林同志，在北京逝世，享年89岁。

12日，王瑞林的遗体在北京八宝山革命公墓火化。习近平、李克强、栗战书等前往送别。

12月8—9日

[纲　文]　**九三学社第十四届中央委员会第二次全体会议在北京召开**。

[目　文]　会议主要内容是学习贯彻习近平新时代中国特色社会主义思想和中共十九大精神。会议审议通过了九三学社中央常务委员会2018年工作报告及决议、九三学社中央监督委员会2018年工作报告及决议，修订了九三学社中央委员会工作规则，增补中央常委，表彰了信息工作先进单位和先进个人。

12月9日

[纲　文]　**第五届中国工业大奖评选揭晓**。

[目　文]　中国核电工程有限公司、常州天合光能有限公司、陕西烽火通信集团有限公司等12家企业和中国铁路总公司的"复兴号"中国标准动车组、烟台中集来福士海洋工程有限公司的新一代超深水半潜式钻井平台、上海航天技术研究院的风云系列气象卫星等11个项目获得中国工业大奖；20家企业、16个项目获得中国工业大奖表彰奖；14家企业、10个项目获得中国工业大奖提名奖。

中国工业大奖是经国务院批准设立的我国工业领域最高奖项。第五届工业大奖由中国工业经济联合会联合中国煤炭工业协会、中国机械工业联合会等多家权威机构共同发起并组织实施。

12月9日

[纲　文]　**退役军人事务部发布通知，要求做好退役军人信访工作**。

［目　文］　通知要求各地退役军人事务厅（局）坚持以习近平新时代中国特色社会主义思想为指导，深入贯彻落实习近平总书记关于退役军人工作系列重要论述，在当地党委、政府领导下，带着责任和感情扎实做好退役军人信访工作，切实维护广大退役军人合法权益。

12月9日

［纲　文］　清华诺贝尔经济学论坛暨改革开放40年中国经济思想与实践国际研讨会在清华大学举行。

［目　文］　研讨由清华大学中国经济思想与实践研究院主办。研讨会主旨是向国际主流经济学界积极、正面地传播中国改革开放实践所蕴含的伟大经济思想，将中国的故事和经验提炼升华为被主流经济学界接受的经济理论。

同日，中宣部部长黄坤明在北京会见出席研讨会的外方代表时表示，改革开放不仅发展了中国，也造福了世界，中国将继续坚定不移推进改革开放。中国不管发展到什么水平，都会虚心向各国人民学习。希望海外学者继续关注和支持改革开放，为中国发展贡献真知灼见。

外方代表说，中国改革开放成就令人钦佩，将进一步加强研究，帮助海外各界更好了解和认识中国。

12月9—13日

［纲　文］　汪洋率中共中央代表团出席广西壮族自治区成立60周年庆祝活动。

［目　文］　全国政协主席汪洋为中共中央代表团团长。担任中共中央代表团副团长的是：国务院副总理孙春兰、中央统战部部长尤权、全国人大常委会副委员长白玛赤林、全国政协副主席马飚、国家民委主任巴特尔、军委政治工作部主任苗华。代表团由63人组成，成员包括中央和国家机关有关部门、军队有关单位、其他四个自治区和对口支援广西的广东省有关负责人等。

9日下午，汪洋率中央代表团在南宁出席向广西壮族自治区赠送纪念品仪式。中央代表团赠送的纪念品共计10项，包括中共中央总书记习近平题词贺匾（"建设壮美广西共圆复兴梦想"）、"八桂飘香"珐琅瓶、"同心"瓶、"鼓舞"纪念章和"暖心"杯、"守望相助"茶具、科学实验玩具、多媒体教学一体机、大型洗衣机、便携式心电图机、超声波治疗仪等。

同日，汪洋在南宁会见了广西离退休老同志和各族各界群众代表；率代表团部分成员在广西军区、武警广西总队慰问，并会见自治区政法系统代表，代表党中央、国务院、中央军委，代表习近平主席向大家致以崇高敬意和亲切问候；会见了自治区政法系统代表；出席庆祝广西壮族自治区成立60周年文艺晚会《壮志飞扬》。

10日下午，广西壮族自治区成立60周年庆祝大会在广西体育中心举行。汪洋出席并讲话。孙春兰宣读中共中央、全国人大常委会、国务院、全国政协、中央军委关于庆祝广西壮族自治区成立60周年的贺电。庆祝大会举行了主题为"奋进新时代　壮美新广西"

的群众文艺表演，来自56个民族、社会各界的三万多名群众歌唱壮美新广西、讴歌伟大新时代。

同日，汪洋听取广西壮族自治区党委、政府工作汇报时指出，要更加紧密团结在以习近平同志为核心的党中央周围，以习近平新时代中国特色社会主义思想为指导，同心同德、群策群力、开拓创新、真抓实干，为建设壮美广西、共圆复兴梦想作出新的更大贡献；会见了自治区现职副省军级以上负责人；率代表团全体成员参观"建设壮美广西 共圆复兴梦想——广西壮族自治区成立60周年成就展"。

中央代表团在广西期间，汪洋率中央代表团一分团在南宁、百色、北海，孙春兰率中央代表团二分团在防城港、钦州、崇左，尤权率中央代表团三分团在贵港、玉林、梧州，白玛赤林率中央代表团四分团在河池、来宾、柳州，马飚率中央代表团五分团在贺州、桂林，带着以习近平同志为核心的党中央的亲切关怀和全国各族人民的美好祝福，看望慰问各族各界干部群众。

12月9—16日

［纲　文］　首届海南岛国际电影节在三亚举行。

［目　文］　电影节由国家电影局指导，海南省人民政府主办。电影节设置了国际影展、全国拍摄景点推介大展、国际制片人论坛、女性电影论坛、国际电影教育论坛、国际电影节主席论坛、大师嘉年华、国际影评人论坛、星光扶贫行动，以及中国电影市场2019新片推介会等板块。

12月10日

［纲　文］　纪念《世界人权宣言》发表70周年座谈会在北京举行。国家主席习近平致贺信。

［目　文］　习近平在贺信中指出，《世界人权宣言》是人类文明发展史上具有重大意义的文献，对世界人权事业发展产生了深刻影响。中国人民愿同各国人民一道，秉持和平、发展、公平、正义、民主、自由的人类共同价值，维护人的尊严和权利，推动形成更加公正、合理、包容的全球人权治理，共同构建人类命运共同体，开创世界美好未来。人民幸福生活是最大的人权。中国共产党从诞生那一天起，就把为人民谋幸福、为人类谋发展作为奋斗目标。中华人民共和国成立近70年特别是改革开放40年来，中华民族迎来了从站起来、富起来到强起来的伟大飞跃。中国发展成就归结到一点，就是亿万中国人民生活日益改善。时代在发展，人权在进步。中国坚持把人权的普遍性原则和当代实际相结合，走符合国情的人权发展道路，奉行以人民为中心的人权理念，把生存权、发展权作为首要的基本人权，协调增进全体人民的经济、政治、社会、文化、环境权利，努力维护社会公平正义，促进人的全面发展。我国人权研究工作者要与时俱进、守正创新，为丰富人类文明多样性、推进世界人权事业发展作出更大贡献。

座谈会由中国人权研究会和中国人权发展基金会举办。中宣部部长黄坤明在座谈会上宣读了习近平的贺信并讲话。中国人权研究会会长向巴平措、中国人权发展基金会理事长黄孟复在座谈会上发言。来自国家人权行动计划联席会议机制成员单位有关负责人和人权专家学者等约150人出席座谈会。

12月10日

[纲　文]　庆祝农村改革40周年座谈会在北京召开。

[目　文]　国务院副总理胡春华出席会议并讲话。会议学习贯彻中共中央总书记习近平关于做好"三农"工作的论述，回顾总结农村改革的成就、经验和启示，研究分析当前面临的形势和任务，旨在更加扎实有效地推进新一轮农村改革。

胡春华指出，40年来特别是党的十八大以来，农村改革取得巨大成就，积累了宝贵经验。在以乡村振兴开启城乡融合发展和现代化建设新局面的新时代，要坚持以习近平新时代中国特色社会主义思想为指导，按照党中央、国务院的决策部署，以更坚定的信心、更有力的措施推进新一轮农村改革，为加快农业农村现代化、推动乡村全面振兴不断注入新动力。

12月10日

[纲　文]　2018中国网络诚信大会在北京举行。

[目　文]　大会由国家互联网信息办公室、商务部、国家市场监督管理总局指导，中国网络社会组织联合会、中国互联网发展基金会联合主办，人民网、人民视频承办，以"网络诚信 美好生活"为主题，旨在进一步凸显网络诚信理念，加强互联网行业自律，大力营造依法办网、诚信用网的网络环境。来自政府机构、互联网企业、网络社会组织等200余人参会。与会企业代表和专家围绕"电子商务诚信与平台责任""电子商务诚信与商业模式创新"两个主题，展开了讨论与交流。大会发布了《中国电子商务诚信发展报告》，展示了中国网络诚信大会LOGO、公益主题海报、短视频征集活动优秀作品并为作者颁发了证书。

12月10日

[纲　文]　发展改革委发布《汽车产业投资管理规定》。

[目　文]　《规定》共9章48条。主要有总则、投资方向、燃油汽车整车投资项目、纯电动汽车整车投资项目、其他投资项目、项目备案管理、协同监管、产能监测预警等内容。自2019年1月10日起施行。外商投资准入特别管理措施有专门规定的，从其规定。新能源汽车企业清理规范专项行动前正式受理的新建独立纯电动汽车企业投资项目，由省级发展改革部门在本规定实施前参照原规定研究办理。其他有关文件与本规定不一致的，按照本规定执行。

12月10日

[纲　文]　国务院安委会印发《关于加强公交车行驶安全和桥梁防护工作的意见》。

[目　文]　《意见》由四个部分组成：一、进一步加强公交车安全运行保障。二、进一步提高桥梁安全防护水平。三、进一步强化应急救援体系建设。四、进一步加强社会宣

传和警示教育。

《意见》指出，各地区、各有关部门和单位要按照职责分工要求，强化责任，细化举措，抓紧制定工作实施方案，明确时间表和路线图（原则上2020年底前全部完成），并于2018年12月底前报送国务院安委会办公室。

12月10日

［纲　文］　中国民用航空局发布《新时代民航强国建设行动纲要》。

［目　文］　《纲要》提出，民航强国建设将遵循"坚持服务国家战略，强化统筹融合""坚守安全底线，提升质量效率""深化改革创新，全面开放合作""践行绿色智慧，服务人民大众"的基本原则，同时明确了民航强国建设的总体目标和"一加快，两实现"的民航强国战略进程。根据战略进程，到2020年，我国将加快实现从航空运输大国向航空运输强国的跨越；到2035年，实现从单一的航空运输强国向多领域的民航强国的跨越；到本世纪中叶，实现由多领域的民航强国向全方位的民航强国的跨越，全面建成保障有力、人民满意、竞争力强的民航强国。

12月10日

［纲　文］　商务部公布《商务部行政处罚实施办法》，自2019年1月11日起施行。《商务部行政处罚实施办法（试行）》（商务部令2005年第1号）同时废止。

12月10日

［纲　文］　发展改革委发布《政府制定价格听证办法》。

［目　文］　《办法》共5章42条。主要有总则、听证的组织、听证程序、法律责任、附则等内容。自2019年1月10日起施行。国家发展改革委2008年10月15日发布的《政府制定价格听证办法》（国家发展和改革委员会令第2号）同时废止。

12月10日

［纲　文］　工业信息化部等12个部门印发《关于持续加强稀土行业秩序整顿的通知》。

［目　文］　《通知》由五个部分组成：一、总体要求。二、加强重点环节管理。三、不断增强行业自律。四、提升行业发展质量。五、保障措施。

《通知》要求稀土全行业要不断加强自律。稀土大集团要提升管控能力，加强内部企业监管，严格落实稀土开采和冶炼分离总量控制计划，环保、资源税、稀土增值税专用发票等规定；严控新增冶炼分离产能，提高原材料转化率，向稀土新材料、终端应用一体化方向发展。

12月10日

［纲　文］　文化和旅游部印发《国家级文化生态保护区管理办法》。

［目　文］　《办法》共4章38条。主要有总则、申报与设立、建设与管理等内容。自2019年3月1日起施行。

12月10日

［纲　文］　中国船舶工业集团有限公司建造的全球首艘极地凝析油船在广州交付

使用。

[目　文]　该船历时2年建造，载重为4.45万吨，是按照俄罗斯船级社商用运输船最高冰区7级标准的破冰能力设计，其船首和船尾都安装了由特种材料制成的冰刀，能够在零下50摄氏度的极地严寒条件下，不需要破冰船的引航。舳部可破1.8米厚的冰层，艉部可破1.5米厚的冰层，也可实现舳艉双向破冰。它没有舵，转向、前进和后退都靠安装在艉部的2个全球最大的"吊舱式推进器"，能够保持2节以上的航速。该船交付后服务于全球最大的"亚马尔"液化天然气项目，也是中俄"一带一路"经贸合作最大的投资项目。

12月10日

[纲　文]　中国国民党革命委员会第十三届中央委员会第二次全体会议在北京召开。

[目　文]　会议的主要内容是学习贯彻习近平新时代中国特色社会主义思想和中共十九大精神，听取和审议民革第十三届中央常务委员会工作报告等。

12月10日

[纲　文]　外交部发言人针对有欧盟人士称因"强制后门"对华为等中国企业感到担忧发表谈话。

[目　文]　发言人表示，一段时间以来，个别国家的一些人总是在讲华为"可能"会对他们的国家安全造成威胁，但是到现在为止，这些人从来就没能提出一个有说服力的证据，证明华为是如何影响了他们的国家安全，这种基于"猜测"对企业正常经营设置障碍的做法是非常荒谬的。中国法律法规没有授权任何机构可以强迫企业安装"强制后门"。中国政府一贯鼓励中国企业在遵守国际规则和当地法律基础上开展对外经济合作，我们也希望有关国家能够为中国企业投资、经营、合作提供公平、透明和公正的环境，不要再出于其他目的为中国企业的正常运营设置不必要的人为障碍。

12月10日

[纲　文]　两岸企业家峰会台湾方面副理事长、中国国民党原副主席、台湾海基会原董事长江丙坤，在台北逝世，享年86岁。

12月10日

[纲　文]　《人民日报》发表社论《书写八桂大地繁荣发展新篇章——热烈庆祝广西壮族自治区成立60周年》。

12月10日

[纲　文]　《人民日报》发表论员文章《捍卫法律尊严　维护合法权益》。

12月10—11日

[纲　文]　"2018从都国际论坛"在广州举办。习近平会见出席论坛外方嘉宾。

[目　文]　国家副主席王岐山出席开幕式并作主旨发言。论坛由中国人民对外友好协会、澳中友好交流协会、广东省人民政府和世界领袖联盟联合举办。以"改革开放与合

作共赢"为主题,设两场专题讨论及六场分组会议。200余位外国前政要和国际组织负责人、中外专家学者、商界领袖等出席。论坛发布了《从都倡议》。

12日,国家主席习近平在北京会见出席论坛外方嘉宾,介绍了中国40年改革开放成就和新一轮高水平对外开放重要举措,深入阐述中国同世界关系,并听取外方嘉宾代表发言。

习近平指出,今年"从都国际论坛"的举办正值中国人民庆祝改革开放40周年之际。改革开放这一关键抉择堪称第二次革命。40年来,中国发展取得巨大成就,人民生活得到极大改善,从短缺走向充裕、从贫困走向小康。中国提出"一带一路"倡议,就是要为国际社会搭建合作共赢新平台。中国的改革开放谱写了辉煌的历史篇章,下一个40年也必将有让世界刮目相看的新成就。各国只有同心协力、携手前行,才能把世界人民对美好生活的向往变为现实,人类才能拥有更加美好的未来。

拉脱维亚前总统弗赖贝加等外方嘉宾表示,中国改革开放成果丰硕,为中国带来翻天覆地的变化,也对世界产生重大积极影响。我们认同中国自主选择的发展道路,赞赏中国在国际上的积极作用,赞同构建人类命运共同体的重要主张。当前经济全球化日益深化,各国相互联系日益紧密。

12月11日

[纲 文] **中共中央在中南海召开党外人士座谈会。**

[目 文] 中共中央总书记习近平主持座谈会并讲话。就2018年经济形势和2019年经济工作听取各民主党派中央、全国工商联负责人和无党派人士代表的意见和建议。中共中央政治局常委李克强、王沪宁、韩正出席座谈会。李克强通报了2018年经济工作有关情况,介绍了中共中央关于做好2019年经济工作的考虑。丁薛祥、刘鹤、胡春华、王勇、肖捷、何立峰,中共中央、国务院有关部门负责人出席座谈会。

座谈会上,民革中央主席万鄂湘、民盟中央主席丁仲礼、民建中央常务副主席辜胜阻、民进中央主席蔡达峰、农工党中央主席陈竺、致公党中央主席万钢、九三学社中央主席武维华、台盟中央主席苏辉、全国工商联主席高云龙、无党派人士代表李稻葵先后发言。他们赞同中共中央对当前我国经济形势的分析和2019年经济工作的考虑,并就合力攻坚关键核心技术创新、推动产业技术发展方式转型、建立现代化基础设施投融资体制、深入推进粤港澳大湾区建设、全面推进人才战略、继续优化营商环境、发挥民营经济重要作用、强化民营经济发展法治保障、加大民生领域投资力度、加强青藏高原生态屏障建设等提出意见和建议。

习近平指出,一年来,各民主党派中央、全国工商联和无党派人士自觉把履职思路和工作重点聚焦到中共中央重大决策部署上来,围绕实施乡村振兴战略、实施区域协调发展战略、促进民营经济高质量发展、推动贫困地区教育发展等问题,深入开展调查研究,提出意见和建议91件,为中共中央决策和施策提供了重要参考。各民主党派和无党派人士积极推动对口贫困地区产业扶贫、教育扶贫、科技扶贫等工作,认真开展脱贫攻坚民主监督,工商联深入开展"万企帮万村"等品牌活动,为打赢脱贫攻坚战作出了积极贡献。明年经济工作,要坚持以新时代中国特色社会主义思想为指导,坚持统筹推进"五位一体"总体布局和协调推进"四个全面"战略布局,坚持稳中求进工作总基调,坚持新发展理念,坚持推进高质量发展,坚持以供给侧结构性改革为主线,继续打好三大攻坚战,统筹推进稳增长、促改革、调结构、惠民生、防风险工作,不断改善人民生活,保持经济持续健康发展和社会大局稳定。要继续实施积极的财政政策和稳健的货币政策,坚持向改革要动力,强化社会政策兜底保障功能。要坚定不移深化供给侧结构性改革,更多采取改革开放的办法,更多运用市场化、法治化手段,不断取得更扎实的成果。

12月11日

[纲　文] **国务院办公厅印发《关于加快发展体育竞赛表演产业的指导意见》。**

[目　文]　《意见》由五个部分组成:一、总体要求。二、丰富赛事活动,完善赛事体系。三、壮大市场主体,优化市场环境。四、优化产业布局,加强平台建设。五、强化协调配合,加强资金保障。

《意见》指出,各地区、各有关部门要充分认识发展体育竞赛表演产业的重要意义,加强组织领导,健全工作机制,强化协同配合,务求取得实效。

12月11日

[纲　文] **国务院在北京召开全国加强非洲猪瘟防控工作电视电话会议。**

[目　文]　中共中央政治局委员、国务院副总理胡春华出席会议并讲话。他指出,当前非洲猪瘟防控形势仍然十分严峻,任务十分艰巨,必须坚定防控信心,强化责任落实,全面加强防控工作。要继续严格落实现行各项关键防控措施,加强主动排查监测,果断规范处置疫情,严厉打击各类违法违规行为。要进一步完善防控机制,全面实施分区防控,加强分类指导,建立健全区域防控统筹协调监督机制。要调整优化生猪生产流通方式,从长期防控非洲猪瘟等重大动物疫病的要求出发,科学规划生猪养殖布局,切实加大屠宰产能布局调整,支持建设现代冷鲜肉品流通和配送体系,最大限度减少生猪长途调运。要进一步加强动物防疫科研攻关,坚持严防境外疫情传入。要强化部门联防联控,加大联合查验力度。要稳定和加强基层兽医队伍,提升基层动物防疫能力。要坚持疫情防控和肉品供应两手抓,切实做好猪肉市场供应保障。

12月11日

[纲　文] **农业农村部、商务部、公安部、市场监管总局、知识产权局、供销合作总社印发《关于加强农村假冒伪劣食品治理的指导意见》。**

[目　文]　《意见》由五个部分组成:一、充分认识加强农村假冒伪劣食品治理的重要性和紧迫性。二、治理工作总体要求。三、立即采取强有力监管措施。四、着力构建长效机制。五、强化工作保障。

《意见》指出,各地要严格按照意见要求,抓紧制定实施方案,结合本地区突出问题启动专项整治。农业农村部会同商务部、公安部、国家市场监督管理总局、国家知识产权局、中华全国供销合作总社将适时组织开展联合督导检查，并定期向党中央和国务院报告相关进展情况。

12月11日

［纲　文］　中共中央党史和文献研究院编辑的《习近平谈"一带一路"》出版发行。

［目　文］　本部专题文集以2013年9月7日习近平同志在哈萨克斯坦纳扎尔巴耶夫大学演讲的一部分《共同建设"丝绸之路经济带"》为开卷篇，以2018年7月10日习近平同志在中阿合作论坛第八届部长级会议开幕式上讲话的一部分《加强战略和行动对接，携手推进"一带一路"建设》为收卷篇，收入习近平同志论述"一带一路"建设的重要文稿42篇，约13万字。

12月11日

［纲　文］　工业和信息化部在北京召开全国智能制造试点示范经验交流电视电话会议。

［目　文］　在京中央企业集团和北京市相关企业、部分试点示范企业、智能制造领域专家、新闻媒体代表等150余人参加了北京主会场会议。浙江省经信厅、山东省工信厅、海尔集团公司、三一集团有限公司、西安飞机工业（集团）有限责任公司、石化盈科信息技术有限责任公司6家典型代表分别就实施智能制造的进展情况、经验体会作了交流发言。

12月11日

［纲　文］　2018年国际形势与中国外交研讨会在北京举办。

［目　文］　研讨会由中国国际问题研究院、中国国际问题研究基金会举办。国务委员兼外交部部长王毅出席开幕式并发表演讲。来自中央国家机关、高校、国内知名国际问题研究机构及国内主流新闻媒体的300余名代表出席了开幕式。与会代表围绕国际形势与大国关系、世界经济形势走势及风险挑战、全球治理与全球思潮、国际安全形势和地区热点问题、发展中国家与中国、习近平外交思想与新时代对外工作等议题展开研讨。

12月11—13日

［纲　文］　应国家主席习近平邀请，厄瓜多尔总统莫雷诺对中国进行国事访问。

［目　文］　访问期间，习近平在北京同莫雷诺举行会谈，两国元首共同见证了中厄两国政府关于共同推进"一带一路"建设的谅解备忘录等双边合作文件的签署，双方发表了《中华人民共和国和厄瓜多尔共和国联合新闻公报》。国务院总理李克强、全国人大常委会委员长栗战书在北京分别会见了莫雷诺。

习近平同莫雷诺会谈时指出，2016年，我对厄瓜多尔进行国事访问，两国建立全面战略伙伴关系，翻开了中厄关系发展新篇章。推动中厄关系健康稳定发展，符合两国和两国人民根本利益，也符合和平、发展、合作、共赢的时代潮流。双方要密切高层及各领域各层级交往，加强战略沟通协调，交流治国理政经验，增进对彼此发展道路的相互理解和支持，在涉及彼此核心利益和重大关切问题上，继续相互坚定支持。中方欢迎厄方参与共建"一带一路"，共同推进基建、产能、农业、信息技术、新能源、环保等领域合作。欢迎厄方积极开拓中国市场，分享中国发展机遇。中方对厄融资合作完全基于平等互利和商业原则，从不附加任何政治条件。

莫雷诺表示，中方的"一带一路"倡议是重要的国际公共产品，也将厄中两国更紧密地联系在一起，厄方愿积极参与，在广泛领域拓展合作。厄方欢迎并感谢中方向我们提供的融资支持，这对促进厄瓜多尔发展特别是基础设施建设十分重要。厄方希望扩大对华出口，并主办中拉企业家高峰会，愿在科技创新领域交流互鉴。

李克强会见莫雷诺时指出，我们愿将"一带一路"倡议同厄方发展战略更好对接，用好现有各项双边合作机制，深化重点领域合作，按照市场原则和国际规则开展经贸往来，促进贸易平衡发展，密切人文交流。希望厄方为中国企业创造更好的营商环境，实现互利双赢。

莫雷诺表示，厄方高兴地看到中国发展取得巨大成就，坚定支持一个中国原则，感谢中方对厄经济社会发展提供的无私帮助，愿同中方共建"一带一路"，深化各领域务实合作，推动两国关系取得更大发展。欢迎中国企业赴厄投资，将提供安全可靠的法律保障和良好的经营环境。

栗战书会见莫雷诺时表示，中国全国人大愿同厄国民代表大会保持密切往来，互学互鉴，增进了解，让中厄友好更加深入人心。

莫雷诺表示，厄方希望两国成为互利合作的好伙伴，支持双方立法机构开展交往。

12月11—18日

[纲　文]　应全国人大常委会委员长栗战书的邀请，泰国立法议会主席蓬贝率团访华。

[目　文]　12日，栗战书在北京与蓬贝举行会谈时说，今年以来，双方积极落实去年9月习近平主席同巴育总理厦门会晤达成的共识，各领域合作持续深入发展。双方要继续加强"一带一路"倡议同"泰国4.0""东部经济走廊"等发展战略对接，加强互联互通建设，开展好基础设施、产能、互联网金融、高科技、旅游等领域合作，推动地方合作，促进共同发展。中国全国人大与泰国立法议会在各自国家政治生活中发挥着重要作用，希望双方共同落实好两国领导人共识，保持各层级友好往来，加强治国理政经验交流互鉴，为中泰各领域合作顺利发展提供坚实法律保障，为中泰全面战略合作伙伴关系深入发展作贡献。双方要发挥人大代表、议员广泛联系群众的优势，团结和凝聚社会各界力量，推动中泰一家亲好上加好、亲上加亲。

蓬贝说，泰方积极响应"一带一路"倡议，愿与中方加强互联互通建设和经贸往来，深化在科创、教育、旅游等领域合作。泰国立法议会愿与中国全国人大密切交往，为两国关系发展作出贡献。

14日，全国政协主席汪洋在北京会见蓬贝时说，中方赞赏泰方为推动中国—东盟关系发展发挥的积极作用。愿继续同泰方加强各层级往来，对接发展战略，深化"一带一路"等务实合作，密切人文交往，推动双边关系取得更大发展，也为本地区稳定与繁荣作出贡献。中国全国政协愿加强同泰国立法议会交流互鉴，不断夯实两国全面战略合作伙伴关系的基础。

蓬贝说，泰立法议会愿持续加强与中国全国政协的密切交流，共同促进泰中两国关系不断深入发展。

12月11—16日

［纲　文］　2018年杭州世界游泳锦标赛（25米）在杭州举行。

［目　文］　来自178个国家和地区的近千名运动员参赛，打破了9项世界纪录、22项赛会纪录。中国队取得3金5银5铜的成绩，奖牌数位列第三。

12月12日

［纲　文］　李克强主持召开国务院常务会议。

［目　文］　会议主要内容是：一、决定实施所得税优惠促进创业投资发展，加大对创业创新支持力度。会议决定，在今年已在全国对创投企业投向种子期、初创期科技型企业实行按投资额70%抵扣应纳税所得额的优惠政策基础上，从明年1月1日起，对依法备案的创投企业，可选择按单一投资基金核算，其个人合伙人从该基金取得的股权转让和股息红利所得，按20%税率缴纳个人所得税；或选择按创投企业年度所得整体核算，其个人合伙人从企业所得，按5%—35%超额累进税率计算个人所得税。上述政策实施期限暂定5年。使创投企业个人合伙人税负有所下降、只减不增。二、部署加快推进农业机械化和农机装备产业升级，助力乡村振兴、"三农"发展。会议指出，一是提升水稻、小麦、玉米、马铃薯、油菜、棉花、甘蔗等主要农作物机械化种采收水平。二是推广先进适用农机和技术。三是聚焦弱项短板加快农机装备创新和产业转型。四是改善农机作业基础条件。五是积极发展农机社会化服务。三、通过2018年度国家科学技术奖励评审结果。会议听取了2018年度国家科学技术奖励评审结果汇报，审议通过了获奖人选、奖励种类和等级，鼓励更多科技人员尤其是年轻人投身前沿研究和关键技术攻关，扩大国际创新合作，取得更多重大原创成果，让科技更好服务和支撑经济发展与民生改善。

12月12日

［纲　文］　中共中央、国务院任命张希为吉林大学校长。

12月12日

［纲　文］　财政部、工业和信息化部印发修订后的《电信普遍服务补助资金管理试点办法》，自2018年12月12日起施行。财政部、工业和信息化部2017年6月6日印发的《电信普遍服务补助资金管理试点办法》（财建〔2017〕299号）同时废止。

12月12日

［纲　文］　教育部印发《关于加强网络学习空间建设与应用的指导意见》。

［目　　文］　《意见》由三个部分组成：一、总体要求。二、主要任务。三、保障措施。

《意见》指出，各级教育行政部门应要求空间服务提供方加强空间数据的持续规范采集，实施网络安全等级保护，建立健全内容审核、应急处置等管理制度；要求各级各类学校加强对各类人员网络安全教育培训，提高自觉维护网络安全、抵制不良信息的能力，确保空间网络、信息、数据和内容安全。

12月12日

［纲　　文］　国务院新闻办发表《改革开放40年中国人权事业的发展进步》白皮书。

［目　　文］　白皮书包括前言、牢固树立尊重和保障人权的治国理政原则、大幅提升生存权发展权保障水平、有效实现各项人权全面发展、显著改善特定群体权利、全面加强人权法治建设、努力推动各国人权事业共同发展、积极参与全球人权治理、成功走出符合国情的人权发展道路、结束语等部分。

12月12日

［纲　　文］　全国人大环资委、生态环境部在北京召开土壤污染防治法实施座谈会。

［目　　文］　全国人大常委会副委员长沈跃跃出席会议并讲话。沈跃跃指出，土壤污染防治法将于2019年1月1日起施行。这部法律颁布实施是贯彻习近平生态文明思想、落实党中央生态环境保护重大决策部署的重要举措，进一步完善了生态环境保护的法律制度体系，为土壤污染防治工作提供了法治保障。各方面要充分认识土壤污染防治法实施的重大意义，认真做好土壤污染防治法的学习宣传，形成工作合力，切实抓好土壤污染防治法的贯彻实施，抓紧制定各项配套法规，做好各项基础工作，扎实推进科技研发和示范，强化执法司法工作，落实经济保障措施等。

12月12日

［纲　　文］　新华社讯，贯彻落实《中共中央、国务院、中央军委关于新时代加强党政军警民合力强边固防的意见》工作推进会在云南德宏州召开。

［目　　文］　国务委员兼国防部部长、国家边海防委员会主任魏凤和出席会议并讲话。国家边海防委员会成员单位，各战区、陆军、武警部队，各沿边沿海省（自治区、直辖市）和新疆生产建设兵团有关负责人参加会议，并观摩德宏州合力强边固防试点成果。

会议指出，军地各级要以习近平新时代中国特色社会主义思想、习近平强军思想为根本遵循，把贯彻落实《意见》作为一项政治任务，坚持党对边海防工作的集中统一领导，全面贯彻落实军委主席负责制，加快构建党委把方向、政府总协调、军队当骨干、警方抓治理、民众为基础的治边格局，加快边海防管控力量体系建设，加快推进边海防军民融合深度发展，加快完善合力强边固防制度机制，努力建设强大稳固的现代边海空防，为实现中国梦强军梦作出新的贡献。

12月12日

［纲　　文］　南水北调东中线累计调水222亿立方米。

〔目　文〕　自南水北调中线一期工程2014年12月12日正式通水以来，东中线工程已全面通水四周年。水利部数据显示，截至2018年12月12日，南水北调东中线工程累计调水222亿立方米，供水量持续快速增加，优化了我国水资源配置格局，有力支撑了受水区和水源区经济社会发展，促进了生态文明建设。随着南水北调工程沿线供水保证程度大幅提升，南水已成为京津冀豫鲁地区40余座大中型城市的主力水源，黄淮海平原地区超过1亿人直接受益。中线工程总受益人口5300余万人，东线工程总受益人口6600余万人，其中山东胶东半岛实现南水全覆盖。

12月12日

〔纲　文〕　"中国历代绘画大系"之《先秦汉唐画全集》《明画全集》《清画全集》阶段性成果在北京首发。

〔目　文〕　由浙江大学和浙江省文物局主持开展的"中国历代绘画大系"编纂、出版工作，自2005年启动。这一出版工程从最早的"两岸故宫宋画"扩大为《宋画全集》，再拓展延伸到如今的"中国历代绘画大系"项目；从最早的"浙江文化研究工程"到成为国家出版基金项目、国家社科基金重大委托项目，并被列入《国家"十三五"时期文化发展改革规划纲要》国家重大出版工程，计划于建党100周年之际全部完成。

"中国历代绘画大系"规模庞大，共拟编纂出版62卷200余册，拟入编纸、绢（含帛、绫）、麻等材质的绘画作品12250余件（套）。其中国内藏品9000余件（套），国外藏品3250余件（套），许多作品都是深藏于海内外文博机构的国宝级文物。

12月12日

〔纲　文〕　国家统计局发布，2017年中国创新指数为196.3（以2005年为100），比上年增长6.8%。

12月12日

〔纲　文〕　商务部国际贸易谈判代表兼副部长傅自应与澳门特别行政区经济财政司司长梁维特在澳门签署《内地与澳门关于建立更紧密经贸关系的安排》（货物贸易协议），自2019年1月1日起实施。

12月12日

〔纲　文〕　第六届中国—中亚合作论坛在扬州举行。

〔目　文〕　全国人大常委会副委员长王晨出席开幕式并致辞。论坛由上海合作组织睦邻友好合作委员会和扬州市政府共同主办。以"融汇丝路文明，深化合作共赢"为主题，中亚五国政要及中方有关部门和企业代表近200人出席。

论坛期间，王晨在扬州分别会见出席论坛的吉尔吉斯斯坦第一副总理博罗诺夫、塔吉克斯坦副总理伊布罗希姆。

12月12日

〔纲　文〕　2018年国际乒联年度颁奖盛典在巡回赛总决赛举办地韩国仁川举行，中国乒乓球队樊振东、丁宁当选2018年国际乒联年度最佳男、女运动员。

12月12日

[纲　文]　中卡政府间战略对话机制首次会议在北京举行。

[目　文]　国务委员兼外交部部长王毅同卡塔尔副首相兼外交大臣穆罕默德共同主持会议。双方宣布，两国全面互免签证协定从12月21日起正式生效。王毅介绍了新疆维吾尔自治区在打击暴恐和防范极端主义方面采取的举措和取得的积极成效。穆罕默德表示，恐怖主义是全人类的共同威胁，卡方支持中国维护国家安全稳定、防范恐怖和极端主义思想的措施，愿与中方加强安全、反恐领域合作。

同日，中央外事工作委员会办公室主任杨洁篪在北京会见穆罕默德时表示，中方将卡塔尔视为共建"一带一路"和开展互利合作的重要合作伙伴。中方愿同卡方共同努力，深化政治互信，推进务实合作，加强国际地区事务沟通协调，密切反恐交流，推动中卡战略伙伴关系取得更大发展。

穆罕默德表示，卡方高度重视卡中战略伙伴关系，希望与中方不断加强在"一带一路"框架下各领域合作，实现共同发展繁荣。

12月12—13日

[纲　文]　王晨在江苏省调研。

[目　文]　全国人大常委会副委员长王晨在南京市人大常委会机关，召开座谈会听取市人大有关负责人、人大代表和专家学者意见建议；在扬州广陵区文昌花园社区，了解基层立法联系点情况，看望人大代表，在市人大常委会机关听取意见建议。

王晨调研时指出，改革开放40年来特别是党的十八大以来，各地人大制定了一大批地方性法规，有效推动了国家法律的贯彻实施和本地经济社会发展。2015年3月，按照党中央统一部署，修改后的立法法赋予所有设区的市地方立法权，进一步完善了我国立法体制。随着中国特色社会主义进入新时代，地方立法大有可为。要坚持以习近平新时代中国特色社会主义思想为指导，始终把党的领导贯彻到地方立法工作全过程。

12月13日

[纲　文]　中共中央政治局召开会议。

[目　文]　中共中央总书记习近平主持会议。分析研究2019年经济工作；听取中央纪律检查委员会工作汇报，研究部署2019年党风廉政建设和反腐败工作。会议同意2019年1月11日至13日召开十九届中央纪律检查委员会第三次全体会议。

12月13日

[纲　文]　中共中央政治局举行第十一次集体学习。

[目　文]　中共中央总书记习近平主持学习。本次学习主题是：深化国家监察体制改革。中央纪委国家监委法规室主任马森述就这个问题作了讲解，并谈了意见和建议。中共中央政治局各位委员听取了讲解，并就有关问题进行了讨论。

习近平在主持学习时指出，党的十八大以来，党中央就一直思考和谋划如何适应全面从严治党新形势,在强化党内各方面监督的同时,更好发挥监察机关职能作用,强化国家监察,把公权力关进制度的笼子。党的十九大提出构建集中统一、权威高效的国家监察体系,把组建国家监察委员会列在深化党中央机构改革方案第一条,着眼点就是构建党统一领导、全面覆盖、权威高效的监督体系,形成以党内监督为主、其他监督相贯通的监察合力。深化国家监察体制改革是贯彻党的十九大精神、健全党和国家监督体系的重要部署,是推进国家治理体系和治理能力现代化的一项重要改革,改革取得重要阶段性成果。要规范和正确行使国家监察权。纪检监察机关肩负着党和人民重托,必须牢记打铁必须自身硬的政治要求,增强"四个意识",坚定"四个自信",始终自觉在思想上政治上行动上同党中央保持高度一致,自觉接受党和人民监督,严格依纪依法,及时打扫庭院、清理门户,努力建设让党中央放心、人民群众满意的模范机关。广大纪检监察干部要克己慎行、守住底线,坚定理想信念,提高政治能力,加强自我约束,增强专业能力,强化纪法思维特别是程序意识,主动接受组织监督,在遵纪守法、严于律己上作表率,做党和人民的忠诚卫士。

12月13日

[纲 文] 中共中央、国务院在南京隆重举行2018年南京大屠杀死难者国家公祭仪式。

[目 文] 公祭仪式在侵华日军南京大屠杀遇难同胞纪念馆举行。全国人大常委会副委员长王晨出席并讲话。国务委员王勇主持公祭仪式,全国政协副主席王正伟和中央军委委员张升民出席。8000余名各界代表参加。

王晨指出,今天,我们在这里隆重举行南京大屠杀死难者国家公祭仪式,缅怀南京大屠杀死难者,缅怀所有惨遭日本侵略者杀戮的死难同胞,缅怀为中国人民抗日战争胜利献出生命的革命先烈和民族英雄,缅怀同中国人民携手抗击日本军国主义献出生命的国际战士和友人,宣示中国人民牢记历史、不忘过去、珍爱和平、开创未来的坚定立场,表达中国人民坚定不移走和平发展道路的崇高愿望。在这庄严的时刻,可以告慰遇难同胞和抗战先烈的是,新中国成立以来特别是改革开放40年来,在中国共产党坚强领导下,中国人民谱写了国家和民族发展的壮丽史诗。我们将更加紧密地团结在以习近平同志为核心的党中央周围,以习近平新时代中国特色社会主义思想为指导,为决胜全面建成小康社会、实现中华民族伟大复兴的中国梦而不懈奋斗。

2014年2月27日,十二届全国人大常委会第七次会议通过决定,以立法形式将12月13日设立为南京大屠杀死难者国家公祭日。

同日,香港、澳门特别行政区政府分别在香港海防博物馆、澳门保安部队高等学校举行南京大屠杀死难者国家公祭日仪式,悼念南京大屠杀死难者和日本侵华战争期间的死难者。

12月13日

[纲 文] 国务院印发《个人所得税专项附加扣除暂行办法》。

[目 文] 《办法》共9章32条。主要有总则、子女教育、继续教育、大病医疗、

住房贷款利息、住房租金、赡养老人、保障措施等内容。自2019年1月1日起施行。《办法》要求，有关部门和单位有责任和义务向税务部门提供或协助核实与专项附加扣除有关的信息。同时明确，根据教育、医疗、住房、养老等民生支出变化情况，适时调整专项附加扣除范围和标准。

12月13日

［纲　文］　司法部印发《公职律师管理办法》。

［目　文］　《办法》共5章27条。主要有总则、任职条件和程序、主要职责、监督和管理等内容。自2019年1月1日起施行。司法部以前制定的有关公职律师的规定与本办法不一致的，以本办法为准。

12月13日

［纲　文］　司法部印发《公司律师管理办法》

［目　文］　《办法》共5章27条。主要有总则、任职条件和程序、主要职责、监督和管理等内容。自2019年1月1日起施行。司法部以前制定的有关公司律师的规定与本办法不一致的，以本办法为准。

12月13日

［纲　文］　国际大学生体育联合会在葡萄牙布拉加市召开常委会会议，宣布中国成都获得2021年世界大学生夏季运动会举办权。

［目　文］　成都世界大学生夏季运动会初步定于2021年8月8日至19日举办，共设篮球、排球、田径、游泳等18个比赛项目。

12月13日

［纲　文］　国务委员兼外交部部长王毅在北京会见非盟首任驻华代表奥斯曼并接受其递交委任书。

［目　文］　王毅欢迎奥斯曼来华履新并表示，共建"一带一路"与非盟《2063年议程》相契合，双方应通过共建"一带一路"挖掘合作潜力。希望非盟及驻华代表处为促进中非整体合作以及中非合作论坛机制发展发挥积极作用。

奥斯曼表示，与中国发展强劲有力的关系是所有非洲国家的共识。非盟支持中方"一带一路"倡议，共建"一带一路"合作完全符合非洲的发展目标和利益。

12月13日

［纲　文］　国务委员兼外交部部长王毅在北京同哥伦比亚外长特鲁希略举行两国外交部第九次政治磋商。

［目　文］　王毅表示，哥新政府成立以来，对进一步发展对华关系有着战略眼光和强烈意愿。双方应坚持把稳关系发展大方向，合力做大做强务实合作，重视加强多边事务协作，开创两国关系的新局面。

特鲁希略表示，哥方致力于同中方加强高层交往，推进在贸易、投资等领域交流合作。哥方坚定恪守"一个中国"原则，坚定支持多边主义，愿同中方加强多边协作，维护自由贸易规则，维护发展中国家利益。

14日，国家副主席王岐山在北京会见特鲁希略时表示，在两国元首共同引领下，中哥关系发展良好，各领域交流合作不断深化。中方支持哥国内和平进程，实现稳定发展。中国坚定不移走中国特色社会主义道路，尊重世界各国人民自主选择的道路和制度。中国的内政和外交政策，根本目标是通过发展满足人民对美好生活的向往。相互尊重、平等相待、互惠互利是各国间合作的重要前提，中国将继续坚定奉行和平发展、合作共赢的外交理念，推动构建人类命运共同体。

特鲁希略表示，哥伦比亚高度重视发展对华关系，两国在众多国际和地区问题上立场相近。愿进一步推动哥中各领域务实合作，加强多边事务沟通协调，携手应对全球性挑战。

12月13日

[纲　文]　第十二轮中尼外交磋商在北京举行。

[目　文]　外交部副部长孔铉佑同尼泊尔外秘巴拉吉举行磋商。双方探讨了互联互通、经贸、人文、农业、地方等领域交流合作，并就共同关心的国际地区问题交换了意见。

同日，国务委员兼外交部部长王毅在北京会见巴拉吉时表示，中方愿同尼方继续密切高层交往，欢迎尼领导人明年来华出席第二届"一带一路"国际合作高峰论坛。中方愿为尼实现国家稳定和发展提供力所能及的帮助。

巴拉吉表示，尼方坚定奉行一个中国政策，高度重视"一带一路"倡议，期待加强两国高层交往，开展全方位友好合作。

12月13日

[纲　文]　11时40分，故宫博物院迎来了本年度第1700万名观众，这是故宫博物院年接待观众首次突破1700万人次。

12月13日

[纲　文]　自然资源部国家海洋环境预报中心开发的中国海洋预报网正式上线运行。

[目　文]　中国海洋预报网是一个权威发布风暴潮、海浪、海冰、海啸、赤潮、绿潮等海洋灾害预警信息，以及海温、海流等海洋预报信息的专业化平台。区域范围不仅包括我国近海近岸，且能覆盖全球大洋和两极，可提供全国管辖海域1429个渔区的72小时海洋预报，并全面覆盖213个沿海县级岸段的72小时海洋预报。

12月13日

[纲　文]　宁波舟山港蛇移门航道工程通过竣工验收。

[目　文]　该航道总长164.1公里，主航道最大设计通航水深25.7米，是中国首条通过人工整治的最大通航等级航道。该航道位于衢山岛与鼠浪湖岛之间，工程项目总投资约3亿元，于2013年底开工建设，2016年11月30日通过交工验收，并投入试运行。

截至2018年10月底将近两年期间，该航道通航各类船舶达6000余艘次，其中大型船舶400余艘次，最大通航吨级为40万吨。

12月13日

[纲　文]　国务院研究室原主任、党组书记袁木，在北京逝世，享年91岁。

12月13日

[纲　文]　《人民日报》发表评论员文章《坚持走符合国情的人权发展道路》。

12月14日

[纲　文]　庆祝改革开放40周年文艺晚会《我们的四十年》在北京举行。

[目　文]　习近平、李克强、栗战书、汪洋、王沪宁、韩正、王岐山等党和国家领导人，与3000多名观众观看演出，共同回顾改革开放40年举世瞩目的历史成就。

12月14日

[纲　文]　十三届全国人大常委会第十七次委员长会议在北京举行。

[目　文]　全国人大常委会委员长栗战书主持。全国人大常委会副委员长王晨、曹建明、张春贤、沈跃跃、吉炳轩、艾力更·依明巴海、万鄂湘、陈竺、王东明、白玛赤林、丁仲礼、蔡达峰、武维华出席会议。全国人大常委会秘书长杨振武就常委会第七次会议议程草案、日程安排意见等作了汇报。全国人大常委会有关副秘书长，全国人大有关专门委员会、常委会有关工作委员会负责人就常委会第七次会议有关议题作了汇报。会议决定，十三届全国人大常委会第七次会议于12月23日至29日在北京举行。

12月14日

[纲　文]　韩正在北京主持召开推动长江经济带发展领导小组会议。

[目　文]　刘鹤、李强、陈敏尔、肖捷、何立峰等出席会议，推动长江经济带发展领导小组成员、领导小组办公室以及有关部门单位负责人参加会议。会议主要内容是：全面贯彻落实中共中央总书记习近平在深入推动长江经济带发展座谈会上的讲话精神，坚持问题导向，推动长江经济带共抓大保护取得新进展。

为了贯彻落实习近平总书记关于共抓大保护、不搞大开发的指示精神，推动长江经济带高质量发展，韩正会前专门要求生态环境部与中央广播电视总台组织力量，历时3个月、在长江经济带11省市、行程约10万公里进行暗访、暗查、暗拍，对长江的生态环境状况进行一次初步"体检"，编辑形成长江经济带生态环境警示片。会上播放了警示片，长江经济带11省市和有关部门负责同志针对暗访暗查发现的问题作了发言。

国务院副总理、推动长江经济带发展领导小组组长韩正指出，各有关地区和部门要把思想认识统一到习近平总书记讲话精神上来，牢固树立"四个意识"，坚决做到"两个维护"，切实把共抓大保护作为重要的政治责任，从中华民族永续发展长远利益考虑，把修复长江生态环境摆在压倒性位置，以生态环境保护倒逼高质量发展，走出一条生态优先、绿色发展的新路子。看不到问题就是最大的问题，看到了问题而回避问题就是严重错误和失职。长江经济带共抓大保护一定要坚持问题导向,在发现问题、解决问题中把工作不断推向前进。要远近结合、突出重点,切实抓好违法违规问题和群众反映强烈问题的整改。

12月14日

[纲　文]　人力资源社会保障部公布《人力资源社会保障部关于修改部分规章的决定》。

[目　文]　《决定》说,根据《国务院办公厅关于做好证明事项清理工作的通知》(国办发〔2018〕47号)要求,人力资源社会保障部对现行有效的部门规章设定的证明事项材料进行了全面清理。经商民政部、卫生健康委同意,人力资源社会保障部决定取消"证明原身份的有关证明""求职证明""工伤认定决定书原件和复印件"等10项证明,并对《就业服务与就业管理规定》《失业保险金申领发放办法》《工伤职工劳动能力鉴定管理办法》《工伤保险辅助器具配置管理办法》《社会保险基金先行支付暂行办法》等5件规章的部分条款予以修改。自2018年12月14日起施行。

12月14日

[纲　文]　国家统计局发布《关于2018年粮食产量的公告》。

[目　文]　《公告》数据显示,2018年全国粮食总产量65789万吨,尽管比2017年减少371万吨,但减幅只有0.6%,仍处于高位水平,属于丰收年景。

12月14日

[纲　文]　科技部印发《科技企业孵化器管理办法》。

[目　文]　《办法》共5章25条。主要有总则、国家级科技企业孵化器认定条件、申报与管理、促进与发展等内容。自2019年1月1日起实施。《科技企业孵化器认定和管理办法》(国科发高〔2010〕680号)同时废止。

12月14日

[纲　文]　国务院新闻办公室在北京举行中外记者见面会。

[目　文]　中国广核电力公司、台山核电合营公司及项目合作方法国电力集团有关负责人介绍"EPR全球首堆工程"广东台山1号机组商运情况。

中国广核与法国电力联合宣布,1号机组已于12月13日17时完成168小时示范运行,具备商业运行条件,成为全球首台具备商运条件的EPR三代核电机组。一期工程两台机组建成后,预计每年可减少标煤消耗约803万吨,减少温室气体排放超2109万吨,相当于造林5.85万公顷。

台山核电站位于广东台山市赤溪镇,一期工程是中法两国能源领域的最大合作项目。该电站采用的EPR技术吸收了过去40年国际上积累的压水堆核电机组运行经验反馈和技术进步,其中的主要技术已经过40多年全球357台在运压水堆核电机组数千堆年的运营检验,满足欧洲用户标准和国际原子能机构标准,也满足中国核安全法规的要求,其安全性得到显著提高。

12月14日

〔纲　文〕　中外合拍纪录片《中国：变革故事》在中国国家博物馆举行全球首发仪式。

〔目　文〕　该片在国务院新闻办公室指导支持下，由五洲传播中心、优酷、美国探索频道联合出品，于12月15日起通过优酷和探索频道在国内外同步播出。

《中国：变革故事》共三集，第一集《乡土巨变》讲述了从1978年家庭联产承包责任制到新时代的今天，改革开放给中国乡村大地带来的巨大发展变化；第二集《追逐梦想》讲述了改革开放给中国人带来了新的发展机遇，中国人在实现个人梦想与价值的同时，也为社会创造了美好的生活；第三集《创造未来》讲述了中国在时尚、教育、健康、旅行等生活方式上的变化，展示改革开放40年来中国的发展成果的发展前景。

12月14日

〔纲　文〕　商务部国际贸易谈判代表兼副部长傅自应与香港特别行政区财政司司长陈茂波在香港签署《内地与香港关于建立更紧密经贸关系的安排》（货物贸易协议），自2019年1月1日起实施。

12月14日

〔纲　文〕　汪洋在北京会见了由会长唐英年率领的香港友好协进会访京团。

〔目　文〕　全国政协主席汪洋勉励香港友好协进会认真学习领会习近平主席在会见香港澳门各界庆祝国家改革开放40周年访问团时重要讲话精神，坚持爱国爱港优良传统，积极参与新时代改革开放伟大事业，团结香港各界人士，集中精力发展经济、改善民生，努力把香港打造成国家双向开放的桥头堡。要关心关爱香港青年一代健康成长，为"一国两制"事业培养接班人。要发挥好平台作用，以广泛凝聚共识增进认同的实际行动，汇聚起爱国爱港的强大合力，为香港繁荣稳定、为共担中华民族伟大复兴的历史使命作出更大贡献。

同日，全国人大常委会副委员长王晨在北京会见香港友好协进会访京团。

12月14日

〔纲　文〕　中央外事工作委员会办公室主任杨洁篪在北京会见由美军前太平洋总部司令基廷率领的美国对外政策理事会代表团。

〔目　文〕　杨洁篪表示，前不久习近平主席同特朗普总统成功会晤，双方同意推进以协调、合作、稳定为基调的中美关系。双方要落实好两国元首会晤成果，希望理事会在推动中美关系发展方面发挥更大作用。

基廷表示，美中两国是重要合作伙伴，应加强沟通，增进信任，实现互利共赢。理事会愿为促进美中相互认知和理解作出努力。

12月14日

〔纲　文〕　外交部发言人针对美国国会日前通过"2018年对等进入西藏法案"表示，有关法案罔顾事实，粗暴干涉中国内政，中方对此坚决反对。

〔目　文〕　有记者问：美国国会通过法案要求允许美国外交官、记者和游客进入西藏。如果以上人士无法进入西藏，美国国会希望拒绝中国官员进入美国。你对此有何评论？

发言人说：美国国会通过的有关法案罔顾事实，粗暴干涉中国内政，违反国际关系基本准则，中方对此坚决反对，并已向美方提出严正交涉。西藏事务纯属中国内政，不容其他国家干涉。外国人员进入西藏，可以通过正常渠道办理。事实上，每年都有大量中外人士到西藏访问、旅游和经商。就拿美国来说，自2015年以来就有将近4万人次的美国人士到西藏，这其中就包括美国国会众议院少数党领袖、参议员等。这些都充分证明，美国国会法案对中方的指责完全站不住脚，也是中国政府和人民绝不能接受的。我们敦促美国行政部门立即采取有效措施，阻止该案签署成法，以免严重损害中美关系和两国在重要领域的合作。

12月15日

［纲　文］　第二次全国污染源普查暨全国土壤污染状况详查工作推进视频会议召开。

［目　文］　生态环境部部长李干杰出席会议并讲话。会议由生态环境部副部长黄润秋主持。广西壮族自治区生态环境厅、广州市、延安市、厦门市翔安区有关负责人分别在会议上发言，介绍了污染源普查入户调查工作做法。

李干杰表示，开展第二次全国污染源普查和全国土壤污染状况详查，是党中央、国务院作出的重大决策部署，是打好打胜污染防治攻坚战的重要举措。其中，第二次全国污染源普查是依据《全国污染源普查条例》，为全面摸清建设"美丽中国"生态环境家底开展的一次重大国情调查。全国土壤污染状况详查是《土壤污染防治行动计划》明确的首要任务，也是土壤环境管理领域重要的基础性工作。各级生态环境部门要切实提高政治站位，牢固树立"四个意识"，坚定"四个自信"，自觉做到"两个坚决维护"，不断强化做好普查和详查工作的责任感和使命感，关心关注普查和详查工作进展和现实困难，推动普查、详查工作与业务工作衔接，为圆满完成普查和详查任务提供坚强的思想、组织和物质保障。

12月15—20日

［纲　文］　应国务院副总理韩正邀请，科威特国埃米尔特使、第一副首相兼国防大臣纳赛尔访华。

［目　文］　17日，韩正在北京与纳赛尔举行会谈时表示，习近平主席今年7月同来华访问的萨巴赫埃米尔举行会谈，达成一系列重要共识，两国建立战略伙伴关系，为中科友好合作注入新的强大动力。双方要落实好两国元首共识，深化政治互信，加强发展战略对接，推动共建"一带一路"合作，促进民心相通，加强在地区和国际事务上的沟通协调，推进各领域合作走深走实，做平等相待、真诚友好、互利合作的典范。

纳赛尔表示，科中传统友好，两国一直相互信任、相互支持。科方钦佩中国改革开放取得的巨大成就，期待借鉴中方治国理政经验，愿积极参与共建"一带一路"，不断深化两国各领域合作。

12月16日

［纲　文］　新华社讯，中共中央办公厅印发《党组讨论和决定党员处分事项工作程序规定（试行）》，自2019年1月1日起施行。此前发布的有关规定与本规定不一致的，按照本规定执行。

12月16日

［纲　文］　"一带一路"国际合作高峰论坛咨询委员会第一次会议在北京举行。

［目　文］　中央外事工作委员会办公室主任杨洁篪出席会议开幕式并致辞。与会委员回顾了共建"一带一路"取得的进展，积极评价"一带一路"倡议在加强各国各地区互联互通、促进世界经济增长、推动建设开放型世界经济、落实联合国2030年可持续发展议程等方面发挥的积极作用。委员们支持共建"一带一路"走深走实，期待第二届高峰论坛传递支持多边主义、支持开放发展和互利共赢的积极信号，并从宏观政策协调、务实项目建设、合作机制保障等领域提出了建设性意见和建议。

会议期间，杨洁篪集体会见法国前总理拉法兰、意大利前总理普罗迪、埃及前总理沙拉夫等咨委会全体委员。

12月16—18日

［纲　文］　第三届"读懂中国"国际会议在北京举办。国家主席习近平致信祝贺。

［目　文］　习近平指出，当今世界面临百年未有之大变局，和平与发展仍然是时代主题，同时人类面临许多共同挑战。中国愿同各国一道，积极推进建设相互尊重、公平正义、合作共赢的新型国际关系，推动构建人类命运共同体，为世界和平与发展作出新的更大贡献。今年是中国改革开放40周年。40年改革开放，书写了中国发展的壮丽篇章，中国和世界的关系进一步密切。中国将继续全面深化改革、全面扩大开放，坚持贯彻新发展理念，深入推进供给侧结构性改革，统筹推进稳增长、促改革、调结构、惠民生、防风险工作，推动中国经济高质量发展，为世界提供更多合作机遇。希望与会嘉宾深入研讨，凝聚共识，更好增进对中国的了解，也帮助世界更好了解中国，推动中国与世界的交流合作，实现共同发展繁荣。

中央外事工作委员会办公室主任杨洁篪出席开幕式，宣读习近平的贺信并致辞。"读懂中国"国际会议由国家创新与发展战略研究会、外交学会和21世纪理事会共同发起，本届以"中国发展新动能，全球合作新机遇"为主题，有近40位全球著名政治家、战略家和企业家与会，与会总人数近600人。

17日，国务院总理李克强在北京会见第三届"读懂中国"国际会议代表并同他们座谈。30多位全球著名前政要、战略家、企业家和学界知名人士参加。墨西哥前总统塞迪略、英国前首相布朗、丹麦前首相施密特、希腊前总理帕潘德里欧、世界贸易组织前总干事拉米等作了发言。

李克强指出，中国经济总量已位居世界前列，但按照任何一个国际组织的现行标准，中国仍然是并将长期是一个发展中国家，这样的情况从历史和全球范围来看都是很特殊的。中国愿同外部世界加强互动交流，让世界更好了解中国。同时，世界也需要走近中国，了解并读懂真实的中国。希望与会代表做中国同世界沟通的桥梁、合作的纽带，为中国与世界的共同发展进步作出更大贡献。

与会代表表示，在中国纪念改革开放40周年之际，举行"读懂中国"国际会议恰逢其时。祝贺中国改革开放以来在经济发展、减贫、教育等诸多领域取得的巨大发展成就。全球化时代需要对话与合作，各国应当携手推进国际规则改革和完善，维护多边主义和自由贸易，共同为人类进步作出贡献。

12月16—17日

［纲　文］　国务委员兼外交部部长王毅对老挝进行正式访问，出席并共同主持澜湄合作第四次外长会。

［目　文］　访问期间，王毅在万象会见老挝人民革命党中央委员会总书记、国家主席本扬。

17日，澜湄合作第四次外长会在老挝琅勃拉邦市举行，王毅和老挝外长沙伦赛·贡马西共同主持了会议。会议发表了《澜湄合作第四次外长会联合新闻公报》。

12月16—18日

［纲　文］　2018中国森林旅游节在广州举行。

［目　文］　旅游节由国家林业和草原局主办，广东省林业局、广东省文化和旅游厅、广州市政府承办。以"绿水青山就是金山银山——粤森林，悦生活"为主题。包括全国森林旅游风光展示活动、森林旅游产品推介会、首届中国—东盟森林旅游合作座谈会、中国森林旅游论坛等。

12月17日

［纲　文］　习近平在北京会见来京述职的香港特别行政区行政长官林郑月娥。

［目　文］　国家主席习近平听取了林郑月娥对香港当前形势和特别行政区政府工作情况的汇报。

习近平说，一年来，林郑月娥行政长官带领香港特别行政区政府勇于担当、积极作为，坚定维护"一国两制"方针和基本法，认真谋划香港长远发展，积极参与粤港澳大湾区建设和共建"一带一路"，着力破解事关广大居民切身利益的问题，努力为青年人成长和发展创造条件，体现了"志不求易、事不避难"的精神，取得了良好成绩。中央对林郑月娥行政长官和特别行政区政府的工作是充分肯定的。一个月前，我在会见香港澳门各界庆祝国家改革开放40周年访问团时说："40年改革开放，港澳同胞是见证者也是参与者，是受益者也是贡献者。港澳同胞同内地人民一样，都是国家改革开放伟大奇迹的创造者。"

国家改革开放的历程是香港、澳门同内地优势互补、一起发展的过程，也是"一国两制"从科学构想到成功实践的过程。面向未来，我们将坚持"一国两制"方针不动摇，支持香港、澳门融入国家发展大局，培育新优势，发挥新作用，实现新发展，作出新贡献。

同日，国务院总理李克强在北京会见林郑月娥，听取香港当前形势和特别行政区政府工作情况的汇报。

李克强指出，中央政府坚定不移贯彻"一国两制"、"港人治港"、高度自治的方针，严格依照宪法和基本法办事，全力支持香港特别行政区政府和行政长官依法施政，支持香港长期繁荣、稳定和发展。前不久，习近平主席在会见香港澳门各界庆祝国家改革开放40周年访问团时，对港澳各界人士提出了殷切希望。今年适逢国家改革开放40周年，希望特别行政区政府继续团结带领香港社会各界人士，抓住新一轮改革开放机遇，以"香港所长"对接"国家所需"，保持经济平稳增长，持续改善民生，努力将各项惠民政策措施落到实处。加快打造国际创新科技中心，培育新的经济增长点，不断提升香港综合竞争力，在国家新一轮改革开放进程中作出新贡献、实现新发展。

林郑月娥表示，2018年对香港是不平凡的一年。在中央政府一如既往支持下，香港经济社会取得新的发展。香港将持续发展经济、改善民生，积极参与粤港澳大湾区建设和"一带一路"建设，为国家新一轮改革开放作出新贡献。

12月17日

[纲　文]　习近平在北京会见来京述职的澳门特别行政区行政长官崔世安。

[目　文]　国家主席习近平听取了崔世安对澳门当前形势和特别行政区政府工作情况的汇报。

习近平表示，一年来，崔世安行政长官带领澳门特别行政区政府认真履职、稳健施政，贯彻执行"一国两制"方针和基本法，完善维护国家安全的体制机制，积极参与粤港澳大湾区建设和共建"一带一路"，促进经济适度多元发展，增进民生福祉，加强防灾减灾体系建设，赢得了澳门社会各界广泛好评。中央对崔世安行政长官和特别行政区政府的工作是充分肯定的。一个多月前，我在会见香港澳门各界庆祝国家改革开放40周年访问团时，高度肯定了香港、澳门对国家改革开放的特殊作用和重大贡献，并强调在新时代国家改革开放进程中，香港、澳门仍然具有特殊地位和独特优势，仍然可以发挥不可替代的作用。我相信，澳门同胞一定会抓住机遇、乘势而为，在融入国家发展大局中拓展发展空间、培育发展新动能，以新的发展成果迎接明年澳门回归祖国20周年。

同日，国务院总理李克强在北京会见崔世安，听取澳门当前形势和特别行政区政府工作情况的汇报。

李克强指出，中央政府坚定不移贯彻"一国两制"、"澳人治澳"、高度自治的方针，严格依照宪法和基本法办事，全力支持澳门特别行政区政府和行政长官依法施政。发展经济是政府的首要任务，目的是改善民生。希望澳门特别行政区政府和社会各界人士齐心协力，持续推进经济结构调整，促进澳门经济适度多元发展。优化营商环境，防范经济金融风险，厚植澳门经济持续发展的基础。充分发挥与葡语国家联系广泛等优势，积极参与粤港澳大湾区建设和"一带一路"建设，在融入国家发展大局的过程中更好成就自身。扎实推进民生改善，切实回应市民关切，让广大市民有更多获得感和幸福感。

崔世安表示，感谢中央政府对澳门的支持。国家的发展繁荣是澳门的坚强后盾。澳门特别行政区政府将抓住国家进一步改革开放机遇，加快推进"一个中心、一个平台"建设，积极参与粤港澳大湾区建设和"一带一路"建设，提升澳门综合实力，推动经济民生全面发展进步。

12月17日

[纲　文]　全国政协在北京召开第二次网络议政远程协商会。

[目　文]　全国政协主席汪洋主持会议并讲话。全国政协副主席张庆黎、夏宝龙、李斌、高云龙出席会议。全国和地方政协委员支树平、张国俊、王小东、乔旭、骆沙鸣、施荣怀、曾蓉、白岩松、李明蓉、蓝逢辉、魏青松、金云女、汤维建、周贤胜、陈敬作了发言。发展改革委、科技部、公安部、生态环境部、交通运输部、商务部、市场监管总局、国家邮政局、中国快递协会、中国消费者协会等部门负责人现场作了互动交流。15位委员在全国政协机关和北京、江苏、福建、四川等5个会场以及通过手机或计算机连线方式发了言，200多位委员通过委员移动履职平台发表意见。

委员们建议，快递业联系千城百业、千家万户，推进快递业绿色发展是一个系统工程，需要标本兼治、综合施策。要加强法治建设，加快修订《快递暂行条例》等法律法规，完善配套规章，将快递污染纳入规制范围，明确相关主体责任，强化硬约束。要健全绿色材料、绿色包装、绿色认证、绿色运输与配送等标准体系，明确快递绿色化、减量化、再利用的具体量化标准，加大强制推广力度。要加大财政、税收等政策激励，支持新型绿色包装材料研发使用，推广新能源运输模式。要加快大数据平台建设，推进绿色仓储、分拣、运输和投递，减少空载、提高效率。要加强快递公共服务站、智能快件柜、包装回收站等基础设施建设，完善末端服务体系，解决运输"最后一公里"难题。要加强部门联动执法，发挥行业协会监督作用，将快递绿色包装纳入绿色产品信用体系建设，建立黑名单制度和联合惩戒机制。要加强宣传和引导，倡导绿色生活方式，普及绿色包装和回收知识，形成"绿色快递、人人有责"良好氛围。

12月17日

[纲　文]　国家监委在北京召开第一届特约监察员聘请会议。

[目　文]　会议优选聘请50名特约监察员。受中共中央政治局常委、中央纪委书记赵乐际委托，中共中央政治局委员、国家监委主任杨晓渡出席会议，为特约监察员颁发聘书并讲话。他指出，特约监察员要深刻认识深化国家监察体制改革的重大意义，以强烈的责任感和使命感担负起光荣使命，监督帮助纪检监察机关始终沿着党和人民确定的正确道路前进。

12月17日

［纲　文］　中央政法委在北京召开第一次新时代政法工作创新交流会。

［目　文］　中央政法委书记郭声琨出席并讲话。中央政法委秘书长陈一新主持交流会。

郭声琨指出，要坚持以习近平新时代中国特色社会主义思想为指导，努力营造鼓励创新、勇于创新、包容创新的良好生态，推动政法工作开拓创新、争创一流，全面贯彻落实党中央决策部署，创造性破解工作难题，把新时代政法工作提升到新水平。实现政法工作现代化，创新是必由之路。要大力弘扬以改革创新为核心的时代精神，勇于担当作为、积极开拓创新，推动政法工作补短板、强弱项、提能力，牢牢掌握工作主动权。各级党委政法委要适应党和国家机构改革后的新职能新使命新任务，当好政法工作创新的先行者、推动者、保障者，使政法系统创新蔚然成风。要结合创新发展新时代"枫桥经验"，把市域作为推动政法工作创新发展的重要支点，集中推广以市域为主体的新探索新创造，推动理念思维的提升拓展、体制机制的优化革新、方法手段的改革升级，带动政法工作整体发展进步。

12月17日

［纲　文］　应急管理部、财政部在北京召开2018—2019年度全国冬春救助工作电视电话会议。

［目　文］　会议贯彻落实中共中央总书记习近平关于自然灾害防治和防灾减灾救灾系列指示批示精神，按照党中央、国务院关于做好受灾群众生活保障的重大决策部署，分析研究当前防灾减灾救灾形势，部署安排受灾群众冬春救助工作。应急管理部副部长郑国光出席会议并讲话。财政部、应急管理部有关司局和单位负责人在主会场参会。黑龙江、江西、山东、贵州4省应急管理厅主要负责人作了交流发言。

会议指出，财政部、应急管理部日前安排下拨2018—2019年度中央冬春救灾资金51.929亿元，用于帮助各地灾区统筹解决今冬明春受灾群众生活困难，全力保障受灾群众冬春期间基本生活。各地要充分认识做好受灾群众冬春生活救助工作的重要意义，认真贯彻党中央、国务院的重大决策部署，清醒认识新时代冬春救助工作的新形势新要求，以扎实的作风，周密的安排做好冬春救助工作，同时要高度关注贫困地区受灾群众的特殊困难。要围绕"确保受灾群众安全、温暖过冬"的工作目标，忠诚履行使命，竭诚为民担当，通过强化工作部署、加大款物投入、加快工作进度、加强跟踪检查、做好绩效评估，全力做好冬春救助工作。

12月17日

［纲　文］　市场监管总局印发《电子营业执照管理办法（试行）》，自2018年12月17日起施行。

12月17日

［纲　文］　国内首款太赫兹视频SAR研制成功。

〔目　文〕　由中国航天科工集团二院23所研制的中国首款太赫兹视频SAR（合成孔径雷达），在陕西完成飞行试验，成功获取国内第一组太赫兹视频SAR影像成果。

太赫兹雷达成像系统能弥补光学、红外等传统雷达对慢速移动目标（如地面上的恐怖分子）探测的不足，能大大提高SAR图像可判读性，为复杂环境下运动目标探测应用奠定技术基础。

12月17日

〔纲　文〕　外交部发言人针对美加自诩遵守法治和规则的言论表示，无论他们以什么堂皇的托词，披上什么"合法"的外衣，都无不大写着对事实的无视和对法治的蔑视。

〔目　文〕　有记者问：上周五，加拿大外长和防长在华盛顿同美国国务卿和防长举行了美加"2+2"部长级对话会。其间，加拿大外长谈到拘押中方企业高管时称，"加拿大是依据法治原则和国际条约的义务进行的，美加都是遵守法治和规则的国家"。美国国务卿蓬佩奥称"非法拘留加公民是不能接受的，他们应该被释放"。中方对此有何评论？

发言人说：当这么多事情发生之后，美加还自诩遵守法治和规则，令人吃惊。在我看来，这无异于现代版"皇帝的新装"。无论他们以什么堂皇的托词，披上什么"合法"的外衣，都无不大写着对事实的无视和对法治的蔑视，让世人耻笑。连日来，许多富有正义感的加拿大民众纷纷致函中国驻加拿大使馆或通过加拿大媒体，公开批评加方做法不合理、不合法。美方很多人包括著名经济学家萨克斯也都公开发文，一针见血地指出这件事情的本质和危害。中方强烈敦促加方立即改正错误，释放有关中国公民，切实保障她的合法、正当权益，强烈敦促美方立即撤销对有关人士的逮捕令。

12月18日

〔纲　文〕　庆祝改革开放40周年大会在北京人民大会堂举行。

〔目　文〕　中共中央总书记习近平出席并讲话。李克强、栗战书、汪洋、王沪宁、赵乐际、韩正、王岐山等出席大会。中央党政军群各部门主要负责人，各民主党派中央、全国工商联负责人和无党派人士代表，改革开放杰出贡献受表彰人员及亲属代表，港澳同胞、台湾同胞、海外侨胞及归侨、侨眷代表，首都各界群众代表，解放军和武警部队官兵代表，各国驻华使节等约3000人参加大会。

中共中央政治局常委王沪宁宣读了《中共中央、国务院关于表彰改革开放杰出贡献人员的决定》。《决定》指出，党中央、国务院决定，授予于敏等100名同志改革先锋称号，颁授改革先锋奖章；为感谢国际社会对中国改革开放事业的支持和帮助，向阿兰·梅里埃等10名国际友人颁授中国改革友谊奖章。大会宣读了授予改革先锋称号、中国改革友谊奖章人员名单。习近平等为获得改革先锋称号、中国改革友谊奖章人员代表颁奖。

习近平发表讲话指出，40年的实践充分证明，党的十一届三中全会以来我们党团结带领全国各族人民开辟的中国特色社会主义道路、理论、制度、文化是完全正确的，形成的党的基本理论、基本路线、基本方略是完全正确的。40年的实践充分证明，中国发展为广大发展中国家走向现代化提供了成功经验、展现了光明前景，是促进世界和平与发展的强大力量，是中华民族对人类文明进步作出的重大贡献。40年的实践充分证明，改革开放是党和人民大踏步赶上时代的重要法宝，是坚持和发展中国特色社会主义的必由之路，是决定当代中国命运的关键一招，也是决定实现"两个一百年"奋斗目标、实现中华民族伟大复兴的关键一招。在近代以来漫长的历史进程中，中国人民经历了太多太多的磨难，付出了太多太多的牺牲，进行了太多太多的拼搏。现在，中国人民和中华民族在历史进程中积累的强大能量已经充分爆发出来了，为实现中华民族伟大复兴提供了势不可挡的磅礴力量。全党全国各族人民要更加紧密地团结在党中央周围，高举中国特色社会主义伟大旗帜，不忘初心，牢记使命，将改革开放进行到底，不断实现人民对美好生活的向往，在新时代创造中华民族新的更大奇迹，创造让世界刮目相看的新的更大奇迹。

李克强在主持大会时说，习近平总书记的讲话，深刻总结了改革开放40年来党和国家事业取得的伟大成就和宝贵经验，高度赞扬了中国人民为改革开放事业作出的杰出贡献，郑重宣示了改革开放只有进行时没有完成时、改革开放永远在路上、坚定不移将改革进行到底的信心和决心，明确提出了坚定不移全面深化改革、扩大对外开放、不断把新时代改革开放继续推向前进的目标要求。让我们更加紧密地团结在以习近平同志为核心的党中央周围，高举中国特色社会主义伟大旗帜，不忘初心、牢记使命，持续深入推进改革开放，为实现"两个一百年"奋斗目标、建成富强民主文明和谐美丽的社会主义现代化强国、实现中华民族伟大复兴的中国梦，为维护世界和平、促进共同发展、推动构建人类命运共同体而不懈奋斗。

12月18日

［纲　文］　中共中央、国务院印发《关于表彰改革开放杰出贡献人员的决定》。

［目　文］　《决定》说，今年是我国改革开放40周年。1978年12月，党的十一届三中全会作出把党和国家工作中心转移到经济建设上来、实行改革开放的历史性决策，动员全党全国各族人民为社会主义现代化建设进行新的长征。在隆重庆祝改革开放40周年之际，为表彰先进、鼓舞斗志，弘扬敢闯敢试、敢为人先的改革精神，激励全党全国各族人民坚定不移听党话、跟党走，将改革开放进行到底，党中央、国务院决定，授予于敏等100名同志改革先锋称号，颁授改革先锋奖章；同时，为感谢国际社会对中国改革开放事业的支持和帮助，向阿兰·梅里埃等10名国际友人颁授中国改革友谊奖章。

这次受到表彰的改革先锋，为推动改革开放作出了杰出贡献，发挥了突出的示范引领作用，是人民群众的优秀代表。他们拥护中国共产党领导和我国社会主义制度，拥护改革开放，坚持正确改革方向；他们冲破思想观念的束缚，突破利益固化的樊篱，敢于啃硬骨头，敢于涉险滩，奋斗在改革开放一线，引领思想观念和体制机制变革，推动改革开放和社会主义现代化建设；他们带头践行社会主义核心价值观，大力弘扬以爱国主义为核心的民族精神和以改革创新为核心的时代精神，爱岗敬业，无私奉献，作风优良，赢得人民群众广泛赞誉。受到表彰的国际友人，是中国人民的老朋友。他们长期致力于促进中外交流合作，深度参与中国改革开放进程，为支持中国改革开放事业作出了杰出贡献。

12月18日

［纲　文］　国家主席习近平在北京接受7国新任驻华大使递交国书。

［目　文］　习近平欢迎各国使节来华履新，请他们转达对各自国家领导人和人民的诚挚问候和良好祝愿。习近平强调，今年是中国改革开放40周年，我们将把改革开放进行到底。中国愿同各国加强友好合作，共建"一带一路"，推动双边关系不断迈上新台阶，携手为世界和平和人类共同发展作出更大贡献。中国政府将为使节们履职提供便利和支持，希望你们为增进中国同有关国家双边关系和人民友谊作出积极贡献。

7位新任驻华大使是：西班牙驻华大使德斯卡利亚尔、索马里驻华大使阿瓦莱、苏里南驻华大使陈家慧、格鲁吉亚驻华大使卡兰迪亚、巴西驻华大使瓦莱、马达加斯加驻华大使拉扎菲曼丁比、伊朗驻华大使克沙瓦尔兹扎德。

12月18日

［纲　文］　国务院公布修订后的《中华人民共和国个人所得税法实施条例》，自2019年1月1日起施行。

12月18日

［纲　文］　国务院办公厅印发《文化体制改革中经营性文化事业单位转制为企业的规定》。

［目　文］　《规定》由九个部分组成：一、关于公司制股份制改革。二、关于国有文化资产管理。三、关于资产和土地处置。四、关于收入分配。五、关于社会保障。六、关于人员安置。七、关于财政税收。八、关于法人登记。九、关于党的建设。

12月18日

［纲　文］　中组部、人力资源社会保障部发布《事业单位工作人员奖励规定》。

［目　文］　《规定》共8章26条。主要有总则、奖励的条件和种类、奖励的权限、定期奖励、及时奖励、奖励的实施、奖励的监督等内容。自2018年12月18日起施行。

12月18日

［纲　文］　农业农村部、药监局、中医药局印发《全国道地药材生产基地建设规划（2018—2025年）》。

［目　文］　《规划》由七个部分组成：一、重要性和紧迫性。二、总体要求。三、重点任务。四、建设布局。五、资金筹措及建设进度。六、效益分析。七、保障措施。

《意见》指出，在国务院中医药工作部际联席会议制度框架下，建立中药材生产协调机制，构建"分段负责、省（市）主体、县（市）主抓"的工作机制。各省（区、市）参照国务院中医药部际联席会议的组织架构，成立由分管负责同志任组长的工作指导组，加强统筹协调，明确工作责任，推进措施落实。

12月18日

［纲　文］　司法部、自然资源部印发《关于推进公证与不动产登记领域信息查询共

享机制建设的意见》。

［目　文］　《意见》由四个部分组成：一、明确目标，积极推进部门信息共享。二、突出重点，着力提高规范化水平。三、落实责任，确保信息安全。四、统筹协调，深化拓展部门合作。

《意见》指出，省级司法行政机关和自然资源主管部门可以根据本意见，结合本地实际，制定贯彻实施意见。对执行本意见的情况和工作中遇到的问题，要及时报告司法部、自然资源部。

12月18日

［纲　文］　**黄坤明在北京同改革开放杰出贡献受表彰人员代表座谈。**

［目　文］　40位改革开放杰出贡献受表彰人员代表出席座谈会，10名代表和家属代表发言。中宣部部长黄坤明指出，要认真学习宣传贯彻习近平总书记在庆祝改革开放40周年大会上的重要讲话精神，坚定改革意志、增强改革信心，大力弘扬伟大改革开放精神，更好发挥先锋榜样的作用，激发将改革开放进行到底的强大力量。这次表彰是第一次以改革开放为主题的国家级表彰。受表彰人员都是在改革开放大潮中涌现出的佼佼者、弄潮儿，是40年来奋斗在各条战线、各个领域的优秀代表，为改革开放伟大事业作出了杰出贡献。

12月18日

［纲　文］　**郭声琨在北京主持召开中央政法委员会全体会议暨中央司法体制改革领导小组专题会议。**

［目　文］　会议学习贯彻中共中央总书记习近平在庆祝改革开放40周年大会上的讲话精神，审议政法领域改革有关文件，研究部署当前工作。赵克志、周强、张军出席会议。

中央政法委书记郭声琨指出，习近平总书记的重要讲话，全面回顾了改革开放40年的光辉历程，深刻总结了改革开放伟大成就和宝贵经验，对新时代深化改革开放作出了全面部署，是指引全党全国各族人民将改革开放进行到底的纲领性文献。全国政法机关要坚持以习近平新时代中国特色社会主义思想为指导，认真学习贯彻习近平总书记重要讲话精神，增强"四个意识"，坚定"四个自信"，践行"两个维护"，把改革开放伟大旗帜举得更高更稳，奋力谱写新时代政法工作新篇章。在以习近平同志为核心的党中央坚强领导下，政法领域改革呈现全面发力、多点突破、纵深推进的良好态势。要准确把握新的历史方位和时代坐标，在更高起点上谋划推进政法领域全面深化改革，坚定不移把改革推向深入。

12月18日

［纲　文］　**科技部在北京发布2017年度全国科普统计数据。**

［目　文］　统计数据表明，2017年，全国科普经费筹集额达160.05亿元，比2016年增加5.32%。其中政府拨款仍是主体，达122.96亿元，占全部经费筹集额的76.82%，

比2016年提高了0.66个百分点。其中，人均科普专项经费4.51元，比2016年增加0.03元。

12月18日

［纲　文］　拉巴特中国文化中心在摩洛哥首都拉巴特正式揭牌。

［目　文］　这是中国在海外设立的第36个文化中心。文化旅游部副部长李金早、中国驻摩洛哥大使李立、摩洛哥文化新闻大臣穆罕默德·阿拉杰和摩洛哥旅游大臣穆罕默德·赛义德共同为拉巴特中国文化中心揭牌。摩洛哥各界代表、中国驻摩企业负责人等近百人出席活动。

12月18日

［纲　文］　尤权在北京会见参加改革开放40周年庆祝活动的海外侨胞和归侨侨眷代表。

［目　文］　中央统战部部长尤权指出，广大海外侨胞和归侨侨眷是改革开放的重要见证者、参与者和贡献者。希望广大海外侨胞和归侨侨眷积极投身新一轮改革发展热潮，助力中国全面开放，维护祖国统一，为决胜全面建成小康社会、实现中华民族伟大复兴的中国梦作出新贡献。

12月18日

［纲　文］　中共中央政治局委员、中央外事工作委员会办公室主任杨洁篪在北京会见由党的副主席耶尔马兹率领的土耳其正义与发展党代表团。

［目　文］　杨洁篪说，习近平主席与埃尔多安总统不久前在二十国集团领导人布宜诺斯艾利斯峰会期间成功会晤，就两国关系进一步发展达成重要共识，中方愿与土方一道全面予以落实。中国共产党愿与土耳其正发党深化治党治国经验交流，共同努力推进中土关系。

耶尔马兹高度评价中国改革开放40年来取得的发展成就，表示正发党愿加强与中国共产党交流沟通，助推两国经贸、旅游、反恐等领域合作，落实两国元首达成的共识。

12月18日

［纲　文］　外交部发言人针对日本政府日前审议通过新版防卫文件表示，中方对此表示强烈不满和反对，已向日方提出严正交涉。

［目　文］　有记者问：12月18日，日本政府召开内阁会议，审议通过新版《防卫计划大纲》和《中期防卫力整备计划》，规定未来5年增加约10%的防卫预算。相关文件中有不少涉华内容，对中国军事安全动向表示强烈担忧。中方对此有何评论？

发言人说，日方文件涉华内容依然老调重弹，对中方正常国防建设和军事活动说三道四，进行不实指责，煽动所谓"中国威胁"，其中不乏冷战思维。日方这种做法不利于中日关系改善发展，也不利于地区和平稳定大局。中方对此表示强烈不满和反对，已向日方提出严正交涉。由于历史原因，日本在军事安全领域的动向一直受到亚洲邻国和国际社会高度关注。中方敦促日方坚持"专守防卫"的政策承诺，坚持走和平发展道路，在军事安全领域慎重行事。

12月18日

［纲　文］　中国中车股份有限公司在美国马萨诸塞州斯普林菲尔德工厂为波士顿地铁生产的首批地铁车辆下线。

12月18日

［纲　文］　《人民日报》发表社论《在新时代创造新的更大奇迹——庆祝改革开放四十周年》。

12月18日

［纲　文］　中央纪委国家监委网站发布，经中共中央批准，中央纪委国家监委对甘肃省人大常委会原党组副书记、副主任李建华严重违纪违法问题进行立案审查调查。

［目　文］　经查，李建华违反中央八项规定精神，接受可能影响公正执行公务的宴请；违反组织纪律，在组织函询时不如实说明问题，干预原任职地区干部选拔任用工作；违反廉洁纪律，违规收受礼品礼金，纵容、默许亲属利用本人职务上的影响谋取私利，搞钱色交易。

李建华身为党的高级领导干部，丧失党性原则，漠视纪律要求，其行为已违反党的纪律并构成职务违法，应予严肃处理。鉴于李建华能够如实交代本人违纪违法问题且大部分问题组织之前不掌握，主动全额上交违纪违法所得，认错悔错态度诚恳，可予从轻处理。依据《中国共产党纪律处分条例》《中华人民共和国监察法》等有关规定，经中央纪委常委会会议研究并报中共中央批准，决定给予李建华开除党籍处分；由国家监委给予其政务撤职处分，降为副处级非领导职务，办理退休手续；免去其第十三届甘肃省委委员职务，终止其甘肃省第十三次党代会代表资格，按程序免去其甘肃省第十三届人大代表职务；收缴其违纪违法所得。

12月18—19日

［纲　文］　中国致公党第十五届中央委员会第二次全体会议在北京举行。

［目　文］　会议审议通过了《中国致公党第十五届中央常务委员会工作报告（草案）》和《中国致公党第十五届中央委员会第二次全体会议关于中央常务委员会工作报告的决议（草案）》，并增补卢国懿为第十五届中央委员会常务委员。

12月19日

［纲　文］　国务院新闻办公室在中国国家博物馆举行2019年新年招待会。

［目　文］　中宣部部长黄坤明出席并讲话。中外媒体界人士，中央和国家机关新闻发言人，部分外国驻华使节、国际组织代表等400余人出席招待会。

黄坤明说，2019年是新中国成立70周年，70年来，中国人民艰苦创业、拼搏奋斗，中国发生了翻天覆地的变化。希望外国朋友多在中国走走看看，多了解中国发展的实际情况，把真实、立体、全面的中国介绍给世界。

12月19日

［纲　文］　农业农村部、发展改革委、财政部、人民银行、税务总局、市场监管总局发布《关于开展土地经营权入股发展农业产业化经营试点的指导意见》。

［目　文］　《意见》由四个部分组成：一、充分认识土地经营权入股发展农业产业化经营的重要意义。二、准确把握土地经营权入股发展农业产业化经营的基本原则。三、明确土地经营权入股发展农业产业化经营的重点任务。四、强化土地经营权入股发展农业产业化经营的政策保障。

12月19日

［纲　文］　公安部发布《公安机关维护民警执法权威工作规定》，自2019年2月1日起施行。

12月19日

［纲　文］　税务总局印发《关于全面实施新个人所得税法若干征管衔接问题的公告》，自2019年1月1日起施行。

12月19日

［纲　文］　证监会公布《证券基金经营机构信息技术管理办法》。

［目　文］　《办法》共7章64条。主要有总则、信息技术治理、信息技术合规与风险管理、信息技术安全、信息技术服务机构、监督管理等内容。自2019年6月1日起实施。《证券投资基金销售机构通过第三方电子商务平台开展业务管理暂行规定》（证监会公告〔2013〕18号）同时废止。

12月19日

［纲　文］　世界首个500千伏交联聚乙烯海缆铺设工程安家东海。

［目　文］　经过连续5个多小时的登陆施工，世界首个500千伏交联聚乙烯海缆铺设工程的最后一条输电海缆（共3条），在跨越17公里的海域后连接上位于浙江省舟山市金塘大鹏岛的终端站。至此，世界首个500千伏交联聚乙烯海缆铺设工程安家东海，投运后为群岛新区的发展提供能源保障。

12月19日

［纲　文］　铁木尔·达瓦买提逝世。

［目　文］　中国共产党的优秀党员，忠诚的共产主义战士，党和国家民族工作的杰出领导人，维吾尔族人民的优秀儿子，第八届、第九届全国人民代表大会常务委员会副委员长铁木尔·达瓦买提同志，在北京逝世，享年92岁。

12月21日，铁木尔·达瓦买提遗体送别在北京八宝山革命公墓举行。习近平、李克强、栗战书、汪洋、王沪宁、赵乐际、韩正、王岐山等前往八宝山送别。

12月19日

［纲　文］　《人民日报》发表评论员文章《在新时代继续把改革开放推向前进——论学习贯彻习近平总书记在庆祝改革开放40周年大会重要讲话》。

12月19日

[纲　文]　《人民日报》报道，经中共中央批准，中央纪委国家监委对中国船舶重工集团有限公司原党组副书记、总经理孙波严重违纪违法问题进行立案审查调查。

[目　文]　经查，孙波违反政治纪律和政治规矩，背离党中央的要求，弄虚作假，损害国有企业利益；在接受巡视期间，隐瞒实情，欺骗组织；理想信念动摇，长期搞封建迷信活动。违反中央八项规定精神，接受可能影响公正执行公务的宴请。违反组织纪律，接受组织谈话时，不如实向组织说明问题，利用职务便利，为其家属违规调动工作。违反廉洁纪律，违规为亲友经营活动谋取利益。滥用职权致使国家利益遭受特别重大损失，涉嫌国有公司人员滥用职权罪；利用职务上的便利为他人谋取利益并收受财物，涉嫌受贿犯罪。

孙波身为党的高级领导干部、国有企业负责人，擅权妄为，对党不忠诚不老实，搞权钱交易，收受贿赂，且在党的十八大后不收敛、不收手，严重违反党的纪律，构成职务违法并涉嫌犯罪，应予严肃处理。依据《中国共产党纪律处分条例》《中华人民共和国监察法》等有关规定，经中央纪委常委会会议研究并报中共中央批准，决定给予孙波开除党籍处分；由国家监委给予其开除公职处分；收缴其违纪违法所得；将其涉嫌犯罪问题移送检察机关依法审查起诉，所涉财物随案移送。

2019年7月4日，上海市第一中级人民法院公开宣判中国船舶重工集团有限公司原总经理孙波受贿、国有公司人员滥用职权案，对被告人孙波以受贿罪判处有期徒刑10年6个月，并处罚金人民币80万元；以国有公司人员滥用职权罪判处有期徒刑4年，决定执行有期徒刑12年，并处罚金人民币80万元。对孙波受贿所得财物及其孳息予以追缴，上缴国库。孙波当庭表示服从判决，不上诉。

12月19—21日

[纲　文]　**中央经济工作会议在北京举行。**

[目　文]　中共中央总书记习近平、国务院总理李克强、中共中央政治局常委栗战书、汪洋、王沪宁、赵乐际、韩正，中共中央政治局委员、中央书记处书记，全国人大常委会有关领导，国务委员，最高人民法院院长，最高人民检察院检察长，全国政协有关领导以及中央军委委员等出席会议。各省、自治区、直辖市和计划单列市、新疆生产建设兵团党政主要负责人，中央和国家机关有关部门主要负责人，中央管理的部分企业和金融机构负责人，军队有关负责人参加会议。

习近平在会上发表讲话，总结2018年经济工作，分析当前经济形势，部署2019年经济工作。李克强在讲话中对2019年经济工作作出具体部署，并作了总结讲话。

会议认为，今年是全面贯彻党的十九大精神的开局之年。在以习近平同志为核心的党中央坚强领导下，全党全国落实党的十九大作出的战略部署，坚持稳中求进工作总基调，按照高质量发展要求，有效应对外部环境深刻变化，迎难而上、扎实工作，宏观调控目标较好完成，三大攻坚战开局良好，供给侧结构性改革深入推进，改革开放力度加大，稳妥应对中美经贸摩擦，人民生活持续改善，保持了经济持续健康发展和社会大局稳定，朝着实现全面建成小康社会的目标迈出了新的步伐。成绩来之不易。

会议确定，明年要抓好以下重点工作任务。一是推动制造业高质量发展。二是促进形成强大国内市场。三是扎实推进乡村振兴战略。四是促进区域协调发展。五是加快经济体制改革。六是推动全方位对外开放。七是加强保障和改善民生。

会议要求，做好经济工作，必须加强党中央集中统一领导，提高党领导经济工作能力和水平，坚持党的基本理论、基本路线、基本方略不动摇，坚持把发展作为党执政兴国的第一要务，坚持以经济建设为中心，激励干部担当作为，鼓励创造性贯彻落实，加强学习和调查研究，在学习和实践中找思路、想办法，营造良好舆论环境。

12月20日

［纲　文］　国家主席习近平同阿尔及利亚总统布特弗利卡互致贺电，庆祝两国建交60周年。

［目　文］　习近平在贺电中指出，中阿传统友谊深厚，中国是第一个承认阿尔及利亚的非阿拉伯国家，阿尔及利亚是最早同新中国建交的非洲国家之一。建交60年来，两国关系始终保持良好发展势头。2014年中阿建立全面战略伙伴关系，双边关系取得了新的长足发展，各领域合作卓有成效，我对此感到十分满意。我高度重视中阿关系发展，希望双方继续携手努力，以两国建交60周年为新起点，弘扬传统友谊，深化互利合作，推动中阿全面战略伙伴关系不断迈上新台阶，更好造福两国和两国人民。

布特弗利卡在贺电中对60年来阿中关系顺利发展表示满意。他说，两国始终相互信任，彼此支持，各领域合作成果丰硕。阿方愿继续巩固阿中政治互信，积极参与"一带一路"建设，支持构建人类命运共同体，将阿中全面战略伙伴关系提升至更高水平。

同日，国务院总理李克强同阿尔及利亚总理乌叶海亚也互致了贺电。

12月20日

［纲　文］　《人民日报》报道，退役军人事务部、中央军委政治工作部印发新修订的《符合政府安排工作条件退役士兵服役表现量化评分暂行办法》，自2018年12月14日起施行。

12月20日

［纲　文］　财政部印发《地方政府债务信息公开办法（试行）》，自2019年1月1日起实施。

12月20日

［纲　文］　科技部、发展改革委、财政部印发《进一步深化管理改革激发创新活力确保完成国家科技重大专项既定目标的十项措施》。

［目　文］　《措施》由三个部分组成：一、完善管理制度，提高科学管理水平。二、优化科研项目和经费管理，赋予科研人员和科研单位更大自主权。三、弘扬科学精神，激

发科研人员创新活力。

12月20日

［纲　文］　自然资源部、发展改革委发布《关于贯彻落实〈国务院关于加强滨海湿地保护严格管控围填海的通知〉的实施意见》。

［目　文］　《意见》由三个部分组成：一、严控新增围填海，保障国家重大战略项目用海。二、开展现状调查，加快处理围填海历史遗留问题。三、提升监管能力，全面落实严控围填海政策。

12月20日

［纲　文］　教育部办公厅印发《教育部高等学校教学指导委员会章程》。

［目　文］　《章程》共7章21条。主要有总则、任务、组织、委员、工作制度、工作支持等内容。自2018年12月20日起施行，由教指委总秘书处负责解释。

12月20日

［纲　文］　全国人大外事委员会、外交部发言人就美国"2018年对等进入西藏法案"发表声明。

［目　文］　声明说，美东时间12月19日，美国国会"2018年对等进入西藏法案"经美国总统签署成法。该法案诋毁中国西藏对外开放政策，以所谓"对等原则"鼓噪对有关中方官员采取歧视性签证政策，违背国际关系基本准则，粗暴干涉中国内政，伤害中国人民的感情，并向"藏独"势力发出严重错误信号。中国全国人大对此表示强烈愤慨和坚决反对。西藏事务纯属中国内政，不容任何外国势力干涉。中国西藏和其他四省藏区对各国人士是开放的。2015年以来仅美国访藏人员就将近4万人次，其中包括中国全国人大接待的多批美国国会议员代表团。同时，由于当地特殊的地理和气候条件等因素，中国政府依法依规对外国人入藏采取一定管理措施，这是完全必要、无可厚非的。美方有关法案对中方的指责罔顾事实、充满偏见，我们对此绝不接受。如果美方将该法付诸实施，必将给两国各领域交流合作包括双方立法机关交往带来严重损害，中方也必将采取有力措施坚决维护自身利益。

同日，外交部发言人就此指出，中方对美方执意签署美国国会通过的所谓"2018年对等进入西藏法案"表示坚决反对。正如中方多次指出，该法案严重违反国际关系基本准则，粗暴干涉中国内政，向"藏独"分裂势力发出严重错误信号，对中美交流与合作具有严重危害性。必须强调，西藏事务纯属中国内政，不容任何外国势力干涉。

12月20日

［纲　文］　澳门举行多项活动庆祝回归祖国19周年。

［目　文］　澳门特区政府举行澳门特别行政区成立19周年庆祝酒会。特区政府和驻澳部队分别在金莲花广场和驻澳部队军营举行了隆重的升旗仪式。多个政府部门及民间团体也举行了多项庆祝活动：邮电局在集邮商店为市民加盖"澳门特别行政区成立19周年纪念"邮戳，并出售纪念封；民政总署举办"浪漫爱城——冬季花卉展"，展出来自不

12月20日

［纲　文］　国务委员兼国防部部长魏凤和在北京会见俄罗斯国防部副部长兼军事政治总局局长卡尔塔波洛夫。

［目　文］　魏凤和说，中俄两军近年来在各层级、各领域、各方向开展高水平务实交流合作，为维护全球战略平衡、维护地区稳定作出重要贡献。中方愿同俄方一道，以明年中俄建交70周年为契机，坚决落实两国元首重要共识，推动中俄军事领域合作不断取得新成果。

卡尔塔波洛夫说，俄方愿同中方加强包括军事政治在内的各领域务实合作，不断把两国两军关系推向新的高度。

12月20日

［纲　文］　《人民日报》发表评论员文章《伟大的觉醒　伟大的革命——论学习贯彻习近平总书记在庆祝改革开放四十周年大会重要讲话》。

12月20日

［纲　文］　《人民日报》报道，经中共中央批准，中央纪委国家监委对吉林省纪委原副书记、省监委原副主任邱大明严重违纪违法问题进行立案审查调查。

［目　文］　经查，邱大明违反政治纪律和政治规矩，干扰审查调查工作，泄露中央巡视移交线索处置情况，违规干预、插手违纪违法案件查处并跑风漏气，对抗组织审查；违反中央八项规定精神，多次接受可能影响公正执行公务的宴请，公车私用，收受礼品礼金；违反廉洁纪律，违规从事营利性活动，利用职权或职务影响低价购房，为自己及近亲属谋取利益；违反工作纪律，违规干预司法、执法活动；违反生活纪律。利用职务上的便利或职权、地位形成的便利条件为他人谋取利益并收受巨额财物，涉嫌受贿犯罪；利用职务上的便利侵吞公款，涉嫌贪污犯罪。

邱大明身为省级纪检监察机关领导干部，理想信念丧失、政治意识全无，执纪违纪、执法犯法，将监督执纪权变为谋取私利的工具，与商人老板勾肩搭背，大搞权钱交易，严重损害了纪检监察干部形象，且在党的十八大后不收敛、不收手，严重违反党的纪律，构成职务违法并涉嫌犯罪，应予严肃处理。依据《中国共产党纪律处分条例》《中华人民共和国监察法》等有关规定，经中央纪委常委会会议研究并报中共中央批准，决定给予邱大明开除党籍处分；由国家监委给予其开除公职处分；免去其第十一届吉林省委委员职务，终止其吉林省第十一次党代会代表资格；收缴其违纪违法所得；将其涉嫌犯罪问题移送检察机关依法审查起诉，所涉财物随案移送。

2019年11月5日，河北省石家庄市中级人民法院根据最高人民法院的指定管辖决定，对吉林省纪委原副书记、省监委原副主任邱大明受贿、贪污一案进行了公开开庭审理，对被告人邱大明以受贿罪判处有期徒刑13年，并处罚金人民币150万元；以贪污罪判处有期徒刑3年，并处罚金人民币20万元，决定执行有期徒刑14年，并处罚金人民币

170万元。对邱大明受贿、贪污所得财物予以追缴，上缴国库或发还相关单位。邱大明当庭表示服从法院判决，不上诉。

12月21日

［纲　文］　国家主席习近平致信祝贺中国—印度高级别人文交流机制首次会议召开。

［目　文］　习近平在贺信中指出，中国和印度同为文明古国，拥有悠久历史和灿烂文化。两大文明自古以来密切交流，互学互鉴，共同为人类发展进步作出了重要贡献。当前，中印关系积极向前发展，两国政治互信不断深化，务实合作加快推进，人文交流蓬勃开展，在国际和地区事务中保持沟通协调。实践证明，良好的中印关系利在两国、惠及世界。习近平希望中印双方用好两国高级别人文交流机制，运用中印两大东方文明的深厚底蕴，促进两国人民心灵交流，助力两国构建更加紧密的发展伙伴关系。

21—24日，中国—印度高级别人文交流机制首次会议在新德里召开，会议由国务委员兼外交部部长王毅和印度外长斯瓦拉吉共同主持。王毅和斯瓦拉吉首先分别宣读了习近平主席、莫迪总理向会议发来的贺信。中印双方有关部门负责人围绕文化、媒体、影视、博物馆、体育、青年、旅游、地方、传统医药与瑜伽、教育与智库等领域的交流合作进行了讨论，达成共识。

会议期间，王毅会见了印度总统科温德；出席第三届中印媒体高峰论坛开幕式、中印青年主题摄影展、高级别人文交流机制开幕式暨文化之夜、中印文明对话闭幕式等一系列人文交流活动。

12月21日

［纲　文］　国务院印发《关于加快推进农业机械化和农机装备产业转型升级的指导意见》。

［目　文］　《意见》由八个部分组成：一、总体要求。二、加快推动农机装备产业高质量发展。三、着力推进主要农作物生产全程机械化。四、大力推广先进适用农机装备与机械化技术。五、积极发展农机社会化服务。六、持续改善农机作业基础条件。七、切实加强农机人才培养。八、强化组织领导。

《意见》指出，要建立由农业农村部、工业和信息化部牵头的国家农业机械化发展协调推进机制，各省级人民政府要结合实际制定实施意见，重点在公共服务等方面提供支持。要充分尊重农民意愿，从根本上依靠市场力量和农民的创造性，因地制宜有序推进。

12月21日

［纲　文］　国务院印发《关于在海南博鳌乐城国际医疗旅游先行区暂时调整实施〈中华人民共和国药品管理法实施条例〉有关规定的决定》。

［目　文］　《决定》说，为进一步支持海南省试点发展国际医疗旅游相关产业，国务院决定在海南博鳌乐城国际医疗旅游先行区暂时调整实施《中华人民共和国药品管理法实

施条例》第三十六条的规定，对先行区内医疗机构因临床急需进口少量药品（不含疫苗）的申请，由海南省人民政府实施审批。经批准进口的药品应当在指定医疗机构内用于特定医疗目的。海南省人民政府要明确审批的条件和程序，严格审查医疗机构提出的申请，对经批准进口的药品实施严格的药品追溯管理制度，加强对医疗机构使用药品的监督管理，做好药品不良反应的监测和处理，确保所进口的药品来源渠道安全可靠，确保药品使用安全，切实维护人民群众身体健康和生命安全。具体管理办法由海南省人民政府制定，报国务院药品监督管理部门和国务院卫生主管部门同意后实施。

12月21日

〔纲　文〕　工业和信息化部印发《关于加快推进虚拟现实产业发展的指导意见》。

〔目　文〕　《意见》由三个部分组成：一、总体要求。二、重点任务。三、推进措施。

《意见》指出，到2020年，我国虚拟现实产业链条基本健全，在经济社会重要行业领域的应用得到深化，建设若干个产业技术创新中心，核心关键技术创新取得显著突破，打造一批可复制、可推广、成效显著的典型示范应用和行业应用解决方案，创建一批特色突出的虚拟现实产业创新基地，初步形成技术、产品、服务、应用协同推进的发展格局。

12月21日

〔纲　文〕　国家市场监管总局公布《市场监督管理行政处罚听证暂行办法》。

〔目　文〕　《办法》共6章35条。主要有总则，申请和受理，听证组织机构，听证人员和听证参加人，听证准备，举行听证等内容。自2019年4月1日起施行。2005年12月30日原国家食品药品监督管理局令第23号公布的《国家食品药品监督管理局听证规则（试行）》、2007年9月4日原国家工商行政管理总局令第29号公布的《工商行政管理机关行政处罚案件听证规则》同时废止。

12月21日

〔纲　文〕　国家市场监管总局公布《关于修改〈药品广告审查办法〉等三部规章的决定》。

〔目　文〕　《决定》说，为贯彻落实《国务院关于加快推进全国一体化在线政务服务平台建设的指导意见》（国发〔2018〕27号）、《国务院关于在全国推开"证照分离"改革的通知》（国发〔2018〕35号）、《国务院办公厅关于加快推进与政务服务"一网通办"不相适应的法规规章修订等工作的通知》（国办函〔2018〕69号）等文件精神，市场监管总局决定对下列规章作出修改：一、对《药品广告审查办法》作出修改。二、对《医疗器械广告审查办法》作出修改。三、对《计量标准考核办法》作出修改。本决定自2018年12月21日起实施。

12月21日

〔纲　文〕　税务总局发布《个人所得税专项附加扣除操作办法（试行）》。

〔目　文〕　《办法》共5章30条。主要内容有总则、享受扣除及办理时间、报送信息及留存备查资料、信息报送方式、后续管理。自 2019 年 1 月 1 日起施行。

12 月 21 日

［纲　文］　税务总局发布《个人所得税扣缴申报管理办法（试行）》，自 2019 年 1 月 1 日起施行。《国家税务总局关于印发〈个人所得税全员全额扣缴申报管理暂行办法〉的通知》（国税发〔2005〕205 号）同时废止。

12 月 21 日

［纲　文］　税务总局发布《关于个人所得税自行纳税申报有关问题的公告》。

［目　文］　《公告》根据新修改的《中华人民共和国个人所得税法》及其实施条例，就个人所得税自行纳税申报有关问题公告如下：一、取得综合所得需要办理汇算清缴的纳税申报。二、取得经营所得的纳税申报。三、取得应税所得，扣缴义务人未扣缴税款的纳税申报。四、取得境外所得的纳税申报。五、因移居境外注销中国户籍的纳税申报。六、非居民个人在中国境内从两处以上取得工资、薪金所得的纳税申报。七、纳税申报方式。八、其他有关问题。九、施行时间。本公告自 2019 年 1 月 1 日起施行。

12 月 21 日

［纲　文］　生态环境部、商务部、发展改革委、海关总署发布《关于调整〈进口废物管理目录〉的公告》。

［目　文］　《公告》说，为进一步规范固体废物进口管理，防治环境污染，根据《中华人民共和国固体废物污染环境防治法》《固体废物进口管理办法》及有关法律法规，生态环境部、商务部、发展改革委、海关总署对现行的《非限制进口类可用作原料的固体废物目录》和《限制进口类可用作原料的固体废物目录》进行以下调整：将废钢铁、铜废碎料、铝废碎料等 8 个品种固体废物（见附件），从《非限制进口类可用作原料的固体废物目录》调入《限制进口类可用作原料的固体废物目录》，自 2019 年 7 月 1 日起执行。

《进口废物管理目录》（环境保护部、商务部、发展改革委、海关总署、质检总局 2017 年第 39 号公告）所附目录与本公告不一致的，以本公告为准。

12 月 21 日

［纲　文］　市场监管总局公布《市场监督管理行政处罚程序暂行规定》。

［目　文］　《规定》共 7 章 79 条。主要有总则，管辖，行政处罚的一般程序，行政处罚的简易程序，执行与结案，期间、送达等内容。自 2019 年 4 月 1 日起施行。1996 年 9 月 18 日原国家技术监督局令第 45 号公布的《技术监督行政处罚委托实施办法》、2001 年 4 月 9 日原国家质量技术监督局令第 16 号公布的《质量技术监督罚没物品管理和处置办法》、2007 年 9 月 4 日原国家工商行政管理总局令第 28 号公布的《工商行政管理机关行政处罚程序规定》、2011 年 3 月 2 日原国家质量监督检验检疫总局令第 137 号公布的《质量技术监督行政处罚程序规定》、2011 年 3 月 2 日原国家质量监督检验检疫总局令第 138 号公布的《质量技术监督行政处罚案件审理规定》、2014 年 4 月 28 日原国家食品药品监督管理总局令第 3 号公布的《食品药品行政处罚程序规定》同时废止。

12月21日

[纲 文] 十三届全国政协第十七次双周协商座谈会在北京召开。

[目 文] 全国政协主席汪洋主持会议时指出，要深入学习贯彻习近平总书记关于坚定不移扩大开放和构建人类命运共同体的重要论述，坚持企业为主、政府引导、市场化运作，坚持共商共建共享，坚持稳中求进、久久为功，把境外经贸合作区打造成中国与世界开放融通、合作共赢的亮丽"名片"。

全国政协副主席王正伟、辜胜阻在会上作了发言，张庆黎、何维出席会议。全国政协委员楼继伟、周汉民、顾学明、李建红、陈小平、刘惠好、孙毅彪、王济光、张华荣、宋青和专家赵磊在会上发言。商务部负责人介绍了有关情况，外交部、发展改革委、财政部、人民银行、银保监会负责人现场作了互动交流。11位委员和专家围绕境外经贸合作区的管理运营、政策支持、人才支撑、风险管控等建言资政。

一些委员建议，推进境外经贸合作区建设，涉及部门多，要认真总结经验，坚持问题导向，加强统筹协调，积极回应企业诉求。要加强宏观指导，搞好国别和产业指引，建立动态评估和考核机制，引导合作区健康有序发展。要完善财政、税收等支持手段，创新金融支持方式，扩大人民币在境外投资中的使用，有效缓解融资难、融资贵问题。要健全服务保障，搭建集政策指导、行政管理、招商信息、人才需求、推介宣传等为一体的综合服务平台，为企业牵线搭桥。要健全双边磋商机制，签署更多投资和税收协定，推动东道国在配套设施、政策优惠、安全保障等方面给予相应支持，为合作区建设营造良好环境。要健全风险评估、预警、防范机制，注意规避国际政治、经济、安全、规则等方面的风险，打造海外投资的"安全驿站"。要牢固树立长期经营的理念，引导企业遵守东道国法律法规和文化习俗，爱护资源环境，雇用更多当地员工，采购更多本地产品，履行相应的社会责任，维护中国企业良好国际形象。

12月21日

[纲 文] 党外人士学习贯彻习近平总书记在庆祝改革开放40周年大会上的讲话精神座谈会在北京召开。

[目 文] 中央统战部部长尤权主持会议并讲话。万鄂湘、陈竺、丁仲礼、郝明金、蔡达峰、武维华、万钢、陈晓光、苏辉、郑建邦、刘新成、邵鸿、高云龙等出席会议。各民主党派中央、全国工商联负责人和无党派人士代表参加会议。

尤权指出，习近平总书记的重要讲话，回顾总结了改革开放40年来的光辉历程、伟大成就和宝贵经验，明确提出了把新时代改革开放继续推向前进的目标要求，是新时代改革开放再出发的宣言书和动员令，具有重大的现实意义和深远的历史意义。党外人士要深入学习贯彻习近平总书记重要讲话精神，切实转化为坚定的政治共识、强大的精神动力、科学的思想方法、有力的工作举措，不断加强中国特色社会主义参政党建设，更加自觉地坚持和完善我国新型政党制度，为新时代继续推进改革开放和中国特色社会主义事业贡献智慧和力量。

12月21日

[纲　文]　全国工商联、人力资源社会保障部、全国总工会在北京举行全国就业与社会保障先进民营企业暨关爱员工实现双赢表彰大会。

[目　文]　全国总工会副主席蔡振华主持会议。国务院就业工作部际联席会议成员单位、全国工商联、人力资源社会保障部、全国总工会、各省（区、市）和新疆生产建设兵团等相关负责人参加会议。人力资源社会保障部副部长张义珍宣读表彰决定，森特士兴集团股份有限公司等84家民营企业荣获"全国就业与社会保障先进民营企业"称号，天津伊利乳业有限公司工会等29家民营企业工会荣获"全国双爱双评先进企业工会"称号，张彦森等25位同志荣获"全国关爱员工优秀民营企业家"称号，刘永全等31位同志荣获"全国热爱企业优秀员工"称号。5位先进集体和个人代表发言。

12月21日

[纲　文]　全国农业资源环境与农村能源生态工作会议在广州召开。

[目　文]　会议部署了2019年重点工作。一是深入推进污染源普查，进一步加强农业污染源普查数据平台建设，形成农业源产排污系数，按时保质保量完成污染源普查工作。二是实施好秸秆农膜行动，扩大秸秆综合利用试点范围，抓好西北地区的农膜回收示范县建设。三是切实加强耕地土壤环境保护，加强耕地环境调查监测，推进耕地分类管理，建设受污染耕地安全利用与严格管控综合示范区。四是加强农村能源生态建设，推进畜禽养殖废弃物沼气化利用，推动出台《加快推进生物天然气发展实施意见》，组织开展生态循环农业示范创建。五是推进农业物种资源保护，加强外来入侵物种拦截监控，推进农业野生植物资源调查与抢救性收集，探索农业物种资源保护与开发并举的新机制。

12月21日

[纲　文]　三峡电站创国内单座水电站年发电量新纪录。

[目　文]　截至8时25分21秒，三峡电站本年累计生产1000亿千瓦时绿色电能，创国内单座水电站年发电量新纪录，目前累计发电量近1.2万亿千瓦时。1000亿千瓦时绿色电能，相当于节约标煤0.319亿吨，减排二氧化碳0.858亿吨。三峡电站是当今世界上最大水电站，总装机容量2250万千瓦，是我国"西电东送"和"南北互供"的骨干电源点。

12月21日

[纲　文]　外交部发言人就美国在网络安全问题上的错误言行发表谈话。

[目　文]　发言人表示，12月20日，美方捏造事实、无中生有，在网络安全问题上对中方进行无端指责，以所谓"网络窃密"为由对两名中方人员进行"起诉"。此举严重违反国际关系基本准则，严重损害中美合作，性质十分恶劣，中方对此坚决反对，已向美方提出严正交涉。中国政府在网络安全问题上的立场是一贯的、明确的。中国是网络安全的坚定维护者，一贯坚决反对并打击任何形式的网络窃密。中国政府从未以任何形式参与或支持任何人从事窃取商业秘密的行为。长期以来，美国有关部门对外国政府、企业和个人进行大规模、有组织的网络窃密和监听、监控活动，这早已是公开的秘密。美方以所

谓"网络窃密"名义对中方进行无端指责,纯属倒打一耙,自欺欺人。中方绝不接受。

12月21日

［纲　文］　中国援助斐济水文测量船在斐济首都苏瓦举行交接仪式。

［目　文］　中国与斐济政府代表、驻斐外交使团代表、中国国防部工作组等出席。

12月21日

［纲　文］　《人民日报》发表评论员文章《铸就中华民族伟大复兴的里程碑——论学习贯彻习近平总书记在庆祝改革开放四十周年大会重要讲话》。

12月22日

［纲　文］　受中共中央委托,尤权在北京向党外人士通报中央经济工作会议精神。

［目　文］　万鄂湘、陈竺、郝明金、蔡达峰、武维华、万钢、陈晓光、苏辉、郑建邦、辜胜阻、刘新成、何维、邵鸿、高云龙出席通报会。各民主党派中央、全国工商联有关负责人和无党派人士代表,中央统战部有关负责人参加会议。

中央统战部部长尤权指出,这次中央经济工作会议,是在全党全国人民全面贯彻落实习近平新时代中国特色社会主义思想和中共十九大精神,隆重纪念改革开放40周年之际召开的一次重要会议。习近平总书记的重要讲话,全面分析了当前国内国际经济形势,深刻阐释了对做好新形势下经济工作的规律性认识,系统阐述了我国发展的重要战略机遇期,明确提出了明年经济工作的总体要求、主要目标、政策取向和重点任务,体现了以习近平同志为核心的中共中央驾驭纷繁复杂发展环境、统筹经济工作全局的战略思考,彰显了坚定不移深化改革、扩大开放,着力完善有利于推动高质量发展的体制和政策环境的决心。

12月22日

［纲　文］　中国在酒泉卫星发射中心用"长征十一号"运载火箭,成功将虹云工程技术验证卫星发射升空,卫星进入预定轨道。

［目　文］　虹云工程是由中国航天科工集团有限公司牵头研制的覆盖全球的低轨宽带通信卫星系统。该系统将以天基互联网接入能力为基础,融合低轨导航增强、多样化遥感,实现通、导、遥的信息一体化。此次成功发射的技术验证卫星是虹云工程首发星,后续将以此卫星为基础开展低轨天基互联网试验与应用示范。

用于发射的"长征十一号"运载火箭由中国航天科技集团有限公司研制生产,这是长征系列运载火箭的第295次飞行。

12月22日

［纲　文］　中核集团发布,田湾核电二期工程按期全面投产。

［目　文］　3点17分,中核集团田湾核电4号机组100小时满功率运行考核试验结束,具备商运条件。至此,中国、俄罗斯最大的核能合作项目——田湾核电二期工程(3号、4号机组)全面投产。

田湾核电站位于江苏省连云港市。田湾二期工程两台机组按期全面投产后,一年发电量大约可供 1000 万户中国家庭使用一年,预计每年减排效益相当于在长江三角洲地区种植了超过 3.5 万公顷的绿色森林。

12 月 22 日

[纲　文]　住房城乡建设部发布《关于修改〈建筑业企业资质管理规定〉等部门规章的决定》。

[目　文]　《决定》说,为贯彻落实国务院深化"放管服"改革,加快推进政务服务"一网通办"的要求,住房城乡建设部对《建筑业企业资质管理规定》《建设工程勘察设计资质管理规定》《工程监理企业资质管理规定》《房地产开发企业资质管理规定》四部部门规章的部分条款进行了修改。自 2018 年 12 月 22 日起施行。

12 月 22 日

[纲　文]　清华大学新闻与传播学院与范敬宜新闻教育基金主办的第六届范敬宜新闻教育奖颁奖仪式暨第四届新闻传播学科高峰论坛在北京举行。

[目　文]　本届范敬宜新闻教育奖良师奖授予复旦大学教授孟建、浙江大学教授邵培仁,良友奖授予人民日报社原副总编辑梁衡,学子奖授予中国人民大学何天平、清华大学景嘉伊、南京大学孔德淇、武汉大学李新新、复旦大学李玉楼、华中科技大学卢功靖、北京大学吕安琪、暨南大学覃建行、中国传媒大学翁旭东、厦门大学姚晓辉共 10 位在校学子。

第四届新闻传播学科高峰论坛以改革开放 40 周年与当代中国的新闻传播业、中国特色新闻学的理论资源、中国特色新闻学的研究方式、中国特色新闻学的教学思考为主题,40 余位新闻传播学界的知名学者作主题发言,并围绕构建中国特色新闻学的主题进行交流。

12 月 22 日

[纲　文]　《人民日报》发表社论《深化供给侧结构性改革要在巩固增强提升畅通上下功夫》。

12 月 22 日

[纲　文]　《人民日报》发表评论员文章《锻造当代中国最显著特征最壮丽气象——论学习贯彻习近平总书记在庆祝改革开放四十周年大会重要讲话》。

12 月 22—24 日

[纲　文]　中国美术家协会第九次全国代表大会在北京召开。

[目　文]　中宣部部长黄坤明出席开幕式并讲话。各省、自治区、直辖市和新疆生产建设兵团、解放军、中央国家机关以及港澳台地区的 400 余名美术工作者代表参加会议。大会选举产生了新一届主席团,范迪安当选中国美术家协会主席。

12 月 23 日

[纲　文]　新华社讯,中共中央办公厅、国务院办公厅印发《关于做好 2019 年元

旦春节期间有关工作的通知》。

12月23日

［纲　文］　国务院办公厅印发《关于推广第二批支持创新相关改革举措的通知》。

［目　文］　《通知》由三个部分组成：一、推广的改革举措。二、高度重视推广工作。三、认真抓好组织实施。

《通知》要求，各省（区、市）人民政府要把推广支持创新相关改革举措列为本地区重点工作，切实加强组织领导，结合各自实际情况，研究制定推广工作方案。要加强督促检查，积极创造条件开展复制推广工作，确保改革举措落地生根、产生实效。

12月23日

［纲　文］　人力资源社会保障部、应急管理部印发《国家综合性消防救援队伍消防员招录办法（试行）》。

［目　文］　《办法》共5章19条。主要有总则、招录条件与范围、招录程序、纪律与监督等内容。自2018年12月23日起施行。

12月23日

［纲　文］　中国首款全复材多用途无人机"翼龙I-D"在中国西部某机场成功首飞。

［目　文］　"翼龙I-D"采用全复合材料结构、优化气动布局、换装大功率发动机等措施，在起飞重量、升限、航时、通信、内部装载和外挂能力等方面都有大幅提升，可应用在情报获取、监视、侦察、反恐、边境巡逻、缉毒和反走私等安全领域，并在国土资源调查、管网巡线、灾害监视与评估等民用领域也可以发挥作用。

12月23日

［纲　文］　《人民日报》发表评论员文章《我们为创造奇迹的中国人民感到无比自豪——论学习贯彻习近平总书记在庆祝改革开放四十周年大会重要讲话》《为全面建成小康社会收官打下决定性基础——一论贯彻落实中央经济工作会议精神》。

12月23—29日

［纲　文］　十三届全国人大常委会第七次会议在北京举行。

［目　文］　全国人大常委会委员长栗战书主持开、闭幕会。全国人大常委会副委员长王晨、曹建明、张春贤、沈跃跃、吉炳轩、艾力更·依明巴海、万鄂湘、陈竺、王东明、白玛赤林、丁仲礼、郝明金、蔡达峰、武维华，秘书长杨振武和常委会组成人员出席会议。

会议主要内容是：一、会议经表决，通过了关于修改农村土地承包法的决定，耕地占用税法，车辆购置税法，新修订的公务员法，关于修改村民委员会组织法、城市居民委员会组织法的决定，关于修改产品质量法等五部法律的决定，关于修改电力法等四部法律的决定，关于修改劳动法等七部法律的决定，关于修改社会保险法的决定，国家主席习近平分别签署第17、18、19、20、21、22、23、24、25号主席令予以公布。二、会议表决通过了关于延长授权国务院在北京市大兴区等33个试点县（市、区）行政区域暂时调整实施有关法律规定期限的决定、关于授权国务院提前下达部分新增地方政府债务限额的决定。三、会议表决通过了全国人大常委会关于召开十三届全国人大二次会议的决定。根据决定，十三届全国人大二次会议于2019年3月5日在北京召开。四、会议表决通过了全国人大常委会关于批准上海合作组织反极端主义公约的决定。五、会议分别表决通过了全国人大宪法和法律委员会、教育科学文化卫生委员会、华侨委员会、环境与资源保护委员会、社会建设委员会关于十三届全国人大一次会议主席团交付审议的代表提出的议案审议结果的报告。六、会议表决通过了全国人大常委会代表资格审查委员会关于个别代表的代表资格的报告。七、会议经表决，任命胡晓犁为十三届全国人大常委会副秘书长，任命武增为全国人大常委会法制工作委员会副主任。

栗战书在闭幕会上指出，全国人大及其常委会要深入学习贯彻习近平总书记在庆祝改革开放40周年大会、中央经济工作会议上的重要讲话精神，自觉担负起新时代改革开放赋予人大的历史使命，紧紧围绕党的十九大确定的奋斗目标和战略安排，服从服务于改革开放伟大实践，履职尽责、开拓进取，推动人大制度和人大工作与时俱进、完善发展。

闭幕会后，十三届全国人大常委会举行第八次专题讲座，栗战书主持。全国人大常委会副秘书长信春鹰作了题为《改革开放40年全国人大及其常委会的立法工作》的讲座。

12月23—24日

[纲　文]　庆祝改革开放40周年理论研讨会在北京召开。

[目　文]　研讨会由中宣部、中央改革办、中央党校（国家行政学院）、中央党史和文献研究院、发展改革委、教育部、商务部、中国社会科学院、中央军委政治工作部主办，中宣部部长黄坤明主持会议。中央和国家机关有关部门、地方、企业负责人和专家学者20人作了大会发言。研讨会主办单位负责人、专家学者代表和部分理论研究机构、地方党委宣传部负责人等，共约300人参加会议。

研讨会期间，与会者围绕学习中共中央总书记习近平讲话进行了交流，深化了对党的十一届三中全会重大意义和深远影响的认识，深化了对改革开放40年光辉历程、伟大成就、宝贵经验、实践启示的认识，深化了对高举改革开放旗帜、把新时代改革开放引向深入的认识，进一步明确了理论工作者的历史责任。

24日，中共中央政治局常委王沪宁出席会议并讲话。他表示，要认真学习贯彻习近平总书记在庆祝改革开放40周年大会上的重要讲话精神，加强对改革开放成功实践和宝贵经验的研究阐释，为将改革开放进行到底、夺取新时代中国特色社会主义伟大胜利提供理论支撑。新时代要继续将改革开放胜利推向前进，必须深入学习领会习近平总书记关于改革开放的重要论述，把思想和行动统一到党中央重大决策部署上来。要在学习研究宣传习近平新时代中国特色社会主义思想上取得新进展，在研究总结改革开放和社会主义现代化建设实践经验上取得新进展，在深入回答新时代改革开放重大问题上取得新进展，在加快构建中国特色哲学社会科学上取得新进展，以理论创造的新成果推动改革开放事业实现新发展。

12月24日

［纲　文］　国家主席习近平就印度尼西亚巽他海峡近日发生海啸灾害向印度尼西亚总统佐科致慰问电。

12月24日

［纲　文］　李克强主持召开国务院常务会议。

［目　文］　会议主要内容是：一、部署加大对民营经济和中小企业支持，增强市场主体活力和发展信心。会议指出，落实中央经济工作会议精神，加力支持民营企业和中小企业发展，有利于增强经济发展内生动力、推动创业创新和就业扩大。一要打造公平便捷营商环境。二要更大力度减税降费，改进融资服务。完善普惠金融定向降准政策。三要维护合法权益。依法保护民营企业家人身财产安全。二、决定取消企业银行账户开户许可，压缩商标专利审查周期，全面实施"双随机、一公开"市场监管。会议强调，要针对市场呼声和难点痛点，持续深化"放管服"改革、优化营商环境，进一步激发市场活力和社会创造力。一是在分批试点基础上，明年底前完全取消企业银行账户开户许可。二是提高知识产权审查效率。三是在近年来试点和听取市场主体意见基础上，用2年时间实现"双随机、一公开"在市场监管领域全覆盖、常态化，提高监管效能，防止任意检查、执法扰民。

12月24日

［纲　文］　中央纪委常委会在北京召开会议。

［目　文］　中共中央政治局常委、中央纪委书记赵乐际主持会议。中央纪委副书记杨晓渡等出席会议。会议传达学习贯彻习近平总书记在庆祝改革开放40周年大会上的讲话和关于纪检监察工作指示精神，纪念党的纪律检查机关恢复重建40周年。会议强调，要以习近平新时代中国特色社会主义思想为指导，增强"四个意识"、坚定"四个自信"，深刻把握改革开放的历史意义、光辉历程、伟大成就、宝贵经验，弘扬伟大改革开放精神，总结运用改革开放40年纪检监察工作经验，持续深化纪检监察体制改革，推动新时代纪检监察工作高质量发展。

会议指出，要以改革创新精神推动纪检监察工作，持续深化、一体推进党的纪律检查体制改革、国家监察体制改革、纪检监察机构改革，实现执纪执法贯通、有效衔接司法，推进反腐败工作法治化、规范化，增强监督全覆盖、有效性。要整合规范纪检监察工作流程，建立健全配套法规，发挥合署办公优势，推动反腐败工作在决策部署指挥、资源力量整合、措施手段运用上更加协同高效。要始终铭记打铁必须自身硬，带头加强党的政治建设，从严从实强化自我监督，把纪检监察权力关进制度的笼子，对执纪违纪、执法违法者"零容忍"，做党和人民的忠诚卫士。

12月24日

［纲　文］　政协第十三届全国委员会第十四次主席会议在北京举行。

［目　文］　全国政协主席汪洋主持会议并讲话。全国政协副主席张庆黎、刘奇葆、

董建华、万钢、卢展工、王正伟、马飚、陈晓光、梁振英、杨传堂、李斌、巴特尔、汪永清、苏辉、郑建邦、辜胜阻、刘新成、何维、邵鸿、高云龙出席会议。

会议传达学习了中央经济工作会议精神。会议审议通过了政协第十三届全国委员会常务委员会第五次会议议程（草案）和日程，决定2019年2月27日至28日在京召开全国政协十三届常委会第五次会议，为召开政协第十三届全国委员会第二次会议作准备。审议通过了关于召开政协第十三届全国委员会第二次会议的决定（草案），政协第十三届全国委员会第二次会议秘书长、副秘书长名单（草案）和新闻发言人名单，确定全国政协委员、全国政协外事委员会委员郭卫民为政协第十三届全国委员会第二次会议新闻发言人。上述有关文件草案将提请全国政协十三届常委会第五次会议审议。

会议审议并原则同意全国政协2019年协商计划，请办公厅根据会议意见修改完善后报请中共中央审定。会议审议通过了全国政协2019年双周协商座谈会和网络议政远程协商活动安排，常委会学习讲座参考选题，政协第十三届全国委员会副主席联系专门委员会、界别和委员工作办法（暂行），请办公厅根据会议意见修改完善后按程序报批印发实施。会议还听取了全国政协2018年重点提案工作情况汇报，全国政协民族和宗教委员会、文化文史和学习委员会工作汇报。

12月24日

［纲　文］　住房和城乡建设部在北京召开全国住房和城乡建设工作会议。

［目　文］　住房和城乡建设部部长王蒙徽总结了2018年住房和城乡建设工作，分析了面临的形势和问题，提出了2019年工作总体要求和重点任务。

会议号召，全国住房和城乡建设系统要更加紧密地团结在以习近平同志为核心的党中央周围，以更加振奋的精神状态、更加扎实的工作作风和更加有力的工作措施，坚定不移推进住房和城乡建设事业高质量发展，以优异成绩迎接新中国成立70周年，为决胜全面建成小康社会、夺取新时代中国特色社会主义伟大胜利、实现中华民族伟大复兴的中国梦作出新的更大贡献！

12月24日

［纲　文］　全国法院扫黑除恶专项斗争工作座谈会在长沙召开。

［目　文］　最高人民法院副院长、最高人民法院扫黑除恶专项斗争领导小组副组长姜伟出席会议并讲话。最高人民法院、最高人民检察院、公安部等单位扫黑办有关负责人、部分人大代表、政协委员出席会议。各高级人民法院、新疆维吾尔自治区高级人民法院生产建设兵团分院分管院领导、刑事审判庭负责人及湖南省政法各单位有关负责人参加会议。

会议传达了最高人民法院院长周强对人民法院扫黑除恶专项斗争工作的明确要求。天津、黑龙江等6个高院在会上作了交流发言，会议讨论了最高人民法院起草的有关指导性文件稿。

12月24日

［纲　文］　自然资源部海洋战略规划与经济司发布《2017年全国海水利用报告》。

［目　文］　《报告》说，截至2017年底，全国已建成海水淡化工程136个，产水规模118.91万吨/日，最大海水淡化工程规模为20万吨/日。海水直流冷却、海水循环冷却应用规模不断增长，年利用海水作为冷却水量达1344.85亿吨，新增用量143.49亿吨/年。

12月24日

［纲　文］　财政部印发《中央行政事业单位国有资产配置管理办法》。

［目　文］　《办法》共7章34条。主要有总则，资产配置标准，资产配置方式，资产配置相关预算申请、审核与批复，资产配置相关预算执行与调整，管理与监督等内容。自2019年1月1日起施行。此前颁布的有关规定与本办法不一致的，按照本办法执行。

12月24日

［纲　文］　国家档案局公布修改后的《电子公文归档管理暂行办法》，自2018年12月24日起施行。

12月24日

［纲　文］　农业农村部、发展改革委、科技部、工业和信息化部、财政部、商务部、卫生健康委、市场监管总局、银保监会发布《关于进一步促进奶业振兴的若干意见》。

［目　文］　《意见》由九个部分组成：一、目标任务。二、加快确立奶农规模化养殖的基础性地位。三、降低奶牛饲养成本。四、提高奶牛生产效率。五、做强做优乳制品加工业。六、促进养殖加工融合发展。七、提升乳品质量安全水平。八、推动主产省（区）率先实现奶业振兴。九、大力引导和促进乳制品消费。

《意见》指出，各地区、各有关部门要强化责任落实，按照本意见要求，结合自身实际，明确目标任务和责任分工，确保推进奶业振兴各项工作落到实处。

12月24日

［纲　文］　财政部印发《海岛及海域保护资金管理办法》，自2018年12月24日起施行。《财政部　国家海洋局关于印发〈中央海岛和海域保护资金使用管理办法〉的通知》（财建〔2015〕250号）、《财政部　国家海洋局关于〈中央海岛和海域保护资金使用管理办法〉的补充通知》（财建〔2016〕854）同时废止。

12月24日

［纲　文］　外交部发言人针对中国将成为联合国第二大会费国和维和摊款国表示，中国坚定维护多边主义，将履行作为发展中国家对联合国应尽的财政义务，既为世界和平发展作出贡献，也坚决维护自身合法权利。

［目　文］　联合国大会当地时间22日通过2019年至2021年联合国常规预算和维和预算经费分摊比例决议。在常规预算中，中国的分摊比例将首次超过日本，成为第二大出资国。

发言人说，这是中国作为世界第二大经济体，近年来经济总量和人均国民总收入增长的结果，也是中国国际影响力上升的体现。联合国确定会费的核心原则是各国支付能力。中国经济总量大，但人均国民收入水平低，属于发展中国家，这是衡量中国支付能力的重要依据。根据此次决议，中国在联合国常规预算经费中的分摊比例由目前的约 7.92% 升至约 12%；在联合国维和预算经费中，中国的分摊比例由目前的约 10.24% 上升至约 15.22%。决议维持了现行比额计算方法，发出的核心信息是，坚持支付能力原则，坚持多边主义。这也是中方的一贯立场。我们对联大通过上述决议表示欢迎和支持。我们希望各方认真执行好这个联大的决议，确保联合国有稳定、可预测的财政基础。

12月24日

［纲　文］　《人民日报》发表评论员文章《前进路上弥足珍贵的精神财富——论学习贯彻习近平总书记在庆祝改革开放四十周年大会重要讲话》《深化对做好经济工作的规律性认识——二论贯彻落实中央经济工作会议精神》。

12月24日

［纲　文］　新华社讯，经中共中央批准，中央纪委国家监委对中央纪委驻审计署原纪检组组长、审计署原党组成员郑振涛和广东省政协党组成员、副主席邓海光失职失责问题立案审查调查。

［目　文］　经查，郑振涛同志作为时任广东省韶关市市长、市委书记，主体责任落实不到位，对广东省韶关市新丰县练溪托养中心受助人员死亡事件的发生负有重要领导责任；邓海光同志作为时任广东省政府分管民政工作的副省长，对社会救助工作重视不够，对上述事件的发生负有领导责任。郑振涛、邓海光同志在推进社会救助工作中领导不力，出现重大失误，给党的事业和人民利益造成严重损失，产生恶劣影响，应予严肃问责。

依据《中国共产党问责条例》《中国共产党纪律处分条例》《中华人民共和国监察法》等有关规定和郑振涛、邓海光同志的违纪事实，经中央纪委常委会会议研究并报中共中央批准，决定给予郑振涛同志党内严重警告处分，由国家监委给予其政务记大过处分；由国家监委给予邓海光同志政务记过处分。

12月24—25日

［纲　文］　**2018中国新媒体大会在北京召开。**

［目　文］　大会由中华全国新闻工作者协会主办，中国记协新媒体专业委员会和人民日报社、新华社、中央广播电视总台新媒体部门承办。以"增强'四力'、守正创新、多出群众喜爱的融合精品"为主题。大会设置主题演讲、媒体融合精品创作系列访谈等交流活动。围绕本年中国新闻奖首次设立的媒体融合奖项，获奖团队和评委代表通过图文直播方式，与场内外观众分享"刷屏"之作、"爆款"产品的创作经验和创新价值。100多家新闻单位的新媒体负责人以及新闻院校、新闻研究机构专家学者与会。

12月25日

［纲　文］　新华社讯，中共中央印发《社会主义学院工作条例》。

［目　文］　《条例》共11章63条。主要有总则，设置和领导体制，班次和学制，教学工作，科研工作，中华文化教育、研究和对外交流工作，学员管理，机关党建工作和队伍建设，办学保障，执行与监督等内容。自2018年12月22日起施行。2003年11月27日中央统战部印发的《社会主义学院工作暂行条例》同时废止。

12月25日

［纲　文］　国务院批复河北省人民政府、发展改革委，同意河北雄安新区总体规划（2018—2035年）。

［目　文］　批复说，你们《关于呈报〈河北雄安新区总体规划（2018—2035年）〉的请示》收悉。经党中央、国务院同意，现批复如下：一、原则同意《河北雄安新区总体规划（2018—2035年）》。二、紧扣雄安新区战略定位。要按照高质量发展的要求，推动雄安新区与北京城市副中心形成北京新的两翼，与以2022年北京冬奥会和冬残奥会为契机推进张北地区建设形成河北两翼，促进京津冀协同发展。三、有序承接北京非首都功能疏解。四、优化国土空间开发保护格局。五、打造优美自然生态环境。要践行习近平生态文明思想，坚持尊重自然、顺应自然、保护自然，开展生态保护与环境治理，建设新时代的生态文明典范城市。六、推进城乡融合发展。七、塑造新区风貌特色。八、打造宜居宜业环境。九、构建现代综合交通体系。十、建设绿色低碳之城。十一、建设国际一流的创新型城市。十二、创建数字智能之城。十三、确保城市安全运行。十四、加强规划组织实施。《总体规划》是雄安新区发展、建设、管理的基本依据，必须严格执行，任何部门和个人不得随意修改、违规变更。

12月25日

［纲　文］　新华社讯，中组部发布通知，要求各级党组织在元旦春节期间开展走访慰问生活困难党员、老党员、老干部活动，让党员干部和广大人民群众切身感受到以习近平同志为核心的党中央的关怀和温暖。

12月25日

［纲　文］　新华社讯，退役军人事务部、中央军委政治工作部发布通知，要求做好新年春节期间拥军优属拥政爱民工作。

12月25日

［纲　文］　中央农办、农业农村部、卫生健康委、住房城乡建设部、文化和旅游部、发展改革委、财政部、生态环境部印发《关于推进农村"厕所革命"专项行动的指导意见》。

［目　文］　《意见》由五个部分组成：一、重要意义。二、思路目标。三、基本原则。四、重点任务。五、保障措施。

《意见》指出，进一步健全中央部署、省负总责、县抓落实的工作推进机制，强化上下联动、协同配合。省级党委政府负总责，把农村改厕列入重要议事日程，明确牵头责任部门，强化组织和政策保障，做好监督考核，建立部门间工作协调推进机制。强化市县主体责任，做好方案制定、项目落实、资金筹措、推进实施、运行管护等工作。

12月25日

［纲　文］　住房和城乡建设部、国家文物局在北京召开国家历史文化名城和中国历史文化名镇名村评估总结大会。

［目　文］　住房和城乡建设部部长王蒙徽、国家文物局局长刘玉珠出席会议并讲话，住房和城乡建设部副部长黄艳主持会议。会议总结了我国历史文化名城名镇名村保护工作取得的成绩和存在的问题，交流了北京、上海、广州、杭州等城市在历史文化保护工作上的经验，部署了下一阶段保护工作的总体要求和重点任务。与会人员考察了由住房和城乡建设部与国家文物局共同指导推进的首钢厂区工业建筑保护更新项目和北京中轴线整体申遗项目。

12月25日

［纲　文］　教育部办公厅印发《关于严禁有害APP进入中小学校园的通知》。

［目　文］　《通知》由四个部分组成：一、立即开展全面排查。二、严格审查进入校园的学习类APP。三、加强学习类APP日常监管。四、探索学习类APP管理使用的长效机制。

《通知》要求，各地要按照"凡进必审""谁选用谁负责""谁主管谁负责"的原则建立"双审查"责任制，学校首先要把好选用关，并报上级教育主管部门备案审查同意。

12月25日

［纲　文］　教育部办公厅印发《关于做好全国青少年校园冰雪运动特色学校及北京2022年冬奥会和冬残奥会奥林匹克教育示范学校遴选工作的通知》。

［目　文］　《通知》由四个部分组成：一、工作目标。二、遴选要求。三、政策支持。四、有关要求。

《通知》要求，各级教育行政部门和学校要重视安全管理工作，积极开展冰上、雪上运动安全教育，增强学生的安全意识。科学合理评估安全风险，切实加强监督检查，促进学校不断提高安全管理水平。

12月25日

［纲　文］　全国政府秘书长和办公厅主任会议在北京召开。

［目　文］　国务委员兼国务院秘书长肖捷出席会议时指出，要更加紧密团结在以习近平同志为核心的党中央周围，把思想和行动统一到党中央对当前国内外形势重大判断和党中央、国务院决策部署上来，增强做好新形势下政府办公厅工作的责任感和使命感，围绕中心、服务大局，推动政府办公厅工作再上新台阶。要以党的政治建设为统领，进一步加强政府办公厅自身建设，勤政廉政、积极作为、务实有为，坚决整治形式主义官僚主义，全面提升履职能力。

12月25日

［纲　文］　全国税务系统个人所得税改革工作视频会议在北京召开。

〔目　文〕　国家税务总局局长王军表示，个人所得税专项附加扣除政策于2019年1月1日起正式实施，全国税务系统要全力以赴确保个税改革平稳落地，让纳税人及时享受专扣政策红利。要做到培训辅导到位、岗责配备到位、系统准备到位；辅导扣缴办税要更主动、更精准，想方设法创造条件帮助扣缴单位便捷办税；服务纳税人要更优质、更贴心，对纳税人"有问必答""有难必解"。

12月25日

〔纲　文〕　中国国家知识产权局、世界知识产权组织主办的第二十届中国专利奖在北京揭晓。

〔目　文〕　国家知识产权局局长申长雨出席大会并讲话。世界知识产权组织总干事弗朗西斯·高锐向大会发来视频寄语。本届中国专利奖共评选出中国专利金奖30项、中国外观设计金奖10项；中国专利银奖59项、中国外观设计银奖15项；中国专利优秀奖695项、中国外观设计优秀奖61项。据不完全统计，40项金奖项目从实施之日起到2017年底，新增销售额835亿元，新增利润139亿元，新增出口额186亿元。

12月25日

〔纲　文〕　全国博物馆工作座谈会在北京召开。

〔目　文〕　文化和旅游部部长雒树刚出席并讲话，国家文物局局长刘玉珠作工作报告，国家文物局副局长关强作会议总结。会议主要内容是：以新时代中国特色社会主义思想为指导，贯彻党的十九大精神，安排部署下一阶段博物馆改革发展任务。各省、自治区、直辖市文物行政部门，部分在京中央部属博物馆，中央地方共建国家级博物馆负责人近百人参加会议。

改革开放40年来，博物馆数量从1978年的349家增长到现在的5000多家，年参观人数接近10亿人次，年举办展览2万余个，教育活动20万次。

12月25日

〔纲　文〕　国务委员兼外交部部长王毅在北京会见巴基斯坦外长库雷希。

〔目　文〕　双方就阿富汗局势的最新变化进行了讨论，达成了共识。双方一致认为，军事手段解决不了阿富汗问题，推进政治和解是唯一现实可行途径。双方欢迎各方为此作出的各种努力，愿就此保持密切沟通和战略协调。双方一致同意，进一步深化中巴全天候战略合作伙伴关系，不断提升全方位合作水平。

12月25日

〔纲　文〕　外交部发言人表示，国际社会各方开展对非合作时，应该更多倾听非方的声音、相信非方的智慧、尊重非方的意愿。

〔目　文〕　有记者问，据报道，卢旺达总统卡加梅日前在奥地利维也纳出席欧非峰会期间接受奥地利媒体采访，谈到中非合作和非欧关系时说，中国与非洲的交往是好事。中国在卢旺达很活跃，但并非以不恰当的方式行事。"我们知道我们的能力和我们应该接受中国提出的哪些建议，以避免债台高筑。这取决于我们非洲人，难道我们不知道如何与中国相处？欧洲人的伪善令人震惊。"

发言人表示，中国对非合作秉持真实亲诚理念和正确义利观。近年来，中非各领域务实合作取得丰硕成果。中国人民对非洲人民的真情实意，非洲人民能够感受得到；中国对非合作带来的实实在在的好处，非洲人民也可以感受得到。中非合作受到非洲国家和人民的真诚欢迎，也得到国际社会的积极评价，这是不争的事实。

12月25日

[纲　文] 中国铁路物资集团有限公司与中国长城资产管理股份有限公司等7家投资机构在北京签署70.5亿元的市场化债转股合作协议。

[目　文] 本次与中国铁路物资集团签署市场化债转股协议的投资机构包括：中国长城资产管理股份有限公司、中国国有企业结构调整基金、工银金融资产投资有限公司、农银金融资产投资有限公司、民生银行、招商银行以及伊敦传媒投资基金。

作为国务院国资委直接监管的大型央企，中国铁路物资集团因2012年至2014年爆发的一系列钢贸风险事件，导致资产遭受损失，连续三年亏损，以致资不抵债，并曾引发债券兑付问题。

12月25日

[纲　文] 中国在西昌卫星发射中心用"长征三号丙"运载火箭，成功将通信技术试验卫星三号送入地球同步转移轨道。

[目　文] 本次发射标志着"长征三号丙"系列运载火箭凭借全年14次发射的全胜战绩，再次刷新我国单一火箭年度发射数量的新纪录。

12月25日

[纲　文] 黄杭高铁开通运营。

[目　文] 黄杭高铁东连杭州、西接黄山，全长265公里，设计时速250公里每小时。高铁沿线穿越7个5A级景区，50多个4A级景区，被誉为黄金旅游线。

12月25日

[纲　文] 《人民日报》发表评论员文章《以改革开放的姿态继续走向未来——论学习贯彻习近平总书记在庆祝改革开放四十周年大会重要讲话》《正确认识我国发展的重要战略机遇期——三论贯彻落实中央经济工作会议精神》。

12月25—26日

[纲　文] 中共中央政治局召开民主生活会。

[目　文] 中共中央总书记习近平主持会议并讲话。生活会以强化创新理论武装，树牢"四个意识"，坚定"四个自信"，坚决做到"两个维护"，勇于担当作为，以求真务实作风坚决把党中央决策部署落到实处为主题，联系中央政治局工作，联系带头严格执行《中共中央政治局关于加强和维护党中央集中统一领导的若干规定》，联系带头贯彻落实中共中央总书记习近平指示批示和党中央决策部署的实际，联系带头严格执行《中共中央政治局贯彻落实中央八项规定实施细则》的实际，进行自我检查、党性分析，开展批评和自

我批评。

会议首先审议了《关于党的十九大以来中央政治局贯彻执行中央八项规定情况的报告》。随后，中央政治局的同志逐个发言，按照要求进行对照检查。中央政治局同志的发言认识深刻，查摆严格，意见坦诚，达到了进一步统一思想、明确方向、凝聚力量的目的。

中央政治局同志的发言，把握和体现了三个重点。一是带头学习贯彻习近平新时代中国特色社会主义思想，严格执行《中共中央政治局关于加强和维护党中央集中统一领导的若干规定》，坚决做到"两个维护"，自觉强化政治责任，提高政治能力。二是带头贯彻落实党中央决策部署，贯彻新发展理念，应对新形势新挑战，狠抓工作落实，敢于攻坚克难。三是带头严格执行中央八项规定及其实施细则精神，廉洁自律，管好家属子女和身边工作人员，坚决防止和克服形式主义、官僚主义。

会议强调，今年是贯彻落实党的十九大精神的开局之年。面对错综复杂的国际环境和艰巨繁重的国内改革发展稳定任务，在习近平总书记领导下，中央政治局按照党的十九大作出的部署，继续统筹推进"五位一体"总体布局、协调推进"四个全面"战略布局，坚持稳中求进工作总基调，贯彻新发展理念，落实高质量发展要求，全面深化改革开放，有效应对外部环境深刻变化，迎难而上、锐意进取、扎实工作，各方面工作迈出新步伐，党和国家事业保持良好发展态势，贯彻落实党的十九大精神实现了良好开局。

习近平在讲话中对中央政治局各位同志的对照检查发言进行了总结，并就中央政治局贯彻落实《规定》《实施细则》提出了要求，表示这次中央政治局民主生活会开得很好，大家发言准备充分、联系实际、思考深刻，讲认识、谈体会，摆问题、找不足，出主意、提建议，开诚布公、坦诚相见，既交流了思想、增进了团结，又指出了问题、明确了改进方向，达到了预期目的。

12月26日

［纲　文］　国务院办公厅印发《关于抓好赋予科研机构和人员更大自主权有关文件贯彻落实工作的通知》。

［目　文］　《通知》由五个部分组成：一、充分认识赋予科研机构和人员自主权的重要意义。二、制定政策落实的配套制度和具体实施办法。三、深入推进下放科技管理权限工作。四、进一步做好已出台法规文件中相关规定的衔接。五、加强对政策贯彻落实工作的督查指导。

12月26日

［纲　文］　工业信息化部印发《无线电发射设备销售备案实施办法（暂行）》，自2019年3月1日起施行。

12月26日

［纲　文］　最高人民法院、司法部印发《关于扩大律师调解试点工作的通知》。

［目　文］　《通知》由三个部分组成：一、充分认识扩大律师调解试点工作的重要意义。二、明确扩大律师调解试点工作的主要任务和要求。三、进一步加强组织领导和工作保障。

12月26日

［纲　文］　中组部从代中央管理党费中划拨18080万元用于元旦春节期间走访慰问生活困难党员、老党员、老干部。

12月26日

［纲　文］　全国工商联十二届二次执委会议在北京举行。

［目　文］　会议学习贯彻习近平新时代中国特色社会主义思想和党的十九大精神，学习贯彻庆祝改革开放40周年大会、中央经济工作会议和中共中央总书记习近平在民营企业座谈会上的讲话精神，总结2018年工作，部署2019年任务。全国政协副主席、全国工商联主席高云龙出席会议并代表常委会作工作报告。会上发布了《中国民营企业社会责任报告（2018）》《中国民营企业劳动关系报告》《民营经济40年发展历程和经验研究报告》。

12月26日

［纲　文］　中国南极泰山站二期工程正式开工。

［目　文］　主要任务是完成泰山站配套系统工程。25日，中国第三十五次南极科学考察队内陆队（泰山队和昆仑队）抵达泰山站。21人组成的泰山队将完成泰山站二期工程所有工作，包括雪下建筑组装，安装一系列配套系统——发电系统、新能源系统、污水处理系统、融雪系统及远程无人值守供电系统等。

泰山站位于中山站与昆仑站之间的伊丽莎白公主地，距离中山站约520公里，海拔高度2621米。泰山站一期主体建筑完成后，2014年2月建成开站。

12月26日

［纲　文］　《人民日报》发表评论员文章《九万里风鹏正举——论学习贯彻习近平总书记在庆祝改革开放四十周年大会重要讲话》《坚持以供给侧结构性改革为主线不动摇——四论贯彻落实中央经济工作会议精神》。

12月26—27日

［纲　文］　第十三次全国社会主义学院院长会议在北京举行。

［目　文］　中央社会主义学院院长严隽琪，中央统战部副部长戴均良出席会议开幕式并讲话。中央社会主义学院党组书记潘岳作工作报告。来自全国各省（自治区、直辖市）及副省级城市、新疆生产建设兵团的47家社会主义学院负责人共140余人参加了会议。学习贯彻《社会主义学院工作条例》精神，共绘新时代社院改革发展蓝图。

12月26日—2019年1月26日

［纲　文］　"众志成城　守护文明——全国打击防范文物犯罪成果展"在中国国家博物馆举办。

〔目　文〕　成果展由公安部、最高人民法院、最高人民检察院、国家文物局主办。展览以加强和改进文物安全工作、强力打击防范文物犯罪为主线，由"文物屡蒙殃""向文物犯罪亮剑""警钟长鸣、共筑钢铁长城"三大部分组成，14个重点文物犯罪案例贯穿其中。精选750余件公安机关追缴和考古抢救性发掘出土的文物珍品，集中展示了打击防范文物犯罪的成果。

12月27日

〔纲　文〕　**中共中央政治局召开会议。**

〔目　文〕　中共中央总书记习近平主持会议。审议《中国共产党政法工作条例》。会议指出，贯彻落实《中国共产党政法工作条例》，要制定配套规定，健全体制机制，最关键的是要坚持党中央集中统一领导，坚决听从党中央指挥，坚决贯彻党中央决策部署，确保政法工作沿着正确方向前进。各级党委要加强对本地区政法工作的领导，研究解决好政法工作中的重大问题。党委政法委要发挥好牵头抓总、统筹协调、督办落实等作用。政法机关党组（党委）要加强对本单位政法工作的领导，履行好职责。党的领导和社会主义法治是一致的，只有坚持党的领导，人民当家作主才能充分实现，国家和社会生活制度化、法治化才能有序推进。保证司法机关依法独立公正行使职权，是党的明确主张。各级党组织和领导干部要支持司法机关依法独立公正行使职权，支持政法各单位依照宪法法律独立负责、协调一致开展工作。

12月27日

〔纲　文〕　**中共中央、国务院批复中共北京市委、北京市人民政府，同意《北京城市副中心控制性详细规划（街区层面）（2016—2035年）》。**

〔目　文〕　批复说，你们《关于报请审批〈北京城市副中心控制性详细规划（街区层面）（2016—2035年）〉的请示》收悉。现批复如下：一、同意《北京城市副中心控制性详细规划（街区层面）（2016—2035年）》（以下简称《城市副中心控规》）。二、坚持高质量发展，把城市副中心打造成北京的重要一翼。三、科学构建城市空间布局。顺应自然、尊重规律，遵循中华营城理念、北京建城传统、通州地域文脉，统筹城市副中心生产、生活、生态三大空间，构建蓝绿交织、清新明亮、水城共融、多组团集约紧凑发展的生态城市布局，形成"一带、一轴、多组团"的城市空间结构。四、严格控制城市规模。以资源环境承载能力为硬约束，严格控制人口规模、用地规模、建筑规模。城市副中心规划范围155平方公里，加上拓展区覆盖通州全区约906平方公里。五、有序承接中心城区功能疏解。六、突出水城共融、蓝绿交织、文化传承的城市特色。七、建设未来没有"城市病"的城区。八、塑造城市特色风貌。九、推动城市副中心与河北省廊坊北三县地区协同发展。十、处理好政府规划引领与发挥市场作用的关系。十一、加强规划组织实施。规划建设城市副中心是历史性工程，要树牢"四个意识"，坚定"四个自信"，坚决做到"两个维护"，坚持一张蓝图干到底，保持历史耐心，一件一件事去做，一茬接一茬地干，发扬"工匠"精神，精心推进、稳扎稳打、久久为功，不留历史遗憾。

12月27日

［纲　文］　新华社讯，中央纪委印发《关于持之以恒正风肃纪确保2019年元旦春节风清气正的通知》。

12月27日

［纲　文］　自然资源部印发《关于进一步明确围填海历史遗留问题处理有关要求的通知》。

［目　文］　《通知》由四个部分组成：一、基本原则。二、妥善处理已取得海域使用权但未利用的围填海项目。三、依法处置未取得海域使用权的围填海项目。四、有关要求。

《通知》以党的十九大精神和全面深化改革的要求为指导，坚持问题导向，在深入总结围填海历史遗留问题处理实践基础上，重点对地方处理围填海历史遗留问题的工作程序和要求进行了明确和规范，以指导地方加快处理围填海历史遗留问题。本通知有效期3年，自2018年12月27日起施行。

12月27日

［纲　文］　自然资源部公布《自然资源部立法工作程序规定》，自2019年1月1日起施行。原国土资源部2008年10月18日发布的《国土资源部立法工作程序规定》（国土资源部令第41号）同时废止。

12月27日

［纲　文］　最高人民法院、司法部印发《关于扩大刑事案件律师辩护全覆盖试点范围的通知》。

［目　文］　《通知》由三个部分组成：一、充分认识扩大刑事案件律师辩护全覆盖试点工作的重要意义。二、扩大刑事案件律师辩护全覆盖试点工作的主要任务和要求。三、加强对扩大刑事案件律师辩护全覆盖试点工作的组织领导。

《通知》指出，各地司法行政机关要高度重视律师代理辩护案件质量，严格案件质量评估标准，建立刑事案件律师辩护跟踪制度，综合运用旁听庭审、回访受援人等方式，全面掌握律师办理案件质量情况，不断提高试点工作的质量和效果。

12月27日

［纲　文］　自然资源部公布《自然资源规范性文件管理规定》，自2019年1月1日起施行。

12月27日

［纲　文］　国资委公布《中央企业工资总额管理办法》。

［目　文］　《办法》共8章41条。主要有总则、工资总额分级管理、工资总额分类管理、工资总额决定机制、工资总额管理程序、企业内部分配管理、工资总额监督检查等内容。自2019年1月1日起施行。《关于印发〈中央企业工资总额预算管理暂行办法〉的

通知》(国资发分配〔2010〕72号)、《关于印发〈中央企业工资总额预算管理暂行办法实施细则〉的通知》(国资发分配〔2012〕146号)同时废止。

12月27日

［纲　文］　教育部办公厅印发《关于做好2019年普通高等学校部分特殊类型招生工作的通知》。

［目　文］　《通知》由七个部分组成：一、加强组织领导。二、严格审核报名资格。三、严格规范考试组织。四、严格规范录取行为。五、加强信息公开公示。六、完善考试仲裁机制。七、严肃处理违规违法行为。

《通知》指出，普通高校艺术类专业、高水平艺术团、高水平运动队、保送生招生工作应严格按照本通知要求执行。教育部授权各地各高校组织的单独招生、自主招生、综合评价等其他特殊类型招生考试工作应参照执行。本通知未尽事宜按照当年有关招生工作规定执行。

12月27日

［纲　文］　深入学习浙江"千万工程"经验全面扎实推进农村人居环境整治会议在北京召开。

［目　文］　国务院副总理胡春华出席会议并讲话。会议传达学习中共中央总书记习近平关于改善农村人居环境的指示精神，落实国务院总理李克强批示要求，贯彻中央经济工作会议部署，学习推广浙江"千村示范、万村整治"工程经验做法，研究部署2019年重点工作。

胡春华指出，浙江的做法和实践是推进农村人居环境整治行之有效的、得到实践检验的成功经验，对于改善农村人居环境、推进乡村振兴具有普遍意义。各地要结合实际全面系统学习，不断完善工作思路、提升工作水平。要坚持规划先行，因地制宜确定整治目标任务和建设时序，分类梯次推进，做到与本地区农村经济发展水平相适应，同当地文化和风土人情相协调。要突出工作重点，有序推进农村生活垃圾和污水处理，扎实开展农村厕所革命，加快提升村容村貌。

12月27日

［纲　文］　王勇在北京出席市场监管系统持续深化改革、优化营商环境工作座谈会。

［目　文］　国务委员王勇指出，要以习近平新时代中国特色社会主义思想为指导，全面贯彻党的十九大和中央经济工作会议精神，持续深化改革，完善体制机制，健全大市场综合监管工作格局，营造便捷准入环境、公平竞争环境、放心消费环境，更好服务经济社会持续健康发展。要更大力度放开市场准入，压缩企业开办时间，减少工业产品生产许可证和产品强制性认证种类，缩短商标专利审查周期。推进"双随机、一公开"联合监管，加强信用联合惩戒、公平竞争审查。积极服务民营经济和中小企业发展。强化知识产权保护和运用，增强经济创新力和竞争力。严格落实"四个最严"要求，健全食品药品监管体

系，筑牢人民生命健康安全屏障。

12月27日

[纲 文] **中国气象局在北京召开气象部门庆祝改革开放40周年电视电话会议。**

[目 文] 中国气象局局长刘雅鸣出席并讲话。会议学习贯彻中共中央总书记习近平在庆祝改革开放40周年大会上的讲话精神，回顾气象改革开放40年光辉历程，总结发展成就与经验，号召全国气象部门坚决贯彻落实新时代改革开放的重大战略部署，坚定不移将气象改革开放和现代化事业进行到底。

改革开放40年来，中国被世界气象组织正式认定为世界气象中心，成为全球9个世界气象中心之一，标志着我国气象现代化的整体水平迈入世界先进行列。我国建成了世界上规模最大、覆盖最全的综合气象观测系统，2400多个国家级地面气象观测站全部实现自动化，区域自动气象观测站达到近6万个，乡镇覆盖率达到96%。成功发射17颗风云系列气象卫星，8颗在轨运行，198部新一代多普勒天气雷达组成了严密的气象灾害监测网，初步建立了生态、环境、农业、海洋、交通、旅游等专业气象监测网。

12月27日

[纲 文] **国家能源局在北京召开2019年全国能源工作会议。**

[目 文] 发展改革委主任何立峰、国家能源局局长章建华出席会议并讲话。会议以习近平新时代中国特色社会主义思想为指导，全面贯彻党的十九大和十九届二中、三中全会及中央经济工作会议精神，传达学习国务院总理李克强、国务院副总理韩正关于能源工作的批示要求，总结2018年工作成绩，分析当前面临形势，部署2019年任务。

12月27日

[纲 文] **2018年全国体育局长会议在北京召开。**

[目 文] 国家体育总局局长苟仲文作工作报告。会议以习近平新时代中国特色社会主义思想为指导，全面贯彻落实党的十九大和十九届二中、三中全会精神，坚持稳中求进的工作总基调，坚持新发展理念，坚持高质量发展，深入实施全民健身国家战略，深化体育改革，强化奥运备战，解放思想，求真务实，奋力开创体育强国建设新局面。

12月27日

[纲 文] **中国北斗三号基本系统完成建设，开始提供全球服务。**

[目 文] 北斗系统是中国自主建设、独立运行，与世界其他卫星导航系统兼容共用的全球卫星导航系统，可在全球范围，全天候、全天时，为各类用户提供高精度、高可靠的定位、导航、授时服务。自20世纪90年代开始，北斗系统启动研制，按"三步走"发展战略，先有源后无源，先区域后全球，先后建成北斗一号、北斗二号、北斗三号系统，走出了一条中国特色的卫星导航系统建设道路。

12月27日

[纲 文] **《人民日报》发表评论员文章《坚持推动我国经济实现高质量发展——五论贯彻落实中央经济工作会议精神》。**

12月27—28日

［纲　文］　全国扶贫开发工作会议在北京召开。

［目　文］　中共中央政治局委员、国务院扶贫开发领导小组组长胡春华出席会议并讲话。他指出，脱贫攻坚已经取得重大决定性成就，明年是打赢脱贫攻坚战的关键一年，必须一鼓作气、尽锐出战、聚力攻坚，确保再减少农村贫困人口1000万左右，基本完成"十三五"易地扶贫搬迁规划建设任务。要重点解决好实现"两不愁三保障"面临的突出问题，加大"三区三州"等深度贫困地区和特殊贫困群体脱贫攻坚力度，强化易地扶贫搬迁后续措施。要做好脱贫攻坚与乡村振兴战略衔接，把防止返贫摆到更加重要位置，健全稳定脱贫长效机制，增强贫困地区、贫困群众内生动力和自我发展能力。要深入推进东西部扶贫协作和定点扶贫，广泛动员社会力量参与脱贫攻坚，凝聚起强大攻坚合力。要坚持五级书记抓扶贫，强化攻坚资金保障，完善考核监督机制，研究解决新情况新问题，关心爱护基层扶贫干部，坚决打赢脱贫攻坚战。

12月28日

［纲　文］　国务院任命傅自应为中央人民政府驻澳门特别行政区联络办公室主任，免去其商务部国际贸易谈判代表、副部长职务。

12月28日

［纲　文］　中共全国人大常委会党组举行会议。

［目　文］　会议专题学习中共中央总书记习近平在庆祝改革开放40周年大会、在中央经济工作会议上的讲话精神，并结合人大工作实际，研究贯彻落实工作。全国人大常委会委员长、党组书记栗战书主持会议并讲话。王晨、曹建明、张春贤、沈跃跃、吉炳轩、艾力更·依明巴海、王东明、白玛赤林、杨振武出席会议并发言。

12月28日

［纲　文］　发展改革委等九部门印发《建立市场化、多元化生态保护补偿机制行动计划》。

［目　文］　《计划》由四个部分组成：一、总体要求。二、重点任务。三、配套措施。四、组织实施。

《计划》指出，各地各有关部门要加强补偿政策宣传解读，通过现场交流和会议研讨等形式，及时宣传取得的成效，推广可复制的经验。

12月28日

［纲　文］　教育部印发《全国教育系统财务管理干部培训实施方案（2018—2022年）》。

［目　文］　《方案》由四个部分组成：一、总体要求。二、重点培训内容。三、健全和完善培训体制机制。四、教育部重点培训计划。

《方案》指出，各级教育行政部门、各直属高校和直属单位要高度重视教育财务管理干部培训工作，加强领导、统筹安排，结合本地区、本部门实际，制定实施方案和具体措施，切实加强领导和统筹，抓好组织实施。

12月28日

[纲　文]　税务总局发布修订后的《启运港退（免）税管理办法》，自2019年1月1日起施行。

12月28日

[纲　文]　教育部等九部门印发《中小学生减负措施》。

[目　文]　《措施》由四个部分组成：一、规范学校办学行为。二、严格校外培训机构管理。三、家庭履行教育监护责任。四、强化政府管理监督。

《措施》指出，2019年5月底前，地方各级人民政府要针对行政区域内中小学生学业负担情况完成摸底分析，并制定详细减负实施方案，抓好组织实施。省级实施方案要于2019年6月底前报教育部。

12月28日

[纲　文]　改革开放40周年国际法工作座谈会在北京举行。

[目　文]　座谈会由外交部、中国国际法学会共同主办。中央外事工作委员会办公室主任杨洁篪出席会议并发表题为《开创国际法工作新局面，服务改革开放新征程》的主旨讲话。座谈会由外交部副部长孔铉佑主持。获得党中央、国务院授予改革先锋称号的联合国国际法院原院长史久镛法官、世界贸易组织争端解决机制上诉机构原主席张月姣法官、有关中央国家机关负责人以及资深国际法专家与会。

12月28日

[纲　文]　海关总署公布《中华人民共和国海关〈《内地与澳门关于建立更紧密经贸关系的安排》货物贸易协议〉项下进出口货物原产地管理办法》，自2019年1月1日起执行。

12月28日

[纲　文]　海关总署公布《中华人民共和国海关〈《内地与香港关于建立更紧密经贸关系的安排》货物贸易协议〉项下进出口货物原产地管理办法》，自2019年1月1日起执行。

12月28日

[纲　文]　国务委员兼外交部部长王毅在北京会见即将离任的上海合作组织秘书长阿利莫夫。

[目　文]　王毅表示，秘书长先生任职三年期间，上合组织顺利实现首次扩员、成功举办青岛峰会，进入新的更高发展阶段。中方对上合组织的前景充满信心，愿同各成员国一道，全面落实青岛峰会成果，推动上合组织在新起点实现新发展。

阿利莫夫表示，过去三年来上合组织合作领域不断拓展，国际影响显著提升，希望并相信中方能继续为推动上合组织发展壮大发挥积极作用。

12月28日

［纲　文］　新华社讯，中国高速公路总里程突破14万公里。

12月28日

［纲　文］　2018年中国快递年业务量突破500亿件。

12月28日

［纲　文］　《人民日报》发表评论员文章《提高党领导经济工作能力和水平——六论贯彻落实中央经济工作会议精神》。

12月28—29日

［纲　文］　中央农村工作会议在北京召开。

［目　文］　中共中央总书记习近平对做好"三农"工作作出指示指出，2018年，农业农村发展取得了新成绩，粮食再获好收成，乡村振兴开局良好。2019年是决胜全面建成小康社会第一个百年奋斗目标的关键之年，做好"三农"工作对有效应对各种风险挑战、确保经济持续健康发展和社会大局稳定具有重大意义。要全面贯彻新时代中国特色社会主义思想和党的十九大精神，加强党对"三农"工作的领导，坚持把解决"三农"问题作为全党工作的重中之重，坚持农业农村优先发展，牢牢把握稳中求进总基调，落实高质量发展要求，深入实施乡村振兴战略，对标全面建成小康社会必须完成的硬任务，适应国内外环境变化对我国农村改革发展提出的新要求，统一思想、坚定信心、落实工作，巩固发展农业农村好形势。要毫不放松粮食生产，深化农业供给侧结构性改革，聚力打赢脱贫攻坚战，抓好农村人居环境整治工作，推进新一轮农村改革，加快补齐农村基础设施和公共服务短板，扎实做好乡村规划建设和社会治理各项工作，强化五级书记抓乡村振兴，加强懂农业、爱农村、爱农民农村工作队伍建设，发挥好农民主体作用，提高广大农民获得感、幸福感、安全感，在实现农业农村现代化征程上迈出新的步伐。

国务院总理李克强作出批示指出，做好明年"三农"工作，对稳定经济社会发展大局至关重要。要坚持以习近平新时代中国特色社会主义思想为指导，认真贯彻党中央、国务院决策部署，落实中央经济工作会议精神，深入实施乡村振兴战略，全面深化农村改革，切实落实强农惠农富农各项政策，着力改善农村基础设施和公共服务，保护和调动亿万农民的积极性创造性，扎实推进农业农村现代化。要聚焦深度贫困地区和特殊贫困群体，落实脱贫攻坚重大举措，提高脱贫质量，巩固和扩大脱贫成果。要深化农业供给侧结构性改革，夯实粮食生产能力和农业基础，突出优质、特色、绿色等调整优化农业结构，推动农村各产业融合发展。要加快培育农村发展新动能，支持各类人才返乡下乡创业创新，拓展农村就业空间和农民增收渠道。巩固发展"三农"持续向好形势，为经济社会持续健康发展提供有力支撑。

党中央、国务院高度重视这次会议。会前，中共中央政治局常委会会议和国务院常务会议就开好这次会议，做好"三农"工作提出明确要求。

国务院副总理胡春华出席会议并讲话。国务委员兼国务院秘书长肖捷主持第一次全体会议。中央农村工作领导小组成员，各省区市和计划单列市、新疆生产建设兵团负责同志，中央和国家机关有关部门、军队有关单位负责人等出席会议。会议以习近平新时代中国特色社会主义思想为指导，深入贯彻党的十九大和十九届二中、三中全会以及中央经济工作会议精神，总结交流各地实施乡村振兴战略经验，研究落实明后两年"三农"工作必须完成的硬任务，部署2019年农业农村工作。会议讨论了《中共中央、国务院关于坚持农业农村优先发展做好"三农"工作的若干意见（讨论稿）》。

12月28—29日

[纲　文]　中国电影家协会第十次全国代表大会在北京召开。

[目　文]　中宣部部长黄坤明出席开幕式并讲话。会议选举产生了新一届主席团，陈道明当选中国电影家协会主席。

12月28日—2019年3月28日

[纲　文]　"汉世雄风——纪念满城汉墓考古发掘50周年特展"在中国国家博物馆举办。

[目　文]　"特展"由中国国家博物馆与河北博物院共同举办。展览以西汉中山靖王刘胜的人生轨迹为叙事线索，融入西汉盛世的大时代背景，共分为"盛世风貌""王国往事""长乐无极""因山为藏""发现靖王"五个单元。展品包括来自河北博物院的149套722件文物和中国国家博物馆收藏的2件满城汉墓出土的一级文物，总数共计151套724件，一级品数量多达62套（件），占比41%，包括刘胜金缕玉衣、铜朱雀衔环杯等。

满城汉墓是西汉中山靖王刘胜及其妻窦绾之墓，于1968年发掘，1991年5月对外开放。满城汉墓是中国20世纪百项考古大发现之一，在中国考古史上占有极其重要的地位。作为汉诸侯王、后一级的大型崖洞墓，满城汉墓墓室规模宏大，保存完整，墓中出土了数以万计的珍贵文物，反映了西汉盛世时期高度发达的物质文明以及当时劳动人民的卓越智慧和非凡创造力。

12月29日

[纲　文]　习近平签署中华人民共和国主席令（第十七至二十五号）。

[目　文]　主席令（第十七号）说，《全国人民代表大会常务委员会关于修改〈中华人民共和国农村土地承包法〉的决定》已由中华人民共和国第十三届全国人民代表大会常务委员会第七次会议于2018年12月29日通过，现予公布，自2019年1月1日起施行。

主席令（第十八号）说，《中华人民共和国耕地占用税法》已由中华人民共和国第十三届全国人民代表大会常务委员会第七次会议于2018年12月29日通过，现予公布，自2019年9月1日起施行。

主席令（第十九号）说，《中华人民共和国车辆购置税法》已由中华人民共和国第十三届全国人民代表大会常务委员会第七次会议于2018年12月29日通过，现予公布，自2019年7月1日起施行。

主席令（第二十号）说，《中华人民共和国公务员法》已由中华人民共和国第十三届全国人民代表大会常务委员会第七次会议于 2018 年 12 月 29 日修订通过，现将修订后的《中华人民共和国公务员法》公布，自 2019 年 6 月 1 日起施行。

主席令（第二十一号）说，《全国人民代表大会常务委员会关于修改〈中华人民共和国村民委员会组织法〉〈中华人民共和国城市居民委员会组织法〉的决定》已由中华人民共和国第十三届全国人民代表大会常务委员会第七次会议于 2018 年 12 月 29 日通过，现予公布，自公布之日起施行。

主席令（第二十二号）说，《全国人民代表大会常务委员会关于修改〈中华人民共和国产品质量法〉等五部法律的决定》已由中华人民共和国第十三届全国人民代表大会常务委员会第七次会议于 2018 年 12 月 29 日通过，现予公布，自公布之日起施行。

主席令（第二十三号）说，《全国人民代表大会常务委员会关于修改〈中华人民共和国电力法〉等四部法律的决定》已由中华人民共和国第十三届全国人民代表大会常务委员会第七次会议于 2018 年 12 月 29 日通过，现予公布，自公布之日起施行。

主席令（第二十四号）说，《全国人民代表大会常务委员会关于修改〈中华人民共和国劳动法〉等七部法律的决定》已由中华人民共和国第十三届全国人民代表大会常务委员会第七次会议于 2018 年 12 月 29 日通过，现予公布，自公布之日起施行。

主席令（第二十五号）说，《全国人民代表大会常务委员会关于修改〈中华人民共和国社会保险法〉的决定》已由中华人民共和国第十三届全国人民代表大会常务委员会第七次会议于 2018 年 12 月 29 日通过，现予公布，自公布之日起施行。

12 月 29 日

［纲　文］　习近平《论坚持全面深化改革》出版发行。

［目　文］　《论坚持全面深化改革》由中共中央党史和文献研究院编辑。本部专题文集以 2012 年 12 月 7 日至 11 日习近平在广东考察工作时讲话的要点《改革不停顿，开放不止步》为开卷篇，以 2018 年 12 月 18 日习近平《在庆祝改革开放四十周年大会上的讲话》为收卷篇，收入习近平论述坚持全面深化改革的重要文稿 72 篇，约 31 万字。其中部分文稿是首次公开发表。

12 月 29 日

［纲　文］　国家主席习近平应约同美国总统特朗普通电话。

［目　文］　特朗普表示，美中关系很重要，全世界高度关注。我珍视同习近平主席的良好关系。很高兴两国工作团队正努力落实我同习近平主席在阿根廷会晤达成的重要共识。有关对话协商正取得积极进展，希望能达成对我们两国人民和世界各国人民都有利的成果。

习近平指出，我同总统先生都赞同推动中美关系稳定向前发展。当前，我们两国关系正处于一个重要阶段。本月初，我同总统先生在阿根廷举行了成功会晤，达成重要共识。这段时间以来，两国工作团队正在积极推进落实工作。希望双方团队相向而行，抓紧工作，争取尽早达成既互利双赢又对世界有利的协议。明年是中美建交40周年。中方高度重视中美关系发展，赞赏美方愿发展合作和建设性的中美关系，愿同美方一道，总结40年中美关系发展的经验，加强经贸、两军、执法、禁毒、地方、人文等交流合作，保持在重大国际和地区问题上的沟通与协调，相互尊重彼此重要利益，推进以协调、合作、稳定为基调的中美关系，让两国关系发展更好造福两国人民和各国人民。

两国元首还就朝鲜半岛形势等共同关心的国际和地区问题交换了看法。习近平重申，中方鼓励和支持朝美双方继续开展对话并取得积极成果。

12月29日

[纲　文]　十三届全国人大常委会在北京人民大会堂举行宪法宣誓仪式。

[目　文]　全国人大常委会副委员长沈跃跃主持并监誓。十三届全国人大常委会第七次会议任命胡晓犁为第十三届全国人大常委会副秘书长、武增为全国人大常委会法制工作委员会副主任。根据宪法和全国人大常委会关于实行宪法宣誓制度的决定，上述人员依法进行宪法宣誓。

12月29日

[纲　文]　国务院办公厅印发《"无废城市"建设试点工作方案》。

[目　文]　《方案》由四个部分组成：一、总体要求。二、主要任务。三、实施步骤。四、保障措施。

《方案》提出，在全国范围内选择10个左右有条件、有基础、规模适当的城市，在全市域范围内开展"无废城市"建设试点。到2020年，系统构建"无废城市"建设指标体系，探索建立"无废城市"建设综合管理制度和技术体系，形成一批可复制、可推广的"无废城市"建设示范模式。

12月29日

[纲　文]　中央农办、农业农村部等18部门印发《农村人居环境整治村庄清洁行动方案》。

[目　文]　《方案》由六个部分组成：一、重要意义。二、行动目标。三、行动原则。四、行动内容。五、组织实施。六、保障措施。

《方案》指出，要以影响农村人居环境的突出问题为重点，动员广大农民群众，广泛参与、集中整治，着力解决村庄环境脏乱差问题，实现村庄内垃圾不乱堆放，污水乱泼乱倒现象明显减少，粪污无明显暴露，杂物堆放整齐，房前屋后干净整洁，村庄环境干净、整洁、有序，村容村貌明显提升，文明村规民约普遍形成，长效清洁机制逐步建立，村民清洁卫生文明意识普遍提高。

12月29日

[纲　文]　国务院关税税则委员会公布《关于发布〈中华人民共和国进出口税则（2019）〉的公告》。

[目　文]　《公告》说，根据《中华人民共和国进出口关税条例》及相关规定，现公

布《中华人民共和国进出口税则（2019）》，自2019年1月1日起实施。法律、行政法规对进出口关税税目、税率调整另有规定的，从其规定。

12月29日

［纲　文］　财政部发布《关于印发〈地方政府债务信息公开办法（试行）〉的通知》。

12月29日

［纲　文］　发展改革委、公安部、生态环境部、商务部、国资委、市场监管总局、国家能源局发布《公告（2018年第16号）》。

［目　文］　《公告》说，为贯彻落实《中共中央、国务院关于全面加强生态环境保护坚决打好污染防治攻坚战的意见》《国务院关于印发打赢蓝天保卫战三年行动计划的通知》等有关文件的部署和要求，推进成品油质量升级，改善空气质量，现就有关事项公告如下。

一、严格按时供油。2019年1月1日起，全国全面供应符合第六阶段强制性国家标准VIA车用汽油（含E10乙醇汽油）、VI车用柴油（含B5生物柴油），同时停止国内销售低于国VIA标准车用汽油（含E10乙醇汽油）、低于国VI标准车用柴油（含B5生物柴油）。二、保障油品质量。成品油生产、流通、销售企业按照现行国家标准，强化油品质量管理和控制，保障清洁油品市场供应。三、规范油品标示。加油站（点）按照相关法规和标准要求，明确标注所售汽油、柴油产品名称、牌号和等级［如92号车用汽油（VIA）、92号车用乙醇汽油（VIA）、0号车用柴油（VI）等］，以便于消费者选择、政府监管和社会监督。四、加强有效监管。

12月29日

［纲　文］　财政部、文物局印发《国家文物保护专项资金管理办法》。

［目　文］　《办法》共7章40条。主要有总则，补助范围和支出内容，分配办法，申报与审批，资金使用、管理，资金监管与绩效评价，附则等内容。自2019年1月1日起实施。《财政部　国家文物局关于印发〈国家重点文物保护专项补助资金管理办法〉的通知》（财教〔2013〕116号）、《财政部　国家文物局关于〈国家重点文物保护专项补助资金管理办法〉的补充通知》（财文〔2016〕26号）同时废止。

12月29日

［纲　文］　住房城乡建设部发布修改后的《房屋建筑和市政基础设施工程施工图设计文件审查管理办法》，自2018年12月29日起施行。

12月29日

［纲　文］　工业信息化部公布《关于取消部分部门规章和规范性文件等设定的证明事项的决定》。

［目　文］　《决定》包括：一、《取消的部门规章设定的证明事项目录》（共14项）。二、《取消的规范性文件等设定的证明事项目录》（共24项）。

12月29日

［纲　文］　工业信息化部印发《工业互联网网络建设及推广指南》。

［目　文］　《指南》由八个部分组成：一、总体要求。二、制定工业互联网网络标准。三、打造工业互联网标杆网络。四、推动工业互联网网络改造与应用。五、构建工业互联网标识解析体系。六、拓展工业互联网标识解析应用。七、创建网络发展环境。八、规范网络发展秩序。

12月29日

［纲　文］　**税务总局公布《关于废止和修改部分税收规范性文件的公告》。**

［目　文］　《公告》说，根据《国家税务总局关于取消20项税务证明事项的公告》（国家税务总局公告2018年第65号），国家税务总局决定废止和修改部分税收规范性文件，现公告如下：一、废止《国家税务总局关于调整饲料生产企业饲料免征增值税审批程序的通知》（国税发〔2003〕114号）。二、废止《国家税务总局关于取消饲料产品免征增值税审批程序后加强后续管理的通知》（国税函〔2004〕884号印发，国家税务总局公告2018年第31号修改）第一条。三、修改《国家税务总局关于简化税务行政许可事项办理程序的公告》（国家税务总局公告2017年第21号发布，国家税务总局公告2018年第31号修改）。四、本公告自2018年12月29日起施行。

12月29日

［纲　文］　**教育部印发《高等学校乡村振兴科技创新行动计划（2018—2022年）》。**

［目　文］　《计划》由三个部分组成：一、总体要求。二、重点任务。三、支持保障。

《计划》指出，各省（区、市）教育主管部门、直属高校要及时总结报送本地或本校典型经验和做法，加强服务乡村振兴典型事迹与人物的宣传报道，强化典型带动，形成示范效应。

12月29日

［纲　文］　**全国政协在全国政协礼堂举行新年茶话会。**

［目　文］　党和国家领导人习近平、李克强、栗战书、汪洋、王沪宁、赵乐际、韩正、王岐山等同各民主党派中央、全国工商联负责人和无党派人士代表、中央和国家机关有关方面负责人以及首都各族各界人士代表喜迎2019年元旦。

中共中央总书记习近平在茶话会上发表讲话。他强调，2018年，是贯彻落实中共十九大精神开局之年，也是党和国家事业发展极不平凡的一年。中共中央团结带领全国各族人民，按照中共十九大作出的战略部署，推动经济建设、政治建设、文化建设、社会建设、生态文明建设以及国防和军队建设、港澳工作和对台工作、外事工作取得重大进展，人民群众获得感、幸福感、安全感持续增强。中国共产党坚持严字当头、全面从严、一严到底，巩固反腐败斗争压倒性胜利，继续净化党内政治生态。2019年是新中国成立70周年，是决胜全面建成小康社会关键之年。我们要崇尚学习、加强学习，崇尚创新、勇于创新，崇尚团结、增进团结，既抢抓发展机遇，又妥善应对挑战，鼓舞全党全国各族人民勇往直前、再创辉煌。

茶话会由全国政协主席汪洋主持。他指出，习近平总书记发表的重要讲话，回顾总结了2018年中共中央团结带领全国各族人民坚持和发展中国特色社会主义事业取得的新成就，对做好2019年党和国家工作提出了明确要求，对政协工作也提出了殷切希望。我们一定要认真学习领会，更加紧密地团结在以习近平同志为核心的党中央周围，高举中国特色社会主义伟大旗帜，同心同德、群策群力，努力做好新时代人民政协各项工作，以建言资政和凝聚共识的积极成果迎接新中国成立70周年。

致公党中央主席万钢代表各民主党派中央、全国工商联和无党派人士讲话，表示将更加紧密地团结在以习近平同志为核心的党中央周围，以习近平新时代中国特色社会主义思想为指导，高举中国特色社会主义伟大旗帜，不忘合作初心，继续携手前进，共同谱写中华民族伟大复兴的壮丽篇章。

12月29日

［纲　文］　2019年新年戏曲晚会在国家大剧院举行。

［目　文］　党和国家领导人习近平、李克强、栗战书、汪洋、王沪宁、赵乐际、韩正、王岐山等，与首都近千名群众一起观看演出。

12月29日

［纲　文］　全国扫黑除恶专项斗争视频会议在北京召开。

［目　文］　中共中央政治局委员、全国扫黑除恶专项斗争领导小组组长郭声琨出席并讲话。赵克志、周强、张军出席。会议总结扫黑除恶专项斗争一年来工作情况，研究部署2019年工作。

郭声琨指出，要坚持以习近平新时代中国特色社会主义思想为指导，深入贯彻以习近平同志为核心的党中央决策部署，树牢"四个意识"，坚定"四个自信"，坚决做到"两个维护"，不断把扫黑除恶专项斗争推向深入，为新中国成立70周年创造安全稳定环境。2019年，为期三年的专项斗争迎来"船到中流浪更急"的深水区、攻坚期。要认清专项斗争面临的时、势、责，保持清醒头脑，坚定信心决心，持之以恒、久久为功。要以积案和线索清零为目标，继续突破一批大要案，及时发现、打击网络空间、新兴领域黑恶犯罪，坚决查处各类"保护伞"，带动政治生态、社会生态不断好转。要坚持创新发展新时代"枫桥经验"，加强基层组织建设和基层社会治理，落实重点行业领域日常监管主体责任，形成扫黑除恶治乱长效机制。要进一步加强组织领导，落实工作责任，表彰宣传英模事迹，弘扬见义勇为风尚，为专项斗争深入开展形成强大合力、营造强大声势。

12月29日

［纲　文］　中国在酒泉卫星发射中心用"长征二号丁"运载火箭（及"远征三号"上面级），成功将6颗"云海二号"卫星和搭载发射的鸿雁星座首颗试验星送入预定轨道。

［目　文］　"云海二号"卫星主要用于大气环境要素探测、空间环境监测、防灾减灾和科学试验等领域。鸿雁星座是中国航天科技集团有限公司研制的全球低轨卫星移动通信与空间互联网系统，此次搭载发射的首颗试验卫星主要用于开展低轨移动通信功能验证试

验。这是长征系列运载火箭的第297次飞行。

12月29日

［纲　文］　国内首个平价上网光伏发电项目——三峡新能源格尔木50万千瓦光伏领跑者项目正式并网发电。

［目　文］　三峡新能源格尔木50万千瓦光伏发电项目是国家第三批光伏发电应用领跑者基地项目，占青海省2018年领跑者项目一半规模。该项目是在充分发挥青海水电调节优势的基础上，以大规模光伏电量上网消纳为依托进行的地方清洁能源多元化发展模式。届时年发电量可达9.05亿千瓦时，照亮城乡家庭约57万户。其中，2号至5号项目中标电价0.31元/千瓦时，低于青海省脱硫燃煤标杆电价0.32元，提前在青海省实现国家光伏发电平价上网的目标，使更多的家庭早日用上平价新能源电力。该项目按照火电标煤煤耗314克/千瓦时的环保要求，减少大气污染物排放，全力保护青藏高原的生态环境。

12月29日

［纲　文］　《人民日报》发表评论员文章《建设新时代美丽乡村》。

12月30日

［纲　文］　国务院办公厅印发《关于深入开展消费扶贫助力打赢脱贫攻坚战的指导意见》。

［目　文］　《意见》由六个部分组成：一、总体要求。二、动员社会各界扩大贫困地区产品和服务消费。三、大力拓宽贫困地区农产品流通和销售渠道。四、全面提升贫困地区农产品供给水平和质量。五、大力促进贫困地区休闲农业和乡村旅游提质升级。六、保障措施。

12月30日

［纲　文］　农业农村部公布《农业机械试验鉴定办法》。

［目　文］　《方法》共8章32条。主要有总则、鉴定机构、申请和受理、鉴定实施、鉴定公告、监督管理、罚则等内容。自2019年4月1日起施行。原农业部2005年7月26日发布，2013年12月31日、2015年7月15日修订的《农业机械试验鉴定办法》同时废止。

12月30日

［纲　文］　生态环境部等11部门印发《柴油货车污染治理攻坚战行动计划》。

［目　文］　《计划》由六个部分组成：一、总体要求。二、清洁柴油车行动。三、清洁柴油机行动。四、清洁运输行动。五、清洁油品行动。六、保障措施。

《计划》指出，国务院各有关部门要按照职责分工，切实落实本行动计划确定的各项工作任务。生态环境部和有关部门加强统筹协调、定期调度和监督检查，重要情况及时报告国务院。

12月30日

［纲　文］　农业农村部在北京召开全国农业农村厅局长会议。

［目　文］　中央农办主任、农业农村部部长韩长赋出席并讲话。农业农村部副部长余欣荣主持会议。全国农业农村系统、农业科研院校和有关方面负责人出席会议。会议以习近平新时代中国特色社会主义思想为指导，学习贯彻党的十九大和十九届二中、三中全会精神，落实中央经济工作会议、中央农村工作会议部署，立足新形势新任务新职能，围绕实施乡村振兴战略，对标决胜全面小康硬任务，总结2018年工作，部署2019年重点任务。会议宣布了首批认定的国家现代农业产业园名单。

12月30日

［纲　文］　外交部发言人就中美建交40周年发表谈话。

［目　文］　发言人说，2019年，中美将迎来建交40周年。40年来，中美关系历经风雨，砥砺前行。中美交流与合作取得了历史性的发展。40年前，中美人员往来每年仅几千人次，2017年双方人员往来已超过530万人次。40年前，中美贸易额不足25亿美元，2017年双边贸易额已超过5800亿美元。40年前，中美相互投资几乎为零，2017年两国间各类投资总额累计超过2300亿美元。40年来，从推动地区热点妥善解决到反对国际恐怖主义，从应对国际金融危机到促进全球经济增长，中美在双边、地区、全球层面开展了广泛合作。事实充分证明，中美关系的发展不仅给两国人民带来巨大利益，也有力地促进了亚太地区和世界的和平、稳定、繁荣。中美关系40年取得的进展来之不易，其中的历史经验值得汲取。双方要坚持理性客观地看待彼此的战略意图，加强战略沟通，增进战略互信，防止战略误判。要坚持中美合作的大方向，不断拓展互利合作领域，更好地惠及两国人民。要坚持尊重彼此主权、安全、发展利益，妥善处理和管控分歧，防止两国关系大局受到干扰。要坚持扩大两国人民交往，不断夯实中美关系的社会基础。经过40年的发展，中美关系已站在新的历史起点上。面对新机遇新挑战，中方愿同美方一道，落实好习近平主席和特朗普总统阿根廷会晤达成的重要共识，在互惠互利基础上拓展合作，在相互尊重基础上管控分歧，推进以协调、合作、稳定为基调的中美关系，让中美合作更多更好地造福两国人民和世界各国人民。

12月30日

［纲　文］　《人民日报》发表社论《奋力谱写决胜全面小康的"三农"篇章》。

12月30日

［纲　文］　《人民日报》发表评论员文章《勇往直前　再创辉煌》《建设高素质专业化公务员队伍的法律保障》。

12月31日

［纲　文］　习近平通过中央广播电视总台和互联网，发表了2019年新年贺词。

［目　文］　国家主席习近平在新年贺词中说，2018年，我们过得很充实、走得很

坚定。这一年，我们战胜各种风险挑战，推动经济高质量发展，加快新旧动能转换，保持经济运行在合理区间。蓝天、碧水、净土保卫战顺利推进，各项民生事业加快发展，人民生活持续改善。京津冀协同发展、长江经济带发展、粤港澳大湾区建设等国家战略稳步实施。我在各地考察时欣喜地看到：长江两岸绿意盎然，建三江万亩大地号稻浪滚滚，深圳前海生机勃勃，上海张江活力四射，港珠澳大桥飞架三地……这些成就是全国各族人民撸起袖子干出来的，是新时代奋斗者挥洒汗水拼出来的。2019年，我们将隆重庆祝中华人民共和国70周年华诞。70年披荆斩棘，70年风雨兼程。人民是共和国的坚实根基，人民是我们执政的最大底气。一路走来，中国人民自力更生、艰苦奋斗，创造了举世瞩目的中国奇迹。新征程上，不管乱云飞渡、风吹浪打，我们都要紧紧依靠人民，坚持自力更生、艰苦奋斗，以坚如磐石的信心、只争朝夕的劲头、坚韧不拔的毅力，一步一个脚印把前无古人的伟大事业推向前进。2019年，有机遇也有挑战，大家还要一起拼搏、一起奋斗。减税降费政策措施要落地生根，让企业轻装上阵。要真诚尊重各种人才，充分激发他们创新创造活力。要倾听基层干部心声，让敢担当有作为的干部有干劲、有奔头。农村1000多万贫困人口的脱贫任务要如期完成，还得咬定目标使劲干。要关爱退役军人，他们的为保家卫国作出了贡献。这个时候，快递小哥、环卫工人、出租车司机以及千千万万的劳动者，还在辛勤工作，我们要感谢这些美好生活的创造者、守护者。大家辛苦了。放眼全球，我们正面临百年未有之大变局。无论国际风云如何变幻，中国维护国家主权和安全的信心和决心不会变，中国维护世界和平、促进共同发展的诚意和善意不会变。我们将积极推动共建"一带一路"，继续推动构建人类命运共同体，为建设一个更加繁荣美好的世界而不懈努力。新年的钟声即将敲响，让我们满怀信心和期待，一同迎接2019年的到来。祝福中国！祝福世界！谢谢大家！

12月31日

［纲　文］　国家主席习近平和俄罗斯总统普京互致新年贺电。

［目　文］　习近平在贺电中代表中国政府和中国人民，向普京总统和俄罗斯人民致以诚挚的祝贺和美好的祝愿。习近平表示，即将过去的一年是中俄关系发展史上具有特殊意义的一年。我们两国都顺利完成重要国内政治议程，开启了中俄关系发展新时代。双方高层交往更加密切，政治互信日益深化，各领域务实合作取得一系列丰硕成果，"地方合作交流年"活动顺利开展，两国人民世代友好的民意基础更加巩固。双方在国际和地区事务中积极协作，为维护国际公平正义和世界和平稳定发挥了重要的建设性作用。2019年是中俄建交70周年。我愿继续同你一道，引领双边关系和各领域合作不断取得新进展，更好造福两国和两国人民。

普京在贺电中向习近平主席致以衷心的新年祝贺，祝全体中国人民幸福安康。普京表示，2018年，俄中全面战略协作伙伴关系达到前所未有的高度，双方开展了内涵丰富的政治对话，双边贸易额迅速提升，"地方合作交流年"开局良好，双方在解决重大地区和全球性问题上开展了富有成效的协作。明年我们两国将共同庆祝建交70周年。相信双方将以此为主线，继续在双边和多边事务中开展有效合作。

同日，国务院总理李克强同俄罗斯总理梅德韦杰夫也互致新年贺电。李克强在贺电中说，中方愿同俄方一道，共同推动经贸、能源、金融、科技、农业、人文等领域合作取得新成果，助力两国共同发展。梅德韦杰夫在贺电中表示，俄方高度评价两国总理第二十三次定期会晤所取得的成果，愿继续同中方就促进双边各领域合作积极开展工作。

12月31日

［纲　文］　国务院批复香港特别行政区政府关于香港特别行政区政府朱乃璋、孙德基职务任免的通知。

［目　文］　批复说，依照《中华人民共和国香港特别行政区基本法》的有关规定，根据香港特别行政区行政长官林郑月娥的提名和建议，国务院2018年12月31日决定：任命朱乃璋为审计署署长，免去孙德基的审计署署长职务。

12月31日

［纲　文］　国家电影局发布，2018年中国电影票房首破600亿元，银幕总数达60079块，居世界首位。

12月31日

［纲　文］　四川雅安至康定高速全线建成试通车运营。

［目　文］　雅康高速公路是国家高速公路网雅安至新疆叶城联络线（G4218）中的一段。雅康高速全长约135公里，起于雅安市雨城区草坝镇，接G93成渝经济区环线乐雅高速公路，在对岩镇与G5京昆高速公路成雅段、雅西段形成枢纽互通，向西经天全县、泸定县，止于康定城东。项目桥隧比高达82%，双向4车道，设计时速80公里/小时。

12月31日

［纲　文］　青岛港全自动化集装箱码头再次创出新的世界纪录，单机平均效率43.23自然箱/小时，打破了42.9自然箱/小时的原纪录。

12月31日

［纲　文］　《人民日报》发表评论员文章《新时代改革再出发的重要里程碑——写在党的十八届三中全会召开五周年之际》。

附 录

大佛

[附录一]   2018年中国县级以上行政区划变动一览表

批准日期	批准机构	省、市、自治区	变动内容
2月9日	国务院批复	山西省	撤销大同市城区、南郊区、矿区。设立大同市平城区，以原城区的南关街道、北关街道、东街街道、西街街道、南街街道、北街街道、新建南路街道、新建北路街道、大庆路街道、新华街街道、向阳里街道、振华南街街道，原南郊区的水泊寺乡、新旺乡、马军营乡的行政区域为平城区的行政区域。平城区人民政府驻向阳里街道迎宾街118号。设立大同市云冈区，以原城区的西花园街道、老平旺街道，原南郊区的高山镇、云冈镇、口泉乡、平旺乡、西韩岭乡、鸦儿崖乡，原矿区的行政区域为云冈区的行政区域，云冈区人民政府驻口泉乡五一街106号。将南郊区古店镇划归新荣区管辖。撤销大同县，设立大同市云州区，以原大同县的行政区域为云州区的行政区域，云州区人民政府驻西坪镇坪邑东街1号。
		江西省	撤销余江县，设立鹰潭市余江区，以原余江县的行政区域为余江区的行政区域，余江区人民政府驻邓埠镇鹰南大道1号。
		云南省	撤销马龙县，设立曲靖市马龙区，以原马龙县的行政区域为马龙区的行政区域，马龙区人民政府驻通泉街道龙泉北路96号。
		广东省	设立深圳市光明区，将深圳市宝安区的光明街道、公明街道、新湖街道、凤凰街道、玉塘街道、马田街道划归光明区管辖，以光明街道、公明街道、新湖街道、凤凰街道、玉塘街道、马田街道的行政区域为光明区的行政区域，光明区人民政府驻光明街道广场路1号。
2月22日	民政部批复	山西省	泽州县人民政府由现驻地迁至金村镇府城街001号。
		山西省	撤销怀仁县，设立县级怀仁市，以原怀仁县的行政区域为怀仁市的行政区域，怀仁市人民政府驻云中镇怀安大街8号。怀仁市由山西省直辖，朔州市代管。
		陕西省	撤销彬县，设立县级彬州市，以原彬县的行政区域为彬州市的行政区域，彬州市人民政府驻城关街道西大街51号。彬州市由陕西省直辖，咸阳市代管。
		青海省	撤销茫崖行政委员会和冷湖行政委员会，设立县级茫崖市，以原茫崖行政委员会和冷湖行政委员会所辖区域为茫崖市的行政区域，茫崖市人民政府驻花土沟镇民族路60号。茫崖市由海西蒙古族藏族自治州管辖。
		江苏省	撤销海安县，设立县级海安市，以原海安县的行政区域为海安市的行政区域，海安市人民政府驻中城街道长江中路106号。海安市由江苏省直辖，南通市代管。

续表

批准日期	批准机构	省、市、自治区	变动内容
2月22日	民政部批复	黑龙江省	撤销漠河县，设立县级漠河市，以原漠河县的行政区域为漠河市的行政区域，漠河市人民政府驻西林吉镇中华路21号。
		湖北省	撤销京山县，设立县级京山市，以原京山县的行政区域为京山市的行政区域，京山市人民政府驻新市镇城中路473号。京山市由湖北省直辖，荆门市代管。
6月19日	国务院批复	山东省	撤销济阳县，设立济南市济阳区，以原济阳县的行政区域为济阳区的行政区域，济阳区人民政府驻济北街道开元大街129号。
		山西省	撤销城区、郊区，合并设立长治市潞州区，以原城区和原郊区的行政区域为潞州区的行政区域，潞州区人民政府驻太行东街街道太行东街66号。 撤销长治县，设立长治市上党区，以原长治县的行政区域为上党区的行政区域，上党区人民政府驻韩店镇迎宾西街295号。 撤销屯留县，设立长治市屯留区，以原屯留县的行政区域为屯留区的行政区域，屯留区人民政府驻麟绛镇东大街51号。 撤销潞城市，设立长治市潞城区，以原潞城市的行政区域为潞城区的行政区域，潞城区人民政府驻潞华街道城内正街16号。
		湖南省	撤销株洲县，设立株洲市渌口区，以原株洲县的行政区域为渌口区的行政区域，渌口区人民政府驻渌口镇学堂路1号。
		四川省	撤销宜宾县，设立宜宾市叙州区，以原宜宾县（不含孔滩镇、王场镇、白花镇、永兴镇、双谊镇）和翠屏区南岸街道、赵场街道、南广镇行政区域为叙州区的行政区域，叙州区人民政府驻柏溪镇县府街123号。 将原宜宾县的孔滩镇、王场镇、白花镇、永兴镇、双谊镇划归翠屏区管辖。
7月2日	民政部批复	河北省	撤销滦县，设立县级滦州市，以原滦县的行政区域为滦州市的行政区域，滦州市人民政府驻滦河街道滦河西路3号。滦州市由河北省直辖，唐山市代管。
		安徽省	撤销潜山县，设立县级潜山市，以原潜山县的行政区域为潜山市行政区域，潜山市人民政府驻梅城镇潜阳路370号。潜山市由安徽省直辖，安庆市代管。
		山东省	撤销邹平县，设立县级邹平市，以原邹平县的行政区域为邹平市行政区域，邹平市人民政府驻黄山街道鹤伴二路567号。邹平市由山东省直辖，滨州市代管。
		广西壮族自治区	撤销荔浦县，设立县级荔浦市，以原荔浦县的行政区域为荔浦市的行政区域，荔浦市人民政府驻荔城镇滨江路6号。荔浦市由广西壮族自治区直辖，桂林市代管。

续表

批准日期	批准机构	省、市、自治区	变动内容
7月2日	民政部批复	贵州省	撤销兴仁县，设立县级兴仁市，以原兴仁县的行政区域为兴仁市的行政区域，兴仁市人民政府驻城北街道民主路20号。兴仁市由黔西南布依族苗族自治州管辖。
		云南省	撤销水富县，设立县级水富市，以原水富县的行政区域为水富市的行政区域，水富市人民政府驻云富街道人民东路3号。水富市由云南省直辖，昭通市代管。
		甘肃省	撤销华亭县，设立县级华亭市，以原华亭县的行政区域为华亭市的行政区域，华亭市人民政府驻东华镇东大街529号。华亭市由甘肃省直辖，平凉市代管。
8月19日	国务院批复	北京市	北京市人民政府驻地由东城区正义路2号迁至通州区运河东大街57号。
12月26日	国务院批复	山东省	撤销地级莱芜市，将其所辖区域划归济南市管辖。设立济南市莱芜区，以原莱芜市莱城区的行政区域为莱芜区的行政区域，莱芜区人民政府驻凤城街道凤城西大街148号；设立济南市钢城区，以原莱芜市钢城区的行政区域为钢城区的行政区域，钢城区人民政府驻艾山街道府前大街27号。

[附录二] 2018年国民经济和社会统计资料

项目	2018年数据	本年度比上一年增长数	本年度比上一年增长率
一、全国行政区划			
地级区划数（个）	333	-1	-0.30%
地级市数（个）	293	-1	-0.34%
县级区划数（个）	2851	0	0.00%
市辖区数（个）	970	8	0.83%
县级市数（个）	375	12	3.31%
县数（个）	1335	-20	-1.48%
自治县数（个）	117	0	0.00%
乡镇级区划数（个）	39945	57	0.14%
镇数（个）	21297	181	0.86%
乡数（个）	10253	-276	-2.62%

续表

项目	2018年数据	本年度比上一年增长数	本年度比上一年增长率
街道办事处（个）	8393	152	1.84%
二、全国人口及就业状况			
年末总人口（万人）	139538	530	0.38%
男性人口（万人）	71351	214	0.30%
女性人口（万人）	68187	316	0.47%
城镇人口（万人）	83137	1790	2.20%
乡村人口（万人）	56401	−1260	−2.19%
人口出生率（‰）	10.94	−1.49	−11.99%
人口死亡率（‰）	7.13	0.02	0.28%
人口自然增长率（‰）	3.81	−1.51	−28.38%
就业人员（万人）	77586	−54	−0.07%
第一产业就业人员（万人）	20258	−686	−3.28%
第二产业就业人员（万人）	21390	−434	−1.99%
第三产业就业人员（万人）	35938	1066	3.06%
三、国内生产总值及构成			
国民总收入（亿元）	914327.1	82945.9	9.98%
国内生产总值（亿元）	919281.1	87245.2	10.49%
第一产业增加值（亿元）	64745.2	2645.7	4.26%
第二产业增加值（亿元）	364835.2	33254.7	10.03%
第三产业增加值（亿元）	489700.8	51344.9	11.71%
人均国内生产总值（元）	66006	5992	9.98%
农林牧渔业增加值（亿元）	67558.7	2898.7	4.48%
工业增加值（亿元）	301089.3	25970	9.44%
建筑业增加值（亿元）	65493	7587.4	13.10%
批发和零售业增加值（亿元）	88903.7	7747.1	9.55%
交通运输、仓储和邮政业增加值（亿元）	40337.2	3215.3	8.66%
住宿和餐饮业增加值（亿元）	16520.6	1464.6	9.73%
金融业增加值（亿元）	70610.3	5766	8.89%
房地产业增加值（亿元）	64623	7537	13.20%
其他行业增加值（亿元）	204145.2	25058.9	13.99%
居民消费水平（元）	25378	2308	10.00%
城镇居民消费水平（元）	33308	2349	7.59%

续表

项目	2018年数据	本年度比上一年增长数	本年度比上一年增长率
农村居民消费水平（元）	13689	1749	14.65%
四、全社会固定资产投资			
全社会固定资产投资（亿元）	645675	4436.61	0.69%
城镇固定资产投资（亿元）	635636	3952	0.63%
五、对外经济贸易			
货物进出口总额			
进出口总额（人民币）（亿元）	305010.09	26910.85	9.68%
出口总额（人民币）（亿元）	164128.78	10819.35	7.06%
进口总额（人民币）（亿元）	140881.31	16091.5	12.89%
进出口差额（人民币）（亿元）	23247.49	−5272.13	−18.49%
进出口总额（美元）（百万美元）	4622444.13	515306.13	12.55%
出口总额（美元）（百万美元）	2486695.71	223350.79	9.87%
进口总额（美元）（百万美元）	2135748.42	291955.48	15.83%
进出口差额（美元）（百万美元）	350948	−68604	−16.35%
对外经济合作			
对外承包工程合同数（份）	10985	−11789	−51.77%
对外承包工程合同金额（亿美元）	2418.04	−234.72	−8.85%
对外承包工程完成营业额（万美元）	16904403	45742	0.27%
对外承包工程年末在外人数（人）	390719	13892	3.69%
对外劳务合作派出劳务人数（人）	265000	−35249	−11.74%
对外劳务合作年末在外人数（人）	606102	3760	0.62%
人民币汇率（年平均价）			
人民币对美元汇率（美元=100）（元）	661.74	−13.44	−1.99%

续表

项目	2018年数据	本年度比上一年增长数	本年度比上一年增长率
人民币对日元汇率（日元=100）（元）	5.99	−0.03	−0.50%
人民币对港元汇率（港元=100）（元）	84.43	−2.21	−2.55%
人民币对欧元汇率（欧元=100）（元）	780.16	17.13	2.24%
六、能源生产和消费状况			
能源生产状况			
能源生产总量（万吨标准煤）	377000	18500	5.16%
原煤生产总量（万吨标准煤）	261289.7	11773.7	4.72%
原油生产总量（万吨标准煤）	27046.54	−199.46	−0.73%
天然气生产总量（万吨标准煤）	20730.63	1371.63	7.09%
水电、核电、风电生产总量（万吨标准煤）	67933.13	5554.13	8.90%
焦炭生产量（万吨）	44834.2	1691.65	3.92%
原油生产量（万吨）	18932.42	−218.19	−1.14%
天然气生产量（亿立方米）	1601.59	121.24	8.19%
发电量（亿千瓦小时）	71661.33	5616.86	8.50%
水力发电量（亿千瓦小时）	12317.87	339.22	2.83%
火力发电量（亿千瓦小时）	50963.18	3417.18	7.19%
能源消费状况			
能源消费总量（万吨标准煤）	464000	15470.86	3.45%
煤炭消费总量（万吨标准煤）	273760	2848.48	1.05%
石油消费总量（万吨标准煤）	87696	3372.55	4.00%
天然气消费总量（万吨标准煤）	36192	4794.97	15.27%
水电、核电、风电消费总量（万吨标准煤）	66352	4455	7.20%
七、财政状况			
全国财政收入（亿元）	183359.84	10767.07	6.24%

续表

项目	2018年数据	本年度比上一年增长数	本年度比上一年增长率
全国财政支出（亿元）	220904.13	17818.64	8.77%
全国财政收入增长速度（%）	6.2	−1.2	−16.22%
全国财政支出增长速度（%）	8.7	1.1	14.47%
中央财政收入（亿元）	85456.46	4333.1	5.34%
地方财政收入（亿元）	97903.38	6433.97	7.03%
中央财政支出（亿元）	32707.81	2850.66	9.55%
地方财政支出（亿元）	188196.32	14967.98	8.64%
各项税收（亿元）	156402.86	12032.99	8.33%
国内增值税（亿元）	61530.77	5152.59	9.14%
国内消费税（亿元）	10631.75	406.66	3.98%
关税（亿元）	2847.78	−150.07	−5.01%
个人所得税（亿元）	13871.97	1905.6	15.92%
企业所得税（亿元）	35323.71	3206.42	9.98%
国家财政一般公共服务支出（亿元）	18374.69	1864.33	11.29%
国家财政外交支出（亿元）	586.36	64.61	12.38%
国家财政国防支出（亿元）	11280.46	848.09	8.13%
国家财政公共安全支出（亿元）	13781.48	1320.21	10.59%
国家财政教育支出（亿元）	32169.47	2016.29	6.69%
国家财政科学技术支出（亿元）	8326.65	1059.67	14.58%
国家财政文化体育与传媒支出（亿元）	3537.86	145.93	4.30%
国家财政社会保障和就业支出（亿元）	27012.09	2400.41	9.75%
国家财政医疗卫生支出（亿元）	15623.55	1172.92	8.12%
国家财政环境保护支出（亿元）	6297.61	680.28	12.11%
国家财政城乡社区事务支出（亿元）	22124.13	1539.13	7.48%
国家财政农林水事务支出（亿元）	21085.59	1996.6	10.46%

续表

项目	2018年数据	本年度比上一年增长数	本年度比上一年增长率
国家财政交通运输支出（亿元）	11282.76	608.78	5.70%
国家财政其他支出（亿元）	2312.64	583.33	33.73%
八、人民收入状况			
居民人均可支配收入（元）	28228.05	2254.26	8.68%
居民人均可支配收入同比增长（%）	8.7	−0.3	−3.33%
城镇居民人均可支配收入（元）	39250.84	2854.65	7.84%
城镇居民人均可支配收入同比增长（%）	7.8	−0.5	−6.02%
农村居民人均可支配收入（元）	14617.03	1184.6	8.82%
农村居民人均可支配收入同比增长（%）	8.8	0.2	2.33%
居民人均消费支出（元）	19853.14	1530.99	8.36%
居民人均消费支出同比增长（%）	8.4	1.3	18.31%
城镇居民人均消费支出（元）	26112.31	1667.36	6.82%
城镇居民人均消费支出同比增长（%）	6.8	0.9	15.25%
农村居民人均消费支出（元）	12124.27	1169.74	10.68%
农村居民人均消费支出同比增长（%）	10.7	2.6	32.10%
居民人均可支配工资性收入（元）	15829	1209	8.27%
居民人均可支配经营净收入（元）	4852	350	7.77%
居民人均可支配财产净收入（元）	2379	272	12.91%
居民人均可支配转移净收入（元）	5168	424	8.94%
居民人均食品烟酒消费支出（元）	5631	257	4.78%
居民人均衣着消费支出（元）	1289	51	4.12%

续表

项目	2018年数据	本年度比上一年增长数	本年度比上一年增长率
居民人均居住消费支出（元）	4647	540	13.15%
居民人均生活用品及服务消费支出（元）	1223	102	9.10%
居民人均交通和通信消费支出（元）	2675	176	7.04%
居民人均教育、文化和娱乐消费支出（元）	2226	140	6.71%
居民人均医疗保健消费支出（元）	1685	234	16.13%
居民人均其他用品及服务消费支出（元）	477	30	6.71%
九、农业状况			
农林牧渔业总产值（亿元）	113579.53	4247.81	3.89%
农业总产值（亿元）	61452.6	3392.84	5.84%
林业总产值（亿元）	5432.61	452.06	9.08%
牧业总产值（亿元）	28697.4	−663.79	−2.26%
渔业总产值（亿元）	12131.51	4247.81	3.89%
粮食产量（万吨）	65789.22	−371.5	−0.56%
夏收粮食产量（万吨）	13881.02	−293.44	−2.07%
秋粮产量（万吨）	49049.18	50.08	0.10%
谷物产量（万吨）	61003.58	−516.96	−0.84%
稻谷产量（万吨）	21212.9	−54.69	−0.26%
早稻产量（万吨）	2859.02	−128.14	−4.29%
中稻和一季晚稻产量（万吨）	15212.37	255.09	1.71%
双季晚稻产量（万吨）	3141.52	−181.63	−5.47%
小麦产量（万吨）	13144.05	−280.08	−2.09%
冬小麦产量（万吨）	12500.52	−293.57	−2.29%
春小麦产量（万吨）	643.53	13.49	2.14%
玉米产量（万吨）	25717.39	−189.68	−0.73%
谷子产量（万吨）	234.18	−20.61	−8.09%
高粱产量（万吨）	290.94	44.45	18.03%
其他谷物产量（万吨）	404.11	−16.36	−3.89%
大麦产量（万吨）	95.65	−12.87	−11.86%

续表

项目	2018年数据	本年度比上一年增长数	本年度比上一年增长率
豆类产量（万吨）	1920.27	78.71	4.27%
绿豆产量（万吨）	68.11	3.05	4.69%
红小豆产量（万吨）	27.79	−8.21	−22.81%
大豆产量（万吨）	1596.71	68.46	4.48%
薯类产量（万吨）	2865.37	66.75	2.39%
马铃薯产量（万吨）	1798.37	28.74	1.62%
棉花产量（万吨）	610.28	45.03	7.97%
油料产量（万吨）	3433.39	−41.85	−1.20%
花生产量（万吨）	1733.2	24.01	1.40%
油菜籽产量（万吨）	1328.12	0.71	0.05%
芝麻产量（万吨）	43.15	6.5	17.74%
葵花籽产量（万吨）	249.42	−65.52	−20.80%
胡麻籽产量（万吨）	33.52	3.42	11.36%
糖料产量（万吨）	11937.41	558.57	4.91%
麻类产量（万吨）	20.31	−1.48	−6.79%
黄红麻产量（万吨）	2.86	−0.05	−1.72%
亚麻产量（万吨）	1.3	0.22	20.37%
大麻产量（万吨）	10.62	−1.85	−14.84%
苎麻产量（万吨）	5.39	0.31	6.10%
甘蔗产量（万吨）	10809.71	369.28	3.54%
甜菜产量（万吨）	1127.66	189.25	20.17%
烟叶产量（万吨）	224.1	−15.04	−6.29%
烤烟产量（万吨）	210.97	−16.9	−7.42%
蔬菜产量（万吨）	70346.72	1154.04	1.67%
十、工业状况			
原煤产量（亿吨）	36.98	1.74	4.94%
原油产量（万吨）	18932.42	−218.19	−1.14%
天然气产量（亿立方米）	1601.59	121.24	8.19%
原盐产量（万吨）	6363.61	−290.56	−4.37%
精制食用植物油产量（万吨）	5066	−1005.82	−16.57%
成品糖产量（万吨）	1198.77	−273.27	−18.56%
罐头产量（万吨）	1027.99	−286.32	−21.78%
啤酒产量（万千升、万吨）	3812.24	−589.25	−13.39%

续表

项目	2018年数据	本年度比上一年增长数	本年度比上一年增长率
卷烟产量（亿支、万箱）	23375.59	-72.66	-0.31%
纱产量（万吨）	3078.9	-112.49	-3.52%
布产量（亿米）	698.5	7.45	1.08%
机制纸及纸板产量（万吨）	11660.58	-881.43	-7.03%
汽油产量（万吨）	13887.72	611.53	4.61%
柴油产量（万吨）	17377.45	-940.57	-5.13%
焦炭产量（万吨）	44834.2	1691.65	3.92%
硫酸（折100%）产量（万吨）	9209.3	-3.62	-0.04%
烧碱（折100%）产量（万吨）	3475.5	146.33	4.40%
纯碱（碳酸钠）产量（万吨）	2647.96	-119.18	-4.31%
乙烯产量（万吨）	1861.8	39.96	2.19%
合成氨产量（万吨）	4611.55	-334.71	-6.77%
农用氮、磷、钾化肥产量（万吨）	5403.51	-488.2	-8.29%
氮肥产量（万吨）	3466.95	-328.2	-8.65%
磷肥产量（万吨）	1323.76	-177.29	-11.81%
化学农药原药产量（万吨）	208.28	-42.46	-16.93%
初级形态的塑料产量（万吨）	8558.02	99.94	1.18%
合成橡胶产量（万吨）	558.96	-33.13	-5.60%
合成洗涤剂产量（万吨）	928.56	-382.93	-29.20%
化学药品原药产量（万吨）	282.27	-73.17	-20.59%
中成药产量（万吨）	261.93	-121.68	-31.72%
化学纤维产量（万吨）	5418.02	540.97	11.09%
橡胶轮胎外胎产量（万条）	81640.74	-11148.84	-12.02%
水泥产量（万吨）	223609.62	-9474.44	-4.06%
平板玻璃产量（万重量箱）	93963.26	10197.46	12.17%
生铁产量（万吨）	77987.63	6625.7	9.28%
粗钢产量（万吨）	92903.84	5829.75	6.70%
钢材产量（万吨）	113287.3	8645.25	8.26%
重轨产量（万吨）	377.24	7.91	2.14%
大型型钢产量（万吨）	1616.49	155.79	10.67%

续表

项目	2018年数据	本年度比上一年增长数	本年度比上一年增长率
中小型型钢产量（万吨）	4829.87	225.06	4.89%
棒材产量（万吨）	7248.11	504.15	7.48%
钢筋产量（万吨）	20960.97	1062.19	5.34%
线材产量（万吨）	14448.83	1586.59	12.34%
特厚板产量（万吨）	817.89	88.22	12.09%
厚钢板产量（万吨）	2956.08	347.16	13.31%
中厚宽钢带产量（万吨）	15455.31	1675.76	12.16%
热轧薄宽钢带产量（万吨）	6815.93	1312.6	23.85%
冷轧薄宽钢带产量（万吨）	5311.45	40.62	0.77%
镀层板产量（万吨）	4950.93	−312.06	−5.93%
十种有色金属产量（万吨）	5702.68	204.37	3.72%
精炼铜产量（万吨）	902.86	5.91	0.66%
原铝（电解铝）产量（万吨）	3683.1	354.14	10.64%
氧化铝产量（万吨）	7253.06	352.39	5.11%
发动机产量（万千瓦）	270128.56	2723.43	1.02%
金属切削机床产量（万台）	48.86	−11.99	−19.70%
矿山专用设备产量（万吨）	504.88	−307.78	−37.87%
炼油、化工生产专用设备产量（万吨）	109.6	−41.24	−27.34%
大中型拖拉机产量（万台）	26.2	−8.24	−23.93%
铁路客车产量（辆）	934	604	183.03%
铁路货车产量（辆）	47838	−4009	−7.73%
汽车产量（万辆）	2782.7	−119.11	−4.10%
轿车产量（万辆）	1217.38	22.84	1.91%
客车产量（万辆）	52.05	−2.97	−5.40%
载货汽车产量（万辆）	371.73	28.12	8.18%
摩托车整车产量（万辆）	1899.88	−367.78	−16.22%
两轮脚踏自行车产量（万辆）	4038.04	−3067.2	−43.17%
发电机组产量（万千瓦）	10600.49	−1222.44	−10.34%
家用电冰箱产量（万台）	8108.8	−205.68	−2.47%
房间空气调节器产量（万台）	20955.7	3094.17	17.32%
家用电风扇产量（万台）	18013.95	−629.1	−3.37%

续表

项目	2018年数据	本年度比上一年增长数	本年度比上一年增长率
家用吸排油烟机产量（万台）	2910.85	−233.18	−7.42%
家用洗衣机产量（万台）	7268.04	−232.84	−3.10%
家用吸尘器产量（万台）	10335.19	442.86	4.48%
程控交换机产量（万线）	1036.65	98.79	10.53%
电话单机产量（万部）	5960.06	−1279.31	−17.67%
传真机产量（万部）	174.89	−55.3	−24.02%
移动通信手持机产量（万台）	180050.62	−8931.75	−4.73%
微型计算机设备产量（万台）	31580.23	901.86	2.94%
笔记本计算机产量（万台）	17327.43	83.91	0.49%
显示器产量（万台）	16627.09	−810.23	−4.65%
集成电路产量（万块）	18526000	2880200	18.41%
彩色电视机产量（万台）	19695	3762.38	23.61%
组合音响产量（万台）	12225.78	804.08	7.04%
照相机产量（万台）	1783.48	−524.79	−22.74%
数码照相机产量（万台）	1135.91	−478.96	−29.66%
复印和胶版印制设备产量（万台）	590.18	−35.96	−5.74%
发电量（亿千瓦小时）	71661.33	5616.86	8.50%
火电发电量（亿千瓦小时）	50963.18	3417.23	7.19%
水电发电量（亿千瓦小时）	12317.87	339.22	2.83%
十一、金融业状况			
金融机构人民币信贷资金运用（亿元）	2109164	177229.59	9.17%
金融机构资金运用各项贷款（亿元）	1362967	161646.01	13.46%
金融机构资金运用各项贷款境内贷款（亿元）	1357891	160990.77	13.45%
金融机构资金运用各项贷款中票据融资（亿元）	57806.88	18933.47	48.71%
金融机构资金运用各项贷款境外贷款（亿元）	5075	654.25	14.80%
金融机构资金运用有价证券及投资（亿元）	333467	39085.46	13.28%

续表

项目	2018年数据	本年度比上一年增长数	本年度比上一年增长率
金融机构资金运用股权及其他投资（亿元）	196190	−21398.73	−9.83%
金融机构资金运用黄金占款（亿元）	2570	28.5	1.12%
金融机构资金运用外汇占款（亿元）	212557	−2231.33	−1.04%
金融机构资金运用在国际金融机构资产（亿元）	1414	100.68	7.67%
货币和准货币（M2）供应量（亿元）	1826744.2	136508.89	8.08%
货币（M1）供应量（亿元）	551685.9	7895.75	1.45%
流通中现金（M0）供应量（亿元）	73208.4	2562.8	3.63%
十二、运输业状况			
铁路营业里程（万公里）	13.17	0.47	3.70%
公路里程（万公里）	484.65	7.3	1.53%
等级公路里程（万公里）	446.59	12.73	2.93%
高速等级路公路里程（万公里）	14.26	0.62	4.55%
一级等级公路里程（万公里）	11.17	0.65	6.18%
二级等级公路里程（万公里）	39.35	1.3	3.42%
等外公路公路里程（万公里）	38.07	−5.42	−12.46%
内河航道里程（万公里）	12.71	0.01	0.08%
定期航班航线里程（公里）	8379833	896800	11.98%
国际航线线路长度（公里）	3598911	353052	10.88%
管道输油（气）里程（万公里）	12.23	0.3	2.51%
旅客运输量（万人）	1793820.33	−54799.79	−2.96%
铁路客运量（万人）	337494.67	29115.33	9.44%
公路客运量（万人）	1367170.39	−89613.94	−6.15%
水运客运量（万人）	27981.49	−318.85	−1.13%
民用航空客运量（万人）	61173.77	6017.66	10.91%
货物运输量（万吨）	5152732	347882	7.24%
铁路货运量（万吨）	402631	33766	9.15%

续表

项目	2018年数据	本年度比上一年增长数	本年度比上一年增长率
公路货运量（万吨）	3956871	270013	7.32%
水运货运量（万吨）	702684	34838	5.22%
远洋货运量（万吨）	76969	939	1.24%
民用航空货运量（万吨）	739	33	4.67%
管道货运量（万吨）	89807	9231	11.46%
十三、教育状况			
研究生培养机构学校数（所）	815	0	0.00%
普通高校研究生培养机构学校数（所）	580	2	0.35%
科研机构研究生培养机构学校数（所）	235	−2	−0.84%
普通高等学校学校数（所）	2663	32	1.22%
本科院校学校数（所）	1245	2	0.16%
专科院校学校数（所）	1418	30	2.16%
其他机构（教学点）学校数（所）	22	−2	−8.33%
独立学院学校数（所）	265	0	0.00%
成人高等学校学校数（所）	277	−5	−1.77%
民办的其他高等教育机构学校数（所）	784	−16	−2.00%
中等教育学校数（所）	76746	−272	−0.35%
高中阶段教育学校数（所）	24320	−298	−1.21%
高中学校数（所）	14091	144	1.03%
普通高中学校数（所）	13737	182	1.34%
普通高中完全中学数（所）	5412	−48	−0.88%
高级中学数（所）	6898	118	1.74%
十二年一贯制普通高中学校数（所）	1427	112	8.52%
成人高中学校数（所）	354	−38	−9.69%
中等职业教育学校数（所）	10229	−442	−4.14%
普通中专学校数（所）	3322	−24	−0.72%
成人中专学校数（所）	1097	−121	−9.93%
职业高中学校数（所）	3431	−186	−5.14%
技工学校学校数（所）	2379	−111	−4.46%

续表

项目	2018年数据	本年度比上一年增长数	本年度比上一年增长率
其他机构（教学点）学校数（所）	285	−27	−8.65%
初中阶段教育学校数（所）	52426	26	0.05%
初级中学数（所）	35275	−421	−1.18%
九年一贯制普通初中学校数（所）	16696	513	3.17%
职业初中学校数（所）	11	−4	−26.67%
成人初中学校数（所）	444	−62	−12.25%
初等教育学校数（所）	170209	−6509	−3.68%
普通小学学校数（所）	161811	−5198	−3.11%
小学学校数（所）	161811	−5198	−3.11%
成人小学学校数（所）	8398	−1311	−13.50%
扫盲班学校数（所）	5211	−1376	−20.89%
工读学校学校数（所）	92	−1	−1.08%
特殊教育学校数（所）	2152	45	2.14%
学前教育学校数（所）	266677	11727	4.60%
十四、科技活动状况			
研究与试验发展人员全时当量（万人年）	438.14	34.78	8.62%
研究与试验发展基础研究人员全时当量（万人年）	30.5	1.49	5.14%
研究与试验发展应用研究人员全时当量（万人年）	53.88	4.92	10.05%
研究与试验发展试验发展人员全时当量（万人年）	353.77	28.38	8.72%
研究与试验发展经费支出（亿元）	19677.93	2071.8	11.77%
研究与试验发展基础研究经费支出（亿元）	1090.37	114.88	11.78%
研究与试验发展应用研究经费支出（亿元）	2190.87	341.66	18.48%
研究与试验发展试验发展经费支出（亿元）	16396.69	1615.26	10.93%
研究与试验发展政府资金经费支出（亿元）	3978.64	491.19	14.08%
研究与试验发展企业资金经费支出（亿元）	15079.3	1614.36	11.99%

续表

项目	2018年数据	本年度比上一年增长数	本年度比上一年增长率
发表科技论文（万篇）	184.36	14.27	8.39%
出版科技著作（种）	53629	−575	−1.06%
科技成果登记数（项）	65720	5928	9.91%
国家技术发明奖（项）	67	1	1.52%
国家科学技术进步奖（项）	173	3	1.76%
专利申请受理数（项）	4323112	625267	16.91%
发明专利申请受理数（项）	1542002	160408	11.61%
专利申请授权数（项）	2447460	611026	33.27%
发明专利申请授权数（项）	432147	12003	2.86%
高技术产品进出口额（亿美元）	14085.65	1510.17	12.01%
高技术产品出口额（亿美元）	7430.44	722.29	10.77%
高技术产品进口额（亿美元）	6655.21	787.88	13.43%
技术市场成交额（亿元）	17697.42	4273.2	31.83%
十五、卫生事业状况			
医疗卫生机构数（个）	997433	10784	1.09%
医院数（个）	33009	1953	6.29%
综合医院数（个）	19693	772	4.08%
中医医院数（个）	3977	282	7.63%
专科医院数（个）	7900	680	9.42%
基层医疗卫生机构（个）	943639	10615	1.14%
社区卫生服务中心（站）数（个）	34997	345	1.00%
乡镇卫生院数（个）	36461	−90	−0.25%
村卫生室数（个）	622001	−10056	−1.59%
门诊部（所）数（个）	249654	20433	8.91%
专业公共卫生机构数（个）	18033	−1863	−9.36%
疾病预防控制中心数（个）	3443	−13	−0.38%
专科疾病防治院（所/站）数（个）	1161	−39	−3.25%
妇幼保健院（所/站）数（个）	3080	3	0.10%
卫生监督所（中心）数（个）	2949	−43	−1.44%

数据来源：2020年7月10日国家统计局国家年度数据表。

[附录三] 2018年中国对外缔结条约概况

2018年中国对外缔结的主要双边条约一览表			
序号	条约名称	签署日期	签署地点
1	中华人民共和国政府和约旦哈希姆王国政府关于在约旦设立中国文化中心的协定	2018.01.08	安曼
2	中华人民共和国政府和刚果共和国政府民用航空运输协定	2018.01.09	北京
3	中华人民共和国政府和安哥拉共和国政府关于简化签证手续的协定	2018.01.14	罗安达
4	中华人民共和国政府和约旦哈希姆王国政府航班协定	2018.01.15	安曼
5	中华人民共和国政府和乌拉圭东岸共和国政府关于简化商务人员签证手续的协定	2018.01.24	蒙得维的亚
6	中华人民共和国政府与大不列颠及北爱尔兰联合王国政府关于动物卫生及动物检疫的合作协定	2018.01.31	北京
7	中华人民共和国政府和巴基斯坦伊斯兰共和国政府文化合作协定2018年至2022年执行计划	2018.02.05	北京
8	中华人民共和国和奥地利共和国关于刑事司法协助的条约	2018.04.08	北京
9	中华人民共和国政府和乌拉圭东岸共和国政府关于在乌拉圭设立中国文化中心的谅解备忘录	2018.04.16	北京
10	中华人民共和国政府与日本国政府关于合作摄制电影的协议	2018.05.09	东京
11	中华人民共和国政府和日本国政府社会保障协定	2018.05.09	东京
12	中华人民共和国与布基纳法索关于恢复外交关系的联合公报	2018.05.26	北京
13	关于修订《中华人民共和国政府和智利共和国政府对所得避免双重征税和防止逃避税的协定》的议定书	2018.05.29	圣地亚哥
14	中华人民共和国政府与俄罗斯联邦政府国际道路运输协定	2018.06.08	北京
15	中华人民共和国政府和白俄罗斯共和国政府关于互免持普通护照人员签证的协定	2018.06.10	青岛
16	中华人民共和国政府和科特迪瓦共和国政府民用航空运输协定	2018.06.25	阿比让
17	中华人民共和国和塞浦路斯共和国引渡条约	2018.06.29	北京
18	中华人民共和国政府和保加利亚共和国政府科学技术合作协定	2018.07.06	索非亚
19	中华人民共和国政府与波斯尼亚和黑塞哥维那部长会议关于动物卫生及动物检疫的合作协定	2018.07.07	索非亚
20	中华人民共和国政府和卡塔尔国政府关于互免签证的协定	2018.07.09	北京
21	中华人民共和国政府和阿拉伯联合酋长国政府关于海关事务的合作与互助协定	2018.07.19	阿布扎比
22	中华人民共和国政府和阿拉伯联合酋长国政府关于互设文化中心的谅解备忘录	2018.07.19	阿布扎比

续表

	2018年中国对外缔结的主要双边条约一览表		
23	中华人民共和国和塞内加尔共和国关于刑事司法协助的条约	2018.07.21	达喀尔
24	中华人民共和国和塞内加尔共和国引渡条约	2018.07.21	达喀尔
25	中华人民共和国政府和卢旺达共和国政府民用航空运输协定	2018.07.23	基加利
26	中华人民共和国政府和科特迪瓦共和国政府关于互设文化中心的协定	2018.08.30	北京
27	中华人民共和国政府与布基纳法索政府经济、贸易、投资和技术合作协定	2018.08.31	北京
28	中华人民共和国政府和加蓬共和国政府对所得避免双重征税和防止逃避税的协定	2018.09.01	北京
29	中华人民共和国政府和利比里亚共和国政府海运协定	2018.09.05	北京
30	中华人民共和国政府和刚果共和国政府对所得消除双重征税和防止逃避税的协定	2018.09.05	北京
31	中华人民共和国政府和亚美尼亚共和国政府航空运输协定	2018.09.16	广州
32	中华人民共和国政府和拉脱维亚共和国政府科学技术合作协定	2018.09.18	北京
33	中华人民共和国和安哥拉共和国对所得消除双重征税和防止逃避税的协定	2018.10.09	北京
34	中华人民共和国政府和塔吉克斯坦共和国政府关于海关事务的合作与互助协定	2018.10.13	杜尚别
35	中华人民共和国政府和日本国政府海上搜寻救助合作协定	2018.10.26	北京
36	中华人民共和国政府和多米尼加共和国政府民用航空运输协定	2018.11.02	北京
37	中华人民共和国政府和法兰西共和国政府互认换领机动车驾驶证的协议	2018.11.23	巴黎
38	中华人民共和国和巴拿马共和国引渡条约	2018.12.03	巴拿马城
39	中华人民共和国政府与巴拿马共和国政府文化合作协定	2018.12.03	巴拿马城
40	中华人民共和国政府和巴拿马共和国政府关于互为对方持普通护照人员颁发多次有效签证安排的协定	2018.12.03	巴拿马城
41	中华人民共和国和厄瓜多尔共和国关于刑事司法协助的条约	2018.12.12	北京

2018年中国参加的多边条约情况					
序号	名称	签订日期地点	生效日期	中国采取行动情况	备注
1	关于沿亚洲公路网国际道路运输政府间协定	2016.12.08 莫斯科	2018.09.21	2016.12.08 签署 2018.02.20 核准 2018.09.21 对中国生效	适用于香港特区，暂不适用于澳门特区
2	亚太贸易协定第二修正案	2017.01.13 曼谷	2018.07.01	2017.01.13 签署 2017.10.07 接受 2018.07.01 对中国生效	不适用于香港特区和澳门特区
3	2004年国际船舶压载水和沉积物控制和管理公约	2004.02.13 伦敦	2017.09.08	2018.05.30 加入	尚未对中国生效
4	预防中北冰洋不管制公海渔业协定	2018.10.03 伊卢利萨特	尚未生效	2018.10.03 签署	

注：信息来源于外交部网站。

[附录四] 2018年国家科学技术奖励情况

2018年度国家最高科学技术奖获奖人
刘永坦（哈尔滨工业大学，由工业和信息化部提名）
钱七虎（中国人民解放军陆军工程大学，由中央军委科学技术委员会提名）

2018年度国家自然科学奖获奖项目

一等奖

序号	编号	项目名称	主要完成人	提名单位
1	Z-102-1-01	量子反常霍尔效应的实验发现	薛其坤（清华大学），王亚愚（清华大学），何珂（中国科学院物理研究所），马旭村（中国科学院物理研究所），吕力（中国科学院物理研究所）	教育部

续表

2018 年度国家自然科学奖获奖项目

二等奖

序号	编号	项目名称	主要完成人	提名单位（专家）
1	Z-101-2-01	动力系统的结构及其复杂性研究	叶向东（中国科学技术大学），黄 文（中国科学技术大学），邵 松（中国科学技术大学）	王诗宬，方复全，王小云
2	Z-101-2-02	典型群表示论	孙斌勇（中国科学院数学与系统科学研究院）	席南华
3	Z-101-2-03	向量最优化问题的理论研究	杨新民（重庆师范大学），陈光亚（中国科学院数学与系统科学研究院）	袁亚湘，张平文，汤涛
4	Z-102-2-01	固体材料中贝里相位效应的第一性原理研究	姚裕贵（北京理工大学），刘铖铖（北京理工大学），冯万祥（中国科学院物理研究所）	谢心澄，向涛，马琰铭
5	Z-103-2-01	金属纳米材料的表面配位化学	郑南峰（厦门大学），黄小青（厦门大学），傅 钢（厦门大学），陈光需（厦门大学），杨华艳（厦门大学）	郑兰荪，李玉良，赵东元
6	Z-103-2-02	纳米材料蛋白冠的化学生物学特性及其机制	陈春英（国家纳米科学中心），刘 颖（国家纳米科学中心），谷战军（中国科学院高能物理研究所），吴晓春（国家纳米科学中心），赵宇亮（国家纳米科学中心）	谭蔚泓，李景虹，樊春海
7	Z-103-2-03	细胞稳态调控活性分子的荧光成像研究	唐 波（山东师范大学），董育斌（山东师范大学），李 平（山东师范大学），王 鹏（山东师范大学），李 娜（山东师范大学）	山东省
8	Z-103-2-04	自组装纳米结构的构建及功能化	唐智勇（国家纳米科学中心），刘绍琴（哈尔滨工业大学），宋 锐（中国科学院大学），夏云生（国家纳米科学中心）	中国科学院
9	Z-103-2-05	面向能源转化与存储的有机和碳纳米材料研究	陈永胜（南开大学），万相见（南开大学），黄 毅（南开大学），田建国（南开大学），王成扬（天津大学）	天津市
10	Z-103-2-06	瞬态新奇分子的光谱、成键和反应研究	周鸣飞（复旦大学），李 隽（清华大学），王冠军（复旦大学），陈末华（复旦大学），龚 昱（复旦大学）	上海市

续表

\multicolumn{5}{c}{2018年度国家自然科学奖获奖项目}
\multicolumn{5}{c}{二等奖}
序号	编号	项目名称	主要完成人	提名单位（专家）
11	Z-104-2-01	中国最古老大陆的时代和演化	万渝生（中国地质科学院地质研究所）， 刘敦一（中国地质科学院地质研究所）， 宋 彪（中国地质科学院地质研究所）， 伍家善（中国地质科学院地质研究所）， 沈其韩（中国地质科学院地质研究所）	国土资源部
12	Z-104-2-02	纳米材料的选择性吸附环境污染物机理及水相分离功能调控	刘景富（中国科学院生态环境研究中心）， 蔡亚岐（中国科学院生态环境研究中心）， 刘 倩（中国科学院生态环境研究中心）， 赵宗山（中国科学院生态环境研究中心）， 江桂斌（中国科学院生态环境研究中心）	中国科学院
13	Z-104-2-03	大洋能量传递过程、机制及其气候效应	吴立新（中国海洋大学）， 林霄沛（中国海洋大学）， 陈朝晖（中国海洋大学）， 陈显尧（中国海洋大学）， 王 伟（中国海洋大学）	青岛市
14	Z-104-2-04	亚洲中部干旱区多尺度气候环境变化的特征与机理	陈发虎（兰州大学）， 陈建徽（兰州大学）， 李金豹（香港大学）， 黄 伟（兰州大学）， 靳立亚（兰州大学）	姚檀栋，程国栋，傅伯杰
15	Z-105-2-01	黄瓜基因组和重要农艺性状基因研究	黄三文（中国农业科学院蔬菜花卉研究所）， 张忠华（中国农业科学院蔬菜花卉研究所）， 尚 轶（中国农业科学院蔬菜花卉研究所）， 金危危（中国农业大学）， 陈惠明［湖南省蔬菜研究所（辣椒新品种技术研究推广中心）］	农业部
16	Z-105-2-02	EMT-MET的细胞命运调控	裴端卿（中国科学院广州生物医药与健康研究院）， 潘光锦（中国科学院广州生物医药与健康研究院）， 陈捷凯（中国科学院广州生物医药与健康研究院）， 郑 辉（中国科学院广州生物医药与健康研究院）， 王 涛（中国科学院广州生物医药与健康研究院）	中国科学院
17	Z-105-2-03	中国蝙蝠携带重要病毒研究	石正丽（中国科学院武汉病毒研究所）， 葛行义（中国科学院武汉病毒研究所）， 张树义（中国科学院动物研究所）， 李 艳（中国科学院武汉病毒研究所）， 杨兴娄（中国科学院武汉病毒研究所）	中国科学院

续表

2018年度国家自然科学奖获奖项目

二等奖

序号	编号	项目名称	主要完成人	提名单位（专家）
18	Z-105-2-04	杂交稻育性控制的分子遗传基础	刘耀光（华南农业大学），罗荡平（华南农业大学），王中华（华南农业大学），龙云铭（华南农业大学），唐辉武（华南农业大学）	李家洋，张启发，韩斌
19	Z-106-2-01	基于药效团模型的原创小分子靶向药物发现	杨胜勇（四川大学），陈应春（四川大学），魏于全（四川大学）	教育部
20	Z-106-2-02	中国人群肺癌遗传易感新机制	沈洪兵（南京医科大学），吴晨（中国医学科学院肿瘤医院），胡志斌（南京医科大学），靳光付（南京医科大学），许林（南京医科大学）	詹启敏，徐建国，邬堂春
21	Z-106-2-03	心血管重构分子机制、检测技术和干预策略的基础研究	张澄（山东大学齐鲁医院），张运（山东大学齐鲁医院），张铭湘（山东大学齐鲁医院），张薇（山东大学齐鲁医院），苗俊英（山东大学）	葛均波，韩雅玲，宁光
22	Z-107-2-01	网络系统的分布式感知与协同控制基础理论与方法	关新平（上海交通大学），华长春（燕山大学），陈彩莲（上海交通大学），朱善迎（上海交通大学），龙承念（燕山大学）	教育部
23	Z-107-2-02	动态系统故障诊断与可靠容错控制	姜斌（南京航空航天大学），陈谋（南京航空航天大学），杨浩（南京航空航天大学），冒泽慧（南京航空航天大学），张柯（南京航空航天大学）	教育部
24	Z-107-2-03	大规模多媒体的资源跨域协同计算理论方法	朱文武（清华大学），崔鹏（清华大学），陈志波（清华大学），王飞（清华大学），王智（清华大学）	工业和信息化部
25	Z-107-2-04	功能成像脑连接机理研究	胡德文（中国人民解放军国防科技大学），姚树桥（中南大学湘雅二医院），沈辉（中国人民解放军国防科技大学），曾令李（中国人民解放军国防科技大学），朱雪玲（中国人民解放军国防科技大学）	湖南省
26	Z-107-2-05	新型微波超材料对空间波和表面等离激元波的自由调控或实时调控	崔铁军（东南大学），沈晓鹏（东南大学），蒋卫祥（东南大学），程强（东南大学），马慧锋（东南大学）	洪伟，黄民强，刘永坚

续表

\multicolumn{5}{c}{2018年度国家自然科学奖获奖项目}
\multicolumn{5}{c}{二等奖}
序号	编号	项目名称	主要完成人	提名单位（专家）
27	Z-107-2-06	金属有机半导体的结构设计、性能调控与光电应用	黄　维（南京邮电大学）， 赵　强（南京邮电大学）， 刘淑娟（南京邮电大学）， 陈润锋（南京邮电大学）， 孙会彬（南京工业大学）	教育部
28	Z-107-2-07	网络化系统安全优化理论与方法及在能源电力等系统的应用	管晓宏（西安交通大学）， 赵千川（清华大学）， 翟桥柱（西安交通大学）， 贾庆山（清华大学）， 徐寅峰（西安交通大学）	陕西省
29	Z-108-2-01	块体非晶合金的结构与强韧化研究	吕昭平（北京科技大学）， 吴　渊（北京科技大学）， 惠希东（北京科技大学）， 刘雄军（北京科技大学）， 张　勇（北京科技大学）	中国钢铁工业协会
30	Z-108-2-02	带共轭侧链的聚合物给体和茚双加成富勒烯受体光伏材料	李永舫（中国科学院化学研究所）， 侯剑辉（中国科学院化学研究所）， 何有军（中国科学院化学研究所）， 霍利军（中国科学院化学研究所）， 赵光金（中国科学院化学研究所）	中国科学院
31	Z-108-2-03	一维氧化锌的界面调控及其应用基础研究	张　跃（北京科技大学）， 廖庆亮（北京科技大学）， 戴　英（北京科技大学）， 杨　亚（北京科技大学）， 张　铮（北京科技大学）	教育部
32	Z-108-2-04	石墨烯微结构调控及其表界面效应研究	吴明红（上海大学）， 潘登余（上海大学）， 曹傲能（上海大学）， 涂育松（上海大学）， 王海芳（上海大学）	上海市
33	Z-109-2-01	发动机燃烧反应网络调控理论及方法	齐　飞（中国科学技术大学）， 李玉阳（中国科学技术大学）， 杨　斌（中国科学技术大学）， 张李东（中国科学技术大学）	甘晓华，黄震， 黄佐华
34	Z-109-2-02	摩擦界面的声子传递理论与能量耗散模型	陈云飞（东南大学）， 杨决宽（东南大学）， 倪中华（东南大学）， 毕可东（东南大学）， 魏志勇（东南大学）	教育部
35	Z-109-2-03	摩擦过程的微粒行为和作用机制	雒建斌（清华大学）， 张晨辉（清华大学）， 路新春（清华大学）， 徐学锋（清华大学）， 郭　丹（清华大学）	周仲荣，任露泉， 丁汉

续表

2018年度国家自然科学奖获奖项目

二等奖

序号	编号	项目名称	主要完成人	提名单位（专家）
36	Z-110-2-01	风沙运动的多场耦合特性及规律的力学研究	周又和（兰州大学），郑晓静（兰州大学），黄 宁（兰州大学）	教育部
37	Z-110-2-02	超长寿命疲劳裂纹萌生机理与寿命预测	王清远（四川大学），杨振国（中国科学院金属研究所），杨 帆（中国科学院金属研究所），张继明（中国科学院金属研究所）	谢和平，于起峰，李华军

2018年度国家技术发明奖获奖项目（通用项目）

一等奖

序号	编号	项目名称	主要完成人	提名单位
1	F-30901-1-01	云端融合系统的资源反射机制及高效互操作技术	梅 宏（北京大学），黄 罡（北京大学），张 颖（北京因特睿软件有限公司），刘譞哲（北京大学），郭 耀（北京大学），熊英飞（北京大学）	中国电子学会
2	F-303-1-01	大深度高精度广域电磁勘探技术与装备	何继善（中南大学），李帝铨（中南大学），蒋奇云（中南大学），凌 帆（湖南继善高科技有限公司），李建华（湖南继善高科技有限公司），尹文斌（湖南继善高科技有限公司）	湖南省
1	F-301-2-01	小麦与冰草属间远缘杂交技术及其新种质创制	李立会（中国农业科学院作物科学研究所），杨欣明（中国农业科学院作物科学研究所），刘伟华（中国农业科学院作物科学研究所），张锦鹏（中国农业科学院作物科学研究所），李秀全（中国农业科学院作物科学研究所），董玉琛（中国农业科学院作物科学研究所）	李振声

续表

| \multicolumn{5}{c}{2018年度国家技术发明奖获奖项目（通用项目）} |||||
| \multicolumn{5}{c}{二等奖} |||||
序号	编号	项目名称	主要完成人	提名单位（专家）
2	F-301-2-02	扇贝分子育种技术创建与新品种培育	包振民（中国海洋大学）， 王　师（中国海洋大学）， 胡晓丽（中国海洋大学）， 李恒德（中国水产科学研究院）， 梁　峻（獐子岛集团股份有限公司）， 王有廷（烟台海益苗业有限公司）	山东省
3	F-301-2-03	猪传染性胃肠炎、猪流行性腹泻、猪轮状病毒三联活疫苗创制与应用	冯　力（中国农业科学院哈尔滨兽医研究所）， 时洪艳（中国农业科学院哈尔滨兽医研究所）， 陈建飞（中国农业科学院哈尔滨兽医研究所）， 佟有恩（哈尔滨维科生物技术开发公司）， 张　鑫（中国农业科学院哈尔滨兽医研究所）， 王牟平（哈尔滨国生生物科技股份有限公司）	黑龙江省
4	F-301-2-04	猪整合组学基因挖掘技术体系建立及其育种应用	赵书红（华中农业大学）， 梅书棋（湖北省农业科学院畜牧兽医研究所）， 李新云（华中农业大学）， 朱猛进（华中农业大学）， 乔　木（湖北省农业科学院畜牧兽医研究所）， 刘小磊（华中农业大学）	教育部
5	F-301-2-05	菊花优异种质创制与新品种培育	陈发棣（南京农业大学）， 房伟民（南京农业大学）， 陈素梅（南京农业大学）， 管志勇（南京农业大学）， 滕年军（南京农业大学）， 姚建军（昆明虹之华园艺有限公司）	江苏省
6	F-302-2-01	遗传性耳聋基因诊断芯片系统的研制及其应用	程　京（清华大学）， 戴　朴（中国人民解放军总医院）， 邢婉丽（清华大学）， 张冠斌（博奥生物集团有限公司）， 项光新（博奥生物集团有限公司）， 王国建（中国人民解放军总医院）	北京市

续表

2018年度国家技术发明奖获奖项目（通用项目）

二等奖

序号	编号	项目名称	主要完成人	提名单位（专家）
7	F-302-2-02	银杏二萜内酯强效应组合物的发明及制备关键技术与应用	肖　伟（中国药科大学），楼凤昌（中国药科大学），凌　娅（江苏康缘药业股份有限公司），阿基业（中国药科大学），胡　刚（南京医科大学），马舒伟（齐齐哈尔大学）	中华中医药学会
8	F-303-2-01	油气管道系统完整性关键技术与工业化应用	张来斌［中国石油大学（北京）］，董绍华［中国石油大学（北京）］，曹崇珍（中油管道检测技术有限责任公司），罗金恒（中国石油天然气集团公司管材研究所），段礼祥［中国石油大学（北京）］，田中山（中国石油化工股份有限公司）	中国石油和化学工业联合会
9	F-303-2-02	煤矿岩石井巷安全高效精细化爆破技术及装备	杨仁树［中国矿业大学（北京）］，岳中文［中国矿业大学（北京）］，李　清［中国矿业大学（北京）］，李　杨（江西蓝翔重工有限公司），郭东明［中国矿业大学（北京）］，杨国梁［中国矿业大学（北京）］	中国煤炭工业协会
10	F-304-2-01	水力式升船机关键技术及应用	马洪琪（华能澜沧江水电股份有限公司），曹以南（中国电建集团昆明勘测设计研究院有限公司），胡亚安（水利部交通运输部国家能源局南京水利科学研究院），郑大迪（中国长江三峡集团公司），袁湘华（华能澜沧江水电股份有限公司），吴一红（中国水利水电科学研究院）	云南省
11	F-304-2-02	微细矿物颗粒封闭循环利用高效节能分离技术与装备	褚良银（四川大学），吕文杰（上海华畅环保设备发展有限公司），王书礼（威海市海王旋流器有限公司），王　磊（威海市海王旋流器有限公司），汪　伟（四川大学），汪华林（华东理工大学）	教育部

续表

\multicolumn{5}{c}{2018年度国家技术发明奖获奖项目（通用项目）}
\multicolumn{5}{c}{二等奖}
序号	编号	项目名称	主要完成人	提名单位（专家）
12	F-304-2-03	冶炼多金属废酸资源化治理关键技术	柴立元（中南大学），李青竹（中南大学），王庆伟（中南大学），蒋国民（中南大学），王海鹰（中南大学），高伟荣（赛恩斯环保股份有限公司）	湖南省
13	F-305-2-01	生物法制备二十二碳六烯酸油脂关键技术及应用	黄　和（南京工业大学），任路静（南京工业大学），纪晓俊（南京工业大学），江　凌（南京工业大学），陈可泉（南京工业大学），高　嵩（淮海工学院）	教育部
14	F-305-2-02	耐胁迫植物乳杆菌定向选育及发酵关键技术	陈　卫（江南大学），赵建新（江南大学），翟齐啸（江南大学），田丰伟（江南大学），刘振民（光明乳业股份有限公司），杭　锋（光明乳业股份有限公司）	中国轻工业联合会
15	F-305-2-03	新型三嗪阻燃剂清洁制备及阻燃塑料加工关键技术	王　琪（四川大学），刘　渊（四川大学），叶　锐（成都玉龙化工有限公司），陈英红（四川大学），杨中强（广东生益科技股份有限公司），何岳山（广东生益科技股份有限公司）	中国轻工业联合会
16	F-306-2-01	天然活性同系物的分子辨识分离新技术及应用	任其龙（浙江大学），邢华斌（浙江大学），钱国平（浙江花园生物高科股份有限公司），鲍宗必（浙江大学），杨启炜（浙江大学），张治国（浙江大学）	浙江省
17	F-306-2-02	取代芳胺系列产品绿色催化合成关键技术与工业应用	李小年（浙江工业大学），陈新民（圣奥化学科技有限公司），卢春山（浙江工业大学），张群峰（浙江工业大学），朱秀全（河北建新化工股份有限公司），俞卫祥（浙江友联化学工业有限公司）	陈芬儿，韩布兴，涂永强

续表

2018 年度国家技术发明奖获奖项目（通用项目）

二等奖

序号	编号	项目名称	主要完成人	提名单位（专家）
18	F-306-2-03	均相离子膜制备关键技术及应用	徐铜文（中国科学技术大学），刘兆明（山东天维膜技术有限公司），金可勇（杭州水处理技术研究开发中心有限公司），吴　亮（中国科学技术大学），汪耀明（中国科学技术大学），高从堦（杭州水处理技术研究开发中心有限公司）	安徽省
19	F-307-2-01	高性能铝合金架空导线材料与应用	孙宝德（上海交通大学），高海燕（上海交通大学），尤伟任（江苏中天科技股份有限公司），疏　达（上海交通大学），薛　驰（江苏中天科技股份有限公司），张　佼（上海交通大学）	上海市
20	F-307-2-02	基于硫磷混酸协同浸出的钨冶炼新技术	赵中伟（中南大学），方　奇（厦门钨业股份有限公司），李江涛（中南大学），杨金洪（厦门钨业股份有限公司），陈星宇（中南大学），刘旭恒（中南大学）	中国有色金属工业协会
21	F-307-2-03	空间碎片与高能粒子探测和防护关键材料及应用	刘日平（燕山大学），张新宇（燕山大学），闫　军（北京空间飞行器总体设计部），向宏文（北京空间飞行器总体设计部），刘文昌（燕山大学），于　民（北京大学）	河北省
22	F-307-2-04	压水堆核电高温高压水环境材料损伤关键测试技术及成套装备与应用	韩恩厚（中国科学院金属研究所），吴欣强（中国科学院金属研究所），王俭秋（中国科学院金属研究所），郦晓慧（中国科学院金属研究所），匡文军（中国科学院金属研究所），彭群家（中国科学院金属研究所）	中国科学院

续表

2018年度国家技术发明奖获奖项目（通用项目）					
二等奖					
序号	编号	项目名称	主要完成人		提名单位（专家）
23	F-307-2-05	大尺寸高性能激光偏振薄膜元件成套制备工艺技术及应用	邵建达（中国科学院上海光学精密机械研究所），朱美萍（中国科学院上海光学精密机械研究所），魏朝阳（中国科学院上海光学精密机械研究所），刘世杰（中国科学院上海光学精密机械研究所），易葵（中国科学院上海光学精密机械研究所），赵元安（中国科学院上海光学精密机械研究所）		王曦，张维岩，罗先刚
24	F-307-2-06	基于湿法凹凸棒石高值利用关键技术开发与应用	王爱勤（中国科学院兰州化学物理研究所），王文波（中国科学院兰州化学物理研究所），牟斌（中国科学院兰州化学物理研究所），康玉茹（中国科学院兰州化学物理研究所），张俊平（中国科学院兰州化学物理研究所），汪琴（中国科学院兰州化学物理研究所）		甘肃省
25	F-307-2-07	复杂组分战略金属再生关键技术创新及产业化	张深根（北京科技大学），潘德安（北京科技大学），刘波（北京科技大学），王建明（华新绿源环保股份有限公司），王鹏磊（上饶市致远环保科技有限公司），赖建明（清远市进田企业有限公司）		北京市
26	F-307-2-08	基于M3组织调控的钢铁材料基础理论研究与高性能钢技术	董瀚（钢铁研究总院），翁宇庆（钢铁研究总院），曹文全（钢铁研究总院），孙新军（钢铁研究总院），王存宇（钢铁研究总院），谢振家（北京科技大学）		中国钢铁工业协会
27	F-308-2-01	风电装备变转速稀疏诊断技术	陈雪峰（西安交通大学），雷亚国（西安交通大学），訾艳阳（西安交通大学），李兵（西安交通大学），杨志勃（西安交通大学），刘晓枫（北京汉能华科技股份有限公司）		教育部

续表

\multicolumn{5}{c}{2018 年度国家技术发明奖获奖项目（通用项目）}
\multicolumn{5}{c}{二等奖}
序号	编号	项目名称	主要完成人	提名单位（专家）
28	F-308-2-02	高精度高强度中厚板结构件复合精冲成形技术与装备	华　林（武汉理工大学）， 刘艳雄（武汉理工大学）， 毛华杰（武汉理工大学）， 张　勇（湖北三环锻压设备有限公司）， 杨静刚（武汉泛洲机械制造有限公司）， 励行根（宁波天生密封件有限公司）	中国机械工业联合会
29	F-308-2-03	电网大范围山火灾害带电防治关键技术	陆佳政（国网湖南省电力有限公司）， 薛禹胜（国网电力科学研究院有限公司）， 吴传平（湖南省湘电试研技术有限公司）， 徐勋建（国网湖南省电力有限公司）， 冉茂农（北京华云星地通科技有限公司）， 孔昭斌（陕西银河消防科技装备股份有限公司）	饶　宏，欧阳晓平，范维澄
30	F-308-2-04	空间极端环境下机构复杂序列运动地面测试装备关键技术	丁希仑（北京航空航天大学）， 张武翔（北京航空航天大学）， 孙立臣（北京卫星环境工程研究所）， 刘恩均（北京卫星环境工程研究所）， 张　涛（北京航空航天大学）， 赵　曾（北京卫星制造厂有限公司）	邓宗全，陈维江，李仲平
31	F-308-2-05	高端制药机器人视觉检测与控制关键技术及应用	王耀南（湖南大学）， 刘祥华（湖南千山制药机械股份有限公司）， 孙　炜（湖南大学）， 张昌凡（湖南工业大学）， 张　辉（湖南大学）， 毛建旭（湖南大学）	湖南省
32	F-308-2-06	输电等级单断口真空断路器关键技术及应用	王建华（西安交通大学）， 耿英三（西安交通大学）， 刘志远（西安交通大学）， 王振兴（西安交通大学）， 元复兴（西安高压电器研究院有限责任公司）， 吴军辉（平高集团有限公司）	教育部
33	F-308-2-07	轨道交通永磁牵引系统关键技术研究与应用	冯江华（中车株洲电力机车研究所有限公司）， 方攸同（浙江大学）， 许峻峰（中车株洲电力机车研究所有限公司）， 晏才松（中车株洲电机有限公司）， 黄晓艳（浙江大学）， 李益丰（株洲中车时代电气股份有限公司）	湖南省

续表

2018 年度国家技术发明奖获奖项目（通用项目）					
二等奖					
序号	编号	项目名称	主要完成人		提名单位（专家）
34	F-308-2-08	深海天然气水合物三维综合试验开采系统研制及应用	李小森（中国科学院广州能源研究所），李 刚（中国科学院广州能源研究所），陈朝阳（中国科学院广州能源研究所），张 郁（中国科学院广州能源研究所），王 屹（中国科学院广州能源研究所），梁德青（中国科学院广州能源研究所）		广东省
35	F-30901-2-01	仿人机器人关键技术及应用	黄 强（北京理工大学），余张国（北京理工大学），张伟民（北京理工大学），高峻峣（北京理工大学），陈学超（北京理工大学），汤承龙（山东帅克机械制造股份有限公司）		教育部
36	F-30901-2-02	大人群指掌纹高精度识别技术及应用	周 杰（清华大学），冯建江（清华大学），刘晓春（北京海鑫科金高科技股份有限公司），杨春宇（北京海鑫科金高科技股份有限公司），郭振华（清华大学深圳研究生院），郑逢德（北京海鑫科金高科技股份有限公司）		工业和信息化部
37	F-30901-2-03	心理生理信息感知关键技术及应用	胡 斌（兰州大学），徐向民（华南理工大学），郑文明（东南大学），栗 觅（北京工业大学），赵庆林（兰州大学）		教育部
38	F-30902-2-01	氮化物半导体大失配异质外延技术	沈 波（北京大学），康 凯（东莞市中图半导体科技有限公司），王新强（北京大学），童玉珍（东莞市中镓半导体科技有限公司），陈志忠（北京大学），付星星（东莞市中图半导体科技有限公司）		江风益，祝世宁，刘 明
39	F-30902-2-02	集成化宽频带光发射器件与模块	祝宁华（中国科学院半导体研究所），刘建国（中国科学院半导体研究所），陈向飞（南京大学），马卫东（武汉光迅科技股份有限公司），刘 宇（中国科学院半导体研究所），陈 伟（中国科学院半导体研究所）		工业和信息化部

续表

2018 年度国家技术发明奖获奖项目（通用项目）

二等奖

序号	编号	项目名称	主要完成人	提名单位（专家）
40	F-30902-2-03	热点区域高容量无线网络的协同自组织技术及应用	彭木根（北京邮电大学），王文博（北京邮电大学），张远见［京信通信系统（中国）有限公司］，王文清（大唐移动通信设备有限公司），张 翔（中国信息通信研究院），徐霞艳（中国信息通信研究院）	北京市
41	F-30902-2-04	光电成像系统参数测试与校准关键技术及应用	赵维谦（北京理工大学），邱丽荣（北京理工大学），占春连（西安应用光学研究所），周桃庚（北京理工大学），张吉焱（中国计量科学研究院），张旭升（北京理工大学）	工业和信息化部
42	F-30902-2-05	飞秒脉冲激光的高对比度放大及精密控制	魏志义（中国科学院物理研究所），王兆华（中国科学院物理研究所），韩海年（中国科学院物理研究所），刘 成（中国科学院物理研究所），滕 浩（中国科学院物理研究所），田金荣（中国科学院物理研究所）	中国科学院
43	F-310-2-01	地下工程穿越高速铁路的精细化控制技术及应用	周顺华（同济大学），梁文灏（中铁第一勘察设计院集团有限公司），肖军华（同济大学），许伟书（中铁二十四局集团有限公司），王炳龙（同济大学），胡震敏（宏润建设集团股份有限公司）	国家铁路局
44	F-310-2-02	仿复眼成像的单相机三维流场测速关键技术及装备	王晋军（北京航空航天大学），高 琪（北京航空航天大学），潘 翀（北京航空航天大学），蔡楚江（北京航空航天大学），魏润杰（北京立方天地科技发展有限责任公司），张 效（北京镭宝光电技术有限公司）	中国力学学会
45	F-310-2-03	寒区抗冰防滑功能型沥青路面应用技术与原位检测装置	谭忆秋（哈尔滨工业大学），徐慧宁（哈尔滨工业大学），杨春晖（哈尔滨工业大学），叶成银（中国路桥工程有限责任公司），王金凤（中海石油炼化有限责任公司），边 鑫（中国路桥工程有限责任公司）	中国公路学会

续表

	2018年度国家技术发明奖获奖项目（通用项目）				
	二等奖				
序号	编号	项目名称	主要完成人		提名单位（专家）
46	F-310-2-04	长大跨桥梁安全诊断评估与区域精准探伤技术	朱宏平（华中科技大学），汪正兴（中铁大桥科学研究院有限公司），翁 顺（华中科技大学），孙燕华（华中科技大学），夏 勇（香港理工大学），钟继卫（中铁大桥科学研究院有限公司）		丁烈云，秦顺全，谢先启
47	F-310-2-05	重大工程结构安全服役的高韧性纤维混凝土制备与应用关键技术	徐世烺（浙江大学），李庆华（浙江大学），谭恺炎（中国葛洲坝集团股份有限公司），余江滔（同济大学），陈志远（中国葛洲坝集团股份有限公司），王振宇（浙江大学）		浙江省

	2018年度国家科学技术进步奖获奖项目（通用项目）				
	一等奖				
序号	编号	项目名称	主要完成人	主要完成单位	提名单位
1	J-210-1-01	凹陷区砾岩油藏勘探理论技术与玛湖特大型油田发现	支东明，唐 勇，匡立春，陈新发，雷德文，李欣，何文渊，曾 军，瞿建华，阿布力米提·依明，潘建国，何开泉，徐 洋，许江文，覃建华	中国石油天然气股份有限公司新疆油田分公司，中国石油天然气股份有限公司勘探开发研究院，中国石油集团东方地球物理勘探有限责任公司，中国石油集团工程咨询有限责任公司，南京大学，中国石油大学（华东），长江大学，西南石油大学，中国石油大学（北京），中国石油集团测井有限公司	中国石油天然气集团公司
2	J-235-1-01	脑起搏器关键技术、系统与临床应用	李路明，张建国，郝红伟，马伯志，姜长青，文雄伟，郭 毅，余新光，孟凡刚，凌至培，王伟明，胡春华，张 凯，加福民，刘方军	清华大学，首都医科大学附属北京天坛医院，中国医学科学院北京协和医院，中国人民解放军总医院，北京品驰医疗设备有限公司	北京市

续表

2018年度国家科学技术进步奖获奖项目（通用项目）

一等奖

序号	编号	项目名称	主要完成人	主要完成单位	提名单位
3	J-221-1-01	复合地基理论、关键技术及工程应用	龚晓南，郑刚，谢永利，俞建霖，陈昌富，宋二祥，刘吉福，崔维孝，卢萌盟，邓亚光，刁钰，张玲，张宏光，徐日庆，吴慧明	浙江大学，天津大学，长安大学，湖南大学，清华大学，中国矿业大学，中国铁路设计集团有限公司，中国铁建港航局集团有限公司，江苏劲桩基础工程有限公司，浙江开天工程技术有限公司	中国岩石力学与工程学会
4	J-217-1-01	复杂电网自律-协同自动电压控制关键技术、系统研制与工程应用	孙宏斌，郭庆来，张伯明，吴文传，许涛，刘映尚，王彬，黄华，姚建国，李海峰，汤磊，张明晔，王轶禹，胡荣，戴则梅	清华大学，国家电网公司，中国南方电网有限责任公司，南瑞集团有限公司，中国电力科学研究院有限公司，国网江苏省电力有限公司，北京清大高科系统控制有限公司，内蒙古电力（集团）有限责任公司	教育部
5	J-22301-1-01	中国高精度位置网及其在交通领域的重大应用	施闯，杨长风，王志鹏，楼益栋，刘建，唐卫明，谢晋东，滕爱国，杨亮，李晶，曹红杰，王玉林，胡刚，李强，万屹	武汉大学，北京航空航天大学，中国交通通信信息中心，中华人民共和国海事局（交通运输部海事局），中国交通建设股份有限公司，北京合众思壮科技股份有限公司，北京北斗星通导航技术股份有限公司，中国信息通信研究院，民航数据通信有限责任公司，北京民航天宇科技发展股份有限公司	工业和信息化部
6	J-236-1-01	新一代刀片式基站解决方案研制与大规模应用	吕劲松，汪涛，王强，倪辉，李挺钊，胡志明，高晓波，兰鹏，石晓明，姜巍，彭锋，陈放，唐海正，李刚，颜忠义	华为技术有限公司	深圳市

续表

2018年度国家科学技术进步奖获奖项目（通用项目）

一等奖

序号	编号	项目名称	主要完成人	主要完成单位	提名单位
7	J-219-1-01	光电显示用高均匀超净面玻璃基板关键技术与设备开发及产业化	李青，斯沿阳，孙诗兵，李震，刘文泰，王丽红，周波，胡恒广，王俊明，郑权，严永海，袁凤玲，穆美强，张广涛，汪伟军	东旭集团有限公司，北京工业大学，芜湖东旭光电装备技术有限公司，武汉理工大学，芜湖东旭光电科技有限公司，郑州旭飞光电科技有限公司，石家庄旭新光电科技有限公司	河北省
8	J-215-1-01	清洁高效炼焦技术与装备的开发及应用	戴成武，于振东，张欣欣，姚林，李国志，王明登，蔡承祐，冯妍卉，李振国，景奉儒，杨俊峰，郑亚杰，李刚，王常海，高兴锁	中冶焦耐工程技术有限公司，北京科技大学，鞍山钢铁集团有限公司	中国钢铁工业协会
9	J-216-1-01	重型商用车动力总成关键技术及应用	谭旭光，佟德辉，刘义，王怡枫，李国祥，孙少军，杨志刚，张纪元，肖奇胜，王志坚，陈文淼，杨林，丁炜琦，郭圣刚，于超	潍柴动力股份有限公司，陕西法士特齿轮有限责任公司，陕西汉德车桥有限公司，山东大学，陕西重型汽车有限公司	中国机械工业联合会
10	J-232-1-01	地质工程分布式光纤监测关键技术及其应用	施斌，张丹，闫继送，魏广庆，张巍，朱鸿鹄，张志辉，朴春德，王静，姜月华，尹龙，顾凯，王宝军，唐朝生，袁明	南京大学，中国电子科技集团公司第四十一研究所，苏州南智传感科技有限公司，中国矿业大学，中国地质调查局南京地质调查中心，山东大学，中铁隧道局集团有限公司	教育部
11	J-230-1-01	温度单位重大变革关键技术研究	张金涛，屈继峰，林鸿，冯晓娟，周琨荔，段宇宁，段远源，孙建平，张凯，闫小克	中国计量科学研究院，清华大学	国家质量监督检验检疫总局

续表

2018年度国家科学技术进步奖获奖项目（通用项目）

一等奖

序号	编号	团队名称	团队主要成员	主要支持单位	提名单位
12	J-207-1-01	清华大学工程结构创新团队	聂建国，张建民，樊健生，陶慕轩，聂鑫，张嘎，胡黎明，潘鹏，陆新征，冯鹏，施刚，王睿，许立言，丁然	清华大学	教育部
13	J-207-1-02	中南大学轨道交通空气动力与碰撞安全技术创新团队	田红旗，梁习锋，许平，高广军，姚松，鲁寨军，杨明智，刘堂红，姚曙光，周丹，熊小慧，周伟，彭勇，王中钢，刘辉	中南大学	国家铁路局
14	J-207-1-03	湖南大学电能变换与控制创新团队	罗安，章兢，陈燕东，帅智康，何志兴，涂春鸣，段献忠，徐千鸣，欧阳红林，曹一家，黄守道，李树涛，李肯立，文双春，马伏军	湖南大学	湖南省

二等奖

序号	编号	项目名称	主要完成人	主要完成单位	提名单位（专家）
1	J-201-2-01	梨优质早、中熟新品种选育与高效育种技术创新	张绍铃，施泽彬，王迎涛，李秀根，吴俊，李勇，胡征龄，杨健，陶书田，戴美松	南京农业大学，浙江省农业科学院，中国农业科学院郑州果树研究所，河北省农林科学院石家庄果树研究所	教育部
2	J-201-2-02	月季等主要切花高质高效栽培与运销保鲜关键技术及应用	高俊平，马男，穆鼎，张颢，包满珠，罗卫红，张延龙，张力，周厚高，刘与明	中国农业大学，中国农业科学院蔬菜花卉研究所，云南省农业科学院花卉研究所，华中农业大学，南京农业大学，西北农林科技大学，昆明国际花卉拍卖交易中心有限公司	教育部

续表

2018年度国家科学技术进步奖获奖项目（通用项目）

二等奖

序号	编号	项目名称	主要完成人	主要完成单位	提名单位（专家）
3	J-201-2-03	大豆优异种质挖掘、创新与利用	邱丽娟，常汝镇，韩英鹏，郭泰，李英慧，付亚书，关荣霞，朱振东，孙宾成，刘章雄	中国农业科学院作物科学研究所，东北农业大学，黑龙江省农业科学院佳木斯分院，黑龙江省农业科学院绥化分院，呼伦贝尔市农业科学研究所	农业部
4	J-201-2-04	黄瓜优质多抗种质资源创制与新品种选育	顾兴芳，张圣平，苗晗，王烨，谢丙炎，方秀娟，刘伟，梁洪军，李竹梅	中国农业科学院蔬菜花卉研究所	农业部
5	J-201-2-05	高产优质小麦新品种郑麦7698的选育与应用	许为钢，王会伟，张磊，马运粮，张慎举，董海滨，张建周，齐学礼，郭瑞，杨娟妮	河南省农业科学院小麦研究所，商丘职业技术学院，河南省种子管理站，陕西省种子管理站	河南省
6	J-202-2-01	农林剩余物功能人造板低碳制造关键技术与产业化	吴义强，李新功，李贤军，卿彦，胡云楚，刘元，陈秀兰，詹满军，陈文鑫，段家宝	中南林业科技大学，大亚人造板集团有限公司，广西丰林木业集团股份有限公司，连云港保丽森实业有限公司，河南恒顺植物纤维板有限公司	国家林业局
7	J-202-2-02	林业病虫害防治高效施药关键技术与装备创制及产业化	周宏平，许林云，崔业民，茹煜，蒋雪松，张慧春，郑加强，贾志成，李秋洁，崔华	南京林业大学，南通市广益机电有限责任公司	国家林业局
8	J-202-2-03	高分辨率遥感林业应用技术与服务平台	李增元，高志海，张煜星，陈尔学，张旭，覃先林，夏朝宗，李晓松，凌成星，李崇贵	中国林业科学研究院资源信息研究所，国家林业局调查规划设计院，中国科学院遥感与数字地球研究所，西安科技大学	国家林业局

续表

2018年度国家科学技术进步奖获奖项目（通用项目）

二等奖

序号	编号	项目名称	主要完成人	主要完成单位	提名单位（专家）
9	J-202-2-04	灌木林虫灾发生机制与生态调控技术	骆有庆，宗世祥，张金桐，盛茂领，曹川健，温俊宝，张连生，孙淑萍，陶静	北京林业大学，山西农业大学，国家林业局森林病虫害防治总站，宁夏回族自治区森林病虫防治检疫总站，建平县森林病虫害防治检疫站	国家林业局
10	J-203-2-01	猪抗病营养技术体系创建与应用	陈代文，车炼强，詹勇，吴德，余冰，虞洁，张克英，何军，韩继涛，张璐	四川农业大学，浙江大学，四川铁骑力士实业有限公司，新希望六和股份有限公司，通威股份有限公司，重庆优宝生物技术股份有限公司，福建傲农生物科技集团股份有限公司	四川省
11	J-203-2-02	高效瘦肉型种猪新配套系培育与应用	吴珍芳，王爱国，罗旭芳，胡晓湘，张守全，蔡更元，李紫聪，徐利，黄瑞森，严尚维	华南农业大学，广东温氏食品集团股份有限公司，中国农业大学，北京养猪育种中心，广东省现代农业装备研究所	黄路生，桂建芳，孟安明
12	J-203-2-03	长江口重要渔业资源养护技术创新与应用	庄平，徐跑，张涛，张根玉，赵峰，唐文乔，徐钢春，钱晓明，施永海，徐东坡	中国水产科学研究院东海水产研究所，中国水产科学研究院淡水渔业研究中心，上海市水产研究所，上海海洋大学，江苏中洋集团股份有限公司	农业部
13	J-203-2-04	优质肉鸡新品种京海黄鸡培育及其产业化	王金玉，顾云飞，谢恺舟，戴国俊，张跟喜，施会强，俞亚波，王宏胜，侯庆永，朱新飞	扬州大学，江苏京海禽业集团有限公司，江苏省畜牧总站	中国农学会
14	J-203-2-05	淡水鱼类远缘杂交关键技术及应用	刘少军，覃钦博，陶敏，张纯，罗凯坤，肖军，王石，胡方舟，周工健，杨震	湖南师范大学，湖南湘云生物科技有限公司	麦康森，张亚平，印遇龙

续表

	2018年度国家科学技术进步奖获奖项目（通用项目）				
	二等奖				
序号	编号	项目名称	主要完成人	主要完成单位	提名单位（专家）
15	J-203-2-06	地方鸡保护利用技术体系创建与应用	康相涛，田亚东，李国喜，孙桂荣，韩瑞丽，李转见，闫峰宾，蒋瑞瑞，赵河山，苏耀辉	河南农业大学，河南三高农牧股份有限公司，广东金种农牧科技股份有限公司，贵州柳江畜禽有限公司，河南省淇县永达食业有限公司，河南省惠民禽业有限公司，湖南省吉泰农牧有限公司	河南省
16	J-204-2-01	图说灾难逃生自救丛书	刘中民，王立祥，贾群林，田军章，赵中辛		中华医学会
17	J-204-2-02	生命奥秘丛书（达尔文的证据、深海鱼影和人体的奥秘）	隋鸿锦，于胜波，赵　欣，高海斌，丁彩云，吴　军，张　凡，马学伟，郑　楠		中国科协
18	J-204-2-03	"中国珍稀物种"系列科普片	王小明，李　伟，叶晓青，项先尧，丁建新，丁由中，夏建宏，张维赟，郝晓霞，崔　滢		上海市
19	J-205-2-01	高速列车整车调试环境模拟技术及应用	罗昭强	中车长春轨道客车股份有限公司	中华全国总工会
20	J-205-2-02	航天超细直径小腔检漏管路制造技术及推广应用	王曙群	上海航天设备制造总厂	中华全国总工会
21	J-206-2-01	长飞光纤光缆技术创新工程		长飞光纤光缆股份有限公司	湖北省
22	J-210-2-01	高酸性活跃厚沥青层复杂碳酸盐岩油田钻完井技术及应用	路保平，李国华，侯绪田，侯立中，鲍洪志，杨顺辉，黄在福，姚奕明，陈　雷，付道明	中国石油化工股份有限公司石油工程技术研究院，中国石化集团国际石油勘探开发有限公司，中国石油大学（北京）	中国石油化工集团公司

续表

2018 年度国家科学技术进步奖获奖项目（通用项目）

二等奖

序号	编号	项目名称	主要完成人	主要完成单位	提名单位（专家）
23	J-211-2-01	半纤维素酶高效生产及应用关键技术	江正强，杨绍青，闫巧娟，刘燕静，李斌，李延啸，郭庆文，张伟，王兴吉，夏蕊蕊	中国农业大学，北京瓜尔润科技股份有限公司，华中农业大学，山东隆科特酶制剂有限公司，山东龙力生物科技股份有限公司	中国轻工业联合会
24	J-211-2-02	特色海洋食品精深加工关键技术创新及产业化应用	周大勇，朱蓓薇，董秀萍，邵俊杰，秦磊，吴厚刚，吴海涛，李冬梅，王学俊，孙娜	大连工业大学，獐子岛集团股份有限公司，大连海晏堂生物有限公司，大连上品堂海洋生物有限公司，大连晓芹食品有限公司，大连乾日海洋食品有限公司，北京同仁堂健康（大连）海洋食品有限公司	辽宁省
25	J-211-2-03	羊肉梯次加工关键技术及产业化	张德权，张春晖，王振宇，陈丽，潘满，李欣，罗瑞明，李铮，柳尧波，穆国锋	中国农业科学院农产品加工研究所，中国农业机械化科学研究院，宁夏大学，山东省农业科学院原子能农业应用研究所（山东省辐照中心、山东省农业科学院农产品研究所），内蒙古蒙都羊业食品股份有限公司	农业部
26	J-211-2-04	滚筒洗衣机分区洗护关键技术及产业化	舒海，吕佩师，李文伟，王晔，王金凯，吴军，衣少磊，宁骁，邢本驸，蔡荣帅	青岛海尔滚筒洗衣机有限公司	中国轻工业联合会
27	J-211-2-05	高安全性、宽温域、长寿命二次电池及关键材料的研发和产业化	钟发平，谢红雨，朱济群，陶维正，肖进春，杨先锋，匡德志，杨书胜，周旺发，周建明	湖南科力远新能源股份有限公司，常德力元新材料有限责任公司，湖南科霸汽车动力电池有限责任公司，益阳科力远电池有限责任公司，先进储能材料国家工程研究中心有限责任公司	中国轻工业联合会

续表

2018年度国家科学技术进步奖获奖项目（通用项目）					
二等奖					
序号	编号	项目名称	主要完成人	主要完成单位	提名单位（专家）
28	J-212-2-01	废旧聚酯高效再生及纤维制备产业化集成技术	王华平，钱军，陈浩，金剑，戴泽新，王少博，陈烨，仝文奇，邢喜全，方叶青	宁波大发化纤有限公司，东华大学，海盐海利环保纤维有限公司，优彩环保资源科技股份有限公司，中国纺织科学研究院有限公司，中原工学院	中国纺织工业联合会
29	J-212-2-02	高性能特种编织物编织技术与装备及其产业化	孙以泽，孟婥，季诚昌，韩百峰，陈兵，张玉井，陈玉洁，沈明，张旭明，孙志军	东华大学，徐州恒辉编织机械有限公司，鲁普耐特集团有限公司，青岛海丽雅集团有限公司	中国纺织工业联合会
30	J-213-2-01	膜法高效回收与减排化工行业挥发性有机气体	贺高红，杜国栋，阮雪华，马艳勋，姜晓滨，王连军，肖武，李恕广，代岩，杨树杉	大连理工大学，大连欧科膜技术工程有限公司	中国石油和化学工业联合会
31	J-213-2-02	磷酸铁锂动力电池制造及其应用过程关键技术	马紫峰，廖小珍，张子峰，赵政威，丁建民，贺益君，杨军，尹韶文，何雨石，沈佳妮	上海交通大学，比亚迪汽车工业有限公司，上海中聚佳华电池科技有限公司，江苏乐能电池股份有限公司	教育部
32	J-213-2-03	特种表面冲击强化抗应力腐蚀与疲劳技术及应用	凌祥，夏翔鸣，孔德军，杨新俊，魏新龙，杨思晟，范根芳，史永红，马刚，朱晓磊	南京工业大学，中国石化扬子石油化工有限公司，常州大学	陈勇，孙逢春，汤广福
33	J-213-2-04	稀乙烯增值转化高效催化剂及成套技术	杨为民，李网章，张凤美，李振民，贺胜如，刘文杰，张仲利，王瑾，韩言青，林亚祥	中国石油化工股份有限公司上海石油化工研究院，中石化洛阳工程有限公司，中国石油化工股份有限公司石油化工科学研究院，中国石化青岛炼油化工有限责任公司，中海石油宁波大榭石化有限公司	中国石油化工集团公司

续表

2018 年度国家科学技术进步奖获奖项目（通用项目）

二等奖

序号	编号	项目名称	主要完成人	主要完成单位	提名单位（专家）
34	J-214-2-01	大型乙烯及煤制烯烃装置成套工艺关键助剂技术与应用	刘宽胜，王秀芬，何宏晓，刘志清，王茜，张丽欣，高志礼，宋家宁，刘志远，史正光	北京斯伯乐科学技术研究院，北京化工大学，北京斯伯乐科技发展有限公司	北京市
35	J-214-2-02	高强超薄浮法铝硅酸盐屏幕保护玻璃规模化生产成套技术与应用开发	任书明，刘再进，田英良，陈发伟，宫汝华，王卓卿，李俊锋，王耀君，张克俭，李利升	四川旭虹光电科技有限公司，东旭集团有限公司，北京工业大学	四川省
36	J-214-2-03	建筑固体废物资源化共性关键技术及产业化应用	肖建庄，陈家珑，李秋义，李如燕，李福安，韩先福，杨安民，孙振平，王以峰，李飞	同济大学，北京建筑大学，青岛理工大学，北京联绿技术集团有限公司，昆明理工大学，上海山美重型矿山机械股份有限公司，许昌金科资源再生股份有限公司	中国建筑材料联合会
37	J-215-2-01	电子废弃物绿色循环关键技术及产业化	郭学益，许开华，田庆华，席晓丽，李栋，周继锋，王亲猛，秦玉飞，郭苗苗，魏琼	荆门市格林美新材料有限公司，中南大学，格林美股份有限公司，北京工业大学	中国有色金属工业协会
38	J-215-2-02	高世代声表面波材料与滤波器产业化技术	潘峰，欧黎，王为标，张美蓉，罗景庭，曾飞，马晋毅，陆增天，赖定权，宋成	清华大学，中国电子科技集团公司第二十六研究所，无锡市好达电子有限公司，深圳市麦捷微电子科技股份有限公司，深圳大学	教育部
39	J-215-2-03	国产非晶带材在电力系统中的应用开发及工程化	周少雄，申威，张广强，张卫国，胡其勇，刘国栋，沈向东，蔡定国，曲学东，李宗臻	北京科锐配电自动化股份有限公司，北京中机联供非晶科技股份有限公司，安泰科技股份有限公司，中兆培基（北京）电气有限公司，吴江变压器有限公司，明珠电气股份有限公司	北京市

续表

2018年度国家科学技术进步奖获奖项目（通用项目）					
二等奖					
序号	编号	项目名称	主要完成人	主要完成单位	提名单位（专家）
40	J-215-2-04	超大型水电站用金属结构关键材料成套技术开发应用	周德光，张熹，邹扬，刘国权，余雪松，万天明，李谦，张建中，翟泳，白学军	首钢集团有限公司，秦皇岛首秦金属材料有限公司，北京科技大学，中国水利水电第七工程局有限公司，中国电建集团华东勘测设计研究院有限公司，中国葛洲坝集团机械船舶有限公司，天津大桥焊材集团有限公司	中国钢铁工业协会
41	J-215-2-05	锌清洁冶炼与高效利用关键技术和装备	蒋开喜，余刚，何醒民，刘野平，林江顺，张登凯，刘志宏，刘亚建，许志波，刘金庭	深圳市中金岭南有色金属股份有限公司，北京矿冶科技集团有限公司，长沙有色冶金设计研究院有限公司，中南大学，巴彦淖尔紫金有色金属有限公司，株洲火炬工业炉有限责任公司，中际山河科技有限责任公司	中国有色金属工业协会
42	J-216-2-01	大型功能壁板自动精准装配关键技术与装备	张开富，程晖，樊新田，彭江涛，刘平，刘书暖，骆彬，罗云，罗群，李原	西北工业大学，西安飞机工业（集团）有限责任公司，成都飞机工业（集团）有限责任公司	陕西省
43	J-216-2-02	异形全断面隧道掘进机设计制造关键技术及应用	李建斌，朱国力，赵华，龚国芳，王杜娟，贾连辉，肖艳秋，范磊，周建军，杨红军	中铁工程装备集团有限公司，华中科技大学，浙江大学，郑州轻工业学院，中铁隧道局集团有限公司，盾构及掘进技术国家重点实验室，中铁隧道股份有限公司	河南省

续表

2018 年度国家科学技术进步奖获奖项目（通用项目）

二等奖

序号	编号	项目名称	主要完成人	主要完成单位	提名单位（专家）
44	J-216-2-03	复杂修形齿轮精密数控加工关键技术与装备	王时龙，李先广，李国龙，蒋林，曹华军，陈鹏，康玲，陈剑，李樟，张自凯	重庆大学，重庆机床（集团）有限责任公司，重庆齿轮箱有限责任公司，浙江双环传动机械股份有限公司，浙江万里扬股份有限公司，重庆蓝黛动力传动机械股份有限公司，綦江齿轮传动有限公司	重庆市
45	J-216-2-04	复杂零件整体铸造的型（芯）激光烧结材料制备与控形控性技术	史玉升，周建新，闫春泽，李中伟，殷亚军，南海，杨欢庆，李勇军，周坚，喻平	华中科技大学，中国航发北京航空材料研究院，西安航天发动机有限公司，中国航发哈尔滨东安发动机有限公司，株洲中航动力精密铸造有限公司，东风商用车有限公司	李德群，周济，吴锋
46	J-217-2-01	电力系统接地基础理论、关键技术及工程应用	何金良，曾嵘，张波，王森，刘健，胡军，李志忠，郭剑，李谦，杜澍春	清华大学，国网陕西省电力公司，中国电力科学研究院有限公司，广东电网有限责任公司，电力规划设计总院，海南中海电力工程有限公司，四川桑莱特智能电气设备股份有限公司	中国电机工程学会
47	J-217-2-02	国家工频高电压全系列基础标准装置关键技术与工程应用	黄奇峰，雷民，周峰，杨世海，何俊佳，章述汉，王乐仁，卢树峰，徐敏锐，姜春阳	国网江苏省电力有限公司，中国电力科学研究院有限公司，国家高电压计量站，华中科技大学，国网电力科学研究院有限公司，苏州华电电气股份有限公司，武汉磐电科技股份有限公司	中国电机工程学会

续表

\multicolumn{5}{c}{2018年度国家科学技术进步奖获奖项目（通用项目）}
\multicolumn{5}{c}{二等奖}
序号	编号	项目名称	主要完成人	主要完成单位	提名单位（专家）
48	J-217-2-03	我国首座大型海上风电场关键技术及示范应用	符杨，张开华，黄国良，林毅峰，金宝年，黄玲玲，魏书荣，朱开情，唐征歧，沈志春	上海东海风力发电有限公司，上海电力学院，中交第三航务工程局有限公司，上海勘测设计研究院有限公司，华锐风电科技（集团）股份有限公司，国网上海市电力公司，上海交通大学	上海市
49	J-217-2-04	汽轮机系列化减振阻尼叶片设计关键技术及应用	谢永慧，方宇，阳虹，张荻，毛汉忠，杨宇，范小平，陆伟，李国平，蓝吉兵	西安交通大学，东方电气集团东方汽轮机有限公司，上海电气电站设备有限公司上海汽轮机厂，杭州汽轮机股份有限公司，上海发电设备成套设计研究院有限责任公司，上海船舶设备研究所（中国船舶重工集团公司第七〇四研究所）	陕西省
50	J-217-2-05	交直流电力系统连锁故障主动防御关键技术与应用	梅生伟，安军，张振安，余晓鹏，张雪敏，黄少伟，徐得超，张保会，饶宇飞，魏巍	国网河南省电力公司，清华大学，中国电力科学研究院有限公司，国网上海市电力公司，西安交通大学，国网四川省电力公司	河南省
51	J-217-2-06	高效低风速风电机组关键技术研发和大规模工程应用	褚景春，袁凌，王小虎，刘永前，董汉杰，王文亮，薛扬，刘伟超，张磊，周文明	国电联合动力技术有限公司，中国电力科学研究院有限公司，华北电力大学，洛阳LYC轴承有限公司，河北工业大学	中国电机工程学会

续表

2018年度国家科学技术进步奖获奖项目（通用项目）

二等奖

序号	编号	项目名称	主要完成人	主要完成单位	提名单位（专家）
52	J-217-2-07	超、特高压变压器/电抗器出线装置关键技术及工程应用	李金忠，高步林，刘东升，俞英忠，韩先才，王绍武，孙建涛，谢庆峰，张书琦，汲胜昌	中国电力科学研究院有限公司，泰州新源电工器材有限公司，常州市英中电气有限公司，保定天威保变电气股份有限公司，西安西电变压器有限责任公司，西安交通大学，特变电工沈阳变压器集团有限公司	中国电机工程学会
53	J-219-2-01	毫米波与太赫兹（50GHz~500GHz）测量系统	年夫顺，姜万顺，邓建钦，王亚海，范国清，常庆功，陈卓，赵锐，邢东，姜信诚	中国电子科技集团公司第四十一研究所，中国电子科技集团公司第十三研究所	工业和信息化部
54	J-219-2-02	高磁导率磁性基板关键技术及产业化	邓龙江，梁迪飞，陈良，李维佳，谢海岩，张宏亮，阙智勇，李涛，刘华涛，李立忠	电子科技大学，成都佳驰电子科技有限公司，珠海市魅族科技有限公司，深圳市中天迅通信技术股份有限公司	四川省
55	J-220-2-01	海气界面环境弱目标特性高灵敏度微波探测关键技术及装备	陈希，魏艳强，陈雪，毛科峰，李浩，张丰，张云海，杨毅，任迎新，刘媛媛	上海大学，中国人民解放军国防科技大学，北京无线电测量研究所，西安空间无线电技术研究所，浙江大学，宜昌测试技术研究所	上海市
56	J-220-2-02	数据库管理系统核心技术的创新与金仓数据库产业化	杜小勇，王珊，陈红，任永杰，张孝，李翠平，张延松，冯玉，冷建全，王建华	中国人民大学，北京人大金仓信息技术股份有限公司	教育部
57	J-220-2-03	大规模街景系统及其位置服务关键技术	胡事民，王巨宏，张松海，徐昆，李国良，刘龙，李成军，王建宇，汪淼，钟翔平	清华大学，深圳市腾讯计算机系统有限公司	工业和信息化部

续表

\multicolumn{5}{	c	}{2018年度国家科学技术进步奖获奖项目（通用项目）}
\multicolumn{5}{	c	}{二等奖}
序号	编号	项目名称	主要完成人	主要完成单位	提名单位（专家）

序号	编号	项目名称	主要完成人	主要完成单位	提名单位（专家）
58	J-220-2-04	城市污水处理过程控制关键技术及应用	乔俊飞，郑江，韩红桂，苑明哲，杨庆，阜崴，于广平，李文静，杨翠丽，常江	北京工业大学，北京城市排水集团有限责任公司，中国科学院沈阳自动化研究所	教育部
59	J-220-2-05	笔式人机交互关键技术及应用	田丰，戴国忠，王宏安，张树江，张毅，方中雄，崔丽英，朱以诚，张凤军，李俊峰	中国科学院软件研究所，鸿合科技股份有限公司，北京教育科学研究院，中国医学科学院北京协和医院，深圳市鸿合创新信息技术有限责任公司	中国科学院
60	J-220-2-06	空地一体化协同防撞关键技术及重大应用	张学军，刘志刚，张涛，刘永刚，冯涛，王彦成，李海轮，白琳，赵灿，金开研	四川九洲空管科技有限责任公司，北京航空航天大学，四川九洲电器集团有限责任公司，民航数据通信有限责任公司，北京民航天宇科技发展股份有限公司	徐向阳，周志成，王巍
61	J-220-2-07	大规模网络安全态势分析关键技术及系统YHSAS	贾焰，方滨兴，韩伟红，李爱平，周斌，方华，景晓军，江荣，黄九鸣，李润恒	中国人民解放军国防科技大学，哈尔滨工业大学深圳研究生院，哈尔滨安天科技股份有限公司，任子行网络技术股份有限公司，哈尔滨工业大学	湖南省
62	J-221-2-01	大型桥梁结构健康监测数据挖掘与安全评定关键技术	李惠，裴岷山，欧进萍，崔冰，鲍跃全，李娜，李顺龙，冯良平，张东昱，刘志强	中交公路规划设计院有限公司，哈尔滨工业大学	霍明，杨永斌，谭久彬
63	J-221-2-02	废旧混凝土再生利用关键技术及工程应用	吴波，陈宗平，王龙，赵霄龙，赵新宇，刘琼祥，周文娟，薛建阳，王军，杨英健	华南理工大学，北京建筑大学，中国建筑科学研究院有限公司，广州建筑股份有限公司，广西大学，深圳市建筑设计研究总院有限公司，中建西部建设股份有限公司	教育部

续表

2018年度国家科学技术进步奖获奖项目（通用项目）

二等奖

序号	编号	项目名称	主要完成人	主要完成单位	提名单位（专家）
64	J-221-2-03	超500米跨径钢管混凝土拱桥关键技术	郑皆连，韩玉，牟廷敏，冯智，王劼耘，庞博新，秦大燕，王建军，龙跃，徐文	广西路桥工程集团有限公司，四川省交通运输厅公路规划勘察设计研究院，广西大学，柳州欧维姆机械股份有限公司，重庆交通大学，江苏苏博特新材料股份有限公司，泸州东南高速公路发展有限公司	张喜刚，缪昌文，陈政清
65	J-221-2-04	大型屋盖及围护体系抗风防灾理论、关键技术和工程应用	杨庆山，蔡昭昀，陈波，林莉，黄国庆，狄谨，田玉基，吴明超，楼文娟，杨娜	北京交通大学，中冶建筑研究总院有限公司，重庆大学，中国京冶工程技术有限公司，浙江大学，西南交通大学，深圳市前海公共安全科学研究院有限公司	中国钢结构协会
66	J-221-2-05	大跨度缆索承重桥梁抗风关键技术与工程应用	廖海黎，李明水，李永乐，杨如刚，张敏，孟凡超，郑史雄，庄卫林，马存明，王骑	西南交通大学，四川公路桥梁建设集团有限公司，中交公路规划设计院有限公司，中铁大桥勘测设计院集团有限公司，四川省交通运输厅公路规划勘察设计研究院	四川省
67	J-222-2-01	超深与复杂地质条件混凝土防渗墙关键技术	宗敦峰，刘建发，肖恩尚，王玉杰，孔祥生，韩伟，刘志明，张社荣，石峰，赵明华	中国水电基础局有限公司，中国水利水电科学研究院，水利部水利水电规划设计总院，天津大学	中国施工企业管理协会
68	J-222-2-02	300m级特高拱坝安全控制关键技术及工程应用	王仁坤，祁宁春，洪文浩，李德玉，杨强，周钟，赵文光，杨建宏，张冲，邵敬东	中国电建集团成都勘测设计研究院有限公司，中国三峡建设管理有限公司，雅砻江流域水电开发有限公司，清华大学，中国水利水电科学研究院，四川大学，国电大渡河流域水电开发有限公司	中国大坝工程学会

续表

		2018年度国家科学技术进步奖获奖项目（通用项目）			
		二等奖			
69	J-222-2-03	气候变化对区域水资源与旱涝的影响及风险应对关键技术	严登华，张建云，王国庆，鲍振鑫，杨志勇，王振龙，钟平安，秦天玲，关铁生，翁白莎	水利部交通运输部国家能源局南京水利科学研究院，中国水利水电科学研究院，河海大学，安徽省（水利部淮河水利委员会）水利科学研究院	王浩，周绪红，邓铭江
70	J-22301-2-01	城市多模式公交网络协同设计与智能服务关键技术及应用	王炜，刘攀，孙正良，汪林，王昊，杨敏，胡晓健，殷广涛，刘冬梅，徐棱	东南大学，公安部交通管理科学研究所，交通运输部公路科学研究所，中国城市规划设计研究院，南京莱斯信息技术股份有限公司，南京全司达交通科技有限公司	教育部
71	J-22301-2-02	大范围路网交通协同感知与联动控制关键技术及应用	王云鹏，刘东波，郭继孚，田大新，于海洋，关积珍，李斌，任毅龙，吴坚，何广进	北京航空航天大学，公安部交通管理科学研究所，北京交通发展研究院，安徽科力信息产业有限责任公司，交通运输部公路科学研究所，北京四通智能交通系统集成有限公司，启明信息技术股份有限公司	教育部
72	J-22301-2-03	重载水泥混凝土铺面关键技术与工程应用	田波，赵队家，刘少文，赵鸿铎，牛开民，刘伯莹，姜昌山，谈至明，梁军林，张志耕	山西省交通科学研究院，交通运输部公路科学研究所，中国民航机场建设集团公司，同济大学，广西大学	山西省
73	J-22302-2-01	基于共用架构的汽车智能驾驶辅助系统关键技术及产业化	李克强，罗禹贡，李升波，王建强，杨殿阁，邓博，席忠民，陈卫强，成波，许庆	清华大学，苏州智华汽车电子有限公司，广州汽车集团股份有限公司，厦门金龙联合汽车工业有限公司	中国汽车工程学会
74	J-22302-2-02	严寒季冻区高速铁路毫米级变形标准下路基平稳性控制技术及应用	赵国堂，叶阳升，蔡德钧，蒋金洋，刘伟平，张西泽，杨西锋，杨国涛，闫宏业，冷景岩	中国铁道科学研究院，中国铁路设计集团有限公司，东南大学，中国铁路沈阳局集团有限公司，中国铁路哈尔滨局集团有限公司，哈大铁路客运专线有限责任公司，中铁第一勘察设计院集团有限公司	中国铁路总公司

续表

2018 年度国家科学技术进步奖获奖项目（通用项目）

二等奖

序号	编号	项目名称	主要完成人	主要完成单位	提名单位（专家）
75	J-22302-2-03	高速铁路弓网系统运营安全保障成套技术与装备	高仕斌，王保国，刘志刚，侯文玉，韩通新，吴积钦，陈奇志，于龙，刘再民，张向阳	西南交通大学，中国铁道科学研究院，成都交大光芒科技股份有限公司，成都唐源电气股份有限公司，成都国铁电气设备有限公司，江苏新绿能科技有限公司，宝鸡中车时代工程机械有限公司	国家铁路局
76	J-22302-2-04	4000米级深海工程装备水动力学试验能力建设及应用	杨建民，陈刚，李润培，彭涛，肖龙飞，范模，汪学锋，吕海宁，李欣，张承懿	上海交通大学，中海油研究总院有限责任公司，中国船舶工业集团公司第七〇八研究所	上海市
77	J-231-2-01	城市集中式再生水系统水质安全协同保障技术及应用	胡洪营，蒋勇，姚向阳，李艺，刘书明，李魁晓，吴乾元，吴光学，白宇，王佳伟	清华大学，北京城市排水集团有限责任公司，新大陆科技集团有限公司，北京市市政工程设计研究总院有限公司	中国环境科学学会
78	J-231-2-02	区域环境污染人群暴露风险防控技术及其应用	于云江，段小丽，黄沈发，李辉，徐成，车飞，丁文军，向明灯，潘小川，赵秀阁	环境保护部华南环境科学研究所，中国环境科学研究院，上海市环境科学研究院，北京大学，中国科学院大学，华东理工大学，北京科技大学	环境保护部
79	J-231-2-03	水中典型污染物健康风险识别关键技术及应用	徐顺清，鲁文清，金银龙，张金良，赵淑莉，陈超，王先良，张岚，周宜开，吴康兵	华中科技大学，中国疾病预防控制中心环境与健康相关产品安全所，中国环境科学研究院，中国环境监测总站，清华大学	湖北省
80	J-231-2-04	风沙灾害防治理论与关键技术应用	王涛，屈建军，王文彪，赵学勇，李新荣，赵哈林，蒋富强，王进昌，汪万福，尹成国	中国科学院寒区旱区环境与工程研究所，亿利资源集团有限公司，中铁西北科学研究院有限公司，中国铁路青藏集团有限公司，敦煌研究院	甘肃省

续表

\multicolumn{5}{c}{2018年度国家科学技术进步奖获奖项目（通用项目）}
\multicolumn{5}{c}{二等奖}
序号	编号	项目名称	主要完成人	主要完成单位	提名单位（专家）

序号	编号	项目名称	主要完成人	主要完成单位	提名单位（专家）
81	J-231-2-05	全过程优化的焦化废水高效处理与资源化技术及应用	曹宏斌，李玉平，韩洪军，李海波，薛占强，盛宇星，谢勇冰，宁朋歌，付晓伟，杨志超	中国科学院过程工程研究所，鞍钢股份有限公司，北京赛科康仑环保科技有限公司，哈尔滨工业大学，合肥学院，鞍山盛盟煤气化有限公司	中国科学院
82	J-231-2-06	综合自然灾害风险评估与重大自然灾害应对关键技术研究和应用	史培军，吴绍洪，范一大，刘连友，方伟华，姚庆海，杨思全，袁艺，王静爱，李宁	北京师范大学，民政部国家减灾中心，中国科学院地理科学与资源研究所，中国保险行业协会	北京市
83	J-232-2-01	台风监测预报系统关键技术	端义宏，万齐林，雷小途，崔晓鹏，余晖，梁建茵，黄健，钱传海，梁旭东，陈子通	中国气象科学研究院，中国气象局上海台风研究所，中国气象局广州热带海洋气象研究所，中国科学院大气物理研究所，国家气象中心	中国气象局
84	J-233-2-01	血栓性疾病的早期诊断和靶向治疗	胡豫，刘俊岭，梅恒，胡德胜，胡虎，唐亮，庞志清，石威，胡波，郑传胜	华中科技大学同济医学院附属协和医院，上海交通大学，浙江大学，复旦大学	王辰，林东昕，陈义汉
85	J-233-2-02	胃肠癌预警、预防和发生中的新发现及其临床应用	房静远，陈萦晅，洪洁，许杰，陈豪燕，李晓波，曹晖，高琴琰，熊华，陈慧敏	上海交通大学医学院附属仁济医院	上海市
86	J-233-2-03	淋巴瘤发病机制新发现与关键诊疗技术建立和应用	赵维莅，陈赛娟，王黎，黄金艳，叶静，李军民，沈志祥，陆一鸣，沈杨，程澍	上海交通大学医学院附属瑞金医院	王振义
87	J-233-2-04	亚临床甲状腺功能减退的危害及干预	赵家军，滕卫平，单忠艳，高聆，宋勇峰，赵萌，徐潮，邵珊珊，管庆波，李晨嫣	山东省立医院，中国医科大学附属第一医院	山东省

续表

2018年度国家科学技术进步奖获奖项目（通用项目）

二等奖

序号	编号	项目名称	主要完成人	主要完成单位	提名单位（专家）
88	J-233-2-05	内镜超声微创诊疗体系的建立与临床应用	孙思予，金震东，李兆申，许国强，令狐恩强，韦建宇，年卫东，王贵齐，郭瑾陶，葛楠	中国医科大学附属盛京医院，上海长海医院，浙江大学医学院附属第一医院，中国人民解放军总医院，南京微创医学科技股份有限公司，北京大学第一医院，中国医学科学院肿瘤医院	辽宁省
89	J-23401-2-01	葡萄膜炎病证结合诊疗体系构建研究与临床应用	毕宏生，杨振宁，解孝锋，高成江，崔浩，卢弘，郭霞，郝小波，李可建，高西鹏	山东中医药大学，哈尔滨医科大学附属第一医院，首都医科大学附属北京朝阳医院，山东大学，山东农业工程学院，广西中医药大学第一附属医院，西安大唐制药集团有限公司	山东省
90	J-23401-2-02	"肝主疏泄"的理论源流与现代科学内涵	王伟，王庆国，王天芳，赵燕，周仁来，徐志伟，李成卫，薛晓琳，刘雁峰，陈建新	北京中医药大学，北京师范大学，广州中医药大学	国家中医药管理局
91	J-23402-2-01	基于整体观的中药方剂现代研究关键技术的建立及其应用	张卫东，周俊杰，施海明，柳润辉，詹常森，李勇，姜鹏，罗心平，谢宁，林艳和	中国人民解放军第二军医大学，上海和黄药业有限公司，复旦大学附属华山医院，江西青峰药业有限公司，健民药业集团股份有限公司，通化白山药业股份有限公司，云南生物谷药业股份有限公司	岳建民，林国强，高月
92	J-23402-2-02	中药资源产业化过程循环利用模式与适宜技术体系创建及其推广应用	段金廒，唐志书，王明耿，吴启南，权文杰，宿树兰，刘启明，郭盛，季浩，熊鹏	南京中医药大学，陕西中医药大学，山东步长制药股份有限公司，吉林省东北亚药业股份有限公司，延安制药股份有限公司，江苏天晟药业有限公司，淮安市百麦科宇绿色生物能源有限公司	江苏省

续表

| \multicolumn{5}{c}{2018年度国家科学技术进步奖获奖项目（通用项目）} |

序号	编号	项目名称	主要完成人	主要完成单位	提名单位（专家）
			二等奖		
93	J-235-2-01	我国原创细胞生长因子类蛋白药物关键技术突破、理论创新及产业化	李校堃，王晓杰，黄志锋，林丽，肖健，黄亚东，惠琦，方海洲，宋礼华	温州医科大学，珠海亿胜生物制药有限公司，安徽安科生物工程（集团）股份有限公司，广州暨南大学医药生物技术研究开发中心	陈志南，王广基，王锐
94	J-235-2-02	泮托拉唑钠及制剂关键技术研究与产业化	胡富强，姚忠立，袁弘，洪利娅，张昀，郑国钢，黄雪惠，徐仲军，方国林，鄢丰	浙江大学，杭州中美华东制药有限公司，浙江省食品药品检验研究院，杭州华东医药集团新药研究院有限公司	浙江省
95	J-235-2-03	基于药物基因组学的高血压个体化治疗策略、产品与推广应用	周宏灏，刘昭前，张伟，李清，陈小平，赵震宇，周淦，刘洁，李智，尹继业	中南大学湘雅医院，湖南宏灏基因生物科技有限公司	湖南省
96	J-235-2-04	心脏瓣膜外科创新技术及产品的建立和应用	徐志云，韩林，陆方林，王军，刘晓红，郭鹏海，唐昊，宋智钢，唐杨烽，张浩	中国人民解放军第二军医大学第一附属医院，兰州兰飞医疗器械有限公司	教育部
97	J-236-2-01	高效融合的超大容量光接入技术及应用	纪越峰，许明，顾仁涛，贝劲松，陈雪，黄新刚，王立芹，蔡惊哲，李慧，孙砚峰	北京邮电大学，中兴通讯股份有限公司	工业和信息化部
98	J-236-2-02	数字电视广播系统与核心芯片的国产化	张文军，管云峰，冯景锋，何大治，李智，王峰，谭丽娟，梁伟强，刘卫东，郭斌	上海交通大学，国家新闻出版广电总局广播电视规划院，深圳市海思半导体有限公司，上海高清数字科技产业有限公司，青岛海信电器股份有限公司，康佳集团股份有限公司	上海市

续表

2018 年度国家科学技术进步奖获奖项目（通用项目）

二等奖

序号	编号	项目名称	主要完成人	主要完成单位	提名单位（专家）
99	J-25101-2-01	主要蔬菜卵菌病害关键防控技术研究与应用	张修国，刘西莉，王文桥，张敬泽，杨宇红，刘长远，高克祥，米庆华，李屹，刘杰	山东农业大学，中国农业大学，河北省农林科学院植物保护研究所，浙江大学，中国农业科学院蔬菜花卉研究所，辽宁省农业科学院，青岛中达农业科技有限公司	山东省
100	J-25101-2-02	多熟制地区水稻机插栽培关键技术创新及应用	张洪程，吴文革，李刚华，霍中洋，张瑞宏，习敏，杨洪建，王军，史步云，张建设	扬州大学，南京农业大学，安徽省农业科学院，江苏省农业科学院，江苏省农业技术推广总站，常州亚美柯机械设备有限公司，南京沃杨机械科技有限公司	江苏省
101	J-25101-2-03	沿淮主要粮食作物涝渍灾害综合防控关键技术及应用	程备久，张佳宝，李金才，王友贞，陈黎卿，顾克军，刘良柏，刘万代，蔡德军，武立权	安徽农业大学，中国科学院南京土壤研究所，安徽省（水利部淮河水利委员会）水利科学研究院，河南农业大学，江苏省农业科学院，安徽省农业科学院	安徽省
102	J-25101-2-04	苹果树腐烂病致灾机理及其防控关键技术研发与应用	黄丽丽，曹克强，李萍，范东晟，冯浩，王树桐，王亚红，高小宁，孙广宇，王鹏	西北农林科技大学，河北农业大学，全国农业技术推广服务中心，陕西省植物保护工作总站，陕西西大华特科技实业有限公司，北京百德翠丰农业科技发展有限公司	陈剑平，张福锁，陈万权
103	J-25101-2-05	杀菌剂氰烯菌酯新靶标的发现及其产业化应用	周明国，马忠华，侯毅平，王洪雷，陈雨，杨荣明，段亚冰，刁亚梅，郑兆阳，关成宏	南京农业大学，浙江大学，江苏省农药研究所股份有限公司，安徽省农业科学院，江苏省植物保护植物检疫站，安徽省植物保护总站，黑龙江省农垦总局植保植检站	教育部

续表

| | 2018年度国家科学技术进步奖获奖项目（通用项目） | | | | |
| | 二等奖 | | | | |
序号	编号	项目名称	主要完成人	主要完成单位	提名单位（专家）
104	J-25101-2-06	我国典型红壤区农田酸化特征及防治关键技术构建与应用	徐明岗，徐仁扣，周世伟，马常宝，李九玉，文石林，鲁艳红，彭春瑞，张　青，詹绍军	中国农业科学院农业资源与农业区划研究所，中国科学院南京土壤研究所，农业部耕地质量监测保护中心，湖南省土壤肥料研究所，江西省农业科学院土壤肥料与资源环境研究所，福建省农业科学院土壤肥料研究所，成都新朝阳作物科学有限公司	中国农学会
105	J-25103-2-01	畜禽粪便污染监测核算方法和减排增效关键技术研发与应用	董红敏，廖新俤，常志州，魏源送，陶秀萍，黄宏坤，杨军香，张祥斌，朱志平，尚　斌	中国农业科学院农业环境与可持续发展研究所，江苏省农业科学院，华南农业大学，中国科学院生态环境研究中心，广东温氏食品集团股份有限公司，全国畜牧总站，农业部农业生态与资源保护总站	中国农学会
106	J-25201-2-01	InSAR毫米级地表形变监测的关键技术及应用	朱建军，李志伟，丁晓利，胡　俊，张　勤，张杏清，谢荣安，陈国良，戴吾蛟，冯光财	中南大学，香港理工大学，中国矿业大学，广东省地质测绘院，长安大学	教育部
107	J-25201-2-02	三江特提斯复合造山成矿作用与找矿突破	邓　军，李文昌，周云满，范玉华，王立全，和中华，许继峰，杨立强，王庆飞，余海军	中国地质大学（北京），中国地质调查局成都地质调查中心，云南省地质调查局，云南黄金矿业集团股份有限公司，中国科学院广州地球化学研究所	国土资源部
108	J-25201-2-03	海洋测绘和内陆水域监测的卫星大地测量关键技术及应用	姜卫平，金涛勇，宁津生，翟国君，暴景阳，常晓涛，褚永海，王正涛，许　军，徐新禹	武汉大学，中国人民解放军海军海洋测绘研究所，国家测绘地理信息局卫星测绘应用中心，中国人民解放军海军大连舰艇学院	国家测绘地理信息局

续表

2018年度国家科学技术进步奖获奖项目（通用项目）

二等奖

序号	编号	项目名称	主要完成人	主要完成单位	提名单位（专家）
109	J-25201-2-04	复杂大电网时空信息服务平台关键技术与应用	王继业，朱欣焰，赵光，刘金长，庄玉林，赖征田，杨成月，李功新，曾楠，李浩松	国网信息通信产业集团有限公司，武汉大学，厦门亿力吉奥信息科技有限公司，武大吉奥信息技术有限公司，国网福建省电力有限公司，北京恒华伟业科技股份有限公司，中国电力科学研究院有限公司	中国地理信息产业协会
110	J-25201-2-05	高光谱遥感信息机理与多学科应用	张兵，张立福，童庆禧，刘良云，张霞，高连如，黄文江，陈正超，张文娟，黄长平	中国科学院遥感与数字地球研究所	中国科学院
111	J-25201-2-06	系列海洋监测浮标研制及在国家海洋环境监测中的应用	王军成，李民，刘世萱，范秀涛，张曙伟，于福江，裴亮，陈世哲，赵进平，徐俊臣	山东省科学院海洋仪器仪表研究所，国家海洋环境预报中心，国家海洋技术中心，中国海洋大学	潘德炉，焦念志，宋君强
112	J-25201-2-07	土地调查监测空地一体化技术开发与装备研制	王庆，李钢，张小国，顾和和，孙杰，胡明星，尹鹏程，王云帆，谭靖，马超	东南大学，中国矿业大学，中国测绘科学研究院，徐州市国土资源基础测绘中心，北京航天泰坦科技股份有限公司，广州南方测绘科技股份有限公司	中国土木工程学会
113	J-25202-2-01	煤矿柔模复合材料支护安全高回收开采成套技术与装备	王晓利，杨俊哲，李晋平，张金锁，翟红，严永胜，贺安民，吴群英，唐军华，张敬军	西安科技大学，神华神东煤炭集团有限责任公司，山西潞安矿业（集团）有限责任公司，神华宁夏煤业集团有限责任公司，陕西煤业化工集团有限责任公司，陕西开拓建筑科技有限公司，中煤科工集团武汉设计研究院有限公司	中国煤炭工业协会

续表

2018年度国家科学技术进步奖获奖项目（通用项目）					
二等奖					
序号	编号	项目名称	主要完成人	主要完成单位	提名单位（专家）
114	J-25202-2-02	钨氟磷含钙战略矿物资源浮选界面组装技术及应用	胡岳华，孙　伟，李晓东，杨剑波，李耀基，何斌全，李发本，夏敬源，韩海生，黄伟生	中南大学，洛阳栾川钼业集团股份有限公司，湖南柿竹园有色金属有限责任公司，云南磷化集团有限公司	中国有色金属工业协会
115	J-25202-2-03	煤炭高效干法分选关键技术及应用	赵跃民，李功民，骆振福，段晨龙，陈建强，夏云凯，陈增强，张　博，董　良，赵南方	中国矿业大学，唐山市神州机械有限公司，神华新疆能源有限责任公司	中国煤炭工业协会
116	J-25202-2-04	西北地区煤与煤层气协同勘查与开发的地质关键技术及应用	王　佟，王宁波，傅雪海，韦　波，唐书恒，孙亚军，李　辉，谢志清，芦　俊，潘　军	中国煤炭地质总局，神华新疆能源有限责任公司，新疆维吾尔自治区煤田地质局，中国矿业大学，中国中煤能源股份有限公司新疆分公司，中国地质大学（北京），北京万普隆能源技术有限公司	中国煤炭工业协会
117	J-253-2-01	肾癌外科治疗体系创新及关键技术的应用推广	王林辉，孙颖浩，曲　乐，杨　波，吴震杰，孙树汉，刘　冰，徐　红，杨　富，时佳子	中国人民解放军第二军医大学，中国人民解放军南京军区南京总医院	上海市
118	J-253-2-02	肺癌微创治疗体系及关键技术的研究与推广	何建行，姜格宁，支修益，高树庚，王　群，刘德若，梁文华，刘　君，邵文龙，王　炜	广州医科大学附属第一医院，上海市肺科医院，首都医科大学宣武医院，中国医学科学院肿瘤医院，复旦大学附属中山医院，中日友好医院	中华医学会
119	J-253-2-03	儿童肝移植关键技术的建立及其临床推广应用	夏　强，张建军，李　敏，许建荣，孔晓妮，陈其民，王　莹，王祥瑞，李凤华，徐宇虹	上海交通大学医学院附属仁济医院，上海交通大学医学院附属上海儿童医学中心	上海市

续表

2018 年度国家科学技术进步奖获奖项目（通用项目）

二等奖

序号	编号	项目名称	主要完成人	主要完成单位	提名单位（专家）
120	J-253-2-04	严重脊柱创伤修复关键技术的创新与推广	郝定均，宋跃明，贺宝荣，沈慧勇，徐荣明，胡 勇，闫 亮，许正伟，周劲松，谢 恩	西安交通大学，四川大学华西医院，中山大学孙逸仙纪念医院，宁波明州医院有限公司，宁波市第六医院	陕西省
121	J-253-2-05	基于听觉保存与重建关键技术的听神经瘤治疗策略及应用	吴 皓，张力伟，钟 平，汪照炎，杨 军，张治华，贾 欢，邹 静，黄 琦，袁亦金	上海交通大学医学院附属新华医院，上海交通大学医学院附属第九人民医院，首都医科大学附属北京天坛医院，复旦大学附属华山医院，上海海神医疗电子仪器有限公司	上海市
122	J-253-2-06	重症先心病外科治疗关键技术创新与应用	董念国，张海波，邢泉生，莫绪明，徐卓明，史嘉玮，谢明星，武庆平，苏 伟，夏家红	华中科技大学同济医学院附属协和医院，上海交通大学医学院附属上海儿童医学中心，南京市儿童医院，青岛市妇女儿童医院	湖北省
123	J-253-2-07	眼睑和眼眶恶性肿瘤关键诊疗技术体系的建立和应用	范先群，贾仁兵，赵军阳，张 靖，葛盛芳，李 斌，张 赫，徐晓芳，宋 欣，范佳燕	上海交通大学医学院附属第九人民医院，首都医科大学附属北京儿童医院，广州市妇女儿童医疗中心，上海交通大学	上海市

2018 年度中华人民共和国国际科学技术合作奖获奖人

一、简·迪安·米勒（Jan Dean Miller 美国）
二、詹姆斯·弗雷泽·斯托达特（James Fraser Stoddart 英国／美国）
三、朱溢眉（Yimei Zhu 美国）
四、彼得·乔治·布鲁尔（Peter George Brewer 美国）
五、孙立成（Licheng Sun 瑞典）

注：信息来源于科技部网站。

[附录五]　　　　2018年我国运动员获世界冠军情况

\multicolumn{11}{c}{2018年我国运动员获世界冠军统计}
序号	运动大项	分项	运动小项	运动员	性别	赛事	产生日期	举办地	成绩	输送单位
1	滑冰	短道速滑	男子500米	武大靖	男	2018年冬季奥运会	2018-2-22	韩国	39秒584	吉林省体育局
2	滑雪	自由式滑雪	女子空中技巧	徐梦桃	女	2018年自由式滑雪空中技巧世界杯总排名	2018-1-20	世界多地		辽宁省体育局
3	射击	射击	男子25米速射	林俊敏	男	2018年射击世界锦标赛	2018-9-10	韩国	决赛32环，资格赛590环	浙江省体育局
4			10米气步枪混合团体	赵若竹	女	2018年射击世界锦标赛	2018-9-2	韩国	决赛500.9环，资格赛840.5环	山西省体育局
				杨皓然	男					河北省体育局
5			男子50米步枪三姿团体	丁芳隆	男	2018年射击世界锦标赛	2018-9-10	韩国	3467环	上海市体育局
				张常鸿	男					山东省体育局
				曹波	男					总参军训和兵种部体育训练局
6			男子10米气步枪团体	杨皓然	男	2018年射击世界锦标赛	2018-9-3	韩国	1887.4环	河北省体育局
				余浩楠	男					浙江省体育局
				惠子程	男					总参军训和兵种部体育训练局
7			男子25米速射团体	张健	男	2018年射击世界锦标赛	2018-9-9	韩国	1756环	黑龙江省体育局
				姚兆楠	男					总参军训和兵种部体育训练局
				林俊敏	男					浙江省体育局
8			男子25米速射团体	潘俊辰	男	2018年射击世界锦标赛	2018-9-9	韩国	1747环	江苏省体育局
				程智鹏	男					湖北省体育局
				朱豪杰	男					江苏省体育局
9			女子25米手枪团体	林月美	女	2018年射击世界锦标赛	2018-9-7	韩国	1746环	福建省体育局
				姚雨诗	女					总参军训和兵种部体育训练局
				姜冉馨	女					上海市体育局
10			女子10米气枪团体	王倩	女	2018年射击世界锦标赛	2018-9-4	韩国	1739环	陕西省体育局
				姜冉馨	女					上海市体育局
				纪晓晶	女					青海省体育局

续表

2018年我国运动员获世界冠军统计

序号	运动大项	分项	运动小项	运动员	性别	赛事	产生日期	举办地	成绩	输送单位
11	射击	射击	女子10米移动靶	李雪艳	女	2018年射击世界锦标赛	2018-9-8	韩国	575环	福建省体育局
12			女子10米移动靶团体	李雪艳	女	2018年射击世界锦标赛	2018-9-8	韩国	1673环	福建省体育局
				黄晴晴	女					福建省体育局
				苏丽	女					安徽省体育局
13	射击	射击	女子10米移动靶混合速	苏丽	女	2018年射击世界锦标赛	2018-9-11	韩国	391环	安徽省体育局
14			女子10米移动靶混合速团体	苏丽	女	2018年射击世界锦标赛	2018-9-11	韩国	1125环	安徽省体育局
				李雪艳	女					福建省体育局
				黄晴晴	女					福建省体育局
15			女子轻量级四人双桨（LX4x）	梁国汝	女	2018年赛艇世界锦标赛	2018-9-14	保加利亚·浦洛夫提夫	6:28:32	广东省体育局
				吴强	女					河南省体育局
				陈芳	女					四川省体育局
				潘旦旦	女					浙江省体育局
16			女子64公斤级	邓薇	女	2018年举重世界锦标赛	2018-11-5	土库曼斯坦	252	福建省体育局
17			女子71公斤级	张旺丽	女	2018年举重世界锦标赛	2018-11-6	土库曼斯坦	267	湖南省体育局
18			女子76公斤级	汪周雨	女	2018年举重世界锦标赛	2018-11-7	土库曼斯坦	270	湖北省体育局
19	举重	举重	女子87公斤级	敖辉	女	2018年举重世界锦标赛	2018-11-9	土库曼斯坦	268	江西省体育局
20			男子67公斤级	谌利军	男	2018年举重世界锦标赛	2018-11-4	土库曼斯坦	332	湖南省体育局
21			男子73公斤级	石智勇	男	2018年举重世界锦标赛	2018-11-4	土库曼斯坦	360	浙江省体育局
22			男子81公斤级	吕小军	男	2018年举重世界锦标赛	2018-11-5	土库曼斯坦	374	天津市体育局
23	摔跤	摔跤	女子自由式57公斤	荣宁宁	女	2018年摔跤世界锦标赛	2018-10-22	匈牙利布达佩斯	第一名	新疆维吾尔自治区体育局

续表

序号	运动大项	分项	运动小项	运动员	性别	赛事	产生日期	举办地	成绩	输送单位
24	拳击	拳击	女子中量级75公斤	李倩	女	2018年拳击世界锦标赛	2018-11-15	印度新德里		内蒙古自治区体育局
25			女子81公斤	汪丽娜	女	2018年拳击世界锦标赛	2018-11-15	印度新德里		黑龙江省体育局
26			女子81+公斤	杨晓丽	女	2018年拳击世界锦标赛	2018-11-15	印度新德里		解放军
27			女子64公斤	窦丹	女	2018年拳击世界锦标赛	2018-11-15	印度新德里		解放军
28	田径	田径	女子铅球	巩立姣	女	2018年田径世界杯	2018-9-9	捷克共和国	19.63	河北省体育局
29			女子标枪	吕会会	女	2018年田径世界杯	2018-9-9	捷克共和国	63.88	湖北省体育局
30			女子50公里竞走	梁瑞	女	2018年国际田联竞走团体锦标赛	2018-5-5	中国太仓	4:04:36	河南省体育局
31			女子20公里竞走团体	王娜	女					黑龙江省体育局
				切阳什姐	女	2018年国际田联竞走团体锦标赛	2018-5-5	中国太仓	5:53:39	青海省体育局
				王应柳	女					云南省体育局
				杨家玉	女					解放军
32			女子50公里竞走团体	李毛措	女	2018年国际田联竞走团体锦标赛	2018-5-5	中国太仓	8:19:23	青海省体育局
				梁瑞	女					河南省体育局
33	游泳	跳水	男子3米跳板	谢思埸	男	2018年跳水世界杯	2018-6-6	湖北武汉	557.60	广东省体育局
34			男子10米跳台	陈艾森	男	2018年跳水世界杯	2018-6-9	湖北武汉	557.80	广东省体育局
35			男子双人3米跳板	曹缘	男	2018年跳水世界杯	2018-6-5	湖北武汉	448.74	北京市体育局
				谢思埸	男					广东省体育局
36			男子双人10米跳台	杨昊	男	2018年跳水世界杯	2018-6-8	湖北武汉	491.73	陕西省体育局
				陈艾森	男					广东省体育局
37			女子3米跳板	施廷懋	女	2018年跳水世界杯	2018-6-8	湖北武汉	404.70	重庆市体育局

续表

序号	运动大项	分项	运动小项	运动员	性别	赛事	产生日期	举办地	成绩	输送单位
						2018 年我国运动员获世界冠军统计				
38	游泳	跳水	女子10米跳台	张家齐	女	2018年跳水世界杯	2018-6-5	湖北武汉	427.30	北京市体育局
39			女子双人3米跳板	施廷懋	女	2018年跳水世界杯	2018-6-10	湖北武汉	334.80	重庆市体育局
				昌亚妮	女					湖北省体育局
40			女子双人10米跳台	张家齐	女	2018年跳水世界杯	2018-6-7	湖北武汉	366.12	北京市体育局
				掌敏洁	女					上海市体育局
41			混合全能	陈艺文	女	2018年跳水世界杯	2018-6-4	湖北武汉	406.20	广东省体育局
				邱波	男					四川省体育局
42			混合双人3米跳板	李政	男	2018年跳水世界杯	2018-6-9	湖北武汉	337.95	山西省体育局
				王涵	女					河北省体育局
43			混合双人10米跳台	司雅杰	女	2018年跳水世界杯	2018-6-4	湖北武汉	353.31	陕西省体育局
				练俊杰	男					山东省体育局
44			男子200米混合泳	汪顺	男	2018年国际泳联世界游泳锦标赛游泳（25米）	2018-12-11	中国杭州	1:51:01	浙江
45			女子800米自由泳	王简嘉禾	女	2018年国际泳联世界游泳锦标赛游泳（25米）	2018-12-13	中国杭州	8:04:35	辽宁
46		游泳	女子4×200自由泳接力	李冰洁	女	2018年国际泳联世界游泳锦标赛游泳（25米）	2018-12-15	中国杭州	7:34:08	河北
				杨浚瑄	女	2018年国际泳联世界游泳锦标赛游泳（25米）	2018-12-15	中国杭州	7:34:08	山东
				张雨涵	女	2018年国际泳联世界游泳锦标赛游泳（25米）	2018-12-15	中国杭州	7:34:08	八一

续表

序号	运动大项	分项	运动小项	运动员	性别	赛事	产生日期	举办地	成绩	输送单位
46		游泳	女子4×200自由泳接力	王简嘉禾	女	2018年国际泳联世界游泳锦标赛游泳（25米）	2018-12-15	中国杭州	7:34:08	辽宁
				艾衍含（参加预选赛）	女	2018年国际泳联世界游泳锦标赛游泳（25米）	2018-12-15	中国杭州	7:34:08	湖北
				刘效菌（参加预选赛）	女	2018年国际泳联世界游泳锦标赛游泳（25米）	2018-12-15	中国杭州	7:34:08	山东
47			男子鞍马	肖诺腾	男	2018年体操世界锦标赛	2018-11-2	卡塔尔多哈	15.166	北京市体育局
48			男子双杠	邹敬园	男	2018年体操世界锦标赛	2018-11-3	卡塔尔多哈	16.433	四川省体育局
49		体操	男子团体	孙炜	男	2018年体操世界锦标赛	2018-10-29	卡塔尔多哈	256.634	江苏省体育局
				邓书弟	男					贵州省体育局
				林超攀	男					福建省体育局
				肖若腾	男					北京市体育局
				邹敬园	男					四川省体育局
50	体操		女子平衡木	刘婷婷	女	2018年体操世界锦标赛	2018-11-3	卡塔尔多哈	14.533	广东省体育局
51			男子个人比赛	高磊	男	2018年蹦床世界锦标赛	2018-11-10	俄罗斯圣彼得堡	62.255	上海市体育局
52			女子双人同步	朱雪莹	女	2018年蹦床世界杯总积分排名	2018-10-6	葡萄牙（最终站）	190（积分）	天津市体育局
				朱守李	女					湖南省体育局
53		蹦床	女子单跳	贾芳芳	女	2018年蹦床世界锦标赛	2018-11-10	俄罗斯圣彼得堡	71.100	浙江省体育局
54			团体全能	曾另龙	男	2018年蹦床世界锦标赛	2018-11-9	俄罗斯圣彼得堡	27（积分）	广东省体育局
				冯宝仪	女					广东省体育局
				张阔	男					江苏省体育局
				董栋	男					山西省体育局

续表

2018年我国运动员获世界冠军统计

序号	运动大项	分项	运动小项	运动员	性别	赛事	产生日期	举办地	成绩	输送单位
54	体操	蹦床	团体全能	高磊	男	2018年蹦床世界锦标赛	2018-11-9	俄罗斯圣彼得堡	27（积分）	上海市体育局
				朱守李	女					湖南省体育局
				朱雪莹	女					天津市体育局
				涂潇	男					山西省体育局
				贾芳芳	女					浙江省体育局
55			男子单打	樊振东	男	2018年乒乓球男子世界杯	2018-10-20	法国巴黎		总政宣传部文化体育局
56			女子单打	丁宁	女	2018年乒乓球女子世界杯	2018-9-29	中国成都		北京市体育局
57			男子团体	林高远	男	2018年乒乓球世界杯团体赛	2018-2-24	英国伦敦		广东省体育局
				马龙	男					北京市体育局
				于子洋	男					山东省体育局
				樊振东	男					总政宣传部文化体育局
				许昕	男					上海市体育局
58	乒乓球	乒乓球	男子团体	王楚钦	男	2018年乒乓球世界锦标赛	2018-5-5	瑞典哈尔姆斯塔德		北京市体育局
				许昕	男					上海市体育局
				林高远	男					广东省体育局
				马龙	男					北京市体育局
				樊振东	男					总政宣传部文化体育局
59			女子团体	朱雨玲	女	2018年乒乓球世界杯团体赛	2018-2-24	英国伦敦		四川省体育局
				丁宁	女					北京市体育局
				刘诗雯	女					广东省体育局
				王曼昱	女					黑龙江省体育局
				陈幸同	女					辽宁省体育局
60	乒乓球	乒乓球	女子团体	丁宁	女	2018年乒乓球世界锦标赛	2018-5-5	瑞典哈尔姆斯塔德		北京市体育局
				朱雨玲	女					四川省体育局
				刘诗雯	女					广东省体育局
				王曼昱	女					黑龙江省体育局
				陈梦	女					山东省体育局

续表

2018年我国运动员获世界冠军统计									
序号	运动大项	分项	运动小项	运动员	性别	赛事	产生日期	举办地	成绩	输送单位
61			男子双打	李俊慧	男	2018年羽毛球世界锦标赛	2018-8-5	中国南京		辽宁省体育局
				刘雨辰	男					北京市体育局
62			混合双打	郑思维	男	2018年羽毛球世界锦标赛	2018-8-5	中国南京		浙江省体育局
				黄雅琼	女					浙江省体育局
63	羽毛球	羽毛球	男子团体	李俊慧	男	2018年羽毛球汤尤杯	2018-5-27	曼谷		辽宁省体育局
				谌龙	男					福建省体育局
				王懿律	男					浙江省体育局
				石宇奇	男					江苏省体育局
				刘雨辰	男					北京市体育局
				乔斌	男					北京市体育局
				张楠	男					北京市体育局
				刘成	男					福建省体育局
				林丹	男					北京市体育局
				郑思维	男					浙江省体育局
64	跳伞	跳伞	特技	张玲	女	2018年跳伞世界锦标赛	2018-8-31	保加利亚		河南省体育局
65			全能	邢雅萍	女	2018年跳伞世界锦标赛	2018-8-31	保加利亚		河南省体育局
66	航空模型	航空模型	线操纵特技F2B	杨柳	男	2018年航空模型线操纵项目世界锦标赛	2018-7-17	法国巴黎		河南省体育局
67			高度火箭S1B	支正毅	男	2018年航空模型航天项目世界锦标赛	2018-8-1	波兰		上海市体育局
68			火箭助推遥控滑翔机S8E/P	孙海钢	男	2018年航空模型航天项目世界锦标赛	2018-8-1	波兰		河南省体育局
69			高度火箭S1B团体	柴光辉	男	2018年航空模型航天项目世界锦标赛	2018-8-1	波兰		上海市体育局
				孙大龙	男					上海市体育局
				支正毅	男					上海市体育局

续表

2018年我国运动员获世界冠军统计

序号	运动大项	分项	运动小项	运动员	性别	赛事	产生日期	举办地	成绩	输送单位
70	围棋	围棋	围棋	谢尔豪	男	2018年LG杯朝鲜日报世界围棋棋王战	2018-2-8	韩国		辽宁省体育局
71			围棋	柯洁	男	2018年三星车险杯世界围棋大师赛	2018-12-5	韩国高阳	冠军	云南
72	国际象棋	国际象棋	男子团体	韦奕	男	2018年国际象棋奥林匹克团体赛	2018-10-5	格鲁吉亚巴统		江苏省体育局
				丁立人	男					浙江省体育局
				卜祥志	男					山东省体育局
				余泱漪	男					北京市体育局
				李超	男					北京市体育局
73			女子个人	居文君	女	2018年国际象棋女子世界锦标赛	2018-5-24	中国		上海市体育局
74			女子团体	居文君	女	2018年国际象棋奥林匹克团体赛	2018-10-5	格鲁吉亚巴统		上海市体育局
				沈阳	女					江苏省体育局
				翟墨	女					河北省体育局
				黄茜	女					重庆市体育局
				雷挺婕	女					重庆市体育局
75	武术	武术散打	男子48公斤级	王永杰	男	2018年第九届世界杯武术散打比赛	2018-10-28	中国浙江		浙江省体育局
76			男子56公斤级	李康	男	2018年第九届世界杯武术散打比赛	2018-10-28	中国浙江		山东省体育局
77			男子90公斤以上级	叶翔	男	2018年第九届世界杯武术散打比赛	2018-10-28	中国浙江		河南省体育局
78			女子48公斤级	代诗梦	女	2018年第九届世界杯武术散打比赛	2018-10-28	中国浙江		安徽省体育局

续表

2018 年我国运动员获世界冠军统计

序号	运动大项	分项	运动小项	运动员	性别	赛事	产生日期	举办地	成绩	输送单位
79	武术	武术散打	女子56公斤级	林慧敏	女	2018年第九届世界杯武术散打比赛	2018-10-28	中国浙江		福建省体育局
80			女子60公斤级	蔡颖颖	女	2018年第九届世界杯武术散打比赛	2018-10-28	中国浙江		上海体育学院
81			男子长拳	常志昭	男	2018年武术套路世界杯	2018-11-17	缅甸仰光		甘肃省体育局
82			女子长拳	王雪	女	2018年武术套路世界杯	2018-11-17	缅甸仰光		安徽省体育局
83			女子陈氏太极拳	朱宏燕	女	2018年太极拳世界锦标赛	2018-9-28	保加利亚布尔加斯		上海市体育局
84			女子42式太极拳	张豆豆	女	2018年太极拳世界锦标赛	2018-9-28	保加利亚布尔加斯		湖北省体育局
85		武术套路	女子南拳	陈惠颖	女	2018年武术套路世界杯	2018-11-17	缅甸仰光		福建省体育局
86			男子陈氏太极拳	张振兴	男	2018年太极拳世界锦标赛	2018-9-28	保加利亚布尔加斯		河南省体育局
87			男子42式太极剑	杜奕鸿	男	2018年太极拳世界锦标赛	2018-9-28	保加利亚布尔加斯		总参军训和兵种部体育训练局
88			男子南拳	李剑鸣	男	2018年武术套路世界杯	2018-11-17	缅甸仰光		广东省体育局
89			男子太极拳	王静申	男	2018年太极拳世界竞标赛	2018-9-28	保加利亚布尔加斯		浙江省体育局
90			男子太极拳	杨顺洪	男	2018年武术套路世界杯	2018-11-17	缅甸仰光		陕西省体育局
91			男子刀术	栗志峰	男	2018年武术套路世界杯	2018-11-17	缅甸仰光		河北省体育局
92			男子太极剑	刘德文	男	2018年太极拳世界锦标赛	2018-9-29	保加利亚布尔加斯		山东省体育局

续表

<table>
<tr><th colspan="11">2018 年我国运动员获世界冠军统计</th></tr>
<tr><th>序号</th><th>运动大项</th><th>分项</th><th>运动小项</th><th>运动员</th><th>性别</th><th>赛事</th><th>产生日期</th><th>举办地</th><th>成绩</th><th>输送单位</th></tr>
<tr><td>93</td><td rowspan="2">武术</td><td rowspan="2">武术套路</td><td>女子太极剑</td><td>张黎</td><td>女</td><td>2018年太极拳世界锦标赛</td><td>2018-9-29</td><td>保加利亚布尔加斯</td><td></td><td>吉林省体育局</td></tr>
<tr><td>94</td><td>女子太极拳</td><td>刘芳芳</td><td>女</td><td>2018年太极拳世界锦标赛</td><td>2018-9-29</td><td>保加利亚布尔加斯</td><td></td><td>福建省体育局</td></tr>
<tr><td>95</td><td rowspan="12">潜水</td><td rowspan="12">蹼泳</td><td>女子100米器泳</td><td>林雅琦</td><td>女</td><td>2018年蹼泳世界锦标赛</td><td>2018-7-16</td><td>塞尔维亚</td><td></td><td>广东省体育局</td></tr>
<tr><td>96</td><td>女子100米器泳</td><td>辛沛遥</td><td>女</td><td>2018年蹼泳世界锦标赛</td><td>2018-7-16</td><td>塞尔维亚</td><td></td><td>广东省体育局</td></tr>
<tr><td rowspan="4">97</td><td rowspan="4">女子4×100米蹼泳接力</td><td>刘思敏</td><td>女</td><td rowspan="4">2018年蹼泳世界杯总决赛</td><td rowspan="4">2018-9-22</td><td rowspan="4">泰国普吉岛</td><td rowspan="4"></td><td>广东省体育局</td></tr>
<tr><td>许艺川</td><td>女</td><td>广西壮族自治区体育局</td></tr>
<tr><td>舒程静</td><td>女</td><td>广西壮族自治区体育局</td></tr>
<tr><td>辛沛遥</td><td>女</td><td>广东省体育局</td></tr>
<tr><td>98</td><td>400米蹼泳</td><td>孙祎婷</td><td>女</td><td>2018年蹼泳世界锦标赛</td><td>2018-7-15</td><td>塞尔维亚</td><td></td><td>辽宁省体育局</td></tr>
<tr><td>99</td><td>400米蹼泳</td><td>孙祎婷</td><td>女</td><td>2018年蹼泳世界杯总决赛</td><td>2018-9-22</td><td>泰国普吉岛</td><td></td><td>辽宁省体育局</td></tr>
<tr><td>100</td><td>800米蹼泳</td><td>孙祎婷</td><td>女</td><td>2018年蹼泳世界锦标赛</td><td>2018-7-15</td><td>塞尔维亚</td><td></td><td>辽宁省体育局</td></tr>
<tr><td>101</td><td>800米蹼泳</td><td>孙祎婷</td><td>女</td><td>2018年蹼泳世界杯总决赛</td><td>2018-9-22</td><td>泰国普吉岛</td><td></td><td>辽宁省体育局</td></tr>
<tr><td>102</td><td>400米器泳</td><td>孙祎婷</td><td>女</td><td>2018年蹼泳世界锦标赛</td><td>2018-7-15</td><td>塞尔维亚</td><td></td><td>辽宁省体育局</td></tr>
<tr><td>103</td><td>400米器泳</td><td>童振搏</td><td>男</td><td>2018年蹼泳世界锦标赛</td><td>2018-7-16</td><td>塞尔维亚</td><td></td><td>辽宁省体育局</td></tr>
<tr><td>104</td><td>200米蹼泳</td><td>孙祎婷</td><td>女</td><td>2018年蹼泳世界杯总决赛</td><td>2018-9-22</td><td>泰国普吉岛</td><td></td><td>辽宁省体育局</td></tr>
<tr><td>105</td><td>100米器泳</td><td>童振搏</td><td>男</td><td>2018年蹼泳世界杯总决赛</td><td>2018-9-22</td><td>泰国普吉岛</td><td></td><td>辽宁省体育局</td></tr>
<tr><td>106</td><td>100米器泳</td><td>林雅琦</td><td>女</td><td>2018年蹼泳世界杯总决赛</td><td>2018-9-22</td><td>泰国普吉岛</td><td></td><td>广东省体育局</td></tr>
</table>

续表

序号	运动大项	分项	运动小项	运动员	性别	赛事	产生日期	举办地	成绩	输送单位
						2018年我国运动员获世界冠军统计				
107	潜水	蹼泳	100米蹼泳	舒程静	女	2018年蹼泳世界杯总决赛	2018-9-22	泰国普吉岛		广西壮族自治区体育局
108			50米蹼泳	舒程静	女	2018年蹼泳世界杯总决赛	2018-9-22	泰国普吉岛		广西壮族自治区体育局
109			50米屏气潜泳	舒程静	女	2018年蹼泳世界锦标赛	2018-7-17	塞尔维亚		广西壮族自治区体育局
110			50米屏气潜泳	舒程静	女	2018年蹼泳世界杯总决赛	2018-9-22	泰国普吉岛		广西壮族自治区体育局
111	轮滑	轮滑	男子速度过桩	虞骏颜	男	2018年轮滑世界锦标赛	2018-7-5	荷兰赫尔德、海纳姆	4秒430	上海市体育局
112			男子花式绕桩	张颢	男	2018年轮滑世界锦标赛	2018-7-5	荷兰赫尔德、海纳姆		上海市体育局
113			女子花式绕桩	苏菲浅	女	2018年轮滑世界锦标赛	2018-7-5	荷兰赫尔德、海纳姆		上海市体育局
114			男子花式对抗	张颢	男	2018年轮滑世界锦标赛	2018-7-6	荷兰赫尔德、海纳姆		上海市体育局
115	五子棋	五子棋	五子棋	刘洋	男	2018年五子棋世界团体锦标赛	2018-5-5	俄罗斯圣彼得堡		山东省体育局
				曹冬	男					湖北省体育局
				兰志仁	男					山东省体育局
				朱建锋	男					上海市体育局
				杨彦希	男					山东省体育局
117	跆拳道	跆拳道	女子团体	骆宗诗	女	2018年跆拳道世界杯	2018-11-24	阿联酋		湖南省体育局
				周俐君	女					江西省体育局
				闻人云涛	女					浙江省体育局
				张梦宇	女					总参军训和兵种部体育训练局
				郑姝音	女					沈阳体育学院
118	健美操	健美操	五人操	麻东	男	2018年健美操世界锦标赛	2018-6-3	葡萄牙		其他
				李凌飞	男					华东师范大学
				王锞	男					天津体育学院
				李琪	女					其他
				徐雪松	男					同济大学

续表

2018年我国运动员创世界纪录统计

序号	大项	分项	小项	姓名	性别	赛事	产生日期	举办地	成绩	输送单位
1	滑冰	短道速滑	男子500米	武大靖	男	2018年冬季奥运会	2018-02-22	韩国	39秒584	吉林省体育局
2			女子10米移动靶团体	李雪艳	女	2018年射击世界锦标赛	2018-09-08	韩国	1673环	福建省体育局
				黄晴晴	女					福建省体育局
				苏丽	女					安徽省体育局
3			女子10米气手枪团体	纪晓晶	女	2018年射击世界锦标赛	2018-09-04	韩国	1739环	青海省体育局
				姜冉馨	女					上海市体育局
				王倩	女					陕西省体育局
4	射击	射击	女子10米移动靶混合速	苏丽	女	2018年射击世界锦标赛	2018-09-11	韩国	391环	安徽省体育局
5			女子10米气步枪	赵若竹	女	2018年射击世界杯	2018-04-22	澳大利亚,韩国,德国,美国,墨西哥,马尔他	决赛252.4环,资格赛628.8环	山西省体育局
6			女子10米移动靶	李雪艳	女	2018年射击世界锦标赛	2018-09-08	韩国	575环	福建省体育局
7			女子50米步枪三姿	张彬彬	女	2018年射击世界杯	2018-05-27	澳大利亚,韩国,德国,美国,墨西哥,马尔他	决赛444环,资格赛1180环	福建省体育局
8	射击	射击	10米气手枪混合团体	纪晓晶	女	2018年射击世界杯	2018-04-26	澳大利亚,韩国,德国,美国,墨西哥,马尔他	决赛487.7环,资格赛772环	青海省体育局
				吴嘉宇	男					上海市体育局
9			飞碟多向混合团体	王晓菁	女	2018年亚运会	2018-08-21	印度尼西亚雅加达	资格赛146中	总参军训和兵种部体育训练局
				杜宇	男					河南省体育局
10			男子10米气步枪团体	杨皓然	男	2018年射击世界锦标赛	2018-09-03	韩国	1887.4环	河北省体育局
				余浩楠	男					浙江省体育局
				惠子程	男					总参军训和兵种部体育训练局

续表

序号	大项	分项	小项	姓名	性别	赛事	产生日期	举办地	成绩	输送单位
11			男子25米速射团体	张健	男	2018年射击世界锦标赛	2018-09-09	韩国	1756环	黑龙江省体育局
				林俊敏	男					浙江省体育局
				姚兆楠	男					总参军训和兵种部体育训练局
12	射击	射击	男子50米步枪三姿	杨皓然	男	2018年射击世界杯	2018-05-25	澳大利亚，韩国，德国，美国，墨西哥，马尔他	决赛465.3，资格赛1180	河北省体育局
13			10米气步枪混团	杨皓然	男	2018年射击亚锦赛	2018-11-6	科威特	资格赛843.1	河北省体育局
				赵若竹	女					山西省体育局
14			男子73公斤级	石智勇	男	2018年举重世界锦标赛	2018-11-04	土库曼斯坦	360	浙江省体育局
15			男子81公斤级	吕小军	男	2018年举重世界锦标赛	2018-11-05	土库曼斯坦	374	天津市体育局
16			女子59公斤级	陈桂明	女	2018年举重世界锦标赛	2018-11-04	土库曼斯坦	231	陕西省体育局
17	举重	举重	男子81公斤级	李大银	男	2018年举重世界锦标赛	2018-11-05	土库曼斯坦	372	重庆市体育局
18			男子109公斤级	杨哲	男	2018年举重世界锦标赛	2018-11-09	土库曼斯坦	419	山东省体育局
19			女子55公斤级	张宛琼	女	2018年举重世界锦标赛	2018-11-03	土库曼斯坦	225	广东省体育局
20			男子67公斤级	谌利军	男	2018年举重世界锦标赛	2018-11-04	土库曼斯坦	332	湖南省体育局
21			女子49公斤级	蒋惠花	女	2018年举重世界锦标赛	2018-11-03	土库曼斯坦	206	广西壮族自治区体育局

续表

序号	大项	分项	小项	姓名	性别	赛事	产生日期	举办地	成绩	输送单位
22	举重	举重	女子71公斤级	张旺丽	女	2018年举重世界锦标赛	2018-11-06	土库曼斯坦	267	湖南省体育局
23			女子87公斤级	孟苏平	女	2018年举重世界锦标赛	2018-11-10	土库曼斯坦	327	安徽省体育局
24			女子55公斤级	黎雅君	女	2018年举重世界锦标赛	2018-11-03	土库曼斯坦	225	广东省体育局
25	举重	举重	男子96公斤级	田涛	男	2018年举重世界锦标赛	2018-11-07	土库曼斯坦	407	湖北省体育局
26			女子49公斤级	侯志慧	女	2018年举重世界锦标赛	2018-11-03	土库曼斯坦	208	湖南省体育局
27			女子64公斤级	邓薇	女	2018年举重世界锦标赛	2018-11-05	土库曼斯坦	252	福建省体育局
28	田径	田径	女子50公里竞走	梁瑞	女	2018年国际田联竞走团体锦标赛	2018-05-05	中国太仓	4:04:36	河南省体育局
29	游泳	游泳	女子50米仰泳	刘湘	女	2018年亚运会	2018-08-21	印度尼西亚雅加达	26秒98	广东省体育局
30		短池游泳	女子400米自由泳	王简嘉禾	女	2018年世界其他赛事	2018-10-04	世界	3:53:97	辽宁省体育局
31			男子100米仰泳	徐嘉余	男	2018年世界其他赛事	2018-11-11	世界	48秒88	浙江省体育局
32	潜水	蹼泳	400米蹼泳	孙祎婷	女	2018年蹼泳世界杯总决赛	2018-09-22	泰国普吉岛	3:12:10	辽宁省体育局

[附录六] **2018年全国时代楷模名单**

郝井文
王逸平
卓嘎、央宗姐妹
中船重工第七六〇研究所抗灾抢险英雄群体
张玉滚
杨雪峰
海军海口舰
王传喜
张黎明
吕建江
钟扬
航天员群体

注：信息来源于中国文明网。

[附录七] **2018年全国自然灾害情况**

指标	单位	数量
农作物受灾面积	千公顷	20814.3
农作物绝收面积	千公顷	2585
旱灾受灾面积	千公顷	7711.8
旱灾绝收面积	千公顷	922.4
洪涝、山体滑坡、泥石流和台风受灾面积	千公顷	7283.1
洪涝、山体滑坡、泥石流和台风绝收面积	千公顷	1009.9
风雹灾害受灾面积	千公顷	2406.8
风雹灾害绝收面积	千公顷	196.6
低温冷冻和雪灾受灾面积	千公顷	3412.6
低温冷冻和雪灾绝收面积	千公顷	456.1
自然灾害受灾人口	万人次	13553.9
自然灾害受灾死亡人口	人	589
自然灾害直接经济损失	亿元	2644.6

[附 录 八]　　2018 年国务院机构简称

中华人民共和国国务院办公厅	
全称	简称
中华人民共和国国务院办公厅	国务院办公厅
国务院组成部门	
中华人民共和国外交部	外交部
中华人民共和国国防部	国防部
中华人民共和国国家发展和改革委员会	发展改革委
中华人民共和国教育部	教育部
中华人民共和国科学技术部	科技部
中华人民共和国工业和信息化部	工业和信息化部
中华人民共和国国家民族事务委员会	国家民委
中华人民共和国公安部	公安部
中华人民共和国国家安全部	安全部
中华人民共和国民政部	民政部
中华人民共和国司法部	司法部
中华人民共和国财政部	财政部
中华人民共和国人力资源和社会保障部	人力资源社会保障部
中华人民共和国自然资源部	自然资源部
中华人民共和国生态环境部	生态环境部
中华人民共和国住房和城乡建设部	住房城乡建设部
中华人民共和国交通运输部	交通运输部
中华人民共和国水利部	水利部
中华人民共和国农业农村部	农业农村部
中华人民共和国商务部	商务部
中华人民共和国文化和旅游部	文化和旅游部
中华人民共和国国家卫生健康委员会	卫生健康委
中华人民共和国退役军人事务部	退役军人部
中华人民共和国应急管理部	应急部
中国人民银行	人民银行
中华人民共和国审计署	审计署
教育部对外保留国家语言文字工作委员会牌子。科学技术部对外保留国家外国专家局牌子。工业和信息化部对外保留国家航天局、国家原子能机构牌子。自然资源部对外保留国家海洋局牌子。生态环境部对外保留国家核安全局牌子。	

续表

中华人民共和国国务院办公厅	
全称	简称
国家语言文字工作委员会	国家语委
国家外国专家局	外专局
国家航天局	航天局
国家原子能机构	原子能机构
国家海洋局	海洋局
国家核安全局	核安全局
国务院直属特设机构	
国务院国有资产监督管理委员会	国资委
国务院直属机构	
中华人民共和国海关总署	海关总署
国家税务总局	税务总局
国家市场监督管理总局	市场监管总局
国家广播电视总局	广电总局
国家体育总局	体育总局
国家统计局	统计局
国家国际发展合作署	国际发展合作署
国家医疗保障局	医保局
国务院参事室	参事室
国家机关事务管理局	国管局
国家市场监督管理总局对外保留国家认证认可监督管理委员会、国家标准化管理委员会牌子。国家新闻出版署（国家版权局）在中央宣传部加挂牌子，由中央宣传部承担相关职责。国家宗教事务局在中央统战部加挂牌子，由中央统战部承担相关职责。	
国家认证认可监督管理委员会	认监委
国家标准化管理委员会	标准委
国家新闻出版署	新闻出版署
国家版权局	版权局
国家宗教事务局	宗教局
国务院办事机构	
国务院港澳事务办公室	港澳办
国务院研究室	国研室
国务院侨务办公室在中央统战部加挂牌子，由中央统战部承担相关职责。国务院台湾事务办公室与中共中央台湾工作办公室、国家互联网信息办公室与中央网络安全和信息化委员会办公室，一个机构两块牌子，列入中共中央直属机构序列。国务院新闻办公室在中央宣传部加挂牌子。	

续表

中华人民共和国国务院办公厅	
全称	简称
国务院侨务办公室	侨办
国务院台湾事务办公室	台办
国家互联网信息办公室	网信办
国务院新闻办公室	新闻办
国务院直属事业单位	
新华通讯社	新华社
中国科学院	中科院
中国社会科学院	社科院
中国工程院	工程院
国务院发展研究中心	发展研究中心
中央广播电视总台	中央广电总台
中国气象局	气象局
中国银行保险监督管理委员会	银保监会
中国证券监督管理委员会	证监会
国家行政学院与中央党校，一个机构两块牌子，作为党中央直属事业单位。	
国家行政学院	行政学院
国务院部委管理的国家局	
国家信访局	信访局
国家粮食和物资储备局	粮食和储备局
国家能源局	能源局
国家国防科技工业局	国防科工局
国家烟草专卖局	烟草局
国家移民管理局	移民局
国家林业和草原局	林草局
国家铁路局	铁路局
中国民用航空局	民航局
国家邮政局	邮政局
国家文物局	文物局
国家中医药管理局	中医药局
国家煤矿安全监察局	煤矿安监局
国家外汇管理局	外汇局

续表

中华人民共和国国务院办公厅	
全称	简称
国家药品监督管理局	药监局
国家知识产权局	知识产权局
国家移民管理局加挂中华人民共和国出入境管理局牌子。国家林业和草原局加挂国家公园管理局牌子。国家公务员局在中央组织部加挂牌子，由中央组织部承担相关职责。国家档案局与中央档案馆、国家保密局与中央保密委员会办公室、国家密码管理局与中央密码工作领导小组办公室，一个机构两块牌子，列入中共中央直属机关的下属机构序列。	
中华人民共和国出入境管理局	出入境管理局
国家公园管理局	国家公园局
国家公务员局	公务员局
国家档案局	档案局
国家保密局	保密局
国家密码管理局	密码局

国办秘函〔2018〕22号

图书在版编目(CIP)数据

中华人民共和国史编年.2018年卷/当代中国研究所,中央档案馆编.--北京:当代中国出版社,2021.11
ISBN 978-7-5154-1073-9

Ⅰ.①中… Ⅱ.①当…②中… Ⅲ.①中国历史—现代史—编年体— 2018 Ⅳ.① K270.43

中国版本图书馆 CIP 数据核字(2020)第 209739 号

出 版 人	冀祥德	
责任编辑	宗　和	
责任校对	康　莹	
装帧设计	海　洋	
出版发行	当代中国出版社	
地　　址	北京市地安门西大街旌勇里 8 号	
网　　址	http://www.ddzg.net　邮箱:ddzgcbs@sina.com	
邮政编码	100009	
编辑部	(010)66572264　66572154　66572132　66572180	
市场部	(010)66572281　66572161　66572157　83221785	
印　　刷	北京润田金辉印刷有限公司	
开　　本	787 毫米 ×1092 毫米　1/16	
印　　张	65.75 印张　2 插页　1430 千字	
版　　次	2021 年 11 月第 1 版	
印　　次	2021 年 11 月第 1 次印刷	
定　　价	380.00 元	

版权所有,翻版必究;如有印装质量问题,请拨打(010)66572159 联系出版部调换。